D1722803

Pritzsche / Vacha

Energierecht

Energierecht

Einführung und Grundlagen

Dr. Kai Uwe Pritzsche LL.M. (Berkeley)

Rechtsanwalt in Berlin

Vivien Vacha

Rechtsanwältin in Hamburg

1. Auflage 2017

C.H.BECK

www.beck.de

ISBN 978 3 406 69560 5

© 2017 Verlag C. H. Beck oHG
Wilhelmstraße 9, 80801 München
Druck und Bindung: Kösel GmbH & Co. KG
Am Buchweg 1, 87452 Altusried

Satz und Umschlaggestaltung: Druckerei C. H. Beck, Nördlingen

Gedruckt auf säurefreiem, alterungsbeständigem Papier
(hergestellt aus chlorfrei gebleichtem Zellstoff)

Vorwort

Die Idee zu diesem Buch entstand auf der Heimfahrt von einem der jährlichen Treffen der Energierechtsanwälte der Kanzlei Linklaters in Berlin. Wir, die Autoren, sprachen darüber, wie wir Juristen und andere, die sich mit dem Energierecht beschäftigen wollen, am besten an dieses Thema heranführen könnten. Denn die wichtigsten Gesetze, Akteure und Themen des Energierechts gehören nicht zum normalen Lehrstoff in der (Juristen-) Ausbildung und bislang gaben wir jedem Einzelnen eine kurze Einführung. Was uns fehlte war ein kompaktes Buch, das einem Einsteiger in energiewirtschaftliche und -rechtliche Fragen eine Orientierung über die wichtigsten Themen des Energierechts verschafft.

Dieses Buch soll die Lücke schließen und Juristen und anderen Berufsgruppen den Start in das Energierecht erleichtern. Es gibt schnell einen verständlichen Überblick über die Entwicklung des Energierechts, seine Märkte und benachbarte Rechtsgebiete, soweit sie für das energierechtliche Verständnis wichtig sind. Gleichzeitig soll es eine Orientierung in der aktuellen Diskussion um die Regelungen der Energiewende und die Europäisierung des Energierechts bieten.

Aus diesem praktischen Ansatz ergibt sich nun die folgende Gliederung:

Teil A – Zum Einstieg soll vermitteln, was das Energierecht als eigenes Rechtsgebiet kennzeichnet, welche Themen und Fragen mit ihm verbunden sind und warum und wie es sich als eigenes Rechtsgebiet entwickelt hat. Wir denken, dass dieses Hintergrundwissen das Verständnis des Buches erleichtert, aber vor allem in der täglichen Arbeit hilfreich ist, um die aktuellen Themen und Problemstellungen für den Energierechtler im Kontext der Regelungen und Entwicklungen zu verstehen.

Teil B – Die relevanten Märkte ist – wie schon der Umfang verrät – das Herzstück des Buches. Gerade im Kapitel zum Strommarkt finden sich grundlegende Informationen zu technischen, rechtlichen und praktischen Aspekten. Diese sollen das notwendige Hintergrundwissen vermitteln, das es erlaubt, die aktuellen energierechtlichen Aufgabenstellungen in ihrem praktischen Kontext zu verstehen.

Teil C – Bezüge zu anderen Rechtsgebieten zeigt, dass das Energierecht keine Insel ist. Es ist als angewandtes Recht einer Industrie durchzogen von Einflüssen aus anderen Bereichen und erfordert im Arbeitsalltag oft einen Blick über den Tellerrand der Energiegesetzgebung hinaus. Wir zeigen hier die Bezüge auf, die in der energierechtlichen Praxis eine große Rolle spielen und auf den ersten Blick vielleicht nicht immer offensichtlich sind. Andere Bereiche, zum Beispiel das Baurecht, sind außen vor geblieben.

Die Verweise in den Teilen A bis C sind so angelegt, dass ein punktuelles Einlesen – ggf. unter Heranziehung anderer Abschnitte – möglich ist.

Eine der schwierigsten Aufgaben lag bei diesem Buch in der Beschränkung des Umfangs und der Auswahl des praxisrelevanten Stoffs. Wir mussten uns dabei an mancher Stelle kurzfassen und haben auf Fußnoten weitgehend verzichtet. Dafür geben wir am Ende jedes Abschnitts, wiederum sehr beschränkt und keinesfalls erschöpfend oder abschließend, einige Hinweise auf vertiefende Literatur. Für Anregungen, Korrekturen, Kritik und Themenideen sind wir dankbar und werden diese bei der nächsten Gelegenheit berücksichtigen; am besten per E-Mail an kai.pritzsche@linklaters.com oder an vvacha@wfw.com.

Für die Unterstützung bei der Auswahl der praxisrelevanten Fragen, die vielfältigen Anmerkungen und das besondere fachliche Augenmerk bedanken wir uns herzlich bei den Kollegen aus dem Energierechtsteam von Linklaters. Besonderer Dank gebührt zuvorderst Herrn Prof. Dr. Jürgen F. Baur, Of Counsel a.D., der das Projekt mit freundlichem Rat begleitet und viele Gedanken beigesteuert hat. Bei Dr. Martin Borning, Christopher Bremme, Anna Burghardt, Dr. Jan Endler, Jörg Fried, Ruth Losch, Sebastian Pooschke, Thomas Schulz und bei den Düsseldorfer Linklaters-Kollegen Dr. Daniela Seeliger und Christoph Barth aus dem Kartellrecht und Oliver Rosenberg aus dem Steuerrecht sowie bei Dr. Christian Hampel, Yvonne Müller, Leonie Spangenberger, Dalia Hussein und Jacqueline Spletter bedanken wir uns ebenso herzlich. Ganz besonderer Dank gilt Madeleine Heindorf für ihren unermüdlichen Einsatz und ihre Expertise, ohne die wir das Projekt sicherlich mehrmals in den unergründlichen Tiefen des Computerspeichers verloren hätten und Denise Bickert, Jana Steyer und Catrin Kollock für ihre tatkräftige Unterstützung.

Für sämtliche Fehler und andere Unvollkommenheiten, die sich in das Buch eingeschlichen haben mögen, sind natürlich die Autoren verantwortlich. Das Buch spiegelt den Stand des Energierechts bis Ende Juli 2016 wieder.[1]

Berlin, im Oktober 2016   *Dr. Kai Uwe Pritzsche*
                                                         Vivien Vacha

---

[1] Alle Weblinks sind auf dem Stand vom 31.10.2016.

Inhaltsübersicht

Teil A. Zum Einstieg

Teil B. Die Energiemärkte

Teil C. Bezüge zu anderen Rechtsgebieten

Inhaltsverzeichnis

Teil A. Zum Einstieg

Teil C. Bezüge zu anderen Rechtsgebieten

Literaturverzeichnis

Ahnis, Erik/*Kirschnick,* Stephan, Gasnetzausbau zwischen volkswirtschaftlicher Effizienz und individuellen Netznutzeransprüchen, EnWZ 2013, 352 ff.

Altrock, Martin/*Vollpecht,* Jens, Die EEG-Novelle 2017: Von Ausschreibungen bis zuschaltbare Lasten, EnWZ 2016, 387 ff.

Appel, Markus, Neues Recht für neue Netze – das Regelungsregime zur Beschleunigung des Stromnetzausbaus nach EnWG und NABEG, UPR 2011, 406 ff.

Bachert, Patric, Befugnisse der Bundesnetzagentur zur Durchsetzung der REMIT-Verordnung in RdE 2014, 361 ff.

Bartsch, Alexander/*Wagner,* Florian/*Hartmann,* Thies, Das Marktstammdatenregister nach § 111e/f EnWG – Ziele, Inhalt und betroffene Marktakteure, IR 2016, 197 ff.

Bartsch, Alexander/*vom Wege,* Jan-Hendrik, Die Haftung des Netzbetreibers, EnWZ 2014, 152 ff.

Bartsch, Michael/*Röhling,* Andreas/*Salje,* Peter/*Scholz,* Ulrich (Hrsg.), Stromwirtschaft – Eine Praxishandbuch, 2. Aufl., 2008

Bauer, Mathias/*Freeden,* Willie/*Jacobi,* Jans/*Neu,* Thomas (Hrsg.), Handbuch Tiefe Geothermie – Prospektion, Exploration, Realisierung, Nutzung, 2014

Bauermann, Klaas, Viertel statt Stunden – Wie der Intraday-Handel für mehr Effizienz sorgt, emw 6/2014, 24 ff.

Baur, Jürgen F./*Pritzsche,* Kai Uwe/*Simon,* Stefan, Unbundling in der Energiewirtschaft – Ein Praxishandbuch, 2006

Baur, Jürgen F./*Prtizsche,* Kai Uwe/*Pooschke,* Sebastian/*Fischer,* Florian, Eigentumsentflechtung der Energiewirtschaft durch Europarecht – Mittel, Schranken und Rechtsfolgen, 2008

Baur, Jürgen F./*Salje,* Peter/*Schmidt-Preuß,* Matthias (Hrsg.), Regulierung der Energiewirtschaft, Ein Praxishandbuch, 2. Aufl., 2016

Bechtold, Rainer/*Bosch* Wolfgang (Hrsg.), Gesetz gegen Wettbewerbsbeschränkungen (Kartellgesetz) Kommentar, 7. Aufl., 2013

Becker, Peter/*Heldt,* Christian/*Riedel,* Martin/*Theobald,* Christian (Hrsg.), Energiewirtschaft im Aufbruch, 2001

Bergmann, Heinz/*Voll,* Diana, Die strategische Lücke im Klimaschutz – Warum CCS neu diskutiert werden muss, et 2014, 32 ff.

Bien, Florian/*Ludwigs,* Markus (Hrsg.), Das Europäische Kartell- und Regulierungsrecht der Netzindustrien, 2015

Birnstiel, Alexander/*Bungenberg,* Marc/*Heinrich,* Helge, Europäisches Beihilfenrecht, 2013

Börner, Achim Rüdiger, Der Energiefahrplan 2050 der EU, EW Jg. 111, 2012, Heft 6, 20 ff.

Börner, Achim Rüdiger, EU-Energieversorgungssicherheit und Solidaritätspflicht, RdE 2014, 367 ff.

Bosch, Wolfgang, Die Entwicklung des deutschen und europäischen Kartellrechts, NJW 2014, 1714 ff.

Brahms, Florian, Der ENTSO-E Netzkodex für alle Netznutzer, ER 2014, 61 ff.

Brahms, Florian, Die Novelle des Kraft-Wärme-Kopplungs-Gesetzes 2016, ER 2015, 223 ff.

Brahms, Florian/*Ellerbrock,* Tatjana, Das darf's (kann's) noch nicht gewesen sein – die Novelle der Konzessionsvergabe, ER 4.2016, 143 ff.

Brandstätt, Christine, Strom-Flexibilität aus Wärme- und Gasnetzen: Verschiedene Speichermöglichkeiten im Vergleich, et 9/2014, 75 ff.

Britz, Gabriele/*Arndt,* Felix, Energiewirtschaftsgesetz Kommentar, 3. Aufl., 2015

Broemel, Roland, Netzanbindung von Offshore-Windkraftanlagen, ZUR 2013, 408 ff.

Burgi, Martin, Die Offshore-Anbindungs- und Haftungsregelungen auf dem verfassungsrechtlichen Prüfstand, WiVerw 2014, 76 ff.

Burgi, Martin, Energierecht und Vergaberecht, RdE 2007, 145 ff.

Burgi, Martin, Subventionsrechtliche Betätigungsverbote für Handwerker auf dem Prüfstand des Verfassungsrechts, GewArch 2015, 343 ff.

Busch, Wolfgang/*Kaiser,* Friederike, Unkonventionelle Pumpspeicher – Schlüsseltechnologie der zukünftigen Energielandschaft, 2013

Cerbe, Günter, Grundlagen der Gastechnik, 7. Aufl., 2008

Chaaban, Nina/*Godron,* Heide, Das neue Strommarktgesetz: Was ändert sich für stillgelegte Kraftwerke in der Netzreserve? ER 3.2016, 106 ff.

Conrad, Nicole/*Gussone,* Peter, Einstweiliger Rechtsschutz in energierechtlichen Schiedsverfahren, EnWZ 2013, 304 ff.

Czakainski, Martin/*Lamprecht,* Franz/*Rosen,* Michael, Energiehandel und Energiemärkte: Eine Einführung, 2011

Daiber, Birgit, EU-Durchführungsrechtsetzung nach Inkrafttreten der neuen Komitologie-Verordnung, EuR 2012, 240 ff.

Danner, Wolfgang/*Theobald,* Christian, Energierecht, 89. Aufl. 2016

De Witt, Siegfried/*Durinke,* Peter, Zum Referentenentwurf eines Gesetzes zur Änderung von Bestimmungen des Rechts des Energieleitungsbaus, RdE 2015, 233 ff.

Dörig, Stefan, Das Stromabkommen zwischen der Schweiz und der EU, emw 2016, 52 ff.

Ehricke, Ulrich, Die Regulierungsbehörde für Strom und Gas (Veröffentlichungen des Instituts für Energierecht an der Universität zu Köln), Band 113, 2004, 138 ff.

Eitz, August Wilhelm, Sanierung der ostdeutschen Stromwirtschaft, et 1992, 351 ff.

Ekardt, Felix, Energiewende und EU-Beihilferecht – EEG-Förderung, EEG-Ausnahmen, Atomrecht, Energiesteuern, EurUP 2013, 197 ff.

Ekardt, Felix/*Valentin,* Florian, Das neue Energierecht, 2015

Emmerich, Volker, Kartellrecht: Ein Studienbuch, 13. Aufl., 2014

Enderle, Bettina/*Rehs,* Alexander, Die Übertragung bergrechtlicher Rechtspositionen – Praxisprobleme beim Betrieb unterirdischer Gasspeicher, NVwZ 2012, 338 ff.

Esser, Michael/*Höft,* Christoph, Die Einführung des SIEC-Tests durch die 8. GWB-Novelle – Folgen für die Praxis, NZKart 2013, 447 ff.

Euler, Hartmut, Wasserstroff aus Strom bzw. Power-to-Gas, das umwelt- und klimabelastende, teure und unnötige Beschäftigungsprogramm für Atom- und Kohlekraftwerke. Vernetzen statt vernichten, ZNER 2013, 487 ff.

Fehling, Michael/*Ruffert,* Matthias (Hrsg.), Regulierungsrecht, 2010

Frenz, Walter, Bürgerenergiegesellschaften, ER 05/2016, 194 ff.

Frenz, Walter, Die Genehmigungsfähigkeit von Kohlekraftwerken trotz Klimaschutz, DVBl 2013, 688 ff.

Frenz, Walter, Energiewende – Ausstieg aus der Kohle?, EnWZ 2013, 1 ff.

Frenz, Walter, Solarausschreibungen, ZNER 04/2016, 298 ff.

Frenz, Walter, Zugang zu Energieleitungen und Preisgestaltung, GewArch Beilage, WiVerw 2012, 188 ff.

Fricke, Norman, Technische, wirtschaftliche und rechtliche Rahmenbedingungen der Fernwärmewirtschaft in EuroHeat&Power 2011, (Heft 3), S. 26 (Teil 1) und (Heft 4), S. 26 (Teil 2)

Friedrich, Klaus/*Köthe,* Grit, Änderungen des Energie- und Stromsteuerrechts, DStR 2013, 65 ff.

Funke, Susann, REMIT und EMIR – Eine Umgestaltung des OTC-Marktes für Energieprodukte steht bevor!, WM 2012, 202 ff.

Funke, Susann/*Neubauer,* Maik, Reaktion auf die Finanzmarktkrise: REMIT und EMIR als neue Frühwarnsysteme für den Europäischen Energiemarkt, CCZ 2012, 6 ff.

Gawel, Erik/*Lehmann,* Paul/*Korte,* Klaus/*Strunz,* Sebastian/*Bovet,* Jana/*Köck,* Wolfgang/*Massier,* Philipp/*Löschel,* Andreas/*Schober,* Dominik/*Ohlhorst,* Dörte/*Tews,* Kerstin/*Schreurs,* Miranda/*Reeg,* Matthias/*Wassermann,* Sandra, Die Zukunft der Energiewende in Deutschland, ZUR 2014, 219 ff.

Gerberding, Mathias, Das Energierecht der DDR, RdE 1990, 70 ff.

Germer, Chistoph/*Loibl,* Helmut (Hrsg.), Energierecht Handbuch, 2. Aufl., 2007

Glachant, Jean-Michel/*Lévêque,* Francois, Electricity Reform in Europe, Towards a Single Energy Market, 2009

Godde, Anne, Marktabgrenzung im Stromsektor, 2013

Grabmayr, Nora/*Kahles* Markus, Das Recht zur territorial begrenzten Förderung erneuerbarer Energie, ER 2014, 183 ff.

Gundel, Jörg, Die energiepolitischen Kompetenzen der EU nach dem Vertrag von Lissabon: Bedeutung und Reichweite des neuen Art. 194 AEUV, in: Europäisches Wirtschafts- und Steuerrecht (EWS) 1–2/2011, 25 ff.

Gundel, Jörg/*Germelmann,* Claas Friedrich, Kein Schlussstein für die Liberalisierung der Energiemärkte: Das Dritte Binnenmarktpaket, EuWZ 2009, 763 ff.

Gundel, Jörg/*Lange,* Knut Werner, Der Umbau der Energienetze als Herausforderung für das Planungsrecht, (EnergieR 5), 2012

Gussone, Peter/*Wünsch,* Daniel, Zugang zu Kundenanlagen nach dem Energiewirtschafts- und dem Kartellrecht, WuW 2013, 464 ff.

Hancher, Leigh/*Hautecloque,* Adrian de/*Sadowska,* Malgorzata (Hrsg.), Capacity mechanisms in the EU energy markets, Oxford University Press, 2015

Hanefeld, Inka/*Hombeck,* Jörn, Optionen der alternativen Streitbeilegung im Rahmen von (Offshore-) Windparkprojekten, EnWZ 2014, 537 ff.

Helmes, Sebastian, Netz oder Nicht-Netz, EnWZ 2013, 23 ff.

Hirsbrunner, Simon, Die Entwicklung der europäischen Fusionskontrolle im Jahr 2014, EuZW 2015, 535 ff.

Hofmann, Holger, Aktuelle Entwicklungen auf dem Stromerzeugungsmarkt im Jahr 2014 *(Current developments on the electricity generation market in the year 2014),* EnWZ 2015, 70 ff.

Immenga, Ulrich/*Mestmäcker,* Ernst-Joachim (Hrsg.), Wettbewerbsrecht Kommentar zum europäischen Kartellrecht, 5. Aufl. (Band 1), 2012

Immenga, Ulrich/*Mestmäcker,* Ernst-Joachim (Hrsg.), Wettbewerbsrecht GWB, 4. Aufl. Band 2, 2007

International Energy Agency (iea), Energy Policies of IEA Countries, Germany 2013 Review

Jacobshagen, Ulf/*Kachel,* Markus/*Baxmann,* Juliane, Geschlossene Verteilernetze und Kundenanlagen als neuer Maßstab der Regulierung, IR 2012, 2 ff.

Jenn, Matthias, Windenergie – Zahlreiche rechtliche Besonderheiten, ZfBR-Beil 2012, 14 ff.

Jones, Christopher (Hrsg.), EU Energy Law, Volume I, The Internal Energy Market, fourth edition, 2016

Jones, Christopher (Hrsg.), EU Energy Law, Volume II, EU Competition Law and Energy Markets, third edition, 2011

Jope, Lars, Entwicklungen im Europäischen Energiesektor 2014/2015, EWerk 2015, 4 ff.

Jope, Lars, Energieeffizienz: Aktuelle rechtliche und politische Entwicklungen, EWeRK 2015, 173 ff.

Kahl, Hartmut/*Kahles,* Markus/*Müller,* Thorsten, Neuordnung im EEG 2017, ER 05/2016, 187 ff.

Kahl, Wolfgang, Die Kompetenzen der EU in der Energiepolitik nach Lissabon, EuR 2009, 601 ff.

Kaltschmitt, Martin/*Hartmann,* Hans/*Hofbauer,* Hermann, Energie aus Biomasse – Grundlagen, Techniken und Verfahren, 2. Aufl., 2009

Kästner, Thomas/*Henning,* Reutz (Hrsg.), Handbuch Energiewende, 2013

Kemfert, Claudia, The battle about Electricity, Myths, Power and Monopolies, 2013

Kemfert, Claudia, Die andere Klima Zukunft, Innovation statt Depression, 2008

Kermel, Cornelia/*Dinter,* Jan, Gesetz zur Digitalisierung der Energiewende: Das Messstellenbetriebsgesetz im Überblick, RdE 4–5/2016, 158 ff.

Khazzoum, Bassam/*Kudla,* Carsten/*Reuter,* Ralf, Energie und Stromsteuerrecht in der Praxis, 2011

Kistner, Petra, Das Konzept des Super Grids im Lichte der Verordnung zu Leitlinien für die transeuropäische Energieinfrastruktur (TEN-E-VO), EnWZ 2014, 405 ff.

Klees, Andreas, Einführung in das Energiewirtschaftsrecht, 2012

Klinski, Stefan, Schnittstellen zwischen Mietrecht und Energierecht, WuM 2012, 354 ff.

Knies, Wilfried/*Schierack,* Klaus/*Gerhard,* Robert, Elektrische Anlagentechnik-Kraftwerke, Netze, Schaltanlagen, Schutzeinrichtungen, 6. Aufl., 2012

Knobelspies, Fabian u. a., Wasserkraft – die erneuerbare Energie der Zukunft?, ZNER 2014, 250 ff.

König, Carsten, Die Haftung der Übertragungsnetzbetreiber für den verzögerten Anschluss von Offshore-Windenergieanlagen, ZNER 17/2 2013, 113 ff.

König, Carsten, Die Pflicht zur Umsetzung eines Market Splittings in Deutschland, EnWZ 2013, 451 ff.

König, Carsten, Die Vergütung abschaltbarer Lasten, EnWZ 2013, 201

König, Carsten, Informelles Verwaltungshandeln der Bundesnetzagentur durch Leitfäden und Positionspapiere, N&R 3&4/2015, 130 ff.

Koenig, Christian/*Kühling,* Jürgen/*Rasbach,* Winfried, Energierecht, 3. Aufl., 2013

Konstantin, Panos, Praxishandbuch Energiewirtschaft: Energieumwandlung, -transport und -beschaffung im liberalisierten Markt, 3. Aufl., 2013

Körker, Thorsten, Die Fernwärmenetze zwischen Wettbewerbs- und Klimaschutz, RdE 2012, 372 ff.

Kronawitter, Martin, Strom- und Energiesteuer, ZKF 2013, 86 ff.

Kühne, Gunther, Energie(regulierungs)recht und Internationales Privatrecht, Festschrift für Hans-Jürgen Ahrens zum 70. Geburtstag, 2016, 623 ff.

Kühne, Gunther, Rechtsfolgen unwirksamer Preisanpassungsklauseln in Energielieferungsverträgen, NJW 2015, 2546 ff.

Laitenberger, Johannes, Energiepolitik der EU und Wettbewerbspolitik, NZKart 2016, 49 ff.

Lange, Knut Werner, Verbraucherschutz im neuen EnWG, RdE 2012, 41 ff.

Lange, Knut Werner, Digitalisierung der Energiewirtschaft, EWeRK, 3/2016, 165 ff.

Langen, Eugen/*Bunte,* Hermann-Josef (Hrsg.), Kommentar zum deutschen und europäischen Kartellrecht, 12. Aufl., 2014

Leidinger, Tobias, Der Gesetzentwurf zur Nachhaftung für Rückbau- und Entsorgungskosten im Kernenergiebereich in NVwZ 22/2015, 1564 ff.

Leprich, Uwe, Transformation des bundesdeutschen Stromsystems im Spannungsfeld von Wettbewerb und regulatorischem Design, ZNER 2013, 101 ff.

Lismann, Christian, Einführung in das Regulierungsrecht der Netzwirtschaften am Beispiel der energiewirtschaftsrechtlichen Anreizregulierungsverordnung, NVwZ 2014, 691 ff.

Lowe, Philip, Der Energiebinnenmarkt 2014 – auf dem Weg zu sicherer, nachhaltiger und bezahlbarer Energie für Europa, EnWZ 2013, 97 ff.

Ludwigs, Markus, Der Atomausstieg und die Folgen: Fordert der Paradigmenwechsel in der Energiepolitik einen Paradigmenwechsel beim Eigentumsschutz?, NVwZ 2016, 1 ff.

Ludwigs, Markus, Germany's Nuclear Phase-Out and the Right to Property, Country Reports: Germany, ENLR 1/2016, 43 ff.

Ludwigs, Markus, Grenzen für eine nationale Energiepolitik im EU-Binnenmarkt, EnWZ 2013, 483 ff.

Ludwigs, Markus, Unionsrechtliche Probleme bei der Schaffung von Kapazitätsmechanismen in Deutschland, RdE 2015, 325 ff.

Lutz, Jana/*Schütt,* Manuel/*Behlau,* Volker, Klimaschutz durch nationale Energiebeihilfen – Möglichkeiten und Grenzen nationaler Maßnahmen zur Förderung erneuerbarer Energien und Energieeffizienz unter dem europäischen Beihilferegime, ZUR 2011, 178 ff.

Mäntysaari, Petri, EU Electricity Trade Law, The Legal Tools of Electricity Producers in the Internal Electricity Market, 2015

Mertens, Konrad, Photovoltaik – Lehrbuch zu Grundlagen, Technologien und Praxis, 2. Aufl., 2013

Mikešic, Ivana/*Strauch,* Boris, Die EEG-Clearingstelle – Alternative Streitbeilegung auf dem Gebiet des Rechts der erneuerbaren Energien, ZUR 2009, 531 ff.

Mohr, Jochen, Integration der erneuerbaren Energien in wettbewerbliche Strommärkte – Direktvermarktung und Ausschreibung von Förderberechtigungen, RdE 2015, 433 ff.

Mohr, Jochen, Monografie: Sicherung der Vertragsfreiheit durch Wettbewerbs- und Regulierungsrecht Domestizierung wirtschaftlicher Macht durch Inhaltskontrolle der Folgeverträge (Habilitationsfestschrift), 2015

Müller, Leonhard, Handbuch der Elektrizitätswirtschaft, 2. Aufl., 2001

Mussaeus, Peter/*Rausch,* Ingo/*Moraing,* Markus, Verträge der Energiewirtschaft, 2014

Nagel, Bernhard, Ökostrom darf durch Mindestpreise gefördert werden – Zur Entscheidung des EuGH in Sachen PreußenElektra AG/Schleswig AG, ZUR 2001, 263 ff.

Ortlieb, Birgit, Kapazitätsmärkte – nein – Kapazitätsreserve – ja – Und was bringt die Sektoruntersuchung der EU-Kommission?, N&R 3&4/2015, 129 ff.

Ortlieb, Birgit/*Staebe* Erik/*Klinge,* Johann (Hrsg.), Praxishandbuch Geschlossene Verteilernetze und Kundenanlagen, 2014

Pereira, Malte, Überarbeitung der Energiesteuer-Richtlinie, GmbHR 2011, 154 ff.

Pelow, Johann Christian, Die Energiewende in Deutschland in: Umwelt & Technik 2016, Sonderheft Februar, 2 ff.

Pilz, Stefan, Die Novellierung des EU-Energieeffizienzkennzeichnungsrechts, EuZW 2015, 693 ff.

Posser, Herbert/*Schmans,* Malte/*Müller-Dehn,* Christian, Atomgesetz Kommentar zur Novelle 2002, 2003

Pritzsche, Kai Uwe u. a., Engpassmanagement durch marktorientiertes Redispatching in Recht, RdE 2007, 36 ff.

Pritzsche, Kai Uwe/*Reinhardt* Katharina, Chapter on Germany, in: Hancher u. a. (Hrsg.), Capacity Mechanisms in the EU Energy Markets, 2015, 271 ff.

Regett, Anika, Power2Gas – Hype oder Schlüssel zur Energiewende, et 2014, 79 ff.

Reich, Gerhard/*Reppich,* Markus, Regenerative Energietechnik: Überblick über ausgewählte Technologien zur nachhaltigen Energieversorgung, 2013

Reimers, Anke, Wettbewerbsrechtliche und regulatorische Analyse der Kapazitätenvergabe an Grenzkuppelstellen im Elektrizitätsbinnenmarkt, 2013

Riesner, Wilhelm, DDR und Bundesrepublik im energiewirtschaftlichen Vergleich, et 1990, 198 ff.

Riesner, Wilhelm, Die Energiewirtschaft in Ostdeutschland, eBWK Bd. 61, Nr. 12, 2009

Riesner, Wilhelm, Elektrizitätswirtschaft in der DDR und in der Bundesrepublik, et 1990, 470 ff.

Riewe, Johannes, Aktuelles Europäisches Energierecht – Schwerpunkte Elektrizitätsbinnenmarkt und Beihilferecht, EWerk 2014, 15 ff.

Riewe, Johannes u. a., Stromspeicherdefinition im EnWG – ein Werkzeugkasten aus Rechtswissenschaftlicher Sicht, EWerK 2015, 138 ff.

Rittner, Fritz/*Dreher,* Meinrad/*Kulka,* Michael, Wettbewerbs- und Kartellrecht – Eine systematische Darstellung des deutschen und europäischen Rechts, 8. Aufl., 2014

Rodi, Michael, Dezentrale Energieversorgung als Herausforderung der Energiewende, EnWZ 2014, 289 ff.

Roggenkamp, Martha/*Redgwell,* Catherine/*Ronne,* Anita/*Del Guayo,* Inigo, Energy Law in Europe – National, EU and International Regulation –, third edition, 2016

Rosin, Peter/*Pohlmann,* Mario/*Gentzsch,* Andrees/*Metzenthin,* Andreas/*Böwing,* Andreas (Hrsg.), Praxiskommentar zum EnWG, Loseblatt, Stand: Juni 2015

Säcker, Franz Jürgen (Hrsg.), Berliner Kommentar Energierecht, 2. Aufl., 2010

Säcker, Franz Jürgen (Hrsg.), Berliner Kommentar Energierecht, 3. Aufl., Band 1 Teil 2, 2014

Säcker, Franz Jürgen, Die Aufgaben der Verteilnetzbetreiber bei zunehmender Erzeugung erneuerbarer Energien und der Digitalisierung der Energiemärkte, EnWZ, 2016, 294 ff.

Säcker, Franz Jürgen, Die Entflechtung der Transportnetzbetreiber durch das Modell des „Independent Transmission Operator" (ITO), NZR 2012 (Beilage 2), 1 ff.

Säcker, Franz Jürgen, Marktabgrenzung, Marktbeherrschung, Markttransparenz und Machtmissbrauch auf den Großhandelsmärkten für Elektrizität, 2011

Sailer, Frank, Klimaschutzrecht und Umweltenergierecht, NVwZ 2011, 718 ff.

Schärf, Wolf-Georg, Europäisches Atomrecht, Recht der Nuklearenergie, 2. Aufl., 2012

Scheidler, Alfred, Errichtung und Betrieb von Windkraftanlagen aus öffentlich-rechtlicher Sicht, GewArch Beilage WiVerw Nr. 03/2011, 117 ff.

Schiebold, Daniel/*Veh,* Andreas/*Liebheit,* Niko, Entwicklungen im Energie- und Stromsteuerrecht in 2014, EnWZ 2015, 168 ff.

Schiffer, Hans-Wilhelm, Deutscher Energiemarkt 2015, et 2016, 66 ff.

Schiffer, Hans-Wilhelm, Energiemarkt Deutschland, 10. Aufl. 2008

Schlömer, Jan, Zur Verfassungsmäßigkeit des beschleunigten Atomausstieges, EWerk 2014, 223 ff.

Schmidt-Preuß, Matthias, Substanzerhaltung und Eigentum. Verfassungsrechtliche Anforderungen an die Bestimmung von Netznutzungsentgelten im Stromsektor (Veröffentlichung des Instituts für Energierecht an der Universität Köln, Band 109), 2003

Schmidt, Reiner/*Kahl,* Wolfgang/*Gärditz,* Klaus Ferdinand, Umweltrecht, 8. Aufl., 2010

Schneider, Jens-Peter/*Theobald,* Christian, Recht der Energiewirtschaft, 4. Aufl., 2013

Scholze, Gregor, Die Stellung des Energievertragsrechts im Verhältnis zum allgemeinen Zivilrecht, Zur Bestimmung gegenseitiger Rechte und Pflichten zwischen Kunden, Lieferanten und Netzbetreibern. Ein Vorschlag der Neugestaltung, 2007

Schöne, Thomas (Hrsg.), Vertragshandbuch Stromwirtschaft, Praxisgerechte Gestaltung und rechtssichere Anwendung, 2. Aufl., 2014

Schulz, Thomas, Die Ausschreibung der finanziellen Förderung für Solar-Freiflächenanlagen, ER 2015, 87 ff.

Schulz, Thomas (Hrsg.), Handbuch Windenergie, 2015

Schulz, Thomas/*Kupko,* Katja, Das neue Verfahren zur Zuweisung und zum Entzug von Offshore Netzanschlusskapazitäten, EnWZ, 2014, 457 ff.

Schulz, Thomas/*Reese,* Carolin Hannah, Wem gehört das Nichts? Unterirdische Speicher und Grundeigentum, RdE 2011, 8 ff.

Schumacher, Hanna, Die Neuregelungen zum Einspeise- und Engpassmanagement, ZUR 2012, 17 ff.

Schütte, Dieter/*Horstkotte,* Michael/*Hünemörder,* Olaf/*Wiedemann,* Jörg, Wasser Energie Verkehr – Vergaberecht für Praktiker, 2015

Schütte, Peter/*Winkler,* Martin, Aktuelle Entwicklungen im Bundesumweltrecht, ZUR 2015, 378 ff.

Schwartz, David (Hrsg.), The Energy Regulation and Markets Review, third tdition, 2014

Schwintowski, Hans-Peter (Hrsg.), Handbuch Energiehandel, 3. Aufl., 2014

Seiferth, Conrad, Rechtliche Herausforderung für die Umsetzung von Repowering-Projekten, EnWZ 2012, 106 ff.

Shirvani, Foroud, TEHG und EEG: Regelwerke zwischen Konnexität und Differenz, EnWZ 2013, 51 ff.

Solbach, Markus/*Bode,* Henning, Praxiswissen Vergaberecht, 2015

Starke, Christian Paul, Die Auswirkungen des EuGH-Urteils vom 23.10.2014 auf die Preisanpassungsklauseln in der deutschen Grundversorgung mit Strom und Gas, DVBl 2015, 746 ff.

Stäsche, Uta, Entwicklung des Klimaschutzrechts und der Klimaschutzpolitik 2013, EnWZ 2014, 291 ff.

Stein, Roland M./*Thoms,* Anahita, BB-Rechtsprechungsreport Energie- und Stromsteuerrecht 2014, BB 2015, 1876 ff.

Sternberg, André/*Bardow,* André, Power-to-What? – Environmental assessment of energy storage systems, Energy and Environmental Science 8, 2015, 398 ff.

Ströbele, Wolfgang/*Pfaffenberger,* Wolfgang/*Heuternes,* Michael, Energiewirtschaft- Einführung in Theorie und Politik, 3. Aufl., 2012

Stuhlmacher, Gerd/*Stappert,* Holger/*Jansen,* Guido/*Schoon,* Heike (Hrsg.): Grundriss zum Energierecht, 2. Aufl., 2015

Terhechte, Jörg (Hrsg.), Verwaltungsrecht der Europäischen Union, 2011

Theobald, Christian, Grundzüge des Energiewirtschaftsrechts, 3. Aufl., 2013

Theobald, Christian/*Wolkenhauer,* Sören, Aktueller Referentenentwurf zu § 46 EnWG, EnWZ 2015, 483 ff.

Thole, Christian, Der europäische Netzkodex Gas Balancing und die Auswirkungen auf GABi Gas, IR 2012, 100 ff.

Thole, Christoph, Die zivilrechtliche Haftung des Netzbetreibers gegenüber Betreibern von Offshore-Windenergieanlagen für die verzögerte Netzanbindung, RdE 2013, 53 ff.

Trautner, Wolfgang/*Schwabe* Christof, Praxishandbuch Sektorenverordnung – Anwendungsbereich, Verfahren, Rechtsschutz, 2011

Vogt, Matthias/*Maaß,* Volker, Leitlinien für die transeuropäische Energieinfrastruktur – Netzausbau die Zweite, RdE 2013, 151 ff.

von Hammerstein, Christian/*Fietze,* Daniela, Gebündelte Kapazität nach der VO (EU) Nr. 984/2013), Zivilrechtliche Folgen für den grenzüberschreitenden Gastransport, EnWZ 2014, 496 ff.

von Kielmansegg, Sebastian (Hrsg.), Die EEG-Reform – Bilanz, Konzeption, Perspektiven, 2015

von Lewinski, Kai/*Bews* James, Gasspeicherregulierung, N&R 2013, 243 ff.

von Oppen, Margarete, Stromspeicher: Rechtsrahmen und rechtlicher Optimierungsbedarf, ER 2014, 9 ff.

Vrana, Nina, Interkonnektoren im Europäischen Binnenmarkt, 2012

Wachovius, Martin, Einführung in das Energierecht, 2013

Wahlhäuser, Jens, Der Ausbau des deutschen Stromübertragungsnetzes – Zwischenbericht und Ausblick, ZNER 6/2014, 534 ff.

Weber, Alexander/*Bechers,* Thorsten/*Feuß,* Sebastian/*von Hirschhausen,* Christian/*Hoffrichter,* Albert/*Kleber,* Daniel, Potentiale zur Erzielung von Deckungsbeiträgen für Pumpspeicherkraftwerke in der Schweiz, Österreich und Deutschland, 2014

Weisheimer, Martin, Preise und Subventionen im Energiesektor der DDR, ET 1990, 626 ff.

Weitbrecht, Andreas/*Mühle,* Jan, Die Entwicklung des europäischen Kartellrechts 2015, EuZW 2016, 172 ff.

Weyer, Hartmut/*Lietz,* Franziska, Entflechtungsvorgaben für den Betrieb von Stromspeichern – Teil I ZNER 2014, 241–245 und Teil II ZNER 2014, 356 ff.

Weyer, Hartmut/*Lietz,* Franziska/*Nadler,* Christoph/*Hochholzer,* Christian, Batteriespeicheranlagen im Multi-Purpose-Betrieb: Energiewirtschaftsrechtliche Rahmenbedingungen, 2016

Wiedemann, Gerhard (Hrsg.), Handbuch des Kartellrechts, 2. Aufl., 2008

Winter, Gerd, The Rise and Fall of Nuclear Energy Use in Germany: Processes, Explanations and the Role of Law, in: Journal of Environmental Law 25.1.2013, 95 ff.

Wolfers, Benedikt/*Wollenschläger,* Burkard, Zwang zum Erhalt von Kraftwerken, N&R 2013, 251 ff.

Woltering, Tobias, Der Netzanschluss im EEG 2014, Ermittlung des Verknüpfungspunktes und Kostenverteilung, EnWZ 2015, 254 ff.

Wulfhorst, Reinhard, Neue Wege bei der Bürgerbeteiligung zu Infrastrukturvorhaben, DÖV 2014, 730 ff.

Zabel, Lorenz, Haftung des Netzbetreibers für Überspannungsschäden, zu BGH, Urteil vom 25.2.2014 – VI ZR 144/13, BB 2014, 1300 ff.

Zenke, Ines/*Schäfer,* Ralf (Hrsg.), Energiehandel in Europa: Öl, Gas, Strom, Derivate, Zertifikate, 3. Aufl., 2012

Zenke, Ines/*Wollschläger,* Stefan, Preise und Preisgestaltung in der Energiewirtschaft: Von der Kalkulation bis zur Umsetzung von Preisen für Strom, Gas, Fernwärme, Wasser und CO_2 (De Gruyter Praxishandbuch), 2014

Abkürzungsverzeichnis

ABVFernwärmeV ...... Verordnung über Allgemeine Bedingungen für die Versorgung mit Fernwärme vom 20.6.1980
ACER .... European Agency for the Cooperation of Energy Regulators gem. Verordnung Nr. 713/2009 zur Gründung einer Agentur für die Zusammenarbeit der Energieregulierungsbehörden vom 13.7.2009
ADR .... Alternative Dispute Resolution
AG .... Aktiengesellschaft
AGVO .... Allgemeine Gruppenfreistellungsverordnung
AEUV .... Vertrag über die Arbeitsweise der Europäischen Union
AG .... Aktiengesellschaft
AGB .... Allgemeine Geschäftsbedingungen
AGFW .... Energieeffizienzverband für Wärme, Kälte und KWK e. V.
AKW .... Atomkraftwerk
ARegV .... Verordnung über die Anreizregulierung der Energieversorgungsnetze/ Anreizregulierungsverordnung vom 29.10.2007
ATC .... Available Transfer Capacity
AtG .... Gesetz über die friedliche Verwendung der Kernenergie- und den Schutz gegen ihre Gefahren/Atomgesetz
AusglMechAV .... Ausgleichsmechanismus-Ausführungsverordnung vom 22.2.2010
AusglMechV .... Ausgleichsmechanismusverordnung vom 17.7.2009
AWZ .... Ausschließliche Wirtschaftszone

BAFA .... Bundesamt für Wirtschaft und Ausfuhrkontrolle
BBPlG .... Bundesbedarfsplangesetz
BbergG .... Bundesberggesetz
BEB .... BEB Erdgas und Erdöl GmbH & Co. KG
BEGTPG .... Gesetz über die Bundesnetzagentur für Elektrizität, Gas, Telekommunikation, Post und Eisenbahnen
BEWAG .... Berliner Städtische Elektrizitätswerke Aktiengesellschaft
BDEW .... Bundesverband der Energie- und Wasserwirtschaft
BGB .... Bürgerliches Gesetzbuch
BGH .... Bundesgerichtshof
BKartA .... Bundeskartellamt
BlmSchG .... Bundes-Immissionsschutzgesetz
BiomasseV .... Biomasseverordnung vom 21.6.2001
BMU .... Bundesministerium für Umwelt, Naturschutz und Reaktorsicherheit
BMWi .... Bundesministerium für Wirtschaft und Technologie
BNE .... Bundesverband Neuer Energieanbieter
BNetzA .... Bundesnetzagentur
BNetzAG .... Gesetz über die Bundesnetzagentur für Elektrizität, Gas, Telekommunikation Post und Eisenbahnen
BSH .... Bundesamt für Seeschifffahrt und Hydrographie
BVerfG .... Bundesverfassungsgericht

CACM .... Verordnung Nr. 2015/1222 zur Festlegung einer Leitlinie für die Kapazitätsvergabe und das Engpassmanagement vom 24.7.2015
CAM .... Capacity Allocation Mechanisms
CBM .... Coalbed Methan
CDM .... Clean Development Mechanism
CEER .... Council of European Energy Regulators/Verband der EU-Regulierungsbehörden
CEREMP .... Centralised European Registry for Energy Market Participants

CCS .... Carbon Capture and Storage
CSC-Richtlinie .... Carbon Capture and Storage Richtlinie vom 23.4.2009
CWE .... Central Western Europe

DDR .... Deutsche Demokratische Republik
Dena .... Deutsche Energie Agentur GmbH
DIS .... Deutsche Institution für Schiedsgerichtsbarkeit
DRV .... Deutscher Rahmenvertrag für Finanztermingeschäfte

ECC .... European Commodity Clearing
EEA .... Einheitliche Europäische Akte
EEAG .... Environmental and Energy Aid Guidelines 2014–2020
EEG .... Erneuerbare-Energien-Gesetz
EEWärmeG .... Erneuerbare-Energien-Wärmegesetz
EEX .... European Energy Exchange
EFET .... European Federation of Energy Traders/Verband europäischer Energie-
                                 händler
EG .... Europäische Gemeinschaft (Vorgängerorganisation der EU)
EGIX .... European Gas Index Deutschland
EGKS .... Europäische Gemeinschaft für Kohle und Stahl (siehe auch Montanunion)
EGV .... Der Vertrag zur Gründung der Europäischen Gemeinschaft
EMIR .... Verordnung Nr. 648/2012 über OTC-Derivate, zentrale Gegenparteien und
                                 Transaktionsregister vom 4.7.2012
EMRK .... Europäische Menschenrechtskonvention
ENEV .... Energieeinsparverordnung
EnLAG .... Energieleitungsausbaugesetz
EnLBRÄndG .... Gesetz zur Änderung von Bestimmungen des Rechts des Energieleitungs-
                                 baus
ENTSO-E .... European Network of Transmission System Operators for Electricity/
                                 Verband Europäischer Übertragungsnetzbetreiber für Strom
ENTSO-G .... European Network of Transmission System Operators for Gas/Verband
                                 Europäischer Übertragungsnetzbetreiber für Gas
ENVKG .... Energieverbrauchskennzeichnungsgesetz
EnWG .... Energiewirtschaftsgesetz
EnergieStG .... Energiesteuergesetz
E&P .... Exploration and Production (Aufsuchung und Gewinnung von Öl und Gas)
ERGEG .... European Regulators' Group for Electricity and Gas
ESMA .... European Securities and Markets Authority/Europäische Wertpapierauf-
                                 sichtsbehörde
ETS .... European Union Emissions Trading System
EU .... Europäische Union
EuG .... Gericht der Europäischen Union
EuGH .... Gerichtshof der Europäischen Union
EU-GR-Charta .... Charta der Grundrechte der Europäischen Union
Euratom .... Europäische Atomgemeinschaft
EURELECTRIC ...... Verband der europäischen Elektrizitätswirtschaft
EUROSOLAR .... Die Europäische Vereinigung für Erneuerbare Energien e. V.
EuV .... Vertrag über die Europäische Union
EVU .... Energieversorgungsunternehmen
EWG .... Europäische Wirtschaftsgemeinschaft

FCA .... Forward Capacity Allocation
FerngasZVO .... Verordnung Nr. 715/2009 über die Bedingungen für den Zugang zu den
                                 Erdgasfernleitungsnetzen vom 13.7.2009/Ferngasnetzzugangsverordnung
FFAV .... Freiflächenausschreibungsverordnung
FKVO .... Verordnung Nr. 139/2004 über die Kontrolle von Unternehmens-
                                 zusammenschlüssen vom 20.1.2004/Fusionskontrollverordnung
FRUG .... Finanzmarktrichtlinien-Umsetzungsgesetz

GasGVV	Grundversorgungsverordnung Gas vom 26.10.2006
GasNEV	Gasnetzentgeltverordnung vom 25.7.2005
GasNZV	Gasnetzzugangsverordnung vom 3.9.2010
GasVSVO	Verordnung Nr. 994/2010 über Maßnahmen zur Gewährleistung der sicheren Erdgasversorgung vom 20.10.2010/Gasnetzzugangsverordnung
GeLi Gas	Beschluss über die Geschäftsprozesse Lieferantenwechsel Gas
GG	Grundgesetz
GGPSSO	Guidelines for Good TPA Practice for Storage System Operators
GIE	Gas Infrastructure Europe
GmbH	Gesellschaft mit beschränkter Haftung
GPKE	Beschluss über die Geschäftsprozesse zur Kundenbelieferung mit Elektrizität
GTM	Gas Target Model
GVG	Gerichtsverfassungsgesetz
GVO	Gruppenfreistellungsverordnung
GVS	Gas Versorgung Süddeutschland
GWB	Gesetz gegen Wettbewerbsbeschränkungen
HGÜ	Hochspannungs-Gleichstrom-Übertragungstechnologie
IAEA/IAEO	Internationale Atomenergiebehörde/International Atomic Energy Agency
ICC	International Chamber of Commerce
IEKP	Integriertes Energie- und Klimaprogramm
ISDA	International Swaps and Derivates Association
ISO	Independent System Operator
ITC-VO	Verordnung Nr. 838/2010 zur Festlegung von Leitlinien für den Ausgleichsmechanismus zwischen Übertragungsnetzbetreibern und für einen gemeinsamen Regelungsrahmen im Bereich der Übertragungsnetzentgelte vom 23.9.2010
ITO	Independent Transmission Operator
KAV	Konzessionsabgabenverordnung
KernbrStG	Kernbrennstoffsteuergesetz
KGaA	Kommanditgesellschaft auf Aktien
KKR	Kapazitäts- und Klimareserve
KopV	Kooperationsvereinbarung der Gasnetzbetreiber
KoV VIII	Kooperationsvereinbarung zwischen den Betreibern von in Deutschland gelegenen Gasversorgungsnetzen vom 30.7.2015
KraftNAV	Kraftwerks-Netzanschlussverordnung
KWG	Gesetz über das Kreditwesen
KWK-RL	Richtlinie 2004/8/EG über die Förderung einer am Nutzwärmebedarf orientierten Kraft-Wärme-Kopplung im Energiebinnenmarkt vom 11.2.2011/Kraft-Wärme-Kopplungs-Richtlinie
KSpG	Kohlendioxid-Speicherungsgesetz
KWK	Kraft-Wärme-Kopplung
KWKG	Kraft-Wärme-Kopplungsgesetz
KWKModG	Kraft-Wärme-Kopplungsmodernisierungsgesetz
LBEG	Niedersächsisches Landesamt für Bergbau, Energie und Geologie
LNG	Liquefied Natural Gas
LPG	Liquefied Petrolium Gas
MaBiS	Marktregeln für die Durchführung der Bilanzkreisabrechnung Strom
MEGAL	Mittel-Europäische-Gasleitung
MessZV	Messzugangsverordnung vom 17.10.2008
MiDAL	Mitte-Deutschland-Gasanbindungs-Leitung
MiFiD	Richtlinie 2004/39/EG über Märkte für Finanzinstrumente vom 21.4.2004
MinöStG	Mineralölsteuergesetz
Montanunion	Europäische Gemeinschaft für Kohle und Stahl (siehe auch EGKS)

NABEG .... Netzausbaubeschleunigungsgesetz
NAV .... Niederspannungsanschlussverordnung vom 1.11.2006
NBP .... National Balancing Point
NC BAL/BAL NC .... Balancing Network Code/Netzkodex zur Gasbilanzierung in Fernleitungs-
netzen
NDAV .... Niederdruckanschlussverordnung vom 1.11.2006
NEMO .... Nominated Electricity Market Operator
NEP .... Netzentwicklungsplan Onshore
NetzResVO .... Netzreserveverordnung vom 27.6.2013
NWE .... North Western Europe
NYSE .... New York Stock Exchange

OeMAG .... Abwicklungsstelle für Ökostrom AG
O-NEP .... Netzentwicklungsplan Offshore
OPEC .... Organisation erdölexportierender Länder
ÖPP .... Öffentlich-Private-Partnerschaften
OTC-Handel .... Over the Counter Handel
OWiG .... Ordnungswidrigkeitengesetz

PCI .... Project of Common Interest
PCR .... Price Coupling of Regions
PEGAS .... Pan-European Gas Cooperation
Phelix .... Physical Electricity Index
PJ .... Petajoule

REMIT .... Verordnung Nr. 1227/2011 über die Integrität und Transparenz des
Energiegroßhandelsmarktes vom 25.10.2011
RES-Direktive .... Richtlinie 2009/28/EG zur Förderung der Nutzung von Energie aus
erneuerbaren Quellen vom 23.4.2009
ResKV .... Reservekraftwerksverordnung (jetzt: NetzResVO)

SeeAnlV .... Verordnung über Anlagen seewärts der Begrenzung des deutschen Küsten-
meeres vom 23.1.1997/Seeanlagenverordnung
SeeAufgG .... Seeaufgabengesetz
SektVO .... Sektorenverordnung
SKE .... Steinkohleeinheit
SNG .... Substitute Natural Gas/Synthetic Natural Gas
SRÜ .... Seerechtsübereinkommen
StromEinspG .... Gesetz über die Einspeisung von Strom aus erneuerbaren Energien in das
öffentliche Netz
StromNZV .... Stromnetzzugangsverordnung vom 25.7.2005
StromGVV .... Grundversorgungsverordnung Strom vom 26.10.2006
StromHVO .... Verordnung Nr. 714/2009 über die Netzzugangsbedingungen für den
grenzüberschreitenden Stromhandel vom 13.7.2009/
Stromhandelsverordnung
StromNAV .... Stromnetzanschlussverordnung vom 1.11.2006
StromNEV .... Stromnetzentgeltverordnung vom 25.7.2005
StromNZV .... Stromnetzzugangsverordnung vom 25.7.2005
StromStG .... Stromsteuergesetz

TAP .... Trans Adriatic Pipeline
TEHG .... Treibhausgasemissionshandelsgesetz
TEN-E VO .... Verordnung Nr. 347/2013 zu Leitlinien für die transeuropäische Energie-
infrastruktur vom 17.4.2013
TLC .... Trilateral Market Coupling
TTF .... Title Transfer Facility
TTW .... Tank to Wheel
TYNDP .... Ten Year Network Development Plan

UBA .... Umweltbundesamt
UCTE .... Union for the Co-ordination of Transmission of Electricity
UGS .... Untertageerdgasspeicheranlagen
ÜNB .... Übertragungsnetzbetreiber
UNCLOS .... United Nations Convention on the Law of the Sea
UNEP .... United Nations Environment Programme
UNFCCC .... Klimarahmenkonvention der Vereinten Nationen
UVPG .... Gesetz über die Umweltverträglichkeitsprüfung
VEAG .... Vereinigte Energiewerke AG
VDEW .... Verband der Elektrizitätswirtschaft (seit 2007 Bundesverband der Energie-
                          und Wasserwirtschaft [BDEW])
VEB .... VEB Verbundnetz Gas
VgV .... Vergabeverordnung
VIK .... Verband der Industriellen Energie- und Kraftwirtschaft e. V.
VHP .... Virtueller Handelspunkt
VKU .... Verband kommunaler Unternehmen
VwGO .... Verwaltungsgerichtsordnung
VwVG .... Verwaltungsvollstreckungsgesetz
VwVfG .... Verwaltungsverfahrensgesetz

WHG .... Wasserhaushaltsgesetz
WindSeeG .... Windenergie-auf-See-Gesetz
WpHG .... Wertpapierhandelsgesetz
WTO .... World Trade Organisation/Welthandelsorganisation
WTW .... Well to Wheel

ZEE .... Zeebrugge Beach
ZPO .... Zivilprozessordnung
ZuV .... Verordnung über die Zuteilung von Treibhausgas-Emissionsberechtigungen
                          vom 26.9.2011/Zuteilungsverordnung

Abbildungsverzeichnis

Teil A. Zum Einstieg

Energierecht hat viele Facetten, sowohl in technischer und wirtschaftlicher als auch in rechtlicher Hinsicht. Bevor wir die einzelnen Märkte und Rechtsgebiete behandeln, wollen wir den Lesern einen Überblick verschaffen: § 1 zum Energierecht heute will einige grundlegende Informationen zum Energierecht und seinen aktuellen Themen vermitteln. § 2 stellt einen Abriss zur Entwicklung des deutschen und des europäischen Energierechts dar. § 3 gibt schließlich einen Überblick über die wichtigsten deutschen und europäischen Rechtsnormen, die den Kern des Energierechts bilden.

§ 1. Energierecht heute

Die Energiewirtschaft befindet sich in rasantem Wandel. Mosaiksteine davon erleben wir **1** jeden Tag oder sehen sie in den Medien.

Die Umwälzung begann Ende der 1990er Jahre mit dem Paradigmenwechsel der Libera- **2** lisierung des Energiemarktes durch die EU-Binnenmarktrichtlinien Strom und Gas sowie mit deren Umsetzung 1998 in Deutschland durch die Novelle des Energiewirtschaftsgesetzes. Diese hoben die Gebietsmonopole der Energieversorger auf und führten auch für die Energieversorgung einen Wettbewerbsmarkt ein. Diese Entwicklung setzte sich ebenso schwungvoll mit den folgenden Privatisierungen der Energieunternehmen, der späteren Entflechtung und Regulierung der Netze und dem Atomausstieg fort. Heute befindet sich Deutschland mitten in der **Energiewende.** Denn obwohl dafür von der Bundesregierung 2010 ein Zeitplan bis 2050 vorgegeben wurde, ist sie sehr schnell und umfassend angelaufen. Dabei setzt Deutschland u. a. auf die Stromerzeugung aus erneuerbaren Energiequellen und möchte in absehbarer Zeit ohne Kernenergie auskommen.

Die EU-Kommission in Brüssel hat sich gleichzeitig die Schaffung eines europäischen **3** Binnenmarktes für Strom und Gas sowie einer einheitlichen Energieunion zum Ziel gesetzt.

Entsprechend dynamisch hat sich in den letzten 20 Jahren auch das **Energierecht 4** weiterentwickelt. Es war und ist einerseits das zentrale Instrument zur Steuerung und Gestaltung dieses Wandels der Energieversorgung. Andererseits bildet es die Veränderungen ab und ist der Maßstab für die Rechtmäßigkeit der energiewirtschaftlichen Praxis.

Vor diesem Hintergrund möchte unser Buch das heutige Energierecht darstellen und in **5** seinen energiewirtschaftlichen **Zusammenhängen** verständlich machen. Es soll auch ohne besondere energiewirtschaftliche und energierechtliche Vorkenntnisse zugänglich sein.

Dem Einstieg dient dieses Kapitel, das die aktuellen Themen des Energierechts in den **6** Kontext der Entwicklung einordnet und einen ersten **Überblick** über die aktuellen Herausforderungen gibt.

I. Energieversorgung in der historischen Perspektive

Spätestens seit die ersten Menschen um das Lagerfeuer herum saßen, lebt unsere Gesell- **7** schaft von und mit der **Nutzung von Energie.** Den Beginn können wir bei der unmittelbaren Versorgung der Menschen mit Energie in Form von Nahrung sehen, die direkt in der Natur gesammelt, gejagt oder auf dem Feld erzeugt wurde. Die immer extensivere Nutzung von Energie durch den Menschen ging weiter über das Verbrennen von Feuerholz, die Verwendung der Zugkraft von Tieren für den Transport bis hin zur Nutzung von

Wind für Segelschiffe oder Wind- und Wasserkraft für Mühlen und der Nutzung fossiler Brennstoffe.

8   Heute hängt ein großer Teil unseres modernen Lebens von der Nutzung **technischer Energiequellen** ab. Das gilt für den privaten Bereich, wo wir mit Heizwärme unsere Wohnungen und Büros heizen, am elektrischen Herd kochen, mittels des Verbrennungs- oder Elektromotors Auto fahren und ausgiebig Fernseher und andere moderne elektronische Informationsmittel verwenden. Es trifft aber auch für sämtliche Bereiche der Wirtschaft zu. Angefangen beim Ackerbau mit seinen modernen Landmaschinen, über die Stahlindustrie mit ihren Hochöfen, bis zur Arbeit der Büroberufe, die heute ohne Computer und Telefon kaum noch vorstellbar sind. Für all diese Bereiche verbrauchen wir immer mehr Energie und sind daher auf ein jederzeit 100 Prozent zuverlässiges Versorgungssystem angewiesen.

9   Die **Energieversorgung** ist aber im Umbruch. Die moderne Gesellschaft des 19. und 20. Jahrhunderts verließ sich in fast allen Bereichen auf die Nutzung von fossilen Brennstoffen. Die Heizung wird mit Kohle, Gas oder Öl befeuert, Schiffe und Eisenbahnen mit Kohle angetrieben, Autos und Flugzeuge mit Benzin und Kerosin – also Öl – betankt und Strom aus Kohle, Öl und Gas erzeugt.

10   Dabei hat sich aber gezeigt, dass der Verbrauch fossiler Brennstoffe keine dauerhafte Lösung ist. Zum einen erzeugt ihre Verbrennung große Mengen von Kohlendioxid, was nach heute ganz überwiegender Meinung zur Erderwärmung führt, klimaschädlich ist und lebenswichtige Grundlagen unserer Gesellschaft gefährdet. Dies wird unter dem Stichwort *Klimawandel* zusammengefasst.

11   Zum anderen verbrauchen wir mit **fossilen Brennstoffen** eine nur endlich verfügbare Ressource, deren Abbau zudem zu erheblichen Eingriffen in die Natur führt. Deren verbliebene Vorkommen sind überschaubar geworden, egal ob wir den Zeitpunkt der höchsten Erdölförderung (Peak Oil), gerade miterleben oder ob dieser erst in ein paar Jahren oder Jahrzehnten liegt. Denn selbst wenn das Versiegen der Kohle- und Öl-Vorräte in näherer Zukunft wohl noch nicht droht, lässt sich bereits jetzt feststellen, dass die Verbrennung fossiler Brennstoffe zunehmend politisch umstritten ist und die Brennstoffe mit zyklischen Schwankungen knapper und damit teurer werden. Dies zeigt insbesondere der Ölpreis, der Ende der 1970er Jahre noch unter 10 US Dollar pro Barrel Rohöl lag, sich zwischenzeitlich verzehnfacht hatte und auch nach dem Ölpreisschock 2015 Ende 2016 immer noch fast fünfmal so hoch liegt. Hinzu kommt, dass sich Deutschland weder mit Steinkohle noch mit Erdöl oder Gas autark versorgen kann, weil die Kohleförderung in Deutschland zu teuer ist und die zu wirtschaftlichen Bedingungen förderbaren Erdöl- und Gasvorräte zu gering sind.

12   In der Wirtschaft und in der Politik setzte sich daher die Erkenntnis durch, dass wir uns von dem Import und Verbrauch von fossilen Brennstoffen möglichst wenig abhängig machen sollten. Einen Ausweg bot seit den 1960er Jahren die Stromerzeugung aus **Kernenergie,** die zunächst kostengünstig erschien und bei der der Kohlenstoffdioxid-Ausstoß vermieden werden kann. Zudem ist der Brennstoff – Uran – zwar ebenfalls endlich aber bislang nicht knapp.[1] Aber die Mehrheit in der Bevölkerung und der Regierung ist – jedenfalls in Deutschland – zu der Überzeugung gelangt, dass die damit verbundenen Risiken und Nachteile (Rückbau der Anlagen, Aufbereitung und Endlagerung des Brennmaterials) nicht vertretbar sind und hat sich daher für die zeitnahe Abschaltung aller Kernkraftwerke entschieden.

13   Wenn aber Kohle, Gas, Öl und Uran nicht das Mittel der Wahl zur Versorgung mit Energie sein können oder sein sollen, so bieten sich nach derzeitigem Stand der Wissenschaft allein die **erneuerbaren Energien** als Energiequelle an. Ihnen hat sich in den letzten 20 Jahren die Aufmerksamkeit immer stärker zugewandt. Das ist insofern bemerkenswert, als bereits bis zum Beginn des Industriezeitalters der größte Teil des Energie-

---

[1] OECD/IAEA, Uranium 2014 – Resources, Production and Demand, NEA No. 7209, 2014, S. 19, 125.

verbrauchs der Menschen aus erneuerbaren Energiequellen wie Muskelkraft, Feuerholz, Sonne, Wind und Wasserkraft gedeckt wurde. Geht man davon aus, dass wir jetzt, an der Schwelle des Übergangs unserer Energieversorgung zur Nutzung erneuerbarer Energiequellen, insbesondere der Sonnen- und Windenergie, stehen, so erscheint die Ära der Nutzung fossiler Energiequellen als eine relativ kurze Periode in der menschlichen Geschichte.

Da unsere gesamte Gesellschaft auf dem Verbrauch von Energie beruht, ist die Umstellung der Energieversorgung von fossilen Brennstoffen auf erneuerbare Energien (definiert in § 5 Nr. 14 EEG 2014/§ 3 Nr. 21 EEG 2017) allerdings ein fundamentaler **Eingriff in die Grundlagen der Gesellschaft** und eine gewaltige und zumindest am Anfang kostenintensive Aufgabe. Die Reorganisation erfordert u. a. die Neustrukturierung ganzer Industriezweige, verändert die Landschaft und treibt die Stromkosten in die Höhe. Andererseits ist im Bereich der erneuerbaren Energien eine ganz neue Branche mit hunderttausenden Arbeitsplätzen entstanden, die Wirtschaft profitiert vom Export von Technik und Knowhow und für den Staatshaushalt werden zusätzliche Steuereinnahmen generiert. **14**

II. Regelungsbereiche des Energierechts

Das Energierecht hat im vorgenannten Gefüge die rechtliche Organisation der Energieversorgung zum Gegenstand und ist daher gleichzeitig Gestaltungsinstrument und Teil dieser Entwicklung. Es muss den Übergang von den alten zu den neuen Strukturen lenken. Zum **Energierecht im weiteren Sinne** gehören daher das gesamte Recht der erneuerbaren Energien und der Energieträger Kohle, Gas, Öl und der Kernbrennstoffe sowie deren Umwandlung in nutzbare Energieformen wie Wärme, Strom, Bewegungsenergie etc., deren Transport und Vertrieb sowie alle damit im Zusammenhang stehenden Fragen. **Energierecht im engeren Sinne** wird meist als das Recht der Versorgung mit den leitungsgebundenen Energieträgern Strom, Gas und Fernwärme verstanden. **15**

Abb. 1 – Die vier Stufen der Energiewirtschaft. Die Grafik zeigt die vier wesentlichen Stufen, in die die Energiewirtschaft gegliedert werden kann, für den Stromsektor. Jede Stufe ist von bestimmten Prozessen, Akteuren und Normen geprägt.

Wie **Abb. 1 – Die vier Stufen der Energiewirtschaft** zeigt, erstreckt es sich über vier Stufen: 1. Energieerzeugung und Import – 2. (leitungsgebundener) Transport – 3. Handel – 4. Vertrieb. Denn das Endprodukt (Strom, Gas oder Fernwärme) wird zunächst erzeugt, gefördert oder importiert, dann mithilfe von Leistungsnetzen zum Verbraucher transportiert, auf dem Weg dorthin teilweise gehandelt und schließlich an gewerbliche Verbraucher oder Haushalte als Endverbraucher vertrieben.

16   Das Energierecht im engeren Sinne ist **Gegenstand dieses Buches,** wobei der Strombereich aufgrund seiner Leitbildfunktion für die Entwicklung des modernen Energierechts, seiner existentiellen Bedeutung und seiner besonderen Komplexität den größten Raum einnimmt.

III. Liberalisierung – Europa und nationaler Markt

17   Die aktuellen zentralen Themen des deutschen und des europäischen Energierechts stehen in enger Beziehung, sie sind jedoch nicht identisch. Auf europäischer Ebene wurde – zumindest in der Vergangenheit – vor allem der Rahmen festgelegt. Im Zentrum standen dabei insbesondere die Leitgedanken der Liberalisierung und der Schaffung eines europäischen Binnenmarktes für Energie. Die Idee dieses **Energiebinnenmarktes** erwuchs aus dem Ziel einer umfassenden europäischen Wirtschaftsgemeinschaft, die zum Wohl der Verbraucher und der Wirtschaft u. a. durch die Warenverkehrsfreiheit verwirklicht werden soll. Durchgesetzt werden die Veränderungen mithilfe des sogenannten europäischen Sekundärrechts in Form von Richtlinien und Verordnungen, wodurch ein gewisses Niveau an einheitlichen Regeln vorgegeben und so die Rechtslage in den Mitgliedsstaaten harmonisiert wird.

18   Gegenwärtig sind im Strombereich und im Gasbereich jeweils eine Richtlinie und eine Verordnung von besonderer Bedeutung. Für sie verwenden wir im Folgenden durchgängig nicht die langen, amtlichen Titel, sondern die im Deutschen gebräuchlichen, nichtamtlichen Bezeichnungen:
- **Elektrizitätsbinnenmarktrichtlinie** meint die Richtlinie 2009/72/EG des Europäischen Parlaments und des Rates vom 13.7.2009 über gemeinsame Vorschriften für den Elektrizitätsbinnenmarkt (ABl. L 211 vom 14.8.2009, 55),
- **Stromhandelsverordnung** meint die Verordnung (EG) Nr. 714/2009 des Europäischen Parlaments und des Rates vom 13.7.2009 über die Netzzugangsbedingungen für den grenzüberschreitenden Stromhandel (ABl. L 211 vom 14.8.2009, 15),
- **Erdgasbinnenmarktrichtlinie** meint die Richtlinie 2009/73/EG des Europäischen Parlaments und des Rates vom 13.7.2009 über gemeinsame Vorschriften für den Erdgasbinnenmarkt (ABl. L 211 vom 14.8.2009, 94),
- **Ferngasnetzzugangsverordnung** meint die Verordnung (EG) Nr. 715/2009 des Europäischen Parlaments und des Rates vom 13.7.2009 über die Bedingungen für den Zugang zu den Erdgasfernleitungsnetzen (ABl. L 211 vom 14.8.2009, 36).

19   Alle vier Regelungen haben die Errichtung eines einheitlichen, grenzüberschreitenden Marktes für Energie zum Ziel. Ein wesentliches Mittel zu dessen Erreichung war die **Liberalisierung** der nationalen Energiemärkte, die gleichzeitig der Auflösung der vielfach in der Energiewirtschaft vorhandenen integrierten Monopolstrukturen und der Schaffung von marktwirtschaftlichem Wettbewerb diente. Die wohl gravierendste Vorgabe dabei ist die Entflechtung der Energieversorgungsunternehmen durch die Trennung des natürlichen Monopols der Strom- und Gasnetze von den Wettbewerbsbereichen Erzeugung, Handel und Vertrieb. Einen großen Einfluss auf den Energiebereich haben zudem der Klimaschutz und die Reduktion der Treibhausgasemissionen, aus denen Vorgaben für den Bereich der erneuerbaren Energien erwachsen.

20   Allerdings ist auch fast 20 Jahre nach dem Beginn der Liberalisierung ein vollständiges **Zusammenwachsen der nationalen Energiemärkte** noch nicht gelungen. Denn innerhalb des angesprochenen gemeinsamen Rahmens müssen immer mehr Feinheiten abgestimmt werden. So muss auf einem gemeinsamen Markt der Strom zwischen allen Ländern

frei gehandelt werden können. Dafür bedarf es einer entwickelten, grenzüberschreitenden Netzinfrastruktur, die einen Strom- bzw. Gasfluss durch ganz Europa ermöglicht. Hierzu fehlen an den Landesgrenzen aber oft die nötigen Verbindungsleitungen – die sogenannten Grenzkuppelstellen.[2] Zudem müssen die nationalen Akteure koordiniert und zentrale Handelsplätze geschaffen werden. Dadurch entstehen neue europaweite Institutionen und auch das Regelwerk wird immer detaillierter und technischer.

Neben den europäischen Zielen bestehen natürlich auch **weiterhin nationale Interessen 21 und Positionen** fort. Die EU-Kommission und die nationalen Regierungen ziehen nicht immer am gleichen Strang, sondern liefern sich mitunter ein energiepolitisches Tauziehen. Wie bei anderen europäischen Ländern trifft dies auch auf Deutschland zu. So stritt man beispielsweise 2014 zwischen der Bundesregierung und der EU-Kommission heftig über Elemente der Energiewende und des Erneuerbaren-Energien-Gesetzes (EEG), durch das in Deutschland die Umstellung auf die erneuerbaren Energien im Wesentlichen kodifiziert wird.

Solche Konflikte sind allerdings nicht neu. Schon seit den 1990er Jahren kommt es im- 22 mer wieder zu **Spannungen** zwischen deutscher und europäischer Energiepolitik. Bereits die Idee der Liberalisierung stieß bei großen Teilen der deutschen Energiewirtschaft und der deutschen Politik zunächst auf Ablehnung. Dies lag daran, dass in Deutschland seit der Entstehung der Energiewirtschaft über Jahrzehnte hinweg ein System etabliert worden war, in dem Versorgungsgebiete vertraglich mittels Demarkationsverträgen voneinander abgegrenzt wurden. Die Energieversorger hatten ihre Gebiete, in denen sie im Wesentlichen aus ihren eigenen Erzeugungsanlagen mithilfe ihrer eigenen Netze einen überschaubaren Kreis von Abnehmern versorgten. Das war zwar durch den fehlenden Wettbewerb und die Aufsplitterung der Versorgungsgebiete etwas teurer und weniger flexibel, aber dank hinreichender Überkapazitäten auch sicher.

Daher war die erste **Binnenmarktrichtlinie 1996,** durch die der Prozess der Marktli- 23 beralisierung in Gang gesetzt wurde, in Deutschland durchaus umstritten. Denn hinter der Liberalisierung verbargen sich tiefe Einschnitte in das bestehende System. Der neue Markt sollte nicht mehr parzelliert und abgeschottet sein, sondern sich dem Wettbewerb öffnen. Letztlich wurde 1998 der Weg für die Veränderungen durch die Reform des Energiewirtschaftsgesetzes (EnWG) – das quasi das Grundgesetz der deutschen Energiewirtschaft darstellt – freigemacht.

Grenzen fand das Primat des Wettbewerbs allerdings im Bereich der Stromnetze und 24 Gasnetze. Hier ist eine Vielfalt nicht sinnvoll – man stelle sich vor, dass entlang der Autobahn nicht mehr nur eine Freileitung Strom transportiert, sondern zwei oder noch mehr parallele Trassen verlaufen. Das wäre weder schön noch wirtschaftlich. Deshalb akzeptierte man dieses sogenannten **natürliche Monopol** im Netzbereich und beließ diese Leitungen – zunächst – bei den lokalen oder regionalen Versorgungsunternehmen als Netzeigentümern. Sie durften die Netze fortan allerdings nicht mehr ausschließlich für sich selbst nutzen, sondern mussten jedem Dritten diskriminierungsfrei zu fairen und transparenten Bedingungen Zugang zu den Netzen gewähren und den Transport durch diese zulassen (Drittzugang oder *Third Party Access*).

Wie dieser Drittzugang gewährleistet werden sollte, ergab sich erst schrittweise im Rah- 25 men einer weiteren Auseinandersetzung. Zunächst wurde versucht, die hergebrachten Strukturen möglichst weitgehend zu erhalten und so den Übergang in die „neue Welt" abzufedern. Beispiele hierfür sind die Braunkohleschutzklausel und der Versuch der freiwilligen Selbstregulierung der Energiewirtschaft durch Verbändevereinbarungen als Alternative zur staatlich verordneten **Regulierung.**

Letztlich ließ sich dadurch die europaweit verordnete Regulierung der Netze aber nicht 26 vermeiden. Sie war der Kern des zweiten Binnenmarktpaketes 2003, aus dem auch die Einführung nationaler Regulierungsbehörden entsprang. Die dadurch 2005 entstandene

---

[2] Auch: Interkonnektoren oder Netzkuppelstellen.

Bundesnetzagentur ist heute einer der wichtigsten Akteure im deutschen Energiemarkt. Sie überwacht die Bedingungen für den Netzzugang und die Netznutzung, einschließlich der Netzentgelte.

27		Bei der nächsten Runde ging es dann um die **Entflechtung** der Strom- und Gasnetze von den übrigen Wettbewerbsbereichen der Energieunternehmen (die auch in der deutschen Terminologie oft mit dem englischen Begriff des **Unbundling** bezeichnet wird). Sie ist der Kern des dritten Binnenmarktpakets der EU-Kommission von 2009.

IV. Die Netze

28		Und dies ist nicht die einzige Herausforderung, die sich in Deutschland durch die Energiewende und die Regelungen des EEG stellt. Eine weitere Großbaustelle ist im wahrsten Sinne des Wortes der **Netzausbau.** Die Bereiche Strom und Gas verfügen nach heutiger regulatorischer Einteilung über jeweils zwei Netzebenen, wovon eine der Übertragung dient (also dem Transport über lange Strecken) und die andere der Verteilung (also dem Transport auf lokaler Ebene bis hin zu den Verbrauchern).

29		Gerade das **Stromübertragungsnetz** muss möglichst rasch an die Gegebenheiten der Energiewende angepasst werden. Denn es passt mit dem veränderten Marktumfeld nur noch schlecht zusammen. Das bisherige Übertragungsnetz ist auf die zentrale Erzeugung in großen Kraftwerken nah der großen Verbrauchszentren ausgelegt, nicht auf dezentrale Erzeugung in Windparks und Solaranlagen. Gerade die Windkraft ist hauptsächlich im Norden Deutschlands konzentriert, während die energieintensiven Industrien im Westen angesiedelt sind. Nunmehr sind leistungsstarke Übertragungsnetze mit Nord-Süd-Trassen nötig, an denen es bisher fehlt.

30		Und die Vereinfachung der Planungsverfahren und Genehmigungsverfahren durch einen zentralen **Netzentwicklungsplan** und das **Netzausbaubeschleunigungsgesetz,** weg von unterschiedlichen Zuständigkeitsbereichen und unter stärkerer Einbindung der Anwohner hat scheinbar nicht viel geholfen: Die ersten nun vorgestellten Projekte haben unter Voranstellung lokaler Interessen bereits heftigen Widerstand erfahren. So war etwa das derzeit größte Nord-Süd-Leitungsprojekt – *SuedLink* – vor den bayerischen Kommunalwahlen im Winter 2013/14 heftigen Widerständen ausgesetzt. Letztlich haben diese dazu beigetragen, dass nun viele Netzausbauvorhaben in Form von unterirdischen Kabeltrassen verwirklicht werden.

31		Die Notwendigkeit zum Netzausbau ist deshalb besonders gravierend, da **Stromspeicherung** bisher nicht in großen Mengen wirtschaftlich ist und daher jederzeit genauso viel Strom erzeugt und transportiert werden muss, wie verbraucht wird. Das gewachsene System der Stromversorgung war auf diese Besonderheit eingestellt. Mit der Umstrukturierung der Erzeugung zu erneuerbaren Energien steht die Energiewirtschaft vor der Herausforderung, dass die Zeitpunkte und Orte von Erzeugung und Verbrauch zunehmend entkoppelt werden und die Stromerzeugung durch Wind und Sonne viel volatiler und weniger steuerbar ist als die konventionelle Erzeugung.

32		Die Speicherung gelingt im Strombereich aber bisher nur ansatzweise. Kostengünstige, effiziente Technologien fehlen und sind kurzfristig nicht in Sicht. Denn die geografische Beschaffenheit Deutschlands bietet nur wenige Möglichkeiten zum Einsatz von Pumpspeicherkraftwerken, die in vielen anderen Staaten eine bewährte Methode dafür darstellen. Umso intensiver wird derzeit zur Speicherung überschüssigen Stromes durch Umwandlung in Methangas im Wege der Elektrolyse – Stichwort: **Power-to-Gas** – geforscht. In den großen Gasleitungsnetzen und den Gasspeichern ist dafür viel Platz, bislang lässt aber die Effizienz zu wünschen übrig. Zudem gewinnen Batteriespeicher an Bedeutung.

33		Bis die Speichertechnologien ausgereift sind oder verschiedene erneuerbare Energien im Verbund eine gleichmäßige Versorgung hinreichend sicher gewährleisten können, muss Deutschland sich auch in sonnenarmen und windschwachen Zeiten absolut zuverlässig mit Strom versorgen können. Dies wird an späterer Stelle unter dem Stichwort der **Kapazi-**

tätsmechanismen dargestellt. Denn zumindest als Reserve bleiben die konventionellen Kraftwerke – allen voran die sehr flexibel zu fahrenden Gaskraftwerk – unverzichtbar. Denn sie können so gesteuert werden, dass zu Zeiten hohen Verbrauchs am Mittag und am Abend zusätzliche Energie bereitgestellt wird.

Die Netze gehörten traditionell zu **vertikal integrierten Energieversorgungsunternehmen.** Deren Geschäft deckte von der Erzeugung des Stromes bis zur Steckdose des Endkunden alle vier Stufen des Marktes ab. Dies erstreckte sich von den ursprünglich neun Verbundunternehmen auf der obersten Ebene, die die überregionalen Übertragungsnetze betrieben und ca. 80 Prozent des Stromes in Deutschland erzeugten, über die ca. 70 regionalen Versorger bis zu den über ca. 900 lokalen Versorgern, zumeist Stadtwerken. Viele, gerade der lokalen Versorger, gehörten staatlichen Institutionen oder Kommunen. 34

Zur Schaffung eines Wettbewerbsmarktes musste das natürliche Monopol der Netze neutralisiert werden, weil es dem vertikal integrierten Versorger in dem jeweiligen Netzgebiet vor allen anderen Konkurrenten einen unvermeidlichen Wettbewerbsvorteil gab. Dazu sieht das Dritte Binnenmarktpaket eine **gestufte Entflechtung** der Netze vor. Im Kern geht es darum, dass die Netze aus der Integration der vertikal integrierten Energieversorgungsunternehmen herausgelöst werden sollten, damit sich die Erzeugungs- oder Vertriebssparte nicht zum Beispiel bessere Konditionen oder Informationen aus dem Netz zu Nutze machen können. Alle Netzbetreiber unterliegen danach der Pflicht zur Verschwiegenheit hinsichtlich sensibler Informationen aus dem Netzbetrieb gegenüber den anderen Bereichen des Unternehmens (Informatorische Entflechtung) und zur separaten Buchhaltung (Buchhalterische Entflechtung). Übertragungsnetzbetreiber (Strom) und Fernleitungsnetzbetreiber (Gas) sowie große Verteilnetzbetreiber mit mehr als 100.000 Kunden müssen den Netzbereich zusätzlich organisatorisch und personell von den anderen Unternehmensteilen abtrennen (Operationelle Entflechtung) und ihn außerdem in einer separaten Gesellschaft führen (Rechtliche Entflechtung). 35

Transportnetzbetreiber, die im Stromsektor auch als *Übertragungsnetzbetreiber* und im Gassektor als *Fernleitungsnetzbetreiber* bezeichnet werden, sind darüber hinaus grundsätzlich verpflichtet, den Netzbereich auch eigentumsrechtlich vom Unternehmen abzutrennen **(Eigentumsrechtliche Entflechtung).** Dabei sind aber zwei abgemilderte Versionen (Modell des Unabhängigen Systembetreibers und Unabhängigen Transportnetzbetreibers) zugelassen.[3] Durch dieses Regime der Liberalisierung und Entflechtung haben sich in den vergangenen Jahren Erzeugung/Import, Handel und Vertrieb im Strom- und Gasmarkt trotz aller Auseinandersetzungen zu lebendigen Wettbewerbsmärkten entwickelt. 36

Allerdings ist zu beobachten, dass die zentrale **Rolle der Netze** im Energiemarkt seit einigen Jahren wieder zu einer verstärkten Einflussnahme auf die Wettbewerbsmärkte führt. Bei der Erzeugung spielen die Netzbetreiber eine Rolle, da sie den Anlagenbetreibern beispielsweise Weisungen im Hinblick auf die Menge des erzeugten Stromes erteilen[4] oder Anlagen für erneuerbare Energien selbstständig abschalten können. Auch im Energiehandel und im Bereich des Vertriebs an Kunden wird die Rolle der Netze wieder wichtiger, wie im Einzelnen in § 4, Rn. 419 ff. und 472 ff. auszuführen sein wird. Diese den Netzbetreibern vor allem vom Gesetzgeber zugeordneten Aufgaben entsprechen eigentlich nicht dem Gedanken der Entflechtung. Man wird sehen, inwieweit sich daraus für die Netzbetreiber wieder eine umfassendere Rolle im Energiemarkt entwickeln wird. 37

V. Die Energiewende

Trotz der zuvor genannten Entwicklungen ist der Prozess der Schaffung eines einheitlichen, für einen fairen Wettbewerb offenen europäischen Binnenmarktes aber noch nicht 38

---

[3] Siehe zum Thema Entflechtung im Einzelnen unten § 5.
[4] Beispielsweise im Rahmen des Engpassmanagements durch Redispatching (siehe § 4, Rn. 262) und der Kapazitätsreserven (siehe § 4, Rn. 275 ff.).

abgeschlossen. Mittlerweile hat sich die **Auseinandersetzung** zwischen den europäisch
zentralistischen Kräften und den Befürwortern nationaler Lösungen auf die oben bereits
angesprochene Reform des EEG und die Schaffung nationaler Kapazitätsmechanismen zur
Förderung konventioneller Stromerzeugung verlagert.

39   Um diesen Konflikt zu verstehen, ist noch einmal ein Blick auf die **Aufgabenverteilung** zwischen der Europäischen Union und den Mitgliedsstaaten nötig. Denn die Mitgliedsstaaten haben die Kompetenz zur Gestaltung ihrer nationalen Energiemärkte nicht
vollständig an die europäische Ebene abgegeben. Die Wahl der Erzeugungsformen liegt
nach Art. 194 AEUV beispielsweise weiterhin alleine in nationaler Hand.

40   So konnte sich Deutschland die **Energiewende** verordnen. Die energetische Versorgung einer bevölkerungsstarken Industrienation innerhalb weniger Jahrzehnte unter drasti-
scher Reduzierung der Kohlenstoffdioxid-Erzeugung von konventionell auf erneuerbar
umzustellen, ist ein einmaliges Vorhaben. Die Welt schaut daher mit großem Interesse auf
das deutsche Projekt. Was sie sieht, ist eine ambitionierte Zielsetzung, eine überraschend
schnelle Entwicklung der Erzeugung erneuerbarer Energien und ein mittlerweile sehr
komplexes System mit hohen Kosten und vielen Teilen, die (noch) nicht recht zu einander
passen.

41   Nach der aktuellen **Zielvorgabe** in § 1 Abs. 2 Nr. 3 EEG[5] sollen im Jahr 2050 bis zu 80
Prozent der Energie aus erneuerbaren Energien gewonnen werden, um so eine von endlichen Reserven unabhängige, sichere und saubere Versorgung sicherzustellen.[6] Das zu
verwirklichen bedeutet zunächst, in großem Umfang neue Technologien wie Solaranlagen,
Windparks und Biogasanlagen in Betrieb zu nehmen, was eine völlig neue Struktur der
Stromerzeugung und des Energiemarktes nach sich zieht. Zehntausende kleine Erzeuger,
zum Beispiel die Betreiber von Windrädern, Solaranlagen auf dem Dach und Biogasanlagen oder auch von privaten Mini-Kraftwerken im Heizungskeller gewinnen für die Marktstruktur an Bedeutung. Die etablierten Energieversorger EnBW, E.ON – bzw. seit 2016
Uniper –, RWE und Vattenfall geraten als Haupt-Erzeuger ins Hintertreffen, da sie vor
allem über Kohle- und Gaskraftwerke verfügen und ihre Kernkraftwerke spätestens 2022
abgestellt werden müssen.

42   Die **Investitionen** in neue Erneuerbare-Energien-Anlagen sind aber bisher nicht allein
aus dem Erlös der verkauften Stroms zu finanzieren. Denn die Erzeugungskosten liegen
nach wie vor höher als die Einnahmen, die aus dem Verkauf des Stromes erzielt werden
können. Um die Technologien für erneuerbare Energien zu fördern und diese Differenz
auszugleichen, erhielten die Anlagenbetreiber daher bis zur EEG-Reform 2014 für bis zu
20 Jahre eine garantierte Vergütung (Einspeisevergütung), die den Bau und Betrieb der
Erneuerbare-Energien-Anlagen rentabel macht, aber von den Verbrauchern über die sogenannte EEG-Umlage getragen werden muss. Die EEG-Umlage betrug 2016 6,35 Cent/
Kilowattstunde und kostete die Stromkunden insgesamt ca. 23 Milliarden Euro; 2017 steigt
die Umlage auf 6,88 Cent/Kilowattstunde an.

43   Daraus entsteht das Paradox, dass obwohl an der Strombörse der Strom mit zunehmender Menge subventionierter erneuerbarer Energien durch die Verdrängung konventioneller
Erzeugung immer preiswerter wird, die Mehrzahl der Verbraucher durch die Umlage für
erneuerbare Energien, die auf den eigentlichen Strompreis aufgeschlagen wird, pro Kilowattstunde Strom immer mehr bezahlen muss. Sie ächzen mittlerweile unter der stetigen
Kostensteigerung und die Wirtschaft sieht eine Gefahr für den Industriestandort Deutschland. Deshalb wurde für energieintensive Unternehmen, z.B. die produzierende Industrie,
teilweise eine **EEG-Umlagebefreiung** eingeführt. Zudem ist mit dem EEG 2014 statt der
Einspeisevergütung mit der Direktvermarktung eine Marktintegration der erneuerbaren

---

[5] Das EEG wurde seit seinem Inkrafttreten mehrfach novelliert. Sofern nach der Gesetzesbe-
zeichnung keine Jahreszahl folgt, ist das EEG 2017 in der Fassung vom 8.7.2016, BGBl. I S. 2258
gemeint.
[6] Deutschlands Zukunft gestalten – Koalitionsvertrag zwischen CDU, CSU und SPD, 18. Legislaturperiode, 2013, S. 51.

Energien eingeleitet worden. Die Erzeuger sollen ihren Strom nun zur Schaffung von Marktnähe primär selbst verkaufen, erhalten aber eine Zuzahlung. Die Höhe des Referenzwertes für diese Zuzahlung wird ab dem 1.1.2017 im Rahmen eines Auktionsverfahren bestimmt (EEG 2017).

Allerdings führt das große Angebot an subventioniertem und bevorzugt einzuspeisendem **44** Strom aus erneuerbaren Energien zusätzlich zu den bestehenden konventionellen Erzeugungskapazitäten dazu, dass die konventionellen Gas- und Kohlekraftwerke ihren Strom nicht mehr kostendeckend verkaufen können. Diese konventionell betriebenen Kraftwerke werden aber bisher und auf absehbare Zeit noch in sonnen- und windarmen Zeiten als **Reservekraftwerke** gebraucht. Daher wurde 2016 durch das Strommarktgesetz eine Kapazitäts- und Klimareserve eingeführt, in die nicht mehr wirtschaftlich erzeugende, konventionelle Kraftwerke übernommen werden sollen.

VI. Änderungen und Herausforderungen im Gasmarkt

Doch nicht nur der Strommarkt sieht sich großen Herausforderungen gegenüber. Auch **45** der Gasmarkt hat in den letzten zehn Jahren durch die Liberalisierung samt Entflechtung und Regulierung der Netzbetreiber in Deutschland und Europa eine grundlegende **Umstrukturierung** erfahren. Anfangs waren die Entwicklungen im Gasmarkt gegenüber denen im Strommarkt noch um einige Jahre verzögert. Denn gerade im Transportbereich konnten die Regelungen für Strom nicht einfach auf das physisch zu transportierende Gas übertragen werden. Mittlerweile ist der Umfang der Liberalisierung auf beiden Märkten aber vergleichbar, auch wenn die wirtschaftlichen Marktstrukturen voneinander abweichen.

So spielt die Förderung von Gas in Deutschland eine viel geringere Rolle als die Erzeu- **46** gung von Strom. Stattdessen wird, aufgrund der geringen Vorkommen im Inland, Gas nach Deutschland importiert, vor allem durch große internationale **Pipelines.** Dieses spiegelt sich in den Diskussionen um Pipelineprojekte, wie *Northstream* aus Russland durch die Ostsee und die Konkurrenz der Projekte *Nabucco* und *Southstream* für Gas aus der Region des Kaspischen Meers, wieder.

Hier ist unter dem Gesichtspunkt der **Versorgungssicherheit** zudem zu bedenken, dass **47** die deutsche Gasversorgung von Gasimporten abhängig und der Hauptversorger Russland nicht einmal Mitglied der EU ist. Die Versorgung Europas durch russisches Erdgas im Winter 2014/2015 war infolge der Ukraine-Krise deshalb zum ersten Mal seit Jahren keine Selbstverständlichkeit mehr, sondern das Ergebnis umfangreicher diplomatischer Bemühungen und Zahlungen in Milliardenhöhe. Zudem haben die Gaslieferverträge oft jahrzehntelange Laufzeiten, die rechtliche Fragen – etwa der Zulässigkeit der Ölpreisindexierung von Gaslieferungen oder des Drittzugangs zu Ferngasleitungen – nach sich ziehen.

Schließlich kann in den deutschen Häfen mangels entsprechender Anlagen kein **Flüs-** **48** **sigerdgas** (Liquefied Natural Gas/LNG) angeliefert werden. Das hat zur Folge, dass Deutschland nicht unmittelbar an dem boomenden Flüssiggasmarkt beteiligt ist, der derzeit zur Entstehung eines globalen Gasmarktes (ähnlich dem Ölmarkt) führt. Zwar haben deutsche Verbraucher beispielsweise über den Hafen in Rotterdam Zugang zu LNG-Lieferungen, aber dies zeigt, dass Deutschland sehr auf ein gut funktionierendes europäisches Leitungsnetz und einen europäischen Gasmarkt angewiesen ist.

Einen weiteren großen Einfluss auf die Veränderungen des Gasmarktes hat die Erschlie- **49** ßung unkonventioneller Gasvorkommen in den USA mittels neuer Technologien. Dazu gehört das sogenannte **Fracking,** mit dessen Hilfe – trotz aller berechtigten Forderungen, zur Sorgfalt im Umgang mit der Technologie zur Vermeidung von Umweltbelastungen – in großem Umfang bislang unerreichbare Gasvorkommen gefördert werden können. Durch das neue, große Gasangebot sind die Gaspreise in den USA stark gefallen, sodass sie zeitweise ca. 60 Prozent unter dem europäischen Gaspreis liegen. Deutschland befindet sich daher in einer Diskussion, ob es angesichts der großen Bedeutung des Energiepreises für viele Industriebranchen auf die Erschließung seiner unkonventionellen Gasvorkommen verzichten bzw. wie die Erschließung in verantwortlicher Weise und ohne schädliche Umweltrisiken gelingen kann.

50   Von der eigentlichen **Energiewende** ist der Gasmarkt bisher in geringerem Maße betroffen. Die Einspeisung von Biogas, die verringerte Nutzung von Gaskraftwerken und die Entwicklung der Power-to-Gas Konzepte, bei denen Strom zum Zwecke der Speicherung zeitweise in Gas umgewandelt werden soll, stellen aber auch den Gasmarkt vor rechtliche, wirtschaftliche und technische Herausforderungen.

51   Gerade die **Gaskraftwerke** haben jedoch in der derzeitigen Marktlage ein Problem. Aufgrund der in Europa relativ hohen Gaspreise, die die Stromerzeugung aus Gas verteuern, kommen die Gaskraftwerke immer weniger zum Einsatz. Die wenigen Stunden der Krisenintervention, in denen auf Energie aus Gaskraftwerken als Reserve zurückgegriffen werden muss, genügen häufig bereits heute nicht mehr, um die Kraftwerke wirtschaftlich zu betreiben. Besonders der Solarstrom verdirbt den Gaskraftwerken das Geschäft, denn sie wurden aufgrund ihrer hohen Flexibilität beim Herauf- und Herunterfahren der Produktion bislang vor allem in den Spitzenlastzeiten, wie den Mittagsstunden an Wochentagen, zugeschaltet und verdienten dann gutes Geld. Da aber mittags auch die Sonne besonders intensiv scheint und daher besonders viel – vorrangig zu verwendender – Solarstrom eingespeist wird, bleiben die Gaskraftwerke dann häufig außen vor. So wurde am 24.3.2013 gegen 14 Uhr zu einer Spitzenlastzeit 70 Prozent des Stromes von Solar- und Windanlagen geliefert. Dieser hohe Erzeugungsanteil erneuerbarer Energien wird in Zukunft immer häufiger auftreten. Als weiterer Spielverderber treten die Kohlekraftwerke auf den Plan. Kohle ist auf dem Weltmarkt derzeit günstiger als Erdgas, sodass der Strom in Kohlekraftwerken preiswerter erzeugt werden kann. Aus Kohle produzierter Strom setzt zwar viel mehr Kohlenstoffdioxid pro erzeugte Kilowattstunde frei als mittels eines Gaskraftwerkes erzeugter Strom und ist damit klimaschädlicher und sollte eigentlich über das Korrektiv der Belegung mit Emissionsrechten (CO_2-Zertifikate) verteuert werden. Da das Emissionshandelssystem aber darniederliegt und die zu erwerbenden CO_2-Zertifikate wirtschaftlich kaum ins Gewicht fallen, geht die Rechnung nicht auf.

52   Das führt zur **Stilllegung** hochmoderner Gaskraftwerke, etwa des Gas- und- Dampfkraftwerkes Lingen im Emsland durch RWE. Dieses war 2015 zu etwa zwölf Prozent ausgelastet und daher – bei Baukosten von ca. 500 Millionen Euro – völlig unrentabel. Ein anderes Beispiel sind die 2010 und 2011 fertig gewordenen Blöcke fünf und sechs des Erdgaskraftwerks Irsching von E.ON (bzw. heute von Uniper), die mit einem Wirkungsgrad von 60 Prozent bei ihrer Inbetriebnahme zu den effizientesten der Welt zählten. Seit 2013 werden sie aber, wie auch andere Kraftwerke, nur noch im Auftrag des Netzbetreibers TenneT als Reservekraftwerk zur Stabilisierung des Netzes betrieben. Die Kosten hierfür tragen abermals die Stromkunden. Die Betreiber der Kraftwerke fordern daher die Einführung von Kapazitätsmechanismen, die die Bereithaltung der Erzeugungskapazität auch dann vergüten, wenn die Kraftwerke nicht in Anspruch genommen werden.[7]

VII. Aktueller Stand in Deutschland

53   Die Koalition aus CDU/CSU und SPD hat Ende 2013 bereits in ihrem **Koalitionsvertrag** angekündigt, dass ein Neustart erforderlich ist. Vom Bundeswirtschaftsministerium wurden dazu zunächst in einer Zehn-Punkte-Energie-Agenda zentrale Vorhaben der Energiewende[8] gebündelt. Infolgedessen ist eine Vielzahl gesetzgeberischer Projekte für den Energiesektor in Gang gesetzt worden.

---

[7] Siehe zum Thema Kapazitätsmärkte im Einzelnen § 4, Rn. 170 ff.
[8] Bundeswirtschaftsministerium, Zentrale Vorhaben Energiewende für die 18. Legislaturperiode.

Mit der Verabschiedung des Strommarktgesetzes, des Digitalisierungsgesetzes, des EEG **54**
2017 und des neuen Windenergie-auf-See-Gesetzes (WindSeeG) wurden dann im Sommer 2016 viele Regelungen im Energiebereich neu ausgerichtet bzw. angepasst. Insbesondere die **Veränderung der Vergütung** der erneuerbaren Energien hin zu einem System
der Ermittlung der Einspeisevergütungen oder Marktprämien im Rahmen von Auktionen
für die Bereiche Solar, Wind und Biomasse (mit Ausnahmen jeweils für kleine Anlagen
und Pilotprojekte) stellt eine Zäsur dar. Denn sie beendet endgültig das System der Förderung durch eine staatlich festgesetzte, fixe Einspeisevergütung, die bislang eine der wesentlichen Säulen des EEG war. An ihre Stelle treten die – bereits seit dem EEG 2014 erprob-
ten – **wettbewerbliche Ausschreibungen,** bei denen die Höhe der erforderlichen
Vergütung für Strom aus erneuerbaren Energien durch Auktionen ermittelt wird. Die Regelungen zur Offshore-Windenergie werden zudem in ein eigenes Gesetz ausgelagert,
denn hier sollen Ausschreibungen erst ab 2025 maßgeblich sein und in der Übergangsphase
spezielle Regelungen gelten. Gesetzlich verankert werden des weiteren zum Beispiel Änderungen im Bereich der Entgelte, die für die Netznutzung an die Netzbetreiber zu zahlen
sind. Neue Vorgaben im Bereich der **Digitalisierung** der Energiewirtschaft sehen eine
gestaffelte Einführung der Smart Meter vor, um intelligentere Nutzung der vorhandenen
Kapazitäten zu ermöglichen. Dies wird notwendigerweise begleitet von Regelungen zum
Schutz der so erzeugten privaten Daten und des Datenverkehrs.

Weiterhin muss sich zeigen, wie die großen deutschen **Energieversorger** künftig mit **55**
dem veränderten Umfeld zurechtkommen und wie sie ihre wirtschaftlichen Probleme
überwinden. E.ON hat sich zu einem grundlegenden Umbau des Konzerns entschlossen,
bei dem die Geschäftsfelder der konventionellen Erzeugung in ein neues Unternehmen
namens Uniper ausgelagert wurden. Und auch RWE hat die Trennung der konventionellen
Erzeugung von den Netz- und Vertriebsaktivitäten angekündigt, wobei jedoch hier, anders
als bei E.ON, die Erzeugung bei der Muttergesellschaft verbleibt. Bei der Umstrukturierung der vier großen Betreiber von Kernkraftwerken wird u.a. die Frage, wie die Lasten
für den Rückbau der Kernkraftwerke und die Endlagerung der Brennelemente zwischen
Unternehmen und Staat verteilt werden, eine große Rolle spielen. Das *Gesetz zur Nachhaftung für Rückbau- und Entsorgungskosten im Kernbereich* und das *Gesetz zur Neuordnung der
Organisationsstruktur im Bereich der Endlagerung* sollen hier Klarheit schaffen. Und auch für
die Unternehmen, die im Bereich der Kohlekraftwerke aktiv sind, stehen durch die mit
dem Strommarktgesetz beschlossene *Kohlereserve* Änderungen an. Insgesamt werden acht
Braunkohlekraftwerke von 2016 bis 2020 nur noch für den Fall von Erzeugungsengpässen
bereitgehalten, dafür vergütet und danach stillgelegt.

VIII. Aktueller Stand in Europa

Auf europäischer Ebene hat die EU-Kommission Ende 2014 in ihrem Arbeitsprogramm[9] **56**
verkündet, ab 2015 erste Schritte auf dem Weg zu einer europäischen **Energieunion** zu
gehen. Zur Umsetzung wurde im Frühjahr 2015 ein Energy Union 2015 Action Plan[10]
veröffentlicht. Dieser sieht eine Vielzahl von Initiativen und Maßnahmen in neun Bereichen vor.

Von besonderer Bedeutung ist die schon erwähnte **beihilferechtliche Sektoruntersu- 57
chung** in Bezug auf die mitgliedstaatlichen Maßnahmen zur Sicherung einer ausreichenden Stromversorgung.[11] Durch die Einführung von Kapazitätsmärkten besteht nach Ansicht

---

[9] EU-Kommission, Mitteilung vom 16.12.2014, Arbeitsprogramm der Kommission 2015,
COM(2014) 910 final.
[10] EU-Kommission, Rahmenstrategie für eine krisenfeste Energieunion mit einer zukunftsorientierten Klimaschutzstrategie, COM(2015) 80 final.
[11] EU-Kommission, Presseerklärung vom 29.4.2015, Staatliche Beihilfen: Sektoruntersuchung zu
Kapazitätsmechanismen – häufig gestellte Fragen.

der EU-Kommission die Gefahr der Fragmentierung des EU-Binnenmarkts, von Wettbewerbsverzerrungen und Handelshindernissen. Denn in Deutschland soll dem mit der Kapazitäts- und Klimareserve beigekommen werden. Andere europäische Länder, wie Frankreich und England, haben zur Lösung dieses Problems andere Mechanismen eingeführt. All diese Maßnahmen sichern zwar die Versorgung, sind aber letztlich Eingriffe in den Markt und widersprechen damit dem Gedanken eines freien, sich selbst regulierenden Marktes mit europaweit einheitlichen Wettbewerbsbedingungen. Um dem entgegenzuwirken, hatte die EU-Kommission Ende 2013 die Leitlinien für staatliche Interventionen[12] erlassen, die sich aber als nicht ausreichend erwiesen haben. Durch die beihilferechtliche Sektoruntersuchung soll unter Beteiligung der verschiedenen Interessenträger (Stromerzeugern, Netzbetreibern und Lastmanagern) der Ist-Stand ermittelt und Konzepte für die Zukunft entwickelt werden. Der Zeithorizont 2015 bis 2020 zeigt, dass das Thema die Energierechtler durch die kommenden Jahre begleiten wird.

58   Diese Entwicklungen stehen auch vor dem Hintergrund des neuen **Pariser Klimaschutzabkommens.** Im Dezember 2015 haben 195 Länder als Nachfolge-Regelung des Kyoto-Protokolls ab 2020 in Paris einen neuen Klima-Vertrag beschlossen, durch den der weltweite Treibhausgasausstoß der Vertragsstaaten mittelfristig auf Null gesenkt werden soll, um die Erderwärmung zu begrenzen.[13]

IX. Fazit

59   Schon dieser kurze Überblick in der Einleitung zeigt, welche Bedeutung die Fragen nach der **Struktur der Energiemärkte** und den für sie passenden Regeln für Wirtschaft und Verbraucher heute haben. Das Energierecht ist mit den zusätzlichen Aufgaben, die ihm durch die Liberalisierung und die Energiewende zugedacht wurden, wesentlich umfangreicher, detaillierter und komplexer geworden. Gleichzeitig war es in den letzten Jahren einem permanenten Wandel unterworfen und es ist nicht zu erwarten, dass sich dies in absehbarer Zeit ändern wird.

60   Bei seiner Fortschreibung ist jedoch darauf zu achten, dass das Energierecht die sich stellenden Aufgaben auch weiterhin gerecht und rechtssicher bewältigt. Ohne gerechte Lösungen fehlt den Regelungen des Energierechts die nachhaltige **Akzeptanz.** Ohne Rechtssicherheit werden die Investoren nicht die notwendigen Milliardeninvestitionen in die Energieprojekte der Energiewende tätigen, da Investitionen in neue Erzeugungskapazitäten oder Leitungen in der Regel mit Zeithorizonten von 20 bis 60 Jahren erfolgen müssen. Angesichts dieser Spannen müssen die Regelungen des Energierechts klar und verlässlich sein, sonst vermögen sie nicht von der Dauerhaftigkeit ihrer Lösungen zu überzeugen.

61   Die beschriebenen Umbrüche der letzten Jahre und die regelmäßigen Gesetzgebungsprojekte zeigen, dass wir uns im Energierecht derzeit nicht in einem langfristig stabilen Rechtsgebiet bewegen. Diese schwungvolle und häufig von politischen Vorgaben bestimmte Entwicklung hat der rechtlichen Dogmatik noch nicht hinreichend Zeit gelassen, flächendeckend klare und stimmige **Prinzipien und Strukturen** für das Energierecht zu entwickeln. Das heutige Energierecht ist auf die Erreichung politischer Ziele und auf die praktische Anwendung hin orientiert. Es ist nicht das Ziel des vorliegenden Werks, solche dogmatischen Strukturen zu entwickeln. Ein Überblick sowohl über das anwendbare Recht als auch über die ihm zugrundeliegenden technischen und wirtschaftlichen Strukturen der Energiewirtschaft ist aber für das Verständnis der damit zusammenhängenden Fragen unerlässlich. Eine solche Übersicht möchte das hiermit vorgelegte Buch vermitteln.

---

[12] EU-Kommission, Mitteilung vom 5.11.2013, Delivering the internal electricity market and making the most of public intervention, COM(2013) 7243 final.
[13] United Nations, Adoption of the Paris Agreement, Framework Convention on Climate Change, FCCC/CP/2015/L.9/Rev.1, 12.12.2015.

Zum Weiterlesen

Bundesregierung, Bilanz zur Energiewende 2015, Februar 2015

Erik Gawel u.a., Die Zukunft der Energiewende in Deutschland, ZUR 2014, 219 ff.

EU-Kommission, Energy Union Package – A Framework Strategy for a Resilient Energy Union with a Forward-Looking Climate Change Policy, COM(2015) 80 final

Oettinger Günther, in: Thomas Kästner u. a., Handbuch Energiewende „Energy Efficiency", S. 751 ff.

Hans-Wilhelm Schiffer, Deutscher Energiemarkt 2015, et 2016, 66 ff.

International Energy Agency, Energy Policies of IEA Countries, Germany, 2013 Review

Claudia Kemfert, The battle about Electricity, Germany 2013

Johann-Christian Pielow, in: Umwelt und Technik 2016, Die Energiewende in Deutschland, Sonderheft Februar, 2 ff.

§ 2. Die historische Entwicklung

1   Dieses Kapitel gibt einen kurzen **Überblick** über die Entwicklung des energiewirtschaftlichen Regelungsrahmens in Deutschland und Europa und stellt dazu die wichtigsten **Zusammenhänge** dar. Viele der in diesem Kapitel angesprochenen Themen werden in den folgenden Kapiteln dann ausführlich beschrieben. Auf einzelne Verweise wurde zur besseren Lesbarkeit verzichtet.

I. Nutzung von Energie

2   Energie wird von den Menschen zum Beispiel in Form von Nahrung, Feuer, Wasser und Wind schon immer genutzt. Die Erfindung von Dampfmaschinen und Motoren im 18. Jahrhundert und die **Industrialisierung** im 19. Jahrhundert machten die technische Nutzung und Verwendung von Energie zur Grundlage der modernen wirtschaftlichen Tätigkeit. Durch die großflächige, organisierte Versorgung mit Elektrizität und Gas erschloss sich die Energienutzung der modernen Zivilisation noch umfassender. Der stetig wachsende Energiehunger von Fabriken, Haushalten und Büros sowie der daraus folgende Bedarf großflächiger Versorgung führte in Deutschland ab ca. 1885 zur Entstehung der Wirtschaftszweige der Energie- und Gaswirtschaft und um 1920 zum Bau **flächendeckender Versorgungsnetze.** Die damit verbundenen Fragen wurden zunächst über die vorhandenen Gesetze geregelt. Es zeigte sich aber rasch, dass die wirtschaftlichen, technischen, politischen und sozialen Fragen, die mit dem Thema Energie verbunden sind, eigene Gesetze benötigten.

II. Meilensteine

3   15 Meilensteine der **nationalen und europäischen Entwicklungen** kennzeichnen den Weg vom ersten deutschen Energiewirtschaftsgesetz 1935 bis hin zum deutschen Energiekonzept 2050, der europäischen Energieunion und dem Pariser Klimaschutzabkommen.

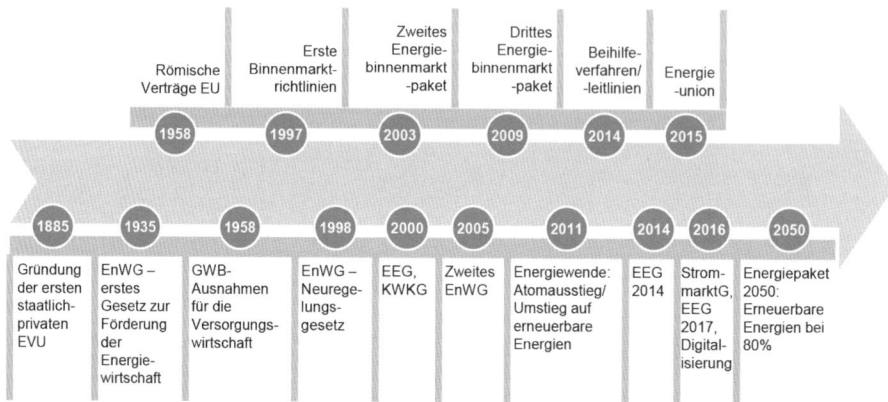

Abb. 2 – Zeitstrahl. Die Grafik zeigt auf der unteren Ebene die wichtigsten nationalen Gesetze und Ereignisse seit der Gründung privater Energieversorgungsunternehmen ca. 1885. Auf der oberen Ebene sind die sechs maßgeblichen europäischen Regelungspakete dargestellt.

1. Das Energiewirtschaftsgesetz (1935)

Ab ca. 1885 entstand der **Wirtschaftszweig** der Energie- und Gaswirtschaft, erste 4
Energieversorgungsunternehmen wurden gegründet. Bis zum Inkrafttreten des ersten deutschen Energiewirtschaftsgesetzes (EnWG 1935) am 16.12.1935 unterlag die Energiewirtschaft den allgemeinen zivil- und verwaltungsrechtlichen Regelungen. Zwar hatte es
bereits in den ersten Jahrzehnten des 20. Jahrhunderts immer wieder Vorschläge für gesetzliche Regelungen gegeben, diese führten aber nie zum Erlass eines Gesetzes. Prägend war
in dieser Zeit die Konkurrenz zwischen privaten, kommunalen und großen öffentlichen
Versorgern. Trotz des Konkurrenzverhältnisses hatten sie im Rahmen der bestehenden Gesetze mithilfe von **Konzessionsverträgen** und **Demarkationsverträgen**[1] die jeweiligen
Versorgungsgebiete weitgehend untereinander aufgeteilt, gegeneinander abgegrenzt und
die Gebiete so monopolisiert **(Gebietsmonopole).**

Das System mit den bis dahin entwickelten Regeln gewährleistete eine sichere Versor- 5
gung und wurde vom EnWG in großen Teilen lediglich kodifiziert. Darüber hinaus
berücksichtigte der Gesetzesgeber Besonderheiten des Energiemarktes, etwa die **Versorgungssicherheit,** den Aufbau eines flächendeckenden Netzes bei Vermeidung von Paral-
lelinvestitionen und die fehlende Speicherbarkeit von Strom.

Durch die Abgrenzung der Versorgungsgebiete durch **Gebietsschutzverträge** stand dem 6
Kunden allerdings in der Regel nur ein Versorger gegenüber (geschlossenes Versorgungs-
biet). Eine Versorgung durch einen anderen Versorger war aufgrund der ausschließlichen
Konzessionsverträge infolgedessen weitgehend ausgeschlossen. Den Versorgern wurde im
EnWG 1935 daher eine Pflicht zum Anschluss und zur Versorgung der Kunden in ihrem
Versorgungsgebiet auferlegt. Zudem bestand innerhalb der geschlossenen Versorgungsgebie-
te und zwischen den Versorgern kein Wettbewerb, sodass mit dem EnWG 1935 auch eine
Preisaufsicht für die Strom- und Gaspreise eingeführt wurde. Das EnWG 1935 war insofern
durch eine starke Gemeinwohl-Orientierung gekennzeichnet. Dahinter verbarg sich das
Ziel, sichere und preiswerte Energieversorgung für jedermann zu gewährleisten.

Da es sich beim EnWG 1935 im Wesentlichen um ein **technisches Gesetz** ohne ideo- 7
logischen Bezug mit nur 20 Paragrafen handelte, konnte es über den zweiten Weltkrieg
hinaus mit nur geringfügigen Änderungen bis 1998 überdauern.

2. Das Gesetz gegen Wettbewerbsbeschränkungen (1958)

Das EnWG 1935 und die dort festgelegte Struktur der geschlossenen Versorgungsgebiete 8
bestimmte auch nach dem Zweiten Weltkrieg in der Bundesrepublik die Grundstruktur der
Energiewirtschaft. Durch das Gesetz gegen **Wettbewerbsbeschränkungen,** das am
1.1.1958 in Kraft trat (GWB 1958) wurden zwar Kartelle, Monopole und Wettbewerbsab-
sprachen in Deutschland verboten. Dies galt jedoch nicht für die Versorgungswirtschaft, zu
denen die Sektoren Strom und Gas gehören. Für sie wurden in den §§ 103 und 103a
GWB 1958 Ausnahmen festgelegt. So konnte das System der Demarkationsverträge und
Konzessionsverträge erhalten werden. Die Energie- und Preisaufsicht nach dem EnWG
wurde durch das Gesetz gegen Wettbewerbsbeschränkungen allerdings um eine kartellrechtliche **Missbrauchsaufsicht** ergänzt.

3. Die Fundamente europäischer Energiepolitik (1951 bis 1986)

Die Wiederannäherung der europäischen Staaten begann im Bereich energierelevanter 9
Themen 1951 mit dem Vertrag über die Gründung der Europäischen Gemeinschaft für

---

[1] Durch Konzessionsverträge gewährten Gebietskörperschaften einem Energieversorgungsunternehmen das ausschließliche Recht, die öffentlichen Wege zur Verlegung und zum Betrieb von Leitungen zu nutzen, um Endkunden zu versorgen; durch Demarkationsverträge vereinbarten Energieversorgungsunternehmen miteinander, wer in welchem Gebiet unter Ausschluss anderer Versorger
tätig sein durfte. Diese wurden auch gemeinsam als „Gebietsschutzverträge" bezeichnet.

Kohle und Stahl (**EGKS-Vertrag/Montanunion**) zwischen Deutschland, Frankreich und den Beneluxländern. Die Mitgliedsstaaten gaben die Kontrolle über die Wirtschaftszweige Kohle und Stahl an eine Hohe Behörde ab, wodurch eine gegenseitige Kontrolle über diese kriegswichtigen Rohstoffe eingeführt wurde. Die EGKS war somit in erster Linie ein Wirtschaftsverband.

10   Der eigentliche Prozess der europäischen Einigung manifestierte sich 1958 mit den **Römischen Verträgen.** Der darin enthaltene Vertrag zur Gründung der Europäischen Wirtschaftsgemeinschaft (**EWG-Vertrag**) zielte auf die Schaffung eines gemeinsamen Marktes für Waren und Dienstleistungen ab. So sah der EWG-Vertrag u. a. die schrittweise Abschaffung der Zölle, die Einführung einer gemeinsamen Handels-, Landwirtschafts- und Verkehrspolitik, den freien Personen-, Dienstleistungs-, Kapital-, und Warenverkehr und die Angleichung innerstaatlicher Rechtsvorschriften vor. Dadurch sollte ein Europäischer Binnenmarkt geschaffen werden, dem zunächst sechs europäische Staaten[2] angehörten.

11   Fortgeführt wurde der Einigungsprozess 1987 durch die Einheitliche Europäische Akte (**EEA**). Sie ergänzte die bestehenden Verträge EGKS, Euratom und EWG und wurde von den zwölf Mitgliedsstaaten der europäischen Gemeinschaft unterzeichnet. Ziel der EEA war die Vollendung des europäischen Energiebinnenmarktes in Form eines freien gesamteuropäischen Waren-, Personen-, Dienstleistungs- und Kapitalverkehrs bis 1992.

12   Diese Verträge bildeten das Fundament des gemeinsamen **europäischen Binnenmarktes** für Energie, an dessen Verwirklichung bis heute gearbeitet wird.

4. Energiewirtschaft in der DDR (1949–1990) und die Wiedervereinigung

13   Nach dem Ende des Zweiten Weltkriegs wurde das verbliebene deutsche Staatsgebiet in vier Zonen aufgeteilt. Diese standen unter der Kontrolle von jeweils einer der vier alliierten Siegermächte. Während im Gebiet der späteren Bundesrepublik Deutschland die durch das EnWG 1935 geprägte privatwirtschaftliche Struktur des Energiemarktes fortbestand, ging die sowjetische Zone bzw. – nach ihrer Staatsgründung 1949 – die Deutsche Demokratische Republik (DDR) den Weg einer **zentralen Planwirtschaft.** Dabei hatte die DDR außerdem schwere Belastungen durch Reparationen mit der Demontage und dem Abtransport von Energieerzeugungsanlagen in die Sowjetunion zu tragen. Im Bereich der Stromversorgung erfolgte die Neuorganisation vor allem durch die Enteignung der noch aus der Zeit des Deutschen Reichs stammenden, überwiegend im öffentlichen Besitz befindlichen Stromversorgungsunternehmen, einschließlich der Stadtwerke, die Bildung von sowjetischen Aktiengesellschaften und deren Übernahme und Bewirtschaftung durch den Staat.

14   Das Energierecht der DDR, verstanden als die Gesamtheit der besonderen Vorschriften, mit denen der Wirtschaftsbereich der Energiewirtschaft geregelt war, wurde durch die Verordnung über die Neuordnung der Energiewirtschaft in der sowjetischen Besatzungszone (**Energiewirtschaftsverordnung**) vom 22.6.1949 initiiert. Durch sie wurde das Energiewirtschaftsgesetz von 1935 außer Kraft gesetzt, soweit es die Befugnisse des Staates gegenüber der Energiewirtschaft betraf. In der Folge wurden die energierechtlichen Bestimmungen durch eine Vielzahl von Verordnungen umgestaltet, die die Energiewirtschaft in die staatliche Planwirtschaft mit einer zentralen Leitung der Prozesse eingliederten.[3]

15   Dazu gehörte, dass bis Ende 1953 alle Energieunternehmen in Kollektiveigentum überführt und als **volkseigene Betriebe** (VEB), geführt wurden. Offiziell wurde dies mit dem Ziel der Verbesserung der Energieversorgung begründet, es war aber zugleich Ausdruck der ideologisch geprägten Wirtschaftsordnung der DDR, in der Privateigentum an Betrieben und Produktionsanlagen generell nicht systemfremd war.

16   1954 trennte sich die DDR von dem gemeinsamen deutschen Stromverbundnetz ab und bildete mit den Nachbarstaaten des Warschauer Paktes die *Vereinigten Energiesysteme.* Ziel war eine möglichst autarke Entwicklung des Verbundnetzes der DDR.

---

[2] Belgien, Deutschland, Frankreich, Italien, Luxemburg und die Niederlande.
[3] Vgl. im Einzelnen Mathias Gerberding, RdE 1990, 70 ff.

Die so entstandene Energiewirtschaft der DDR wurde in *Energiekombinaten* organisiert. **17**
Darin vereinigten sich jeweils mehrere VEB die im Rahmen der zentralen Verwaltungs-
wirtschaft die Energieversorgung der DDR bereitstellten. Die Kombinate bauten auf den
regionalen Strukturen der Unternehmen aus der Zeit des Deutschen Reichs auf und waren
ebenfalls regional gegliedert. Sie wurden zur Schaffung kleinerer Gebiete in den 1950er
und 1960er Jahren mehrfach umstrukturiert.[4] Die Energiekombinate waren verantwortlich
für die Stromerzeugung und den Absatz der leitungsgebundenen Energieträger (Strom, Gas
und Fernwärme). Da sie dem Ministerium für Kohle und Energie direkt unterstanden,
wurde zugleich eine enge Verbindung zwischen Energie und Politik gesichert. Das jeweilige Kombinat war der einzige Versorger in seinem Gebiet, sodass in der Energieversorgung
der DDR kein Wettbewerb bestand.

Bei der Beschaffung von Energieträgern verfolgte die DDR das Ziel der sogenannten **18**
Eigenförderung. Der einzige auf dem Gebiet der DDR in wesentlichem Umfang verfügbare und nutzbare Primärenergieträger war dabei die Braunkohle. Diese konnte innerhalb
der DDR im mitteldeutschen Revier und in der Lausitz in ausreichendem Maße abgebaut
werden. Steinkohlevorkommen gab es fast nur in der Bundesrepublik, Erdöl und Erdgas
konnten in beschränktem Umfang aus der befreundeten Sowjetunion bezogen werden. Ein
Einkauf von Rohstoffen in der Bundesrepublik kam schon aus politischen Gründen kaum
in Frage. Außerdem war dieser nur gegen westliche Devisen möglich. Im Gegenteil wurden Kraftstoffe nach Westberlin und in die Bundesrepublik verkauft, um an Deutsche Mark
bzw. US-Dollar zu gelangen, die die DDR für den Einkauf von Gütern am Weltmarkt
benötigte.

Neben der Braunkohle gab es in der DDR als Primärenergieträger auch in erheblichem **19**
Umfang **Uran.** Daher versuchte die DDR ab 1955 durch ein Kernenergieprogramm die
starke Braunkohle-Abhängigkeit zu beseitigen, die zu erheblicher Umweltbelastung führte.
Allerdings waren von den 13.000 Megawatt Atomstrom, die man nach diesen Plänen bis
1980 errichtet haben wollte, bis dahin lediglich 1.830 Megawatt verfügbar. Der Kernener-
gieanteil an der Stromerzeugung gelangte kaum über zehn Prozent hinaus. Wasserkraft und
die Stromerzeugung aus erneuerbaren Energien spielten in der DDR so gut wie keine
Rolle. Es gelang aber, durch das Kohle- und Energieprogramm ab März 1957 die Stromab-
schaltungen zu Spitzenlastzeiten abzuschaffen und damit die Energieversorgungssicherheit
zu verbessern.

Zum Zeitpunkt der **Wiedervereinigung** 1989/1990 war die Struktur der Stromwirt- **20**
schaft in der DDR geprägt von Unternehmen, die vollständig im sogenannten Volkseigen-
tum standen, von einer strikt zentralistischen Führung und von einer Monopolisierung des
Außenhandels durch den Staat. Der Kraftwerkspark war überaltert und durch die starke
Fokussierung auf Braunkohle relativ ineffizient und unflexibel. Der Pro-Kopf-Verbrauch an
Primärenergie in der DDR lag 1989 weltweit an dritter Stelle. Dies verdeutlicht ebenfalls
die starke Ineffizienz des Systems, wie es sich entwickelt hatte.

Mit der Wiedervereinigung Deutschlands wurden 1990 aus der DDR die sogenannten **21**
„Neuen Bundesländer". Für die dortige Energiewirtschaft bedeutete dies in zweifacher
Hinsicht einen tiefgreifenden Wandel:

- Zum einen übertrug die Regierung der DDR mit Wirkung zum 1.3.1990 alle VEB zur
  treuhänderischen Verwaltung der neu eingerichteten **Treuhandanstalt** mit dem Ziel der
  Privatisierung. Dies umfasste auch die Kombinate und Betriebe der Energiewirtschaft.
- Zum anderen wurden in rechtlicher Hinsicht durch den Einigungsvertrag vom
  31.8.1990 die Energiewirtschaftsverordnung und die anderen bis dahin gültigen energierechtlichen Regelungen der DDR wieder durch das Energiewirtschaftsgesetz und die
  nachgeordneten Verordnungen abgelöst.[5]

---

[4] Eine Übersicht über die Umstrukturierungen befindet sich am Ende dieses Abschnittes.
[5] Siehe Einigungsvertrag vom 31.8.1990 (BGBl. II S. 889) Anlage I, Kapitel V, Sachgebiet D,
Ziff. 11 bis 15 und 17.

22   In der Praxis bestand angesichts des schwierigen Zustandes der Energiewirtschaft der
DDR nach den Umwälzungen der Wiedervereinigung die vordringlichste Aufgabe darin,
die Versorgung der Bevölkerung bruchlos aufrechtzuerhalten. Insbesondere für den Winter
1990/91 befürchtete man Versorgungslücken. Am 22.8.1990 wurde der sogenannte
Stromvertrag zwischen der DDR-Regierung, der Treuhandanstalt, den großen westdeutschen Verbundunternehmen PreußenElektra, RWE und Bayernwerk sowie fünf kleineren
Verbundunternehmen abgeschlossen. Darin garantierten die westdeutschen Verbundunternehmen die Aufrechterhaltung der Stromversorgung in der DDR und kurzfristige Investitionen in Höhe von 2,5 Milliarden Mark (etwa 1,25 Milliarden Euro). Auf der Grundlage
dieses Vertrages wurde dann am 12.12.1990 die Vereinigte Energiewerke AG (VEAG)
als neues Verbundunternehmen für die Neuen Bundesländer gegründet, in der die ostdeutschen Kraftwerke sowie das Verbundnetz und später auch die Lausitzer Braunkohle-
förderung zusammengefasst wurden. Die VEAG wurde (nach einer prozessbedingten
Verzögerung) zum 1.1.1994 durch Verkauf an die westdeutschen Verbundunternehmen
privatisiert. PreußenElektra, RWE und Bayernwerk übernahmen dabei insgesamt 75 Prozent und 25 Prozent gingen an die EBH, eine gemeinsame Holding der fünf kleineren
Verbundunternehmen BEWAG, VEW, Badenwerk, EVS und HEW. Die Geschäftsbesor-
gung für die VEAG oblag dabei zunächst weitgehend der PreußenElektra, dem RWE und
dem Bayernwerk. 2001 wurden die Beteiligungen an der VEAG von den Verbundunternehmen an den schwedischen Versorger Vattenfall verkauft.

23   Für die Stromkombinate der früheren 15 DDR-Bezirke sah der Stromvertrag die Umwandlung in **Regionalversorger** vor, die zu 51 Prozent an die westdeutschen Verbundunternehmen verkauft und dadurch privatisiert wurden. Die übrigen 49 Prozent der Anteile
sollten ursprünglich zum Ausgleich für die Überlassung bzw. die Nichtrückgabe der Netze
und der Erzeugungseinrichtungen an die jeweiligen Kommunen vor Ort gehen. Dagegen,
dass sie ihre Stadtwerke und ihre Netze nicht zurück erhalten sollten und gegen den
Stromvertrag klagten im Sommer 1991 allerdings mehr als 160 dieser Kommunen vor dem
Bundesverfassungsgericht. Nach einem – vor dem Verfassungsgericht ungewöhnlichen –
Vergleich, der sogenannten **Verständigungslösung** zur Beilegung des Stromstreits, erhielten die Kommunen, die eigene Stadtwerke gründen wollten, die Netze und Anlagen unentgeltlich im Austausch gegen ihre Beteiligung an den Regionalversorgern.

24   Im Bereich der Gasversorgung der DDR, die zunächst vor allem auf Stadtgas beruhte,
fand ebenso wie im Strombereich eine Verstaatlichung der **Gasversorgungsunternehmen** statt. Das Kombinat Schwarze Pumpe bei Cottbus erzeugte zentral aus Braunkohle
Stadtgas. Dieses wurde dann mittels Ferngasleitungen des VEB VerbundnetzGas in die Be-
zirke der DDR transportiert. Mit Beginn der russischen Erdgaslieferungen 1973 übernahm
dieses Netz auch den Transport dieses Erdgases. Bei der Wiedervereinigung wurde dieser
VEB in die VNG Verbundnetz Gas AG umgewandelt. Die VNG wurde dann privatisiert:
35 Prozent gingen an Ruhrgas als größten Aktionär, je 15 Prozent an Wintershall und an
ein Konsortium von 14 ostdeutschen Kommunen, zehn Prozent an BEB Brigitta sowie je
fünf Prozent an verschiedene europäische Gasunternehmen.

25   Da die Ruhrgas zu einem Viertel an BEB beteiligt war, hatte sie zunächst die Vorherrschaft bei VNG. Hiermit war BASF, einer der größten Gasverbraucher und Eigentümer des
Gasförderunternehmens Wintershall, nicht einverstanden. Um der nun von der Bundesrepublik auch auf die Neuen Bundesländer ausgedehnten dominierenden Stellung der Ruhrgas im Gasmarkt zu entgehen, schloss BASF 1990 direkte Bezugsverträge mit der russischen Gazprom ab. Dieses Bündnis leistete Widerstand gegen die Vorherrschaft der
Ruhrgas. VNG war aber auf die Lieferungen russischen Gases angewiesen. Gleichzeitig
begann das Bündnis von BASF und Gazprom, ein paralleles Leitungsnetz für den Transport
von Erdgas aufzubauen. Damit brach zwischen diesen beiden Gruppen der sogenannte
„Gaskrieg" aus. Dieser wurde schließlich 1994 mit einem durch das Bundeswirtschaftsministerium vermittelten Kompromiss beendet. Allerdings enthielt diese Einigung u. a.
einen **Demarkationsvertrag** zwischen den beiden rivalisierenden Gruppen, den das

Bundeskartellamt 1995 für wettbewerbswidrig hielt und daher für unwirksam erklärte. In dem anschließenden Gerichtsverfahren obsiegte schließlich 2003, also nach einem Prozess von 9 Jahren, das Bundeskartellamt.[6]

Deutsches Reich (Vorgänger)	Ostzone und DDR (1946 - 1990)				Bundesrepublik Deutschland (Nachfolger)		
Unternehmen	Energiebezirk 1948-52	Energiebezirk ab 1952 (= Land 1949-52) = Energiekombinat 1969-79	Lage (Karte)	Energiebezirk ab 1958 = Energie-kombinat ab 1979	Privatisierung (1990)	Konzentration	Zugehörigkeit heute
Berliner Kraft- und Licht-AG (Bewag)	Stadt Berlin (Ost)[8]				Energieversorgung Berlin AG (EBAG)	Bewag → Vattenfall Europe Berlin	Vattenfall Europe
Märkisches Elektrizitätswerk (ab 1947: Brandenburgisch-Mecklenburgische Elektrizitätswerke AG)[4]	Nord	Nord[9] (Land Mecklenburg)		Schwerin[10]	Westmecklenburgische Energieversorgung AG (WEMAG)	WEMAG[9]	
				Rostock	Hanseatische Energieversorgung AG (HEVAG)	e.dis Energie Nord AG (Preussag → E.DIS)[4]	E.ON
		Mitte (Land Brandenburg)		Neubrandenburg	Energieversorgung Müritz-Oderhaff AG (EMO)		
				Potsdam	Märkische Energieversorgung AG (MEVAG)		
				Frankfurt (Oder)[11]	Oder-Spree-Energieversorgung AG (OSE)		
Elektrizitätswerk Sachsen-Anhalt	West (Land Sachsen-Anhalt)			Magdeburg	Energieversorgung Magdeburg AG (EVM)	Avacon (Preussag → E.ON)	
				Halle[12]	Mitteldeutsche Energieversorgung AG (MEAG)	Energieversorgung Mitteldeutschland (VEW)	
Aktiengesellschaft Sächsische Werke	Ost (Land Sachsen)			Karl-Marx-Stadt (Chemnitz)	Energieversorgung Südsachsen AG (EVSAG)	Envia – Energie Sachsen-Brandenburg AG (RWE) / enviaM (RWE)	RWE
				Leipzig	Westsächsische Energie-AG (WESAG), Markkleeberg		
				Cottbus	Energieversorgung Spree-Schwarze-Elster AG (ESSAG)		
				Dresden[13]	Energieversorgung Sachsen-Ost AG (ESAG)	ENSO Energie Sachsen Ost AG	Vattenfall Europe (Minderheit)
Thüringische Landeselektrizitätsversorgungs-AG (Thüringenwerke)	Süd (Land Thüringen)			Erfurt	Energieversorgung Nordthüringen AG (ENAG)		
				Gera	Ostthüringer Energieversorgung AG (OTEV), Jena	TEAG Thüringer Energie AG (Bayernwerk → E.ON)	Thüringer Energie, E.ON (noch Minderheit)
				Suhl	Südthüringer Energieversorgung AG (SEAG), Meiningen		

Quelle: Übersicht aus dem Artikel „Energiekombinat" in Wikipedia

Abb. 3 – Energiekombinate in der DDR. Die Versorgungsgebiete der Energiekombinate der DDR ließen sich in etwa wie dargestellt den Gebieten der oben genannten Vorgänger- und Nachfolgerunternehmen sowie der Verwaltungsgliederung der DDR zuordnen.

Im Ergebnis wurde die Strom- und Gaswirtschaft der DDR so wieder in den **dreistu-** 26 **figen Aufbau der Energiewirtschaft** wie in Westdeutschland mit Verbundgesellschaften, Regionalversorgern und Stadtwerken überführt. Das deutsche Energierecht gilt heute wieder in gleicher Weise in allen Teilen Deutschlands.

---

[6] Siehe zu dieser Entwicklung: Udo Leuschner, Energiechronik, „Der Streit um die ostdeutsche Energieversorgung".

Zum Weiterlesen

Mathias Gerberding, Das Energierecht der DDR, RdE 1990, 70 ff.
Wilhelm Riesner, Die Energiewirtschaft in Ostdeutschland, in: eBWK Bd. 61, 2009, Nr. 12
Wilhelm Riesner, DDR und Bundesrepublik im energiewirtschaftlichen Vergleich, et 1990, 198 ff.
Wilhelm Riesner, Elektrizitätswirtschaft in der DDR und in der Bundesrepublik, et 1990, 470 ff.
Martin Weisheimer, Preise und Subventionen im Energiesektor der DDR, et 1990, 626 ff.
August Wilhelm Eitz, Sanierung der ostdeutschen Stromwirtschaft, et 1992, 351 ff.
Burkhardt Berndt, Die Kommunalisierung der ostdeutschen Stromwirtschaft durch die Treuhandanstalt,
   in: Becker/Heldt/Riedel/Theobald (Hrsg.), Energiewirtschaft im Aufbruch, 2001, S. 21 ff.
H. Haase/F. Spreer, Angst vor dem Winter – Wie ein kleines Bundesland und gute Juristen im Strom-
   streit in der früheren DDR energierechtliche Geschichte schrieben, in: P. Becker/ C. Heldt/M. Riedel/
   C. Theobald (Hrsg.) Energiewirtschaft im Aufbruch, 2001, S. 37 ff.

5. Die ersten europäischen Energierichtlinien (1990 bis 1998)

27   1990 bzw. 1991 wurden erstmals europäische Richtlinien im Energiebereich erlassen:
die **Transitrichtlinien** Strom und Gas und die **Preistransparenzrichtlinie.** Sie enthielten
konkrete Regelungen, auf deren Grundlage das bis heute gültige Ziel des wettbewerbsbasierten Energiebinnenmarktes in einem von Netzmonopolen geprägten Bereich erreicht
werden sollte.

28   Durch die **Transitrichtlinien**[7] wollten die EG-Staaten den zwischenstaatlichen Austausch von Strom und Gas in den Hochspannungs- bzw. Hochdrucknetzen fördern. Diese
Richtlinien verpflichteten bestimmte Unternehmen zur grenzüberschreitenden Durchleitung von Strom und Gas. Im Vordergrund stand dabei eine bessere Verteilung innerhalb
Europas, nicht die Verbesserung des Wettbewerbs. So konnte zum Beispiel Portugal infolge
der Transitrichtlinien erstmals Strom aus Frankreich importieren, weil Spanien zur Durchleitung verpflichtet wurde.

29   Die **Preistransparenzrichtlinie**[8] zwang die Betreiber zur Veröffentlichung ihrer Preise
und Kalkulationen und diente der Schaffung eines transparenten Energiemarktes. Umgesetzt wurden die Richtlinien in Deutschland in Form von öffentlich-rechtlichen Verträgen
zwischen dem Bundeswirtschaftsministerium und den Unternehmen.

30   Weitere, 1992 und 1994 erlassene Richtlinien im Energiebereich blieben ohne durch-
schlagende Auswirkungen auf die Vereinheitlichung der europäischen Energiemärkte.[9] Erst
mit der **Elektrizitätsbinnenmarktrichtlinie,** die zum 19.2.1997 in Kraft trat, wurden
große und tiefgreifende Veränderungen am europäischen Energiemarkt und in den nationalen Energiemärkten angestoßen.[10] Als wichtige Neuregelungen wurden

- die Einführung von Wettbewerb auf der Erzeugerebene,
- die Trennung von Erzeugung, Transport und Verteilung (Entflechtung/Unbundling)
  und
- die Schaffung des Anspruchs auf Netzzugang für Dritte (zum Beispiel konkurrierende
  Unternehmen, Verbraucher, etc.) zu den Versorgungsnetzen (Third Party Access)

---

   [7] Richtlinie 90/547/EWG vom 29.10.1990 über den Transit von Elektrizitätslieferungen über große Netze (ABl. L 313 vom 13.11.1990, S. 30) und Richtlinie 91/296/EWG vom 31.5.1991 über den
Transit von Erdgas über große Netze (ABl. L 147 vom 12.6.1991, S. 37).
   [8] Richtlinie 90/377/EWG vom 29.6.1990 zur Einführung eines gemeinschaftlichen Verfahrens zur
Gewährleistung der Transparenz der vom industriellen Verbraucher zu zahlenden Gas- und Strompreise (ABl. L 185 vom 17.7.1990, S. 16).
   [9] Richtlinie 92/13/EWG vom 25.2.1992 zur Koordinierung der Rechts- und Verwaltungsvorschriften für die Anwendung der Gemeinschaftsvorschriften über die Auftragsvergabe durch Auftraggeber im Bereich der Wasser-, Energie- und Verkehrsversorgung sowie im Telekommunikationssektor
(ABl. L 076 vom 23.3.1992, S. 14) und Richtlinie 94/22/EG vom 30.5.1994 über die Erteilung und
Nutzung von Genehmigungen zur Prospektion, Exploration und Gewinnung von Kohlenwasserstof-
fen (ABl. L 164 vom 30.6.1994, S. 3).
   [10] Richtlinie 96/92/EG vom 19.12.1996 über gemeinsame Vorschriften für den Elektrizitätsbinnenmarkt (ABl. L 027 vom 30.1.1997, S. 20).

festgelegt, um Wettbewerb zu ermöglichen. Dabei war es den Mitgliedstaaten freigestellt, ob sie den Netzzugang für Wettbewerber durch ein Netzzugangsrecht sicherstellen (regulierter Netzzugang) oder den nötigen rechtlichen Rahmen dafür schaffen, dass der Netzbetreiber mit dem Wettbewerber die Bedingungen des Netzzuganges selbst aushandelt (verhandelter Netzzugang). Jeder dieser Ansätze stellte dabei ein Novum dar. Ziel war weiterhin die Schaffung eines europäischen Energiebinnenmarktes, das durch die vorhergehenden Vorgaben nicht erreicht worden war.

Die Auswirkungen der Richtlinie erfuhren aber unter zwei Gesichtspunkten wesentlich **Begrenzungen.** Zum einen erhielt der vor allem in Frankreich starke Service-Publique-Gedanke eine besondere Bedeutung. Wettbewerb kann danach unterbunden werden, wenn dies zur Erhaltung der Versorgung notwendig oder im öffentlichen Interesse zweckmäßig ist. Zum anderen war eine Marktöffnung nur schrittweise vorgesehen, sodass die Mitgliedstaaten zunächst lediglich 33 Prozent ihres Strommarktes für den Wettbewerb öffnen mussten. **31**

Am 10.8.1998 trat die **Erdgasbinnenmarktrichtlinie**[11] in Kraft. Ihr Inhalt und ihre Zielsetzungen entsprachen in vielen Bereichen – unter Berücksichtigung gasspezifischer Besonderheiten – denen der Elektrizitätsbinnenmarktrichtlinie. So standen auch hier die Ansätze der Entflechtung, des Third Party Access und der Service-Publique im Vordergrund. **32**

6. Das Gesetz zur Neuregelung energiewirtschaftlicher Vorschriften (1998)

Durch den Erlass der Binnenmarktrichtlinien Elektrizität und Gas waren die Gesetzgeber der Mitgliedstaaten zur Umsetzung der europäischen Vorgaben in das nationale Recht verpflichtet.[12] In Deutschland erfolgte die Umsetzung der Binnenmarktrichtlinie Elektrizität fristgemäß durch das **Gesetz zur Neuregelung energiewirtschaftlicher Vorschriften** vom 28.11.1997, das am 29.4.1998 in Kraft trat. Das Gesetz enthielt u. a. die Novellen des EnWG 1935 und des Gesetzes gegen Wettbewerbsbeschränkungen. Es führte dazu, dass fundamentale Prinzipien des deutschen Energierechts aufgegeben und weitreichende Veränderungen in Gang gesetzt wurden. **33**

So wurde durch die Novelle des Gesetzes gegen Wettbewerbsbeschränkungen die Freistellung vom **Kartellverbot** für Unternehmen der Energie- und Wasserwirtschaft aufgehoben. Die bisher das System kennzeichnenden Demarkationsverträge wurden verboten. Die ausschließlichen Konzessionsverträge wurden differenzierter im EnWG geregelt. Somit war nun auch in den bisher monopolisierten Bereichen der Energie- und Wasserwirtschaft Wettbewerb möglich. **34**

Das Energiewirtschaftsgesetz von 1935 wurde unter dem Leitgedanken der Liberalisierung erstmals mit dem EnWG 1998 umfassend geändert. Das Ziel der sicheren und preiswerten Energieversorgung im Interesse der Allgemeinheit – ergänzt um den Aspekt der Umweltverträglichkeit – blieb zwar erhalten. In den meisten anderen Bereichen wurden aber weitreichende Änderungen vorgenommen und es wurde eine vollständige **Marktöffnung** angestrebt. Hierzu diente vor allem die in den Binnenmarktrichtlinien angelegte Entflechtung der Energieunternehmen und die Verpflichtung der Netzbetreiber, auch von Dritten erzeugten Strom diskriminierungsfrei zu transportieren. **35**

Obwohl diese Änderungen die Etablierung eines völlig neuen Systems erforderte, verzichtete der deutsche Gesetzgeber im EnWG 1998 auf detaillierte technische Regelungen. Vielmehr bediente er sich des Modelles des verhandelten Netzzugangs. Es sah vor, dass die Marktteilnehmer den Netzzugang durch **Verbändevereinbarungen** selbst organisieren. Dies stellte einen in Europa einmaligen Sonderweg dar. Vielfach konnten sich die Beteiligten allerdings nicht, nur schleppend oder nach der Androhung von Klagen einigen. **36**

---

[11] Richtlinie 98/30/EG vom 22.6.1998 über gemeinsame Vorschriften für den Erdgasbinnenmarkt (ABl. L 204 vom 21.7.1998, S. 1).
[12] Die Pflicht zur Umsetzung von Richtlinien in nationales Recht ergibt sich heute aus Art. 288 Abs. 3 AEUV (vormals Art. 249 EGV).

7. Das Erneuerbare-Energien-Gesetz (2000)

37   Das Gesetz für den Vorrang Erneuerbarer Energien (Erneuerbare-Energien-Gesetz, EEG) regelt seit 2000 vor allem die Einspeisung von **Strom aus erneuerbaren Energien** in das Stromnetz.

38   Zuvor bestanden seit Ende der 1970er Jahre zunächst nur eine Vereinbarung zwischen verschiedenen Akteuren der Stromwirtschaft, wonach die Einspeisung von Strom aus erneuerbaren Energien privilegiert wurde. Seine Erzeugung war als Ergänzung zur Stromgewinnung aus konventionellen Quellen zum Zwecke der Ressourcenschonung und des Klimaschutzes politisch gewollt. Mit dem Gesetz über die Einspeisung von Strom aus erneuerbaren Energien in das öffentliche Netz (**Stromeinspeisegesetz**/StrEinspG) schuf die Bundesregierung 1990 für die Abnahme und Vergütungspflicht dann eine gesetzliche Grundlage. Abgesichert durch diese Abnahme- und Vergütungsgarantie stieg in Deutschland seit 1990 die Produktion von Strom aus erneuerbaren Energien kontinuierlich an.

39   Um die Gewinnung von Energie aus erneuerbaren Quellen noch stärker zu fördern – und aufgrund der grundlegenden Neugestaltung des Energierechts durch das EnWG 1998 – erließ der Gesetzgeber das EEG, welches das StrEinspG ablöste.

40   Das EEG behielt den **Einspeisevorrang** für Strom aus erneuerbaren Energien bei. Es legte fest, welche Vergütung der Erzeuger für die Einspeisung vom Strom aus Wasserkraft, Deponiegas, Grubengas, Klärgas, Biomasse, Geothermie, Windenergie und solarer Energie erhält (Einspeisevergütung). Ein Novum hierbei war die Garantie einer **Mindestvergütung** für neu errichtete Anlagen für die Dauer von 20 Jahren. Diese Zusicherung führte vor allem im Solarbereich in den folgenden Jahren zu einem Bauboom und Diskussionen über das richtige Fördersystem.

41   Das EEG 2000 wurde 2004, 2006, 2009, 2011, 2012, 2014 und 2016 umfangreichen **Novellierungen** unterzogen. So wurden beispielsweise immer wieder die Vergütungssätze angepasst, um die Fördermittel angesichts neuer technischer Entwicklungen abzusenken, zu erhalten und die erneuerbaren Energien an den Markt heranzuführen. Allerdings gilt für jede Erneuerbare-Energien-Anlage der EEG-Fördersatz, den das EEG zum Zeitpunkt ihrer Inbetriebnahme vorsah.

8. Das Kraft-Wärme-Kopplungsgesetz (2000)

42   Die Einspeisevergütung für Strom, der in Anlagen der Kraft-Wärme-Kopplung (KWK) erzeugt wurde, war bis 2000 nicht spezialgesetzlich geregelt. Als **Kraft-Wärme-Kopplung** bezeichnet man ein Verfahren, bei dem in einer technischen Anlage zugleich Wärme und Elektrizität erzeugt werden. Diese KWK-Anlagen sind daher sehr effizient.

43   Durch die Strommarktliberalisierung bzw. die Novelle des EnWG fiel der Strompreis in Deutschland allerdings bis Anfang 2000 auf ein Niveau, das den Betrieb von KWK-Anlagen unwirtschaftlich machte. Um deren Abschaltung zu verhindern, erließ der Gesetzgeber daher 2000 zunächst das Gesetz zum Schutz der Stromerzeugung aus Kraft-Wärme-Kopplung (Kraft-Wärme-Kopplungsgesetz, KWKG). Es garantierte den Anlagenbetreibern die Abnahme und Vergütung ihres Stromes zu einem festgesetzten Preis und sicherte somit die Rentabilität der KWK-Anlagen. Mit dem Gesetz für die Erhaltung, die Modernisierung und den Ausbau der Kraft-Wärme-Kopplung 2002 wurden dann die längerfristige Sicherung und der Ausbau der Kraft-Wärme-Kopplung geregelt.

9. Das EnWG-Änderungsgesetz (2003)

44   Zur **Umsetzung der Energiebinnenmarktrichtlinie Gas** wurde das EnWG 1998 mit Gesetz vom 20.5.2003 um Regelungen für den Gasbereich ergänzt. Diese sind an die Regelungen für den Elektrizitätsbereich angelehnt.

Zudem erfolgte eine **Verrechtlichung der Verbändevereinbarungen,** die auf Grund- 45
lage des EnWG 1998 zur Organisation der Netzgänge zwischen den Netzbetreibern
vereinbart worden waren. Es hatte sich gezeigt, dass auf Basis von freiwilligen Vereinbarungen die erstrebte Belebung des Wettbewerbs kaum vorankam.

10. Die Beschleunigungsrichtlinien und die Emissionshandelsrichtlinie (2003)

Die ersten europäischen Binnenmarktrichtlinien von 1997 und 1998 bewirkten noch 46
nicht die politisch gewünschte Vereinheitlichung der europäischen Wettbewerbsordnungen
für Strom und Gas. Daher initiierte die EU-Kommission die **Beschleunigungsrichtlinien**
Strom und Gas vom 26.6.2003.[13] Sie dienten der Anpassung, Erweiterung und Beschleunigung des Liberalisierungsprozesses.

Ein zentraler Ansatzpunkt hierzu war die Erweiterung der **Entflechtungsvorgaben** aus 47
den Binnenmarktrichtlinien von 1997 und 1998. Zur Entflechtung von Unternehmen, die
neben dem Netzbetrieb auch in den Bereichen Erzeugung, Gewinnung, Handel und/oder
Vertrieb tätig waren, wurden verschiedene Ansätze gewählt, die gestuft eine buchhalterische, informatorische, operationelle und rechtliche Trennung der Aktivitäten vorsahen.
Wichtig war vor allem die Regelung, dass alle Übertragungsnetze und die Verteilernetze,
die mehr als 100.000 Kunden beliefern, von den Bereichen Erzeugung, Gewinnung, Handel bzw. Vertrieb abzutrennen und organisatorisch und finanziell unabhängig aufzustellen
waren (rechtliche Entflechtung/Legal Unbundling).

Zudem wurde in Art. 20 der Beschleunigungsrichtlinie Strom bzw. Art. 18 der Be- 48
schleunigungsrichtlinie Gas festgelegt, dass nur noch ein **regulierter Netzzugang** als
System des Netzzugangs anwendbar ist. Dieser regelt verbindlich, wer zu welchen Konditionen auf das Netz zugreifen darf und verhindert, dass die Netzeigentümer bestimmte
Nutzer bevorzugen bzw. ausschließen.

Schließlich wurden die Mitgliedsstaaten verpflichtet, eine oder mehrere Stellen als 49
Regulierungsbehörde zu benennen, die u. a. die Entflechtung in ihren jeweiligen Zu-
ständigkeitsbereichen überwachen und künftig allen Verbrauchern einen unkomplizierten
Lieferantenwechsel/Anbieterwechsel ermöglichen sollten. In Deutschland sind das die
Bundesnetzagentur und die Landesregulierungsbehörden.

Die Regulierung des Gasbereichs wurde weitgehend dem des Strombereichs angegli- 50
chen. Die Schaffung eines wettbewerbsorientierten Gasmarktes stand im Vordergrund. Die
Beschleunigungsrichtlinien wurden 2003 und 2005 durch zwei **Verordnungen** ergänzt.
Diese regeln den Zugang für den grenzüberschreitenden Stromhandel und zu den Erdgasfernleitungsnetzen.[14]

Ebenfalls 2003 trat die Emissionshandelsrichtlinie[15] in Kraft. Durch sie wird ein System 51
eingeführt, das bestimmte, kohlenstoffdioxid-emittierende Anlagen mit der Pflicht versieht,
eine dem Ausstoß entsprechende Menge **CO_2-Zertifikate** vorzuhalten. Eine bestimmte,
knapp kalkulierte Zertifikate-Menge wurde den Anlagen zugeteilt. Abhängig davon, ob
diese genügten, konnten weitere Zertifikate erworben oder überschüssige Zertifikate verkauft werden. Dadurch sollten Unternehmen angehalten werden, die **Kohlenstoffdioxid-
emission** ihrer Anlagen zu senken. Das System ist allerdings bislang mäßig erfolgreich und
wurde mehrfach novelliert.

---

[13] Richtlinie 2003/54/EG vom 26.6.2003 über gemeinsame Vorschriften für den Elektrizitätsbinnenmarkt (ABl. L 176 vom 15.7.2003, S. 37) und Richtlinie 2003/55/EG vom 26.6.2003 über
gemeinsame Vorschriften für den Erdgasbinnenmarkt (ABl. L 176 vom 15.7.2003, S. 57).
[14] Verordnung Nr. 1288/2003 vom 26.6.2003 über die Netzzugangsbedingungen für den grenzüberschreitenden Stromhandel (ABl. L 176 vom 15.7.2003, S. 1) und Verordnung Nr. 1775/2005
vom 28.9.2005 über die Bedingungen für den Zugang zu den Erdgasfernleitungsnetzen (ABl. L 289
vom 3.11.2005, S. 1).
[15] Richtlinie 2003/87/EG vom 13.10.2003 über ein System für den Handel mit Treibhausgasemissionszertifikaten in der Gemeinschaft (ABl. L 275 vom 25.10.2003, S. 32).

11. Das Zweite Gesetz zur Neuregelung energiewirtschaftlicher Vorschriften (2005)

52   Mit dem am 23.7.2005 in Kraft getretenen Zweiten Gesetz zur Neuregelung energiewirtschaftlicher Vorschriften **(EnWG 2005)** kam die Bundesregierung ihrer Pflicht zur
Umsetzung der Beschleunigungsrichtlinien Elektrizität und Gas nach. Mit dem EnWG
2005 wurden weitreichende Regelungen getroffen: Die Zahl der Paragrafen des EnWG
wuchs von 20 auf 118 an. Zudem führte das EnWG die Ermächtigung zum Erlass einer
Vielzahl zusätzlicher energierechtlicher Rechtsverordnungen ein.

53   Das EnWG setzte die Entflechtungsvorgaben der Beschleunigungsrichtlinien für Energieversorgungsunternehmen, im Bereich des Netzzuganges, der Entgelte für den Netzzugang und der Netznutzung um. Schließlich wurde mit der Bundesnetzagentur auf Bundesebene eine Regulierungsbehörde mit umfangreichen Kompetenzen geschaffen, der auf
Landesebene die **Landesregulierungsbehörden** entsprechen. Seit dem wurde das EnWG
mehrfach geändert und novelliert.

12. Das Dritte Energiebinnenmarktpaket (2009)

54   2009 wurde mit dem **Dritten Energiebinnenmarktpaket** der EU ein weiterer Schritt
zur Schaffung eines einheitlichen europäischen Binnenmarktes für Strom und Gas sowie
zur sogenannten **Liberalisierung** unternommen.

55   Das Binnenmarktpaket setzt sich aus mehreren Teilen zusammen:
- die Beschleunigungsrichtlinien Strom und Gas wurden von neuen Richtlinien abgelöst[16],
- die Verordnungen über den Zugang für den grenzüberschreitenden Stromhandel und zu
  den Erdgasfernleitungsnetzen wurden durch neue Verordnungen[17] ersetzt und
- es wurde eine Verordnung zur Gründung einer Agentur für die Zusammenarbeit der
  Energieregulierungsbehörden (ACER)[18] erlassen.

56   Diese Richtlinien und Verordnungen führten die schon bestehenden Ansätze der Wett-
bewerbsförderung durch Entflechtung, die grenzüberschreitende Netzregulierung und des
Verbraucherschutzes fort. Als wesentliche Neuerungen wurden die folgenden Punkte eingeführt: Neben die eigentumsrechtliche Entflechtung (Ownership Unbundling) traten die
Modelle des Unabhängigen Systembetreibers (Independent System Operator, ISO), der
personell und finanziell vom Eigentümer des Netzes unabhängig sein muss, und des Unabhängigen Übertragungsnetzbetreibers (Independent Transmission Operator, ITO), der als
rechtlich unabhängiger Bestandteil in Unternehmen arbeitet, die in mindestens zwei der
Bereiche Erzeugung, Übertragung, Handel, Versorgung tätig sind (vertikal integrierte
Energieversorgungsunternehmen).

57   Neu hinzu traten zudem verstärkte **Kooperationsvorgaben** für die Zusammenarbeit
zwischen den europäischen Übertragungsnetzbetreibern und zwischen den nationalen Regulierungsbehörden, die Priorisierung von Versorgungssicherheit und die Öffnung des Binnenmarktes für Unternehmen aus Drittstaaten.

58   Die Regelungen im Bereich der internationalen Koordinierung des **Netzzuganges**
wurden weiter verschärft. Dafür wurde der Zusammenschluss der europäischen Übertragungsnetzbetreiber für Strom und für Gas jeweils in einem Verbund vorgesehen (ENTSO-E
und ENTSO-G).[19]

---

[16] Richtlinie 2009/72/EG vom 13.7.2009 über gemeinsame Vorschriften für den Elektrizitätsbinnenmarkt (ABl. L 211 vom 14.8.2009 S. 55) und Richtlinie 2009/73/EG vom 13.7.2009 über gemeinsame Vorschriften für den Erdgasbinnenmarkt (ABl. L 211 vom 14.8.2009, S. 94).

[17] Verordnung Nr. 714/2009 vom 13.7.2009 über die Netzzugangsbedingungen für den grenzüberschreitenden Stromhandel (ABl. L 211 vom 14.8.2009, S. 15) und Verordnung Nr. 715/2009 vom
13.7.2009 über die Bedingungen für den Zugang zu den Erdgasfernleitungsnetzen (ABl. L 211 vom
14.8.2009, S. 36).

[18] Verordnung Nr. 714/2009 vom 13.7.2009 zur Gründung einer Agentur für die Zusammenarbeit
der Energieregulierungsbehörden (ABl. L 211 vom 14.8.2009, S. 1), siehe auch § 11, Rn. 18 ff.

[19] Siehe § 12, Rn. 21 ff.

Aufgrund der bereits erwähnten Verordnung wurde die Agentur für die Zusammen- 59
arbeit der Energieregulierungsbehörden **(ACER)** geschaffen. Die Regulierungsbehörden
selbst wurden durch das Dritte Binnenmarktpaket in ihrer Unabhängigkeit gestärkt und mit
neuen Aufgaben versehen. Dazu gehörten u. a. die Kompetenz zur Zertifizierung von
Übertragungsnetzbetreibern und die Kontrolle der Einhaltung europäischer Vorgaben
durch sie.

Schließlich wurden die **Verbraucherrechte** durch das Binnenmarktpaket gestärkt, u. a. 60
durch einen Anschlusszwang gegenüber Endkunden (der in Deutschland allerdings schon
durch § 6 Abs. 1 EnWG bestand), sowie durch die Verpflichtung, auch einkommens-
schwachen Haushalten die Energieversorgung zu gewährleisten, den Lieferantenwechsel zu
vereinfachen und den Verbrauchern umfangreiche Informationen zur Verfügung zu stellen.

13. Die Deutsche Energiewende (2011) und Entwicklung bis 2016

Die Regierungskoalition aus CDU, CSU und FDP hatte 2009 in ihrem Koalitionsver- 61
trag die Ausarbeitung eines langfristigen Energiekonzeptes für Deutschland vereinbart. Dieses Konzept beschloss das Bundeskabinett am 28.9.2010 als ***Energiekonzept 2010*** *– für eine
umweltschonende, zuverlässige und bezahlbare Energieversorgung*[20]. Ziel war es, eine langfristige
energiepolitische Strategie für Deutschland zu formulieren. Zu dieser Strategie gehörten
ambitionierte Vorhaben im Bereich des Klimaschutzes.

Klimaschutzziele hatte die Bundesregierung bereits 2007 in den Meseberger Beschlüssen 62
und 2008 durch die Integrierten Energie- und Klimaprogramme I und II (IEKP) vorgegeben. Dort war eine Reduktion der Treibhausgas-Emission um 40 Prozent bis 2020 gegenüber 1990 vorgesehen, die durch viele Einzelmaßnahmen erreicht werden sollte. Im Energiekonzept wurde das 40 Prozent-Ziel erweitert und es sollen bis 2050 80 bis 95 Prozent
Treibhausgasemissionen eingespart werden. Zum anderen zielt das Energiekonzept darauf ab, die Energieeinsparung und den Übergang zur Energieerzeugung hauptsächlich aus
erneuerbaren Energien zu fördern. Zu einer zügigen Umsetzung sollte ein 10-Punkte-
Sofortprogramm beitragen, das u. a. eine gesamtdeutsche Netzausbauplanung und Maßnahmen zur Förderung der Offshore-Windenergie vorsah.

Kernenergie war im Energiekonzept ursprünglich als Brückentechnologie eingeplant, 63
die den Weg ins regenerative Zeitalter begleiten und für bezahlbare Strompreise sorgen
sollte. Zu diesem Zweck wurde der von der rot-grünen Bundesregierung beschlossene
Atomausstieg im Dezember 2012 durch das Elfte Gesetz zur Änderung des Atomgesetzes
vom Jahr 2022 auf das Jahr 2034 verschoben. Nur etwa drei Monate später, im März 2011,
ereignete sich im japanischen Kernkraftwerk Fukushima der schwerste Atomunfall seit dem
Reaktorunglück von Tschernobyl 1986. Als Reaktion darauf bewertete die Bundesregierung die im Energiekonzept dargestellte Rolle der Atomkraft neu, nahm im Rahmen eines
Atom-Moratoriums am 14.3.2011 die sieben ältesten deutschen Kernkraftwerke vom Netz
und ordnete eine Überprüfung aller anderen Kernkraftwerke an. Diese **sofortige Stilllegung** wurde vom Bundesverwaltungsgericht Anfang 2014 allerdings für rechtswidrig befunden. Der Betreiber des hessischen Kernkraftwerkes Biblis, RWE, hatte gegen das Land
Hessen geklagt, das aufgrund des Moratoriums die vorübergehende Stilllegung des Blocks
A und die endgültige Abschaltung des Blocks B angeordnet hatte. Dem Beschluss zufolge
fehlte dem Land Hessen die Rechtsgrundlage für solch eine Anordnung. Ein Untersuchungsausschuss in Hessen hat derzeit den Auftrag, umfassend darüber aufzuklären, wer für
die Stilllegung verantwortlich ist und wer ggf. die 235,3 Millionen Euro Schadensersatz
zahlen muss, die RWE für die vermeintlich rechtswidrige Stilllegungsverfügung der zwei
Biblis-Blöcke fordert.[21]

---

[20] Bundesregierung, Energiekonzept für eine umweltschonende, zuverlässige und bezahlbare Energieversorgung, 28.9.2010.
[21] Hessischer Landtag, Untersuchungsausschuss 19/1 (Biblis).

64 Im Juni 2011 beschloss die Bundesregierung dann ein **Energiepaket,**[22] das die Maßnahmen des Energiekonzepts ergänzte und ihre Umsetzung beschleunigte.

65 Innerhalb weniger Wochen wurden mit dem Energiepaket die wichtigsten energierechtlich relevanten Gesetze und Verordnungen novelliert, u. a. das EnWG, das EEG, das AtomG, das KWKG und ein neues Gesetz zum beschleunigten Netzausbau (NABEG) erlassen. Die Kernpunkte dieser sogenannten **Energiewende** sehen vor, dass

- die stillgelegten **Kernkraftwerke** nicht wieder ans Netz gehen und bis 2022 alle Kernkraftwerke abgeschaltet werden,
- der Anteil von Strom aus erneuerbaren Energien bis 2020 auf 35 Prozent steigen soll und dazu insbesondere Maßnahmen zur Beschleunigung des **Offshore-Ausbaus** ergriffen werden und
- der Ausbau der Stromnetze beschleunigt wird.

66 Auch nach 2011 wurden die Energiegesetze mehrfach weiterhin angepasst. So kam es im April 2011 zu einer erneuten Kürzung der Einspeiseentgelte für **Photovoltaikanlagen** und Ende 2012 zu einer weiteren EnWG-Novelle.

67 Mit den Vereinbarungen im aktuellen Koalitionsvertrag zwischen CDU/CSU und SPD von 2013[23] wurde die **Neuausrichtung der Energiegesetzgebung** angekündigt. Sie wurde bereits vor der Wahl sowohl von privaten Verbrauchern als auch von Seiten der Industrie gefordert, um u. a. den steigenden Strompreisen entgegenzutreten.

68 Konzepte zur künftigen Gestaltung des Strommarktes fanden sich in 2015 veröffentlichten **Weißbuch** *Ein Strommarkt für die Energiewende*[24], das Grundlage für das im Sommer 2016 erlassene Strommarktgesetz war. Das Gesetz soll „Rahmenbedingungen schaffen, um die Stromversorgung volkswirtschaftlich, kosteneffizient und umweltverträglich weiterzuentwickeln und die Versorgungssicherheit bei der Transformation des Energieversorgungssystems zu gewährleisten".[25] Dazu enthält es u. a. Änderungen des EnWG, und EEG und zahlreicher Verordnungen (siehe ausführlich bei § 2, Rn. 82 ff.).

69 Zum 1.1.2016 wurden zudem das **Kraft-Wärme-Kopplungsgesetz** (KWKG) und das Energieleitungsausbaugesetz (EnLAG) novelliert. Nach dem nun geltenden KWKG 2016 soll die Stromerzeugung aus KWK-Anlagen bis 2020 25 Prozent erreichen. Dazu wurde die Fördersumme auf 1,5 Milliarden Euro pro Kalenderjahr verdoppelt, kohlebefeuerte Anlagen sind allerdings im Interesse des Klimaschutzes in Zukunft nicht mehr förderfähig. Zudem soll die Stromerzeugung aus KWK besser mit der Erzeugung von Strom aus erneuerbaren Energien verzahnt werden. Durch das neue EnLAG soll vor allem die Akzeptanz der Bevölkerung für den notwendigen Netzausbau gesteigert werden, indem Höchstspannungs-Gleichstrom-Übertragungsleitungen künftig vorrangig als **Erdkabel** statt als Freileitung gebaut werden.

14. Das EU-Klimapaket und die Energieunion

70 Auf europäischer Ebene wurden Anfang 2014 ein neues **Energie- und Klimapaket**[26] bis 2030 und im Mai 2015 eine Strategie für eine sichere europäische Energieversorgung[27] vorgestellt. Das Klimapaket erweitert die Zielvereinbarung von 2008 (die sogenann-

---

[22] Ein Überblick über das Gesetzespaket ist abrufbar unter: http://www.bundesregierung.de/Content/Archiv/DE/Archiv17/Artikel/2012/06/2012-06-04-artikel-hintergrund-energiewende-gesetzespaket.html.
[23] CDU/CSU, SPD, Koalitionsvertrag, Deutschlands Zukunft Gestalten vom 27.11.2013.
[24] Bundeswirtschaftsministerium, Ein Strommarkt für die Energiewende: Diskussionspapier des Bundesministeriums für Wirtschaft und Energie (Grünbuch) vom 31.10.2014.
[25] Deutscher Bundestag, Gesetzentwurf der Bundesregierung – Entwurf eines Gesetzes für die Weiterentwicklung des Strommarktes (Strommarktgesetz), Drucksache 18/7317 vom 20.1.2016, Teil A.
[26] EU-Kommission, Mitteilung vom 23.1.2014, Ein Rahmen für die Klima- und Energiepolitik im Zeitraum 2020–2030, COM(2014) 15 final.
[27] EU-Kommission, Mitteilung vom 28.5.2014, Strategie für eine sichere europäische Energieversorgung, COM(2014) 330 final.

ten 20–20-20-Ziele[28]) unter Berücksichtigung der seitdem erfolgten Entwicklungen frühzeitig für die Zukunft. Der Ausstoß von Kohlenstoffdioxid (CO_2) soll bis 2030 um 40 Prozent gegenüber 1990 sinken und der Anteil der erneuerbaren Energien am Energieverbrauch der EU soll auf mindestens 27 Prozent steigen. Im Stromsektor ist sogar eine Steigerung von derzeit 21 Prozent auf mindestens 45 Prozent im Jahr 2030 anvisiert. Zugleich soll der Energieverbrauch um 27 Prozent gesenkt werden.

Ende Februar 2015 hat die EU-Kommission dann eine umfangreiche **Rahmenstrate-** 71 **gie** für eine krisenfeste Energieunion mit einer zukunftsorientierten Klimaschutzstrategie vorgelegt.[29] Darin benennt sie 15 Punkte aus fünf Dimensionen, die auf die Strategie für eine sichere europäische Energieversorgung aus dem Jahr 2014 aufbauen.

Hintergrund der neuen, weitreichenden Rahmenstrategie sind von der EU-Kommis- 72 sion identifizierte Problemfelder, die der Verwirklichung des angestrebten Energiebinnenmarktes im Wege stehen. Dazu gehören die mangelnde Vereinheitlichung der Energiemärkte in den Mitgliedstaaten trotz des einheitlichen europäischen Rahmens, die in vielen Mitgliedstaaten geringe Anzahl an Energieversorgern und dadurch beschränkte Wechselmöglichkeiten für die Kunden sowie eine veraltete Infrastruktur und die unzureichende Vernetzung von Marktgebieten.

Um die Hindernisse zu überkommen sollen die **fünf Dimensionen** 73
- Sicherheit der Energieversorgung, Solidarität und Vertrauen,
- ein vollständig integrierter europäischer Energiemarkt,
- Energieeffizienz als Beitrag zur Senkung der Nachfrage,
- Verringerung der CO_2-Emissionen der Wirtschaft und
- Forschung, Innovation und Wettbewerbsfähigkeit

in enger Verknüpfung miteinander zu Energieversorgungssicherheit, Wettbewerbsfähigkeit und Nachhaltigkeit führen.

Unter den **15 Punkten** lassen sich einige besonders wichtige Bereiche ausmachen. 74
- **Gesetzgebung und Einrichtungen:** Die bisher erlassenen politischen Vorgaben sollen vollumfänglich umgesetzt werden. Insbesondere die Regelungen aus dem Dritten Binnenmarktpaket und dem Wettbewerbsrecht müssen in den Mitgliedstaaten Anwendung finden, damit ein Binnenmarkt entstehen kann. Dazu gehört auch die Stärkung von zentralen Einrichtungen.
- **Erneuerbare Energien:** Die EU will eine weltweite **Führungsrolle** im Bereich der erneuerbaren Energien übernehmen. Dazu sollen die Märkte und Netze technisch optimiert und besser gesteuert werden. Ein stabiler Investitionsrahmen und die Konvergenz der nationalen Fördersysteme sollen erreicht werden.
- **Gasmarkt:** Hier wird eine **Diversifizierung der Erdgasquellen** durch neue Pipelines, den Ausbau der Speichermöglichkeiten und eine umfassende Flüssiggas-Strategie als unumgänglich angesehen, um die bestehende Abhängigkeit Europas von wenigen Lieferanten zu durchbrechen.
- **Strommarkt:** Geplant ist ein weitreichender Vorschlag der EU-Kommission zur Umgestaltung des Strommarktes und zur **Verknüpfung** von Großhandels- und Endkonsumentenmarkt. Dies soll zur besseren Integration der Erzeuger, einem regeren grenzüberschreitenden Handel und einer effektiveren Preisbildung führen und so Investitionssignale für die Marktintegration neuer Stromerzeugungsquellen aussenden.
- **Netze:** Ein weiterer Schwerpunkt liegt im Bereich Vernetzung der Märkte durch grenzüberschreitende **Verbundleitungen.** Der Zugang privater Investoren zu Finanzmitteln soll verbessert werden, damit nötige Infrastrukturinvestitionen verwirklicht werden können. Zudem soll das Monitoring der Umsetzung von Infrastrukturprojekten angestoßen werden. Dabei spielt insbesondere die regionale Ebene eine große Rolle.

---

[28] 20 Prozent weniger Treibhausgasemissionen als 2005, 20 Prozent Anteil an erneuerbaren Energien sowie 20 Prozent mehr Energieeffizienz bis 2020.
[29] EU-Kommission, Presseerklärung vom 25.2.2015, Die Energieunion – sichere, nachhaltige, wettbewerbsfähige und bezahlbare Energie für alle EU-Bürgerinnen und -Bürger.

- **Verbraucher:** Verbraucher sollen die Möglichkeit erhalten, Strom auch von ausländischen Anbietern zu beziehen. Dafür müssen die nationalen Regulierungsrahmen weiter angepasst und Wettbewerbshindernisse in einzelnen Mitgliedsstaaten beseitigt werden. Durch intelligente Technologien soll zudem die Steuerung des Verbrauches verbessert werden.
- **Energieeffizienz:** Die Senkung des Energiebedarfes bzw. die Optimierung der Energienutzung soll vor allem im Verkehrs- und Gebäudebereich weiter vorangetrieben werden. Fahrzeuge sollen künftig weniger Kohlenstoffdioxid ausstoßen dürfen. Die Nutzung von alternativen Kraftstoffen und Elektrofahrzeugen wird als Ansatzpunkt dafür gesehen. Im Gebäudebereich liegt der Ansatzpunkt hauptsächlich im Bereich der Finanzierungssysteme für energetische Sanierungen, der technischen Unterstützung und der Förderung von regionalen und lokalen Initiativen.

75   Des Weiteren plant die EU-Kommission, zwischenstaatliche Abkommen über den Kauf von Energie aus Drittländern künftig frühzeitig auf ihre Vereinbarkeit mit dem EU-Recht zu überprüfen. Bisher geschieht dies erst nach Abschluss der Vertrages, wenn eine Anpassung kaum noch möglich ist. So soll die Vereinbarkeit insbesondere mit dem Wettbewerbsrecht der Union und den Rechtsvorschriften zum Energiebinnenmarkt sichergestellt und unionsrechtwidrige Alleingänge von Mitgliedsstaaten verhindert werden. Zudem wird die Rolle der Energiepolitik als Teil der Außenpolitik in den Vordergrund gestellt. So soll der Aufbau strategischer **Energiepatenschaften** mit Erzeugerländern und Transitländern, beispielsweise mit Algerien und der Türkei, fokussiert werden. Auch die Zusammenarbeit mit Norwegen – das nicht zur EU gehört – soll ausgebaut werden.

76   Um die Verwirklichung der **Energieunion** sicherzustellen, ist ein System zur integrierten Lenkung und Überwachung vorgesehen. So soll sichergestellt werden, dass europäische, regionale, nationale und lokale Akteure koordiniert arbeiten. Als Ziele nennt die EU-Kommission dabei u. a.:

- die Zusammenführung von Maßnahmen aus den Gebieten Energie, Klima und anderen Bereichen, um eine stärkere und dauerhaftere politische Kohärenz zu erreichen,
- die Vermeidung von unnötigem Verwaltungsaufwand durch Prozessoptimierung,
- die Vertiefung der Zusammenarbeit zwischen den Mitgliedstaaten, auch auf regionaler Ebene, sowie mit der EU-Kommission,
- die qualitative Verbesserung der Datenlage, Bündelung von Kenntnissen und breitem Zugang und
- die jährliche Berichterstattung an das Europäische Parlament und den Rat über den Stand der Energieunion, um die zentralen Fragen zu erörtern und die politische Debatte steuern zu können.

77   Im November 2015 hat die EU-Kommission ihren ersten Bericht vorgelegt und betrachtet dabei alle zuvor beschriebenen **fünf Dimensionen** der Energieunion[30]. Um den Erfolg der Energieunion sicherzustellen, soll jeder Mitgliedstaat einen integrierten Energie- und Klimaplan für den Zeitraum von 2021 bis 2030 entwickeln und die geplanten nationalen Politiken und Maßnahmen, einschließlich ihrer Beiträge zu den beschlossenen *EU 2030 Energie- und Klimazielen,* darlegen. Zudem sollen die Mitgliedstaaten alle zwei Jahre Fortschrittsberichte vorlegen. Mit ihrem Bericht hat die EU-Kommission auch ihre Vorstellungen dargelegt, wie die Energie- und Klimapläne ausgestaltet werden sollen und welche Indikatoren die Mitgliedstaaten für ihre Fortschrittsberichte nutzen können[31]. Zudem wurde ein Zeitstrahl für die Entwicklung dieser Pläne zwischen 2016 und 2018 festgesetzt.[32]

---

[30] EU-Kommission, Mitteilung vom 18.11.2015, State of the Energy Union 2015, COM(2015) 572 final.

[31] Bundeswirtschaftsministerium, Presseerklärung vom 18.11.2015, EU-Kommission legt ersten Bericht zur Energieunion vor: Besseres Monitoring wichtig für Erreichen der europäischen Energie- und Klimaziele.

[32] EU-Kommission Annex, Guidance to Member States on National Energy and Climate Plans as part of the Energy Union Governance, State of the Energy Union, 2015.

Neben der Energieunion hat die EU-Kommission mit der **beihilferechtlichen Sektor-** 78 **untersuchung** ein zweites, weitreichendes Projekt angestoßen. Mit dieser soll untersucht werden, inwieweit nationale Eingriffe in den Strommarkt zur Stabilitätssicherung – insbesondere durch Kapazitätsmechanismen – ihrerseits zu Wettbewerbsverzerrungen führen.

15. Das Pariser Klimaschutzabkommen (2015)

Mit dem **Pariser Klimaschutzabkommen** (Paris Agreement) ist im Dezember 2015 79 der erste völkerrechtlich verbindliche Vertrag zum Klimawandel seit dem Kyoto-Protokoll geschlossen worden.[33] Er wurde von 195 Staaten und der EU beschlossen und stellt daher eine globale Vereinbarung zum Übergang in das Zeitalter einer klimafreundlichen Wirtschaft dar, bei dem auch die Verluste und Schäden, die auf die Erderwärmung zurückgeführt werden, ausgeglichen werden sollen. Das Ziel, die Erderwärmung auf weniger als zwei Grad Celsius verglichen mit der Zeit vor der Industrialisierung zu begrenzen, ist nun völkerrechtlich verankert. Darüber hinaus wird eine Begrenzung auf 1,5 Grad Celsius angestrebt. Dazu müssen die globalen CO_2-Emissionen bereits bis etwa 2070 auf Null heruntergefahren werden, was ohne den Verzicht der Energieerzeugung aus Kohle, Erdgas und Erdöl kaum gelingen wird. Das macht den Vertrag auch für die Energiewirtschaft, vor allem im Kontext der Energiebeschaffung- und -erzeugung sowie im Bereich des Umweltenergierechts, so bedeutend.

Um die neuen Klimaziele zu erreichen, müssen die Staaten nun ihre nationalen Klima- 80 ziele weiter verschärfen, was sich auf den Bereich der nationalen Energiewirtschaft auswirken wird. Für die EU soll das Minderungsziel von zurzeit 30 Prozent bis 2020 wenn nötig angehoben werden. Deutschland hat am 14.11.2016 – nach der Ratifizierung des Klimaabkommens – einen **Klimaschutzplan 2050** beschlossen, in dem unter anderem der **Kohleausstieg** einen große Rolle spielt. Die Klimaschutzanstrengungen der Mitgliedsstaaten werden im Rahmen des Vertrages in zusätzlichen Umsetzungsvereinbarungen (sogenannte Dekarbonisierungsfahrpläne) präzisiert, alle fünf Jahre überprüft und, wenn nötig, angepasst.

Nach der Einigung im Dezember 2015 wurde das Pariser Klimaschutzabkommen im 81 April 2016 unterzeichnet. Es **tritt in Kraft,** sobald mindestens 55 Staaten, die für 55 Prozent des globalen Treibhausgasausstoßes verantwortlich sind, formell zugestimmt haben. Dazu ist in den meisten Staaten – so auch in Deutschland – eine Ratifizierung durch das Parlament nötig.

16. Das Gesetzespaket zur Neuausrichtung des deutschen Energiemarktes (2016)

Im Sommer 2016 sind maßgebliche Änderungen der deutschen Energiegesetze verab- 82 schiedet worden, die bis 1.1.2017 in Kraft treten. Das Bundeswirtschaftsministerium spricht von der größten **Reform** seit der Liberalisierung des Strommarktes in den 1990er Jahren.[34] Diese besteht aus drei Teilen:
- dem Strommarktgesetz[35], das unter anderem den Wettbewerb von flexibler Erzeugung, flexibler Nachfrage und Speichern fördern soll;
- das Digitalisierungsgesetz[36], das die Grundlage für die Überführung der Energiewirtschaft in das digitalisierte Zeitalter bildet;
- dem EEG 2017[37], durch das das System der Einspeisevergütung massiv verringert wird und das System der Auktionen zum neuen Standard wird;

---

[33] United Nations, Adoption of the Paris Agreement, Framework Convention on Climate Change, FCCC/CP/2015/L.9/Rev.1, 12.12.2015.
[34] Bundeswirtschaftsministerium, Presseerklärung vom 8.7.2016, Gabriel: Die nächste Phase der Energiewende kann beginnen.
[35] Gesetz zur Weiterentwicklung des Strommarktes (Strommarktgesetz) vom 29.7.2016 (BGBl. I S. 1786).
[36] Gesetz zur Digitalisierung der Energiewende BGBl. I S. 2034.

- das Windanlagen-auf-See Gesetz (WindSeeG)[38], durch den der Bereich Offshore aus dem EEG in ein eigenes Gesetz ausgegliedert wird und
- das Gesetzgebungspaket zum sogenannten *Fracking*[39], bei dem durch drei Gesetze die bergrechtlichen, planungs- und umweltrechtlichen Rahmenbedingungen für die Erschließung neuer Öl- und Gasvorkommen in Deutschland geregelt werden sollten.

83   Das **Strommarktgesetz** enthält unter anderem Änderungen des EnWG, des EEG, des GWB, sowie z. B. der Stromnetzentgeltverordnung, Stromnetzzugangsverordnung und der Anreizregulierungsverordnung. Im Einzelnen stellen wir die Neuerungen in den folgenden Kapiteln im jeweiligen Zusammenhang dar. Insgesamt soll das Strommarktgesetz die Gesetzgebung im Hinblick auf den Übergang zum europäischen Energiebinnenmarkt mit einem hohen Anteil an Strom aus erneuerbaren Energien anpassen, damit der Strommarkt auch weiterhin eine sichere, kosteneffiziente und umweltverträgliche Stromversorgung bietet und zugleich zur Erreichung der nationalen Klimaziele beiträgt. Ihm vorausgegangen ist die Einführung sogenannter Kapazitätsmärkte in vielen Ländern Europas, die dafür sorgen sollen, dass jederzeit und überall ausreichend Stromerzeugungskapazitäten vorgehalten werden können. Der deutsche Gesetzgeber hat sich dagegen entschieden, die Vorhaltung solcher Kapazitäten generell gesondert zu vergüten, sondern verlässt sich auf die Vorhaltung gewisser Reserven und ansonsten auf Marktmechanismen. Der sogenannte *Strommarkt 2.0* soll weiterhin grundlegend auf dem Marktmodell basieren, wobei der auf dem Markt gebildete Strompreis dafür sorgen soll, dass Angebot und Nachfrage im Wege der wettbewerblichen Preisbildung die Kapazitäten steuern sollen.

84   Mit dem **Digitalisierungsgesetz** sollte auch die Energiewirtschaft in das digitale Zeitalter geführt werden, damit künftig Stromnetze, Erzeugung und Verbrauch miteinander verknüpft werden können. Es setzt mit dem Kernstück, der Einführung eines Messstellenbetriebsgesetzes[40], die europarechtlichen Bestimmungen zur Einführung intelligenter Strom- und Gaszähler, den *Smart Metern,* um. Die sogenannten *grundzuständigen Messstellenbetreiber,* derzeit die Verteilnetzbetreiber, sollen ab 2017 stufenweise unter Beachtung technischer Vorgaben und in Abhängigkeit vom Jahresstromverbrauch und der dadurch verursachten Kosten den *Rollout* der Smart Meter durchführen. Da die durch die Smart Meter ermittelten Daten Aufschluss über das Verbrauchsverhalten und die Gewohnheiten der Verbraucher geben können, wird dabei auf einen wirksamen Daten- und Verbraucherschutz geachtet. Vergeiche dazu im Einzelnen § 4, Rn. 414 ff.

85   Das **EEG 2017,** das am 1.1.2017 in Kraft tritt, dient der Umsetzung der europäischen Umweltschutz- und Energiebeihilfeleitlinien-Richtlinie[41], die die Festlegung der Vergütung für Strom aus erneuerbaren Energien im Wege der Ausschreibung vorgibt. Erfasst sind die Bereiche Solar, Wind und Biomasse mit Ausnahme von bestimmten kleinen Anlagen in diesen Bereichen und Wasserkraft, Deponie-, Klär- oder Grubengas, Geothermie und Pilotprojekte. So sollen neue Anlagen im Bereich Solar und Wind und neue und bestehende Anlagen im Bereich Biomasse nur noch die im Auktionsverfahren ermittelte, wirklich

---

[37] Gesetz zur Einführung von Ausschreibungen für Strom aus erneuerbaren Energien und zu weiteren Änderungen des Rechts der erneuerbaren Energien (EEG-Änderungsgesetz) vom 8.7.2016 – BGBl. I S. 2258.

[38] Gesetz zur Entwicklung und Förderung der Windenergie auf See (WindSeeG) vom 13.10.2016, BGBl. I S. 2310.

[39] Gesetz zur Änderung wasser- und naturschutzrechtlicher Vorschriften zur Untersagung und zur Risikominimierung bei den Verfahren der Fracking-Technologie vom 4.8.2016, BGBl. I S. 1972 und Gesetz zur Ausdehnung der Bergschadenshaftung auf den Bohrlochbergbau und Kavernen vom 4.8.2016, BGBl. I S. 1962 und Verordnung zur Einführung von Umweltverträglichkeitsprüfungen und über bergbauliche Anforderungen beim Einsatz der Fracking-Technologie und Tiefbohrungen vom 4.8.2016, BGBl. I S. 2034.

[40] [Gesetz über den Messstellenbetrieb und die Datenkommunikation in intelligenten Energienetzen (Messstellenbetriebsgesetz – MsbG].

[41] EU-Kommission, Mitteilung vom 28.6.2014, Leitlinien für staatliche Umweltschutz- und Energiebeihilfen 2014–2020 (2014/C 200/01).

benötigte Förderung erhalten und Überzahlungen durch gesetzliche festgesetzte Einspeise-tarife abgeschafft werden. Denn für die umfassten Technologien hält der Gesetzgeber die Schwelle zur Wettbewerbsreife für überschritten. Erhalten werden soll im neuen System die Akteursvielfalt, dazu werden unter anderem sogenannte *Bürgerenergiegesellschaften* (siehe § 4, Rn. 98 ff.) gesetzlich definiert. Wie die Ausschreibung im Einzelnen funktioniert, ist in § 4, Rn. 85 ff. dargestellt.

Durch das **Windanlagen-auf-See Gesetz** (WindSeeG) wird der Bereich Offshore zum **86** 1.1.2017 aus dem EEG ausgegliedert. Planung, Ausschreibung, Zulassung, Errichtung und Betrieb von Offshore-Anlagen werden in einem Gesetz gebündelt. Eine Umstellung auf das Ausschreibungsverfahren erfolgt allerdings (abgesehen von zwei Pilotverfahren) erst 2017 für Inbetriebnahmen ab 2021. Bis dahin wird ein weiteres Absinken der Preise für die Anlagen erwartet, sodass deren Förderbedarf dann geringer ist. Im Detail stellen wir die Regelungen in § 4, Rn. 114 ff. vor.

Mit der nach langer Diskussion verabschiedeten Gesetzgebung zum sogenannten **87** *Fracking* soll der Zugang zu unkonventionellen Öl- und Gaslagerstätten auch in Deutsch-land so geregelt werden, dass einerseits umweltrechtliche Regeln für einen verantwortli-chen Umgang mit diesen neuen Technologien eingehalten werden und auf der anderen Seite die Tür für die Nutzung dieser Ressourcen nicht völlig zugeschlagen wird. Siehe zu den Regelungen im Einzelnen in § 6, Rn. 52.

Erste **Änderungen des Strommarktgesetzes,** des Kraftwärmekopplungsgesetzes und **88** des EEG 2017 hat der Gesetzgeber im Herbst 2016 angestoßen. Sie wurden erforderlich, damit die EU-Kommission den Gesetzen im beihilferechtlichen Kontrollverfahren (siehe § 9, Rn. 245) eine Zustimmung erteilt.

Zum Weiterlesen

Martin Wachovius, Einführung in des Energierecht, 2013, Zweiter Teil – Historie des Energiewirtschafts-rechts

Jörg Gundel u.a, Kein Schlussstein für die Liberalisierung der Energiemärkte: Das Dritte Binnenmarkt-paket, EuWZ 2009, 763 ff.

Kai Uwe Pritzsche/Sebastian Pooschke/Henry Hoda, Chapter 12 „Germany", in: David Schwartz, The Energy Regulation and Markets Review, 2014, 150 ff.

Erik Gawel u. a., Die Zukunft der Energiewende in Deutschland, ZUR 2014, 219 ff.

Wolfgang Kahl, Die Kompetenzen der EU in der Energiepolitik nach Lissabon, EuR 2009, 601 ff.

Thomas Kästner u. a. (Hrsg.), Handbuch Energiewende, 2013

Achim Rüdiger Börner, Der Energiefahrplan 2050 der EU, EW Jg. 111 (2012), Heft 6, 20 ff.

§ 3. Die rechtlichen Grundstrukturen des Energierechts

1   Als Ergebnis der im vorstehenden Kapitel beschriebenen Entwicklung hat sich das heute in Deutschland geltende Energierecht als ein gemischter Verbund aus deutschem und europäischem Recht ergeben. Zu dessen **Grundstruktur** sowie einigen zentralen Normen, Akteuren und Themen wollen wir in diesem Kapitel einen Überblick geben.

2   **Systematisch** gehört das Energierecht in Deutschland eigentlich zum Bereich des Öffentlichen Rechts, denn in der Regel steht ein privatwirtschaftlicher Akteur (der Betreiber eines Kraftwerks, ein Vertriebsunternehmen usw.) den staatlich vorgegebenen Regelungen, Genehmigungserfordernissen etc. gegenüber. In der Praxis finden die Interaktionen, mit denen der Energierechtler konfrontiert wird, aber häufig zwischen Gleichgeordneten statt, so dass sie daher oft zivil- und wirtschaftsrechtlich geprägt sind. Verwaltungsverfahren im klassischen Sinne des Verwaltungsverfahrensgesetzes findet man allerdings wiederum häufig bei Regulierungsfragen im Aufgabenbereich der Bundesnetzagentur. In den beiden folgenden Abschnitten werden der europäische Rahmen und der nationale Rahmen umrissen.

I. Europäischer Rahmen

1. Europäische Zuständigkeit und Ziele

3   Ausgangspunkt aller europäischer Regelungen ist Art. 194 Abs. 1 und 2 AEUV. In diesem Artikel sind die Grundprinzipien und Zuständigkeiten enthalten, nach denen die Energiepolitik in der EU gestaltet wird. Diese Maßnahmen berühren unbeschadet des Art. 192 Abs. 2 Buchst. c AEUV nicht das Recht eines Mitgliedsstaats, die Bedingungen für die Nutzung seiner Energieressourcen, seine Wahl zwischen verschiedenen Energiequellen und die allgemeine Struktur seiner Energieversorgung zu bestimmen.

Art. 194 AEUV

(1) Die Energiepolitik der Union verfolgt im Geiste der Solidarität zwischen den Mitgliedstaaten im Rahmen der Verwirklichung oder des Funktionierens des Binnenmarkts und unter Berücksichtigung der Notwendigkeit der Erhaltung und Verbesserung der Umwelt folgende Ziele:
a) Sicherstellung des Funktionierens des Energiemarktes,
b) Gewährleistung der Energieversorgungssicherheit in der Union,
c) Förderung der Energieeffizienz und von Energieeinsparungen sowie Entwicklung neuer und erneuerbarer Energiequellen und
d) Förderung der Interkonnektion der Energienetze.

(2) Unbeschadet der Anwendung anderer Bestimmungen der Verträge erlassen das Europäische Parlament und der Rat gemäß dem ordentlichen Gesetzgebungsverfahren die Maßnahmen, die erforderlich sind, um die Ziele nach Absatz 1 zu verwirklichen.

4   So stellt Art. 194 Abs. 1 AEUV klar, dass die Verwirklichung des **Energiebinnenmarktes** somit das zentrale Ziel der europäischen Energiepolitik darstellt. Dahinter steht vor allem der Abbau von Handelsschranken und Handelshemmnissen, die Angleichung der Steuer- und Preispolitik in den Mitgliedsstaaten sowie die Vereinheitlichung von Normen und Standards.[1] Die ursprünglich einmal geplante Vollendung des Energiebinnenmarktes bis 2014 ist allerdings nicht gelungen und wird wohl noch einige Jahre in Anspruch nehmen. 2015 wurde dafür das Ziel der Energieunion ausgerufen.

5   Art. 194 Abs. 2 AEUV stellt klar, dass die **Zuständigkeit** für die Verwirklichung des Energiebinnenmarktes bei der EU und damit für die Energiegesetzgebung bei der EU liegt. Den Nationalstaaten verbleiben vorrangige Zuständigkeiten bei der Nutzung ihrer

---

[1] Europäisches Parlament, Kurzdarstellungen zur Europäischen Union – Energiebinnenmarkt.

Primärenergiequellen und bei der Bestimmung ihres Energiemixes sowie der Wahl der Struktur ihrer Energieversorgung.

2. Europäische Behörden und Institutionen

Die **EU-Kommission** ist dabei auch im Energiesektor das zentrale Exekutivorgan der 6 EU. Als solches erarbeitet sie u. a. Gesetzesvorhaben und ist mit der Verwaltung und Umsetzung der europäischen Regelungen betraut. Innerhalb der EU-Kommission wirken die Kommissariate für Energie und Klima und das Kommissariat für Wettbewerb zusammen mit ihren jeweiligen Generaldirektionen als Verwaltungsbehörde ihres Kommissariats auf die Gestaltung des Energiemarktes ein.

Das **Kommissariat für Energie und Klima** befasst sich dazu vorrangig mit Fragen 7 der Wettbewerbsfähigkeit der Energiewirtschaft, der Versorgungssicherheit und der Energieeffizienz und wirkt auf das Zusammenwachsen der Energiemärkte hin.[2]

Das **Kommissariat für Wettbewerb** wacht u. a. darüber, dass die Märkte in Europa 8 nicht durch unrechtmäßige Absprachen zwischen Unternehmen oder den Missbrauch der Marktstellung zum Nachteil der Verbraucher verzerrt werden und unterstellt Unternehmenszusammenschlüsse (Fusionen) mit europaweiter Bedeutung seiner Kontrolle. Diese Aufgaben nimmt es für alle europäischen Märkte wahr, nicht nur für den Energiemarkt. Das Kommissariat hat durch seine Verfahren gerade im Zuge der Liberalisierung und Entflechtung im Energiemarkt wichtige Impulse für das Aufbrechen des bis dahin bestehenden, oftmals wettbewerbsfernen Systems gesetzt.[3]

Außerdem wurde 2011 die Agentur für die Zusammenarbeit der Energieregulierungsbe- 9 hörden (Agency for the Cooperation of Energy Regulators, **ACER**) als europäische Behörde mit Zuständigkeit für Energiethemen ins Leben gerufen. Ihr Kompetenzfeld ist auf den regulierten Netzbereich beschränkt. Sie koordiniert zum einen die Arbeit der 28 europäischen Regulierungsbehörden, die die Nationalstaaten im Zuge der Liberalisierung geschaffen haben, und wirkt zum anderen bei dem Erlass verbindlicher Anwendungsvorschriften (sogenannte Netzkodizes) mit. Durch die **Netzkodizes** werden europaweit einheitliche – in erster Linie technische – Regelungen für den Netzbetrieb erlassen, die sich zum Beispiel auf den Umgang mit Kapazitätsengpässen in den Strom- oder Gasnetzen beziehen.[4]

Die **Infrastruktur** für den europäischen Binnenmarkt bilden die Unternehmen, die 10 Transportnetze für Strom (Übertragungsnetzbetreiber) und Gas (Fernleitungsnetzbetreiber) betreiben. Im Strombereich sind dies insgesamt 41 und im Gasbereich 45 Unternehmen, die sich 2009 aufgrund einer entsprechenden europäischen Vorgabe jeweils in einem Dachverband zusammengeschlossen haben. Der Verbund Europäischer Übertragungsnetzbetreiber Strom (European Network of Transmission System Operators for Electricity [ENTSO-E]) und der Verbund Europäischer Übertragungsnetzbetreiber Gas (European Network of Transmission System Operators for Gas [ENTSO-G]) sollen die optimale Verwaltung der Netze gewährleisten und grenzüberschreitenden Handel und Versorgung ermöglichen. Die beiden Institutionen bestehen jeweils aus Gremien, die sich mit unterschiedlichen Aspekten der Themen Netzbetrieb und Netzplanung befassen. Zu den wichtigsten Aufgaben gehört die Erstellung der europäischen Netzentwicklungspläne (Ten Year Network Development Plan, TYNDP) für den Strombereich und Gasbereich in Europa, die Umsetzung der von ACER geschaffenen Netzkodizes.

3. Die Elektrizitätsbinnenmarktrichtlinie (2009/72/EG)

Die **inhaltlichen Aufgaben** der vorgenannten Akteure lassen sich wiederum auf einige 11 zentrale Richtlinien und Verordnungen zurückführen, mit denen die Zielvorgaben des eingangs dargestellten Art. 194 AEUV umgesetzt werden.

---

[2] Siehe auch § 12, Rn. 6 ff.
[3] Siehe auch § 12, Rn. 8 ff.
[4] Siehe auch § 12, Rn. 18 ff.

12   Sowohl im Strombereich als auch im Gasbereich stellen jeweils eine **Richtlinie** und eine **Verordnung** die zentralen Regelungswerke da. Durch sie sollen im Rahmen eines wettbewerbsbasierten europäischen Binnenmarktes die Verbraucher ihren Versorger wählen können, Unternehmen neue Geschäftschancen eröffnet und der grenzüberschreitende Handel gefördert werden, um Effizienzgewinne, wettbewerbsfähige Preise, höhere Dienstleistungsstandards, Sicherheit und Nachhaltigkeit in der Versorgung zu erreichen.[5]

13   Im Strombereich enthält die **Elektrizitätsbinnenmarktrichtlinie**[6] aus dem Jahr 2009 diese Ziele und gibt damit die Leitlinien für die Gestaltung des Binnenmarktes für Elektrizität vor. Sie enthält neben dem Kundenschutz die Regeln zur Entflechtung der großen Energieversorgungsunternehmen (Unbundling), bei der der Bereich *Netz* aus dem übrigen Unternehmen herausgelöst wird.[7] Bei den Übertragungsnetzen reicht dies bis hin zur eigentumsrechtlichen Entflechtung. Dies geschieht vor dem Hintergrund, dass es aus wirtschaftlichen Gründen nur ein einziges Stromnetz gibt, auf das alle Erzeuger, Händler und Abnehmer gleichermaßen angewiesen sind (natürliches Monopol). Der Eigentümer des Netzes hat dadurch die Kontrolle darüber, wer Zugang zum Netz erhält, in welchem Umfang die Nutzung möglich ist und in welchem Maße es erhalten und ausgebaut wird. Ist der Netzeigentümer auch im Bereich der Erzeugung, des Handels und Vertriebes tätig, so könnte er sich – so die Befürchtung – diese Stellung zu Nutze machen, indem er eigene Unternehmensteile bevorzugt oder Kapazitäten knapp hält, dadurch andere Unternehmen behindert und damit letztlich die Entstehung von freien Wettbewerbsmärkten blockiert. Um dies zu verhindern, musste die Netzsparte daher entweder verkauft oder so strikt aus dem Unternehmen ausgegliedert werden, dass ein relevanter Einfluss ausgeschlossen ist.

14   Neben den Regeln über die Übertragungsnetzbetreiber enthält die Elektrizitätsbinnenmarktrichtlinie auch weniger strenge Regeln für die kleineren Verteilnetzbetreiber. Sie schreibt aber vor, dass die Staaten eine unabhängige Regulierungsbehörde einzurichten haben. Die Bestimmungen der Binnenmarktrichtlinie über die Möglichkeiten der Mitgliedstaaten zur **Regulierung neuer Erzeugungskapazitäten** werden im Bereich konventioneller Erzeugung in Deutschland bisher kaum genutzt.

4. Die Stromhandelsverordnung (VO 714/2009)

15   Ergänzt wird die Elektrizitätsbinnenmarktrichtlinie von der **Stromhandelsverordnung**.[8] Durch sie sollen transparente und nicht-diskriminierende Regelungen für den grenzüberschreitenden Stromhandel geschaffen und Marktzugangsbeschränkungen beseitigt werden. Dazu sind zwei wesentliche Ansatzpunkte vorgesehen:

16   Im Fall von **grenzüberschreitenden Stromflüssen** (die für einen Binnenmarkt unbedingt notwendig und gewollt sind) erhalten die Netzbetreiber für ihre Transportleistung eine Ausgleichszahlung von den Netzbetreibern, aus deren Netz der Strom stammt und von denjenigen Netzbetreibern, aus deren Netzen der Strom zum endgültigen Verbrauch entnommen wird. Durch diesen Ausgleichsmechanismus soll die Abschottung nationaler Märkte aufgebrochen werden.

17   Die Höhe der **Netzzugangsentgelte** bei grenzüberschreitenden Übertragungen soll europaweit vereinheitlicht werden. Dabei gelten die Prämissen: entfernungsunabhängig, diskriminierungsfrei, zu den tatsächlichen Kosten und unter Beachtung der Netzsicherheit. Dahinter steht der Gedanke, dass freie Stromflüsse nur dann möglich sind, wenn keiner der Marktteilnehmer Nachteile befürchten muss.

---

[5] Jeweils 1. Erwägungsgrund der Elektrizitätsbinnenmarktrichtlinie und Erdgasbinnenmarktrichtlinie.

[6] Richtlinie 2009/72/EG vom 13.7.2009 über gemeinsame Vorschriften für den Elektrizitätsbinnenmarkt (ABl. L 211 vom 14.8.2009, S. 55).

[7] Siehe dazu im Einzelnen § 5.

[8] Verordnung (EG) Nr. 714/2009 vom 13.7.2009 über die Netzzugangsbedingungen für den grenzüberschreitenden Stromhandel (ABl. L 211 vom 14.8.2009, S. 15).

Daneben regelt die Stromhandelsverordnung die Gründung einer Agentur für die Zu- **18** sammenarbeit der Energieregulierungsbehörden sowie für den grenzüberschreitenden Stromtransport wichtige Themen wie das Engpassmanagement im Fall von Netzengpässen und die Möglichkeit von Ausnahmen von Regulierungsbeschränkungen für neu zu bauende Verbindungsleitungen. Der Ausbau grenzüberschreitender Leitungen ist für die Schaffung des Binnenmarktes von besonderer Bedeutung und soll daher gefördert werden.

Zur Verwirklichung der Grundsätze sollen vor allem **Netzkodizes** beitragen, die unter **19** der Federführung von ACER in Zusammenarbeit mit ENTSO-E und weiteren Verbänden erarbeitet werden.

Die Verordnung Nr. 2015/1222 zur Festlegung einer Leitlinie für die Kapazitätsvergabe **20** und das Engpassmanagement (CACM-VO) ergänzt die Stromhandelsverordnung dahingehend, dass die **Marktkopplung** und damit ein paneuropäischer Strombinnenmarkt in der gesamten Europäischen Union gefördert wird. Es werden detaillierte Leitlinien für die Vergabe grenzüberschreitender Kapazitäten und für das Engpassmanagement auf dem Day Ahead Markt und dem Intraday Markt festgesetzt. Die Vermarktung findet dabei insbesondere über Auktionen statt. Die Verordnung enthält auch Regelungen zu Entlastungsmaßnahmen wie das Countertrading oder das Redispatching um Netzengpässe zu bewältigen. Zudem wurde das Institut des nominierten Strommarktbetreibers (Nominated Electricity Market Operator/NEMO) eingeführt.[9]

5. Weitere europäische Normen für den Strommarkt

Zudem gibt es eine ganze Reihe weiterer europäischer Verordnungen und Richtlinien **21** für den Elektrizitätsmarkt, die wichtige Themen wie den Ausbau erneuerbarer Energien, den beschleunigten Netzausbau, Regeln für ACER, Wettbewerbsregeln oder Beihilfen im Energiesektor betreffen:

- Das **Dritte Energiebinnenmarktpaket** sieht schließlich als eine der weiteren Hauptmaßnahmen mit der Verordnung (EG) 713/2009 zur Gründung von Agenturen für die Zusammenarbeit der Energieregulierungsbehörden[10] (European Agency for the Cooperation of Energy Regulators/ACER) die Gründung einer europäischen Regulierungsbehörde vor. Diese soll die jeweiligen nationalen Regulierungsbehörden bei der Wahrnehmung ihrer Aufgaben auf europäischer Ebene und deren Zusammenarbeit koordinieren. Ihre Kompetenzen sind in § 12, Rn. 18 ff. beschrieben.
- Die Verordnung Nr. 838/2010 zur Festlegung von Leitlinien für den **Ausgleichsmechanismus** zwischen Übertragungsnetzbetreibern und für einen gemeinsamen Regelungsrahmen im Bereich der Übertragungsentgelte (ITC-VO) beinhaltet die Leitlinien, die den Ausgleichsmechanismus zwischen den Übertragungsnetzbetreibern gem. Art. 13 Stromhandelsverordnung ausgestalten und konkretisieren. Grundsätzlich ist ACER für die Überwachung der Implementierung des Ausgleichsmechanismus verantwortlich.
- Die Verordnung Nr. 543/2013 über die Übermittlung und die Veröffentlichung von Daten in Strommärkten definiert umfangreiche **Berichtspflichten für Übertragungsnetzbetreiber,** Kraftwerksbetreiber, Verbraucher und weitere Parteien im Energiemarkt bezüglich Daten die die Erzeugung, den Transport und den Verbrauch von Strom betreffen. Bestimmungen über eine zentrale Datenerhebung und Datenveröffentlichung werden festgelegt. Sie sieht vor, dass der Anschlussübertragungsnetzbetreiber Eigentümer der zu berichtenden Daten ist und, dass dieser standardmäßig die Aufgabe des Datenlieferanten der Übermittlung der Daten an die zentrale Transparenzplattform übernimmt.
- Die **TEN-E Verordnung**[11] aus dem Juni 2013 setzt – neben den Zielen der Verwirklichung des Energiebinnenmarktes und der Versorgungssicherheit – hauptsächlich im

---

[9] Siehe § 4, Rn. 441.
[10] Verordnung (EG) Nr. 713/2009 vom 13.7.2009 zur Gründung einer Agentur für die Zusammenarbeit der Energieregulierungsbehörden (ABl. L 211 vom 14.8.2009, S. 1).
[11] Verordnung (EU) Nr. 347/2013 vom 17.4.2013 zu Leitlinien für die transeuropäische Energieinfrastruktur (ABl. L 115 vom 25.4.2013, S. 39).

Bereich des Netzausbaues an. Sie führt die Vorhaben von gemeinsamem Interesse (**Projects of Common Interest/PCIs**) ein, die von den Mitgliedsstaaten, den nationalen Regulierungsbehörden und Übertragungsnetzbetreibern sowie beteiligten Dritten unter Vorsitz der EU-Kommission und unter Beteiligung von ACER erarbeitet werden. Ein PCI muss sich auf mindestens zwei Mitgliedsstaaten auswirken und wirtschaftlich, sozial oder ökologisch nützlich sein. Die Ergebnisse werden in einer PCI-Liste zusammengefasst, die als delegierter Rechtsakt von der EU-Kommission erlassen wird. Die erste PCI-Liste aus dem Januar 2014 enthält 250 Vorhaben, davon 20 PCIs im Strombereich, fünf im Gasbereich und zwei im Ölbereich mit direktem Bezug zu Deutschland. Die PCI-Vorhaben sollen gemäß der Verordnung auch in der nationalen Planung höchste Priorität genießen.

6. Europäische Gasrichtlinien und -verordnungen

22   Mit weitgehend ähnlicher Struktur wie die Elektrizitätsbinnenmarktrichtlinie wurde ebenfalls 2009 eine **Erdgasbinnenmarktrichtlinie**[12] erlassen. Die eigentumsrechtliche Entflechtung spielt darin eine ebenso große Rolle und ist ähnlich geregelt. Hinzu kommen Vorgaben für die Unabhängigkeit der Speicheranlagenbetreiber, um allen interessierten Unternehmen den Zugang zu ermöglichen. Dies ist im Erdgasmarkt wichtig, weil sich Gas – im Unterschied zu Strom – gut speichern lässt und der Rückgriff auf Speicher ein wesentliches Element des Gasmarktes ist. Hinzu kommt, dass die Konzentration des Marktes auf wenige Lieferanten und die Bindung an diese über langfristige Lieferverträge aufgebrochen werden soll, damit ein liquider Markt entstehen kann.

23   Regelungen zum Erdgasnetz finden sich zudem in der **Ferngasnetzzugangsverordnung.**[13] Dort sind Vorgaben enthalten, die den Zugang zum Gasnetz, zu Flüssiggasanlagen und Gasspeichern betreffen. Sie beziehen sich auf die Modalitäten des Netzzuganges, das Engpassmanagement und auf die Festlegung der Tarife für den Netzzugang. Auch hier erfolgt die konkrete Ausgestaltung mithilfe von Netzkodizes. Weiter enthält sie die Regeln zur Zertifizierung der Fernleitungsnetzbetreiber, der Gründung von ENTSO-G, die Schaffung von Netzkodizes und den Handel mit Leitungskapazitätsrechten.

24   Die Verordnung (EG) 994/2010 über Maßnahmen zur Gewährleistung der sicheren Erdgasversorgung (GasVSVO)[14] bezweckt die Erhöhung der **Erdgasversorgungssicherheit** im Krisenfall. Vorgesehen ist ein einheitliches, gestuftes Notfallsystem, das auf Plänen der Mitgliedsstaaten beruht. Sie eröffnet europäischen Institutionen im Fall einer europaweiten Krise eigene Handlungsspielräume.

25   Der durch die Verordnung (EU) Nr. 984/2013 zur **Festlegung eines Netzkodex** über Mechanismen für die Kapazitätszuweisung in Fernleitungsnetzen eingeführte Netzkodex schafft standardisierte Mechanismen für die Kapazitätszuweisung in Fernleitungsnetzen. Dieser standardisierte Mechanismus umfasst ein Auktionsverfahren für maßgebliche Kopplungspunkte innerhalb der Union, sowie die für grenzüberschreitende Kapazitäten anzubietenden und zuzuweisenden Standardprodukte. Um den Verkauf von Kapazität zu erleichtern, sieht die Verordnung auch eine Zusammenarbeit benachbarter Fernleitungsnetzbetreiber unter Berücksichtigung allgemeiner kommerzieller und technischer Vorschriften für den Kapazitätszuweisungsmechanismus vor.

26   Die Verordnung (EU) Nr. 312/2014 vom 26.3.2014 zur Festlegung eines Netzkodex für die **Gasbilanzierung** in Fernleitungsnetzen legt einen Netzkodex, der Bilanzierungsregeln und netzbezogene Regeln für Nominierungsverfahren, für Ausgleichsenergieentgelte, für

---

[12] Richtlinie 2009/73/EG vom 13.7.2009 über gemeinsame Vorschriften für den Erdgasbinnenmarkt (ABl. L 211 vom 14.8.2009 S. 94).

[13] Verordnung (EG) Nr. 715/2009 vom 13.7.2009 über die Bedingungen für den Zugang zu den Erdgasfernleitungsnetzen (ABl. L 211 vom 14.8.2009, S. 36).

[14] Verordnung (EU) Nr. 994/2010 vom 20.10.2010 über Maßnahmen zur Gewährleistung der sicheren Erdgasversorgung (ABl. L 295 vom 12.11.2010, S. 1).

Abrechnungsverfahren für das tägliche Ausgleichsenergieentgelt und für den netztechnischen Ausgleich zwischen den Netzen der Fernleitungsnetzbetreiber enthält, fest.

7. Europäischer Klimaschutz

Eine große Rolle spielen auf europäischer Ebene für die Energiewirtschaft die Themen **27** Umwelt- und Klimaschutz. Denn die EU hat sich für die Zukunft, zuletzt in den Vereinbarungen des **Pariser Klimaschutzabkommens** Ende 2015, ambitionierte Klimaziele gesetzt, die die Mitgliedsstaaten umsetzen und erfüllen müssen. Die Energiewirtschaft steht im Fokus dieser Regeln zum Klimawandel, da ein relativ hoher Anteil der europäischen Treibhausgasemission im Rahmen der Umwandlung fossiler Brennstoffe in Strom und Wärme erzeugt wird. Der Klimaschutz prägt das moderne europäische Energierecht in entscheidender Weise, vor allem über die Bereiche Emissionshandel und Energieeinsparung/Energieeffizienz.

Der **Emissionshandel** soll Unternehmen dazu bringen, den Ausstoß klimaschädlicher **28** Treibhausgase zu reduzieren. Nach dem 2005 erstmals eingeführten europäischen Emissionshandelssystem darf jede Anlage nur noch eine bestimmte, theoretisch knapp bemessene Menge Treibhausgase emittieren. Genügen ihre technischen Möglichkeiten nicht, um diese Grenze einzuhalten, können sie die Berechtigung zur zusätzlichen Emission in Form von Zertifikaten erwerben. Im Idealfall würden Unternehmen in diesem Fall eher ihre Standards verbessern, als Zertifikate zu kaufen. In der Praxis besteht seit einigen Jahren allerdings ein massives Überangebot an Zertifikaten, die dadurch viel preiswerter gehandelt werden, als es bei der Einführung des Systems geplant war. Deshalb wird derzeit ausgiebig über eine Anpassung des Emissionshandelssystems diskutiert, worüber allerdings bisher keine Verständigung erzielt werden konnte.

Das System des Emissionshandels basiert auf der Emissionshandelsrichtlinie[15]. Mit ihr **29** wurde ein System für den Handel mit **Treibhausgasemissionszertifikaten** innerhalb der EU geschaffen. Sie wurde 2009 durch die Richtlinie 2009/29/EG ergänzt. Zudem gilt seit 2013 der Beschluss 2011/278/EU zu Übergangsvorschriften zur unionsweiten Harmonisierung der kostenlosen Zuteilung von CO_2-Zertifikaten. Der Treibhausgasemissionshandel wird ausführlich in § 8, Rn. 18 ff. dargestellt.

Eine wichtige Rolle im europäischen System des Klimaschutzes spielen auch die **Leit- 30 linien für Energie- und Umweltschutzbeihilfen** 2014 bis 2020 (Environmental and Energy Aid Guidelines 2014–2020/EEAG)[16]. Sie wurden als Ausnahmeregelungen zum Verbot staatlicher Beihilfen gem. Art. 107 Abs. 1 AEUV erlassen. In den Leitlinien legt die EU-Kommission die Voraussetzungen dar, die Energie- und Umweltbeihilfen erfüllen müssen, damit sie nach Art. 107 Abs. 3 lit. c AEUV als mit dem Binnenmarkt vereinbar erachtet werden können. Die Leitlinien gelten für die dort in einem Katalog benannten Maßnahmen, u. a. Beihilfen für erneuerbare Energien, Beihilfen für Energieeffizienzmaßnahmen einschließlich Kraftwärmekopplung, Fernwärme und Fernkälte und Beihilfen für CCS. Zudem gelten sie für Bereiche, die durch spezifische Beihilfevorschriften der Union geregelt werden (beispielsweise Verkehr und Steinkohlenbergbau). Eine ausführliche Darstellung im Hinblick auf die energierechtlich relevanten Aspekte ist in § 9, Rn. 219 ff. zu finden.

Energieeinsparung und **Energieeffizienz** sind Zielvorgaben des Art. 194 Abs. 1 **31** AEUV. Die Bedeutung von Energieeinsparung ist leicht zu erfassen: Es geht darum, den Verbrauch von Energie zu mindern. Hinter dem Schlagwort der Energieeffizienz verbirgt sich dagegen ein Themenfeld, das viele Bereiche berührt. Dazu gehört natürlich die bestmögliche Bilanz von aufgewendeter Energie und dem Ergebnis bei Industrieanlagen, zu denen Kraftwerke gehören, aber auch Haushaltsgeräte, Fahrzeuge, der Wohnungsbau etc.

---

[15] Richtlinie 2003/87/EG vom 13.10.2003 über ein System für den Handel mit Treibhausgasemissionszertifikaten in der Gemeinschaft (ABl. L 275 vom 25.10.2003, S. 32).

[16] EU-Kommission, Mitteilung vom 28.6.2014, Leitlinien für staatliche Umweltschutz- und Energiebeihilfen 2014–2020 (2014/C 200/01).

Zum Weiterlesen

Matthias Schmidt-Preuß, Kapitel 10: Einwirkungen des EU-Energierechts auf den nationalen Bereich, in: Baur/Salje/Schmidt-Preuß (Hrsg.), Regulierung in der Energiewirtschaft, 2. Aufl. 2016, S. 115 ff.
Jörg Gundel, Die energiepolitischen Kompetenzen der EU nach dem Vertrag von Lissabon: Bedeutung und Reichweite des neuen Art. 194 AEUV in: Europäisches Wirtschafts- und Steuerrecht (EWS) 1–2/2011, 25 ff.
Christopher Jones (Hrsg.), EU Energy Law, Volume I, The Internal Energy Market, fourth edition 2016.
Christopher Jones (Hrsg.), EU Energy Law, Volume II, EU Competition Law and Energy Markets, third edition 2016
Pritzsche, Kai Uwe/Reimers, Anke, Kapitel 17: Die Stromhandelsverordnung (EG) Nr. 714/2009, in: Baur/Salje/Schmidt-Preuß (Hrsg.), Regulierung in der Energiewirtschaft, 2. Aufl. 2016.
Jean-Michel Glachant/Francois Lévêque, Electricity Reform in Europe, Towards a Single Energy Market, 2009 UK
Achim Rüdiger Börner, EU- Energieversorgungssicherheit und Solidaritätspflicht, Recht der Energiewirtschaft 2014, S. 367 ff.
Hartmut Weyer, Europäische Netzkodizes Strom und Gas – zwischen Selbstregulierung und Normsetzung, S. 123 ff. in: Bien/Ludwigs, Das europäische Kartell- und Regulierungsrecht der Netzindustrien, 2015

II. Nationaler Rahmen

32   Bereits viele Jahrzehnte vor der Europäisierung der Energiewirtschaft begann in Deutschland der Auf- und Ausbau energiewirtschaftlicher Strukturen.

1. Das Energiewirtschaftsgesetz (EnWG)

33   Das Energiewirtschaftsgesetz (EnWG) spielt dabei im Hinblick auf die rechtliche Lenkung der Energiewirtschaft von Anfang an eine zentrale Rolle. Seine erste Fassung wurde bereits 1935 als erstes Energiegesetz in Deutschland überhaupt erlassen.

34   Heute gibt § 1 EnWG – ähnlich wie auf europäischer Ebene Art. 194 Abs. 1 AEUV – die **Leitlinien für die Energiewirtschaft** in Deutschland vor.

§ 1 EnWG

(1) Zweck des Gesetzes ist eine möglichst sichere, preisgünstige, verbraucherfreundliche, effiziente und umweltverträgliche leitungsgebundene Versorgung der Allgemeinheit mit Elektrizität und Gas, die zunehmend auf erneuerbaren Energien beruht.

(2) Die Regulierung der Elektrizitäts- und Gasversorgungsnetze dient den Zielen der Sicherstellung eines wirksamen und unverfälschten Wettbewerbs bei der Versorgung mit Elektrizität und Gas und der Sicherung eines langfristig angelegten leistungsfähigen und zuverlässigen Betriebs von Energieversorgungsnetzen.

(3) Zweck dieses Gesetzes ist ferner die Umsetzung und Durchführung des Europäischen Gemeinschaftsrechts auf dem Gebiet der leitungsgebundenen Energieversorgung.

(4) Um den Zweck des Absatzes 1 auf dem Gebiet der leitungsgebundenen Versorgung der Allgemeinheit mit Elektrizität zu erreichen, verfolgt dieses Gesetz insbesondere die Ziele,
1. die freie Preisbildung für Elektrizität durch wettbewerbliche Marktmechanismen zu stärken,
2. den Ausgleich von Angebot und Nachfrage nach Elektrizität an den Strommärkten jederzeit zu ermöglichen,
3. dass Erzeugungsanlagen, Anlagen zur Speicherung elektrischer Energie und Lasten insbesondere möglichst umweltverträglich, netzverträglich, effizient und flexibel in dem Umfang eingesetzt werden, der erforderlich ist, um die Sicherheit und Zuverlässigkeit des Elektrizitätsversorgungssystems zu gewährleisten, und
4. den Elektrizitätsbinnenmarkt zu stärken sowie die Zusammenarbeit insbesondere mit den an das Gebiet der Bundesrepublik Deutschland angrenzenden Staaten sowie mit dem Königreich Norwegen und dem Königreich Schweden zu intensivieren.

35   Der **Gesetzeszweck** nach § 1 Abs. 1 EnWG bildet dabei den Ausgangpunkt für eine Fülle von Regelungen, die im EnWG und anderen Gesetzen, Verordnungen etc. ausge-

staltet sind. Allein zu einer „sicheren" Versorgung gehören beispielsweise ausreichende und ineinandergreifende Erzeugungskapazitäten, stabile, ausreichend dimensionierte Netze, zuverlässige Energielieferanten und vieles mehr.

Zugleich ist im Nachsatz der **Ausbau der erneuerbaren Energien** festgeschrieben.   **36** Dieser stellt ein ganz wesentliches Thema im Kontext des Energiemarktes dar, steht allerdings mitunter in einem Zielkonflikt zu den Zielen der sicheren und preisgünstigen Versorgung. Denn der Einsatz von erneuerbaren Energien ist schwer planbar und stellt im Hinblick auf die ununterbrochene Versorgung enorme Anforderungen an die Betreiber von konventionellen Erzeugungsanlagen und Netzen. Hinzu kommt, dass die Förderung der erneuerbaren Energien über die EEG-Umlage den Strompreis in den vergangenen Jahren so stark in die Höhe getrieben hat, dass der Gesetzgeber bestimmte stromintensive Unternehmen davon teilweise befreit hat (was wiederum im Hinblick auf eine mögliche Verzerrung des Binnenmarktes Konflikte mit der EU-Kommission nach sich zog). Dies steht eigentlich im Widerspruch zu einer preiswerten Versorgung, wird aber als notwendige und vorübergehende Konsequenz der Energiewende hingenommen.

In § 1 Abs. 2 EnWG wird dann die Besonderheit der **Regulierung des Netzbereichs**   **37** gesetzlich verankert. Dies ist nötig, weil die Regulierung einen Eingriff in die freie Marktwirtschaft darstellt und die Netzeigentümer in ihren Handlungsfreiheiten beschränkt. Zudem findet sich in § 1 Abs. 3 EnWG eine direkte Bezugnahme auf das im vorherigen Abschnitt dargestellte europäische Energierecht, soweit es von den Mitgliedsstaaten umzusetzen ist.

Mit dem **Strommarktgesetz** wurde zudem ein neuer vierter Absatz in § 1 EnWG und   **38** ein neuer § 1a EnWG eingeführt. Diese sind das Ergebnis der Debatte über das Marktdesign des Strommarktes und die Frage der Notwendigkeit von Kapazitätsmärkten, d.h. ob wegen der volatilen aber trotzdem subventionierten Stromerzeugung aus Wind- und Solarenergie auch die Vorhaltung konventioneller Stromerzeugungskapazitäten vergütet werden muss, um in Zukunft Stromausfälle zu vermeiden. Hierbei hat sich der deutsche Gesetzgeber – im Unterschied zu vielen anderen europäischen Ländern – dafür entschieden, sich auf Marktmechanismen zu verlassen.[17]

§ 1 Abs. 4 EnWG benennt **weitere Ziele** des EnWG. Dazu gehören die freie Strom-   **39** preisbildung für Elektrizität durch wettbewerbliche Marktmechanismen, den Ausgleich von Angebot und Nachfrage an den Strommärkten jederzeit zu ermöglichen, der optimale Einsatz von Anlagen und Speichern und die Stärkung des Elektrizitätsbinnenmarktes.

§ 1a EnWG beschreibt, an § 1 Abs. 4 EnWG anknüpfend, die Grundsätze für das   **40** **Funktionieren** des Strommarktes. Diese umfassen u.a.,
- die freie Strompreisbildung am Markt ohne regulatorische Eingriffe in den Großhandel,
- die Flexibilisierung von Angebot und Nachfrage durch eine engere Verzahnung von Erzeugung, Speicherung, Kraft-Wärme-Kopplung und Verkehr, um die Kosten der Energieversorgung zu verringern,
- die Transformation zu einem umweltverträglichen, zuverlässigen und bezahlbaren Energieversorgungssystem zu ermöglichen,
- die Versorgungssicherheit zu gewährleisten,
- der bedarfsgerechte Ausbau der Netze und
- die stärkere Einbindung des deutschen Strommarktes in die europäischen Strommärkte durch eine stärkere Angleichung der Rahmenbedingungen, den Bau von Leitungen, die Kopplung der Märkte und der Stärkung des grenzüberschreitenden Handels.

Eine Benennung dieser **Grundsätze** erschien dem Gesetzgeber erforderlich, um das nö-   **41** tige Vertrauen des Marktes in die dauerhafte Geltung dieser Grundsätze zu gewährleisten. Allerdings wird auch argumentiert, dass die Notwendigkeit der ausdrücklichen Formulierung dieser Grundsätze zeigt, dass sie ebenso schnell geändert werden können, wie sie geschaffen wurden.

---

[17] Vgl. dazu im Einzelnen § 4, Rn. 184 ff.

42   Um die **Ziele des EnWG** zu erreichen, sind dort die wesentlichen Regelungen enthalten:

- zu Genehmigungen und Zertifizierungen von Energieversorgungsunternehmen und -anlagen,
- zur Regulierung des Netzbetriebs, des Netzausbaus und der Netzbetreiber sowie deren Entflechtung,
- zur Versorgung der Verbraucher und
- zu Regulierungsbehörden und ihren Zuständigkeiten, Befugnissen und Verfahrensvorschriften.

2. Verordnungen

43   Zudem wurden zur Ausgestaltung des EnWG eine Vielzahl von Verordnungen erlassen, die in der Praxis eine große Rolle spielen. Ein großer Teil dieser Verordnungen regelt Fragen im Bereich der Netze und gestaltet dadurch deren Besonderheit, ein regulierter Markt zu sein, aus. Einige der praxisrelevantesten Verordnungen seien hier herausgegriffen:

- Vorgaben werden durch die **Stromnetzzugangsverordnung** und **Gasnetzzugangsverordnung** gemacht. Dort wird u. a. festgelegt, dass jedermann das jeweilige Netz unter bestimmten Voraussetzungen nutzen darf, wie die vertraglichen Beziehungen zwischen Netznutzer und Netzbetreiber zu gestalten sind und welche Pflichten der Netzbetreiber zu erfüllen hat. Die Gasnetzzugangsverordnung regelt zudem den Zugang zu den Gasspeichern.
- Welche Kosten für den Zugang zu den Netzen geltend gemacht werden dürfen und wie diese zu ermitteln sind, ist in der **Netzentgeltverordnung** Strom und der Netzentgeltverordnung Gas festgelegt.
- Im Zusammenhang dieser Verordnungen steht die **Anreizregulierungsverordnung** durch die der Netzbetrieb kostengünstig, effizient und qualitativ hochwertig gestaltet werden soll. Dazu führt sie eine Obergrenze für die zulässigen Gesamterlöse eines Netzbetreibers aus den Netzentgelten **(Erlösobergrenze)** ein.

44   Daneben gibt es eine Vielzahl weiterer Verordnungen, zum Beispiel zur Grundversorgung, zu Kraftwerksreserven, zu Konzessionsabgaben, zu abschaltbaren Lasten, zum Herkunftsnachweis von Strom, zu Biomasse, zu Seeanlagen und vielen anderen energiewirtschaftlichen Themen. Mit der vermehrten Vorgabe politischer Ziele für die Energiewirtschaft und deren Umsetzung mittels immer detaillierteren Regelungen hat das Volumen der energierechtlichen Regelungen in den letzten Jahren seit der Liberalisierung 1998 erheblich zugenommen.

3. Nationale Behörden

45   Die Kompetenzen für die Gestaltung der Energiewirtschaft liegen hauptsächlich, und wie bereits im Namen ersichtlich, beim Bundesministerium für Wirtschaft und Energie **(Bundeswirtschaftsministerium).** Dort wird der Bereich in zwei Abteilungen koordiniert: *Abteilung II: Energiepolitik – Wärme und Effizienz* und *Abteilung III: Energiepolitik – Strom und Netze.* Die Kompetenzen des Ministeriums ergeben sich neben den gesetzlichen Bestimmungen und der Geschäftsordnung der Bundesregierung wesentlich auch aus Verordnungsermächtigungen, die sich hauptsächlich im EnWG finden.

46   Hinzu kommen als selbstständige und unabhängige **Behörden** die Bundesnetzagentur als nationale Regulierungsbehörde und das Bundeskartellamt als Wettbewerbsbehörde.

47   Die **Bundesnetzagentur** hat seit 2005 auch die Zuständigkeit für die Strom- und Gasnetze. Sie hat seitdem prägenden Einfluss auf den Netzbereich genommen. Sie ist u. a. zuständig für die Zertifizierung der Übertragungsnetzbetreiber, die Genehmigung der Netzentgelte, die Netzbetreiber von den Netznutzern für die Durchleitung von Strom oder Gas erheben (Netzentgelte), für den ungehinderten Zugang zu den Netzen durch alle Lieferanten und Verbraucher und für die Verbesserung der Bedingungen zum Anschluss an die

Netze für neue Kraftwerke. Zudem nimmt sie viele Aufgaben bei der Planung neuer und dem Ausbau vorhandener Netze wahr, die im Zuge der Veränderung des Energiemarktes dringend benötigt werden. So soll gewährleistet werden, dass die Planungsverfahren nicht durch unterschiedliche Behörden und die damit oft verbundene Schnittstellenproblematik unnötig verkompliziert werden. Dazu kann die Bundesnetzagentur auch Missbrauchsverfahren durchführen. Durch die zentrale Rolle der Netzbetreiber im Strommarkt, z. B. mit der Verantwortung für die Netzstabilität und damit den Einsatz der Erzeugungsquellen und für den Anschluss erneuerbarer Energien und das System der Umlagen der Kosten weitet sich aber auch der Einfluss der Bundesnetzagentur immer weiter über die reinen Netzaufgaben hinaus aus. So nimmt sie heute auch eine zentrale Rolle bei der Umsetzung der Energiewende ein.

Über alle anderen Teile des Energiemarktes wacht das **Bundeskartellamt** als nationale **48** Wettbewerbsbehörde in Form von Fusionskontroll-, Kartell- und Missbrauchsverfahren. Zudem führt es Sektoruntersuchungen durch, bei denen im Energiesektor bereits mehrfach die Strukturen und Wettbewerbsbedingungen im Strommarkt, Gasmarkt und Fernwärmemarkt untersucht wurden.

4. Kernenergie

Ein besonderer Regelungsbereich ist die Kernenergie. Auf europäischer Ebene war der **49** **Euratom-Vertrag von 1958** eine der frühesten europäischen energierechtlichen Regelungen.[18] Dem folgte auf nationaler Ebene bereits am 23.12.1959 das **Atomgesetz** in seiner ursprünglichen Fassung.[19]

Das Atomgesetz mit seinen ausführlichen Überwachungs- und Haftungsvorschriften so- **50** wie den umfangreichen Ausführungsbestimmungen dazu verliert jedoch mit dem deutschen **Atomausstieg** bis 2022 an Bedeutung. Der Atomausstieg soll künftig in einem Gesetz zur Nachhaftung für Rückbau- und Entsorgungskosten im Kernenergiebereich geregelt werden.

Zum Weiterlesen

Wolf-Georg Schärf, Europäisches Atomrecht, Recht der Nuklearenergie, 2. Aufl. 2012
Markus Ludwigs, Germany's Nuclear Phase-Out and the Right to Property, Country Reports: Germany, ENLR 1/2016, 43 ff.
Gerd Winter, The Rise and Fall of Nuclear Energy Use in Germany: Processes, Explanations and the Role of Law, in: Journal of Environmental Law 25:1 2013, 95 ff.
Markus Ludwigs, Der Atomausstieg und die Folgen: Fordert der Paradigmenwechsel in der Energiepolitik einen Paradigmenwechsel beim Eigentumsschutz?, NVwZ 2016, 1 ff.
Herbert Posser u. a., Atomgesetz Kommentar zur Novelle 2002, 2003

5. Die Energiewende und das Erneuerbare-Energien-Gesetz

Eine große Rolle spielt im Kontext des deutschen Energierechts das Konzept der Ener- **51** giewende. Damit ist der Übergang von einer hauptsächlich konventionellen Stromerzeugung aus Kohle, Gas und Kernenergie auf eine Stromerzeugung aus erneuerbaren Energien gemeint, in der die konventionelle Erzeugung nur noch eine Reservefunktion übernehmen soll. Der Weg dorthin wurde bereits 1991 begonnen, als für Erneuerbare-Energien-Anlagen erstmals der Netzanschluss und die Abnahme ihres Stromes gesetzlich garantiert wurden. Wirklich in Schwung kam die Umstellung aber erst, als im April 2000 das Gesetz zum Vorrang erneuerbarer Energien (Erneuerbare-Energien-Gesetz, EEG) in Kraft trat. Es sah ein − auch im internationalen Vergleich − äußerst großzügiges System zur **Förderung der erneuerbaren Energien** vor, mit dem Haushalte genauso wie Unternehmen und

---

[18] Vertrag über die Gründung der Europäischen Atomgemeinschaft (EURATOM) vom 25.3.1957, (BGBl. II S. 1014).
[19] Heute das Gesetz über die friedliche Verwendung der Kernenergie und den Schutz gegen ihre Gefahren in der Fassung vom 15.7.1985 (BGBl. I S. 1565), zuletzt geändert am 17.7.2015.

Kapitalgeber für Investitionen in diese Technologien gewonnen werden sollten. Mit dem Reaktorunglück von Fukushima und dem daraufhin beschlossenen beschleunigten Atomausstieg bis 2022 hat die Energiewende in Deutschland zusätzlich noch das Element des sogenannten *Atomausstiegs* als weiteres prägendes Merkmal hinzubekommen.

52   Allerdings hat sich der **Ansatz des EEG** in den letzten Jahren verschoben. Nun steht nicht mehr nur die schnelle Verbreitung der Technologien im Vordergrund, sondern auch deren Heranführung an den Markt. Dies kommt schon in der Zwecksetzung in § 1 EEG 2017 zum Ausdruck:

> **§ 1 EEG**
>
> (1) Zweck dieses Gesetzes ist es, insbesondere im Interesse des Klima- und Umweltschutzes eine nachhaltige Entwicklung der Energieversorgung zu ermöglichen, die volkswirtschaftlichen Kosten der Energieversorgung auch durch die Einbeziehung langfristiger externer Effekte zu verringern, fossile Energieressourcen zu schonen und die Weiterentwicklung von Technologien zur Erzeugung von Strom aus erneuerbaren Energien zu fördern.
>
> (2) Ziel dieses Gesetzes ist es, den Anteil des aus erneuerbaren Energien erzeugten Stroms am Bruttostromverbrauch zu steigern auf
> 1. bis 45 Prozent bis zum Jahr 2025
> 2. 2055 bis 60 Prozent bis zum Jahr 2035 und
> 3. mindestens 80 Prozent bis zum Jahr 2050.
> Dieser Ausbau soll stetig, kosteneffizient und netzverträglich erfolgen.
>
> (3) Das Ziel nach Absatz 2 Satz 1 dient auch dazu, den Anteil erneuerbarer Energien am gesamten Bruttoendenergieverbrauch bis zum Jahr 2020 auf mindestens 18 Prozent zu erhöhen.

53   Der im EEG 2017 ebenfalls neu gefasste § 2 EEG enthält zudem weitere Vorgaben und **Ziele,** etwa

- die Integration von Strom aus erneuerbaren Energien und aus Grubengas in das Elektrizitätsversorgungssystem,
- die Direktvermarktung zum Zwecke der Marktintegration,
- die Ermittlung der Zahlungen für Strom aus erneuerbaren Energien soll durch Ausschreibungen unter Erhaltung der Akteursvielfalt erfolgen und
- die Geringhaltung und angemessene Verteilung der Kosten für Strom aus erneuerbaren Energien.

54   Der **Grundgedanke** des EEG ist trotzdem über alle Reformen hinweg derselbe geblieben: Um den Anteil an EEG-Strom zu erhöhen, garantiert der Gesetzgeber

- den **vorrangigen Anschluss** von Erneuerbare-Energien-Anlagen, ggf. in Verbindung mit der Pflicht für den Netzbetreiber, das Netz entsprechend auszubauen. Dies ist nötig, weil der Bau einer kommerziellen Anlage zur Stromerzeugung aus erneuerbaren Energien nur dann attraktiv ist, wenn der Strom auch in das Netz eingespeist werden kann.
- die **vorrangige Abnahme** des Stromes. Sie muss garantiert werden, weil Strom aus erneuerbaren Energien teurer ist als konventionell erzeugter Strom aus Kohle, Gas oder Kernenergie. Im Einkauf würde daher zunächst der konventionelle Strom abgenommen werden.
- eine **feste Vergütung** bzw. einen als **Marktprämie** bezeichneten Zuschuss zum am Markt erzielten Preis. Denn nur der Erlös aus dem Verkauf zum Marktpreis wäre zu gering, um die Investitions- und Betriebskosten für die Erneuerbare-Energien-Anlagen zu refinanzieren. Allerdings ist der Gesetzgeber bestrebt, die feste Vergütung abzuschaffen und gewährt sie für Anlagen, die heute in Betrieb genommen werden, mittlerweile nur noch in Ausnahmefällen. Regelfall ist nun die Zuzahlung zum Verkaufserlös durch die Marktprämie.

6. Konventionelle Erzeugung

55   Neben der Erzeugung aus erneuerbaren Energien spielt auch weiterhin Strom aus konventionellen Quellen eine große Rolle, allerdings kämpft jede der drei Technologien Kohle, Gas und Kernenergie mit Problemen:

- **Kohlestrom** ist wegen des niedrigen Kohlepreises sehr günstig. Kohlekraftwerke emittieren allerdings klimaschädliche Treibhausgase, was sich nicht mit der Vorreiterrolle Deutschlands beim Klimaschutz vereinbaren lässt. Daher wird vielfach darauf gedrängt, ihre Bedeutung im Markt zurückzufahren. Allerdings sind sie derzeit noch die Basis für die Sicherstellung der kontinuierlichen Stromerzeugung, wenn der Wind nicht weht und die Sonne nicht scheint. Ein Teil der Kohlekraftwerke, insbesondere der Braunkohlekraftwerke werden in den kommenden Jahren daher aus der regulären Erzeugung herausgenommen, zunächst noch als Reserve bereitgehalten und dann stillgelegt.
- **Gaskraftwerke** sind relativ klimafreundlich. Allerdings ist die Erzeugung aus Gas teurer, sodass der Strom aus Gaskraftwerken am Markt derzeit in viel zu geringem Maße Abnehmer findet und die Kraftwerke aufgrund zu weniger Einsatzstunden pro Jahr unwirtschaftlich sind. Die Betreiber legen sie daher zum Teil – soweit zulässig – still.
- **Kernkraftwerke** sind in Deutschland politisch nicht mehr gewollt und werden bis 2022 abgeschaltet, obwohl sie unter Vermeidung des Ausstoßes von Treibhausgasen jedenfalls auf Basis der unmittelbaren Kosten billigen Strom erzeugen.
- Eine spezielle Förderung erfährt die besonders umweltfreundliche kombinierte Erzeugung von Strom und Nutzwärme durch das **Kraft-Wärme-Kopplungsgesetz**[20]. Es stammt ursprünglich aus dem Jahr 2002, wurde aber mehrfach novelliert, zuletzt im Dezember 2015. Diese Form der Stromerzeugung nutzt den Energiegehalt der verbrannten Primärenergieträger (meist Kohle oder Gas) besonders effizient aus und wird daher als besonders umweltfreundlich gefördert.

Dies deckt im Energiebereich die wichtigsten gesetzlichen Regelungen auf europäischer und deutscher Ebene ab.

Zum Weiterlesen

Peter Rosin u. a., Praxiskommentar zum EnWG: Gesetz und Verordnung, Loseblatt, Stand: Juni 2015
Matthias Schmidt-Preuß, in: Säcker (Hrsg.) Berliner Kommentar zum Energierecht, Verfassungsrechtliche Grundlagen der Energiepolitik, Einleitung C, S. 76 ff.
Johann-Christian Pielow/Hans-Martin Koopmann, Energy Law in Germany, in: Roggenkamp u. a. (Hrsg.) Energy Law in Europe, 2016, S. 559 ff.
Ulrich Ehricke, Die Regulierungsbehörde für Strom und Gas, 2004
Gunther Kühne, Energie(regulierungs)recht und internationals Privatrecht, in: Festschrift für Hans-Jürgen Ahrens zum 70. Geburtstag, 2016, S. 623 ff.

III. Exkurs: Internationale Abkommen

Angesichts der immer stärkeren internationalen Verflechtung der Energieversorgung **56** nimmt auch die Bedeutung **internationaler Verträge,** die sich auf die grenzüberschreitende Lieferung von Energie oder Brennstoffen und die Zusammenarbeit im Energiesektor auswirken, an Bedeutung zu. Dies hat sich beispielsweise bei dem großen Stromausfall im September 2003 gezeigt, bei dem der Strom aufgrund einer Reihe von Pannen und fehlender Abstimmung mit dem schweizer Strommarkt, der nicht zur EU gehörte, in ganz Italien ausfiel.[21] Generell gilt dabei das Handelsregime der Welthandelsorganisation (World Trade Organisation/WTO) grundsätzlich auch für Energie. Die Bedeutung dieser Tatsache hat sich bei der Analyse gezeigt, welche Regelungen auf Großbritannien Anwendung finden würden, wenn es aus der EU ausscheidet, ohne hinsichtlich der Zusammenarbeit im Energiesektor eine Vereinbarung über die Zusammenarbeit getroffen zu haben. Insgesamt gibt es auf internationaler Ebene keine allgemein gültige Energie-Gesetzgebung. Allerdings bestehen punktuell einige internationale Vereinbarungen, die zu einzelnen für den Energiesektor wichtigen Themen gewisse Regelungen zwischen den Staaten festschreiben und

---

[20] Siehe § 7, Rn. 9 ff.
[21] Siehe Stefan Dörig, Das Stromabkommen zwischen der Schweiz und der EU, emw 2016, 52 ff.

so die Gestaltung des nationalen Rechts beeinflussen. Einige Beispiele dazu stellen wir im Folgenden kurz dar.

1. Energiecharta und Energiecharta-Vertrag

57 Die Energiecharta wurde am 17.12.1991 unterzeichnet. Ihr Ziel war es, die nach Ende des Kalten Krieges neu entstandenen, osteuropäischen Staaten in die europäischen und internationalen Energiemärkte zu integrieren und die **Energieversorgungssicherheit in Europa** zu garantieren. Ein auf der Energiecharta beruhender Vertrag, der Energiecharta-Vertrag, wurde 1994 unterzeichnet und trat 1998 in Kraft. Er regelt u. a. den Schutz von (ausländischen) Investitionen, den Handel mit Primärenergieträgern und mit Energie-erzeugnissen, den ungehinderten und diskriminierungsfreien Transit sowie die Streitbei-legung.

2. Euratom, IAEO und Atomwaffensperrvertrag

58 Die Bundesrepublik Deutschland hat bereits in den 1950er Jahren im Bereich der Kern-energie internationale Abkommen getroffen. Sie wurde 1957 Gründungsmitglied der Eu-ropäischen Atomgemeinschaft (Euratom), die als Teil der europäischen Verträge nach dem Euratom-Vertrag u. a. Fragen der Forschung, Verwendung und Sicherheit von Kernenergie regelt. Sie ist ebenfalls seit 1957 Mitglied der Internationalen Atomenergie Organisation (International Atomic Energy Agency) der Vereinten Nationen (IAEO) welche die **fried-liche Nutzung** der Kernenergie fördert. Zudem unterzeichnete Deutschland 1969 den Atomwaffensperrvertrag[22], der neben dem Verbot der Verbreitung auch die Verpflichtung zur **Abrüstung** von Kernwaffen sowie das Recht auf die friedliche Nutzung der Kern-energie beinhaltet.

3. Seerechtsübereinkommen

59 Das Seerecht wird durch eine Vielzahl von Abkommen gestaltet. Für das Energierecht im **Offshore-Bereich** ist das Seerechtsübereinkommen[23] der Vereinten Nationen (United Nations Convention on the Law of the Sea, UNCLOS) von besonderer Bedeutung. Es regelt u. a. die Rechte von Küstenstaaten an den ihnen vorgelagerten Gewässern und die Bebauung des Meeresbodens. Diese Fragen sind insbesondere für die Offshore-Wind-energie, aber auch für Pipelines und unterseeische Stromkabel wichtig. **Abb. 4 – Die vier Bereiche der der Küste vorgelagerten Zonen** zeigt, dass dabei die der Küste vorgela-gerten Zonen in vier Bereiche unterteilt werden können: Diese beginnen zunächst mit den sogenannten inneren Gewässern. Das sind alle Wasserflächen, die landeinwärts der Küsten-basislinie[24] liegen und an denen der Küstenstaat alle hoheitlichen Rechte besitzt. Die Ge-wässer hinter der Basislinie und bis zu zwölf Seemeilen ins Meer hinaus, das Küstenmeer, gehören ebenfalls zum Hoheitsgebiet des Küstenstaates, allerdings sind hier seine Rechte eingeschränkt. Die an das Küstenmeer angrenzende Zone wird als Anschlusszone bezeich-net, die sich nicht weiter als 24 Seemeilen über die Basislinie hinaus erstrecken darf. In dieser Zone hat der Küstenstaat nur sehr eingeschränkte Kontrollrechte. Hinter dem Küs-tenmeer beginnt die **Ausschließliche Wirtschaftszone** (AWZ), die maximal 200 See-meilen vor der Basislinie liegen darf und in der die Küstenstaaten das Recht der Erfor-schung, Ausbeutung und der Bewirtschaftung des Meeres und des Meeresbodens zur wirtschaftlichen Nutzung haben. Dazu gehört nach Art. 56 Abs. 1 Seerechtsübereinkom-

---

[22] Vertrag über die Nichtverbreitung von Kernwaffen vom 1.7.1968 (Treaty on the Non-Prolife-ration of Nuclear Weapons, NPT).
[23] Seerechtsübereinkommen der Vereinten Nationen vom 10.12.1982, in Kraft getreten am 16.11.1994.
[24] Eine Basislinie findet man immer dort, wo sich der Übergang vom Wasser zum Land wegen der Wasserhöhenunterschiede durch die Gezeiten laufend verändert.

men die Energiegewinnung aus Wasser, Wind und Strömung. Zu diesem Zweck können u. a. Anlagen errichtet werden. Teilweise sogar über die AWZ hinaus erstreckt sich der Festlandsockel. Dort ist eine Nutzung des Meeresbodens gem. §§ 4 und 5 BBergG nach vorheriger Erlaubnis durch das Bundeswirtschaftsministerium möglich.

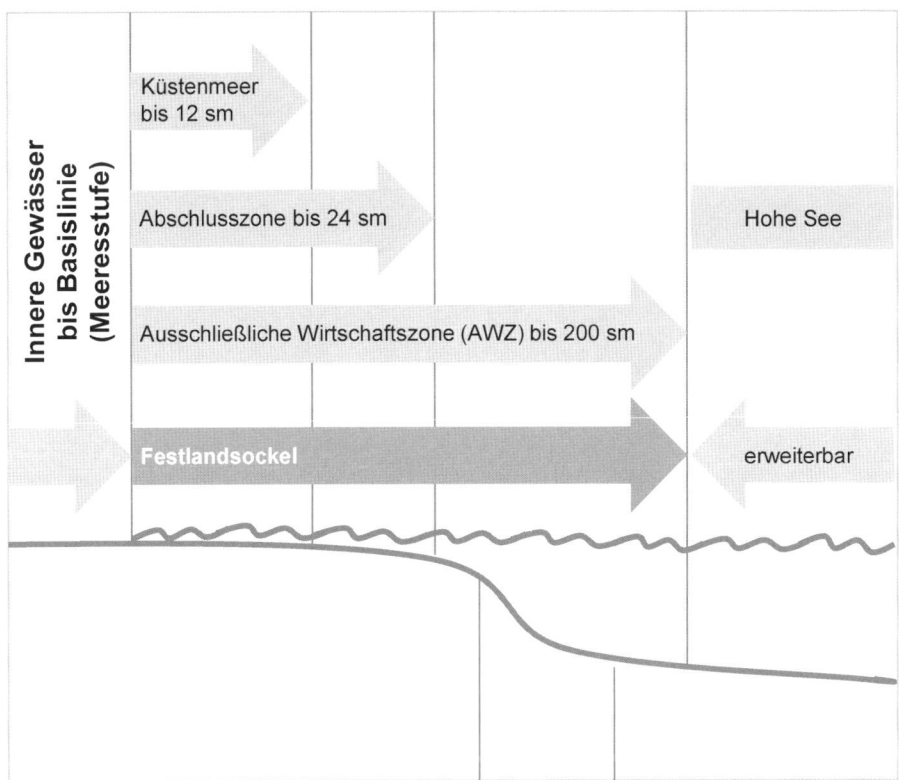

Quelle: maribus GmbH, World Ocean Review, Kapitel 10

Abb. 4 – Die vier Bereiche der der Küste vorgelagerten Zonen. Die Grafik zeigt die Bezeichnung der verschiedenen Zonen, die im Seerecht gelten und wie viele Seemeilen (sm) diese jeweils erfassen.

Allerdings kann die **Ausdehnung** der jeweiligen Zonen beschränkt werden, wenn Kon-   60
flikte mit den Zonen anderer Küstenstaaten entstehen. So bleibt zwischen Dänemark, Deutschland, Polen und Schweden für die AWZ lediglich ein schmaler Streifen, der zum Beispiel bei Flensburg sogar innerhalb des Küstenmeeres verläuft.

4. Klimarahmenkonvention der Vereinten Nationen, Kyoto-Protokoll, Pariser Klimaschutzabkommen

Die Klimarahmenkonvention, das Kyoto-Protokoll und das Pariser Klimaschutzabkom-   61
men werden in § 8, Rn. 7 ff. dargestellt.

Zum Weiterlesen

Richard Happ u. a., in: Gerd Stuhlmacher u. a. (Hrsg.), Grundriss zum Energierecht, 2. Aufl. 2015, Kapitel 41: Internationale Energie-Governance und Kapitel 42: Schutz von Auslandsinvestitionen
Bundesumweltministerium, Zur Klimarahmenkonvention http://www.bmu.de/bund.de/themen/klima-enerige/klimaschutz/internationale-klimapolitik/klimarahmenkonvention/

EU: Zur Energiecharta und dem Energiecharta-Vertrag http://europa.eu/legislation_summaries/energy/
external_dimension_enlargement/l27028_de.htm

World Ocean Review 1: Zum internationalen Seerecht
http://worldoceanreview.com/wor-1/seerecht/

Jörg Gundel, Die Bedeutung des Energiecharta-Vertrages, in: Säcker (Hrsg.), Berliner Kommentar zum
Energierecht, 2004, S. 1260 ff.

Stefan Dörig, Das Stromabkommen zwischen der Schweiz und der EU, emw 2016, 52 ff.

Teil B. Die Energiemärkte

Für das Energierecht im engeren Sinne sind drei Märkte relevant: Der Strommarkt, der Gasmarkt und der Fernwärmemarkt. Der Strommarkt ist darunter der größte Markt und am umfassendsten geregelt. Er wird hier deshalb als Erstes dargestellt und dient als Bezugspunkt für die Darstellung der anderen Märkte.

§ 4. Der Strommarkt

Strom ist in der modernen Wirtschaft und auch im privaten Leben heute überall zu fin- **1** den. Ohne ihn haben wir kein Licht, funktioniert kein Computer, keine Fabrik und kein Herd. Er ist so sehr Bestandteil des Lebens, dass sein Vorhandensein meistens als selbstverständlich angesehen wird. Die **Liberalisierung** des Energiemarktes mit ihren Umwälzungen in der Unternehmenslandschaft und anschließend die Energiewende lenkten die Aufmerksamkeit aber verstärkt auf den Energiemarkt. RWE und E.ON wurden plötzlich im Aktienmarkt nicht mehr als Witwen- und Waisenpapiere gehandelt, bei dem Anbieter Yello-Strom bekam der Strom in der Werbung einen hübschen gelben Schimmer und die Bundesnetzagentur wurde mit dem Auftrag betraut, die Geldbeutel der Verbraucher vor zu hohen Strompreisen zu schützen.

Dies verstärkte sich mit der **Energiewende,** die mit erneuerbaren Energien dem ge- **2** fürchteten Klimawandel Einhalt gebieten sollte. Sie führte in Deutschland dazu, dass plötzlich überall Windräder und Solaranlagen stehen. Deren Kosten schüren nun allerdings immer mehr die Sorgen um die Wettbewerbsfähigkeit der deutschen Wirtschaft und die soziale Tragbarkeit der Stromkosten. Mittlerweile ist die Energiepolitik mit dem fortdauernden Kampf um Reformen zu einem der zentralen Themen der Tagespolitik geworden.

Trotzdem kommt Strom nach immer noch weit verbreitetem Verständnis einfach aus der **3** Steckdose. Dabei steht hinter seiner unkomplizierten Nutzung ein europaweit integriertes, hochkomplexes und sich stetig **wandelndes System.** In technischer Hinsicht ist es mit modernen Erzeugungs- und Übertragungstechniken ausgestattet und dient der Vernetzung im europäischen Binnenmarkt (wobei europaweit jederzeit genauso viel Strom in das Netz eingespeist werden muss wie entnommen wird). Wirtschaftlich haben die Liberalisierungs- und Entflechtungsvorgaben viel zu der zunehmenden Integration des europäischen Strommarktes beigetragen.

Die deutsche Stromwirtschaft hat in den vergangenen zwei Jahrzehnten einen gravieren- **4** den Wandel erlebt. Von der monopolbasierten und gebietszentrierten Versorgungsstruktur, die bis 1998 vorherrschte, hat sie sich zu einem weitgehend liberalisierten **Wettbewerbsmarkt** entwickelt. Dieser war gekennzeichnet durch eine Vielzahl von Unternehmenszusammenschlüssen, dem Markteintritt neuer, auch ausländischer Unternehmen und Investoren, der Erweiterung des Angebotes, der Möglichkeit des Lieferantenwechsels und der Entstehung neuer Preisbildungsmechanismen, z.B. über die Strombörsen. Zudem spielt die Entflechtung von Erzeugung, Transport und Vertrieb eine Schlüsselrolle für die heutige Struktur des Strom- und Gasmarktes. Sie wird in § 5 gesondert behandelt.

Auch wenn der europäische Zusammenhang für die Gestaltung des Strommarktes eine **5** große Rolle spielt, widmet sich dieses Kapitel vor allem der Darstellung des **deutschen Strommarktes.** Es zeigt

- die Besonderheiten des Stromes und seines Marktes (Rn. 7 ff.),
- wo und wie der Strom erzeugt wird (Rn. 16 ff.),

- welche Möglichkeiten der Stromspeicherung vorhanden sind (Rn. 194 ff.),
- was es mit den Stromnetzen auf sich hat und welche Aufgaben sich für die Stromnetzbetreiber ergeben (Rn. 209 ff.),
- und wie der Stromhandel (Rn. 416 ff.) und der Stromvertrieb (Rn. 472 ff.) funktionieren.

6   Einen Überblick über den **europäischen Kontext** geben wir am Ende des Kapitels in Rn. 566 ff.

I. Besonderheiten der Elektrizitätsversorgung

7   Viele der Besonderheiten des Strommarktes und daraus folgend auch des Energierechts, soweit es Strom betrifft, sind in den besonderen **Eigenschaften** von Strom begründet. Denn Strom ist keine greifbare Materie. Wenn wir von Strom sprechen, meinen wir eigentlich nicht ein Etwas, sondern einen Zustand oder eher einen Vorgang: die Bewegung von Ladungsträgern, normalerweise Elektronen, durch eine Fläche.

8   Die Ladung, die pro Zeiteinheit fließt, wird als **Stromstärke** bezeichnet und in der Einheit Ampère angegeben. Fließen kann Strom nur, wenn an den beiden Enden der Leitung eine unterschiedliche Ladung besteht. Die Ladungsdifferenz bezeichnet man als Stromspannung und misst sie in Volt bzw. in der Netzspannung häufig in Kilovolt (1.000 Volt, abgekürzt 1 kV).

9   Der Strom wird durch ein Leitungsnetz übertragen. Das Leitungsnetz kann mit Gleichstrom oder mit Wechselstrom betrieben werden. **Gleichstrom** fließt immer in dieselbe Richtung. Beim Wechselstrom ändert sich die Flussrichtung periodisch. Es ist möglich mithilfe von Gleichrichtern bzw. Wechselrichtern die jeweils andere Stromart herzustellen.

10   Das deutsche Stromnetz basiert hauptsächlich auf **Wechselstrom,** da dessen Spannung leichter verändert werden kann. Dies ist wichtig, weil der Überlandtransport von Strom mit bis zu 380 Kilovolt erfolgt, die Haushalte aber nur mit 230 Volt bedient werden. Eine Ausnahme bildet der Transport über lange Strecken. Hier wird die Hochspannungs-Gleichstrom-Übertragung (HGÜ) vorgezogen, weil die Transportverluste geringer sind.

11   Der Wechselstrom muss mit konstanter **Frequenz** schwingen, damit das Netz stabil bleibt. Die Frequenz wird in Hertz gemessen, was die Anzahl der Schwingungen bzw. der Spannungswechsel pro Sekunde angibt. Sie ist stabil, wenn gleichzeitig die Mengen der Einspeisung in das Netz durch die Stromerzeuger und die Entnahme von Strom aus dem Netz übereinstimmen. Hierfür haben sich Netzbetreiber für das gesamte Stromnetz auf eine Frequenz von 50 Hertz festgelegt, was 50 Schwingungen pro Sekunde bedeutet. Wird die Frequenz um mehr als 0,2 über- oder unterschritten, wird das Netz instabil und es kann zu einem Stromausfall kommen.

12   Damit die Ladung durch die Leitung fließen kann, muss sie den **Widerstand** der Stromleitung überwinden, der in Ohm gemessen wird. Wie hoch der Widerstand ist, hängt vom Material und dem Durchmesser der Leitung sowie deren Zustand hinsichtlich Temperatur, magnetischen Einflüssen usw. ab. Multipliziert man die Stromspannung mit der Stromstärke, erhält man die elektrische Leistung, die in Watt ausgedrückt wird. Jedes technische Gerät enthält eine Angabe, welche Leistung es verbraucht (zum Beispiel Glühbirne 20–100 Watt, Mixer ca. 500 Watt, Föhn ca. 2.000 Watt). Meist trifft man in der Energiewirtschaft die Wattzahl in höheren Potenzen:

- W (Watt) = 1 W,
- 1 kW (Kilowatt) = 1.000 W,
- 1 MW (Megawatt) = 1.000.000 W,
- 1 GW (Gigawatt) = 1.000.000.000 W,
- 1 TW (Terawatt) = 1.000.000.000.000 W,

13   **Praktisch** bedeutet das: Eine Steckdose im Haushalt hat in Deutschland eine Stromspannung von 230 Volt. Schließt man einen Mixer mit der Leistung von 500 Watt an, so ist

eine Stromstärke von ca. 2,17 Ampère erforderlich, um ihn zu betreiben (230 × 2,17 ≈ 500). Eine Steckdose kann im Normalfall mit ca. 16 Ampère belastet werden. Die Leistung in Watt multipliziert mit der Zeit der Nutzung ergibt dann den Verbrauch in Kilowattstunden: zehn Glühbirnen à 100 Watt eine Stunde lang brennen zu lassen oder einen Staubsauger 0,5 Stunden zu betreiben benötigt z.B. jeweils 1.000 Wattstunden, was einer Kilowattstunde (kWh) entspricht. In der Einheit Kilowattstunden wird der Stromverbrauch zum Beispiel auf dem Stromzähler oder der Stromrechnung angegeben. Ein höherer Verbrauch wird entsprechend in MWh = Megawattstunden, GWh = Gigawattstunden und TWh = Terrawattstunden angegeben.

Strom weist zudem weitere **besondere Merkmale** auf: **14**
- Strom ist kein Energieträger, wie etwa Kohle oder Öl – er ist selbst **pure Energie** und wird aus anderen Energieträgern gewonnen,
- Strom besitzt – anders als Kohle oder Gas – **keine Masse,**
- Strom braucht fast **keine Transportzeit** – zum Zeitpunkt seiner Erzeugung ist er praktisch gesehen beim Verbraucher verfügbar,
- Die Stromversorgung erfolgt ausschließlich **leitungsgebunden,** d.h. zum Stromtransport werden Leitungen – die als Netze bezeichnet werden – benötigt und
- Strom ist **nur schwer speicherbar** und muss daher im Moment seiner Erzeugung verbraucht werden, um Stromausfälle zu vermeiden.

Zudem wird im Kontext von Strom oft von Primärenergie, Sekundärenergie und Nutzenergie gesprochen. Als **Primärenergie** bezeichnet man Energie, die direkt in einem Energieträger gespeichert/vorhanden ist. Dazu gehören beispielsweise Holz, Steinkohle, Braunkohle, Torf, Erdöl, Erdgas, Uranerz, Wind, strömendes Wasser, Biomasse oder auch die Sonnenstrahlung. Oft wird sie vor der Nutzung umgewandelt, zum Beispiel um sie besser transportieren oder einfacher nutzen zu können. Das Produkt dieser Umwandlung bezeichnet man als **Sekundärenergie.** Die wichtigste Form der Sekundärenergie ist der aus Primärenergieträgern wie Kohle oder Erdgas in Kraftwerken gewonnene Strom, der viel schneller und direkter verteilt werden kann als der Primärenergieträger. Weitere Beispiele sind das aus Erdöl gewonnene Benzin oder Heizöl oder die aus Kohle bestehenden Briketts. Vor allem Sekundärenergie wird dann von den Menschen genutzt, zum Beispiel Heizöl zum Heizen oder Strom zum Betrieb von technischen Geräten. Dann spricht man von Tertiärenergie oder **Nutzenergie.** **15**

Zum Weiterlesen

Panos Konstantin, Praxisbuch Energiewirtschaft, 3. Aufl. 2013, Kapitel 1.1.2: Energieformen und 1.1.3 Struktur des Energieverbrauchs in Deutschland

II. Stromerzeugung

Strom wird in Deutschland aus einer Vielzahl von Quellen gewonnen. Dabei wird zwischen konventionellen Erzeugungsformen (Kohle, Gas, Öl und Kernenergie) und erneuerbaren Energien unterschieden. Die **Erzeugungsformen** befinden sich derzeit im Rahmen der Energiewende in einem Wandel weg von den konventionellen Erzeugungsformen und hin zu den erneuerbaren Energien. Dadurch ändert sich auch die Zusammensetzung der maßgeblichen Erzeuger und die Anzahl der Anlagen. **16**

In der **Kraftwerksliste** der Bundesnetzagentur werden für 2015 über 1.800 Anlagen geführt.[1] Daraus ergibt sich die in der folgenden Grafik dargestellte Zusammensetzung. **17**

---

[1] Bundesnetzagentur, Kraftwerksliste (bundesweit; alle Netz- und Umspannebenen), Stand 1.6.2015.

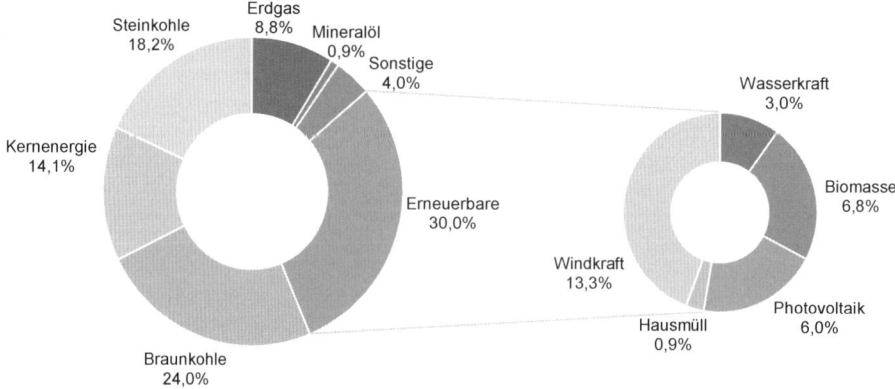

Quelle: Bundeswirtschaftsministerium

Abb. 5 – Bruttostromerzeugung in Deutschland 2015. Die Grafik zeigt, aus welchen Quellen sich die Bruttostromerzeugung in Deutschland in Terrawattstunden 2015 zusammengesetzt hat. Geothermie wurde aufgrund des geringen Anteils nicht dargestellt.

1. Einführung

18   Vorab sollte bekannt sein, in welchem **Marktumfeld** die Erzeugung stattfindet. Zudem werden im Kontext der Erzeugung bestimmte Größen als Vergleichsmaßstäbe herangezogen, die bekannt sein sollten. Beides stellen wir deshalb vorab in diesem Abschnitt dar.

a) Erzeuger

19   Erzeugt wird der Strom vor allem von den Unternehmen der Elektrizitätswirtschaft. Sie werden als **Energieversorgungsunternehmen** (kurz: EVU, § 3 Nr. 18 EnWG) bezeichnet und gehören hier der Untergruppe der Stromerzeuger an. Als solcher gilt, wer Elektrizität produziert[2].

20   Dazu zählen zum einen die **großen Stromversorger** EnBW, E.ON, RWE, Uniper und Vattenfall, denen die ertragsstarken Kohle-, Gas- und Kernkraftwerke gehören und die ca. 73 Prozent[3] des Stromes produzieren. Zudem fallen ca. 950[4] regionale und lokale Versorger, große Unternehmen wie etwa Volkswagen, BASF, ThyssenKrupp und Evonik, die in Industriekraftwerken Strom für den Eigenbedarf produzieren und die schnell wachsende Gruppe von privaten, kommunalen und betrieblichen Erzeugern unter den Begriff. Das Erzeugungsspektrum der Letztgenannten reicht von kommunalen KWK-Kraftwerken über Solaranlagen und Biomasseanlagen bis hin zu Bürgerwindparks an Land und Offshore-Windparks, die teilweise im Eigentum von Stadtwerke-Konsortien stehen.

21   Neben der Erzeugung von Strom dient auch der **Stromimport** der Beschaffung. Einerseits sind Stromimporte Teil des normalen Stromhandels. Denn Stromhändler[5] versuchen stets, Strom möglichst preiswert einzukaufen und können hierfür auf dem liberalisierten europäischen Markt für Strom auch auf im Ausland erzeugten Strom zugreifen. Andererseits muss Strom importiert werden, wenn die Menge des in Deutschland produzierten Stromes nicht zur Deckung des Strombedarfes ausreicht. Andernfalls käme es zu einem Stromengpass und letztlich zu Stromausfällen.

---

[2] Vgl. Art. 2 Nr. 2 Richtlinie 2009/72/EG vom 13.7.2009 über gemeinsame Vorschriften für den Elektrizitätsbinnenmarkt (ABl. L 211 vom 14.8.2009, S. 55).
[3] Bundesnetzagentur und Bundeskartellamt, Monitoringbericht 2015, 36.
[4] Statistisches Bundesamt, Energie- und Wasserversorgung – Monatsbericht bei Betrieben in der Energie- und Wasserversorgung, 2015.
[5] Siehe § 4, Rn. 482.

Generell ist Deutschland allerdings dank seiner Kohlekraftwerke – auch nach Abschal- 22
tung von acht Kernkraftwerken im Zuge der Energiewende[6] – nicht nur in der Lage, seinen Stromverbrauch ohne Stromimporte zu decken, sondern konnte 2015 mit 59,4 Terrawattstunden auch einen Rekordwert im **Stromexport** erzielen.[7]

Zum Weiterlesen
Bundesnetzagentur und Bundeskartellamt, Monitoringbericht 2015, 29 ff.
Bundeskartellamt, Schlussbericht Sektoruntersuchung, Stromerzeugung und -großhandel vom
  1.1.2011
Holger Hofmann, Aktuelle Entwicklungen auf dem Stromerzeugungsmarkt im Jahr 2014 (Current deve-
  lopments on the electricity generation market in the year 2014), EnWZ 2015, 70 ff.

b) Terminologie

Grundsätzlich ist bei allen Erzeugungsarten zwischen installierter Leistung, die das 23
Erzeugungspotential angibt, und der zu einer bestimmten Zeit auf der Basis der zur Ver-
fügung stehenden Leistung erzeugten Arbeit zu unterscheiden. Die **Leistung** wird in der
Regel in Watt (oder in höheren Watteinheiten, wie Kilowatt [KW], Megawatt [MW] oder
Terrawatt [TW]) gemessen. Die damit in einem bestimmten Zeitraum erzeugte Energie,
auch Arbeit genannt, wird entsprechend in Kilowattstunden (KWh) oder bei Kraftwerken
in Megawattstunden (MWh) oder bei ganzen Volkswirtschaften in Terrawattstunden
(TWh) angegeben. Die **installierte Leistung** gibt an, welche Leistung bei einer vollen
Auslastung aller Anlagen theoretisch erreicht werden kann (also 100 Prozent). Die sich aus
der zu einem bestimmten Zeitpunkt tatsächlich genutzten Leistung der Erzeugungsanlage
ableitende tatsächlich eingespeiste Arbeit weicht davon ab und ist geringer. Denn ein
Kraftwerk läuft nicht immer mit voller Kraft, ein Windrad dreht sich nicht immer und eine
Solarzelle arbeitet nicht bei Nacht und Regen.

Die verschiedenen Erzeugungsformen werden über den Maßstab der **Jahresvolllast-** 24
stunden vergleichbar. Durch sie wird angegeben, wie viele der 8.760 Stunden im Jahr ein
Kraftwerk bei maximaler Leistung laufen müsste, um eine bestimmte Strommenge zu erzeugen. Dies dient entweder dem Zweck der Planung der Auslastung oder rückblickend
zur Beurteilung der Wirtschaftlichkeit. Zur Verdeutlichung ein Beispiel: Ein modernes
Windrad hat eine maximale Leistung von zwei Megawatt pro Stunde. Würde es sich das
ganze Jahr lang, also 8.760 Stunden, unentwegt mit maximaler Leistung drehen, könnten
17,52 Gigawattstunden Strom erzeugt werden, denn zwei Megawatt × 8.760 Stunden =
17.529 Megawattstunden = 17,52 Gigawattstunden. Allerdings ist es natürlich zwischenzeitlich nicht in Betrieb. Setzt man die tatsächliche Betriebszeit mit der maximalen Betriebszeit in ein Verhältnis, ergibt sich ein **Kapazitätsfaktor:** Erzeugt das Windrad an jedem Tag des Jahres 10 Stunden lang 2 Megawatt Strom, liegt die Erzeugung bei zwei
Megawatt × 3.650 Stunden = 7.300 Megawattstunden = 7,3 Gigawattstunden. Im Verhältnis zu den 17,52 Gigawattstunden maximaler Erzeugung betragen die 7,3 Gigawattstunden
somit ca. 42 Prozent. Diese 42 Prozent nennt man den Kapazitätsfaktor.

Die ebenfalls häufig auftretende Angabe des **Wirkungsgrades** gibt das Verhältnis der 25
eingesetzten Energie zur erzeugten nutzbaren Energie an. Ein Pumpspeicherkraftwerk hat
zum Beispiel einen Wirkungsgrad von ca. 75 Prozent. D.h. aus 100 Prozent der Energie
des Wassers können abhängig von der Wassermenge, der Fallhöhe und anderen Faktoren
ca. 75 Prozent Energie in Form von Strom gewonnen werden. Der Rest geht als sogenannte Verlustleistung verloren. Verlustenergie findet man z.B. auch im Bereich der
Stromnetze. Diese geben während des Transportes einen kleinen Teil der Energie in Form
von Wärme an die Luft ab. Einer der Gründe für diesen Verlust ist die sogenannte **„Blind-**

---

[6] Siehe § 2, Rn. 61 ff.
[7] Bundesnetzagentur und Bundeskartellamt, Monitoringbericht 2015, S. 140; siehe auch § 4,
Rn. 577 ff.

leistung". Sie entsteht bei der Wechselstromübertragung dadurch, dass das Feld bei den Phasenwechseln immer auf- und abgebaut werden muss. Dies erfordert den Aufwand zusätzlicher Leistung bei der Erzeugung über die für den Verbrauch erforderliche Leistung hinaus. Unterschieden werden muss schließlich der **Nutzungsgrad.** Er bezeichnet ebenfalls das Verhältnis von eingesetzter und abgegebener Energie, kann darüber hinaus aber weitere Größen berücksichtigen. Im Gegensatz zum Wirkungsgrad spielt er im Folgenden allerdings keine Rolle.

Zum Weiterlesen

Wolfgang Ströbele u. a., Energiewirtschaft, 3. Aufl. 2012, Kapitel 2.3: Aggregations- und Bewertungsprobleme
Leonhard Müller, Handbuch der Elektrizitätswirtschaft, 2. Aufl. 2000, Kapitel 4: Begriffe der Elektrizitätswirtschaft

2. Konventionelle Stromerzeugung

26   Dieser Abschnitt stellt die Stromerzeugung mittels der **konventionellen Energieträger** Kohle, Gas, Öl und Kernenergie vor. Bis weit in die 1990er Jahre hinein wurde die Stromproduktion in Deutschland fast ausschließlich über diese Rohstoffe sichergestellt. Ein Wandel trat erst durch die massive Förderung erneuerbarer Energien mit dem EEG 2000 ein. Im Zuge der Energiewende sollen die konventionellen Erzeugungsformen nun in den kommenden Jahrzehnten weitgehend von der Erzeugung aus erneuerbaren Energien abgelöst werden. Dies ist auch im Hinblick auf die Klimaziele, die sich aus dem Pariser Klimaschutzabkommen ergeben, kohärent, denn bei der Stromerzeugung in konventionellen Kraftwerken werden auch bei hohen technischen Standards nicht unerhebliche Mengen Treibhausgase freigesetzt. Allerdings spielen die konventionellen Kraftwerke zurzeit noch eine große Rolle bei der Sicherung unseres Strombedarfs und machen derzeit im Schnitt etwa 70 Prozent der Gesamtstrommenge aus.[8]

a) Kohle

27   Kohle ist einer der **wichtigsten Energieträger** in Deutschland und war der Schlüssel zur industriellen Revolution, denn damit wurden die ersten Dampfmaschinen und somit die Generatoren zur Stromerzeugung betrieben. Zudem wurde in der DDR fast 90 Prozent des Stromes aus Kohle erzeugt.

28   Strom aus Kohle wird in **Kohlekraftwerken** erzeugt. Um aus der eingesetzten Kohle möglichst viel Energie zu gewinnen, wird sie vor der Verfeuerung gemahlen und getrocknet. Der Kohlestaub wird dann in einen Kessel geblasen und verbrennt dort. Die entstehenden Rauchgase erhitzen Wasser, das durch den Kessel geleitet wird und bringen es zum Verdampfen. Der Dampf treibt die Schaufeln einer Turbine an. Diese ist mit einem Generator verbunden, der aus der mechanischen Energie elektrische Energie erzeugt. Der Dampf wird im Anschluss kondensiert und zum Kessel zurückgeführt. Daher spricht man auch von **Kondensationskraftwerken.** Die entstehenden Rauchgase werden in einem mehrstufigen Prozess gefiltert und gereinigt.

---

[8] Bundesverband für Energie- und Wasserwirtschaft, AG Energiebilanzen, Bruttostromerzeugung nach Energieträgern 2014, Stand Februar 2015.
Allerdings geht z. B. die DENA in der Studien Integration: EE vom 15.8.2012 davon aus, dass Deutschland bereits vor 2040 zur Bedarfsdeckung auf Stromimporte angewiesen sein wird. Vgl. DENA: Integration der erneuerbaren Energien in den deutsch-europäischen Strommarkt vom 15.8.2012, S. 4.

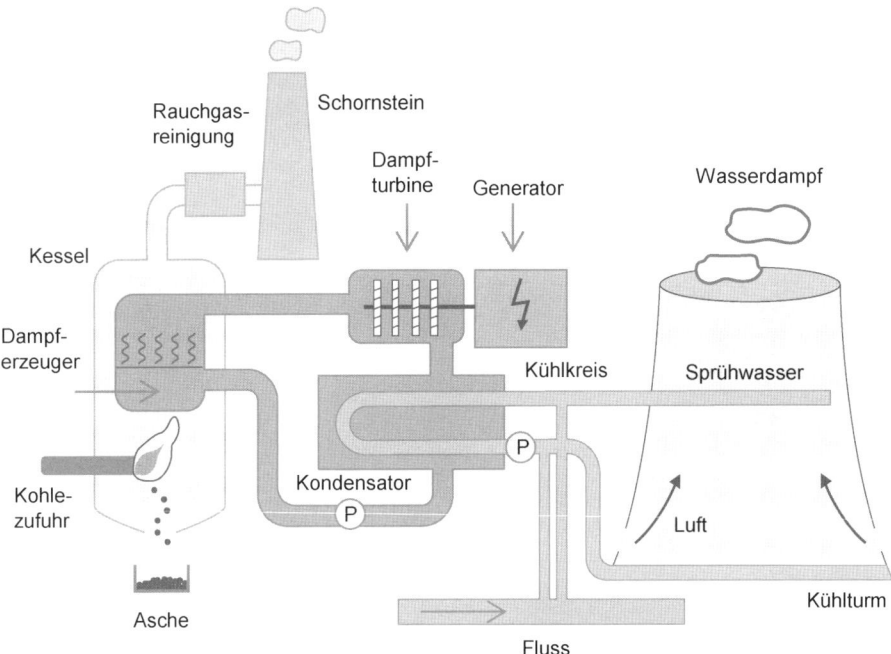

Abb. 6 – Funktionsweise eines Kohlekraftwerkes. Die Grafik zeigt schematisch den Aufbau eines Kohlekraftwerkes mit den relevanten Komponenten.

Zu unterscheiden sind **Steinkohle und Braunkohle.** Bei beiden handelt es sich um 29 kohlenstoffhaltige Gesteine, die durch das Absterben und Absinken von Pflanzen und deren luftdichten Einschluss im Boden unter Druck und Wärme entstanden sind. Unterscheidungsmerkmal von Steinkohle und Braunkohle ist das Alter und der sich daraus ergebende Kohlenstoffgehalt. Je älter die Kohle, desto höher dieser Anteil und desto mehr Energie enthält die Kohle bei ihrer Verbrennung. Während Braunkohle erst ca. 2,5 bis 65 Millionen Jahre alt ist und zu ca. 65 bis 75 Prozent aus Kohlenstoff besteht, erreichen die unterschiedlichen Sorten der Steinkohle ein Alter von bis zu 345 Millionen Jahren und einen Kohlenstoffgehalt von bis zu 90 Prozent.

In Deutschland sind ca. 77 Milliarden Tonnen **Braunkohle** als natürliche Vorkommen 30 vorhanden. Etwa die Hälfte davon ist nach dem heutigen Stand der Technik gewinn- und verwertbar. Diese Vorräte könnten den deutschen Bedarf für ca. 200 Jahre decken. Die Lagerstätten liegen hauptsächlich im Rheinland, der Lausitz und Mitteldeutschland. Nicht mehr wettbewerbsfähig ist dagegen der deutsche Steinkohlebergbau. Er ist daher stark zurückgefahren worden und wird 2018 ganz eingestellt.

Wie eingangs erwähnt sind Kohlekraftwerke in Deutschland derzeit die wichtigste konventionelle Erzeugungsform. Denn mithilfe von Kohlekraftwerken wird die **Grundlast** bestritten, also eine kontinuierliche Stromerzeugung rund um die Uhr und an jedem Tag.[9] 2014 entfiel in Deutschland ein Anteil von ca. 43 Prozent der Bruttostromerzeugung auf Braun- und Steinkohle.[10] Dieser Anteil entspricht in etwa dem weltweiten Anteil, der 2013 bei 41,3 Prozent lag.[11] Allerdings werden bei der Verbrennung von Kohle in hohem Maße

---

[9] Siehe § 4, Rn. 156 ff.
[10] Bundeswirtschaftsministerium, Ausgewählte Grafiken zum Thema Energieträger, Nr. 28: Bruttostromerzeugung in Deutschland, 2014.
[11] International Energy Agency, Key World Energy Statistics 2015, S. 24.

Kohlenstoffdioxid, Schwefel, Stickstoff und Staub freigesetzt, sodass Kohlekraftwerke im Lichte des **Klimaschutzes** angesichts der Anstrengungen zur Senkung der Treibhausgasemissionen vielfach skeptisch beurteilt werden.

32 In Deutschland werden gem. § 13g EnWG daher zwischen 2020 und 2023 acht alte Braunkohlekraftwerke im Rheinland, der Lausitz und in Mitteldeutschland mit einer Kapazität von insgesamt 2.700 Megawatt schrittweise stillgelegt. Dazu werden sie ab 2016 zunächst für vier Jahre als für den Notfall in eine **Sicherheitsbereitschaft** überführt, falls es zu Engpässen bei der Stromversorgung kommt. In diesen Fällen müssen die Anlagen nach 240 Stunden zur Stromerzeugung bereitstehen. Die Eigentümer der Kraftwerke, die Mitteldeutsche Braunkohle AG (Mibrag), RWE und Vattenfall erhalten dafür eine Vergütung von ca. 230 Millionen Euro jährlich, die sich anhand einer Formel in Anlage 1 zum EnWG errechnet. Danach folgt die Stilllegung. Die Sicherheitsbereitschaft ist zugleich Teil der Kapazitätsreserve, die mit dem EEG 2017 eingeführt wurde und in § 4, Rn. 275 ff. näher beschrieben wird.

Zum Weiterlesen

Felix Ekardt u. a., Das neue Energierecht, 2015, Kapitel G: Braunkohlenutzung und Braunkohleausstieg – zugleich zum Grundrechtsschutz gegen den Klimawandel
Wolfgang Ströbele u. a., Energiewirtschaft, 3. Aufl. 2012, Kapitel 6: Stein- und Braunkohle
Walter Frenz, Energiewende – Ausstieg aus der Kohle? Editorial, EnWZ 1/2013

b) Erdgas

33 **Gaskraftwerke** funktionieren im Prinzip nach demselben System wie die Kohlekraftwerke mit dem Unterschied, dass der Kessel mit Gas befeuert wird. In Deutschland wurden 2014 ca. 9,6 Prozent[12] der Bruttostromerzeugung aus Gas gewonnen. Ein großer Teil dieses Gases wurde importiert, da die natürlichen Erdgasvorkommen in Deutschland relativ gering sind.

34 Gaskraftwerke sind die flexibelsten Energielieferanten unter den konventionellen Kraftwerken, weil sie durch ihre vergleichsweise geringen Anfahrtszeiten schnell mit der Stromerzeugung beginnen können. Sie sind als **Brückentechnologie** wichtig, um rasch die Schwankungen der Erzeugung aus erneuerbaren Energien auszugleichen. Allerdings ist ihr Bestand derzeit gefährdet. Dies liegt daran, dass Strom aus erneuerbaren Energien und Kohle preiswerter erzeugt werden kann als aus Gaskraftwerken und diese daher erst dann zum Einsatz kommen, wenn der Strombedarf nicht aus diesen preiswerteren Quellen gedeckt werden kann.[13] Das stellt die Betreiber von Gaskraftwerken in der jetzigen Situation vor das Dilemma, den Strom aus Gaskraftwerken zu den meisten Zeiten des Tages entweder mit Verlusten verkaufen zu müssen oder ihn gar nicht erst zu erzeugen. Von den wenigen Stunden, zu denen der Gas-Strom gewinnbringend veräußert werden kann, ist ein wirtschaftlicher Betrieb der Kraftwerke häufig nicht möglich. Werden die Gaskraftwerke allerdings stillgelegt, fehlt zu Spitzenzeiten Strom, um die Nachfrage zu decken. Derzeit führt das zu Modellen, in denen zum Beispiel die Kosten des E.ON Gaskraftwerkes Irsching in Bayern zum Teil vom Netzbetreiber TenneT getragen werden, um die Stilllegung zu verhindern. Dies wiederum führt indirekt zu einer Subventionierung, die dem Wettbewerbsmarkt zuwiderläuft und von der EU-Kommission bereits kritisiert wurde.

35 Mit Erdgas und weiteren Gasarten beschäftigt sich § 6, Rn. 45 ff. ausführlich.

Zum Weiterlesen

Roland Hofer, in: Bartsch u. a.: Stromwirtschaft – Eine Praxishandbuch, 2. Aufl. 2008, 3. Teil, Kapitel 30 Gasturbinen-Kraftwerke, Gasturbinen-Heizkraftwerke

---

[12] Bundeswirtschaftsministerium, Ausgewählte Grafiken zum Thema Energieträger, Nr. 28: Bruttostromerzeugung in Deutschland, 2014; siehe **Abb. 6 – Funktionsweise eines Kohlekraftwerkes.**
[13] Siehe § 4, Rn. 168 ff.

c) Erdöl

Erdöl – das nach der Förderung als **Rohöl** bezeichnet wird – ist Ausgangsstoff für Ener- **36** gieträger wie etwa Benzin, Kerosin, Heizöl oder Schweröl und damit eine der wichtigsten und meistgehandelten Waren der Welt. Bei der Stromerzeugung spielt Erdöl in Deutschland jedoch aufgrund der Rohstoffkosten nur eine geringe Rolle, gerade einmal 0,8 Prozent der deutschen Bruttostromerzeugung 2014[14] beruhen auf dieser Quelle. Öl wird als Reserveenergie nur im Bedarfsfall hinzugezogen, denn im Falle eines Stromausfalles erfolgt die Notstromversorgung in der Regel durch Dieselgeneratoren. Reine Ölkraftwerke existieren in Deutschland – anders als etwa im Nahen Osten – nicht.

Zum Weiterlesen
Wolfgang Ströbele u. a., Energiewirtschaft, 3. Aufl. 2013, Kapitel 7: Erdöl

d) Kernenergie

Strom wird aus Kernenergie erzeugt, indem man den Kern eines Atoms künstlich spaltet **37** **(Kernspaltung)**. Bei der Spaltung wird Energie frei. Diese Energie wird zur Erhitzung von Wasser genutzt, dessen Dampf ebenso wie in den Kohle- und Gaskraftwerken Generatoren antreibt und dadurch Strom erzeugt.

Die möglichen Vorteile und Risiken der Kernenergie wurden bereits früh erkannt. Des- **38** halb wurde bereits 1959 das **Atomgesetz**[15] erlassen. Es regelt die Nutzung der Kernenergie zur gewerblichen Erzeugung von Elektrizität, den Anlagenbetrieb, die Überwachung, die Haftung, den Schutz vor Gefahren der Kernenergie und – seit dem Entschluss zum deutschen Atomausstieg 2002 – auch die stufenweise Beendigung bis 2022. Das Gesetz ist Grundlage verschiedener Verordnungen, zum Beispiel der atomrechtlichen Abfallverbringungsverordnung und der Strahlenschutzverordnung.

Den Vorteilen – zum Beispiel geringe Erzeugungskosten, eine hohe Energieausbeute bei **39** geringem Materialeinsatz und dass bei dieser Art der Erzeugung kein Kohlenstoffdioxid als Treibhausgas freigesetzt wird – stehen die mit ihr verbundenen **Risiken** und die Folgekosten gegenüber. Letztere haben dazu geführt, dass in Deutschland 2011 unmittelbar nach dem Atomunfall im japanischen Fukushima acht Kernkraftwerke sofort abgeschaltet wurden und bis 2022 schrittweise der Atomausstieg vollzogen wird. Weltweit ist demgegenüber die Nutzung von Atomkraft weiter auf dem Vormarsch, 70 Anlagen sind derzeit im Bau.[16] So haben sich zum Beispiel Indien, Finnland und Brasilien zum Bau neuer Kernkraftwerke entschieden. In China werden zurzeit sogar ca. zehn Kernkraftwerke jährlich in Betrieb genommen.[17]

Verbunden mit der atomaren Erzeugung bzw. deren Beendigung ist die Frage, wie die **40** **Stilllegung** der Kernkraftwerke finanziert und wie mit radioaktivem Restmaterial (Atommüll) umgegangen werden soll.

Zur Klärung der Frage nach den Kosten der Stilllegung hat die Bundesregierung im **41** Herbst 2015 eine Kommission zur Überprüfung der **Finanzierung des Kernenergieausstiegs**[18] eingesetzt. Sie soll Empfehlungen zur Finanzierung von Stilllegung und Abwicklung durch die Eigentümer unterbreiten. Zudem hat durch die Spaltung des E.ON-Konzerns zum 1.1.2016 die Frage an Bedeutung gewonnen, wie die langfristige Konzernhaftung für die nukleare Entsorgung zu regeln ist. Verhindert werden soll, dass die Konzer-

---

[14] Bundeswirtschaftsministerium, Ausgewählte Grafiken zum Thema Energieträger, Nr. 28: Bruttostromerzeugung in Deutschland, 2014.
[15] Gesetz über die friedliche Verwendung der Kernenergie und den Schutz gegen ihre Gefahren vom 15.7.1985 (BGBl. I S. 1565).
[16] International Atomic Energy Agency, Nuclear Power Reactors in the World, Reference Data Series No. 2, 2015 Edition, S. 11.
[17] International Atomic Energy Agency, Nuclear Power Reactors in the World, Reference Data Series No. 2, 2015 Edition, S. 10.
[18] Bundeswirtschaftsministerium, Ergänzende Informationen zur Kommission zur Überprüfung der Finanzierung des Kernenergieausstiegs (KFK) vom 14.10.2015.

ne ihre Atomsparten in neue Gesellschaften auslagern, im Falle einer Insolvenz ein Rückgriff auf den Mutterkonzern verwehrt ist und letztlich der Staat für die Rückbau- und La-
gerungskosten aufkommen muss. Eine Lösung dieser Frage erhofft man sich durch das Gesetz zur Nachhaftung für Rückbau- und Entsorgungskosten im Kernbereich.

42   Im Kontext der Stilllegung ist die **(End-)Lagerung** des Atommaterials ein zentrales
Problem. Denn bisher gibt es noch keine Technologie, welche die radioaktiven Elemente
zu vertretbaren Kosten in strahlungsfreie Substanzen umwandeln kann. Daher erfolgt zunächst eine Aufbereitung, bei der das Material in einen Zustand versetzt wird, in dem
weitere Reaktionen ausgeschlossen sind und die Wasserlöslichkeit stark vermindert wird.
Problematischer ist im zweiten Schritt die Lagerung. In Deutschland wurde trotz jahrzehn-
telanger Suche und Diskussion bisher kein Endlager ausgewiesen, stattdessen wurden die
radioaktiven Abfälle der Atommüll in das Zwischenlager Gorleben gebracht oder in den
Kernkraftwerken gelagert.

43   Eine 2013 von der Bundesregierung eingesetzte Kommission (Endlagerkommission) hat
im Frühjahr 2016 in ihrem Abschlussbericht vorgeschlagen, dass die Betreiber der Atom-
kraftwerke bis 2022 23,34 Milliarden Euro für die Zwischen- und Endlagerung von Atommüll in einen **staatlichen Fonds** einzahlen sollen.[19] Dieser würde Auswahl, Bau und Betrieb
eines Endlagers übernehmen und damit die Verantwortung der Unternehmen faktisch auf
den Staat übertragen. Zudem wurden im Sommer 2016 mit dem *Gesetz zur Neuordnung der
Organisationsstruktur im Bereich der Endlagerung* weitere Bestimmungen getroffen.[20]

44   Die Rückführung von hochradioaktiven Abfällen, die sich zwischenzeitlich zur Aufbereitung im Ausland befunden haben, stellt ein zusätzliches Problem dar. Zurzeit wird beispielsweise nach einem **Zwischenlager** für 26 Castor-Behälter aus England und Frankreich
gesucht, die Ende 2015 zurück nach Deutschland kamen. Für sie ist eine Lagerung nicht in
Gorleben, sondern bei den Kernkraftwerken vorgesehen. Die ist für die Kraftwerksbetreiber
allerdings kostenintensiv, sodass diese sich – u. a. im Klageweg – dagegen wehren.

Zum Weiterlesen

Felix Ekardt u. a., Das neue Energierecht, 2015, Kapitel H: Atomausstiegsfolgen als fortdauerndes
    Rechtsproblem
Jan Schlömer, Zur Verfassungsmäßigkeit des beschleunigten Atomausstieges, EWeRk 2014, 223 ff.
Tobias Leidinger, Der Gesetzentwurf zur Nachhaftung für Rückbau- und Entsorgungskosten im Kern-
    energiebereich, NVwZ 2015, 1564 ff.

3. Erzeugung aus erneuerbaren Energien

45   Faktoren wie etwa die Erzeugung des Treibhausgases Kohlenstoffdioxid durch Stromerzeugung aus fossilen Brennstoffen und damit deren Klimaschädlichkeit, die langfristig stei-
genden Kosten und endlichen Reserven fossiler Energieträger und die Abhängigkeit
Deutschlands von außereuropäischen Bezugsquellen haben in Deutschland ebenso wie in
anderen Ländern Europas und der Welt zu der **politischen Entscheidung** geführt, die
Stromerzeugung aus erneuerbaren Energiequellen zu fördern. Diese Entscheidung wurde
Ende 2015 im Rahmen des Pariser Klimaschutzabkommens konkretisiert. Sie hat in
Deutschland vor allem zu einer rasanten Verbreitung von Solaranlagen, Windrädern, Bio-
gasanlagen etc. geführt.

46   Die Verbreitung der Technologien und die daraus folgende Entstehung des heutigen
Strommarktes waren aber nur durch die umfangreiche, vor allem finanzielle, Förderung der
erneuerbaren Energien möglich. Bevor wir die Technik und die Besonderheiten der jeweiligen erneuerbaren Erzeugungsform darstellen, wollen wir daher einen Überblick über das
Fördersystem geben.

---

[19] Kommission zur Überprüfung der Finanzierung des Atomausstiegs, Verantwortung und Sicherheit – Ein neuer Entsorgungskonsens, Abschlussbericht vom 27.4.2016.
[20] Gesetz zur Neuordnung der Organisationsstruktur im Bereich der Endlagerung vom 26.7.2016.
BGBl. I S. 1843.

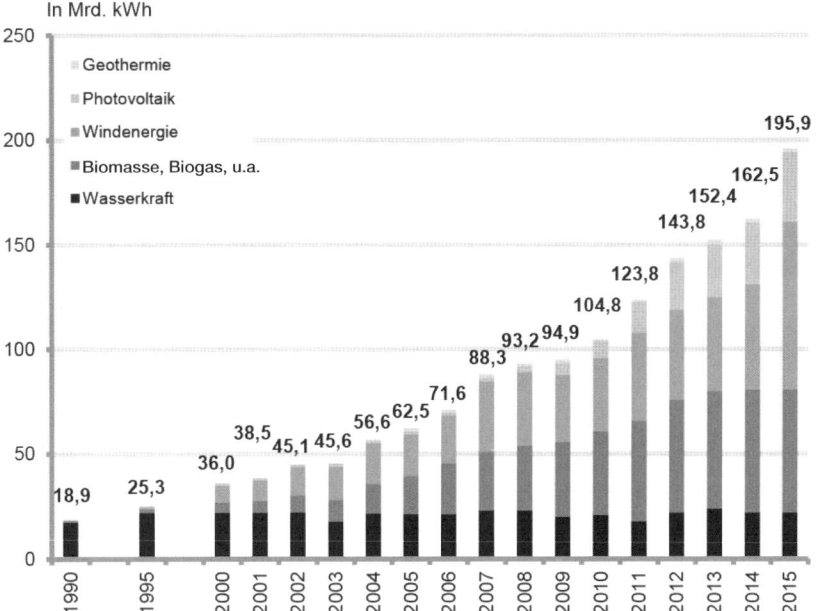

In Mrd. kWh

Quelle: Umweltbundesamt/Zentrum für Sonnenenergie- und Wasserstoff-Forschung Baden-Württemberg (ZSW); Stand: Februar 2015

Abb. 7 – Entwicklung der EE-Stromerzeugung in Deutschland. Die Grafik zeigt den kontinuierlichen Anstieg des Anteils der Energieträger Wasser, Wind, Biomasse und Photovoltaik am Anteil der Stromerzeugung seit 1990.

Zum Weiterlesen

Uwe Leprich, Transformation des bundesdeutschen Stromsystems im Spannungsfeld von Wettbewerb und regulatorischem Design, ZNER 2013, 101 ff.
Michael Rodi, Dezentrale Energieversorgung als Herausforderung der Energiewende, EnWZ 2014, 289 ff.

a) Fördersysteme für erneuerbare Energien

47   Die Förderung der erneuerbaren Energien beruht seit ihrer Einführung auf dem System der garantierten Abnahme und Vergütung **(Einspeise- und Abnahmegarantie)**, für die zwischen dem Netzbetreiber und dem Anlagenbetreiber gem. § 7 Abs. 1 EEG nicht einmal ein Vertrag erforderlich ist, da ein gesetzliches Schuldverhältnis besteht. Allerdings sind mit dem EEG 2014 und dem EEG 2017 durch die Änderung der Fördermechanismen und die Begrenzung der Zubaumenge wesentliche Änderungen vorgenommen worden. Beides stellen wir nach einer kurzen historischen Herleitung dar.

48   **aa) Die Entwicklung.** Deutschland ist durch seine starke Industrie und die hohe Bevölkerungsdichte von jeher von kontinuierlicher und bezahlbarer Energieversorgung abhängig. Als infolge des **Ölpreisschocks**[21] in den 1970er Jahren die Kosten für diesen wichtigen Rohstoff explodierten und Deutschland an den Rand der Rezession brachten, begann die Suche nach alternativen Energiequellen.

[21] Als Ölpreisschock bezeichnet man die Folgen der Erhöhung des Ölpreises bei gleichzeitiger Drosselung der Fördermenge und den Lieferboykott gegenüber den USA und den Niederlanden durch die OPEC infolge des Jon-Kippur-Krieges im Oktober 1973. Der Ölpreis vervierfachte sich dadurch bis 1974 von drei US-Dollar pro Barrel auf zwölf US-Dollar pro Barrel, was starke Rezessionen in vielen Staaten nach sich zog.

49   Zunächst eher im Bereich alternativer **Pionierarbeit** angesiedelt, begann vor allem im ländlichen Raum die Stromproduktion aus einzelnen Windrädern und kleinen Biogasanlagen. Den Erzeugern wurde durch freiwillige Zusagen der Netzbetreiber ab Ende der 1970er Jahre die Abnahme und Vergütung garantiert. Allerdings waren diese Vorstöße viel zu kleinteilig, um einen nennenswerten Beitrag zur Energieversorgung zu leisten.

50   In den 1980er Jahren stieg dann durch den Reaktorunfall in Tschernobyl und das Waldsterben das Bewusstsein für Umweltbelange und mit den Grünen zog 1983 erstmals eine Partei mit einem ökologischen Profil in den Bundestag ein. Dieser Bewusstseinswandel und die anhaltende Suche nach alternativen Energiequellen führten 1991 zur Einführung des **Stromeinspeisegesetzes** (StrEG).

51   Es verpflichtete Elektrizitätsversorgungsunternehmen, die ein Energieversorgungsnetz betreiben, zur **Abnahme und Vergütung** von elektrischer Energie aus Wasserkraft, Windkraft, Sonnenenergie, Deponiegas, Klärgas oder aus Produkten oder biologischen Rest- und Abfallstoffen der Land- und Forstwirtschaft.

52   Zum Durchbruch verhalf das Stromeinspeisegesetz den erneuerbaren Energien aber nicht. Denn die Vergütung galt zwar als angemessen, war aber auf Anlagen mit einer Kapazität von maximal fünf Megawatt beschränkt und damit **für Investoren uninteressant.** So lag die Stromproduktion in Anlagen, die sich dazu dieser Energien bedienten, 2000 bei gerade einmal ca. sechs Prozent des Gesamtstromaufkommens. Lediglich die Zahl von Onshore-Windkraftanlagen war signifikant von ca. 200 (1990) auf ca. 7.500 (1999) gestiegen.[22] Insgesamt war die Nutzung der Technologien aber weiterhin weder verbreitet noch erprobt, teuer und mit vielen Unsicherheiten behaftet.

53   Doch die Bundesregierung wollte vor dem Hintergrund der immer ehrgeizigeren Klimaziele,[23] der tendenziell schwindenden konventionellen Rohstoffe und möglicher geopolitischer Konflikte den erneuerbaren Energien mehr denn je zum Durchbruch verhelfen. Als im April 2000 das Gesetz zum Vorrang erneuerbarer Energien (Erneuerbare-Energien-Gesetz, EEG) in Kraft trat, wurde deshalb ein bis dahin **beispielloses Fördersystem** geschaffen. Dazu sollten sowohl Privathaushalte und kleine Betriebe als auch Unternehmen und Investoren Anreize geboten werden, um in solche Anlagen zu investieren. Zugleich sollten die Techniken durch die höhere Nachfrage und die dadurch folgende Serienproduktion preiswerter und ausgereifter werden. Und wie man heute weiß, hat das Gesetz sein Ziel nicht verfehlt. Zwischen 2000 und 2013 ist die Stromerzeugung aus erneuerbaren Energien auf über 25 Prozent angewachsen.

54   Das Fördersystem musste seit 2000 allerdings immer wieder durch **EEG-Novellen** (2004, 2009, 2012 und zuletzt zum 1.8.2014) angepasst werden. Denn die Verbreitung der erneuerbaren Energien zog praktische Probleme nach sich, die gesetzlicher Klärung bedurften.

55   **bb) Grundsätze der EEG-Förderung.** Gleichgeblieben sind über alle Reformen hinweg die Grundzüge des Fördersystems. Sie sind der Garant für den fortwährenden Ausbau der erneuerbaren Energien und Vorlage für die Fördersysteme erneuerbarer Energien in vielen anderen Staaten weltweit.

56   **(1) Einspeisevorrang.** Das EEG sah und sieht für Strom, der aus erneuerbaren Energien erzeugt wird, den sogenannten Einspeisevorrang vor. Dadurch muss er vom Netzbetreiber vorrangig und unverzüglich **abgenommen** und weitertransportiert werden, § 11 Abs. 1 EEG. Dies ist eine bedeutsame Regelung, weil Betreiber von konventionellen Erzeugungsanlagen nur dann Strom produzieren und einspeisen dürfen, wenn sie diesen zuvor an einen Abnehmer verkauft haben. Die Betreiber von Erneuerbare-Energien-Anlagen dürfen dagegen so viel Strom produzieren wie es ihnen möglich ist. Ob dieser gerade benötigt wird, muss die Anlagenbetreiber nach den gesetzlichen Regelungen nicht interessieren.[24]

---

[22] Christoph Germer u. a., Energierecht, 2. Aufl. 2007, S. 454.
[23] Siehe § 2, Rn. 61 ff.
[24] Siehe dazu auch § 4, Rn. 144 ff. und 169.

Anteil des Stroms aus regenerativen Energiequellen[1]

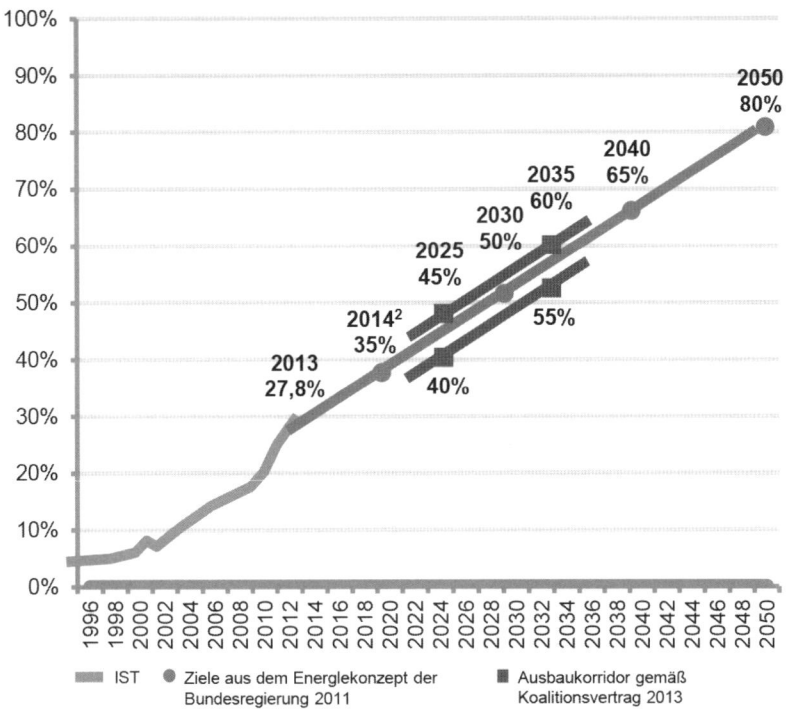

1. Bezogen auf den Brutto-Inlandsstromverbrauch Deutschlands
2. Vorläufig

Quelle: BDEW

Abb. 8 – Entwicklung des EE-Stromanteils bis 2050. Die Grafik zeigt den Anteil an Strom aus regenerativen Quellen am deutschen Brutto-Inlandsstromverbrauch bis 2014 und den möglichen bzw. politisch gewollten Verlauf bis 2050. Mittlerweile wird allerdings mitunter ein 95 Prozent-Ziel bis 2050 angenommen.

(2) Garantierte (Zusatz-)Vergütung. Im Hinblick auf die Vergütung von Strom aus   **57** erneuerbaren Energien existieren in Deutschland derzeit zwei Modelle. Beide beruhen auf der Tatsache, dass die Erzeugung von Strom aus erneuerbaren Energien alleine durch die am Markt erzielbaren Erlöse nicht kostendeckend finanziert werden kann und Investoren und Betreibern daher zusätzliche Anreize geboten werden müssen.

Nach dem System der **Einspeisevergütung,** das bis 2014 ausschließlich angewendet   **58** wurde, erhielten die Anlagenbetreiber ab Inbetriebnahme der Anlage für 20 Jahre eine genau bekannte Vergütung. Dazu wurde ihnen der erzeugte Strom vom Netzbetreiber abgenommen und in Höhe der Einspeisevergütung vergütet. Wie hoch die Produktionskosten der einzelnen Anlagen waren, spielte in diesem Modell keine Rolle und die Höhe der Einspeisevergütung war aus der Idee der Anreizwirkung heraus attraktiv. Zurzeit profitiert wegen des 20 jährigen Garantiezeitraumes noch ein Großteil der Anlagen in Deutschland von der Einspeisevergütung.

Die Technologien Solar, Wind und Biomasse haben sich allerdings über die Jahre hin zur   **59** Marktreife entwickelt. Sie gelten als – zumindest fast – wettbewerbsfähig zu konventionellen Erzeugungsformen. Der Gesetzgeber hat daher – erstmals zaghaft mit dem EEG 2012 und mittlerweile im EEG 2017 als dem neuen Standard – entschieden, dass sich die Betreiber dieser Anlagen grundsätzlich selbst um den Verkauf ihres Stromes kümmern sollen. Um die Lücke zwischen den Verkaufserlösen am Markt und den Erzeugungskosten zu schließen, garantiert er aber eine vom Netzbetreiber ausbezahlte Aufstockung, die sogenannte **Marktprämie**. In den kommenden Jahren wird der Anteil der auf Grundlage der Marktprämie finanzierten Anlagen stark ansteigen.

60   **(3) EEG-Umlage.** Der Fehlbetrag, der sich im System der Einspeisevergütung aus der Differenz zwischen dem hohen Einkaufspreis und dem niedrigen Verkaufspreis ergibt bzw. die Ergänzungszahlung in Form der Marktprämie kann nicht bei dem abnehmenden Netzbetreiber verbleiben, der dann die Kosten der Energiewende alleine schultern müsste. Die Differenz wird stattdessen über die **EEG-Umlage** nach § 60 ff. EEG auf fast alle Stromverbraucher verteilt. Diese müssen einen höheren Strompreis zahlen und finanzieren dadurch indirekt die neuen Erneuerbare-Energien-Anlagen. Insofern stellt die EEG-Umlage kein staatliches Subventionssystem für erneuerbare Energien dar, wie immer wieder verkürzt gesagt und geschrieben wird. Denn eine Subvention ist eine Zahlung vom Staat direkt an den Empfänger.

61   Umstritten ist dagegen, ob es sich bei der EEG-Umlage um eine **Beihilfe** im Sinne der europäischen Beihilfe-Richtlinie handelt und ob diese Beihilfe ggf. mit dem EU-Beihilferecht vereinbar ist. Der hierüber bereits seit Ende der 1990er Jahre bestehende Konflikt zwischen der Bundesregierung und der EU-Kommission wird in § 9, Rn. 238 ff. dargestellt. Zudem ist zu beachten, dass für die Erneuerbare-Energien-Anlagen immer das Fördersystem gilt, das zum Zeitpunkt ihrer Inbetriebnahme vorgesehen war. Übergangsbestimmungen am Ende der jeweiligen EEG-Fassung regeln die Fortgeltung.

62   **(4) Ausgleichsmechanismus.** Im Zusammenhang mit der EEG-Umlage spielt der fünfstufige **Ausgleichsmechanismus** gem. §§ 56 ff. EEG eine große Rolle: Nach dem EEG muss die Einspeisevergütung bzw. die Marktprämie für den Strom aus erneuerbaren Energien von dem Verteilernetzbetreiber, in dessen Netz dieser Strom eingespeist wird, an den Erzeuger gezahlt werden (Stufe 1). Dies stellt eine erhebliche finanzielle Belastung für den Verteilernetzbetreiber dar. Daher erhält der Verteilernetzbetreiber vom Übertragungsnetzbetreiber, an den er den Strom weitergibt, seinerseits eine Vergütung (Stufe 2). Damit die vier Übertragungsnetzbetreiber nicht unterschiedlich stark von diesen Zahlungen betroffen werden, gleichen sie die Vergütungszahlungen untereinander aus (Stufe 3). Die Übertragungsnetzbetreiber müssen den Strom ihrerseits an der Strombörse verkaufen. Der Erlös aus dem Verkauf liegt aber unter dem, was sie als Einspeisevergütung dafür bezahlen mussten, sodass sich ein Fehlbetrag ergibt. Um diesen zu decken, erhebt der Übertragungsnetzbetreiber von jedem Stromlieferanten, der Endkunden beliefert, einen Betrag (Stufe 4). Dieser Betrag ist die EEG-Umlage. Die EEG-Umlage kann sich der Stromlieferant vom Letztverbraucher erstatten lassen (Stufe 5), sodass sie in den Strompreis einfließt.

63   Dieser Mechanismus ist in der **Ausgleichsmechanismusverordnung**[25] geregelt. Dort macht der Gesetzgeber von der Verordnungsermächtigung in § 91 EEG Gebrauch und konkretisiert das Marktintegrationsmodell für erneuerbare Energien. Sie sieht zum einen vor, dass der nach dem EEG vergütete Strom nicht mehr wie bis dahin physisch an die Stromverbraucher weitergeliefert werden sollte, sondern dass er nur noch über die Strombörse vermarktet werden darf und den Verbrauchern nur der daraus für die Netzbetreiber entstehende Verlust weiterbelastet wird. Die Verordnung gestaltet darüber hinaus auch die Detailregelungen des finanziellen Ausgleichs zwischen den Beteiligten, den sogenannten Ausgleichsmechanismus (der von einer Ausführungsverordnung präzisiert wird) und die Berechnung der EEG-Umlage.

64   Laut Angaben des Bundesamtes für Wirtschaft und Ausfuhrkontrolle als zuständige Behörde wurde 2015 die EEG-Umlage für 2180 als stromkostenintensiv geltenden Unternehmen aufgrund der besonderen Ausgleichsregelung **begrenzt**. Dies bedeutet eine Ent-

---

[25] Verordnung zum EEG-Ausgleichsmechanismus vom 17.2.2015 (BGBl. I S. 146).

lastung der Unternehmen in Höhe von insgesamt 4,8 Milliarden Euro. Gegenüber 2014 ist das ein Plus von 82 Unternehmen aber eine Differenz der Entlastung von 300 Millionen Euro.[26] Von der Begrenzung der EEG-Umlage profitieren hauptsächlich die Chemie- und Papierindustrie und die Hersteller von Stahl, Roheisen und Nichteisenmetallen, aber auch städtische Verkehrsunternehmen, Schlachtbetriebe und Molkereien.

2014 haben die Betreiber von Erneuerbare-Energie-Anlagen mehr als 20 Milliarden **65** Euro **Fördergelder** erhalten. Dem gegenüber standen Einnahmen von 2,9 Milliarden Euro aus dem Verkauf des Stromes, 13,9 Milliarden Euro EEG-Umlage und 450 Millionen Euro aus weiteren Quellen. Es verblieb somit ein Defizit von ca. 2,7 Milliarden Euro, das die Netzbetreiber vorschießen mussten und sich 2013 zzgl. Zinsen über die EEG-Umlage von den Verbrauchern zurückzahlen ließen. Deswegen wurde die EEG-Umlage zum 1.1.2013 von 3,5 Cent/Kilowattstunde auf 5,3 Cent/Kilowattstunde und zum 1.1.2014 auf 6,24 Cent/Kilowattstunde angehoben[27]. 2015 betrug die EEG-Umlage 6,17 Cent/Kilowattstunde, 2016 6,35 Cent/Kilowattstunde[28] und 2017 6,88 Cent/Kilowattstunde.

Zugleich musste das Bundesamt für Wirtschaft und Ausfuhrkontrolle nach dem Be- **66** schluss der Kommission vom 25.11.2014 gegenüber 450 Unternehmen für die Jahre 2013 und 2014 gewährte Begünstigungen teilweise **Rückforderungen** aussprechen.[29] Das Volumen liegt bei etwa 40 Millionen Euro, was im Verhältnis zur Gesamtmenge der Entlastung aber nun einen Brauchteil darstellt.

Zum Weiterlesen

Thomas Schulz, in: Thomas Schulz (Hrsg.), Handbuch Windenergie, 2015, Kapitel 1 I: Einführung Fördersysteme und Kapitel 1 VII: Einspeisung

Marcus Rößler u. a., in: Gerd Stuhlmacher u. a. (Hrsg.), Grundriss zum Energierecht, 2. Aufl. 2015, Kapitel 32 EEG

Jörg Gundel und Knut Werner Lange, Der Umbau der Energienetze als Herausforderung für das Planungsrecht, 2012, XII, 156 ff.

cc) Das EEG 2017. Bereits mit dem EEG 2014 hatte der Gesetzgeber damit begon- **67** nen, die Finanzierung der erneuerbaren Energien in ein marktwirtschaftlich basiertes System zu transformieren. Grundsätzlich gilt jetzt auch für die Erzeuger erneuerbarer Energien, dass sie den von ihnen erzeugten Strom über den Strommarkt verkaufen müssen. Dies können sie entweder selbst oder über Vermarkter tun.

Traditionell beruhte die Förderung im EEG auf dem Konzept der **Preissteuerung,** bei **68** dem der Staat feste Preise garantierte, zu denen der aus erneuerbaren Quellen erzeugte Strom angekauft wird. Dieser Festpreis wird im EEG als Einspeisevergütung bezeichnet. Sie bietet in Verbindung mit einer langjährigen Abnahme- und Zahlungsgarantie einen hohen Anreiz für Investoren, in geförderte Techniken zu investieren und garantiert den geldgebenden Banken, Fonds etc. zugleich die Einnahmen, mit denen sie die Kredite refinanzieren. Daher war sie als Starthilfe für die Energiewende sehr gut geeignet. Aus marktwirtschaftlicher Sicht krankt die Einspeisevergütung allerdings daran, dass sich der Anlagenbetreiber nicht um den Absatz seines Produktes kümmern muss (Produce and Forget) und dadurch marktfern operiert. Daher wurden mit dem EEG 2012 die marktnäheren Möglichkeiten der sonstigen Direktvermarktung und der **geförderten Direktvermarktung** als weitere Förderansätze eingeführt.

---

[26] Bundeswirtschaftsministerium, Hintergrundinformationen zur Besonderen Ausgleichsregelung Antragsverfahren 2014 auf Begrenzung der EEG Umlage 2015, S. 15.

[27] Gemeinsame Pressemitteilung der Übertragungsnetzbetreiber vom 15.10.2013, EEG-Umlage 2014 beträgt 6,240 Cent pro Kilowattstunde.

[28] Gemeinsame Pressemitteilung der Übertragungsnetzbetreiber vom 15.10.2014, EEG-Umlage 2015 beträgt 6,170 Cent pro Kilowattstunde; Gemeinsame Pressemitteilung der Übertragungsnetzbetreiber vom 15.10.2015, EEG-Umlage 2016 beträgt 6,354 Cent pro Kilowattstunde.

[29] Bundeswirtschaftsministerium, Infopapier zur Rückzahlung von Beihilfen im Zusammenhang mit dem alten Erneuerbare-Energien-Gesetz (EEG 2012).

69   Mit dem EEG 2014 hat der Gesetzgeber die Einspeisevergütung dann zur Ausnahme erklärt und die geförderte Direktvermarktung zum Standard erhoben, vgl. § 19 EEG. Zugleich wurde mit dem **Ausschreibungsmodell** ein ganz neuer Ansatz der Förderung eingeführt und im Bereich der Photovoltaik erprobt. Die Erfahrungen damit mündeten im Sommer 2016 im EEG 2017. Die Funktion der Fördermechanismen soll im Folgenden dargestellt werden. Grundsätzlich besteht, wie nachfolgend dargestellt, ein Förderanspruch nun als Marktprämie nach § 19 Abs. 1 Nr. 1, § 20 EEG 2017 oder als Einspeisevergütung nach § 19 Abs. 1 Nr. 2, § 21 EEG 2017, vorausgesetzt es werden keine anderen Förderungen und Vergünstigungen in Anspruch genommen (§ 19 Abs. 2 EEG 2017). Zudem werfen wir am Ende des Abschnittes einen Blick auf den Begriff der „Anlage" nach dem EEG, der immer wieder zu Unsicherheiten führt und im EEG 2014 und 2017 jeweils modifiziert wurde.

70   **(1) Einspeisevergütung.** Nach dem Modell der Einspeisevergütung gem. § 19 Abs. 2 Nr. 2, 21, 23 ff. EEG 2017 zahlt der Netzbetreiber dem einspeisenden Anlagenbetreiber einen **Festpreis** für jede eingespeiste Kilowattstunde Strom, der über dem Marktpreis des Stromes liegt. Die Einspeisevergütung wird seit dem EEG 2014 nur noch für sehr kleine Erneuerbare-Energien-Anlagen, Pilotprojekte oder mit einem Abschlag von dem gesetzlichen Fördersatz gewährt. Allerdings behalten die bis dahin errichteten Anlagen natürlich ihre Ansprüche auf die feste Einspeisevergütung. Die Änderungen durch das EEG 2017 sind nicht rückwirkend erfolgt.

71   Kleine Erneuerbare-Energien-Anlagen mit Anspruch auf eine **ungekürzte Einspeisevergütung** waren nach dem EEG 2014 Anlagen, die vor dem 1.1.2016 in Betrieb genommen worden sind und eine installierte Leistung von höchstens 500 Kilowatt haben und Anlagen, die nach dem 31.12.2015 in Betrieb genommen worden sind und eine installierte Leistung von höchstens 100 Kilowatt haben. Im EEG 2017 wurde die Sonderregelung für die Einspeisevergütung für kleine Anlagen gestrichen, die Grenze liegt nun gem. § 21 Abs. 1 Nr. 1 EEG 2017 einheitlich bei 100 Kilowatt.

72   Alle größeren Erneuerbare-Energien-Anlagen müssen ihren Strom im Wege der geförderten Direktvermarktung[30] vertreiben oder für neue Anlagen eine **Kürzung** des gesetzlichen Fördersatzes der Einspeisevergütung um 20 Prozent hinnehmen, § 20 Abs. 1 Nr. 4 i.V.m. § 38 EEG 2014/§ 21 Abs. 1 Nr. 1 i.V.m. § 53 Satz 1 EEG 2017.[31] So soll erreicht werden, dass sich auch diese Anlagen letztlich zur Teilnahme an der Direktvermarktung entschließen. Die Höhe der Einspeisevergütung ergibt sich aus § 23 i.V.m. §§ 40 ff. EEG 2014/§ 23 i.V.m. §§ 40 ff. EEG 2017. Sie verringert sich nach § 23 Abs. 4 EEG 2014/§ 23 Abs. 3 EEG 2017 allerdings in bestimmten Fällen, u.a. wenn nach § 26 ff. EEG 2014/§§ 23a bis 26 EEG 2017 eine Degression vorgesehen ist.

73   **(2) Geförderte Direktvermarktung/Marktprämie.** Die auf einer Marktprämie beruhende, **geförderte Direktvermarktung** (§ 20 Abs. 1 Nr. 1 i.V.m. § 34 EEG 2014 bzw. §§ 19 Abs. 1 Nr. 1, 21, 22 ff. EEG 2017) ist nun das maßgebliche Förderinstrument.

74   Die **Marktprämie** ist eine Zusatzvergütung, die der Erzeuger von Strom aus erneuerbaren Energien zusätzlich zum Marktpreis erhält, damit die Erzeugung einen bestimmten Zielerlös erreicht. Ihre Auszahlung ist an die Erfüllung verschiedener Voraussetzungen gekoppelt, die in § 20 Abs. 1 EEG 2017 gelistet sind. Der Anlagenbetreiber hat den Anspruch jeweils für Monate, in denen der Strom aus fernsteuerbaren Anlagen direkt vermarktet wird. In anderen Monaten kann der Betreiber weiter die Einspeisevergütung verlangen.

---

[30] Siehe § 4, Rn. 73 ff.
[31] Die Überschrift des § 38 EEG, die von einer „Einspeisevergütung in Ausnahmefällen" spricht, ist deshalb leicht misszuverstehen: das Recht, nach der Einspeisevergütung vergütet zu werden, wird immer – und nicht nur in Ausnahmefällen – gewährt, allerdings mit dem 20 Prozent-Abschlag. Faktisch wird die Wahl dieser Vergütung daher gegenüber der geförderten Direktvermarktung zwar zur Ausnahme werden – aber eben nicht im Sinne einer gesetzlichen Ausnahme.

Die Berechnung der Marktprämie funktioniert wie folgt: Zunächst verkauft der Erzeu- **75**
ger den erzeugten Strom im Wege der Direktvermarktung an einen Abnehmer, z. B. einen
Weiterverteiler oder einen Endkunden. Sie werden im Gesetz nun als Direktvermarkter
bezeichnet. Von diesem erhält er den Markpreis, der in der Regel geringer ist als die frühere Einspeisevergütung. Um die Differenz auszugleichen, wurde in § 34 EEG 2014 die
Marktprämie eingeführt (nun § 20 EEG 2017), die zusätzlich zum Verkaufserlös gezahlt
wird. Sie berechnet sich gem. Anlage 1 EEG nach der Formel

$$\mathbf{AW - MW = MP}$$

- Als Äquivalent zur Einspeisevergütung wurde die Rechengröße des **Anzulegenden Wertes** (AW) geschaffen, der sich in Euro/Megawattstunde berechnet. Er ist für jede Er-zeugungsform unterschiedlich hoch und wird gem. § 23 i. V. m. §§ 40 ff. EEG 2014/ § 22 i. V. m. §§ 28–39h/§§ 40 bis 49 EEG 2017 für Solaranlagen anhand der installierten Leistung und für alle anderen Anlagen anhand der Bemessungsleistung[32] festgesetzt. Er verringert sich, wenn der Fall einer für jede Anlagenart gesondert festgelegten Absen-kung (Degression) eintritt.
- Für jede Erzeugungsart wird nach Ziffer 2 Anlage 1 EEG monatlich ein **Monats-marktwert** (MW) berechnet. Dies ist der tatsächliche Monatsmittelwert der Stunden-kontrakte für die Preiszone Deutschland/Österreich am Spotmarkt der Strombörse EPEX Spot SE in Paris in Cent/Kilowattstunde.

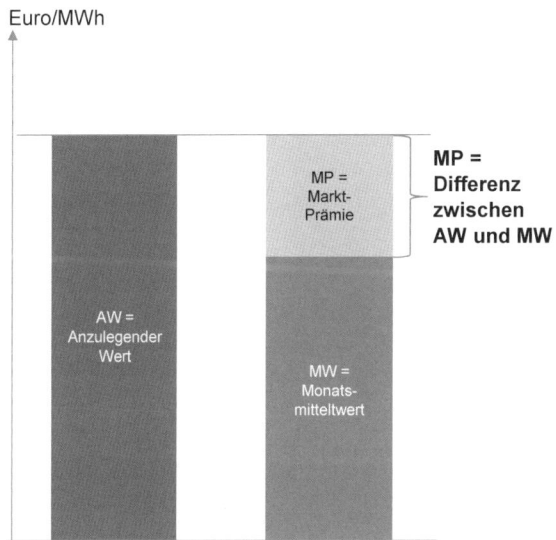

Abb. 9 – Marktprämie. Die Grafik zeigt, wie die Marktprämie aus der Differenz von Anzulegendem Wert und Monatsmarktwert ermittelt wird. Der auf die Marktprämie entfallende Anteil entspricht dem Betrag, den der Anlagenbetreiber als Zuschuss ausgezahlt bekommt.

---

[32] Nach § 5 Nr. 4 EEG ist die Bemessungsleistung der Quotient aus der Summe der in dem jewei-ligen Kalenderjahr erzeugten Kilowattstunden und der Summe der vollen Zeitstunden des jeweiligen Kalenderjahres. Als Beispiel: Eine Anlage erzeugt 1 Millionen Kilowattstunden/Jahr. Teilt man diese 1 Millionen Kilowattstunden durch die 8.760 Zeitstunden des Jahres erhält man eine Bemessungslei-tung von 114 Kilowatt. Handelt es sich bei der Anlage um ein Wasserkraftwerk, beträgt die Förderung zum Beispiel 12,52 Cent/Kilowattstunde (§ 40 I Nr. 1 EEG), bei einer Biomasseanlage 13,66 Cent/ Kilowattstunde (§ 44 Nr. 1 EEG). Die Wasserkraftanlage erhält also 1 Million Kilowattstunden × 0,1252 Euro = 125.200 Euro an Förderung/Jahr und damit deutlich weniger als die Biogasanlage mit 1 Million Kilowattstunden × 0,1366 Euro = 136.600 Euro.

- Die **Marktprämie** (MP) für direkt vermarkteten und tatsächlich eingespeisten Strom ergibt sich daher aus der Differenz von Anzulegendem Wert und Monatsmarktwert und wird vom Netzbetreiber gezahlt.
76   Die Marktprämie ist dadurch kein fixer Betrag, sondern verändert sich monatlich. Man spricht daher auch von einer **gleitenden Marktprämie.**
77   Der Erzeuger hat folglich keinen Einfluss auf die Höhe der Marktprämie. Verkauft er seinen Strom zu einem Preis, der im Schnitt unterhalb des Monatsmarktwertes liegt, erzielt er auch mit der Marktprämie einen Erlös, der geringer als der Anzulegende Wert ist. Schafft er es dagegen, seinen Strom im Schnitt oberhalb des Monatsmarktwertes zu verkaufen, erhält er trotzdem die volle Marktprämie. Dadurch ist es Erzeugern, die ihren Strom zu guten Preisen verkaufen, möglich, für ihren Strom mehr zu erlösen als nach dem System der starren Einspeisevergütung. Das Modell soll also einen **Anreiz** zum bestmöglichen Verkauf schaffen und die Erzeuger an die Marktwirtschaft heranführen. Allerdings senkt das System nicht die Kosten, welche die Verbraucher als EEG-Umlage zahlen müssen.

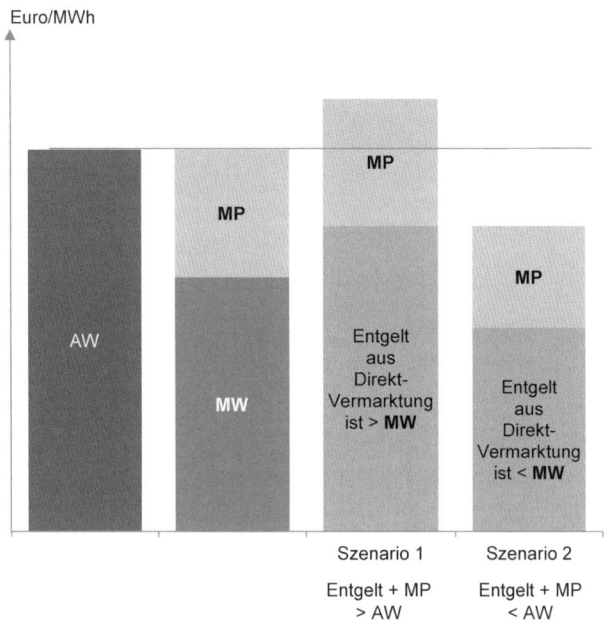

Abb. 10 – Marktprämie bei schwankenden Direktvermarktungserlösen. Die Grafik zeigt, ausgehend von der vorherigen **Abb. 9 – Marktprämie,** das Zusammenspiel von Marktprämie und Direktvermarktung. Der Erzeuger soll Anreize erhalten, im Wege der Direktvermarktung einen Erlös oberhalb des Monatsmarktwertes zu erzielen. Denn er erhält dann zusätzlich die Marktprämie und kann so einen Erlös erzielen, der den Anzulegenden Wert übersteigt. Andersherum laufen allerdings „schlechte" Direktvermarkter Gefahr, trotz Marktprämie hinter dem Anzulegenden Wert zurückzubleiben.

78   Eine zusätzliche Regelung ist zum 1.1.2016 mit § 24 EEG 2014/§ 23 Abs. 3 Nr. 2 i.V.m. § 51 EEG 2017 in Kraft getreten. Dieser legt fest, dass sich der **anzulegende Wert auf Null** verringert, wenn der Strompreis am Spotmarkt der Strombörse EPEX Spot SE in Paris[33] für mehr als sechs aufeinanderfolgende Stunden am selben Kalendertag negativ ist. Die Anlagenbetreiber müssen dann Einnahmeausfälle hinnehmen.
79   Zu den Voraussetzungen für die Inanspruchnahme des Marktprämienmodelles, gehört die Möglichkeit zur **Fernsteuerung der Anlagen** (§ 35 Nr. 2 i.V.m. § 36 EEG 2014/

---

[33] Das Strommarktgesetzt stellt hierzu klar, dass die Preise am Day Ahead und am Intraday Markt gleichzeitig mindestens sechs Stunden in Folge negativ sein müssen.

§ 20 Abs. 1 Nr. 3, Abs. 2 EEG 2017). Das bedeutet, dass der Direktvermarkter die technische Möglichkeit und die rechtliche Erlaubnis dafür haben muss, die Anlage herauf- bzw. herunterzufahren. Aus Sicht des Anlagenbetreibers wird dadurch ein erheblicher Eingriff von außen möglich, der sich im Falle des Herunterfahrens durch den Wegfall von Einnahmen auch wirtschaftlich auswirkt. Allerdings leisten die Direktvermarkter in diesen Fällen bislang häufig vertraglich zugesicherte Kompensationszahlungen. Nach der Rechtsprechung steht einem Anlagenbetreiber, der nicht über eine technische Einrichtung zur Fernsteuerbarkeit verfügt, allerdings weder ein Anspruch auf Vergütung seiner Stromlieferungen noch ein Anspruch auf Zahlung des Marktpreises aus Bereicherungs- oder Schadensersatzrecht zu.[34]

(3) Sonstige Direktvermarktung. Daneben gibt es natürlich auch für erneuerbare **80** Energien die Möglichkeit der direkten Vermarktung, bei der Erzeuger ihren Strom direkt an der Börse oder einen Abnehmer verkaufen und auf jede staatliche Förderung verzichten (§ 21a EEG 2017). Allerdings ist die Differenz zwischen dem Marktpreis und der EEG-Vergütung bzw. geförderten Direktvermarktung so groß, dass das Modell bislang eine **Ausnahmeerscheinung** ist. Lediglich manche Wasserkraftanlagen, die ihren Strom bei Nachfragespitzen anbieten und dafür hohe Preise erzielen, machen davon Gebrauch. Die Direktvermarktung könnte aber an Bedeutung gewinnen, wenn der Staat die Förderungen für erneuerbare Energien weiter beschneidet, z.B. durch die Kürzung des Anzulegenden Wertes.

Die Anlagenbetreiber können jeweils zum ersten eines Monats zwischen den **Veräuße-** **81** **rungsformen** der geförderten oder sonstigen Direktvermarktung oder der Einspeisevergütung nach § 37 EEG 2014/§ 21a EEG 2017 oder § 38 EEG 2014/§ 21 EEG 2017 **wechseln** und ihre Gesamtstrommenge auch auf die Vergütungsmodelle der Direktvermarktung oder der Einspeisevergütung nach § 37 EEG 2014/§ 21a EEG 2017 (aber nicht nach § 38 EEG 2014) verteilen, § 20 EEG 2014/§§ 21b, 21c EEG 2017.

(4) Ausbaukorridore. Mit dem EEG 2014 wurden erstmals Ausbaukorridore vorgese- **82** hen, mit denen die **Zubaumenge** gesteuert werden soll. Sie geben an, wie viele Megawatt einer bestimmen Technik jährlich zugebaut werden dürfen. Dadurch soll sichergestellt werden, dass unterschiedliche Anlagen im benötigten Umfang ausgebaut werden und dass sich die finanzielle Förderung stärker auf die kostengünstigen Technologien konzentriert. Dies ist für die Versorgungssicherheit wichtig und soll die Netzanbindung bzw. einen rechtzeitigen Netzausbau gewährleisten.

Ein Zubau über den Ausbaukorridor hinaus ist nicht verboten und von der Förderung **83** auch nicht ausgenommen, allerdings sinken die Fördersätze für diese zusätzlichen Anlagen. Deshalb spricht man auch von einem **atmenden Deckel.** Ausbaukorridore sind ebenso wie das Ausschreibungsmodell ein Mittel zur Mengensteuerung, allerdings in der vom Gesetzgeber gewählten Form lediglich in der schwachen Form eines besonderen finanziellen Anreizes. Ausbaukorridore für die einzelnen Technologien werden jeweils unten bei deren Abschnitt beschrieben.

Um die gesamte Menge des Zubaus zu erfassen, wurde ein **Anlagenregister** bei der **84** Bundesnetzagentur gem. § 6 EEG 2014 eingeführt. Nur Erneuerbare-Energien-Anlagen, die dort gelistet sind, konnten nach dem EEG gefördert werden. In § 6 EEG 2017 wird das Anlagenregister durch das in § 111e EnWG vorgesehene **Marktstammdatenregister** ersetzt, sobald dieses bereitsteht.

(5) Ausschreibungsmodell. Neu hinzugekommen ist mit dem EEG 2014 das System **85** der Ausschreibungen für die Neuerrichtung von Kapazitäten. In dieser Neuerung lag ein echter Systemwechsel. Denn Ausschreibungen gehören nicht zu den Instrumenten der Preissteuerung, sondern zu denen der **Mengensteuerung.** D.h., der Gesetzgeber gibt – grob skizziert – nicht mehr vor, welcher Preis für Strom aus erneuerbaren Energien gezahlt

---

[34] OLG Braunschweig, Urt. vom 16.10.2014 – 9 U 135/14.

wird und überlässt es dem Markt, die daraus folgende Menge errichteter Erzeugungskapazitäten zu bestimmen. Vielmehr schreibt er in einem Auktionsverfahren bestimmte Mengen neu zu errichtender Kapazitäten aus und lässt potentielle Betreiber darauf bieten. Wer
den günstigsten Preis – also den geringsten Forderbetrag – anbietet, erhält dann den Zuschlag und darf die Anlage errichten.

86   In Deutschland wurden 2015/2016 gem. § 55 EEG 2014 zunächst **Pilotverfahren** für
Photovoltaik-Freiflächenanlagen (also nicht solche, die sich auf Gebäuden befinden) durchgeführt, mit denen Erfahrungen gesammelt wurden. Das Test-Verfahren wurde in der Freiflächenausschreibungsverordnung[35] (FFAV) geregelt, die zum 1.1.2017 aufgehoben ist.
Erstmals zum 1.4.2015 und seit 1.8.2015 alle vier Monate werden von der Bundesnetzagentur Kapazitäten für Freiflächenanlagen ausgeschrieben. 2015 wurden 500 Megawatt
vergeben, 2016 folgten 400 Megawatt.

87   Die für Freiflächenanlagen nutzbaren Flächen werden im EEG 2017 erweitert, u. a. wird
dann die Nutzung von Ackerflächen und Dachflächen erlaubt. Zudem gilt das **Ausschreibungsmodell** gemäß EEG 2017 auch für Anlagen der Onshore-Windkraft mit einer installierten Leistung von mehr als 750 Kilowatt, Biomasseanlagen mit einer installierten
Leistung von mehr als 150 Kilowatt und ab 2021 für Offshore-Windkraftanlagen. Damit
gilt das Ausschreibungsmodell für etwa 80 Prozent der erzeugten Strommenge aus neuen
Anlagen. Das jeweilige Ausschreibungsvolumen, seine Verringerung oder Erweiterung und
die Gebotstermine sind in § 28 EEG 2017 festgelegt. Bei Biomasseanlagen betrifft das Ausschreibungsverfahren als Besonderheit auch die Anschlussförderung für Bestandsanlagen.
Für Wasserkraft-, Geothermie-, Deponiegas-, Klärgas- und Grubengasanlagen wird die
Wettbewerbssituation vom Gesetzgeber als zu gering eingeschätzt, um Ausschreibungen
sinnvoll durchzuführen. Zudem müssen sehr kleine Anlagen (die oft von Haushalten betrieben werden) nicht am Ausschreibungsverfahren teilnehmen, um die Bürokratiekosten gering zu halten. Weiterhin soll der Ausbau stetig, kosteneffizient und netzverträglich erfolgen (vgl. § 1 Abs. 2 Satz 2 EEG 2017). Deshalb waren unter anderem die Ausschreibungen
für Onshore-Windenergieanlagen in Norddeutschland mengenmäßig begrenzt, solange es
dort zu Überangeboten bei fehlender Netzkapazität für den Abtransport kommt (Netzengpassgebiete). Genaueres wird in einer Verordnung geregelt. In Zukunft sollen die Ausschreibungen zudem als **technologieneutrale Ausschreibungen** gem. § 39 I EEG 2017
erfolgen, bei denen Onshore-Windenergieanlagen und Solaranlagen in derselben Ausschreibung auf Kapazitäten bieten. Außerdem sollen 2018 bis 2020 gem. § 39j EEG 2017
Innovationsausschreibungen durchgeführt werden, bei denen in einer Ausschreibung verschiedene Erzeugungstechnologien kombiniert werden.

88   Die Ausschreibungen werden gem. § 29 EEG 2017 von der **Bundesnetzagentur** als
verantwortliche Stelle fünf bis acht Wochen im Voraus angekündigt. Dabei gibt sie u. a.
Gebotstermine, Ausschreibungsvolumen und Höchstwerte bekannt. Auf die ausgeschriebenen Kapazitäten müssen sich die Bieter mit einem konkreten Projekt bewerben und ein
Gebot über einen bestimmten Cent-Betrag pro Kilowattstunde für eine in Kilowatt anzugebende Anlagenleistung (Gebotswert und Gebotsmenge) vorlegen, die mindestens 750
Kilowatt bzw. für Biomasse mindestens 150 Kilowatt umfassen muss. Das Gebot bezieht
sich auf den Anzulegenden Wert, d. h., statt eine gesetzlich festgelegte Einspeiseverfügung
bzw. einen fixen anzulegenden Wert zu erhalten, bieten die Betreiber nun dafür, welchen
Referenzwert sie für die Bemessung ihrer individuellen Vergütung durch die Marktprämie
benötigen.[36] Hinzu kommen je nach Anlagenart weitere spezifische Gebotsvoraussetzungen. Zudem finden sich im EEG 2017 für jede Technologie besondere Regelungen für die
jeweiligen Ausschreibungsverfahren, siehe z. B. §§ 36 bis 36i EEG 2017 für Windenergieanlagen an Land. Zur **Einreichung des Gebotes muss** ein Formblatt verwendet und eine

---

[35] Verordnung zur Ausschreibung der finanziellen Förderung für Freiflächenanlagen vom 6.2.2015
(BGBl. I S. 108).
[36] Siehe zur Marktprämie zuvor § 4, Rn. 73 ff.

Gebühr entrichtet werden. Zudem ist eine Erstsicherheit zu stellen, die sich pro gebotenem Kilowatt bemisst. Sie kann auch in Form einer Bürgschaft vorgelegt werden. Ist das Gebot erfolglos, werden die Erstsicherheit und ein Teil der Gebühr aber zurückerstattet.

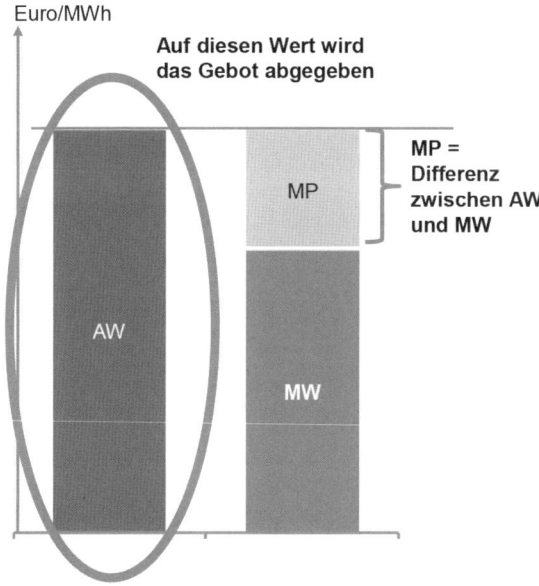

Abb. 11 – Bestimmung der Vergütung im Bieterverfahren. Die Grafik zeigt in Anlehnung an das zuvor beschriebene Marktprämienmodell, auf welches Element die Teilnehmer des Bieterverfahrens ihre Angebote abgeben.

Übersteigen die Gebote das Ausschreibungsvolumen, sortiert die Bundesnetzagentur die **89** Gebote nach dem Gebotswert in aufsteigender Reihenfolge (also von preiswert nach teuer) und bei gleichem Gebotswert aufsteigend nach der Menge (also von klein nach groß) und erteilt in dieser Reihenfolge **Zuschläge.**

2015/2016 wurden zwei Modelle erprobt. Nach dem **pay-as-bid-Verfahren** erhält je- **90** der erfolgreiche Bieter den Anzulegenden Wert, für den er sich beworben hat. Beim **uniform-pricing Modell** bekommen dagegen alle Bieter den Anzulegenden Wert, der in dieser Runde der Gebotswert des jeweils höchsten bezuschlagten Gebots war. Dies hat allerdings in der Bieterrunde vom August 2015 dazu geführt, dass manche Betreiber nur 1 Cent/Megawattstunde geboten haben, um in jedem Fall einen Zuschlag für ihre Projekte zu erhalten. Denn sie hatten – letztlich erfolgreich – darauf gehofft, dass andere Bieter höhere Gebote abgeben würden und wussten, dass sie selbst dann auch den Betrag des letzten noch erfolgreichen Gebotes erhalten würden. Im Ergebnis wird im EEG 2017 grundsätzlich das pay-as-bid-Verfahren eingeführt, lediglich für Biomasseanlagen und bei Bürgerenergiegesellschaften (siehe § 4, Rn. 97 ff.) gilt das uniform-pricing Modell.

Bieter, die einen **Zuschlag** erhalten, müssen innerhalb von zehn Werktagen eine Zweit- **91** sicherheit pro bezuschlagtem Kilowatt (wiederum ggf. als Bürgschaft) als Pfand für die Realisierung der Anlage stellen. Andernfalls verfällt das Gebot und eine Strafzahlung wird fällig. Bei bereits konkretisierten Projekten (z.B. wenn der Bebauungsplan schon beschlossen ist), halbiert sich der Betrag. Die Erstsicherheit wird mit Stellung der Zweitsicherheit zurückgezahlt.

Ein Zuschlag kann vom Bieter auch für eine andere Fläche verwendet werden, die För- **92** derung verringert sich dann aber geringfügig. Eine **Übertragung des Zuschlages** auf einen anderen Bieter ist nicht erlaubt.

93   Zudem muss die Anlage innerhalb von zwei Jahren nach Zuschlagserteilung errichtet, in
      Betrieb genommen und ein Antrag auf Ausstellung einer **Förderberechtigung** gestellt
      werden. Andernfalls hat der Bieter auch hierfür eine Strafzahlung zu entrichten. Hierbei
      spielt es keine Rolle, ob der Betreiber die Verzögerung selbst verschuldet, was ihm ein
      nicht unerhebliches Risiko aufbürdet. Erst durch die Förderberechtigung wird die Auszah-
      lung der Marktprämie in Gang gesetzt. Zugleich wird die Zweitsicherheit erstattet.

94   Bis Ende 2017 sollte auf Grundlage der Erfahrungen des Pilotprojektes ein **endgültiges
      Ausschreibungssystem** gefunden worden sein. Allerdings wurde mit dem Erlass des EEG
      2017 im Sommer 2016 bereits das Ausschreibungssystem ab 1.1.2017 festgelegt, sodass der
      Gesetzgeber die Testphase nicht voll ausgeschöpft hat.

95   Der **Zuschlagswert** der **vierten Ausschreibungsrunde** vom 11.4.2016 betrug 7,41
      Cent/Kilowattstunde und ist damit im Vergleich zur ersten Ausschreibungsrunde mit 9,17
      Cent/Kilowattstunde, 8,48 Cent/Kilowattstunde in der zweiten Ausschreibungsrunde und
      8,0 Cent/Kilowattstunde in der dritten Ausschreibungsrunde weiter gefallen. In dieser
      vierten Ausschreibungsrunde wurden 125 Megawatt ausgeschrieben. Der Gebotsumfang
      dafür betrug über 500 Megawatt verteilt auf 108 Gebote, von denen 21 erfolgreich waren
      und 16 ausgeschlossen wurden.[37]

96   Die Zuschläge werden unter www.bundesnetzagentur.de/ee-ausschreibungen bekannt
      gemacht. Die Befürchtung, dass das neue Verfahren mit den höheren Voraussetzungen ge-
      genüber der Einspeisevergütung (mindestens Aufstellungsbeschluss, Erstsicherheit) kleine
      Projektgesellschaften abschrecken könnte, ist erst einmal nicht eingetreten.

97   **(6) Akteursvielfalt und Bürgerenergiegesellschaften.** Der Boom der erneuerbaren
      Energien in Deutschland beruht auch darauf, dass sich sehr viele **unterschiedliche
      Akteure** im Rahmen ihrer Möglichkeiten beteiligen: Familien erzeugen Solarstrom auf
      dem Hausdach, private Investorengemeinschaften errichten Bürgerwindparks, Stadtwerke
      schließen sich für einen Offshore-Windpark zusammen, kommerzielle Investoren und
      Fonds finanzieren, i.d.R. mithilfe von Banken, große Projekte usw. Diese Akteursvielfalt
      soll durch die Umstellung auf das Ausschreibungsverfahren nach dem Willen des Gesetzge-
      bers nicht gefährdet werden. Deshalb nimmt er kleine Anlagen und bestimmte Technolo-
      gien vom Ausschreibungsverfahren aus.

98   Allerdings gibt es Projekte, die zwar von Privatpersonen initiiert werden, deren Größe
      bzw. Kapazität aber von erheblichem Umfang sind und die daher eigentlich wie Investo-
      ren zu behandeln sind. Für sie wurde im EEG 2017 das Modell der *Bürgerenergiegesell-
      schaft* geschaffen. Eine Bürgerenergiegesellschaft liegt gem. § 3 Nr. 15 EEG 2017 vor,
      wenn

      • sie aus mindestens zehn natürlichen Personen als stimmberechtigten Mitgliedern besteht,
      • mindestens 51 Prozent der Stimmrechte von natürlichen Personen mit Hauptwohnsitz
        am Projektstandort gehalten werden und
      • kein Mitglied der Gesellschaft mehr als zehn Prozent der Stimmrechte an der Gesell-
        schaft hält.

      Insbesondere bei Onshore-Windanlagen erhalten die Bürgerenergiegesellschaften im
      Verfahren **Erleichterungen** (§ 36g EEG 2017). Denn vor allem die Kosten für die Vor-
      entwicklung des Projektes, die eigentlich bei Abgabe des Gebots nachgewiesen werden
      müssen, sind für diese Akteursgruppen eine hohe Hürde. Sie können sich deshalb zu einem
      früheren Zeitpunkt und mit einer geringeren finanziellen Sicherheit an den Verfahren be-
      teiligen. Zudem werden spezielle Beratungsstellen geschaffen, die bei der Teilnahme am
      Auktionsverfahren unterstützen sollen.

99   **(7) Begriff der *Anlage* im EEG.** Eine immer wiederkehrende Frage im Zusammen-
      hang mit dem EEG bestand und besteht in der Definition der „Anlage". Nach § 5 Nr. 1

---

[37] Bundesnetzagentur, Pilotausschreibungen zur Ermittlung der Förderhöhe für Photovoltaik-Freiflächenanlagen, Bericht vom 13.1.2016.

EEG 2014 war damit *jede Einrichtung zur Erzeugung von Strom aus erneuerbaren Energien oder aus Grubengas* gemeint. Im EEG 2017 hat der Gesetzgeber in § 3 Nr. 1 EEG 2017 den Begriff erweitert um den Zusatz *„wobei im Fall von Solaranlagen jedes Modul eine eigenständige Anlage ist; als Anlage gelten auch Einrichtungen, die zwischengespeicherte Energie, die ausschließlich aus erneuerbaren Energien oder Grubengas stammt, aufnehmen und in elektrische Energie umwandeln"* erweitert hat.

Nicht geregelt ist damit weiterhin der Anlagenbegriff in Bezug auf Windenergieanlagen **100** und was in diesem Fall dazu gehört. Hier geht man davon aus, dass zur Anlage alle Komponenten, die zur Erzeugung der Energie benötigt werden, gehören, also beispielsweise auch die Rotorenblätter des Windrades und nicht nur der unmittelbar stromerzeugende Generator. Andere Komponenten, die nur im Zusammenhang mit der Erzeugung stehen, beispielsweise die Kabel oder Transformatoren, sind dagegen nicht erfasst. Nicht zulässig ist eine **künstliche Zersplitterung** von Anlagen, etwa um dadurch höhere Vergütungssätze für kleinere Anlagen zu erhalten. Für Windparks gilt, dass jedes Windrad eine eigene Anlage im Sinne des EEG darstellt.

Zum Weiterlesen

Martin Altrock u. a., Die EEG-Novelle 2017: Von Ausschreibungen bis zuschaltbare Lasten, EnWZ 09/2016, 387 ff.

Hartmut Kahl u. a., Neuordnung im EEG 2017, ER 05/2016, 187 ff.

Walter Frenz, Bürgerenergiegesellschaften, ER 05/2016, 194 ff.

Alexander Bartsch u. a., Das Marktstammdatenregister nach § 111e/f EnWG – Ziele, Inhalt und betroffene Marktakteure, IR 09/2016, 197 ff.

Thomas Schulz, in: Thomas Schulz (Hrsg.), Handbuch Windenergie, 2015, Kapitel 1 VIII. Finanzielle Förderung nach dem EEG 2014

ER, Sonderheft 1/14 zum EEG 2014

Thomas Schulz u. a., Die Ausschreibung der finanziellen Förderung für Solar-Freiflächenanlagen, ER 2015, 87 ff.

Ulrich Ehricke, Die Regelung der Direktvermarktung im EEG 2014 in: Graf von Kielmansegg (Hrsg.), Die EEG-Reform – Bilanz, Konzeption, Perspektiven, 2015, S. 23 ff.

Jochen Mohr, Integration der erneuerbaren Energien in wettbewerbliche Strommärkte – Direktvermarktung und Ausschreibung von Förderberechtigungen, RdE 2015, 433 ff.

b) Arten von Anlagen

Die Anlagen, in denen Strom aus erneuerbaren Energien erzeugt wird (Erneuerbare- **101** Energien-Anlagen), sind im Hinblick auf ihre technische Beschaffenheit und ihre Einsatzmöglichkeiten sehr unterschiedlich. Der folgende Teil gibt einen kompakten Überblick.

aa) Windkraft. Die Erzeugung von Strom mithilfe von Windkraft wächst weltweit **102** rasch. Deutschland nimmt (noch) eine **Vorreiterrolle** ein und belegt Platz zwei hinter China bei der 2014 neu installierten (10,2 Prozent) und der kumulierten (10,6 Prozent) Leistung.[38]

Bei der Erzeugung von Strom aus Windenergie wird zwischen der Erzeugung Onshore – **103** also an Land – und Offshore – also im Meer – unterschieden. Onshore- und Offshore-Anlagen sind rein **optisch ähnlich** und machen sich beide die Kraft und die Stetigkeit der Luftbewegung durch den Wind zu nutze. Allerdings sind die sie umgebenden technischen und rechtlichen Fragen so unterschiedlich, dass sie im Folgenden getrennt besprochen werden.

(1) Onshore. Energie Onshore durch Windkraft zu erzeugen ist ein sehr altes Konzept. **104** Windräder bzw. Windmühlen gab es bereits vor ca. 4000 Jahren im alten Babylon und seit dem Mittelalter waren sie in Europa und vielen anderen Teilen der Welt u. a. zum Mahlen von Getreide weit verbreitet. Im 19. Jahrhundert wurden dann erstmals Generatoren zur Erzeugung von elektrischem Strom an Windräder angeschlossen. **Technisch** passiert dabei Folgendes: Die im Wind enthaltene kinetische Energie wird durch das Windrad in eine

---

[38] Global Wind Energy Council, Global Wind Statistics 2014 vom 10.2.2015.

Drehbewegung umgesetzt, die den Generator antreibt, der wiederum durch seine Drehung Magnetfelder in Spulen in Gang setzt und damit Strom erzeugt.

105   Dieses System liegt im Prinzip bis heute den Windanlagen zu Grunde, auch wenn sie mittlerweile aerodynamisch optimiert sind und z.B. über verstellbare, flugzeugähnliche Flügel – die man als Rotoren bezeichnet – verfügen. Moderne Windkraftanlagen nutzen zudem das **Auftriebsprinzip** anstelle des Widerstandsprinzips, d.h., sie setzen dem Wind keinen Widerstand entgegen. Vielmehr erzeugt der Wind beim Vorbeiströmen an den Rotoren einen Auftrieb, der sie in Drehung versetzt.

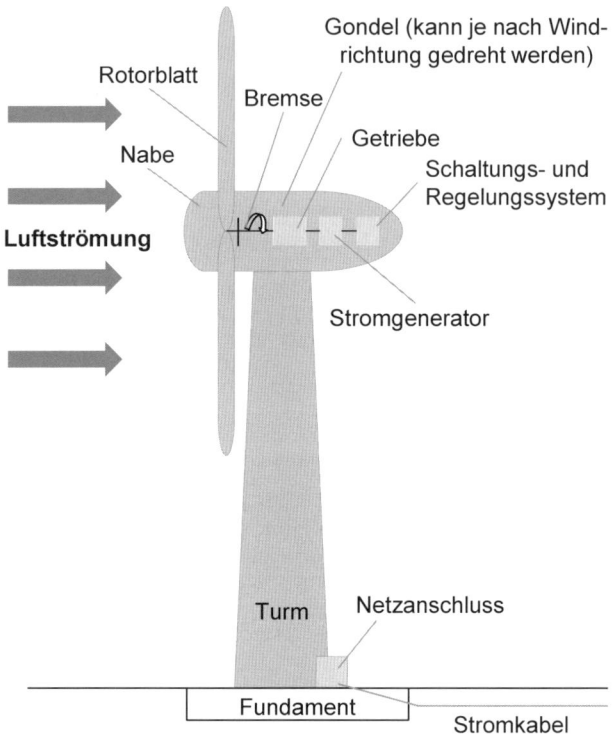

Abb. 12 – Komponenten einer Windenergieanlage. Die Grafik zeigt die wichtigsten Elemente einer Windenergieanlage. Jedes Windrad stellt eine eigene Anlage im Sinne des EEG dar. Die Verkabelung und der Transformator zum Netzanschluss sind nicht Teil der Anlage.

106   Der **Vorteil** der windbasierten Stromerzeugung liegt vor allem darin, dass Wind kostenlos und unbegrenzt ist, dass die Erzeugung emissionsarm erfolgt und dass Windkraftanlagen (etwa im Vergleich zu Solarparks) kaum Fläche einnehmen.

107   Die **Kosten** für die Anlagen[39] teilen sich in
* die Hauptinvestitionskosten: Windenergieanlage ohne Fundament, Transport zum Aufstellungsort und Installation der Anlage,
* die Investitionsnebenkosten: Planung, Netzanbindung, Fundament,
* die Betriebskosten: Wartung und Reparatur, Pacht, kaufmännische und technische Betriebsführung, Versicherung, Rücklagen.
2015 hatte die durchschnittliche, neu installierte Onshore-Anlage eine **Leistung** von etwa 2,7 Megawatt, einen Rotordurchmesser von 105 Metern und eine Nabenhöhe von

---

[39] Deutsche WindGuard, Kostensituation der Windenergie an Land in Deutschland, Präsentation vom 12.11.2013, Berichtsnummer: SP13008A0 (aus SP13007A1).

123 Metern.[40] Allerdings sind viele der älteren Anlagen bedeutend kleiner und leistungs-
schwächer.

Wirtschaftlich sinnvoll ist der Betrieb von Anlagen vor allem dort, wo gleichmäßig **108**
ein nicht zu starker Wind weht. Denn von den Stunden, in denen sich das Windrad dreht,
hängt seine Wirtschaftlichkeit ab. Ohne Wind arbeiten Anlagen nicht und bei heftigem
Wind müssen sie blockiert werden, um technische Schäden zu vermeiden. Windstrom ist
zudem – wie Strom allgemein – nicht in großem Umfang speicherbar und eignet sich daher nicht als alleiniger Stromlieferant.

In Deutschland ist der **Ausbau** der Windstromerzeugung seit Beginn der 1990er Jahre **109**
schnell vorangeschritten. Zwischen 1998 und 2011 stieg die Anlagenzahl von ca. 6.000
auf rund 21.300, wobei sich die Erzeugungskapazität pro Anlage ungefähr vervierfacht
hat (von ca. 500 Kilowatt elektrischer Leistung auf min. zwei Megawatt).[41] Tatsächlich werden
derzeit in Deutschland pro Jahr ca. 51.000 Gigawattstunden Strom aus On- und Offshore-
Windenergie erzeugt.[42] Bis 2020 sollen es 65.000 Megawatt installierte Leistung aus Offshore
Anlagen sein.[43] 2012 wurden in Deutschland ca. 26 Prozent des Stromes aus erneuerbaren
Energieträgern gewonnen. Der Anteil der Onshore-Windkraft daran betrug ca. 33 Prozent,
was einem Beitrag zur gesamten Stromerzeugung von ca. 9 Prozent entspricht.[44]

Ein wichtiges Stichwort im Zusammenhang mit Onshore-Anlagen ist das **Repowering.** **110**
Es meint das Ersetzen älterer Anlagen durch neue, leistungsstärkere Anlagen bzw. die Neuordnung von Anlagengebieten, z.B. indem die Anzahl von Windkraftanlagen verringert
oder weit verstreute Anlagen zusammengeführt werden. Da in vielen Gebieten die geeigneten Flächen erschöpft sind, stellt es die einzige Möglichkeit der Optimierung dar.
Gleichzeitig können im Zuge des Repowerings z.B. Schall, Schattenwurf und Lichtreflek-
tion optimiert werden. Bau- bzw. planungsrechtlich ist ein Repowering-Vorhaben allerdings wie ein Neubau zu behandeln.

Das EEG 2017 sieht für Windenergie an Land gesetzlich festgeschrieben einen jährlichen **111**
Brutto-Zubau mit einer installierten Leistung von 2.800 Megawatt in den Jahren 2017 bis
2019 und 2.900 Megawatt ab dem Jahr 2020 vor, § 28 Abs. 1 EEG 2017. Bei der Bemessung der Zubaumenge wird die Leistung der stillgelegten Anlagen abgezogen (sogenanntes
Netto-Ziel).

Der **Anzulegende Wert** für die Förderung beträgt im EEG 2017 für Anlagen, die vor **112**
dem 1.1.2019 in Betrieb gehen, grundsätzlich 4,66 Cent/Kilowattstunde, in den ersten
fünf Jahren aber 8,38 Cent/Kilowattstunde, wobei sich die Frist von fünf Jahren verlängern
kann (§ 46 Abs. 1 und 2 EEG 2017). Im EEG 2014 waren die Werte mit 4,95 Cent/
Kilowattstunde und 8,9 Cent/Kilowattstunde noch etwas höher (§ 49 Abs. 1 und 2 EEG
2014). Der anzulegende Wert ist einer Degression unterworfen, deren Höhe vom Zeitpunkt der Inbetriebnahme abhängt. Zudem steigt die Degression im Folgejahr an, wenn
der Zubaukorridor im Vorjahr überschritten wird (§ 29 Abs. 2 bis 5 EEG 2014/§ 46a EEG
2017, sogenannter *Atmender Deckel*). Ab 2019 wird der anzulegende Wert dann vom Netzbetreiber berechnet, der sich dabei aus den Gebotswerten der Auktionen des Vorjahres
ergibt (§ 46b i.V.m. § 36h EEG 2017). Hierin liegt eine endgültige Abkehr des Systems
der vom Gesetzgeber vorgegebenen Preise.

Für Windenergieanlagen an Land mit Ausnahme von Prototypen und Anlagen bis 750 Ki- **113**
lowatt gilt ab 1.1.2017 das **Ausschreibungsverfahren.** Voraussetzung des Gebotes bzw. des

---

[40] Deutsche WindGuard, Status des Windenergieausbaus an Land in Deutschland in 2016, 1. Halb-
jahr, S. 3.
[41] Deutsche WindGuard, Status des Windenergieausbaus an Land in Deutschland in 2016, 1. Halb-
jahr, S. 3.
[42] Bundesverband der Energie- und Wasserwirtschaft e.V., Erneuerbare Energien und das EEG:
Zahlen, Fakten, Grafiken vom 11.5.2015.
[43] Fraunhofer-Institut für Windenergie und Energiesystemtechnik, Windenergie Report Deutschland, 2014, S. 56.
[44] Bundesverband der Energie- und Wasserwirtschaft e.V., Erneuerbare Energien und das EEG:
Zahlen, Fakten, Grafiken vom 11.5.2015.

Zuschlags ist gem. §§ 36 ff. EEG 2017 u. a. eine Genehmigung nach dem Bundesimmissionsschutzgesetz für die geplante Anlage, sodass der potentielle Betreiber bereits im Vorfeld die
Planungsleistung erbringen muss. Das Ausschreibungsvolumen pro Gebotstermin ist in § 28
Abs. 1 EEG 2017 für die jeweiligen Gebotstermine in den kommenden Jahren genau festgelegt und entspricht in der Summe jeweils der oben genannten Brutto-Zubaumenge.

Zum Weiterlesen

Manfred Lührs u. a., in: Thomas Schulz (Hrsg.), Handbuch Windenergie, 2015, Kapitel 2 I: Grundlagen
    der Windenergietechnik und Kapitel 2 II: Anlagentechnik einer Horizontalachs-Windenergieanlage
Stefan Kobes, in: Gerd Stuhlmacher u. a. (Hrsg.), Grundriss zum Energierecht, 2. Aufl. 2015, Kapitel 27:
    Onshore-Windenergieanlagen
Matthias Jenn, Windenergie – Zahlreiche rechtliche Besonderheiten, ZfBR-Beil. 2012, 14 ff.
Conrad Seiferth u. a., Rechtliche Herausforderung für die Umsetzung von Repowering-Projekten,
    EnWZ 2012, 106 ff.

114   **(2) Offshore.** Nach jahrelangen Ankündigungen werden auch vor den Küsten zunehmend Windparks fertig gestellt. Sie haben den Vorteil, dass der Wind vor der Küste stetiger
weht und Parks gebaut werden können, die aus einer höheren Anzahl von jeweils leistungs-
fähigeren Anlagen als an Land bestehen. Der derzeit größte deutsche Offshore-Windpark
BARD Offshore 1 umfasst 80 Anlagen[45]. Vor der englischen Küste soll bis 2020 Hornsea,
der dann größte Park der Welt mit 240 Anlagen, entstehen. Deshalb sind Offshore-Windparks ein **zentrales Element** für die zukünftige Stromversorgung Deutschlands, wie sie
nach dem Energiekonzept der Bundesregierung geplant ist. Sie sollen die Grundlast der
großen Kernkraftwerke und der Kohlekraftwerke ersetzen. Der Bau von Offshore-Windparks ist aber technisch anspruchsvoll und mit langen Vorlaufzeiten für die Planung und
Genehmigung verbunden, sodass sich die Fertigstellung bisher vielfach verzögert hat und
die tatsächlichen Kosten teilweise die kalkulierten Budgets überschritten.

115   2009 wurden im Testfeld **Alpha Ventus** bei Borkum in der Nordsee zunächst zwölf
Offshore-Anlagen mit einer Leistung von jeweils fünf Megawatt in Betrieb genommen.[46]
Sie sollen der Sammlung von Erfahrungswerten dienen. 2014 waren mit Alpha Ventus 257
Windenergieanlagen mit einer Leistung von insgesamt 1.044 Megawatt und 141 im Bau
mit einer Leistung von 523 Megawatt.[47] Ende 2014 wurden zudem 461 Windenergieanlagen aufgestellt (davon 438 in der Nordsee, 23 in der Ostsee) und 720 Fundamente wurden
errichtet (640 in der Nordsee und 80 in der Ostsee).[48]

116   Technisch gesehen sind Offshore-Anlagen mit Onshore-Anlagen nach ihrem Grund-
prinzip vergleichbar: durch Wind wird mithilfe eines Generators Strom erzeugt. Allerdings
sind Offshore-Anlagen in der Regel wesentlich leistungsfähiger als Onshore-Anlagen: So
hatten 2015 neu installierte Offshore-Anlagen eine durchschnittliche **Leistung** von 4,1
Megawatt bei einer durchschnittlichen Nabenhöhe von ca. 89 Metern und einem durchschnittlichen Rotordurchmesser von ca. 120 Metern.[49] Zudem ist der Bau und Betrieb von
Offshore-Anlagen im Meer weitaus komplexer. Die Anlagen befinden sich derzeit in bis zu
40 Kilometern Entfernung von der Küste in bis zu 40 Meter tiefem Wasser, was die Veran-
kerung der Anlagen, ihre Errichtung und den Betrieb besonders schwierig macht.

117   Auch die **Netzanbindung** hat sich aufgrund der zunächst geplanten Geschwindigkeit,
aber auch der Unsicherheit des Ausbaus sowohl aus technischen Gründen als auch unter
dem Gesichtspunkt der Planungskoordination und der Finanzierung, als besonders schwierig erwiesen.[50]

---

[45] Bundeswirtschaftsministerium, Die Energiewende – ein gutes Stück Arbeit, Offshore-Wind-
energie, Ein Überblick über die Aktivitäten in Deutschland, S. 12.
[46] 4COffshore Limited, Offshore Wind, Alpha Ventus.
[47] Fraunhofer-Institut für Windenergie und Energiesystemtechnik, Windenergie Report Deutschland, 2014, S. 7.
[48] Bundesamt für Seeschifffahrt und Hydrographie, Bilanz-Pressekonferenz, 2014, S. 8.
[49] Deutsche WindGuard, Status des Offshore-Windenergieausbaus in Deutschland in 2015, S. 3.
[50] Siehe § 4, Rn. 361 ff.

Für Offshore-Energie ist eine **Steigerung** der installierten Leistung auf insgesamt 6.500   **118**
Megawatt bis 2020 und auf 15.000 Megawatt bis 2030 vorgesehen, § 3 Nr. 2 EEG 2014/
§ 4 Nr. 2 EEG 2017. Die Steuerung des Zubaus erfolgte bislang über die Zuweisung von
Netzanschlusskapazitäten gem. § 17d EnWG, mit dem EEG 2017 bzw. dem WindSeeG
(§§ 16 ff. WindSeeG) wird für Inbetriebnahmen ab 2025 auf das Ausschreibungsverfahren
umgestellt.

Für die Vergütung können die Betreiber im EEG 2014 derzeit noch zwischen **zwei**   **119**
Vergütungsmodellen wählen. Nach dem Basismodell erhält der Anlagenbetreiber gem.
§ 50 Abs. 1, 2 EEG 2014/§ 47 Abs. 1, 2 EEG 2017 in den ersten zwölf Jahren eine Vergütung von 15,4 Cent/Kilowattstunde (Anfangswert) und danach noch den Grundwert
von 3,9 Cent/Kilowattstunde. Der Anfangswert verlängert sich zudem für Windparks, die
mehr als zwölf Seemeilen vor der Küste oder in besonders tiefen Gewässern errichtet werden, vgl. § 50 Abs. 2 S. 2 EEG. Die Vergütung sinkt zum 1.1.2018 um 0,5 Cent/Kilo-
wattstunde, zum 1.1.2020 um 1,0 Cent/Kilowattstunde und ab dem Jahr 2021 jährlich um
0,5 Cent/Kilowattstunde, § 30 Abs. 1 Nr. 1 EEG 2014/§ 47 Abs. 5 EEG 2017. Alternativ
bietet das Stauchungsmodell für Anlagen, die vor dem 1.1.2020 in Betrieb genommen
werden, in den ersten acht Jahren eine Vergütung in Höhe von 19,4 Cent/Kilowattstunde.
Der Betrag steigt ebenfalls bei großer Entfernung oder Tiefe, § 50 Abs. 2 EEG 2014/
§ 47 Abs. 2 EEG 2017. Zum 1.1.2018 sinkt die Vergütung im Stauchungsmodell um
einen Cent pro Kilowattstunde, § 30 Abs. 1 Nr. 2 EEG 2014. Dieses Modell hilft, die
hohen Anfangsinvestitionen schnell zu refinanzieren. Im Zuge der zuvor dargestellten Umstellung auf das Ausschreibungsmodell wird dieses System auslaufen. Betreiber von Windparks werden dann ebenfalls auf einen Anzulegenden Wert bieten und eine Marktprämie
erhalten.

Mit dem **WindSeeG** wird auch für den Offshore-Bereich ein Ausschreibungsmodell   **120**
eingeführt. Zunächst werden 2017 zwei Ausschreibungsrunden durchgeführt, an denen
bereits geplante und genehmigte Windparks teilnehmen (§§ 26 ff. WindSeeG) können, die
ab 2021 in Betrieb gehen. Für Inbetriebnahmen ab 2025 erfolgt zugleich eine Umstellung
auf das *zentrale Modell (auch: zentrales Zielmodell)*. Für Flächen, auf denen Offshore-Windparks errichtet werden sollen, werden dann nach dem zentralen Modell staatliche Vorun-
tersuchungen durch das BSH durchgeführt, wobei Flächenplanung und Raumordnung
dann in einer Hand liegen. Der Gewinner einer Auktion gem. §§ 16 ff. WindSeeG erhält
eine so vorentwickelte Fläche zugeteilt. Die dann nötige Netzanbindung erhält er gem.
§ 24 WindSeeG. Das Modell wurde jetzt schon gesetzlich festgelegt, damit sich die Branche auf die Veränderungen einstellen kann. Um einen kontinuierlichen Zubau sicherzustellen, ist das jährliche Ausschreibungsvolumen von 2021 bis 2030 mit durchschnittlich maximal 730 Megawatt gleich hoch (§ 17 Nr. 1 WindSeeG).

Zum Weiterlesen

Manfred Lührs, in: Thomas Schulz (Hrsg.), Handbuch Windenergie, 2015, Kapitel 2 I: Grundlagen der
    Windenergietechnik und Kapitel 2 II: Anlagentechnik einer Horizontalachs-Windenergieanlage
Kristen Ruth Huttner, in: Gerd Stuhlmacher u. a. (Hrsg.), Grundriss zum Energierecht, 2. Aufl. 2015,
    Kapitel 28: Zulassung von Offshore-Windenergieanlagen

bb) Sonnenenergie. Neben dem Wind ist die Sonne die zweite natürliche Ressource,   **121**
die in großem Umfang zur Gewinnung von Energie genutzt wird. Dafür sind verschiedene
technische Verfahren entwickelt worden.

(1) Photovoltaik. Als Photovoltaik bezeichnet man die direkte Umwandlung von Licht   **122**
in Strom. Die zentrale Komponente der Photovoltaikanlage ist das **Solarmodul,** das aus
einzelnen, elektrisch miteinander verschalteten Solarzellen besteht. Die genaue technische
Funktion einer Solarzelle ist recht komplex. Eine schematische Darstellung enthält
Abb. 13 – Funktionsweise einer Solarzelle.

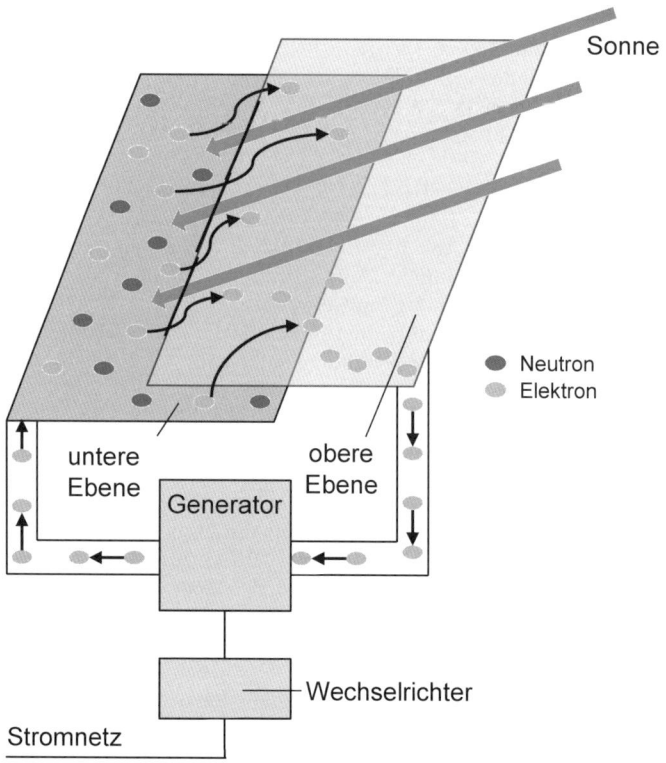

Abb. 13 – Funktionsweise einer Solarzelle. Stark vereinfacht kann man sich vorstellen, dass eine Solarzelle aus zwei Ebenen besteht und positiv (Protonen) und negativ (Elektronen) geladene elektrische Teilchen enthält. Durch die Sonneneinstrahlung werden die in der Solarzelle befindlichen Elektronen in erhöhte Schwingungen versetzt und springen von der unteren auf die obere Ebene. Von dort fließen sie außerhalb der Zelle zurück auf die untere Ebene und betreiben durch diesen Stromfluss einen Generator, der Gleichstrom erzeugt. Dieser muss vor der Einspeisung oder Nutzung mit Hilfe eines Wechselrichters in Wechselstrom umgewandelt werden.

123   Seit 2000 ist Photovoltaik eine der **am schnellsten wachsenden Technologien** zur Erzeugung von Strom aus erneuerbaren Energien und auch in Deutschland hat die Erzeugung durch Photovoltaik in den vergangenen Jahren stark zugenommen. Photovoltaik-Anlagen können als wenige Quadratmeter kleine Dachflächenanlagen auf Privathäusern ebenso errichtet werden wie in mehreren hundert Hektar großen Solarparks, die zehntausende Haushalte versorgen.

124   Der **Zuwachs der Photovoltaik-Anlagen** in Deutschland ist deshalb beeindruckend: Die installierte Photovoltaik-Leistung ist in Deutschland seit 2005 um rund 1.700 Prozent gewachsen und macht über ein Drittel der europäischen Photovoltaik-Leistung aus.[51]

125   Ein **Nachteil** der Stromerzeugung durch Photovoltaikanlagen liegt allerdings in dem ungünstigen Verhältnis zwischen der installierten Leistung und dem tatsächlich erzeugten Strom. Denn die Anlagen arbeiten nur bei Sonne, die in Deutschland gerade in den Wintermonaten nur unregelmäßig scheint. Der Gesetzgeber hat die Solarförderung im EEG deshalb mittlerweile deutlich gekürzt.

---

[51] Bundeswirtschaftsministerium, Entwicklung der Stromerzeugung und der installierten Leistung von Photovoltaikanlagen, 2015; EU-Kommission, Energy in Figures, Statistical Pocketbook, 2015, S. 104.

Bruttostromerzeugung in Milliarden Kilowattstunden

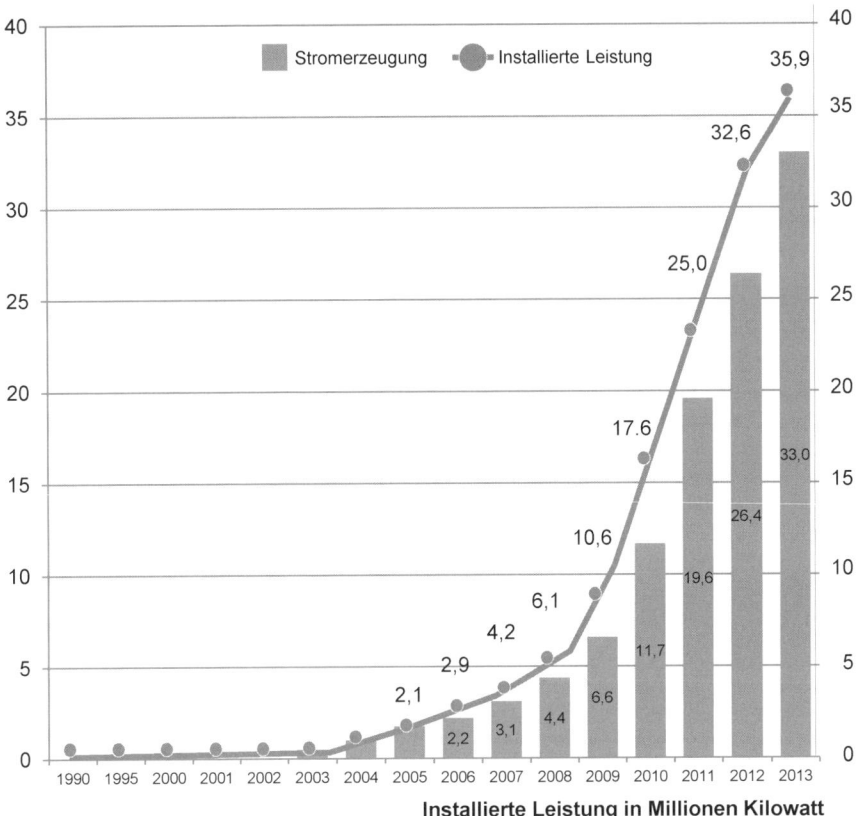

Quelle: Bundeswirtschaftsministerium nach Arbeitsgruppe Erneuerbare Energien Statistik (AGEE-Stat).

Abb. 14 – Entwicklung der Installierten PV-Nennleistung seit 1990. Die Grafik zeigt, wie sich die installierte Nennleistung von Photovoltaik seit 1990 in Deutschland erhöht hat (Stand August 2014, Angaben vorläufig).

Der **Zielkorridor** für den Brutto-Zubau (also ohne Berücksichtigung des Wegfalles von **126** Bestandsanlagen) wurde gem. § 3 Abs. 3 i.V.m. § 31 Abs. 1 EEG 2014 auf 2.400 bis 2.600 Megawatt pro Jahr begrenzt und im EEG 2017 auf einheitliche 2.500 Megawatt pro Jahr festgeschrieben. Der anzulegende Wert unterscheidet sich im Bereich der Solarenergie im EEG 2014 abhängig vom Standort der Anlage deutlich und liegt zwischen 9,23 und 13,15 Cent/Kilowattstunde, vgl. § 51 Abs. 1 bis 3 EEG 2014. Zudem ist auch hier ein quartalsweises Absinken der Förderung ab 1.9.2014 vorgesehen, das sich abhängig von der Beachtung der Zubaugrenze allerdings erhöhen oder verringern kann, § 31 Abs. 2 bis 4 EEG 2014. Im EEG 2017 wurde für die Anlagen, deren Vergütung sich weiterhin gesetzlich bestimmt, ein Höchstwert von 8,91 Cent/Kilowattstunde festgelegt, der sich ab 1.1.2017 monatlich verringert oder erhöht (§§ 37b, 48, 49 Abs. 1 bis 4 EEG 2017).

Das **Ausschreibungsverfahren**, das für Solaranlagen bereits testweise erprobt wurde, **127** wird beibehalten und auf weitere Flächen wie z.B. Dächer ausgeweitet, vgl. §§ 37ff. EEG 2017. Die für die Testphase erlassene Freiflächenausschreibungsverordnung wurde aufgehoben, ab 2017 ergibt sich das Verfahren aus dem EEG 2017. Das Ausschreibungsvolumen beträgt gem. § 28 Abs. 2 EEG 2017 600 Megawatt pro Jahr.

Zum Weiterlesen

Konrad Mertens, Photovoltaik – Lehrbuch zu Grundlagen, Technologien und Praxis, 2013
Claudia Schoppen, in: Gerd Stuhlmacher u. a. (Hrsg.), Grundriss zum Energierecht, 2. Aufl. 2015,
    Kapitel 29 D: Photovoltaikanlagen
Thomas Schulz u. a., Die Ausschreibung der finanziellen Förderung für Solar-Freiflächenanlagen, ER
    2015, 87 ff.
Walter Frenz, Solarausschreibungen, ZNER 04/2016, 298 ff.

128   **(2) Solarthermische Kraftwerke.** Auch solarthermische Kraftwerke nutzen die Energie der Sonne zur Stromerzeugung. Die Erzeugung beruht auf unterschiedlichen technischen Verfahren, die entweder mit der Bündelung der Sonnenstrahlen oder der Gesamtstrahlung arbeiten. Sie sind technisch anspruchsvoller als Photovoltaikanlagen und daher in Betrieb und Wartung teurer. Somit eignen sie sich vor allem für **sonnenintensive Standorte** und werden z. B. in Spanien verwendet. Zu den bekanntesten Vorhaben gehört derzeit das DESERTEC Projekt in Nordafrika, dessen weitere Entwicklung allerdings nach dem Ausscheiden wichtiger Projektpartner ungewiss ist.

129   Nicht zu verwechseln sind solarthermische Kraftwerke mit **Solarthermieanlagen.** Letztere sind auch in Deutschland weit verbreitet. Sie nutzen die Sonnenenergie zur Erwärmung von Wasser, das zur Speisung von Heizungen oder für die Warmwasserversorgung verwendet wird.

Beide Techniken spielen für das deutsche Energierecht keine nennenswerte Rolle.

Zum Weiterlesen

Gerhard Reich u. a., Regenerative Energietechnik, 2012, Kapitel 3.4 Solarthermie und 3.5 Solarthermi-
    sche Kraftwerke

130   **cc) Wasserkraft.** Die Nutzung von Wasserkraft ist eine uralte Zivilisationstechnologie, deren Nutzung sich bis zu 5.000 Jahre in das alte China zurückverfolgen lässt. Wasserkraftwerke nutzen zur Stromerzeugung die im Wasser durch die Schwerkraft gespeicherte potentielle Energie, die zum Fließen des Wassers führt. Der Wasserstrom wird zum Antrieb einer Turbine genutzt, die an einen Generator angeschlossen ist. Zu unterscheiden sind hauptsächlich

*   **Laufwasserkraftwerke,** die die natürliche Strömung des Wassers ausnutzen,
*   **Speicherkraftwerke,** bei denen Wasser (oft in einem höher gelegenen Landschaftsabschnitt) künstlich gestaut und bedarfsweise gezielt zum Antrieb der Turbine abgelassen wird und
*   **Gezeitenkraftwerke,** die sich den Wechsel von Ebbe und Flut im Meer zu Nutze machen.

131   16 Prozent des weltweit erzeugten Stromes werden aus Wasserkraft gewonnen.[52] Weltspitze ist China mit einem Anteil von 23,8 Prozent[53], dessen Dreischluchtendamm wohl das bekannteste Wasserkraftwerk der Welt ist, gefolgt von Brasilien, Kanada und den USA. Weltweit belegt die Nutzung von Wasserkraft heute den zweiten Platz[54] bei der Erzeugung von Strom aus erneuerbaren Energien.

132   In Deutschland wurden 2014 rund 20.500 Gigawattstunden Strom mithilfe von Wasserkraft erzeugt. Das entspricht einem Anteil an der deutschen Stromerzeugung von ca. 3,3 Prozent[55]. Die Wasserkraft ist ohne Zweifel eine besonders attraktive Form der erneuerbaren Energien. Allerdings hängt ihre Nutzbarkeit stark von den jeweiligen **geographischen und hydrographischen Gegebenheiten** ab. Im dicht besiedelten und vielerorts

---

[52] International Energy Agency, Topics – Renewables – Hydropower, 2015.
[53] International Energy Agency, Key World Energy Statistics, 2015, S. 19.
[54] International Energy Agency, Key World Energy Statistics, 2015, S. 24.
[55] Bundesverband der Energie- und Wasserwirtschaft e. V., Erneuerbare Energien und das EEG:
Zahlen, Fakten, Grafiken, 2015. Abb. 6 und 10.

sehr flachen Deutschland sind die Ausbaumöglichkeiten für Wasserkraft begrenzt. Neben dem EEG sind diese insbesondere von dem Wasserhaushaltsgesetz (WHG) und dem Gesetz über die Umweltverträglichkeitsprüfung (UVPG) abhängig.

Die Nutzung von Wasserkraft spielt auch für die **Stromspeicherung** eine große Rolle, **133** vgl. daher Rn. 194 ff.

Zum Weiterlesen

Wilfried Knies u. a., Elektrische Anlagentechnik, 6. Aufl. 2012, Kapitel 2.2.1 Wasserkraftwerke
Claudia Schoppen, in: Gerd Stuhlmacher u. a. (Hrsg.): Grundriss zum Energierecht, 2. Aufl. 2015, Kapitel 29 B: Wasserkraft
Fabian Knobelspies u. a., Wasserkraft – die erneuerbare Energie der Zukunft?, ZNER 2014, 250 ff.

dd) Biomasse. Biomasse ist eine weitere Erzeugungsform aus erneuerbaren Energien. **134** Sie zeichnet sich dadurch aus, dass die Produktion ganzjährig, wetterunabhängig und **gut steuerbar** ist. Der Begriff der Biomasse umfasst Holz, Dung, Getreide, Mais, Raps, Algen, Klärschlamm und viele andere organische Materialien. Insbesondere die Verbrennung von Holz und Dung ist gleichzeitig eine der ältesten Formen der Erzeugung von Wärmeenergie. Aus Biomasse werden heute zur modernen Stromerzeugung z. B. Pellets als Brennstoff für Heizungen, Biogas und Kraftstoffe gewonnen. Bei der Stromerzeugung wird Biomasse entweder direkt oder in Form von Biogas zum Betrieb von Kondensationskraftwerken bzw. KWK-Anlagen eingesetzt.[56]

Die Stromerzeugung aus Biomasse war bisher eine schnell wachsende Art der Strom- **135** zeugung aus erneuerbaren Energien. Ca. sechs Prozent des in Deutschland verbrauchten Stromes wurde 2012 in ca. 8.000 Anlagen aus Biomasse erzeugt, wobei hiervon ca. zwei Drittel auf Biogasanlagen entfallen.[57] Die **schnelle Ausbreitung** der Anlagen lag u. a. in dem hohen Fördersatz von über 20 Cent/Kilowattstunde begründet, der den so erzeugten Strom allerdings sehr teuer machte. Zudem zogen die vielen Anlagen einen verstärken Anbau von Mais nach sich, der als Biomasse hervorragend geeignet ist, aber zu landwirtschaftlichen Monokulturen führt. Um den Trend zu stoppen, wurde der Brutto-Zubau mit dem EEG 2014 auf nur 100 Megawatt begrenzt, § 28 Abs. 1 EEG 2014. Der anzulegende Wert beträgt gem. § 44 EEG 2014 maximal 13,66 Cent/Kilowattstunde und ist einer jährlichen Degression nach § 28 Abs. 2 EEG 2014 unterworfen. Der Neubau von Anlagen verliert dadurch erheblich an Attraktivität. Diese indirekte Abschaffung wird daher auch kritisch gesehen, denn damit geht potentiell eine Technologie im Bereich der erneuerbaren Energien verloren, die zum Ausgleich der schwankenden Erzeugung aus Wind und Sonne geeignet wäre.

Um die Biomasse-Technologie zu erhalten, wurde mit dem EEG 2017 auch hier das **136** **Ausschreibungsverfahren** eingeführt, das im Gegensatz zu den anderen Technologien – neben Neuanlagen – auch Bestandsanlagen umfasst. So soll effizienten Anlagen, deren Förderung in den kommenden Jahren ausläuft, eine Perspektive geboten werden. Es findet ein Gebotstermin jeweils am 1. September statt bei dem die Gebotsmenge min. 150 Kilowatt umfassen muss (§ 28 Abs. 3 und § 30 Abs. 3 EEG 2017). Der Ausbaupfad umfasst einen jährlichen Brutto-Zubau von Biomasseanlagen mit einer installierten Leistung von 150 Megawatt in den Jahren 2017 bis 2019 und 200 Megawatt in den Jahren 2020 bis 2022 (§ 4 Nr. 4 EEG 2017). Biogasanlagen, die ihre installierten Leistungen zur Stromerzeugung bereitstellen und dem Grunde nach einen Anspruch auf eine EEG-Vergütung haben, erhalten gem. §§ 50 ff. EEG 2017 eine sogenannte Flexibilitätsprämie als Kompensationszahlung.

Stromerzeugung aus **Geothermie** unterliegt bisher nicht der Ausschreibung (§ 22 Abs. 6 **137** EEG 2017). Der anzulegende Wert beträgt für Strom aus Geothermie 25,20 Cent/Kilowattstunde. Dieser Wert verringert sich nach dem EEG 2017 um 0,2 Cent/Kilowattstunde (§ 53 Nr. 1 EEG 2017) und ab dem 1. Januar 2021 jährlich um 5 Prozent (§ 45 EEG 2017).

---

[56] Siehe § 7, Rn. 9 ff.
[57] http://de.statista.com/themen/616/biomasse-biogas/.

Zum Weiterlesen

Claudia Schoppen, in: Gerd Stuhlmacher u. a. (Hrsg.), Grundriss zum Energierecht, 2. Aufl. 2015,
    Kapitel 29 C: Biogasanlagen
Martin Kaltschmitt u. a., Energie aus Biomasse – Grundlagen, Techniken und Verfahren, 2009
Bundeswirtschaftsministerium, Häufig gestellte Fragen zur EEG-Reform, 2014

138   **ee) Geothermie.** Geothermie ist eine Form der Erzeugung von Strom und Wärmeenergie, die auf der Ausnutzung der **natürlichen Erdwärme** basiert. Denn fast überall hat
das Erdreich in ca. 1.000 Metern Tiefe eine Temperatur von 35 bis 40 Grad Celsius und
unter besonderen geologischen Bedingungen – etwa in heutigen oder früheren Vulkange-
bieten – sogar 100 Grad Celsius. Derart tiefe Bohrungen werden allerdings nur für den
Betrieb von Kraftwerken unternommen. Deutlich weiter verbreitet ist die Nutzung der
Geothermie durch Wärmepumpen bei neu errichteten Gebäuden. Sie basiert darauf, dass
z. B. die Temperatur in 120 Metern Tiefe (so weit wird bei der Erdwärmeversorgung von
Einfamilienhäusern in der Regel maximal gebohrt) bei konstant ca. 13 Grad Celsius liegt.
In erster Linie werden dabei natürliche Warmwasservorkommen für die Versorgung von
Haushalten mit Warmwasser oder für den Betrieb von Heizungen genutzt. Allerdings kann
Erdwärme auch zur Stromerzeugung eingesetzt werden, wozu Wärmepumpen die Wasser-
temperatur so erhöhen, dass das Wasser als Dampf zum Betrieb einer Turbine genutzt wer-
den kann.

139   Für die Gewinnung geothermischer Energie ist das deutsche **Bergrecht** maßgeblich. Es
handelt sich dabei nach § 3 Abs. 3 S. 2 Nr. 2b Bundesberggesetz (BBergG) um einen berg-
freien Bodenschatz. D. h., der Rohstoff gehört grundsätzlich dem Staat. Das Recht für die
Aufsuchung und Nutzung wird an die jeweiligen Antragsteller verliehen. Für die Aufsuchung der Erdwärme bedarf es einer Erlaubnis nach § 7 BBergG und für die Gewinnung
einer Bewilligung nach § 8 BBergG. Zudem sind Anlagen, die in das Grundwasser reichen,
nach dem Wasserrecht erlaubnispflichtig. Eine Ausnahme besteht allerdings wenn nach § 4
Abs. 2 BBergG keine Gewinnung des Bodenschatzes vorliegt, weil die Nutzung auf einem
Grundstück aus Anlass oder im Zusammenhang mit dessen Bebauung genutzt wird. Dies
ist z. B. der Fall, wenn Privathäuser mit Wärmepumpen arbeiten.

140   In Deutschland ist die geothermische Stromerzeugung bisher **wenig verbreitet**
und nicht in allen Regionen sind ausreichende geologische Bedingungen gegeben. Die
besten Voraussetzungen herrschen in Oberbayern, im Bereich des Oberrheingrabens und
im Norddeutschen Becken. In Betrieb sind derzeit fünf Geothermie-Kraftwerke, die eine
installierte Leistung von 12,51 Megawatt haben.[58] Eine Reihe weiterer Vorhaben ist geplant.

Zum Weiterlesen

Jochen Kubinok, in: Mathias Bauer u. a. (Hrsg.), Handbuch Tiefe Geothermie – Prospektion, Explora-
    tion, Realisierung, Nutzung, 2014, Kapitel 11: Umweltaspekte
Claudia Schoppen, in: Gerd Stuhlmacher u. a. (Hrsg.), Grundriss zum Energierecht, 2. Aufl. 2015,
    Kapitel 29 E: Tiefengeothermie

4. Stromerzeugung im Marktzusammenhang

a) Der Einsatz von Kraftwerken

141   In den vorangegangenen Abschnitten wurden die verschiedenen Möglichkeiten der
Stromerzeugung mittels konventioneller Erzeugungsanlagen und aus erneuerbaren Energiequellen betrachtet. Sie können nicht alle gleichzeitig oder nach Belieben Strom produzieren, denn mangels der bereits diskutierten Speicherbarkeit von Strom kann grundsätzlich
immer nur so viel Strom erzeugt und in das Netz eingespeist werden, wie gerade zu dem

---

[58] Bundesverband Geothermie, Nutzung der Geothermie in Deutschland.

jeweiligen Zeitpunkt verbraucht wird. Daher stellt sich die Frage, wer die **Entscheidung** darüber trifft, ob eine Stromerzeugungsanlage zu einem bestimmten Zeitpunkt Strom produzieren soll oder nicht.

Diese Entscheidung ist ein komplexer Prozess mit einer Reihe von Beteiligten. Da die **142** Erzeugungsanlagen in Deutschland in der Regel in privater Hand sind, ist zunächst der Eigentümer zu nennen, der letztlich über den Umgang mit der Anlage in seinem Eigentum entscheidet. Diese Entscheidung findet aber im Zusammenhang des Marktes statt. Denn der **Eigentümer** wird die Erzeugungsanlage nur laufen lassen, wenn er für den erzeugten Strom bezahlt wird, also in der Regel, wenn er den Strom vorher verkauft hat. Hier spielen die Verbraucher bzw. die Kunden und die Strombörse als der zentrale Marktplatz eine wichtige Rolle. Zudem muss der Strom zum Kunden transportiert und zu diesem Zweck in das Stromnetz eingespeist werden. Hierbei kommt den **Netzbetreibern,** neben dem Transport an sich, als weitere Aufgabe die jederzeitige Aufrechterhaltung des Gleichgewichtes zwischen Einspeisung in das und Entnahme aus dem Netz zu. Dies findet technisch in der konstanten Netzfrequenz seinen Ausdruck.

aa) Einfluss des Marktes. Um das System zu verstehen, soll zunächst auf die Markt- **143** seite der Entscheidung über den Einsatz der Erzeugungsanlage eingegangen werden. Grundsätzlich gibt es viele verschiedene Wege, Strom zu vermarkten. In aller Regel erfolgt die **Vermarktung** von konventionell erzeugtem Strom bereits vor seiner Erzeugung. Auf dieser Grundlage kann der Eigentümer der Erzeugungsanlage im Voraus entscheiden, ob und in welchem Umfang er die Anlage laufen lässt. Denn der Betrieb ist mit Kosten verbunden, die der Eigentümer nur genehmigt, wenn er die Erzeugungskosten durch den Erlös für den Stromverkauf erwirtschaften kann.

Im Rahmen der Vermarktung gibt es allerdings eine Reihe von Sonderkonstellationen. **144** Dies sind u. a. die Folgenden:

- Im Bereich der Erzeugung von erneuerbaren Energien gilt die gesetzliche **Einspeise- und Abnahmegarantie.** Der Eigentümer der Anlage erhält nach dem in Deutschland geltenden klassischen Grundmuster des EEG von der Gesamtheit der Verbraucher für den eingespeisten Strom seinen garantierten Preis und muss sich im Prinzip nicht um die Vermarktung kümmern (auch als *produce and forget*-Ansatz bezeichnet). (Die Direktvermarktung und die anderen zuvor genannten Mechanismen der Markteinführung lassen wir an dieser Stelle zur Vereinfachung einmal außer Betracht).
- Zudem ist die Beschaffung von **Regelenergie,** die als Reserve Schwankungen im Stromnetz ausgleicht, durch die Netzbetreiber der Vermarktung durch direkten Verkauf des Stromes am Markt entzogen. Hier verkauft der Eigentümer der Erzeugungsanlage im Prinzip nicht seinen Strom, sondern er stellt dem Netzbetreiber die Erzeugungskapazität seiner Anlage gegen ein Entgelt zur Verfügung. Über den häufig sehr kurzfristig zu entscheidenden Einsatz der Anlage zum Ausgleich von Schwankungen von Erzeugung oder Verbrauch im Netz entscheidet dann der Netzbetreiber und nicht der Eigentümer der Anlage.

Jenseits dieser Ausnahmen spielen vor allem **zwei Vertriebswege für Strom** eine Rol- **145** le. Dies sind zum einen der direkte Verkauf des Stromes an Kunden durch Stromlieferverträge und zum anderen der Verkauf des Stromes über die Börse.

Beim direkten Verkauf des Stromes mithilfe von **Stromlieferverträgen** an den Kunden **146** ist zwischen einer Vielzahl von Kundentypen und daher auch Typen von Stromlieferverträgen zu unterscheiden. So braucht ein Industriebetrieb (z. B. ein Chemiewerk oder eine große Handelskette), der seine großen Verbrauchsmengen in der Regel direkt von dem Erzeuger oder dessen verbundenem Vertriebsunternehmen einkauft, natürlich einen anderen Vertrag als ein Großhändler oder ein Stadtwerk. Daneben ist seit einigen Jahren der Vertrieb über die **Strombörse** getreten. Soweit der Erzeuger seinen Strom nicht bereits durch einen langfristigen Vertrag vorab verkauft hat, bietet er ihn zumeist viertelstundenweise am Day Ahead Markt oder heute sogar häufig noch kurzfristiger über den Intraday

Markt an. Den börslichen Stromhandel stellen wir unter Rn. 434 ff. ausführlich dar, vorab daher nur so viel:

147   Da die Stromerzeugung je nach Anlage unterschiedlich teuer ist, bieten die Erzeuger ihn zu **unterschiedlichen Preisen** an der Börse an.

148   Dort werden alle Angebote **aggregiert,** sodass für jede Viertelstunde des Tages ein Angebot einer bestimmten Menge Strom zu einem bestimmten Preis vorliegt. Diese Strommenge ist dann die zu diesem Preis verfügbare Arbeit.

149   Die verschiedenen Stromlieferangebote für jede Viertelstunde des Folgetages werden dann von der Strombörse in einer mittäglichen Auktion um 14 Uhr berücksichtigt. Zum Zuge kommen – vereinfacht gesagt – so viele Lieferangebote, wie sie benötigt werden, um die angemeldete Nachfrage zu decken. Der Stromerzeuger erhält dabei für eine bestimmte Viertelstunde den Zuschlag zu dem an der Börse festgelegten Zuschlagspreis. Dieser Preis ist für alle zum Zuge kommenden Kapazitäten der sogenannte **Gleichgewichtspreis oder Market Clearing Price.** Dort entsprechen sich die Preise für die angebotene und die nachgefragte Menge.

150   Sehr vereinfacht dargestellt, funktioniert das wie folgt: Erzeuger A bietet eine Liefereinheit für 10 Euro, Erzeuger B für 20 Euro und Erzeuger C für 30 Euro. Gleichzeitig fragen die Verbraucher X und Y jeweils eine Liefereinheit für maximal 25 Euro an, Verbraucher Z möchte für die Liefereinheit lediglich 5 Euro zahlen. In diesem Fall liegt der Gleichgewichtspreis bei 20 Euro. A und B erhalten zu diesem Preis den Lieferzuschlag, sodass sie ihre Einheiten über die Börse liefern und dafür 20 Euro erhalten. Für A ist das besonders erfreulich, denn er wollte 10 Euro, bekommt aber 20 Euro. C wird nicht berücksichtigt, weil für das Angebot zu 30 Euro keine Nachfrage bestand, diese war ja bei 25 Euro gedeckt. Z erhält keine Stromlieferung, denn für die von ihm gebotenen 5 Euro gab es kein passendes Angebot.

151   Abstrakt dargestellt kommen also diejenigen **Angebote** zur Lieferung von Strom, die über dem Gleichgewichtspreis liegen, mangels hinreichender **Nachfrage** zu diesem Preis nicht zur Lieferung. Ebenso wird natürlich auch die Nachfrage, die nur einen Preis unterhalb des Gleichgewichtspreises bietet, nicht mit Lieferung bedient. Dies ist im nachfolgenden Diagramm schematisch dargestellt.

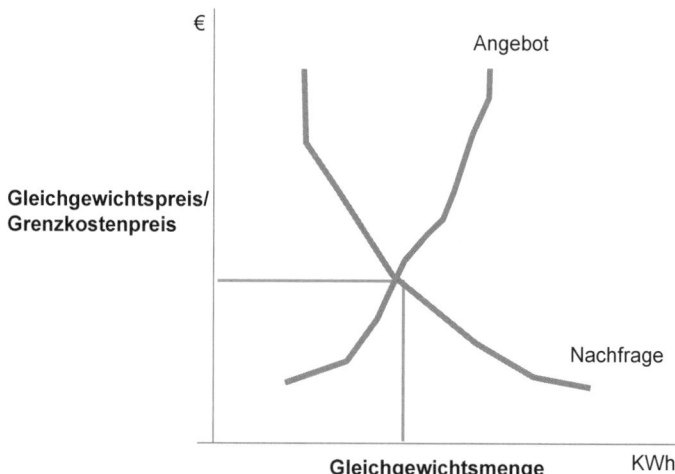

Abb. 15 – Modell zur Ermittlung des Gleichgewichtspreises. Die Grafik zeigt, wie sich aus dem Angebot und der Nachfrage der Strompreis ergibt.

152   Damit hat der Eigentümer der Anlage nun zunächst einmal Klarheit, ob er den Strom seiner Erzeugungsanlage für einen bestimmten Zeitraum des Folgetages entweder über

einen direkten Liefervertrag oder über die Börse oder auf andere Weise verkauft und er somit eine vertragliche **Lieferverpflichtung** hat.

bb) Unterschiedliche Erzeugungsanlagen. Aufgrund der Stromlieferverträge oder **153** der Börsen-Auktion ist der Stromerzeuger dann verpflichtet, zu einem bestimmten Zeitpunkt eine bestimmte Strommenge zu liefern. Häufig hat der Eigentümer aber nicht nur eine Anlage, sondern ein Portfolio von verschiedenen Anlagen, zur Auswahl. Wie er den verkauften Strom innerhalb seines **Kraftwerksportfolios** erzeugt, ist ihm überlassen. Bei den Erwägungen sind die Verfügbarkeit und die Erzeugungskosten die primären Gesichtspunkte. Hierbei kommt es ganz wesentlich auf die Art der Anlage und ihre besonderen Eigenschaften an.

Hinzu kommen aber eine Reihe weiterer Gesichtspunkte, die der Eigentümer des Port- **154** folios berücksichtigt. Dazu gehören die **Wahrscheinlichkeiten** der Inanspruchnahme der Anlage zur Produktion besser bezahlter Reserveleistung durch den Übertragungsnetzbetreiber, An- und Abfahrkosten der Anlage mit der zusätzlichen Möglichkeit, verschiedene Kraftwerke nur mit einem Teil der Leistung laufen zu lassen oder die Möglichkeit eines günstigeren Zukaufs von anderen Erzeugern am börslichen Intraday Markt. Dort werden am Tag der Belieferung ganz kurzfristig noch einmal Kapazitäten versteigert.

Hier spielen nun wieder die Anlagen, die Strom aus erneuerbaren Energien erzeugen, **155** eine **Sonderrolle.** Denn sie laufen im Prinzip immer und speisen in das Netz ein, wenn es die Bedingungen zulassen und der Netzbetreiber sie nicht wegen Netzüberlastung abschaltet. Allerdings ist der Strom aus erneuerbaren Energien nur wetterabhängig verfügbar, der Wind weht nicht immer und auch die Sonne scheint nur zu bestimmten Zeiten. Bei ihnen ist jedenfalls bei der traditionellen Förderung, wenn man einmal die Direktvermarktung[59] außer Acht lässt, der jeweilige Marktpreis keine wesentliche Komponente für den Einsatz.

cc) Einsatz der Erzeugungsanlagen. Die schon kurz angesprochenen Unterschiede **156** hinsichtlich der Flexibilität und des Erzeugungspreises sind bei den konventionellen Erzeugungsanlagen erheblich. Deshalb sind sie für die kurzfristige Bereitstellung am folgenden Tag unterschiedlich gut geeignet. Maßgeblich bei der Eingruppierung der Arten konventioneller Erzeugungsanlagen ist der **Erzeugungspreis,** der von den variablen Kosten (insbesondere den Brennstoffkosten, CO_2-Zertifikaten etc.) bestimmt wird. Sie fallen an, wenn die Anlage nicht stillsteht und Strom geliefert wird. Steht das Kraftwerk still und wird kein Strom geliefert, treten dagegen nur die Deckungskosten auf.

So ist Windkraft einerseits relativ kostengünstig, weil das Windrad für die Stromerzeu- **157** gung keinen Brennstoff verbraucht, andererseits ist sie nicht immer verfügbar. Ein Kernkraftwerk erzeugt Strom zu sehr geringen Kosten pro Kilowattstunde, wenn es einmal läuft. Es in Betrieb zu nehmen und es herunterzufahren dauert jedoch jeweils mehrere Tage und ist kostenintensiv. Für **kurzfristige Einsätze** eignet es sich daher nicht. Demgegenüber kann die Erzeugungsmenge des Gaskraftwerkes sehr flexibel geregelt werden, die Erzeugung des Stromes ist jedoch aufgrund des hohen Gaspreises recht teuer.

Schließlich sind für die **Verfügbarkeit** noch eine Reihe weiterer Faktoren zu berück- **158** sichtigen, wie z.B., dass Kraftwerke zu bestimmten Zeiten wegen Revision oder Reparaturen nicht zur Verfügung stehen, dass bestimmte Kapazitäten mit jeweils festgelegter Flexibilität als Regelenergie bereits an die Übertragungsnetzbetreiber verkauft worden sind oder dass KWK-Kraftwerke ihren Zuschuss nur erhalten, wenn sie im Wesentlichen wärmegeführt betrieben werden.[60]

Aus all diesen Überlegungen ergibt sich – unter Außerachtlassung der erneuerbaren **159** Energien – folgende traditionelle Einteilung der konventionellen Erzeugungskapazitäten:

---

[59] Siehe § 4, Rn. 73 ff.
[60] Siehe § 7, Rn. 9 ff.

- **Grundlastkraftwerke,** wozu vor allem Kernkraftwerke, Laufwasserkraftwerke, Braun-
kohle- und Steinkohlekraftwerke gehören, erzeugen typischerweise große Mengen kostengünstigen Stromes. Sie können aber weniger flexibel angefahren und abgeschaltet
werden. Daher werden sie vor allem zur Abdeckung des meist langfristig zu einem günstigen Preis verkauften Sockelbedarfs an Strom eingesetzt, der im Laufe des Tages kaum
unterschritten wird. Sie sind für den kurzfristigen Ausgleich schlecht geeignet.
- **Mittellastkraftwerke** sind flexibler einsetzbar, d. h. sie lassen sich besser regeln als
Grundlastkraftwerke, sind aber typischerweise in den Erzeugungskosten pro Kilowattstunde Strom teurer. Hierzu gehören häufig ebenfalls Steinkohlekraftwerke oder Gaskraftwerke. Sie decken typischerweise den Verbrauch im Rahmen der Schwankungs-
breite im Verbrauch ab und können bei der Kraftwerksplanung ggf. noch berücksichtigt
werden.
- **Spitzenlastkraftwerke,** typischerweise z. B. Gaskraftwerke, Pumpspeicherkraftwerke
und andere Stromspeicher, produzieren Strom i. d. R. teurer, aber sehr flexibel und sind
durch ihre kurzen Anlaufzeiten kurzfristiger einsetzbar als Mittellastkraftwerke. Sie decken die Lastspitzen, also den Bedarf ab, der die Kapazität der Mittellastkraftwerke übersteigt.

160   Bietet der Stromerzeuger seine ihm zur Verfügung stehende Erzeugungskapazität nun
wie zuvor geschildert für die Viertelstunden des nächsten Tages an der Strombörse an, so
muss er all diese Aspekte berücksichtigen.

161   **dd) Koordinierung der Einspeisung.** Die vielen einzelnen von den Eigentümern der
Erzeugungsanlagen getroffenen Einsatzentscheidungen kommen im Stromnetz zusammen.
Dies gilt sowohl physisch mit der Einspeisung in das Netz als auch informationell mit der
Mitteilung an die Netzbetreiber. Indem auf der einen Seite eine Einspeisung nur erfolgt,
wenn der Strom bereits vorher für einen Verbrauch verkauft ist, und auf der anderen Seite
für den geplanten Verbrauch vorab Strom eingekauft worden ist, führt das Marktsystem
dazu, dass im Wesentlichen jederzeit ein **Gleichgewicht** zwischen Erzeugung und Verbrauch besteht. Der Übertragungsnetzbetreiber steht in der Mitte zwischen beiden. Seine
Aufgabe ist es zum einen, den Strom vom Erzeuger zum Verbraucher zu transportieren,
zum anderen, Einspeisung und Verbrauch zu koordinieren.

162   Das wichtigste Mittel zur Koordinierung und Aufrechterhaltung des Gleichgewichts von
Einspeisung und Entnahme sind die **Bilanzkreise**[61], mit denen die Bilanzkreisverantwort-
lichen alle Einspeisungen und Entnahmen an die Übertragungsnetzbetreiber melden. Jede
Erzeugung und jede Entnahme aus dem Stromnetz müssen einem Bilanzkreis angeschlos-
sen sein. So meldet der Erzeuger seine geplante Erzeugung an den Bilanzkreis und an den
Übertragungsnetzbetreiber. Der Übertragungsnetzbetreiber schaut dann zum einen, ob der
Fahrplan so für sein Netz zu bewältigen ist und zum anderen, ob die Bilanzkreise ausgeglichen sind. Ist der Bilanzkreis allein oder in der Summe nicht ausgeglichen, so setzt der
Netzbetreiber Regelenergie oder andere Mechanismen ein[62], um den Ausgleich zu gewährleisten (sogenannte Ausgleichsleistung, vgl. § 3 Nr. 1 EnWG). Die Kosten dafür berechnet er dem nicht ausgeglichenen Bilanzkreis.

163   Ergeben sich für den Übertragungsnetzbetreiber durch die tatsächlich angemeldeten
Einspeisungen und Entnahmen beim Transport des Stromes vom einen zum anderen Netz
Engpässe, kann er diese durch Maßnahmen des **Engpassmanagements** ausgleichen.[63] Das
wichtigste Mittel der Netzbetreiber dazu ist das **Redispatching.** Dies bedeutet, dass auf
der einen Seite des Engpasses, wo zu viel Strom eingespeist wird, Erzeugungsanlagen mitgeteilt wird, dass sie – natürlich gegen Entschädigung – zu der problematischen Zeit nicht
laufen sollen. Auf der anderen Seite des Engpasses, wo mehr Verbrauch als Erzeugung besteht, wird Erzeugungsanlagen, die bei der Auktion an der Strombörse nicht zum Zuge

---

[61] Siehe § 4, Rn. 244 ff.
[62] Siehe § 4, Rn. 249.
[63] Siehe § 4, Rn. 260 ff.

kamen, weil sie zu teuer waren, vom Netzbetreiber die Order gegeben, doch Strom zu produzieren, natürlich zu Ihren höheren Erzeugungskosten. Dies macht im Übrigen auch deutlich, warum fehlender Netzausbau, der zu Netzengpässen führt, letztlich für die Stromverbraucher so teuer ist.

Als Ergebnis dieser Abstimmung teilt der Übertragungsnetzbetreiber dem Stromerzeuger **164** mit, welche Strommenge von der jeweiligen Erzeugungsanlage in das Netz eingespeist werden darf. Man spricht dabei vom **Dispatching.** Meist wird dies die vom Erzeuger bzw. dem Bilanzkreisverantwortlichen angemeldete Menge sein, aber eben nicht immer, da die Letztentscheidung über die Einspeisung und damit auch über den Betrieb der Erzeugungsanlage der Netzbetreiber hat, der die Systemverantwortlichkeit trägt. Verlangt der Übertragungsnetzbetreiber aber aus Gründen der Netzsicherheit (§ 13 Abs. 1 EnWG) Abweichungen von der geplanten Erzeugung, so hat er die Mehrkosten zu ersetzen.

Am Ende wird im **Idealfall** deutschland- und sogar europaweit in jedem Augenblick **165** des Tages genauso viel Strom erzeugt wie verbraucht. Dass das funktioniert, obwohl der Erzeuger/Verkäufer und der Verbraucher/Käufer des Stromes oft hunderte Kilometer voneinander entfernt sind und der Verbraucher den Strom jederzeit praktisch gleichzeitig mit der Erzeugung erhält, grenzt an ein kleines Wunder. ·

b) Exkurs: Merit Order

Aus den im vorangegangenen Abschnitt erwähnten unterschiedlichen Erzeugungskosten **166** lässt sich zudem eine bestimmte Reihenfolge der Erzeugungsquellen von *preiswert* bis *teuer* bilden. In dieser Ordnung sind die erneuerbaren Energien mit Einspeisevorrang und garantiertem Preis stets am günstigsten. Dann kommen aufsteigend die Kernkraftwerke, die Braunkohle- und Steinkohlekraftwerke, die Gaskraftwerke und schließlich für unseren Markt in Deutschland die weniger gebräuchlichen, weil teureren Quellen, wie Wasserkraft oder Heizöl. Die sich daraus ergebende Reihenfolge wird als **Merit Order** bezeichnet. Für sie gibt es keinen gebräuchlichen deutschen Begriff. Es handelt sich dabei um ein schematisiertes Erklärungsmodell für die Einsatz-Reihenfolge von Kraftwerken. Sie spielt gerade in der Diskussion um verschiedene Erzeugungsarten in der Folge der Energiewende unter mehreren Aspekten eine Rolle.

Im Abschnitt zuvor haben wir zum einen gezeigt, dass die größeren Kraftwerksbetreiber **167** bei der Kraftwerksplanung aus vielen Anlagen in ihrem Portfolio wählen können, um den durch langfristige Lieferverträge verkauften Strom bereitzustellen. Hierbei werden sie immer erst das am preiswertesten erzeugende Kraftwerk einsetzen und dann das jeweils teurere hinzunehmen, bis die benötigte Strommenge zur Verfügung steht, es sei denn, der Zukauf von Strom bei einem Dritten ist an einem bestimmten Punkt preiswerter als die Eigenerzeugung. Dann wird ein solcher Zukauf erfolgen. Welches Kraftwerk das preiswerteste ist, ergibt sich aus der Merit Order. Sie sortiert die einzelnen Kraftwerke anhand ihrer **Grenzkosten.** Diese Grenzkosten sind je nach Kraftwerk unterschiedlich und ergeben sich aus einer Berechnung der variablen Kosten der Erzeugung, in die u. a. der Brennstoffpreis, die Betriebskosten des Kraftwerks und die benötigten CO_2-Zertifikate eingehen. Man spricht deshalb von variierenden Grenzkosten.

Zugleich spielt die Merit Order bei der Bestimmung bzw. dem Verständnis des Zustande- **168** kommens des **Marktpreises** für den Strom, der heute in der Regel der Börsenstrompreis ist, eine wichtige Rolle.[64] Denn bei dem oben dargestellten Auktionsmechanismus[65] kommen nach den erneuerbaren Energien immer die zu dem günstigsten Preis angebotenen Erzeugungsquellen zum Zuge, was sich in der Regel nach den Grenzkosten bestimmt. Also kommen beginnend bei dem Kraftwerk mit den niedrigsten Grenzkosten nach und nach Kraftwerke mit immer höheren Grenzkosten zum Zuge. Dieser Prozess setzt sich fort, bis die Nachfrage gedeckt ist. Das letzte Gebot, das an der Strombörse den Zuschlag erhält, ist dabei nicht nur für

---

[64] Siehe Beispiel bei § 4, Rn. 150.
[65] Siehe § 4, Rn. 147 ff.

die Teilnehmer dieser Auktion maßgeblich. Vielmehr bestimmt seine Höhe den Preis für alle (Market Clearing Price), sodass einerseits viele Betreiber einen Preis jenseits ihrer Grenzkosten und damit einen Gewinn erzielen und auf der anderen Seite diejenigen, die zu Preisen oberhalb des Market Clearing Preises angeboten haben, gar nicht produzieren können.

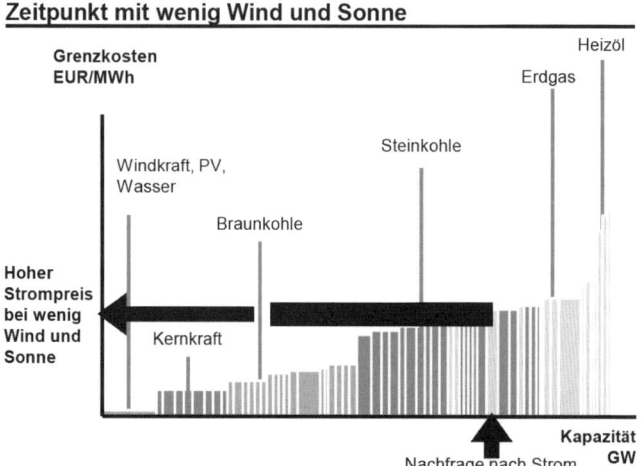

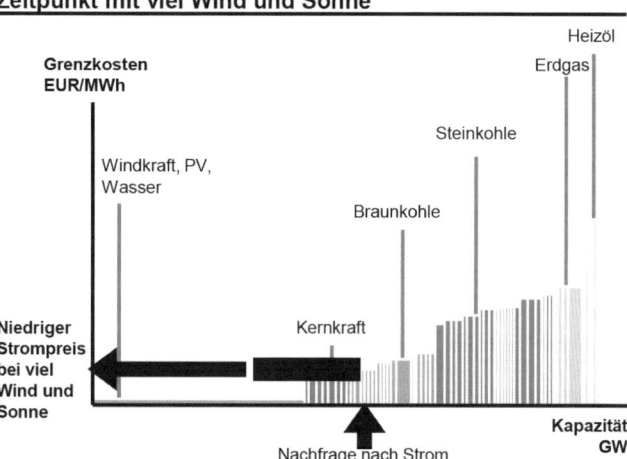

Quelle: Agora Energiewende

Abb. 16 – Merit Order. Die Grafik zeigt den sogenannten Merit Order Effekt zu einer Tageszeit mit wenig Wind und Sonne (oben) und mit viel Wind und Sonne (unten). Deutlich zu sehen ist, wie das Aufkommen an Strom aus erneuerbaren Energien in der oberen Grafik die konventionellen Anlagen verdrängt.

169   Eine Sonderrolle innerhalb der Merit Order nehmen die erneuerbaren Energien ein. Da sie vorrangig eingespeist und mit einem gesetzlich garantierten Preis vergütet werden, stehen sie in der Merit Order immer an der Spitze. Die Verdrängung von konventionellen Kraftwerken durch erneuerbare Energien Anlagen senkt somit den Börsenpreis und wird auch als **Merit Order Effekt** bezeichnet. Allerdings sinkt dadurch nicht auch der Strompreis – denn durch die vom Verbraucher über die EEG-Umlage zu zahlenden, höheren Kosten für den Strom aus erneuerbaren Energien steigt er sogar an.

Zum Weiterlesen

Wolfgang Ströbele u. a., Energiewirtschaft, 3. Aufl. 2013, S. 249 ff.
Serafin von Roon u. a., Merit Order des Kraftwerksparks, 2010

c) Strommarktdesign und Kapazitätsmärkte

Die im vorherigen Teil behandelte Thematik der Stromerzeugung ist eng mit der Frage   **170**
nach der regulatorischen Gestaltung des Strommarktes insgesamt – dem **Strommarktdesign** – verknüpft. Angesichts der Schwierigkeiten im Bereich der konventionellen Stromerzeugung und der Frage, wie sich die Erzeugung aus erneuerbaren Energiequellen in Zukunft am besten fördern lässt, steht Deutschland vor der Frage, welches Strommarktdesign
sich für die Zukunft der Energiewende am besten eignet.

aa) Die Problemlage. Angesichts der vorstehend erläuterten Merit Order haben die   **171**
Betreiber konventioneller Kraftwerke in der derzeitigen Energiewende ein **Problem:** Mit
der zunehmenden Erzeugung von Strom aus erneuerbaren Energiequellen kommen die
konventionellen Kraftwerke immer weniger zum Einsatz. Gleichzeitig ist der Strom aus
Photovoltaik und Windkraft aber nicht immer verfügbar und kann durch die bisher nicht
ausreichend entwickelte Speichertechnologie auch nicht auf Vorrat erzeugt werden. Angesichts des Zeithorizonts der Energiewende bis zum Jahr 2050 werden die konventionellen
Kraftwerke daher noch für viele Jahre in erheblichem Umfang benötigt. Auch wenn die
Zahl ihrer Einsatzstunden immer weniger wird, müssen die konventionellen Kraftwerke
also auch weiterhin vorgehalten werden.

Nach dem derzeitigen Marktmodell des deutschen Strommarkts, dem sogenannten   **172**
Energy Only Markt, erhalten die Betreiber der Kraftwerke aber vor allem den gelieferten
Strom vergütet, nicht die Kosten für die Vorhaltung der Kraftwerke. Die Kosten dieser
Kapazitätsvorhaltung werden durch die Vergütung der Stromlieferungen mit abgegolten.
Da die Kraftwerke aber mit der zunehmenden Produktion durch erneuerbare Energien
immer weniger Stunden im Jahr zum Einsatz kommen, nehmen die Betreiber immer we-
niger ein, so dass der Betrieb vieler Kraftwerke nicht mehr rentabel ist.

Daher werden derzeit viele Kraftwerke **stillgelegt** und ein Ende dieses Prozesses ist   **173**
noch nicht absehbar. Im Gegenteil wird die aus konventionellen Kraftwerken verfügbare
Kapazität mit der Abschaltung der Kernkraftwerke bis 2022 und der neun Braunkohleanla-
gen bis 2023 noch knapper.

Wie sich aus der Übersicht der Einsatzreihenfolge zur Merit Order zeigt, ist das Problem   **174**
bei **Gaskraftwerken** am größten, da diese aufgrund der derzeit relativ hohen Brennstoffkosten für Gas in der Merit Order weit hinten stehen. Nun haben aber gerade Gaskraftwerke eine hohe Flexibilität beim Anfahren und Herunterfahren der Erzeugung, so dass sie
zum Ausgleich der Schwankungen der Erzeugung aus erneuerbaren Energiequellen besonders gut geeignet sind. Ihre Stilllegung aus Gründen mangelnder Rentabilität ist daher eigentlich nicht im Sinne einer sinnvollen Strukturierung des Übergangs zu einer Stromerzeugung hauptsächlich mittels erneuerbarer Energiequellen.

Hinzu kommt, dass die Zentren der Stromerzeugung und des Verbrauchs sich in   **175**
Deutschland zunehmend auseinanderentwickeln. Während Verbrauchsschwerpunkte in den
industriestarken Gebieten im Ruhrgebiet und in Süddeutschland liegen, wird der Strom
zunehmend in Norddeutschland mittels Windkraft und nahe den Seehäfen für den Kohle-
transport erzeugt. Der Transport der großen Strommengen in den Süden führt aber zu
Netzengpässen, weil die Leistungskapazitäten dafür nicht ausgelegt sind. Im Ergebnis
wird die an den Verbrauchsschwerpunkten verfügbare Strommenge dadurch beschränkt.
Eine schnelle Abhilfe ist angesichts der Schwierigkeiten und der Dauer des Netzausbaus
nicht zu erwarten.

Trotz des Bedarfs an konventionell erzeugtem Strom sind angesichts der schlechten Er-   **176**
tragslage **Investitionen** in konventionelle Kraftwerke praktisch zum Erliegen gekommen.
Diese Lage ist nicht nur in Deutschland, sondern in vergleichbarer Weise auch in anderen

europäischen Ländern zu finden. Daher werden Überlegungen angestellt, ob der Energy Only Markt das richtige Marktmodell für die Energiewende ist. Als Alternative wird diskutiert, ob der Markt für Stromerzeugung und -verbrauch in Zukunft auch die Vorhaltung von Erzeugungskapazitäten vergüten sollte, unabhängig davon, ob die Kraftwerke zum Einsatz kommen. Hierfür werden verschiedene Kapazitätsmechanismen diskutiert. Darunter finden die Modelle von Kapazitätsmärkten und strategischen Reserven besondere Aufmerksamkeit. Dies wird unter dem Stichwort eines **neuen Marktdesigns** für den Strommarkt diskutiert.

177   **bb) Ausgangssituation in Deutschland.** Nach dem im Oktober 2014 veröffentlichten **Grünbuch** *Ein Strommarkt für die Energiewende*[66] geht die Bundesregierung davon aus, dass im deutschen Strommarkt noch Überkapazitäten für die Stromerzeugung bestehen. Wie erwähnt, befinden sich die Erzeugungskapazitäten aber vielfach nicht an den Stellen, an denen der Verbrauch erfolgt und nach der oben erläuterten Lage besteht das Risiko, dass in den nächsten Jahren neben den Kernkraftwerken und alten Braunkohlekraftwerken auch viele andere Kraftwerke stillgelegt werden.

178   Wie zuvor beschrieben, ist in Deutschland derzeit das Modell des **Energy Only Marktes** maßgeblich. Dabei weist das Grünbuch jedoch zu Recht darauf hin, dass es sich nicht um einen absoluten Energy Only Markt handelt. Denn schon heute wird nicht nur der gelieferte Strom, die sogenannte Arbeit, vergütet. Auch die vorgehaltene Leistung wird direkt als Regelenergie und indirekt auf den Terminmärkten sowie in langfristigen Lieferverträgen vergütet. Der überwiegende Teil der Erlöse für die Kraftwerksbetreiber stammt jedoch aus dem Verkauf von Strom aufgrund von Stromlieferverträgen oder an der Energiebörse. Dort sind derzeit die Preise u.a. aufgrund der subventionierten Einspeisung von erneuerbaren Energien und den niedrigen Preisen für CO_2-Zertifikate relativ niedrig. Zudem sind an der Strombörse die Preisspitzen, die sich bei Stromknappheit ergeben, auf maximal 3.000 Euro pro Megawattstunde begrenzt.

179   **(1) Missing Money Problem und Netzreserve.** Für das Problem des Einsatzes konventioneller Kraftwerke wurde deshalb insbesondere im Grünbuch die Lösung diskutiert, diese **Deckelung der Preisspitzen** aufzuheben und Strompreise in unbegrenzter Höhe zuzulassen. In diesem Fall könnten die Erträge aus solchen Preisspitzen auch bei wenigen Einsatzstunden für die Kraftwerke dazu genutzt werden, eine Kostendeckung und Gewinne zu erreichen, die Anreize zu Neuinvestitionen in konventionelle Spitzenlastkraftwerke geben oder wenigstens die Schließung der Gaskraftwerke vermeiden würden.

180   Die Lücke zwischen dem tatsächlich auf dem Strommarkt mit seinen derzeitigen Regulierungen der Deckelung der Preisspitzen erreichbaren Erlösen und den Kapitalkosten für Investitionen in neue Kraftwerke wird von den Ökonomen als **Missing Money Problem** bezeichnet. In der obigen, schematischen Tabelle in **Abb. 17 − Missing Money Problem** wird dies durch die Fläche links unter der Preiskurve oberhalb der Preisgrenze dargestellt. In diesen fehlenden Einnahmen bei extrem hohen Preisen wird aus Sicht der ökonomischen Theorie in einem Energy Only Markt eines der Haupthindernisse für Investitionen gesehen. In der Diskussion besteht jedoch eine gewisse Skepsis, ob Kraftwerksbetreiber in der Hoffnung auf den seltenen Fall solcher Strompreise von zigtausenden von Euro pro Megawattstunde Investitionen in Milliardenhöhe tätigen würden. Dabei spielt auch eine Rolle, dass die politische und gesellschaftliche Akzeptanz und damit die Durchsetzbarkeit von solch extrem hohen Strompreisen bezweifelt wird. Im Juli 2015 hat das Bundeswirtschaftsministerium die Darstellungen ergänzt, indem u.a. drei sogenannte Bausteine zur Weiterentwicklung des Strommarktes vorgestellt und deren Umsetzung beschrieben werden.[67]

---

[66] Bundeswirtschaftsministerium, Ein Strommarkt für die Energiewende − Diskussionspapier (Grünbuch), November 2014, S. 5.
[67] Bundeswirtschaftsministerium, Weißbuch 2.0, Juli 2015.

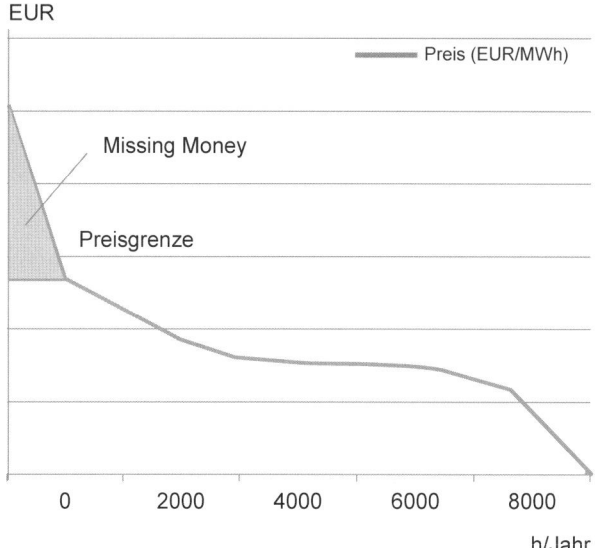

Abb. 17 – Missing Money Problem. Die Grafik zeigt, dass der Strompreis an einigen Stunden im Jahr oberhalb der Preisgrenze von 3.000 Euro/Megawattstunde liegt. Zu diesen Zeiten können die Anlagenbetreiber ihre Kosten durch ihre Erlöse nicht decken.

Im Übrigen konzentriert sich das **deutsche Strommarktdesign** nach momentaner **181** Rechtslage bei den langfristigen Maßnahmen darauf, die jeweils konkret notwendigen Kapazitäten für den nächsten Winter zu sichern und für die Versorgungslage schädliche Schließungen von Kraftwerken zu verhindern. Hierbei verlässt sich der Gesetzgeber neben dem Genehmigungserfordernis für die Schließung von Kraftwerken nach § 13b EnWG zum einen für mögliche Knappheitslagen im Winter auf die Netzreserve nach der 2013 eingeführten Reservekraftwerksverordnung sowie längerfristig auf die strategische Reserve systemrelevanter Kraftwerke nach § 13b EnWG. Hierzu sei auf die kurze Beschreibung des Inhalts unter Rn. 243 zur *Netzstabilität durch Systemsteuerung* verwiesen.

(2) **Zuständigkeiten.** Die Verantwortung für das Vorhandensein der notwendigen **182** Netzreserven liegt zum großen Teil bei den **Übertragungsnetzbetreibern.** Kurzfristig setzen sie netz- und marktbezogene Maßnahmen ein, wie etwa die Bereitstellung von Reserveleistung und Maßnahmen zum Redispatch. Entsprechende Mechanismen dürfen allerdings nicht dazu führen, dass der Wettbewerb am Strommarkt verzerrt wird.[68] Daneben bestimmen und beschaffen die Übertragungsnetzbetreiber auch jährlich unter Mitwirkung der Bundesnetzagentur die sogenannte Winterreserve nach der Reservekraftwerksverordnung. Und schließlich entscheiden sie zusammen mit der Bundesnetzagentur nach § 13b EnWG über die Systemrelevanz von Kraftwerken. Wird ein Kraftwerk als systemrelevant eingestuft, darf der Kraftwerksbetreiber es nicht stilllegen. Die Reservekraftwerksverordnung galt eigentlich nur bis zum Jahr 2017, wird danach aber als *Netzreserveverordnung (NetzResV)*[69] weitergeführt (§ 13d EnWG).

Weiter kann die **Bundesregierung** erforderlichenfalls auch noch nach § 53 EnWG zu- **183** sätzliche Erzeugungskapazitäten ausschreiben. Zur Sicherung der Versorgungssicherheit kann sie durch Verordnung mit Zustimmung des Bundesrats ein Ausschreibungsverfahren für neue Erzeugungskapazitäten oder Energieeffizienz- oder Nachfragesteuerungsmaßnah-

---

[68] Siehe hierzu die Entscheidung zu den sogenannten Irsching-Verträgen in § 9, Rn. 82 ff.
[69] Verordnung über die Regelung der Beschaffung und Vorhaltung von Anlagen der Netzreserve.

men durchführen. Die Vorschrift diente der Umsetzung der europäischen Stromhandelsverordnung. Sie hat bisher aber keine Anwendung gefunden.

184   cc) Strommarktdesign mit Kapazitätsmechanismen. Im Unterschied zu anderen
europäischen Ländern hat sich Deutschland bei der Einführung von **Kapazitätsmechanismen** mit dem zuvor angesprochenen Verbot der Schließung systemrelevanter Kraftwerke und der Winterreserve bisher auf unbedingt erforderliche Maßnahmen zur Sicherung
notwendiger Erzeugungskapazitäten in konkreten Situationen beschränkt. Trotzdem haben
sich allein für die Winterreserve die Kosten in den drei Wintern von 2012/2013 bis
2014/15 auf 100 Millionen Euro belaufen, die von den Übertragungsnetzbetreibern auf die
Stromkunden umgelegt wurden.

**185   Grundsätzlich beinhaltet das Konzept der Kapazitätsmechanismen neben Kapazitäts-
märkten noch andere Modelle zur Sicherung der Verfügbarkeit der erforderlichen Leistung
im Strommarkt. Darunter fallen Modelle direkter staatlicher Zahlungen für vorgehaltene
Kapazitäten, die sich am Markt beteiligen (beispielsweise in Griechenland und Spanien)
sowie die bezahlte Vorhaltung strategischer Reserven, die sich jedoch nicht am tagtäglichen
Marktgeschehen beteiligen, um Marktverzerrungen zu vermeiden **(Kapazitätszahlun-
gen).** Kapazitätsmärkte als marktbasierte Modelle zur Sicherung der Verfügbarkeit der erforderlichen Leistung im Markt gibt es in unterschiedlichen Ausprägungen. Grundsätzlich
basiert der Gedanke des Kapazitätsmarkts darauf, dass der Anlagenbetreiber nicht mehr nur
mit dem Verkauf von Strom sein Einkommen erwirtschaftet, sondern auch noch mit dem
Verkauf der Stromerzeugungskapazität seines Kraftwerks, unabhängig davon, ob diese Leistung von dem Erwerber in Anspruch genommen wird. Der Mechanismus zum Anreiz von
Investitionen in Kapazitäten ist jedoch marktmäßig ausgeformt und besteht nicht nur – wie
bei strategischen Reserven – in Zahlungen für vorgehaltene Kapazitäten. Der Markt für die
Kapazität würde damit, neben dem Markt für die elektrische Arbeit, einen selbstständigen
zweiten Markt darstellen.

**186   Da die Diskussion um die Gestaltung eines Kapazitätsmarkts relativ neu ist, hat sich noch
keine einheitliche Terminologie eingebürgert und die Modelle werden nach unterschiedlichen Kriterien gruppiert. Dies ist auch dadurch bedingt, dass in den europäischen Ländern
unterschiedliche Modelle umgesetzt werden. Das Grünbuch des Bundeswirtschaftsministeriums unterscheidet bei Kapazitätsmärkten[70] zwischen

- *zentralen* und *dezentralen* **Kapazitätsmärkten,** je nachdem, ob die Kapazitätserforder-
  nisse zentral z.B. von Regierungsstellen bestimmt werden oder ob deren Bestimmung
  dezentralen Mechanismen überlassen wird sowie
- *umfassenden* und *fokussierten* **Kapazitätsmärkte** entsprechend ihrer Anwendung auf
  alle Arten von Erzeugungskapazitäten oder nur auf solche mit bestimmten Eigenschaften, wie z.B. flexible oder emissionsarme Kapazität.

**187   Die verschiedenen Modelle haben unterschiedliche Vor- und Nachteile. So besteht bei
zentralen Mechanismen, wie sie beispielsweise in Italien und Großbritannien vorgesehen
sind, das Risiko, dass von der zentralen – meist staatlichen – Stelle das für die Versorgungssicherheit erforderliche Volumen falsch eingeschätzt wird und damit einerseits entweder Unsicherheit der Versorgung oder andererseits zu hohe Kosten verursacht werden. **Dezentrali-
sierte Modelle,** wie sie z.B. in Frankreich verwendet und für Deutschland vom BDEW und
dem VKU vorgeschlagen wurden, erfordern für Fälle von Verstößen genau abgewogene
staatliche Sanktionen und erschweren das Lastmanagement. Umfassende Marktmodelle fördern auch unflexible und emissionsintensive Kraftwerke, während fokussierte Kapazitätsmärkte nicht technologieneutral sind und eventuell diskriminierend sein können.

**188   Daneben gibt es eine Vielzahl weiterer Gesichtspunkte, die bei dem „Design" eines Ka-
pazitätsmarkts zu berücksichtigen sind. Im **europäischen Vergleich** spielen dabei die
strukturellen und regulatorischen Verhältnisse des jeweiligen Landes eine wichtige Rolle.

---

[70] Bundeswirtschaftsministerium, Ein Strommarkt für die Energiewende – Diskussionspapier
(Grünbuch), November 2014, S. 42 ff.

So ist in Frankreich beispielsweise ein schnell wachsender Bedarf für Spitzenlast zu berücksichtigen, während in Deutschland das Nord-Süd-Ungleichgewicht gelöst werden muss und in Spanien und Italien Überkapazitäten und mangelnde Margen bei Gaskraftwerken bestehen.[71]

dd) Entwicklung in Deutschland. Aufgrund des zuvor bereits erwähnten Grünbuches wurde im Herbst 2014 ein Konsultationsprozess durchlaufen. Als Ergebnis erschien im Juli 2015 das **Weißbuch** *Ein Strommarkt für die Energiewende.* Dort wurde dem Modell eines Kapazitätsmarktes für Deutschland eine Absage erteilt. Die Stromversorgung wird stattdessen künftig über eine Kapazitäts- und Klimareserve (KKR) gesichert, die mit dem Strommarktgesetz ins EnWG eingefügt wurde: **189**

- **Kapazitätssegment** – Ab dem Winterhalbjahr 2019/2020 wird jährlich unabhängig vom Energieträger eine Kapazitätsreserve wettbewerblich ausgeschrieben.
- Klimasegment – Zusätzlich werden ab dem 1.1.2017 Kapazitäten aus Braunkohlekraftwerken vertraglich in eine Klimareserve überführt und stehen dort für jeweils vier Jahre als Sicherheitsbereitschaft zur Verfügung. Die Kosten für die Vorhaltung der Betriebsbereitschaft werden kostenbasiert erstattet, danach müssen die Anlagen abgeschaltet werden (vgl. auch § 4, Rn. 32 und 276).

Die Kapazitäts- und Klimareserve dient der Absicherung der Stabilität der Stromversorgung und somit der Versorgungssicherheit auf dem Strommarkt und orientiert sich an der **Jahreshöchstlast.** Der Abruf und Einsatz der Kapazitäts- und Klimareserve erfolgt als Systemdienstleistung nach Abschluss aller Marktgeschäfte und wird über eine Kostenwälzung der Netzbetreiber abgerechnet. Sie ist von der Netzreserve zu unterscheiden, die der Netzstabilität dient und die sich an regionalen Netzengpässen orientiert[72]. Diese bildet neben der Kapazitäts- und Klimareserve den zweiten Baustein zur Gewährleistung der Versorgungssicherheit und wird durch den vorgesehenen Neubau von zwei Gigawatt schnellstartfähigen Kraftwerken, den Netzstabilitätsanlagen (siehe § 4, Rn. 274), gestärkt. **190**

ee) Europarechtliche Behandlung. Die unterschiedlichen Kapazitätsmechanismen in den Mitgliedsstaaten der EU wirken sich auch auf den europäischen Binnenmarkt für Strom aus, sodass wir an dieser Stelle Rn. 600 ff. vorgreifen und die europarechtliche Dimension betrachten wollen. Sie schaffen in den verschiedenen Ländern unterschiedliche Wettbewerbsbedingungen für die Stromerzeugung. Über die Verbindung der nationalen Märkte durch Grenzkuppelstellen und durch das Market Coupling[73] stehen diese Erzeugungskapazitäten aber miteinander im Wettbewerb. Deshalb will die EU-Kommission bei all diesen unterschiedlichen Kapazitätsmarktmodellen genau prüfen, inwieweit sie mit dem europäischen Recht und dabei insbesondere mit dem Beihilfenrecht und der Warenverkehrsfreiheit nach Art. 30, 34 AEUV zu vereinbaren sind. Sie veröffentlichte dazu zunächst am 5.11.2013 eine **Mitteilung zu staatlichen Eingriffen in den Stromsektor**[74], die sich intensiv mit den Voraussetzungen für die Zulässigkeit von nationalen Kapazitätsmärkten beschäftigte. Darin fordert die Kommission vor der Einführung neuer Kapazitätsmechanismen zunächst eine genaue Bedarfsanalyse und stellt detaillierte Anforderungen, darunter u. a., dass der Mechanismus **191**

- auf neue und auf alte Anlagen anwendbar sein muss,
- grenzüberschreitende Lieferungen berücksichtigen muss,
- marktbasiert sein muss,
- verhältnismäßig zu gestalten und
- einer regelmäßigen Überprüfung zu unterwerfen ist.

---

[71] Jens Perner u. a., in: Leigh Hancher u. a., Capacity Mechanisms in the EU Energy Markets, Oxford University Press, 2015, S. 59 ff.

[72] Siehe § 4, Rn. 269 ff.

[73] Siehe § 4, Rn. 591 ff.

[74] EU-Kommission, Mitteilung vom 5.11.2013, Vollendung des Elektrizitätsbinnenmarktes und optimale Nutzung staatlicher Interventionen, COM(2013) 7243 final.

Dem folgten am 9.4.2014 Leitlinien der Kommission für staatliche Umweltschutz- und Energiebeihilfen 2014 bis 2020[75], die detaillierte Vorgaben machten, wie die Mitgliedsstaaten mit Kapazitätsproblemen umzugehen haben. Dies soll vermeiden, dass Zahlungen nach diesen Systemen als staatliche Beihilfen gelten und dann rechtswidrig sind.

192   Als **ersten Fall** nach den neuen Leitlinien prüfte die Kommission die neue britische Gesetzgebung zur Einführung eines Kapazitätsmarkts und genehmigte diese mit Entscheidung vom 23.7.2014.[76] Die Kommission sah den Kapazitätsmarkt als technologieneutral an, er funktioniere auf der Grundlage von Preiswettbewerb, so dass eine angemessene Stromerzeugung die Verbraucher so wenig wie möglich koste und entspreche daher den europäischen Beihilfevorschriften. Das Modell gewährleiste die Versorgungssicherheit im Vereinigten Königreich, ohne dass es zu Wettbewerbsverzerrungen im Binnenmarkt komme. Die vorausgegangenen Mitteilungen und Leitlinien der Kommission lassen jedoch für zukünftige nationale Modelle für Kapazitätsmärkte eine eingehende Prüfung erwarten.

Zum Weiterlesen

Birgit Ortlieb, Kapazitätsmärkte – nein – Kapazitätsreserve – ja – Und was bringt die Sektoruntersuchung der EU-Kommission?, N&R 2015, 129 ff.
Pritzsche, Kai Uwe/Reinhardt, Katharina, Chapter on Germany in: Hancher u. a. (Hrsg.), Capacity Mechanisms in the EU Energy Markets, 2015, S. 271 ff.
Bundeswirtschaftsministerium, Ein Strommarkt für die Energiewende (Weißbuch), Juli 2015
Markus Ludwigs, Unionsrechtliche Probleme bei der Schaffung von Kapazitätsmechanismen in Deutschland, RdE 2015, 325 ff.
Jens Perner u. a., in: Leigh Hancher u. a., Capacity Mechanisms in the EU Energy Markets, 2015, Kapitel 4: Energy Market Design with Capacity Mechanisms
David Newberry, in: Jean-Michel Glachant/Francois Lévêque (Hrsg.), Electricity Reform in Europe, Towards a Single Energy Market, 2009, S. 35 ff.

5. Anlagengenehmigung

193   Die Genehmigung der Anlagen zur Stromerzeugung, insbesondere im Rahmen des BImSchG (Gesetz zum Schutz vor schädlichen Umwelteinwirkungen durch Luftverunreinigungen, Geräusche, Erschütterungen und ähnliche Vorgänge), ist im Prinzip keine besondere Regelungsmaterie des Energierechts. Auch Energieanlagen werden im **Verwaltungsrecht** nach den allgemeinen Grundsätzen für die Genehmigung von Anlagen behandelt. Allerdings gelten je nach Art der Anlage in der Regel spezifische umweltrechtliche Anforderungen, z. B. aus dem Wasser-, Naturschutz- und Immissionsschutzrecht oder im Fall von Offshore-Windparks, die Seeanlagenverordnung. Insofern wird hierzu auf die zu dem Thema umfangreich vorliegende Spezialliteratur verwiesen.

Zum Weiterlesen

Panos Konstantin, Praxisbuch Energiewirtschaft, 3. Aufl. 2013, Kapitel 11: Abwicklung von Energieprojekten
Walter Frenz, Die Genehmigungsfähigkeit von Kohlekraftwerken trotz Klimaschutz, DVBl. 2013, S. 688 ff.
Alfred Scheidler, Errichtung und Betrieb von Windkraftanlagen aus öffentlich-rechtlicher Sicht, GewArch Beilage WiVerw Nr. 03/2011, 117 ff.

III. Stromspeicherung

194   Das Thema der Stromspeicherung hat durch die Energiewende eine **besondere Bedeutung** gewonnen. Denn Stromeinspeisung und Stromentnahme müssen zu jedem Zeitpunkt ausgeglichen sein. Die erneuerbaren Energien, die künftig einen immer größeren

---

[75] EU-Kommission, Mitteilung vom 28.6.2014, Leitlinien für staatliche Umweltschutz- und Energiebeihilfen 2014–2020 (2014/C200/01).
[76] EU-Kommission, 23.7.2014, State aid SA. 35980 (2014/N-2) – United Kingdom; Electricity Market Reform – Capacity Market, COM(2014) 5083 final.

Anteil an der Stromversorgung übernehmen sollen, richten sich aber nicht nach dem Strombedarf. Sie erzeugen Strom, wann die Sonne scheint und der Wind weht. In Phasen, in denen die Produktion von Strom aus erneuerbaren Energien auf Hochtouren läuft, kommt es daher mittlerweile oft zu einem Überangebot von Strom an der deutschen Strombörse, der EEX. Dieser muss zu sehr niedrigen oder sogar negativen Preisen verkauft werden und/oder zieht die Abschaltung von Anlagen nach sich. Ein Ausweg aus diesem Dilemma würde bestehen, wenn Strom in hinreichenden Volumina effizient und langfristig gespeichert werden könnte, denn dadurch würden Erzeugung und Verbrauch entkoppelt.

Einige Ideen zu technischen **Lösungen** zur Stromspeicherung werden im Folgenden beschrieben. **195**

Zu den **elektrischen Speichern** gehören beispielsweise supraleitende Spulen und Kondensatoren. Sie ermöglichen eine Speicherung mit geringen Verlusten. Für eine dauerhafte Speicherung in großem Umfang ist ihre jeweilige Speicherkapazität aber zu gering. Daher werden sie vor allem zum Ausgleich bei kurzfristigen Spannungsverlusten im Netz eingesetzt. **196**

Mechanische Speicher sind derzeit die verbreitetste Lösung zur Stromspeicherung. Sie finden sich vor allem in Form von Pumpspeichern, Druckluftspeichern und Schwungrädern. **197**

Pumpspeicher haben sich zunächst aus herkömmlichen Wasserkraftwerken an Stauseen entwickelt, in denen das Wasser gestaut wurde, bis es zur Erzeugung von Strom benötigt wurde. Heute hat ein **Pumpspeicherkraftwerk** häufig zwei oder mehr Wasserreservoire, die auf unterschiedlichen Höhen liegen. Kennzeichen eines Pumpspeicherkraftwerks ist der sogenannte **reversible Anlagenbetrieb.** D.h., bei Strombedarf fließt Wasser vom Ober- ins Unterbecken, treibt Generatoren an und liefert so elektrischen Strom. Bei Überschuss an elektrischer Leistung im Stromnetz treibt ein Motorgenerator eine Pumpe an, welche das Wasser wieder in das Oberbecken pumpt. **198**

Angesichts der nicht immer bedarfsgerecht verfügbaren Mengen von Strom aus erneuerbaren Energien wird heute vermehrt überschüssiger Strom in solchen Pumpspeicherkraftwerken gespeichert. Der **Wirkungsgrad** – also das Verhältnis der eingesetzten Energie zur nutzbaren Energie – liegt bei modernen Pumpspeicherkraftwerken heute i. d. R. bei 75 Prozent bis 80 Prozent.[77] In Deutschland sind 28 Pumpspeicherkraftwerke[78] am Netz. **199**

Allerdings fehlt es in Deutschland – im Gegensatz zu Österreich, der Schweiz und Norwegen – an geeigneten **Höhenlagen,** um weitere Pumpspeicherkraftwerke zu bauen. Zudem stößt der Neubau von solchen Kraftwerken häufig aus Gründen des Landschaftsschutzes und der Bürgerakzeptanz an Grenzen. U.a. deshalb wurde 2014 der Vertrag über den Bau einer neuen Grenzkuppelstelle als Unterseekabel mit Gleichstromtechnik zwischen Schleswig-Holstein und Norwegen, *NordLink,* vereinbart. Es soll Strom aus deutschen Windkraftanlagen in Pumpspeicherkraftwerke nach Norwegen bringen. **200**

Obwohl die bestehenden Pumpspeicherkraftwerke im Moment die effizienteste Möglichkeit bieten, um überschüssigen Strom aus erneuerbaren Energien zu speichern, ist ihre **Wirtschaftlichkeit** in Deutschland gefährdet. Denn ihr Betriebsmodell sah vor, nachts, unter Ausnutzung des preiswerten Nachtstroms, Wasser in die höheren Lagen zu pumpen und so die Speicher zu füllen, um dann in den nachfrageintensiven Mittagsstunden (Leistungsspitzen) Strom zu erzeugen und diesen zu Höchstpreisen zu verkaufen. Seit aber die Photovoltaikanlagen mittags zur Zeit der intensiven Sonnenstrahlung in großer Menge Strom in das Netz einspeisen, sind die Preisspitzen zur Mittagszeit weitgehend entfallen. Aufgrund der sinkenden Differenzen zwischen den Höchstpreisen für Strom (Peak) und den untertägigen Preisen zu Zeiten außerhalb der Spitzenlast (Off-Peak) gewährleistet eine zeitliche Verschiebung der Stromerzeugung nicht mehr ohne weiteres die Rentabilität. Vermehrt gewinnt für die Finanzierung daher die Vergütung von Systemdienstleistungen – **201**

---

[77] Alexander Weber u. a., Potentiale zur Erzielung von Deckungsbeiträgen für Pumpspeicherkraftwerke in der Schweiz, Österreich und Deutschland, Juni 2014, S. 18.
[78] Ingenieurbüro Floecksmühle GmbH im Auftrag des Bundesministeriums für Wirtschaft und Energie, Vorbereitung und Begleitung der Erstellung des Erfahrungsberichts 2014 gemäß § 65 EEG, Vorhaben II d, Wasserkraft, Wissenschaftlicher Bericht, S. 162 und 164, Tabelle 51.

also der Einsatz von Pumpspeicherstrom zum Erhalt der Netzstabilität als Regelenergie – an Bedeutung.[79]

202   Die **rechtlichen Rahmenbedingungen** für den Ausbau und Betrieb von Pumpspeicherkapazitäten werden stark durch EU-rechtliche Vorgaben determiniert. Jenseits der europäischen Vorgaben erschwert in Deutschland allerdings die Rechtsprechung des Bundesgerichtshofes[80] den Ausbau. Sie besagt, dass Pumpspeicherbetreiber als Letztverbraucher anzusehen sind und deshalb für eingespeicherte Strommengen grundsätzlich Stromsteuer, EEG-Umlagen sowie Netzentgelte entrichten müssen, sofern keine gesetzlichen Befreiungstatbestände vorliegen. Dies verteuert die Erzeugung und damit die Wirtschaftlichkeit. Die gerichtlich geforderten Befreiungstatbestände wurden allerdings mittlerweile zum Teil geschaffen, z.B. § 118 Abs. 6 EnWG für Entgelten für den Netzzugang und § 60 Abs. 3 EEG 2014/§ 61a EEG 2017 für die EEG-Umlage.

203   Pumpspeicherkraftwerke können zudem den Regelungen des **EEG** unterliegen. Nach § 5 Nr. 1 EEG 2014/§ 3 Nr. 1 EEG 2017 gelten auch solche Einrichtungen als Erneuerbare-Energien-Anlage, die zwischengespeicherte Energie, die ausschließlich aus erneuerbaren Energien stammt, aufnehmen und in elektrische Energie umwandeln. Sofern ein Pumpspeicherkraftwerk also ausschließlich erneuerbare Energien aufnimmt und wieder Strom umwandelt, gilt das Pumpspeicherkraftwerk als Erneuerbare-Energien-Anlage. Zudem wird Strom, der vor der Einspeisung in das Netz zwischengespeichert worden ist, nach dem EEG vergütet, wenn er aus Anlagen stammt, die ausschließlich erneuerbare Energien einsetzen, § 19 Abs. 4 S. 1 EEG 2014/§ 19 Abs. 3 S. 1 EEG 2017.

204   Für Pumpspeicherkraftwerke sind darüber hinaus die **Wasserentnahmeentgelte** relevant. Diese werden in der Regel für Benutzungen im Sinne des § 9 Abs. 1 Nr. 1 und 5 Wasserhaushaltsgesetz erhoben. Dazu gehören das Entnehmen, Ableiten, Zutage fördern und leiten von Wasser aus oberirdischen Gewässern und von Grundwasser. Sie sind für die Erstbefüllung der Speicherbecken, aber auch für das ständige Ableiten überschüssigen Wassers beim Betrieb der Anlage potentiell erheblich.[81]

205   Als weitere Speichertechnik bestehen **Druckluftspeicher** und **Schwungradspeicher.** Sie sind zwar sehr reaktionsschnell für den Einsatz als Reserveenergie, spielen als weitere Formen der mechanischen Speicherung dagegen bisher keine große wirtschaftliche Rolle. Druckluftspeicher, bei denen Luft direkt verdichtet und in einen Speicher gepresst und dabei Wärmeenergie erzeugt wird, sind zwar schnell reaktionsfähig, aber weniger effizient und stellen daher in den meisten Fällen kein tragfähiges Modell für die Lösung des Speicherproblems dar. In Deutschland existiert derzeit nur ein Druckluftspeicher. Bei der Schwungradspeicherung wird ein Schwungrad auf eine sehr hohe Drehzahl beschleunigt und die Energie als Rotationsenergie gespeichert. Indem der Rotor abgebremst wird, kann die Energie zurückgewonnen werden. Die Technik ist sehr effizient und preiswert, leidet aber darunter, dass ihr Volumen begrenzt ist und dass sich die Speicher durch den Luftwiderstand rasch selbst entladen, wenn die Schwungräder nicht in einem aufwendig geschaffenen Vakuum betrieben werden. Daher eignet sich die Technik nur für die kurzfristige Speicherung.

206   **Elektrochemische Speicher** sind Speichertechnologien, die noch erhebliches Entwicklungspotential haben. Zu ihnen gehören vor allem Gassysteme und Akkumulatoren. Gassysteme können als Speicher verwendet werden, indem der überschüssige Strom zur Aufspaltung von Wassermolekülen genutzt wird. Der dabei entstehende Wasserstoff kann in Reinform oder – nach einer Anreicherung mit Kohlenstoffdioxid und Kohlenstoffmonoxid – in Form von Methan im Gasnetz gespeichert werden. Dieses Power-to-Gas-Verfahren wird in § 6, Rn. 203 ff. beschrieben.

---

[79] Siehe § 4, Rn. 144 ff.

[80] BGH, Beschl. vom 17.11.2009, EnVR 56/08.

[81] Alexander Weber u. a., Potentiale zur Erzielung von Deckungsbeiträgen für Pumpspeicherkraftwerke in der Schweiz, Österreich und Deutschland, Juni 2014, S. 18.

Akkumulatoren (Akkus) sind große Batterien und mit diesen technisch vergleichbar. **207**
Abhängig von der chemischen Zusammensetzung der Akkumulatoren ergeben sich unterschiedliche Speicherkapazitäten. Trotz des bislang unzulänglichen Kapazitäten/Kosten-
Verhältnisses gelten Akkumulatoren als Zukunftstechnologie. Batteriespeicher gelten aufgrund ihrer schnellen und genauen Steuerbarkeit dazu als besonders geeignet. Im Mai 2015
hat die Firma Tesla in den USA, begleitet von einer großen PR-Kampagne, den Bau einer
großen Fabrik zum Bau von Lithium-Ionen-Batterien angekündigt, die unter dem System-
namen *Powerwall* Strom dezentral für den Hausgebrauch speichern sollen. So soll Solarenergie auch in den Nachtstunden lokal verfügbar sein. Das relativ preisgünstige System
könnte so weiter zur Dezentralisierung der Stromversorgung beitragen. Im deutschen
Markt will Tesla mit Lichtblick kooperieren, die die Batteriespeicherung vernetzen und mit
ihrem System von Schwarmkraftwerken kombinieren will.[82] In Schwerin wurde im Herbst
2014 ein fünf Megawatt Lithium-Ionen Speicher in Betrieb genommen, der bei Netzschwankungen stabilisierend eingreifen soll und in Feldheim, Brandenburg, wurde der mit
zehn Megawatt größte Batteriespeicher Europas in Betrieb genommen. Zudem hat E.ON
den Bau eines großen Speichers in Aachen angekündigt.

Eine Sonderregelung im Hinblick auf Speicher wurde mit dem Strommarktgesetz in **208**
§ 19 Abs. 4 StromNEV eingeführt. Letztverbraucher, die Strom dem Netz nur zur Speicherung entnehmen und dann wieder einspeisen **(Rückverstromung),** müssen künftig
nur noch ein individuell anzubietendes Leistungsentgelt zahlen. Damit wird berücksichtigt,
dass sie das Stromnetz als Erzeuger und Verbraucher anders nutzen als klassische Netznutzer. Weiter berücksichtigt dies, dass das Netzentgelt am Ende nochmals von den Netznutzern gezahlt wird, was potenziell zu einer Doppelbezahlung führt. Das heißt, dass für später
wieder eingespeiste Strommengen kein weiteres Entgelt mehr gezahlt werden muss. Damit
wird nun berücksichtigt, dass Netzentgelte nur einmal von den letztlichen Verbrauchern
bezahlt werden sollen und Stromspeicher keine solchen letztlichen Verbraucher sind, sondern nur Bindeglieder in der Mitte der Kette.

Zum Weiterlesen

Guido Jansen u.a., in: Gerd Stuhlmacher u.a. (Hrsg.), Grundriss zum Energierecht, 2. Aufl. 2015,
    Kapitel 30: Energiespeicher/Power-to-Gas
Christine Brandstätt, Strom-Flexibilität aus Wärme- und Gasnetzen: Verschiedene Speichermöglich-
    keiten im Vergleich, et 9/2014, 75 ff.
Margarete von Oppen, Stromspeicher: Rechtsrahmen und rechtlicher Optimierungsbedarf, ER 1/2014,
    9 ff.
Johannes Riewe u.a., Stromspeicherdefinition im EnWG – ein Werkzeugkasten aus Rechtswissen-
    schaftlicher Sicht, EWerK 3/2015, 138 ff.
Hartmut Weyer u.a., Batteriespeicheranlagen im Multi-Purpose-Betrieb: Energiewirtschaftsrechtliche
    Rahmenbedingungen, 2016
Hartmut Weyer u.a., Regulierungsrechtlicher Rahmen für Stromspeicher in: Busch/Kaiser (Hrsg.), Un-
    konventionelle Pumpspeicher – Schlüsseltechnologie der zukünftigen Energielandschaft?, S. 79 ff.,
    2013
Hartmut Weyer u.a., Entflechtungsvorgaben für den Betrieb von Stromspeichern – Teil I: ZNER 2014,
    241 ff. und Teil II: ZNER 2014, 356 ff.

IV. Stromnetz

Der Begriff Stromnetz bezeichnet die Gesamtheit aller Einrichtungen (Freileitungen, **209**
Erdkabel, Umspannanlagen, Schaltanlagen), die zur Übertragung und Verteilung elektri-
scher Energie dienen.[83] Es stellt das **Bindeglied** zwischen der Erzeugungsanlage und dem
Verbraucher und damit das Zentrum des Strommarktes dar. Gleichzeitig können mehrere
Netze kaum für das gleiche Gebiet in Konkurrenz betrieben werden. Sein Betrieb und
seine Nutzung sind daher ausführlich geregelt.

---

[82] Siehe www.teslamotors.com/powerwall.
[83] Wilfried Knies u.a., Elektrische Anlagentechnik, 6. Aufl. 2012, Kapitel 3, Abschnitt 1.0.

210   Dieser **Abschnitt** zeigt zunächst, welche besonderen Eigenschaften das Stromnetz aufweist (Rn. 209 ff.) und welche Arten von Netzen unterschieden werden (Rn. 206 ff.). Den Stromnetzbetreibern kommt angesichts ihrer Stellung als zentraler Mittler eine Vielzahl von Steuerungsaufgaben zu, die für die Funktion des gesamten Strommarktes essentiell sind und unter Rn. 228 ff. dargestellt werden. Der folgende Teil gibt einen Überblick über die regulatorischen Kernbereiche Anschluss, Zugang und Entgelte (Rn. 278 ff.). Darauf folgend stellen wir die Aspekte der Haftung (Rn. 324 ff.), der Wegenutzung und Konzessionierung (Rn. 338 ff.) und der Genehmigung und des Netzausbaus (Rn. 355 ff.) dar. Schließlich stellen wir den Markt für Messdienstleistungen dar und geben einen Überblick über die aktuellen Fragen der Digitalisierung (Rn. 384 ff.).

1. Eigenschaften des Stromnetzes

211   Das Stromnetz ist durch einige Besonderheiten gekennzeichnet. Häufig wird deshalb zur Verdeutlichung das Bild des **Strom-Sees** verwendet. Danach kann man sich das Stromnetz als See vorstellen, in den kontinuierlich über viele Zuflüsse (Leitungen) Strom eingefüllt wird und gleichzeitig genau so viel Strom über andere Leitungen wieder abfließt, sodass der immer einen bestimmten Füllstand (Spannung und Frequenz des Wechselstromnetzes) behält.

212   Die Notwendigkeit des kontinuierlich konstanten Füllstandes macht das **Netz fragil.** Denn den Zufluss und den Abfluss immer exakt in Balance zu halten, wäre schon bei einem See eine anspruchsvolle Aufgabe. Dies gilt im Stromnetz umso mehr, da Strom wesentlich flüchtiger ist und die Einspeisung nicht aus einer Quelle erfolgt, sondern auf viele Kraftwerke, Windräder, Solaranlagen usw. verteilt ist und die Entnahme in schwankender Höhe an sehr vielen Stellen erfolgt. Andererseits ist das Netz aber auch **flexibel.** Denn bei Teilausfällen sucht sich der Strom einen anderen Weg zu seinem Abnehmer.

213   Das Volumen des Sees – respektive des Netzes – ist allerdings begrenzt. D.h., dass immer nur so viel Strom vom Erzeuger zum Verbraucher gelangen kann, wie das Netz Kapazitäten hat. Man spricht deshalb von einem **Bottleneck** bzw. einem Flaschenhals. Reichen die Kapazitäten des Netzes nicht aus, um alle Abnehmer zu beliefern, hilft nur der Zubau von Leitungen. Dies ist investitionsintensiv und langwierig, von der Planung bis zur fertigen Trasse vergehen schnell zehn bis 15 Jahre. Allerdings besteht dann auch eine relativ lange Lebensdauer von 50 bis 60 Jahren.

214   Innerhalb des Netzes stehen dem Strom mehrere Wege und unterschiedliche **Flussrichtungen** zur Verfügung. Sie können von den Beteiligten allenfalls dadurch beeinflusst werden, dass bestimmte Netzabschnitte abgeschaltet werden. Darüber hinaus erwirbt der Erzeuger nur das Recht seinen Strom einzuspeisen und der Nutzer nur das Recht, irgendeine Strommenge auszuspeisen. Eine Verknüpfung einer bestimmten Einspeisung und einer bestimmten Ausspeisung ist nicht möglich.

215   Wie bereits erwähnt, gehört das Stromnetz zudem zu den sogenannten **natürlichen Monopolen.** Man findet solche Strukturen, wenn Infrastruktur mit wesentlichen Investitionskosten verbunden ist, die beim Marktaustritt keinen nennenswerten Wert haben, wenn die Fixkosten sehr hoch sind und wenn die Gesamtnachfrage kostengünstiger durch einen Anbieter als durch mehrere Anbieter befriedigt werden kann. Dies ist bei Stromnetzen der Fall. Zudem wäre es eine hohe Belastung für Mensch und Umwelt und mit hohen Kosten verbunden, wenn viele Energieanbieter quer durch Deutschland und Europa parallel eigene Netze bauen würden. Schließlich wäre die Gewährleistung der Netzstabilität viel aufwendiger, wenn viele Netze nebeneinander existieren würden und miteinander koordiniert werden müssten. Im Ergebnis ist die Errichtung von Parallelnetzen daher weder technisch noch wirtschaftlich sinnvoll. Die Existenz der Monopolstruktur der Netze wurde auch von der Rechtsprechung des Bundesgerichtshofes anerkannt.[84]

---

[84] BGH, Beschl. vom 28.6.2005 – KVR 27/04, vgl. Abschnitt C, Ziffer II.1.b)aa).

Allerdings passt diese Monopolstruktur nicht zu einem **Wettbewerbsmarkt.** Wenn die 216
Netze zu großen, vertikal integrierten Energieversorgungsunternehmen, die nicht nur im
Netzbereich tätig sind, sondern ebenso den vorgelagerten Markt Gewinnung/Erzeugung
und/oder den nachgelagerten Vertriebsmarkt bedienen, kann die Monopolstruktur diesem
Versorger Vorteile zulasten seiner Wettbewerber bieten. Denn der Versorger hat natürli-
cherweise kein Interesse daran, sein Netz für Wettbewerber zu öffnen bzw. diesen zu gleichen Konditionen die Netznutzung zu gestatten. Daher legte der Gesetzgeber 1998 und
2005 als erste Schritte in einem detaillierten Regelungsregime fest, dass Dritten der Netzzugang zu diskriminierungsfreien Bedingungen zu gewähren ist (Drittzugang/Third Party
Access). D.h., jedem Netznutzer müssen dieselben Konditionen eingeräumt werden. Zudem wurde die (teilweise) Trennung der Netzsparte von den übrigen Unternehmensteilen
vorgeschrieben (Entflechtung). Für die Übertragungsnetze reicht diese bis hin zur Vorgabe,
dass die Unternehmen das Eigentum an diesen Netzen aufgeben müssen.[85]

Zum Weiterlesen
Wolfgang Ströbele u.a., Energiewirtschaft, 3. Aufl. 2013, Kapitel 13.1: Natürliches Monopol

2. Stromversorgungsnetze

Der umgangssprachlich oft verwendete Begriff des Stromnetzes fasst eine Reihe ver- 217
schiedener Netzarten mit unterschiedlichen Eigenschaften und Funktionen zusammen,
siehe **Abb. 18 – Struktur des Stromnetzes.** Daher führt dieser Abschnitt zunächst in
die unterschiedlichen Netzarten ein.

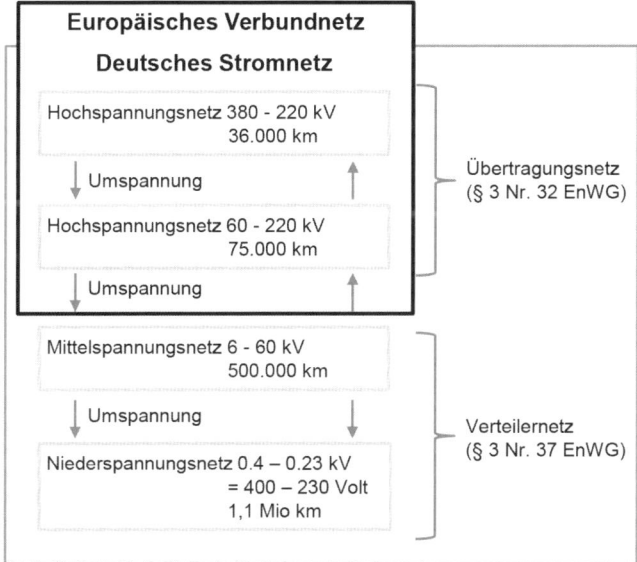

Abb. 18 – Struktur des Stromnetzes. Die Grafik zeigt die vier Netzebenen und die drei Umspannebenen des deutschen Stromnetzes, aus denen sich das Übertragungsnetz und das Verteilernetz bilden.

a) Energieversorgungsnetze

Die Gesamtheit der Leitungen, die Energie vom Ort der Erzeugung zum Verbraucher 218
bringen, bilden das **Energieversorgungsnetz.** Die sehr allgemeine Definition gem. § 3
Nr. 16 EnWG erfasst sowohl das Strom- als auch das Gasnetz. Daneben existieren gem. § 3

---

[85] Die Entflechtung wird in § 5 ausführlich dargestellt.

Nr. 17 EnWG Energieversorgungsnetze der allgemeinen Versorgung. Sie unterscheiden sich von den Energieversorgungsnetzen dadurch, dass nur Netze zur Verteilung von Energie an nicht von vornherein bestimmte Letztverbraucher erfasst sind. Dies sind in erster Linie Privathaushalte. Diese Netze unterfallen der allgemeinen Anschluss- und Versorgungspflicht, die später in diesem Kapitel beschrieben wird.

219   Nähert man sich der Kategorisierung von der technischen Seite, können die verschiedenen Bezeichnungen des Stromnetzes einprägsam anhand der in den **Netzabschnitten** herrschenden Spannung bzw. ihrer Funktion gegliedert werden. Die vier Spannungsebenen Höchst-, Hoch-, Mittel-, und Niederspannung bilden zusammen mit den drei Umspannebenen zwischen diesen Spannungsebenen die sieben Netzebenen des deutschen Energieversorgungsnetzes, für die Netzentgelte erhoben werden. Auf der Höchst- und Hochspannungsebene findet in erster Linie der Stromtransport statt, deshalb kommt ihnen die Funktion der Übertragungsnetze zu. Auf der Ebene der Mittel- und Niederspannung erfolgt die Belieferung der Abnehmer, daher bezeichnet man sie als Verteilernetze. Hieraus lässt sich auch die in der Gesetzgebung verwendete Terminologie für die Netzbetreiber ableiten. Den Übertragungsnetzbetreibern unterstehen die Höchstspannungsnetze und Hochspannungsnetze. Den Verteilernetzbetreibern sind die Mittelspannungsnetze und Niederspannungsnetze zugeordnet. Dem deutschen Netz vorgelagert ist das europäische Verbundnetz (vgl. § 3 Nr. 35 EnWG), in dem die verschiedenen nationalen Netze verbunden sind. Die Verbindungsleitungen zwischen diesen nationalen Netzen werden Grenzkuppelstellen genannt.

220   **aa) Europäisches Verbundnetz.** In Zentraleuropa sind die nationalen **Stromnetze verbunden,** sie bilden ein Verbundnetz, das den Austausch von Strom über die Staatsgrenzen hinweg ermöglicht. Die Übertragungsnetzbetreiber sind zum Zwecke seines Betriebes zur Zusammenarbeit verpflichtet, wofür u. a. ein europäisches Netzwerk der Übertragungsnetzbetreiber namens ENTSO-E (European Network of Transmission System Operators for Electricity) geschaffen wurde. Praktisch stehen die in dem Verbundnetz verbundenen Netze damit in Verbindung, sodass sich ein Kraftwerksausfall in Frankreich beispielsweise auch in Deutschland und Spanien bemerkbar macht. Die Verbindung der nationalen Netze miteinander erfolgt über Grenzkuppelstellen, auf die wir unter Rn. 569 näher eingehen. In diesem Netz wird die elektrische Energie mittels **Dreiphasenwechselstrom** mit einer Netzfrequenz von 50 Hertz und einer Netzspannung von im Regelfall bis 220 oder 380 Volt übertragen. Technisch gesehen, stellt das europäische Verbundnetz ein Höchstspannungsnetz dar.

221   Neben diesem kontinentaleuropäischen Verbundnetz, dem ehemaligen UCTE-Netz, gibt es das russische Verbundsystem IPS/UPS, das Netz der nordeuropäischen Staaten NORDEL und das britische UKTSOA-Netz.

222   **bb) Deutsches Übertragungsnetz.** Das deutsche Übertragungsnetz ist Teil des europäischen Verbundnetzes und, wie die folgende Grafik zeigt, zwischen **vier Übertragungsnetzbetreibern** (in der Terminologie des EnWG „Betreiber von Elektrizitätsverteilernetzen", vgl. § 3 Nr. 3 EnWG) aufgeteilt: Amprion GmbH (Amprion), TenneT TSO GmbH (Tennet), TransnetBW GmbH (Transnet) und 50 Hertz Transmission GmbH (50 Hertz). Die vier Gebiete bezeichnet man als Regelzonen. Dies rührt daher, dass die Übertragungsnetzbetreiber innerhalb ihres Gebietes für die Stabilität der Netze zuständig sind. Dafür sorgen sie, indem sie die Abweichungen zwischen Einspeisung und Ausspeisung ausgleichen, was auch als *regeln* bezeichnet und unter Rn. 258 ausführlich dargestellt wird.

223   Um die großen Strommengen effektiv zu transportieren, verwendet man in Höchstspannungsnetzen hauptsächlich **Dreiphasenwechselstrom.** Die Dreiphasen-Technik sorgt durch die Verwendung von drei stromführenden Leitungen für Synergieeffekte. Ebenfalls für den Transport großer Mengen ist die HGÜ-Technologie geeignet, die allerdings erst langsam Verbreitung findet.[86] Das deutsche Höchstspannungsnetz ist ca. 35.000 Kilometer lang.[87]

---

[86] Siehe § 4, Rn. 10 und 288.

[87] Bundesverband der Energie- und Wasserwirtschaft, Deutsches Stromnetz ist 1,8 Millionen Kilometer lang, 12.4.2013.

Auf der darunter liegenden Ebene befindet sich das **Hochspannungsnetz** mit einer   224
Spannung von 60 Kilovolt bis 150 Kilovolt. Es wird ebenfalls als Teil des Übertragungsnetzes angesehen und ist in Deutschland ca. 75.000 Kilometer lang[88]. Wie auch das Höchstspannungsnetz dient es dem Überland-Transport, ist jedoch bereits feiner und kommt näher an große Städte und Industriegebiete heran. Zur besseren Erreichbarkeit bei Bau und
Wartung verlaufen diese Netze derzeit in der Regel oberirdisch als zwischen Strommasten
gespannte Freileitungen. Hier wird allerdings in Zukunft verstärkt auf die Verlegung von
Erdkabeln umgestellt.

Marktgebiete - ÜNB

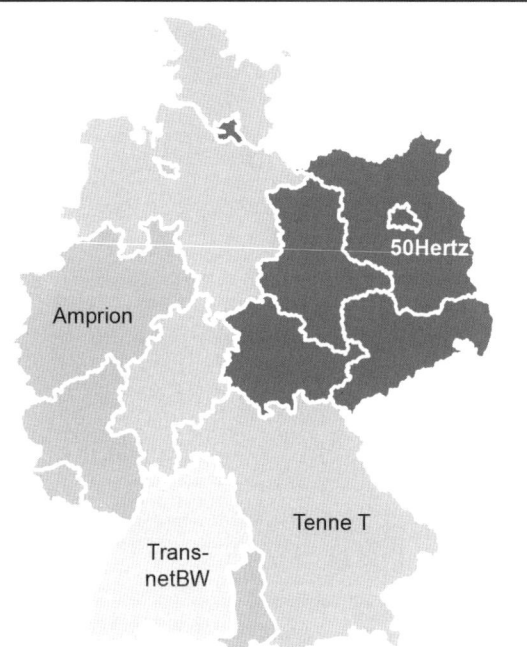

Quelle: Netzentwicklungsplan/Bundesnetzagentur

Abb. 19 – Marktgebiete/Übertragungsnetze. Die Grafik zeigt die Struktur der Netzbereiche der Übertragungsnetzbetreiber in Deutschland.

cc) Deutsches Verteilernetz. Auf der Spannungsebene unterhalb des Hochspan-   225
nungsnetzes liegt das **Mittelspannungsnetz,** das in der Hand von Versorgungsnetzbetrei-
bern ist (in der Terminologie des EnWG „Betreiber von Elektrizitätsversorgungsnetzen",
vgl. § 3 Nr. 2 EnWG). Hier werden Spannungen von sechs Kilovolt bis 60 Kilovolt verwendet. Das Mittelspannungsnetz ist rund 480.000 Kilometer lang.[89] Es dient einerseits
dazu, den Strom an Großabnehmer zu verteilen. Dies sind zum einen Unternehmen,
die den Strom weiterverteilen und zum anderen industrielle Verbraucher, die ihren Strom
direkt aus dem Mittelspannungsnetz beziehen. Dafür benötigen sie zwar unter Umständen
eine eigene Transformatorenstation (siehe sogleich), sparen aber die Kosten für die entgelt-
pflichtige Nutzung des Niederspannungsnetzes. Gleichzeitig nimmt das Mittelspannungsnetz den Strom von kleineren Stromerzeugern, die aus dem Bereich der erneuerbaren
Energien stammen, auf. Das Gesetz zählt die Mittelspannungsnetze zu den Verteilernetzen.

---

[88] Bundesverband der Energie- und Wasserwirtschaft, Deutsches Stromnetz ist 1,8 Millionen Kilometer lang, 12.4.2013.
[89] Bundeswirtschaftsministerium, Stromnetze und Infrastruktur, 2015.

226   Schließlich folgt als unterste Ebene des Verteilernetzes das **Niederspannungsnetz,** das
mit einer Spannung von 220 Volt oder 400 Volt die Endverbraucher versorgt. Haushaltskunden, Betriebe und öffentliche Einrichtungen sind normalerweise an diesen Teil des
Netzes angeschlossen. Es verläuft in der Regel unterirdisch durch Erdkabel und ist sehr
feinmaschig, da es mit beinahe jedem Gebäude in Deutschland verbunden ist.

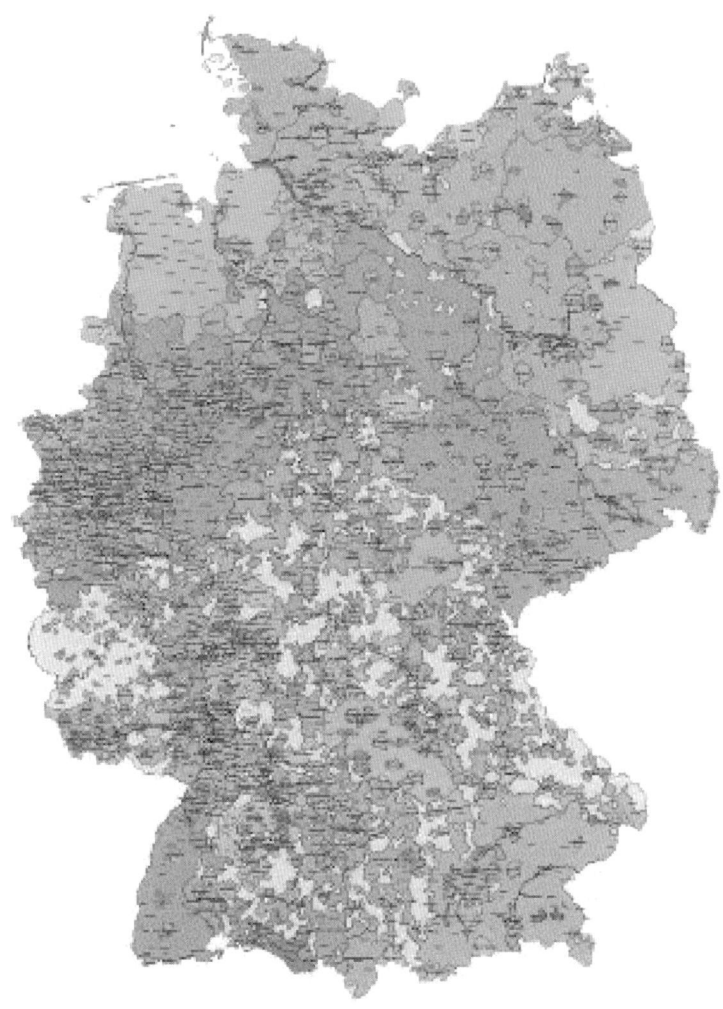

Quelle: Bundesnetzagentur

Abb. 20 – Verteilernetze. Die Grafik zeigt die sehr kleinteilige Struktur der Netzgebiete der Verteilernetzbetreiber in Deutschland.

227   In **Abb. 20 – Verteilernetze** zeigt sich, wie zergliedert das Deutsche Verteilernetz vor
allem im Vergleich zu dem nur vierteiligen Übertragungsnetz ist. Insbesondere in den Ballungsgebieten im Ruhrgebiet, im Rhein-Main-Gebiet und im Raum Stuttgart finden sich
sehr viele kleinteilige Netze. Denn zu den Verteilernetzbetreibern gehören als traditionell
wichtige Gruppe die kommunalen Netzbetreiber. Hierbei handelt es sich um Gemeinden,
die durch Stadtwerke oder die Übernahme von Konzessionen den Verteilernetzbetrieb als
Aufgabe der öffentlichen Versorgung in eigene, öffentliche Hände nehmen.

Die Umwandlung der Stromspannung zwischen den einzelnen Ebenen erfolgt in **Um-** 228
spannwerken und Transformatorenstationen. Beiden kommt einerseits die Aufgabe zu, die
Spannung des ankommenden Stromes herunter oder herauf zu transformieren und die geeignete Spannungseinheit für die darunter oder darüber gelegene Netzebene herzustellen.

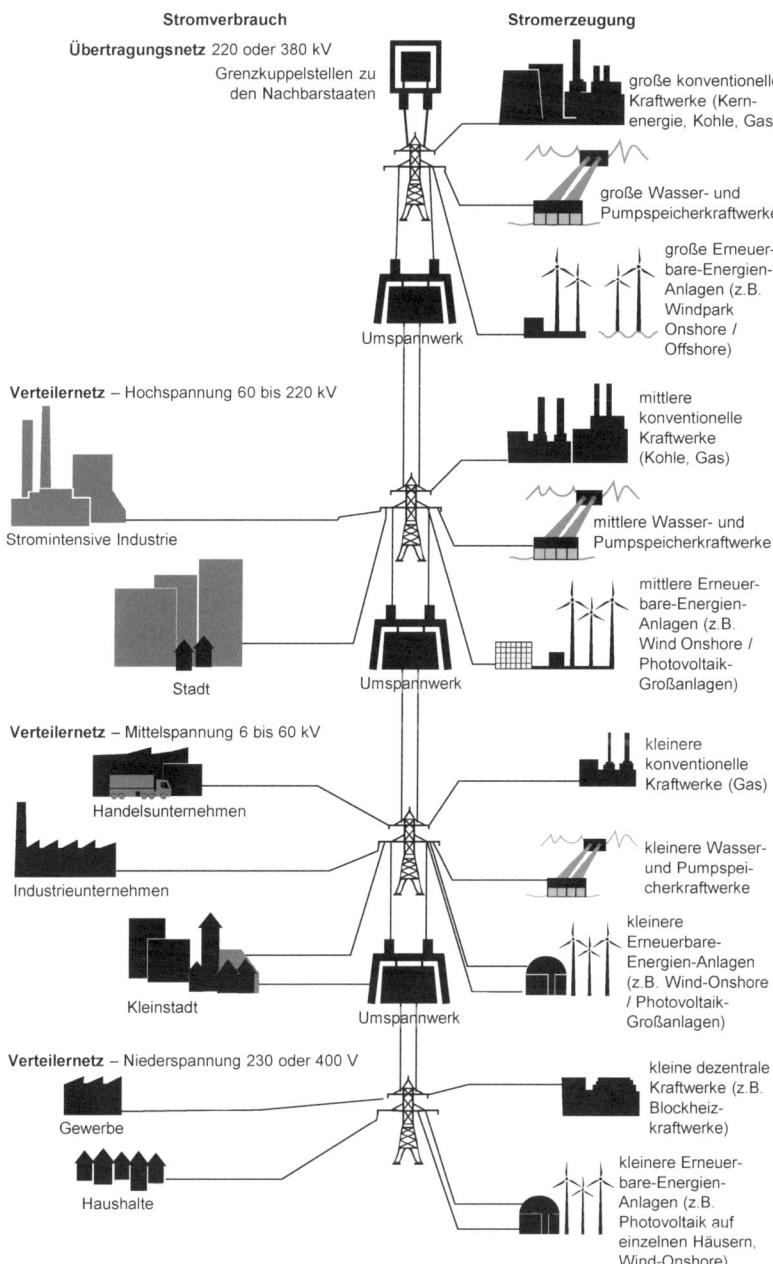

Quelle: Bundeswirtschaftsministerium

Abb. 21 – Ebenen von Stromverbrauch und Stromerzeugung. Die Grafik zeigt die unterschiedlichen
Ebenen, auf denen Strom erzeugt und verbraucht wird.

Zum Weiterlesen

Klaus Heuck u. a., Elektrische Energieversorgung – Erzeugung, Übertragung und Verteilung elektrischer
 Energie für Studium und Praxis, 2013
Franz Jürgen Säcker, Die Aufgaben der Verteilnetzbetreiber bei zunehmender Erzeugung erneuerbarer
 Energien und der Digitalisierung der Energiemärkte, EnWZ, 7/2016, 294 ff.
Wilfried Knies u. a., Elektrische Anlagentechnik, 6. Aufl. 2012, Kapitel 3: *Netze;* – Bundesnetzagentur
 und Bundeskartellamt, Monitoringbericht 2015, S. 28 ff.

229   **dd) Exkurs: Supraleitende Kabel.** Im Bereich der innerstädtischen Stromnetze wird
in den kommenden Jahren die Frage nach der Nutzung von supraleitenden Kabeln eine
zunehmende Rolle spielen. Es handelt sich dabei um 10.000 Volt **Hochtemperaturkabel**
(Hochtemperatur-Supraleiter, HTS) auf keramischer Basis, die auf minus 200 Grad Celsius
gekühlt werden. Mit ihnen kann die fünffache Strommenge eines herkömmlichen Kabels
fast verlustfrei transportiert werden, sodass sie wesentlich effizienter und platzsparender sind
und sich sehr gut für die Integration erneuerbarer Energien auf Mittelspannungsebene eignen. Verbunden mit supraleitenden Strombegrenzern können sie zugleich als Hochspan-
nungs- und Mittelspannungskabel verwendet werden. Dadurch müssen die jeweiligen
Netzebenen bei steigendem Strombedarf in den Städten nicht separat ausgebaut werden,
das Erfordernis einer Umspannung zwischen den Spannungsebenen entfällt. Energieversorger benötigen dadurch eine geringere Anzahl von Kabeln und können auf Transformatoren
verzichten, was eine Verschlankung der Infrastruktur ermöglicht. Ein erster Praxistest von
RWE in Essen – AmpaCity – ist im Frühjahr 2014 zur Zufriedenheit der Beteiligten verlaufen. Die Technologie gilt als marktreif, sodass mit einer industriellen Fertigung zu rechnen ist. Die höheren Materialkosten sollen durch die Ersparnisse im Bereich der Infrastruktur kompensiert werden.

b) Geschlossene Verteilernetze

230   Neben den Netzen zur öffentlichen Versorgung, mit denen eine Vielzahl von Kunden
beliefert wird, gibt es auch Netze, die z. B. von Industrieunternehmen auf ihrem Werksge-
lände, in Krankenhäusern, auf Flughäfen oder auf Campingplätzen vor allem zum Eigenge-
brauch betrieben werden und auf deren Grundstücken verlaufen. Sie wurden bis 2011 als
Objektnetze bezeichnet und weitgehend von den regulatorischen Regelungen des EnWG
(z. B. zur Entflechtung, zur Regulierung oder zur Grundversorgung) ausgenommen. Allerdings wurde die Regelung im Citiworks-Urteil des Europäischen Gerichtshofes 2008[90]
nach einer Vorlage des OLG Dresden als europarechtswidrig und daher unanwendbar erklärt. Entgegen den europarechtlichen Vorgaben würden Objektnetze Dritten keinen frei-
en Netzzugang gewähren. Nach den Vorgaben des Dritten Binnenmarktpakets kam es im
EnWG 2011 infolgedessen zu einer Neuregelung. An die Stelle von Objektnetzen traten
geschlossene Verteilernetze und Kundenanlagen (siehe nächster Abschnitt), die wiederum
in unterschiedlichem Maße privilegiert werden.

231   **Geschlossene Verteilernetze** sind weniger streng reguliert, auf sie finden gem. § 110
Abs. 1 EnWG viele regulatorische Pflichten von Netzbetreibern (z. B. die allgemeine Netzanschlusspflicht und die Netzzugangspflicht) keine Anwendung. Allerdings ist die regulatorische Belastung für die Betreiber von geschlossenen Verteilernetzen, die in der Regel nicht
als Netzbetreiber tätig sein wollen und ein anderes Kerngeschäft haben, immer noch erheblich. § 110 Abs. 2 EnWG legt fest, wann ein Energieversorgungsnetz als geschlossenes
Verteilernetz betrachtet werden kann. Es muss sich um ein örtlich begrenztes Energieversorgungsnetz vor allem für den Netzeigentümer selbst (Betriebsnetz) oder für mehrere Anschlussnehmer handeln, für die ein Nutzungszusammenhang (Dienstleistungsnetz) besteht,
wie z. B. in einem Industrie- oder Werksgebäude oder in einem Einkaufszentrum. Allerdings dürfen dabei keine Haushaltskunden versorgt werden, es sei denn, es handelt sich nur

---

[90] EuGH, Urt. vom 22.5.2008 – C–439/06 (citiworks).

um eine geringe Zahl von Werkswohnungen. Ob ein geschlossenes Verteilernetz vorliegt, wird von der Regulierungsbehörde auf Antrag des Netzbetreibers festgestellt.

Zum Weiterlesen

Peter Gussone u. a., Zugang zu Kundenanlagen nach dem Energiewirtschafts- und dem Kartellrecht, WuW 2013, 464 ff.
Ulf Jacobshagen u. a., Geschlossene Verteilernetze und Kundenanlagen als neuer Maßstab der Regulierung, IR 2012, 2 ff.

c) Direktleitungen

Ebenfalls zu den Energieversorgungsnetzen gehören die Direktleitungen (§ 3 Nr. 12 **232** EnWG). Sie verbinden einen einzelnen Produktionsstandort mit einem einzelnen Kunden oder einen Elektrizitätserzeuger oder ein Elektrizitätsversorgungsunternehmen zum Zwecke der **direkten Versorgung** mit ihrer eigenen Betriebsstätte, mit einem Tochterunternehmen oder mit einem Kunden. Direktleitungen sind nach § 4 Abs. 1 EnWG genehmigungspflichtig und müssen technische Mindestanforderungen erfüllen, sie unterliegen aber nicht der Regulierung. Denn indem kein Dritter Zugang zu der Leitung hat, besteht kein Wettbewerb um die Nutzung und damit kein Anlass für eine staatliche Überwachung.

d) Das Bahnstromnetz

Eine besondere Stellung hat das bundesweite Bahnstromnetz. Es gehört der DB Energie **233** GmbH, einer Tochtergesellschaft der Deutschen Bahn AG und dient ausschließlich der Versorgung der Eisenbahnen. Es ist das größte zusammengeschaltete 110 Kilovolt-Netz in Deutschland und hat mit allen Spannungsebenen eine Länge von ca. 7.600 Kilometern. Allerdings ist es vom sonstigen Stromnetz getrennt und nur über Umwandler verbunden, da es mit **16,7 Hertz** und Einphasenwechselstrom betrieben wird. Trotzdem wurde das Bahnstromnetz als Netz der öffentlichen Versorgung der Regulierung durch die Bundesnetzagentur unterworfen.

Zum Weiterlesen

Birgit Ortlieb, u. a. (Hrsg.), Praxishandbuch Geschlossene Verteilernetze und Kundenanlagen, Kapitel 3
E: *Weitere Einzelfragen*

e) Kundenanlagen

Nicht zu den Energieversorgungsnetzen gehören dagegen Kundenanlagen und Kunden- **234** anlagen zur betrieblichen **Eigenversorgung.** Daher unterliegen sie nicht der generellen Regulierung. Sie sind eine Schöpfung des deutschen Gesetzgebers und in den europäischen Richtlinien nicht vorgesehen.

Kundenanlagen sind gem. § 3 Nr. 24a EnWG *Energieanlagen zur Abgabe von Energie,* bei **235** denen die folgenden **vier Voraussetzungen** kumuliert vorliegen müssen:
- Standort auf einem räumlich zusammengehörenden Gebiet,
- Verbindung mit einem Energieversorgungsnetz oder mit einer Erzeugungsanlage,
- keine Bedeutung für die Sicherstellung eines wirksamen und unverfälschten Wettbewerbs bei der Versorgung mit Elektrizität und
- Zurverfügungstellung für jedermann zum Zwecke der Belieferung der angeschlossenen Letztverbraucher im Wege der Durchleitung unabhängig von der Wahl des Energielieferanten.

Kundenanlagen zur **betrieblichen Eigenversorgung** müssen gem. § 3 Nr. 24b EnWG **236** zusätzlich
- fast ausschließlich dem betriebsnotwendigen Transport von Energie innerhalb des eigenen Unternehmens oder zu verbundenen Unternehmen oder fast ausschließlich dem der Bestimmung des Betriebs geschuldeten Abtransport in ein Energieversorgungsnetz dienen und

- jedermann zum Zwecke der Belieferung der an sie angeschlossenen Letztverbraucher im Wege der Durchleitung unabhängig von der Wahl des Energielieferanten diskriminierungsfrei und unentgeltlich zur Verfügung gestellt werden.

237   Kundenanlagen sind weder den **Entflechtungsvorgaben** unterworfen noch werden die Netzentgelte reguliert. Sie wurden geschaffen, um die Eigenversorgung mit Strom zu erleichtern. Denn wenn der selbst erzeugte Strom innerhalb der Kundenanlage verbleibt und genutzt wird, fallen weder die EEG- noch die KWK-Umlage, Energiesteuern oder Netzentgelte an. Diese Erleichterungen machen z. B. die Stromerzeugung für den eigenen Verbrauch in Blockheizkraftwerken rentabel.

238   Der Betreiber einer Kundenanlage darf wegen der **Kostenbefreiung** allerdings auch von (externen) Energielieferanten kein Entgelt für eine Nutzung des Netzes fordern. Tut er dies, wird die Kundenanlage zum Energieversorgungsnetz. Zudem müssen alle an die Kundenanlage angeschlossenen Letztverbraucher ihren Energielieferanten frei wählen können. Die Betreiber der Kundenanlage müssen daher anderen Energieanbietern die Nutzung des Netzes zur Versorgung der Letztverbraucher ermöglichen.

Zum Weiterlesen

Sebastian Helmes, Netz oder Nicht-Netz?, EnWZ 2013, 23 ff.
Ulf Jacobshagen u. a., Geschlossene Verteilernetze und Kundenanlagen als neuer Maßstab der Regulierung, IR 2012, 2 ff.

3. Stromnetzbetrieb und rechtliche Struktur

a) Stromnetzbetreiber und ihre Aufgaben

239   Das Energieversorgungsnetz gliedert sich wie zuvor gezeigt im Wesentlichen in das europäische Verbundnetz und das Übertragungs- und Verteilernetz auf nationaler Ebene. Diese Teilung zeigt sich auch bei den unterschiedlichen Aufgaben der Netzbetreiber der jeweiligen Ebene. Gemein ist ihnen, dass es sich um **Versorgungsunternehmen** handelt, die für den Transport und die Verteilung des Stromes zuständig sind und dafür eine Vergütung, das sogenannte Netzentgelt, erhalten.

240   Die Betreiber der europäischen Verbundnetze haben sich seit 2008 entsprechend dem Dritten Binnenmarktpaket[91] unter dem Namen **ENTSO-E** (European Network of Transmission System Operators for Electricity) zusammengeschlossen. Die Struktur und die Aufgaben von ENTSO-E sind in § 12, Rn. 21 beschrieben.

241   Die Aufgaben der vier deutschen **Übertragungsnetzbetreiber** sind hauptsächlich im EnWG, aber auch in anderen Gesetzen geregelt. Neben dem Stromtransport gehört dazu:

- die Regelung der Energieübertragung (Regelverantwortung) (§ 12 Abs. 1 EnWG),
- die Bereitstellung von Informationen, um den sicheren und effizienten Betrieb und Ausbau der Netze und den Verbund zu gewährleisten (§ 12 Abs. 2 EnWG),
- die Sicherstellung, dass das Netz die Nachfrage nach Übertragung von Elektrizität dauerhaft und zuverlässig befriedigen kann (§ 12 Abs. 3 EnWG),
- die jährliche Erarbeitung eines gemeinsamen Szenariorahmens, der Grundlage für die Erarbeitung des Netzentwicklungsplanes ist (§ 12a EnWG),
- die Systemverantwortung (Bereitstellung und Beschaffung von Regelenergie u. a.) (§ 13 EnWG),
- die Errichtung und der Betrieb von Netzstabilitätsanlagen (§ 13k EnWG),
- die Abnahme und Vergütung von EEG- und KWK-Strom (§§ 11, 19 EEG/§ 4 KWKG),
- die Umlage der Kosten für EEG-Strom auf den Strompreis und die Kosten des KWK-Stromes auf die Netzentgelte, wodurch diese wiederum an die Verbraucher weitergegeben werden (§§ 60 und 61 EEG).

---

[91] Siehe § 2, Rn. 54 ff.

Die Aufgaben der ca. 900 deutschen **Verteilernetzbetreiber** sind in § 14 EnWG **242** i. V. m. §§ 12 und 13 EnWG benannt. Sie entsprechen durch den Verweis auf § 12 EnWG den zuvor für die Übertragungsnetzbetreiber genannten Aufgaben und umfassen u. a. die Sicherstellung der Versorgung, die Erstellung von Berichten über den Zustand der Netze und die Ausbauplanung und auf Anforderung die Erstellung einer Schwachstellenanalyse.

Zum Weiterlesen

Christian Koenig u. a., Energierecht, 3. Aufl. 2013, 2. Kapitel, D. II: Aufgaben der Netzbetreiber

b) Netzstabilität durch Systemsteuerung

Wir haben soeben mit der **Regelverantwortung** und der **Systemverantwortung** zwei **243** der wichtigsten Aufgaben der Übertragungsnetzbetreiber angesprochen. Diese Aufgaben können die Übertragungsnetzbetreiber nur im Zusammenspiel mit insbesondere zwei anderen Akteuren im Strommarkt erfüllen. Dies sind zum einen die Betreiber von Kraftwerken. Sie sind dafür verantwortlich, dass nur die Menge Strom in das Netz eingespeist wird, deren Abnahme gesichert ist. Die dem zugrunde liegenden Bereiche der Erzeugungsplanung und Kraftwerksplanung haben wir unter Rn. 143 ff. dargestellt. Zum anderen nehmen die Bilanzkreisverantwortlichen bzw. die von ihnen verantworteten Bilanzkreise eine Schlüsselrolle ein. Ihnen widmen wir deshalb zunächst einen Exkurs und stellen dann dar, welche Instrumente zur Aufrechterhaltung der Netzstabilität den Übertragungsnetzbetreibern zur Verfügung stehen.

aa) Exkurs: Bilanzkreissystem. Das Stromnetz wird permanent von einer Vielzahl **244** von Marktakteuren zur Einspeisung und Entnahme von Strom genutzt. Dies ist zunächst einmal ein physikalischer/technischer Vorgang. Wir haben aber bereits darauf hingewiesen, welch große Rolle das jederzeitige Gleichgewicht zwischen Erzeugung und Verbrauch spielt. Um dies aufrecht zu erhalten, benötigen die Übertragungsnetzbetreiber verlässliche Daten für die Planung und deren Umsetzung. Dazu muss festgehalten werden, wer wann wie viel Strom einzuspeisen und zu entnehmen plant und ob dies tatsächlich geschieht. Dies ist auch wichtig, um die entstehenden Kosten gerecht verteilen zu können. Zu diesem Zweck wurde das **Steuerungsinstrument** der Bilanzkreise geschaffen, das in § 3 Nr. 10a EnWG definiert und in § 20 Abs. 1a EnWG, § 4 StromNZV geregelt ist.

Bilanzkreise kann man sich am besten als virtuelle Energiemengenkonten vorstellen. **245** Sie sind mit einem Bankkonto vergleichbar, auf dem alle Eingänge (= Stromeinspeisung) und alle Auszahlungen (= Stromentnahmen) saldiert werden. Die Bilanzkreise werden bei den Übertragungsnetzbetreibern als Bilanzkreiskoordinatoren geführt. Sie bilden die Konten und verwalten diese. Jeder Netznutzer, d.h. jeder Erzeuger und Verbraucher von Strom, muss direkt oder indirekt einem Bilanzkreis angeschlossen sein. Die Netznutzer müssen dann alle Ein- und Ausspeisungen ihrem Bilanzkreis zuordnen. Bei Haushaltskunden übernimmt dies ihr Stromversorger für sie. Die Übertragungsnetzbetreiber kontrollieren, dass die Bilanzkreise jederzeit ausgeglichen sind.

Inhaber der Bilanzkreiskonten sind die **Bilanzkreisverantwortlichen.** Sie sind für den **246** jederzeitigen Ausgleich zwischen Einspeisung und Stromabsatz in ihrem Bilanzkreis verantwortlich. Bilanzkreisverantwortliche sind nicht notwendigerweise Netznutzer oder Händler. Sie sind diejenigen, die mit dem Übertragungsnetzbetreiber einen Bilanzkreisvertrag (§ 26 StromNZV) abschließen und ihm gegenüber zum Ausgleich der Differenzen zwischen Ein- und Ausspeisung verantwortlich sind. Im Rahmen der Bilanzkreise können die Netznutzer auch Unterbilanzkreise bilden. Diese Unterkonten werden von dem Übertragungsnetzbetreiber einem Bilanzkreiskonto zugerechnet. Alle Teilnehmer am Stromhandel müssen im Rahmen eines Bilanzkreises erfasst sein. Betreiber von Elektrizitätsverteilnetzen sind zum Abschluss von Bilanzkreisverträgen verpflichtet. Soweit sie mehr als 100.000 Kunden haben, müssen sie einen Bilanzkreis für erneuerbare Energien (§ 11 StromNZV) führen.

247   Der **Bilanzkreisvertrag** zwischen dem Übertragungsnetzbetreiber und dem Bilanzkreisverantwortlichen ist standardisiert. Seine Struktur ist von der Bundesnetzagentur
vorgegeben. Er regelt die Pflichten des Übertragungsnetzbetreibers und die Nutzung des
Bilanzkreises.[92] Zurzeit bestehen in Deutschland ca. 4.500 Bilanzkreise. Durch den Vertragsschluss wird ein Handelsunternehmen zugleich Bilanzkreisverantwortlicher, es sei
denn, es schließt sich einem anderen Bilanzkreis an. In jedem Bilanzkreis muss sich mindestens eine Einspeisestelle und eine Entnahmestelle befinden. Der Bilanzkreisverantwortliche kann Differenzen zwischen der Ein- und Ausspeisung entweder dadurch ausgleichen,
dass er nach § 4 Abs. 2 S. 2 StromNZV selbst für den Bilanzausgleich Sorge trägt oder indem er nach § 4 Abs. 1 S. 5 StromNZV die Differenz einem anderen Bilanzkreisverantwortlichen mit dessen Zustimmung zuordnet. Dadurch sorgt das Bilanzkreissystem nicht
nur für die ordentliche Verbuchung der Belieferung von Netzverbrauchern, sondern ermöglicht auch die Lieferung von Strom auf der Basis von Fahrplänen. Fahrplanlieferungen
zwischen einem Bilanzkreisverantwortlichen und einem anderen Bilanzkreisverantwortlichen werden nicht messtechnisch erfasst. Machen beide Bilanzkreisverantwortlichen gegenüber dem Bilanzkreiskoordinator übereinstimmende Angaben, so werden diese Angaben als Fahrplanlieferungen der Abrechnung zugrunde gelegt. Diese Fahrplanlieferungen
ermöglichen den Stromhandel zwischen den Händlern und an der Börse.

248   Der Austausch der bilanzierungsrelevanten Stamm- und Bewegungsdaten im Rahmen
der Bilanzkreisabrechnung und die Abwicklung der Bilanzkreisabrechnung als Solches
wird durch die Marktregeln für die Durchführung der **Bilanzkreisabrechnung Strom**
(MaBiS)[93] geregelt. Dabei handelt es sich um einen verbindlichen Beschluss der Bundesnetzagentur, der von allen Marktakteuren anzuwenden ist. Die Bilanzierung in Einspeisung
und in Entnahmen erfolgt jeweils viertelstundenweise. Die Mengen, die jeweils eingespeist
und entnommen werden sollen, meldet der Bilanzkreisverantwortliche bis 14:30 Uhr des
Vortages mit einer Genauigkeit von 15 Minuten an seinen Übertragungsnetzbetreiber.
Handelt es sich um regelzonenübergreifende Fahrplanlieferungen, muss der Übertragungsnetzbetreiber der aufnehmenden Regelzone die Lieferung bestätigen. Das Ziel, dass sich
Einspeisung und Entnahme entsprechen (Bilanzausgleich), wird dabei in der Praxis allerdings so gut wie immer verfehlt. Auch deshalb werden die Bilanzkreisverantwortlichen
durch das Strommarktgesetz im neuen § 8 StromNZV[94] stärker dazu angehalten, ihre Bilanzkreise für jede Viertelstunde ausgeglichen zu halten. Der Übertragungsnetzbetreiber
rechnet daher als Bilanzkreiskoordinator das Plus bzw. Minus aller Bilanzkreise in seinem
Netz gegen und gleicht die verbleibende Differenz – wie im folgenden Abschnitt beschrieben – mit Regelenergie aus. Abweichungen, von den bei den Übertragungsnetzbetreibern
angemeldeten Prognosen, werden dem Bilanzkreisverantwortlichen bei einer Unterspei-
sung auf Basis der Kosten, die dem Übertragungsnetzbetreiber durch den Einsatz von Regelenergie entstehen, in Rechnung gestellt oder bei einer Überspeisung vergütet.

249   In diesem Zusammenhang sei noch kurz auf die Unterscheidung der Begriffe der **Regelenergie** und der **Ausgleichsenergie** hingewiesen. Dabei hilft das Beispiel einer Waage
mit zwei Waagschalen: Meldet ein Kraftwerk für eine 15 Minuten-Einheit die Einspeisung
von 100 Megawatt und hat es diese 100 Megawatt bereits an einen Abnehmer verkauft,
sind in der Prognose beide Schalen der Waage gleichermaßen gefüllt. Kann das Kraftwerk
zum Lieferzeitpunkt dann nur 90 Megawatt liefern und entnimmt der Abnehmer trotzdem
100 Megawatt, gerät die Waage ins Ungleichgewicht. Technisch wird das Gleichgewicht
durch den Übertragungsnetzbetreiber hergestellt, indem er Regelenergie einsetzt – also die
fehlenden zehn Megawatt in die Waagschale des Kraftwerksbetreibers wirft. Bilanziell bleibt
aber die Differenz von zehn Megawatt und damit das Ungleichgewicht bestehen. Diese

---

[92] Vgl. z.B. den Mustervertrag von TenneT: http://www.tennet.eu/de/strommarkt/strommarkt-in-
Deutschland/bilanzkreise/bilanzkreisvertrag.html.
[93] Bundesnetzagentur, Beschl. vom 4.6.2013, BK6–07-002.
[94] Verordnung über den Zugang zu Elektrizitätsversorgungsnetzen vom 26.7.2016 (BGBl. I
S. 1786), Art. 4.

bilanzielle Fehlmenge wird als Ausgleichsenergie in Rechnung gestellt. Und diese gibt es nicht nur, wenn zu wenig (Mindermenge), sondern auch, wenn zu viel – in unserem Beispiel etwa 110 Megawatt – eingespeist wird (Mehrmenge).

Zum Weiterlesen

Till Christopher Knappke, in: Gerd Stuhlmacher u. a. (Hrsg.), Grundriss zum Energierecht, 2. Aufl. 2015, Kapitel 3 A. II. 1. a): Bilanzkreissystem

Christian de Wyl u. a., in: Jens-Peter Schneider u. a., Recht der Energiewirtschaft, 4. Aufl. 2013, § 16. H. VII: Bilanzkreisverträge

bb) Koordinierung und technische Umsetzung. Ein großer Teil der Koordination 250 von Einspeisung, Ausspeisung und Netzbetrieb findet unter Zuhilfenahme der Bilanzkreise statt. Durch die Möglichkeit, den Überschuss oder die Fehlbeträge eines Bilanzkreises gegen die eines anderen Bilanzkreises aufzurechnen, wird bereits ein großer Beitrag zu einer insgesamt ausgeglichenen Ein- und Ausspeisung geleistet.

Trotzdem verbleibt meistens eine **Lücke,** die von den Übertragungsnetzbetreibern erst 251 kurz vor der Lieferung im Wege des Bilanzausgleiches geschlossen wird. Hier spielt auch eine Rolle, dass z. B. Wetterwechsel, Kraftwerksausfälle oder Verbrauchsschwankungen nicht immer planbar sind.

Die Feinjustierung des Netzes muss daher von den Netzbetreibern sekundengenau vor- 252 genommen werden. § 13 Abs. 1 und 2 EnWG gibt den Übertragungsnetzbetreibern hierzu die erforderlichen Mittel in die Hand. Auch wenn diese Bestimmungen über § 14 Abs. 1 EnWG ebenso für die übrigen Netzbetreiber gilt, liegt die Hauptlast der Verantwortung hierfür bei den Übertragungsnetzbetreibern. Demnach sind die Netzbetreiber berechtigt und verpflichtet, die Gefährdung oder Störung der Sicherheit oder Zuverlässigkeit des Elektrizitätsversorgungssystems in der jeweiligen Regelzone durch **netzbezogene Maßnahmen** nach § 13 Abs. 1 Nr. 1 EnWG (z. B. Netzschaltungen) und **marktbezogene Maßnahmen** nach § 13 Abs. 1 Nr. 2 und Nr. 3 EnWG (u. a. der Einsatz von Regelenergie und vertraglich vereinbarte abschaltbare und zuschaltbare Lasten) zu beseitigen oder mithilfe von Notfallmaßnahmen nach § 13 Abs. 2 EnWG einzugreifen. Hierbei sind jeweils die am wenigsten belastenden Maßnahmen anzuwenden.

(1) Netz- und marktbezogene Maßnahmen und Reserven. Netzbezogene Maß- 253 nahmen gem. § 13 Abs. 1 Nr. 1 EnWG zur Erhaltung der **Netzstabilität** sind die technischen Maßnahmen, die keine Abstimmung mit den Netznutzern erfordern. Es geht dabei in erster Linie um die Nutzung der vorhandenen Leitungen durch Schaltungen, sodass die Möglichkeiten und der Umfang der Maßnahmen begrenzt sind. Sofern Zweifel daran bestehen, ob netzbezogene Maßnahmen zur Behebung eines Problems ausreichen, muss der Netzbetreiber im Hinblick auf die Wichtigkeit einer stabilen Versorgung zu marktbezogenen Maßnahmen greifen.

§ 13 Abs. 1 Nr. 2 EnWG enthält einen nicht abschließenden Katalog von Maßnahmen, 254 die im **Zusammenwirken mit Netznutzern** ergriffen werden können. Sie setzen entsprechende vertragliche Abreden voraus und umfassen u. a. die im Folgenden dargestellten Möglichkeiten positiver oder negativer Regelenergie, des Engpassmanagements und der abschaltbaren und zuschaltbaren Lasten. Hinzu kommen mit dem EnWG 2016 gem. § 13 Abs. 1 Nr. 3 EnWG die Netzreserve und die Kapazitätsreserve als zusätzliche Quellen.

(2) Regelenergie. Eine in den letzten Jahren besonders häufig genutzte marktbezogene 255 Maßnahme ist die Regelenergie. Wenn die Nachfrage höher ist als erwartet, muss der Übertragungsnetzbetreiber zusätzliche Energie bereitstellen **(positive Regelenergie).** Dabei werden drei Stufen unterschieden:

- Als erstes kommt in einem solchen Fall die **Primärreserve** zum Einsatz, die Schwankungen im Stromnetz innerhalb der ersten 30 Sekunden ausgleicht und so einen Stromausfall verhindert. Primärregelleistungen werden solidarisch in einem Verbund der zentraleuropäischen Übertragungsnetzbetreiber bereitgestellt.

- Bestehen die Lastschwankungen im Übertragungsnetz länger als 30 Sekunden, so wird die sogenannte **Sekundärreserve** (bzw. Sekundärregelung) angefordert. Die Sekundärregelung wird nicht im europäischen Verbund, sondern separat von jedem Übertragungsnetzbetreiber bereitgestellt.
- Bei Netzschwankungen, die länger als 15 Minuten andauern, wird die Sekundärregelung von der **Minutenreserve** abgelöst. Die Minutenreserve wird manuell im Viertelstunden-Fahrplanraster zur Unterstützung und ggf. Ablösung der Sekundärregelleistung aktiviert.

256   Primär- und Sekundärregelleistung werden vom Übertragungsnetzbetreiber automatisch aus **regelfähigen Kraftwerken** abgerufen, die der Übertragungsnetzbetreiber unter Vertrag hat. Im Fall der Primärregelung erfolgt dies automatisch durch dezentrale Frequenzregler. Dies sind Komponenten innerhalb des Stromnetzes, die Schwankungen der Frequenz erkennen und den Stromfluss so optimieren, dass dieser ausgeglichen wird. Der Abruf von Sekundärregelleistung erfolgt durch eine automatische und kontinuierliche Vorgabe eines Sekundärregelleistungs-Sollwerts.

257   Vertraglich erfolgt die Inanspruchnahme auf Grundlage von Rahmenverträgen (jeweils separat für Primär- und Sekundärleistung sowie für Minutenreserve) zwischen den Stromerzeugern und dem Übertragungsnetzbetreiber. Der dahinter stehende **Regelenergiemarkt** wurde in den letzten Jahren zunehmend für den Wettbewerb geöffnet. Bereits im Jahr 2007 hat die Bundesnetzagentur nach mehreren Anläufen des Bundeskartellamts die Ausschreibungsbedingungen und Veröffentlichungspflichten der Übertragungsnetzbetreiber harmonisiert und Vorgaben zur Beschaffung der Regelenergie im Rahmen von Ausschreibungen gemacht. Seit Dezember 2006 schreiben die Übertragungsnetzbetreiber Minutenreserveleistung und seit Dezember 2007 Primär- und Sekundärregelleistung nach gemeinsamen Grundsätzen aus.

258   Heute erfolgt die Beschaffung der Regelenergie gem. §§ 6, 27 Abs. 1 Nr. 2 StromNZV, § 29 Abs. 1 EnWG aufgrund von Festlegungen der Bundesnetzagentur.[95] Die Vergabe erfolgt in Form von Auktionen auf einer gemeinsamen Internetplattform[96], die für Primär- und Sekundärregelleistung wöchentlich und für Minutenreserve täglich durchgeführt werden. Die Teilnahme an den Auktionen erfordert von den Stromerzeugern besondere Präqualifikationsmaßnahmen.[97] Seit 2010 wird die Regelenergie für die vier Regelzonen der Übertragungsnetzbetreiber zu Zwecken dieser Auktion gemeinsam beschafft. So wurde das Gegeneinanderregeln verschiedener Übertragungsnetzbetreiber vermieden und die regelzonenübergreifende Nutzung der Sekundärregelenergie bzw. Minutenreserve ermöglicht. Im April 2011 wurde der Regelenergiemarkt u. a. durch eine Verkürzung der Ausschreibungszeiträume sowie der erlaubten Mindestangebotsgrößen für Kleinanbieter geöffnet. Gegenwärtig wird europaweit über die **Harmonisierung der Regelenergieprodukte** mit dem Ziel einer Marktintegration diskutiert.[98] Die Integration der Regelzonen hat insbesondere dazu geführt, dass die Vorhaltung der Sekundärregelleistung deutlich gesunken ist und damit das Marktvolumen für die Anbieter insgesamt reduziert wurde. Da die Sekundärreserve einen großen Teil der Systemkosten ausmachte, sanken mit der Menge auch die Kosten der Übertragungsnetzbetreiber im erheblichen Umfang.

259   Als Gegenstück zur positiven Regelenergie gibt es auch **negative Regelenergie.** Ein Ausgleich ist auch dann erforderlich, wenn im Übertragungsnetz ein Überschuss besteht, weil mehr Strom angeboten oder weniger nachgefragt wird als prognostiziert. Dann ist der Einsatz von negativer Regelenergie erforderlich, indem Strom aus dem Netz herausge-

---

[95] Bundesnetzagentur, Beschl. vom 12.4.2011, BK6–10-097 (Primärregelleistung); Bundesnetzagentur, Beschl. vom 12.4.2011, BK6–10-098 (Sekundärregelleistung); Bundesnetzagentur, Beschl. vom 12.4.2011, BK6–10-099 (Minutenreserven).

[96] Siehe die Netzseite der ÜNB zur Regelenergie: https://www.regelleistung.net.

[97] Siehe Anhang D des TransmissionCode 2007.

[98] Siehe auch den aktuell diskutierten Bericht auf EU-Ebene: ENTSO-E Draft Network Code on Electricity Balancing 20.2.2013.

nommen wird.[99] Dies erfolgt in der Regel, indem Stromabnehmer hinzugeschaltet werden, beispielsweise durch Pumpspeicherkraftwerke oder andere Stromspeicher oder durch zusätzliche Leistungsaufnahme durch die Kühlaggregate eines Kühlhauses (und in der Regel nicht etwa durch die Verhinderung der Einspeisung).

(3) Engpassmanagement und Lastschaltungen. Aufgrund der zunehmenden Einspeisung erneuerbarer Energien, fern von dem Verbrauchszentren und dem bereits angesprochenen Nord – Süd – Gefälle, nimmt die Notwendigkeit von Eingriffen der Netzbetreiber zu Gegenmaßnahmen, dem sogenannten Engpassmanagement, zu. Sie treten in der Praxis der Netzbetreiber mittlerweile fast jeden Tag auf und erzeugen jährlich Kosten in dreistelliger Millionenhöhe.[100] Die Regeln für das Engpassmanagement im nationalen Netz finden sich in **§ 15 StromNEV.** Danach sind solche Maßnahmen mittels marktorientierten und transparenten Verfahren diskriminierungsfrei durchzuführen. Die Übertragungsnetzbetreiber minimieren dabei die Kosten durch Auswahl der jeweils kostengünstigsten Methode. **260**

Als Methode des Engpassmanagements verwenden die Übertragungsnetzbetreiber im nationalen Netz bisher vor allem **Redispatches** und **Countertrading.**[101] Dies sind Instrumente zur Sicherung der Netzstabilität, die zu dem System der zuschaltbaren und abschaltbaren Lasten, das in § 13 Abs. 1 Nr. 2 Var. 2 EnWG geregelt ist, gehören. Es sieht vor, dass die Netzbetreiber die Steuerung des Zuflusses und Abflusses von Energie in das Netz vertraglich regeln. Redispatch bezeichnet Eingriffe in die Fahrweise der Erzeugungsanlagen zur Verlagerung der Stromeinspeisungen von vor dem Engpass hinter den Engpass. Countertrading meint demgegenüber vom Netzbetreiber auf beiden Seiten des Engpasses vorgenommene gegenläufige Handelsgeschäfte über die Grenze einer Regelzone hinweg, durch die der Engpass vermieden werden soll. **261**

Der Zufluss wird im Rahmen des sogenannten Redispatches geregelt. Es geht dabei in Fällen von Netzengpässen in erster Linie um eine Verlagerung von Erzeugungskapazitäten innerhalb des Netzes im Vorfeld der Energielieferung. Dazu stellt der Übertragungsnetzbetreiber die am Vortag eingereichten **Kraftwerksfahrpläne** eigenen Berechnungen zur Netzlast gegenüber. Ergibt sich aus der Lastflussberechnung, dass Netzengpässe auftreten würden, weisen die Übertragungsnetzbetreiber die Kraftwerksbetreiber auf der einen Seite des Engpasses an, den Kraftwerkseinsatz am Folgetag zu drosseln. Dafür erhalten sie nach § 13a EnWG eine angemessene Vergütung, durch die sie wirtschaftlich weder besser noch schlechter gestellt werden dürfen als ohne die Maßnahme. Entsprechend muss auf der anderen Seite des Engpasses – den man sich als Flaschenhals im Netz vorstellen kann – ein anderer Kraftwerksbetreiber mehr Strom einspeisen. Der Gesetzgeber unterscheidet dabei zwischen konventionellen Kraftwerken ab zehn Megawatt, anderen konventionellen Anlagen und Anlagen der erneuerbaren Energien bzw. KWK. Letztere dürfen nur am Redispatching beteiligt werden, wenn dies nach dem EEG bzw. KWKG zulässig ist, § 13 Abs. 3 EnWG. **262**

Neu mit dem EnWG 2016 wurde den Übertragungsnetzbetreibern in § 13 Abs. 6a EnWG die Möglichkeit eingeräumt, mit Betreibern von KWK-Anlagen Verträge über **unterbrechbare Stromeinspeisung** zu schließen. Im Falle eines drohenden Netzengpasses müssen diese dann die Wirkleistungseinspeisung reduzieren und gleichzeitig Strom für die Aufrechterhaltung der Wärmeversorgung liefern. Der überschüssige Strom wird zur Wärmeerzeugung genutzt. Die Verträge dürfen eine installierte elektrische Leistung von zwei Gigawatt nicht überschreiten. Wird das zwei Gigawatt Ziel nicht erreicht, können Verträge auch mit anderen Technologien abgeschlossen werden. **263**

---

[99] Der Einsatz von negativer Regelenergie darf nicht mit der Abregelung der Einspeisung von Strom aus erneuerbaren Energien sowie KWK- und Grubengasanlagen in das Stromnetz im Rahmen des Einspeisemanagements verwechselt werden. Negative Regelenergie stellt eine aktive Entnahme dar, während durch das Einspeisemanagement erzeugter Strom durch Abschaltungen erst gar nicht in das Netz eingespeist wird.

[100] Bundesnetzagentur und Bundeskartellamt, Monitoringbericht 2015, S. 22.

[101] Bundesnetzagentur und Bundeskartellamt, Monitoringbericht 2015, S. 101.

264 Auf der anderen Seite sieht der Gesetzgeber auch Eingriffe in die Stromentnahmen vor **(Lastmanagement).** Danach sollen industrielle Energieverbraucher vom Netz gehen, wenn die Einspeisung zur Deckung der Nachfrage nicht genügt. Hier unterscheidet der Gesetzgeber ebenfalls zwischen unterschiedlichen Anlagentypen. **Die abschaltbaren Lasten** werden gemäß § 13 Abs. 6 EnWG von den Übertragungsnetzbetreibern in Ausschreibungsverfahren auf einer Internetplattform vergeben und dann mit den erfolgreichen Bietern vertraglich vereinbart. Diese Regelung wird ausgestaltet durch die Verordnung zu abschaltbaren Lasten, die im Zuge des Strommarktgesetzes ebenfalls novelliert wurde[102] und für die § 13i Abs. 2 EnWG eine Ermächtigungsgrundlage enthält. Nach der Verordnung sind systemrelevante Netzbetreiber zum Abschluss solcher Vereinbarungen für eine Leistung von 3.500 Megawatt verpflichtet. Die Unternehmen erhalten sowohl für die Bereitstellung der Abschaltleistung für den vereinbarten Zeitraum als auch für jeden Abruf der Abschaltleistung (Arbeitspreis) eine Vergütung.

265 Ebenfalls zur Vermeidung einer drohenden Netzüberlastung dienen die **Notfallmaßnahmen** nach § 13 Abs. 2 EnWG. Die Übertragungsnetzbetreiber dürfen in die Einspeisung, den Transit und die Abnahme eingreifen, wenn Maßnahmen nach § 13 Abs. 1 EnWG zur Stabilisierung des Netzes nicht genügt haben. Sie kommen in der Praxis äußerst selten vor und erfolgen auf gesetzlicher Grundlage, wenn erforderlich auch ohne Absprache mit den Betroffenen.

266 Zur **Steuerung der Einspeisung** darf sowohl in die Erzeugung von konventionellen Kraftwerken als auch in die von Anlagen für erneuerbare Energie eingegriffen werden. Nach § 13 Abs. 3 S. 3 EnWG gelten für Letztere allerdings zusätzlich die Anforderungen des EEG. Es stellt eine Ausnahme zur grundsätzlichen Abnahmepflicht des Netzbetreibers von Strom aus erneuerbaren Energien dar, wenn Schäden infolge einer Netzüberlastung drohen. Der dem Erzeuger durch die Abschaltung dieser Anlagen entstehende Schaden wird ihm größtenteils ersetzt.

267 Um zu klären, in welcher Reihenfolge die Abschaltung erfolgen muss, hat die Bundesnetzagentur einen **Leitfaden zur Abschaltungsreihenfolge** veröffentlicht.[103] Er sieht folgendes Vorgehen nach den Ziffern 1 bis 7 vor:
- netzbezogene Maßnahmen gem. § 13 Abs. 1 S. 1 Nr. 1 EnWG, z.B. zu- und abschalten von Leitungen der Transformatoren,
- marktbezogene Maßnahmen gem. § 13 Abs. 1 S. 1 Nr. 2 EnWG, z.B. Einsatz von Regelenergie, vertraglich vereinbarte ab- und zuschaltbare Lasten,
- Maßnahmen aufgrund vertraglicher Abschaltvereinbarungen
  - ○ mit Betreibern von Anlagen zur Stromerzeugung aus erneuerbaren Energien und Grubengasanlagenbetreibern gem. § 8 Abs. 3 EEG,
  - ○ mit KWK-Anlagenbetreibern gem. § 13 Abs. 1 S. 1 Nr. 2 EnWG,
- Anpassungsmaßnahmen gegenüber konventionellen Kraftwerken gem. § 13 Abs. 2 EnWG bis zur Grenze des netztechnisch erforderlichen Minimums,
- Maßnahmen gegenüber EE-, KWK- und Grubengasanlagen bis zur Grenze des netztechnisch erforderlichen Minimums,
- Anpassungsmaßnahmen gegenüber konventionellen Kraftwerken gem. § 13 Abs. 2 EnWG über die Grenze des netztechnisch erforderlichen Minimums hinaus und
- Maßnahmen gegenüber EE-, KWK- und Grubengasanlagen über die Grenze des netztechnisch erforderlichen Minimums hinaus.

268 Praktisch stellen die Maßnahmen nach Ziffer 4 bis 7 ein **Abregeln der Anlagen,** also eine Drosselung der Einspeisung, dar.

---

[102] Verordnung über Vereinbarungen zu abschaltbaren Lasten vom 28.12.2012 (BGBl. I S. 2998).

[103] Bundesnetzagentur, Leitfaden zum EEG-Einspeisemanagement (Version 1.0 vom 29.3.2011). Es wurde am 7.3.2014 eine Version 2.1 veröffentlicht, die aber wegen des laufenden Festlegungsverfahrens zu den energetischen und bilanziellen Folgen von Einspeisemanagement-Maßnahmen (BK6–13–049) keine Überarbeitung der Abschaltreihenfolge enthält.

Zum Weiterlesen

Till Christopher Knappke, in: Gerd Stuhlmacher u. a. (Hrsg.), Grundriss zum Energierecht, 2. Aufl. 2015, Kapitel 3 A. II. 2: Ausgleichsleistungen, insbesondere Regelenergie
Carsten König, Die Vergütung abschaltbarer Lasten, EnWZ 2013, 201 ff.
Kai Uwe Pritzsche u. a., Engpassmanagement durch marktorientiertes Redispatching in Recht, RdE 2007, 36 ff.
Hanna Schumacher, Die Neuregelungen zum Einspeise- und Engpassmanagement, ZUR 2012, 17 ff.
Bundeswirtschaftsministerium, Ein Strommarkt für die Energiewende (Weißbuch), Juli 2015, S. 72 ff., S. 79 ff.

c) Netzreserven und Kapazitätsreserven

Das EnWG sieht außerdem als **zusätzliche Reserven** die Netzreserve (§ 13d EnWG) **269** und die Kapazitätsreserve (§ 13e EnWG) vor.

aa) Netzreserven. Zur Netzreserve gehören **270**
- Anlagen, die zur Zeit nicht betriebsbereit sind, aber aufgrund ihrer potentiellen Systemrelevanz wieder betriebsbereit gemacht werden müssen,
- systemrelevante Anlagen,
- geeignete Anlagen im europäischen Ausland und
- neu zu errichtende Anlagen.

In diesem Zusammenhang wurde im Sommer 2013 die Reservekraftwerksverordnung **271** (ResKV)[104] erlassen, die das Ende 2012 in Kraft getretene Wintergesetz zur Gewährleistung der Versorgungssicherheit konkretisiert (§§ 13 Abs. 1a, Abs. 1b, 13a bis 13c EnWG). Ziel ist es, den Kapazitätsengpässen im Stromnetz zu begegnen. Die Reservekraftwerksverordnung enthält Regelungen für eine transparentere Beschaffung von **Reservekraftwerken.** Sie gestaltet darüber hinaus das Verbot der vorläufigen oder endgültigen Stilllegung systemrelevanter Kraftwerke näher aus. Die Schwerpunkte der Verordnung betreffen die Ausgestaltung des Verfahrens und der Kriterien im Zusammenhang mit dem Abschluss von Verträgen mit bestehenden Anlagen als Reservekraftwerke, die Vergütung, das Verfahren zur Prüfung der Notwendigkeit des Baus von Neuanlagen für die Netzreserve und ein sich ggf. anschließendes Beschaffungsverfahren sowie das Verfahren und den Umgang mit einer Ankündigung der vorläufigen Stilllegung systemrelevanter Kraftwerke.

Die Bundesnetzagentur hat zu dem Bedarf an Reservekapazitäten eine **Feststellung** **272** veröffentlicht.[105] Dazu wurden die Regeln für die Beschaffung von Reservekapazitäten neu gestaltet. Die Übertragungsnetzbetreiber wurden verpflichtet, diese über ein transparentes Ausschreibungsverfahren und den Abschluss von Verträgen mit Betreibern von Erzeugungsanlagen zu beschaffen.

Zudem dürfen Kraftwerke nur nach vorheriger **Genehmigung** durch die Bundesnetz- **273** agentur stillgelegt werden. Die Stilllegung kann verwehrt werden, wenn ein Kraftwerk als systemrelevant eingestuft wird. Dann muss es zwangsweise gegen eine in § 13c EnWG geregelte Vergütung als Reservekraftwerk weiterbetrieben werden. In § 13b Abs. 4 Satz 2 EnWG ist geregelt, dass die Ausweisung als systemrelevant für 24 Monate gilt. Will der Betreiber die Anlage danach stilllegen, muss der Anlagenbetreiber nach Ablauf dieser Zeit das Fortbestehen oder Entfallen der Systemrelevanz prüfen. Im Herbst 2015 lagen bei der Bundesnetzagentur 69 Anträge mit einem Umfang von 14.367,7 Megawatt auf Abschaltung vor, die mehrheitlich mit der Unwirtschaftlichkeit des Betriebes infolge der gefallenen Strompreise begründet wurden.[106] Zudem sind in § 13f EnWG systemrelevante Gaskraftwerke vorgesehen. Das sind Anlagen zur Erzeugung von elektrischer Energie aus Gas mit

---

[104] Verordnung zur Regelung des Verfahrens der Beschaffung einer Netzreserve sowie zur Regelung des Umgangs mit geplanten Stilllegungen von Energieerzeugungsanlagen zur Gewährleistung der Sicherheit und Zuverlässigkeit des Elektrizitätsversorgungssystems vom 27.6.2013 (BGBl. I S. 1947).
[105] Bundesnetzagentur, Feststellung des Bedarfs an Netzreserve für den Winter 2015/2016 sowie die Jahre 2016/2017 und 2019/2020 und zugleich Bericht über die Ergebnisse der Prüfung der Systemanalysen vom 30.4.2015.
[106] Bundesnetzagentur, Fragen zur Kraftwerkstilllegungsanzeigenliste 16.11.2015.

einer Nennleistung ab 50 Megawatt, die von den Übertragungsnetzbetreibern als solche für maximal 24 Monate ausgewiesen werden.

274   Als neu zu errichtende Anlagen sind zur Stärkung der Netzstabilität 2016 durch das Strommarktgesetz mit § 13k EnWG die **Netzstabilitätsanlagen** hinzugekommen. Sie sollen von den Übertragungsnetzbetreibern zur Gewährleistung der Sicherheit und Zuverlässigkeit des Elektrizitätsversorgungssystems errichtet und betrieben werden und schwarzstartfähig sein. Das bedeutet, dass sie auch ohne Rückgriff auf das Stromnetz hochgefahren werden können. Sie würden dann an das Netz gehen, wenn alle anderen Sicherheitsmaßnahmen nicht genügen, um die Netze stabil zu halten. Es wird von einem Bedarf von bis zu zwei Gigawatt ausgegangen, dieser soll aber zunächst in mehreren Stufen von den Übertragungsnetzbetreibern ermittelt und der Bundesnetzagentur bestätigt werden. Durch die Einführung dieser Anlagen werden Netzbetreiber zugleich zu Stromerzeugern. Dies läuft der grundsätzlich vorherrschenden Trennung von wettbewerblicher Erzeugung und reguliertem Netzbetrieb zuwider, wird aber vom Gesetzgeber als Ausnahme hingenommen, um die Versorgungssicherheit zu gewährleisten.

275   **bb) Kapazitätsreserven.** Zudem sind Kapazitätsreserven vorgesehen, die von den Übertragungsnetzbetreibern bereitzuhalten sind. Die Kapazitätsreserve wird ab dem Winter 2018/2019 schrittweise außerhalb der Strommärkte gebildet und im Rahmen von Ausschreibungsverfahren oder Beschaffungsverfahren gebildet. Betreiber, deren Anlagen als Kapazitätsreserve eingesetzt werden, erhalten dafür eine Vergütung. Nach dem Ende der Einsatzzeit als Kapazitätsreserve müssen die Anlagen stillgelegt werden. Details werden in einer Kapazitätsreserveverordnung[107] auf Grundlage der Ermächtigung in § 13h EnWG geregelt. Darin sind u. a. Regelungen zur Konkretisierung der Anlagen, aus denen Reserveleistung für die Kapazitätsreserve gebunden werden kann, zu der Menge an Reserveleistung, die in der Kapazitätsreserve gebunden wird, und zu den Zeitpunkten der Leistungserbringung enthalten.

276   Als weitere Kapazitätsreserve stehen den Übertragungsnetzbetreibern zwischen 2016 und 2023 verschiedene Braunkohlekraftwerke zur Verfügung, die in dieser Zeit nach § 13g EnWG als **Sicherheitsbereitschaft** dienen und danach zur Erreichung der nationalen und europäischen Klimaschutzziele abgeschafft werden (siehe auch § 4, Rn. 55).

277   Mit diesen Regelungen hat der deutsche Strommarkt Elemente eines **Kapazitätsmechanismus** erhalten (siehe zur Debatte um Kapazitätsmärkte unter Rn. 170 ff. zum Strommarktdesign). Allerdings werden solche Ansätze, nach denen die Energieversorger Zahlungen für die Bereitstellung von Kraftwerken in wind- und sonnenarmen Zeiten erhalten sollen, von der EU-Kommission missbilligt. Sie sieht darin mögliche Subventionen, die allenfalls bei einer vorherigen genauen Bezifferung des Bedarfs und dem Nachweis, dass der Strom nicht aus dem Ausland beschafft werden kann, zulässig sein sollen und dann auch für ausländische Erzeuger gelten müssen. Andernfalls könnten die Nationalstaaten heimische Versorger unter dem Vorwand der Versorgungssicherheit finanziell unterstützen. Daher müssen diese neuen Regelungen im EnWG von der EU-Kommission genehmigt werden. Sie hat zudem im April 2015 eine Sektoruntersuchung angestoßen, die in mehreren europäischen Ländern die Modelle zu Kapazitätsmärkten und -mechanismus überprüfen soll.[108]

Zum Weiterlesen

Benedikt Wolfers u. a., Zwang zum Erhalt von Kraftwerken, N&R 2013, 251 ff.
Nina Chaaban u. a., Das neue Strommarktgesetz: Was ändert sich für stillgelegte Kraftwerke in der Netzreserve?, ER, 3.2016, 106 ff.
Bundesnetzagentur, Feststellung des Bedarfs an Netzreserve für den Winter 2015/2016 sowie die Jahre 2016/2017 und 2019/2020 und zugleich Bericht über die Ergebnisse der Prüfung der Systemanalysen, 30.4.2015

---

[107] Entwurf der Verordnung zur Regelung des Verfahrens der Beschaffung, des Einsatzes und der Abrechnung (Kapazitätsreserve-Verordnung – KapResV) vom 1.11.2016.
[108] Siehe Abschnitt § 9 Rn. 248 ff.

4. Regulatorische Kernbereiche

Die Stromnetze sind in Deutschland privatwirtschaftlich organisiert und gehören priva-   **278**
ten Unternehmen. Diese Unternehmen erfüllen damit eine für den Staat wichtige Aufgabe
der **Daseinsvorsorge.** Um sicherzustellen, dass diese Aufgabe sicher, effizient und diskriminierungsfrei erfüllt wird, gibt der Staat den Netzbetreibern viele Pflichten auf und kontrolliert die Erfüllung der Aufgabe. Man bezeichnet den Netzbereich daher als regulierten
Markt. Einige der wichtigsten regulierungsrechtlichen Vorgaben stellen wir im Folgenden
vor. Die Einflüsse der Regulierung sind zudem in § 11, Rn. 10 ff. im Kontext der Verfahren dargestellt.

a) Netzanschluss

Am Anfang seiner Beziehung zum Netz und dessen Betreiber steht für den Netznutzer   **279**
der **Netzanschluss** Gem. § 17 EnWG besteht eine Verpflichtung der Netzbetreiber, alle
Letztverbraucher, Elektrizitätsversorgungsnetze und -leitungen, Erzeugungs- und Speicheranlagen und Anlagen zur Speicherung von elektrischer Energie an das Energieversorgungsnetz anzuschließen. Hierbei besteht keine Beschränkung auf bestimmte Netzebenen, sodass
die Norm die Betreiber von Übertragungs- und Verteilernetzen gleichermaßen verpflichtet. Für den Bereich der Verteilernetze macht zudem die Verordnung über allgemeine
Bedingungen für den Netzanschluss und dessen Nutzung für die Elektrizitätsversorgung
in Niederspannung vom 1.11.2006 Vorgaben. Die Niederspannungsanschlussverordnung
(NAV) regelt die Allgemeinen Bedingungen, zu denen Netzbetreiber jedermann an ihr
Niederspannungsnetz anzuschließen und den Anschluss zur Entnahme von Elektrizität zur
Verfügung zu stellen haben.

Der Netzanschluss ist von der Netzanschlussnutzung und dem Netzzugang zu unter-   **280**
scheiden.

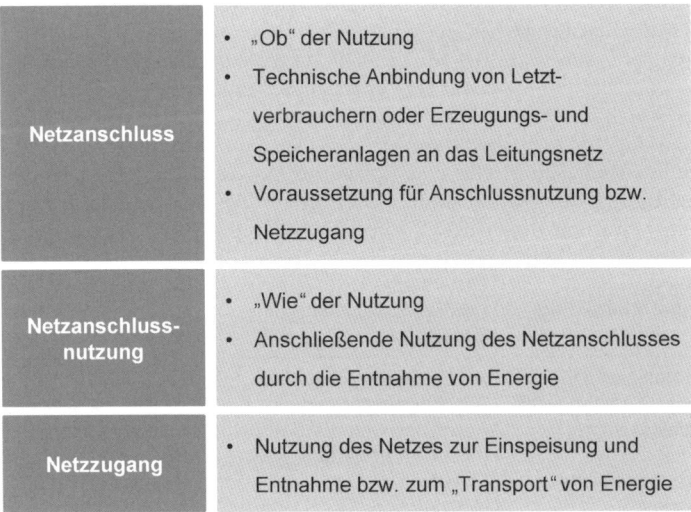

Abb. 22 – Netzanschluss, Netzanschlussnutzung und Netzzugang. Die Grafik zeigt die unterschiedlichen Folgen, die sich aus dem Recht zum Netzanschluss, zur Netzanschlussnutzung und zum
Netzzugang ergeben.

Physisch betrachtet ist der Netzanschluss beim Gebäude die Leitung zwischen der Ab-   **281**
zweigstelle des Niederspannungsnetzes und der Hausanschlusssicherung (§ 5 NAV), weshalb sie auch als **Hausanschlussleitung** bezeichnet wird. Sie verbindet das Niederspan-

nungsnetz mit der Innenleitung des Gebäudes und steht im Eigentum des Netzbetreibers, obwohl sie in der Regel über das Grundstück des Anschlussnehmers verläuft. Die Spannung muss 230 oder 400 Volt bei einer Frequenz von 50 Hertz betragen (§ 7 NAV). Entsprechendes gilt natürlich aber auch für den Netzanschluss von Industrieanlagen, Solaranlagen, Windrädern oder Kraftwerken, wobei diese meist auf anderen Spannungsebenen angeschlossen werden.

282   Die Netzanschlusspflicht stellt eine **gesetzliche Verpflichtung** zum Vertragsabschluss dar (§ 16 NAV). Sie besteht, weil der Netznutzer nur mithilfe eines Netzanschlusses Zugang zum Stromnetz erhält und diesen aufgrund der Monopolstellung des Netzbetreibers nicht anderweitig erlangen kann. Die notwendigen Kosten des Anschlusses der Anlage an das Netz trägt gem. § 16 Abs. 1 EEG der Anlagenbetreiber. Mehrkosten entstehen, weil der Netzbetreiber die Anlage an einer anderen als der nächstmöglichen Stelle anschließt. Diese Mehrkosten sind von ihm zu tragen, § 16 Abs. 2 EEG. Ebenso trägt er nach § 17 EEG die Kosten der Optimierung, der Verstärkung und des Ausbaus des Netzes.

283   Die **Bedingungen** für den Netzanschluss sind weitgehend gesetzlich vorgegeben. Nach § 17 Abs. 1 EnWG muss der Netzanschluss zu technischen und wirtschaftlichen Bedingungen erfolgen, die angemessen, diskriminierungsfrei und transparent sind. Der Netzanschluss kann vom Netzbetreiber nur dann abgelehnt werden, wenn er die technische oder wirtschaftliche Unmöglichkeit oder Unzumutbarkeit nachweist. Bei Verkäufen der angeschlossenen Grundstücke und Gebäude wird der neue Eigentümer automatisch Vertragspartei.

284   Für **Letztverbraucher** gilt die Sonderregelung des § 18 i. V. m. §§ 36 ff. EnWG und die Niederspannungsanschlussverordnung (NAV). § 18 Abs. 1 EnWG legt eine allgemeine Anschlusspflicht fest, nach der der jeweilige Netzbetreiber die Letztverbraucher zu allgemeinen Bedingungen an das Niederspannungsnetz anschließen muss, wenn er in diesem Gebiet das Energieversorgungsnetz der allgemeinen Versorgung von Letztverbrauchern betreibt. Letztverbraucher ist gem. § 3 Nr. 25 EnWG, wer die Energie für den eigenen Verbrauch kauft. Durch die Regelung wird sichergestellt, dass jedermann im Rahmen der Grundversorgung das Recht hat, mit einer Stromleitung verbunden zu werden (Allgemeine Versorgung). Zudem muss die Möglichkeit zur Nutzung des Anschlusses gewährleistet werden. Der Gesetzgeber hat damit eine einklagbare Verpflichtung geschaffen. Ausnahmen sind in § 18 Abs. 2 EnWG enthalten und nehmen diejenigen von der Sonderregelung aus, die auf einen Anschluss an das Stromnetz der allgemeinen Versorgung nicht angewiesen sind. Dies sind z.B. diejenigen, die eine Anlage zur Eigenversorgung betreiben.

285   Die **Beendigung des Netzanschlussvertrages** erfolgt im Wege der ordentlichen oder außerordentlichen Kündigung nach §§ 25 bis 27 NAV.

Ordentliche (fristgemäße) Kündigung § 25 NAV	Ordentliche (fristgemäße) Kündigung § 26 NAV	Außerordentliche (fristlose) Kündigung § 27 NAV
Durch den Netzbetreiber nur möglich, soweit keine Pflicht zum Netzanschluss nach § 18 Abs. 1 S. 2 EnWG besteht („wirtschaftliche Unzumutbarkeit")	Mit Einstellung der Anschlussnutzung durch den Anschlussnutzer (Auszug) Pflicht zur unverzüglichen Mitteilung an den Netzbetreiber	Netzbetreiber ist berechtigt, das Netzanschlussverhältnis fristlos zu kündigen, wenn die Voraussetzungen zur Unterbrechung des Netzanschlusses wiederholt vorliegen
Kündigungsfrist: 1 Monat auf das Ende eines Kalendermonats Kündigung bedarf der Textform (vgl. § 126b BGB; z.B. auch E-Mail)	Automatische Beendigung im Falle der Kündigung des Netzanschlussvertrages	Bspw. Wiederholte Verstöße gegen § 24 Abs. 2 NAV/NDAV (= Nichtzahlung)

Ordentliche (fristgemäße) Kündigung § 25 NAV	Ordentliche (fristgemäße) Kündigung § 26 NAV	Außerordentliche (fristlose) Kündigung § 27 NAV
Keine Zustimmung des Anschlussnehmers erforderlich, wenn an Stelle des bisherigen Netzbetreibers ein anderes Unternehmen in die sich aus dem Netzanschlussverhältnis ergebenden Rechte und Pflichten eintritt	Bsp. Kunde zieht aus und bezieht neue Wohnung innerhalb des gleichen Netzgebietes: • Ende des alten Anschlussnutzungsverhältnisses • In Bezug auf neue Wohnung neues Anschlussnutzungsverhältnis	Die fristlose Kündigung muss zwei Wochen vorher angedroht werden

Daneben gibt es viele **Einzelfragen** beim Netzanschluss. Dies fängt bei der Frage an, ob **286** man sich die Anschlussebene und den Anschlussort aussuchen kann. Vielfältig sind auch die Fragen der Kostentragung für den Anschluss, aber darauf kann hier nicht im Einzelnen eingegangen werden, sondern es sei insoweit auf die weiterführenden Literaturhinweise verwiesen.

Für den Netzanschluss von Kraftwerken enthält die **Kraftwerks-Netzanschlussver- 287 ordnung** (KraftNAV) besondere Regelungen. Die Verordnung legt die Bedingungen für den Netzanschluss von Anlagen zur Erzeugung von elektrischer Energie mit einer Nennleistung ab 100 Megawatt an Elektrizitätsversorgungsnetze mit einer Spannung von mindestens 110 Kilovolt (Kraftwerke) fest. Der Netzbetreiber hat dem Anschlussnehmer eine Anschlusszusage zu erteilen, soweit er nicht den Anschluss verweigern darf. Die Anschlusszusage beinhaltet die verbindliche Reservierung von Netzanschlussleistung an einem bestimmten Netzanschlusspunkt unbeschadet des Zustandekommens der weiteren erforderlichen vertraglichen Regelungen zum Netzanschluss (Netzanschlussvertrag) und zur Anschlussnutzung. Der Anlagenbetreiber erhält so die Sicherheit, dass eine Anlage mit dem Netz verbunden wird und die erzeugte Energie absetzen kann. Die KraftNAV wurde angesichts eines drohenden Engpasses beim Netzausbau geschaffen, um Investoren beim Bau neuer Kraftwerke die Sicherheit eines zügigen und diskriminierungsfreien Netzzuganges und damit Investitionssicherheit zu geben.

Zudem ist der Netzanschluss von **Offshore-Windparks** mit besonderen Voraussetzun- **288** gen verbunden. Da die Netzanbindung der Offshore-Windparks in § 17d Abs. 1 S. 1 EnWG als Teil des Übertragungsnetzes ausgewiesen ist, übernimmt der Übertragungsnetzbetreiber die Netzanbindung des jeweiligen Netzgebietes (Nordsee: TenneT; Ostsee: 50Hertz Transmission GmbH). Die Übertragungsnetzbetreiber stehen, neben den vielen technischen Herausforderungen der Herstellung des Anschlusses auf dem Meer, vor der Herausforderung, dass für die Netzanbindung (abgesehen von wenigen küstennahen Parks) aufgrund der Transportverluste zweckmäßigerweise nur die Hochspannungs-Gleichstrom-Übertragungstechnologie (HGÜ) in Frage kommt. Denn sie ermöglicht bei größeren Entfernungen und Leistungen geringe Stromverluste und kann hinreichend große Strommengen effizient abführen.

Zum Weiterlesen

Dana Hartig, in: Gerd Stuhlmacher u.a. (Hrsg.), Grundriss zum Energierecht, 2. Aufl. 2015, Kapitel 2: Netzanschluss
Christian de Wyl u.a., in: Jens-Peter Schneider u.a: Recht der Energiewirtschaft, 4. Aufl. 2013, Teil A–E § 16: Gesetzliche Anschlusspflicht und vertragliche Ausgestaltung der Netznutzung bei Strom und Gas
Roland Broemel, Netzanbindung von Offshore-Windkraftanlagen, ZUR 2013, 408 ff.
Martin Burgi, Die Offshore-Anbindungs- und Haftungsregelungen auf dem verfassungsrechtlichen Prüfstand, WiVerw 2014, 76 ff.
Tobias Woltering, Der Netzanschluss im EEG 2014, Ermittlung des Verknüpfungspunktes und Kostenverteilung, EnWZ 2015, 254 ff.

b) Netzzugang

289   Vom Netzanschluss[109] ist der Netzzugang zu unterscheiden. Netzanschluss meint die technische Anbindung an das Stromnetz, wohingegen der Netzzugang das permanente Recht auf die **Nutzung des Stromnetzes** durch Einspeisung und/oder Entnahme bezeichnet. Ohne den Netzzugang wäre es unter Umständen trotz technischem Anschluss an das Netz nicht möglich, das Stromnetz als Erzeuger der Verbraucher von Strom zu nutzen. Dies ist insbesondere bei Engpässen relevant.

290   Die Einzelheiten des Netzzuganges sind in §§ 20 ff. EnWG, in der Stromnetzzugangsverordnung (StromNZV) und der Stromnetzentgeltverordnung (StromNEV) geregelt. Nach § 20 EnWG hat jedermann **Zugang** zu den Energieversorgungsnetzen. Die Bedingungen für den Zugang werden in der Stromnetzzugangsverordnung[110] konkretisiert. § 1 StromNZV regelt die Bedingungen für Einspeisungen von elektrischer Energie in Einspeisestellen der Elektrizitätsversorgungsnetze und die damit verbundene zeitgleiche Entnahme von elektrischer Energie an räumlich davon entfernt liegenden Entnahmestellen der Elektrizitätsversorgungsnetze. Geregelt werden konkret der Zugang zu den Übertragungsnetzen und zu den Verteilernetzen (Netzzugang) sowie die Pflichten der Betreiber. Diese Regelungen enthalten z. B. Vorgaben zum Lieferantenwechsel (§ 14 StromNZV), zum Engpassmanagement (§ 15 StromNZV) und zu Messungen des Verbrauches (§§ 18 ff. StromNZV). Zudem enthalten die §§ 23 ff. StromNZV Vorgaben für die Vertragsbeziehungen, etwa zu dem Netznutzungsvertrag und dem Lieferantenrahmenvertrag nach § 20 EnWG. Die §§ 27 ff. StromNZV behandeln Befugnisse der Regulierungsbehörde. Einige wesentliche Elemente werden nachfolgend dargestellt.

291   **aa) Ausgestaltung des Rechts auf Netzzugang.** Nach § 20 Abs. 1 Hs. 1 EnWG müssen Netzbetreiber jedermann nach sachlichen Kriterien den Zugang zu den Netzen der allgemeinen Versorgung gewähren. Damit besteht ein gesetzlicher Anspruch und ein **Teilhaberecht.** Die Pflicht umfasst nicht nur ein passives Zulassen, sondern die aktive Mitwirkung der Netzbetreiber und erstreckt sich auf alle Netzebenen. Allerdings kann der Netzzugang nur im Rahmen der bestehenden Netzkapazitäten verlangt werden. Sind diese erschöpft, ergibt sich aus dem Zugangsrecht kein Recht auf eine Erweiterung der Kapazitäten. Die Pflicht zum bedarfsgerechten Netzausbau folgt aber aus § 11 Abs. 1 S. 1 EnWG.

292   Die **Bedingungen** für den Netzzugang – einschließlich möglichst bundesweit einheitlicher Musterverträge sowie die Konzessionsabgaben und die Entgelte – werden von den Netzbetreibern im Internet veröffentlicht (§ 20 Abs. 1 Hs. 2 EnWG).[111]

293   § 20 Abs. 1a EnWG gibt vor, dass die Ausgestaltung des Netzzuganges zwischen den Parteien vertraglich zu regeln ist. Für Vereinbarungen zwischen Letztverbrauchern oder Lieferanten mit denjenigen Energieversorgungsunternehmen, aus deren Netzen die Entnahme und in deren Netze die Einspeisung von Elektrizität erfolgen soll, ist gem. § 20 Abs. 1a S. 1 EnWG ein **Netznutzungsvertrag** abzuschließen. Sind Lieferanten Vertragspartei des Netznutzungsvertrags, müssen sich die Verträge nicht auf eine bestimmte Entnahmestelle und Anzahl von Kunden des Lieferanten beziehen und werden deshalb als Lieferantenrahmenverträge bezeichnet (§ 20 Abs. 1a S. 2 EnWG). Für Haushaltkunden gelten darüber hinaus die Sonderregelungen der §§ 36 und 38 EnWG zur Grund- und Ersatzversorgung. Sie sind in § 4, Rn. 525 ff. detailliert beschrieben.

294   In der Praxis hat sich jenseits dieser gesetzlichen Vorgabe eingebürgert, dass der Letztverbraucher keinen eigenen Netznutzungsvertrag mit dem Netzbetreiber abschließt. Stattdessen vereinbart er mit dem Lieferanten einen **All-Inclusive-Vertrag.** Dieser umfasst die Stromlieferung und legt fest, dass der Lieferant für den Transport des Stromes bis zum

---

[109] Siehe § 4, Rn. 279 ff.
[110] Verordnung über den Zugang zu Elektrizitätsversorgungsnetzen vom 25.7.2005 (BGBl. I S. 2243).
[111] Siehe z. B. für Berlin: http://www.stromnetz.berlin/de/enwg.htm.

Letztverbraucher – und damit für die Netznutzung – Sorge zu tragen hat. Der Netznutzer erspart sich dadurch einen Vertragsschluss, hat andererseits aber auch keine Möglichkeit, unabhängig von seinem Lieferanten, Strom zu beziehen, da er keinen eigenen Netzzugang hat.

Verweigert werden kann der Netzzugang unter den Voraussetzungen des § 20 Abs. 2 **295** S. 1 EnWG, wenn der Netzbetreiber beweisen kann, dass ihm die Gewährung aus betriebsbedingten oder sonstigen Gründen unter Berücksichtigung der Ziele des § 1 EnWG nicht möglich oder nicht zumutbar ist. Unmöglichkeit liegt insbesondere dann vor, wenn die Netzanbindung fehlt oder Kapazitätsengpässe bestehen.

bb) Technische Ausgestaltung. Das Recht auf einen Netzzugang eröffnet automa- **296** tisch den Zugang zum gesamten Stromnetz (vgl. § 20 Abs. 1a S. 3 EnWG), obwohl der Netznutzer nur mit einem in seinem Gebiet tätigen Netzbetreiber einen Vertrag geschlossen hat.

Bei der Netznutzung sind in Deutschland auf der Erzeugerseite fast 2.000 Anlagen- **297** betreiber und auf der Abnehmerseite, neben Unternehmen und der öffentlichen Hand, ca. 40 Millionen Privathaushalte zu berücksichtigen.[112] Deren Verbrauch oder Einspeisung müssen die Netzbetreiber für jeden Zeitpunkt jeweils genau prognostizieren und kontrollieren, um jederzeit das Gleichgewicht von Erzeugung und Verbrauch zu gewährleisten. Man kann den Aufwand erahnen, den die Koordination all dieser Netznutzer bedeutet. Deshalb wurde der Zugang zum deutschen Stromnetz im Rahmen der **vier Regelzonen,** die den Netzgebieten der Übertragungsnetzbetreiber entsprechen, mittels sogenannter Bilanzkreise organisiert. Diese haben wir bereits in § 4, Rn 242 ff. im Kontext der Netzstabilität beschrieben.

Zum Weiterlesen

Simone Laakmann, in: Thomas Schöne, Vertragshandbuch Stromwirtschaft, 2. Aufl. 2014, Kapitel 3
  B. II: Netzzugang
Till Christopher Knappke, in: Gerd Stuhlmacher u. a. (Hrsg.), Grundriss zum Energierecht, 2. Aufl. 2015,
  Kapitel 3: Netzzugang
Walter Frenz, Zugang zu Energieleitungen und Preisgestaltung, GewArch Beilage WiVerw Nr. 04/
  2012, 188 ff.

c) Netzentgelte/Anreizregulierung

Das Recht auf Netzzugang führt dazu, dass jedermann die im Eigentum der Netzbetreiber **298** stehenden Stromnetze für den Transport von Strom nutzen darf. Für die Betriebsführung der Netze und die Transportleistung verlangen die Netzbetreiber dafür von den Netznutzern Netzentgelte nach § 21 Abs. 1 EnWG. Da es nur ein Netz gibt und der Netzbetreiber insoweit eine marktbeherrschende Stellung innehat, unterliegen die Netzentgelte und die Nutzungsbedingungen der **Regulierung.** Die Netzentgelte müssen angemessen, diskriminierungsfrei und transparent sein. Eine unterschiedliche Preisgestaltung gegenüber Unternehmen des eigenen Konzerns des Netzbetreibers und gegenüber Dritten ist verboten. Über die Einhaltung dieser Vorgaben wacht die Bundesnetzagentur als Regulierungsbehörde.

Auf Grundlage der Verordnungsermächtigung nach § 24 Nr. 1 EnWG hat die Bundes- **299** regierung eine **Netzentgeltverordnung** für den Strombereich erlassen. Sie legt die Methode zur Bestimmung der Entgelte für den Zugang zu den Elektrizitätsübertragungs- und Elektrizitätsverteilernetzen einschließlich der Ermittlung der Entgelte für dezentrale Einspeisung fest. Sie wurde zuletzt im Zuge des Strommarktgesetzes novelliert[113], um u. a. das Angebot individueller Netzentgelte für Stromspeicher vorzusehen.

aa) Regulierungssysteme. Bis 2009 galt für die Netzentgeltbildung das **Cost-Plus-** **300** **System.** Danach wurden zunächst die Kosten des Netzbetreibers (Cost) im Rahmen einer

---

[112] Bundesnetzagentur, Kraftwerksliste (bundesweit, alle Netz- und Umspannebenen), 10.11.2015.
[113] Art. 3 Strommarktgesetz zu § 19 StromNEV.

wirtschaftlich vernünftigen Betriebsführung ermittelt. Diese Kosten – angereichert um eine Verzinsung für das eingesetzte Kapital *(Plus)* – legte der Netzbetreiber durch das Netzentgelt auf die Netznutzer um. Durch das Kriterium der *wirtschaftlich vernünftigen Betriebsführung* bestand für diese ein Schutz davor, dass die Netzbetreiber überhöhte Kosten abrechnen. Es fehlten aber Möglichkeiten, die Netzbetreiber zu besonders kosteneffizientem Wirtschaften zu verpflichten.

301   Deshalb wurde im EnWG 2009 ein neues System eingeführt, das **Anreize zur Effizienzsteigerung** schaffen soll. Dahinter steht die Idee, dass die Netzbetreiber für die nächsten Jahre festgesetzten, sich langsam absenkenden Netzentgelte, selbst für eine höhere Effizienz des Netzbetreibers sorgen würden. Dies würde dann zu niedrigeren Netzentgelten und damit zu geringeren Strompreisen führen. In der Regel werden Netzentgelte seit dem 1.1.2009 deshalb im Wege der Anreizregulierung bestimmt, die in § 21a EnWG und der Anreizregulierungsverordnung (ARegV) geregelt ist. Die Netzbetreiber sind nun dazu angehalten, die Kosten für das Betreiben der Netze, z.B. durch eine effizientere Netzsteuerung, gering zu halten.

302   Die **Anreizregulierungsverordnung**[114] über die Anreizregulierung der Energieversorgungsnetze vom 29.10.2007 regelt die Bestimmung der Entgelte für den Zugang zu den Energieversorgungsnetzen im Wege der Anreizregulierung (§ 1 ARegV). Sie beruht auf § 21a EnWG und soll Anreize für einen kostengünstigen, effizienten und qualitativ hochwertigen Netzbetrieb setzen. Durch die Novelle der Anreizregulierungsverordnung im Sommer 2016 hat der Gesetzgeber zusätzliche Effizienzanreize für die Netzbetreiber geschaffen. Zugleich sollen die Investitionsbedingungen für den Aus- und Umbau der Netze verbessert werden.

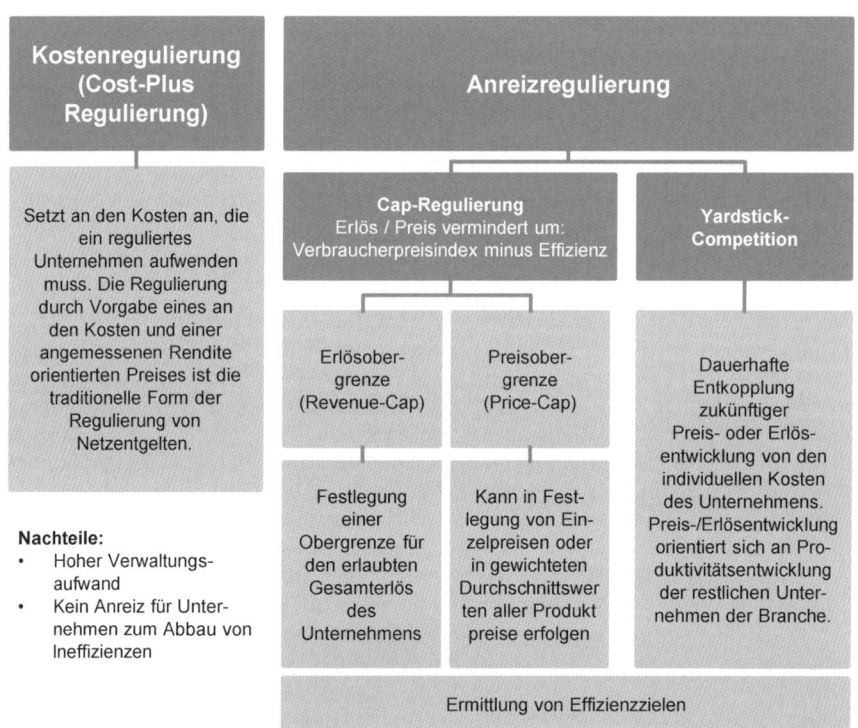

Abb. 23 – Regulierungssysteme. Die Grafik zeigt die beiden unterschiedlichen Ansätze zur Regulierung über die Kosten (links) oder den Preis (rechts). In Deutschland gilt das Model der Erlösobergrenze.

---

[114] Verordnung über die Anreizregulierung der Energieversorgungsnetze vom 29.10.2007 (BGBl. I S. 2529).

Grundgedanke der Anreizregulierung ist, den Gewinn des Netzbetreibers – der hier als 303
Erlös bezeichnet wird – von den Kosten für Bereitstellung und Betrieb des Netzes zu entkoppeln. Bis zur Einführung des § 21a EnWG ließ das Gesetz offen, ob die Anreizregulierung im Wege einer Vorgabe der Obergrenze für die Netzentgelte (Price Cap) oder für die Erlöse des Netzbetreibers aus den Netzentgelten während einer bestimmten Periode insgesamt (Revenue Cap) gebildet werden sollte.

Mit der Anreizregulierungsverordnung hat sich der Gesetzgeber für die Variante 304
Revenue Cap entschieden, denn der Price Cap hätte einen Anreiz zum Transport und damit zum Verbrauch höherer Volumina von Strom bewirkt. Praktisch bedeutet der Revenue Cap, dass die Bundesnetzagentur für jeden der ca. 1.600 deutschen Netzbetreiber eine Obergrenze des zulässigen Gesamterlöses aus den Netzentgelten festlegt (Erlösobergrenze).

bb) Umsetzung in Deutschland. Das in Deutschland angewendete System der Anreizregulierung durch Erlösobergrenzen besteht aus folgenden drei Schritten: 305
- Feststellung der Kosten des Netzbetreibers durch eine **Kostenprüfung,**
- Bestimmung der **Erlösobergrenze,**
- Umsetzung der Erlösobergrenze in die **Netzentgelte.**

Die Festlegung der Erlösobergrenze erfolgt dabei immer für einen Zeitabschnitt von fünf 306
Jahren, der als **Regulierungsperiode** bezeichnet wird. Die aktuelle, 2. Regulierungsperiode im Strombereich läuft seit 2014 und endet 2018. 2019 beginnt die 3. Regulierungsperiode bis 2023.

(1) Kostenprüfung. Im Rahmen der Kostenprüfung wird zunächst ermittelt, welche 307
Kosten beim jeweiligen Netzbetreiber anfallen. Sie ist in § 6 ARegV i. V. m. §§ 4 ff. StromNEV geregelt. Datengrundlage für die Kostenprüfung sind die Geschäftszahlen des Netzbetreibers im sogenannten **Basisjahr** (auch *Fotojahr* genannt). Dieses Basisjahr liegt zwei Jahre vor dem Beginn der Regulierungsperiode, d. h. das Basisjahr für die 3. Regulierungsperiode ist 2016. 2017 nimmt die Bundesnetzagentur aufgrund der 2016er Zahlen eine Kostenprüfung vor. Das Ergebnis ist im Prinzip für die gesamte folgende Regulierungsperiode maßgeblich – am Ende der Regulierungsperiode sind die Zahlen also bereits sieben Jahre alt. Da Anpassungen nur in Ausnahmefällen – die wir weiter unten darstellen – erfolgen, entsteht ein signifikanter Kostennachlauf.

Nicht berücksichtigt werden sogenannte **Einmaleffekte** im Basisjahr. Damit soll vermieden werden, dass der Netzbetreiber Ausgaben in das Basisjahr verschiebt und damit 308
eine außergewöhnliche Kostensituation herbeiführt. Zudem werden Kosten, die in den kommenden Jahren sicher entstehen (Plankosten), nicht einbezogen, nur die Ist-Kosten im Basisjahr sind maßgeblich.

Die Kosten werden in mehrere Gruppen unterteilt:
- die **aufwandsgleichen Kosten,** z. B. Material- und Personalkosten (§ 5 StromNEV),
- die **kalkulatorischen Kosten:**
  - Kalkulatorische Abschreibungen (§ 6 StromNEV),
  - Kalkulatorische Eigenkapitalverzinsung (§ 7 StromNEV),
  - Kalkulatorische Gewerbesteuer (§ 8 StromNEV),
- die **kostenmindernden Erlöse und Erträge,** z. B. Baukostenzuschüsse (§ 9 StromNEV).

Kalkulatorische Kosten bedeutet, dass nicht die tatsächlich angefallenen Kosten als 309
Bemessungsgrundlage herangezogen werden, sondern Werte, die auf Grundlage bestimmter kalkulatorischer Berechnungen auf Grundlage regulatorischer Vorgaben entstehen. Durch dieses Vorgehen sollen Wettbewerbsbedingungen simuliert werden, sodass sich die Erlösobergrenze auf Grundlage von einheitlichen Werten bildet.

(2) Ermittlung der Erlösobergrenze. Ist die Kostenprüfung abgeschlossen, ermittelt 310
die Bundesnetzagentur für jeden Netzbetreiber die Erlösobergrenze für jedes Kalenderjahr

der kommenden Regulierungsperiode. Basis dieser Berechnung ist das Ausgangsniveau (§ 6 Abs. 1 ARegV), das auf den Ergebnissen der Kostenprüfung beruht. Zur Bestimmung der Erlösobergrenze wird eine komplexe Formel herangezogen, welche in **Abb. 24 – Formel zur Berechnung der Erlösobergrenze** dargestellt ist, die sich aus § 7 ARegV i. V. m. Anlage 1 ARegV ergibt. Im Prinzip fasst die Formel die Elemente zusammen, die als Kostenbestandteil in den Preis eingehen und kombiniert sie mit den Elementen, die der Gesetzgeber und der Regulierer beeinflussen wollen, wie Effizienz und Qualität der Netzdienstleistungen.

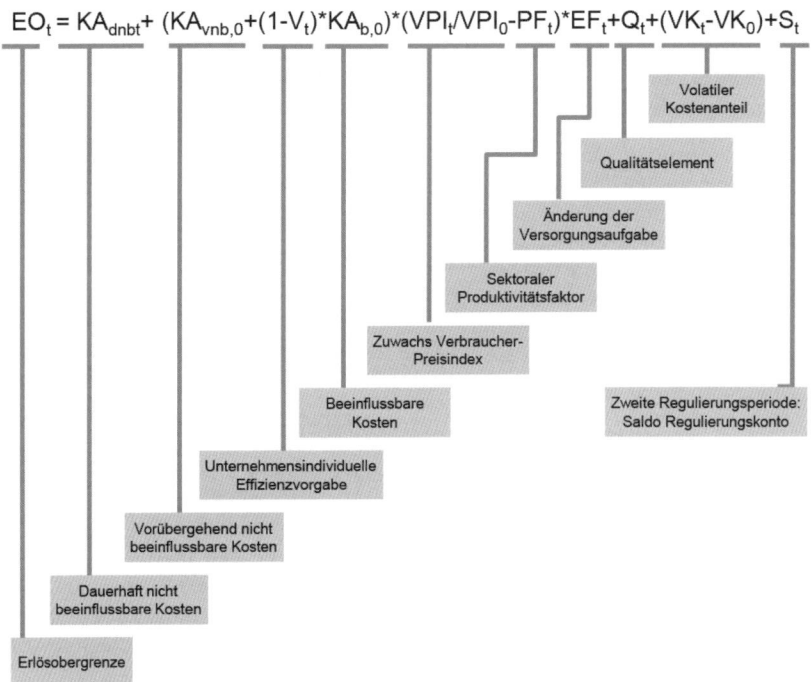

$$EO_t = KA_{dnbt} + (KA_{vnb,0} + (1-V_t)*KA_{b,0})*(VPI_t/VPI_0 - PF_t)*EF_t + Q_t + (VK_t - VK_0) + S_t$$

Abb. 24 – Formel zur Berechnung der Erlösobergrenze. Die Grafik zeigt die Formel, die zur Berechnung der Erlösobergrenze herangezogen wird. Unterschieden wird zwischen den Kostenanteilen KA und anderen Einflussfaktoren.

311 Man unterscheidet innerhalb der **Formel** zwischen Kostenanteilen (KA) und allen anderen Faktoren.

312 Die **Kostenanteile** teilen sich noch einmal in vier Gruppen:
- die dauerhaft nicht beeinflussbaren Kostenanteile $KA_{dnb,t}$ (zum Beispiel Abnahme- und Vergütungspflichten, Konzessionsabgaben, Betriebssteuern) sie können durchgereicht werden,
- die vorübergehend nicht beeinflussbaren Kostenanteile $KA_{vnb,0}$ – dies sind die Kosten des effizienten Netzbetreibers,
- die beeinflussbaren Kostenanteile $KA_{b,0}$ – diese müssen im Rahmen der Anreizregulierung abgebaut werden,
- die volatilen Kostenanteile VK_t und VK_0. – dies sind erheblich schwankende, nicht beeinflussbare Kosten, zum Beispiel Verlustenergie.

313 Infolge des Strommarktgesetzes wurden die Kosten für die Kapazitätsreserve nach § 13e EnWG sowie die Kosten im Rahmen der Stilllegung von Braunkohlekraftwerken nach § 13g EnWG als **nicht beeinflussbare Kostenanteile** neu in die Erlösobergrenze einbezogen, damit die Übertragungsnetzbetreiber diese Kosten nicht vorfinanzieren müssen.

Der beeinflussbare Kostenanteil wird mit der unternehmensindividuellen Effizienzvorga- **314**
be V_t verrechnet. Dahinter steht ein bundesweiter **Effizienzvergleich** nach §§ 12 ff.
ARegV. Danach müssen sich alle Betreiber bislang am effizientesten Betreiber messen lassen
und innerhalb der beeinflussbaren Kostenanteile etwaige Ineffizienzen abbauen, um mit
ihren Kosten unterhalb der Erlösobergrenze zu bleiben. So sollen mehr Wettbewerb und
sinkende Netzentgelte erreicht werden. Die Bundesnetzagentur stellt dazu vier Vergleichs-
rechnungen an, der beste Effizienzwert ist dann maßgeblich. Strukturelle Besonderheiten
im Netzgebiet (Berge, Flüsse, Besiedlung, etc.) können auf Antrag berücksichtigt werden.
Die ermittelte Ineffizienz muss der Netzbetreiber dann innerhalb der Regulierungsperiode
abbauen – wie er das tut, ist ihm überlassen. Erreicht der Netzbetreiber einen Effizienzwert
von 100 Prozent, betrifft ihn dieser Faktor nicht. Im Zuge des Strommarktgesetzes wurde
als Ergebnis der Diskussion mit den Netzbetreibern dem besten Effizienzwert nun ein
Durchschnittseffizienzwert zu Grunde gelegt.

Ebenfalls der Steigerung der Effizienz dient der **generelle sektorale Produktivitäts-** **315**
faktor PF_t nach § 9 ARegV. Er dient dazu, spezifische Produktivitätssteigerungen in der
Netzwirtschaft nachzuvollziehen. Um diesen Wert müssen alle Netzbetreiber ihre Kosten
senken, ggf. kommt er also zu den Minderungspflichten aus dem Effizienzvergleich hinzu.
In der gegenwärtigen zweiten Regulierungsperiode beträgt er 1,5 Prozent (§ 9 Abs. 2
ARegV), ab der dritten Regulierungsperiode wird er gem. § 9 Abs. 3 ARegV von der
Bundesnetzagentur ermittelt.

Die **Zu- oder Abschläge** Q_t nach § 19 ARegV dienen dazu, die Qualität und Stabili- **316**
tät des Netzes im Hinblick auf die Netzzuverlässigkeit (also unterbrechungsfrei) und Netz-
leitungsfähigkeit (also nachfragegerecht) zu sichern (Qualitätselement).

Die anhand dieser und der übrigen Faktoren ermittelte Erlösobergrenze verringert sich **317**
innerhalb der Regulierungsperiode entsprechend dem von der Regulierungsbehörde
zugrunde gelegten **Effizienzgewinn**. Schematisch stellt sich die Situation aus Sicht der
Netzbetreiber dar wie in **Abb. 25 – Effizienzgewinn im Rahmen der Erlösober-**
grenze gezeigt.

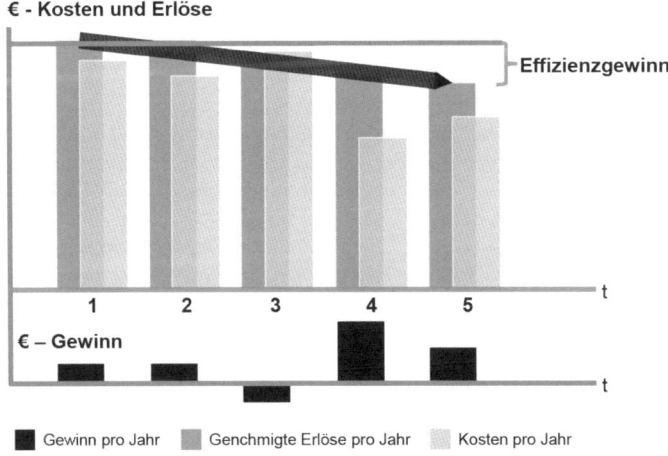

Quelle: Bundesnetzagentur

Abb. 25 – Effizienzgewinn im Rahmen der Erlösobergrenze. Die Grafik zeigt, wie sich im Verlauf der
fünfjährigen Regulierungsperiode aus dem Zusammenspiel von genehmigtem Erlös und den Kosten
ein Effizienzgewinn herausbildet.

Die **Erlösobergrenze** kann zum 1. Januar jeden Jahres angepasst werden, wenn sich be- **318**
stimmte Parameter geändert habe. Dies sind nach § 4 Abs. 3 ARegV der Verbraucherpreis-
gesamtindex, die nicht beeinflussbaren Kostenanteile und die volatilen Kostenanteile. Zu-

dem können große Investitionsmaßnahmen nach § 23 ARegV gesondert projektbezogen mittels Antrag gegenüber der Bundesnetzagentur geltend gemacht werden. Dadurch soll eine Verschiebung der Investitionen in das nächste Basisjahr vermieden werden.

319   Für kleine Netzbetreiber gilt ein **vereinfachtes Verfahren,** an dem bislang ca. 80 Prozent der Verteilernetzbetreiber teilnehmen. Sie sind dadurch z. B. von dem Effizienzvergleich und von der Anwendung des Qualitätselements befreit. Allerdings beabsichtigt das Bundeswirtschaftsministerium, die Schwellenwerte der Anreizregulierungsverordnung drastisch zu halbieren. Das vereinfachte Verfahren wäre dann nur noch Netzbetreibern mit weniger als 15.000 Anschlusskunden im Elektrizitätsbereich und weniger als 7.500 Anschlusskunden im Gasbereich zugänglich.

320   **(3) Umsetzung der Erlösobergrenze in die Netzentgelte.** Die nach der vorstehend beschriebenen Methode ermittelte Erlösobergrenze wird dann von den Netzbetreibern nach § 17 ARegV in Netzentgelte umgelegt. Dabei gelten folgende Grundsätze:

- Übergeordnetes Leitprinzip ist die **Verursachungsgerechtigkeit.** Die Kosten bzw. die ermittelten zulässigen Erlösanteile sind in einem transaktionsunabhängigen Punktmodell unabhängig von der Entfernung des Stromtransports, nur anhand der Netzebene der Entnahmestelle (also i. d. R. den Hausanschluss), festzulegen.
- Das **Netzentgelt** wird nur von den Stromverbrauchern gezahlt. Die Stromerzeuger, also die Einspeiser in das Netz, zahlen nach den derzeitigen Regelungen in Deutschland – anders in anderen EU-Mitgliedsstaaten – kein Entgelt. Das Netzentgelt besteht aus einem Jahresleistungspreis entsprechend der Spitzenlast in Euro pro Kilowattstunde und einem Arbeitspreis in Cent pro verbrauchter Kilowattstunde.
- Wird der Strom von einem Stromerzeuger nicht in das Höchstspannungsnetz, sondern auf einer niedrigeren Netzebene eingespeist, so erhält der Einspeiser die ersparten Netzentgelte der vorgelagerten Netzebenen erstattet. Man spricht von einer **Dezentralvergütung** (§ 18 StromNEV). Damit soll das Netz entlastet und die dezentrale Einspeisung gefördert werden.
- Für die Ermittlung der Netzentgelte sind die zulässigen Erlöse den sogenannten Hauptkostenstellen zuzuordnen (§ 12 StromNEV). Die Haupt- und Nebenkostenstellen sind Parameter, denen die entstandenen Kosten zuzuordnen sind. Ihre Struktur ist in § 13 i. V. m. Anlage 2 StromNEV festgelegt.
- Außerdem sind die Kosten vorgelagerter Netz- und Umspannebenen jeweils anteilig auf die nachgelagerten Ebenen zu verteilen (**Kostenwälzung,** § 14 StromNEV). So rechnen die Verteilernetzbetreiber zum Beispiel die ihnen von den Übertragungsnetzbetreibern aufgegebenen Netzkosten gegenüber ihren Netzkunden mit ab. Dies führt dazu, dass die Netzentgelte beginnend bei der Höchstspannung jeweils anteilig auf die Netzbetreiber der jeweils nachgelagerte Netz- oder Umspannebene weitergereicht werden, soweit diese Kosten nicht der Entnahme von Letztverbrauchern und Weiterverteilern aus der jeweiligen Netz- oder Umspannebene zuzuordnen sind (§ 14 StromNEV, siehe unten). Der Netznutzer zahlt das Netzentgelt dann nur einmalig an den Betreiber des Netzes, an das er angeschlossen ist, die Nutzung aller vorgelagerten Netzebenen ist damit abgegolten.
- In den Netzentgelten ist zudem eine staatlich garantierte **Rendite** auf das Eigenkapital enthalten. Diese wird jeweils für die Regulierungsperiode festgelegt und beträgt bei für Neu- und Erweiterungsinvestitionen in das Netz verwandtes Eigenkapital für die zweite Periode 9,3 Prozent nach Abzug von Körperschafts- und Gewerbesteuer (brutto sind dies 10,48 Prozent). Für Altanlagen wurde die Eigenkapitalrendite auf 7,56 Prozent festgelegt. Damit sollen die mit der Investition in den Netzausbau für die Netzbetreiber verbundenen Risiken entgolten werden und Investitionen attraktiv gemacht werden.

321   Die Erlösobergrenze wird in Netzentgelte pro Energieeinheit umgerechnet. Dem liegt der prognostizierte Verbrauch für das Folgejahr zugrunde. Die **vorläufigen Netzentgelte** sind zum 15. Oktober jedes Jahres zu veröffentlichen, Änderungen sind nur bis zum 31. Dezember möglich.

Während der Regulierungsperiode treten durch jährliche Schwankungen gegenüber der **322**
Erlösobergrenze **Mehr- oder Mindererlöse** auf. Sie werden über die Regulierungsperiode hinweg auf einem Regulierungskonto summiert und am Ende der Regulierungsperiode mit der nächsten Erlösobergrenze auf die folgende Regulierungsperiode umgelegt.

Seit Einführung der Anreizregulierung entfällt die Genehmigung der Entgelte für die Nut- **323**
zung der Strom- und Gasnetze nach § 23a EnWG. Allerdings haben die Netzbetreiber der Bundesnetzagentur die Netzentgelte und deren Berechnungsgrundlagen nach § 28 ARegV zu berichten. Stellt die Regulierungsbehörde die unzulässige Erhebung von Netzentgelten fest, kann sie im Wege des **Missbrauchsverfahrens** nach § 30 Abs. 2 EnWG vorgehen.

Zum Weiterlesen

Guido Jansen, in: Gerd Stuhlmacher u. a. (Hrsg.), Grundriss zum Energierecht, 2. Aufl. 2015, Kapitel 4:
   Netzentgelte
Hartmut Weyer, Kapitel 80 ff. zur Anreizregulierung, in: Baur/Salje/Schmidt-Preuß (Hrsg.), Regulierung
   in der Energiewirtschaft, 2. Aufl. 2016, S. 1141 ff.
Christian Lismann, Einführung in das Regulierungsrecht der Netzwirtschaften am Beispiel der energie-
   wirtschaftsrechtlichen Anreizregulierungsverordnung, NVwZ 2014, 691 ff.
Bundesnetzagentur, Evaluierungsbericht nach § 33 Anreizregulierungsverordnung, 21.1.2015
Deutscher Bundestag, 18. Wahlperiode, Unterrichtung durch die Bundesregierung, Bericht der Bun-
   desnetzagentur nach § 112a Abs. 3 EnWG zu den Erfahrungen mit der Anreizregulierung, 12.2.2014
Matthias Schmidt-Preuß, Substanzhaltung und Eigentum – Verfassungsrechtliche Antforderungen an
   die Bestimmung von Netznutzungsentgelten im Stromsektor, 2009
Michael Fehling u. a. (Hrsg.), Regulierungsrecht, 2010

5. Haftung der Netzbetreiber

Die Haftung des Netzbetreibers ergibt sich aus vielerlei Anspruchsgrundlagen. Sie kann **324**
sich neben der allgemeinen Haftung nach **zivilrechtlichen Regeln** zum einen gegenüber Netznutzern aus der Beziehung gegenüber dem Anschlussnehmer oder zum anderen aus **Sonderhaftungsregelungen,** wie der Offshore-Haftung, ergeben. Dieses Kapitel stellt nur beispielhaft die beiden wichtigen Haftungsfällen der Versorgungsstörung und der Offshore-Haftung vor. **Abb. 26 – Anspruchsgrundlagen für die Netzbetreiberhaftung** dient einem ergänzenden Überblick über die juristischen Anspruchsgrundlagen.

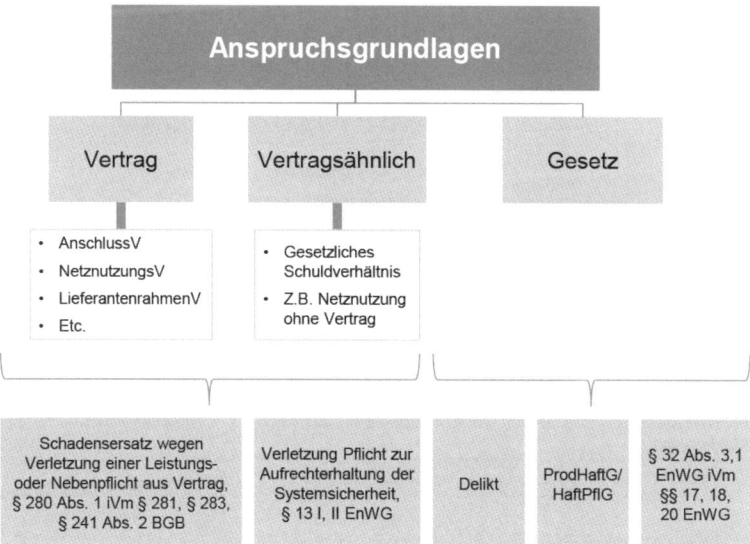

Abb. 26 – Anspruchsgrundlagen für die Netzbetreiberhaftung. Die Grafik zeigt, welchen Rechtsgrundlagen für Ansprüche gegen Netzbetreiber in Betracht kommen.

a) Haftung bei Versorgungsstörungen

325   Eine **Versorgungsstörung** liegt vor, wenn der Anschlussnutzer durch Unterbrechungen oder durch Unregelmäßigkeiten in der Anschlussnutzung Schäden erleidet. Der Netzbetreiber haftet hierfür aus Vertrag, Anschlussnutzungsverhältnis oder unerlaubter Handlung (§ 18 StromNAV). Diese Situationen treten zum Beispiel auf, wenn es dem Netzbetreiber nicht gelingt, die Netzstabilität aufrechtzuerhalten und infolgedessen Stromausfälle auftreten.

326   Der **Haftungsumfang** ist sehr detailliert ausgestaltet und wird in der Tabelle überblicksartig dargestellt. Im Wesentlichen beruht er auf einer Unterscheidung danach, ob ein Sachschaden (zum Beispiel an einer Chemieanlage oder einen Computer aufgrund des Stromausfalls), ein Vermögensschaden (zum Beispiel der Produktionsausfall während des Stromausfalls) oder ein Personenschaden verursacht wurde und inwieweit der Netzbetreiber hierfür verantwortlich ist. Zudem sind unterschiedliche Haftungsgrenzen vorgesehen.

327   Bei der Schuldfrage gilt eine gesetzliche **Verschuldensvermutung** zulasten des Netzbetreibers, d. h. er muss ggf. den Beweis seiner Unschuld führen.

Haftungsregeln § 18 NAV

Schadenstyp	Verursachungs-form	Haftungs-begrenzung Einzelfall	Gesamthaftung eigene Kunden inkl. Kunden in vorgelagerten Spannungsebenen	Gesamthaftung Fremdkunden, wenn vergleichbare eigene Kunden	Gesamthaftung Fremdkunden, wenn keine vergleichbare eigenen Kunden
Vermögensschäden	Vorsatz	unbegrenzt	unbegrenzt	unbegrenzt	unbegrenzt
	grobe Fahrlässigkeit	5.000 €	0,5 / 2 / 4 / 6 / 8 Mio. €	1,5 / 6 / 12 / 18 / 24 Mio. €	40 Mio. €
	sonstige Fahrlässigkeit	keine Haftung	keine Haftung	keine Haftung	keine Haftung
Sachschäden	Vorsatz	unbegrenzt	unbegrenzt	unbegrenzt	unbegrenzt
	grobe Fahrlässigkeit	unbegrenzt	2,5 / 10 / 20 / 30 / 40 Mio. €	7,5 / 30 / 60 / 90 / 120 Mio. €	200 Mio. €
	sonstige Fahrlässigkeit	5.000 €	2,5 / 10 / 20 / 30 / 40 Mio. €	7,5 / 30 / 60 / 90 / 120 Mio. €	200 Mio. €
Personenschäden	Vorsatz	unbegrenzt	unbegrenzt	unbegrenzt	unbegrenzt
	grobe Fahrlässigkeit	unbegrenzt	unbegrenzt	unbegrenzt	unbegrenzt
	sonstige Fahrlässigkeit	unbegrenzt	unbegrenzt	unbegrenzt	unbegrenzt
Gesamthaftungsgrenzen, wenn nicht unbegrenzt	-	-	2,5 / 10 / 20 / 30 / 40 Mio. €	7,5 / 30 / 60 / 90 / 120 Mio. €	200 Mio. €

Einteilung: bis 25.000 Anschlussnutzer/ 25.001 bis 100.000 Anschlussnutzer/ 100.001 bis 200.000 Anschlussnutzer/ 200.001 bis 1.000.000 Anschlussnutzer/ mehr als 1.000.000 Anschlussnutzer

Haftung bei Verschulden durch das Unternehmen oder eines seiner Erfüllungs-oder Verrichtungsgehilfen

Haftung bei Schäden durch Unterbrechung der Anschlussnutzung aus Vertrag, Anschlussnutzungsverhältnis oder unerlaubter Handlung

Keine Ersatzpflicht für Schäden unter 30 € bei sonstiger Fahrlässigkeit

Abb. 27 – Haftungsregelungen nach § 18 NAV. Die gesetzliche Haftung nach § 18 NAV ist, abhängig vom Grad des Verschuldens, auf bestimmte Höchstbeträge begrenzt. Diese stellen sich wie oben abgebildet dar.

Gesetzlich nicht geregelt sind u. a. die Fälle, in denen der Anschlussnutzer nur mit   328
einem Grundversorger kontrahiert, zum Netzbetreiber aber keine eigene vertragliche Beziehung unterhält. In diesen Fällen ergibt sich die Haftung nur aus dem Versorgungsver-
hältnis. Auch die Haftung des Netzbetreibers gegenüber Händlern, Lieferanten und Transportkunden ist gesetzlich nicht geregelt. Es wird aber die Anwendung der Regelungen
gem. § 18 NAV analog unterstellt.

Zum Weiterlesen

Alexander Bartsch u. a., Die Haftung des Netzbetreibers, EnWZ 2014, 152 ff.
Lorenz Zabel, Haftung des Netzbetreibers für Überspannungsschäden zu BGH, Urt. vom 25.2.2014 –
   VI ZR 144/13, BetriebsBerater 2014, 1300 ff.

b) Offshore-Haftung

Ein besonderes Haftungsregime besteht für die Übertragungsnetzbetreiber im Offshore-   329
Bereich. Sie ist in § 17e EnWG geregelt. Sie kommt vor allem bei den Übertragungsnetzbetreiber **TenneT** und **50Hertz Transmission GmbH** zur Anwendung, die zur Anbindung der Offshore-Windparks in der Nordsee und Ostsee verpflichtet sind. Hier sind vor
allem die hohen potenziellen Schadensbeträge bei den Offshore-Windfarmen relevant, die
von der Netzanbindung abhängen.

Der Gesetzgeber unterscheidet dabei drei **Fallgruppen**:   330
- die Störung der Netzanbindung (§ 17e Abs. 1 EnWG),
- die verspätete Fertigstellung (§ 17e Abs. 2 EnWG),
- die Einspeiseunterbrechung wegen Wartungsarbeiten an der Netzanbindung (§ 17e
  Abs. 3 EnWG).

Bei einer **Störung der Netzanbindung** von mehr als zehn aufeinanderfolgenden Ta-   331
gen erhält der Betreiber der Offshore-Windkraftanlage unabhängig vom Verschulden des
Übertragungsnetzbetreibers ab dem elften Tag einer ununterbrochenen Unterbrechung der
Einspeisung eine Entschädigung in Höhe von 90 Prozent der im Falle der Einspeisung erzielbaren Vergütung, bemessen an der durchschnittlichen Einspeisung einer vergleichbaren
Anlage. Ebenso wird er ab dem 19. Tag vergütet, wenn die Störungen an mehr als 18 Tagen im Kalenderjahr auftreten. Bei einer vorsätzlichen Störung durch den Übertragungsnetzbetreiber greift eine Haftungsverschärfung. Die Haftung entfällt aber, wenn der Anlagenbetreiber die Störung vertreten muss. Die Regelung ist abschließend, sodass neben der
Kompensation der entgangenen Vergütung keine weiteren Zahlungen, zum Beispiel für
den Notbetrieb, gefordert werden können.

Im Fall der **verzögerten Fertigstellung** des Netzanschlusses kann der Betreiber der   332
Windkraftanlage ab dem Zeitpunkt der Herstellung der Betriebsbereitschaft, frühestens
jedoch am elften Tag nach dem verbindlichen Fertigstellungstermin (§ 17e Abs. 2 S. 1
EnWG) verschuldensunabhängig eine Entschädigung in Höhe von 90 Prozent der entgan-
genen Einspeisevergütung verlangen. Der Betriebsbereitschaft steht es gleich, wenn die
Fundamente und das Umspannwerk errichtet sind und von der Fertigstellung nur zum
Zwecke der Schadensminderung abgesehen wird. Auch in diesem Fall gilt die verschärfte
Haftung bei vorsätzlichem Handeln des Übertragungsnetzbetreibers.

Ebenfalls ab dem elften Tag im Kalenderjahr (aber ohne dass die zehn Tage zuvor auf-   333
einanderfolgen müssen) wird eine Entschädigung in Höhe von 90 Prozent der Einspeisevergütung gezahlt, wenn betriebsbereite Anlagen wegen **Wartungsarbeiten** an der Netzanbindung nicht in das Netz einspeisen können.

Die Entschädigungszahlungen nach § 17e EnWG werden gem. § 17f Abs. 1 S. 1 EnWG   334
zwischen den (offshore-)anbindungspflichtigen und den nicht anbindungspflichtigen Übertragungsnetzbetreibern verrechnet **(Belastungsausgleich).** Bei Vorsatz des anbindungspflichtigen Netzbetreibers entfallen die Ausgleichsmöglichkeiten allerdings komplett, im
Falle der Fahrlässigkeit vermindert sich die ausgleichsfähige Summe je nach Höhe der aus-
zugleichenden Kosten und nach dem Grad der Fahrlässigkeit. Zugunsten des Anlagen-

betreibers gilt für den Fall der Verzögerung der Netzanbindung und in Bezug auf die erwähnte Staffelung die gesetzliche Vermutung, dass der Übertragungsnetzbetreiber mindestens grob fahrlässig gehandelt hat. Zudem muss der Übertragungsnetzbetreiber gem. § 17f Abs. 3 EnWG alles dafür getan haben, den Schadenseintritt zu verhindern bzw. Schäden zu beseitigen.

335   Die dem Belastungsausgleich unterfallenden Kosten dürfen wiederum in bestimmten Grenzen als Aufschlag auf die Netzentgelte auf die Letztverbraucher umgelegt werden **(Kostenwälzung),** § 17f Abs. 1 Hs. 2, Abs. 5 und 7 EnWG. Für Letztverbraucher darf sich das Netzentgelt bei einem Verbrauch von bis zu 1 Gigawatt pro Jahr um höchstens 0,25 Cent/Kilowattstunde erhöhen. Für stromintensive Unternehmen existiert eine Ausnahmeregelung.

336   Verursacht der Übertragungsnetzbetreiber **ohne Vorsatz** Sachschäden an Offshore-Windkraftanlagen, so ist die Haftung je Schadensereignis insgesamt begrenzt auf 100 Millionen Euro. Sofern das Schadensereignis aus Einzelschäden besteht und deren Summe die 100-Millionen-Grenze übersteigt, wird der Schadensersatz in dem Verhältnis gekürzt, in dem die Summe aller Schadensersatzansprüche zur Höchstgrenze steht, § 17g EnWG.

337   Ein neuer Bereich der Offshore-Haftung befasst sich mit der Frage der **Kostenverteilung,** wenn ein Windpark Schäden am gemeinsam mit anderen Windparks genutzten Netz oder der gemeinsamen Umspannplattform verursacht und alle angeschlossenen Windparks dann den Betrieb einstellen müssen.

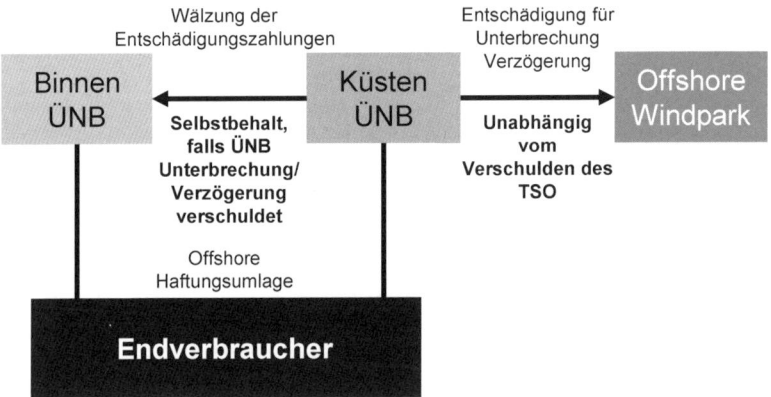

Abb. 28 – Haftungsverteilung im Offshore-Bereich. Die Grafik zeigt die Haftungsverteilung zwischen dem Offshore-Windpark und den Übertragungsnetzbetreibern auf See und an Land sowie die Beteiligung der Endverbraucher.

Zum Weiterlesen

Manfred Lührs, in: Thomas Schulz (Hrsg.), Handbuch Windenergie, 2015, Kapitel 2 V: Typische und untypische Schäden
Carsten König, Die Haftung der Übertragungsnetzbetreiber für den verzögerten Anschluss von Offshore-Windenergieanlagen, ZNER 2013, 113 ff.
Christoph Thole, Die zivilrechtliche Haftung des Netzbetreibers gegenüber Betreibern von Offshore-Windenergieanlagen für die verzögerte Netzanbindung, RdE 2013, 53 ff.

6. Wegenutzung und Konzessionsverträge

338   Netzbetreiber sind beim Bau und Betrieb ihrer Netze davon abhängig, **fremde Grundstücke** in Anspruch zu nehmen. Denn nicht nur die Verteilernetze verlaufen im Boden von Grundstücken, die Gebietskörperschaften oder Privatpersonen gehören. Auch die Masten von Freileitungen und die Leitungen selbst befinden sich in der Regel auf bzw. über fremdem Grund. Um die Nutzung der Grundstücke zu ermöglichen, wurden in §§ 43 ff. EnWG entsprechende Regelungen aufgenommen. Dort wird zwischen privaten Grundstücken, §§ 43 bis 45 EnWG, und öffentlichen Verkehrswegen, §§ 46 bis 48 EnWG, unterschieden. Zudem werden Fragen des Kartellrechts und des Vergaberechts berührt.

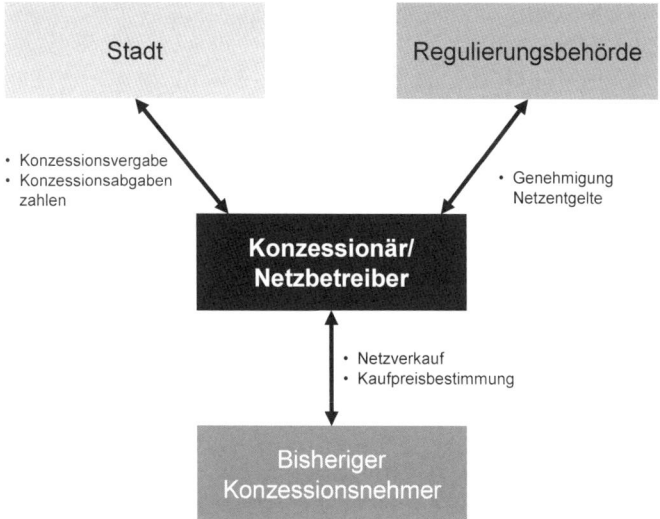

Abb. 29 – Beteiligte bei der Konzessionsvergabe. Die Grafik zeigt das Zusammenspiel der Beteiligten bei der Neuvergabe von Konzessionen.

a) Öffentliche Verkehrswege

Die **Nutzung** öffentlicher Verkehrswege ist in § 46 Abs. 1 und Abs. 2 EnWG geregelt. **339** Man unterscheidet zwischen sogenannten einfachen Wegenutzungsverträgen (§ 46 Abs. 1 EnWG) und qualifizierten Wegenutzungsverträgen (§ 46 Abs. 2 bis 4 EnWG). Sie unterscheiden sich vor allem dadurch, dass bei qualifizierten Wegenutzungsverträgen für Netze der allgemeinen Versorgung der Wettbewerb um den Netzbetrieb durch Beschränkungen der Vertragsfreiheit geschützt werden soll.

Einfache Wegenutzungsverträge sehen vor, dass öffentliche Verkehrswege von den **340** Gemeinden für die Verlegung und den Betrieb von Leitungen (Leitungsrecht), einschließlich Fernwirkleitungen zur Netzsteuerung und Zubehör, zur unmittelbaren Versorgung, von vornherein feststehenden Letztverbrauchern im Gemeindegebiet diskriminierungsfrei durch Vertrag zur Verfügung gestellt werden müssen.

D.h., die Norm gilt zum einen nur für **Gemeinden** und nicht auch für Körperschaften **341** wie den Bund oder die Länder. Zum anderen sind nur öffentliche Verkehrswege, also dem öffentlichen Verkehr gewidmete Straßen und Plätze, erfasst. Im Zentrum steht die Vermittlung von Energie an Endkunden als leitungs- und kundenbezogenes Verhalten. Leitungen im Sinne der Norm sind solche, die zur Fortleitung oder Abgabe von Energie dienen. Fernwirkleitungen zur Netzsteuerung sind Anlagen zur Weiterleitung von Signalen, mit denen zum Beispiel die Ein- und Ausspeisung mehrerer Verbraucher erfasst wird. Zum Zubehör gehören u.a. Ortsnetzstation und Kabelschränke. Zum Regelungsinhalt gehören regelmäßig das Wegerecht, die Konzessionsabgaben und Regelungen zum Bau und Betrieb der Anlagen. Ein Diskriminierungsverbot stellt sicher, dass Wegenutzungsverträge, die mit Energieversorgungsunternehmen geschlossen werden, keine Schlechterstellung gegenüber kommunalen Eigenbetrieben enthalten.

Durch den **Kontrahierungszwang** nach § 46 Abs. 1 S. 1 EnWG sind die Gemeinden **342** zum Abschluss der Wegenutzungsverträge mit den Energieversorgungsunternehmen verpflichtet. Anderenfalls könnten sie die Versorgung der Letztverbraucher verhindern oder die Netzbetreiber diskriminieren. Sie dürfen allerdings auf Grundlage ihrer planungsrechtlichen Hoheit (Art. 28 GG) Bedingungen festlegen, zum Beispiel ob die Verlegung einer Leitung ober- oder unterirdisch zu erfolgen hat. Die einzige Ausnahme vom Kontrahierungszwang bietet § 46 Abs. 1 S. 2 EnWG. Denn die Energieunternehmen müssen Konzessionsabgaben (die ausführlich im folgenden Abschnitt besprochen werden) an die Gemeinden leisten. Solange hierüber im Vorfeld keine Einigung erzielt wurde, greift der Kontrahierungszwang nicht. Zudem ist zu beachten, dass der Kontrahierungszwang nicht für qualifizierte Wegenutzungsverträge gilt.

343   **Qualifizierte Wegenutzungsverträge** nach § 46 Abs. 2 EnWG erfassen ebenfalls die Nutzung öffentlicher Verkehrswege für die Verlegung und den Betrieb von Leitungen, allerdings für Leitungen der allgemeinen Versorgung gem. § 3 Nr. 17 EnWG. Hier sollen die Regelungen der zeitlich beschränkten Vertragsdauer verbunden mit einer Ausschreibungspflicht den dauerhaften Wettbewerb um die Netze sicherstellen. Die allgemeine Versorgung ist ein Teilaspekt der unmittelbaren Versorgung von Letztverbrauchern im Gemeindegebiet nach § 46 Abs. 1 EnWG. Sie liegt vor, wenn der Netzbetreiber sein Netz zur Versorgung aller Letztverbraucher im Einzugsbereich seines Netzes betreibt.

344   Man bezeichnet diese qualifizierten Verträge in der Regel als **Konzessionsverträge** (allerdings verwendet der Gesetzgeber selbst diesen Begriff nicht). Wesentlich für die Konzessionsverträge sind die Befristung, die Formalisierung der Konzessionsneuvergabe und die Anlagenüberlassungspflicht.

345   Konzessionsverträge sind gem. § 46 Abs. 2 S. 1 EnWG für einen Zeitraum von maximal 20 Jahren befristet, denn durch die Konzessionsvergabe soll **kein Ewigkeitsrecht** entstehen. So wird gewährleistet, dass in regelmäßigen Abständen eine Öffnung für den Wettbewerb stattfindet und bestenfalls mehrere Unternehmen konkurrieren. Eine vorzeitige Verlängerung des Vertrages ohne vorherige Ausschreibung ist daher wettbewerbswidrig und gem. § 46 Abs. 3 S. 3 EnWG verboten.[115]

346   Von den derzeit etwa 20.000 Stromkonzessionsverträgen in Deutschland mussten zwischen 2009 und 2015 mehr als die Hälfte neu vergeben werden. Über die **Neuvergabe** der Konzessionen entscheidet die Gemeinde. Im Verfahren hat sie die allgemeinen, vorrangig aus den europäischen Grundfreiheiten folgenden, Vergabeprinzipien zu beachten. Es muss nach strengen Regeln diskriminierungsfrei und transparent erfolgen, das in § 9, Rn. 250 ff. dargestellte Vergaberecht nach dem Gesetz gegen Wettbewerbsbeschränkungen bzw. dem EU-Recht findet aber keine Anwendung. Denn bei der Konzessionsvergabe tritt die Gemeinde nicht als Nachfrager, sondern als Anbieter auf.

347   Der **Vergabeprozess** besteht aus vier Abschnitten[116]:
* Bekanntmachung des Auslaufens des Konzessionsvertrages im Bundesanzeiger und im Fall von Netzen mit über 100.000 Netzkunden im Amtsblatt der EU zwei Jahre vor Auslaufen des Altvertrages (§ 46 Abs. 3 EnWG),
* Herstellung einer identischen Informationsgrundlage für alle Interessenten (Level Playing Field),
* Auswahl des Konzessionärs anhand vorher veröffentlichter, objektiver Kriterien bzw. netzbezogener Ziele aus den der Gemeinde gegenüber abgegebenen Angeboten (bei einer Missachtung ist der Konzessionsvertrag nichtig),
* öffentliche Bekanntgabe der Entscheidung, ggf. mit Begründung, wenn sich mehr als ein Unternehmen beworben hat.

348   Vielfach nutzen Gemeinden in neuerer Zeit das Auslaufen des Konzessionsvertrages auch, um im Zuge einer **Rekommunalisierung** die Versorgungsaufgabe wieder selbst zu

---

[115] Bundeskartellamt, Pressemitteilung vom 6.11.2003, Vorzeitige Verlängerung von Wegenutzungsverträgen unzulässig.
[116] Vgl. dazu im Einzelnen: Gemeinsamer Leitfaden von Bundeskartellamt und Bundesnetzagentur zur Vergabe von Strom- und Gaskonzessionen und zum Wechsel des Konzessionsnehmers vom 15.12.2010.

übernehmen. Hierbei müssen die kommunalen Eigengesellschaften nach herrschender Ansicht allerdings ebenfalls am Vergabeverfahren teilnehmen. Eine sogenannte Direktvergabe an sie ist nicht zulässig, da die wirtschaftliche Beteiligung von Gemeinden nur subsidiär möglich ist. Für die bisherigen Konzessions-Unternehmen droht durch die Rekommunalisierung der Wegfall ihrer Geschäftsgrundlage. Häufig kommt es daher auch zu Öffentlich-Privaten-Partnerschaften (ÖPP) in diesem Bereich. Sie sind häufig als gemeinsame Joint Venture Gesellschaft ausgestaltet.

Ein wichtiges Element der Transparenz bei der Konzessionsvergabe ist das **Verbot wirt-** 349 **schaftlicher Nebenleistungen** in § 3 KAV. Nicht vereinbart oder gewährt werden dürfen insbesondere sonstige Finanz- und Sachleistungen, die unentgeltlich oder zu einem Vorzugspreis gewährt werden und Verpflichtungen zur Übertragung von Versorgungseinrichtungen ohne wirtschaftlich angemessenes Entgelt. Über die Einhaltung der Vorgaben für die Konzessionsvergabe wacht die Bundesnetzagentur, §§ 54 Abs. 3, 56 EnWG, und das Bundeskartellamt, §§ 48 ff. i. V. m. §§ 19, 20 GWB. Die Vergabe-Entscheidungen werden beim Vorliegen wettbewerblicher Bedenken vom Bundeskartellamt überprüft und können von unterlegenen Mitbewerbern angefochten werden, wenn Zweifel an der Rechtmäßigkeit der Vergabe bestehen. Allerdings hat der Bundesgerichtshof mittlerweile entschieden, dass der Verstoß gegen ein Nebenleistungsverbot im Zweifel nur die Teilnichtigkeit des Konzessionsvertrages im Hinblick auf diese Nebenleistung zur Folge hat, sodass der Vertrag an sich bestehen bleibt.[117]

Im Falle einer Neuvergabe oder der Rekommunalisierung ist zu klären, wie der neue 350 Konzessionär **Zugang** zur Nutzung des bestehenden Netzes erhält. Das Netz und die betriebsnotwendigen Anlagen stehen in der Regel im Eigentum des Altkonzessionärs. Auf Verlangen des Neukonzessionärs muss der Altkonzessionär diesem das Eigentum gegen die Zahlung einer wirtschaftlich angemessenen Vergütung (§ 46 Abs. 2 S. 2 EnWG) verschaffen. Dadurch soll vermieden werden, dass der Neukonzessionär die Netze und Anlagen neu errichten muss, weil der Altkonzessionär diese nicht oder nur zu einem Preis jenseits des fairen Wertes verkaufen würde. Naturgemäß umstritten ist dabei die wirtschaftliche Beurteilung des Wertes. Das Gesetz gibt dazu vor, dass die Vergütung *wirtschaftlich angemessen* sein muss. Dabei war aber lange umstritten, welche Maßstäbe dafür gelten, insbesondere der Sachzeitwert oder der Ertragswert. Durch den Bundesgerichtshof wurde 1999 in der *Kaufering*-Entscheidung als Bemessungsgrundlage der sogenannte **Ertragswert** festgelegt.[118] Der meist höher liegende Sachzeitwert entspricht dem Wiederbeschaffungswert, wobei Alter und Zustand eine Rolle spielen. Der Ertragswert ist nach für alle denkbaren Erwerber geltenden Kriterien zu ermitteln, wobei die Anteile der Netzentgeltkalkulation und -genehmigung gesetzlich bestimmt sind. Als Alternative kann der Neukonzessionär anstelle des Erwerbs auch ein Netzpachtmodell (§ 46 Abs. 2 S. 3 EnWG) wählen.

Für beide Arten der Wegenutzungsverträge sind **Konzessionsabgaben** zu zahlen. Sie 351 finden in § 48 EnWG ihre Grundlage. Es handelt sich nach § 48 Abs. 1 EnWG um *Entgelte, die Energieversorgungsunternehmen für die Einräumung des Rechts zur Benutzung öffentlicher Verkehrswege für die Verlegung und den Betrieb von Leitungen, die der unmittelbaren Versorgung von Letztverbrauchern im Gemeindegebiet mit Energie dienen, entrichten.* Sie fallen sowohl im Rahmen der einfachen als auch der qualifizierten Wegenutzungsverträge an. Die Höhe der Konzessionsabgaben wird mit den Gemeinden vertraglich vereinbart und an diese gezahlt (§ 48 Abs. 3 EnWG). Zur Bestimmung von Höchstsätzen hat die Bundesregierung der Ermächtigung in § 48 Abs. 2 EnWG folgend, die Verordnung über Konzessionsabgaben für Strom und Gas (KAV)[119] erlassen. Dort sind u. a. die maximal zulässige Höhe der Konzessionsabgabe an Letztverbraucher (je nach Einwohnerzahl der Gemeinde zwischen 1,32 bis 2,39 Cent/Kilowattstunde) und Preise und Bedingungen für Sondervertragskunden

---

[117] BGH, Urt. vom 7.10.2014 – EnZR 86/13.
[118] BGH, Urt. vom 16.11.1999 – KZR 12/97 – Kaufering.
[119] Verordnung über Konzessionsabgaben für Strom und Gas vom 9.1.1992 (BGBl. I S. 2477).

(derzeit 0,11 Cent/Kilowattstunde) geregelt. Die Konzessionsabgabe wird von den Energieunternehmen als Kosten des Netzbetriebes über die Stromrechnung auf die Kunden umgelegt. Allerdings ist eine Novellierung der Verordnung derzeit in der Debatte.

352   Insgesamt gelten die Regelungen in § 46 EnWG allerdings als unzureichend. Eine große Anzahl an **Prozessen** zur Klärung von Auslegungs- und Anwendungsfragen haben daher in den vergangenen Jahren die Gerichte beschäftigt. Diese Rechtsprechung und die Erfahrungen aus der Praxis bilden die Grundlage für einen Gesetzentwurf zur Neuregelung der Konzessionsvergabe, der seit Sommer 2015 im Verfahren ist. Er beinhaltet u. a. Regelungen zur Bestimmung des Preises für das Netz beim Verkauf an den Neukonzessionär, definiert die Auswahlkriterien für Konzessionsnehmer neu, beschneidet die Klagemöglichkeiten nach der Konzessionsvergabe und legt fest, dass die Zahlung der Konzessionsabgabe nach Ablauf des Vertrages unbegrenzt weiterläuft.

b) Private Grundstücke

353   Für die Nutzung von Privatgrundstücken ergibt sich die Möglichkeit der Miete/Pacht oder des Ankaufes. Zudem ist die dingliche Belastung des Grundstückes zum Beispiel durch eine beschränkte persönliche Dienstbarkeit gem. § 1090 BGB oder eine Grunddienstbarkeit nach § 1018 BGB möglich. Für den Eigentümer kann eine **Miet- bzw. Pachtlösung** von Vorteil sein, da sie ihm die Erhebung eines Miet- bzw. Pachtzinses und damit eine finanzielle Kompensation der Nutzung ermöglicht, wogegen er bei Dienstbarkeiten die Nutzung einfach hinnehmen muss.

354   Kommt dies nicht in Betracht, etwa weil der Eigentümer eine solche Lösung verweigert, greifen die Regelungen §§ 45 ff. EnWG. Demnach ist die Nutzung privater Grundstücke gegen den Willen des Grundstückseigentümers im Zuge einer **Enteignung** möglich. Da es sich hierbei um einen weitreichenden Eingriff in das grundgesetzlich geschützte Eigentumsrecht handelt, geht der Enteignung ein komplexes und langwieriges Verfahren aufgrund einer Einzelfallabwägung voraus. Zudem gelten die Voraussetzungen des Art. 14 Abs. 3 GG, sodass das Allgemeinwohlinteresse an dem Bauvorhaben dem Eigentumserhaltungsinteresse des Grundstückseigentümers deutlich überwiegen muss. Dies wird i. d. R. nur bei großen Bauvorhaben mit weitreichender Bedeutung bejaht. In diesem Fällen wird die Enteignung oft schon im Planfeststellungsbeschluss oder im Rahmen der Plangenehmigung als zulässig erklärt. Der Enteignung kann eine **Besitzeinweisung** nach § 44b EnWG vorgeschaltet werden, um ein Bauvorhaben schon vor Abschluss des Enteignungsverfahrens ausführen zu können. Denn durch die Besitzeinweisung erlangt der Träger des Bauvorhabens die Sachherrschaft über das Grundstück.

Zum Weiterlesen
Cornelia Kermel u. a., in: Thomas Kästner u. a. (Hrsg.), Rekommunalisierung von Energienetzen im Rahmen von Konzessionsvergaben, S. 143 ff.
Florian Brahms/Tatjana Ellerbrock, Das darf's (kann's) noch nicht gewesen sein – die Novelle der Konzessionsvergabe, ER 4.2016, 143 ff.
Georg Hermes, in: Jens-Peter Schneider u. a., Recht der Energiewirtschaft, 4. Aufl. 2013, § 10: Die Benutzung privater Grundstücke für die Energieversorgung und Fragen der Enteignung
Katrin Dietrich u. a.. in: Gerd Stuhlmacher u. a. (Hrsg.), Grundriss zum Energierecht, 2. Aufl. 2015, Kapitel 6: Wegenutzungsverträge
Christian Theobald u. a., Aktueller Referentenentwurf zu § 46 EnWG, EnWZ 2015, 438 ff.
Bundesnetzagentur und Bundeskartellamt, Gemeinsamer Leitfaden von Bundeskartellamt und Bundesnetzagentur zur Vergabe von Strom- und Gaskonzessionen und zum Wechsel des Konzessionsnehmers, 2. Aufl. 2015

7. Genehmigung und Netzausbau

355   Der Ausbau des Stromnetzes ist ein zentrales Thema auf europäischer und nationaler Ebene. Denn weder die Kapazität noch die Struktur des gegenwärtig vorhandenen Stromnetzes entspricht den **Anforderungen der Zukunft.**

Auf europäischer Ebene wurden von der EU-Kommission im Oktober 2013 **PCI/Vor-** 356
haben benannt, die bis 2020 vorrangig verwirklicht werden sollen.[120] Zudem konnten bis
März 2015 weitere Vorhaben angemeldet werden.[121] Eine Reihe dieser Projekte sind in
Deutschland, das aufgrund seiner Lage in der Mitte Europas und aufgrund der durch die
Energiewende geänderten Anforderungen an das Netz einen hohen Ausbaubedarf aufweist,
angesiedelt. Insbesondere fehlt es aus europäischer Sicht an Grenzkuppelstellen zum benachbarten Ausland und in den Übertragungsnetzen an Kapazitäten, die den im Norden
erzeugten Windstrom in die Verbrauchszentren im Westen und Süden Deutschlands transportieren. Ein vom Bundeswirtschaftsministerium beauftragtes Gutachten *Moderne Verteilernetze für Deutschlan*d kam im Herbst 2014 zu dem Ergebnis, dass in diesem Bereich bis
2032 Netzausbaukosten von bis zu 49 Milliarden Euro anfallen.[122] Ein Großteil der Maßnahmen wird in den kommenden zehn Jahren fällig. Der darüber hinaus gehende Netzaus-
baubedarf betrifft zu zwei Dritteln die Mittelspannungsnetzbetreiber und zu einem Drittel
die Niederspannungsnetzbetreiber.

Grundsätzlich ist – besonders im Bereich des Ausbaus der Hochspannungsnetze – die 357
lange Dauer zwischen Planung, Genehmigung, Bau und Fertigstellung problematisch.
Dies hängt auch damit zusammen, dass die Vorhaben starkem Widerstand von Seiten der
Bürger und (lokalen) politischen Mandatsträgern begegnen. So sollte ein im Oktober 2013
bekanntgegebenes Trassen-Vorhaben – *SuedLink* – von EnBW und TenneT bis 2022 über
800 km von Schleswig-Holstein nach Bayern und Baden-Württemberg reichen. Dagegen
erhob sich, vor allem in Bayern, so heftiger Widerstand, dass am Ende mit dem *Gesetz zur
Änderung von Bestimmungen des Rechts des Energieleitungsbaus* eine neue politische Vorgabe für
den Ausbau von Hochspannungsnetzen auf den Weg gebracht wurde. Nach dem vorgesehenen neuen § 2 EnLAG sollen Hochspannungsnetze nun vermehrt als Erdkabel – und
nicht mehr als Freileitungen – verlegt werden. *SuedLink* muss infolgedessen zum Teil neu
geplant werden, was zusätzliche Kosten in Milliardenhöhe und eine Verschiebung der Fertigstellung nach sich ziehen wird.

Dieses Kapitel skizziert die dem Netzausbau zugrundeliegenden **Genehmigungsver-** 358
fahren, wobei Besonderheiten des Offshore-Netzausbaus und den Aspekt der Bürgerbeteiligung besonders herausgreifen.

a) Genehmigungsverfahren

Bis 2050 soll 80 Prozent des Stromes in Deutschland aus regenerativen Quellen stam- 359
men. Dies erfordert nicht nur eine Neuausrichtung bei der Erzeugung, sondern stellt
auch an die Stromnetze große Anforderungen. Um einen geregelten und bedarfsgerechten
Ausbau der länderübergreifenden oder grenzüberschreitenden Übertragungsnetze zu gewährleisten, wurde seit dem EnWG, mit dem Energieleitungsausbaugesetz (EnLAG) 2009,
dem Netzausbaubeschleunigungsgesetz (NABEG) 2011 und dem Bundesbedarfsplangesetz
(BBPlG) 2013 ein neues **Regelungssystem** geschaffen. Ab 2016 wird das *Gesetz zur Änderung von Bestimmungen des Rechts des Energieleitungsbaus* (Strommarktgesetz) zudem für
weitere Veränderungen sorgen.

Das bereits 2009 erlassene EnLAG[123] regelt den beschleunigten Ausbau von Leitungs- 360
bauvorhaben im Höchstspannungs-Übertragungsnetz (380 Kilovolt) und die Einführung
von bestimmten Technologien. Die im Bedarfsplan in der Anlage des Gesetzes geführten
Vorhaben sind von energiewirtschaftlicher Notwendigkeit und für ihre Umsetzung besteht

---

[120] Delegierte Verordnung (EU) Nr. 1391/2013 vom 14.10.2013 zur Änderung der Verordnung
(EU) Nr. 347/2013 zu Leitlinien für die transeuropäische Energieinfrastruktur in Bezug auf die Uni-
onsliste der Vorhaben von gemeinsamen Interessen (ABl. L 349 vom 21.12.2013, S. 28).
[121] EU-Kommission, Consultation on the list of proposed Projects of Common Interest, http://ec.
europa.eu/energy/eu/consultations/consultationlist-proposal-projekts-common-interest.
[122] E-Bridge, Institut für elektrische Anlagen und Energiewirtschaft (IAEW), Moderne Verteilnetze
für Deutschland, Studie im Auftrag des Bundeswirtschaftsministeriums, 12.9.2014.
[123] Gesetz zum Ausbau von Energieleitungen vom 21.8.2009, BGBl. I S. 2870.

vordringlicher Bedarf. Diese Feststellungen sind für die **Planfeststellung** und die **Plange-nehmigung** gem. §§ 43 ff. EnWG verbindlich. Im Unterschied zum NABEG wird die Planfeststellung für die im EnLAG aufgeführten Vorhaben nicht von der Bundesnetzagentur gem. §§ 18 bis 28 NABEG durchgeführt, sondern gem. § 43 S. 1 EnWG von den nach Landesrecht zuständigen Behörden. Damit legt das EnLAG lediglich fest, welche Vorhaben dringend umgesetzt werden müssen, beschleunigt jedoch nicht das dafür erforderliche Planungs- und Genehmigungsverfahren, weil dieses weiterhin von den Ländern durchgeführt wird und nicht wie im NABEG auf Bundesebene verlagert wird.

361   Durch den Erlass des Netzausbaubeschleunigungsgesetzes (NABEG)[124] im Juli 2011 sollte der Netzausbau daher vereinfacht und zügig an die neuen Gegebenheiten angepasst werden. Mit dem NABEG soll die Planung und Genehmigung von länderübergreifenden oder grenzüberschreitenden Höchstspannungsleitungen, die vom Bundesbedarfsplangesetz erfasst werden und nicht im EnLAG geregelt sind, auf die **Bundesebene** verlagert und abschließend durch die Bundesnetzagentur durchgeführt werden (§ 2 NABEG).

362   Das Energieleitungsbaurecht-Änderungsgesetz[125] ist schließlich am 31.12.2015 in Kraft getreten. Es enthält Regelungen zur transparenteren Bedarfsermittlung durch einen Zwei-Jahres-Turnus der Netzentwicklungsplanung für den Strom- und Gasbereich und eine Erleichterung der Möglichkeiten zur Teilerdverkabelung auf Höchstspannungsebene durch Erweiterung der zugrunde liegenden Kriterien und der Anzahl der Pilotvorhaben. Darüber hinaus regelt es für alle Planfeststellungsverfahren ein vereinfachtes Wiederaufgreifen durch die Oberverwaltungsgerichte. Es legt ferner den **Vorrang der Erdverkabelung** für Hochspannungs-Gleichstrom-Übertragungsleitungen in der Bundesfachplanung fest. Dies stellt eine Umkehr des bisherigen Grundsatzes dar, wonach die Trassenplanung auf Freileitungen beruhte. Ausnahmen sind begrenzt möglich, wenn beispielsweise Gründe des Naturschutzes entgegenstehen.

363   Grundsätzlich umfasst das Genehmigungsverfahren – jeweils getrennt für die Bereiche Onshore und Offshore – ein **bundeseinheitliches Planungsverfahren,** in dem die Umweltverträglichkeitsprüfung, der Raumordnungsverfahren und die Erfordernisse des Naturschutzes mit abgedeckt werden. Das Verfahren setzt sich aus einer Bedarfsermittlung und der Vorhabenverwirklichung zusammen, siehe folgende Abbildung.

Szenariorahmen	Netzentwicklungspläne und Umweltbericht	Bundesbe-darfsplan	Bundesfachplanung, Raumordnung	Planfeststellung
Jährlich	Jährlich	Mind. alle drei Jahre	Auf Antrag	Auf Antrag
BEDARFSERMITTLUNG			**VORHABEN**	
Welche Entwicklungspfade?	Welcher Ausbaubedarf?	Welche Vorhaben?	In welchen Korridoren?	Welcher konkrete Verlauf?

Quelle: Bundeswirtschaftsministerium: Bürgerbeteiligung beim Netzausbau – So funktioniert die Bundesfachplanung, 2015

Abb. 30 – Bedarfsermittlung und Vorhabenverwirklichung. Die Grafik zeigt die unterschiedlichen Schritte, die im Rahmen des Ausbaus von Übertragungsnetzen obligatorisch sind. Die Schritte eins bis drei erfolgen dabei auf gesetzlicher Grundlage, die Schritte vier und fünf bedürfen eines Antrages.

---

[124] Netzausbaubeschleunigungsgesetz Übertragungsnetz vom 28.7.2011,BGBl. I S. 1690.
[125] Gesetz zur Änderung von Bestimmungen des Rechts des Energieleitungsbaus vom 21.12.2015, BGBl. I S. 2490.

Das Genehmigungsverfahren räumt der **Bundesnetzagentur** eine zentrale Rolle ein, **364** die damit für den Netzausbau als eines der wichtigsten Elemente des Energiekonzepts der Bundesregierung mit in die Verantwortung genommen worden ist. Sie ist nun zentrale Genehmigungsbehörde mit weitergehender Verantwortung. So kann sie einerseits durch die Auferlegung konkreter Netzausbaumaßnahmen die Übertragungsnetzbetreiber verpflichten, wenn diese ihren Ausbauverpflichtungen nicht von selbst nachkommen. Zum anderen ist sie durch die Genehmigung des Szenariorahmens sowie des Netzentwicklungsplanes und die Festlegung der Trassenkorridore im Rahmen der Bundesfachplanung unmittelbar in die Netzplanung eingebunden.

Als Ausgangspunkt des Planungsprozesses nach den §§ 12 a ff. EnWG sind die Übertra- **365** gungsnetzbetreiber seit 2012 im Rahmen der Bedarfsplanung verpflichtet, jährlich einen gemeinsamen **Szenariorahmen** Onshore und Offshore zu erarbeiten. Einen solchen gab es vor 2012 nicht. Er umfasst mindestens drei Szenarien, die für die nächsten zehn Jahre die Bandbreite wahrscheinlicher Entwicklungen im Rahmen der mittel- und langfristigen energiepolitischen Ziele der Bundesregierung abdecken. Der Szenariorahmen muss der Bundesnetzagentur vorgelegt werden, die ihn nach einer Konsultation der Öffentlichkeit und unter Berücksichtigung von deren Ergebnissen genehmigt (§ 12a EnWG).

Auf Grundlage des Szenariorahmens legen die Übertragungsnetzbetreiber der Bundes- **366** netzagentur jährlich zum 3. März einen gemeinsamen **nationalen Netzentwicklungsplan** Onshore (NEP) und einen gemeinsamen nationalen Netzentwicklungsplan Offshore (O-NEP) vor (§ 12b EnWG).[126] Ihr Inhalt ist in § 12b Abs. 1 S. 2 EnWG geregelt. Sie müssen unter anderem

- alle wirksamen **Maßnahmen zur bedarfsgerechten Optimierung,** Verstärkung und zum Ausbau des Netzes in den nächsten zehn Jahren,
- alle **Netzausbaumaßnahmen,** die in den nächsten drei Jahren für einen sicheren und zuverlässigen Netzbetrieb erforderlich sind,
- Angaben zu diversen **Pilotprojekten,**
- den Stand der Umsetzung des vorhergehenden Netzentwicklungsplans mit der Darlegung und Begründung etwaiger **Umsetzungsverzögerungen** und
- ab 2018 für den O-NEP alle wirksamen Maßnahmen zur bedarfsgerechten Optimierung, Verstärkung und zum Ausbau der Offshore-Anbindungsleitungen in der ausschließlichen Wirtschaftszone und im Küstenmeer

enthalten.

Durch das Strommarktgesetz wurde mit § 11 Abs. 2 EnWG im Bereich der Netzpla- **367** nung das Prinzip der **Spitzenkappung** eingeführt. Demnach müssen die Netzbetreiber die Netze nicht bis zur allerletzten erzeugbaren Kilowattstunde ausbauen. Vielmehr werden für die letzten drei Prozent der erzeugbaren Strommenge aus erneuerbaren Energien Netzengpässe zugelassen, sodass die Netzbetreiber in diesen Fällen die Erzeugung gegen eine Entschädigungszahlung kappen können. Denn es wird als wirtschaftlich nicht sinnvoll erachtet, das Stromnetz für die seltenen Momente der Spitzenlast auszubauen und damit Kapazitäten zu schaffen, die nur in seltenen Fällen benötigt werden.

Die Bundesnetzagentur prüft die Netzentwicklungspläne fachlich und inhaltlich und **368** kann die Netzbetreiber bei Bedarf zu weiteren Anpassungen verpflichten. Sobald endgültige Pläne vorliegen, bestätigt die Bundesnetzagentur sie unter Berücksichtigung des Ergebnisses der Behörden- und Öffentlichkeitsbeteiligung mit Wirkung für die Betreiber von Übertragungsnetzen (§ 12c EnWG). Zuletzt wurden die **Netzentwicklungspläne 2024** bestätigt. Im Herbst 2016 sollen sodann der Netzentwicklungsplan 2025 und der Offshore-Netzentwicklungsplan 2025 bestätigt werden.

Gem. § 12d EnWG sind die Übertragungsnetzbetreiber verpflichtet, der Bundesnetz- **369** agentur jeweils spätestens zum 30. September eines jeden geraden Kalenderjahres, ab 2018

---

[126] Der Entwurf des Netzentwicklungsplans 2025 ist abrufbar unter: http://www.netzentwicklungsplan.de/netzentwicklungsplan-2025-version-2015-zweiter-entwurf.

einen gemeinsamen **Umsetzungsbericht** vorzulegen. Er muss Angaben zum Stand der Umsetzung des zuletzt bestätigten Netzentwicklungsplans und Verzögerungen begründen.

370   Die Netzentwicklungspläne werden der Bundesregierung mindestens alle drei (und nach der geplanten Neufassung alle vier) Jahre von der Bundesnetzagentur vorgelegt. Sie bilden nun die Grundlage für den Entwurf eines **Bundesbedarfsplans,** der sowohl den Onshore- als auch den Offshore-Bereich erfasst. Er enthält eine Liste mit künftig zu bauenden Hochspannungsleitungen und deren Anfangs- und Endpunkten, aber noch keine Trassenverläufe. Durch die Aufnahme in die Liste werden für diese Leitungen eine energiewirtschaftliche Notwendigkeit und ein vordringlicher Bedarf festgestellt, sodass diese in den kommenden Verfahren nicht noch einmal in Frage gestellt werden sollten. Den Entwurf legt die Bundesregierung wiederum dem Gesetzgeber vor, der ein Bundesbedarfsplangesetz beschließt. Dieses ist für die Betreiber von Übertragungsnetzen sowie für die Planfeststellung und die Plangenehmigung bindend (§ 12e EnWG) und dient der verbindlichen Planrechtfertigung.

371   Im Juli 2013 wurde auf Grundlage des Netzentwicklungsplans 2012 ein Bundesbedarfsplangesetz[127] für den Onshore-Bereich erlassen, in dem für 36 Höchstspannungsleitungen die energiewirtschaftliche Notwendigkeit und der vordringliche Bedarf festgestellt wird. Mit dem Bundesbedarfsplangesetz wurde der Entwurf des Bundesbedarfsplans in ein **Gesetz** überführt und für die enthaltenen Netzausbauvorhaben entsprechend § 12e Abs. 4 EnWG die energiewirtschaftliche Notwendigkeit und der vordringliche Bedarf festgestellt. Es enthält weiterhin eine Rechtswegverkürzung. Danach ist das Bundesverwaltungsgericht als erste und letzte Instanz für Rechtsstreitigkeiten mit Bezug auf die Vorhaben des Bundesbedarfsplans zuständig. Die einzelnen Vorhaben werden mit Hilfe ihrer Netzverknüpfungspunkte benannt. Länderübergreifende und grenzüberschreitende Netzausbauvorhaben, auf die die Regelungen des Netzausbaubeschleunigungsgesetzes Anwendung finden, werden ebenfalls identifiziert.

372   Auf Grundlage des Bundesbedarfsplanes beginnt die **Bundesfachplanung** gem. §§ 4 ff. NABEG. Sie ersetzt die Durchführung eines langwierigen Raumordnungsverfahrens, das die länderübergreifende Zusammenarbeit erfordert und sich daher oft zäh gestaltet. Dadurch soll sie zum beschleunigten Netzausbau beitragen. Angesichts der Debatten aus Bayern zu *SuedLink* muss sich jedoch erst noch zeigen, ob die Bundesfachplanung beinhaltet, dass die Trassenkorridore für die länderübergreifenden oder grenzüberschreitenden Höchstspannungsleitungen auch wirklich durch die Bundesnetzagentur bestimmt werden. Die Trassenkorridore geben vor, in welchen Bereichen die neuen Höchstspannungsleitungen anzusiedeln sind und bilden die Grundlage für die nachfolgenden Planfeststellungsverfahren.

373   Für den Offshore-Bereich wird die Bundesfachplanung durch das Bundesamt für Seeschifffahrt und Hydrographie **(BSH)** vorgenommen und im folgenden Abschnitt gesondert dargestellt.

374   Im nachfolgenden **Planfeststellungsverfahren** nach § 18 NABEG müssen die im Bundesbedarfsplangesetz aufgeführten Vorhaben genehmigt werden. Grundsätzlich liegt dies in der Kompetenz der nach dem Landesrecht zuständigen Behörden. Allerdings hat die Bundesregierung die Planfeststellung durch Rechtsverordnung aufgrund von § 2 Abs. 2 NABEG auch hier der Bundesnetzagentur übertragen.[128]

375   Neben den Vorgaben aus der Bundesfachplanung ist für die Planfeststellungsverfahren für Übertragungsnetze auch das **EnLAG** maßgeblich. Dort wurden bereits 2009 24 Vorhaben mit vordringlichem Bedarf und energiewirtschaftlicher Notwendigkeit festgelegt. Diese bereits begonnenen Vorhaben nachträglich dem neuen Planungsregime nach dem NABEG zu unterwerfen hätte zu Verzögerungen geführt. Für Höchstspannungsleitungen, die nicht der

---

[127] Zweites Gesetz über Maßnahmen zur Beschleunigung des Netzausbaus Elektrizitätsnetze vom 23.7.2013 (BGBl. I S. 41).
[128] Verordnung über die Zuweisung der Planfeststellung für länderübergreifende und grenzüberschreitende Höchstspannungsleitungen auf die Bundesnetzagentur vom 23.7.2013 (BGBl. I S. 2582).

Bundesbedarfsplanung unterliegen, gilt weiterhin das Planfeststellungsverfahren nach § 43 EnWG.

Nachfolgend ist das Verfahren nochmals in einer schematischen Übersicht dargestellt.

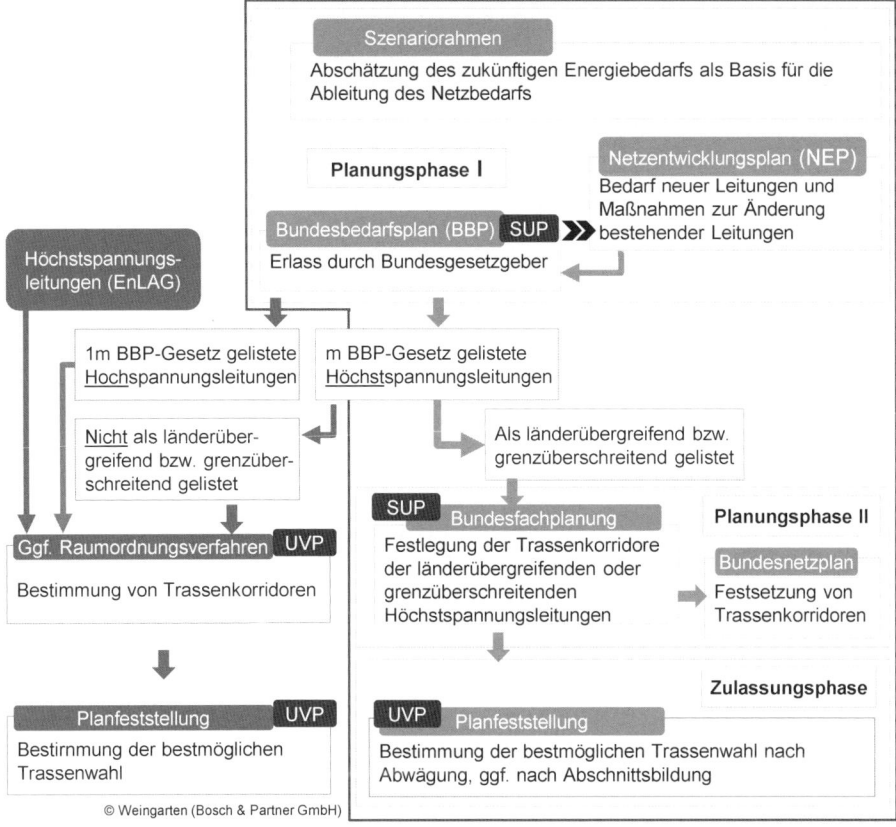

© Weingarten (Bosch & Partner GmbH)

Quelle: Weingarten (Bosch & Partner GmbH), vgl. Umweltbundesamt, Umweltbelange und raumbe-zogene Erfordernisse bei der Planung des Ausbaus des Höchstspannungsübertragungsnetzes, Band II: Praxisnahe Empfehlungen, 12/2014, 2.

Abb. 31 – Schema zum Genehmigungsverfahren im Netzausbau. Die Grafik zeigt den Weg, der bei der Planung des Netzausbaus maßgeblich ist.

Zum Weiterlesen

Felix Ekardt u.a., Das neue Energierecht, 2015, Kapitel E: Stromleitungsbau: mehrstufiges Zulas-sungsverfahren

Markus Appel, Neues Recht für neue Netze – das Regelungsregime zur Beschleunigung des Strom-netzausbaus nach EnWG und NABEG, UPR 2011, 406 ff.

Peter Schütte u.a., Aktuelle Entwicklungen im Bundesumweltrecht, ZUR 2015, 378 ff.

Jens Wahlhäuser, Der Ausbau des deutschen Stromübertragungsnetzes – Zwischenbericht und Aus-blick, ZNER 2014, 534 ff.

Siegfried de Witt u.a., Zum Referentenentwurf eines Gesetzes zur Änderung von Bestimmungen des Rechts des Energieleitungsbaus, RdE 2015, 233 ff.

b) Besonderheiten des Offshore-Netzausbaus

Für die räumliche Planung des Offshore-Stromnetzes in der Außenwirtschaftszone wurde **376** 2011 eine gesonderte Fachplanung eingeführt. Das **Bundesamt für Seeschifffahrt und Hydrographie** (BSH) ist die zuständige Raumordnungsbehörde für das Offshore-Gebiet.

Daher erstellt es im Einvernehmen mit der Bundesnetzagentur und in Abstimmung mit dem Bundesamt für Naturschutz und den Küstenländern jährlich bis zum 31.12.2017 jeweils einen Bundesfachplan Offshore für die Nordsee und für die Ostsee (§ 17a EnWG). Durch die Planung werden benachbarte Vorhaben zu Clustern zusammengeschlossen und für sie der Verlauf bzw. Standort von Kabeltrassen und Umspannplattformen festgelegt. Zugleich wird eine strategische Umweltprüfung durchgeführt und für eine umwelt- und raumverträgliche Umsetzung werden standardisierte Technikvorgaben und Planungsgrundsätze berücksichtigt. So soll eine Gesamtplanung entstehen, die allen Beteiligten Sicherheit bei der Planung und Ausführung der Vorhaben gibt. Der Bundesfachplan ist zwar für die Planfeststellungsverfahren und Genehmigungsverfahren nach den Bestimmungen der Seeanlagenverordnung verbindlich, er stellt aber in Ermangelung einer Außenwirkung keinen Verwaltungsakt dar.

377   Die **Seeanlagenverordnung**[129] als Teil des Seeaufgabengesetzes[130] regelt die Genehmigung von Offshore-Windkraftanlagen. Sie gilt für die Genehmigung von Anlagen in der ausschließlichen Wirtschaftszone durch das Bundesamt für Seeschifffahrt und Hydrographie (BSH)[131]. Durch die Novelle vom 31.1.2012 wurde die Seeanlagenverordnung umfassend geändert. Sie verfolgt das Ziel, die Realisierung von Offshore-Vorhaben und die Stromübertragung ans Festland zu vereinfachen. Hierzu dient vor allem die Schaffung eines einheitlichen Planfeststellungsverfahrens für Windparks und Netzanschlüsse. Durch die Konzentration des Verfahrens auf eine Behörde soll eine Beschleunigung und Vereinfachung erreicht werden.

378   Auf Grundlage der Bundesfachpläne und unter Berücksichtigung des Netzentwicklungsplans erstellen die Übertragungsnetzbetreiber bis zum 31.12.2017 einen **Offshore-Netzentwicklungsplan** (§ 17b Abs. 1 EnWG). Dieser enthält u. a. den Zeitpunkt der Fertigstellung der Maßnahmen und verbindliche Termine für den Beginn der Umsetzung (§ 17b Abs. 2 EnWG).

379   Der Offshore-Netzentwicklungsplan wird dann von der Bundesnetzagentur überprüft und als Teil des **Bundesbedarfsplanes** vom Bundestag beschlossen (§ 17c EnWG). Die Übertragungsnetzbetreiber, in deren Regelzone der Netzanschluss von Offshore-Anlagen erfolgen soll (anbindungsverpflichteter Übertragungsnetzbetreiber), haben die Leitungen entsprechend den Vorgaben des Offshore-Netzentwicklungsplans zu errichten und zu betreiben (§ 17d Abs. 1 EnWG).

380   2018 tritt an die Stelle des Bundesfachplans Offshore und des Offshore-Netzentwicklungsplans ein **neues Planungsregime** in Form eines Flächenentwicklungsplans, das in §§ 4 ff. WindSeeG geregelt ist. Im Flächenentwicklungsplan werden einzelne Flächen für die Errichtung und den Betrieb von Windenergieanlagen auf See in den Gebieten sowie gebietsübergreifend die zeitliche Reihenfolge, in der die Flächen zur Ausschreibung kommen sollen, festgelegt. Dies geschieht mit dem Ziel, dass ab dem Jahr 2025 Windenergieanlagen auf See auf diesen Flächen in Betrieb genommen und zeitgleich die zur Anbindung dieser Flächen jeweils erforderlichen Offshore-Anbindungsleitungen fertiggestellt werden können und damit jeweils vorhandene Offshore-Anbindungsleitungen effizient genutzt und ausgelastet werden. Zuständig ist hierfür das Bundesamt für Seeschifffahrt und Hydrographie (BSH). Hier wird ersichtlich, wie die bereits zuvor erwähnte Zusammenführung der verschiedenen Aspekte im Bereich Offshore umgesetzt wird.

Zum Weiterlesen

Christian Glenz u. a., in: Thomas Schulz (Hrsg.), Handbuch Windenergie, 2015, Kapitel 1 VI: Netzanschluss

Thomas Schulz u. a., Das neue Verfahren zur Zuweisung und zum Entzug von Offshore Netzanschlusskapazitäten, EnWZ 2014, 457 ff.

---

[129] Verordnung über Anlagen seewärts der Begrenzung des deutschen Küstenmeeres vom 23.1.1997 (BGBl. I S. 57).

[130] Gesetz über die Aufgaben des Bundes auf dem Gebiet der Seeschifffahrt vom 19.1.2016 (BGBl. I S. 1489).

[131] Siehe zum § 12, Rn. 46 ff.

c) Öffentlichkeitsbeteiligung

Die Durchführung großer Infrastrukturvorhaben, wie etwa der Bau von Übertragungs- **381** netzen, kollidiert oft mit den Bedürfnissen und Wünschen der in der Nachbarschaft unmittelbar davon Betroffenen. Dabei wird zumeist der grundsätzliche Nutzen des Vorhabens akzeptiert, jedoch fehlt oft die Bereitschaft, dafür eine Veränderung des eigenen Umfeldes hinzunehmen (sogenanntes *NIMBY* oder **Not In My Backyard**-Phänomen). Die Proteste der Betroffenen führen häufig zu signifikanten Behinderungen bei der Umsetzung solcher Vorhaben. Bekannte Beispiele dafür sind die *Thüringer Strombrücke* oder die *SuedLink*-Leitung. Um Streitigkeiten möglichst zu vermeiden, setzt der Gesetzgeber in EnWG und NABEG auf eine frühe, fortdauernde und breite Beteiligung der Öffentlichkeit während des Verfahrens. Sowohl auf der Stufe der Genehmigung des Szenariorahmens als auch des Netzentwicklungsplanes und bei der Bundesbedarfsplanung ist jeweils eine Öffentlichkeitsbeteiligung vorgeschrieben, deren Ergebnisse in das Verfahren einfließen. Im Rahmen der Bundesfachplanung und des Planfeststellungsverfahrens findet ein zweistufiges Beteiligungsverfahren vor und nach Einreichung des Antrages statt.

Daneben werden im Bereich des Ausbaus der Übertragungsnetze zusätzlich auch Model- **382** le der **Investitionsbeteiligung** durch die (betroffenen) Bürger erörtert und teilweise auch getestet. Diese sollen die betroffene Bevölkerung stärker in die Projekte einbinden. Ein Konzept stammte aus der Feder des Bundesumweltministeriums. Es sah vor, dass sich vorzugsweise Anrainer der neuen Leitungen, ggf. aber auch andere Bürger, mit einer sogenannten Bürgeranleihe an den Netzausbaukosten beteiligen können. Dafür sollten sie eine – nach dem aktuellen Markt überdurchschnittliche – Verzinsung von fünf Prozent pro Jahr erhalten und so vom Netzausbau finanziell profitieren. Ein erstes Modell, bei dem der Übertragungsnetzbetreiber TenneT in Niedersachsen Bürgeranleihen von 1.000 Euro und einer Verzinsung von drei Prozent während der Genehmigungsphase und Bauphase und fünf Prozent ab Inbetriebnahme anbot, geriet allerdings aufgrund der Konditionen der Anleihe in die Kritik und fand nur geringe Beteiligung. Zurzeit plant die Landesregierung von Mecklenburg-Vorpommern ein Gesetz, durch das Bürger und Gemeinden entweder eine Beteiligung am Vorhaben oder in Form eines Sparproduktes (beispielsweise einem Sparbrief) oder durch vergünstigte Stromtarife erhalten sollen.[132]

Zum Weiterlesen

Reinhard Wulfhorst, Neue Wege bei der Bürgerbeteiligung zu Infrastrukturvorhaben, DÖV 2014, 730 ff.

d) Grundstücksnutzung

Der Ausbau des Stromnetzes erfordert oft die Nutzung öffentlicher Flächen und privater **383** Grundstücke. Für diese sind die §§ 45 ff. EnWG maßgeblich, die zuvor bereits im Kontext der **Wegenutzung** und **Konzessionsvergabe** besprochen wurden.[133] Darauf sei hier verwiesen. Eine Sondervorschrift zur Enteignung von privaten Grundstückseigentümern zur Errichtung von Hochspannungsfreileitungen enthält § 27 NABEG.

8. Messwesen und Digitalisierung

Das Funktionieren des Strommarktes hängt heute vor allem von einem reibungslosen **384** und möglichst **effizienten Ineinandergreifen** der vier Ebenen Erzeugung – Transport – Handel – Vertrieb ab.

Entscheidend für das Zusammenspiel dieser Ebenen ist eine präzise Messung der Strom- **385** flüsse. Erst relativ spät wurde die Bedeutung eines funktionierenden **wettbewerblich organisierten Messwesens** erkannt. Durch die Verbrauchsmessung wird ermittelt,

---

[132] Entwurf eines Gesetzes über die Beteiligung von Bürgerinnen und Bürgern sowie Gemeinden an Windparks in Mecklenburg-Vorpommern und zur Änderung weiterer Gesetze, Gesetzentwurf der Landesregierung vom 22.10.2015.
[133] Siehe § 4, Rn. 338 ff.

wer wann wie viel Strom eingespeist, transportiert und entnommen hat und welche Netze dafür in Anspruch genommen wurden. Nur dadurch ergibt sich ein hinreichend klares Bild des Marktes, so dass ein modernes Management in Angriff genommen werden kann, wie es für *Smart Energy* und intelligente Stromversorgungsnetze erforderlich ist.

386   Der Bereich des Messwesens war bis zum EnWG 2005 ein Annex des Netzbereiches, denn alle in diesem Kontext anfallenden Aufgaben oblagen dem Netzbetreiber. Seitdem hat sich mit der Liberalisierung des Messwesens und der Digitalisierung der Energiewirtschaft, die das Messwesen einbezieht, eine immense Wandlung vollzogen. Berührt wird nunmehr nicht nur der Bereich der Messtätigkeit selbst, es geht vielmehr um einen **Systemumbruch,** bei dem die im Rahmen der Messungen gewonnenen Daten eine zentrale Rolle spielen. Deshalb stellen wir das Messwesen im Kontext der Digitalisierung des Strommarktes und nicht im Abschnitt zu den Netzen dar.

a) Klassisches Messwesen

387   Um den Wandel zu verstehen, sollten die **Grundzüge** des Messsystems bekannt sein. Dieses beruht auf Messungen, die mithilfe eines Stromzählers vorgenommen werden, der in jedem Haus und in jeder Wohnung, ebenso wie bei jedem industriellen Verbraucher und den Netzübergängen installiert ist.

388   Der Messstellenbetrieb (Einbau, die Wartung und die Auslesung der Daten beim Kunden, vgl. § 3 Nr. 26b EnWG) wurde als **Annexaufgabe** fast ausschließlich von den Betreibern der örtlichen Verteilernetze vorgenommen. Die Beauftragung eines Dritten durch den Anschlussnehmer (Eigentümer) oder Anschlussnutzer (Mieter) war lange Zeit nicht möglich und ist bis heute in der Praxis eher selten.

389   Anhand der **Daten** kann man ablesen, wie viel Strom innerhalb eines bestimmten Zeitraumes verbraucht wurde. Die Messintervalle sind dabei sehr unterschiedlich. Für Verbraucher mit einer Jahresarbeit bis zu 100.000 Kilowattstunden/Jahr hat sich aus Gründen der Wirtschaftlichkeit und des Kosten/Nutzen-Verhältnisses eine Abrechnung nach den Standardlastprofilen durchgesetzt. Dabei wird der Verbraucher vom Netzbetreiber einem **Profil-Model** zugeordnet und nur der tatsächliche jährliche Verbrauch gemessen. Wie sich die Nachfrage zeitlich exakt verteilt hat wird dagegen geschätzt. Dieses Verfahren findet vor allem für Haushaltskunden Anwendung. Es ist sinnvoll, um den Messaufwand im Verhältnis zum Stromverbrauch gering zu halten und praktikabel, weil der stromverbrauchsbezogene Lebensrhythmus in den meisten Haushalten statistisch ähnlich ist.

390   Für Verbraucher, die mehr als 100.000 Kilowattstunden/Jahr verbrauchen, wird die **Registrierende Leistungsmessung** angewendet. Dazu wird alle 15 Minuten ein Leistungsmittelwert gemessen. Aus den Leistungsmittelwerten ergibt sich für bestimmte Zeitabschnitte (den Tag, die Woche, …) ein **Lastprofil.** Es bildet ab, wann wie viel verbraucht wurde. Die Lastenprofile werden an die Netzbetreiber übermittelt, die auf dieser Grundlage zum Beispiel die Netzentgelte berechnen.

391   Aufgrund der ermittelten Daten werden beispielsweise die Einspeisevergütungen[134] festgelegt, die Entgelte für die Netznutzung ermittelt[135] und die Kosten für den Bezug von Strom festgestellt. Für die **Messungen** bestehen neben den Messpunkten bei der Ein- und Ausspeisung auch Knotenpunkte, an denen sich Netze unterschiedlicher Spannungsebenen oder Netzbetreiber treffen, und an den Grenzkuppelstellen, an denen nationale Netze aufeinandertreffen.

b) Die Liberalisierung

392   Die **Monopolstruktur des Messwesens** passte nach dem Einsetzen der Liberalisierung des Strommarktes nicht mehr zur Idee von Wettbewerb und Wahlfreiheit. Mit der Änderung

---

[134] Siehe § 4, Rn. 70 ff.
[135] Siehe § 4, Rn. 298 ff.

des Marktes waren plötzlich mehr Beteiligte mit differenzierten Rollen auf dem Markt, die viel genauere Daten benötigen. Gleichzeitig waren diese Daten im Wettbewerb von entscheidender Bedeutung. Deshalb wurde im EnWG 2005 zunächst in § 21b EnWG (der 2016 mit Einführung des Messstellengesetzes entfallen ist) eine Neuregelung vorgenommen. Auf Wunsch des Anschlussnehmers konnten Messeinrichtungen von nun an von unabhängigen, dritten Messstellenbetreibern anstelle des eigenen Netzbetreibers eingebaut und betrieben werden. Die Messung selbst blieb noch in der Zuständigkeit des Netzbetreibers.

Durch das *Gesetz zur Öffnung des Messwesens bei Strom und Gas für Wettbewerb* 2008 wurde   **393** die **Marktöffnung** vorangetrieben, indem nunmehr auch der Anschlussnutzer das Wahlrecht zur Beauftragung eines Dritten erlangte. Die war entscheidend, denn der Anschlussnutzer zahlt für die Leistung und hat ein viel größeres Interesse daran, sie preiswert einzukaufen als der Anschlussnehmer. Zudem wurde ab dem 1.1.2010 die Pflicht zum Einbau von intelligenten Stromzählern bei Neubauten und Modernisierungen eingeführt.

Ebenfalls 2008 wurde die **Messzugangsverordnung**[136] (MessZV) erlassen. Sie regelt   **394** den Fremdbetrieb von Messstellen und macht Vorgaben zur Gestaltung des Messstellenbetreibervertrages zwischen Messstellenbetreiber und Stromnetzbetreiber. Zudem bestimmt sie Änderungen beispielsweise im Bereich der Netzentgelte und des Netzzuganges, die infolge der Liberalisierung des Messwesens notwendig geworden waren.

Seit dem EnWG 2011 galt ein umfassendes Regelungsregime für das Messwesen in den   **395** §§ 21b bis 21i **EnWG.** Dort wurden umfangreiche Regelungen zur Einbau und Betrieb von Messsystemen und insbesondere auch für den Umgang mit dabei erlangten Daten getroffen. Mittlerweile wurden die Regelungen aus dem EnWG in das Messstellenbetriebsgesetz ausgegliedert, siehe sogleich. Daneben werden durch Verordnungen zu *Intelligenten Netzen*[137] und durch Festlegungen der Bundesnetzagentur[138] Vorgaben gemacht.

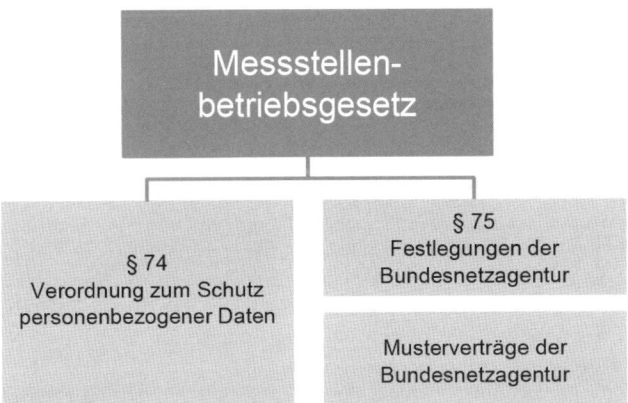

Abb. 32 – Rechtsgrundlagen des Messwesens. Die Grafik zeigt, durch welche Normen und Regelungen das Messwesen bestimmt wird.

Zumindest für Haushaltskunden, die Stromzähler in der Regel in ihrer Wohnung vorfinden und bislang lediglich einmal im Jahr ihre Daten melden bzw. ablesen lassen müssen,   **396** bietet die Liberalisierung zunächst **kaum Vorteile.** Sie war allerdings ein wichtiger Schritt dazu, Wettbewerb in dem Markt zu bringen und der Wegbereiter für die im Folgenden

---

[136] Verordnung über Rahmenbedingungen für den Messstellenbetrieb und die Messung im Bereich der leitungsgebundenen Elektrizitäts- und Gasversorgung vom 17.10.2008 (BGBl. I S. 2006).
[137] Insbesondere die Messsystemverordnung, Datenkommunikationsverordnung und Rollout-Verordnung.
[138] Bundesnetzagentur, Wettbewerbliche Entwicklungen und Handlungsoptionen im Bereich Zähl- und Messwesen und bei variablen Tarifen, 10.3.2010.

dargestellten Entwicklungen in die Welt der Smart Energy und für die Förderung der Energieeffizienz.

c) Die Digitalisierung der Energiewirtschaft

397   Der Bereich des Messwesens ist heute Bestandteil eines umfassenden Digitalisierungsprozesses, der sich in der Stromwirtschaft auf allen Stufen des Marktes vollzieht. Er wird häufig unter dem Begriff **Smart Energy** zusammengefasst.

398   Die **Digitalisierung** des Strommarktes ist eine direkte Folge der Energiewende. Denn wo es früher einen klaren, linearen Weg vom Kraftwerk durch das Netz hin zum Verbraucher gab, besteht heute eine Art Geflecht. Haushalte sind zugleich Erzeuger und Verbraucher, sogenannte *Prosumer,* sodass die Verteilernetze Strom nicht mehr nur abgeben, sondern auch aufnehmen. Stromerzeuger werden in absehbarer Zeit nicht mehr zur Deckung des zeitgleich stattfindenden Verbrauches produzieren, sondern ihren Strom selbst oder durch Dritte speichern und später und bedarfsgerecht verkaufen. Technische Geräte werden bei Verbrauchern von selbst anspringen, wenn Strom gerade preisgünstig ist, was wiederum eine neue Struktur der Stromtarife voraussetzt. All diese Entwicklungen werden von Schlagworten wie intelligentes Stromnetz, intelligentes Messwesen und Smart Home begleitet, die wir in in den folgenden Abschnitten in den energierechtlichen Kontext einordnen wollen.

399   Auswirkungen hat die Digitalisierung auch auf die Gesetzgebung. Im Sommer 2016 wurde das *Gesetz zur Digitalisierung der Energiewende* verabschiedet. Darin enthalten ist das **Messstellenbetriebsgesetz**[139] (MsbG), in dem der Einsatz intelligenter Messsysteme umfassend geregelt wird. Es enthält technische Vorgaben für den Einbau und Betrieb der modernen Messeinrichtungen und intelligenten Messsysteme. Von besonderem Interesse sind dabei für die Verbraucher die Schwellenwerte für den verpflichtenden Einbau von Intelligenten Messsystemen in § 29 MsbG. Sie liegen für (u. a.) Letztverbraucher bei einem Jahresstromverbrauch von über 6.000 Kilowattstunden und für Betreiber von Energieerzeugungsanlagen nach dem EEG und dem KWKG bei einer installierten Leistung über sieben Kilowatt. Hinzu kommt, dass der Einbau technisch möglich und wirtschaftlich vertretbar sein muss (verbrauchsabhängige Ausstattungs-Pflichtfälle). Wann eine wirtschaftliche Vertretbarkeit vorliegt, ist in § 31 MsbG festgelegt. Wer weniger verbraucht bzw. erzeugt als in den Schwellenwerten vorgesehen kann ebenfalls auf eigenen Wunsch intelligente Messsysteme nutzen (optionale Ausstattungsfälle). Da der durchschnittliche Stromverbrauch für Privathaushalte bei ca. 3.100 Kilowattstunden pro Jahr liegt,[140] wird die Verbreitung der intelligenten Messsysteme zumindest in diesem Bereich erst einmal überschaubar bleiben. Die Sicherheit der Messwerte wird gewährleistet, indem nur zertifizierte Messgeräte verwendet werden dürfen. Personenbezogene Daten dürfen nur von berechtigten Stellen erhoben, verarbeitet und genutzt werden. Auch der Messstellenbetrieb nach dem EEG wird gem. § 10a EEG 2017 über das Messstellenbetriebsgesetz geregelt.

400   **aa) Intelligente Stromnetze/Smart Grids.** Im Zentrum der aktuellen Diskussion stehen die **intelligenten Stromnetze.** Sie sollen die Bereiche Stromerzeugung, Stromspeicherung und Stromverbrauch auf allen Ebenen der Versorgung mittels digitaler Kommunikation und Computersteuerung effizienter miteinander vernetzen und dadurch zu einem sparsameren Verbrauch und zu einer effektiveren Nutzung der vorhandenen Kapazitäten führen.

401   D. h. zum einen, dass eine bessere **Koordinierung** von Stromerzeugung und Stromverbrauch erfolgen soll. Ziel ist es, die zunehmende Zahl kleiner Erzeuger (zum Beispiel

---

[139] Gesetz über den Messstellenbetrieb und die Datenkommunikation in intelligenten Energienetzen vom 26.8.2016 (BGBl. I S. 2034).

[140] Bundesverband der Energie- und Wasserwirtschaft e.V., Stromverbrauch im Haushalt, Oktober 2013, Abb. 2.

KWK-Anlagen und Photovoltaik-Anlagen) besser in die Planung der Stromerzeugung einzubeziehen und dadurch die konventionellen Kraftwerke zu ersetzen. Zum anderen soll auf der Seite der Verbraucher durch ein besseres Lastmanagement eingegriffen werden. Das bedeutet, dass zum Beispiel technische Geräte wie Geschirrspülmaschinen oder Waschmaschinen mehr oder weniger automatisch dann in Betrieb genommen werden, wenn gerade viel Strom zur Verfügung steht. Es bedeutet aber auch, dass Industriebetriebe eine unterbrechbare Versorgung für günstigere Strompreise anbieten sollen.

Im Ergebnis soll durch die **Vernetzung** aller Beteiligten miteinander die Energieversorgung optimiert werden. Ziel davon ist, dass die Spitzenlastreserve und die Höchstbelastung der Stromnetze gesenkt werden kann. Dies würde die Kosten der Erzeugung und der Netzbetreiber senken und sich in niedrigeren Strompreisen niederschlagen.   402

bb) Intelligente Messsysteme/Smart Meter. Für intelligente Messsysteme ist es erforderlich, den Netzanschluss im größeren Umfang mit intelligenten, kommunizierenden Messeinrichtungen auszustatten. Diese können in zwei Richtungen wirken: nach außen zum Netzbetreiber durch intelligente Messsysteme und nach innen zu den technischen Geräten im Haushalt (Stichwort: Smart Home). **Rechtliche Vorgaben** zu intelligenten Messsystemen sind in der Elektrizitätsbinnenmarktrichtlinie enthalten. Sie wurden zunächst im EnWG umgesetzt und 2016 im Zuge des Strommarktgesetztes in das Gesetz für die Einführung intelligenter Messsysteme (Messstellenbetriebsgesetz) überführt.   403

Intelligente Messsysteme sind in ein **Kommunikationsnetz** eingebundene Messeinrichtungen zur Erfassung elektrischer Energie, die den tatsächlichen Energieverbrauch und die tatsächliche Nutzungszeit widerspiegeln. Eine Einbaupflicht besteht für intelligente Messsysteme bei Neubauten und größeren Renovierungen sowie bei Verbrauchern mit einem Verbrauch von mehr als 6.000 Kilowattstunden pro Jahr und Anlagenbetreibern nach EEG oder KWKG mit einer Leistung von mehr als sieben Kilowatt. Ansonsten sind sie einzubauen, soweit dies technisch möglich und wirtschaftlich vertretbar ist und soweit – zumindest in Zukunft – bestimmte technische Sicherheitsstandards erfüllt sind. Denn mit der Verbreitung der intelligenten Messsysteme steigt das Risiko, dass diese etwa durch Eingriffe von außen manipuliert werden. Deshalb lässt die Bundesregierung vom Bundesamt für Sicherheit und Informationstechnik derzeit ein Schutzprofil (Protection Profile, und eine Technische Richtlinie ausarbeiten, in denen Mindestsicherheitsanforderungen festgelegt werden, die ein Intelligentes Messsystem erfüllen muss.   404

Klarheit soll nun das *Gesetz zur Digitalisierung der Energiewende* bringen. In dem darin verabschiedeten **Messstellenbetriebsgesetz** ist vorgesehen, dass Großverbraucher ab 2017 und Haushalte (bis 6.000 kWh) ab 2020 digitale Zähler erhalten. Letzteren darf der Einbau allerdings mit nicht mehr als 60 Euro in Rechnung gestellt werden.   405

cc) Virtuelle Kraftwerke/Smart Generation. Ein erheblicher Nachteil der erneuerbaren Energien liegt bislang darin, dass die Erzeugung sehr kleinteilig und oftmals wetterabhängig erfolgt. Dadurch eignen sie sich nur schlecht, um eine konstante, grundlastfähige Versorgung bereitzustellen. **Virtuelle Kraftwerke,** teilweise auch *Schwarmkraftwerke* genannt, sollen in Zukunft einen Ausweg aus diesem Dilemma bieten. Durch den Zusammenschluss vieler kleiner Anlagen, möglichst mit unterschiedlicher Art der Erzeugung, und deren Steuerung (Energiemanagement) soll eine zuverlässige Erzeugung erreicht werden, die der eines großen konventionellen Kraftwerkes gleichkommt. Das virtuelle Kraftwerk tritt dann als ein Anbieter am Markt auf und löst die Bereitstellung intern durch die Koordination seiner Anlagen. So können sich beispielsweise Anlagen mit Erzeugung aus Photovoltaik, Windenergie, KWK-Erzeugung und Biomasse gut zu einer kontinuierlichen Erzeugung ergänzen. Allerdings ist dieses Potential bisher beschränkt.   406

Zudem können virtuelle Kraftwerke im Bereich der **Netzstabilität**[141] eingesetzt werden, indem sie zum Beispiel Regelenergie zur Verfügung stellen. Ihre Entstehung wurde   407

---

[141] Siehe § 4, Rn. 243 ff.

durch das EEG 2012 ermöglicht. Seitdem müssen die Anlagen ihren Strom nicht mehr zwangsweise direkt in das Stromnetz einspeisen, sondern können ihn auch – ggf. gebündelt als virtuelles Kraftwerk – an der Strombörse verkaufen. So bündelt RWE schon seit 2012 Windkraft-, Photovoltaik, Biomasse- und Biogasanlagen zu einem Pool und vermarktet die Energie daraus an den Energiemärkten.

408   **dd) Smart Home.** Um in den Strommarkt eingebunden zu werden, können **Haushaltsgeräte** mit den intelligenten Messsystemen verbunden werden. Dies führt zu sogenannten *Smart Homes.*

409   Zur Verwirklichung von Smart Homes bieten verschiedene Hersteller mittlerweile **Smart-Home-Pakete** an, bei denen einerseits eine Basisstation mit dem Internet-Router innerhalb der Wohnung verbunden wird. Andererseits kommunizieren sie per Funk mit den technischen Geräten im Haushalt. Dazu bieten manche Hersteller für Kühlschränke, Backöfen, Waschmaschinen, etc. bereits spezielle Geräte an. Alternativ kann eine Steuerung über einen Adapter zwischen dem Gerät und der Steckdose bzw. am Heizkörper vorgenommen werden. Dadurch kann jedes Haus und jede Wohnung zum Smart Home werden, ohne in den vorhandenen Gerätebestand einzugreifen. Über einen Account bei einem entsprechenden Anbieter können die Bewohner dann mithilfe der Basisstation vom Computer, Tablet oder Handy aus die einzelnen Geräte steuern bzw. dies automatisch zu den günstigsten Zeiten vornehmen lassen. Bei Geräten, die zeitweise abschaltbar sind, müsste der Strom bei entsprechender Steuerbarkeit entsprechend günstiger werden.

410   Der nächste Schritt wird in Zukunft die **Kopplung.** Dabei wird die Steuerung mit dem intelligenten Messsystemen verbunden, um die Geräte anzuweisen, bestimmte stromintensive Vorgänge – etwa den Betrieb des Wäschetrockners oder das Laden der Batterie des Elektroautos in der Garage – automatisch zu starten, wenn der Strompreis eine bestimmte Schwelle unterschreitet. Dies ist bislang kaum verbreitet, was mit der Tarifstruktur zusammenhängt, die wir im nächsten Absatz beschreiben.

411   **ee) *Smarte* Stromtarife.** Den Betrieb von Elektrogeräten an den Strompreis zu koppeln bietet für Verbraucher nur dann einen finanziellen Mehrwert, wenn sie dadurch **Stromkosten** sparen können.

412   Woraus sich die Stromkosten ergeben, stellen wir in § 4, Rn. 557 ff. ausführlich dar. Vorweg in Kürze: Der Strompreis besteht aus verschiedenen Elementen. Ca. 30 Prozent davon machen die Kosten für die Erzeugung beziehungsweise den Einkauf des Stromes aus. Dieser Anteil wird von den Versorgern vorab bepreist – der Kunde zahlt dann im Vertragszeitraum (in der Regel zwölf Monate) für jede Megawattstunde diesen Vertragspreis, egal, ob er sie morgens oder abends, wochentags oder am Wochenende verbraucht. Dadurch hat er keinerlei **Anreiz,** seinen Verbrauch am schwankenden Strompreis der Strombörse zu orientieren.

413   Ein **smarter Stromtarif** würde dagegen die tatsächlichen Stromkosten an den Verbraucher weitergeben. Der Verbraucher würde also von einem antizyklischen Verbrauch profitieren. Solche Tarifmodelle – die u. a. als *gespreizte Tarife* oder *flexible Tarife* bezeichnet werden – sind derzeit allerdings noch nicht am Markt. Ein großer Stromanbieter bietet immerhin bereits einen Tarif an, der abends/nachts zwischen 20 Uhr und 8 Uhr etwa zehn Cent/Megawattstunde weniger kostet als tagsüber zwischen 8 Uhr und 20 Uhr. Dieser ist aber eigentlich für Nachtspeicherheizungen gedacht. Voraussetzung ist zudem der Einbau eines speziellen, „intelligenten" Messsystems, das den Verbrauch in den beiden Tarifzonen getrennt misst. Dies lohnt sich – zumindest für Haushaltskunden – allerdings bisher meistens nicht. Zudem entspricht eine Verlagerung der Stromnutzung in die Nachtstunden für Tätigkeiten wie das Kochen oder Wäschewaschen nicht unbedingt dem Lebensrhythmus in durchschnittlichen Haushalten.

414   **ff) Datenschutz.** Ein wesentliches Thema bei den intelligenten Messsystemen und Smart Homes ist die Gewährleistung des Datenschutzes (siehe §§ 19 ff. Messstellenbetriebsgesetz).

Die Betreiber der Messdienste und die Stromlieferanten erhalten durch die Belieferung der Anschlussnutzer Kenntnis von den Verbrauchsgewohnheiten ihrer Kunden. Ebenso sammeln Smart Homes Portalbetreiber für Informationen. Aus den Angaben zu Menge, Dauer und Zeitpunkt des Energieverbrauchs, lassen sich – ggf. durch die Verknüpfung mit anderen Daten – schon heute präzise Rückschlüsse auf die beim Verbraucher verwendeten Geräte und mittelbar auf die Lebensgewohnheiten (Anwesenheit zuhause, Umfang der Technisierung, Gebrauch bestimmter Geräte) ziehen. Dies kann zu einer Verletzung der Persönlichkeitsrechte führen, wobei das **Recht auf informationelle Selbstbestimmung** und **Unverletzlichkeit der Wohnung** tangiert werden. Und auch Industriekunden werden durch die Daten so transparent, dass der Bereich des Betriebsgeheimnisses berührt sein kann.

Durch das Vordringen der intelligenten Messsysteme und die damit einhergehende Prä- **415** zisierung der Datenerfassung und Verkürzung der Messintervalle wird die Frage der Datensicherheit zusätzlich an Brisanz gewinnen. Zunächst sind die **Nutzungsdaten** persönliche Daten oder Geschäftsgeheimnisse, die aus dem bestehenden Vertragsverhältnis geschützt werden. Darüber hinaus werden u. a. die Voraussetzungen an die Einbindung, den Umfang der Erhebung, Verarbeitung und Nutzung personenbezogener Daten und die Pflicht zur Datenoffenlegung gegenüber den Anschlussnutzern geregelt. Ergänzend hierzu haben die Datenschutzbeauftragten von Bund und Ländern im Juni 2012 Entschließungen formuliert[142]. Diese befürworten z.B., dass Daten nur für die im EnWG aufgezählten Zwecke erhoben werden, dass Ableseintervalle keine Rückschlüsse auf das Verhalten des Nutzers zulassen dürfen, dass Daten möglichst anonymisiert übermittelt werden, dass nur wenige Stellen Kenntnis von den Daten erlangen und die Löschung sichergestellt wird. Zudem gelten die Vorgaben des Bundesdatenschutzgesetzes.

Zum Weiterlesen

Claire Heuter u.a., in: Gerd Stuhlmacher u.a. (Hrsg.), Grundriss zum Energierecht, 2. Aufl. 2015, Kapitel 5: Messwesen und intelligente Netze

Cornelia Kermel und Jan Dinter, Gesetz zur Digitalisierung der Energiewende: Das Messstellenbetriebsgesetz im Überblick, RdE 2016, 158 ff.

Gerhard Reich u.a., Regenerative Energietechnik: Überblick über ausgewählte Technologien zur nachhaltigen Energieversorgung, 2013, Kapitel 5.5.3: Stationärer Einsatz

Knut Werner Lange, Digitalisierung der Energiewirtschaft, EWeRK, 2016, 165 ff.

Petra Kistner, Das Konzept des Super Grids im Lichte der Verordnung zu Leitlinien für die transeuropäische Energieinfrastruktur (TEN-E-VO), EnWZ 2014, 405 ff.

PwC, Virtuelle Kraftwerke als wirkungsvolles Instrument für die Energiewende, Februar 2012

V. Stromhandel

Der Handel mit Strom ist nach der **Liberalisierung** ein entscheidendes Element des **416** Marktes geworden. Vor der Liberalisierung erzeugten die vertikal integrierten Stromversorger den in ihrem geschlossenen Marktgebiet benötigten Strom zum großen Teil selbst oder kauften ihn direkt von anderen Erzeugern ein. Und auch die großen Kunden und viele Stadtwerke erwarben den Strom von ihren Lieferanten mittels – oftmals langfristiger – Lieferverträge.

Heute ist der Stromhandel für die Marktstruktur und die Entstehung und Erhaltung **417** von Wettbewerb im Strommarkt von **zentraler Bedeutung.** Denn über den Stromhandel werden Angebot und Nachfrage in Einklang gebracht und gleichzeitig der Strompreis gebildet. Die von den Energiebörsen EEX und EPEX Spot ermittelten Preise haben sich in den letzten zehn Jahren auch bei außerhalb der Börse geschlossenen Lieferverträgen für Strom zum Marktstandard entwickelt. Dabei ist der Handel mit Strom wegen der fehlenden Speicherbarkeit von Strom logistisch und organisatorisch besonders anspruchsvoll.

---

[142] Entschließung der Konferenz der Datenschutzbeauftragten des Bundes und der Länder vom 27.6.2012, Orientierungshilfe zum datenschutzgerechten Smart Metering.

418   Insgesamt sind der Stromhandel und die Energiebörsen heute zwar etabliert, aber dennoch eine recht junge Erscheinung und daher noch immer stark in der **strukturellen Entwicklung** begriffen.

1. Der Stromhandelsmarkt

419   Der Stromhandel hat im modernen Strommarkt **vielfältige Funktionen.** Er stellt zunächst das wirtschaftliche Bindeglied zwischen der Stromerzeugung und den Abnehmern dar. Das physische Bindeglied sind die Netzbetreiber, die jedoch aus Gründen der Entflechtung[143] von dem Handel ausgeschlossen sind. Weiterhin hat er sich für die Erzeuger aber auch zu einem ganz wesentlichen Vertriebsweg für ihren Strom entwickelt. Denn soweit der Strom nicht mittels direkter Lieferverträge an den Kunden verkauft wird, erfolgt der Verkauf in den Markt über Händler, die sogenannten Broker, oder über die Börse.

a) Physischer und finanzieller Handel

420   Sowohl der Direktvertrieb als auch der Börsenhandel finden im Strombereich einerseits als physischer und andererseits als finanzieller Handel statt. Grundlage ist jeweils der physische Handel, der der **Bedarfsdeckung** dient – der finanzielle Handel beruht darauf und dient der **Absicherung** der Marktteilnehmer im Hinblick auf Preisschwankungen.

421   **aa) Physischer Handel.** Jenseits der langfristig vereinbarten Lieferungen verbleibt dabei eine kleine, schwankende Menge Strom, die je nach Nachfrage erst kurzfristig eingekauft wird. Wie hoch sie jeweils ausfallen muss, kann aufgrund statistischer Wahrscheinlichkeiten recht gut vorhergesagt werden. Daraus ergibt sich ein Kurvendiagramm mit drei Verbrauchslinien, siehe die folgende Grafik. Dies ist zum einen ein **Sockelverbrauch,** der nicht unterschritten wird (etwa der Strombezug von großen, ganztägig arbeitenden Unternehmen), darüber einen **Schwankungsbereich** des Verbrauches und wenige tägliche **Spitzenlastzeiten,** die traditionell um die Mittagszeit und in den Abendstunden liegen, wenn viele Menschen zuhause sind, kochen, fernsehen, waschen, etc. Dabei bestehen allerdings gravierende Unterschiede zwischen Sommer und Winter. Ein Beispiel für den Tagesverlauf an einem Wintertag ist im Diagramm abgebildet.

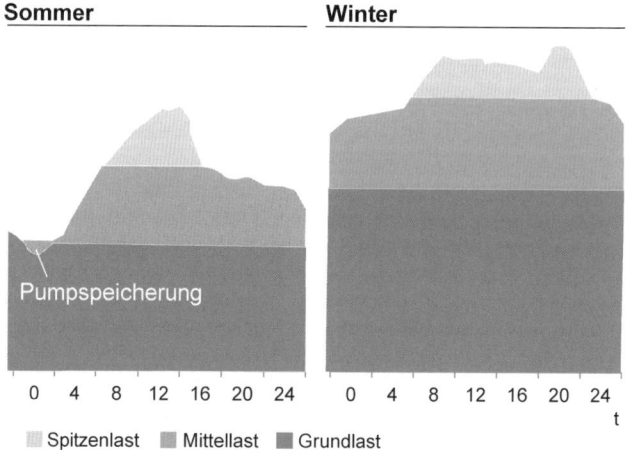

Quelle: Amprion

Abb. 33 – Benötigte Strommenge im Tagesverlauf. Die Grafik zeigt den Stromverbrauch innerhalb von 24 Stunden. Neben den weitgehend konstanten Sockelverbrauch tritt von etwa 6:00 bis 23:00 Uhr der Schwankungsbereich, der wiederum Spitzenlasten aufweist. Wann diese auftreten hängt von der Jahreszeit ab.

---

[143] Siehe dazu § 4, Rn. 216 und § 5.

Anhand dieser Vorhersagen wird der Anteil am **Erzeugungsbedarf** im Groben planbar.   **422**
Im Ergebnis ist damit näherungsweise bekannt, zu welchem Zeitpunkt des Tages welche
Menge Strom benötigt wird. Neben den Erfahrungswerten lässt sich die benötigte Strommenge des Folgetages an einem weiteren Indikator festmachen. Jeder Verbraucher bzw.
jeder Versorger in Vertretung seiner Haushaltskunden und anderer Kunden, die eine genau
bestimmte Strommenge abnehmen (Fahrplankunden), muss den erwarteten Stromverbrauch für den nächsten Tag an der Strombörse zum Einkauf anmelden.

Zudem bildet der Stromhandel heute die Drehscheibe, die den **Marktpreis ermittelt**   **423**
und für den Ausgleich zwischen Angebot und Nachfrage sorgt. Seit der Einführung der
Verbindung zwischen den kontinentaleuropäischen Märkten[144] hat der Stromhandel
schließlich auch die Funktion einer grenzüberschreitenden Preisvereinheitlichung und
spielt damit für die Bildung eines einheitlichen europäischen Binnenmarkts für Energie
eine entscheidende Rolle.

Der Stromhandel begann ursprünglich in Form des bilateralen **OTC-Handels** (Over-   **424**
the-Counter-Handel, auch Freiverkehr), bei dem die Transaktionen mittels Lieferverträgen
schriftlich oder teilweise auch telefonisch vereinbart wurden. Mit zunehmendem Wettbewerb wurde dieses System jedoch mühsam, sodass Stromhändler begannen, Standardprodukte online zu handeln. Daneben nahmen Strombörsen ihre Tätigkeit auf. Die Angebotspalette der Strombörsen erweitert sich seither stetig. Die wesentlichen Unterschiede
zwischen OTC-Handel und **Börsenhandel** stellen wir in diesem Abschnitt dar. Einen
ersten Überblick gibt die folgende Tabelle.[145]

OTC-Handel	Börsenhandel
Schon mit zwei Teilnehmern möglich	Erfordert mehrere Teilnehmer und Marktliquidität
Käufer/Verkäufer als gegenseitige Vertragspartner	Börse ist über Clearinghaus Vertragspartner von Käufer und Verkäufer = anonymer Handel
Marktteilnehmer tragen das Ausfallrisiko	Abwicklung über Clearinghaus; Börse übernimmt das Ausfallrisiko der Marktteilnehmer
Einfacher Zugang	Zugang auf Antrag und verbunden mit Kosten
Individuelle Produktgestaltung möglich	Standardisierte Produkte
Wenig transparent	Hohe Transparenz
Keine vorgegeben Handelszeiten	Handel zu Börsenzeiten, Intraday oft aber 24/7

bb) Finanzieller Handel. Neben dem physischen Handel mit Strom gewinnt der   **425**
finanzielle Handel mit zunehmendem Absicherungsbedarf für Preise immer mehr an Bedeutung. Beim physischen Handel wird die Ware Strom tatsächlich verkauft beziehungsweise gekauft und der Vertrag mittels physischer Stromlieferung über das Netz erfüllt.
Beim finanziellen Handel wird der Strom zum Fälligkeitszeitpunkt nicht tatsächlich geliefert, sondern es wird in der Grundform nur die Differenz zwischen dem für den Fälligkeitszeitpunkt vereinbarten Preis und dem zu diesem Zeitpunkt herrschenden Marktpreis
finanziell gezahlt, wobei der in Bezug genommene Marktpreis in der Regel ein bestimmter Börsenpreis ist. Der finanzielle Handel existiert in vielen Abwandlungen und bietet die
Möglichkeit zur **Absicherung gegen Strompreisschwankungen.** Gleichzeitig wird er
natürlich auch zu spekulativen Zwecken genutzt, was erheblich zur Liquidität der Derivate-
märkte beiträgt.

Die dem finanziellen Handel zugrunde liegenden Produkte bezeichnet man als **Deriva-**   **426**
te, die bei standardisierten Kontrakten mit fester Lieferverpflichtung auch Stromtermin-
kontrakte oder **Futures** genannt werden. Durch den finanziellen Handel kann sich zum
Beispiel ein Unternehmen, das im Sommer einen Auftrag kalkuliert und dabei einen

---

[144] Market Coupling, siehe § 4, Rn. 583 ff.
[145] Vgl. Czakainski u. a., Energiehandel und Energiemärkte, S. 38.

Strompreis von 30 Euro/Megawattstunde zugrunde legt, zu dem der Strom mit einem solchen Liefertermin zum Zeitpunkt der Kalkulation gehandelt wird, dagegen absichern, dass der Strompreis während der Produktionszeit im November auf 40 Euro/Megawattstunde gestiegen ist und der Auftrag dadurch unrentabel würde. Durch den Kauf eines Futures erhält es die zehn Euro/Megawattstunde Mehrkosten ausgezahlt.[146] Genauso kann ein Stromerzeuger sich darüber aber auch den Preis für die Produktion seines Kraftwerks im nächsten Jahr durch einen Future absichern. Geht ein Händler für das nächste Jahr von einem höheren Strompreis aus, als er derzeit an der Börse für das nächste Jahr gilt, so kann er bereits jetzt aus rein finanziellen Interessen die Futures-Kontrakte des Kraftwerksbetreibers für das nächste Jahr kaufen und sie dann, wenn seine Erwartung eintritt, im nächsten Jahr wieder mit einem Gewinn verkaufen. So kann der finanzielle Handel den Interessen aller am Markt Beteiligten dienen.

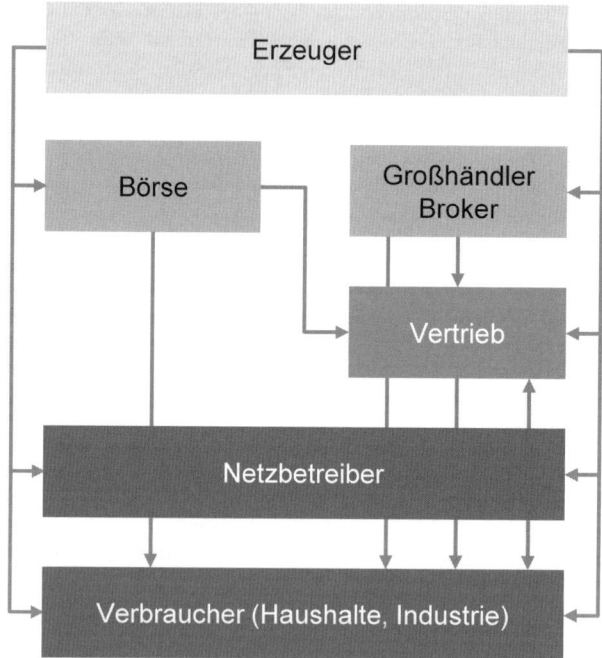

Abb. 34 – Einbeziehung des Stromhandels in die Ebenen des Marktes. Die Grafik zeigt die bereits bekannten vier Ebenen des Strommarktes – allerdings ist hier die Handelsebene Börse/Großhändler/Broker eingefügt.

Zum Weiterlesen

Martin Czakainski, Energiehandel und Energiemärkte: Eine Einführung, 2011, S. 19
Georg Erdmann, in: Ines Zenke, Energiehandel in Europa: Öl, Gas, Strom, Derivate, Zertifikate, 3. Aufl. 2012, § 2: Grundlagen des Handels mit leistungsgebundenen Energieträgern
Ines Zenke u.a., in: Ines Zenke, Energiehandel in Europa: Öl, Gas, Strom, Derivate, Zertifikate, 3. Aufl. 2012, § 1: Einleitung: Der Großhandel von Energie und Energieträgern in Europa
Petri Mäntysaari, EU Electricity Trade Law, The Legal Tools of Electricity Producers in the Internal Electricity Market, 2015

---

[146] Vgl. Pilgram, in: Hans-Peter Schwintowski (Hrsg.), Handbuch Energiehandel, 3. Aufl. 2014, Rn. 805 ff.

b) Der OTC-Handel

Als OTC-Handel bezeichnet man unspezifisch jede Form des **außerbörslichen Han-** 427
dels, zum Beispiel für Anleihen, nicht zum Börsenverkehr zugelassene Aktien und Invest-
mentanteile. Seine Bedeutung im Energiebereich wollen wir im Folgenden vorstellen.

aa) Einführung. Im Energiebereich wird die Bezeichnung *OTC* für Vertragsgeschäfte 428
zwischen zwei Parteien verwendet, wenn diese außerhalb der Strombörsen abgeschlossen
werden. Während der Vertragslaufzeit tragen sie gegenseitig das Risiko eines Kreditausfalls,
gegen das sie sich jedoch durch den Abschluss von Rahmenverträgen, Bürgschaften oder
Sicherheiten absichern können. Der große Vorteil des OTC-Handels liegt in der **Mög-**
lichkeit der individuellen Produktgestaltung durch die Vertragsparteien.

Der Stromhandel OTC ist von der reinen Lieferung von Strom zu unterscheiden. In 429
beiden Fällen handelt es sich zwar um den **Kauf und Verkauf** von Strom. Lieferverträge
werden aber typischerweise individuell und einmalig ausgehandelt. Bei ihnen stehen von
vornherein der Abnehmer und der Lieferant fest. Von Handel mit Strom spricht man
demgegenüber, wenn Geschäfte wiederholt mit mehr oder weniger standardisierten und
transparenten Konditionen abgeschlossen werden.[147]

Ein wesentlicher Faktor des OTC-Handels sind die **Kosten,** mit denen jeder Handel 430
belegt ist. Wie hoch diese ausfallen, hängt von der Struktur des Marktes ab. Je besser die
Struktur ist, desto geringer sind die Handelskosten und desto attraktiver und damit zahlreicher wird der Handel. Bei jeder Transaktion muss daher möglichst präzise festgelegt werden, welches Produkt wann zu welchem Preis wohin geliefert werden soll. Um die Art des
Produktes zu bestimmen, wurden einheitliche Standards festgelegt. Um die Kosten zu senken, werden OTC-Transaktionen auch häufig durch Börsenmakler vermittelt.

Zum Weiterlesen

Jörg Spicker, in: Hans-Peter Schwintowski (Hrsg.), Handbuch Energiehandel, 3. Aufl. 2014, Erster Teil,
   Kapitel A. III.: Rolle und Funktion des OTC-Handels und Erster Teil Kapitel A. IV.: Produkte und
   Dienstleistungen im OTC-Handel

bb) Produkte. Das wichtigste Produkt im Bereich des OTC-Handels sind die **For-** 431
wards. Dabei handelt es sich um physisch zu erfüllende Kontrakte, die Lieferant und Abnehmer miteinander abschließen. Sie verpflichten beide rechtlich verbindlich zur Lieferung
oder zur Abnahme zu einem in der Zukunft liegenden Zeitpunkt. Es stehen dabei sowohl
vorgefertigte Produkte zur Verfügung als auch formfrei zu definierende und daher komplexe Fahrplanlieferungen. Die Zahlung erfolgt in der Regel in monatlichen Nachschüssen.
Die Vertragspartner tragen gegenseitig das Ausfallrisiko, weshalb im Zuge des Geschäftsab-
schlusses meist Sicherheiten zu stellen sind.

Daneben findet ein Handel mit **Optionen** statt, mit denen in der Regel mehr auf stei- 432
gende oder fallende Preise gesetzt wird. Dies sind bedingte Termingeschäfte. Sie beinhalten
ein Recht, verpflichten aber nicht zur Abnahme. Die Optionen können als sogenannte
amerikanische Optionen während ihrer Laufzeit jederzeit ausgeübt werden oder als *europäische*
Optionen nur zu einem bestimmten Termin.

Zum Weiterlesen

Jörg Fried, in: Hans-Peter Schwintowski (Hrsg.), Handbuch Energiehandel, 3. Aufl. 2014, Erster Teil,
   Kapitel B. I. 1. b): Was wird gehandelt?

cc) Abwicklung. Zur Abwicklung der Handelsgeschäfte dienen oft standardisierte Ver- 433
träge. Der Rückgriff auf standardisierte Vertragsmuster bietet Sicherheit und senkt die

---

[147] Vgl. Jörg Fried, in: Hans-Peter Schwintowski (Hrsg.), Handbuch Energiehandel, 3. Aufl. 2014,
Rn. 329 ff.

Transaktionskosten, da sie nicht jedes Mal wieder ausgehandelt werden müssen. Verbreitet sind folgende Rahmenverträge:

- **ISDA-Verträge:** Die International Swaps and Derivates Association (ISDA) veröffentlichte bereits 1992 ein Master Agreement, das als das weltweit meistgenutzte Muster gilt. Ursprünglich war das Agreement als Muster für den Finanzsektor angelegt, mittlerweile wurde es aber für finanzielle und physische Geschäfte angepasst. Zudem enthalten die 2005 veröffentlichten Commodity Definitions Begriffe, die sich auf den Energiemarkt beziehen. Der Vertrag wird wegen des einheitlichen Standards international häufig verwendet und ermöglicht durch viele Vertragszusatz-Muster eine flexible Anpassung der Vereinbarungen.
- **EFET-Verträge:** Die European Federation of Energy Traders[148] (EFET) entwickelte 2000 einen als General Agreement Concerning the Delivery and Acceptance of Electricity (EFET-Strom) bezeichneten Rahmenvertrag, der zum Teil auf den ISDA-Verträgen basiert. Er ist in englischer Sprache verfasst, unterliegt aber dem deutschen Recht und ist als Standardvertrag national und international etabliert. Das Vertragsmuster findet häufig Anwendung auf physisch zu erfüllende Geschäfte.
- **Deutscher Rahmenvertrag für Finanztermingeschäfte** (DRV): Der DRV wurde 1993 vom Bundesverband deutscher Banken erstellt und ist das deutsche Gegenstück zu den ISDA Verträgen. Er war zunächst für nationale Finanzderivatgeschäfte vorgesehen und ist in deutscher Sprache und unter Zugrundelegung deutschen Rechts verfasst. Seit 2004 existiert ein Vertragsanhang, der sich mit finanziellen (nicht physischen) Rohwarengeschäften befasst, wozu auch Primärenergieträger und Rohstoffe gehören.

Zum Weiterlesen

Gerd Stuhlmacher u. a., in: Thomas Schöne, Vertragshandbuch Stromwirtschaft, 2. Aufl. 2014, Kapitel 4 E: Standardhandelsrahmenvertrag für Strom (EFET) und Allowance Appendix
Jörg Fried, in: Hans-Peter Schwintowski (Hrsg.), Handbuch Energiehandel, 3. Aufl. 2014, Erster Teil, Kapitel B. I. 2.: Vertragliche Grundlagen in Deutschland und Europa

c) Börsenhandel

434   In vielen europäischen Staaten sind im Zuge der Strommarktliberalisierung Strombörsen entstanden, die in der Association of European Energy Exchanges (EUROPEX) organisiert sind. Alle Strombörsen verfügen über einen **Spotmarkt.** Dort wird Strom gehandelt, der am folgenden Tag (Day Ahead) oder am gleichen Tag (Intraday) physisch geliefert werden kann. Daneben verfügen einige Börsen über einen **Terminmarkt,** an dem längerfristige Verträge für die Zukunft geschlossen werden, die man als Futures bezeichnet.

435   Wer am Börsenhandel teilnehmen will, muss zunächst als Teilnehmer an der Börse zugelassen werden, wozu er einen Prüfungsprozess durchlaufen muss. Bei allen Handelsformen schließen die **Börsenteilnehmer,** die als Anbieter oder Nachfrager auftreten, ihren Vertrag über den Kauf oder Verkauf von Strom im Rahmen eines Clearing-Prozesses mit dem Clearing Haus der Börse als *Central Counter Party* und nicht untereinander. Die Börse sammelt alle Angebote und die gesamte Nachfrage und bringt diese im Rahmen des Preisfindungsprozesses so in Einklang, dass sich beim Gleichgewichtspreis die angebotene Menge Strom und die nachgefragte Menge im Gleichgewicht befinden. Die Verträge werden dann über das Clearing Haus abgewickelt. Die Börsenteilnehmer bleiben im Rahmen des Handelsgeschäftes füreinander anonym. Da die Börse aber nur ein Handelsplatz ist, gibt sie die Ausführung der Transaktionen an ein Clearinghaus als Zentrale Gegenpartei ab, das zusammen mit einer Clearingbank die Abwicklung gegenüber den Börsenteilnehmern vornimmt. Das System des Clearings ist in § 4, Rn. 450 ff. gesondert dargestellt.

436   **aa) Handelsplätze.** Die deutsche Strombörse **European Energy Exchange** (EEX) und die französische Strombörse **Powernext** betreiben über die gemeinsamen Gesellschaft

---

[148] Siehe auch § 12, Rn. 23.

EPEX SPOT den Spotmarkt für Deutschland, Frankreich, Österreich und die Schweiz. Am Spotmarkt wurden 2014 von 220 Börsenteilnehmern über 380 Terrawattstunden Strom gehandelt[149]. Der Terminmarkt für Deutschland und Frankreich wird von der EEX-Tochtergesellschaft EEX Power Derivatives betrieben.[150]

Zu unterscheiden ist auf der einen Seite die **EEX,** die als Börse eine öffentlich- **437** rechtliche Einrichtung ist und dem deutschen Börsengesetz untersteht und daher der Börsenaufsicht unterliegt und auf der anderen Seite der European Energy Exchange AG, die der privatrechtlich organisierte Betreiber der Börse ist. Die European Energy Exchange AG hat ihren Sitz ebenfalls in Leipzig. Die Börsenaufsicht wird vom Sächsischen Wirtschaftsministerium wahrgenommen. Auf Grundlage des deutschen Börsengesetzes hat die EEX zudem ein für die Börsenteilnehmer verbindliches Regelwerk beschlossen, in dem zum Beispiel die Zulassung zum Handel und die Handelsbedingungen geregelt sind.

Außer an der EEX findet börslicher Handel in Europa zum Beispiel auch bei NordPool **438** (Skandinavien und baltische Staaten), der OMEL (Spanien und Portugal), PXE (Tschechien) der HUPX (Ungarn) der GME bzw. IPEX (Italien) und der Borzen (Slowenien) statt. Großbritannien und Irland handeln ihren Strom bisher rein national. Um die Integration des Börsenhandels mit Strom und Gas weiter voranzutreiben, legte die EU-Kommission im September 2013 einen Vorschlag zur Schaffung einer **einheitlichen europäischen Strombörse** vor. Mit ihr soll bis Ende 2015 im Stromhandel ein echter Binnenmarkt verwirklicht werden. Faktisch hat seine Entstehung durch die Kopplung der europäischen Strommärkte[151] allerdings bereits begonnen.

Wie dargestellt wird an den Börsen zwischen dem Terminmarkt und dem Spotmarkt **439** unterschieden. Auf den Märkten werden unterschiedliche **Produkte** gehandelt, was im Folgenden am Beispiel des Handels an der EEX/Powernext dargestellt wird.

Zum Weiterlesen

Thomas Pilgram, in: Hans-Peter Schwintowski (Hrsg.), Handbuch Energiehandel, 3. Aufl. 2014, Zweiter Teil, Kapitel A II.: Organisationsgrundlagen der EEX

bb) Spotmarkt. Der Handel mit Spotmarkt-Produkten erfolgt für Lieferungen in der **440** deutsch-österreichischen Preiszone an der EPEX SPOT, die ihren Sitz in Paris hat. Der Handel erfolgt mit der physischen Erfüllung.

- Der **Day Ahead-Markt** macht ca. 90 Prozent des Handelsvolumens aus und wird einmal pro Tag als Auktion für jede Stunde des folgenden Tages organisiert.
- Der **Intraday-Handel** nimmt dagegen kontinuierlich zu jedem Zeitpunkt Angebote und Nachfragen an und führt diese aus, letztmalig 45 Minuten vor Lieferbeginn. Dort sind neben Lieferungen für eine Stunde auch 15-Minuten-Produkte handelbar, die bis zu 30 Prozent der monatlich gehandelten Menge ausmachen. Über diese kurzfristigen Zu- und Verkäufe werden **Unregelmäßigkeiten** in den Prognosen ausgeglichen, die die Übertragungsnetzbetreiber im Hinblick auf Angebot und Nachfrage in ihrem Netz jeweils im Voraus anstellen. In diesen Markt ist vor allem durch die nicht genau planbare Einspeisung von Strom aus erneuerbaren Energien viel Bewegung gekommen.
- Ebenfalls zum Ausgleich von Unregelmäßig bzw. zur Erhaltung der Systemstabilität und Netzfrequenz dient der **Regelenergiemarkt.** Es werden Primär-, Sekundär- und Tertiärregelungen unterscheiden, die über Ausschreibungen vergeben werden. Dieser Handel findet jedoch nicht über diese Börse statt, sondern wird über Auktionen der Übertragungsnetzbetreiber selbst organisiert sind.[152]

---

[149] EPEX SPOT, Direktvermarktung der EE an der Europäischen Strombörse, S. 7.
[150] Zur EEG und ihren Organen siehe auch: https://www.eex.com/de/about/eex/boerse.
[151] Siehe § 4, Rn. 591 ff.
[152] Siehe § 4, Rn. 258 ff.

Abb. 35 – Die Börsenhandelsmärkte. Die Grafik zeigt die unterschiedlichen Märkte mit dem sie kennzeichnenden Handelszeitpunkt.

441   Der Europäische Intraday-Handel und Day Ahead-Handel wird derzeit auf Grundlage einer auf einem Netzkodex beruhenden Verordnung vereinheitlicht. Die sogenannte **CACM-Verordnung**[153] soll die Entstehung eines vollständig integrierten Strommarktes fördern, indem sie einheitliche Regeln für den grenzüberschreitenden Stromhandel in Europa einführt. Sie enthält Vorschriften für die Kapazitätszuweisung und beschreibt, wie Kapazitäten in den verschiedenen Zonen berechnet werden. Die Verordnung enthält auch Regeln für das Engpassmanagement und die Verwaltung knapper Übertragungskapazitäten zwischen den Parteien. Sie ist im August 2015 in Kraft getreten. Zentraler Akteur sind danach die nominierten Strommarktbetreiber (Nominated Electricity Market Operator, NEMO) in den Mitgliedsstaaten. Sie sollen die nötigen Absprachen untereinander und mit den Übertragungsnetzbetreibern treffen. Am 11.12.2015 wurde die EPEX Spot und am 11.1.2016 Nord Pool als deutscher nominierter Strommarktbetreiber von der Bundesnetzagentur benannt[154].

Zum Weiterlesen

Thomas Pilgram, in: Hans-Peter Schwintowski (Hrsg.), Handbuch Energiehandel, 3. Aufl. 2014, Zweiter
    Teil, Kapitel A III. 3: Der Spotmarkt und Zweiter Teil, Kapitel B. IV: Handel
Klaas Bauermann, Viertel statt Stunden – Wie der Intraday-Handel für mehr Effizienz sorgt, emw
    6/2014, 24 ff.

442   cc) Terminmarkt. Eine wichtige Funktion der Terminmärkte ist die oben bereits kurz angesprochene Möglichkeit zur Absicherung von vertraglichen Verpflichtungen. Gegen die Risiken des Handels mit großen Volumina in verschiedenen Märkten – zum Beispiel im Währungsbereich – sichern sich die meisten Energieunternehmen konservativ ab. Im Prinzip sieht der klassische **Sicherungsverkauf** (Short Hedge) vor, dass eine Kaufposition über eine Verkaufsposition im Terminmarkt zum Terminpreis abgesichert wird. Beim **Sicherungskauf** (Long Hedge) sichert ein großer Nachfrager den Kaufpreis durch den Aufbau einer Kaufposition am Terminmarkt gegen Preisschwankungen am Spotmarkt ab. Da solche Geschäfte auf physischer Basis recht aufwändig sind, erfolgt die Absicherung heute aber meistens über finanziell zu erfüllende Kontrakte.

---

[153] Verordnung (EU) Nr. 2015/1222 vom 24.7.2015 zur Festlegung einer Leitlinie für die Kapazitätsvergabe und das Engpassmanagement (ABl. L 197 vom 25.7.2015, S. 24). Siehe hierzu auch § 4, Rn. 575.
[154] Bundesnetzagentur, Beschl. vom 11.12.2015 – BK6–15–044–N1; Bundesnetzagentur, Beschl. vom 11.1.2016 – BK6–15–044–N2.

Auf dem Terminmarkt werden **Future Contracts** (Futures) gehandelt. Sie haben eine 443
Laufzeit von bis zu sechs Jahren und dienen zur Absicherung von Zeiträumen oder Lastprofilen. Es handelt sich um ein rein finanzielles Produkt, hinter dem kein physikalischer
Fluss steht. Mit ihm kann sichergestellt werden, dass der Preis einer Stromlieferung später
zum Ausübungspreis des Futures abgesichert ist. Soll die Lieferung bzw. der Bezug tatsäch-
lich realisiert werden, so geschieht dies am Spotmarkt. Die Zahlungsabwicklung erfolgt,
indem zunächst eine Sicherheit (Initial Margin) gezahlt wird und im Folgenden von dem
Inhaber des Futures auf täglicher Basis ein Ausgleich (Variation Margin) zwischen dem
Ausgabekurs und dem Tageskurs des Futures zu zahlen ist. Allerdings können dabei von
Clearing-Mitgliedern gegenläufige offene Positionen gegengerechnet werden, so dass der
Margin nur auf die Differenz anfällt. Kommt es zu einer physischen Erfüllung des Vertrages
am Spotmarkt, so wird die Preisdifferenz zwischen dem Futures-Preis und dem Spot-Preis
ausgeglichen.

Neben den Futures sind an den Terminmärkten Optionen in Form von **Calls und Puts** 444
handelbar, bei denen für den Inhaber nur ein Recht besteht, Erfüllung zu verlangen, aber
keine Pflicht, die Option auszuüben. Daher werden diese Instrumente in der Regel auch
nur finanziell abgerechnet. Käufer können sich mit ihnen gegen steigende oder sinkende
Preise an einem Stichtag absichern.

Jeder Future bezieht sich auf ein bestimmtes Produkt, das sogenannte **Underlying,** das 445
sich bei Strom-Futures aus dem Spotmarkt ergibt. Der Future mit dem höchsten Handelsvolumen im deutschen Markt an der EEX hat den **Phelix** (Physical Electricity Index) als
Underlying. Phelix – der Referenzpreis auf dem europäischen Großhandelsmarkt – wird
täglich als Index für die Lieferung von Grundlaststrom (Base) und Spitzenlaststrom (Peak)
für die Marktgebiete Deutschland/Österreich berechnet und veröffentlicht. Der Phelix-
Kontrakt bezieht sich auf den durchschnittlichen Preis eines bestimmten Liefervolumens
von Strom in der deutschen Preiszone an der EPEX SPOT während einer Periode (zum
Beispiel 30 Tage in einem Monats-Phelix). Das Liefervolumen ergibt sich aus der Liefer-
rate (ein Megawatt), dem Lasttypus (zum Beispiel Baseload oder Peak oder Off-Peak) und
dem Zeitraum der Lieferung. Ein Phelix Day Base umfasst daher die Lieferung von 24
Megawattstunden Baseload an dem für die Fälligkeit bestimmten Tag. Neben Underlyings
für die deutsche Preiszone werden an der EEX aber auch Futures für die Preiszonen vieler
anderer Länder gehandelt.[155]

Zum Weiterlesen

Thomas Pilgram, in: Hans-Peter Schwintowski (Hrsg.), Handbuch Energiehandel, 3. Aufl. 2014, 2. Teil,
A III. 4. Der Terminmarkt an der EEX und 2. Teil. B. IV. Handel
EEX/EPEXSPOT, Public Consultation, New Energy Market Design Response 2015
EPEXSPOT, Konsultation des Weißbuches Ein Strommarkt für die Energiewende, Stellungnahme der
Epexspot, 2015

dd) Strompreisbildung an der Börse. Die Grundlage des Handels mit Strom ist der 446
physische Handel am Spotmarkt. Bei der Bildung des Strompreises an der Börse muss
ebenfalls zwischen Day Ahead-Handel und Intraday-Handel unterschieden werden.

Am **Day Ahead-Markt** wird für alle Handelsteilnehmer der jeweiligen Zeitstunde ein 447
gemeinsamer Preis ermittelt. Dies gelingt, indem alle Angebote und die gesamte Nachfrage
zusammengeführt werden und sich zu dem Preis, an dem Angebots- und Nachfragemenge
übereinstimmen, der Marktpreis bildet. Die Verkäufer legen zuvor bei ihrer Angebotsabga-
be einen Mindestpreis und die Käufer einen Höchstpreis fest.

Am **Intraday-Markt** werden dagegen kontinuierlich aus dem kurzfristigen Angebot 448
und der kurzfristigen Nachfrage Preise gebildet. Dies erfolgt für die als Nachfrage benötigten Mengen nach der Reihenfolge der für die jeweilige Viertelstunde angebotenen Preise.

---

[155] Weitere Einzelheiten zu den als Futures gehandelten Produkten sind auf der Webseite der EEX
(www.eex.com/de) auf aktueller Basis verfügbar.

Beginnend bei der angebotenen Erzeugung mit dem niedrigsten Angebotspreis wird so lange das nächstteurere Gebot hinzugenommen, bis die Nachfrage gedeckt ist. Das letzte Gebot, dass zur Bedarfsdeckung notwendig ist, bestimmt den Preis für alle angenommenen Gebote.

449   Der Preis, zu dem Angebot und Nachfrage zusammengeführt werden, wird als **Markt-räumungspreis** oder Market Clearing Price bezeichnet. Er ist auch für den Teil des Stromes, der am OTC-Markt gehandelt wird, und für den Großhandel eine wichtige Referenz für die Preisbildung.

450   **ee) Clearing und Risikomanagement.** Wie bei jedem Handelsgeschäft besteht auch im Stromhandel das Risiko, dass der Käufer nicht zahlt oder der Verkäufer nicht liefert. Diesem Risiko wird durch das in Deutschland für alle Handelsteilnehmer an der Börse verpflichtende Clearing der Börsengeschäfte begegnet. Clearing bedeutet die **finanzielle Abwicklung** der Börsengeschäfte und deren Besicherung. Die Absicherung erfolgt beim Clearing dadurch, dass das Clearinghaus bei allen Börsengeschäften als Mittelsmann eingeschaltet wird, der als Zentrale Gegenpartei oder Central Counter Party bezeichnet wird. Diese Transaktionen finanziell abzuwickeln und das Risiko abzusichern sind die wichtigsten Aufgaben des Clearinghauses, wofür dieses eine Gebühr nimmt.

451   Die **European Commoditiy Clearing AG** (ECC) hat das Clearing an der EEX und an der EPEX SPOT übernommen. Sie wurde 2006 gegründet und gehört zur EEX-Gruppe. Die ECC cleart nicht nur Transaktionen aus der EEX-Gruppe, sondern auch für eine Reihe weiterer Börsen. Sie ist das größte zentrale Clearinghaus für Energie und energienahe Produkte in Europa. Die ECC hat eine Banklizenz und untersteht dem deutschen Kreditwesengesetz und der Bankaufsicht der BaFin.

452   Die Verträge der Handelsteilnehmer, die an der EEX oder der EPEX SPOT handeln, kommen immer mit dem Clearinghaus zustande. Die EEC trägt als Clearinghaus und zentrale Gegenpartei für die Handelsteilnehmer das **Kontrahentenrisiko** aller offenen Posten. Gegen dieses Risiko sichert sich die ECC durch ein kaskadierendes System an Sicherheiten ab. An erster Stelle stehen dabei die von den Clearing-Mitgliedern für ihre offenen Positionen auf Tagesbasis zu hinterlegenden Sicherheiten, die oben erwähnten Margins. Sollten diese trotz der sehr engmaschigen, täglichen Nachverfolgung der offenen Margins einmal nicht ausreichen, so steht bei der ECC zur Abdeckung von Ausfällen u. a. ein von der ECC und den Clearing-Mitgliedern finanzierter Clearingfonds zur Verfügung und im äußersten Fall stünde die ECC mit ihrem Eigenkapital für ihre Verpflichtungen ein.

453   Da die ECC der Vertragspartner der Börsengeschäfte wird, müssen die Handelsteilnehmer alle neben der Börsenzulassung auch über eine **Clearing-Lizenz** verfügen oder, wenn diese fehlt, ihre Börsengeschäfte über einen Handelsteilnehmer mit Clearing-Lizenz abwickeln. Dabei gibt es an der ECC General-Clearing-Mitglieder, die auch Geschäfte aller Nicht-Clearing-Mitglieder übernehmen dürfen und Direkt-Clearing-Mitglieder, die nur das Clearing für Geschäfte von ihren Kunden und der verbundenen Unternehmen übernehmen dürfen. Die Clearing-Mitglieder müssen für die Teilnahme am Clearing für den Terminmarkt einen Beitrag von drei Millionen Euro leisten, was jedoch neben Zahlung auch durch Hinterlegung von Wertpapieren oder Bankgarantien erfolgen kann.

454   Die ECC sichert sich gegen das Kredit- oder Ausfallrisiko der Handelspartner zunächst durch die von den Handelsteilnehmern zu erbringende **Sicherheitsleistung** ab, deren Beitrag täglich dem Risiko der offenen Handelspositionen angepasst wird. Werden Lieferverpflichtungen oder Zahlungsverpflichtungen nicht erfüllt, kann das Clearinghaus die Position des Kontrahenten unter Verwertung der Sicherheit zu Marktkonditionen möglichst verlustfrei glattstellen. Dabei arbeitet das Clearinghaus mit den General-Clearing-Mitgliedern zusammen, die in der Regel Großbanken sind und die Positionen der Handelsteilnehmer bündeln. Dies ist eine auch für ihre Kunden wertvolle Leistung, da nur für die aggregierten offenen Positionen die Margins als Sicherheiten hinterlegt werden müssen.

Daneben übernimmt die ECC auch die Abwicklung der physischen Lieferung über ih- **455** ren Bilanzkreis und die finanzielle Abwicklung der Börsengeschäfte. Im Rahmen des OTC-Clearing bietet die ECC an, außerbörslich verhandelte Verträge an die Börse zu bringen, und durch das Eintreten der EEX als zentrale Gegenpartei das **Adressatenausfallrisiko** zu minimieren.

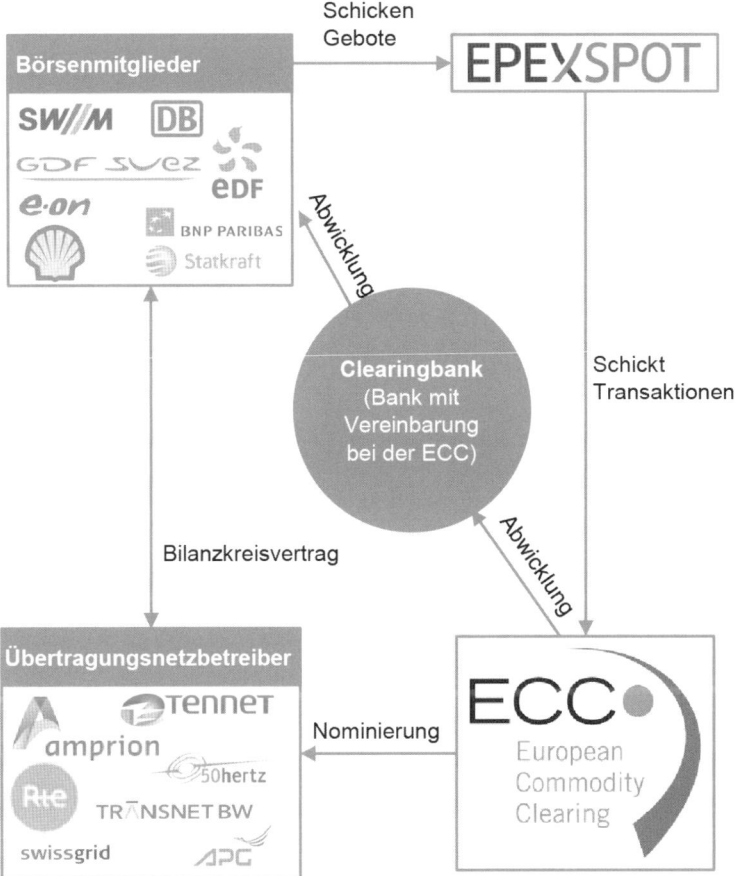

Quelle: EPEX SPOT

Abb. 36 – Funktionsweise des Spotmarktes. Die Grafik zeigt schematisch die Funktion des Spotmarktes. Börsenteilnehmer, EPEX SPOT und ECC stehen auf Handelsebene miteinander in Verbindung. Zudem nominiert die ECC die Stromlieferung über ihren Bilanzkreis beim Übertragungsnetzbetreiber, in dessen Regelzone die Lieferung erfolgt. Die Börsenteilnehmer und die Übertragungsnetzbetreiber sind wiederum über die in § 4, Rn. 244 ff. erklärten Bilanzkreise miteinander verbunden.

Zum Weiterlesen

Thomas Pilgram, in: Hans-Peter Schwintowski (Hrsg.), Handbuch Energiehandel, 3. Aufl. 2014, Zweiter. Teil, Kapitel A. IV. Das Clearing von Börsengeschäften

2. Regulierung des Stromhandels

Der Stromhandel ist nach nationalen und europäischen Vorgaben reguliert. Oben ist be- **456** reits die Regulierung der Börsen in Deutschland durch die Börsenaufsicht erwähnt. Da mit finanziell zu erfüllenden Energiederivaten (vgl. § 3 Nr. 15a EnWG) aber auch spekulative

Geschäfte betrieben werden, unterliegt der Stromhandel zum Teil auch der **Finanzmarkt-regulierung.** Er ist zudem ein wesentlicher Bestandteil des Strommarkts, weshalb er zum Teil auch der Energiemarktregulierung unterliegt.

a) Finanzmarktregulierung – MiFID

457   Auf europäischer Ebene wurde 2004 die Richtlinie über Märkte für Finanzinstrumente (Directive on Markets in Financial Instruments MiFID[156]) mit Vorgaben für den Handel mit Warenderivaten und CO_2-Zertifikaten beschlossen. Sie wurde im Frühjahr 2014 novelliert (MiFID II[157]). Durch sie soll die Funktion der Wertpapierhandelsmärkte (Börsen und andere elektronische Plattformen) im Rahmen des Binnenmarktes und der Schutz der Anleger gewährleistet werden. Daher wurde auch der Energiehandel dieser Aufsicht unterstellt, soweit dieser Wertpapierhandel darstellt. Die Richtlinie ist anwendbar, wenn kumulativ folgende Vorgaben erfüllt sind:

- Es muss sich um eine **Wertpapierfirma** handeln. Das sind – verkürzt gesagt – juristische Personen, die Wertpapierdienstleistungen für Dritte erbringen und/oder Anlagetätigkeiten ausüben. Darunter können auch Stromhändler fallen. Wann dies der Fall ist, wird in Art. 4 der Richtlinie näher definiert.
- Die Dienstleistung oder Tätigkeit muss sich auf ein **Finanzmarktinstrument** beziehen. Diese sind in Anhang 1 der Richtlinie aufgeführt. Darunter fallen zum Beispiel Terminmarktkontrakte und Optionen, wenn sie bar abgerechnet werden oder die gehandelten Waren effektiv geliefert werden können. Es fallen also auch manche Produkte des Terminmarkts für Strom darunter. Ausgenommen sind Spotgeschäfte, denn diese beziehen sich auf den Austausch Ware gegen Geld und sind daher nicht Teil des Finanzmarktes.

458   Die ursprüngliche Richtlinie wurde durch das Finanzmarktrichtlinien-Umsetzungsgesetz **(FRUG)** in Deutschland umgesetzt. Für die Umsetzung von MiFID II hat die Bundesregierung Zeit bis 3.7.2017.

459   Durch die Verordnung über OTC-Derivate, zentrale Gegenparteien und Transaktionsregister[158] (European Market Infrastructure Regulation, EMIR) soll seit August 2012 zudem der **außerbörsliche OTC-Derivatehandel** transparenter und sicherer gestaltet werden. Die Verordnung bezieht sich auf standardisierte OTC-Derivate gem. Anhang 1 Abschnitt C Nr. 4–10 MiFID. Für diese Geschäfte gelten besondere Anforderungen, u. a. müssen sie über zentrale Gegenparteien abgewickelt werden und unterliegen im Hinblick auf das Clearing und das Risiko-Management besonderen Anforderungen. Um die Transparenz zu erhöhen, sind Derivategeschäfte an ein Transaktionsregister zu melden.

460   Energiehandelsunternehmen und Anlagenbetreiber können zudem unter das Gesetz über das Kreditwesen **(KWG)** fallen.[159] Meldepflichten und Verhaltensregelungen für Börsenteilnehmer ergeben sich aus dem Wertpapierhandelsgesetz **(WpHG)**, allerdings gilt es nicht für kurzfristige Geschäfte und somit nicht für Spotgeschäfte.

b) Regulierung des Energiehandelsmarktes

461   Zur Regulierung des Energiehandels wurden in den vergangenen Jahren mehrere **Verordnungen** erlassen.

---

[156] Richtlinie 2004/39/EG vom 21.4.2004 über Märkte für Finanzinstrumente (ABl. L 145 vom 30.4.2004, S. 1).
[157] Richtlinie 2014/65/EU vom 15.5.2014 über Märkte für Finanzinstrumente (ABl. 173 vom 12.6.2014, S. 349).
[158] Verordnung (EU) Nr. 648/2012 vom 4.7.2012 über OTC-Derivate, zentrale Gegenparteien und Transaktionsregister (EMIR) (ABl. L 201 vom 27.7.2012, S. 1).
[159] Zu den komplexen Einzelheiten vergleiche das Merkblatt Hinweise zur Erlaubnispflicht von Geschäften im Zusammenhang mit Stromhandelsaktivitäten der BaFin vom 24.6.2011.

aa) REMIT. Die Verordnung über die Integrität und Transparenz des Energiegroß- 462
handelsmarktes[160] (Regulation on Wholesale Energy Market Integrity and Transparency,
REMIT) normiert das Verbot missbräuchlicher Praktiken am Energiegroßhandelsmarkt in
Übereinstimmung mit der Finanzmarktregulierung. Sie erfasst **Energiegroßhandelspro-
dukte** (Art. 1 Abs. 2 S. 2 Nr. 4 REMIT), also

- Verträge für die Versorgung mit Strom oder Erdgas mit Lieferung in der Europäischen
Union,
- Derivate für Strom/Erdgas, das/der in der EU erzeugt/gehandelt/geliefert wurde,
- Verträge und Derivate, die den Transport von Strom/Erdgas in der Europäischen Union
betreffen (auch Endkunden-Lieferverträge für einzelne Anlagen über 600 Gigawatt).

REMIT richtet sich an alle, die an einem oder mehreren **Energiegroßhandelsmärk-** 463
ten Transaktionen abschließen oder Handelsaufträge erteilen (Marktteilnehmer (Art. 2
Nr. 7 REMIT).

Sie setzt dabei an drei Stellen an:
- dem Verbot von Insider-Handel (Art. 3 REMIT),
- der Pflicht zur Veröffentlichung von Insider-Informationen (Art. 4 REMIT),
- dem Verbot der Marktmanipulation (Art. 5 REMIT).

Im Rahmen der Verordnung sind die Marktteilnehmer verpflichtet, umfangreiche Daten 464
nach Art. 4 Abs. 1 und Art. 8 Abs. 1 und 5 REMIT an ACER zu übermitteln. Hierfür ist
eine **Registrierung** beim Centralised European Registry for Energy Market Participants
(CEREMP) nötig, wofür nach Art. 9 REMIT die Bundesnetzagentur zuständig ist. Die
Art der Daten und der Übermittlung werden in einer Durchführungsverordnung[161]
(REMIT-DVO) konkretisiert.

Verstöße gegen die in REMIT normierten Pflichten werden von der Bundesnetzagentur 465
verfolgt. Dabei reichen die **Sanktionsmöglichkeiten** von Aufsichtsmaßnahmen (§ 65
Abs. 6 i. V. m. Abs. 1–3 EnWG), über Vorteilsabschöpfung (§ 33 Abs. 6 i. V. m. Abs. 1–5
EnWG), bis zum Erlass von Geld- und Freiheitsstrafen (§ 95 Abs. 2 i. V. m. 1b–d; § 95a
Abs. 1 i. V. m. § 95 Abs. 1b, Abs. 1c Nr. 6, § 95a Abs. 2 EnWG). Zu Ermittlungszwecken
kann die Bundesnetzagentur Beteiligte zur Erteilung von Auskünften und zur Herausgabe
von Unterlagen verpflichten und sie hat Durchsuchungen vornehmen (§ 69 Abs. 3 und 11
EnWG).

Auch die Existenz der **Markttransparenzstelle** (§§ 47 ff. GWB) bei der Bundesnetz- 466
agentur geht auf REMIT zurück. Diese beobachtet laufend den Großhandel mit Elektrizität und Erdgas, um Auffälligkeiten bei der Preisbildung aufzudecken, die auf Missbrauch
von Marktbeherrschung, Insiderinformationen oder auf Marktmanipulationen beruhen
könnten.[162]

bb) EMIR. Durch EMIR soll der **Handel mit Finanzderivaten**[163] außerhalb der 467
Börse transparenter und sicherer gestaltet werden. Die Verordnung bezieht sich auf bestimmte standardisierte Produkte, die in Anhang 1 Abschnitt C Nr. 4–10 MiFID aufgelistet
sind. Für diese Geschäfte gelten besondere Anforderungen, u. a. müssen sie über zentrale
Gegenparteien abgewickelt werden und unterliegen im Hinblick auf das Clearing und das
Risiko-Management besonderen Anforderungen in Bezug auf die Organisation, die Ge-
schäftsgebarung und die Aufsicht. Um die Transparenz zu erhöhen, sind Derivategeschäfte
an ein Transaktionsregister zu melden. Dieses ist den Aufsichtsbehörden, einschließlich der

[160] Verordnung (EU) Nr. 1227/2011 vom 25.10.2011 über die Integrität und Transparenz des
Energiegroßhandelsmarktes (ABl. L 326 vom 8.12.2011, S. 1).
[161] Durchführungsverordnung (EU) Nr. 1348/2014 vom 17.12.2014 über die Datenmeldung gemäß Art. 8 Abs. 2 und 6 der Verordnung (EU) Nr. 1227/2011 über die Integrität und Transparenz
des Energiegroßhandelsmarktes (ABl. L 326 vom 8.12.2011, S. 1).
[162] Siehe zu REMIT § 4, Rn. 462 ff.
[163] Derivate sind Finanzinstrumente, deren Preis von einem ihnen zugrunde liegenden Marktge-
genstand als Basiswert abgeleitet wird.

Europäischen Wertpapieraufsichtsbehörde (ESMA) zugänglich, um einen Überblick über die Marktbewegungen zu ermöglichen.

468   **cc) Transparenz-Verordnung.** Neben REMIT ist 2013 die Transparenz-Verordnung (Transparenz-VO)[164] getreten. Sie gilt nur für den Strommarkt und legt fest, dass die Übertragungsnetzbetreiber bestimmte Daten zu Erzeugung, Transport und Verbrauch von Strom (Art. 1, 6–17 REMIT) an ENTSO-E melden müssen. ENTSO-E ist verpflichtet, diese auf einer **Informationstransparenzplattform**[165] zu veröffentlichen (Art. 3 Abs. 1 REMIT), sodass sie für jedermann zugänglich sind (Art. 3 Abs. 1 REMIT). Dadurch sollen effizientere Entscheidungen der Marktteilnehmer zu Erzeugung, Handel und Verbrauch ermöglicht und die Versorgungssicherheit verbessert werden (Erwägungsgrund Nr. 3 und 4). Details sind im sogenannten **Meldehandbuch** geregelt.[166]

469   Die Übertragungsnetzbetreiber erhalten alle relevanten Meldedaten durch denjenigen, der die Daten erheben/generieren kann, sog. **Primäreigentümer** (Art. 4 Abs. 1 REMIT). Allerdings kann mit Zustimmung des Übertragungsnetzbetreibers die Meldung auch direkt vom Primäreigentümer an ENTSO-E erfolgen (Art. 4 Abs. 3 REMIT). Für die Einhaltung der Meldepflichten sorgt die Bundesnetzagentur.

470   Für die grob fahrlässige oder vorsätzliche Übermittlung fehlerhafter oder unvollständiger Daten **haftet** der Primäreigentümer, der Datenlieferant oder der Übertragungsnetzbetreiber. Allerdings bestehen Haftungsbeschränkungen hinsichtlich durch Pflichtverletzungen entgangenem Gewinn und Schäden Dritter (Art. 18 REMIT).

471   Da sich die nach EMIR, MiFID II, REMIT und der Transparenz-VO zu meldenden Daten teilweise überschneiden, sind in den Verordnungen zur Vermeidung unnötiger Belastung durch **Doppel-Meldungen** zudem Regelungen zur behördeninternen Datenweitergabe vorgesehen.

Zum Weiterlesen

Patric Bachert, Befugnisse der Bundesnetzagentur zur Durchsetzung der REMIT-Verordnung, RdE 2014, 361 ff.

Susann Funke u. a., Reaktion auf die Finanzmarktkrise: REMIT und EMIR als neue Frühwarnsysteme für den Europäischen Energiemarkt, CCZ 2012, 6 ff.

Susann Funke, REMIT und EMIR – Eine Umgestaltung des OTC-Marktes für Energieprodukte steht bevor!, WM 2012, 202 ff.

VI. Stromvertrieb

472   Der Stromvertrieb ist ein weiterer **zentraler Bereich** des Strommarktes. Er ist das letzte Glied in der Kette nach Energieerzeugung und Import, Transport und Handel und beruht auf den Lieferbeziehungen zwischen den Versorgungsunternehmen und ihren Kunden. Auch der Stromvertrieb als Wettbewerbsmarkt ist erst mit der Liberalisierung des Energiemarktes entstanden. Zuvor erfolgte die Belieferung von Haushaltskunden und kleineren gewerblichen Kunden durch das für das Netzgebiet zuständige Versorgungsunternehmen, oftmals ein Stadtwerk. Größere Kunden hatten die Chance, auf andere Netzebenen auszuweichen oder sich selbst zu versorgen. Heute kann ein Letztverbraucher im bundesweiten Durchschnitt in seinem Netzgebiet dagegen zwischen rund 100 Versorgungsunternehmen wählen.[167] Trotz des zunehmenden Wettbewerbs bedienen aber 58 Prozent der insgesamt

---

[164] Verordnung (EU) Nr. 543/2013 vom 14.6.2013 über die Übermittlung und die Veröffentlichung von Daten in Strommärkten (ABl. L 163 vom 15.6.2013, S. 1).

[165] Siehe https://transparency.entsoe.eu.

[166] Verordnung (EU) Nr. 543/2013 vom 14.6.2013 über die Übermittlung und die Veröffentlichung von Daten in Strommärkten und zur Änderung des Anhangs I der Verordnung (EG) Nr. 714/2009 (ABl. L 211 vom 14.8.2009, S. 15).

[167] Bundesnetzagentur und Bundeskartellamt, Monitoringbericht 2015, S. 180.

ca. 900 Lieferanten maximal zehn Netzgebiete.[168] Die verschiedenen Arten der Versorgungsunternehmen stellen wir in § 4, Rn. 478 ff. dar.

Auf den ersten Blick etwas komplex wirkt die Struktur der **Kunden,** siehe sogleich. Die **473** Definition des Kunden in § 3 Nr. 24 EnWG als *„Großhändler, Letztverbraucher und Unternehmen, die Energie kaufen",* ist zur Erklärung nur bedingt hilfreich.

Grundsätzlich ist zwischen Sonderkunden und Grundversorgungskunden zu unterschei- **474** den. Ein Fall der **Grundversorgung** liegt vor, wenn Privatpersonen und Kleingewerbe – die man dann als Haushaltskunden bezeichnet – Strom verbrauchen, ohne einen Sonderkundenvertrag darüber mit einem Versorgungsunternehmen abgeschlossen zu haben.

Die **Sonderkunden** sind entweder Letztverbraucher oder Weiterverteiler. Zu den **475** Letztverbrauchern gehören die schon erwähnten Haushaltskunden und die Nichthaushaltskunden. Ihr wesentliches Merkmal ist der Eigenverbrauch des Stromes. Dadurch grenzen sie sich zugleich von den Weiterverteilern ab, die Strom zum Zwecke des Weiterverkaufes erwerben.

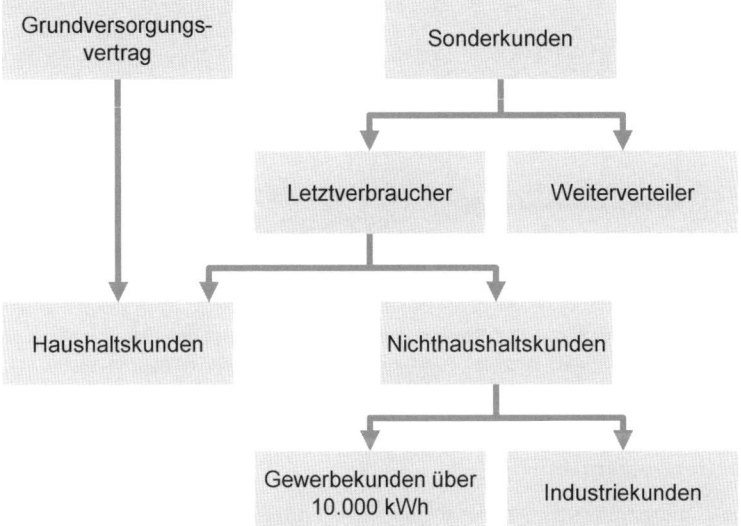

Quelle mit leichten Abwandlungen: Thomas Schöne, Vertragshandbuch Stromwirtschaft, 2. Aufl. 2014, S. 451

Abb. 37 – Stromvertrieb: Kundengruppen. Die Grafik zeigt eine schematische Übersicht der verschiedenen Kundengruppen im Bereich des Stromvertriebes.

Ausgenommen vom Stromvertrieb sind zwei Bereiche: **476**
- Der Vertrieb über die Strombörsen, denn hier bringt die Börse Käufer und Verkäufer zusammen,[169] und
- der Vertrieb von EEG-Strom, bei dem dem Erzeuger der Strom im Rahmen des Fördermodells des EEG vom Netzbetreiber abgenommen und vergütet wird.[170]

Der Lieferung von Strom liegen normalerweise **Stromlieferverträge** zugrunde. Sie **477** gehören zu den Kaufverträgen nach §§ 433, 453 BGB und beinhalten als Hauptleistungspflichten die Pflicht zur Stromlieferung an den Kunden und die Pflicht zur Zahlung durch den Kunden. Die Anforderungen an ihren Inhalt hängen maßgeblich davon ab, welche Kundengruppe nach welchem Vertrag beliefert wird.

---

[168] Bundesnetzagentur und Bundeskartellamt, Monitoringbericht 2015, S. 180.
[169] Siehe § 4, Rn. 434 ff.
[170] Siehe § 4, Rn. 54.

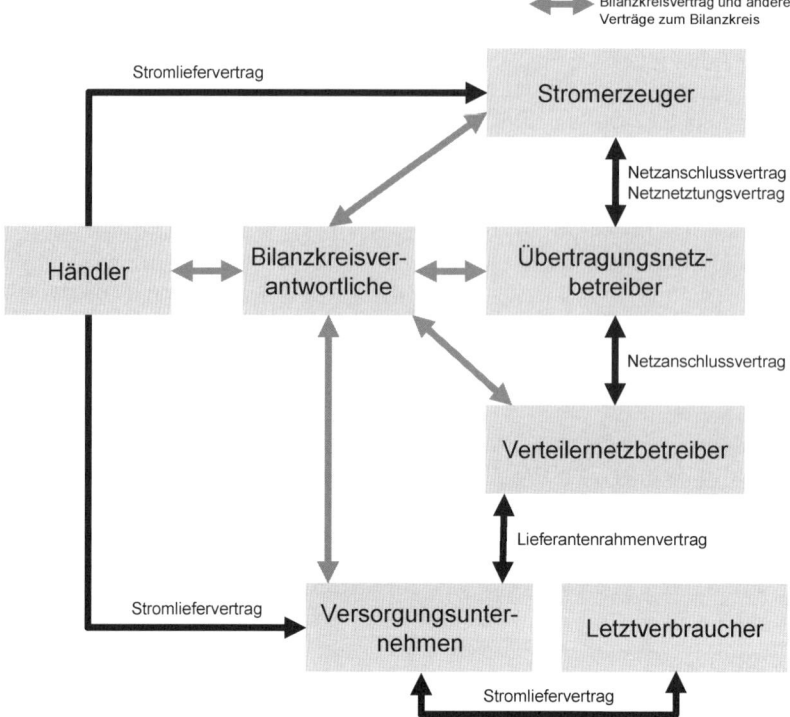

Abb. 38 – Beziehungsgeflecht des Strommarktes. Die Grafik zeigt das Gesamtgefüge des Strommarktes, zu dem u. a. die hier gegenständliche Beziehung zwischen Energieversorger und Letztverbraucher gehört.

1. Versorgungsunternehmen

478   Als Versorgungsunternehmen bezeichnet man Unternehmen, die die Infrastruktur zur öffentlichen **Daseinsvorsorge** und zur Aufrechterhaltung des Lebens in modernen Gesellschaften vorhalten und die damit verbundenen Dienstleistungen erbringen. Dazu gehört zum Beispiel die Wasser-, Elektrizitäts-, Fernwärme- und Gasversorgung.[171] Der Begriff des Versorgungsunternehmens ist im EnWG nicht definiert, aber gebräuchlich. Nicht verwechselt werden darf er allerdings mit dem Begriff des Energieversorgungsunternehmens nach § 3 Nr. 18 EnWG. Für diese ist der Besitz oder Betrieb eines Energieversorgungsnetzes kennzeichnend – dieses Merkmal liegt aber bei vielen anderen Versorgungsunternehmen gerade nicht vor. In der Praxis lassen sich die Versorgungsunternehmen in verschiedene Gruppen unterteilen.

a) Stadtwerke

479   Stadtwerke waren bis zur Liberalisierung des Strommarktes für Haushaltskunden und andere kleinere Verbraucher der einzige verfügbare Stromlieferant innerhalb ihres Versorgungsgebietes. Häufig besaßen sie keine eigenen Kraftwerke, sondern verkauften lediglich den zuvor eingekauften Strom weiter. Dies bescherte ihnen, als infolge der Liberalisierung die Beschaffungskosten schneller fielen als die mit ihren Kunden vereinbarten Preise, für einige Jahre hohe Gewinne (Windfall Profits). Heute haben Stadtwerke vor allem den

---

[171] Gabler Wirtschaftslexikon, Definition Versorgungsunternehmen.

Wettbewerbsvorteil der **lokalen Kundennähe** und ihrer langjährigen Kundenbindung im Bereich der lokalen Haushalts-Sonderkunden. Sie nehmen oftmals auch die Funktion des Grundversorgers wahr.[172] Sonderkunden haben dagegen häufig von der Möglichkeit des Versorgerwechsels Gebrauch gemacht, denn je höher der Verbrauch ist, desto relevanter ist die Möglichkeit des preiswerten Strombezuges. Am Markt außerhalb ihrer Versorgungsgebietes sind viele, insbesondere kleine, Stadtwerke oft nicht aktiv, weil hier ein im Vergleich zu den zusätzlichen Kosten nur geringes Geschäftspotential besteht. Eine große Herausforderung der Stadtwerke lag und liegt in ihrer Abhängigkeit von den eigenen Beschaffungskosten. Durch diese wird bestimmt, welche Preise die Stadtwerke ihren Kunden anbieten können und zugleich, ob sie gegenüber anderen Versorgungsunternehmen konkurrenzfähig sind. Andererseits haben sie in der Regel den Vorteil, dass sie nicht der strengen eigentumsrechtlichen Entflechtung unterliegen und weiter vertikal integriert einige Synergien von Netzbetrieb und Vertrieb nutzen können.

b) Stromerzeuger

Um in diesem Bereich unabhängiger zu werden, sind viele Stadtwerke mittlerweile **480** selbst im Geschäftsbereich der Erzeugung aktiv geworden. Dies gilt gerade für KWK-Kraftwerke, die in Zusammenhang mit einer lukrativen Fernwärmeversorgung betrieben werden können. Die Erzeugungstätigkeit ist zudem im Zuge der Energiewende einfacher geworden. Denn ein Solarpark oder Windpark kann mit wesentlich geringeren Mitteln gebaut und betrieben werden als – zu Zeiten der rein konventionellen Erzeugung – ein ganzes Kraftwerk. Als Stromerzeuger treten Stadtwerke oft auch im **Verbund** auf. Dies lässt sich bereits auf die kommunalen Gesellschafter der RWE zurückführen. Auch die 1999 gegründete Trianel GmbH wurde als Zusammenschluss von Stadtwerken und kommunalen Energieversorgern gegründet und die STEAG wurde 2014 als fünftgrößter deutscher Stromerzeuger von dem Stadtwerke-Konsortium Rhein-Ruhr übernommen. Heute betreibt Trianel z. B. ein Gaskraftwerk, ein Kohlekraftwerk, jeweils einen Onshore- und Offshore Windpark und zwei Wasserspeicherkraftwerke und ist auch in den Bereichen Beschaffung, Handel und Speicherung aktiv.

c) Energieversorgungsunternehmen

Die großen Energieversorgungsunternehmen, zum Beispiel RWE, E.ON oder Engie **481** sind im Stromvertrieb über Tochtergesellschaften aktiv. Sie weisen besonders bei der Belieferung von Sonderkunden mit großen Abnahmemengen **hohe Marktanteile** auf, da sie in diesem Segment durch die Ausschaltung des Zwischenhandels attraktive Bezugskonditionen anbieten können. Aber auch im Haushalts-Sonderkundengeschäft können sie den Stadtwerken zunehmend Kundenanteile abnehmen und haben dabei durch ihre überregionale Geschäftstätigkeit einige Wettbewerbsvorteile. Bekannt sind hier etwa eprimo von RWE und *E wie einfach* von E.ON.

d) Stromhändler

Daneben sind durch die Liberalisierung viele neue Versorgungsunternehmen entstanden, **482** die als Gruppe der Stromhändler zusammengefasst werden können. Hierzu gehört zum Beispiel die Yello-Strom GmbH, die bereits seit 1999 am Markt aktiv ist. Sie erzeugen selbst keinen Strom sondern erwerben ihn zum Zwecke des **Weiterverkaufes.** Oft kennzeichnen sie sich durch eine besondere Produktpalette. So sind in den letzten Jahren beispielsweise viele Anbieter für Strom aus erneuerbaren Energien, etwa Lichtblick oder Naturstrom, entstanden. Allerdings ist dies bisher ein schwieriger Markt, da es hier nicht einfach ist, dauerhaft klare Wettbewerbsvorteile zu erringen.

---

[172] Siehe § 4, Rn. 517 ff.

2. Haushaltskunden

483   Innerhalb der schon erwähnten Gruppe der Letztverbraucher machen Haushaltskunden den größten Anteil aus. Haushaltskunden sind gem. § 3 Nr. 22 EnWG diejenigen, die Energie überwiegend für den **Eigenverbrauch** im Haushalt oder für den einen Jahresverbrauch von 10.000 Kilowattstunden nicht übersteigenden Eigenverbrauch für berufliche, landwirtschaftliche oder gewerbliche Zwecke kaufen. Es handelt sich also um Privatpersonen oder Kleinunternehmer, die sich einerseits im Verbrauchsverhalten ähneln, andererseits aber auch als besonders schutzbedürftig angesehen werden. Dies hat erheblichen Einfluss auf Aspekte wie die Gestaltung der Haushalts-Sonderkundenverträge und den Verbraucherschutz.

484   Haushaltskunden, die keinen Haushalts-Sonderkundenvertrag mit dem Versorgungsunternehmen geschlossen haben, aber trotzdem Strom verbrauchen, fallen unter die Regelungen der **Grundversorgung**. Diese sind als gesetzliche Sonderform der Belieferung unter Rn. 517 ff. dargestellt.

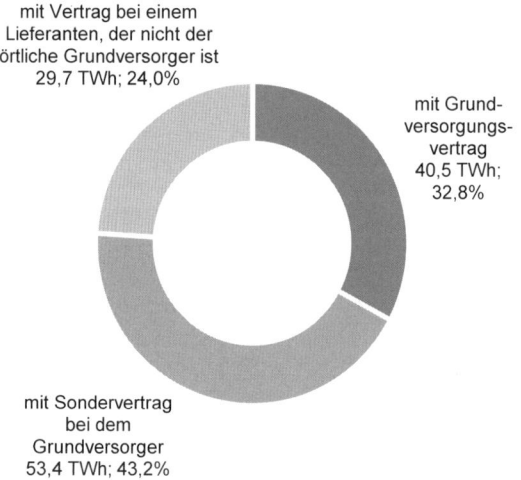

mit Vertrag bei einem
Lieferanten, der nicht der
örtliche Grundversorger ist
29,7 TWh; 24,0%

mit Grund-
versorgungs-
vertrag
40,5 TWh;
32,8%

mit Sondervertrag
bei dem
Grundversorger
53,4 TWh; 43,2%

Quelle: Bundesnetzagentur und Bundeskartellamt, Monitoringbericht 2015, S. 188.

Abb. 39 – Vertragsstruktur bei Haushaltskunden. Die Grafik zeigt den Anteil der Haushaltskunden in der Grundversorgung sowie derjenigen, die einen Haushalts-Sonderkundenvertrag entweder mit dem Grundversorger oder mit einem anderen Versorgungsunternehmen abgeschlossen haben.

a) Anzeigepflicht

485   Die Aufnahme der Belieferung von Haushaltskunden setzt eine **Anzeige** der Aufnahme und Beendigung der Tätigkeit gegenüber der Bundesnetzagentur voraus, § 5 EnWG. Bestehen Zweifel daran, dass ein Versorgungsunternehmen die notwendige personelle, technische oder wirtschaftliche Leistungsfähigkeit oder Zuverlässigkeit besitzt, kann die Bundesnetzagentur die Tätigkeit untersagen. Damit soll eine funktionierende Stromversorgung sichergestellt werden. Zudem müssen die Stromlieferanten bekannt sein, damit beispielsweise das Bilanzkreissystem[173] und der EEG-Umlagemechanismus[174] funktionieren.

b) Tarifverträge und Sonderkundenverträge

486   Die Belieferung der Haushaltskunden erfolgt heute meistens auf Grundlage von Haushalts-Sonderkundenverträgen. Diese Verträge über die Lieferung von Strom sind ein Massengeschäft.

---

[173] Siehe § 4, Rn. 244 ff.
[174] Siehe § 4, Rn. 60 ff.

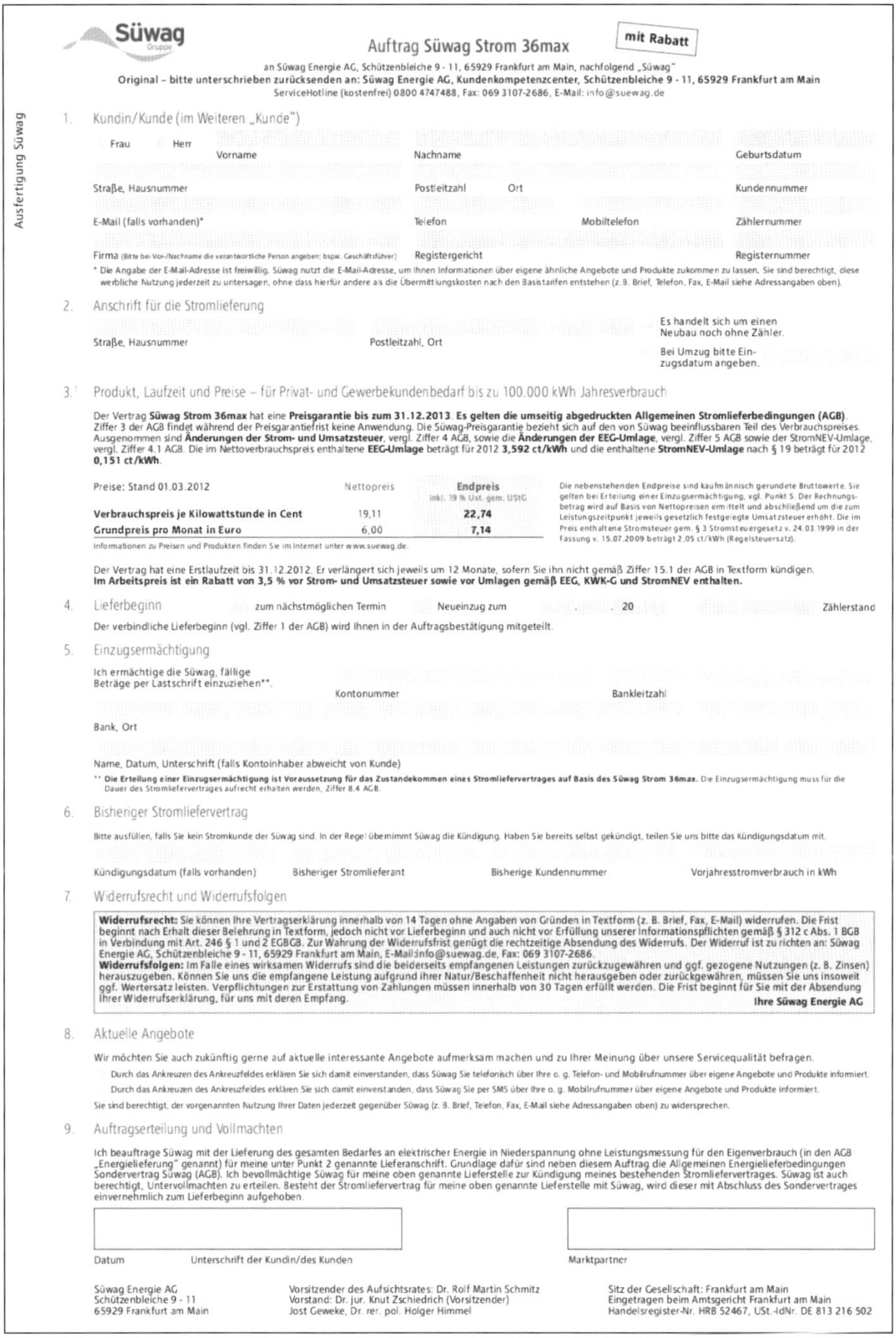

Süwag Gruppe

Auftrag Süwag Strom 36max

mit Rabatt

an Süwag Energie AG, Schützenbleiche 9 - 11, 65929 Frankfurt am Main, nachfolgend „Süwag"
Original – bitte unterschrieben zurücksenden an: Süwag Energie AG, Kundenkompetenzcenter, Schützenbleiche 9 - 11, 65929 Frankfurt am Main
ServiceHotline (kostenfrei) 0800 4747488, Fax: 069 3107-2686, E-Mail: info@suewag.de

Ausfertigung Süwag

1. Kundin/Kunde (im Weiteren „Kunde")

Frau Herr Vorname Nachname Geburtsdatum

Straße, Hausnummer Postleitzahl Ort Kundennummer

E-Mail (falls vorhanden)* Telefon Mobiltelefon Zählernummer

Firma (Bitte bei Vor-/Nachname die verantwortliche Person angeben; bspw. Geschäftsführer) Registergericht Registernummer

* Die Angabe der E-Mail-Adresse ist freiwillig. Süwag nutzt die E-Mail-Adresse, um Ihnen Informationen über eigene ähnliche Angebote und Produkte zukommen zu lassen. Sie sind berechtigt, diese werbliche Nutzung jederzeit zu untersagen, ohne dass hierfür andere als die Übermittlungskosten nach den Basistarifen entstehen (z. B. Brief, Telefon, Fax, E-Mail siehe Adressangaben oben).

2. Anschrift für die Stromlieferung

Straße, Hausnummer Postleitzahl, Ort

Es handelt sich um einen Neubau noch ohne Zähler.

Bei Umzug bitte Einzugsdatum angeben.

3.[1] Produkt, Laufzeit und Preise – für Privat- und Gewerbekundenbedarf bis zu 100.000 kWh Jahresverbrauch

Der Vertrag **Süwag Strom 36max** hat eine **Preisgarantie bis zum 31.12.2013**. **Es gelten die umseitig abgedruckten Allgemeinen Stromlieferbedingungen (AGB)**. Ziffer 3 der AGB findet während der Preisgarantiefrist keine Anwendung. Die Süwag-Preisgarantie bezieht sich auf den von Süwag beeinflussbaren Teil des Verbrauchspreises. Ausgenommen sind **Änderungen der Strom- und Umsatzsteuer**, vergl. Ziffer 4 AGB, sowie die **Änderungen der EEG-Umlage**, vergl. Ziffer 5 AGB sowie der StromNEV-Umlage, vergl. Ziffer 4.1 AGB. Die im Nettoverbrauchspreis enthaltene **EEG-Umlage** beträgt für 2012 **3,592 ct/kWh** und die enthaltene **StromNEV-Umlage** nach § 19 beträgt für 2012 **0,151 ct/kWh**.

Preise: Stand 01.03.2012	Nettopreis	**Endpreis** inkl. 19 % Ust. gem. UStG
Verbrauchspreis je Kilowattstunde in Cent	19,11	**22,74**
Grundpreis pro Monat in Euro	6,00	**7,14**

Informationen zu Preisen und Produkten finden Sie im Internet unter www.suewag.de.

Die nebenstehenden Endpreise sind kaufmännisch gerundete Bruttowerte. Sie gelten bei Erteilung einer Einzugsermächtigung, vgl. Punkt 5. Der Rechnungsbetrag wird auf Basis von Nettopreisen ermittelt und abschließend um die zum Leistungszeitpunkt jeweils gesetzlich festgelegte Umsatzsteuer erhöht. Die im Preis enthaltene Stromsteuer gem. § 3 Stromsteuergesetz v. 24.03.1999 in der Fassung v. 15.07.2009 beträgt 2,05 ct/kWh (Regelsteuersatz).

Der Vertrag hat eine Erstlaufzeit bis 31.12.2012. Er verlängert sich jeweils um 12 Monate, sofern Sie ihn nicht gemäß Ziffer 15.1 der AGB in Textform kündigen.
Im Arbeitspreis ist ein Rabatt von 3,5 % vor Strom- und Umsatzsteuer sowie vor Umlagen gemäß EEG, KWK-G und StromNEV enthalten.

4. Lieferbeginn zum nächstmöglichen Termin Neueinzug zum . . 20 Zählerstand

Der verbindliche Lieferbeginn (vgl. Ziffer 1 der AGB) wird Ihnen in der Auftragsbestätigung mitgeteilt.

5. Einzugsermächtigung

Ich ermächtige die Süwag, fällige Beträge per Lastschrift einzuziehen**.

Kontonummer Bankleitzahl

Bank, Ort

Name, Datum, Unterschrift (falls Kontoinhaber abweicht von Kunde)

** **Die Erteilung einer Einzugsermächtigung ist Voraussetzung für das Zustandekommen eines Stromliefervertrages auf Basis des Süwag Strom 36max.** Die Einzugsermächtigung muss für die Dauer des Stromliefervertrages aufrecht erhalten werden, Ziffer 8.4 AGB.

6. Bisheriger Stromliefervertrag

Bitte ausfüllen, falls Sie kein Stromkunde der Süwag sind. In der Regel übernimmt Süwag die Kündigung. Haben Sie bereits selbst gekündigt, teilen Sie uns bitte das Kündigungsdatum mit.

Kündigungsdatum (falls vorhanden) Bisheriger Stromlieferant Bisherige Kundennummer Vorjahresstromverbrauch in kWh

7. Widerrufsrecht und Widerrufsfolgen

Widerrufsrecht: Sie können Ihre Vertragserklärung innerhalb von 14 Tagen ohne Angaben von Gründen in Textform (z. B. Brief, Fax, E-Mail) widerrufen. Die Frist beginnt nach Erhalt dieser Belehrung in Textform, jedoch nicht vor Lieferbeginn und auch nicht vor Erfüllung unserer Informationspflichten gemäß § 312 c Abs. 1 BGB in Verbindung mit Art. 246 § 1 und 2 EGBGB. Zur Wahrung der Widerrufsfrist genügt die rechtzeitige Absendung des Widerrufs. Der Widerruf ist zu richten an: Süwag Energie AG, Schützenbleiche 9 - 11, 65929 Frankfurt am Main, E-Mail:info@suewag.de, Fax: 069 3107-2686.
Widerrufsfolgen: Im Falle eines wirksamen Widerrufs sind die beiderseits empfangenen Leistungen zurückzugewähren und ggf. gezogene Nutzungen (z. B. Zinsen) herauszugeben. Können Sie uns die empfangene Leistung aufgrund ihrer Natur/Beschaffenheit nicht herausgeben oder zurückgewähren, müssen Sie uns insoweit ggf. Wertersatz leisten. Verpflichtungen zur Erstattung von Zahlungen müssen innerhalb von 30 Tagen erfüllt werden. Die Frist beginnt für Sie mit der Absendung Ihrer Widerrufserklärung, für uns mit deren Empfang.
Ihre Süwag Energie AG

8. Aktuelle Angebote

Wir möchten Sie auch zukünftig gerne auf aktuelle interessante Angebote aufmerksam machen und zu Ihrer Meinung über unsere Servicequalität befragen.

Durch das Ankreuzen des Ankreuzfeldes erklären Sie sich damit einverstanden, dass Süwag Sie telefonisch über Ihre o. g. Telefon- und Mobilrufnummer über eigene Angebote und Produkte informiert.

Durch das Ankreuzen des Ankreuzfeldes erklären Sie sich damit einverstanden, dass Süwag Sie per SMS über Ihre o. g. Mobilrufnummer über eigene Angebote und Produkte informiert.

Sie sind berechtigt, der vorgenannten Nutzung Ihrer Daten jederzeit gegenüber Süwag (z. B. Brief, Telefon, Fax, E-Mail siehe Adressangaben oben) zu widersprechen.

9. Auftragserteilung und Vollmachten

Ich beauftrage Süwag mit der Lieferung des gesamten Bedarfes an elektrischer Energie in Niederspannung ohne Leistungsmessung für den Eigenverbrauch (in den AGB „Energielieferung" genannt) für meine unter Punkt 2 genannte Lieferanschrift. Grundlage dafür sind neben diesem Auftrag die Allgemeinen Energielieferbedingungen Sondervertrag Süwag (AGB). Ich bevollmächtige Süwag für meine oben genannte Lieferstelle zur Kündigung meines bestehenden Stromliefervertrages. Süwag ist auch berechtigt, Untervollmachten zu erteilen. Besteht der Stromliefervertrag für meine oben genannte Lieferstelle mit Süwag, wird dieser mit Abschluss des Sondervertrages einvernehmlich zum Lieferbeginn aufgehoben.

Datum Unterschrift der Kundin/des Kunden Marktpartner

Süwag Energie AG
Schützenbleiche 9 - 11
65929 Frankfurt am Main

Vorsitzender des Aufsichtsrates: Dr. Rolf Martin Schmitz
Vorstand: Dr. jur. Knut Zschiedrich (Vorsitzender)
Jost Geweke, Dr. rer. pol. Holger Himmel

Sitz der Gesellschaft: Frankfurt am Main
Eingetragen beim Amtsgericht Frankfurt am Main
Handelsregister-Nr. HRB 52467, USt.-IdNr. DE 813 216 502

Quelle: Vattenfall

Abb. 40 – Haushalts-Sonderkundenvertrag (Beispiel). Das Formular wurde von der Süwag AG beim Online-Abschluss eines Haushalts-Sonderkundenvertrages im Internet bereitgestellt. Deutlich wird, dass der Kunde nur sehr wenige Daten zum Vertragsabschluss benötigt.

Daher verwendet jedes Versorgungsunternehmen in der Regel einen einheitlichen Standardvertrag für alle Haushaltskunden, in denen für eine bestimmte Laufzeit ein fixer Tarif vereinbart wird. Man bezeichnet sie daher auch als **Tarifkunden-Verträge.** Der Preis liegt meist etwas unterhalb des Grundversorgungspreises, denn den Versorgungsunternehmen geben Verträge über zwölf oder sogar 24 Monate Planungssicherheit, sodass sie finanzielle Anreize für deren Abschluss schaffen.

487   Eine Möglichkeit, diese Verträge individuell auszuhandeln ist nicht vorgesehen, sodass die prinzipiell geltende Vertragsfreiheit nicht zur Anwendung kommt. Die Verträge sind zumeist als **All-Inclusive-Verträge** ausgestaltet, die neben der Energielieferung auch die Netznutzung umfassen. Dadurch muss der Haushaltskunde nur einen Vertrag abschließen und hat nur einen Vertragspartner.

488   Ein Anreiz zum Abschluss eines Haushalts-Sonderkundenvertrages besteht neben dem finanziellen Anreiz vor allem in der Beeinflussung der **Herkunft des Stromes.** So sind mittlerweile viele Ökostrom-/Grünstrom-Tarife am Markt. Sie führen zwar nicht dazu, dass der Kunde selbst nur noch Strom aus erneuerbaren Energien geliefert bekommt, sie sorgen aber dafür, dass der Versorger mindestens im Umfang der nach diesem Tarif bestellten Lieferungen Strom aus Erneuerbaren Energiequellen beschafft.

489   Durch die Verwendung von Standardverträgen ist deren faire Gestaltung wichtig. Deshalb finden sich in § 41 EnWG Regelungen dazu, wie die Verträge beschaffen sein müssen. Neben dem Grundsatz *einfach und verständlich* ist vorgegeben, welche Informationen die Verträge enthalten müssen. Dazu gehören zum Beispiel Aspekte wie Vertragsdauer, Preisanpassung und Zahlung. In der Praxis handelt es sich meist um ein **standardisiertes (Online-)Formular,** das vom Kunden ausgefüllt wird.

Zum Weiterlesen

Christian de Wyl u. a., in: Jens-Peter Schneider u.a, Recht der Energiewirtschaft, 4. Aufl. 2013, § 11: Recht der Energielieferverträge, Abschnitte A–G
Marcel-Denis Coufàl, in: Thomas Schöne, Vertragshandbuch Stromwirtschaft, 2. Aufl. 2014, Kapitel 4 B: Sonderverträge mit Privatkunden
Julia Hansche u. a., in: Gerd Stuhlmacher u. a. (Hrsg.), Grundriss zum Energierecht, 2. Aufl. 2015, Kapitel 11: Belieferung von Kunden außerhalb der Grundversorgung
Gregor Scholze, Die Stellung des Energievertragsrechts im Verhältnis zum allgemeinen Zivilrecht, 2007

490   Darüber hinaus prägen das Recht der Allgemeinen Geschäftsbedingungen **(AGB),** der Verbraucherschutz, die Preiskontrolle und Missbrauchsaufsicht die Gestaltung der Verträge ganz wesentlich. Die wichtigsten Aspekte hierzu fassen wir im Folgenden zusammen.

491   **aa) Allgemeine Geschäftsbedingungen (AGB).** Von wesentlicher Bedeutung ist, dass auf die vorformulierten Haushaltssonderkunden-Verträge das Recht der Allgemeinen Geschäftsbedingungen Anwendung findet, so dass sie weitgehend gerichtlicher Kontrolle unterliegen. Als Allgemeine Geschäftsbedingungen (AGB) bezeichnet man **vorformulierte Vertragstexte,** die dem Geschäftspartner – meist zusammen mit dem Vertragsformular oder als Teil desselben – vorgelegt werden. Derjenige, der die AGB verwendet, ist an bestimmte gesetzliche Vorgaben in den §§ 305 ff. BGB gebunden. So soll verhindert werden, dass der Verwender der AGB dort Regelungen aufnimmt, die für seinen Geschäftspartner möglicherweise nachteilig sind. Denn in der Regel ist der Verwender ein Versorgungsunternehmen und der Geschäftspartner eine Privatperson, die in geschäftlichen Dingen mitunter wenig erfahren ist.

492   **(1) Grundsätze.** Ein Vertrag wird nur dann unter Einbeziehung der AGB geschlossen, wenn der Geschäftspartner auf deren Verwendung hingewiesen wird, die Möglichkeit hat, sie zur Kenntnis zu nehmen und damit einverstanden ist, § 305 Abs. 2 BGB. Die Regelungen zum **Inhalt** der AGB sehen vor, dass Klauseln nicht überraschend oder mehrdeutig sein dürfen (§ 305c Abs. 1 BGB) oder unangemessene Benachteiligungen enthalten (§ 307 Abs. 1 S. 1 BGB). Weitere Regelungen des AGB-Rechts sind auf die Standardverträge

gem. § 310 Abs. 2 BGB nicht anwendbar, solange sie nicht zum Nachteil des Geschäfts-
partners von den Vorgaben der Grundversorgungsverordnungen Strom (StromGVV) abweichen, die zur Regelung von Grundversorgungsverhältnissen erlassen wurde. So soll
verhindert werden, dass die spezielleren Regelungen der StromGVV vom allgemeinen
AGB-Recht ausgehebelt werden.

(2) Preisanpassungsklauseln. Ein viel diskutiertes Problem im Bereich Energieliefer-   493
verträge-AGBs ist die Frage nach der rechtmäßigen Gestaltung von Preisanpassungsklauseln, die in § 41 Abs. 1 S. 1 Nr. 1 EnWG vorgesehen sind. Diese unterliegen einer **Inhaltskontrolle** nach § 307 Abs. 1 S. 1 BGB hinsichtlich Umfang und Inhalt und einer
Billigkeitskontrolle nach § 315 Abs. 3 BGB, da die Leistung in der Regel durch das Versorgungsunternehmen alleine bestimmt wird. Zu unterscheiden sind dabei einfache und
besondere Preisanpassungsklauseln sowie Umlageklauseln.

- **Einfache Preisanpassungsklauseln** umfassen eine einseitige Änderung des festgelegten Ausgangspreises. Die Klausel muss dafür hinsichtlich der wirtschaftlichen Vor- und
Nachteile der Preisanpassung hinreichend transparent sein, ein Sonderkündigungsrecht
einräumen und der Billigkeitskontrolle nach § 315 BGB standhalten.
- **Besondere Preisanpassungsklauseln** regeln die einseitige Änderung von Kosten-
positionen, die staatlich veranlasst wurden. Dazu gehören die Stromsteuer, die Konzessionsabgabe und die Umsatzsteuer. Sie sind AGB-rechtlich zulässig und unterliegen
keiner Billigkeitskontrolle, weil keiner der Vertragspartner einen Einfluss auf deren Höhe
hat.
- **Umlageklauseln** erfassen zum Beispiel die EEG-Umlage, den KWK-Aufschlag oder
die Offshore-Haftungsumlage. Sie können im Rahmen bereits bestehender Sonderkundenverträge nur auf der Grundlage bestehender Steuer- und Abgabeklauseln/Mehrbelas-
tungsklauseln im Wege der ergänzenden Vertragsauslegung oder auf Grundlage bestehender Preisanpassungsklauseln erhoben werden. Im Rahmen von Festpreisverträgen
können die Umlagen nicht nachträglich geltend gemacht werden, hierfür ist eine Ände-
rungskündigung bzw. ein Neuabschluss nötig.

In den letzten Jahren wurde die Zulässigkeit bzw. Unzulässigkeit von einfachen Preis-   494
anpassungsklauseln durch eine umfangreiche **Rechtsprechung** des Bundesgerichtshofes,
der Instanzgerichte, des Europäischen Gerichtshofes und anderer nationalen Gerichte ausgestaltet.

Demnach müssen die **Preisanpassungsklauseln** strikt auf die Weitergabe gestiegener   495
und gesunkener Vorkosten beschränkt sein. Eine einseitige Weitergabe nur gestiegener
Kosten ist unzulässig. Das Berechnungsmodell muss transparent und nachvollziehbar dargelegt werden. D. h., der Kunde muss schon bei Vertragsschluss absehen können, wie sich die
spätere Anwendung der Klausel auf den von ihm zu zahlenden Strompreis auswirkt. Zudem muss der Verwender ein anerkennenswertes Interesse an der Anwendung der Klausel
haben. Die Voraussetzungen dafür sind je nach Gestaltung der Klausel unterschiedlich.
Denn manche Klauseln sehen eine automatische Preisanpassung in einer bestimmten Höhe
vor, wenn sich zuvor festgelegte Bezugsgrößen ändern (Spannungsklauseln, Kostenele-
mentklauseln), andere geben einen Ermessenspielraum (Preisanpassungsvorbehalte). Werden diese Vorgaben verletzt, ist die Preisanpassung auch rückwirkend unwirksam.

Lange Zeit galten allerdings auch Klauseln, die den **Wortlaut des § 5 StromGVV** zur   496
Preisanpassung in der Grundversorgung in die Haushalts-Sonderkundenverträge übernahmen als wirksam, obwohl sie den AGB-rechtlichen Anforderungen nicht entsprachen. Dies
begründete der Bundesgerichtshof damit[175], dass Haushaltskunden sonst unbillig stärker
geschützt würden als Kunden in der Grundversorgung (Leitbild-Rechtsprechung). Diese
Rechtsprechung wurde vom Bundesgerichtshof nun aber für Gas-Haushalts-Sonderkundenverträge aufgegeben,[176] Strom-Haushalts-Sonderkundenverträge werden dem sicher fol-

---

[175] BGH, Urt. vom 15.7.2009 – VIII ZR, 56/08.
[176] BGH, Urt. vom 31.7.2013 – VIII ZR 162/09.

gen. Hintergrund hierfür ist ein Urteil des Europäischen Gerichtshofes aus dem Jahr 2013.[177] Er sieht in der deutschen Praxis, die Übernahme des § 5 StromGVV in Gas-Haushalts-Sonderkundenverträge zu dulden, einen Verstoß gegen die europäische Klausel-Richtlinie[178].

497   Allerdings ist damit noch keine Aussage darüber getroffen, wie eine zulässige Formulierung im Detail auszusehen hat. Dies wurde Ende 2015 durch eine Entscheidung des Bundesgerichtshofes weiter konkretisiert, der eine ihm vorgelegte Preisanpassungsklausel als **rechtlich einwandfrei** beurteilte.[179] Er geht bei dieser Klausel davon aus, dass ein juristisch nicht vorgebildeter Kunde der Klausel entnehmen kann, wie die Preisbildung bzw. Preisanpassung erfolgt.

498   Alternativ sind viele Versorgungsunternehmen dazu übergegangen, nur noch Verträge über **feste Zeitabschnitte** abzuschließen und danach einen neuen Vertrag zu ggf. geänderten Konditionen anzubieten. Die Laufzeit dieser Verträge darf nach § 309 Nr. 9 BGB maximal 24 Monate betragen. Allerdings ist eine stillschweigende Verlängerung möglich. Diese Praxis läuft allerdings streng genommen § 41 Abs. 1 S. 1 Nr. 1 EnWG zuwider, der ausdrücklich eine Preisanpassungsklausel verlangt. Diese sich über viele Jahre hinziehende Entwicklung zeigt, dass es angesichts der unklaren und wechselnden Rechtsprechung nicht leicht ist, haltbare und zweckerfüllende Preisanpassungsklauseln zu gestalten.

Zum Weiterlesen

Carsten Becker u.a., in: Jens-Peter Schneider u.a. Recht der Energiewirtschaft, 4. Aufl. 2013, § 12 C: Zivilrechtliche Energiepreiskontrolle nach § 315 BGB
Christian Kessel, in: Thomas Schöne, Vertragshandbuch Stromwirtschaft, 2. Aufl. 2014, Kapitel 4 B II: Rechtliche Besonderheiten bei der Verwendung von AGB
Stefan Tüngler, in: Gerd Stuhlmacher u.a. (Hrsg.), Grundriss zum Energierecht, 2. Aufl. 2015, Kapitel 12: Energielieferungsverträge und das Recht der Allgemeinen Geschäftsbedingungen und Kapitel 13: Die Kontrolle einseitiger Leistungsbestimmungen nach § 315 BGB und Ersatzversorgung
Christian Paul Starke, Die Auswirkungen des EuGH-Urteils vom 23.10.2014 auf die Preisanpassungsklauseln in der deutschen Grundversorgung mit Strom und Gas, DVBl. 2015, 746 ff.
Gunther Kühne, Rechtsfolgen unwirksamer Preisanpassungsklauseln in Energielieferungsverträgen, NJW 2015, 2546 ff.

499   **bb) Verbraucherschutz und Rechnungsgestaltung.** Verbraucherschutz ist im Bereich des Energievertriebs an Haushaltskunden ein wichtiges Thema, denn die allermeisten Haushaltskunden sind Privatpersonen, die mit der Materie nicht vertraut sind. § 40 EnWG legt deshalb fest, welchen Inhalt **Rechnungen an Letztverbraucher** haben müssen. Die Vorschrift zielt darauf ab, den Kunden auf einen Blick alle relevanten Informationen bereitzustellen und diese ggf. durch zusätzliche Informationen vergleichbar zu machen. So sind zum Beispiel die Vertragsdauer, die geltenden Preise, der nächstmögliche Kündigungstermin und die Kündigungsfrist anzugeben. Der Verbrauch muss für den Abrechnungszeitraum und vergleichend für den Vorjahreszeitraum angegeben werden. Grafisch ist ein Vergleich zwischen dem eigenen Jahresverbrauch und dem einer Vergleichskundengruppe abzubilden. Zudem sind Netzentgelte, Konzessionsabgaben und Entgelte für den Messstellenbetrieb und die Messungen auszuweisen.

500   Die Lieferanten müssen Letztverbrauchern eine monatliche, vierteljährliche oder halbjährliche **Abrechnung** anbieten, die Rechnung spätestens sechs Wochen nach Ende des Zeitraumes stellen und monatlich oder in anderen Zeitabschnitten von maximal zwölf Monaten abrechnen.

501   Zudem sind weitere Pflichten zur Stromkennzeichnung (auch: Strommix) in § 42 EnWG geregelt. Die **Stromkennzeichnung** umfasst die Bereiche:

---

[177] EuGH, Urt. vom 21.3.2013 – C-92/11.
[178] Richtlinie 93/13/EWG vom 5.4.1993 über mißbräuchliche Klauseln in Verbraucherverträgen (ABl. L 95 vom 21.4.1993, S. 29).
[179] BGH, Urt. vom 25.11.2015 – VIII ZR 360/14.

- **Produktmix:** Dieser gibt an, aus welchen Quellen der vom Kunden bezogene Strom stammt (zum Beispiel 60 Prozent Kohle + 25 Prozent Kernenergie + 15 Prozent Wasserkraft oder 100 Prozent Solar).
- **Händlermix/Lieferantenmix:** Auf den Rechnungen für sämtliche Kunden des Stromhändlers muss der Produktmix seiner Gesamtlieferung angegeben werden. Selbst wenn der Einzelkunde also zum Beispiel den 100-Prozent-Solarstrom-Tarif bezieht, muss er darüber informiert werden, was der Händler insgesamt einkauft.
- Informationen über **Umweltauswirkungen** pro Kilowattstunde (zum Beispiel CO_2-Emissionen, Menge des radioaktiven Abfalls).
- **Bundesweiter Durchschnittswerte** für alle Angaben, damit ein Vergleich möglich ist.

So soll den Kunden ein transparenter **Einblick** in die relevanten Kennzahlen ermöglicht werden. **502**

Der Strom wurde aus diesen Energiequellen erzeugt:

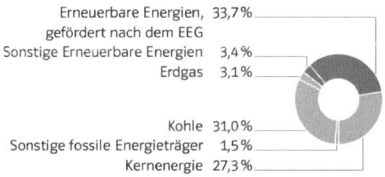

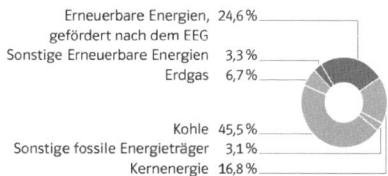

Mit diesem Strommix werden unsere Kunden beliefert:

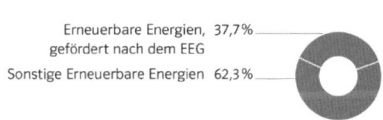

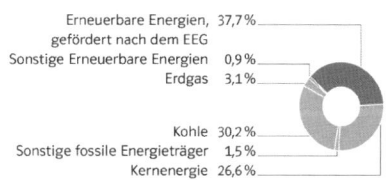

Aus der Stromerzeugung ergeben sich diese Umweltauswirkungen:

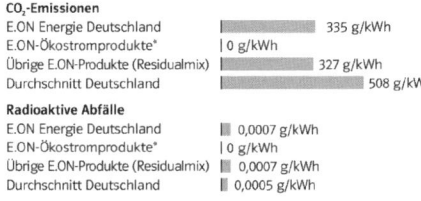

*Wird die vertraglich vereinbarte Strommenge nur anteilig aus erneuerbaren Energiequellen erzeugt und in das Stromnetz der allgemeinen Versorgung eingespeist, so besteht dieser Anteil zu 100% aus dem Strommix unserer Ökostrom-Produkte; für diesen Anteil entstehen weder CO_2-Emissionen noch radioaktiver Abfall.

Quelle: E.ON

Abb. 41 – Stromkennzeichnung. Die Abbildung zeigt exemplarisch die von E.ON bereitgestellte Stromkennzeichnung gem. § 42 EnWG auf Basis der Daten von 2014. Eine solche Kennzeichnung müssen alle Versorgungsunternehmen ihren Kunden zur Verfügung stellen.

Zum Weiterlesen

Julia Hansche u.a., in: Gerd Stuhlmacher u.a. (Hrsg.), Grundriss zum Energierecht, 2. Aufl. 2015, Kapitel 10: Stromkennzeichnung

503   **cc) Preiskontrolle und Missbrauchsaufsicht.** Durch die Schaffung eines Wettbewerbsmarktes für Strom ist die Notwendigkeit einer **behördlichen Kontrolle der
Endverbraucherpreise** für Strom entfallen. Daher wurde die Genehmigungspflicht für
Stromtarife für Haushalte zum 30.6.2007 aufgehoben. Eine Kontrolle erfolgt nun im Wege
der kartellrechtlichen Missbrauchsaufsicht über marktbeherrschende Unternehmen und
über die bereits in Rn. 493 angesprochene Billigkeitskontrolle nach § 315 Abs. 3 BGB.

504   Im Vorgriff auf § 9, Rn. 85 ff. gilt in diesem Kontext Folgendes: Im deutschen und europäischen Kartellrecht ist die **missbräuchliche Ausnutzung** einer marktbeherrschenden
Stellung verboten. Eine solche liegt vor, wenn ein Unternehmen im Vergleich zu seinen
Mitbewerbern auf einem bestimmten Markt eine überragende Stellung einnimmt. Das
Verhalten gilt als missbräuchlich, wenn es dem Unternehmen möglich ist, seine Mitbewerber oder Kunden in einer Art und Weise zu behindern oder zu benachteiligen, die auf einem Wettbewerbsmarkt nicht möglich wären.

505   Zur Bekämpfung des Marktmissbrauches durch Versorgungsunternehmen wurde Anfang
2008 beim **Bundeskartellamt** eine eigene Beschlussabteilung eingerichtet. Ihr obliegt die
Durchsetzung des Ende 2007 in Kraft getretenen § 29 GWB. Dieser ist eine Verschärfung
gegenüber § 19 GWB, der verbotenes Verhalten von marktbeherrschenden Unternehmen
regelt, und bis zum 31.12.2017 zeitlich beschränkt. Er erlaubt eine verschärfte Missbrauchsaufsicht über die Preise marktbeherrschender Strom- und Gasversorgungsunternehmen. Die Befristung ist Ausdruck, dass die Vorschrift mit dem erwarteten Eintritt eines
funktionsfähigen Wettbewerbsmarktes obsolet werden wird.

506   Wird ein missbräuchliches Verhalten aufgedeckt, so kann das Bundeskartellamt die Versorgungsunternehmen zu einem **Unterlassen** verpflichten und die Beteiligten mit **Bußgeldern** belegen. Diese können bei Einzelpersonen bis zu 1 Millionen Euro und bei Unternehmen bis zu zehn Prozent ihres letztjährigen Gesamtumsatzes betragen.

507   Der Bereich der **Missbrauchsaufsicht** ist im Übrigen in § 9, Rn. 85 ff. ausführlich dargestellt.

c) Lieferantenwechsel

508   Versorgungsunternehmen, die nicht der Grundversorger sind, möchten Haushaltskunden zum Abschluss eines **Haushalts-Sonderkundenvertrages** bewegen. Denn andernfalls
sind sie automatisch Kunde der Grundversorgung.

509   Eine zentrale Rolle bei der Anbahnung eines Vertragsabschlusses stellen dabei **Vergleichsportale** wie Verivox oder check24 dar. Über sie wird etwa die Hälfte der Wechsel
vorgenommen. Die Portale sind für den Nutzer kostenlos und listen nach Eingabe von
Postleitzahl und der Menge des jährlichen Stromverbrauches alle im Liefergebiet verfügbaren Versorgungsunternehmen gestaffelt nach den Preisen auf.

510   Die Sensibilisierung für das Thema Lieferantenwechsel findet allerdings zuvor und über
viele Kanäle statt. Dazu gehört neben klassischer Werbung in Print- und Online-Medien
die Website des Versorgungsunternehmens vor allem die **direkte Ansprache** von Kunden,
zum Beispiel an Ständen vor Supermärkten oder an der Haustür. Beliebt ist zudem, etablierte – und bestenfalls thematisch verwandte – Partner zu gewinnen. So verkaufte Yellow-
Strom seinen Strom beispielsweise in Kooperation mit Märkten wie Saturn oder Media-
markt im Kontext technischer Geräte. Anders herum hat Tchibo – klassisch ein Verkäufer
von Kaffee und wöchentlich wechselnder Aktionsartikel – seine Angebotspalette um einen
eigenen Stromvertrieb erweitert, sodass den Kunden ein Wechsel des Versorgungsunternehmens nun beim Einkaufen quasi nebenbei und unter dem Namen einer vertrauten
Marke angetragen wird.

511   Die Schaffung eines **Wettbewerbsmarktes** für Strom hängt u. a. davon ab, dass Strom-
kunden ihr Versorgungsunternehmen ungehindert und unkompliziert wechseln können.
Um dies zu ermöglichen, enthält § 41 Abs. 1 Nr. 5 i. V. m. § 20a EnWG eine gesetzliche
Regelung für einen unentgeltlichen und zügigen Wechsel. Zudem hat die Bundesnetz-

agentur zum 1.4.2012 neue Festlegungen für den Wechsel des Strom- und Gasanbieters getroffen (GPKE/GeLi). Vorgesehen ist ein gestrafftes, vereinfachtes und für den Kunden kostenloses Verfahren.

Um das Versorgungsunternehmen zu wechseln, schließt der Kunde einen **Versor- 512 gungsvertrag** mit dem künftigen Lieferanten. Diese Vereinbarung enthält regelmäßig bereits die Vollmacht an den neuen Lieferanten zur Kündigung des alten Vertrages. Der Neulieferant meldet den Wechsel dem Altlieferanten, der die Kündigung genehmigt oder ablehnt. Die Lieferanten tauschen alle notwendigen Daten aus. Eine weitere Meldung ergeht ggf. gegenüber dem zuständigen Netzbetreiber, wenn dieser vom Altlieferanten personenverschieden ist. Er nimmt die Umstellung innerhalb von drei Wochen vor (§ 20a Abs. 2 EnWG). Fristen sind nicht zu beachten, der Wechsel kann zu jedem Kalendertag erfolgen. Der Neulieferant übermittelt dem Kunden eine Bestätigung über den Vertragsabschluss und den (voraussichtlichen) Lieferbeginn. Der Altversorger erstellt eine Schlussrechnung. Der Kunde muss also lediglich einmal in Form des Vertragsschlusses mit dem neuen Versorgungsunternehmen tätig werden.

Zum Weiterlesen

Felix Arndt, in: Britz u. a., Energiewirtschaftsgesetz Kommentar, 3. Aufl. 2015, § 20a: Lieferantenwechsel, Rn. 1 ff.
Knut Werner Lange, Verbraucherschutz im neuen EnWG, RdE 2012, 41 ff.

d) Belieferungspflicht bei Nichtzahlung des Kunden

Begleicht der Kunde seine Stromrechnung nicht, ist das Versorgungsunternehmen zur 513 **Unterbrechung der Versorgung** berechtigt. Zu den Modalitäten haben die Energieversorgungsunternehmen zumeist die Regelung des § 19 StromGVV übernommen, in dem die Unterbrechung der Grundversorgung geregelt wird.[180]

e) Insolvenzfälle

Ein erwähnenswertes **Problem** im Zusammenhang mit Energielieferverträgen stellt der 514 Fall der Insolvenz einer Vertragspartei dar.

Im Falle der **Insolvenz des Kunden** war in den Energielieferverträgen lange ein Son- 515 derkündigungsrecht des Versorgungsunternehmens vorgesehen, wenn der Kunde einen Insolvenzantrag stellt oder über sein Vermögen ein (vorläufiges) Insolvenzverfahren eröffnet wird. Allerdings hat der Bundesgerichtshof 2012 entschieden[181], dass eine solche Klausel unwirksam nach § 110 InsO sei. Sie verstoße gegen das Wahlrecht des Insolvenzverwalters im Hinblick auf die Erfüllung oder Nicht-Erfüllung gegenseitiger Verträge aus § 103 InsO. Daher werden solche Klauseln heute nicht mehr verwendet. Das Versorgungsunternehmen muss also auch den insolventen Kunden beliefern.

Eine Insolvenz kann aber auch das **Versorgungsunternehmen** betreffen. In Deutsch- 516 land kam dies bisher zwei Mal vor, 2011 bei Teldafax mit 700.000 betroffenen Kunden und 2013 bei Flexstrom mit 500.000 betroffenen Kunden. Das Geschäftsmodell beider Unternehmen beruhte darauf, Strom erheblich günstiger als Mitbewerber anzubieten, dafür aber eine Vorauszahlung für den zwölfmonatigen Vertragszeitraum zu verlangen. Durch die Insolvenz endet das Vertragsverhältnis, der Strombezug erfolgt – bis zum Abschluss eines neuen Sonderkundenvertrages mit einem anderen Versorgungsunternehmen – in Form der Grundversorgung.[182] Vorauszahlungen, die die Kunden an Teldafax bzw. Flexstrom geleistet haben, können im Zuge des Insolvenzverfahrens zurückgefordert werden. Allerdings sind diese Verfahren meist langwierig und der Kunde bekommt nur die Insolvenzquote des noch nicht verbrauchten Teils seiner Vorauszahlung zurück. So steht im Falle von Teldafax

---

[180] Siehe § 4, Rn. 524.
[181] BGH, Urt. vom 15.11.2012 – IX ZR 169/11.
[182] Siehe § 4, Rn. 517 ff.

vier Jahre nach der Insolvenz die Höhe der Insolvenzmasse, die Grundlage für die Rückzahlung ist, noch immer nicht fest.

Zum Weiterlesen

Christian de Wyl u.a, in: Jens-Peter Schneider u.a., Recht der Energiewirtschaft, 4. Aufl. 2013, § 11,
  Abschnitt K: Insolvenz
Ben Elsner, in: Thomas Schöne, Vertragshandbuch Stromwirtschaft, 2. Aufl. 2014, Kapitel 7: Der
  Stromliefervertrag in der Insolvenz des Kunden

f) Sonderfall Grundversorgung

517   Im Rahmen der **Daseinsvorsorge** soll jeder Haushalt in Deutschland Zugang zu Strom
haben. Um dies zu verwirklichen, hat der Gesetzgeber in § 18 EnWG zum einen die **Allgemeine Anschlusspflicht** geregelt, die die technische Verbindung zwischen dem Haus
und dem Stromnetz sicher stellt. Zum anderen wird über die Grundversorgung gewährleistet, dass Haushaltskunden Strom erhalten, auch wenn sie keinen Haushalts-Sonderkundenvertrag mit einem Versorgungsunternehmen abgeschlossen haben, § 36 EnWG i.V.m.
StromGVV. 2014 lag der Anteil der Haushaltskunden in der klassischen Grundversorgung
bei 32,8 Prozent.[183]

518   Die Grundversorgungsverordnungen Strom[184] und Gas[185] haben 2006 die Allgemeinen
Versorgungsbedingungen für Strom und Gas abgelöst. Sie legen fest, nach welchen Bedingungen die **Grundversorgung** von Haushaltskunden und die **Ersatzversorgung**[186] zu
gestalten sind. Dabei tragen sie der Tatsache Rechnung, dass sich im allgemeinen Zivilrecht
keine Normen finden, die die Belieferung mit Strom und Gas unter Berücksichtigung von
deren Besonderheiten regeln und machen detaillierte Vorgaben zur Gestaltung des Ver-
tragsverhältnisses.

519   § 36 Abs. 1 EnWG regelt, dass Versorgungsunternehmen Haushaltskunden mit Strom
aus Niederspannungsnetzen zu versorgen haben, wenn sie in diesem Gebiet Grundversorger sind. **Grundversorger** ist das Versorgungsunternehmen, das die meisten Haushaltskunden in einem Netzgebiet der allgemeinen Versorgung beliefert (§ 36 Abs. 2 EnWG).
Wer Grundversorger ist, stellen die Betreiber der Energieversorgungsnetze innerhalb eines
Netzgebietes der allgemeinen Versorgung selbst jeweils mit Wirkung für drei Jahre fest,
zuletzt zum 1.7.2015. Sofern es zu einem Wechsel des Grundversorgers kommt, nimmt
dieser seine Aufgabe ab dem 1. Januar des Folgejahres wahr. Das Netzgebiet der allgemeinen Versorgung entspricht wiederum dem jeweiligen Konzessionsgebiet.[187]

520   **aa) Vertrag und Preis.** Durch die Grundversorgung – die in der Praxis meistens
schlicht in der Entnahme von Strom aus der Steckdose liegt – entsteht ein **gesetzliches
Schuldverhältnis** zwischen Haushaltskunde und Versorgungsunternehmen. Der Abschluss
des Grundversorgungsvertrages erfolgt in diesen Fällen konkludent, also durch das schlüssi-
ge Verhalten der beiden Vertragsparteien. Er kann aber auch schriftlich, telefonisch oder
online veranlasst werden.

521   Für den Grundversorgungsvertrag bestehen allgemeine Bedingungen und Preisregelun-
gen. Beide werden öffentlich bekannt gegeben und im Internet veröffentlicht, damit Kunden sich vor Vertragsschluss über die Konditionen informieren können. Zur Ausgestaltung
der allgemeinen Bedingungen hat das Bundeswirtschaftsministerium von der Ermächtigung
in § 39 Abs. 2 EnWG Gebrauch gemacht und eine **Grundversorgungsverordnung**

---

[183] Bundesnetzagentur, Jahresbericht 2015, S. 10.
[184] Verordnung über Allgemeine Bedingungen für die Grundversorgung von Haushaltskunden und
die Ersatzversorgung mit Elektrizität aus dem Niederspannungsnetz vom 26.10.2006 (BGBl. I
S. 2391).
[185] Verordnung über Allgemeine Bedingungen für die Grundversorgung von Haushaltskunden und
die Ersatzversorgung mit Gas aus dem Niederdrucknetz vom 26.10.2006 (BGBl. I S. 2396).
[186] Siehe § 4, Rn. 525 ff.
[187] Siehe § 4, Rn. 509 ff.

Strom[188] (StromGVV) erlassen. Ihr Inhalt ist zugleich Bestandteil des Grundversorgungsvertrages.

Die Preise in der Grundversorgung sind für alle Kunden einheitlich. Haushaltskunden, **522** die Strom im Rahmen der Grundversorgung beziehen, werden daher auch als **Tarifkunden** bezeichnet. Die Preise liegen dabei regelmäßig etwas höher als die Preise, die man beim Abschluss eines Haushalts-Sonderkundenvertrages erhält. Dafür besteht zum Beispiel keine Mindestlaufzeit. Eine vorherige oder nachträgliche Preiskontrolle durch die Bundesnetzagentur besteht nicht. Von der Möglichkeit, gem. § 36 Abs. 1 i. V. m. § 38 Abs. 1 EnWG die Gestaltung der Preise zu regeln, hat sie bislang keinen Gebrauch gemacht.

Die Regelungen zur Preisanpassung der bis zum 29.10.2014 gültigen Fassung der **523** StromGVV wurden vom Europäischen Gerichtshof allerdings 2014 im Rahmen eines Vorlageverfahrens für **europarechtswidrig** erklärt.[189] Denn die Versorger konnten die Preise bis dahin ohne vorherige Information an den Kunden anpassen, wenn sich die Berechnungsgrundlage änderte. Diese lief nach Ansicht des Europäischen Gerichtshofs dem Verbraucherschutz zuwider. Nichtsdestotrotz entschied der Bundesgerichtshof daraufhin, dass Preiserhöhungen zumindest im Hinblick auf eine Änderung der Bezugskosten gerechtfertig seien und über eine ergänzende Vertragsauslegung zugestanden werden können.[190] Eine Verfassungsbeschwerde dagegen mit dem Vorwurf der Umgehung des EU-Rechts durch den Bundesgerichtshof wurde am 22.11.2015 eingereicht und ist anhängig.

bb) Verweigerung und Unterbrechung. Die Grundversorgung kann nur in Aus- **524** nahmefällen im Voraus verweigert oder im Nachhinein eingestellt werden (§§ 36 Abs. 1 S. 2, 37 EnWG und § 19 StromGVV). Dies kommt hauptsächlich in Betracht, wenn dem Haushaltskunden aufgrund von Zahlungsrückständen der Versorgungsvertrag gekündigt wurde und er nun vom selben Versorgungsunternehmen als Grundversorger eine Belieferung verlangt. Hier kann der Grundversorger eine wirtschaftliche Unzumutbarkeit geltend machen, da er bei einer Fortsetzung der Belieferung auch mit einer Fortsetzung des Zahlungsausfalls rechnen muss. Auch im Falle eines nachträglichen Zahlungsverzuges besteht die Möglichkeit der **Stromsperre.** Sie muss allerdings vorher angedroht werden und ist ausgeschlossen, wenn sie außer Verhältnis zur Schwere der Zuwiderhandlung steht oder der Kunde darlegt, dass eine hinreichende Aussicht besteht, dass er seinen Verpflichtungen nachkommt. Sofern er nicht mit Zahlungsverpflichtungen von mindestens 100 Euro in Verzug ist, kommt diese Maßnahme nicht in Betracht. Um die Grundversorgung zu unterbinden, muss der Grundversorger vom Netzbetreiber den Hausanschluss vom Netz trennen lassen, § 24 Abs. 3 StromNEV. Umgangssprachlich wird der Strom dann *abgestellt*.

Zum Weiterlesen

Julia Hansche u. a., in: Gerd Stuhlmacher u. a. (Hrsg.), Grundriss zum Energierecht, 2. Aufl. 2015,
    Kapitel 9: Grund- und Ersatzversorgung
Hendrik Schulz-Jander u. a., in: Thomas Schöne, Vertragshandbuch Stromwirtschaft, 2. Aufl. 2014,
    Kapitel 4 A: Grundzüge der Grund- und Ersatzversorgung
Christian de Wyl, in: Jens-Peter Schneider u. a., Recht der Energiewirtschaft, 4. Aufl. 2013, § 14:
    Grundversorgungspflichten gegenüber Letztverbrauchern

g) Sonderfall Ersatzversorgung

Die **Ersatzversorgung** nach § 38 EnWG i. V. m. § 3 StromGVV regelt die Stromver- **525** sorgung von Haushaltskunden und den unter Rn. 531 ff. dargestellten Letztverbrauchern durch den Grundversorger, wenn diese Strom beziehen, ohne dass dieser Bezug einem Stromliefervertrag zugeordnet werden kann. Wie die Grundversorgung stellt die Ersatzver-

---

[188] Verordnung über Allgemeine Bedingungen für die Grundversorgung von Haushaltskunden und die Ersatzversorgung mit Elektrizität aus dem Niederspannungsnetz vom 26.10.2006 (BGBl. I S. 2391).
[189] EuGH, Urt. vom 23,10.2014 – RS-359/11 und C-400/11.
[190] BGH, Urt. vom 28.10.2015 – VIII ZR 13/12.

sorgung einen Zustand dar, bei dem es in der Regel nicht zu einem ausdrücklichen Vertragsschluss gekommen ist.

526   Fälle der Erstversorgung treten z.b. ein, wenn beim Wechsel des Stromlieferanten Fehler auftreten oder wenn der eigentliche Stromlieferant entgegen seiner Verpflichtung keinen Strom einspeist (etwa, weil er insolvent ist[191]). In diesen Fällen kann die Lieferung oft nicht eindeutig zugeordnet werden. Über § 38 EnWG entsteht dann ein **gesetzliches Schuldverhältnis,** sodass Rechtssicherheit besteht. Die Preise sind wie im Falle der Grundversorgung zu veröffentlichen und dürfen nicht höher liegen als die in der Grundversorgung. Die Ersatzversorgung endet, wenn der Letztverbraucher einen neuen Energieliefervertrag abschließt oder nach Ablauf von drei Monaten. Die Belieferung wird dann automatisch als Grundversorgung fortgeführt. Die StromGVV gilt in weiten Teilen auch für die Ersatzversorgung.

Zum Weiterlesen

Julia Hansche u.a., in: Gerd Stuhlmacher u.a. (Hrsg.), Grundriss zum Energierecht, 2. Aufl. 2015, Kapitel 9: Grund- und Ersatzversorgung

3. Gewerbliche Sonderkunden

527   Neben den bereits im vorhergehenden Abschnitt beschriebenen Haushalts-Sonderkunden spielen die gewerblichen Sonderkunden im Markt eine große Rolle. Es handelt sich dabei in der Regel um Unternehmen, die **große Mengen Strom** entweder als Letztverbraucher zum eigenen Verbrauch oder als Weiterverteiler zum Weiterverkauf abnehmen.[192] Für Versorgungsunternehmen sind sie deshalb sehr attraktiv. Ihre Anforderungen sind wesentlich differenzierter und individueller als diejenigen von Haushalts-Sonderkunden und häufig kaufen sie ihren Strom per Ausschreibung ein.

528   Gleichzeitig sind die Verträge aufgrund der Mengen für den Versorger in der Regel lukrativer. Deshalb werden solche gewerblichen und industriellen Sonderkunden in der Regel von einer **Großkundenbetreuung** beraten. Die Verträge werden, um den jeweiligen Bedürfnissen gerecht zu werden, oft verhandelt und quasi maßgeschneidert. In diesem Bereich sind die Regeln des Wettbewerbsrechts von großer Bedeutung, der Verbraucherschutz ist dagegen hier nicht relevant. Allerdings bedeutet dies nicht, dass die Regeln der AGB-Kontrolle unter Kaufleuten nicht angewendet werden. Denn auch hier wird viel mit Vertragsmustern gearbeitet, die als von einer Partei gestellt bewertet werden.

529   Die **Kundenbindung** erfolgt hier allerdings fast ausschließlich über den Preis, denn schon geringe Unterschiede pro Einheit summieren sich für den Kunden zu signifikanten Beträgen. Insofern gelten gewerbliche Sonderkunden auch als besonders wechselfreudig.

a) Kundengruppen

530   Innerhalb der **gewerblichen Sonderkunden** werden verschiedene Gruppen unterschieden. Dies ist sinnvoll, denn je nach Abnahmemenge und geplanter Verwendung des Stromes werden unterschiedliche Anforderungen an die Gestaltung der Verträge gestellt.

531   **aa) Letztverbraucher.** Zur Gruppe der Letztverbraucher gehören Gewerbekunden und Industriekunden. Die Spanne der Kunden reicht hier von Handwerksbetrieben über mittelständische Unternehmen, Einkaufsketten und Rechenzentren bis hin großen Fabriken und Anlagen. Insofern kann die folgende Darstellung lediglich einen knappen Überblick zur Einordnung geben.

532   **(1) Gewerbekunden.** Gewerbekunden sind in der Regel Letztverbraucher. Sofern sie weniger als 10.000 Kilowattstunden im Jahr verbrauchen, gehören sie zu den Haushalts-

---

[191] Siehe § 4, Rn. 516.
[192] Nach anderer Ansicht gehören zu den Sonderkunden nur Letztverbraucher.

kunden[193] und können zwischen dem Abschluss eines Sonderkundenvertrages und der In-anspruchnahme der Grundversorgung entscheiden. Alle Sonderkunden mit einem höheren Verbrauch müssen ihren Strombezug über einen Sonderkundenvertrag regeln. Auch diese Verträge sind zumeist soweit nicht für ganz große Kunden Sonderregelungen bestehen, bei denen z.B. § 19 StromNEV zur Anwendung kommt, als **All-Inclusive-Lösungen** ausge-staltet. Zudem können zusätzliche Dienstleistungen (zum Beispiel der Betrieb von kunden-eigenen Anlagen) vereinbart werden. Die Verträge können individuell gestaltet werden. Werden AGB verwendet, so sind diese nur eingeschränkt überprüfbar (§ 310 Abs. 1 BGB). Denn Gewerbetreibende sind Unternehmer (vgl. § 14 Abs. 1 BGB) und als solche in den Augen des Gesetzgebers eher in der Lage und Position, nachteilige Klauseln zu erkennen und zu verhandeln.

Die Bandbreite der Stromlieferverträge für Gewerbekunden ist enorm. Sie reicht vom **533** kleinen Einzelhändler über das Kühlhaus und das Sägewerk bis zu den über Deutsch-land verteilten Büros einer Anwaltskanzlei, die den Stromliefervertrag einheitlich ab-schließen. Es ist offensichtlich, dass hier eine Vielzahl von **Besonderheiten** zu berücksich-tigen sind, von möglicher Unterbrechbarkeit des Vertrags über Multi-Site-Verträge bis zu besonderen Sicherheitsstandards und intelligenten Messsystemen. Häufig werden die Lie-ferverträge an verschiedene Lieferanten ausgeschrieben, was dem Kunden eine gewisse Verhandlungsmacht gibt. Es würde aber den Rahmen der Darstellung sprengen, auf all dies einzugehen.

(2) Industriekunden. Industriekunden sind in der Regel gewerbliche Kunden mit **534** einem **sehr hohen Stromverbrauch.** Darunter fallen neben großen Industriebetrieben oder Rechenzentren mit hohem Stromverbrauch auch Bündelkunden, die von einem Lie-feranten an verschiedenen Entnahmestellen beliefert werden (z.B. viele Filialen einer Han-delskette). Bei diesen Kunden besteht häufig die Besonderheit, dass ihr Verbrauch so groß ist, dass eine Eigenerzeugung durch ein eigenes Kraftwerk in Betracht kommt, was die Verhandlungsmacht der Stromlieferanten weiter einschränkt. Auf der anderen Seite erlaubt dies oft Sonderlösungen, die auch die Erzeugung mit einbeziehen.

Die **Verträge** sind regelmäßig individuell auf den Kunden zugeschnitten und beinhalten **535** beispielsweise besondere Vereinbarungen zum Netzanschluss, möglicherweise den Netzent-gelten nach § 19 StromNEV, zur Ablesung, Abrechnung etc. Wenn es sich bei den Kunden um Gebietskörperschaften handelt, erfolgt der Vertragsabschluss im Rahmen eines Ver-gabeverfahrens.[194] Dann gelten auch entsprechende Vertragsmuster.

Die Belieferung erfolgt zum Teil in **höheren Netzebenen** und als reiner Energieliefer- **536** vertrag, bei dem der Kunde den Netznutzungsvertrag selbst abschließt. Der Strompreis für Industriekunden setzt sich anders zusammen als der für Privatkunden. Der Anteil an Steu-ern und Abgaben ist geringer (zum Beispiel aufgrund von Steuerbefreiungen, siehe § 10, Rn. 21 ff. oder Begrenzung der EEG-Umlage gem. §§ 63 ff. EEG) und die Netznutzungs-kosten werden anders berechnet. Zudem wird mitunter statt eines Festpreises ein anderes Preisbestimmungsverfahren vereinbart, das beispielsweise aus Leistungs- und Arbeitspreis besteht oder sich am Börsenpreis orientiert. Die Vertragslaufzeiten sind im gewerblichen Bereich nicht gesetzlich beschränkt. Sie gehen in der Praxis manchmal durchaus über 24 Monate hinaus. Die Dauer ist aber je nach Entwicklung des Strommarktes ebenso wie der Preis einem ständigen Wandel unterworfen.

bb) Weiterverteiler/Stromgroßhändler. Der Begriff des Weiterverteilers ist für Un- **537** ternehmen, die Strom alleine zum Zwecke des Weiterverkaufs beziehen, gebräuchlich. Im EnWG ist diese Kundengruppe allerdings nicht vorgesehen.

Nach der dortigen Zuordnung handelt es sich bei den Weiterverteilern um **Großhänd-ler.** Dies sind nach § 3 Nr. 21 EnWG natürliche oder juristische Personen mit Ausnahme von Betreibern von Übertragungs-, Fernleitungs- sowie Elektrizitäts- und Gasverteilernet-

---

[193] Siehe § 4, Rn. 483 ff.
[194] Siehe § 9, Rn. 250 ff.

zen, die Energie zum Zwecke des Weiterverkaufs innerhalb oder außerhalb des Netzes, in dem sie ansässig sind, kaufen. Eine der bekanntesten Gruppen der Weiterverteiler sind **Stadtwerke,** die den Strom an ihre Letztverbraucher verkaufen. Teilweise gehören aber auch Zwischenhändler oder Händler aus der Finanzbranche dazu.

538   Die Abnahmemenge der Weiterverteiler ist in der Regel sehr groß; oft decken sie ihn im Rahmen von OTC-Geschäften[195], direkt an den Strombörsen[196] oder durch den Kauf von Kraftwerkskapazitäten (z. B. in Form von Kraftwerksscheiben) ein. Die Liefervereinbarung bei OTC-Geschäften kann sich bei Stadtwerken entweder auf eine bestimmte Menge zu einem bestimmten Zeitpunkt beziehen (Fahrplanlieferung) oder die jeweils benötigte Energiemenge (Vollstromlieferung) umfassen (siehe sogleich). Die Flexibilität, die die Vollstromlieferung vom Lieferanten fordert, lässt sich dieser normalerweise durch Aufschläge vergüten. In der Praxis schließen die Weiterverteiler oft mehrere und unterschiedliche Verträge mit verschiedenen Versorgungsunternehmen, sodass man von einem **Beschaffungs-management** spricht.

539   Gegenstand des Vertrages ist in der Regel die reine Energielieferung. Im Hinblick auf die Kosten sind **zwei Besonderheiten** zu beachten. Zum einen entfällt die EEG-Umlage nach § 60 EEG, solange der Weiterverteiler die gelieferte Energie nicht selbst verbraucht. Zum anderen wird zwischen Lieferant und Weiterverteiler keine Stromsteuer erhoben, weil der Weiterverteiler den Strom nicht entnimmt.

b) Vertragsgestaltung

540   Die Verträge mit den unterschiedlichen Gruppen der gewerblichen Sonderkunden sind wesentlich individueller gestaltet als die im Bereich der Haushalts-Sonderkunden. Dies liegt daran, dass vor allem mit Industriekunden und Weiterverteilern **kein Massengeschäft** besteht und als Abnehmer oftmals branchenerfahrene Unternehmen auftreten, die ihre Anforderungen und ihren Verhandlungsspielraum sehr gut kennen.

541   Die Absprachen erfolgen in Form von langfristigen und kurzfristigen Lieferverträgen. Die langfristigen Stromlieferverträge werden direkt zwischen Stromerzeuger und Käufer *Over the Counter* (OTC) oder über Strombörsen geschlossen. Der Verkauf erfolgt für unterschiedliche, künftige Zeitpunkt in drei Vertragskategorien:

- Bei **Fahrplanlieferverträgen** muss zum Zeitpunkt X eine bestimmte Strommenge (man spricht hier von der Last) bereitgestellt werden. Für Stromerzeuger ist dieser Vertragstyp absolut planungssicher, der Käufer muss dagegen vor der Lieferung überprüfen, ob die eingekaufte Last seinen Bedarf tatsächlich deckt.
- Bei **Volllastlieferverträgen** muss zu einem Zeitpunkt X die gesamte Last bereitgestellt werden. Dies ist für den Käufer von Vorteil, weil er in jedem Fall genau die benötige Strommenge erhält, für die Stromerzeuger aber etwas unsicher, weil die genaue Menge erst kurzfristig klar wird.
- Bei **Reststromlieferverträgen** muss zum Zeitpunkt X die Differenz zwischen Menge der Fahrplanlieferung und tatsächlichem Verbrauch ausgeglichen werden. Die Vor- und Nachteile hierbei entsprechen denen bei Volllastlieferverträgen.

542   **aa) Hauptleistungspflicht Stromlieferung.** Beim Abschluss eines Stromliefervertrages begehrt der Verbraucher zunächst einmal ganz schlicht, dass er jederzeit zu einem bestimmten Preis Strom erhält. Die Belieferung mit Strom stellt also die Hauptleistungspflicht im Rahmen des Liefervertrages dar.

543   Wie erwähnt, ist Strom im Prinzip ein einfaches Gut, seine Frequenz und Spannung sind normiert und es gibt, technisch gesehen, weder grünen noch gelben oder blauen Strom. Trotzdem kann hinsichtlich der **Qualität des zu liefernden Stroms** durchaus unterschieden werden.

---

[195] Siehe § 4, Rn. 427 ff.
[196] Siehe § 4, Rn. 434 ff.

Zum einen wird in Verbraucherverträgen heute häufig hinsichtlich der Herkunft des **544** Stromes unterschieden. So wird sogenannter **„grüner" Strom,** der ganz oder zu einem bestimmten Mindestanteil aus erneuerbaren Energien stammt, separat zu einem höheren Preis vermarktet. Zwar stammt dieser Strom aus dem gleichen Erzeugnismix wie der gesamte andere Strom im Netz, der Lieferant garantiert aber, dass er für den zu liefernden „grünen" Strom entsprechende Kapazitäten unter Vertrag genommen hat. Der Verbraucher hat insofern seinen Willen kundgetan, erneuerbare Erzeugung fördern zu wollen. Ebenso wurde bereits aus Vertriebszwecken als „gelber" Strom bezeichneter Strom von der Vertriebsmarke Yello vertrieben.

Auch hinsichtlich der Liefersicherheit kann sich die Qualität des zu liefernden Stromes **545** unterscheiden. So kann zum Beispiel vertraglich *unterbrechbare Lieferung* vereinbart werden. In einem solchen Fall kann die Lieferung unter bestimmten Umständen von dem Versorger unterbrochen werden. Dies kann Teil des **Demandside Managements** sein. Es gibt dies aber auch traditionell, wenn in Verträgen (nur) die Lieferung aus einem bestimmten Kraftwerk versprochen wurde. Fällt in diesem Fall das Kraftwerk aus, z.B. zu Zeiten einer Revision, dann ist keine Lieferung geschuldet. Ähnlich kann es bei der Lieferung von KWK-Strom aus wärmegeführten Kraftwerken sein. Anders kann aber z.B. auch eine besonders hohe Liefersicherheit vereinbart werden, beispielsweise für Rechenzentren, wo auch im Fall von Stromausfällen Weiterlieferung garantiert wird und die Spannungsschwankungen bestimmte Maximalwerte garantiert nicht überschreiten dürfen.

Eine andere häufig zu findende Differenzierung besteht bei den verschiedenen Arten **546** von **Regelenergie,** hinsichtlich der zulässigen Veränderungsraten bei der Lieferung. Je nach Erzeugungsquelle kann die Erzeugung und Lieferung unterschiedlich schnell und in mehr oder weniger großem Umfang hoch- und runtergefahren werden. So sind aber auch noch weitere Differenzierungskriterien denkbar, man denke an Herkunft des Stromes, Präferenzen hinsichtlich des Versorgungsunternehmens etc.

bb) Haftung. Für Schäden, die aus der Verletzung einer Vertragspflicht entstehen, sind **547** sich die Vertragsparteien im Prinzip zum **Schadensersatz** verpflichtet. Dieser wird häufig recht stark beschränkt, – auch in Fällen von grober Fahrlässigkeit. Der Gesetzgeber macht hierzu keine Vorgaben, sodass auch geringe Summen oder die Bemessung an bestimmten Faktoren (zum Beispiel der Höhe einer Versicherungsprämie) zulässig sind.

cc) Wirtschaftsklausel. Wirtschaftsklauseln stellen eine Sonderform des juristischen **548** Konzepts dar, zu dem auch der **Wegfall der Geschäftsgrundlage** gehört. Sie sehen vor, dass der Vertrag bei einer wesentlichen Änderung der vertraglichen oder sonstigen Bedingungen anzupassen ist, entweder von den Parteien selbst oder von einem Dritten, meist einem Schiedsrichter. Solche Wirtschaftsklauseln gibt es sowohl hinsichtlich der Voraussetzungen der Änderungen auf der Tatbestandsseite als auch hinsichtlich der Strenge der Anpassungsverpflichtungen auf der Rechtsfolgenseite in verschiedenen Ausprägungen.

Eine solche **wesentliche Änderung** kann u.a. bei Gesetzesänderungen, grundlegen- **549** den Änderungen des Marktes oder technischen Neuerungen vorliegen. Sie wurde beispielsweise vom Bundesgerichtshof bei einer Änderung der Preiskonditionen gegenüber dem Vertragsschluss mitunter bereits bei zehn Prozent angenommen.[197] In der Regel ist sie im Einzelfall z.B. durch einen Richter oder durch ein Schiedsgutachten festzustellen, wenn sich die Beteiligten darüber nicht einig sind. Hinzukommen muss in der Regel die Unvorhersehbarkeit der Änderung und dass sie für die betroffene Partei eine unbillige Härte bedeutet. Je nach vertraglicher Vereinbarung sind die Parteien dann entweder zur Neuverhandlung des Vertrages verpflichtet oder eine im Vertrag vereinbarte Anpassung tritt ein.

dd) Lastmanagement. Eine große Rolle spielt heute angesichts der volatilen Einspei- **550** sung Erneuerbarer Energien die Flexibilität bei der Versorgung. Solche **Flexibilität** kann

---

[197] BGH, Urt. vom 6.10.1967 – V ZR 141/64 (14,8 Prozent); BGH, Urt. vom 3.2.1995, – V ZR 222/93 (zehn Prozent).

jedoch nicht nur bei der Erzeugung hergestellt werden, sondern auch auf der Abnehmerseite. In diesem Fall spricht man von Demandside-Management oder mit dem deutschen Begriff auch von Lastmanagement. Diese vertraglich basierte Methode zur Flexibilisierung der Versorgung sorgt für eine Verringerung der Nachfrage nach Strom, wenn das Angebot zur Bedarfsdeckung nicht genügt. Sie sieht vor, dass die Belieferung zeitweise unterbrochen wird. Dafür kommen vor allem gewerbliche Kunden mit einem hohen Verbrauch in Betracht, die zeitweise von der Stromversorgung getrennt werden können, ohne dass der Betrieb zum erliegen kommt. Häufig erwähnte Beispiele sind dafür Aluminiumhütten oder Kühlhäuser. Im Vertrag werden der Umfang und die Dauer der Abschaltung und die dafür zu erbringende Gegenleistung festgelegt.

551   Den Vertrag mit dem Kunden kann theoretisch entweder der Lieferant als *unterbrechbare Lieferung* abschließen oder der Übertragungsnetzbetreiber kann alternativ eine Vereinbarung zum direkten Engpassmanagement treffen. Häufig schließen diese Verträge jedoch sogenannte **Aggregatoren** ab. Dies sind Unternehmen, die flexible Stromlasten identifizieren, diese technisch anbinden und ggf. in einen Pool mit Erzeugungseinheiten vermarkten, beispielsweise als Regelenergie. Dies hat vor allem auch Auswirkungen auf das Bilanzkreismanagement. Derzeit wird von Aggregatoren bemängelt, dass der Kunde die Zustimmung der Lieferanten und der Bilanzkreisverantwortlichen zu der Demand-Response-Vereinbarung benötigt.

552   Von den vertraglich vereinbarten Lieferunterbrechungen sind die **Abschaltungen** im Rahmen von §§ 13 Abs. 6, 13i EnWG i. V. m. der Verordnung über abschaltbare Lasten zu unterscheiden. Die Verordnung verpflichtet die Übertragungsnetzbetreiber, 30.500 MW Gesamtabschaltleistung per Ausschreibung zu vergeben und legt dafür eine Vergütung fest.

Zum Weiterlesen

Thomas Schöne, in: Thomas Schöne, Vertragshandbuch Stromwirtschaft, 2. Aufl. 2014, Kapitel 4 C: Sonderverträge für Gewerbe- und Industriekunden und Kapitel 4 D: Sonderkundenverträge für Weiterverteiler

c) Vertriebskanäle

553   Die Anzahl der gewerblichen Sonderkunden und Weiterverteiler ist wesentlich geringer als die der Haushalts-Sonderkunden und ihre Bedürfnisse anders gelagert. Sie können daher weder über Vergleichsportale noch über klassische Werbung im Print- oder Online-Bereich erreicht werden. Vielmehr ist in diesem Bereich eine direkte und **individualisierte Kundenansprache** und Betreuung der Kunden, die zur Angebotspalette des Versorgungsunternehmens passen, nötig. Dadurch wird es auch möglich, die Energielieferung mit weiteren (Dienst-)Leistungen zu verbinden und so Wettbewerbsvorteile zu erlangen.

d) Wettbewerb

554   Das Wettbewerbsrecht wirkt auf zwei Ebenen auf den Bereich des Stromvertriebes ein. Zum einen geschieht dies auf der Ebene des Wettbewerbsrechts nach dem Gesetz gegen Wettbewerbsbeschränkungen (GWB) und dessen europäischen Parallelnormen. Zum anderen spielt das Gesetz gegen den unlauteren Wettbewerb (UWG) insbesondere im Umgang mit den **Letztverbrauchern** eine große Rolle. Den Einfluss des Gesetzes gegen Wettbewerbsbeschränkungen haben wir bereits oben im Kontext der Preiskontrolle und Missbrauchsaufsicht dargestellt. Im umkämpften Markt um die Stromkunden hat die Verhinderung eines unlauteren Wettbewerbs eine besonders große Bedeutung. Das UWG gilt für alle geschäftlichen Handlungen, die der Absatzförderung dienen.

555   Problematisch können in diesem Kontext **Wechselprämien** und Treueprämien sein, die die Versorgungsunternehmen ihren Kunden bei Vertragsschluss zahlen. Durch diese wird

faktisch der Strompreis verringert. Folglich müssen sie in einem angemessenen Verhältnis zu seiner Höhe stehen. Im Bereich der Werbung kann die Beeinflussung der Kaufentscheidung durch Ansprache des sozialen Gewissens den Anwendungsbereich des UWG tangieren. Dies betrifft vor allem den Bereich des Ökostromes. Allerdings gilt die **Werbung mit wahren Umwelteffekten** als zulässig.

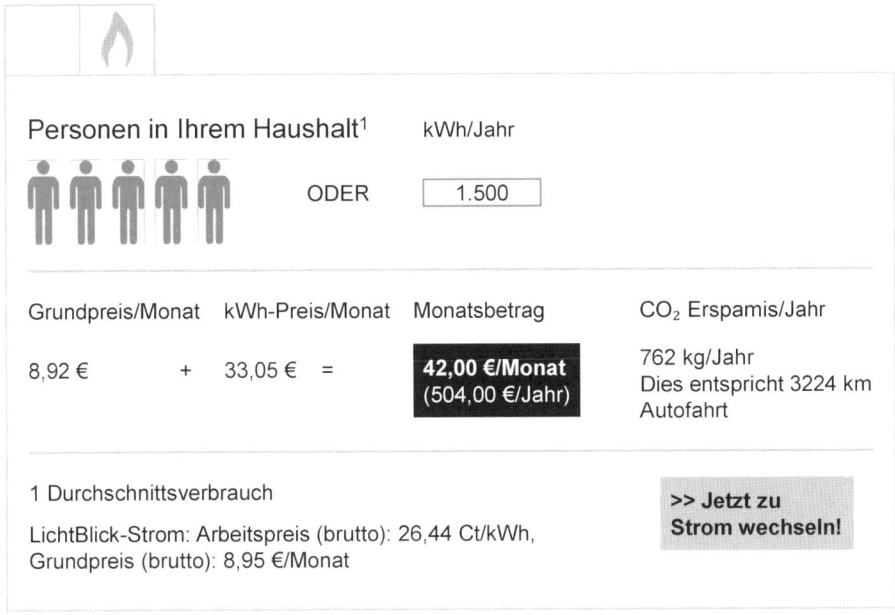

Quelle: Lichtblick SE

Abb. 42 – Werbung mit Umwelteffekten. Die Abbildung zeigt den Tarifrechner des Versorgungsunternehmens Lichtblick. Dort wird angegeben, wie viel CO_2 durch den Umstieg auf aus erneuerbaren Energien erzeugten Lichtblick-Strom im Jahr eingespart werden kann.

Verboten ist nach dem UWG auch das Ausspannen von Kunden. Dies ist beispielsweise der **556** Fall, wenn bei der Akquise die angeblich drohende Insolvenz des bisherigen Versorgers als Mittel zur Überzeugung genutzt wird. Nicht in diesen Bereich fällt aber die Beendigung des Altvertrages im Auftrag des Kunden durch den neuen Energieversorger. Im Bereich der Preisgestaltung haben die Energieversorger weite Spielräume, sogar der Verkauf von Strom unterhalb der Kostenschwelle ist in Ordnung. Lediglich eine Preisgestaltung, die auf die Vernichtung von Konkurrenten gerichtet ist, gilt als unzulässig. Sensibel ist der Bereich der **Irreführung**. Im Bereich der Preise darf hier zum Beispiel nicht damit geworben werden, dass der Strom besonders günstig sei, wenn er nicht tatsächlich im unteren Preissegment liegt. Auch darf nicht mit bestimmten Einsparmöglichkeiten („100 Euro sparen") geworben werden, wenn deren Eintritt von den – dem Werbenden unbekannten – Vertragskonditionen des Kunden und dessen Verbrauchsverhalten abhängt. Ebenfalls problematisch ist die Irreführung über das Produkt. So wäre beispielsweise der Slogan „Sie erhalten 100 Prozent atomfreie Energie" eine Irreführung, denn das Versorgungsunternehmen kann solchen Strom zwar ins Netz einspeisen, welcher Strom dem Kunden geliefert wird, liegt aber nicht in seiner Hand. Getäuscht werden darf schließlich nicht über das Versorgungsunternehmen selbst. So ist etwa die Bezeichnung als „Grundversorger" irreführend, wenn dem Versorgungsunternehmen nicht tatsächlich die Grundversorgung nach § 36 EnWG übertragen wurde. Auch die Werbung „Strom per Post" der Deutschen Post AG galt als irreführend, da der Konzern nicht selbst Lieferant, sondern nur Vermittler von Angeboten war.

4. Strompreisbildung

557　　Strom ist – sofern man die Frage nach seiner Herkunft außen vor lässt – ein homogenes Gut. D. h., es gibt **keine Qualitätsunterschiede,** nach denen sich der Kunde für den einen oder anderen Strom entscheiden könnte, wie er es etwa beim Tanken zwischen E10, Super oder Super Plus Benzin tun kann. Zudem ist es zwar in begrenztem Umfang möglich, den Stromverbrauch bei steigenden Preisen zu drosseln. Ganz auf ihn zu verzichten ist aber quasi unmöglich (wogegen man bei hohen Spritpreisen auf andere Beförderungsmittel umsteigen kann). Diese zwei Besonderheiten führen dazu, dass der Strompreis von besonderem Interesse ist und der konstante Anstieg in den vergangenen Jahren in der öffentlichen Debatte eine viel größere Rolle spielt als bei anderen Gütern.

558　　Der Strompreis setzt sich, wie in **Abb. 43 – Zusammensetzung des Haushaltsstrompreises 2016 (Prognose)** ersichtlich, aus mehreren Komponenten zusammen:

559　　Die **Kosten für Beschaffung und Vertrieb** (aktuell ca. 30 Prozent) bilden sich aus dem Einkaufspreis der Versorgungsunternehmen, ihrer Gewinnmarge und den Kosten für die für CO_2-Zertifikate. Der Einkaufspreis selbst unterliegt dabei einer wettbewerblichen Preisbildung. Denn das Versorgungsunternehmen kauft den Strom zu einem erheblichen Teil bereits weit im Voraus am Terminmarkt ein und kennt daher die Kosten bereits im Vorfeld. Der übrige Bedarf wird kurzfristig über den Terminmarkt gedeckt und bildet den aktuellen Börsenpreis für Strom ab. Aus diesen beiden Komponenten ergibt sich der **Beschaffungspreis.** Je günstiger er ist, desto preisgünstiger kann das Versorgungsunternehmen am Markt auftreten und desto besser ist seine Wettbewerbsstellung. Allerdings bleibt der Einfluss auf den Gesamtstrompreis wegen der vielen anderen, im Folgenden beschriebenen Preisbestandteile, recht begrenzt.

560　　Ein weiteres Element des Strompreises sind die **Netzentgelte** (ca. 20 Prozent). Sie berechnen sich anhand der gesetzlichen Vorgaben. Hierbei wird zwischen Haushaltskunden und Industriekunden unterschieden. Letztere sind in der Regel an eine höhere Spannungsebene angeschlossen und nutzen damit einen kleineren Teil des Netzes, sodass sie ein geringeres Netzentgelt entrichten müssen.

561　　Hier kam es in der Vergangenheit im Zusammenhang mit dem von 2011 bis 2013 geltenden § 19 Abs. 2 StromNEV zu rechtlichen Unklarheiten. Nach dieser Norm konnten energieintensive Unternehmen bei der Bundesnetzagentur eine **Befreiung** von den Netzentgelten erreichen. Das OLG Düsseldorf[198] und der Bundesgerichtshof[199] sahen hierfür aber keine gesetzliche Ermächtigungsgrundlage und nahmen einen Verstoß gegen das Diskriminierungsverbot in § 21 Abs. 1 EnWG a. F. an. Der Gesetzgeber hatte die Norm daraufhin zunächst bereits nach dem Urteil des OLG Düsseldorf geändert. Sodann hat der Gesetzgeber aber auch im Strommarktgesetz mit § 24 Satz 1 Nr. 3 und Satz 2 Nr. 5, § 118 Abs. 9 EnWG 2016 eine rückwirkend zum 1.1.2012 gültige Rechtsgrundlage für die Befreiungen geschaffen, sodass eine Rückabwicklung nicht nötig ist. Gegen ein wegen § 19 Abs. 2 StromNEV anhängiges Beihilfeverfahren bei der EU-Kommission geht die Bundesregierung derzeit klageweise vor.[200]

562　　Schließlich entfällt beinahe die Hälfte der Stromkosten auf **Steuern und Abgaben** bzw. staatlich auferlegte Kosten. Neben der Umsatzsteuer bildet dabei heute die EEG-Umlage den größten Anteil.[201]

563　　Weitere Kosten entfallen auf die **Konzessionsabgabe,** die von den Netzbetreibern weitergereicht wird, auf die **Stromsteuer,** den KWK-Aufschlag und die **StromNEV-Umlage.** Neu ist zudem seit Anfang 2013 die **Offshore-Haftungsumlage,** durch die die Kunden zu einem großen Teil die Schadensersatzkosten übernehmen, die durch verspäte-

---

[198] OLG Düsseldorf, Beschl. vom 6.3.2013 – VI-3 Kart 49/112.
[199] BGH, Beschl. vom 6.10.2015 – EnVR 32/13.
[200] Siehe § 9, Rn. 235 ff.
[201] Siehe § 4, Rn. 60 ff.

ten Anschluss von Offshore-Windparks an das Übertragungsnetz an Land oder durch lang-
dauernde Netzunterbrechungen entstehen können. Die Umlage abschaltbarer Lasten verteilt die Kosten, die entstehen, wenn Abnehmer sich bereit erklären, zur Erhaltung der
Systemstabilität zeitweise auf eine Belieferung zu verzichten und dafür Kompensationszahlungen erhalten.

Im **Vertrieb** werden diese Kostenstellen in die Kategorien Grundpreis und Arbeitspreis   **564**
aufgeteilt. Der Grundpreis ist verbrauchsunabhängig und umfasst die Aufwendungen des
Versorgungsunternehmens für Abrechnung, Stromzählerbereitstellung und -miete, Messstellenbetrieb und Messdienstleistung sowie für Leistungsbereitstellung und allgemeine Vertriebskosten. Hinzu kommt der verbrauchsabhängige Arbeitspreis, der in Cent pro Kilowattstunde gezahlt wird. Er umfasst alle Ausgaben für die Stromerzeugung und -transport,
Steuern und Abgaben.

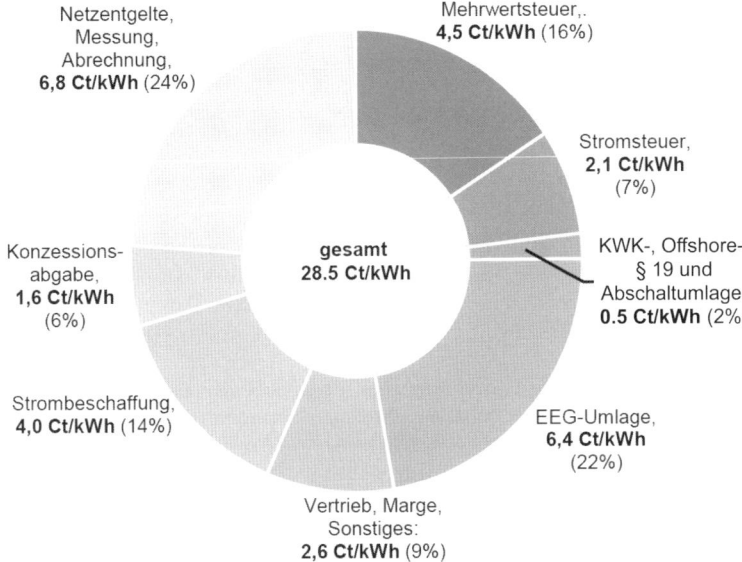

Quelle: Agentur für Erneuerbare Energien (ÜNB, BDEW, BNetzA), Stand 10/2015

Abb. 43 – Zusammensetzung des Haushaltsstrompreises 2016 (Prognose). Die Grafik zeigt, aus
welchen Kostenstellen sich der Arbeitspreis für eine Kilowattstunde Strom 2014 in etwa zusammen-
setzte. Von insgesamt etwa 28,5 Cent pro Kilowattstunde entfallen knapp 6,4 Cent auf die Förderung
erneuerbarer Energien.

2013 betrug aufgrund dieser Kostenstruktur für einen Drei-Personen-Haushalt mit ei-   **565**
nem jährlichen Stromverbrauch von 3.500 Kilowattstunden der **durchschnittliche Strompreis** ca. 28,5 Cent/Kilowattstunden, sodass sich die Kosten auf 997,50 Euro beliefen. Im
Jahr 2000 lagen die Werte noch bei nur 13,94 Cent/kWh bzw. 487,90 Euro. Mit einem
weiteren Anstieg des Strompreises wird gerechnet.

Zum Weiterlesen

Rolf Dieter Machate, in: Thomas Kästner u.a. (Hrsg.), Kosten- und Preiswirkungen von erneuerbarer
 Energie auf die übrige Stromerzeugung, S. 241ff.
Simona Laakmann, in: Thomas Schöne, Vertragshandbuch Stromwirtschaft, 2. Aufl. 2014, Kapitel 3
 A. II: Handel
Ines Zenke u.a., Preise und Preisgestaltungen in dwer Energiewirtschaft: Von der Kalkulation bis zur
 Umsetzung von Preisen für Strom, Gas, Fernwärme, Wasser und CO_2, 2015

VII. Einbindung des deutschen in den europäischen Strommarkt

566		Die deutsche Energiewirtschaft und das deutsche Energierecht sind auf vielfältige Weise europäisch eingebunden. Eine Reihe dieser Aspekte haben wir bereits in den vorangegangenen Abschnitten angesprochen. Der ganze Umfang dieser Einbindung wird aber erst deutlich, wenn wir sie im Zusammenhang betrachten. Es kommen hier eine Reihe von Faktoren zusammen, die zu dieser **Integration** führen und die wir in diesem Kapitel ansprechen wollen: geographische, energietechnische, wirtschaftliche, politische, institutionelle sowie das europäische energierechtliche Regelwerk. Nach der Definition des § 3 Nr. 18d EnWG gehören zu den europäischen Strommärkten die Strommärkte der Mitgliedstaaten der Europäischen Union sowie der Schweizerischen Eidgenossenschaft und des Königreichs Norwegen.

Zum Weiterlesen

Johannes Riewe, Aktuelles Europäisches Energierecht – Schwerpunkte Elektrizitätsbinnenmarkt und Beihilferecht, EWeRk 2014, 15 ff.
EU-Kommission, Progress towards completing the Internal Energy Market, 13.10.2014, COM(2014) 634 final.

1. Physische und energietechnische Einbindung

567		Deutschland liegt mitten in Europa. Gleichzeitig ist das deutsche Netz eng in das europäische Stromnetz eingebunden und ein integraler Bestandteil desselben. Dies bedeutet, dass alles, was sich im deutschen Energiemarkt entwickelt, Auswirkungen auf unsere Nachbarländer hat und umgekehrt, dass die Entwicklungen in den Nachbarländern sich auf Deutschland auswirken.

568		Deutschland hat in Europa neun unmittelbare Nachbarländer, mit denen sein Stromnetz auf dem Landweg direkt über Grenzkuppelstellen verbunden ist. Darüber hinaus wurde anlässlich der Unterzeichnung der *Joint Declaration for Regional Cooperation on Security of Electricity Supply in the Framework of the Internal Energy Market*[202] der Begriff der elf **Elektrischen Nachbarn** Deutschlands geprägt, zu denen zusätzlich noch Norwegen und Schweden gehören, mit denen Deutschland durch Seekabel verbunden ist bzw. sein wird. Dies macht deutlich, dass Deutschland schon geografisch keine einsame Insel ist, auf der Energiewirtschaft nur rein national betrieben werden kann.

569		Elementare Voraussetzung dieser Integration ist die physische Verknüpfung der Strommärkte miteinander. Technisch geschieht dies an den Landesgrenzen durch **Grenzkuppelstellen.** Es handelt sich dabei um Stromleitungen, die eine Grenze überschreiten und zwei nationale Netze miteinander verbinden. Technisch erfolgt eine Verbindung der Höchstspannungsnetze miteinander, sodass das Verbundnetz von einem nationalen zu einem europäischen Netz erweitert wird. Grenzkuppelstellen spielen wirtschaftlich sowohl beim Ausgleich von Angebot und Nachfrage (siehe dazu im nächsten Abschnitt) als auch als Teil der Systemdienstleistungen eine wichtige Rolle. Zudem leisten sie durch die Versorgungsmöglichkeit aus einem anderen Netz einen Beitrag zur Versorgungssicherheit.

570		Die deutschen Höchstspannungsnetze, über die auch der Stromhandel mit dem Ausland abgewickelt wird,[203] sind über mehr als 60 Leitungen mittels Grenzkuppelstellen mit den Nachbarstaaten verbunden. [204] Deutschland kommt im Gefüge des transeuropäischen Stromtransportes als **Transitland** daher eine besonders wichtige Stellung zu.

---

[202] Benelux, Joint Declaration for Regional Cooperation on Security of Electricity Supply in the Framework of the Internal Energy Market.
[203] Die Stromnetze in Deutschland, online abrufbar unter: http://www.kwh-preis.de/strom/ratgeber/stromnetze-in-deutschland.
[204] Pritzsche u. a., in: Säcker (Hrsg.), Berliner Kommentar zum Energierecht, 2. Aufl. 2010, Anh. A § 56 EnWG, Rn. 16 m. w. N.

Beteiligte Übertragungsnetzbetreiber

	deutsche ÜNB	ausländische ÜNB
DE - NL	Amprion, TenneT TSO	TenneT TSO (NL)
DE - FR	Amprion, TransnetBW	RTE (FR)
DE - CH	Amprion, TransnetBW	Swissgrid (CH)
DE - CZ	TenneT TSO, 50Hertz Transmission	CEPS (CZ)
DE - PL	50Hertz Transmission	PSE-O (PL)
DE - DK West	TenneT TSO	Energinet.dk (DK)
DE - DK Ost	50Hertz Transmission	Energinet.dk (DK)

Quelle: Bundesnetzagentur: Erlöse aus grenzüberschreitendem Engpassmanagement im Zeitraum, vom 1.7.2014 bis 30.6.2015

Abb. 44 – Grenzkuppelstellen und zuständige Übertragungsnetzbetreiber. Die Tabelle zeigt, welche Grenzkuppelstellen in Deutschland vorhanden sind und welche Übertragungsnetzbetreiber sie bewirtschaften.

Internationale Kuppelleitungen zu den benachbarten Staaten die auch als *Interkon-* 571 *nektoren* bezeichnet werden, sowie Kuppelleitungen ausländischer Partnergesellschaften bilden ein synchron betriebenes europäisches Höchstspannungsnetz. Das deutsche Übertragungsnetz und die Übertragungsnetze von Luxemburg und Österreich bilden innerhalb dieses Gefüges zusammen den sogenannten deutschen Regelblock, der von Amprion koordiniert wird. Innerhalb des deutschen Regelblocks regelt wiederum jeder Übertragungsnetzbetreiber jeweils für seine Regelzone (vgl. § 3 Nr. 30 EnWG) den Import/Export mit den Nachbarnetzen.

Zudem obliegt Amprion die Koordination und die **Systembilanzierung** des Verbundbetriebs für den nördlichen Teil des europäischen Übertragungsnetzes. Dazu gehören Belgien, Bulgarien, Deutschland, Niederlande, Österreich, Polen, Rumänien, Slowakei, Tschechien und Ungarn. Diese Aufgabe nimmt Amprion vom Standort Brauweiler bei Köln wahr.

Trotz der großen Bedeutung des Stromtransports über Staatsgrenzen hinweg sind derzeit 572 noch nicht genügend grenzüberschreitende Leitungen vorhanden. Vielmehr kommt es nach einer Sektorenuntersuchung der EU-Kommission an vielen Grenzübergängen zeitweise oder dauerhaft zu **Engpässen**.[205] Dies sind nach der Legaldefinition des Art. 2 lit. c) Stromhandelsverordnung Situationen, in denen eine Verbindung zwischen nationalen Übergangsnetzen wegen unzureichender Kapazität der Verbindungsleitungen und/oder nationalen Übertragungsnetze nicht alle Stromflüsse im Rahmen des von den Marktteilnehmern gewünschten internationalen Handels bewältigen kann.

Allerdings ist das grundsätzlich wünschenswerte Zusammenwachsen der Netze in der 573 Praxis oft nicht unproblematisch. Einerseits erhöht die Einbindung des deutschen Übertragungsnetzes in das größere europäische Netz die **Stabilität** des deutschen Netzes und damit die Versorgungssicherheit. Andererseits verursacht diese Einbindung natürlich auch Kosten und bringt das Risiko des Überspringens von Störungen von anderen europäischen Netzen in das deutsche Netz mit sich.

---

[205] EU-Kommission, Generaldirektion Wettbewerb, Report on Energy Sector Inquiry, Europäische Union, 1995–2011.

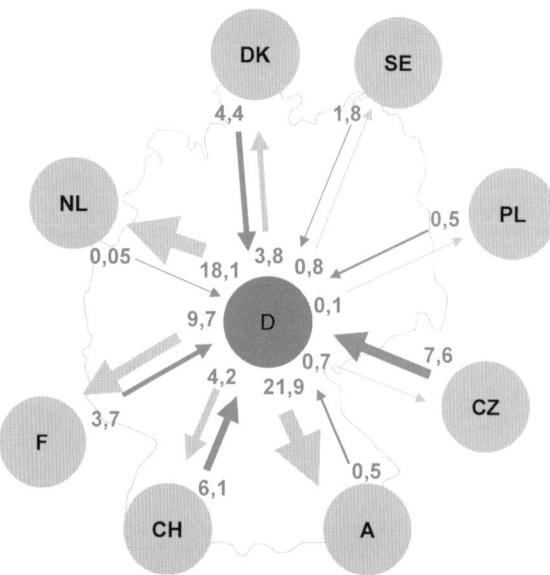

Quelle: Bundesnetzagentur und Bundeskartellamt: Monitoringbericht 2015, 143

Abb. 45 – Realisierte Verbundaustauschfahrpläne. Die Abbildung zeigt die Volumina im grenzüberschreitenden Stromhandel 2014 und illustriert die zentrale Stellung des deutschen Energiemarkts. Die Angaben entsprechen saldierten Werten in Terrawattstunden.

574   In den letzten Jahren hat sich zudem das Problem ergeben, dass es u. a. durch den Ausbau der Erzeugung von Strom aus erneuerbaren Energien in Deutschland teilweise zu **Überschussproduktion** kommt, die über Grenzkuppelstellen in die Netze der Nachbarstaaten abfließen und dort das Netz destabilisieren. Dagegen müssen sich die dortigen Übertragungsnetzbetreiber schützen. So haben sich Ende 2012 der polnische Stromnetzbetreiber PSE Operator und der deutsche Netzbetreiber 50Hertz Transmission GmbH verständigt, an der gemeinsamen Grenzkuppelstelle künftig Phasenschieber einzusetzen. Mit diesen können grenzüberschreitende Stromflüsse abgeblockt werden. Polen wehrt sich damit gegen die Nutzung seiner Netze als Transportweg von deutschem Strom. Dies trat auf, wenn in Deutschland an wind- und sonnenreichen Tagen die Leitungskapazität für einen Nord-Süd-Transport innerhalb Deutschlands knapp war und der Strom sich dann – physikalisch immer auf dem Weg des geringsten Widerstands – seinen Weg über das polnische Netze zu den Verbrauchsorten in Süddeutschland und Österreich suchte (**Parallelflüsse**/Loop Flows). Ein ähnliches Problem besteht auch mit Tschechien, das nun ebenfalls eine Abschottung wünscht. Der Einsatz der Phasenschieber führt dazu, dass 50Hertz Transmission GmbH nun ggf. in die Erzeugung eingreifen muss, wenn der erzeugte Strom die Kapazitäten des deutschen Stromnetzes übersteigt. Solche Phasenschieber werden aber auch bereits seit einigen Jahren an den Grenzen zu Belgien, den Niederlanden und Dänemark eingesetzt.

575   Zur Behebung solcher Probleme und zur Verwirklichung des europäischen Strombinnenmarkts wurde die seit 14.8.2015 geltende Verordnung (EU) 2015/1222 zur Festlegung einer **Leitlinie für die Kapazitätsvergabe und das Engpassmanagement** (Strom) (Capacity Allocation and Congestion Management/NC CACM)[206] erlassen. Denn bislang variieren die nationalen Stromhandelsregelungen und die physischen Strukturen der Übertragungsnetze in den Mitgliedstaaten. Die Verordnung konkretisiert die Anforderungen der Stromhandelsverordnung, stellt einen Netzkodex dar und gilt als Verordnung unmittelbar in jedem Mitgliedstaat.

---

[206] Siehe auch § 3, Rn. 20.

Dabei enthält die **CACM-Verordnung** folgende Regelungen:

- Die Verordnung macht detaillierte Vorgaben für die **Vergabe grenzüberschreitender Kapazität** und für das **Engpassmanagement.** Zu diesem Zweck führt die Verordnung erstmals rechtliche Regelungen zur Einteilung des europäischen Strommarkts in Kapazitätsberechnungszonen für den Day Ahead Markt und den Intraday Markt ein. Dafür werden genaue Regeln für die Ermittlung der verfügbaren Kapazitäten vorgegeben. Die regelzonenverantwortlichen Übertragungsnetzbetreiber sind dann Gebotszonen zugeordnet, für die dann an den Strombörsen ein einheitlicher Strompreis ermittelt wird. Dies kann, zum Beispiel in Frankreich mit RTE, nur ein Netzbetreiber sein oder im Fall der deutschen Gebotszone derzeit fünf Netzbetreiber (die vier deutschen und der österreichische Netzbetreiber). Allerdings richten sich die Grenzen der Kapazitätsberechnungszonen nicht unbedingt nach den Grenzen der Gebotszonen. So soll die deutsch-österreichische Gebotszone zukünftig hier Kapazitätsberechnungsregionen angehören (Hansa, Central-West Europe, Italy North und Central Eastern Europe).[207]
- Um mögliche Netzengpässe zu bewältigen, enthält die Verordnung Regelungen zu **Entlastungsmaßnahmen** wie das Countertrading oder das Redispatching. Ein gemeinsames Modell zur Anwendung dieser Entlastungsmaßnahmen muss innerhalb von 16 Monaten nach Inkrafttreten der Verordnung aufgestellt sein. Dieses Modell soll für jede Stunde die verfügbare grenzüberschreitende Kapazität abbilden und alle Gebote und Angebote in der Union, die von den Strombörsen gesammelt werden abgleichen. Dadurch soll gewährleistet werden, dass der Strom in der Regel aus Niedrigpreisgebieten in Hochpreisgebiete fließt.
- Neben den Übertragungsnetzbetreibern müssen auch alle weiteren beteiligten Marktteilnehmer zur Umsetzung der Vorgaben **Geschäftsbedingungen** entwickeln und diese vorab den zuständigen Regelungsbehörden vorlegen.
- Die Europäische **Marktkopplung** soll verbessert werden, sodass die grenzüberschreitenden Kapazitäten für Stromtransporte optimal genutzt werden können.
- Weiter wurde die Institution eines **Nominierten Strommarktbetreibers** (Nominated Electricity Market Operator/NEMO) eingerichtet. NEMO ist der Betrieb von Stromspotmärkten außerhalb seines Kernmarktes in anderen europäischen Staaten erlaubt. Die Bundesnetzagentur hat am 11.12.2015 beschlossen, dass EPEX SPOT SE als NEMO für Deutschland benannt wird[208] und am 11.1.2016 Nord Pool Spot.[209]

Zum Weiterlesen

Matthias Vogt u.a., Leitlinien für die transeuropäische Infrastruktur – Netzausbau die Zweite, RdE 2013, 151 ff.
Anke Reimers, Wettbewerbsrechtliche und regulatorische Analyse der Kapazitätenvergabe an Grenzkuppelstellen im Elektrizitätsbinnenmarkt, 2013
Nina Vrana, Interkonnektoren im Europäischen Binnenmarkt, 2012

2. Wirtschaftliche Verbindung der nationalen Strommärkte

Die Europäisierung des Strommarktes findet zudem auf wirtschaftlicher Ebene statt. **576** Wichtige Elemente sind neben dem seit vielen Jahren stattfindenden Import und Export von Strom innerhalb des europäischen Verbundnetzes mittlerweile auch die **Verflechtung** der Energieunternehmen und der Strombörsen. Auf die Themen des grenzüberschreitenden Engpassmanagements und der Verknüpfung der Märkte durch das Market Coupling gehen wir nachfolgend in einem eigenen Exkurs ein.

---

[207] ENTSO-E, All TSO's proposal for Capacity Calculation Regions (CCRs), 12.10.2015.
[208] Bundesnetzagentur, Beschl. vom 11.12.2015 – BK6–15–044-N1.
[209] Bundesnetzagentur, Beschl. vom 11.1.2016 – BK6–15–044-N2.

a) Stromimport und Stromexport

577   Der in Deutschland verbrauchte Strom wird einerseits nicht nur in Deutschland erzeugt, andererseits wird in Deutschland erzeugter Strom auch im Ausland verbraucht. Dadurch entsteht ein großer **Import- und Exportmarkt.**

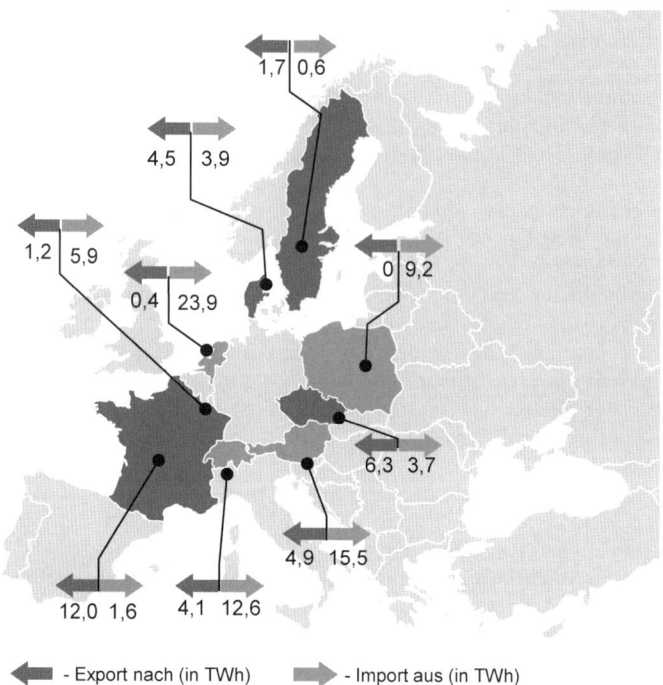

◀■ - Export nach (in TWh)   ▶ - Import aus (in TWh)

Quelle: statista/ENTSO-E

Abb. 46 – Stromimport und Stromexport in Europa. Die Grafik zeigt den Stromimport und Stromexport in Deutschland und den Nachbarstaaten zwischen Juli 2014 und Juni 2015.

Jahr	Stromexport D	Stromimport D	Bilanz
2005	61,9	53,4	8,5
2006	65,9	46,1	19,8
2007	63,3	44,3	19,0
2008	62,7	40,2	22,5
2009	54,8	40,5	14,3
2010	59,9	42,2	17,7
2011	56,0	50,0	6,0
2012	67,3	44,2	23,1
2013	72,2	38,4	33,8
2014	74,4	38,9	35,5

Quelle: Energiewirtschaftliche Tagesfragen

Abb. 47 – Deutscher Stromexport und Stromimport 2005 bis 2014

Insgesamt wurden 2015 jedoch aufgrund der starken Zunahme der Stromerzeugung aus erneuerbaren Energien und des preiswerten Kohlestromes etwa 59,4 Terrawattstunden

Strom aus Deutschland exportiert. Rechnet man dies mit dem Stromimport 2015 gegen, verbleibt ein Exportüberschuss von 32,5 Terrawattstunden.[210] Dies bestätigt den Trend zu zunehmend hohen Exportüberschüssen aus Deutschland im Zuge der Energiewende, der allerdings durch den hohen Anteil des Kohlestromes daran im Hinblick auf die damit verbundenen Emissionen nicht uneingeschränkt begrüßt wird.[211]

Über das Market-Coupling und grenzüberschreitende Stromverkäufe ist der Stromhan- **578** del mittlerweile ein europäischer geworden. Die Handelsabteilungen der großen Energieversorgungsunternehmen handeln europaweit. Der rege grenzüberschreitende Handel und die zunehmend engere Verknüpfung der nationalen Strommärkte haben zu einer Angleichung der Großhandelspreise für Strom im Zentrum Europas geführt. Dabei ist jedoch zu beachten, dass dies aufgrund der verschiedenen zusätzlichen Preiselemente mit Umlagen oder Subventionen nicht unbedingt zu ähnlichen Endverbraucherpreisen für Haushalts und Industriekunden führt. Die **Preiskonvergenz** zwischen den europäischen Märkten ist aber ein Indiz dafür, dass Potenziale zur Kostensenkung genutzt werden.

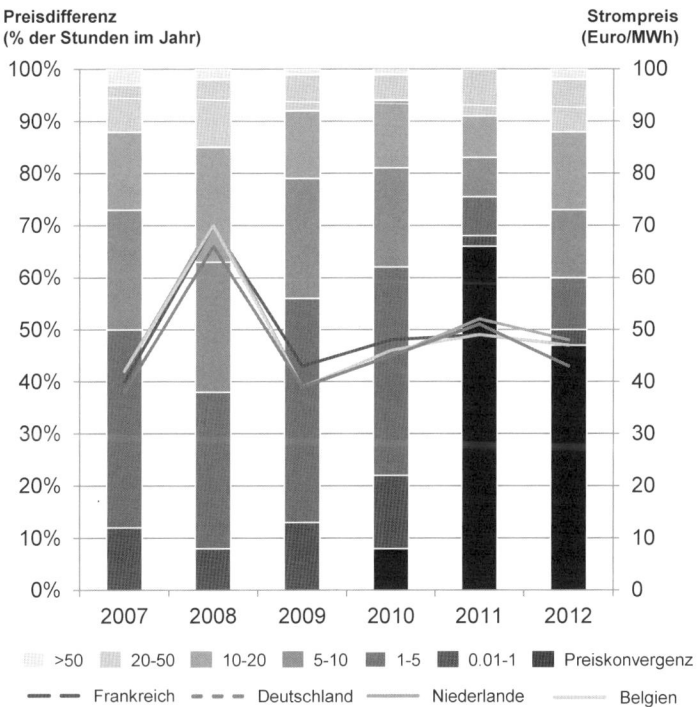

Quelle: Leitstudie Strommarkt, Studie der Connect Energy Economics GmbH im Auftrag des Bundesministeriums für Wirtschaft und Energie, Mai 2015, 31, nach EEX (2015), APX (2015)

Abb. 48 – Preiskonvergenz der Day Ahead Märkte 2007 bis 2012. Die Abbildung zeigt die Preiskonvergenz auf dem deutschen, französischen, niederländischen und belgischen Day Ahead Märkten in den Jahren 2007 bis 2012.

b) Europäisierung der Stromwirtschaft

Es ist heute selbstverständlich, dass bei Privatisierungen oder anderweitigen Verkäufen **579** von Energieversorgungsunternehmen, Netzen, Speichern usw. Bieter aus der ganzen Welt

---

[210] Bundesnetzagentur und Bundeskartellamt, Monitoringbericht 2015, S. 20.
[211] AG Energiebilanzen, Bruttostromerzeugung in Deutschland ab 1990 nach Energieträgern vom 11.12.2015.

mitbieten. Für die großen Unternehmen der Energiewirtschaft in Europa, wie E.ON, RWE, Engie (zuvor GDF Suez), Enel oder Vattenfall, aber auch die Übertragungsnetzbetreiber TenneT oder Elia sind die Märkte immer weniger nur ihre ursprünglichen nationalen Heimatmärkte und immer mehr der europäische Markt. Dies zeigt sich bereits daran, dass diese Unternehmen mittlerweile Tochtergesellschaften in mehreren europäischen Ländern haben, in denen diese zu den entscheidenden Versorgern gehören. In manchen Ländern, wie in England, Belgien und den Niederlanden hat dies dazu geführt, dass der größte Teil der Stromerzeugung fest in **ausländischer Hand** ist. Und auch in Deutschland haben zwei der vier großen Übertragungsnetzbetreiber, TenneT und 50Hertz Transmission GmbH, ausländische Eigentümer.

580   Wie sich als Ergebnis der **Zertifizierungen** der Bundesnetzagentur nach §§ 4a ff. EnWG gezeigt hat, ist die zunehmende Anzahl ausländischer Eigentümer jedoch regulatorisch unbedenklich, solange das Regulierungsregime dafür sorgt, dass die Infrastruktur funktioniert und ausreichender Wettbewerb vorhanden ist. Bei Verkäufen von Unternehmen und bei großen Finanzierungen ist es heute gängige Praxis, dass sich daran Unternehmen und Investoren aus ganz Europa beteiligen. Dies führt wiederum zur Entstehung eines gesamteuropäischen Wettbewerbsmarktes.

581   Das Ziel eines europaweiten Marktes spiegelt sich mit den vergaberechtlichen Vorschriften einer Pflicht zur **europaweiten Ausschreibung** wieder. Wie in § 9, III näher erläutert, sind öffentliche Auftraggeber und netzbezogene Sektorenauftraggeber bei größeren Aufträgen jenseits gewisser Schwellenwerte verpflichtet, diese europaweit auszuschreiben. So wird der europäische Binnenmarkt sukzessive auf größere Beschaffungsprojekte ausgedehnt.

582   Zudem strebt die Bundesregierung im Hinblick auf die Energieunion eine noch engere regionale Kooperation mit seinen elf sogenannte **elektrischen Nachbarn** an. Zunächst wurde dazu eine gemeinsame Erklärung zur Stromversorgungssicherheit unterzeichnet.

Zum Weiterlesen

Lars Jope, Entwicklungen im Europäischen Energiesektor 2014/2015, EWeRk 2015, 4 ff.
Johannes Riewe, Aktuelles Europäisches Energierecht – Schwerpunkte Elektrizitätsbinnenmarkt und Beihilferecht, EWeRk 2014, 15 ff.

3. Grenzüberschreitendes Engpassmanagement und Market Coupling

583   Wie oben erwähnt, sind die Kapazitäten an den Grenzkuppelstellen knapp. Es bestehen daher zwischen den nationalen Stromnetzen die eingangs definierten Engpässe.

584   Die Knappheit von grenzüberschreitenden Übertragungskapazitäten führt dazu, dass der in einem Land bestehende Bedarf nur durch das nationale Stromangebot befriedigt werden kann und nicht oder jedenfalls nur in begrenztem Maße durch eventuell preisgünstigeren Strom aus den Nachbarländern. Diese Verknappung des Angebots lässt also **Ineffizienzen im Wettbewerb** entstehen und ist daher nachteilig für die Verbraucher und für die volkswirtschaftliche Wohlfahrt insgesamt. Auf der anderen Seite haben der Ausbau und die Unterhaltung der grenzüberschreitenden Übertragungskapazitäten erhebliche Kosten zur Folge, sodass die Übertragungsnetzbetreiber einen Ausbau nur vornehmen, wenn er sich wirtschaftlich rechnet.

a) Art. 15 Stromhandelsverordnung

585   Die Stromhandelsverordnung normiert, wie im grenzüberschreitenden Bereich mit **Engpässen** umzugehen ist. Art. 15 Stromhandelsverordnung schreibt vor, dass den Marktteilnehmern unter Beachtung der Sicherheitsstandards für den Netzbetrieb die maximale Kapazität zur Verfügung zu stellen ist. Dabei sollen die Netzbetreiber im Rahmen des Engpassmanagements die Möglichkeiten des Redispatchings und des Countertradings[212] nut-

---

[212] Siehe § 4, Rn. 260 ff.

zen. Generell sieht die Bestimmung vor, dass den Engpässen mit nichtdiskriminierenden marktorientierten Methoden zu begegnen ist, die transparent sind und von denen wirksame wirtschaftliche Signale für die Marktteilnehmer ausgehen sollen. Dabei sind vorzugsweise nichttransaktionsgebundene Methoden zu verwenden, d. h. solche die keinen Unterschied zwischen den Verträgen einzelner Marktteilnehmer machen. Die Einnahmen der Netzbetreiber für die Zurverfügungstellung der Kapazitäten dürfen nur für die Unterhaltung oder den Ausbau von grenzüberschreitenden Verbindungskapazitäten verwendet werden.

Früher wurden die Kapazitäten an Grenzkuppelstellen häufig aufgrund sogenannter **586** *kapazitativer Verfahren* vergeben, d. h. es wurden auf der Basis *first come, first served* oder bei überschießendem Bedarf mit proportionaler Aufteilung Verträge mit den Netznutzern abgeschlossen. Häufig wurden diese bei vertikal integrierten Versorgern auch zum großen Teil langfristig für die Eigennutzung im Konzern reserviert. Diese Verfahren waren jedoch teilweise schwer mit den Grundsätzen der Nichtdiskriminierung, der Marktorientierung und der Transparenz in Einklang zu bringen. Daher haben sich bei geregelten Verfahren vor allem explizite und implizite Auktionen als **Vergabeverfahren** durchgesetzt. Allerdings sind zum Beispiel bei kurzfristigen Vergaben von nicht genutzten Kapazitäten noch Verfahren nach dem first come, first served-Prinzip zu finden.

b) Explizite und implizite Auktionen

Bei **expliziten Auktionen** werden die Übertragungskapazitäten im Vorfeld des restli- **587** chen Marktgeschehens auf einem separaten Markt, d. h. getrennt von den Stromgeschäften, versteigert. Die von dem Übertragungsnetzbetreiber festgestellte freie Übertragungskapazität wird publiziert, die Interessenten geben dafür Gebote ab und erhalten je nach verwendetem Auktionsverfahren zum Beispiel zum Preis des letzten noch bedienten Gebotes (Last Accepted Offer) oder nach dem für jedes bediente Gebot tatsächlich gebotenen Preis (Pay-as-bid) den Zuschlag. Allerdings haben explizite Auktionen den Nachteil, dass die Vergabe der Kapazitäten von dem Stromtransport in zeitlicher und in sachlicher Hinsicht getrennt gehandhabt wird. Dadurch werden die Verbindungskapazitäten nicht optimal genutzt und die Strommärkte werden entkoppelt.

Demgegenüber besteht bei **impliziten Auktionen** ein gemeinsamer Markt für den **588** Handel mit Strom auf der einen Seite und für den Handel mit Verbindungskapazitäten auf der anderen Seite. Sie setzen zum einen das Bestehen mehrerer preislich getrennter Marktgebiete und zum anderen eine neutrale Stelle voraus, die die Auktion durchführt. In der Praxis wird dies von den Energiebörsen übernommen. Die Marktteilnehmer bekommen allerdings nicht direkt grenzüberschreitende Kapazitäten zugeteilt. Die Vergabe der Kapazitäten erfolgt viel mehr in Verbindung mit den zugehörigen Energiegeschäften, da bei der börslichen Abwicklung des Energiehandelsgeschäfts die begrenzten Netzkapazitäten berücksichtigt und die Kapazitäten automatisch allokiert werden. Die Preise für Elektrizität in den jeweiligen Marktgebieten ergeben sich daher aus dem reinen Energiepreis und dem Entgelt für die Nutzung der Grenzkuppelkapazität. Implizite Auktionen gewährleisten eine effizientere Nutzung der knappen Grenzkuppelkapazitäten als explizite Auktionen, da die gleichzeitige Durchführung des Stromhandelsgeschäfts und der Kapazitätsvergabe eine konkrete Berücksichtigung des in diesem Zeitpunkt bestehenden Bedarfs und eine optimierte Nutzung der knappen Grenzkuppelstellenkapazitäten ermöglicht. Implizite Auktionen kommen vor allem in den im Folgenden erklärten in zwei Varianten vor: dem Market Splitting und dem Market Coupling.

aa) Market Splitting. Market Splitting wird vor allem national innerhalb großer **589** Preiszonen verwendet, bei denen zwischen mehreren Preis- und Handelszonen einer einzelnen Stromhandelsbörse strukturelle Engpässe bestehen. Dabei ermittelt eine zentrale Handelsstelle, in der Regel die Strombörse, zunächst aus allen Kauf- und Verkaufswünschen einen von Engpässen unabhängigen Systempreis. Danach werden die daraus resultierenden Stromflüsse und die dadurch entstehenden Engpässe ermittelt. Anschließend wird das Marktgebiet entlang der ermittelten Engpässe in unterschiedliche Zonen geteilt, in denen sich unter Beachtung der Netzrestriktionen jeweils eigene Preise ergeben. In der dem Engpass vorgelagerten Marktregion entstehen so niedrigere, auf der dem Engpass nachgelagerten Seite höhere Strompreise. Die Engpässe werden so durch den sich ergebenden Marktmechanismus entlastet.

590   Market Splitting wird von der Energiebörse Nord Pool Spot zwischen Schweden, Norwegen, Dänemark, Finnland, Estland, Lettland und Litauen betrieben sowie auf dem italienischen Strommarkt und auf der iberischen Halbinsel. Die Möglichkeit eines Market Splitting ist auch innerhalb des deutsch-österreichischen Marktgebiets durch die zunehmenden Engpässe wieder in die Diskussion gekommen. Es hat jedoch den **Nachteil,** dass regional unterschiedliche Strompreise entstehen und sich das Marktgebiet verkleinert, für das Strompreise gelten und sich daher die Liquidität des Marktes verringert.

591   **bb) Market Coupling.** Demgegenüber findet das **Market Coupling,** zu deutsch auch als Marktkopplung bezeichnet, bei grenzüberschreitenden strukturellen Engpässen Anwendung, bei denen auf beiden Seiten der Grenzkuppelstelle unterschiedliche Börsen und Netzbetreiber zuständig sind. Die Bundesnetzagentur beschreibt das Market Coupling in den Definitionen zu ihrem Monitoring Report 2015 wie folgt: *Verfahren zur effizienten Bewirtschaftung von Engpässen zwischen verschiedenen Marktgebieten unter Beteiligung mehrerer Strombörsen. Im Rahmen eines Market Coupling wird die Nutzung der knappen Übertragungskapazitäten durch die Berücksichtigung der Energiepreise in den gekoppelten Märkten verbessert. Dabei wird die Day Ahead Vergabe der grenzüberschreitenden Übertragungskapazitäten gemeinsam mit der Energieauktion an den Elektrizitätsbörsen auf Basis der Preise an den beteiligten Börsen durchgeführt.*[213]

592   Es wird zwischen einer Reihe von **Formen** des Market Coupling unterschieden. Zum einen wird zwischen volumenbasiertem Market Coupling und preisbasiertem Market Coupling unterschieden. Während bei ersterem den Börsen nur das zur Verfügung stehende Volumen und dessen Flussrichtung mitgeteilt wird und die Börsen danach selbst die Zuschlagspreise bestimmen, übernimmt bei dem preisbasierten Market Coupling die neutrale Stelle mit den Informationen eines neutralisierten Orderbuchs und der an den Grenzkuppelstellen zur Verfügung stehenden Kapazitäten die Berechnung sowohl der durchzuleitenden Volumina wie auch der Zuschlagspreise auf den involvierten Märkten. Zum anderen gab es eine Entwicklung hinsichtlich der zugrunde gelegten Methode der Ermittlung der Grenzkuppelstellenkapazitäten von der Available Transfer Capacity Methode (ATC-Methode) zur genaueren lastflussbasierten Ermittlung (Flow-based).

593   Market Coupling ist ein wesentliches Instrument zur Herstellung eines europäischen Elektrizitätsbinnenmarktes. Als eine Form impliziter Auktionen gewährleistet Market Coupling eine effiziente Nutzung der knappen Grenzkuppelkapazität. Die Verbindung von Stromhandelsgeschäft und Kapazitätsvergabe in einer **einheitlichen Auktion** führt nachweislich zu einer höheren Auslastung der Grenzkuppelstellen und zu geringeren Transaktionskosten; außerdem ermöglicht Market Coupling eine optimale Berücksichtigung von Preisunterschieden zwischen den Börsen. Im Ergebnis führt es dazu, dass Länder mit einem niedrigen Ausgangsgleichgewichtspreis einen Einspeiseüberschuss in das grenzüberschreitende Netz, Länder der Hochpreiszone dagegen einen Entnahmeüberschuss aufweisen. Die Preise der gekoppelten Marktzonen gleichen sich an, der Strompreis wird also in dem Niedrigpreisgebiet angehoben und im Hochpreisgebiet abgesenkt (Preiskonvergenz).

594   Das Market Coupling wird heute in den Day Ahead-Märkten nicht nur bilateral, sondern **multilateral** zwischen einer Mehrzahl von Marktgebieten und Ländern betrieben. Ausgangspunkte waren für Deutschland zum einen ab 2008 die Marktkopplung an der deutsch-dänischen Grenze durch die European Market Coupling Company GmbH.[214] Zu-

---

[213] Bundesnetzagentur und Bundeskartellamt, Monitoringbericht 2015, S. 406.
[214] Vgl. zu dieser Entwicklung die Darstellung auf der Webseite der EPEX SPOT unter http://www.epexspot.com/de/Marktkopplung.

dem war die französische EPEX SPOT, damals ein Joint Venture zwischen der deutschen Strombörse EEX und der französischen Strombörse Powernext, zwischen November 2006 und November 2010 am Trilateralen Market Coupling (TLC) beteiligt, das die französischen, belgischen und niederländischen Day Ahead Märkte integrierte. 2010 wurde diese Marktkopplung auf Zentralwesteuropa (Central Western Europe, CWE), erweitert, das Frankreich, Deutschland und die Benelux-Staaten umfasste. Gleichzeitig wurde CWE seit November 2010 anhand des Interim Tight Volume Couplings über das Volumen mit den nordischen Staaten gekoppelt. Im Mai 2015 wurde die Berechnung der grenzüberschreitenden Übertragungskapazitäten in CWE auf die effizientere lastflussbasierte Methode umgestellt.

Die Schaffung eines europäischen Elektrizitätsbinnenmarktes ist erklärtes Ziel der Europäischen Union. Nach Punkt 3.2. aus dem Anhang der Stromhandelsverordnung sollte damit schrittweise in einzelnen Regionen Europas begonnen werden. Ziel ist das sogenannte Price Coupling of Regions (PCR), das letztlich den gesamten europäischen Binnenmarkt für Strom abdecken soll (siehe **Abb. 49 – Marktgebiet der Multi-Regionen-Kopplung**).[215]   **595**

Ein wichtiger Schritt in Richtung dieses Strombinnenmarkts wurde 2014 mit dem Start der **Preiskopplung in Nordwesteuropa** (North Western Europe, NWE) unternommen. Seit dem Start von NWE wurde das mit PCR gekoppelte Gebiet zwei Mal erweitert. Im Mai 2014 kamen Spanien und Portugal hinzu. Seit Februar 2015 koppelte auch Italien seine Grenzen mit Frankreich, Österreich und Slowenien.   **596**

Die damit regulatorisch im Zusammenhang stehende **CACM-Verordnung** haben wir bereits in § 4, Rn. 575 dargestellt.   **597**

Quelle: Leitstudie Strommarkt 2015, Studie der Connect Energy Economics GmbH im Auftrag des Bundesministeriums für Wirtschaft und Energie, Mai.2015, S. 25, nach EEX (2015), APX (2015)

Abb. 49 – Marktgebiet der Multi-Regionen-Kopplung. Die Abbildung zeigt – grau markiert – die Marktgebiete, die an der Multi-Regionen-Kopplung beteiligt sind.

---

[215] Vgl. zu PCR die Zusammenstellung bei EPEX SPOT in http://www.epexspot.com/de/AMarktkopplung/PCR_Price_Coupling_of_Region).

Zum Weiterlesen

Kai Uwe Pritzsche u. a., in: Jürgen F. Baur u. a., Regulierung in der Energiewirtschaft, 2. Aufl. 2016, Kapitel 19: Grenzüberschreitendes Engpassmanagement, S. 267 ff.
Birgit Daiber, EU-Durchführungsrechtsetzung nach Inkrafttreten der neuen Komitologie-Verordnung, EuR 2012, 240 ff.
Carsten König, Die Pflicht zur Umsetzung eines Market Splittings in Deutschland, EnWZ 2013, 451 ff.

4. Rechtliche Vereinheitlichung des energiewirtschaftlichen Rahmens

598 Bereits in unserem Kapitel zur Entwicklung des Energierechts[216] haben wir dargestellt, dass die **Vollendung des Binnenmarkts** für Energie immer eine hohe Priorität in der europäischen Einigung hatte und weiterhin zu den vordringlichen Zielen der EU-Kommission gehört. Dies lässt sich von der Bildung der Europäischen Gemeinschaft für Kohle und Stahl (EGKS) 1951, als einer Keimzelle des europäischen Zusammenwachsens über die europäisch angestoßene Liberalisierung des Strom- und des Gasmarkts in den 1990er Jahren und die beiden folgenden Binnenmarktpakete bis zu den jetzigen Bemühungen um eine einheitliche energiepolitische Antwort auf den Klimawandel und die Schaffung von Versorgungssicherheit durch eine Energieunion verfolgen. Dieses Zusammenwachsen des europäischen Strommarktes hat seinen Ausdruck in einer Vielzahl von Regelungen und Programmen auf europäischer Ebene gefunden. Diese europäischen Regelungen prägen die nationale Energiepolitik und -gesetzgebung heute in weiten Bereichen. Das gilt sogar dann, wenn der Rechtscharakter und die theoretische Verbindlichkeit, wie etwa bei den Programmen, nicht klar sind.

599 An dieser Stelle soll nochmals ein **Überblick** zum derzeitigen Stand gegeben werden. Die einzelnen Regelungen sind zudem in den entsprechenden Sachkapiteln angesprochen.

a) Europäischer rechtlicher Rahmen

600 Traditionell hatte die EU im energierechtlichen Bereich nur geringe Kompetenzen. Trotzdem hat sie aber beispielsweise die Liberalisierung und die Entflechtung europaweit gegen den Widerstand vieler nationaler Regierungen durchgesetzt. Im **Vertrag von Lissabon** wurde 2009 die Energiepolitik in Europa auf eine neue Rechtsgrundlage gestellt. Seitdem fällt sie in den Bereich der geteilten Zuständigkeit, sodass die EU anstelle der Einzelstaaten tätig werden kann, wenn sie wirkungsvoller zu Handeln vermag. In Art. 194 AEUV wurden dann vier Ziele festgelegt, die im Rahmen der Verwirklichung oder des Funktionierens des Binnenmarkts verfolgt werden. Dazu gehören
- die Förderung der Verbindung der Energienetze ebenso,
- die Sicherstellung eines funktionierenden Energiemarktes,
- die Gewährleistung von Energieversorgungssicherheit und
- die Förderung von Energieeffizienz.

601 **Ausgenommen** von den Kompetenzen der EU nach Art. 194 Abs. 2 AEUV sind die Bedingungen für die Nutzung der eigenen Energieressourcen der Mitgliedsstaaten, ihre Wahl zwischen verschiedenen Energiequellen und die allgemeine Struktur ihrer Energieversorgung.

602 Auf dieser Grundlage wurde eine Reihe von Maßnahmen ergriffen, die den Strommarkt betreffen und europaweit vereinheitlichen:
- Das **Dritte Energiebinnenmarktpaket** zur Strom- und Gasmarktliberalisierung 2009 sieht eine Vielzahl von Maßnahmen vor, darunter weitgehend einheitlich das die eigentumsrechtliche Entflechtung und die Regulierung der Netze. Weiter gehören dazu die Einführung von ACER durch Verordnung 713/2009/EG und die in der Stromhandelsverordnung und der Gasnetzzugangsverordnung vorgesehenen Regelungen zur Zusammenarbeit der Übertragungsnetzbetreiber und zu finanziellen Ausgleichsleistungen für die Nutzung der Netze.

---

[216] Siehe § 1.

- Die Strategie **Energie 2020**[217] aus dem Jahr 2008 setzt sich das in der Formel 20–20–20 zum Ausdruck gebrachte Ziel, bis 2020 20 Prozent weniger Treibhausgasemissionen als 2005, 20 Prozent Anteil an erneuerbaren Energien und 20 Prozent mehr Energieeffizienz zu verwirklichen.
- Die **EE-Richtlinie**[218] wurde 2009 erlassen und soll den Ausbau erneuerbarer Energien in Umsetzung der Strategie Energie 2020 vorantreiben. Enthalten sind Bestimmungen, nach denen der Ausbau der erneuerbaren Energien vereinfacht werden soll und Maßnahmen, mit denen ein Ausgleichsmechanismus beim zwischenstaatlichen Handel mit erneuerbaren Energien geschaffen wird.
- Der **Energiefahrplan 2050**[219] von 2011 strebt an, dass der Energiesektor sicherer, wettbewerbsfähiger und Kohlenstoffdioxid-ärmer werden soll. Dabei spielt Strom eine große Rolle, denn der Stromanteil am Gesamtenergieverbrauch soll von 21 Prozent auf 39 Prozent bis 2050 steigen und zwar durch den Ausbau erneuerbarer Energien.
- Der **Aktionsplan Energieeffizienz**[220]**,** ebenfalls von 2011, sieht u. a. die Schaffung von intelligenten Netzen vor. Auf seiner Grundlage wurde 2012 die Energieeffizienzrichtlinie[221] erlassen, durch die sich die Mitgliedstaaten zu konkreten Maßnahmen der Effizienzsteigerung verpflichten.
- Die **TEN-E-Verordnung**[222] aus Juni 2013 soll – zur Verwirklichung des Binnenmarktes und der Versorgungssicherheit beitragen und die Entwicklung erneuerbarer Energien und die Steigerung der Energieeffizienz fördern. Dazu ist vor allem ein beschleunigter, koordinierter Netzausbau vorgesehen.
- Das **Energie- und Klimapaket**[223] führt seit 2014 die Zielsetzung der Strategie Energie 2020 bis zum Jahr 2030 mit weiteren Verschärfungen fort.
- Die **Strategie für eine sichere europäische Energieversorgung**[224] aus dem Jahr 2014 soll die Abhängigkeit der EU von Energieimporten verringern.
- Im Bereich der **Netzinfrastruktur** sind bis 2020 ebenfalls hohe Investitionen geplant, um den europäischen Energiebinnenmarkt auszubauen. Dazu gehört auch, die Voraussetzungen zu schaffen, um den Strom aus erneuerbaren Energien speichern zu können.
- Und schließlich legte die EU-Kommission die bereits in § 2, Rn. 72 ff. ausführlich dargestellte Rahmenstrategie für eine krisenfeste Energieunion und eine zukunftsorientierte Klimaschutzstrategie vor.

603 Diese grundlegenden Richtlinien, Verordnungen, Pakete und Strategien werden von vielen **Einzelregelungen** unterfüttert, die auch die Form von Leitlinien, Kodizes, Staff Working Papers oder anderen neuen Formaten annehmen. Trotzdem entfalten auch diese Regeln erhebliche Wirkung. Sie erlangen ihre Wirksamkeit zum einen dadurch, dass sie häufig durch die Abstimmung unter den europäischen Institutionen einen Konsens widerspiegeln. Zum anderen stützt sich die EU-Kommission häufig auf kartellrechtliche und neuerdings auch auf beihilferechtliche Regeln. Diese Verfahren, die ansonsten jahrelang

---

[217] EU-Kommission, Mitteilung vom 10.11.2010, Energie 2020 – Eine Strategie für wettbewerbsfähige, nachhaltige und sichere Energie, COM(2010) 639 endgültig.
[218] Richtlinie 2009/28/EG vom 23.4.2009 zur Förderung der Nutzung von Energie aus erneuerbaren Quellen (ABl. L 140 vom 5.6.2009, S. 16).
[219] EU-Kommission, Mitteilung vom 15.12.2011, Energiefahrplan 2050, COM(2011) 885 endgültig.
[220] EU-Kommission, Mitteilung vom 8.3.2011, Energieeffizienzplan 2011, COM(2011) 109 endgültig.
[221] Richtlinie 2012/27/EU vom 25.10.2012 zur Energieeffizienz (ABl. L 315 vom 14.11.2012, S. 1).
[222] Verordnung (EU) Nr. 347/2013 vom 17.4.2013 zu Leitlinien für die transeuropäische Energieinfrastruktur (ABl. L 115 vom 25.4.2013, S. 39).
[223] EU-Kommission, Mitteilung vom 23.10.2014, Ein Rahmen für die Klima- und Energiepolitik im Zeitraum 2020–2030, COM(2014) 15 final.
[224] EU-Kommission, Mitteilung vom 28.5.2014, Strategie für eine sichere europäische Energieversorgung, COM(2014) 330 final.

dauern können, führen häufig dazu, dass im Kompromisswege Regelungen gefunden werden. Damit wird ein zunehmend höherer Grad an rechtlicher Vereinheitlichung des Energiemarkts in der EU erreicht, auch wenn noch nicht alle 28 Staaten der EU sämtliche Regelungen des Dritten Binnenmarktpakets umgesetzt haben.

Zum Weiterlesen

Philip Lowe, Der Energiebinnenmarkt 2014 – auf dem Weg zu sicherer, nachhaltiger und bezahlbarer Energie für Europa, EnWZ 2013, 97 ff.
Markus Ludwigs, Grenzen für eine nationale Energiepolitik im EU-Binnenmarkt, EnWZ 2013, 483 ff.
EU-Kommission, Mitteilung vom 14.10.2013, Langfristige Vision für die Infrastruktur in Europa und darüber hinaus, COM(2013) 0711 final.

b) Institutionen

604   Im Rahmen der Entwicklung des Energiebinnenmarkts bildet sich langsam auch auf europäischer Ebene eine **institutionelle Struktur** für den Energiesektor heraus. Neben die traditionellen legislativen und exekutiven Organe, den Europäischen Rat, das Europaparlament und die EU-Kommission – mit der besonderen Bedeutung der Generaldirektionen Energie und Wettbewerb für die Energiebranche – sind mittlerweile eine Reihe weiterer Institutionen getreten.

605   Zuerst ist dabei im regulatorischen Bereich **ACER,** die Agency for the Cooperation of Energy Regulators, zu nennen. Sie soll die Zusammenarbeit der nationalen Regulierungsbehörden in Europa koordinieren und hat in diesem Zusammenhang eine ganze Reihe von Aufgaben erhalten, die im regulatorischen Bereich auf europäischer Ebene zu entscheiden sind, die aber nicht bei der EU-Kommission selbst angesiedelt werden sollen, sondern bei einer Fachbehörde. Es war umstritten, ob es eine europäische Regulierungsbehörde für den Energiesektor geben sollte. Da sich dafür kein Konsens fand, wurde ACER im Rahmen des Dritten Binnenmarktpakets als Agentur für die Zusammenarbeit der nationalen Regulierungsbehörden für Energie gebildet. Einen Überblick zu ihren Aufgaben geben wir in § 12, Rn. 18 f. Aber auch wenn ACER nicht die Befugnisse einer Regulierungsbehörde hat und seinen Sitz in Ljubljana in Slowenien erhielt, ist es doch erstmals eine europäische Behörde mit regulatorischen Befugnissen im Energiebereich.

606   Daneben arbeiten die nationalen europäischen Regulierungsbehörden freiwillig im Rahmen des Council of European Energy Regulators **(CEER)** zusammen. Diese Kooperation hat ebenfalls das Ziel, die Verbraucherinteressen zu schützen und an der Schaffung des europäischen Binnenmarktes für Energie zu arbeiten. Sie ist unabhängig von der EU-Kommission entstanden und wird in § 12, Rn. 20 kurz dargestellt. Früher gab es daneben noch die European Regulators' Group for Electricity and Gas (ERGEG). Sie war von der EU-Kommission als Beratungsgremium für die EU-Kommission in Fragen des Energiebinnenmarkts gegründet worden und bestand aus den Leitern der 28 nationalen Regulierungsbehörden. ERGEG wurde jedoch 2011 mit der Gründung von ACER aufgelöst.

607   Ebenfalls im Rahmen des Dritten Binnenmarktpakets wurde der Verbund Europäischer Übertragungsnetzbetreiber Strom (European Network of Transmission System Operators for Electricity **(ENTSO-E)**) gegründet. Obwohl es eigentlich ein Zusammenschluss von Privatunternehmen ist, löste u. a. die *Union for the Coordination of Transmission of Electricity* (UCTE) als Vorgängerverband ab. Die Gründung von ENTSO-E war im Rahmen der Stromhandelsverordnung in Art. 5 vorgesehen. Mit der Erarbeitung der Netzkodizes nach Art. 6 Stromhandelsverordnung sind ihm öffentliche Aufgaben übertragen worden. ENTSO-E hat 41 Mitglieder aus 34 Ländern und geht damit über das Gebiet der EU hinaus. Weiteres zu seinen Aufgaben findet sich in § 12, Rn. 21.

608   Daneben haben sich im Bereich des europäischen Energiesektors eine Vielzahl weiterer Organisationen mit speziellen Interessen oder Zuständigkeiten oder regionalen Aufgaben gebildet. So stimmen im Pentalateralen Forum Deutschland und seine europäischen Nachbarländer Aspekte ihrer Energiepolitik ab. Es wird vom Generalsekretariat **BENELUX** koordiniert. Das Pentalaterale Forum wurde 2007 als Rahmen zur Zusammenarbeit zwischen den BENELUX-Staaten, Frankreich und Deutschland zur besseren Integration ihrer Strommärkte gegründet. Es bietet den Rahmen für wichtige Initiativen und Vereinbarungen. Dazu gehören die Entwicklung des Market Couplings in der Region Central Western Europe und im Juni 2015[225] die oben bereits erwähnte gemeinsame Erklärung von Deutschland und seinen Elf Elektrischen Nachbarn. Darin wurde festgelegt, dass keine Höchstpreise für Strom festgesetzt werden, was von großer Bedeutung bei der Entwicklung des neuen Marktmodells für die europäischen Strommärkte ist.

c) Netzkodizes

Ein wichtiges Werkzeug für die praktische Zusammenarbeit der Übertragungsnetzbetreiber und bei der Schaffung eines einheitlichen europäischen Energienetzes sind die Netzkodizes[226]. Sie sollen die Regeln des UCTE-Handbuchs modernisieren und ablösen, in dem die europäischen Übertragungsnetzbetreiber bisher die Regeln für die Führung des europäischen Verbundnetzes festgelegt haben. Mit den Netzkodizes sollen insbesondere **Netz- und Marktintegrationsprobleme überwunden** werden. Sie sind in Art. 6 und 8 der Stromhandelsverordnung geregelt und umfassen u. a. den Netzanschluss, die Erzeugung, die Kapazitätsvorhaltung, das Engpassmanagement, die Frequenzbereiche, Notfallprozeduren, Energieeffizienzfragen und die Systemstabilität. **609**

Die Entwicklung verbindlicher Netzkodizes erfolgt in einem mehrstufigen Verfahren[227]: **610**
- Die EU-Kommission stellt jährlich eine **Prioritätenliste** auf[228], in die die Bereiche, für die Netzkodizes geschaffen werden sollen, aufgenommen werden. Im Rahmen der Festlegung konsultiert die EU-Kommission ACER, ENTSO-E und andere Beteiligte.
- Nach Aufstellung der Prioritätenliste arbeitet ACER innerhalb von sechs Monaten eine unverbindliche **Rahmenleitlinie** mit Grundsätzen für die Entwicklung des Netzkodex aus.
- Wenn die Rahmenleitlinie nach Ansicht der EU-Kommission zum effizienten Funktionieren des Marktes beiträgt, fordert sie ENTSO-E auf, binnen zwölf Monaten einen **Netzkodex** vorzulegen, der der einschlägigen Rahmenleitlinie entspricht.
- ACER erhält dann Gelegenheit zu einer Stellungnahme zu dem Netzkodex und legt in der EU-Kommission vor. Die EU-Kommission kann den Kodex zum **Komitologieverfahren** empfehlen.
- Im Rahmen des Komitologieverfahrens[229] können die Netzkodizes **verbindlich verabschiedet** werden.

Im Strombereich wurde bislang der **Netzkodex Kapazitätsallokation und Engpassmanagement** (Capacity Allocation and Congestion Management – CACM) erlassen, siehe dazu § 4, Rn. 575. Zudem sind folgende Netzkodizes geplant: Netzkodex Regelenergie Elektrizität (Electricity Balancing), Netzkodex Längerfristige Kapazitätszuweisung (Forward Capacity Allocation – FCA), Netzkodizes zum Netzanschluss (Requirements for Generators, Demand Connection Code, High Voltage Direct Current Connections), Netzkodex über Mechanismen für die Kapazitätszuweisung in Fernleitungsnetzen (Capacity Allocation Mechanisms – CAM). **611**

---

[225] Siehe http://www.benelux.int/nl/kernthemas/energie/pentalateral-energy-forum/.

[226] Sie werden mitunter auch als Netzwerkkodizes und im Englischen als Grid Codes/Network Codes bezeichnet.

[227] Siehe § 11, Rn. 107 ff.

[228] EU-Kommission, Beschl. vom 19.7.2012 zur Aufstellung jährlicher Prioritätenlisten für die Ausarbeitung von Netzkodizes und Leitlinien für 2013, Text von Bedeutung für den EWR, 2012/413/EU.

[229] Siehe § 11, Rn. 110 ff.

Zum Weiterlesen

Florian Brahms, Der ENTSO-E Netzkodex für alle Netznutzer, ER 2014, 61 ff.

Birgit Daiber, EU-Durchführungsrechtsetzung nach Inkrafttreten der neuen Komitologie-Verordnung, EuR 2012, 240 ff.

Christian von Hammerstein u. a., Gebündelte Kapazität nach der VO (EU) Nr. 984/2013), Zivilrechtliche Folgen für den grenzüberschreitenden Gastransport, EnWZ 2014, 496 ff.

Christian Thole, Der europäische Netzkodex Gas Balancing und die Auswirkungen auf GABi Gas, IR 2012, 100 ff.

§ 5. Exkurs: Entflechtung (Unbundling)

Das Thema der Entflechtung betrifft den Strommarkt und den Gasmarkt gleichermaßen. **1**
Allerdings wird die Entflechtung in der Praxis vor allem im Zusammenhang mit dem
Strommarkt diskutiert. Im Gasmarkt hat sich die Entflechtung der großen Pipelines, z. B.
das ehemalige Reckergas- und E.ON-Netz zu OGE, wesentlich ruhiger entwickelt. Deshalb, und um sie nicht im Strommarkt und Gasmarkt doppelt anzusprechen, haben wir uns
entschlossen, die Entflechtung als Exkurs zwischen diesen beiden großen Märkten vorzustellen. Im Hinblick auf die **Terminologie** gilt hierbei eine Besonderheit: die Übertragungsnetzbetreiber im Strommarkt und die Fernleitungsnetzbetreiber im Gasmarkt werden
im Bereich der Entflechtung als Transportnetzbetreiber bezeichnet.

I. Einführung

Bis zur Liberalisierung des Energiemarkts waren die großen Energieversorger zumeist so **2**
strukturiert, dass die gesamte Kette von Funktionen in einem Unternehmen vereint war.
Praktisch bestand also oft ein Energiekonzern, der über viele Tochtergesellschaften in den
einzelnen Geschäftsfeldern verfügte und diese zentral steuern konnte. Man sprach dann von
vertikal integrierten Energieversorgungsunternehmen (§ 3 Nr. 38 EnWG).

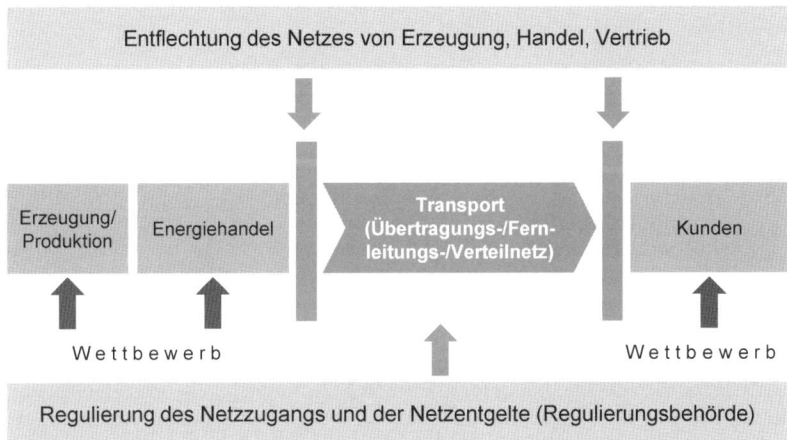

Abb. 50 – Bereiche der Entflechtung. Die Grafik zeigt, dass die Entflechtung nur den von den Netzen
abhängigen Bereich des Transportes erfasst, nicht aber die vor- und nachgelagerten Märkte.

Die Liberalisierung des Energiemarkts hatte sich mit den Binnenmarktrichtlinien Elekt- **3**
rizität und Gas (1997 und 1998) und der Neuregelung des EnWG 1998 zum Ziel gesetzt,
auch im Energiemarkt Wettbewerb sicherzustellen und dadurch fairen Marktzugang und
Marktpreise für alle Beteiligten zu gewährleisten. Dazu verließ man sich zunächst auf die
Öffnung der Netze für **Drittzugang** (Third Party Access) und verlangte nur, dass im Interesse der Wettbewerbsneutralität der Netze und zu deren Nachweis eine informatorische
und buchhalterische Entflechtung durchgeführt werden musste. Dies bedeutet, dass die
Konzerntochter, die für das Netz zuständig war, Informationen und Daten nicht mehr
mit anderen Konzerntöchtern teilen durfte, die daraus möglicherweise Vorteile gegenüber

Außenstehenden gezogen hätten. Als sich diese Maßnahmen zur Herstellung eines chancengleichen Wettbewerbs als nicht ausreichend erwiesen, ordneten die europäischen Beschleunigungsrichtlinien Strom und Gas 2003 mit Umsetzung im EnWG 2005 aber ein umfassendes Entflechtungsregime an. Entflechtung kann hierbei als die *Herauslösung des Netzbetriebes aus den übrigen energiewirtschaftlichen Geschäftstätigkeiten* definiert werden.

4   Gerade in Deutschland, das traditionell keine staatlichen Versorgungsunternehmen, sondern eine privat geführte Energiewirtschaft hatte, trafen die Entflechtungsvorschriften auf große Skepsis. Denn mit der **Entflechtung** und der **Regulierung** war ein hoher Aufwand verbunden. Zugleich konnten sich die Unternehmen ihren Regelungsrahmen nicht mehr selbst geben und büßten einen Teil der früheren Synergien in den vertikal integrierten Unternehmen ein. Trotzdem führte das Dritte Energiebinnenmarktpaket und in der Folge das EnWG 2011 nochmals zu einer Verschärfung des Entflechtungsregimes mit der vollständigen eigentumsrechtlichen Entflechtung der Netze nach dem Leitbild der EU-Kommission.

II. Vertikal integrierte Energieversorgungsunternehmen

5   Die Entflechtungsregelungen in den §§ 6 ff. EnWG setzen bei **den vertikal integrierten Energieversorgungsunternehmen** und den mit ihnen verbundenen, selbstständigen Netzbetreibern an. Vertikal integrierte Energieversorgungsunternehmen sind in § 3 Abs. 1 Nr. 38 EnWG definiert. Es sind – verkürzt gesagt – in der EU im Elektrizitäts- oder Gasbereich tätige Unternehmen(sgruppen), die

- im Elektrizitätsbereich mindestens eine der Funktionen Übertragung oder Verteilung und mindestens eine der Funktionen Erzeugung oder Vertrieb von Elektrizität oder
- im Erdgasbereich mindestens eine der Funktionen Fernleitung, Verteilung, Betrieb einer Flüssiggas-Anlage oder Speicherung und gleichzeitig eine der Funktionen Gewinnung oder Vertrieb von Erdgas wahrnehmen.

Strom	Übertragung und/oder Verteilung	+	Erzeugung und/oder Versorgung	=	vertikal integriertes Energieversorgungs-unternehmen
Gas	Fernleitung und/oder Verteilung und/oder Betrieb einer LNG-Anlage und/oder Speicherung	+	Gewinnung und/oder Lieferung	=	vertikal integriertes Energieversorgungs-unternehmen

6   Durch die Entflechtung soll den vertikal integrierten Energieversorgungsunternehmen die Möglichkeit genommen werden, wettbewerbsschädliche Vorteile aus ihrem Netzeigentum und der daraus folgenden Kontrolle über das Netzmonopol für ihre anderen Unternehmensteile zu ziehen. Diese **Vorteile** können sich beispielsweise ergeben, wenn Informationen aus dem Netzbereich in anderen Teilen des Unternehmens verwendet werden und dadurch Vorteile gegenüber Mitbewerbern entstehen oder wenn über personelle Verflechtungen Einfluss auf die Entscheidungen der Netzsparte über den Netzausbau oder die Steuerung der Einspeisung genommen wird. Als Mittel zur Verhinderung solcher Vorteilsnahmen setzt die Entflechtung darauf, die vertikal integrierten Energieversorgungsunternehmen zu Transparenz und einer diskriminierungsfreien Ausgestaltung und Abwicklung des Netzbetriebs zu verpflichten (§ 6 Abs. 1 S. 1 EnWG).

III. Umsetzung

7   Durch die Entflechtungsregelungen hat der Gesetzgeber eine grundlegende **Strukturentscheidung** für die Energiebranche vorgenommen. In Zusammenhang mit der Monopolstellung der Netze sind zwar immer auch die wettbewerblichen Regelungen in §§ 19 und 20 GWB und Art. 102 AEUV und die Missbrauchsaufsicht durch die Regulierungsbehörde zu beachten. Sie verbieten es, eine marktbeherrschende Stellung (wie sie durch das Netzmonopol besteht) auszunutzen. Allerdings dienen sie nur dazu, Missbräuche in einem grundsätzlich funktionierenden System zu verhindern. Die Entflechtungsvorschriften sollen dagegen die Grundlage für einen funktionierenden Wettbewerbsmarkt im Energiesektor legen.

Die Bundesnetzagentur und die Regulierungsbehörden der Länder überwachen die **8** Einhaltung der Grundsätze der Entflechtung in ihren jeweiligen Zuständigkeitsbereichen. Als Leitlinien für die Unternehmen haben sie gemeinsame Auslegungsgrundsätze veröffentlicht, die auf den Internetseiten der Bundesnetzagentur zu finden sind.[1] Diese **Auslegungsgrundsätze** geben das Verständnis der Regulierungsbehörden zur Auslegung und Umsetzung der Entflechtungsbestimmungen der §§ 6 bis 10 EnWG wieder. Sie sind aber keine Festlegungen i. S. d. § 29 EnWG, sondern sollen den Unternehmen als Orientierungshilfe dienen. Die Verantwortung für die rechtskonforme Umsetzung der Entflechtungsbestimmungen liegt bei den Unternehmen.

IV. Ebenen der Entflechtung

Um zu einer wirkungsvollen Entflechtung zu gelangen, hat der Gesetzgeber insgesamt **9** **fünf Ansatzpunkte** gewählt, die in unterschiedlichem Maße in die Organisation und in die Rechte der vertikal integrierten Energieversorgungsunternehmen eingreifen. Die Tabelle gibt zunächst einen kurzen Überblick, bevor die einzelnen Entflechtungsbereiche vorgestellt werden:

Informatorische Entflechtung	Buchhalterische Entflechtung	Operationelle Entflechtung	Rechtliche Entflechtung	Eigentumsrechtliche Entflechtung
§ 6a EnWG	§ 6b EnWG	§ 7a EnWG	§ 7 EnWG	§ 8 EnWG
Vertraulichkeit und diskriminierungsfreier Zugang zu Informationen aus dem Netzbetrieb	Verpflichtung zu getrennter Kontoführung, eigene Rechnungen	Organisatorische Trennung des Netzbetriebes vom vertikal integrierten Energieversorgungsunternehmen	Abtrennung des Netzbereiches vom vertikal integrierten Energieversorgungsunternehmen durch Errichtung einer eigenen Netzgesellschaft	Abtrennung des Netzbereiches vom vertikal integrierten Energieversorgungsunternehmen durch Verkauf des Netzes
Verteiler- und Transportnetzbetreiber	Verteiler- und Transportnetzbetreiber	Verteilernetzbetreiber mit mehr als 100.000 Kunden	Verteilernetzbetreiber mit mehr als 100.000 Kunden	Übertragungsnetzbetreiber (neu seit 2011)

Zu beachten ist, dass auf Verteilernetzbetreiber und Transportnetzbetreiber unterschiedliche Entflechtungsvorgaben angewendet werden. Für Netzbetreiber, die sowohl ein Verteiler- als auch ein Transportnetz betreiben **(Kombinationsnetzbetreiber)** gilt die Sonderregelung des § 6d EnWG, nach der sie die Bestimmungen der §§ 8 oder 9 oder §§ 10 bis 10e EnWG einhalten müssen. **10**

Auf **geschlossene Verteilernetze**[2] sind die Entflechtungsvorschriften ebenfalls anwendbar. **11**

---

[1] Bundesnetzagentur, Gemeinsame Auslegungsgrundsätze der Regulierungsbehörden des Bundes und der Länder zu den Entflechtungsbestimmungen in §§ 6–10 EnWG, 1.3.2006.
[2] Siehe § 4, Rn. 230 f.

12   Wie aus der vorstehenden Tabelle ersichtlich, gehen die seit 2011 geltenden **Entflechtungsanforderungen** an Transportnetzbetreiber weiter als diejenigen an die Verteilernetzbetreiber. Die Anforderungen an die Entflechtung der Transportnetzbetreiber bauen inhaltlich jedoch auf den Anforderungen an die Verteilernetzbetreiber auf. Daher werden nachfolgend zunächst die vier Elemente der Anforderungen an die Verteilernetzbetreiber und anschließend die weitergehenden Verpflichtungen zur eigentumsrechtlichen Entflechtung für die Transportnetzbetreiber dargestellt.

1. Informatorische Entflechtung

13   Die informatorische Entflechtung (im deutschen auch informationelle Entflechtung, Informational Unbundling) nach § 6a EnWG erfasst Verteiler- und Übertragungsnetzbetreiber und beinhaltet zwei Bereiche.

14   § 6a Abs. 1 EnWG legt fest, dass **Netznutzerinformationen,** die u. a. vertikal integrierte Energieversorgungsunternehmen und die Netzbetreiber im Rahmen ihrer Tätigkeit erlangen, unter allen Umständen vertraulich zu behandeln sind. Netznutzerinformationen sind beispielsweise Daten zu einzelnen Kunden und deren Verbrauchsverhalten. Wer über diese Informationen verfügt, kann zum Beispiel im Bereich des Vertriebes den Kunden besondere Angebote vorlegen, was zu einer unzulässigen Benachteiligung der Mitbewerber führt. Die vertikal integrierten Energieversorgungsunternehmen müssen die Informationen daher so erfassen, dass sie anderen Teilen des Unternehmens nicht zur Kenntnis gelangen (Informationstrennung, Chinese Walls) und dürfen diese auch nicht an Unternehmensteile oder Dritte herausgeben.

15   § 6a Abs. 2 EnWG schreibt vor, wie mit potentiell wirtschaftlich vorteilhaften Netzinformationen umzugehen ist. Netzinformationen sind Informationen über die Tätigkeit des Netzbetreibers, also beispielsweise bzgl. der Netzauslastung und des Netzausbaus. Diese Daten sind − anders als die Netznutzerinformationen − nicht per se vertraulich, können aber so behandelt werden. Entscheidet sich das Unternehmen für eine **Offenlegung** − zum Beispiel gegenüber einem anderen Unternehmensteil − muss es die Informationen auch allen Mitbewerbern gleichermaßen diskriminierungsfrei zur Verfügung stellen.

16   Die deutschen Regulierungsbehörden haben bereits 2007 zu dieser grundlegenden Form der Entflechtung eine **Gemeinsame Richtlinie** der Regulierungsbehörden des Bundes und der Länder zur Umsetzung der informatorischen Entflechtung nach § 9 EnWG[3] erlassen. Auch die European Regulators' Group for Electricity and Gas (ERGEG)[4] hat bereits 2008 zur operationellen und informatorischen Entflechtung von Verteilernetzbetreibern **Leitlinien** veröffentlicht.[5]

2. Buchhalterische Entflechtung

17   Die buchhalterische Entflechtung (Unbundling of Accounts) greift in die Rechnungslegung von vertikal integrierten Energieversorgungsunternehmen ein. Nach § 6b Abs. 1 S. 3 EnWG haben die Unternehmen zur Vermeidung von Diskriminierung und Quersubventionierung in ihrer internen Rechnungslegung **getrennte Konten** für die Bereiche Elektrizitätsübertragung und Elektrizitätsverteilung bzw. Gasfernleitung, Gasverteilung, Gasspeicherung und Betrieb von Flüssiggas-Anlagen zu führen. Dies ist so zu tun, als ob die Tätigkeiten von rechtlich selbstständigen Unternehmen ausgeführt werden. Weitere Konten sind für andere Tätigkeiten innerhalb und außerhalb des Elektrizitätssektors bzw. des Gassektors zu führen. Sie können jeweils innerhalb des jeweiligen Sektors zusammengefasst werden.

---

[3] Bundesnetzagentur, Gemeinsame Richtlinie der Regulierungsbehörden des Bundes und der Länder zur Umsetzung der informatorischen Entflechtung nach § 9 EnWG vom 13.7.2007.
[4] ERGEG war ein Beratergremium der EU-Kommission, das mit Gründung von ACER aufgelöst wurde.
[5] Bundesnetzagentur, Leitlinien für eine gute Umsetzung zur operationellen und informatorischen Entflechtung von Verteilernetzbetreiber vom 15.7.2008.

Obzwar die Vorschrift nach dem Wortlaut nur die interne Rechnungslegung betrifft, ist **18** mit der Erstellung des Jahresabschlusses des Unternehmens für jeden der genannten Tätigkeitsbereiche eine besondere Bilanz und eine Gewinn- und Verlustrechnung **(Tätigkeitsabschluss)** aufzustellen (§ 6b Abs. 3 S. 6 EnWG). Da der Tätigkeitsabschluss gem. § 6b Abs. 4 EnWG zusammen mit dem Jahresabschluss zu veröffentlichen ist, wird die Rechnungslegung auch extern bekannt.

Zweck der buchhalterischen Entflechtung ist es, die Kosten transparent zu machen. So **19** kann verglichen werden, welche Tarife das vertikal integrierte Energieversorgungsunternehmen von seinen Mitbewerbern für die Übertragung und Verteilung verlangt und welche Kosten es intern in Rechnung stellt. Wettbewerbsverzerrende Ungleichbehandlungen würden auf diese Weise öffentlich.

3. Operationelle Entflechtung

Die operationelle oder auch organisatorische Entflechtung bzw. funktionale Entflechtung **20** (Functional Unbundling) legt fest, dass die vertikal integrierten Energieversorgungsunternehmen die Selbstständigkeit ihrer verbundenen Verteilernetzbetreiber in den Bereichen Organisation, Entscheidungsgewalt und Ausübung des Netzgeschäfts sicherzustellen haben (§ 7a Abs. 1 EnWG). Die Regelung zielt darauf ab, durch die Abtrennung der Netzsparte für **mehr Transparenz** zu sorgen und Quersubventionierungen zu verhindern. Sie geht mittlerweile immer mit der rechtlichen Entflechtung einher. Eine Übergangsvorschrift im EnWG 2005, nach der eine isolierte operationelle Entflechtung möglich war, ist bereits 2007 ausgelaufen.

Während die informatorische und die buchhalterische Entflechtung für alle Netzbetrei- **21** ber verpflichtend sind, besteht die Verpflichtung zur operationellen und rechtlichen Entflechtung nach §§ 7 Abs. 2 und 7a Abs. 7 EnWG nur für vertikal integrierte Energieversorgungsunternehmen und Gasverteilernetze über 100.000 Kunden. Diese **Begrenzung** wurde geschaffen, weil bei kleinen Unternehmen die Umsetzung der Entflechtungsvorgaben oft mit einem Aufwand verbunden wäre, der in einem Missverhältnis zum durch die Entflechtung erlangten Vorteil stünde.

Die Trennung im Bereich der Entscheidungsgewalt nach § 7a Abs. 2 EnWG erfordert, **22** dass **Mitarbeiter** des Verteilernetzbetreibers mit Leitungsfunktion (Geschäftsführung, Vorstand, ggf. Top-Management) oder mit Letztentscheidungsbefugnis in diskriminierungsrelevanten Bereichen nicht zugleich im laufenden Betrieb in den Wettbewerbsbereichen des vertikal integrierten Energieversorgungsunternehmen beschäftigt sein dürfen (§ 7a Abs. 2 Nr. 1 EnWG). Durch die Trennung soll vermieden werden, dass Mitarbeiter widerstreitenden Interessen ausgesetzt sind bzw. nicht neutral agieren. Der Zusatz *im laufenden Betrieb* bedeutet, dass zwar eine Doppelrolle im operativen Bereich unzulässig ist, nicht aber die Kombination einer operativen Aufgabe mit der Wahrnehmung einer Tätigkeit als Aufsichtsratsmitglied. Mitarbeiter, die zwar für das vertikal integrierte Energieversorgungsunternehmen aber nicht in den vorgenannten Bereichen arbeiten, müssen zumindest den fachlichen Weisungen der Leitung des Verteilernetzbetreibers unterstellt werden (§ 7a Abs. 2 Nr. 2 EnWG). D.h., sie dürfen für das vertikal integrierte Energieversorgungsunternehmen tätig sein, solange sie bei ihrer Tätigkeit für den Verteilernetzbetreiber dessen Weisung befolgen. Dadurch wird es möglich, dass vertikal integrierte Energieversorgungsunternehmen und Verteilernetzbetreiber zum Beispiel im Bereich der IT auf gemeinsame Einheiten (Shared Services) zugreifen. Praktische Grenzen werden diesem Ansatz aber durch die informatorische Entflechtung gesetzt.

Zur operationellen Entflechtung gehört nach § 7a Abs. 4 S. 1 EnWG auch, dass das ver- **23** tikal integrierte Energieversorgungsunternehmen dem Verteilernetzbetreiber **tatsächliche Entscheidungsbefugnisse** in Bezug auf die für den Betrieb, die Wartung und den Ausbau des Netzes erforderlichen Vermögenswerte des vertikal integrierten Energieversorgungsunternehmens überträgt. Der Verteilernetzbetreiber muss sie unabhängig von der Leitung und den anderen betrieblichen Einrichtungen des vertikal integrierten Energieversorgungsunternehmens wahrnehmen können. Dafür muss der Verteilernetzbetreiber vom vertikal integrierten Energieversorgungsunternehmen materiell, personell, technisch und finanziell so ausgestattet werden, dass er die Entscheidungsbefugnis effektiv selbst ausüben kann (§ 7a Abs. 4 S. 2 EnWG).

24   Das vertikal integrierte Energieversorgungsunternehmen kann seine berechtigten Interessen gegenüber dem Verteilernetzbetreiber wahrnehmen, indem es seine **Aufsichtsrechte** über die Geschäftsführung des Verteilernetzbetreibers im Hinblick auf dessen Rentabilität ausübt (§ 7a Abs. 4 S. 3 EnWG). Dazu ist die Nutzung gesellschaftsrechtlicher Instrumente der Einflussnahme und Kontrolle (Weisungsrechte, Festlegung allgemeiner Verschuldungsobergrenzen, Genehmigung jährlicher Finanzpläne) zulässig. Weisungen zum laufenden Netzbetrieb sind nicht erlaubt. Ebenfalls unzulässig sind Vorgaben im Hinblick auf einzelne Entscheidungen zu baulichen Maßnahmen an Energieanlagen, solange sich die Entscheidungen im Rahmen eines vom vertikal integrierten Energieversorgungsunternehmen genehmigten Finanzplans oder eines vergleichbaren Instrumentes bewegen (§ 7a Abs. 4 S. 3 und S. 5 EnWG).

25   § 7a Abs. 5 EnWG schreibt den vertikal integrierten Energieversorgungsunternehmen die Auflegung eines **Gleichbehandlungsprogramms** vor. Dies beinhaltet für die mit Tätigkeiten des Netzbetriebs befassten Mitarbeiter ein Programm mit verbindlichen Maßnahmen zur diskriminierungsfreien Ausübung des Netzgeschäfts festzulegen. Das Programm ist den Mitarbeitern und der Regulierungsbehörde bekannt zu machen. Die Einhaltung muss durch einen Gleichbehandlungsbeauftragten überwacht werden. Für welchen Konzernteil die Mitarbeiter arbeiten ist dabei unerheblich, es kommt alleine auf den Bezug zum Netzbetrieb an. Der Gleichbehandlungsbeauftragte hat Zugang zu allen Informationen, über die der Verteilernetzbetreiber und etwaige verbundene Unternehmen verfügen, soweit dies zu Erfüllung seiner Aufgaben erforderlich ist.

26   Zur operationellen Entflechtung gehört schließlich auch, dass die Verteilernetzbetreiber, die Teil eines vertikal integrierten Energieversorgungsunternehmens sind, eine **unabhängige Markenpolitik** verfolgen und durch ihr Kommunikationsverhalten Verwechslungen mit dem vertikal integrierten Energieversorgungsunternehmen vermeiden. Hierzu hat die Bundesnetzagentur Gemeinsame Auslegungsgrundsätze III der Regulierungsbehörden des Bundes und der Länder zu den Anforderungen an die Markenpolitik und das Kommunikationsverhalten bei Verteilernetzbetreibern (§ 7a Abs. 6 EnWG)[6] veröffentlicht.

27   Die Vorschriften der organisatorischen Entflechtung gelten zum Teil auch für die Betreiber von **Speicheranlagen** und **Transportnetzeigentümer,** § 7b EnWG. Für Speicheranlagenbetreiber gelten die §§ 7 und 7a Abs. 1 bis 5 EnWG, wenn sie Teil eines vertikal integrierten Energieversorgungsunternehmens sind und wenn der Zugang zu der Speicheranlage zur Sicherung eines effizienten Netzzuganges im Rahmen der Belieferung von Kunden technisch und wirtschaftlich erforderlich ist. Übertragungsnetzbetreiber fallen unter §§ 7 und 7a Abs. 1 bis 5 EnWG, soweit ein Unabhängiger Systembetreiber im Sinne von § 9 EnWG benannt wurde.[7]

4. Rechtliche Entflechtung

28   Die rechtliche Entflechtung (Legal Unbundling) nach § 7 Abs. 1 EnWG greift aus juristischer Sicht stärker als die bisher vorgestellten Entflechtungsvorgaben in die Freiheit der vertikal integrierten Energieversorgungsunternehmen ein. Denn im Zuge der rechtlichen Entflechtung müssen die vertikal integrierten Energieversorgungsunternehmen ihren Netzbetrieb gesellschaftsrechtlich vollständig aus dem Unternehmen herauslösen. Dazu

---

[6] Bundesnetzagentur, Gemeinsame Auslegungsgrundsätze III der Regulierungsbehörden des Bundes und der Länder zu den Anforderungen an die Markenpolitik und das Kommunikationsverhalten bei Verteilernetzbetreibern (§ 7a Abs. 6 EnWG) vom 16.7.2012.
[7] Siehe zum Unabhängigen Systembetreiber § 5, Rn. 38 ff.

müssen sie sicherstellen, dass mit ihnen verbundene Verteilernetzbetreiber hinsichtlich ihrer Rechtsform unabhängig sind und als **eigenständige Gesellschaften** (beispielsweise als AG, GmbH oder KG) am Markt agieren.

Im Vergleich zur eigentumsrechtlichen Entflechtung darf das vertikal integrierte Ener- 29 gieversorgungsunternehmen aber **Eigentümer** der neuen Gesellschaft sein, sodass in der Praxis zumeist hundertprozentige Tochterunternehmen entstehen. Das Eigentum am Netz selbst verbleibt beim vertikal integrierten Energieversorgungsunternehmen, der Verteiler-netzbetreiber erlangt den Zugriff darauf i. d. R. durch ein Netzpachtverhältnis.

Durch die Ausgliederung der Netzsparte geht mit der rechtlichen Entflechtung automa- 30 tisch eine operationelle Entflechtung einher. Die de-minimis-Regelung gemäß § 7a Abs. 7 EnWG gilt entsprechend.

5. Eigentumsrechtliche Entflechtung

Mit dem EnWG 2011 wurde als fünfte Form der Entflechtung die eigentumsrechtliche 31 Entflechtung (Ownership Unbundling) eingeführt, §§ 8 ff. EnWG. Gegen diese, von der EU-Kommission unbedingt gewollte, Form der Entflechtung war gerade von deutscher Seite lange politischer Widerstand geleistet worden. Denn ein solcher Zwang hätte einen gravierenden Eingriff in die Rechte des vertikal integrierten Energieversorgungsunterneh-mens als Eigentümer des Transportnetzes bedeutet. Diese wären in Deutschland beispiels-weise nicht mit der grundgesetzlichen Eigentumsgarantie in Einklang zu bringen gewesen und hätten einen **verfassungswidrigen Eingriff** dargestellt.

Deshalb wurde dann als **politischer Kompromiss** zu dem Leitbild der EU-Kommis- 32 sion von einer vollständigen eigentumsrechtlichen Entflechtung abgewichen und die Alter-nativen Unabhängiger Systembetreiber (Independent System Operator (ISO)) oder Unab-hängiger Transportnetzbetreiber (Independent Transmission Operator (ITO)) zugelassen.

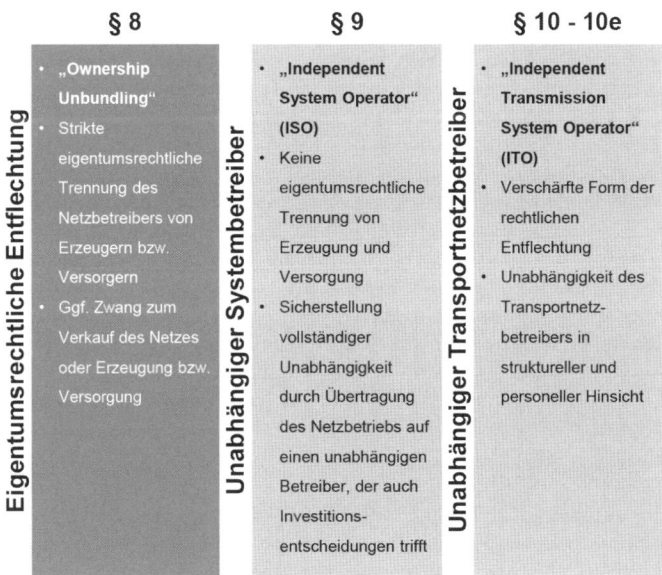

Abb. 51 – Varianten der Eigentumsrechtlichen Entflechtung. Die Grafik zeigt die unterschiedlichen Modelle der Eigentumsrechtlichen Entflechtung. In der deutschen Praxis spielt dabei alleine der ITO eine Rolle.

Deshalb legt § 8 Abs. 1 EnWG jetzt als **Kompromiss** fest, dass vertikal integrierte 33 Energieversorgungsunternehmen den Unternehmensbestandteil Transportnetzbetrieb im

Wege der eigentumsrechtlichen Entflechtung aus dem Unternehmen völlig herauslösen oder stattdessen die Alternative Unabhängiger Systembetreiber oder Unabhängiger Transportnetzbetreiber wählen müssen. Damit ist die eigentumsrechtliche Entflechtung die am weitesten gehende Entflechtungsvorgabe und greift substantiell in die Struktur des vertikal integrierten Energieversorgungsunternehmens ein. Es ist zu beachten, dass § 8 EnWG nicht für die Verteilernetze gilt.

a) Vollständige eigentumsrechtliche Entflechtung

34   Kommt es zu einer vollständigen eigentumsrechtlichen Entflechtung muss der Transportnetzbetreiber Eigentümer des Netzes werden (§ 8 Abs. 2 S. 1 EnWG) und darf gesellschaftsrechtlich nicht unter der Kontrolle von Eigentümern stehen, die gleichzeitig Unternehmen der Energieversorgung aus dem Wettbewerbsbereich kontrollieren (§ 8 Abs. 2 S. 2 EnWG). Faktisch muss also ein **neues, unabhängiges Unternehmen** geschaffen werden. Nicht kontrollierende Minderheitsbeteiligungen, wie etwa die Beteiligung von RWE an Amprion, sind dabei zulässig. Auch können zwei oder mehr Unternehmen, die Eigentümer von Transportnetzen sind, ein Gemeinschaftsunternehmen gründen, das in zwei oder mehr Mitgliedstaaten als Betreiber für die betreffenden Transportnetze tätig ist (§ 8 Abs. 2 S. 7 EnWG). Verboten sind, anders als bei den Verteilernetzbetreibern, allerdings Pachtmodelle.

35   Um zu verhindern, dass über **personelle Verflechtungen** und gesellschaftsrechtliche Einflussnahme-Möglichkeiten die Entflechtung unterlaufen wird, dürfen die Gesellschafter/ Aufsichtsratsmitglieder des durch die Entflechtung neu entstandenen Unternehmens und die Gesellschafter/Aufsichtsmitglieder des vertikal integrierten Energieversorgungsunternehmens im jeweils anderen Unternehmen nicht tätig werden (§ 8 Abs. 2 S. 2 bis 6 EnWG).

36   Im Rahmen der Entflechtung haben die Transportnetzbetreiber außerdem zu gewährleisten, dass sie über die finanziellen, materiellen, technischen und personellen Mittel verfügen, die erforderlich sind, um ihre gesetzlich vorgesehenen **Aufgaben wahrzunehmen** (§ 8 Abs. 2 S. 9 EnWG). Durch diese Vorschrift soll verhindert werden, dass die vertikal integrierten Energieversorgungsunternehmen die Transportnetzbetreiber bei der Entflechtung so schlecht ausstatten, dass dadurch die Versorgungssicherheit gefährdet wird.

37   Aus den Erfordernissen der vollständigen eigentumsrechtlichen Entflechtung entstehen eine **Vielzahl von Fragen.** So benötigen zum Beispiel in den nächsten Jahren im Rahmen der Energiewende sowohl Erzeugungsanlagen im Bereich der erneuerbaren Energien als auch der Netzausbau Investitionen in Milliardenhöhe. Solche Investitionen sind aufgrund ihrer stetigen Erträge besonders für Finanzinvestoren, wie zum Beispiel Infrastrukturfonds und Pensionsfonds, geeignet. Diese dürfen jedoch nach einem strengen Verständnis des Entflechtungsregimes nicht gleichzeitig in beiden Bereichen kontrollierende Mehrheiten erwerben, auch wenn zum Beispiel eine Investition in eine Photovoltaikanlage in Spanien wenig mit einer Investition in eine Anbindungsleitung für Offshore-Windkraftanlagen in Deutschland zu tun hat. Hier sind im Interesse der Energiewende noch klare Lösungen zu finden.

b) Unabhängiger Systembetreiber

38   Anstelle der eigentumsrechtlichen Entflechtung kann sich das vertikal integrierte Energieversorgungsunternehmen auch für das Modell des Unabhängigen Systembetreibers entscheiden, § 9 EnWG. Er wird – abgeleitet von der englischen Bezeichnung Independent System Operator – auch im Deutschen als ISO bezeichnet. **Voraussetzung** für die Einsetzung eines ISO ist, dass das Netz am 3.9.2009 im Eigentum des vertikal integrierten Energieversorgungsunternehmens stand und die EU-Kommission zustimmt (§ 9 Abs. 1 EnWG, Art. 13 Richtlinie 2009/72/EG).

39   Faktisch bedeutet die Wahl dieses Modelles, dass das vertikal integrierte Energieversorgungsunternehmen Eigentümer des Transportnetzes bleibt, den **Betrieb** des Netzes aber

losgelöst vom Konzernverbund dem ISO überlässt. Der ISO muss genauso selbstständig vom vertikal integrierten Energieversorgungsunternehmen agieren können wie ein tatsächlich entflochtener Transportnetzbetreiber (§ 9 Abs. 2 S. 3 und 4, Abs. 3 EnWG) und darf zudem nicht mit den Bereichen Gewinnung, Handel und Vertrieb verflochten sein. Auch jede Form der gegenseitigen Kontrolle und Einflussnahme ist unzulässig (§ 9 Abs. 2 S. 1 EnWG).

Eine Verbindung zum vertikal integrierten Energieversorgungsunternehmen besteht nur **40** noch darin, dass dieses in seiner Funktion als Eigentümer die **Investitionen** zu finanzieren hat, die der ISO im Netzentwicklungsplan vorgesehen hat und die von der Bundesnetzagentur genehmigt wurden (§ 9 Abs. 4 S. 2 EnWG). Zudem kommt dem ISO eine Haftungsfreistellung für Schäden zu Gute, die nicht direkt mit dem Netzbetrieb in Zusammenhang stehen (§ 9 Abs. 5 EnWG).

Der **Nachteil** des Modelles besteht darin, dass dem vertikal integrierten Energieversor- **41** gungsunternehmen gegenüber der völligen eigentumsrechtlichen Entflechtung neben dem Eigentum an sich keine Vorteile verbleiben. Es verliert jegliche Rechte, kann aber weiterhin für die Finanzierung und Haftung herangezogen werden. Daher hat das Modell des ISO in Deutschland bisher keine Anwendung gefunden und hat in der Praxis keine Bedeutung.

c) Unabhängiger Transportnetzbetreiber

Praktisch relevanter ist die zweite Alternative zur eigentumsrechtlichen Entflechtung, das **42** Modell des Unabhängigen Transportnetzbetreibers nach §§ 10 ff. EnWG. Es wird als ITO abgekürzt, was sich vom englischen Independent Transmission Operator ableitet. Auch hier ist **Voraussetzung,** dass das Transportnetz am 3.9.2009 im Eigentum eines vertikal integrierten Energieversorgungsunternehmens stand (§ 10 Abs. 1 S. 1 EnWG). Als Rechtsform für den ITO kommen zum Beispiel die GmbH, die AG und die KGaA in Betracht (§ 10 Abs. 2 S. 2 EnWG).

Das Modell des ITO basiert darauf, dass das vertikal integrierte Energieversorgungs- **43** unternehmen das Transportnetz zwar als Teil des Konzerns behalten darf. Es muss das Eigentum aber auf den ITO als **Konzerntochter** übertragen und ihn zugleich mit den Voraussetzungen zum Netzbetrieb ausstatten, sodass die Konzernmutter oder andere Konzerntöchter keinen Einfluss nehmen können. Dazu muss das vertikal integrierte Energieversorgungsunternehmen dafür sorgen, dass die Unabhängigkeit des ITO hinsichtlich der Organisation, der Entscheidungsgewalt und der Ausübung des Transportnetzgeschäfts nach Maßgabe der §§ 10a bis 10e EnWG gewährleistet ist (§ 10 Abs. 2 S. 1 EnWG). Die Regelungen der §§ 10a bis 10e EnWG stellen eine Erweiterung der Vorschriften zur organisatorisch-rechtlichen Entflechtung dar.

Dabei sind im Wesentlichen folgende Vorgaben zu beachten: **44**

- durch § 10a EnWG soll die **Unabhängigkeit** des ITO gesichert werden. Er muss über die finanziellen, technischen, materiellen und personellen Mittel verfügen, die zur Erfüllung der Pflichten aus dem EnWG und für den Transportnetzbetrieb erforderlich sind und unmittelbar oder vermittelt durch Beteiligungen, Eigentümer von allen für den Transportnetzbetrieb erforderlichen Vermögenswerten, einschließlich des Transportnetzes, sein. In Beziehung zum vertikal integrierten Energieversorgungsunternehmen gelten zum Beispiel das Verbot der Doppel-Anstellung und Arbeitnehmerüberlassung, die Untersagung vieler gegenseitiger Dienstleistungen, die Verpflichtung zu einer eigenen Markenpolitik, die Trennung von IT-Hardware und Software, von Gebäuden und Büros sowie die Pflicht zu einer unabhängigen Rechnungsprüfung.
- § 10b EnWG regelt die **Rechte und Pflichten** des vertikal integrierten Energieversorgungsunternehmens gegenüber dem ITO. Er muss wirksame Entscheidungsbefugnisse und Ausübungsrechte in Bezug auf die Vermögenswerte des vertikal integrierten Energieversorgungsunternehmens erhalten, die für den Betrieb, die Wartung und den Ausbau des Netzes erforderlich sind und durch die Aufnahme von Darlehen oder Kapitalerhö-

hungen zusätzliche Mittel beschaffen können. Denn der ITO muss dafür sorgen, dass er jederzeit über die notwendigen Mittel zur Erfüllung seiner Aufgaben verfügt.

- In § 10c EnWG finden sich Regelungen zur **Unabhängigkeit des Personals** und der **Unternehmensleitung** des ITO. Die Unternehmensleitung untersteht einer Genehmigungspflicht durch die Bundesnetzagentur. Verflechtungen, zum Beispiel durch Unternehmensbeteiligungen oder durch gemeinsame Mitarbeiter von ITO und vertikal integriertem Energieversorgungsunternehmen sind untersagt.
- In § 10d EnWG finden sich Regelungen zum **Aufsichtsrat** des ITO, die die Vorgaben des § 119 AktG modifizieren.
- Nach § 10e EnWG muss der ITO ein Programm mit verbindlichen Maßnahmen **zur diskriminierungsfreien Ausübung** des Betriebs des Transportnetzes festlegen (Gleichbehandlungsprogramm) und Sanktionen definieren.

45   Die konkreten Aufgaben des ITO finden sich in § 10 Abs. 1 S. 2 i.V.m. §§ 11 ff. EnWG. Sie umfassen alle Aufgaben des Netzbetriebes sowie zum Beispiel die Vertretung gegenüber Dritten, der Bundesnetzagentur, dem ENTSO und die Erhebung von transportnetzbezogenen Entgelten. Dies zeigt, dass der ITO ein höchst komplexes Gebilde ist, für das sich in der Praxis eine Vielzahl schwieriger **Abgrenzungsfragen** stellen.

V. Zertifizierungsverfahren

46   Durch die Entflechtungsvorgaben ist es in Deutschland – insbesondere im Bereich der Übertragungsnetze – zu einer signifikanten Veränderung des Energiemarktes gekommen. Denn die Betreiber von Übertragungs- und Fernleitungsnetzen müssen die Einhaltung der Entflechtungsvorgaben aus den §§ 8 ff. EnWG von der **Bundesnetzagentur** zertifizieren lassen (Zertifizierungsverfahren).

47   Im Strombereich sind drei der vier großen vertikal integrierten Energieversorgungsunternehmen (EnBW, E.ON, RWE und Vattenfall) im Bereich der Übertragungsnetze mittlerweile eigentumsrechtlich entflochten worden. Sie haben sich dabei jeweils für das Modell des unabhängigen Transportnetzbetreibers (ITO) entschieden. TransnetBW GmbH, der vormaligen Übertragungsnetzgesellschaft von EnBW, wurde von der Bundesnetzagentur ebenso wie Amprion GmbH (vormals RWE) und 50Hertz Transmission GmbH (vormals Vattenfall) die Zertifizierung als Transportnetzbetreiberin erteilt. Der Antrag der **TenneT** TSO GmbH (vormals E.ON) wurde jedoch von der Bundesnetzagentur mit der Begründung abgelehnt, dass diese nicht die erforderlichen Nachweise über die notwendigen finanziellen Mittel zur Erfüllung ihrer gesetzlichen Netzbetriebs- und Netzausbaupflichten erbringen konnte. Diese sind bei TenneT besonders umfangreich, da TenneT für die sehr kostenintensive Netzanbindung der Offshore-Windparks in der Nordsee verantwortlich ist. Allerdings kann dieser Nachweis im derzeit anhängigen, weiteren Verfahren noch erbracht werden.

48   Im Gasbereich wurde die Zertifizierung bisher für 14 Fernleitungsnetzbetreiber erteilt.

49   Eine **Verletzung der Entflechtungsvorschriften** bzw. ein Netzbetrieb ohne Zertifizierung kann von der Bundesnetzagentur mit erheblichen Bußgeldern und Aufsichtsmaßnahmen sanktioniert werden.

50   Die **Verteilernetzbetreiber** sind dagegen in geringerem Ausmaß von den Entflechtungsvorgaben betroffen. Unter die de-minimis-Regelungen fielen im 2012 Strombereich 780 von 883 Verteilernetzbetreibern und im Gasbereich 648 von 720 Netzbetreibern nicht unter die Unbundling-Regeln.[8] Sie sind daher von der operationellen und rechtlichen Entflechtung ausgenommen. Die auch für sie geltenden Vorgaben zur informatorischen und buchhalterischen Entflechtung sind ein wichtiger Beitrag zur Schaffung eines wettbewerbsbasierten Energiebinnenmarktes, wirken sich aber nicht unmittelbar spürbar aus.

---

[8] E-World, Energy and Water: Energienachrichten, Verteilnetzbetreiber unbundeln in Deutschland, 16.5.2013.

Zum Weiterlesen

Christian Koenig u. a., Energierecht, 3. Aufl. 2013, 5. Kapitel: Entflechtung

Carsten E. Beisheim, in: Gerd Stuhlmacher u. a. (Hrsg.), Grundriss zum Energierecht, 2. Aufl. 2015, Kapitel 1: Entflechtung

Christian de Wyl u. a., in: Jens-Peter Schneider u.a., Recht der Energiewirtschaft, 4. Aufl. 2013, § 4.: Entflechtung von Energieversorgungsunternehmen

Franz Jürgen Säcker u. a., Die Entflechtung der Transportnetzbetreiber durch das Modell des „Independent Transmission Operator" (ITO), NZR 2012, Beilage 2, 1 ff.

Bundesnetzagentur und Bundeskartellamt, Monitoringbericht 2014, S. 316 ff.

Jürgen F. Baur u. a., Unbundling in der Energiewirtschaft, 2006

Jürgen F. Baur u. a., Eigentumsentflechtung in der Energiewirtschaft durch Europarecht, 2008

§ 6. Der Gasmarkt

1   Der Gasmarkt ist neben dem Strommarkt der zweite große Bereich der Energiewirtschaft und damit auch des Energierechts. Erdgas stellte im Jahr 2014 21 Prozent des deutschen Primärenergieverbrauchs sicher. Es ist damit nach Mineralöl der **zweitwichtigste
Energieträger.** Es findet in Deutschland immer noch hauptsächlich Verwendung für die
Wärmeversorgung, während es 2014 aufgrund der relativ hohen Kosten der Stromerzeugung durch Gas nur noch 9,5 Prozent zu der Bruttostromerzeugung in Deutschland beigetragen hat.[1]

2   In diesem **Kapitel zum Gasmarkt** wollen wir darstellen,
- was man unter *Gas* versteht, welche Besonderheiten es aufweist und wie sein Regelungsrahmen strukturiert ist (Rn. 3 ff.),
- wie Gas in Deutschland gewonnen bzw. beschafft wird (Rn. 45 ff.),
- welche Aspekte aus den Bereichen Netz und Transport wichtig sind (Rn. 103 ff.),
- wie die Gasspeicherung funktioniert (Rn. 174 ff.),
- welche Rolle der Gashandel spielt (Rn. 209 ff.) und schließlich
- welche Regelungen für den Gasvertrieb gelten (Rn. 265 ff.).

I. Einführung und Regelungsstruktur

3   Bei der Darstellung des Gasmarktes wird in der Literatur und Praxis oft auf den Strommarkt verwiesen, sofern nicht eigene, gasspezifische Regelungen gelten. Dies ist richtig,
allerdings verliert sich dadurch gelegentlich das Bewusstsein, dass es sich beim **Gas** um ein
völlig **anderes Produkt** handelt als beim Strom und dass seine Regelungen viele eigene
Schwerpunkte enthalten. Dieser Abschnitt soll daher zunächst einen Überblick über diese
Besonderheiten geben.

1. Grundbegriffe und Marktüberblick

a) Physikalischer Hintergrund

4   Gas ist eine Substanz, deren Teilchen sich in relativ großem Abstand frei voneinander
bewegen und den verfügbaren Raum gleichmäßig ausfüllen. Neben *fest* und *flüssig* ist *gas-
förmig* der dritte klassische Aggregatzustand, in dem sich ein Stoff befinden kann.[2] Im energierechtlichen Zusammenhang interessant sind aber nur die Gase, bei deren Verbrennung
Wärme oder Strom erzeugt werden kann. Dazu weisen die kommerziell im Gasmarkt genutzten Gase einen hohen Anteil an **Methan** auf, denn dies ist der Bestandteil, der bei der
Verbrennung als Wärmeenergie genutzt wird. Daneben enthalten die Gase, je nach Art und
Herkunft, schwankende Mengen an Ethan, Propan, Butan, weiteren Kohlenwasserstoffver-
bindungen, Stickstoff und Kohlenstoffdioxid. Die Zusammensetzung bestimmt die Gasbe-
schaffenheit.

5   Abhängig von der enthaltenen Methan-Menge wird in Deutschland zwischen den Gas-
qualitäten L-Gas und H-Gas unterschieden. **L-Gas** (low calorific gas) besteht zu 80 bis 87
Prozent aus Methan und größeren Mengen Stickstoff und Kohlenstoffdioxid. **H-Gas** (high
calorific gas) enthält 87 bis 99 Prozent Methan und nur geringe Mengen Stickstoff und
Kohlenstoffdioxid. L-Gas und H-Gas müssen aus technischen Gründen unterschiedlicher
Verwendung stets in getrennten Systemen transportiert und nur von jeweils passenden Ver-

---

[1] Alle Zahlen in diesem Abschnitt: Arbeitsgemeinschaft Energiebilanzen e. V., Bericht Energieverbrauch in Deutschland – Daten für das 1. bis 4. Quartal 2014, S. 18.
[2] Die Physik geht heute von Plasma als vierte Form aus.

brauchsgeräten verfeuert werden. Dadurch bestehen in Deutschland zwei getrennte Märkte. Eine Konvertierung von einer Gasart in die andere ist aber möglich.[3] L-Gas wird ausschließlich in Deutschland und in den Niederlanden gewonnen und im Nordwesten Deutschlands genutzt. Aufgrund der langfristig rückläufigen Produktion wird L-Gas allerdings seit Mai 2015 bis zum Jahr 2030 weitgehend auf H-Gas H-Gas aus Norwegen, Russland und Großbritannien umgestellt. Die Umstellungsbereiche und Umstellungszeitpunkte sind von den Netzgesellschaften im Rahmen des Netzentwicklungsplans Gas mit den Marktteilnehmern und der Bundesnetzagentur abgestimmt.[4]

Quelle: Vereinigung der Fernleitungsnetzbetreiber Gas e. V.

Abb. 52 – H-Gas und L-Gas Gebiete in Deutschland. Die Karte zeigt deutsche Gebiete für H-Gas (in grau) und L-Gas (in weiß)

Der **Methananteil** im Gas ist für die Menge der erzeugbaren Energie verantwortlich **6** und bestimmt dadurch den Energiegehalt des Gases. Der Energiegehalt ist wiederum verantwortlich für den Heizwert.[5] Dieser gibt an, wie viele Kilowattstunden Energie pro Ku-

---

[3] Allerdings fällt dafür gem. Beschl. der Bundesnetzagentur vom 24.3.2012 (BK7–11-002) ein Konvertierungsentgelt für die qualitätsübergreifende Bilanzierung an. Es betrug im Netz von NetConnect Germany, der von den deutschen Ferngasnetzbetreibern gegründeten Gesellschaft zur Durchführung der erweiterten Marktgebietskooperation der Netzgesellschaften, im Zeitraum 1.4.2013 bis 1.10.2013 beispielsweise 60 Cent/Megawattstunde.

[4] Bundesnetzagentur, Umstellung von L- auf H-Gas: Was Sie wissen sollten, Juli 2015.

[5] Der Heizwert ist wiederum vom Brennwert zu unterscheiden: Der Brennwert entspricht der Energie, die bei einer vollständigen Verbrennung des Brennstoffes freigegeben wird. Er beinhaltet den Heizwert plus die durch Kondensation des entstehenden Wasserdampfes freiwerdende Energie (Kondensationswärme).

bikmeter Erdgas gewonnen werden können. Je höher der Energiegehalt, desto höher der Heizwert. Energiegehalt und Heizwert variieren innerhalb Deutschlands je nach Herkunftsland des Gases und Lieferant leicht und liegen im Schnitt bei ca. zehn Kilowattstunden/Kubikmeter.

7   Im Bereich der Herkunft sind der Ursprungsort des Gases und die Art der Aufbereitung für den Energiesektor maßgeblich. Es wird zwischen **Naturgas** und **hergestelltem Gas** unterschieden. Als Naturgas bezeichnet man diejenigen Gasvorkommen, die sich aus natürlichen Quellen gebildet haben, also hauptsächlich Erdgas. Hier liegen die größten Vorkommen der Welt in Russland, dem Mittleren Osten, aber auch den USA, Australien und China. Hergestelltes Gas wird aus anderen Rohstoffen gewonnen.

8   In Deutschland stammt Erdgas hauptsächlich aus dem **Import.** Nur noch ca. 10 Prozent des in Deutschland verbrauchten Erdgases wurden 2014 noch einheimisch gefördert, vor allem im Raum Niedersachsen, während 38 Prozent aus Russland, 26 Prozent aus den Niederlanden, 22 Prozent aus Norwegen und vier Prozent aus Dänemark, Großbritannien und sonstigen Ländern importiert wurden.[6]

b) Marktstruktur

9   Der Gasmarkt wurde 1998 analog zum Strommarkt liberalisiert und hat sich heute – soweit er nicht im Netzbereich reguliert ist – zu einem **Wettbewerbsmarkt** gewandelt.

10   Wie der Strommarkt gehört der **Gasmarkt** zu der leitungsgebundenen Energieversorgung. Er erstreckt sich über die Stufen
    (1) Erzeugung (bzw. präziser: Gewinnung) und Import,
    (2) (leitungsgebundener) Transport,
    (3) Handel und
    (4) Vertrieb.
Diese Sektoren werden international häufig in
- **Upstream** (Aufsuchung, Gewinnung, auch als *Exploration and Production* oder *E&P* bezeichnet),
- **Midstream** (Transport, Speicherung und Großhandel) und
- **Downstream** (Aufbereitung, Handel, Vertrieb)
unterschieden.

11   Zu den vier Stufen Erzeugung, Transport, Handel und Vertrieb kommt im Gasmarkt noch die **Speicherung** hinzu. Sie ist nicht in die lineare Kette des Marktes einzuordnen und ist auch keiner dieser Stufen klar zuzuordnen, da sie für alle eine wichtige Rolle spielt. Sie ist daher im Gasmarkt als eigenständiges Element zu sehen.

12   Gas spielt im Energiemarkt bei der **Beheizung** von Gebäuden, als **Wärmelieferant** für thermische Prozesse im Gewerbe und in geringerem Maße für den Betrieb von Kraftfahrzeugen eine Rolle. Wichtig ist es auch für die Strom- und Wärmeerzeugung durch Gaskraftwerke, häufig in Form von Kraft-Wärme-Kopplung.[7] Gaskraftwerke sind flexibler einsetzbar als Kohlekraftwerke und ihr Kohlenstoffdioxid-Ausstoß pro Kilowattstunde erzeugten Strom das ist wesentlich geringer. Sie eignen sich somit gut als Ergänzung bzw. Reservetechnologie, wenn die Erzeugung aus erneuerbaren Energien die Nachfrage nicht decken kann.

13   Aufgrund der saisonal stark schwankenden Verwendung hat es sich eingebürgert, dass als **Gaswirtschaftsjahr** in der Gasindustrie der Zeitraum vom 1. Oktober, 06:00:00 Uhr eines Kalenderjahres bis zum 1. Oktober, 06:00:00 Uhr des folgenden Kalenderjahres behandelt wird. Der Grund dafür ist, dass am 1. Oktober traditionell die Heizperiode beginnt. Das Gaswirtschaftsjahr bestimmt die traditionelle Taktung der Verträge der Gasindustrie über Gaslieferungen, die Buchung von Durchleitungskapazitäten bei den Gasnetzbetreibern und

---

[6] Bundesverband der Energie- und Wasserwirtschaft e. V., Erdgasbezugsquellen; Deutschlands Erdgasaufkommen nach Herkunftsländern 2014.
[7] Siehe § 7, Rn. 6 ff.

die Nutzung von Gasspeichern. Die Vertragsperiode eines Gaswirtschaftsjahres ermöglicht es auch, dass sich die saisonalen Verbrauchsschwankungen eines niedrigen Verbrauchs im Sommer und eines hohen Verbrauchs im Winter über das Jahr ausgleichen können. Damit wird eine Verstetigung erreicht.

Der Gasmarkt ist wesentlich weniger von den strukturellen Umwälzungen der **Ener-** **14** **giewende** betroffen als der Strommarkt. Es gibt im Gasmarkt keinen Marktumbruch durch die Einführung von erneuerbaren Energien. Das dem Bereich der erneuerbaren Energien zugeordnete Biogas spielt bei der Versorgung nur eine untergeordnete Rolle. Daher sind auch die Folgeprobleme der erneuerbaren Energien, die im Strombereich auftreten (Verschiebung der Merit Order, Netzausbau bzw. Nord-Süd-Verteilung, Umlegung der Kosten auf die Verbraucher, usw.), im Gasbereich von geringerer Bedeutung. Dafür ist der Gasmarkt aber wegen seines hohen Importanteils von Gas in Deutschland wesentlich stärker international eingebunden und von den Preisschwankungen des internationalen Ölmarkts abhängig.

Der **internationale Gasmarkt,** der aufgrund des hohen Importanteils besonders von **15** Bedeutung ist, geriet in den letzten Jahren stark in Bewegung. Früher wurde Gas häufig als Nebenprodukt der Ölproduktion abgefackelt, da es nur schwer über längere Strecken zu transportieren war. Durch die Verbreitung und Verbilligung der LNG-Technologie, durch die Gas für den Schiffstransport verflüssigt werden kann[8] und zunehmende Verwendung längere Pipelines, entwickelt sich der Gasmarkt immer mehr zu einem globalen Markt, in dem sich die Trennungen zwischen den bislang bestehenden vier Marktregionen[9] auflösen. Außerdem wird durch die Verbreitung der Fracking-Technologie[10] das Erschließen bisher wirtschaftlich unattraktiver Erdgasvorkommen interessant. Dadurch können sich zuvor importabhängige Verbraucher – wie z.B. die USA – plötzlich weitgehend selbst mit Gas versorgen oder sogar zu Gasexporteuren werden, was teilweise zu einem erheblichen Preisverfall führte. So sind die Spot-Erdgaspreise in den letzten Jahren in den USA zum Beispiel 2012 auf ein Drittel der entsprechenden europäischen Preise gesunken.[11]

Zum Weiterlesen

Wolfgang Ströbele u.a., Energiewirtschaft, 3. Aufl. 2012, Kapitel 8: Erdgas
Peter Lintzel u.a., in: Ines Zenke u.a. (Hrsg), Energiehandel in Europa, 3. Aufl. 2012, Kapitel 3 C: Die Entwicklung und Struktur des Gasmarktes, S. 322 ff.
Bundesnetzagentur und Bundeskartellamt, Monitoringbericht 2015
Bundeswirtschaftsministerium: Erdgasversorgung in Deutschland,
http://www.bmwi.de/DE/Themen/Energie/Konventionelle-Energietraeger/gas.html

2. Gas und Strom – Gemeinsamkeiten und Unterschiede

Strom und Gas gehören beide zur **netzgebundenen Energieversorgung.** Es ist daher **16** wenig überraschend, dass sich ihre Marktstruktur und ihre Regulierung in vielen Bereichen ähnlich sind. Auch im Gasbereich wird zwischen dem regulierten Netz auf der einen Seite und den Wettbewerbsbereichen Erzeugung/Gewinnung und Import sowie Handel und Vertrieb auf der anderen Seite unterschieden. Dennoch bestehen zwischen Strom und Gas wesentliche Unterschiede, die auch bei der rechtlichen Behandlung zu Abweichungen führen:

- Als erstes ist dabei zu nennen, dass Gas als physische Substanz **speicherbar** ist. So können im Netz oder in Gasspeichern große Gasmengen vorgehalten werden, um ggf. eine verminderte Gasproduktion oder einen verknappten Gasimport zu überbrücken. Gas-

---

[8] Siehe § 6, Rn. 96 ff.
[9] Nordamerika, Südamerika, Europa und Ostasien, zwischen denen in der Vergangenheit teilweise erhebliche Preisunterschiede bestanden.
[10] Siehe § 6, Rn. 50 ff.
[11] EU-Kommission, Quarterly Report Energy on European Gas Markets: Market Observatory for Energy, Band 8, Ausgabe 1, S. 19.

speicher haben daher in der Gaswirtschaft eine ganz andere Bedeutung als die Stromspeicher in der Elektrizitätswirtschaft.

• Aufgrund der Speicherbarkeit müssen die Einspeisung und die Entnahme nicht zu jedem Zeitpunkt genau gleichzeitig sein, Differenzen zwischen Einspeisung und Entnahme können überbrückt werden, ohne dass dadurch die **Netzstabilität** gefährdet wird. Dadurch entfällt aber nicht die grundsätzliche Notwendigkeit, dass sich Versorgung und Verbrauch auch in der Gaswirtschaft ausgleichen müssen, so dass beispielsweise Bilanzkreise daher auch bei Gasnetzen Verwendung finden.

• Beim Transport von Gas wird **Materie** transportiert, Gas fließt tatsächlich (ähnlich wie Wasser) durch eine Leitung von A nach B. Es hat ein Volumen und ein Gewicht.

• Der Gasfluss ist **steuerbar** und kann zum Beispiel über Verdichter oder Ventile geregelt werden.

• Der Gesamtmarkt in Deutschland ist in zwei territoriale Bereiche – die **Marktgebiete** – unterteilt, in denen der Handel und die Bilanzierung stattfindet.[12]

• Im Bereich der **Gaserzeugung** gibt es – anders als beim Strom – keine erneuerbaren Energien sondern lediglich einen relativ kleinen Anteil Biogas.

• Die Stromwirtschaft und die Gaswirtschaft haben sich historisch unterschiedlich entwickelt. Erdgas wurde als Nebenprodukt der Erdölgewinnung wegen der hohen Transportkosten lange Zeit nicht verwendet, sondern lediglich abgefackelt. Erst seit den **1960er Jahren** wird es in Europa in größerem Umfang als Energierohstoff für die Wirtschaft genutzt. Erst zu diesem Zeitpunkt begannen auch in Deutschland der Aufbau eines flächendeckenden Gasnetzes und die Einführung auf Gas zugeschnittener gesetzgeberischer Maßnahmen. Mit zunehmender Entwicklung der Gaswirtschaft haben sich aber die Markt- und Regulierungsstrukturen denjenigen im Strommarkt immer mehr angeglichen.

• Wie erwähnt, ist Deutschland bei der Gasversorgung weitgehend vom **Import** aus dem Ausland abhängig. Die Eigenerzeugung spielt in Deutschland wegen der geringen nationalen Vorkommen nur eine kleinere Rolle. Die Gasversorgung erfolgt in Deutschland mehr über den internationalen Gaseinkauf und -handel, was einen Transport über internationale Fernleitungen bedingt. Die internationalen Einkaufsbedingungen haben daher erhebliche Auswirkungen bis in die Kundenverträge hinein, wie sich an den Debatten um Take or Pay Verträge und die Ölpreisbindung von Gas zeigt.[13]

Zum Weiterlesen
Günter Cerbe, Grundlagen der Gastechnik, 7. Aufl. 2008, Kapitel 1 bis 3, Brenngase im Energiemarkt; Eigenschaften und Austausch von Brenngasen; Verbrennung der Gase

3. Die europäische Einbindung des deutschen Gasmarkts

17   Bereits oben haben wir erwähnt, dass der deutsche Gasmarkt stark durch seinen **Importanteil** von derzeit rund 90 Prozent geprägt ist. Dementsprechend spielt die internationale Einbindung des deutschen Gasmarkts eine wesentlich größere Rolle als beim Strom. Wie sich aus **Abb. 53 – Das europäische Erdgasnetz 2014** ersehen lässt, ist Deutschland durch eine Vielzahl von Pipelines mit dem Ausland verbunden. Daher kommt das Erdgas im Wesentlichen durch Pipelines aus dem Ausland nach Deutschland. Die Beschaffung von Gas und damit die Versorgungssicherheit sind also europäisch eingebunden. Dies hat sich bei den Diskussionen um die Gasversorgung der Ukraine sowie um den Nutzen und die Risiken der Nord Stream Pipeline von Russland nach Deutschland in den vergangenen Jahren sehr deutlich gezeigt.

18   Insofern ist die **Versorgungssicherheit** mit Gas für ganz Europa auch ein zentraler Bestandteil des Programms der europäischen Energieunion der EU-Kommission. Nach der Zielsetzung der EU-Kommission sollte ursprünglich bis 2014 ein einheitlicher europäischer

---

[12] Siehe § 6, Rn. 132 ff.
[13] Siehe § 6, Rn. 259 ff.

Gasmarkt entstehen. Dies ist bemerkenswert, denn noch Anfang der 1990er Jahre gab es keinen nennenswerten europäischen Gasmarkt. Zwar waren grenzüberschreitende Leitungen vorhanden, die großen Gasversorger wie Ruhrgas und Gaz de France waren aber auf den Ausbau ihrer jeweiligen Heimatmärkte ausgerichtet. Auch waren die Marktstrukturen in den Einzelstaaten noch zu unterschiedlich, um einen gemeinsamen europäischen Binnenmarkt zu bilden. Mit der Binnenmarktrichtlinie Gas 1998, der Beschleunigungsrichtlinie Gas 2003 und dem Dritten Energiebinnenmarktpaket 2007 wurde der Gasmarkt dann jedoch in schnellen Schritten liberalisiert und das Fundament für einen einheitlichen europäischen Gasmarkt in den Bereichen Fernleitungsnetze, Verteilernetze und Versorgung gelegt.[14] Heute ist der europäische Gasmarkt weltweit der größte Markt für den **grenzüberschreitenden Handel** mit Gas. 60 Prozent des verbrauchten Erdgases überschreiten zuvor mindestens eine Staatsgrenze, sodass das Ziel der EU-Kommission zumindest greifbar geworden ist. Das Zusammenwachsen des Marktes erfolgte sowohl physisch als auch wirtschaftlich und rechtlich.

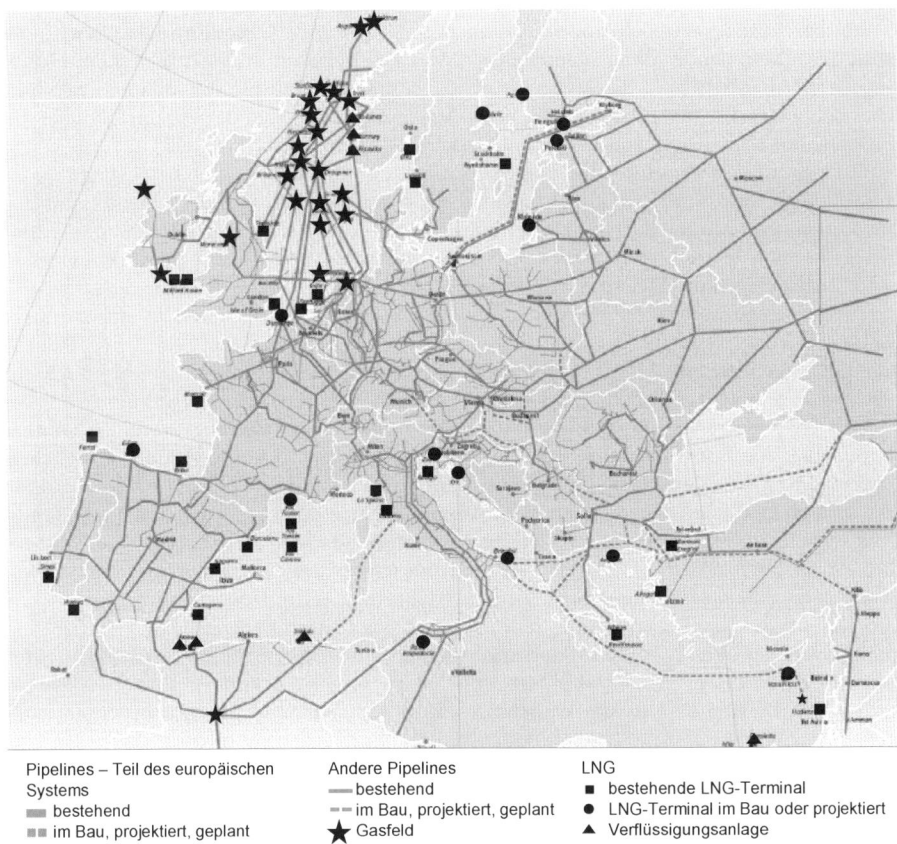

Pipelines – Teil des europäischen Systems
▬ bestehend
▬▬ im Bau, projektiert, geplant

Andere Pipelines
— bestehend
– – im Bau, projektiert, geplant
★ Gasfeld

LNG
■ bestehende LNG-Terminal
● LNG-Terminal im Bau oder projektiert
▲ Verflüssigungsanlage

Quelle: Bundesverband der Energie und Wasserwirtschaft/Eurogas 2014

Abb. 53 – Das europäische Erdgasnetz 2014. Die Grafik zeigt das europäische Erdgasnetz 2014.

---

[14] Dabei wurden die Bereiche Gewinnung und Erzeugung (häufig auch bezeichnet als upstream oder E&P, d. h. Exploration and Production) sowie die Importstufe weitgehend nicht berücksichtigt, da der größte Teil des Erdgases in die EU importiert wird, so dass die Regelungsgewalt der EU nur beschränkt ist.

a) Europäisches Gasfernleitungsnetz

19   Die Vorhaltung von ausreichenden grenzüberschreitenden Fernleitungskapazitäten (Verbundnetz) ist eine wichtige Voraussetzung für die Vollendung des **Erdgasbinnenmarktes.**[15] Sie sind zum einen für den Import von Gas notwendig. Seit die Kapazitäten der Grenzkuppelstellen (siehe sogleich) effizient genutzt werden, bilden sie aber auch das Rückgrat für den einheitlichen Markt.

20   Das europäische **Verbundnetz** für Gas reicht von der Nordsee bis zum Mittelmeer und vom Atlantik bis nach Osteuropa. Wichtigste Zulieferleitungen sind die aus Russland kommenden Pipelines, etwa die JAMAL- oder die SOJUS-Pipeline, denn etwa 40 Prozent des in Europa verbrauchten Erdgases kommen von dort.[16] Sie wurden in den letzten Jahren um die Nord Stream Pipeline erweitert, die Russland und Deutschland am Seeweg über die Ostsee verbindet. Weitere wichtige europäische Pipelines, die durch Deutschland führen, sind beispielsweise MEGAL (Mittel-Europäische-Gasleitung) und MIDAL (Mitte-Deutschland-Gasanbindungs-Leitung). 2019 soll zudem die TAP (Trans Adriatic Pipeline) über Griechenland und Italien kommend die Versorgung sichern.

21   An den Landesgrenzen befinden sich auch im Gasbereich **Grenzkuppelstellen.** Dort wird die ankommende Menge gemessen, das Gas ggf. qualitativ aufbereitet und der Druck angepasst. Allerdings sind derzeit an vielen Grenzkuppelstellen die Kapazitäten erschöpft. Dies behindert den freien Handel. Als besonders gravierend gelten derzeit zum Beispiel die Engpässe am Übergang Deutschland-Frankreich und Deutschland-Schweiz.

22   Das System von **Pipelines** hat jedoch häufig auch erhebliche politische Bedeutung, da eine Pipeline einerseits Zugang zu Gas und im Gegenzug Einkommen bedeutet, auf der anderen Seite aber auch Abhängigkeiten schafft. Dies hatte sich bereits während des Kalten Kriegs bei den deutsch-sowjetischen Erdgas-Röhren-Geschäften gezeigt, bei denen russisches Erdgas gegen die Lieferung von Pipeline-„Röhren" durch die deutsche Stahlindustrie getauscht werden sollte. Der erste Anlauf scheiterte in den 1960er Jahren an einem amerikanischen Veto gegen die deutsche Röhrenlieferung. Der gegen viel politischen Widerstand gelungene zweite Anlauf für solche Geschäfte in den1970er Jahren wurde jedoch ein wichtiges Element der deutschen Entspannungspolitik gegenüber der Sowjetunion.[17]

23   In den vergangenen Jahren sollte das russische System der Pipelines nach Westeuropa weiter über die **South Stream** Pipeline von Russland nach Österreich und nach Italien erweitert werden. Diese Pipeline hätte aber eine Umgehung der Ukraine als Transitland für die russischen Gaslieferungen nach Westeuropa bedeutet und zugleich verweigerte Russland den nichtdiskriminierenden Netzzugang Dritter (Third Party Access), weshalb das Projekt inzwischen gestoppt wurde. South Stream stand zudem in Konkurrenz zum inzwischen aufgegebenen Pipelineprojekt *Nabucco,* das seinerseits mit dem Zugang zu Gas aus der Region des Kaspischen Meeres und potentiell des Iran größere europäische Unabhängigkeit von der Versorgung aus Russland bedeutet hätte. Nun wird eine Erweiterung der Kapazitäten von *Nord Stream* (Nord Stream II) politisch heftig diskutiert, da sie eine Erweiterung der direkten Belieferung Westeuropas unter Umgehung Osteuropas bedeuten würde.

b) Europäisierung der Gasunternehmen

24   Auch in den Bereichen Gasgewinnung und Gastransport sowie im Gashandel zeigt sich die zunehmende Europäisierung. Der **europäische Gasmarkt** ist von einer Reihe starker Unternehmen geprägt.

25   Der **Markt für die Gasgewinnung** in Europa teilt sich zwischen einer überschaubaren Anzahl von Unternehmen auf. Dazu gehören neben der russischen Gazprom die Firmen

---

[15] Vgl. Verordnung über den Zugang zu Gasversorgungsnetzen vom 3.9.2010 (BGBl. I S. 2210), Erwägungsgrund 16.

[16] EU-Kommission, EU Energy in Figures, Statistical Pocketbook 2015, S. 26.

[17] Vgl. auch Gregor Schöllgen „Aus allen Rohren", Süddeutsche Zeitung 10./11.2.2007.

Sonatrach (Algerien), Esso (ExxonMobil, USA), Royal Dutch/Shell (Niederlande), BP (Großbritannien) und Statkraft (Norwegen). Insgesamt kommen die zehn größten Unternehmen bei der Förderung in der EU auf einen gemeinsamen Marktanteil von 75 Prozent, wobei in Italien (Eni), den Niederlanden (Gasunie) und Frankreich (Gaz de France) wiederum eine einzige Gesellschaft dominiert. Wie oben bereits erwähnt, spielt der Import von Flüssigerdgas eine zunehmende Rolle, da manche Länder, wie zum Beispiel Spanien, weitgehend davon abhängen.[18] Der LNG-HUB im niederländischen Zeebrugge nimmt dabei für ganz Europa eine Schlüsselstellung ein, weil von dort aus viele Märkte in den Nationalstaaten bedient werden.

Im **Transportbereich** werden viele der großen Gasfernleitungen von Konsortien der   26
großen Gasunternehmen erstellt. So wurde Nord Stream von einem Konsortium aus den fünf Anteilseignern Gazprom (Russland), Wintershall, E.ON (beide Deutschland), N. V. Nederlandse Gasunie (Niederlande) und GDF SUEZ (Frankreich, heute Engie) gebaut und wird heute von diesen betrieben. Ebenfalls ein Konsortium steht hinter der geplanten Nord Stream II und auch South Stream war ein Gemeinschaftsprojekt, an dem ursprünglich die russische Gazprom, der italienische Energieversorger Eni, die französische EdF sowie die deutsche Wintershall beteiligt waren.

Eine europäische Aufstellung lässt sich schließlich auch im Bereich der Gas-Handels-   27
punkte und der Gasbörsen feststellen. So haben sich in den letzten Jahren eine Reihe **virtueller Handelspunkte** (Gas Hubs) herausgebildet, auf die sich der Großhandel konzentriert. Dabei handelt es sich um
- den National Balancing Point (NBP) in Großbritannien als dem ältesten und am weitesten entwickelten Hub mit dem größten Volumen,
- die Title Transfer Facility (TTF) in den Niederlanden als mittlerweile stärkster kontinentaleuropäischer Markt,
- der Zeebrugge Beach (ZEE) in Belgien,
- der Central European Gas Hub (CEGH) in Österreich (früher Baumgarten),
sowie in Deutschland
- Gaspool (GSL) und
- NetConnect Germany (NCG).[19]

Bei den **Gasbörsen** haben sich ICE Endex in Großbritannien und den Niederlanden sowie die zur EEX-Gruppe gehörende Powernext in Frankreich als die führenden und zentralen Marktplätze entwickelt.

4. Der Regelungsrahmen

Der energierechtliche Regelungsrahmen des Gasmarkts entspricht der **Marktstruktur.**   28
Auch in der Gaswirtschaft werden die Grundstrukturen heute auf europäischer Ebene vorgegeben. Das deutsche Recht setzt sie in der besonderen nationalen Ausprägung um. Sowohl auf europäischer wie auch auf nationaler Ebene finden wir sodann neben den Gesetzesstrukturen ein ausgefeiltes System von regulatorischen Regelungen und Konzeptionen der Verwaltung. Daneben treten Regelungen, die von den Akteuren der Gaswirtschaft selbst gesetzt werden.

a) Europäische Regelungen

Die **Eckdaten** für die Struktur des Gasmarkts werden europarechtlich gesetzt. Die ener-   29
giepolitischen Zuständigkeitsregelungen für die EU in Art. 194 AEUV und des Vertrages von Lissabon, die unter § 3, Rn. 4 für den Strommarkt vorgestellt wurden, gelten gleichermaßen für den Gasmarkt. Und auch dort bilden sie die Grundlage für eine Reihe von

---

[18] International Energy Agency, Energy Supply Security 2014, Kapitel 2, Spain, S. 415.
[19] Vergleiche die Auswertung und Bewertung bei EFET, European Gas Hub Development vom August 2014 sowie mit einem Update vom Juli 2015 unter http://www.efet.org/EnergyMarkets/ VTP_assessment.

europaweit gültigen Regelungen, die zuletzt in dem Dritte Binnenmarktpaket zur Strom-
und Gasmarktliberalisierung aus dem Jahr 2009 zusammengefasst wurden. Wie eine Bestandsaufnahme der EU-Kommission zeigte, war das Binnenmarktpaket jedoch im Jahr
2015 immer noch nicht vollständig umgesetzt.[20]

30   **aa) Erdgasbinnenmarktrichtlinie und Ferngasnetzzugangsverordnung.** Für die
Marktstruktur zentral ist die **Erdgasbinnenmarktrichtlinie**[21]. Sie enthält die grundlegende Unterscheidung zwischen den natürlichen Monopolen der Netzbetreiber – die deshalb
reguliert sind, und den Wettbewerbsbereichen der Gaswirtschaft – die nur der allgemeinen
Gesetzgebung unterliegen. Daneben enthält sie weitere Maßnahmen zur Erreichung eines
einheitlichen europäischen Binnenmarkts für Gas zur Genehmigung von Erdgasanlagen,
zur Versorgungssicherheit, der Regulierung der Netze und deren Entflechtung von den
Wettbewerbsbereichen sowie zu den nationalen Regulierungsbehörden.

31   Wesentliche Bedeutung hat ferner die **Ferngasnetzzugangsverordnung,** die nicht nur
für grenzüberschreitende Ferngasleitungen gilt, sondern auch für Hochdruckfernleitungen
auf nationalem Gebiet.[22] Mit den Regelungen zum diskriminierungsfreien Netzzugang
enthält sie auch Vorgaben zum Engpassmanagement und zu finanziellen Ausgleichsleistungen für die Nutzung der Netze.

In der Ferngasnetzzugangsverordnung wurde auch die Einführung von ACER[23] und die
in der vorgesehenen Regelungen zur Zusammenarbeit der Übertragungsnetzbetreiber u.a
in Form der Gründung des ENTSO-G[24] geregelt, die eine Schlüsselstellung in der Koordinierung des Erdgasbinnenmarktes einnehmen. Auch wenn **ACER** keine europäische Regulierungsbehörde sein soll, wird ihre Arbeit in einer eigenen Verordnung geregelt.[25] Die
Abteilung Gas der ACER gliedert sich in die Bereiche (1) Rahmenleitlinien und Netzkodizes, (2) Kooperation der Fernleitungsnetzbetreiber und Infrastruktur sowie Netzentwicklung und (3) Marktüberwachung. **ENTSO-G** ist der Zusammenschluss der europäischen Fernleitungsnetzbetreiber im Gasmarkt und arbeitet in den drei Geschäftsfeldern
(1) Market, (2) System Development und (3) System Operation um die Vollendung des
europäischen Binnenmarktes zu fördern und die Entstehung von grenzüberschreitendem
Handel und einheitliche technische Standards voranzutreiben.

32   Von erheblicher Bedeutung auch für die Marktteilnehmer am Gasmarkt ist auch die
Verordnung (EU) Nr. 1227/2011 über die Integrität und Transparenz des Energiegroßhan-
delsmarkts **(REMIT).**[26] Sie dient der Erhöhung von Transparenz und Stabilität auf den
europäischen Energiemärkten und soll insbesondere Insiderhandel und Marktmanipulation
verhindern. Auf die Einhaltung ihrer Regelungen achtet ACER.

33   **bb) Netzkodizes.** Die Vereinheitlichung von Standards durch die Netzkodizes und die
Netzentwicklung wirken sich stark auf die im Gasmarkt tätigen Unternehmen aus. Die
Netzkodizes gemäß Art. 6, Art. 8 Abs. 6 der Ferngasnetzzugangsverordnung stellen für die
Netzbetreiber und daher insoweit auch für die übrigen Marktteilnehmer bindende Hand-
lungsgrundlagen auf. Das Verfahren zum Erlass von Netzkodizes ist in § 11, Rn. 107 ff.
beschrieben.

---

[20] EU-Kommission, Mitteilung vom 18.11.2015, State of the Energy Union 2015, COM(2015)
572 final.
[21] Richtlinie 2009/73/EG vom 13.7.2009 über gemeinsame Vorschriften für den Erdgasbinnenmarkt (ABl. L 211 vom 14.8.2009, S. 94); siehe § 3, Rn. 22 und § 6, Rn. 184.
[22] Verordnung (EG) Nr. 715/2009 vom 13.7.2009 über die Bedingungen für den Zugang zu den
Erdgasfernleitungsnetzen (ABl. L 211 vom 14.8.2009, S. 36).
[23] Siehe § 12, Rn. 18 ff.
[24] Siehe § 12, Rn. 22.
[25] Verordnung (EG) Nr. 713/2009 vom 13.7.2009 zur Gründung einer Agentur für die Zusammenarbeit der Energieregulierungsbehörden (ABl. L 211 vom 14.8.2009, S. 1).
[26] Verordnung (EU) Nr. 1227/2011 vom 25.10.2011 über die Integrität und Transparenz des Energiegroßhandelsmarktes (REMIT) (ABl. L 326 vom 8.12.2011, S. 1).

- Im Oktober 2013 verabschiedete die EU-Kommission den ersten EU-weiten Netzkodex über **Mechanismen für die Kapazitätszuweisung in Gasfernleitungsnetzen** (NC CAM).[27] Damit soll eine die Zuweisung an den Grenzkuppelstellen effizienter organisiert und dadurch der Handel gefördert werden. Kapazitäten werden seit 1.11.2015 im Rahmen von Online-Auktionen, die an allen Grenzkuppelstellen identisch sind und zeitgleich stattfinden, vergeben. So soll ein transparentes und faires Verfahren etabliert werden, mit dem interessierte Netznutzer diskriminierungsfrei Netzzugang erhalten und Transportkapazitäten erwerben können.
- Zudem wurde am 26.3.2014 ein **Netzkodex zur Gasbilanzierung in Fernleitungsnetzen** (NC BAL) verabschiedet, der ebenfalls ab dem 1.11.2015 gilt.[28] Er legt Grundsätze für die Ausgleichsregelungen für Fernleitungsnetze innerhalb der EU Mitgliedsstaaten und für grenzüberschreitende Ausgleichsvereinbarungen fest.[29]
- Ab 1.5.2016 gilt der Netzkodex mit Vorschriften für die **Interoperabilität und den Datenaustausch.**[30] Er sieht u. a. die Entwicklung eines Muster-Netzkopplungsvertrages und Festlegungen zu Gasflusskontrolle, Messverfahren etc. vor. Zurzeit ist zudem der *Network Code on Harmonised Transmission Tariff Structures for Gas* (TAR NC) in Vorbereitung).[31]
- Schließlich besteht seit 2012 ein Netzkodex zum **Engpassmanagement.** Bei diesem hat die EU-Kommission allerdings von ihrem Recht Gebrauch gemacht, diesen direkt rechtsverbindlich in Form eines Beschlusses vorzugeben.[32]

cc) Gas Target Model. Auch um Gasmarkt ist ein europäischer Binnenmarkt das Ziel. **34** Um dies möglichst reibungslos zu erreichen waren die europäischen Gasregulierer auf dem 18. Madrid Forum 2010 gebeten worden, ein konzeptionelles Modell für einen einheitlichen europäischen Gasmarkt zu entwickeln. Ende 2011 veröffentlichte das Council of European Energy Regulators (CEER)[33] das Gas Target Model 1 (GTM 1). Es stellte ein **Zukunftskonzept** mit dem Ziel dar, bis 2014 einen europäischen Gasbinnenmarkt zu schaffen.

Das GTM 1 sieht eine Rahmenstruktur für die Entwicklung und Schaffung von funk- **35** tionsfähigen **liquiden Handelszonen** in Europa vor, die durch effiziente Verfahren der Engpassbewirtschaftung miteinander verknüpft werden sollen. Ein solcher integrierter Gasmarkt soll mehr Wettbewerb ermöglichen und die europäische Erdgasversorgungssicherheit stärken.[34]

Das Zielmodell enthält drei Empfehlungen:
- die nationalen Regulierungsbehörden sollen die Anforderungen aus dem Dritten Energiebinnenmarktpaket zügig umsetzen oder eine gleichwertige Umstrukturierung des nationalen Gasmarktes vornehmen,
- die Mitgliedsstaaten, die EU-Kommission, die nationalen Regulierungsbehörden sowie Gasfernleitungsnetzbetreiber werden aufgefordert, zusammenzuarbeiten, um einheitliche Regelungen zur Kapazitätsallokation (Capacity Allocation Mechanisms, CAM) und

---

[27] Verordnung (EU) Nr. 984/2013 vom 14.10.2013 zur Festlegung eines Netzkodex über Mechanismen für die Kapazitätszuweisung in Fernleitungsnetzen (ABl. 273 vom 15.10.2013, S. 5).
[28] Verordnung (EU) Nr. 312/2014 vom 26.3.2014 zur Festlegung eines Netzkodex für die Gasbilanzierung in Fernleitungsnetzen (ABl. L 91 vom 27.3.2014, S. 15).
[29] Der Netzkodex wurde in Deutschland durch eine Verordnung umgesetzt, siehe § 6, Rn. 145.
[30] Verordnung (EU) 2015/703 vom 30.4.2015 zur Festlegung eines Netzkodex mit Vorschriften für die Interoperabilität und den Datenaustausch (ABl. L 113 vom 1.5.2015, S. 13).
[31] ENTSO-G, Network Code on Harmonised Transmission Tariff Structures for Gas, Re-Submission to ACER, 31.7.2015.
[32] EU-Kommission, Beschl. vom 24.8.2012 zur Änderung von Anhang I der Verordnung (EG) Nr. 715/2009 des Europäischen Parlaments und des Rates über die Bedingungen für den Zugang zu den Erdgasfernleitungsnetzen (ABl. L 211 vom 14.8.2009, S. 36).
[33] Siehe § 12, Rn. 20.
[34] Council of European Energy Regulators, Vision for European Gas Target Model, Dezember 2011.

Engpassmanagement (Congestion Management Procedures, CMP), Datenaustausch (Interoperability and Date Exchange Rules) und Tariffeinheit (Harmonised Transmission Tariff Structures) zu schaffen, und

- es sollen Handelsregionen zwischen jeweils mindestens zwei EU-Staaten geschaffen werden.

Das GTM 1 thematisiert zudem Zukunftskonzepte bis 2020 und 2025 und sieht vor, dass CEER Vorschläge zur Identifizierung und Integration von weiteren Kapazitäten entwickelt.[35]

36   Im Januar 2015 veröffentlichte ACER einen *Review and Update* zum European GTM 1, der als GTM 2 bezeichnet wird und den Titel *Bridge to 2025* trägt.[36] Die Ansatzpunkte des GTM 1 werden darin bestätigt. Es bestimme die notwendigen Schritte zur Realisierung und Sicherung des Gasmarktes und dessen Nachhaltigkeit und Wettbewerb. Allerdings setzt das GTM 2 infolge der Veränderungen des Gasmarktes, zum Beispiel durch die zuvor beschriebenen Netzkodizes, zwischen 2011 und 2015 auch **neue Schwerpunkte** der weiteren Entwicklung. Hierzu gehören die Verbesserung und Erweiterung marktorientierter Maßnahmen, die vollständige Entflechtung von Speicherprodukten, die Schaffung einheitlicher Tarife für Verbraucher sowie die Integration regionaler Märkte. Zudem soll die (De-)Regulierung der Strom- und Gasmärkte enger verzahnt werden, um der Rolle von Gas als Energielieferant für Gaskraftwerke bei der Stromproduktion besser Rechnung zu tragen.

37   **dd) Europäischer Netzentwicklungsplan.** Der Ausbau des europäischen Gasfernleitungsnetzes wird mithilfe eines Europäischen Netzentwicklungsplans (Ten Year Network Development Plan (TYNDP[37])) koordiniert, der alle zwei Jahren vom ENTSO-G vorgelegt wird. Er soll einen umfassenden Blick auf die europäische Gas-Infrastruktur ermöglichen und bedient sich dazu Modellen und Szenarien. Wichtige Aspekte sind Fragen nach der Weiterentwicklung der Infrastruktur, der Abhängigkeit von Bezugsquellen und der Versorgungssicherheit. Zurzeit ist der TYNDP 2013 bis 2022 gültig.

38   Der **Infrastrukturstandard** verpflichtet die Mitgliedsstaaten, bis spätestens 3.12.2014 Gasreserven nach der sogenannten n-1-Formel bereitzuhalten.[38] D. h., bei Ausfall der größten einzelnen Gasinfrastruktur muss die Kapazität der verbleibenden Infrastruktur in der Lage sein, die Gasmenge zu liefern, die zur Befriedigung der Gesamtnachfrage nach Erdgas in dem berechneten Gebiet an einem Tag mit einer außerordentlich hohen Nachfrage benötigt wird.

39   Die Regeln für grenzüberschreitende Leitungen haben starke Auswirkungen auch in die nationalen Gasnetze. Die **Ferngasnetzzugangsverordnung** gilt direkt auch für die nationalen Ferngasleitungen und darüberhinaus prägt sie viele Standards auch für die darunter liegenden Netzebenen. Damit wird auch der europäische Gasmarkt zunehmend von Brüssel aus geregelt. Die Ausnahmen für die Nutzungsbedingungen der eigenen Energieressourcen der Mitgliedsstaaten, ihre Wahl zwischen verschiedenen Energiequellen und die allgemeine Struktur ihrer Energieversorgung gilt aber auch hier.

Zum Weiterlesen

Lars Jope, Entwicklungen im europäischen Energiesektor 2014/2015, EWeRK 2015, 4 ff.
Jörg Spicker, in: Hans-Peter Schwintowski: Handbuch Energiehandel, 3. Aufl. 2014, Erster Teil, Kapitel II: Funktionsweise der Energiemärkte, Rn. 104

---

[35] Council of European Energy Regulators, Vision for European Gas Target Model, Dezember 2011.
[36] ACER, European Gas Target Model Review and Update, Januar 2015.
[37] ENTSO-G Ten-Year Network Development Plan 2013–2022.
[38] Verordnung (EU) Nr. 994/2010 vom 20.10.2010 über Maßnahmen zur Gewährleistung der sicheren Erdgasversorgung (ABl. L 295, 12.11.2010, S. 1).

b) Nationale Regelungen

Auch im Gasmarkt ist das **Energiewirtschaftsgesetz** (EnWG) die zentrale Regelungs- **40**
grundlage. Es gibt die Grundbegriffe vor, wie z. B. Gas gesetzlich definiert ist (§ 3 Ziffer
19a EnWG) und die Unterscheidung zwischen Betreibern von Fernleitungsnetzen für Gas
und Gasverteilernetzen (§ 3 Ziffern 5 und 7 EnWG). Es enthält auch die Aufgaben der
Netzbetreiber, deren Entflechtung und die Grundlagen für deren Regulierung, einschließlich der grundlegenden Bestimmungen über die Behörden und deren Verfahren, insbesondere über die Bundesnetzagentur als die auch für die Gasnetze zuständige Regulierungsbehörde. Daneben enthält es auch Sanktionsvorschriften, einschließlich Bußgeldern, und die
gerichtlichen Zuständigkeiten.

Für die Wettbewerbsbereiche des Gasmarkts, also *upstream* und *downstream* von den Net- **41**
zen, gelten dagegen nicht die Regulierungen, sondern zum größten Teil die allgemeinen
Gesetze, wie das **Gesetz gegen Wettbewerbsbeschränkungen** (GWB). Manche Bereiche des Gasmarkts unterliegen auch nochmals besonderen Regelungsregimen, wie z. B. die
Gasbörsen der Börsenaufsicht oder ein Teil des Handels der Finanzmarktregulierung.[39]

Das **Erneuerbare-Energien-Gesetz** (EEG) spielt im Gasmarkt keine vergleichbare **42**
Rolle wie im Strommarkt. Als erneuerbare Energien wird nach dem EEG nur die Stromerzeugung gefördert, vergleiche § 19 i. V. m. §§ 41 ff. EEG. Auch Biogas hat nur einen
bevorrechtigten Anspruch auf Einspeisung in das Gasnetz aber eine finanzielle Förderung
erhält es erst nach der Verstromung.[40]

Unterhalb der gesetzlichen Regelungen gibt es eine ganze Reihe von **Verordnungen,** **43**
die ihre Wurzeln im EnWG haben und besonders auf den Gasmarkt ausgerichtet sind. Diese betreffen, wie z. B. die Gasnetzzugangsverordnung (GasNZV) und die Gasnetzentgeltverordnung (GasNEV) vor allem die Netzregulierung und sind daher in dem Abschnitt
zum Gasnetz behandelt.[41] Dies gilt nicht für die Grundversorgungsverordnung Gas
(GasGVV), die den Bereich des Kundenvertriebs betrifft und dort dargestellt wird.[42]

Schließlich hat die Bundesnetzagentur den Zugang zum Gasnetz und seine Nutzung im **44**
Rahmen einer Reihe von ausführlichen **Festlegungen** detailliert ausgestaltet (GABi Gas
2.0, GeLi Gas, KARLA und BEATE).[43] Diese gestalten die für den Gasmarkt geltenden
Regelungen zusammen mit den Konkretisierungen der rechtlichen Regelungen durch die
Rechtsprechung und durch die häufig standardisierten Vertragsbestimmungen der Unter-
nehmen der Gaswirtschaft (z. B.: Netznutzungsbedingungen, Bilanzkreisregelungen und
Handelsverträge von EFET) im Detail aus.

II. Die Herkunft von Gas in Deutschland

Gas kann aus natürlichen Erdgasvorkommen gewonnen oder aus anderen Stoffen erzeugt **45**
werden, wobei der ganz überwiegende Anteil in Deutschland beim **Erdgas** liegt. Natürliche Vorkommen wiederum sind in Deutschland sehr begrenzt, sodass nur zehn Prozent des
hier verbrauchten Gases einheimisch gefördert werden und eine hohe Importabhängigkeit
besteht. Die Hintergründe der unterschiedlichen Beschaffungsmöglichkeiten zeigt der folgende Abschnitt.

1. Erdgas-Exploration und Gewinnung (E&P)

Erdgas ist die mit großem Abstand wichtigste und am meisten genutzte Gasart, denn ein **46**
Großteil des **weltweiten Gasverbrauches** wird aus natürlichen Gasvorkommen gespeist.

---

[39] Siehe § 4, Rn. 456 ff.
[40] Siehe § 6, Rn. 87 ff.
[41] Siehe § 6, Rn. 103 ff.
[42] Siehe § 6, Rn. 265 ff.
[43] Siehe § 6, Rn. 144 ff.

47   Die **Entstehung** von Erdgas begann sehr vereinfacht dargestellt vor Millionen von Jahren durch die Verrottung von Kleinstlebewesen und anderen organischen Rückständen am
Meeresgrund zu Faulschlamm. Dieser Faulschlamm wurde nach und nach von Ablagerun-
gen wie Sand und Ton bedeckt und gleichzeitig durch die Bewegung der Erdkruste weiter
ins warme Erdinnere verschoben. Durch Druck und Wärme entstand aus dem Schlamm
Erdgas, das durch feine Risse im Erdboden aufsteigen konnte. Unterhalb von undurchlässi-
gen Schichten (zum Beispiel Ton) bildeten sich größere Erdgasansammlungen (Gaslagerstätten) oder zumindest minimale Gaseinschlüsse im Gestein.

a) Klassische Erdgasgewinnung

48   Die seit den 1960er Jahren angewendete Art der Erdgasgewinnung besteht aus zwei Stufen. Zunächst müssen die unterirdischen Erdgas-Vorkommen aufgespürt werden, was international als **Exploration** bezeichnet wird. Auf sie folgt – wenn es wirtschaftlich sinnvoll
ist – die **Erdgasförderung.** Der gesamte dem Transport des Gases vorgelagerte Bereich
wird auch als Upstream oder E&P (Exploration and Production) bezeichnet.

49   Im Einzelnen ist dabei – grob skizziert – das folgende Vorgehen üblich:
- Um die Lagerstätten zu finden, wird der Boden heute häufig mithilfe von reflexions-
seismischen **Messungen** abgesucht und die Reflexion dieser künstlich erzeugten
Schwingungen aufgezeichnet. Die Aufzeichnungen geben Aufschluss über geeignete
Strukturen im Boden. Gesucht werden in erster Linie Formationen, in denen Erdgas
konzentriert vorhanden ist (Gasblasen), denn aus diesen können mit einem vergleichs-
weise geringen Aufwand relative große Gasmengen gewonnen werden. Ergeben sich
Anhaltspunkte für solche Gasvorkommen, erfolgt eine Überprüfung mithilfe von **Probebohrungen** (geophysikalische Exploration). Wenn sich herausstellt, dass wirklich ein
Vorkommen von Erdgas vorhanden ist und die Förderung an dieser Stelle technisch
möglich und voraussichtlich finanziell attraktiv ist, wird oberhalb der Gaslagerstätte ein
Bohrplatz eingerichtet.
- Die klassische Erdgasgewinnung erfolgt, indem das Erdgasvorkommen vertikal angebohrt wird **(Gasbohrung).** In das Bohrloch wird ein Steigrohr eingebracht und stabilisiert, das bis zum tiefsten Punkt der Lagerstätte reicht. Durch kleine Sprengungen im
unteren Teil des Rohres wird die meist durch Gesteinsschichten isolierte Lagerstätte
durchlöchert. Da das Gas unter hohem Druck steht, strömt es von selbst in das Steigrohr
und steigt nach oben. Das **Ausströmen** des Gases wird mithilfe von Ventilen reguliert.
Lässt der Druck in der Lagerstätte nach, kann das Ausströmen des Gases ggf. durch das
Einsetzen von Verdichtern gefördert werden.
- Das gewonnene Gas wird vor der Einspeisung in das Gasnetz aufbereitet, d. h. ihm werden zum Beispiel Wasser und Kohlenwasserstoffe und feste Bestandteile entzogen. Zudem erfolgt eine Verdichtung.

b) Gewinnung durch Fracking

50   In den letzten Jahren hat die Erdgasgewinnung durch **Hydraulic Fracturing** (Fracking)
in den USA und in einigen Ländern an Bedeutung gewonnen. Das Thema hat aufgrund
der einerseits damit verbundenen wirtschaftlichen Chancen und andererseits wegen der
damit für die Umwelt verbundenen Gefahren viel Aufmerksamkeit erregt.

51   **aa) Konventionelles und unkonventionelles Fracking.** Bei der Gewinnungsform
des Frackings strömt das Gas nicht ohne weiteren technischen Aufwand in die Förderboh-
rung, weil es entweder nicht als freie Gasblase im Gestein vorhanden ist oder das Speicher-
gestein nicht ausreichend durchlässig ist. Zu diesen Vorkommen zählen insbesondere:
- **Tight Gas** – Erdgas in hartem Gestein, Sandstein- oder Kalksteinformationen, die normalerweise undurchlässig und nicht porös sind.
- **Shale Gas** – Schiefergas; Erdgas, das in Tonsteinen entsteht und gespeichert ist. Es tritt
in kohlenwasserstoffreichen Sedimenten wie Ölschiefern auf.

- **Coalbed Methan** (CBM) – Kohleflözgas; in Kohleflözen gebundenes Erdgas, das von der Kohle absorbiert ist. Aufgrund der großen Oberfläche der Kohle, die das Gas binden kann, kann ein Kohleflöz bis zu sieben Mal mehr Methan enthalten als das Gestein einer Erdgaslagerstätte. Je tiefer das Kohleflöz liegt, desto höher ist der gewinnbare Methananteil.

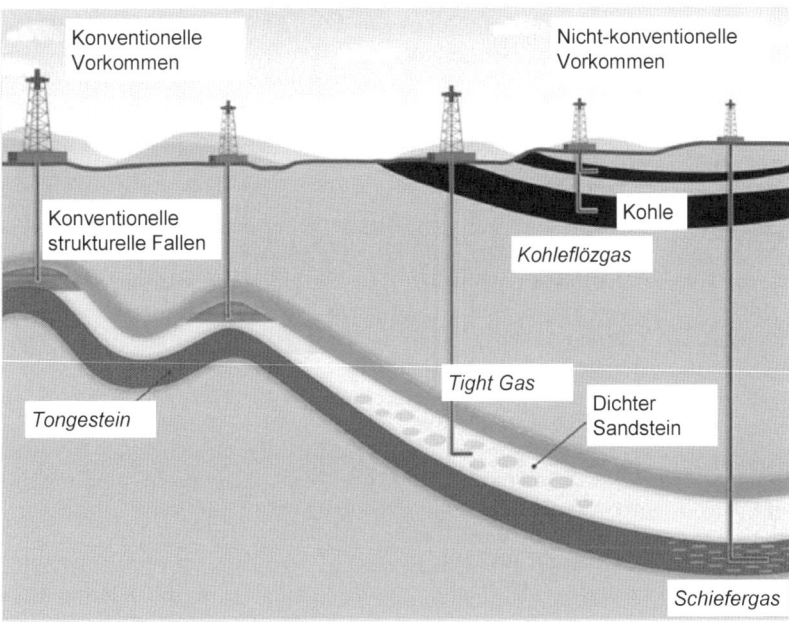

Quelle: Bundesanstalt für Geowissenschaften und Rohstoffe

Abb. 54 – Verfahren zur Erdgasbohrung. Die Grafik zeigt eine Erdgas-Bohrung beim Fracking (rechts) im Vergleich zu einer klassischen Erdgas-Bohrung (links).

bb) Fracking in Deutschland. In Deutschland ist zwischen dem Fracking im Bereich   **52**
Tight Gas und dem in den Bereichen Shale Gas und Coalbed Methan zu unterscheiden.

Tight Gas Fracking wird auch als konventionelles Fracking bezeichnet. Dabei wird   **53**
vertikal bis zur Sandsteinschicht des Bodens gebohrt. Diese liegt häufig in einigen tausend Metern Tiefe und damit weit unterhalb des Grundwassers. Dort wird der Sandstein durch das Einpressen von Frackingflüssigkeiten (Frackfluids), einer Mischung aus Wasser, Sand und Zusatzstoffen, aufgebrochen, sodass das Gas entweichen kann. Es findet auch in Deutschland bereits seit vielen Jahren vor allem in Niedersachsen statt. Die Voraussetzungen dafür regeln das Bergrecht und das Wasserrecht im Rahmen des allgemeinen bergrechtlichen Genehmigungsverfahrens.[44]

Neu sind in Deutschland das Shale Gas Fracking und das Coalbed Methan Fracking, die   **54**
als **unkonventionelles Fracking** bezeichnet werden. Ihre Lagerstätten in Tonstein und Kohleflözen liegen weniger tief im Boden, worin der wesentliche Unterschied zum konventionellen Fracking besteht. Sie werden zunächst hundertfach vertikal und dann zum Teil mehrfach horizontal angebohrt. In die Bohrlöcher wird ebenfalls unter Hochdruck die Frackingflüssigkeit eingebracht. Dadurch entstehen in der Gesteinsschicht kleine Risse, aus denen das Gas ausströmt und durch die Steigrohre an die Erdoberfläche gelangt. Vor allem wegen Befürchtungen um Verunreinigungen des Grundwassers sowie wegen des hohen Land- und Wasserverbrauchs ist diese Form des Frackings allerdings sehr umstritten. Die

---

[44] Siehe § 6, Rn. 64 ff.

Gegner fürchten Verunreinigungen von Wasser und Böden mit unabsehbaren Langzeitfolgen. Die Befürworter, wozu auch die in diesem Bereich tätigen Energieunternehmen gehören, argumentieren dagegen mit den Vorteilen: Wirtschaftliche Unabhängigkeit von Gasimporten und niedrige Gaspreise sowie die Beherrschbarkeit der Umweltrisiken bei sorgfältiger Handhabung.

55   Nach dem derzeit gültigen **Berggesetz** ist auch unkonventionelles Fracking in Deutschland grundsätzlich zulässig. Lediglich Nordrhein-Westfalen hat 2011 ein Verbot verhängt. Dennoch findet in Deutschland kein unkonventionelles Fracking statt. Der Grund hierfür dürfte die zum Teil vehemente Ablehnung unter der Bevölkerung – insbesondere in potentiellen Fracking-Gebieten – sein. Dies führt in der Praxis dazu, dass die Unternehmen keine Genehmigungen für das unkonventionelle Fracking beantragen, da sie erwarten, dass das Bergamt keine Genehmigung erteilen würde.

56   Im Sommer 2016 wurde das **Fracking** in Deutschland auf eine neue gesetzliche Grundlage gestellt[45], die zunächst auf eine weitgehende Einschränkung neuer Methoden des Fracking hinausläuft. Im wasserrechtlichen Bereich wird im Wasserhaushaltsgesetz zunächst ein generelles Verbot des unkonventionellen Frackings mit der Förderung von Erdgas und Erdöl unter Aufbrechung von Schiefer-, Ton-, oder Mergelgestein oder Kohleflözgestein verankert. Zu den Verbotsgebieten gehören auch Mineralwasservorkommen, Heilquellen und Wasserentnahmestellen für die Lebensmittelherstellung.

57   Ausnahmen sind allerdings zunächst für insgesamt bis zu vier **Erprobungsmaßnahmen** vorgesehen, bei denen die Umweltauswirkungen des Technologieeinsatzes wissenschaftlich untersucht werden sollen. Die Probebohrungen bedürfen der Genehmigung der Wasserbehörde und der zuständigen Landesregierung. Die Rolle einer unabhängigen Expertenkommission, für die im ursprünglichen Gesetzentwurf viele Kompetenzen vorgesehen waren, wurde im Gesetz auf die wissenschaftliche Begleitung der Erprobungsvorhaben und auf die Berichterstattung gegenüber dem Bundestag beschränkt. 2021 soll der Bundestag die Angemessenheit des generellen Verbots auf der Grundlage des bis dahin vorliegenden Standes von Wissenschaft und Technik überprüfen.

58   **cc) Fracking in den USA und Europa.** Weltweit bestehen unterschiedliche Haltungen zum unkonventionellen Fracking. In den **USA** hat man sich in vielen Bundesstaaten, die in diesem Bereich maßgebliche Kompetenzen haben, für die Zulassung des Frackings entschieden. Durch die großflächige Nutzung des Frackings sind die USA heute weitgehend unabhängig von Gas-Importen und die Wirtschaft profitiert von niedrigen Gaspreisen. Während der Gaspreis in Deutschland Ende 2014 für Industriekunden 44,61 US-Dollar/Megawattstunde betrug (für Haushaltskunden 94,68 US-Dollar/Megawattstunde) waren es in den USA nur 18,27 US-Dollar/Megawattstunde (für Haushaltskunden 36,14 US-Dollar/Megawattstunde). [46] Dieser Unterschied ist beträchtlich. Allerdings ist Fracking nur attraktiv, solange die konventionelle Öl- und Gasförderung nicht preiswerter ist.

59   Wie die folgende Grafik zeigt, ist in **Europa** die Haltung zum Fracking gespalten. Großbritannien hofft, von niedrigen Energiekosten durch das Fracking zu profitieren und hat im Sommer 2013 ein finanzielles Anreizprogramm in Aussicht gestellt, das Investoren anlocken und Gemeinden an den Gewinnen beteiligen soll. Allerdings stockt die Umsetzung bislang. In Polen kam es zwischenzeitlich zu einem kleinen Boom, der aber nach dem Ausbleiben signifikanter Erfolge wieder abgeebbt ist. Dennoch bleibt dort die Grund-

---

[45] Gesetz zur Änderung wasser- und naturschutzrechtlicher Vorschriften zur Untersagung und zur Risikominimierung bei den Verfahren der Fracking-Technologie, vom 4.8.2016 (BGBl. I S. 1972), Gesetz zur Ausdehnung der Bergschadenshaftung auf den Bohrlochbergbau und Kavernen vom 4.8.2016 (BGBl. I S. 1962) und Verordnung zur Einführung von Umweltverträglichkeitsprüfungen und über bergbauliche Anforderungen beim Einsatz der Fracking-Technologie und Tiefbohrungen vom 4.8.2016 (BGBl. I S. 1957).

[46] International Energy Agency, Key World Energy Statistics 2015, S. 43.

Einstellung gegenüber der Technologie überwiegend positiv. In Frankreich und den Benelux-Staaten ist Fracking dagegen verboten bzw. durch Moratorien zumindest in den kommenden Jahren untersagt.

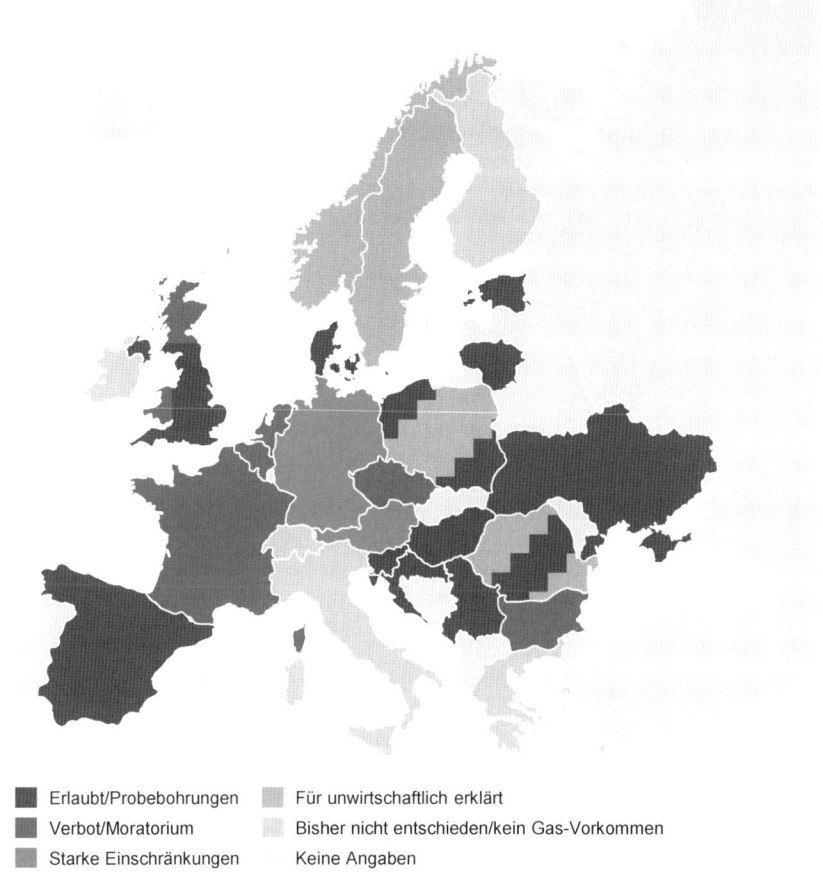

Erlaubt/Probebohrungen   Für unwirtschaftlich erklärt

Verbot/Moratorium   Bisher nicht entschieden/kein Gas-Vorkommen

Starke Einschränkungen   Keine Angaben

Quelle: Deutsche Welle

Abb. 55 – Fracking in Europa. Die Grafik gibt einen Überblick zu dem Umgang mit der Fracking-
Technologie in Europa (Stand: Juli 2015).

Zum Weiterlesen

Gernot-Rüdiger Engel, in: Gerd Stuhlmacher u. a., Grundriss zum Energierecht, 2. Aufl. 2014, Kapitel 24: Fracking

c) Gasvorkommen in Deutschland

Deutschland verfügt über eigene **Erdgasvorkommen,** die hauptsächlich in den Forma- **60**
tionen des Zechsteins (nördlicher Nordseeraum bis nach Südwestdeutschland) und in Niedersachsen liegen. Zudem bestehen einige Offshore-Vorkommen.

Das niedersächsische Landesamt für Bergbau, Energie und Geologie (LBEG) schätzte das **61**
Explorationspotential 2014 auf 88,5 Milliarden Kubikmeter.[47] Die Produktion von Erdgas ist allerdings rückläufig. So nahm sie 2013 um 1,0 Milliarden Kubikmeter auf nunmehr

---

[47] Landesamt für Bergbau, Energie und Geologie, Erdöl und Erdgas in der Bundesrepublik
Deutschland 2014, S. 10.

9,7 Milliarden Kubikmeter ab, was einem Minus von 9,3 Prozent gegenüber 2012 entspricht. Verursacht wird der Rückgang durch die Erschöpfung und Verwässerung der Erdgas-Vorkommen. Die statische Reichweite der sicheren und wahrscheinlichen Erdgasreserven lag Anfang 2014 bei knapp neun Jahren.[48]

62   Größte **Förderer** sind die ExxonMobil Production Deutschland GmbH, gefolgt von der BEB Erdgas und Erdöl GmbH & Co. KG (zu jeweils 50 Prozent ein Tochterunternehmen der Shell und ESSO) sowie GDF SUEZ E&P Deutschland GmbH und die RWE-Dea AG.

63   Die Lokalisierung **neuer Lagerstätten** in Deutschland ist – im internationalen Vergleich – zudem mit einem hohen exploratorischen Risiko und erheblichem technischem und finanziellem Aufwand behaftet und die spätere Erschließung der Ressourcen ist aufgrund komplexer geologischer Strukturen riskant. Sie wird derzeit nur wenig betrieben. Eine Veränderung könnte sich ergeben, wenn die Preise für Erdöl und Erdgas wieder erheblich ansteigen oder unkonventionelles Fracking in Deutschland aufgrund von Fortschritten bei Technik, Regelungen und Akzeptanz realistisch durchführbar wird und sich zusätzliche Vorkommen erschießen lassen.

d) Genehmigungsverfahren für Aufsuchung, Gewinnung und Wiedernutzbarmachung

64   Über die Zulässigkeit der **Erdgasgewinnung** entscheiden die europäischen Mitgliedsstaaten selbst.[49] In Deutschland unterlag die Förderung von Bodenschätzen, wie Silber und anderen Metallen, seit dem Mittelalter dem sogenannten Bergregal der Landesherren. Dadurch waren die Bodenschätze dem Privateigentum des Grundeigentümers entzogen und einer staatlichen Hoheit unterstellt.

65   Diese Grundsätze gelten bis heute und nunmehr auch für weitere Bodenschätze, zu denen Erdöl und Erdgas gehören. Allerdings erfolgt die Exploration und Gewinnung von Erdgas in Deutschland vor allem durch **private Unternehmen,** nicht durch den Staat selbst. Er stellt die Durchführung dieser Aktivitäten aber durch alle Stadien von der Aufsuchung des Vorkommens bis zur Stilllegung des Bohrlochs unter den Vorbehalt einer behördlichen Erlaubnis, Bewilligung und Aufsicht und erhebt Abgaben.

66   Gesetzliche Grundlage für die Erdgas-Gewinnung ist hauptsächlich das **Bergrecht,** enthalten im Bundesberggesetz (BBergG) mit seinen Durchführungsverordnungen. Daneben sind in der rechtlichen Praxis der Gasförderung auch noch das Wasserrecht und das Stoffrecht zu beachten. Die Verwaltungskompetenz liegt bei den Landesbehörden bzw. bei gemeinsamen Landesämtern. Das wichtigste Beispiel für die Gasförderung ist das Landesamt für Bergbau, Energie und Geologie (LBEG) mit Sitz in Hannover und Clausthal-Zellerfeld, das für die Länder Niedersachsen, Schleswig-Holstein, Hamburg, Bremen sowie den deutschen Festlandsockel der Nordsee und einen Teilbereich des deutschen Festlandsockels der Ostsee zuständig ist. Das LBEG ist im Zusammenhang mit dem Bergrecht besonders sichtbar, da 90 Prozent der nationalen Erdgasproduktion und ein Drittel der nationalen Erdölproduktion in seinem Gebiet liegt.

Über die einzelnen Schritte geben die folgenden Abschnitte einen Überblick.

67   **aa) Aufsuchung nur mit Erlaubnis und Feldesabgabe.** Zunächst ist, wenn in einem bestimmten Gebiet Bodenschätze vermutete werden, eine **Aufsuchung** zur Entdeckung oder Feststellung der Ausdehnung von Bodenschätzen erforderlich. Sie bedarf einer Erlaubnis durch die zuständige Behörde nach § 7 BBergG, die auf Antrag gewährt wird. Der nötige Inhalt des Antrages ist in einer Richtlinie festgelegt und umfasst u. a. die genaue Bezeichnung der begehrten Bodenschätze und das Gebiet (Erlaubnisfeld), sowie ein Arbeitsprogramm in dem Art, Umfang und Zweck der Erkundung beschrieben sind.[50] Mit

[48] Bundesnetzagentur und Bundeskartellamt, Monitoringbericht 2015, S. 243.
[49] EU-Kommission, Mitteilung über die Exploration und Förderung von Kohlenwasserstoff (z. B. Schiefergas) durch Hochvolumen-Hydrofracking in der EU, COM(2014) 23 final/2.
[50] Sächsisches Oberbergamt, Richtlinie Erlaubniserteilung bergfreier Bodenschätze vom 4.3.2004.

der Erlaubnis der Aufsuchung wird ein Rechtstitel verliehen, der ein Erlaubnisfeld zuspricht und die Eignung des Antragstellers zur Aufsuchung feststellt.

Für diese Erlaubnis hat der Inhaber aber jährlich eine **Feldes- und Förderabgabe** zu 68 entrichten (§ 30 BBergG). Diese beträgt nach dem BBergG im ersten Jahr fünf Euro je angefangenen Quadratkilometer und steigt in jedem weiteren Jahr um fünf Euro auf bis zu 25 Euro an. Sie ist jedoch für die beiden wichtigsten Bundesländer für die Gasförderung, Schleswig-Holstein und Niedersachsen auf im ersten Jahr 20 Euro je angefangenen Quadratkilometer angehoben worden und steigt bis auf 80 Euro an.

bb) Betriebsplan. Das **Betriebsplanverfahren** nach §§ 51 ff. BBergG dient der Be- 69 willigung des Betriebs bergbaulicher Vorhaben. Betriebspläne sind für Aufsuchung, Gewinnung, Aufbereitung ebenso wie für die Einstellung des Betriebs erforderlich. Sie sind vor Beginn der vorgesehenen Arbeiten für einen in der Regel zwei Jahre nicht überschreitenden Zeitraum aufzustellen und zur Zulassung einzureichen. Das Verfahren erfordert keine Öffentlichkeitsbeteiligung und keine Umweltverträglichkeitsprüfung. Erteilt wird die Zulassung, wenn u. a. der in § 55 Abs. 1 BBergG festgesetzte Kriterienkatalog erfüllt ist.

cc) Gewinnung mit Bewilligung und Förderabgabe. Ist die Aufsuchung erfolg- 70 reich, wird das Unternehmen die Gewinnung durch das Lösen oder Freisetzen und Abbauen der Bodenschätze anstreben. Dies bedarf eines Antrages auf **Bewilligung** nach § 8 BBergG, dessen Inhalt ebenfalls in einer Richtlinie vorgegeben wird, oder des praktisch kaum relevanten Bergwerkseigentums nach § 9 BBergG. Beide gewähren das ausschließliche Recht, innerhalb eines Erlaubnisfeldes Bodenschätze aufzusuchen, zu gewinnen und ihr Eigentum zu erwerben. Auch die Bewilligung stellt allerdings nur einen Rechtstitel dar, sodass auch hier für die eigentliche Tätigkeit in einem weiteren Antragsverfahren die Zulassung eines Betriebsplanes erlangt werden muss. Nach Erteilung sind jährlich Förderabgaben nach §§ 30 und 31 BBergG zu entrichten.

dd) Wiedernutzbarmachung. Die **Wiedernutzbarmachung** der für Aufsuchung 71 und Gewinnung genutzten Flächen ist Teil der bergbaulichen Tätigkeit. Dabei handelt es sich nach § 4 Abs. 4 BBergG um die ordnungsgemäße Gestaltung der in Anspruch genommenen Oberfläche nach Abschluss der Aufsuchungs- oder Förderaktivitäten. Für die Wiedernutzbarmachung ist bereits in den Betriebsplänen für die Errichtung und Führung des Betriebs Vorsorge zu treffen, da der Betriebsplan nach § 55 Abs. 1 Ziffer 7 BBergG anderenfalls nicht zugelassen wird. Für die Einstellung des Betriebs ist ein Abschlussbetriebsplan mit detaillierter Betriebschronik zu erstellen (§ 53 BBergG).

e) Exkurs: Mineralöl

Wenigstens einen kurzen Blick verdient im Kontext des Energierechts an dieser Stelle 72 der Bereich des Mineralöls. Denn Mineralöl war 2013 mit ca. 34 Prozent der am stärksten genutzte **Primärenergieträger** in Deutschland. Trotzdem wird es eigentlich nicht dem Energierecht zugerechnet, das sich vor allem mit leitungsgebundener Energieversorgung und den damit näher im Zusammenhang stehenden Themen beschäftigt.

Als Mineralöl bezeichnet man destilliertes Erdöl/Rohöl. Die aus ihm gewonnenen Pro- 73 dukte, etwa Rohbenzin, Ottokraftstoff, Dieselkraftstoff, Heizöl, Flugbenzin, Wachse und Schmierstoffe, stellen **große Absatzmärkte** dar. Allerdings handelt es sich – anders als bei Strom, Gas und Fernwärme – im Wesentlichen nicht um einen leitungsgebundenen Wirtschaftszweig. Denn in Deutschland existiert zwar ein Netz von Ölpipelines, die insbesondere für den Import und die Zuleitung zu den Raffinieren genutzt werden, der übrige Transport zu Weiterverarbeitern und Verbrauchern erfolgt aber in erster Linie über Tankschiffe, die Schiene und die Straße.

Erdöl ist, ebenso wie Erdgas, als Kohlenstoff nach § 3 Abs. 3 BBergG ein **bergfreier** 74 **Bodenschatz.** Somit sind die technischen und rechtlichen Anforderungen im Hinblick auf die Aufsuchung, Gewinnung und Wiedernutzbarmachung sowie das Erfordernis einer Betriebszulassung für Erdgas und Erdöl identisch.

75 2014 wurden in Deutschland 2,43 Millionen Tonnen Erdöl, vor allem in Schleswig Holstein (55 Prozent) und Niedersachsen (34 Prozent) gefördert.[51] Damit können allerdings nur ca. 0,3 Prozent des deutschen Mineralölverbrauches gedeckt werden.[52] Deutschland ist folglich beim Öl ebenso wie beim Gas stark vom **Import** abhängig, der hauptsächlich aus Russland, Norwegen, Niederlande, Dänemark und Großbritannien erfolgt.

76 Die Erdölreserven in Deutschland beliefen sich am Anfang 2015 auf 31,1 Millionen Tonnen Erdöl, was einer statistischen Reichweite von ca. 12,8 Jahren entspricht.[53] Zudem verfügt Deutschland aufgrund des **Erdölbevorratungsgesetzes** (ErdölBefG) über umfangreiche Reserven für den Notfall. Diese sind auf eine Aufrechterhaltung der Versorgung für 90 Tage ausgelegt, § 3 Abs. 1 ErdölBefG und werden gem. § 1 ErdölBefG durch den Erdölbevorratungsverband als zentrale Bevorratungsstelle verwaltet.

Zum Weiterlesen
Bundesnetzagentur und Bundeskartellamt, Monitoringbericht 2015, S. 255 ff.

2. Gaserzeugung

77 Die **Erzeugung** von Gas ist neben der Gewinnung von Erdgas die zweite Möglichkeit der Beschaffung. Von erzeugtem – oder auch hergestelltem – Gas spricht man, wenn das Gas nicht aus natürlichen Prozessen entstanden ist, sondern – oft durch das Zutun von Menschen – aus anderen Rohstoffen gewonnen wird. Die Bedeutung ist insgesamt gering, allenfalls Biogas spielt im deutschen Gasmarkt eine kleine Rolle.

a) Biogas

78 Biogas ist nicht unbedingt ein besonders ökologisch wertvoll erzeugtes Gas, der Name weist vielmehr auf die **biotische Herkunft** in Abgrenzung zur fossilen Herkunft von Erdgas hin. Ausgangsstoff für Biogas sind u.a. vergärbare, biomassehaltige Reststoffe wie Klärschlamm, Bioabfall oder Speisereste, Gülle, Mist und Pflanzen, die zum Teil gezielt für die Biogasproduktion angebaut werden.

79 Seit der Novellierung des EnWG 2011 werden nach § 3 Ziffer 10c EnWG auch **Wasserstoff** und **synthetisch erzeugtes Methan** als Biogas eingestuft, wenn der zu ihrer Erzeugung verwendete Strom und das Kohlendioxid oder Kohlenmonoxid nachweislich zu mehr als 80 Prozent aus erneuerbaren Energiequellen stammen. Diese Regelung soll die Verwendung von Power-to-Gas-Verfahren fördern.[54] Da diese Förderung auch in der Praxis weitgehend in Anspruch genommen wird, führt dies trotz Kürzung der Förderung von Biogas unter dem EEG 2014 zu einem weiteren Ansteigen der statistischen Zahlen über seine Verwendung.[55]

80 **aa) Entstehung.** Biogas entsteht, wenn bei den Ausgangsstoffen im Laufe der Lagerzeit in geschlossenen Anlagen der Prozess der Methangärung einsetzt. Daher wird Biogas oft auch als **Methangas** bezeichnet, obwohl kein reines Methan (CH_4) vorliegt, sondern lediglich ein Methananteil von bis zu 75 Prozent erreicht wird.

81 Interessant ist Biogas vor allem deshalb, weil es eine Form der Erzeugung von Strom aus erneuerbaren Energien ermöglicht, die ganzjährig und wetterunabhängig zur Verfügung steht und bei der die **Produktionsmenge** gesteuert werden kann. Außerdem wird im Umfang seiner Erzeugung die Freisetzung von klimaschädlichen Abgasen vermieden.

[51] Landesamt Niedersachsen für Bergbau, Energie und Geologie, Erdöl- und Erdgasreserven in der Bundesrepublik Deutschland am 1.1.2015, S. 2.
[52] EU Energy in Figures, Statistical Pocketbook 2015, S. 185.
[53] Landesamt Niedersachsen für Bergbau, Energie und Geologie, Erdöl und Erdgas in der Bundesrepublik Deutschland 2013, S. 42.
[54] Siehe § 6, Rn. 203 ff.
[55] Bundesnetzagentur, Biogas-Monitoringbericht 2014, S. 17; Bundesnetzagentur und Bundeskartellamt, Monitoringbericht 2015, S. 337.

Zu den Biogasen gehören auch **Deponiegas,** das bei der Verrottung von Haushaltsab- 82
fällen entsteht, und **Klärgas,** das bei der Fermentierung vom Klärschlamm frei wird. Der
Anteil von Klärgas und Deponiegas am Gasverbrauch in Deutschland ist allerdings sehr
gering.

Das Biogas wird häufig direkt in der Anlage verbraucht, um die hohen **Aufbereitungs-** 83
kosten (Entfernung von Wasser, Schwefelwasserstoff und Kohlenstoffdioxid, Erhöhung des
Heizwertes) für die Einspeisung in das Erdgasnetz zu vermeiden. Eine solche Reinigung
lohnt sich nur für große Anlagen, von denen in Deutschland 2013 144 an das Netz angeschlossen waren. Sie haben 520 Millionen Nm³ Erdgas eingespeist. Das sind 25,9 Prozent
mehr als 2012. Bis 2014 soll die Menge auf ca. 640 Millionen Kubikmeter anwachsen. Das
Ziel der Bundesregierung, bis 2020 eine jährliche Einspeisung von sechs Milliarden Kubikmeter zu erzielen, ist damit allerdings erst zu 8,7 Prozent erreicht.[56]

bb) Fördersystem. Biogas entstand ursprünglich als Nebenprodukt der landwirtschaft- 84
lichen Produktion. Es kann für die Stromerzeugung verwendet oder nach einer entsprechenden Aufbereitung in das Gasnetz eingespeist werden. Nach dem EEG wird jedoch nur
die **Verstromung** von Biogas mit garantierten Einspeiseentgelten gefördert.

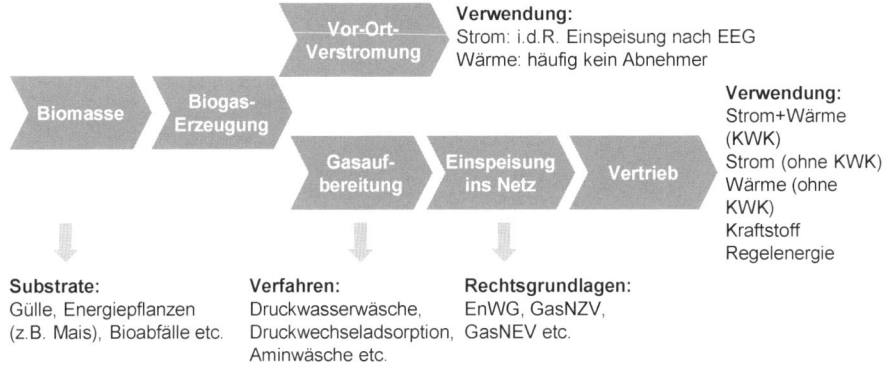

Quelle: Bundesnetzagentur: Biogas-Monitoringbericht 2014, S. 16

Abb. 56 – Wertschöpfungskette von Biogas. Die Grafik zeigt die Wertschöpfungskette von Biogas.

(1) Strom aus Biogas. Ursprünglich wurde im EEG eine sehr hohe Einspeisever- 85
gütung für Strom, der aus Biogas erzeugt wird, gewährt. Dies führte zum Beispiel im
Jahr 2010 dazu, dass Strom aus Biomasse ca. 26 Prozent der Gesamtstromerzeugung aus
erneuerbaren Energien betrug, was zu einem Vergütungsvolumen von 3,7 Milliarden Euro
führte. Diese entspricht ca. 30 Prozent des Gesamtvergütungsvolumens von zwölf Milliarden Euro.[57] Dadurch erwies sich die Herstellung von Strom aus Biogas als so lukrativ, dass
eine zunehmende Anzahl von Landwirten ihren Tätigkeitsschwerpunkt in diesen Bereich
verlagerte („Biogasbauern").

Die Gaserzeugung mittels nachwachsender Rohstoffe ist allerdings politisch umstritten. 86
Mit dem EEG 2014 wurde deshalb die **Förderung** für Strom aus Biomasse-Anlagen unter
Wahrung der Rechte der Vergangenheit erheblich **gekürzt.** Der Ausbau der installierten Leistung wurde auf 100 Megawatt pro Jahr nach § 3 Nr. 4 EEG 2014 beschränkt und
die Fördersätze erheblich gesenkt. Mit dem EEG 2017 ist die Ausbaugrenze nun wieder etwas angehoben worden auf 150 Megawatt in den Jahren 2017 bis 2019 und 200 Megawatt in den Jahren 2020 bis 2022 (§ 4 Ziffer 4 EEG 2017). Zugleich werden auch Biogasanlagen künftig am Auktionsverfahren teilnehmen und können sich dabei – im

---

[56] Bundesnetzagentur, Biogas-Monitoringbericht 2014, S. 4.
[57] Deutscher Bundestag, Erfahrungsbericht 2011 zum Erneuerbaren-Energien-Gesetz 6.6.2011,
BT-Drucks. 17/6085, S. 4.

Gegensatz zu allen anderen Technologien – auch um Anschlussförderungen bewerben, um bestehenden Anlagen den Bestand nach Auslaufen des ersten Förderungszeitraumes zu sichern. Gering ist und bleibt dagegen die Förderung für neu errichtete, kommerzielle Groß-Anlagen mit einer Leistung von über 20 Megawatt, für die der anzulegende Wert bei nur 5,85 Cent/Kilowattstunde liegt (§ 44 Nr. 4 EEG 2014/§ 42 Nr. 4 EEG 2017). Insgesamt soll verhindert werden, dass Produktionsflächen nur noch für den Anbau von Rohstoffen für die Vergärung genutzt werden und so den Nahrungsmittelanbau verdrängen.

87 **(2) Einspeisung in das Gasnetz.** Für Biogas, das in das Erdgasnetz eingespeist wird, gelten die Sonderregelungen in §§ 31 ff. GasNVZ. Nach § 33 Abs. 1 S. 1 GasNZV haben Anlagen, in denen Biogas zu Erdgas aufbereitet wird, einen **vorrangigen Anspruch** auf Anschluss an das Gasversorgungsnetz. Die Kosten für den Netzanschluss trägt der Anschlussnehmer zu 25 Prozent, bei Leitungen bis zu einem Kilometer Länge aber maximal 250.000 Euro und bei einer Länge von über zehn Kilometer alle Mehrkosten. Diese Regelung weicht von der alleinigen Kostentragungspflicht des Anschlussnehmers bei erneuerbaren Energien gem. § 16 Abs. 1 EEG ab. § 34 Abs. 1 S. 1 GasNZV regelt, dass der Netzbetreiber Biogas beim Abschluss von Einspeiseverträgen und Ausspeiseverträgen vorrangig zu behandeln und vorrangig zu transportieren hat. Nach § 20a GasNEV hat der Einspeiser von Biogas allerdings einen Anspruch auf ein Entgelt für vermiedene Netzentgelte vorgelagerter Netze in Höhe von pauschalisiert 0,7 Cent/Kilowattstunde. Die für den Netzanschluss anfallenden Kosten kann der Netzbetreiber mit dem Netzentgelt auf die Gaskunden abwälzen. Im Jahr 2014 betrugen die wälzbaren Kosten 154 Millionen Euro.[58]

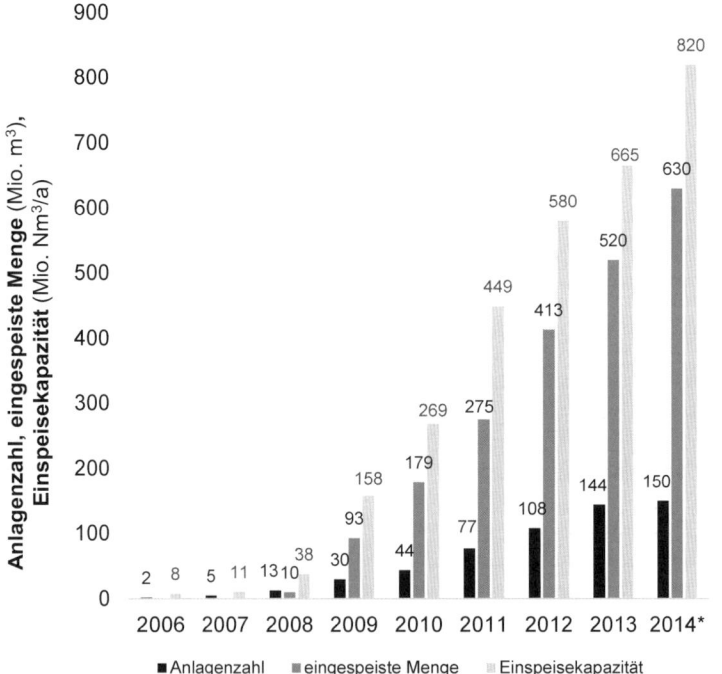

Quelle: Deutsche Energieagentur (dena), Bundesnetzagentur, Bundesverband der Energie- und Wasserwirtschaft e. V.

Abb. 57 – Biogas in Deutschland 2006 bis 2014. Die Grafik zeigt die Entwicklung der Einspeisekapazitäten und der ins Erdgasnetz eingespeisten Bio-Erdgasmengen in den Jahren 2006 bis 2014.

[58] Bundesnetzagentur und Bundeskartellamt, Monitoringbericht 2015, S. 337.

Für in das Gasnetz eingespeistes Biogas als solches gibt es keine besondere Vergütung, da **88** nach dem EEG nur Stromerzeugung aus erneuerbaren Energien gesondert vergütet wird. Allerdings können innerhalb des Bilanzkreises für Gas[59] gesonderte **Biogas–Bilanzkreise** geführt werden. Dies ermöglicht es, das Biogas nach der Ausspeisung aus dem Gasnetz zur Verstromung besonders zu erfassen und für den mit dem Biogas erzeugten Strom damit die erhöhte EEG-Vergütung zu erhalten. Damit können die Einspeiser von Biogas in das Gasnetz eine höhere Vergütung als für normal in das Gasnetz eingespeistes Erdgas erhalten. Dieser Verkaufspreis lag 2014 nach Umfragen der Bundesnetzagentur bei den Händlern bei ca. fünf bis acht Cent/Kilowattstunde.[60]

b) Flüssiggas und andere Gase

Flüssiggas (Liquefied Petroleum Gas, LPG) besteht im Wesentlichen aus Propan, Butan **89** oder einer Mischung aus beiden. Es ist ein in Raffinerien **künstlich hergestelltes Gas,** dessen Bestandteile in der Regel ein Nebenprodukt der Rohölproduktion und Erdgasförderung sind. Sein Marktanteil ist gering, allerdings eignet es sich durch sein geringes Volumen sehr gut für den leitungsungebundenen Transport und die Lagerung. Es ist nicht zu verwechseln mit Flüssigerdgas (Liquefied Natural Gas, LNG).[61]

Relativ bekannt ist das **Kokereigas**/Stadtgas. Es wurde seit Mitte des 19. Jahrhunderts **90** durch Pyrolyse (trockene Destillation) von Steinkohle erzeugt, mit der eine erhebliche Luftverschmutzung einherging. Die deutschen Städte haben daher in den 1960er Jahren die Gasversorgung auf Erdgas umgestellt.

Gichtgas und **Raffineriegas** sind ebenfalls von geringer Bedeutung. Sie fallen bei **91** der Produktion in Hochöfen und Erdöl-Raffinerien an, können aufgrund ihres niedrigen Methangehaltes aber nur nach vorheriger Aufbereitung verwendet werden, die sich zumeist nicht lohnt.

Synthetisches Erdgas (Substitute Natural Gas/Synthetic Natural Gas, SNG) wird ge- **92** wonnen, indem Kohle oder Biomasse zunächst vergast und die Gase dann bei großer Hitze methanisiert werden. Dieses Gas kann nach einer Reinigung und Aufbereitung wie Erdgas eingesetzt werden. Allerdings stehen auch hier Kosten und Ergebnis in einem wirtschaftlich ungünstigen Verhältnis zu einander.

3. Gasimport

Der Import von Erdgas deckt in Deutschland ca. **90 Prozent des Verbrauchs** ab. Die **93** Importmenge von Gas nach Deutschland ist von 2014 gegenüber 2013 um 0,9 Prozent gestiegen (2013: 1.771 Terrawattstunden/2014: 1788 Terrawattstunden).[62] Im gleichen Zeitraum erhöhten sich die Exporte um 17,5 Prozent von 725,8 Terrawattstunden in 2013 auf 852,9 Terrawattstunden.[63]

Zu Gasexporten kommt es, da Deutschland durch seine zentrale Lage in Europa gleich- **94** zeitig Transitland ist. Von den Gasimporten entfielen im Jahr 2013 die größten Anteile auf Russland[64]/GUS, Norwegen, die Niederlande und Polen, siehe sogleich. Allerdings sind diese nicht in jedem Fall auch die Förderländer. Die **Niederlande** fallen als Bezugsland besonders ins Gewicht, denn sie sind neben der Eigenproduktion aus der Nordsee sowohl ein wichtiger Handelsplatz als auch ein Anlandepunkt für Flüssiggaslieferungen. Gleichzeitig fungieren sie als Verbindung zu den Exporten aus Norwegen und dem Vereinigten Königreich.

---

[59] Siehe § 6, Rn. 140 ff.
[60] Bundesnetzagentur und Bundeskartellamt, Monitoringbericht 2015, S. 337.
[61] Siehe § 6, Rn. 96 ff.
[62] Bundesnetzagentur und Bundeskartellamt, Monitoringbericht 2015, S. 256.
[63] Bundesnetzagentur und Bundeskartellamt, Monitoringbericht 2015, S. 258.
[64] Bundesverband der Energie- und Wasserwirtschaft e. V., Erdgasbezugsquellen, Deutschlands Erdgasaufkommen nach Herkunftsländern 2014.

95   Die **größten Importeure** für Erdgas in Deutschland sind die Unternehmen E.ON Ruhrgas, Wingas, Shell Deutschland, ExxonMobil, Verbundnetz Gas (VNG), RWE und Bayerngas.

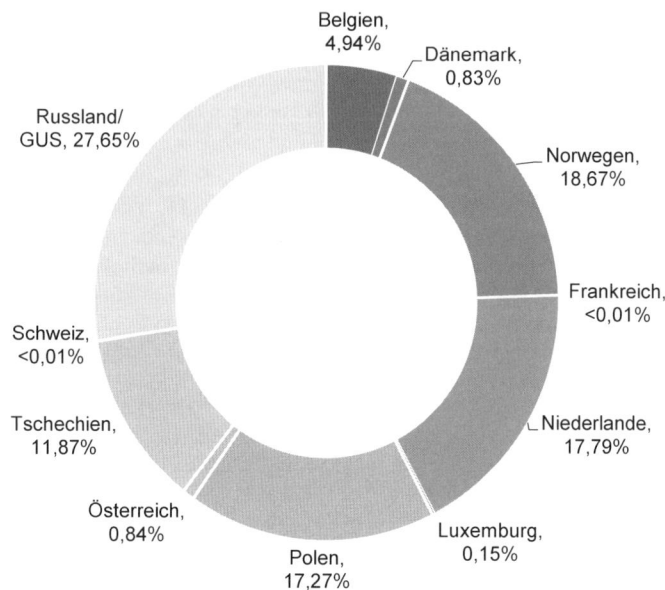

Quelle: Bundesnetzagentur und Bundeskartellamt

Abb. 58 – Import und Export von Gas 2014. Die Grafik zeigt die Herkunftsländer der nach Deutschland importierten Gasmengen 2014 in Prozent.

Zum Weiterlesen

Hans-Wilhelm Schiffer, Energiemarkt Deutschland, 10. Aufl. 2008, Kapitel 2.4: Erdgas

4. Exkurs: Flüssigerdgas/LNG

96   Bei der Beschaffung von Erdgas spielt heute die Möglichkeit, das Erdgas durch Abkühlung zu verflüssigen und dann per Schiff weltweit zu transportieren eine zunehmende Rolle. Dies hat zur Folge, dass der Gasmarkt dabei ist, sich von regionalen Märkten, die durch die Reichweite der Pipelines bestimmt sind, zu einem weltweiten Markt zu entwickeln. Mittelfristig kann hier eine **Alternative** zum leitungsgebundenen Transport entstehen.

97   Erdgas kann durch Abkühlung auf −164 Grad Celsius bis −161 Grad Celsius verflüssigt werden. Es wird dann als Flüssigerdgas (Liquefied Natural Gas, LNG) bezeichnet und weist etwa ein sechshundertstel des **Volumens** von gasförmigem Erdgas auf.

98   Das erste Patent auf die Technologie der Gasverflüssigung wurde bereits 1914 in den USA angemeldet. Allerdings galt sie lange als zu teuer, denn die Verflüssigung und Rückwandlung in Gas muss in **speziellen Anlagen,** den LNG-Terminals, vorgenommen werden. Dabei ist jeweils im Produktionsland des Gases ein Terminal für die Verflüssigung notwendig und im Empfängerland ein Terminal für die Regasifizierung nach dem Schiffstransport. Der Bau der Terminals kann mehrere Milliarden Euro kosten und ist daher nur punktuell sinnvoll. Bei der Verflüssigung und der Rückumwandlung werden ca. 10 bis 25 Prozent der Energie des transportierten Gases verbraucht.

99   Heute gilt als Faustformel, dass ab 4.000 Kilometer Landweg oder 2.000 Kilometer Seeweg der Transport in verflüssigter Form wirtschaftlicher ist als der Transport über ein

Rohrleitungssystem.[65] Dadurch ist eine **Alternative** zum Pipeline Transport durch Verschiffung und ein echter **Weltmarkt für Flüssiggas** entstanden. Denn Gas kann nun jeweils nicht nur innerhalb der durch Pipelines erschlossenen vier großen Erdgas-Marktgebieten Nordamerika, Südamerika, Europa und Ostasien gehandelt werden, sondern auch zwischen ihnen. Gleichzeitig hat die LNG-Technologie viele Länder, wie Spanien oder Japan, die durch Pipelines kaum wirtschaftlich zugänglich sind, für den Gasmarkt erschlossen. 2014 wurden bereits etwa zehn Prozent des jährlichen Erdgasbedarfs weltweit durch Flüssiggas abgedeckt.[66] In Europa machte Flüssiggas im Jahr 2012 bereits zwölf Prozent des jährlichen europäischen Erdgasverbrauchs aus.[67] Insgesamt wurden 2014 32,98 MTPA (million tonnes per annum) LNG nach Europa importiert. Herkunftsländer sind Qatar zu 53,4 Prozent, Algerien zu 32,6 Prozent, Nigeria zu 13,6 Prozent und Trinidad zu 7,6 Prozent.[68]

Bisher existieren in **Europa** 28 LNG-Terminals, in England, Frankreich, Spanien, Griechenland, Italien, Belgien und den Niederlanden. Acht weitere Terminals befinden sich im Bau und 26 in der Planung.[69] Der Import und Verbrauch von LNG konzentriert sich besonders in Ländern wie Spanien, Portugal und Italien, die nicht direkt per Pipeline an die norwegische oder russische Produktion angebunden sind. **100**

In **Deutschland** war ein LNG-Terminal in Wilhelmshaven geplant, bisher ist es aber nicht zu seiner Errichtung gekommen. Dennoch wird Flüssigerdgas in der deutschen Gasversorgung künftig eine größere Rolle spielen. Denn Deutschland ist über das europäische Transportnetz an LNG-Terminals angebunden. E.ON will voraussichtlich ab 2020 6,5 Milliarden Kubikmeter Flüssiggas pro Jahr von einem kanadischen Unternehmen beziehen, wobei dieses Gas über den Hafen Rotterdam angelandet werden soll. **101**

Die EU-Kommission hat im Sommer 2015 eine *Konsultation zur zukünftigen Strategie der Union zum Beitrag von Flüssiggas und Gasspeichern zur Versorgungssicherheit* gestartet. So soll ermittelt werden, inwieweit der **Ausbau** der LNG- und Gasspeicherinfrastruktur zur Sicherstellung der Gasversorgung in Europa notwendig und wirtschaftlich erfolgversprechend ist. Dies zeigt, dass LNG als Zukunftsthema eingeschätzt wird. **102**

III. Gasnetz und Gastransport

Wir haben schon mehrfach angesprochen, dass zwischen den Bereichen Strom und Gas viele Parallelen bestehen. Dies gilt gerade auch für die **Regulierung** im Bereich des Netzes und des Transports. Diese Bereiche wollen wir im folgenden Abschnitt – nach einem kurzen Hinweis auf einige Besonderheiten – vorstellen. **103**

Zu beachten ist, dass Gas nicht nur durch Leitungen transportiert werden kann, sondern auch abgefüllt in **Spezialbehältern.** Der Camping-Gaskocher oder die Gasflasche für den Herd oder den Heizpilz sind im Haushalt gängige Beispiele. Im großen Stil kann ein Transport im Tankwagen auf der Straße, der Schiene oder in flüssiger Form als LNG mithilfe spezieller Schiffe auf dem Seeweg erfolgen. Auf die meisten dieser eher kleinvolumigen Transportformen gehen wir hier nicht ein, sondern konzentrieren uns auf den Transport durch Gasleitungen. Die sogenannte LNG-Technologie haben wir im vorherigen Abschnitt dargestellt. **104**

1. Eigenschaften des Gasnetzes

Der Gesetzgeber nimmt auch bei Gasnetzen ein **natürliches Monopol** an, da ein paralleler Leitungsbau nur in den seltensten Fällen wirtschaftlich sinnvoll ist. Allerdings ist dies **105**

---

[65] Landolt-Börnstein, New Series VIII, Volume 3A, Natural Gas Exploitation Technologies, S. 40 ff.
[66] International Gas Union, World LNG Report, 2015, S. 6, 12.
[67] DIW, Europäische Erdgasversorgung trotz politischer Krisen sicher, Wochenbericht Nr. 22/2014, S. 483.
[68] International Gas Union, World LNG Report, 2015, S. 14.
[69] Gas Infrastructure Europe, LNG Map 2015.

nicht in gleicher Weise zwingend wie bei den Stromübertragungsnetzen, da die Gasleitungen nicht unbedingt als vermaschtes Netz arbeiten. Daher kann durch den Netzbetreiber der Nachweis erbracht werden, dass im Bereich der Fernleitungsnetze kein natürliches Monopol vorliegt. Dies ist der Fall, wenn das Fernleitungsnetz zu einem überwiegenden Teil wirksamem bestehenden oder potenziellen Leitungswettbewerb ausgesetzt ist (§ 3 Abs. 2 GasNEV) und die Preise für die (weitgehende) Nutzung des überregionalen Fernleitungsnetzes durch tatsächlich bestehenden Wettbewerb kontrolliert werden.[70] Gelingt dem Netzbetreiber dieser Nachweis, werden die Netzentgelte[71] nach einem besonderen Verfahren berechnet. Allerdings ist ein solcher Nachweis bisher kaum gelungen.

106   Besteht kein Leitungswettbewerb, geht die Regulierung der Gasleitungen und -netze davon aus, dass der Netzbetreiber als Monopol marktbeherrschend ist. Von dieser Standardannahme gibt es noch einige **Ausnahmen,** die hier vorab angesprochen sein sollen:

- Es gibt insbesondere im Bereich der Niederdrucknetze Regionen, in denen sich **Gasnetzgebiete überlappen.** Dort könnten Verbraucher theoretisch an zwei Leitungen angeschlossen werden. Der praktische Nutzen eines solchen Doppel-Netzanschlusses ist allerdings gering und mit doppelten Netzanschlusskosten verbunden, sodass dem kaum praktische Relevanz zukommt.

- Im Gasmarkt existieren bei den Ferngasleitungen vielfach **Pipeline Joint Ventures.** Das sind Gemeinschaftsunternehmen, die im Eigentum von mindestens zwei Netzbetreibern stehen. Das Joint Venture baut und betreibt die Gasleitung. Die Kapazitäten der Leitung vermietet es anteilig an seine Eigentümer, die Netzbetreiber (Netzpacht). Die Netzpächter werden bei der Netzkostenermittlung wie Eigentümer ihres Anteils an der Leitung behandelt, § 4 Abs. 5 StromNEV.

- Schließlich gibt es am Gasmarkt Fälle, in denen zwei Unternehmen einen Punkt zur Einspeisung oder Ausspeisung in das Netz **gemeinsam nutzen.**[72] Generell haben diese Ausnahmen aber über die Anwendung der Regulierungsregelungen hinaus keine Auswirkung.

2. Gasversorgungsnetze

107   Das deutsche Gasnetz wird – wie das Stromnetz – in das Übertragungsnetz und das Verteilernetz eingeteilt. Sie verlaufen meist **unterirdisch.** Maßgeblich für die Einteilung in die Netzebenen ist der im Netzabschnitt vorherrschende Druck. Zum Gasversorgungsnetz gehören alle Fernleitungsnetze, Gasverteilernetze, LNG-Anlagen oder Speicheranlagen, die für den Zugang zur Fernleitung, zur Verteilung und zu LNG-Anlagen erforderlich sind (vgl. § 3 Nr. 20 EnWG).

108   Auf der Übertragungsebene sorgt ein **Fernleitungsnetz** bzw. **Hochdruckleitungsnetz** (siehe **Abb. 59 – Das deutsche Gas-Fernleitungsnetz** und auch die Definitionen in § 3 Nr. 5 und Nr. 19 EnWG) von ca. 38.000 Kilometer Länge für den Transport des Gases.[73] Das Fernleitungsnetz wird von 17 Fernleitungsnetzbetreibern (in der Terminologie des EnWG „Betreiber von Fernleitungsnetzen", vgl. § 3 Nr. 5 EnWG) verantwortet und befördert in getrennten Systemen H-Gas und L-Gas. Die Leitungen haben einen Durchmesser von 120 bis 150 cm und einen Druck von 100 bis 200 bar. Der Betrieb des Ferngasnetzes wird nicht nur durch nationales Recht, sondern vor allem durch eine Vielzahl von europäischen Regelungen gestaltet. Dazu zählen insbesondere die eingangs beschriebene Ferngasnetzzugangsverordnung und die Gasnetzkodizes. So soll die Kompatibilität des europäischen Fernleitungsnetzes und die Entstehung eines funktionierenden Binnenmarktes gewährleistet werden.

---

[70] OLG Düsseldorf, Urt. vom 25.11.2009 – VI-3 Kart 48/08; OLG Düsseldorf, Beschl. vom 13.1.2010 – VI-3 Kart 72/08 (V).
[71] Siehe § 6, Rn. 157 ff.
[72] Doppelt belegte Entry-Exit-Punkte, siehe § 6, Rn. 138.
[73] Bundesnetzagentur und Bundeskartellamt, Monitoringbericht 2015, S. 247.

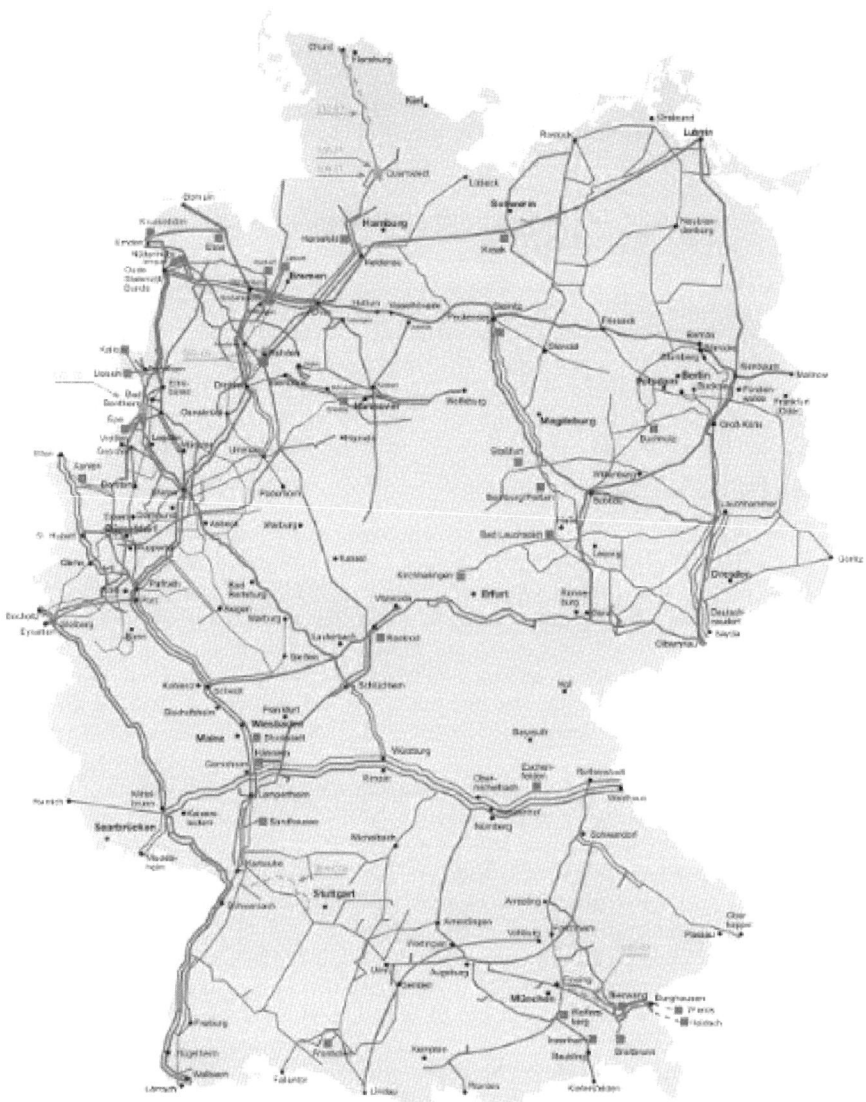

Quelle: Bundeswirtschaftsministerium

Abb. 59 – Das deutsche Gas-Fernleitungsnetz. Die Grafik zeigt das deutsche Gas-Fernleitungsnetz.

Unterhalb der Fernleitungsnetze beginnt die Stufe der **Verteilernetze** (in der Terminolo- **109** gie des EnWG „Betreiber von Gasverteilernetzen", vgl. § 3 Nr. 7 EnWG). Bei diesen wird zwischen **Mitteldruckleitungsnetzen** und **Niederdruckleitungsnetzen** unterschieden. Das Mitteldruckleistungsnetz (auch als Regionalgasnetz bezeichnet) ist ca. 232.000 Kilometer lang und weist einen Druck von 0,1 bis 1 bar auf. Das Niederdrucknetz, über das die Verbraucher versorgt werden, erstreckt sich über ca. 157.000 Kilometer und weist einen Druck von weniger als ein bar auf. 2014 waren 670 Verteilernetzbetreiber registriert.[74]

---

[74] Bundesnetzagentur und Bundeskartellamt, Monitoringbericht 2015, S. 247.

110   Das Gas wird in den Leitungen dadurch transportiert, dass in der Leitung eine Druck-
differenz zwischen Anfangs- und Endpunkt hergestellt wird. Dabei ist jedoch Reibungs-
widerstand zu überwinden und durch Ausspeisung auf dem Transportweg kommt es zu
Druckabfall. Dieser muss an **Verdichtungsstationen** ausgeglichen werden, die den Druck
des Gases erhöhen (Gasverdichtung). Dabei wird zwischen der Grundverdichtung an den
Enden der Leitung an den Übernahmestationen und der Transportverdichtung an verschiedenen Punkten des Netzes unterschieden. Die Menge des auf diesem Wege durchzuleitenden Gases wird als die Transportkapazität der Leitung bezeichnet.

3. Netzbetrieb

111   Die Aufgaben der Betreiber von Gasleitungsnetzen ähneln ihrer Funktion nach zum guten Teil denjenigen der Stromnetzbetreiber.[75] Vor der Liberalisierung der Energiewirtschaft
wurde stärker der Unterschied zwischen der Gaswirtschaft und der Stromwirtschaft stärker
betont. Insbesondere nach der Einführung der Entflechtung und der Regulierung der Netze wurden aber für Strom und Gas gerade im Netzbereich **ähnliche Strukturen** etabliert.

a) Fernleitungsnetzbetreiber

112   Auf europäischer Ebene sind auch die Fernleitungsnetzbetreiber entsprechend den Vor-
gaben in Art. 5 ff. Ferngasnetzzugangsverordnung in einem Verband organisiert (European
Network of Transmission System Operators for Gas, **ENTSO-G**). Sie arbeiten u. a. die
Netzkodizes aus, verabschieden einen europaweiten Netzentwicklungsplan und erarbeiten
Prognosen zur Entwicklung des Gasmarkts auf europäischer Ebene.

113   Auf nationaler Ebene arbeiteten in den zwei Marktgebieten in Deutschland, **Gaspool** in
Nord- und Ostdeutschland sowie **NetConnect Germany** in West- und Süddeutschland,
Ende 2014 insgesamt 17 Fernleitungsnetzbetreiber. Sie betrieben ein Fernleitungsnetz von
37.580 Kilometern.[76]

114   Die §§ 15 ff. EnWG treffen **besondere Regelungen** für Fernleitungsnetzbetreiber.
Nach § 15 Abs. 1 EnWG haben Fernleitungsnetzbetreiber *den Gastransport durch ihr Netz
unter Berücksichtigung der Verbindungen mit anderen Netzen zu regeln und mit der Bereitstellung
und dem Betrieb ihrer Fernleitungsnetze im nationalen und internationalen Verbund zu einem sicheren und zuverlässigen Gasversorgungssystem in ihrem Netz und damit zu einer sicheren Energieversorgung beizutragen.* Dazu gehören der Informationsaustausch (§ 15 Abs. 2 EnWG), die Bereitstellung ausreichender Transportkapazitäten (§ 15 Abs. 3 EnWG) und die Erstellung
eines Netzentwicklungsplans (§ 16 Abs. 1 EnWG). Zudem obliegt ihnen nach § 16 Abs. 1
EnWG die Systemverantwortung, um die Sicherheit und Zuverlässigkeit des Gasversor-
gungssystems sicherzustellen. Zu diesem Zweck müssen sie netz- oder marktbezogene
Maßnahmen ergreifen und bei deren Versagen sämtliche Gaseinspeisungen, Gastransporte
und Gasausspeisungen in ihren Netzen anpassen. Gem. § 16a Abs. 1 EnWG gelten die
§§ 15 und 16 Abs. 1 bis 4 EnWG auch für Betreiber von Gasverteilernetzen. Eine weitere
Aufgabe liegt in der Vergabe von Netz-Kapazitäten.[77]

b) Gasverteilnetzbetreiber

115   Unterhalb der Ebene der Fernleitungsnetzbetreiber gibt es in Deutschland in den beiden
Marktgebieten über 700 **Gasverteilnetzbetreiber.** Sie betreiben Netze mit einer Länge
von insgesamt 481.103 Kilometern.[78] Diese Netze sind mehr als zwölfmal so lang wie die
Fernleitungsnetze. Wegen der Größe der Netze und der Konzentration struktureller Aufgaben bei den Fernleitungsnetzbetreibern erhalten die Verteilnetzbetreiber jedoch meist

---

[75] Siehe § 4, Rn. 239 ff.
[76] Bundesnetzagentur und Bundeskartellamt, Monitoringbericht 2015, S. 246.
[77] Siehe § 6, Rn. 148.
[78] Bundesnetzagentur und Bundeskartellamt, Monitoringbericht 2015, S. 247.

erheblich weniger Aufmerksamkeit. Dabei versorgen sie mit über ca. 14 Millionen Letzt-verbrauchern den weitaus größten Teil der Verbraucher und vermitteln somit für die weit-aus meisten Kunden den unmittelbaren Kontakt bei der Gasversorgung.

Die **Aufgabe** der Verteilnetzbetreiber ist nach § 11 EnWG der Betrieb eines sicheren, **116** zuverlässigen und leistungsfähigen Gasversorgungsnetzes. Dabei ist zu beachten, dass viele der Verteilnetzbetreiber zu Stadtwerken gehören. Sie sind daher nicht auf der Eigentums-ebene entflochten, sondern arbeiten gerade bei vielen Haushaltskunden in einem Konzern mit dem Gaslieferanten. Letztere betreiben häufig auch noch mit Gas befeuerte KWK-Kraftwerke, die Wärme und Strom liefern. Die Verteilnetzbetreiber arbeiten so wegen ihrer geringeren Größe häufig noch – im Rahmen der Entflechtungsregeln[79] – in traditionell vertikal integrierten Strukturen. Sie können aber so auch wesentlich kundennäher arbeiten.

c) Netzstabilität und Ausgleich

Auch im Gasmarkt tragen die Transportnetzbetreiber nach § 16 Abs. 1 EnWG die **117** **Systemverantwortung.** Sie sind damit für die Sicherheit und die Zuverlässigkeit des Gas-versorgungssystems verantwortlich. Sind diese gestört oder gefährdet, sind die Betreiber berechtigt und verpflichtet, die Störung durch netzbezogene oder marktbezogene Maß-nahmen zu beseitigen.[80]

Von diesen Maßnahmen zur Störungsbeseitigung sind die **Systemdienstleistungen** zu **118** unterscheiden. Diese dienen ebenfalls der Gewährleistung eines zuverlässigen und sicheren Netzbetriebs, sie werden aber mit unterschiedlicher Aufgabenverteilung von allen Netzbe-treibern erbracht. Dazu gehören u. a. die Betriebsführung und die Druckhaltung sowie die sonstige Aufrechterhaltung der Netzstabilität, beispielsweise durch die Beschaffung von Regelenergie und das Engpassmanagement.

Zur Erhaltung der **Netzstabilität** wird – wie im Strommarkt – anhand von Verbrauchs- **119** prognosen, Lastprofilen und kurzfristig den Nominierungen zum Bilanzkreis zunächst eine Prognose des Gasverbrauches angestellt, die zur Planung der Kapazitätsbeschaffung dient. Danach wird durch eine Feinjustierung die Bereitstellung der richtigen Gasmenge sicher-gestellt. Wichtige Instrumente zur Erhaltung der Netzstabilität sind der Einsatz von Regel-energie und das Engpassmanagement, die wir im folgenden Darstellen.

aa) Regelenergie. Regelenergie dient auch bei der Gasversorgung der **Netzstabilität** **120** und der Versorgungssicherheit. Grundsätzlich sind die Bilanzkreisverantwortlichen für aus-geglichene Ein- und Ausspeisungen verantwortlich, § 22 Abs. 1, 3 GasNZV. Soweit diese ihrer Pflicht nicht nachkommen, haben die Marktgebietsverantwortlichen für den Ausgleich zu sorgen und berechnen den BKV dafür Ausgleichsenergie. Kommen diese ihren Pflichten nicht nach, sorgen die Marktgebietsverantwortlichen für den Ausgleich und stellen den Bi-lanzkreisverantwortlichen die Ausgleichsenergie in Rechnung. Anders als im Strommarkt muss dieser Ausgleich nicht zeitgleich erfolgen. Denn wenn zur Deckung des Bedarfes die Einspeisung nicht ausreicht, können sich die Netzbetreiber zunächst der im Gasnetz ge-speicherten internen Regelenergie – die auch Netzpuffer oder Linepack genannt wird – bedienen. Ihr Einsatz ist in § 27 Abs. 1 GasNZV geregelt. Es handelt sich dabei um eine Gasmenge, die durch Verdichtung in den Fernleitungs- und Verteilernetzen als **Reserve** bereitgehalten wird. Sie wird zur Glättung der innerhalb eines Tages auftretenden Lastspitzen an den Netzkopplungspunkten bzw. Ausspeisezonen zum vorgelagerten Netz aus dem eige-nen Netz und aus angrenzenden Netzen abgerufen und vorrangig eingesetzt. Erst wenn die **interne Regelenergie** zur Deckung eines Engpasses nicht ausreicht, wird der Netzbetreiber gem. § 27 Abs. 2 GasNZV externe Regelenergie von Transportkunden (vgl. § 3 Nr. 31b EnWG) oder anderen Marktteilnehmern hinzunehmen. Sie wird im Rahmen von Ausschrei-bungen durch den Netzbetreiber über die Energiebörse[81] in seinem oder anderen Marktgebie-

---

[79] Siehe § 5.
[80] Siehe § 4, Rn. 253 ff.
[81] Siehe § 4, Rn. 416 ff.

ten beschafft und ist daher teurer als der Einsatz interner Regelenergie.[82] Durch dieses System ist ein spontaner Gasausfall durch einen Druckverlust als Pendant zum Stromausfall zwar technisch nicht unmöglich, allerdings ist das Risiko dafür gering.

121   **bb) Engpassmanagement.** Der Engpassbegriff im Gasmarkt ist ein anderer als der im Strommarkt. Denn im Gasmarkt kommt es im Normalfall durch die großen, einfach abrufbaren Speichervorräte kaum vor, dass die Leitungen überhitzen oder dass das Gas ad hoc knapp wird und ein physikalischer Engpass entsteht. Vielmehr meint der Begriff im Gasmarkt meistens eine Situation, in der die Kapazitäten an den **Ein- und Ausspeise-Punkten** ausgebucht sind (vertraglicher Engpass), unabhängig davon, ob auch eine physikalische Vollauslastung vorliegt. In der Vergangenheit kam es häufig vor, dass die – oft lange im Voraus – gebuchten Leitungskapazitäten tatsächlich gar nicht benötigt wurden. Um sie dem Markt wieder verfügbar zu machen und Sperrungen durch Leerbuchungen zu verhindern, sieht Art. 22 Ferngasnetzzugangsverordnung vor, dass der Fernleitungsnetzbetreiber neben dem **Primärangebot** für Leitungskapazitäten einen **Sekundärhandel** mit gebuchten aber dann doch nicht genutzten Leitungskapazitäten anzubieten hat. In Umsetzung dessen verpflichtet § 12 GasNZV die Fernleitungsnetzbetreiber, Kapazitätsplattformen für Primärkapazitäten und für Sekundärkapazitäten einzurichten.[83] Dem kamen die Fernleitungsbetreiber im Januar 2013 mit der Errichtung der European Capacity Platform PRISMA nach, die mittlerweile 22 Mitglieder zählt.

4. Regulatorische Kernbereiche

122   Die klassischen Kernbereiche der **Netzregulierung** sind der Netzanschluss und die Netznutzung. Sie haben entscheidende Bedeutung dafür, ob Netznutzer, d.h. Einspeiser und Kunden, zu gleichen, nichtdiskriminierenden, transparenten und kostengünstigen Bedingungen Zugang zum Markt haben.

a) Netzanschluss

123   Auch im Gasmarkt bildet der Anschluss an das Netz für den Gaseinspeiser ebenso wie für den Kunden die Grundlage zur **Teilnahme am Markt.** Der Netzanschluss ist vom Netzzugang zu unterscheiden. Während der Netzanschluss die physische Verbindung zum Netz gewährleistet und in der Regel auf einer einmaligen Investition beruht, ggf. mit einem Netzanschlussvertrag, ist der Netzzugang auf die laufende Nutzung ausgerichtet und durch einen Netznutzungsvertrag geregelt.

124   Die Regelungen zum Netzanschluss in §§ 17 und 18 EnWG gelten sowohl für den Anschluss an das Stromnetz als auch für den an das Gasnetz. Europarechtlich geht dies auf Art. 3 und 41 der Erdgasbinnenmarktrichtlinie zurück.[84] Statt der Spannungsebene im Netzbereich kommt es beim Gas auf die **Druckstufe** an. Außerdem gilt im Bereich Gas die Niederdruckanschlussverordnung vom 1.11.2006 (NDAV).

125   Für **Biogasanlagen** gelten die besonderen Vorschriften in § 33 GasNZV, die unter Rn. 87 f. beschrieben werden.

b) Netzzugang

126   Spiegelbildlich zur StromNZV besteht für den Gasbereich eine Gasnetzzugangsverordnung (GasNZV)[85], die sich aufgrund der anderen Sachlage beim physischen Gastransport hinsichtlich des Regelungsgehaltes allerdings wesentlich unterscheidet[86]. Ihr Ziel ist gem.

---

[82] Siehe dazu die Festlegung in Sachen Bilanzierung Gas der 7. Beschlusskammer der Bundesnetzagentur vom 19.12.2014 (GABi Gas 2.0, Az. BK7–14-020), S. 85 ff.; sowie Kemper, in: Regulierung der Energiewirtschaft, Kapitel 72, Rn. 304 ff.
[83] Siehe § 6, Rn. 151 ff.
[84] Siehe § 4, Rn. 279 ff. zum Netzanschluss Strom.
[85] Verordnung über den Zugang zu Gasversorgungsnetzen vom 3.9.2010 (BGBl. I S. 1261).
[86] Siehe zu den Regelungen des Gasnetzzuganges § 6, Rn. 126 ff.

§ 1 GasNZV die Regelung der **Zugangsbedingungen** zu den Leitungsnetzen und die Schaffung von Bedingungen für eine effiziente Kapazitätsausnutzung mit dem Ziel, diskriminierungsfreien Netzzugang zu gewähren. Dazu sind die Netzbetreiber zur Zusammenarbeit verpflichtet.

Die Modalitäten, nach denen der Zugang zum Gasnetz gewährt wird, werden zunächst **127** in §§ 20 Abs. 1 und Abs. 1b EnWG und dann in der GasNZV festgelegt. Diese Normen gewähren einen **Netzzugangsanspruch** und gestalten die damit einhergehenden Fragen aus. Der Zugang kann nur aus Gründen der Unmöglichkeit oder der Unzumutbarkeit verweigert werden, § 25 i.V.m. § 20 Abs 2 EnWG. Hierzu gehören die technische Unmöglichkeit und ein Kapazitätsmangel. Für Betreiber von Gasnetzen kann eine wirtschaftliche Unzumutbarkeit nach § 25 EnWG auch vorliegen, wenn die Regulierungsbehörde auf Antrag entscheidet, dass einem Gasversorgungsunternehmen aufgrund geltender Gasliefervertäge durch die Gewährung von Netzzugang ernsthafte wirtschaftliche und finanzielle Schwierigkeiten entstehen würden.

Aufgrund der unterschiedlichen **physikalischen Eigenschaften** und der verschiedenen **128** Strukturen des Strom- und Gasnetzes weichen die Regelungen zum Gasnetzzugang stark von denen des Stromnetzes ab. Gas wird an Einspeisepunkten und Ausspeisepunkten (vgl. § 3 Nr. 1b und 13b EnWG) in das Netz physisch eingebracht bzw. entnommen. Die Punkte sind in ihrer Kapazität klar beschränkt und das Netz dazwischen gehört in der Regel unterschiedlichen Eigentümern.

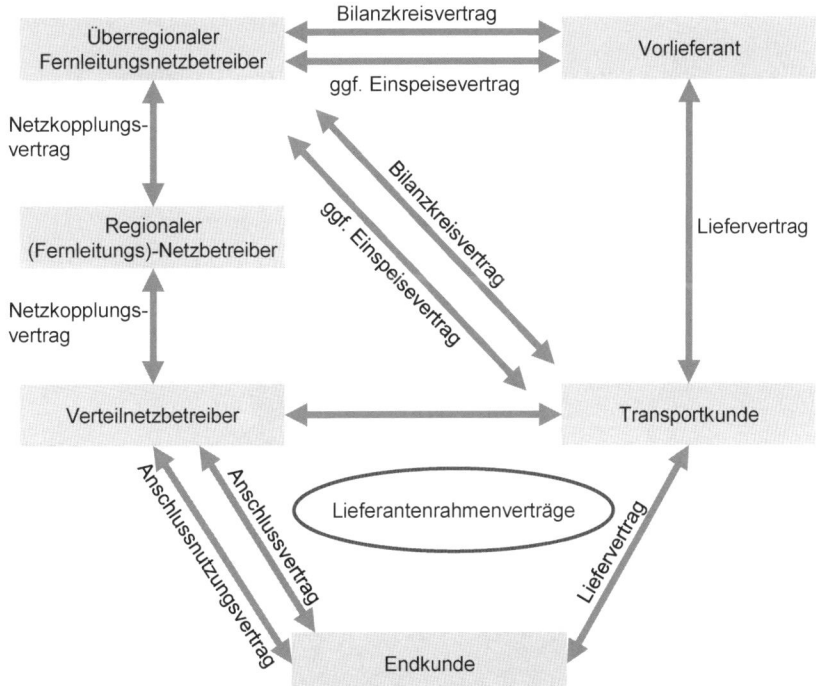

Quelle: Peter Museus u.a.: Verträge der Energiewirtschaft, 2015, S. 299

Abb. 60 – Vertragsverhältnisse Gasnetzzugang. Auf der Abbildung sind die Vertragsverhältnisse dargestellt, die im Rahmen des Gasnetzzuganges eine Rolle spielen.

Wegen des bei Gas tatsächlich stattfindenden **physischen Transports** war früher vertre- **129** ten worden, dass das Netzzugangsmodell auch von einem Punkt-zu-Punkt-Transport ausgehen sollte. Diese hatte zur Folge, dass der Netznutzer vom Einspeisepunkt mit den verschiedenen Netzeigentümern bis zum Ausspeisepunkt eine ganze Vertragskette abschließen sollte. Das machte den Drittzugang zum Netz kaum praktikabel. Daher hat der Gesetzgeber sich für ein Netzzugangsmodell entschieden, in dem das gesamte Marktgebiet – ähnlich wie beim Strom – als ein einheitliches Netz behandelt wird.

130   Für die Einspeisung und für die Ausspeisung werden getrennt von einander nur zwei standardisierte Verträge geschlossen. Für den Transport des Gases zwischen diesen Punkten haben die Netzbetreiber zu sorgen. Dabei ist das am Einspeisepunkt eingespeiste Gas physisch mit dem am Ausspeisepunkt ausgespeisten Gas nicht identisch. Stattdessen kann man sich den Gastransport bildlich so vorstellen, dass durch die lange Röhre der Gaspipeline der Zylinder des Gases hin und hergeschoben wird. Man spricht von einem **Zwei-Vertragsmodell** oder auch **Entry-Exit-Modell,** das wir nachfolgend noch eingehender erklären.

131   **Zentrale Elemente** des Entry-Exit-Modells sind Marktgebiete, virtuelle Handelspunkte innerhalb der Marktgebiete und Bilanzkreise. Diese werden in den folgenden Abschnitten dargestellt.

132   **aa) Marktgebiete.** Der Begriff des Marktgebietes ist in § 2 Nr. 10 GasNZV definiert. Als Marktgebiet bezeichnet man die Zusammenfassung mehrerer miteinander über Netzkopplungspunkte **verbundener Netze,** in denen Transportkunden gebuchte Kapazitäten frei zuordnen und in andere Bilanzkreise übertragen können. Innerhalb des Marktgebietes kann das Gas also ohne Einschränkungen frei gehandelt werden. Je weniger Marktgebiete es gibt, desto einfacher und kostengünstiger ist der Handel für die Netznutzer abzuwickeln. Die Zahl der Marktgebiete hat sich daher in Deutschland von 19 im Jahr 2006 auf heute zwei verringert.

133   Die Betreiber der beiden Marktgebiete in Deutschland sind **Gaspool** im Norden und **NetConnect Germany** im Süden. Sie werden durch die folgende Grafik verdeutlicht. Die Betreiber werden auch Marktgebietsverantwortliche oder marktgebietsaufspannende bzw. netzgebietsaufspannende Netzbetreiber genannt. In beiden Marktgebieten sind derzeit jeweils mehrere Netzbetreiber aktiv.

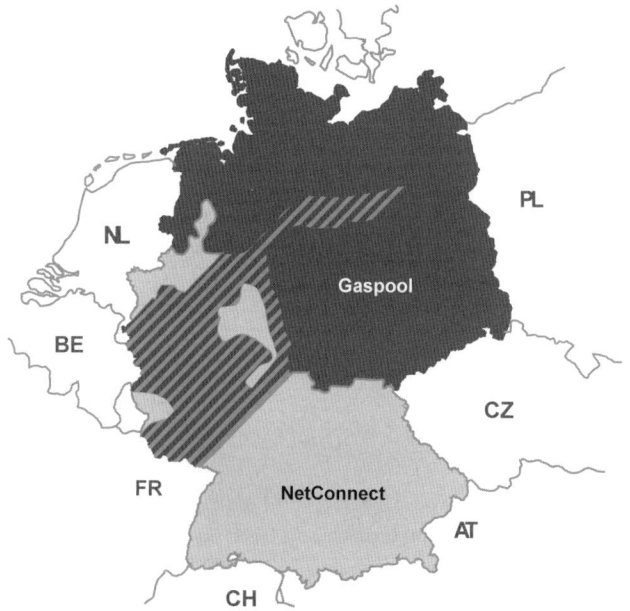

Quelle: FNB GAS

Abb. 61 – Deutsche Gasmarktgebiete. Die Grafik zeigt die beiden Gasmarktgebiete in Deutschland.

Der Zugang zu einem Marktgebiet durch Einspeisung und Ausspeisung erfolgt heute auf **134** Grundlage des schon erwähnten Entry Exit Modells. § 20 Abs. 1b S. 1 EnWG legt hierzu fest, dass die Gasnetzbetreiber Ein- und Ausspeisekapazitäten (vgl. § 3 Nr. 1a und 13a EnWG) anbieten müssen, die den Netzzugang unabhängig vom Transportpfad ermöglichen und die unabhängig voneinander nutzbar und handelbar sind. Hierzu sind in § 20 Abs. 1b S. 2 und 3 EnWG, § 8 GasNZV zwei Verträge vorgesehen. Der Lieferant schließt mit dem Einspeisenetzbetreiber (zumeist ein Ferngasleitungsnetzbetreiber) einen **standardisierten Einspeisevertrag** (Entry). Dieser legt fest, welche Gasmenge an einem bestimmten Einspeisepunkt (vgl. § 3 Nr. 13b EnWG) zu einem bestimmten Zeitpunkt maximal in das Netz eingespeist werden darf und regelt den Transport bis zum sogenannten virtuellen Handelspunkt (siehe sogleich). Der Transportkunde muss die im Einspeisevertrag gebuchte Kapazität unabhängig davon bezahlen, ob er tatsächlich Gas einspeist (das gleiche gilt für den Ausspeisevertrag).

Am virtuellen Handelspunkt beginnt das Regelungsgebiet des **Ausspeisevertrages** **135** (Exit), den der Transportkunde mit dem Betreiber des Ausspeisenetzes (häufig ein nachgelagertes Verteilnetz zur Versorgung von Endkunden) schließt. Er legt fest, an welchem Punkt welche Menge ausgespeist wird (Ausspeisepunkt, vgl. § 3 Nr. 1b EnWG). Diese Menge muss in keinem Zusammenhang mit der Menge und dem Zeitpunkt der eingespeisten Menge stehen. So kann Unternehmen A beispielsweise nur Einspeisekapazität für die Menge X beim Netzbetreiber kaufen, das eingespeiste Gas der Menge X an Unternehmen B verkaufen, und Unternehmen B kauft dann Ausspeisekapazitäten in Höhe von X. Aus § 20 Abs. 1b S. 5 EnWG ergibt sich zudem, dass die Verträge nicht nur für den jeweiligen Netzabschnitt gelten, sondern Zugang zum gesamten Marktgebiet eröffnen. Deshalb ist es nötig, im Falle eines Übergangs, von einem Marktgebiet in ein anderes, an einem Marktgebietsübergangspunkt einen Exit aus dem einen und einen entsprechenden Entry in das andere Marktgebiet zu buchen.

Die Behandlung der Netze innerhalb des Marktgebietes als **Einheit** hat zur Folge, dass **136** die einzelnen Netzbetreiber innerhalb des Marktgebietes eng miteinander zusammenarbeiten müssen. Um die Zusammenarbeit zu formalisieren, sind die Netzbetreiber gem. § 7 Abs. 1 S. 1 GasNZV verpflichtet, mit Netzbetreibern, mit deren Netzen sie über einen Netzkopplungspunkt verbunden sind, Netzkopplungsverträge abzuschließen. Der notwendige Mindestinhalt dieser Verträge wird in § 7 Abs. 1 S. 3 GasNZV festgelegt.

Zudem sind die Gasnetzbetreiber gem. § 8 Abs. 6 GasNZV zum Abschluss der **137** schon erwähnten **Kooperationsvereinbarung** (KoV) verpflichtet. Diese soll die die Zusammenarbeit der Netzbetreiber regeln, um einen transparenten, diskriminierungsfreien, effizienten und massengeschäftsfähigen Netzzugang zu angemessenen Bedingungen zu ermöglichen.

Die Kooperationsvereinbarung regelt praktisch und detailliert
- die Marktgebiete, Bestellung von Kapazitäten und die Zusammenarbeit zwischen benachbarten Netzbetreibern,
- die gemeinsame Vermarktung von Transportkapazitäten,
- Bilanzkreise und Regelenergie sowie eine Reihe allgemeiner Bestimmungen zu Haftung, Vertragsdauer, Streitbeilegung etc.

In den Anlagen zur KoV VIII finden sich
- Geschäftsbedingungen und Musterverträge für den Ein- und Ausspeisevertrag,
- ein Muster für einen Lieferantenrahmenvertrag,
- Geschäftsbedingungen für Bilanzkreisverträge und
- Muster für einen Netzanschluss- und einen Anschlussnutzungsvertrag sowie für einen Einspeisevertrag für Biogas.

Ebenfalls eine Form der Zusammenarbeit stellt die gemeinsame Nutzung von **Entry-** **138** **Exit-Punkten** dar. Sie ist technisch möglich und rechtlich zulässig. So teilen sich z. B. OGE und ThyssenGas im Ruhrgebiet Einspeisepunkte. Das Bundeskartellamt sieht hierbei keine Gefahr der Koordinierung von Netzentgelten, solange alle Nutzer unabhängige

Transportnetzbetreiber sind.[87] Denn dann kann die Festsetzung der Netzentgelte nicht den Interessen von etwaigen gemeinsamen Eigentümern unterworfen werden – die Entgelte bleiben wie vorgesehen dem Wettbewerb unterworfen.

139   **bb) Virtuelle Handelspunkte.** Innerhalb des Entry Exit Modells wird ein Ort gebraucht, an dem nach der Definition die Übertragung des Gases virtuell angenommen wird. Denn faktisch wird am Exit Punkt natürlich nicht genau das Gas ausgespeist, das der Lieferant zuvor – ggf. weit entfernt – eingespeist hat. Zu diesem Zweck verfügt jedes Marktgebiet über einen virtuellen Handelspunk (VHP, auch als Trading Hub oder nur als Hub bezeichnet). Der Begriff ist in § 2 Nr. 15 GasNZV definiert. Am virtuellen Handelspunkt konzentriert sich die **Liquidität** des Marktgebietes. Der Entwicklungstand eines Marktgebiets zeigt sich an seiner Liquidität. Diese wird häufig nach der *Churn Rate* beurteilt. Der Begriff beschreibt wie oft die in einem Marktgebiet verbrauchte Gasmenge am virtuellen Handelspunkt umgeschlagen wird. Gasmengen können nach der Einspeisung und vor der Ausspeisung innerhalb des Marktgebietes gehandelt werden, ohne dass dafür gesondert Kapazitäten gebucht werden müssen. Die virtuellen Handelspunkte in Deutschland sind der NCG Hub von NetConnect Germany und der Gaspool Hub.[88]

140   **cc) Bilanzkreise.** Zudem dient der virtuelle Handelspunkt als vertraglich definierter Punkt der Übertragung von Gasmengen zwischen den Bilanzkreisen, sowohl innerhalb eines Marktgebiets als auch zwischen verschiedenen Marktgebieten. Bilanzkreise sind auch im Gasmarkt virtuelle Konten, mit deren Hilfe die Einspeisungen der Lieferanten, die Entnahmen der Letztverbraucher und die Energieflüsse saldiert werden. Die **Funktion** ist in § 4, Rn. 244 ff. für den Strommarkt erklärt und gilt für den Gasmarkt entsprechend.

141   Allerdings erfolgt die Bilanzierung im Gasmarkt nach den Vorgaben der GABi Gas (siehe sogleich) nicht alle 15 Minuten, sondern pro **Gastag.** Ein Gastag beginnt um 6:00 Uhr morgens und endet 24 Stunden später (§ 23 Abs. 1 GasNZV). Diese lange Periode berücksichtigt die Tatsache, dass der Gasverbrauch morgens und abends in der Regel hoch und in den übrigen Stunden niedrig ist, die Einspeisung aber häufig gleichmäßig verläuft (Bandlieferung). Über den Tag verteilt wird also zeitweise zu wenig und zeitweise zu viel eingespeist – im Mittelwert des Gastages gleicht sich dies aber bestenfalls weitgehend aus. Das Gasnetz puffert die sich daraus ergebenden Schwankungen ab.

142   Im Gasmarkt sind wesentliche Akteure die Ausspeisenetzbetreiber, die Marktgebietsverantwortlichen und die Bilanzkreisverantwortlichen. Beim Bilanzkreisverantwortlichen führen die Transportkunden ihren **Subbilanzkreis.** Er erstellt für sie entgeltlich Prognosen für die kommenden Zeitperioden und kündigt Gasmengen beim Marktgebietsverantwortlichen an (Nominierung). Dabei achtet der Bilanzkreisverantwortliche auf die Ausgeglichenheit des Bilanzkreises. Abweichungen zwischen Nominierungen und tatsächlichen Ein- oder Ausspeisungen (Allokationen) werden durch Regelenergie[89] kompensiert, die der Marktgebietsverantwortliche dem Bilanzkreisverantwortlichen liefert oder abnimmt. Für Abweichungen jenseits bestimmter Toleranzgrenzen hat der Bilanzkreisverantwortliche an den Marktgebietsverantwortlichen Strukturierungsbeiträge zu bezahlen. Die über alle Bilanzkreise hinweg erforderliche Regelenergie ist der Regelenergiebedarf. Ihm steht der bilanzielle Wert der Ausgleichsenergie gegenüber, mit dem die Kosten für den Regelenergieeinsatz umgelegt werden.

143   **Ausgleichsenergie** ist die Differenz zwischen Ein- und Ausspeisungen innerhalb eines Bilanzkreises am Ende einer Bilanzierungsperiode. Sie spiegelt damit die Abweichungen der tatsächlichen Mengen von den Prognosen wider. Für die Abweichungen stellt der Marktgebietsverantwortliche dem Bilanzkreisverantwortlichen je nach Über- oder Unterdeckung positive oder negative Ausgleichsenergiepreise in Rechnung. Diese Zu- oder Abschläge halten den Bilanzkreisverantwortlichen dazu an, seinen Bilanzkreis auszugleichen.

---

[87] Tätigkeitsbericht des Bundeskartellamtes 2011/2012, Dokumentenband, S. 203 ff.
[88] Siehe § 6, Rn. 27 ff.
[89] Siehe § 6, Rn. 120.

dd) Festlegungen der Bundesnetzagentur. Das Entry Exit Modell wurde von der **144** Bundesnetzagentur durch eine Reihe von **Festlegungen** weiter konkretisiert und ausgestaltet, die wegen ihrer Bezeichnungen in der Branche häufig auch als die *Damenriege* bezeichnet werden.

Die Festlegung **GABi Gas,** mittlerweile in der Fassung 2.0 trifft Regelungen zum **145** Grundmodell für Ausgleichsleistungen und Bilanzierungsregeln im Gassektor.[90] Sie setzt zugleich die europäischen Bilanzierungsregeln aus dem Netzkodex für die Gasbilanzierung in Fernleitungsnetzen *Network Codes Gas Balancing*[91] und der Gasnetzzugangsverordnung (insb. § 29 EnWG i. V. m. § 50 Abs. 1 Nr. 7 und 9 GasNZV) um. Die Version 2.0 aus dem Jahr 2014 setzt die materiellen und formellen Anforderungen des neuen Systems der Ausgleichs- und Regelenergieleistung des Netzkodex um. GABi Gas trifft auch wesentliche Festlegungen für die Funktion der Bilanzkreise. Sie legt fest, dass und wie die von den Transportkunden transportierten und gehandelten Mengen vom Marktgebietsverantwortlichen im Rahmen einer Tagesbilanz zu bilanzieren sind. Differenzen in der Bilanz werden am Ende der Bilanzierungsperiode als Ausgleichsenergie abgerechnet. GABi Gas unterscheidet Letztverbraucher je nach Abnahmeverhalten und Vorhalteleistung in Standardlastprofil-Kunden (SLP-Kunden, vor allem aus Haushaltkunden und kleinere Gewerbebetriebe) und Kunden der registrierten Leistungsmessung (RLM-Kunden, vor allem industrielle Großverbraucher).

Die Festlegung Geschäftsprozesse Lieferantenwechsel Gas **(GeLi Gas)** trifft Festlegun- **146** gen zu einheitlichen Geschäftsprozessen und Datenformaten beim Wechsel des Lieferanten bei der Belieferung mit Gas.[92] Denn der im Zuge der Liberalisierung gewünschte, einfache Wechsel des Gaslieferanten setzt voraus, dass einheitliche Geschäftsprozesse und Datenformate vorhanden sind. Sie beruht auf § 29 Abs. 1 EnWG i. V. m. § 42 Abs. 7 Nr. 4 GasNZV.

Die Festlegung enthält **Vorgaben** **147**
- zum Prozess beim Wechsel des Lieferanten aufgrund vertraglicher Lieferbeziehungen (Lieferantenwechsel, Lieferende, Lieferbeginn),
- zum Prozess beim Wechsel des Lieferanten aufgrund gesetzlicher Lieferbeziehungen (Beginn der Ersatz-/Grundversorgung, Ende der Ersatzversorgung) und
- zu Annexprozessen beim Wechsel des Lieferanten (Messwertübermittlung, Stammdatenänderung, Geschäftsdatenanfrage, Netznutzungsabrechnung, Grundsätze der Mengenzuordnung).

KARLA trifft in Form einer Festlegung Regelungen zur Vergabe von Transportkapazi- **148** täten und den Auktionsverfahren zu diesem Zweck.[93] Die Festlegung richtet sich an die Fernleitungsnetzbetreiber und betrifft ausschließlich Buchungen an Grenz- oder Marktgebietskopplungspunkten. Sie zielt darauf ab, gebuchte, aber nicht genutzte Kapazitäten bei vertraglichem Engpass durch ein Rückgaberecht und die Einschränkung des Renominierungsrechts nutzbar zu machen, die Verbindung der Gashandelsmärkte durch Einführung eines kurzfristigen Kapazitätshandels und Bündelprodukte zu erreichen und den Transaktionsaufwand zu verringern. Zudem soll eine marktgerechte Allokation durch Ausgestaltung von Primärkapazitätsplattformen und Versteigerungsverfahren erreicht werden. Von Bedeutung ist auch der in Anlage 1 zur KARLA enthaltene Standardkapazitätsvertrag. Dieser regelt entsprechend den Vorgaben der KARLA die Bündelung von Ein- und Ausspeisekapazitäten bezogen auf feste und unterbrechbare Kapazitäten an so genannten **gebün-**

---

[90] Bundesnetzagentur, Festlegung in Sachen Bilanzierung Gas (GABi Gas 2.0) der 7. Beschlusskammer vom 19.12.2014 – BK7-14-020.

[91] Verordnung (EG) Nr. 312/2014 der Kommission vom 26.3.2014 zur Festlegung eines Netzkodes für die Gasbilanzierung in Fernleitungsnetzen (ABl. L 91 vom 27.3.2014, S. 15).

[92] Bundesnetzagentur, Festlegung vom 20.8.2007, BK7-06-067, angepasst durch die Festlegungen zur Standardisierung von Verträgen und Geschäftsprozessen im Bereich des Messwesens (BK6–09-034 und BK7–09-001) und Festlegungen BK6–11-150 und BK7–11-075.

[93] Bundesnetzagentur: Festlegung in Sachen Kapazitätsregelungen und Auktionsverfahren im Gassektor (KARLA Gas 1.0) vom 24.2.2011, BK7–10-001.

delten Buchungspunkten (Zusammenfassung Marktgebiets- und Grenzkopplungspunkte pro Flussrichtung), die Nutzung von gebündelt buchbaren Kapazitäten, standardisierte Kapazitätsprodukte und ein Rückgaberecht für gebuchte, aber von Transportkunden nicht genutzte Kapazitäten an den Fernleitungsnetzbetreiber.

149   Die Bundesnetzagentur hat mit Datum vom 14.8.2015 eine **Festlegung** zur Anpassung der Kapazitätsregelungen im Gassektor (KARLA Gas 1.1) beschlossen. Damit wird der Netzkodex Kapazitätszuweisung in den deutschen Rechtsrahmen umgesetzt.[94]

150   **BEATE** ist schließlich der Name einer Festlegung der 9. Beschlusskammer der Bundesnetzagentur zur Bepreisung von Ein- und Ausspeisekapazitäten.[95] Sie enthält Vorgaben für die Ermittlung von Entgelten für unterjährige Kapazitätsrechte sowie auch Vorgaben für die Ermittlung von Entgelten für unterbrechbare Kapazitäten und für Entgelte an Ein- und Ausspeisepunkte an Gasspeichern. Sie war zum 1.1.2016 umzusetzen.

c) Exkurs: Primärhandel und Sekundärhandel

151   Wir haben zuvor bereits dargestellt, dass Ein- und Ausspeisekapazitäten an bestimmten Punkten durch entsprechende Verträge mit den Netzbetreibern erworben werden. Die Vereinbarungen werden für eine bestimmte **Flussrate** abgeschlossen, die in Kilowattstunden pro Stunde erfasst wird.

152   Vor dem Verkauf der Kapazitäten müssen die Netzbetreiber ihr Angebot ermitteln. Dazu setzen § 20 Abs. 1b S. 7, 8, 10 EnWG und § 8 Abs. 2 i.V.m. § 9 Abs. 1 und 2 sowie § 11 Abs. 2 GasNZV bestimmte Standards mit dem Ziel, die Verfügbarkeit von Kapazitäten zu maximieren. Denn indem nur die Einspeisung und die Ausspeisung, aber nicht der „Weg" des Gases **(Transportpfad)** Vertragsgegenstand ist, muss der Transportweg von den Netzbetreibern anhand von Szenarien berechnet werden. Je nachdem, welchen dieser sogenannten Lastflüsse man annimmt, entstehen an unterschiedlichen Stellen Engpässe, die die verfügbare Kapazität begrenzen.

153   Kennen die Netzbetreiber die verfügbare Kapazität, müssen sie diese im Rahmen des Primärhandels als Tages-, Wochen-, Monats- oder Jahresprodukte jeweils in der Variante *fest* und *unterbrechbar* anbieten (§ 11 Abs. 1 GasNZV). **Feste Kapazitäten** stehen dem Nutzer in jedem Fall zu Verfügung, der Netzbetreiber kann sie daher nur bis zum Erreichen der maximalen Kapazität verkaufen. **Unterbrechbare Kapazitäten** können vom Netzbetreiber unterbrochen werden, wenn sonst der Transport fest gebuchter Kapazitäten beeinträchtigt wird, sodass für ihre Vergabe keine Begrenzung besteht.

154   Als nächsten Schritt muss der Transportkunde die als verfügbar ermittelten Kapazitäten buchen. Das Angebot für feste Kapazitäten an Grenz- und Marktgebietsübergängen erfolgt über die Versteigerung auf der netzbetreiberübergreifenden **Primärkapazitätsplattform,** § 13 Abs. 1 bis 3 GasNZV. Diese wurde 2011 zunächst durch Trac-x primary von den deutschen Netzbetreibern bereitgestellt. Diese wurde ab 2013 von der europäischen Plattform PRISMA abgelöst, auf der auch Belgien, Dänemark, Frankreich, Italien, die Niederlande und Österreich Kapazitäten anbieten.[96] Andere Kapazitäten werden nach einem *first come, first served*-Prinzip vergeben.

155   Daneben findet auf der Plattform PRISMA ebenfalls ein **Sekundärhandel** statt, bei dem Transportkunden zuvor erworbene Kapazitäten handeln, wenn diese dann tatsächlich doch nicht benötigt werden. Möglich ist dort zum einen ein Weiterverkauf der

[94] Verordnung (EU) Nr. 984/2013 der Kommission vom 14.10.2013 zur Festlegung eines Netzkodex über Mechanismen für die Kapazitätszuweisung in Fernleitungsnetzen (ABl. L 273 vom 15.10.2013, S. 5).
[95] Bundesnetzagentur, Festlegung zur Umrechnung von Jahresleistungspreisen in Leistungspreise für unterjährige Kapazitätsrechte sowie zur sachgerechten Ermittlung der Netzentgelte vom 24.3.2015, BK9–14–608.
[96] Für weitere Informationen siehe die Webseite der Kapazitätsplattform PRISMA: https://platform.prisma-capacity.eu/#/(start.

Kapazitäten, bei dem der Erwerber Vertragspartner des Netzbetreibers wird. Zum anderen kommt eine Nutzungsüberlassung in Betracht, bei der der ursprüngliche Erwerber Vertragspartner des Netzbetreibers bleibt und selbst eine finanzielle Vereinbarung mit dem Erwerber trifft. Dabei können die Veräußerer ihre Kapazitäten auch bündeln oder aufteilen. Der Verkauf bzw. die Überlassung erfolgt in anonymisierter Form ebenfalls über PRISMA. Die Entgelte dürfen dabei die ursprünglichen Entgelte nicht zu stark überschreiten. Denn sonst könnte ein System entstehen, in dem im Primärhandel nicht gebrauchte Kapazitäten mit dem Ziel erworben werden, diese im Sekundärhandel mit Gewinn zu verkaufen.

Wenn Transportkunden absehen können, dass sie eine erworbene Kapazität nicht nutzen **156** werden, sind sie verpflichtet, diese über PRISMA zu veräußern oder dem Netzbetreiber zu überlassen, andernfalls kann sie entzogen werden, § 16 GasNZV. So wird vermieden, dass Transportkunden **Kapazitäten** durch Erwerb und Nichtgebrauch **verknappen** und dadurch den Wettbewerb behindern.

Zum Weiterlesen

Christian Marquering u. a., in: Jürgen F. Baur u. a., Handbuch Regulierung der Energiewirtschaft, 2. Aufl. 2016, Kapitel 72: Regulierung Gas
Panos Konstantin, Praxishandbuch Energiewirtschaft, 3. Aufl. 2013, Kapitel 10.5: Netzzugang und Netznutzung bei Gasnetzen
Till Christopher Knappke, in: Gerd Stuhlmacher u. a., Grundriss zum Energierecht, 2. Aufl. 2015, Kapitel 3: Netzzugang

d) Netzentgelt

Auch im Gasmarkt hat, wie gezeigt, jedermann das Recht auf **diskriminierungsfreien 157 Netzzugang.** Für die Nutzung der Netze können die Gasnetzbetreiber Netzentgelte von den Nutzern verlangen.

Die **Gestaltung** ergibt sich ebenso wie in § 4, Rn. 284 ff. für den Strommarkt beschrie- **158** ben aus § 21 EnWG. Daneben gelten die Gasnetzentgeltverordnung (GasNEV) und der Anreizregulierungsverordnung (ARegV).

Grundsätzlich ist zu beachten, dass sich das **Entry Exit Modell** des Netzzugangs auch **159** auf die Gestaltung der Netzentgelte auswirkt. Da im Entry Exit Modell die Strecke zwischen Ein- und Ausspeisepunkt keine Rolle spielt, kann auch die Gestaltung der Netzentgelte nicht wie früher streckenabhängig erfolgen.

Die Netzentgelte für das Gasnetz basieren – wie bei dem Stromnetz – grundsätzlich auf **160** einer kostenbasierten **Anreizregulierung.** Seit Einführung der Anreizregulierung 2009 ist Ausgangspunkt der den Transportkunden in Rechnung gestellten Entgelte auch hier die für den jeweiligen Netzbetreiber festgelegte Erlösobergrenze[97]. Die **Erlösobergrenze** wird von der Regulierungsbehörde für den jeweiligen Netzbetreiber auf der Basis seiner beeinflussbaren und nicht beeinflussbaren Kosten für eine fünfjährige Regulierungsperiode bestimmt. Dabei beginnt die Regulierungsperiode für die Gasnetze ein Jahr früher als die für Stromnetze. Die zweite Regulierungsperiode im Gasbereich hat am 1.1.2013 begonnen.

Die Erlösobergrenze wird nach § 17 ARegV i. V. m. den Bestimmungen der GasNEV **161** und BEATE auf die Entgelte für den Zugang zu den Gasnetzen umgelegt. Wo in der Gas-NEV die zulässigen ermittelten Kosten als Ausgangspunkt der Umlage genommen werden, sind unter der ARegV die Vorgaben der GasNEV entsprechend auf die ermittelten zulässigen Erlöse anzuwenden. Übergeordnetes Leitprinzip ist dabei die **Verursachungsgerechtigkeit.** Für die Ermittlung der Netzentgelte sind die zulässigen Erlöse den Hauptkostenstellen zuzuordnen (§§ 12 ff. GasNEV). Die ermittelten zulässigen Erlöse sind dann möglichst verursachungsgerecht zunächst in die Beträge aufzuteilen, die durch Einspeiseentgelte einerseits und Ausspeiseentgelte andererseits zu decken sind (§ 15 Abs. 1 GasNEV). Anders als im Strombereich ist im Gas auch für die Einspeisung ein Netzentgelt zu zahlen. Die

---

[97] Siehe § 4, Rn. 305 ff.

Entgelte für die einzelnen Ein- und Ausspeisepunkte werden dabei grundsätzlich unabhängig voneinander gebildet (§ 15 Abs. 4 GasNEV).

162   Allerdings wird durch die Fokussierung auf die Einspeisepunkte und Ausspeisepunkte außer Acht gelassen, dass die Fernleitungsnetzbetreiber im Innenverhältnis natürlich innerhalb des Marktgebietes trotzdem **Netzkopplungspunkte** buchen müssen. Dafür werden sie zurzeit nicht entlohnt, obwohl ihnen Kosten entstehen. 2013 wurde von der Bundesnetzagentur daher der Erlass einer Festlegung vorbereitet. Das Verfahren ruht allerdings, weil eine Regelung von europäischer Seite im Rahmen des *Network Code on Harmonised Transmission Tariff Structures for Gas*[98] erwartet wird.

163   Im Falle des eingangs beschriebenen **Leitungswettbewerbs** könnten die Betreiber von überregionalen Gasfernleitungsnetzen die Entgelte für die Nutzung der Fernleitungsnetze nach Maßgabe des § 15 Abs. 2 i.V.m. § 19 GasNEV in einem Vergleichsverfahren bilden. Allerdings haben die Bundesnetzagentur und die Rechtsprechung das Vorliegen von Leitungswettbewerb bisher noch in keinem Fall anerkannt.

5. Haftung der Netzbetreiber

164   Für die Störung der Anschlussnutzung sind in § 18 NDAV für **Schäden der Anschlussnutzer** Regelungen für die Haftung der Netzbetreiber getroffen. § 5 GasNZV erklärt diese recht milden Regelungen generell für Störungen der Netznutzung für entsprechend anwendbar.

165   Nach diesen Regelungen haftet der Netzbetreiber, wenn der Schaden **nicht vorsätzlich** verursacht wurde, pro Schadensereignis insgesamt nur bis zu einer bestimmten, nach Zahl der Anschlussnutzer gestaffelten Höchstsumme. Wenn keine grobe Fahrlässigkeit vorliegt, ist die Haftung bei Vermögensschäden auf einen Höchstbetrag von 5.000 Euro beschränkt. § 18 NDAV ist wortgleich mit den Haftungsregelungen für den Strommarkt in § 18 NAV, sodass insoweit das in § 4, Rn. 325 ff. Gesagte gilt.

6. Wegenutzung und Konzessionsverträge

166   Die Leitungen des Gasnetzes verlaufen im Wesentlichen über fremde Grundstücke, die teilweise Privatpersonen und teilweise der öffentlichen Hand gehören. Deshalb sind die Netzbetreiber darauf angewiesen, dass ihnen **Wegerechte** an den Grundstücken eingeräumt werden. Dafür gelten die Regelungen in §§ 45 und 46 EnWG.

167   Im Fall von Kommunen erfordert dies den Abschluss eines Konzessionsvertrages mit den Gemeinden und die Zahlung einer **Konzessionsabgabe** nach § 48 EnWG: Das System wird in § 4, Rn. 338 ff. für das Stromnetz ausführlich dargestellt und gilt entsprechend für das Gasnetz.

7. Genehmigung und Netzausbau

168   In Deutschland gibt es derzeit ca. 520.000 km Gasleistungsnetz, die über fast 6.000 Ein- und Ausspeisepunkte genutzt werden.[99] In den kommenden Jahren ist nicht nur die **Erhaltung** der vorhandenen Netze erforderlich. Vielmehr bedarf das deutsche Gasnetz einer deutlichen **Erweiterung**. Zudem werden neue Pipelines zum Gasbezug aus dem Ausland benötigt.

a) Netzausbau in Deutschland

169   Aus § 11 Abs. 1 EnWG ergibt sich die Verpflichtung der Netzbetreiber zum **bedarfsgerechten Netzausbau,** sofern dieser wirtschaftlich zumutbar ist. In § 17 Abs. 1 GasNVZ ist dazu ein Bedarfsermittlungsverfahren vorgesehen. Verfahrensrechtlich wird der Ausbau des deutschen Gasfernleitungsnetzes analog zum Ausbau des Stromnetzes durch einen **Netz-**

---

[98] Siehe § 6, Rn. 33.
[99] Bundesnetzagentur und Bundeskartellamt, Monitoringbericht 2015, S. 247, 250.

entwicklungsplan Gas koordiniert, um eine länderübergreifende Koordination der Maßnahmen zu erreichen und diese zu beschleunigen. Der Prozess entspricht hierbei weitgehend
dem Prozess im Strombereich, der in § 4, Rn. 355 ff. beschrieben wird. Für alle anderen Leitungen erfolgt der Ausbau im Rahmen von Raumordnungs- und Planfeststellungsverfahren.

Im Bereich der Fernleitungsnetze sind von den 17 Fernleitungsnetzbetreibern **Netzaus-** **170**
baumaßnahmen mit einem Investitionsvolumen von rund 2,8 Milliarden Euro bis zum
Jahr 2020 und insgesamt 3,5 Milliarden Euro bis zum Jahr 2025 veranschlagt.[100]

Zum Weiterlesen

Günter Cerbe, Grundlagen der Gastechnik, 7. Aufl. 2008, Kapitel 5: Gastransport – Gasverteilung
Erik Ahnis u. a., Gasnetzausbau zwischen volkswirtschaftlicher Effizienz und individuellen Netznutzeransprüchen, EnWZ 2013, 352 ff.

b) Netzausbau in Europa

Trotz des Vordringens der LNG-Technologie werden Deutschland und Europa auch **171**
weiterhin vorwiegend im Wege des Erdgasimports auf dem Landweg versorgt. Da die
Nachfrage nach Erdgas in Europa weiterhin ansteigt und viele der aus Russland kommenden Pipelines mittlerweile einige Jahrzehnte alt sind, ist der **Neu- und Ausbau** des bestehenden Leitungsnetzes ein zentrales Thema im Gasbereich.

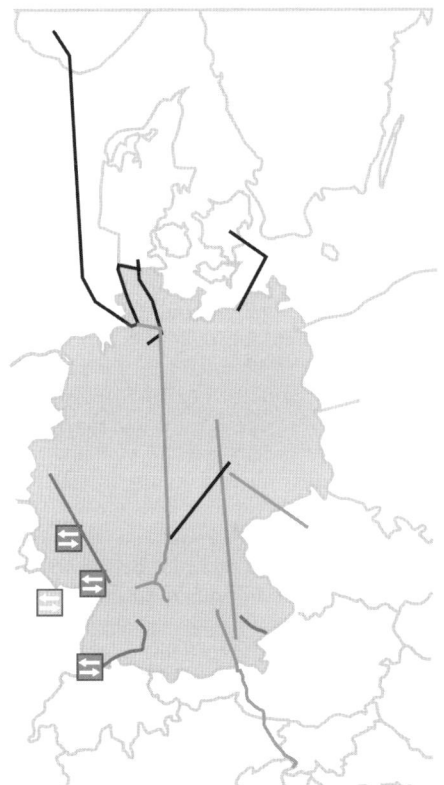

Quelle: EU-Kommission: Energy, Projects of Common Interest (eigener Ausschnitt)

Abb. 62 – Gasnetzausbauvorhaben. Die Grafik zeigt einen Ausschnitt aus der Karthierbeie der EU-
Kommission, auf der die PCI-Vorhaben im Gas- und Öl-Bereich verzeichnet sind. Für Deutschland ist
vor allem der Bau von Gaspipelines und Reserve Flows im Südwesten vorgesehen.

---

[100] Die deutschen Fernleitungsnetzbetreiber, Netzentwicklungsplan Gas 2015 vom 16.11.2015, S. 9.

172   Die wesentlichen **Pipelines,** über die die Versorgung des europäischen Marktes erfolgt, haben wir bereits eingangs unter Rn. 19 ff. beschrieben.

173   Zudem hat die EU-Kommission im Januar 2014 **PCI** im Gasbereich mit Bezug zu Deutschland benannt, die u. a. die Grenzübergänge zu Österreich und Dänemark betreffen.[101] Die PCIs legen zusammen mit dem Ten Year Network Development Plan (TYNDP) die Ausbauzeit der kommenden Jahre fest. Der TYNDP wird alle zwei Jahre von ENTSO-G erstellt. Wichtige Vorhaben sind:

- Gastransport in Gegenflussrichtung auf der TENP-Fernleitung in Deutschland (PCI-Nr. 5.10),
- Gastransport in Gegenflussrichtung auf der TENP-Fernleitung zum Kopplungspunkt Eynatten (Deutschland) (PCI-Nr. 5.12),
- Verstärkung des deutschen Netzes zur Erhöhung des Verbindungskapazitäten Deutschland – Österreich Monaco-Fernleitung Phase I (Haiming/Burghausen-Finsing) (PCI-Nr. 5.18),
- Tauerngasleitung (TGL) zwischen Haiming (AT)/Überackern (DE) – Tarvisio (IT) (PCI-Nr. 6.16) und
- Kapazitätserhöhung an der Grenze DK-DE (PCI-Nr. 8.4).

IV. Gasspeicherung

174   Eines der wichtigsten Merkmale, das Gas von Strom unterscheidet, ist seine **Speicherbarkeit.** Erzeugung und Verbrauch können so entkoppelt werden. Die daraus folgenden Nutzungsmöglichkeiten haben dazu geführt, dass sich mit dem Betrieb von Gasspeichern ein eigener Geschäftszweig gebildet hat.

175   Dieser Abschnitt gibt einen Überblick über die Funktionen und Arten von **Erdgasspeichern** in Deutschland und die rechtlichen Regelungen und stellt in zwei kurzen Exkursen die aktuellen Themen der strategischen Versorgungssicherheit und Power-to-Gas dar.

1. Funktionen

176   Gasspeicherung ist ein essentieller Bestandteil des Gasmarkts. Zum einen unterliegt der Erdgasverbrauch großen Schwankungen abhängig von der Saison und der Tageszeit. Die Gaserzeugung und der Gasimport finden über das Jahr hin in der Regel möglichst kontinuierlich statt, um die geschaffenen Kapazitäten möglichst optimal zu nutzen. Demgegenüber variiert der Verbrauch stark, für Heizzwecke saisonal und für die Nutzung in flexiblen Gaskraftwerken mit kürzerer Frist. Um beidem gerecht werden zu können, werden Gasspeicher als „Puffer" benötigt. Sie können für den Ausgleich von Differenzen zwischen Gaseinspeisung und Gasentnahme in das Gesamtsystem genutzt werden und können im Falle von Versorgungsengpässen die Versorgung zumindest vorübergehend aufrechterhalten. Hinzu kommt, dass Erdgas als Alternative zu Erdöl bei der **Beheizung von Gebäuden** eine große Rolle spielt. Mit Erdöl bevorratet sich der Kunde mit Hilfe des Tanks in seinem Keller oder Garten selbst und kann somit Versorgungsengpässen vorbeugen. Eine individuelle Gas-Bevorratung jedes Kunden ist dagegen technisch zu aufwendig. Unternehmen sichern ihren Kunden daher das gleiche Maß an Versorgungssicherheit über externe Speicher zu. Die Economies of Scale führen dazu, dass großvolumige Speicher auch kostengünstiger arbeiten.

177   Den Gasspeichern kommt dabei im modernen Gasmarkt eine Reihe von Funktionen zu. Die Speicher unterscheiden sich nicht nur in ihrer Lage und ihrem Volumen, sondern auch in ihrer technischen Fähigkeit, wie schnell sie Gas ein- und ausspeisen können. Von den **42 Untertagegasspeichern** in Deutschland hat jeder insofern sein eigenes Profil. Die Speicherbetreiber bieten den Versorgern die verschiedenen Funktionen der Speicher als Leistungen an:

---

[101] EU-Kommission, Overview of projects by country, 9.1.2014, S. 18 ff.

- Angesichts der Abhängigkeit Deutschlands und Europas vom Gasimport haben die Gasspeicher eine wichtige Funktion für die Gewährleistung der **Versorgungssicherheit.** Dem Thema wird im Zuge der Versorgungskrisen der Ukraine in den vergangenen Jahren auch bei uns zunehmend mehr Aufmerksamkeit zu Teil.
- Die Notwendigkeit, mittels der Gasspeicher über das Gaswirtschaftsjahr einen **Ausgleich** von der Stetigkeit von Erzeugung und Import durch die Pipelines mit beschränkter Kapazität und saisonalen Verbrauchsschwankungen zu erreichen, haben wir bereits angesprochen. Die Speicherbetreiber bieten den Versorgern und Händlern die Möglichkeit, unabhängig von der Produktion oder dem Import ihre Lieferungen passgenau nach dem Bedarf des Kunden zu strukturieren.
- Genauso dienen die Speicher aber auch kurzfristig dem Ausgleich von Lastspitzen, kurzfristigen Produktionsausfällen oder Transporteinschränkungen. Diese Funktion der Speicher ermöglicht es ihren Betreibern, den Versorgern und Händlern **Flexibilität** als Produkt anzubieten.
- Schließlich hat der Speichermarkt eine wichtige Rolle im Rahmen des modernen Handels mit Erdgas entwickelt. Gasvorräte in gebuchten Speichervolumina können zur physischen Absicherung von Lieferverpflichtungen genutzt werden. Sie werden aber von Händlern auch für den Tausch von Gasmengen über eine örtliche oder zeitliche Distanz hinweg benutzt, sogenannte **Swaps.** So kann ein Händler Gasmengen, die er an einem Importpunkt in Europa erhält gegen Gas tauschen, das ein anderer Händler an einem anderen Importpunkt erhält, und eine Speicherleistung zur Optimierung des Geschäfts dazwischen schalten.[102]

2. Arten der Gasspeicherung

Gasspeicherung erfolgt in Deutschland meist in **Untergrundspeichern.** In Deutschland **178** gibt es derzeit 42 Untertagegasspeicheranlagen (UGS) wodurch die höchste Speicherkapazität in der EU erreicht wird. Das in diesen UGS zum 31.12.2014 maximal verfügbare Speichervolumen betrug ca. 25,68 Milliarden Normkubikmeter (Nm^3) und deckt damit ca. ein Fünftel des Jahreserdgasverbrauches in Deutschland ab (Gasreserve).[103] Zum 1.11.2014 waren die Erdgasspeicher in Deutschland zu 97 Prozent gefüllt,[104] am 12.3.2015 jedoch nur zu ca. 33 Prozent.[105] Wie viel gespeicherte Kapazitäten bereitgehalten werden ist dabei immer eine Frage der Abwägung zwischen Versorgungssicherheit und Kosten. Denn die Speicherung von Erdgas ist kostenintensiv und birgt das Risiko, dass unnötig viel Kapital für die Bevorratung aufgewendet wird.

Im Bereich der Speicher wird zwischen unterschiedlichen Arten unterschieden (siehe **Abb. 63 – Gasspeicherarten).**

Bei den natürlichen Untergrundspeichern wird zwischen Porenspeichern und Kaver- **179** nenspeichern unterschieden. Beide dienen in erster Linie zur saisonalen Grundlastabdeckung.

- Die 21 deutschen **Porenspeicher** mit einer Arbeitsgaskapazität von 12,378 Milliarden Normkubikmetern finden sich im porösen Gestein unterirdischer Kalk- und Sandsteinschichten.[106] Es handelt sich dabei vor allem um ehemalige Erdöl- oder Erdgaslagerstät-

[102] Vgl. dazu Klaus-Dieter Barbknecht, in: Jürgen F. Baur u.a., Regulierung in der Energiewirtschaft, 2. Aufl. 2016, Kapitel 72, Rn. 325 ff. sowie generell zu den Funktionen der Erdgasspeicher auch Sebastian Merk, ebenda, Kapitel 20, Rn. 2 ff.; Olaf Däuper u. a., in: Ines Zenke u. a. (Hrsg.), Energiehandel in Europa, 3. Aufl. 2012, S. 46 ff.; zu den typischen Speicherdienstleistungen im liberalisierten Gasmarkt vgl. auch Spicker, in: Schwintowski (Hrsg.), Handbuch Energiehandel, 3. Aufl. 2014, Rn. 105 ff.

[103] Bundesnetzagentur und Bundeskartellamt, Monitoringbericht 2015, S. 333 ff.

[104] Bundesnetzagentur und Bundeskartellamt, Monitoringbericht 2014, S. 197.

[105] Deutscher Bundestag, 18. Wahlperiode, Antwort der Bundesregierung vom 25.3.2015, BT-Drucks. 18/4434, S. 4.

[106] Bundesnetzagentur und Bundeskartellamt, Monitoringbericht 2015, S. 333 ff.

ten. Diese werden zum Zwecke der Speicherung wieder befüllt. Die Hohlräume sind durch undurchlässige Gesteinsschichten nach oben hin abgeschlossen und können das Gas ohne weitere Vorkehrungen halten. Zur Gruppe der Porenspeicher gehören auch die Aquifere. Bei diesen Speichern wird im Gestein eingelagertes Grundwasser durch das Einpressen des Gases verdrängt. Porenspeicher dienen vor allem der saisonalen Grundlastdeckung, da sie durch die Fließwege durch die Kapillaren des Gesteins nur langsamer reagieren.

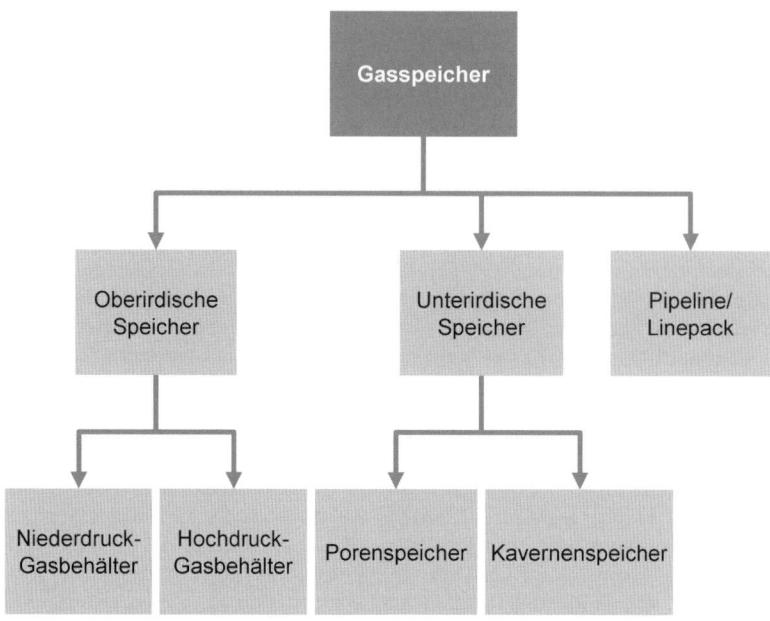

Abb. 63 – Gasspeicherarten. Die Grafik zeigt die Arten von Gasspeichern.

- Als künstliche Untergrundspeicher stehen zudem derzeit 21 **Kavernenspeicher** mit einer Arbeitsgaskapazität von 13,297 Milliarden Normkubikmetern zur Verfügung. Sie befinden sich in künstlich, meist in Salzstöcken angelegten (ausgesolten) Hohlräumen. Sie werden in erster Linie für den tageszeitlichen Ausgleich genutzt, weil ihre Befüllung und Entleerung schneller und einfacher ist als die von Porenspeichern. Weitere 18 Kavernenspeicher befinden sich derzeit im Bau oder in Planung.[107]
- Für den kurzfristigen Ausgleich zwischen Versorgern und Verbrauchern stehen zudem eine Vielzahl von oberirdischen Speichern, zum Beispiel Kugelspeichern (Gasometer) und Röhrenspeichern, zur Verfügung. Dort lagert verflüssigtes Erdgas. Sie werden häufig von Versorgern oder Industrieverbrauchern selbst betrieben. Das Speichervolumen dieser Behälter macht allerdings nur einen sehr geringen Teil der Gasspeicherkapazität aus. Abhängig vom Gasdruck innerhalb des Speichers wird zwischen Niederdruck-Gasbehältern und Hochdruck-Gasbehältern unterschieden.

180   Jeder Gasspeicher enthält **Kissengas** und **Arbeitsgas.** Kissengas stellt ein Grundvolumen dar, das gebraucht wird, um den Druck innerhalb der Lagerstätte aufrecht zu erhalten und nimmt 30 bis 50 Prozent der Kapazität ein. Die übrige Kapazität steht für die Speiche-

---

[107] Jahresbericht Erdöl und Erdgas in der Bundesrepublik Deutschland, Landesamt für Bergbau und Geologie, Niedersachsen 2014, S. 8, 65. Eine Übersicht der Speicher mit Betreiber, Volumen und weiteren Daten ist zu finden in: Deutscher Bundestag, Antwort der Bundesregierung auf die Kleine Anfrage Ausbau der Erdöl- und Erdgasspeicher in Deutschland, BT-Drucks. 17/14416.

rung von Gas zur Verfügung. Weil man mit ihm arbeiten kann, wird es als Arbeitsgas bezeichnet.

Die **Betreiber von Gasspeichern** sind in Deutschland hauptsächlich E.ON Ruhrgas **181** AG, VNG Gasspeicher GmbH, EWE Gasspeicher GmbH und RWE Dea AG. Der Marktanteil der drei Größten unter ihnen betrug zum 31.12.2014 75 Prozent.[108]

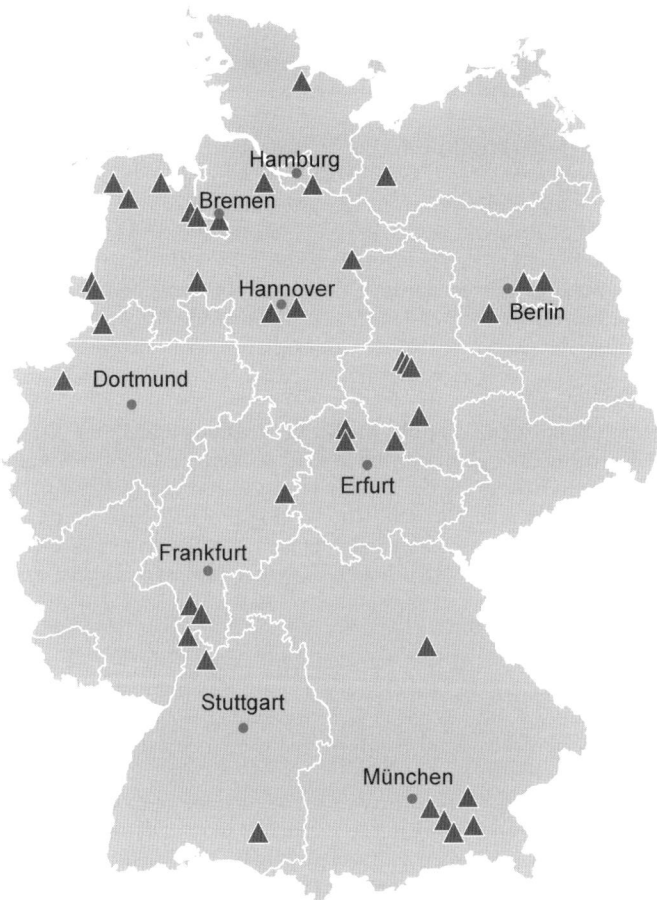

Quelle: Bundesverband der Energie und Wasserwirtschaft/Niedersächsisches Landesamt für Bergbau, Energie und Geologie

Abb. 64 – Standorte deutscher Untertage-Gasspeicher. Die Karte zeigt die Standorte der Untertage-Gasspeicher in Deutschland.

Zum Weiterlesen

Günter Cerbe, Grundlagen der Gastechnik, 7. Aufl. 2008, Kapitel 6: Ausgleich der Verbrauchsspitzen
Bettina Enderle u. a., Die Übertragung bergrechtlicher Rechtspositionen – Praxisprobleme beim Betrieb unterirdischer Gasspeicher, NVwZ 2012, 338 ff.
Kai von Lewinski u. a., Gasspeicherregulierung, N&R 2013, 243 ff.
Thomas Schulz u. a., Wem gehört das Nichts? Unterirdische Speicher und Grundeigentum, RdE 2011, 8 ff.
LBEG, Untertage-Gasspeicherung in Deutschland, Erdöl Erdgas Kohle, 130. Jg. 2014, Heft 1, S. 402 ff.

---

[108] Bundesnetzagentur und Bundeskartellamt, Monitoringbericht 2015, S. 244.

3. Rechtliche Regelungen zu Gasspeichern

182   Rechtlich ist der Betrieb von Erdgasspeichern sowohl auf europäischer wie auch auf deutscher Ebene geregelt. Hauptthemen sind dabei die Regelungen für den **Zugang** zu Speichern, was zu den Speichern zu rechnen ist, und die Frage, ob Speicher der Regulierung zu unterwerfen und wie sie zu entflechten sind.

a) Europäische Normen

183   Auf europäischer Ebene finden sich die aktuellen Regelungen vor allem in den Bestimmungen des **Dritten Binnenmarktpakets,** das wir schon in § 2, Rn. 54 ff. angesprochen haben.

184   Die **Erdgasbinnenmarktrichtlinie**[109] gibt den Staaten die Rahmenbedingungen für die Speicherregulierung vor. Nach Art. 33 können die Mitgliedsstaaten zwischen einem reguliertem oder einem verhandelten Zugangsregime für die Speicher wählen. Art. 15 macht bestimmte Mindestvorgaben für eine eingeschränkte Entflechtung zwischen Fernleitungsnetzeigentümern und Speicheranlagenbetreibern.

185   Die **Ferngasnetzzugangsverordnung**[110] macht konkretere und unmittelbar bindende Vorgaben für die Regelungen zum Netzzugang, darunter die Ausgestaltung und Vergütung von Speicherdienstleitungen (Art. 15), Kapazitätszuweisungsmechanismen und Engpassmanagement (Art. 17) Transparenzanforderungen (Art. 19 f.) und Vorgaben für die Ermöglichung des Handels (Art. 22).

186   Die sogenannte **Security of Supply (SoS)-Verordnung** spricht die Verantwortung für die sichere Erdgasversorgung gemeinsam den Erdgasunternehmen, den Mitgliedstaaten mit ihren zuständigen Behörden sowie der EU-Kommission zu.[111] Sie sieht neben Informationsaustausch zwischen den Mitgliedstaaten, Kooperationsmöglichkeiten und Ausarbeitung gemeinsamer Notfallpläne auch vor, dass in allen grenzüberschreitenden Verbindungleitungen Kapazitäten für Lastflüsse in beide Richtungen **(Reverse Flows)** geschaffen werden.

b) Deutsche Bestimmungen

187   Der deutsche Gesetzgeber hat sich mit den §§ 26 und 28 EnWG für Deutschland für den **verhandelten Netzzugang** entschieden. Da die 42 Untertagespeicher von den zwei Marktgebieten in Deutschland aus zugänglich sind und daher zwischen den verschiedenen Betreibern der Erdgasspeicher Wettbewerb herrscht, erscheint diese Entscheidung sachgerecht.

188   Eine Verordnung nach § 28 Abs. 4 EnWG zur Gestaltung des Zugangs zu Speicheranlagen hat die Bundesregierung bisher nicht erlassen. Die Bundesnetzagentur hat in ihrer Festlegung **BEATE** zwar Vorgaben zur sachgerechten Ermittlung von Netzentgelten an Ein- und Ausspeisepunkten zu Gasspeichern gemacht, deren Adressaten sind aber die Netzbetreiber und sie betrifft nicht die Vergütung, die die Betreiber der Speicheranlagen in Rechnung stellen. Diese wird entsprechend dem verhandelten Netzzugang vertraglich zwischen den Speicherbetreibern und den Nutzern vereinbart. Dabei müssen die Speicherbetreiber aber ähnlich wie Netzbetreiber einen diskriminierungsfreien Zugang aufgrund transparenter Bedingungen gewähren.

c) Selbstregulierung durch GGPSSO

189   Die europäischen Betreiber von Speicheranlagen haben sich bereits 2005 im Rahmen des Madrid-Forums *Freiwillige Leitlinien für die gute Praxis in Bezug auf den Zugang Dritter für*

---

[109] Richtlinie 2009/73/EG vom 13.7.2009 über gemeinsame Vorschriften für den Erdgasbinnenmarkt (ABl. L 211 vom 14.8.2009, S. 94).
[110] Verordnung (EG) Nr. 715/2009 vom 13.7.2009 über die Bedingungen für den Zugang zu den Erdgasfernleitungsnetzen (ABl. L 211 vom 14.8.2009, S. 36).
[111] Verordnung (EU) Nr. 994/2010 vom 20.10.2010 über Maßnahmen zur Gewährleistung der sicheren Erdgasversorgung (ABl. L 295 vom 12.11.2010, S. 1).

Betreiber von Speicheranlagen (Guidelines for Good TPA Practice for Storage System Operators, GGPSSO).[112] Sie enthalten Verhaltens- und Mindestanforderungen für den diskriminierungsfreien **Drittzugang zu Gasspeichern.** Allerdings handelt es sich nur um eine freiwillige Selbstbindung und nicht um eine rechtlich verbindliche, von Dritten unmittelbar einklagbare Regelung. Allerdings haben die Regeln nicht nur politisch Gewicht, sondern gehen über das Gebot der Angemessenheit und Diskriminierungsfreiheit nach § 28 EnWG auch in die Anwendung und Auslegung des nationalen Rechts ein.

d) Speicherbegriff und Entflechtung

Den **Begriff des Speichers** definiert eigentlich § 3 Nr. 31 EnWG. Diese entspricht **190** weitgehend einer *Anlage zur Speicherung von Gas.* Art. 2 Nr. 9 der Erdgasbinnenmarktrichtlinie. Allerdings erweitert das EnWG den Begriff der europäischen Regelung und schließt auch LNG und Biogas ein.[113]

Die Frage, wann eine Gasspeicheranlage mit verhandeltem Netzzugang vorliegt, ist je- **191** doch nicht ganz einfach. Speicheranlagen werden sowohl von selbstständigen Speicherbetreibern betrieben als auch von Gasnetzbetreibern als Teil ihrer Anlagen zum Netzbetrieb. Teilweise kann sich diese Frage nach der **Zuordnung eines Speichers** sogar innerhalb eines Unternehmens stellen, denn Art. 15 Erdgasbinnenmarktrichtlinie schreibt eine rechtliche Entflechtung nur für Speicher von Fernleitungsnetzeigentümern vor, also nicht bei Verteilnetzbetreibern. Hat ein Verteilnetzbetreiber einen Gasspeicher, so stellt sich daher die Frage, wie er den Speicher hauptsächlich nutzt: für Zwecke eigener Netzbetriebsaufgaben, wie zum Ausgleich von Spitzenlasten und anderen Schwankungen im eigenen Netzbetrieb, oder für Speicherdienstleistungen an Dritte. Die Frage macht auch nicht nur hinsichtlich des auf den Speicher anwendbaren Regulierungsregimes einen Unterschied, sondern auch für die Fragen, wie Drittzugang zu gewähren ist, welche Entgelte für die Speichernutzung verlangt werden können und wie Investitionen zu behandeln sind. Nutzt der Netzbetreiber den Speicher aber für eigenen Netzbetriebsaufgaben, so muss man wohl davon ausgehen, dass es sich nicht um eine Speicheranlage i.S.d. § 3 Nr. 31 EnWG handelt, sondern um einen dem Netzbetrieb zuzuordnenden Teil des Gasversorgungsnetzes i.S.d. § 3 Nr. 20 EnWG handelt, der auch ausdrücklich Speicheranlagen mit einschließt. Dann unterliegt der Gasspeicher auch allen Bestimmungen der Gasnetzregulierung.

e) Gasspeicher-Zugang

Der Zugang zu den Gasspeichern ist in Art. 33 der Erdgasbinnenmarktrichtlinie und **192** in der Ferngasnetzzugangsverordnung geregelt. Letztere verrechtlicht einige der Bestimmungen der GGPSSO. Die Umsetzung der Erdgasbinnenmarktrichtlinie erfolgt in Deutschland durch §§ 26 und 28 EnWG. Dort wird das Modell des **verhandelten Zugangs** festgelegt.

Nach diesen Regelungen müssen die Speicherbetreiber Unternehmen den **Zugang** zu **193** den Speichern zu angemessenen und diskriminierungsfreien Bedingungen gewährleisten. Zwar ist das Recht auf die Fälle beschränkt, in denen der Zugang für einen effizienten Netzzugang im Hinblick auf die Belieferung der Kunden technisch oder wirtschaftlich erforderlich ist. Dies ist jedoch grundsätzlich für alle Gasspeicher der Fall. **Ablehnungsgründe** für die Gewährung des Speicherzugangs können entsprechend § 28 Abs. 2 EnWG aus betriebsbedingten oder anderen Gründen unmöglich oder unzumutbar sein. Um eine transparente und diskriminierungsfreie Vergabe von Speicherkapazitäten zu gewährleisten, schreiben die Speicherbetreiber freie Kapazitäten regelmäßig aus. Andere Bedingungen,

---

[112] Guidelines for Good TPA Practice for Storage System Operators (GGPSSO) vom 23.3.2005; ergänzt durch das „Amendment of the Guidelines of Good Practice for Third Party Access (TPA) for Storage System Operators (GGPSSO) vom 14.7.2011, Guidelines for CAM and CMP, Ref: C11-GST-15-03.

[113] Siehe Barbknecht, in: Säcker (Hrsg.), Berliner Kommentar EnWG, 3. Aufl. 2014, § 28 Rn. 8.

z. B. die Entgelte, sind dagegen im Rahmen von Treu und Glauben und unter Beachtung des Diskriminierungsverbots frei verhandelbar.

4. Exkurs: Versorgungssicherheit bei der Gasversorgung

194 Versorgungssicherheit ist im europäischen Gasmarkt ein zentrales Thema geworden. Dies zeigte sich in dem von der Europäischen Kommission in Februar 2016 vorgelegten *Winterpaket*[114], das eine Reihe von Maßnahmen zur Sicherung der Gasversorgung beinhaltete. Darunter sind die Vorschläge zum Ausbau von regionalen Gruppen zur Herstellung von Versorgungssicherheit im Krisenfall, Verbesserung der Infrastrukturstandards, wie Sicherstellung einer Reverse-Flow-Fähigkeit der Interkonnektoren, und der Information der Kommission im Fall von Verträgen, die eine bestimmte Größe übersteigen.[115]

195 Am Anfang des Kapitels wurde bereits angesprochen, dass 86 Prozent der deutschen Erdgasversorgung aus nur drei Ländern stammen und die Zufuhr nur durch eine beschränkte Zahl von Pipelines erfolgt. Dieses Risiko wurde gerade angesichts des kalten Winters 2011/2012 und russisch-ukrainischen-Gasstreits von 2005 bis 2009 und auch wieder seit 2014 deutlich bewusst. Bei **Störungen der Zufuhr** spielen die Gasspeicher eine erhebliche Rolle für die Gewährleistung der Versorgungssicherheit in Deutschland und Europa mit Erdgas bis die Störung wieder behoben ist.

196 Gleichzeitig hat die Entwicklung des Gasmarkts im Rahmen der Energiewende jedoch dazu geführt, dass die **Rentabilität der Gasspeicher** in Frage gestellt ist. Es besteht deutlich weniger Nachfrage nach Flexibilität als erwartet. Durch mehr Liquidität auf den Gasmärkten sind neue Instrumente für die Bereitstellung von Flexibilität entstanden, beispielsweise Käufe und Verkäufe auf den europäischen Spotmärkten und flexible Lieferverträge (Demand Side Management). Dies führte zu geringeren Erlösen der Speicherbetreiber. Trotzdem gab es in den letzten Jahren einen Zubau von Speicherkapazitäten. Dies hat dazu geführt, dass 2014 Storengy den Speicher Reitbrook aus dem Markt nahm. RWE plant, den Speicher Kalle zum 1.4.2016 stillzulegen und weitere Schließungen werden diskutiert.[116]

197 Versorgungssicherheit kann nach einem weiten Begriff als gegeben angenommen werden, wenn jeder Verbraucher zu jedem Zeitpunkt seinen Bedarf an Energie im gewünschten Umfang mit dem gewünschten Energieträger decken kann.[117] Sie steht in der energierechtlichen Zieletrias des **§ 1 Abs. 1 EnWG** gleichrangig neben der Wirtschaftlichkeit und der Umweltverträglichkeit.

198 Erstmals auf die politische Agenda kam das Thema der Versorgungssicherheit Anfang der 1970er Jahre infolge des sogenannten **Ölpreisschocks.** Er wurde dadurch ausgelöst, dass die Organisation erdölexportierender Länder (OPEC) infolge des arabisch-israelischen Jom-Kippur-Kriegs gegen die USA und die Niederlande wegen der Unterstützung Israels ein Liefer-Embargo verhängten. Die übrigen Industrieländer konnten infolgedessen auf einmal viel weniger Öl beziehen, was den Weltmarktpreis in die Höhe trieb, innerhalb nur eines Jahres vervierfachte er sich. Die Bundesregierung erließ daraufhin im November 1973 das Energiesicherungsgesetz.[118] Auf Grundlage dieses Gesetzes konnten Vorschriften erlassen werden, die notwendig waren, um den lebenswichtigen Bedarf an Energie für den Fall zu sichern, dass die Energieversorgung gefährdet oder gestört wurde, vgl. § 1 Abs. 1 Energiesicherungsgesetz. Mit dem Abflauen der Krise verlor das Gesetz allerdings an Bedeutung.

---

[114] Siehe EU-Kommission, Pressemitteilung vom 16.2.2016, Auf dem Weg zur Energieunion: Kommission legt Paket zur nachhaltigen Sicherung der Energieversorgung vor.
[115] Vgl. zum Paket der Energieunion auch bei § 2, Rn. 73.
[116] Becker, Büttner, Held, Schlussbericht vom 15.6.2015 Möglichkeiten zur Verbesserung der Gasversorgungssicherheit und der Krisenvorsorge durch Regelungen der Speicher vom 15.6.2015, S. 41 ff.
[117] Vgl. zum Begriff der Versorgungssicherheit Säcker/Timmermann, in: Säcker (Hrsg.), Berliner Kommentar Energierecht, 3. Aufl. 2014, § 1, Rn. 8 ff.
[118] Gesetz zur Sicherung der Energieversorgung vom 20.12.1974 (BGBl. I S. 3681).

Erst in den letzten Jahren erlebt das Energiesicherungsgesetz nun im Hinblick auf die **199** Frage nach der Gasspeicherung und Menge der Mindestbevorratung eine **Renaissance.**

Denn die **Füllstände** der deutschen Gasspeicher waren im Jahr 2015 auf einen historisch **200** niedrigem Niveau. Im März 2015 betrugen sie zum Ende der Heizperiode 2014/2015 nur noch 33 Prozent. Ende Oktober 2015, zu Beginn der Heizperiode 2015/2016, lag der Speicherfüllstand immer noch bei nur 77 Prozent.[119] Eine im Juni 2015 vorgelegte Studie im Auftrag des Bundeswirtschaftsministeriums betont die zentrale Rolle der Speicherfüllstände für die Sicherheit der Gasversorgung.[120]

Angesichts dessen wird derzeit diskutiert, ob staatlicherseits Maßnahmen zur Gewährleis- **201** tung der Versorgungssicherheit zu ergreifen sind. Der Bundesrat schlug im Juli 2014 auf Initiative der bayerischen Landesregierung[121] die Errichtung einer **nationalen Erdgasreserve** vor mit dem Ziel, eine Vorsorge gegen mögliche Lieferausfälle in einer politischen Krisensituation abzusichern.[122] Diese sollte nach dem Muster des Erdölbevorratungsverbands ausgestaltet werden.[123] Die strategische Reserve würde allerdings rund 1 Milliarde Euro pro Jahr kosten. Alternativ dazu wurde in dem Gutachten im Auftrag des Bundeswirtschaftsministeriums eine Speicherverpflichtung für die Bilanzkreisverantwortlichen untersucht. Dem wird jedoch entgegengehalten, dass möglicherweise im Markt für Gasspeicher in Deutschland unter wirtschaftlichen Gesichtspunkten Überkapazitäten bestehen.[124]

Am 16.12.2015 veröffentlichte schließlich das Bundeswirtschaftsministerium ein **Eck-** **202** **punktepapier** in dem ankündigt wurde, das bereits hohe Niveau der Gasversorgungssicherheit in Deutschland durch zwei weitere marktbasierte Maßnahmen im Regelenergiemarkt zu verstärken: Zum einen soll es den Marktgebietsverantwortlichen ermöglicht werden, bei außergewöhnlichen regionalen Engpasssituationen ein höheres Volumen an bereits bestehenden Vorsorgeprodukten abzuschließen. Zum anderen soll ein neues Regelenergieprodukt geschaffen werden, das als Teil des Demandside Managements Industriekunden eine freiwillige Nachfragereduktion erleichtert.[125] Die Umsetzung erfordere keine gesetzlichen Maßnahmen, sondern könne mit der Bundesnetzagentur und den Marktbeteiligten erfolgen.

5. Exkurs: Power-to-Gas

Die volatile Stromproduktion mittels Windenergie und Photovoltaik erzeugt zeitweise **203** mehr Strom als verbraucht werden kann. Dann müssen die Erzeugungsanlagen vorübergehend abgestellt werden. Der **überschüssige Strom** wird zur Gasherstellung genutzt. Dieses Gas muss aber zwischenzeitlich gespeichert werden. Die Gasspeicherung erfolgt durch Einspeisung in das Netz durch Netzpufferung (§ 3 Nr. 29 EnWG) oder in Übertagespeichern und Untergrundspeichern.

Dieses Verfahren wird als **Power-to-Gas-Verfahren** bezeichnet. Der überschüssige **204** Strom, der zur Erzeugung von Gas verwendet wird, kann nach der Zwischenspeicherung entweder als Gas verbraucht oder wieder zur Erzeugung von Strom genutzt werden.

---

[119] Antwort der Bundesregierung auf die Kleine Anfrage der Abgeordneten Oliver Krischer, Annalena Baerbock, Bärbel Höhn, weiterer Abgeordneter und der Fraktion BÜNDNIS 90/DIE GRÜNEN, BT-Drucks. 18/4434, 25.3.2015.

[120] Becker, Büttner, Held, Schlussbericht vom 15.6.2015 Möglichkeiten zur Verbesserung der Gasversorgungssicherheit und der Krisenvorsorge durch Regelungen der Speicher, S. 17 ff.

[121] Entschließung des Bundesrates, Beitrag der Erdgasspeicher zur deutschen Energieversorgung dauerhaft sichern, BR-Drucks. 243/14 vom 11.7.2014.

[122] Entschließung des Bundesrates, Beitrag der Erdgasspeicher zur deutschen Energieversorgung dauerhaft sichern, BR-Drucks. 243/14 vom 11.7.2014.

[123] Die Bundesrepublik führte zum 1.1.1966 eine Vorratspflicht für Erdölerzeugnisse ein; siehe Gesetz über Mindestvorräte an Erdölerzeugnissen vom 9.9.1965 (BGBl. I S. 1217).

[124] Becker, Büttner, Held, Schlussbericht vom 15.6.2015 Möglichkeiten zur Verbesserung der Gasversorgungssicherheit und der Krisenvorsorge durch Regelungen der Speicher, 15.6.2015, S. 43.

[125] Bundeswirtschaftsministerium, Maßnahmen zur weiteren Steigerung der Erdgasversorgungssicherheit, Eckpunktpapier, 16.12.2015.

205 Um aus Strom Gas herzustellen, sind in der Regel **zwei Schritte** notwendig, die Elektrolyse und die Methanisierung. Diese Schritte sind in **Abb. 65 – Umwandlung von Stromüberschüssen zu Gas** bildlich dargestellt.

206 Bei der **Elektrolyse** wird der überschüssige Strom dazu verwendet, Wasser (H_2O) in seine Bestandteile Wasserstoff (H_2) und Sauerstoff (O_2) zu zerlegen. Der gewonnene Wasserstoff kann zum Teil direkt in das Erdgasnetz eingespeist werden. Allerdings ist der zulässige Wasserstoff-Anteil im Erdgasnetz auf fünf Prozent begrenzt, da sich eine höhere Konzentration zum Beispiel negativ auf den Brennwert auswirkt, die Korrosion der Leitungen beschleunigt, Beschädigungen an Verdichteranlagen hervorrufen kann und daraus folgende Verstopfungen von Porenspeichern nicht ausgeschlossen sind. Um gefahrlos mehr Wasserstoff einzuspeisen, wären zunächst Infrastrukturinvestitionen nötig, die von den Gasnetzbetreibern im Entwurf des Netzentwicklungsplans Gas 2012 bei einem Wasserstoffanteil von zehn Prozent auf 3,73 Milliarden Euro geschätzt wurden.[126]

207 Die Wasserstoffschäden können vermieden werden, wenn der Wasserstoff und das Kohlenmonoxid **methanisiert** werden. Dabei entsteht die chemische Verbindung von Methan, das der wesentliche Bestandteil des Erdgases ist und problemlos in das Erdgasnetz aufgenommen werden kann. Die Anlagen, in denen die Umwandlung vollzogen wird, können direkt an der Erzeugungsanlage angebunden oder in das Stromnetz integriert werden. Im zweiten Fall bieten sich zum Beispiel KWK-Anlagen, Verdichteranlagen oder Gasometer an.

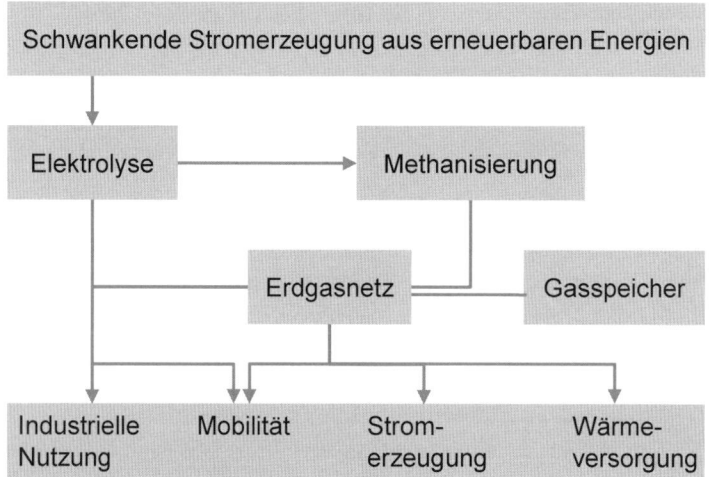

Abb. 65 – Umwandlung von Stromüberschüssen zu Gas. Die Grafik zeigt die Möglichkeiten der Verwendung von überschüssigem Strom.

208 Die Methanisierung ist allerdings mit zusätzlichen Kosten und einem energetischen Verlust verbunden. So liegt der Wirkungsgrad des Power-to-Gas-Verfahrens bei der Umwandlung von Strom zu Gas und zurück in Strom **(Rückverstromung)** bislang bei lediglich ca. 30 bis 50 Prozent. Es wird daher sowohl daran geforscht, den Wirkungsgrad zu erhöhen als auch daran, andere, effizientere Formen der Speicherung des überschüssigen Stromes zu finden, beispielsweise mittels in Reihe geschalteten Batteriespeichern, Druckluftspeichern, anderen chemischen Speicherprozessen etc.[127] Letztere Möglichkeiten werden unter dem Stichwort *Power-to*-X untersucht.

---

[126] Deutsche Ferngasnetzbetreiber, Netzentwicklungsplan Gas 2012, S. 92.
[127] Siehe § 4, Rn. 194 ff.

Zum Weiterlesen

Hartmut Euler, Wasserstoff aus Strom bzw. Power-to-Gas, das umwelt- und klimabelastende, teure und unnötige Beschäftigungsprogramm für Atom- und Kohlekraftwerke. Vernetzen statt vernichten, ZNER 2013, 487 ff.

Anika Regett, Power2Gas – Hype oder Schlüssel zur Energiewende, et 10/2014, 79 ff.

Thomas Schulz u. a., Wem gehört das Nichts? Unterirdische Speicher und Grundeigentum, RdE 2011, 8 ff.

André Sternberg u. a., Power-to-What? – Environmental assessment of energy storage systems, Energy and Environmental Science 8, 2015, 398 ff.

Antje Wörner, Zukünftige Speicher- und Flexibilitätsoptionen durch Power-to-X, Präsentation vom 12.3.2014; http://www.dlr.de/tt/Portaldata/41/Resources/dokumente/ess_2014/DLR-ESS-2014-Woerner_Zukuenftige_Speicher-_und_Flexibilitaetsoptionen_durch_Power-to-X.pdf (zuletzt abgerufen am 31.07.2016).

V. Der Gasgroßhandel

Funktionierende Großhandelsmärkte mit ausreichender Liquidität sind seit der Liberalisierung ein zentrales Element des Gasmarktes. Die wichtigsten Aspekte wollen wir in diesem Abschnitt darstellen. **209**

1. Hintergrund

Liquide Großhandelsmärkte für Gas sind eine recht neue Erscheinung. Denn viel stärker als im Strommarkt stellte die Gasversorgung bis zur Liberalisierung auf eine **vertikal integrierte Lieferkette** ab. Die Gründe dafür waren zum einen, dass die Gasversorgung in Deutschland erst seit den 1960er Jahren als nationaler Markt Bedeutung gewann und damit in ihrer Marktentwicklung wesentlich jünger war und zum anderen, dass die Beschaffung vor allem mit großen, langfristigen Importverträgen von den wenigen bedeutenden Produzenten – vor allem Russland, den Niederlanden und Norwegen – erfolgte. **210**

Hierbei spielte zunächst die 1929 gegründete **Ruhrgas AG** eine entscheidende Rolle. Im Rahmen der Ausweitung der Versorgung baute sie das deutsche Ferngasnetz auf und aus, mit dem sie Großkunden, die Regionalverteiler und die Stadtwerke belieferte. Letztere versorgten dann die große Zahl der Haushaltsendkunden. Einen großen Schub machte die Entwicklung 1972 mit dem bereits erwähnten Erdgas-Röhrengeschäft.[128] **211**

Gas wurde zunächst hauptsächlich zur **Wärmeerzeugung** in Haushalten verwendet und musste sich daher im Wettbewerb gegen Heizöl durchsetzen. Daher wurden auch die Preise auf der internationalen Importebene ebenso wie auf der Endkundenebene und auf den Handelsstufen dazwischen vielfach an den Ölpreis angelegt (sogenannte anlegbare Preise mit Ölpreisbindung). Die Infrastruktur der Leitungen wurde parallel zum rasanten Aufbau der Gasversorgung gebaut. Zur Finanzierung der hierfür nötigen **Investitionen** wurden entlang der Lieferkette langfristige Lieferverträge zur Vollversorgung abgeschlossen. Die wenigen auf der Ferngasstufe und im Gasimport tätigen Unternehmen bauten ihre jeweiligen Netz- und Marktgebiete gegenseitig abgegrenzt auf, die sogenannte Demarkierung. Ein ähnlicher Ausbau der Gasversorgung mittels nationaler Gesellschaften fand auch in anderen Ländern Europas statt, zum Beispiel durch Gaz de France in Frankreich. In diesem Umfeld war ein **Pipeline-zu-Pipeline-Wettbewerb** wenig sinnvoll und existierte kaum.[129] **212**

---

[128] Siehe § 6, Rn. 22.

[129] Dies zeigt sich daran, dass BASF mit der gemeinsam mit Gazprom betriebenen Tochtergesellschaft Wingas in den 1990er Jahren mit dem Aufbau eines eigenen konkurrierenden Pipeline-Netzes begonnen hatte. Allerdings war auch die Reichweite eines neuen Hochdrucknetzes begrenzt. Denn es waren nur Kunden erreichbar, die innerhalb einer Grenzentfernung zu den Hochdruckleitungen lagen, bei der die Kosten des Baus der Stichleitung vom Kunden zur Hochdruckleitung nicht den Kostenvorteil günstigerer Gaslieferungen überstieg. Im Ergebnis gelang es Wingas nach Schätzungen selbst nach zehn Jahren konkurrierenden Leitungsbaus nicht, mehr als ca. 20 Prozent des gesamten Gasabsatzes in Deutschland zu erreichen. Vgl. dazu Spicker, in: Schwintowski (Hrsg.), Handbuch Energiehandel, 3. Aufl. 2014, Rn. 73

213   Dagegen waren die Akteure beim Bau der großen Ferngasleitungen, die das Gas aus Sibirien oder Norwegen heranschafften sollten, eher zur Zusammenarbeit in **Konsortien** bereit, um sich den Investitionsaufwand und das Risiko solcher Projekte zu teilen. Jeder Konsorte bekam dafür einen Teil der Lieferkapazität der neuen Leitung. Diese Struktur besteht für den Fernleitungsbau bis heute fort, wie man an den Konsortien beispielsweise für Nord Stream, South Stream oder Nabucco sehen konnte.[130]

214   Allerdings entsprach diese **Marktstruktur** nicht dem Bild eines effizienten, modernen Energiemarkts, auf dem die Anbieter für die Verbraucher durch das Mittel des Wettbewerbs kundenfreundlich möglichst bedarfsgerechte Konditionen und günstige Preise anbieten sollen. Denn auf der einen Seite waren die wenigen marktmächtigen Produzenten, die gemeinsam mit den wenigen Importeuren im Ferngasleitungsbereich die Leitungsnetze aufgebaut hatten. Auf der anderen Seite standen die Regionalversorger und Stadtwerke, die die Endkunden belieferten und denen die örtlichen Verteilnetze gehörten. Diese Strukturen erschwerten die Liberalisierung des Gasmarktes erheblich.

215   Umso wichtiger war die Rolle des **unabhängigen Großhandels,** der zwischen den beiden Enden des Marktes Produktion/Import und Regionalversorgung/Belieferung eine zentrale Rolle bei der Schaffung von Wettbewerb einnahm. Denn er stellte ein flexibles Element dar, weil er nicht an eigene Netze gebunden ist und ein natürliches Interesse an einer Marktöffnung hat.

216   Der Großhandel hatte schon früh und europaweit eine starke Vertretung durch die 1999 gegründeten European Federation of Energy Traders **(EFET).** Sie setzte sich entsprechend den Interessen ihrer Mitglieder, zu denen zunächst vor allem die unabhängigen Händler gehörten, intensiv für eine Öffnung der Strom- und Gasmärkte ein. Gemeinsam mit großen Verbrauchern, wie der BASF mit ihrer Tochter Wintershall, der EU-Kommission sowie den Kartell- und Regulierungsbehörden forderte sie, dass

- jeder Marktteilnehmer ein Recht auf diskriminierungsfreien, transparenten Netzzugang zu fairen Konditionen erhalten sollte,
- die den Markt zementierenden langfristigen Vollversorgungsverträge mit Ölpreisbindung aufgebrochen wurden und
- sich mit dem Entry/Exit-System den Marktgebieten der entflochtenen Netze, den Hubs und den Energiebörsen eine offene Infrastruktur bildete, die eine institutionelle Basis für Wettbewerb durch liquiden Handel bildete.

217   Ziel war es letztlich, entsprechend dem **Gas Target Model** der EU-Kommission[131] für alle Marktteilnehmer zu gleichen Bedingungen offene, funktionsfähige und liquide Handelszonen in Europa zu schaffen, die den Kern des europäischen Gasbinnenmarkts bilden.

218   Zur Darstellung dieses **Großhandels** im Gasmarkt wollen wir nachfolgend auf

- den Regelungsrahmen (Rn. 219 ff.),
- die Handelsprodukte (Rn. 221 ff.),
- die Marktstruktur in börslichem und außerbörslichem Handel (Rn. 231 ff.) und
- die Preisbildungsmechanismen (Rn. 259 ff.)

eingehen.

Zum Weiterlesen

Peter Lintzel u.a, in: Ines Zenke u.a. (Hrsg.), Energiehandel in Europa, 3. Aufl. 2012, Kapitel 3 C: Die Entwicklung und Struktur des Gasmarktes, S. 322 ff.

2. Regelungsrahmen

219   Der Gashandel gehört zum **Wettbewerbsteil** des Gasmarkts. Er ist als solcher daher nicht durch die Regulierungsbehörden für Energie reguliert. Allerdings findet der Handel mit Gas in einem Marktumfeld statt, das mit seiner Regulierung und anderen Regelungen

---

[130] Siehe § 6, Rn. 26.
[131] Siehe § 6, Rn. 34 ff.

die Bedingungen des Handels und damit auch die Möglichkeiten, vorteilhafte Geschäfte abzuschließen, in vielfältiger Weise beeinflusst. Daher sind die Gashändler und EFET auch an den Diskussionen über Regelungen des Gasmarkts in aller Regel lebhaft beteiligt.

Aus **aufsichtsrechtlicher Perspektive** spielen beim Handel die Produkte keine ent- 220 scheidende Rolle. Themen wie Insiderkenntnisse, Solidität der Handelsparteien, Publizität von Informationen, Transparenz etc. sind häufig ähnlich. Die Regulierung des Gashandelsmarktes erfolgt daher weitgehend anhand derselben Vorgaben wie die des Stromhandelsmarktes, also national anhand des Kreditwesengesetzes und Wertpapierhandelsgesetzes und auf europäischer Ebene anhand von MiFID II, REMIT und EMIR. Sie sind in § 4, Rn. 457 ff. dargestellt.

3. Handelsprodukte

Erdgas wird in einer Vielzahl von Produkten gehandelt, die sich in vielen **Kriterien** un- 221 terscheiden.

Zunächst wäre da die **Gasqualität** zu nennen. In Deutschland ist hier insbesondere zwi- 222 schen H-Gas und L-Gas zu unterscheiden. Ansonsten wird das Gas in der Regel mit der Qualität gemäß den Bedingungen des Gastransportnetzbetreibers der jeweiligen Lieferzone geliefert. Seine Menge wird beim Handel in Energieeinheiten bemessen.

Sodann kommt es ganz wesentlich auf den **Lieferort** des Gases an. In Einzelverträgen ist 223 dabei in der Regel ein physischer Übergabepunkt bestimmt, zum Beispiel bei einer Grenz-übergangsstelle. Im Großhandel ist dies heute bei standardisierten Verträgen häufig der virtuelle Handelspunkt des jeweiligen Marktgebiets, in dem oder für das die Lieferung verein-bart wird.

Variationen gibt es auch auf der **Preisseite.** Hier ist zum Beispiel an die Möglichkeiten 224 unterschiedlicher Dauern von Preisbindungen oder Indexierungen bei länger laufenden Verträgen zu denken. Allerdings sind diese Variationen nur bei direkt zwischen Verkäufer und Käufer abgeschlossenen Verträgen möglich und nicht bei standardisierten börsenge-handelten Produkten.

Die Unterscheidung zwischen physischer und finanzieller **Erfüllung** im Handel haben 225 wir bereits im Zusammenhang mit dem Strommarkt erörtert.[132] Bei Gas wird ebenso un-terschieden, ob das Gas zum Erfüllungszeitpunkt tatsächlich geliefert werden muss oder ob nur die Zahlung eines Differenzbetrags geschuldet wird.

Bei **physisch zu erfüllenden Verträgen** ist besonders auf die Strukturierung der Lie- 226 ferung zu achten. Am einfachsten ist die Bandlieferung, bei der über den Lieferzeitraum hinweg gleichmäßig eine gleiche Menge zu liefern ist. Sie eignet sich auf Seiten des Kun-den zur Abdeckung eines Mindest-Grundbedarfs. Der Lieferant kann sich dabei auf eine stetige Lieferung einstellen, muss aber zu Spitzenbedarfszeiten ebenso liefern wie zu Zeiten geringer Nachfrage. Bei darüber hinaus gehenden Mengen wird der Kunde häufig eine Lieferung wünschen, die nach seinem Bedarf profiliert ist, sodass er am Ende genau die benötigte Menge bekommt. Hier ist zwischen Lieferungen zu unterscheiden, deren Erfül-lung garantiert ist oder die eine unterbrechbare Lieferung vereinbart haben. Letztere ist natürlich preislich wesentlich günstiger.

Schließlich wird auch auf dem Gasmarkt je nach **Lieferzeitpunkt** zwischen Spotmarkt 227 und dem Terminmarkt unterschieden. Am **Spotmarkt** werden im Börsenhandel Block-kontrakte für Tages-Grundlast und Wochen-Grundlast jeweils für H-Gas oder L-Gas ge-handelt. Für beide Kontrakte findet jeweils jeden Tag und rund um die Uhr ein Handel für den aktuellen Tag (Intraday) und für den nächsten und übernächsten Tag bzw. das folgende Wochenende (Day Ahead) statt. Within-Day-Produkte, auch Intraday Kontrakte genannt, spielen bei der Beschaffung von Regelenergie eine wichtige Rolle. Hierfür wurde neben der PEGAS im Sommer 2015 die in den USA beheimatete Börse ICE ENDEX von der

---

[132] Siehe § 4, Rn. 420 ff.

Bundesnetzagentur zugelassen. NetConnect Germany hat den Handel dort bereits aufgenommen.

228   Der **Terminmarkt** für Gas umfasst verschiedene physische Futures in den Marktgebieten
von GASPOOL und NetConnect Germany. Sie gelten zum Beispiel für bestimmte Zeitabschnitte (Monate, Quartale, Jahre, etc.) oder sogenannte Seasons (Sommer und Winter).

229   Die **Handelsvolumina** am Spotmarkt vergrößern sich seit der Einführung des Börsenhandels stetig, was sich auch in einem anhaltenden Zuwachs der Teilnehmer pro Handels-
tag abbildet. Dies zeigt, dass der Trend weg vom langfristigen Bezug hin zum flexibleren
kurzfristigen An- und Verkauf geht und so Bewegung in den Gasmarkt kommt. Passend
dazu ist bei den Produkten am Terminmarkt kein Wachstum oder sogar ein Rückgang zu
verzeichnen, die Zahl der Teilnehmer ist hier gering.[133]

230   Neben diesen Grundelementen des Handels entwickeln sich zunehmend **differenziert
zugeschnittene Produkte,** bei denen entweder finanzielle Derivate, wie zum Beispiel
Optionen oder Spreads (Wetten auf zukünftige Differenzen von zeitlich, örtlich oder quali-
tativ auseinanderliegenden Produkten) oder Gaslieferungen verknüpft mit verschiedenen
Serviceleistungen, wie zum Beispiel Strukturierungen der Lieferungen, gehandelt werden.
Auch Speicherleistungen und -produkte werden hier häufig mit einbezogen.[134] Die opti-
male Kombination für den eigenen Bedarf zu finden, ist für den Kunden allerdings oft eine
Herausforderung, sodass häufig Softwareprogramme oder Brokern hinzugezogen werden.

4. Märkte für den Gasgroßhandel

231   Gashandel wird sowohl an den Energiebörsen als auch bilateral außerhalb der Börse –
over the counter (OTC) – betrieben. Der Handel mittels **flexibler Lieferverträge** ist immer
noch erheblich umfangreicher als der Handel an den Energiebörsen. So betrugen nach den
Untersuchungen der Bundesnetzagentur und des Bundeskartellamts zum Monitoringbericht 2015 die von den beteiligten Brokerplattformen 2014 vermittelten Erdgashandels-
geschäfte mit Lieferort Deutschland insgesamt 2.966 Terrawattstunden während sich das
börsliche Handelsvolumen der EEX und ihrer Tochtergesellschaften 2014 auf nur 212 Terrawattstunden belief.[135]

232   Trotzdem haben sich mittlerweile der an der EEX veröffentlichte Tagesreferenzpreis und
der European Gas Index Deutschland (EGIX) als **Referenzpreise** für den Markt etabliert.
Außerdem können bilateral am Markt abgeschlossene Transaktionen über das Clearinghaus
der EEX, die ECC European Commodity Clearing gecleart werden, was zur Transaktions-
sicherheit beiträgt. Die Bedeutung der Energiebörse reicht auch im Gashandel über das
unmittelbar dort gehandelte Volumen hinaus.

a) Börsenhandel

233   An den Energiebörsen können heute meistens Kontrakte mit **Lieferorten** an verschiedenen europäischen virtuellen Handelspunkten abgeschlossen werden. Eine wichtige Rolle
spielen auch hier wieder u. a. der britische National Balancing Point (NBP), der niederländische Titel Transfer Facility (TTF) und die beiden deutschen Hubs Netconnect Germany
(NCG) sowie Gaspool.

234   Nachfolgend werden die PEGAS als Tochter der EEX und die ICE Endex als die beiden
größten **Gasbörsen** in Europa näher dargestellt. Zudem nehmen Nord Pool Gas (Norwegen), CEGH (Österreich), Polish Power Exchange (Polen), OTE (Tschechien) und GME
(Italien) börslichen Handel teil.

235   **aa) EEX/PEGAS.** Der für Deutschland maßgebliche börsliche Gashandel fand seit
2007 an der European Energy Exchange **(EEX)** in Leipzig statt. Im Mai 2013 wurde für

---

[133] Bundesnetzagentur und Bundeskartellamt, Monitoringbericht 2015, S. 289 ff.
[134] Vgl. dazu die Übersicht über typische Speicherdienstleistungen im liberalisierten Markt bei
Spicker, in: Schwintowski (Hrsg.), Handbuch Energiehandel, 3. Aufl. 2014, Rn. 107.
[135] Bundesnetzagentur und Bundeskartellamt, Monitoringbericht 2015, S. 290 ff.

den Gashandel zusammen mit der französischen Powernext die Pan-European Gas Cooperation **PEGAS** zudem eine europäische Handelsplattform eröffnet, die den Wettbewerb am
europäischen Gas-Binnenmarkt zusätzlich beleben sollte. Seit Anfang 2015 wird der gesamte börsliche Handel für Erdgas der EEX und von Powernext ausschließlich über die
jetzt von Powernext in Paris mit betriebene PEGAS abgewickelt.

Auf der **gemeinsamen Gashandelsplattform** werden Produkte des Spotmarktes und   236
des Terminmarktes für die deutschen, französischen, belgischen, britischen, niederländischen
und italienischen Marktgebiete gehandelt. Dadurch soll die Entstehung einer paneuro-
päischen Gasbörse als zentraler Teil des europäischen Binnenmarkts vorangetrieben werden.

Für den deutschen Markt sind an der PEGAS alle Kontraktarten gleichermaßen für die   237
Marktgebiete NCG und Gaspool handelbar. Am **Spotmarkt** werden kontinuierlich (24/7)
Kontrakte für
- den aktuellen Gasliefertag (Intraday Produkt, Vorlaufzeit drei Stunden),
- einen oder zwei Tage im Voraus (Day Ahead oder Two Day Ahead) und
- für das folgende Wochenende (Weekend-Kontakt)
gehandelt. Die Mindestmenge einer Handelseinheit beträgt ein Megawatt.

Am **Terminmarkt** werden von 8:30 bis 18 Uhr sowohl für NCG wie auch für Gaspool   238
Futures gehandelt für
- die nächsten vier Monate (Month),
- die nächsten vier Quartale (Quarter),
- die nächsten vier Halbjahre (Season) und
- die nächsten drei Kalenderjahre (Calendar).
Im Jahr 2014 führte die EEX auch eine **Transparenzplattform** für Energiemarktdaten
ein, auf der sich auch der Tagesverbrauch an Erdgas bei Gaspool und NCG ersehen lassen.[136]

bb) ICE-Endex. Die in Atlanta in den USA ansässige Intercontinental Exchange (ICE)   239
erwarb im März 2014 die bis dahin zur APX-Gruppe gehörende Endex mit Sitz in Amsterdam. Die Endex ist traditionell der hauptsächliche für den holländischen Hub TTF benutzte Handelsplatz. Der Name der Gesellschaft ist jetzt ICE ENDEX.[137] Zur Gruppe der
ICE gehört seit 2012 auch die größte Wertpapierbörse der Welt, die New York Stock Exchange (NYSE).

Die ICE ENDEX bietet insbesondere Spothandel-Produkte und Futures-Kontrakte für   240
die holländische TTF an. Außerdem offeriert sie Produkte für den Spothandel für UK
(OCM) und den belgischen Hub Zeebrugge (ZTP).

b) Bilatraler Handel/OTC-Handel

Wie oben erwähnt, wird der individuell zugeschnittene, **bilaterale Vertrag** immer   241
noch am meisten verwendete. Dies sollte allerdings angesichts der oben bei den Handels-
produkten angesprochenen Vielfalt und den damit verbundenen Optimierungsmöglichkei-
ten nicht überraschen.

Vor dem Beginn der Marktliberalisierung war der Handel am Gasmarkt vor allem von   242
langfristigen OTC-Lieferverträgen bestimmt. Als langfristig gelten nach der Rechtsprechung des Bundesgerichtshofes Verträge mit einer Laufzeit von mehr als zwei Jahren.[138] In
der Praxis liegt die Standardlaufzeit großer Verträge allerdings häufig bei bis zu 20 Jahren.
Das System der langfristigen Lieferverträge hatte zur Folge, dass der Markt für kurz- und
mittelfristige Transaktionen wenig ausgebildet war, dies den Wettbewerb faktisch stark ein-
schränkte und geschlossene Versorgungsgebiete am Leben erhielt. Die heutigen Verträge
sind deshalb weniger starr und kommen den Kundenbedürfnissen sehr weit entgegen.

243

---

[136] Siehe www.eex-transparency.com.
[137] Siehe weitere Infomationen unter www.theice.com/endex.
[138] BGH, Beschl. vom 10.2.2009 – KVR 67/07.

aa) Marktteilnehmer. Zur Flexibilität des bilateralen Handels kommt hinzu, dass er zum großen Teil in einem relativ kleinen Kreis von Lieferanten auf der Importstufe, Großhandelskunden wie Stadtwerken, Netz- und Speicherbetreibern, Händlern und Brokern stattfindet. Diese kennen in der Regel ihren spezialisierten Teil des Marktes und die anderen Akteure. So übernehmen sie jeweils eine besondere Rolle.

244   Die meisten der Beteiligten bringen ihre **speziellen Beiträge** in den Markt mit, der Kunde die speziell strukturierte Nachfrage, der Importeur die Gasmengen, der Speicherbetreiber die Speicherdienstleistungen, und die Börse die Handelsplattform. Nur bei den Händlern und den Brokern sind ihre Rollen und ihre besonderen Beiträge zum Markt nicht so klar.

245   Zu den Händlern gehören heute vorwiegend nicht unabhängige kleine Handelsgesellschaften. Vielmehr haben die meisten der großen Versorgungsunternehmen ihre eigenen **Handelsabteilungen** aufgebaut. Indem die Händler auf diese Weise selbst im Markt investieren und Positionen eingehen, tragen sie zur Liquidität des Marktes bei. Denn sie erhöhen das Handelsvolumen um die investierten Beträge und sind in aller Regel bereit, zu dem ihrer Ansicht nach risikoadäquaten Preis eine Gegenposition für die anderen Marktteilnehmer anzubieten. So gewährleisten sie, dass im Prinzip praktisch immer ein Handel stattfinden kann.

246   Im Unterschied zu den **Händlern** gehen die bereits erwähnten **Broker** keine eigenen Positionen im Markt ein. Während die Händler im eigenen Namen und auf eigene Rechnung handeln, vermitteln die Broker die Geschäfte nur als Intermediär. Sie tragen also zum Markt ihre Kenntnisse, Verbindungen und Geschicklichkeit in Form von Vermittlungsdienstleistungen bei, riskieren aber kein eigenes Kapital und gehen selbst kein Risiko ein. Broker und die heute von ihnen vielfach im Internet betriebenen Plattformen dienen vielmehr nur der Vermittlung und Bündelung von Angebot und Nachfrage. Die Broker bündeln die eingehenden Angebote bzw. Nachfragen zu kurz- und langfristigen Produkten und vereinfachen dadurch für den Kunden, der sich keine eigene Handelsabteilung leistet, die Suche nach einem passenden Handelspartner. Den Kunden stehen dafür verschiedene Broker-Plattformen zur Verfügung.[139]

247   **bb) OTC-Lieferverträge.** Entsprechend der Vielzahl der handelbaren Produkte und der unterschiedlichen Marktteilnehmer mit ihren besonderen Bedürfnissen sind natürlich auch **vielfältige Vertragsgestaltungen** denkbar. Da die Vertragsparteien sich aber auch bei bilateralen Verträgen nicht jedes Mal wieder Gedanken um die Vertragsstruktur und die Rechtssicherheit ihrer Vereinbarungen machen wollen, verwendet der Markt im Großhandel auch hier meistens mehr oder weniger standardisierte Vertragsmuster oder wenigstens bekannte und bewährte Klauseln.

248   Natürlich handelt es sich bei diesen Standardverträgen um **Allgemeine Geschäftsbedingungen (AGB).** Sie unterliegen insofern den Regeln der §§ 305 ff. BGB.

249   Nachfolgend wollen wir kurz einen Blick werfen auf zwei im deutschen und internationalen Gasgroßhandel viel **verwendete Vertragsstandards** und sodann noch auf einige **besondere Klauseln** in OTC-Verträgen.

250   **(1) EFET-Verträge.** Für den physischen Handel mit Gas wird vielfach das **EFET General Agreement Concerning the Delivery of Natural Gas** (EFET-Gas)[140] als Vertragsstandard verwendet. Dieses Vertragsmuster ist an das Vertragsmuster für Strom (EFET-Strom) angelehnt.[141] Das ursprünglich 2001 in den Markt gebrachte Dokument liegt heute in seiner Version 2.0 vom Januar 2003 vor. EFET hält dazu auch eine Vielzahl von teilweise Hub-spezifischen Anlagen für verschiedene Sonderthemen vor.

---

[139] Vgl. die Liste der Broker bei www.trayport.com.
[140] Siehe den Text des EFET Gas 2.0 mit verschiedenen Ergänzungen unter http://www.efet.org/Standardisation/Legal-EFET-Standard-Contracts-and-Documentation/GasAndGasAnnexes.
[141] Siehe § 4, Rn. 433.

EFET-Gas wird zwischen den Parteien als **Rahmenvertrag** abgeschlossen und durch 251 eine Anpassungsvereinbarung ergänzt, die individuell ausgehandelt wird. Laufende Transaktionen werden dann nur noch mittels des Austauschs ausgefüllter Musterformulare bestätigt, die die konkreten Besonderheiten der jeweiligen Transaktion festlegen. Der gesamte rechtliche Aufwand ist daher nur einmal und nicht jedesmal wieder zu leisten. Die Abweichungen des EFET-Gases gegenüber dem EFET-Strom sind vor allem dadurch bedingt, dass Gas erstens physisch zu liefern ist, wobei es bestimmte Qualitätsabweichungen geben kann und eine Flussrichtung einzuhalten ist. Zweitens sind Gaslieferverträge häufig von längerer Dauer gekennzeichnet als Stromlieferverträge.

(2) ISDA Master Agreement. Für nur finanziell abzuwickelnde OTC Derivate Ge- 252 schäfte war ursprünglich das **Master Agreement der International Swaps and Derivatives Association** (Multi Currency – Cross Border)[142] (ISDA) gedacht. Es wurde bereits 1992 veröffentlicht und ist der wohl weltweit am meisten benutzte Rahmenvertrag. Seitdem ist er laufend fortentwickelt worden, so dass derzeit die Fassung von 2002 gilt, die auch für physisch abgewickelte Geschäfte verwendet werden kann. Gegenüber EFET-Gas hat das ISDA Master Agreement den Vorteil, dass auch Gegenparteien von außerhalb Europas damit vertraut sind. Dies ist gerade bei Finanzinstitutionen wegen der Einheitlichkeit der Dokumentation nützlich und kann die Weiterübertragung von Positionen oder Positionspaketen erleichtern. Von besonderer Bedeutung sind hierbei die Definitionssammlungen für Warengeschäfte (Commodity Definitions), die standardisierte Bezeichnungen der gehandelten Güter enthalten und spezielle Preisklauseln mit Bezugnahme auf besondere Quellen von Marktpreisen ermöglichen. Allerdings umfasst allein das Definitionswerk ca. 500 Seiten. Daneben gibt es eine Vielzahl laufend aktualisierter Ergänzungsvereinbarungen, Opinions etc. Das Vertragswerk wird von Gremien und Arbeitsgruppen ständig weiterentwickelt und betreut.

(3) Besondere Vertragsklauseln in Gaslieferverträgen. Auch wenn die Parteien 253 keine Rahmenmusterverträge wie EFET oder ISDA verwenden, kommen in Liefer- oder Handelsverträgen häufig **standardisierte Klauseln** oder Vertragsstrukturen zur Anwendung. Diese sind nicht nur wegen der oben erwähnten AGB-Kontrolle mitunter heikel, sondern können auch kartellrechtliche Aspekte berühren. Zwei bekannte Beispiele dafür sind die früher generell verwendeten **langfristigen Vollversorgungsverträge** und **Take or Pay Klauseln.**

In den Marktstufen unterhalb des Imports wurden langfristige Lieferverträge deshalb 254 durch das Bundeskartellamt und die Rechtsprechung[143] weitgehend abgeschafft. Verträge mit einer Bedarfsdeckung von mehr als 80 Prozent und mehr als zwei Jahren Laufzeit bzw. Verträge mit einer Bedarfsdeckung zwischen 50 Prozent und 80 Prozent und einer Laufzeit von mehr als vier Jahren (sogenanntes Mengen-Laufzeit-Gerüst) erklärte das Bundeskartellamt 2005 befristet bis zum 30.9.2010 für unzulässig.[144] Die Anwendung dieser Maßstäbe in einem Verfahren gegen E.ON 2006 wurde vom Bundesgerichtshof 2009 gebilligt.[145] Daraufhin verpflichteten sich alle großen Erdgashändler gegenüber dem Bundeskartellamt freiwillig zur Beachtung des **Mengen-Laufzeit-Gerüstes.** Da der Wettbewerb seitdem ein in den Augen des Bundeskartellamtes zufriedenstellendes Maß erreicht hat und die

---

[142] Siehe dazu http://www2.isda.org/. Ein Muster findet sich unter http://www.sec.gov/Archives/edgar/data/1065696/000119312511118050/dex101.htm. Es gibt das Muster sowohl für eine Jurisdiktion und eine Währung sowie für jeweils mehrere, je nachdem, ob die Vertragsparteien aus derselben Jurisdiktion und Währung heraus handeln oder nicht.

[143] OLG Düsseldorf, Urt. vom 7.11.2001 – U (Kart) 31/00, Rn. 62 ff.; OLG Stuttgart, Schlussurt. vom 21.3.2002 – U 136/01; siehe dazu auch § 9, Rn. 77 ff.

[144] Bundeskartellamt, Kartellrechtliche Beurteilungsmaßstäbe zu langfristigen Gaslieferverträgen, 2005, S. 11.

[145] BGH, Beschl. vom 10.2.2009 – KVR 67/07.

Händler freiwillig auf den Abschluss von Verträgen mit Marktabschottungseffekten verzichten, wurde das Verbot nach dem 30.9.2010 nicht verlängert. Mit der neuen Abgrenzung im Gasmarkt[146], der auf dieser Stufe nunmehr von einem nationalen Markt ausgeht,[147] ist das Modell überflüssig geworden.

255   Auf der **Importstufe** existieren langfristige Lieferverträge mit Duldung des Bundeskartellamtes dagegen auch weiterhin in großem Umfang, da sie zur Sicherung der Versorgung dienen. Denn nur so erhalten die Käufer die Sicherheit, ihren Bedarf in den kommenden Jahren und Jahrzehnten decken zu können und die Lieferanten können ihre Erzeugung und ihr Investitionskapital langfristig planen. So besteht zwischen dem deutsch-russischen Erdgashändler WIEH und der russischen OOO Gazprom ein Liefervertrag über 500 Milliarden Kubikmeter bis 2043.

256   Für den Verkauf von Gas im Rahmen von OTC-Verträgen haben sich eine ganze Reihe marktüblicher Klauseln herausgebildet, die häufig verwendet werden und die Einfluss auf den Preis haben. Bei langfristigen Lieferverträge aus der Beschaffungsebene heraus finden sich zum Beispiel oft **Take or Pay Klauseln.** Durch diese Klauseln verpflichtet sich der Abnehmer, einen bestimmten Prozentsatz des Vertragsvolumens (in der Regel mindestens 75 Prozent) zu bezahlen, selbst wenn er dieses nicht abnimmt (Minimum Take). Gleichzeitig erhält er die Sicherheit, bei Bedarf 100 Prozent zu erhalten und dann natürlich auch zu bezahlen. Der Vorteil einer Take or Pay Klausel liegt für den Lieferanten darin, dass er aus dem Vertrag einen gesicherten Erlös erhält, den er zum Beispiel für den Ausbau der Infrastruktur oder die Erschließung neuer Vorkommen einplanen kann. Der Abnehmer wird durch die Möglichkeit, einen Teil der Vertragsmenge nicht abzunehmen, zwar auf den ersten Blick finanziell belastet, ohne eine Gegenleistung zu erhalten. Allerdings besteht sein Vorteil darin, dass er durch den Verzicht auf die Abnahme jenseits des Minimum Take zumindest den Ankauf von Speicherkapazitäten und anfallende Steuern sparen kann. Zudem kann er im Bedarfsfall 100 Prozent beziehen, und so seinen Bedarf ohne Nachkauf decken.

257   Take or Pay Klauseln werden teilweise durch Carry Forward Clauses und die Make-up Clauses ergänzt, die zusammen auch als **Not Lost Provisions** bezeichnet werden. Die Carry Forward Clause regelt, dass die Menge an Gas, die über die Take or Pay Mindestmenge hinaus abgenommen wurde, im folgenden Vertragsjahr von der Mindestmenge abgezogen wird. Als Beispiel: Die Take or Pay Vereinbarung liegt bei 75 Prozent. Im ersten Jahr werden 80 Prozent abgenommen, also fünf Prozent mehr als erforderlich. Diese fünf Prozent werden im zweiten Jahr von den 75 Prozent abgezogen, sodass sich die Menge im zweiten Jahr auf 70 Prozent verringert. Die Make-up Clause regelt umgekehrt den Fall, in dem die Abnahme unter der Mindestmenge bleibt und trotzdem bezahlt werden muss. Der Abnehmer kann nach dieser Bestimmung die nicht abgenommene, bezahlte Menge im Folgejahr abrufen, nachdem er die Take or Pay Schwelle überschritten hat. Als Beispiel: Die Take or Pay Vereinbarung liegt bei 75 Prozent. Im ersten Jahr werden nur 70 Prozent abgenommen, also fünf Prozent weniger als erforderlich. Bezahlt werden müssen trotzdem 75 Prozent. Im zweiten Jahr werden 80 Prozent abgenommen, also die volle Take or Pay Menge und weitere fünf Prozent. Diese fünf Prozent können dann als Übertrag aus dem ersten Jahr kostenlos bezogen werden, da sie damals bereits bezahlt wurden. Sofern der Gaspreis zwischenzeitlich gestiegen ist, ist die Differenz zwischen dem ersten und dem zweiten Jahr allerdings in der Regel auszugleichen.

258   Die **Destination Clause** bestimmt, dass das Gas nur innerhalb des Marktes eines bestimmten Landes verkauft werden darf. Dadurch können die Lieferanten verhindern, dass ihre Abnehmer durch Weiterverkäufe selbst zum Lieferant in Nachbarstaaten werden. Allerdings verliert die Klausel mit zunehmendem Wettbewerb an Bedeutung.

---

[146] Siehe § 9, Rn. 45 ff.
[147] Bundesnetzagentur und Bundeskartellamt, Monitoringbericht 2015, S. 289.

Zum Weiterlesen

Jörg Fried, in: Hans-Peter Schwintowski (Hrsg.), Handbuch Energiehandel, 3. Aufl. 2014, Rn. 342 ff. Abgrenzung des Handels- vom Brokermarkt; Rn. 348 ff. Physischer Handel mit Gas – EFET General Agreement (Gas); und Rn. 372 ff. Vertragsrechtliche Aspekte typischer OTC-Verträge am Beispiel der EFET-Rahmenverträge – Gang der Darstellung

5. Preisbildung im Großhandel

Historisch haben sich die Gaspreise in Deutschland an denen orientiert, zu denen die **259** Gasimporteure ihr Gas auch von den Vorversorgern bezogen. Dies war der sogenannte **Anlegbare Preis,** bekannt auch als die Ölpreisbindung. Der Gashandelsmarkt hat aber seit Beginn der Liberalisierung einen signifikanten Wandel erfahren. War er noch um die Jahrtausendwende durch langfristige Lieferverträge vom Wettbewerb so gut wie abgekoppelt, besteht heute wie schon dargestellt ein vielfältiger Wettbewerbsmarkt sowohl OTC als auch als Börsenhandel. Dies ist wichtig, denn nur durch die Möglichkeit der flexiblen kurzfristigen und langfristigen Beschaffung von Gas treten neue Akteure in den Markt ein und lassen Wettbewerb im Bereich der Letztverbraucher entstehen. Es wird derzeit auch diskutiert, inwieweit der Handel an den Spot- und Futures-Märkten derzeit dadurch zusätzlich belebt wird, das Flüssiggaslieferungen als Alternative zum leitungsgebundenen Gasbezug an Bedeutung gewinnt.

Insgesamt lässt sich feststellen, dass der **Wettbewerb** auf dem Gasmarkt von entschei- **260** dender Bedeutung für die Gaspreisbildung ist:

- Eine entscheidende Voraussetzung für die Entwicklung des Wettbewerbs sind jedoch liquide Handelspunkte.
- Daneben kommt es für die Preisbildung aber auch entscheidend auf die Regulierungsbedingungen an. Hierzu sind neben der Netzregulierung mit den Netzzugangsbedingungen, Netzentgelten etc. in diesem Sinne auch Steuern, Abgaben, Umlagen und andere solche Kosten bestimmende Faktoren zu rechnen.
- Schließlich ist auch noch entscheidend für die Wettbewerbssituation im Markt, inwieweit, Marktmacht und vertikale Integration bestehen und ob große Marktteilnehmer mit strategischem Verhalten operieren können.

Der von der EEX festgestellte **Tagesreferenzpreis** betrug 2014 im Jahresdurchschnitt **261** für das Marktgebiet von NCG 21,21 Euro/Megawattstunde und für Gaspool 21,08 Euro/Megawattstunde. Gleichzeitig lagen die vom Bundesamt für Wirtschaft und Ausfuhrkontrolle ermittelten Grenzübergangspreise 2014 23,39 Euro/Megawattstunden.[148] Allerdings ist hierbei zu beachten, dass es sich bei den Tagesreferenzpreisen der EEX um einen Spotpreis handelt während die Grenzübergangspreise auf langfristig vereinbarten Lieferverträgen beruhen.

Aufgrund dieser Preissituation, dass die langfristigen Gasimportpreise erheblich über den **262** Spotpreisen lagen, kam es in den letzten Jahren auch zu einer Vielzahl von **Prozessen** und Schiedsverfahren um Preisanpassungen bei Lieferverträgen. Da die langfristigen Lieferverträge, wie oben angesprochen, vom Bundeskartellamt weitgehend eliminiert worden sind, betraf dies in den letzten Jahren hauptsächlich internationale Lieferverträge. Bekannte Beispiele sind die Verfahren zwischen E.ON und Gazprom und RWE und Gazprom, die in § 11, Rn. 122 dargestellt werden. Sie stellen einen entscheidenden Schritt in Richtung der Wiederherstellung der Wettbewerbsfähigkeit der langfristigen Gaslieferverträge dar.

Im Bereich des Gasmarktes gibt es – anders als im Strommarkt – bisher **keine implizi-** **263** **ten Auktionen** zwischen Marktgebieten, also kein *Market Coupling*. Die mangelnden Kapazitäten an den Grenzkuppelstellen, die aufgrund von Engpässen die vollständige Angleichung der Preise zwischen den Marktgebieten verhindern, werden also noch nicht mittelbar über eine Verbindung der Auktionen an den für die jeweiligen Marktgebiete zu-

---

[148] Bundesnetzagentur und Bundeskartellamt, Monitoringbericht 2015, S. 295 ff.

ständigen Börsen angeglichen. Bei Gas wird dies aufgrund der physischen Komponente der Gaslieferung und des großen Anteils des außerbörslichen Handels erschwert.

264   Die Zuweisung der Kapazitäten an den Grenzkuppelstellen wird derweil in Form von **Kapazitätsauktionen** an der Kapazitätsplattform PRISMA abgewickelt. Diese haben wir bereits in III.4.c) dargestellt.

Zum Weiterlesen

Jörg Spicker, in: Hans-Peter Schwintowski (Hrsg.), Handbuch Energiehandel, 3. Aufl. 2014, Erster Teil, Kapitel III: Rolle und Funktion des OTC-Handels, Rn. 126 und Erster Teil, Kapitel IV: Produkte und Dienstleistungen im OTC-Handel, Rn. 196

VI. Gasvertrieb

265   Der Lieferung von Strom[149] und Gas ist im EnWG seit dessen Reform 1998 und 2005 weitgehend einheitlich geregelt. Daher entsprechen sich auch die der Versorgung zugrunde liegenden rechtlichen Bestimmungen und die Arten der Versorgung (Grundversorgung und Ersatzversorgung bzw. Sonderkundenverträge) weitgehend. Trotzdem sind die **Besonderheiten** der Lieferung von Gas zu beachten, die physisch erfolgt und der andere historisch gewachsene Strukturen zugrunde liegen. So hat der Gasmarkt daher auch auf der Ebene des Vertriebs unterhalb der generellen Regelungen des EnWG seine eigenen Bestimmungen, wie die Grundversorgungsverordnung Gas (GasGVV) oder die Festlegung der Bundesnetzagentur Geschäftsprozesse Lieferantenwechsel Gas (GeLiGas), auch wenn diese in ihren inhaltlichen Regelungen viele Parallelen zum Strommarkt haben. Ein weiterer Unterschied besteht darin, dass die erneuerbaren Energien und die Umlage der Kosten für sie bei der Gaslieferung keine zum Strom vergleichbare Rolle spielen. Die Kosten der Umlage für Biogas sind gering.[150]

1. Gaskunden

266   Wie bereits erwähnt, dient Gas in Deutschland immer noch hauptsächlich der **Wärmeversorgung.** Im Jahr 2014 heizten rund 20 Millionen Haushalte in Deutschland mit Gas, was einem Marktanteil von 50 Prozent entspricht.[151] Dies prägt das Verständnis des Gaskundenmarkts heute immer noch.

267   Das Bundeskartellamt unterscheidet in den Gasletztverbrauchermärkten zwischen zwischen RLM- und SLP-Kunden.[152]

- **RLM-Kunden** sind Abnehmer, deren Verbrauch auf Basis einer registrierenden Leistungsmessung erfasst wird. Es handelt sich i.d.R. um industrielle oder gewerbliche Großverbraucher sowie um Gaskraftwerke. Messanlagen mit registrierender Leistungsmessung (RLM-Messanlagen) sind nach § 24 der Gasnetzzugangsverordnung Messeinrichtungen, die mehr als eine stündliche Ausspeiseleistung von 500 Kilowattstunden oder mehr als eine jährliche Entnahme von 1,5 Millionen Kilowattstunden messen.

- **SLP-Kunden** sind Kunden ohne Leistungsmessung bei denen die zeitliche Verteilung des Verbrauchs über ein Standardlastprofil geschätzt wird. Dabei handelt es sich um Gasabnehmer relativ geringer Verbrauchsmengen, i.d.R. Haushaltskunden und kleinere Gewerbekunden.

268   RLM- und SLP-Kunden werden weiter aufgeteilt in solche, die im Rahmen der **Grundversorgung** beliefert werden und **Sonderkunden** mit davon abweichenden Tarifen oder Vereinbarungen. 2014 lieferten die Gasversorger insgesamt rund 321 Terra-

---

[149] Siehe auch § 4, Rn. 472 ff.
[150] Siehe § 4, Rn. 78 ff.
[151] Hans-Wilhelm Schiffer, Deutscher Energiemarkt 2014, et 2015, Heft 3, 42, 48.
[152] Bundesnetzagentur und Bundeskartellamt, Monitoringbericht 2015, S. 253.

wattstunden Gas an SLP-Kunden und rund 391 Terrawattstunden an RLM-Kunden, einschließlich des Absatzes an Gaskraftwerke. Von der gesamten Absatzmenge an SLP-Kunden entfielen rund 261 Terrawattstunden auf Sonderverträge und 60 Terrawattstunden auf Grundversorgungsverträge.[153] Nach anderer Aufteilung lag 2014 der Erdgasverbrauch der privaten Haushalte sowie Gewerbe- und Dienstleistungsunternehmen bei 359 Terrawattstunden (44 Prozent), der Industrie einschließlich der Industriekraftwerke bei 340 Terrawattstunden (42 Prozent) und der Kraft- und Heizwerke bei 119 Terrawattstunden (14 Prozent).[154]

2. Gaslieferanten

An der Datenerhebung für den Monitoringbericht der Bundesnetzagentur 2015 beteiligten sich 854 Gaslieferanten. Viele von diesen bieten ihr Gas heute **bundesweit** an. Vor der Liberalisierung erfolgte die Gasversorgung vorwiegend durch die lokalen Grundversorger, meistens Stadtwerke, soweit es sich nicht um Kraftwerke oder Großkunden handelte, die ihr Gas auf höheren Druckstufen geliefert bekamen. Heute hat sich dies geändert. Auch den Haushaltskunden stehen im Durchschnitt der deutschen Netzgebiete in Deutschland über 65 Lieferanten zur Auswahl.[155] Viele Kunden haben von den lokalen Grundversorgern zu den überregional tätigen Gaslieferanten gewechselt. So werden mittlerweile 18,8 Prozent der Haushaltskunden durch einen Sondervertrag eines anderen Lieferanten als ihres Grundversorgers beliefert. Von den RLM-Kunden wurden 67 Prozent durch einen anderen Lieferanten als ihren örtlichen Grundversorger beliefert. **269**

3. Lieferantenwechsel

Als Maßstab für die Intensität des Wettbewerbs in den Strom- und Gasmärkten dient dem Bundeskartellamt die **Lieferantenwechselquote** bei den Kunden. Diese lag 2014 bei Nicht-Haushaltskunden bei rund 12 Prozent und bei den Haushaltskunden bei rund 8,4 Prozent. Dies entsprach der Entwicklung der Zahlen der Vorjahre.[156] **270**

Die Möglichkeit des **einfachen Lieferantenwechsels** gem. § 20a EnWG, die in § 4, Rn. 508ff. für den Strommarkt dargestellt wurde, gilt spiegelbildlich auch für den Gasmarkt. Anstelle der GPKE regelt im Gasbereich die GeLi Gas die Details.[157] Zudem finden §§ 41ff. GasNZV Anwendung. **271**

In § 42 GasNZV ist mit dem **Rucksackprinzip** eine Besonderheit des Gasanbieterwechsels normiert: Der neue Lieferant kann die Übertragung von Ein- und Ausspeisekapazitäten zur Versorgung eines Letztverbrauchers vom Altlieferanten verlangen, wenn ihm eine Belieferung sonst nicht möglich wäre. Diese Regelung ist dem Entry Exit Modell geschuldet, nach dem der Lieferant die Netzkapazitäten im Voraus kaufen muss. Ohne das Rucksackprinzip könnte nämlich immer dann ein Lieferantenwechsel verhindert werden, wenn der potentielle neue Lieferant keine Kapazitäten erwerben kann, sodass der Wettbewerb erheblich behindert würde. **272**

4. Lieferbeziehungen

Die Lieferbeziehung zwischen dem Gaskunden und seinem Lieferanten kommt grundsätzlich auf **vertraglicher Grundlage** zustande, ihr Inhalt ist entweder gesetzlich durch das Grundversorgungsverhältnis im Rahmen der GasGVV oder im Rahmen eines Sonderkundenvertrags geregelt. **273**

---

[153] Bundesnetzagentur und Bundeskartellamt, Monitoringbericht 2015, S. 253.
[154] Hans-Wilhelm Schiffer, Deutscher Energiemarkt 2014, et 2015, Heft 3, 42, 48.
[155] Bundesnetzagentur und Bundeskartellamt, Monitoringbericht 2015, S. 300.
[156] Bundesnetzagentur und Bundeskartellamt, Monitoringbericht 2015, S. 245.
[157] Geschäftsprozesse Lieferantenwechsel Gas (GeLi Gas), Beschluss BK7-06-067 vom 20.8.2007 in Verbindung mit den Festlegungen zur Standardisierung von Verträgen und Geschäftsprozessen im Bereich des Messwesens BK7–09-001 (WiM) und den Festlegungen BK7–11-075.

a) Grundversorgung und Ersatzversorgung

274   Auch die in den §§ 36, 37 und 38 EnWG für Strom und Gas einheitlich geregelte Grund- und Ersatzversorgung kommt grundsätzlich auf vertraglicher Basis zustande. Der Versorger unterliegt einem **Kontrahierungszwang.** Der Grundversorgungsvertrag wird schriftlich, mündlich oder konkludent abgeschlossen. In der Praxis erfolgt der Vertragsschluss meist konkludent indem der Verbraucher das bereitgestellte Gas mit Einschalten der Heizung oder des Gasherds in Anspruch nimmt. Zur Ersatzversorgung bestimmt § 38 EnWG, dass in dem Fall, dass der Gaskunde Gas verbraucht hat, das keinem Lieferanten zuzuordnen ist, dieses Gas als von dem Grundversorger geliefert gilt.

275   Trotz des gleichen Grundverhältnisses wie beim Strom hat der Gesetzgeber aufgrund der Besonderheiten der Gasversorgung mit Gas die Bedingungen für die Grund- und Ersatzversorgung dafür gesondert in der GasGVV geregelt. Sie gilt für die Versorgung aus dem **Niederdrucknetz** und nur für **Haushaltskunden** gemäß § 3 Nr. 22 EnWG, also Letztverbraucher mit einem Jahresverbrauch von weniger als 10.000 Kilowattstunden.

276   Die Regelungen der GasGVV sind inhaltlich weitgehend gleich wie in der StromGVV, sodass auf die Ausführungen in § 4, Rn. 521 ff. verwiesen werden kann. Eine Besonderheit gegenüber dem Strommarkt besteht im Falle der **Unterbrechung der Belieferung** des Kunden, wenn dieser seine Gasrechnung nicht zahlt. Denn § 19 Abs. 2 GasGVV sieht keinen Mindestbetrag vor, um die Sperrung anzudrohen und durchzuführen.

b) Sonderkundenverträge

277   Auch die von den Versorgungsunternehmen mit ihren Kunden abgeschlossenen Sonderkundenverträge sind in der Regel von den Versorgungsunternehmen verwendete Standardverträge. Auf sie finden daher die Regeln über Allgemeine Geschäftsbedingungen nach den §§ 305 ff. BGB Anwendung.

278   Auch bei den Sonderkundenverträgen wird zwischen RLM- und SLP-Kunden unterschieden. Früher waren **Sonderkundenverträge für Haushaltskunden** kaum üblich, als der lokale Versorger ein Monopol hatte. Seit aber im Gasmarkt Wettbewerb zwischen vielen Lieferanten besteht, bieten auch die Grundversorger in ihren Versorgungsgebieten günstigere Tarife als Sonderkundenverträge an. Es obliegt in der Regel dem Kunden, danach zu verlangen.

279   Die Bedingungen der Sonderkundenverträge richten sich dann nach den Vereinbarungen des konkret abgeschlossenen Liefervertrags. Es handelt sich um ein **Dauerschuldverhältnis** (§ 314 BGB). Der Inhalt ergibt sich in der Regel aus den Allgemeinen Geschäftsbedingungen der Versorger.[158] Bei Haushaltskunden müssen sie die Pflichtangaben des § 41 EnWG enthalten. Bei Verträgen mit großen Industrie- oder Gewerbekunden findet man allerdings auch häufig individuell ausgehandelte Verträge oder Vertragsteile.

280   Bei den Sonderkundenverträgen handelt es sich – ebenso wie bei der Grund- und Ersatzversorgung – meist um **All-Inclusive-Verträge,** die neben der Gaslieferung auch die Netznutzung mit beinhalten, also die Dienstleistung des Transports des Gases durch das Gasnetz durch den Gasversorger. Es ist jedoch auch möglich, dass der Gaskunde selbst separate Ausspeiseverträge mit dem Netzbetreiber abschließt, was sich häufig bei Großkunden mit einheitlichen Lieferverträgen aber verschiedenen Ausspeisepunkten anbietet.

5. Gaspreis

a) Preisbildung

281   Der **Gaspreis** setzt sich wie der Strompreis im Wesentlichen aus den Komponenten Beschaffung und Vertrieb, Netzentgelte sowie Steuern und Abgaben, zusammen.

---

[158] Vgl. Beispiele solcher Vertragsmuster bei Peter Mussaeus u. a. (Hrsg.), Verträge der Energiewirtschaft, 1. Aufl. 2015, S. 429 ff.

Über 50 Prozent des Gaspreises entfallen auf den **Beschaffungspreis,** der sich aus dem 282
Gaseinkaufspreis und den Transportkosten zusammensetzt. Der Gaseinkaufspreis ergibt sich
im Fall von langfristigen Lieferverträgen häufig immer noch anhand der Ölpreisbindung
(siehe dazu im folgenden Abschnitt), die im liberalisierten Gasmarkt allerdings langsam an
Bedeutung verliert. Die Handelspreise bilden sich nun zunehmend wie für andere Waren
aus Angebot und Nachfrage.

Für die **Netzentgelte** und die **Steuern** gilt das in § 4, Rn. 557 ff. Gesagte. Allerdings 283
fällt die Abgabenlast deutlich geringer aus, da es im Gassektor zum Beispiel keine Förderabgaben für erneuerbaren Energien oder eine Offshore-Umlage gibt. Der mengengewich-
tete Mittelwert des Gaspreises für Haushaltskunden schwankt seit 2007 zwischen 5,9 und
7,1 Cent/Kilowattstunde.

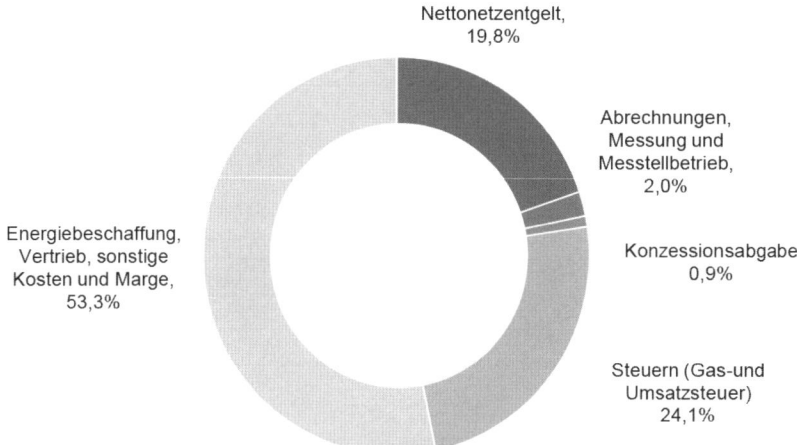

Quelle: Bundesnetzagentur und Bundeskartellamt: Monitoringbericht 2015, S. 321

Abb. 66 – Einzelhandelspreisniveaus Gas. Die Grafik zeigt die Zusammensetzung des mengenge-
wichteten Einzelhandelspreisniveaus Gas für Haushaltskunden mit Sondertarifen bei dem Grundversorger für den Abnahmefall 23.269 Kilowattstunden in Prozent (Stand: 1.4.2014).

b) Ölpreisbindung

In **langfristigen Lieferverträgen** bestimmte sich der Beschaffungspreis für das Erdgas 284
traditionell anhand der Ölpreisbindung. Sie war oben bereits bei den Großhandelspreisen
angesprochen worden und soll an dieser Stelle in ihrer Beziehung zu den Lieferverträgen
für Endkunden umrissen werden.

1959 wurde das erste große Erdgasfeld im niederländischen Slochtern gefunden. Vor al- 285
lem dadurch verbreitete sich Erdgas als Energiequelle in Mitteleuropa seit Beginn der
1960er Jahre schnell. Allerdings gab es zunächst **keinen Marktpreis** für Erdgas und die
Märkte von Erdöl und Erdgas funktionierten zu unterschiedlich, um einfach den Preis zu
übertragen.

Die **Findung des Preises** stellte die Produzenten und Lieferanten vor zwei Herausfor- 286
derungen. Einerseits hing die Entstehung des Erdgas-Marktes von der Erschließung der
Vorkommen und dem Bau eines Pipeline-Netzes ab. Dies war kostenintensiv und musste
über den Gaspreis refinanziert werden. Andererseits sollte Erdgas am Wärmemarkt als Kon-
kurrenzenergie zu Heizöl etabliert werden. Es durfte also nicht zu teuer sein.

Das niederländische Wirtschafsministerium entwickelte dazu zusammen mit Exxon und 287
Royal Dutch Shell die **Ölpreisbindung.** Sie wurde zunächst innerhalb der Niederlande,
dann aber auch für das Exportgas als Maßstab verwendet und setzte sich auch für die Verträge mit anderen Lieferanten aus anderen Staaten durch.

288   Dazu wird der Gaspreis an den **Handelspreis für Öl** gekoppelt, allerdings nicht 1:1 sondern mit einer zeitlichen Verzögerung von ca. sechs Monaten. Welcher der unterschiedlichen am Markt zu findenden Ölpreise als Richtwert dient (Rohölsorten, Ölprodukte wie leichtes Heizöl, schweres Heizöl) wird zwischen den Vertragspartnern festgelegt. Außerdem sind gerade bei Endkundenpreisen auch andere Faktoren zu berücksichtigen, da für das Gas bei All-Inclusive-Verträgen auch Netzentgelte, von den Lohnkosten abhängige Vertriebskosten, Umlagen etc. anfallen.

289   In Deutschland erfolgt die Bindung oft an den Preis für leichtes Heizöl (HEL), der vom statistischen Bundesamt ermittelt wird. Daraus ergibt sich anhand einer vorher festgelegten Formel der Erdgaspreis. Häufig verwendet wird eine **6/1/3-Regelung:** das bedeutet sechs Monate Referenzzeitraum/ein Monat Zeitversatz (Time Lag)/drei Monate Preisgültigkeit. Zum Teil wird der Referenzzeitraum auch auf drei Monate verkürzt.

290   Eine Berechnung nach der Methode 6/1/3 gestaltet sich dann beispielsweise wie folgt[159]: Zunächst wird für Januar bis Juni 2016 der durchschnittliche HEL-Preis des Statistischen Bundesamtes herangezogen:

Monat	Preis
Januar 2016	44,25 Euro/Hektoliter
Februar 2016	54,30 Euro/Hektoliter
März 2016	51,24 Euro/Hektoliter
April 2016	53,36 Euro/Hektoliter
Mai 2016	55,27 Euro/Hektoliter
Juni 2016	53,22 Euro/Hektoliter
Durchschnitt	**51,94 Euro/Hektoliter**

291   Nach Abwarten des Time Lag im Juli beträgt der Erdgaspreis dann für August bis Oktober 2015 51,94 Euro/Hektoliter.[160]

292   Eine **Einschränkung** hat die Ölpreisbindung allerdings durch die Rechtsprechung des Bundesgerichtshofes erfahren.[161] Geurteilt wurde mit Entscheidungen vom 24.3.2010 über zwei Erdgaslieferverträge mit Haushaltskunden über längere Lieferzeiten, in denen der Preis und die Preisentwicklung ausschließlich an die Heizölpreise gebunden waren und dementsprechend angepasst wurde. Dies ist nach Ansicht des Bundesgerichtshofes unwirksam, denn sinkende Netz- und Vertriebskosten würden dadurch nicht dem Kunden zugute kommen, sondern als zusätzlicher Gewinn bei den Lieferanten verbleiben. Dies stelle eine Benachteiligung für die Kunden nach § 307 Abs. 1 S. 1 BGB dar. Als Folge müssen die Preisanpassungsklauseln daher nun entweder weitere Faktoren berücksichtigen oder die Verträge werden über kürzere Zeiträume zu Festpreisen geschlossen. Das **Bundesverfassungsgericht** bestätigte diese Rechtsprechung im September 2010.[162] Mit zwei Urteilen vom Mai 2014[163] entschied der Bundesgerichtshof allerdings, dass dieses Prinzip nicht einfach auf Gaslieferverträge im unternehmerischen Geschäftsverkehr übertragen werden könne. Zwar unterliege die Preisanpassungsklausel der AGB-Kontrolle nach § 307 BGB, aber zwischen erfahrenen Kaufleuten unterliege es der kaufmännischen Beurteilung und Entscheidung des als Unternehmer handelnden Gaskunden, ob die Bindung des Gaspreises an den Marktpreis für Heizöl sachgerecht und akzeptabel erscheint.

---

[159] Siehe dazu und zu einem weiteren Berechnungsmodell auch: Olaf Däuper u. a., in: Ines Zenke u. a. (Hrsg.), Kapitel 1. III. Preisbildung in der traditionellen Gaswirtschaft, Rn. 24 ff.
[160] Siehe bzgl. der Ölpreise, die den Formelölpreis für die Quartale von 2015 bilden, https://www.ewe. de/geschaeftskunden/marktplatz/kosten-steuern/erdgas-rahmenbedingungen/oelpreisnotierung-hsl.
[161] BGH, Urt. vom 24.3.2010 – VIII ZR 178/08 und VIII ZR 304/08.
[162] BVerfG, Beschl. vom 7.9.2010 – 1 BvR 2160/09, 1 BvR 851/10.
[163] BGH, Urt. vom 14.5.2014 – VIII ZR 116/13, VIII ZR 114/13.

6. Transparenz bei Gasrechnungen

Auch für die Gasrechung gelten die Vorgaben des § 40 EnWG, nach dem bestimmte **293**
Informationen zum Vertrag und Verbrauch auf der Rechnung ausgewiesen werden
müssen.[164] § 42 EnWG, wonach auf den Stromrechnungen der Energieträgermix und die
Umweltauswirkungen mit dem CO_2-Gehalt anzugeben sind, findet auf die Gasrechnung
dagegen keine Anwendung. Denn durch diese der Energiewende geschuldeten Norm soll
für den Verbraucher transparent werden, aus welcher **Quelle** seine Energie stammt. Dies
macht nur dann Sinn, wenn der Verbraucher wenigstens mittelbar auf die Erzeugung eines
Äquivalents des verbrauchten Stromes durch die Wahl seines Lieferanten oder Tarifes Einfluss nehmen kann (beispielsweise Tarife für Solarstrom, Ökostrom, etc.). Im Gasbereich ist
dies dagegen zumindest zurzeit mangels erheblicher Unterscheidungen der Gasherkunft
kaum möglich oder sinnvoll. Allerdings nimmt in den letzten Jahren die Anzahl der Anbieter, die entweder 100 Prozent Biogas anbieten oder zumindest bestimmte Biogas-Anteile
zusichern, zu. Angaben dazu sind aber bisher freiwillig.

7. Messwesen und Datenschutz

Das Gesetz zur Digitalisierung der Energiewende erfasst auch die Messung von Ver- **294**
brauchsdaten von Gas. Smart-Meter-Gateways sind als Datenplattform für Messwerte aller
möglicher Sparten angelegt. Der Letztverbraucher soll die Kosten für Messung und Abrechnung in den Sparten Strom, Gas, Heizwärme und Wasser in Zukunft nur noch gebündelt tragen müssen. Indem die individuelle Ablesung entfällt, liegt der **Messstellenbetrieb**
in einer Hand was zu einer Kostensenkung führen soll.

Bei Gas werden die **Verbrauchswerte** allerdings im Unterschied zum Strom nur stünd- **295**
lich erfasst, soweit diese keine Letztverbraucher sind, für die Lastprofile gelten und daher
keine detaillierte Erfassung stattfindet. Auch der Rollout für neue Messeinrichtungen für
Gas ist anders als bei Strom. Ein separater Rollout für Gas wäre nicht wirtschaftlich, aber
eine Einbindung von Gas-Messeinrichtungen in vorhandene intelligente Messsysteme für
Strom erscheint sinnvoll. Nach § 20 Messstellenbetriebsgesetz dürfen Gas-Messeinrichtungen in Zukunft nur noch verbaut werden, wenn sie sicher mit einem sogenannten
Smart-Meter-Gateway verbunden werden können, der zur Gewährleistung von Datenschutz, Datensicherheit und Interoperabilität dem Stand der Technik zu entspricht. Neue
Messeinrichtungen für Gas, die diesen Anforderungen nicht genügen, dürfen noch bis zum
31.12.2016, solche mit registrierender Leistungsmessung (RLM-Messanlagen) noch bis
zum 31.12.2024 eingebaut und jeweils bis zu acht Jahre ab Einbau genutzt werden. Auch
dürfen weder Anschlussnehmer noch Anschlussnutzer die Ausstattung oder Anbindung
einer Messstelle mit einem intelligenten Messsystem verhindern. Überprüfen nach Verabschiedung Gesetz. Die Aspekte des **Datenschutzes** gelten ebenso wie im Strommarkt.[165]

Ebenso wie im Strombereich sind auch bei der Einspeisung, dem Transport und der **296**
Entnahme von Gas **Messungen** erforderlich. Das Messwesen des Gasmarktes entspricht
dabei im Wesentlichen dem Messwesen des Strommarktes. Daher kann insoweit auf § 4,
Rn. 384 verwiesen werden. Nach § 20 Messstellenbetriebsgesetz dürfen neue Messeinrichtungen für Gas nur verbaut werden, wenn sie sicher mit einem Smart-Meter-Gateway verbunden werden können. Es gelten allerdings mehrjährige Übergangsfristen.

Allerdings ist der gesamte Bereich der intelligenten Netze, intelligenten Messsysteme **297**
und *Smart Homes* im Gasbereich wesentlich weniger verbreitet. Dies liegt zum einen daran,
dass die meisten derzeit verwendeten Gaszähler nicht über eine eigene Stromversorgung
verfügen, was aber Voraussetzung für die Verwendung eines intelligenten Messsystems ist.
Daher wird in diesem Bereich in den kommenden Jahren umgerüstet werden müssen.

---

[164] Siehe § 4, Rn. 499 ff.
[165] Siehe § 4, Rn. 414 ff.

Hierbei können **intelligente Messsysteme** entweder als Kombi-Geräte den Strom- und Gasverbrauch erfassen oder bestehende Gaszähler zumindest mit dem intelligenten Messsystemen verbunden werden, indem sie batteriebetriebene Zusatz-Komponenten erhalten. Zum anderen ist der Verbrauch von Gas zumindest im Bereich der Haushalte lange nicht so stark schwankend und bietet nicht so viel Optimierungspotential wie der von Strom. Plakativ dargestellt werden in einer Wohnung Elektrogeräte wesentlich häufiger an- und wieder ausgestellt als dass die mittels Gas betriebenen Heizungen hinauf- oder hinuntergedreht werden. Daher ist eine Feinjustierung des Gasverbrauches weder für den Haushaltskunden von überragendem Interesse noch können die Netzbetreiber großen Nutzen daraus ziehen. Nichts desto trotz wird auch im Gasbereich die Installation von intelligenten Zählern angestrebt.

§ 7. Der Fernwärmemarkt

I. Fernwärme und ihre Besonderheiten

Das Prinzip, durch heißes Wasser bzw. Wasserdampf Wärme zu transportieren, war bereits im alten Rom verbreitet. Eine **kommerzielle Nutzung** von Fernwärme fand in Deutschland zum ersten Mal 1893 statt, als das Elektrizitätswerk in der Hamburger Poststraße das neu erbaute Rathaus mit Wärme belieferte. 1

Heute ist der **Fernwärmemarkt** neben Strom und Gas der dritte Energiemarkt in Deutschland. Durch die Novelle des Kraft-Wärme-Kopplungsgesetzes zum 1.1.2016 ist der Markt im Wettbewerb gestärkt worden. 2

Von **Fernwärme** spricht man, wenn Wärme mittels Heißwasser oder Wasserdampf über ein Leitungssystem nicht nur innerhalb eines Gebäudes, sondern für ein ganzes Gebiet zum Kunden transportiert wird oder – kurz – wenn ein Wärmelieferant Wärme für einen Wärmekunden bereitstellt. Als Wärmespeichermedium während des Transportes hat die Nutzung von Wasser die Nutzung von Wasserdampf mittlerweile weitgehend abgelöst, da es wegen seiner großen, spezifischen Wärmekapazität als Medium für den **Wärmetransport** besonders geeignet ist und die Transportverluste geringer sind. 3

Verglichen mit Strom und Gas weist die Fernwärme einige Besonderheiten auf, die in den folgenden Kapiteln zum Teil noch ausführlicher dargestellt werden: 4

- Fernwärme ist neben Strom und Gas zwar die dritte maßgebliche **leitungsgebundene Energiequelle,** allerdings in grundsätzlichen Fragen anders gestaltet. So ist Fernwärme nicht reguliert und nicht Bestandteil des EnWG. Es finden (abschließende) Sonderregelungen (ABVFernWärmeV) oder die allgemeinen Gesetze Anwendung.
- Fernwärme ist nur für eine punktuelle und **lokale Versorgung** geeignet, es gibt keine überregionalen Fernleitungsnetze und nur lokale Märkte, da der Transport von Fernwärme über große Strecken mit hohen Wärmeverlusten verbunden ist.
- Weil das Versorgungssystem in sich geschlossen ist, muss der Versorger einerseits den Bedarf seiner Kunden jeweils selbst vollständig decken können, andererseits kann er **Überkapazitäten** allenfalls speichern, aber nicht abgeben.
- Die **Effizienz** der Fernwärme steigt mit der Anzahl der im Versorgungsgebiet angeschlossenen Abnehmer.
- Fernwärme ist im Unterschied zu Strom **speicherbar,** wenn auch nicht wie Gas ohne Verluste.
- Erzeugung, Transport und Vertrieb sind nicht entflochten (es bestehen **vertikal integrierte Energieversorgungsunternehmen)** und stehen in engem Zusammenhang, da durch die Steuerung des Netzes alleine der Netzbetrieb nicht aufrecht erhalten werden kann. Auch haben die Versorger meist lokalen Charakter und sind relativ klein, was eine Entflechtung ineffizient machen würde.
- Im Gebiet eines Fernwärmeversorgers gibt es meist nicht noch einen zweiten, konkurrierenden Versorger **(Monopolmarkt),** auch wenn das denkbar ist und in seltenen Fällen vorkommen wird.

Der Fernwärmemarkt setzt sich aus drei Abnehmergruppen zusammen; der Industrie, den Haushalten und dem Bereich Gewerbe, Handel und Dienstleistungen, siehe **Abb. 67 – Fernwärmeverbrauch nach Abnehmergruppen 2014.** Im Bereich der Haushalte stellen **Wohnungsbaugesellschaften** eine wichtige Kundengruppe dar, denn sie verwalten in vielen Fällen Wohnsiedlungen, die mittels Fernwärme beheizt werden. Gerade in den neuen Bundesländern werden zahlreiche Plattenbausiedlungen so versorgt, so dass sich der Marktanteil von ca. 13 Prozent an der Wärmeversorgung von Haushalten aus 20 Prozent in den neuen Bundesländern und 9 Prozent in den alten Bundesländern zusammen- 5 setzt. Der deutschlandweite Umsatz im Geschäft mit Privatkunden liegt in einer Größenordnung von rund 3,5 Milliarden Euro.[1]

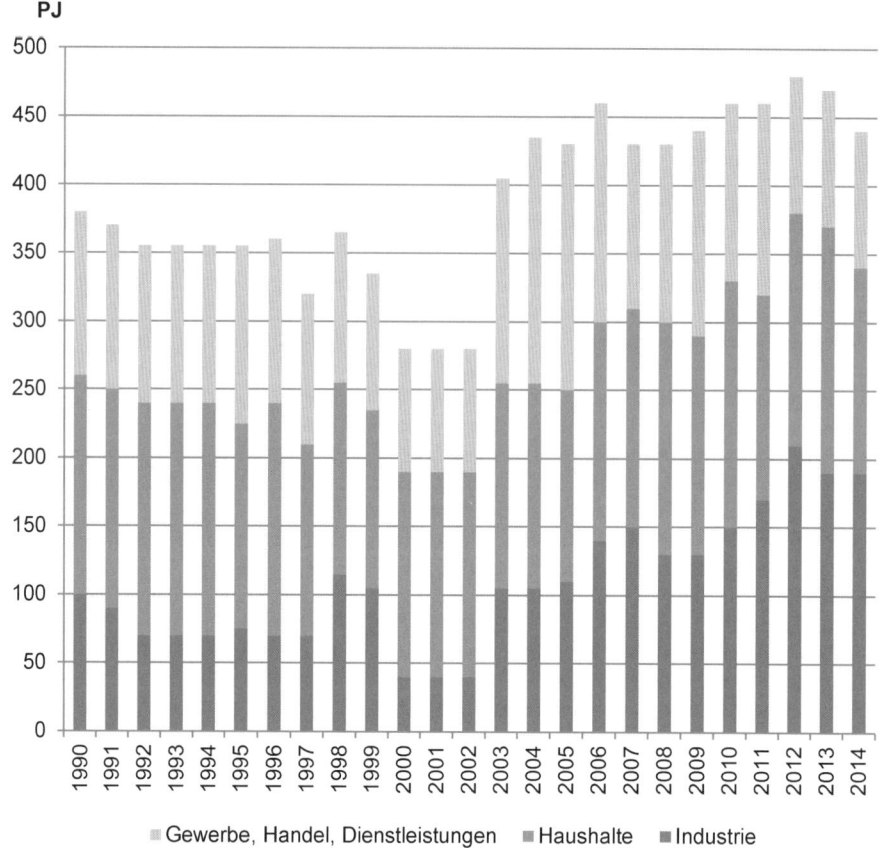

Quelle: Bundeswirtschaftsministerium

Abb. 67 – Fernwärmeverbrauch nach Abnehmergruppen 2014. Die Grafik zeigt den Fernwärmeverbrauch nach Abnehmergruppen für das Jahr 2014.

II. Fernwärmeerzeugung und Kraft-Wärme-Kopplung

1. Fernwärmeerzeugung

6   Fernwärme kann in unterschiedlichen Erzeugungsanlagen und in Form von Wasser oder Dampf produziert werden. Soweit die Wärme nicht als Nebenprodukt anfällt, beispielsweise in industriellen Anlagen, wird sie in speziellen Kraftwerken erzeugt. Diese erzeugen häufig Wärme und Strom. Als Energiequellen für die Erzeugung von Fernwärme diente ursprünglich in erster Linie Kohle, die in Deutschland gewonnen wurde. Um eine **flexiblere Versorgung** zu ermöglichen und die mit der Erzeugung einhergehende **Luftverschmutzung** einzudämmen, fand Anfang der 1990er Jahre allerdings eine weitgehende Umstellung auf Gas statt. Zudem ist die Abwärme von Müllverbrennungsanlagen und Industrieabwärme zur Fernwärmeerzeugung gut geeignet.

---

[1] Bundeskartellamt, Pressmitteilung vom 23.8.2012, Wettbewerbliche Defizite auf den Fernwärmemärkten – Bundeskartellamt veröffentlicht Abschlussbericht der Sektoruntersuchung Fernwärme.

Eher neu ist der Betrieb von Fernwärmeanlagen mit **erneuerbaren Energien** wie 7
Wind und Sonne, aber auch Geothermie, Solarthermie und Wärmepumpen. Hier kommt
vor allem in Betracht, die erneuerbaren Energien zur Fernwärmeproduktion zu nutzen
und diese zunächst in Speichern[2] zu lagern. Eine neuere, vor allem in Skandinavien verbreitete Technik ist die Wärmeerzeugung mit Strom in Elektrodenheizkesseln. Sie ist dann
interessant, wenn der Strompreis gerade niedrig oder gar negativ ist.

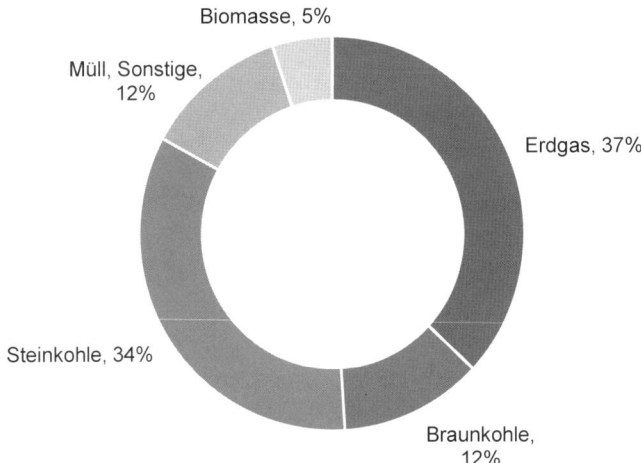

Biomasse, 5%

Müll, Sonstige,
12%

Erdgas, 37%

Steinkohle, 34%

Braunkohle,
12%

Quelle: AGFW Der Energieeffizienzverband für Wärme, Kälte und KWK e. V.

Abb. 68 – Brennstoffeinsatz für Heizkraftwerke 2014. Die Grafik zeigt, welche konventionellen
Brennstoffe 2014 für die Verwendung von Fernwärme eingesetzt wurden.

Bekannt und verbreitet ist die Fernwärmeerzeugung in Anlagen der **Kraft-Wärme-** 8
Kopplung (KWK), in denen Strom und Wärme mit einem besonders hohen Wirkungsgrad, d.h. einer besonders effizienten Ausnutzung des Brennstoffs, erzeugt werden.

2. KWK-Förderung

Kraft-Wärme-Kopplung (KWK) steht für die gleichzeitige Gewinnung von elektrischem 9
Strom und nutzbarer Wärme für Heizzwecke oder für Produktionsprozesse (Prozesswärme)
in einem **Heizkraftwerk**. Bei der Erzeugung durch KWK-Anlagen wird in der Regel
zunächst wie in dem für das Kohlekraftwerk beschriebenen Verfahren[3] Strom erzeugt.
Allerdings wird die in dem Dampf enthaltene Wärmeenergie nicht einfach in die Atmosphäre oder das Kühlwasser abgeleitet, sondern als Nutzwärme ausgekoppelt. Dies erfolgt,
indem die Energie des anfallenden Dampfes an einen Heißwasser- oder Dampfkreislauf
abgeben wird. So können Wirkungsgrade von bis zu 90 Prozent erreicht werden, d.h. dieser Anteil der Energie des eingesetzten Brennstoffes kann genutzt werden. Entsprechend
können so gegenüber der getrennten Erzeugung von Strom und Wärme zehn Prozent bis
30 Prozent Brennstoff eingespart werden.

Je nachdem, ob der Schwerpunkt auf der Erzeugung von Strom oder Wärme liegt 10
(stromgeführte oder wärmegeführte Auslegung), ist die Anlage in diesem Bereich optimiert. **Wärmegeführte Anlagen** führen zu höheren Wirkungsgraden und höheren Erträ-
gen, weil die Energieverluste geringer sind. Allerdings lässt sich der erzeugte Strom lukrativer verkaufen, sodass **stromgeführte Anlagen** in der Regel wirtschaftlich interessanter
wären, wenn keine Förderung nach dem KWK-Gesetz (KWKG) bestünde.

---

[2] Siehe § 7, Rn. 16 ff.
[3] Siehe § 4, Rn. 28.

11 Die KWK-Technologie kann sowohl in Form von waschmaschinengroßen Mini-/ Mikro-KWK-Anlagen/Blockheizkraftwerken in Mehr- und Einfamilienhäusern eingesetzt werden als auch in größeren Anlagen und in KWK-Kraftwerken. Während kleinere KWK-Anlagen für die Versorgung einzelner Wohngebiete, bzw. einzelner Mehr- und sogar Einfamilienhäuser verwendet werden, versorgen große KWK-Kraftwerke ganze Städte. Als **Blockheizkraftwerke** werden Anlagen bezeichnet, die verbrauchsnah, häufig im versorgten Gebäude selbst, Strom und Wärme erzeugen. Sie sind meist modular aufgebaut und werden von gasbetriebenen Verbrennungsmotoren, Gasturbinen oder Brennstoffzellen angetrieben.

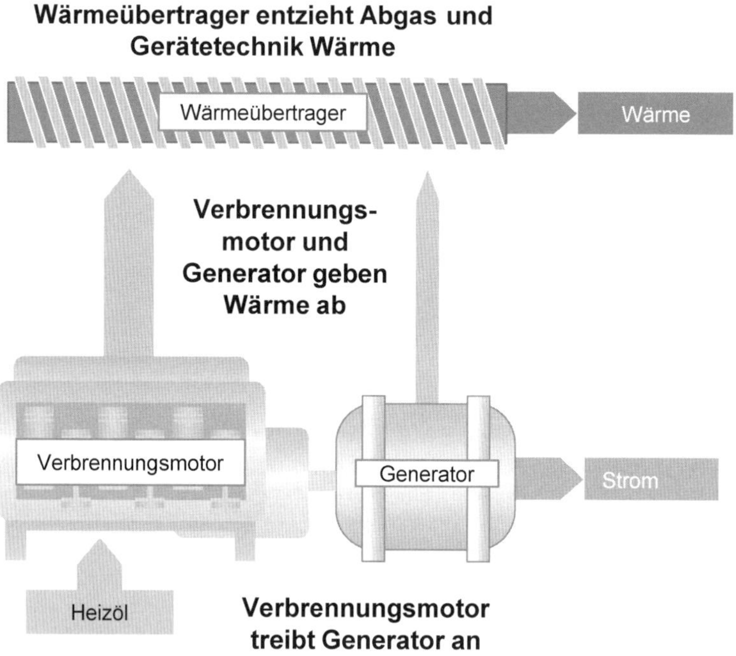

Quelle: Institut für Wärme und Öltechnik

Abb. 69 – Funktionsweise einer KWK-Anlage. Die schematisierte Funktion einer ölbefeuerten KWK-Anlage und ihre Einbindung in den Verbrauch zeigt die folgende Grafik. Allerdings werden die meisten KWK-Anlagen mit Gas, Kohle oder Müll befeuert.

12 Da die Fernwärme und insbesondere die KWK-Technologie durch ihren hohen Wirkungsgrad in erheblichem Umfang zur Einsparung von Treibhausgasen beiträgt, wird sie auf europäischer und auf deutscher Ebene gefördert. Dies erfolgt in Europa durch die Richtlinie 2004/8/EG vom 11.2.2004 über die Förderung einer am Nutzwärmebedarf orientierten Kraft-Wärme-Kopplung im Energiebinnenmarkt und in **Deutschland** seit 2000 sowohl auf der Grundlage des KWKG als auch des Erneuerbare-Energien-Wärmegesetzes[4] (EEWärmeG). Dieses regelt den Ausbau erneuerbarer Energien im Wärme- und Kältesektor bei der energetischen Gebäudeversorgung. Sein Ziel ist es, bis zum Jahr 2020 mindestens 14 Prozent des Wärme- und Kälteenergiebedarfs von Gebäuden durch erneuerbare Energien zu decken (§ 1 EEWärmeG). Es führt erstmals bundesweit eine Pflicht ein, beim Neubau von Gebäuden den Wärme- (oder Kälte)-Energiebedarf – im je nach verwandter Energieart unterschiedlichen Umfang – aus erneuerbaren Energien zu decken (Nutzungspflicht). So soll erreicht werden, dass der Anteil der Nettostromerzeugung aus

---

[4] Gesetz zur Förderung Erneuerbarer Energien im Wärmebereich vom 7.8.2008 (BGBl. I S. 1658).

KWK-Anlagen bis zum Jahr 2020 auf 25 Prozent der regelbaren Nettostromerzeugung ansteigt.

Zum 1.1.2016 wurde das **KWKG** novelliert, um die Perspektiven für den Erhalt und **13** den Ausbau der KWK zu verbessern, die Umstellung der Stromerzeugung von Kohle auf Gas gezielt zu fördern und eine Kohärenz mit anderen Zielen und Maßnahmen der Energiewende herzustellen.[5] Mit der Anhebung der Förderung sollte aber auch die Wirtschaftlichkeit von KWK-Anlagen gewährleistet werden.

Das KWKG[6] soll bis 2020 durch verschiedene **Förderansätze** einen Beitrag zur Erhö- **14** hung der Stromerzeugung aus Kraft-Wärme-Kopplung auf 25 Prozent leisten. Gleichzeitig dient es der Umsetzung der Richtlinie 2004/8/EG über die Förderung einer am Nutzwärmebedarf orientierten Kraft-Wärme-Kopplung im Energiebinnenmarkt. Es wurde zuletzt im August 2012 umfassend novelliert und ist von der Grundstruktur her dem EEG ähnlich. Denn ebenso wie das EEG sieht es eine Pflicht der Netzbetreiber zum Anschluss der KWK-Anlagen sowie zur Abnahme und eine feste Vergütung des KWK-Stromes vor. Die Vergütung setzt sich für KWK-Strom aus dem Preis, den der Betreiber der KWK-Anlage und der Netzbetreiber vereinbart haben und einem Zuschlag zusammen (§ 4 Abs. 3 KWKG). Die Zuteilung des Zuschlages ist in den §§ 5 ff. KWKG geregelt. Die Höhe des Zuschlages und die Dauer der Zahlung ergeben sich aus § 7 KWKG und richten sich nach der Anlagenart, wobei zwischen neuen, nachgerüsteten und modernisierten sowie kleinen KWK-Anlagen unterschieden wird. Zudem besteht eine Förderung für Wärme- und Kältenetze und für Wärme- und Kältespeicher. Nach § 7 Abs. 7 S. 1 KWKG sind die Zuschläge allerdings bei 750 Millionen Euro/Jahr gedeckt. Zugunsten der Netzbetreiber, die Zuschläge zunächst an die Anlagenbetreiber zahlen mussten, ist in § 9 KWKG ein Belastungsausgleich vorgesehen und die Kosten werden auf die Stromkunden umgelegt.

Für KWK-Anlagen gilt weiterhin die **Anschluss- und Abnahmeverpflichtung** der **15** Netzbetreiber, § 3 KWKG i. V. m. § 8 EEG. Darüber hinaus ist ein sehr komplexes Fördersystem vorgesehen worden, dessen Kosten auch weiterhin auf die Stromverbraucher umgelegt werden sollen. Auf Drängen der verschiedenen interessierten Beteiligten, darunter auch der häufig kommunalen Eigentümer der KWK-Anlagen, soll das Fördersystem gleichzeitig unterschiedlichen Ziele Genüge tun:

- Nach dem bisherigen KWKG geförderte Anlagen genießen weitgehenden **Bestandschutz.**
- Über die bisherige Förderung hinaus erhält in das Netz eingespeister Strom aus neuen, wesentlich modernisierten oder nachgerüsteten Anlagen einen **Zuschlag,** wenn die Anlagen hocheffizient sind, sie bis 2022 in Betrieb gehen, sie keine Braunkohle oder Steinkohle einsetzen, sie steuerbar sind, wenn wesentliche zusätzliche Investitionen erfolgen und eine Zulassung vom Bundesamt für Wirtschaft und Ausfuhrkontrolle vorliegt.
- Zur **Integration** in den Markt wird KWK-Strom aus Anlagen mit mehr als 100 Kilowatt nur noch gefördert, wenn er direkt vermarktet wird, § 4 Abs. 1 KWKG. Für kleinere Anlagen wird der Eigenverbrauch nur unter engen Voraussetzungen gefördert.
- Gleichzeitig erfolgt **keine Förderung** für Stromproduktion zu Zeiten, zu denen der Strompreis an der Strombörse (EPEX Spot) Null beträgt oder negativ ist.
- Da die Förderung auf 1,5 Milliarden Euro pro Jahr **begrenzt** werden soll, werden bestimmte Förderungen auf nachfolgende Jahre verschoben, wenn diese Grenze erreicht wird.
- Schließlich ist die Umlage auf die Stromverbraucher verbrauchsabhängig **begrenzt** auf ca. 0,53 Cent/Kilowattstunde für Abnahmestellen mit bis zu einer Gigawattstunde jährlichem Stromverbrauch, auf 0,04 Cent/Kilowattstunde für Verbraucher mit höherer Ab-

---

[5] Bundesregierung, Entwurf eines Gesetzes zur Neuregelung des Kraft-Wärme-Kopplungsgesetzes, 2015, Abschnitt B.
[6] Gesetz für die Erhaltung, die Modernisierung und den Ausbau der Kraft-Wärme-Kopplung vom 21.12.2015 (BGBl. I S. 2498).

nahme im vorangegangenen Jahr und auf 0,03 Cent/Kilowattstunde für stromintensive Unternehmen, deren Stromkostenanteil im letzten Jahr 4 Prozent ihres Umsatzes überstieg.

III. Fernwärmespeicherung

16   Fernwärmespeicher dienen – wie auch die Stromspeicher – dazu, die Erzeugung der Fernwärme von ihrer Nutzung zu entkoppeln. Dadurch kann zum einen eine geringe Kraftwerksleistung in Phasen einer **hohen Nachfrage** ausgeglichen werden. Dies ist vor allem in den kurzen Zeitspannen zwischen sieben und neun Uhr morgens interessant, wenn der Wärmebedarf etwa dreimal so hoch ist wie im Durchschnitt des Tages (Morgenspitze). Zum anderen kann Fernwärme dann erzeugt werden, wenn gerade erneuerbare Energien zur Verfügung stehen und der Strompreis niedrig ist, ohne dass eine sofortige Nutzung erforderlich wäre.

17   Die Speicher weisen ein Fassungsvermögen von wenigen hundert bis zu mehreren zehntausend Kubikmetern auf. Um Wärmeverluste zu vermeiden, werden sie in der Regel an **Knotenpunkten** innerhalb des Fernwärmenetzes errichtet, von denen aus die Verteilung zügig erfolgen kann. Zu jedem Speicher, der quasi ein oberirdischer Tank ist, gehört ein Pumpwerk, über das die Befüllung und Leerung geregelt wird.

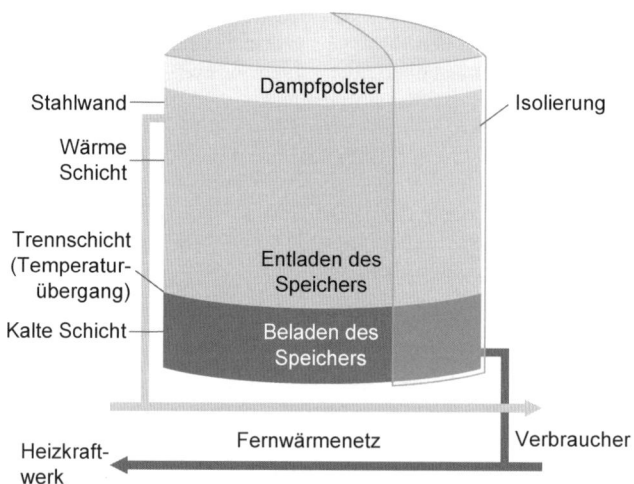

Quelle: Vattenfall Wärmespeicher am Standort Reuter West (Flyer), http://corporate.vattenfall.de/Global/Deutschland/Nachhaltigkeit/faltblatt_w_rmespeicher_berlin.pdf

Abb. 70 – Funktionsweise eines Fernwärmespeichers. Die Grafik zeigt, wie in einem Fernwärmespeicher die Speicherung und Abgabe von Wärme erfolgt: Um den Speicher mit Wärme aufzuladen, wird heißes Fernheizwasser vom Heizkraftwerk in den oberen Teil des Tanks gepumpt. Kühleres Wasser im unteren Bereich fließt aus dem Tank Richtung Kraftwerk. Die Trennschicht zwischen warmem und kaltem Bereich sinkt. Wird die Wärme benötigt, fließt sie aus dem oberen Teil ins Fernwärmenetz Richtung Verbraucher ab. Zugleich fließt kühleres, von den Verbrauchern kommendes Wasser in den unteren Teil des Tanks. Die Trennschicht bewegt sich nach oben.

IV. Fernwärmenetze

18   Zwischen der Erzeugung und dem Netzbetrieb besteht im Bereich der Fernwärme eine sehr enge Verbindung. Die von der Anlage erzeugte Wärmemenge dient nicht nur der Befriedigung der Nachfrage, sondern auch der Steuerung des Netzes. Das Netz kann nur stabil gehalten werden, wenn Erzeugung und Nachfrage mit dem Puffer der Speicher ausgeglichen sind, denn im **Fernwärmenetz** gibt es keine Regelenergie, mit der solche Differenzen oder transportbedingte Wärmeverluste vom Netzbetreiber durch Dritte ausgeglichen werden können. Bei dem Fernwärmenetz besteht allerdings eine höhere Elastizität als im Stromnetz, da für die Zeitgleichheit von Einspeisung und Entnahme durch die Speicher und die Speicherfähigkeit des Leitungsnetzes selbst höhere Toleranzbreiten bestehen.

Bei den **Fernwärmeversorgern** handelt es sich häufig um Stadtwerke oder mit ihnen **19** verbundene Unternehmen. 90 Prozent der Betreiber von Fernwärmenetzen sind in der AGFW mit Sitz in Frankfurt am Main organisiert.[7]

1. Beschaffenheit des Netzes

Die **Nutzung** von Fernwärme ist nur dort möglich, wo ein Fernwärmenetz vorhanden **20** ist oder gebaut werden kann. **Fernwärmetransporte** wiederum sind nur innerhalb von Ballungsgebieten wirtschaftlich, da bei dem Transport über längere Strecken erhebliche Wärmeverluste auftreten. Das Netz wird daher in der Regel sternförmig und mit einer Leitungslänge von durchschnittlich etwa 13 Kilometer um das Kraftwerk herum konzipiert. Dadurch ist der Fernwärmeerzeuger innerhalb dieses kleinen Netzgebietes der einzige Anbieter. Netzebenen im klassischen Sinne bestehen nicht, auch wenn sich die Rohre zum Empfänger hin verjüngen. 2013 betrug die Gesamtlänge des Netzes rund 25.000 Kilometern;[8] gespeist wird es von einer Vielzahl von Unternehmen.

Zu beachten ist, dass eine **technische Unterscheidung** zwischen Nah- und Fernwär- **21** me nicht besteht. Beide Begriffe bezeichnen eine Versorgung, bei der die Wärme über das Netz zum Kunden transportiert wird. Eine allgemein festgelegte Abgrenzung, ab welcher Entfernung die eine oder die andere Wärmeart vorliegt, gibt es nicht.

Eine **Besonderheit** des Fernwärmenetzes besteht darin, dass nicht nur eine Leitung zum **22** Verbraucher hin führt (Vorlauf), sondern eine zweite Leitung das abgekühlte Wasser zurück zur Erzeugungsanlage bringt (Rücklauf). Zudem ist die Dämmung der Vorlauf-Rohre unumgänglich, um den Wärmeverlust während des Transportes so weit wie möglich zu minimieren. Je näher der Versorger am Verbraucher sitzt, desto geringer ist normalerweise der Transportverlust. Dies macht die Verlegung von Fernwärmenetzen allerdings etwa acht Mal so teuer wie die von Gasnetzen.

2. Transportsysteme

Innerhalb des Netzes werden drei Transportsysteme unterschieden. Beim **Durchfluss-** **23** **system** wird das Warmwasser erst im Wärmeüberträger der Übergabestation des Verbrauchers erwärmt. Damit ist jederzeit eine bedarfsgerechte Produktion möglich, sofern der Fernwärmeanschluss ausreichend dimensioniert ist. Beim **Speichersystem** wird Wasser in einem Speicher erwärmt und bei Bedarf aus diesem entnommen, sodass die Gesamtkapazität begrenzt ist. Zudem ist die Speicherung mit einem Wärmeverlust verbunden und das Risiko der Kontaminierung des stehenden Wassers gegeben. Das **Speicher-Lade-System** kombiniert die beiden Systeme, indem das Durchflusssystem auf den Durchschnittsbedarf ausgelegt wird und Verbrauchsspitzen über die Hinzunahme von Wärme aus Speichersystemen abgefangen werden.

3. Netzanschluss, Netzzugang und Netzentgelte

Der **Netzanschluss** ist in §§ 8 ff. ABVFernWärmeV geregelt. Für die Grundstücksnut- **24** zung ist normiert, dass eine Pflicht zur Duldung von Leitungen an Anlagen zur örtlichen Versorgung für Kunden und Anschlussnehmer auf ihren Grundstücken besteht.

---

[7] Mit vollem Namen: AGFW – Der Energieeffizienzverband für Wärme, Kälte und KWK e.V., ursprünglich: Arbeitsgemeinschaft Fernwärme.
[8] Bundesverband der Energie- und Wasserwirtschaft e.V., Energiemarkt Deutschland 2014, Zahlen und Fakten zur Gas-, Strom- und Fernwärmeversorgung, S. 12.

25　　Das Fernwärmenetz steht zumeist im Eigentum desjenigen, dem auch die Erzeugungsanlage gehört und wird von ihm betrieben. Andere Anbieter von Fernwärme haben gegen
den Netzbetreiber zwar im Prinzip einen **Netzzugangsanspruch** gem. § 19 Abs. 1 i. V. m.
Abs. 4 Nr. 4 GWB auf Mitbenutzung, allerdings ist dieser im Einzelnen umstritten, bisher
nicht spezialgesetzlich normiert und steht unter dem Vorbehalt der technischen Machbar-
keit und der wirtschaftlichen Zumutbarkeit. Für die Gestaltung des Netzzuganges sind vor
allem die Missbrauchs- und Behinderungsverbote gem. §§ 19 und 20 GWB maßgeblich.
Es gibt keine mit § 36 EnWG vergleichbare Grundversorgung, aber für Unternehmen ggf.
einen individuellen Anspruch auf eine Fernwärmeversorgung aus dem Kartellrecht, wenn
sie ansonsten benachteiligt würden. Wenn der Versorger staatlich ist – z. B. ein Stadtwerk –
ist bei Privatpersonen auch an ein Gleichbehandlungsrecht zu denken. Technisch erfolgt
der Netzzugang in den **Hausübergabestationen.** Dort wird das ankommende warme
Wasser bzw. der Dampf (80 Grad Celsius bis 130 Grad Celsius) in das Energiesystem des
Hauses übernommen und das verbrauchte, abgekühlte Wasser wird an das Netz zurückge-
geben.

26　　**Netzentgelte,** wie sie im Bereich Strom und Gas anfallen, sind im Fernwärmenetz
nicht üblich. Die Kosten für die Nutzung der Leitung sind im Verrechnungspreis, der Teil
des Fernwärmepreises ist enthalten.[9]

4. Gestattungsverträge zur Wegenutzung

27　　Zur Verlegung der Fernwärmenetze sind die Netzbetreiber auf die Nutzung privater
Grundstücke und kommunaler Flächen angewiesen **(Wegerechte).** Dazu müssen sie entsprechende Rechte gegen Entgelt erwerben. Vertragsgrundlage ist in der Regel[10] das allgemeine Zivilrecht. Handelt es sich bei einem der Vertragspartner um eine Kommune,
müssen diese die Rechte im Rahmen der kartellrechtlichen Missbrauchsnormen diskriminierungsfrei und zu einem nicht missbräuchlichen Preis gewähren. Allerdings sind sie –
anders als im Bereich Strom und Gas – nicht gesetzlich verpflichtet, ihre Straßen und Wege
für die Verlegung von Fernwärmeleitung zur Verfügung zu stellen. Da § 46 EnWG nicht
gilt, gibt es zudem weder Laufzeitbeschränkungen für die Verträge noch ist ein formales
Vergabeverfahren verpflichtend. Die Verträge werden daher auch nicht als Konzessionsverträge, sondern als **Gestattungsverträge** bezeichnet.

28　　Hier ergeben sich allerdings zwei Probleme. Zum einen ist zu bedenken, dass der Anschlussnehmer auf die Belieferung durch den Fernwärmelieferanten in seinem Gebiet angewiesen ist, da es meist keinen Wettbewerber gibt. Könnte der Lieferant die Belieferung
einfach einstellen, stünde der Abnehmer in der Regel ohne Versorgung dar, denn ein
zweites Versorgungssystem (etwa ein Anschluss an das Gasnetz oder eine Ölheizung) wird
in der Regel nicht bereit gehalten. Zum anderen kann sich hier die Frage stellen, inwieweit der Versorger zum Anschluss verpflichtet werden kann. Denn Gestattungsverträge
enthalten oft Klauseln, in denen die Gemeinde den Versorger verpflichtet, jedermann anzuschließen. Dies ist allerdings ein Eingriff in die **Kontrahierungsfreiheit** des Versorgers.
Er kann unter dieser Voraussetzung nicht mehr entscheiden, z. B. an einem abgelegenen
Objekt den Anschluss zu verweigern, auch wenn der Bau der Versorgungsleitung aufgrund
des damit verbundenen Aufwandes oder der Kosten unverhältnismäßig ist.

5. Haftung und Messwesen

29　　Die **Haftung bei Versorgungsstörungen** ist in § 6 AVBFernwärmeV geregelt. Sie
sieht vor, dass das Fernwärmeversorgungsunternehmen für Schäden, die dem Kunden
durch eine unregelmäßige oder unterbrochene Belieferung entstehen, in bestimmten Fällen
aus Vertrag oder unerlaubter Handlung haftet.

---

[9] Siehe § 7, Rn. 31 ff.

[10] In Berlin, Bremen und Hamburg richtet sich die Wegenutzung von öffentlichen Flächen nach
dem Öffentlichen Recht.

Zur Ermittlung des Verbrauchs und damit des Entgelts dient das in §§ 18 ff. AVBFernwärmeV geregelte **Messwesen.** Gemessen werden kann entweder die gelieferte Wärme oder die gelieferte Wassermenge.

V. Weitere Schwerpunktthemen

1. Preisbildung

Aufgrund der lokal stark unterschiedlichen Ausgangsbedingungen und verschiedener 30 Gestehungskosten variieren die Fernwärmepreise teilweise erheblich. Dabei kam 2012 das Bundeskartellamt in einer **Sektoruntersuchung**[11] zu dem Ergebnis, dass sich ein überhöhtes Preisniveau nicht prima facie feststellen lässt, sondern die Beurteilung der Angemessenheit der erhobenen Preise anhand der lokalen Umstände und passender Vergleichspreise vorzunehmen ist. 2013 wurden vom Bundeskartellamt auf dieser Grundlage ein Verfahren wegen des Verdachts überhöhter Fernwärmepreise gegen sieben Versorgungsunternehmen eingeleitet.[12] Das erste dieser Verfahren gegen die Stadtwerke Leipzig wurde im Oktober 2015 beendet, nachdem die Stadtwerke zugestimmt hatten, die Fernwärmepreise zwischen 2016 und 2020 um insgesamt 40,8 Millionen Euro zu senken.[13] Kartellrechtliche Aspekte stellen wir in § 9, Rn. 51 ff. dar.

Der **Fernwärmepreis** wird kostenseitig von drei Einflussfaktoren bestimmt: 31
- den **Kosten für die Erzeugungsanlage,** die stark von deren Größe und Benutzungsdauer abhängen,
- den **Netzkosten** (Verlegung, Betrieb, etc.) und
- den **Brennstoffkosten.**

Aus diesen Kostenpunkten nebst einer Gewinnmarge setzt sich dann auch die Rechnung 32 zusammen, wobei sie je nach Netzgebiet äußerst unterschiedlich gewichtet sein können. Es sind
- die fixen Kosten für die Bereitstellung von Erzeugungsanlage und Netz (**Grundpreis,** durchschnittlich 30 Prozent, jedoch in einer Spanne von 15 Prozent bis 50 Prozent),
- die Kosten für Messung und Abrechung (**Verrechnungspreis,** ca. ein Prozent), sowie
- die variablen Kosten für den tatsächlich verbrauchten Brennstoff (**Arbeitspreis,** durchschnittlich 70 Prozent, jedoch in einer Spanne von 50 Prozent bis 85 Prozent).

Dabei ist ein hoher Anteil des Grundpreises für den Kunden in der Regel von Vorteil, denn Preisausschläge bei hohen Brennstoffkosten können dadurch abgemildert werden. Im Übrigen ist der Versorger in der **Preisgestaltung** weitgehend frei, solange er sich nicht im Bereich des Missbrauches bewegt. Er steht aber in Konkurrenz zu anderen Energieversorgungsquellen wie der Öl- oder Gasheizung, Geothermie oder Brennstoffzellen, sodass er sich faktisch an deren Preisniveau orientieren wird.

2. Vertragsgestaltung

Die den Fernwärmepreisen zugrundeliegenden **Versorgungsverträge** weisen gegen 33 über Strom- und Gaslieferverträgen Besonderheiten auf.

Im Bereich der Fernwärme existiert **keine Grundversorgung** in der aus dem Strom- 34 und Gasmarkt bekannten Form.[14] Der Anschluss und die Fernwärmeversorgung werden vertraglich geregelt, sodass es sich um Sonderkundenverträge handelt. Allerdings gelten dafür die im Verordnungswege erlassenen **Allgemeinen Versorgungsbedingungen**

[11] Bundeskartellamt, Abschlussbericht zur Sektoruntersuchung Fernwärme vom 1.8.2012.
[12] Bundeskartellamt, Bundeskartellamt prüft überhöhte Fernwärmepreise, Meldung vom 7.3.2013.
[13] Bundeskartellamt, Bundeskartellamt und Stadtwerke Leipzig einigen sich auf Senkung der Fernwärmepreise, Meldung vom 16.10.2015.
[14] Siehe § 4, Rn. 517 ff.

Fernwärme[15]. Sie legen fest, zu welchen Konditionen Versorgungsunternehmen ihre Endkunden mit Fernwärme beliefern müssen, wenn sie für die Versorgung mit Fernwärme Vertragsmuster oder Vertragsbedingungen verwenden, die für eine Vielzahl von Verträgen vorformuliert sind (allgemeine Versorgungsbedingungen). Die Verordnung gilt nicht für Anschluss und Versorgung von Industrieunternehmen. Zweck der Vorschrift ist es, einheitliche Bedingungen zu schaffen, die die besonderen Bedingungen der Fernwärmelieferung berücksichtigen. Damit wird dem Gegenstand Rechnung getragen, dass es im allgemeinen Zivilrecht keine besonderen Regelungen für solche Verträge gibt.

35   Verwenden die Versorgungsunternehmen beim Anschluss von Haushaltskunden **Vertragsmuster** oder Vertragsbedingungen, die für eine Vielzahl von Verträgen vorformuliert sind (meist sogenannte Allgemeine Versorgungsbedingungen), so müssen sie gem. § 1 Abs. 1 AVBFernWärmeV die Vorgaben der §§ 2 bis 34 AVBFernWärmeV beachten, die insoweit Vertragsbestandteil werden. Diese Regelungen sind leges specialis, eine zusätzliche Kontrolle nach dem AGB-Recht der §§ 305 bis 310 BGB findet insoweit nicht statt. Jedoch können gem. § 1 Abs. 3 AVBFernWärmeV dem Vertrag auch Versorgungsbedingungen zugrunde liegen, die von den §§ 2 bis 34 AVBFernWärmeV abweichen. Voraussetzung ist, dass dem Kunden die Versorgung zu den in §§ 2 bis 34 AVBFernWärmeV festgelegten Bedingungen angeboten wurde und der Kunde mit den Abweichungen ausdrücklich einverstanden ist. Auch in diesem Fall müssen zur Ermittlung des verbrauchsabhängigen Entgelts aber gem. § 18 AVBFernWärmeV jedenfalls Messeinrichtungen verwendet werden. Wird ein Vertrag unter diesen von der Verordnung abweichenden Bedingungen geschlossen, findet eine AGB-Kontrolle anhand der §§ 305 bis 310 BGB statt (§ 1 Abs. 3 S. 1, 2 AVBFernWärmeV).

36   Auf **Industriekundenverträge** findet die Verordnung nach § 1 Abs. 2 AVBFernWärmeV keine Anwendung. Die mit dieser Kundengruppe geschlossenen Verträge unterliegen daher ebenfalls nur der AGB-Kontrolle nach §§ 305 ff. BGB.

37   Eine Ausnahme gilt, wenn ein Verbraucher Fernwärme bezieht, die Unterzeichung eines Vertrages mit dem Versorger aber verweigert. Dann wird von einem **stillschweigenden Vertragsschluss** durch Annahme des Angebotes der Fernwärmebelieferung ausgegangen. In diesen Fällen findet § 2 Abs. 2 AVBFernWärmeV Anwendung, nach dem die Versorgung zu für gleichartige Versorgungsverhältnisse geltenden Preisen erfolgt.

38   Fernwärmelieferverträge werden im Unterschied zu Strom- und Gaslieferverträgen in der Regel mit langen Laufzeiten von zehn Jahren oder mehr abgeschlossen. Sie enthalten daher meist sogenannte **Preisanpassungsklauseln,** auch als Preisgleitklausel oder Preisänderungsklauseln bezeichnet. Über die Klauseln sichert der Lieferant ab, dass er die schwankenden Erzeugungspreise – die sich als Folge der schwankenden Brennstoffpreise (insbesondere für Gas, dessen Preis traditionell häufig an den Preis von Erdöl gebunden ist) ergeben – automatisch anpassen kann. Die Gestaltung solcher Klauseln ist in § 24 Abs. 4 AVBFernWärmeV geregelt. Danach müssen die Preisanpassungsklauseln so ausgestaltet sein, dass sie sowohl die Kostenentwicklung bei Erzeugung und Bereitstellung der Fernwärme durch das Unternehmen als auch die Verhältnisse auf dem Wärmemarkt angemessen berücksichtigen. Außerdem müssen sie die maßgeblichen Berechnungsfaktoren vollständig und in verständlicher Form ausweisen. Wird eine Preisanpassung vorgenommen, muss der prozentuale Anteil des die Brennstoffkosten abdeckenden Preisfaktors gesondert angegeben werden. Nach der Rechtsprechung des Bundesgerichtshofes ist auch die Wirksamkeit von Preisanpassungsklauseln anhand des § 24 Abs. 4 AVBFernWärmeV als lex specialis und nicht im Rahmen einer allgemeinen AGB Kontrolle nach §§ 305 ff. BGB vorzunehmen.[16]

39   Lange Zeit war umstritten, ob dieses Spezialitätsverhältnis der Bestimmungen der AVB-FernWärmeV auch in Bezug auf § 315 BGB gilt. Nach dieser bei Strom- und Gasliefer-

---

[15] Verordnung über Allgemeine Bedingungen für die Versorgung mit Fernwärme vom 20.6.1980 (BGBl. I, S. 2722).
[16] BGH, Beschl. vom 31.5.1972 – KVR 2/71 – Glockenheide; BGH, Beschl. vom 6.11.1984 – KVR 13/83 – Favorit; OLG Naumburg, Urt. vom 11.5.2005, 1 U 6/05.

verträgen im Fall von Preisanpassungsregelungen auch in der höchstrichterlichen Rechtsprechung vielfach diskutierten Vorschrift[17] ist in Fällen, in denen die Bestimmung der Leistung durch einen Vertragsteil erfolgt, diese Bestimmung nach billigem Ermessen zu treffen. Diese Regelung des allgemeinen Zivilrechts soll nicht grundsätzlich dadurch ausgeschlossen sein, dass auch im Rahmen des § 30 AVBFernWärmeV die Billigkeit einer Preisanpassung bestritten werden kann. Nach der Rechtsprechung des Bundesgerichtshofes sind Tarife in Verträgen zur Daseinsvorsorge grundsätzlich der **Billigkeitskontrolle** nach § 315 BGB unterworfen,[18] was auch für die Preisgestaltung in Fernwärmeversorgungsverträgen gilt.[19] Allerdings ist eine wesentliche Voraussetzung für die Anwendbarkeit des § 315 BGB, dass das Versorgungsunternehmen bei der einseitigen Festlegung der Preise einen gewissen Ermessensspielraum hat. Dies ist allerdings nicht der Fall, wenn die Berechnungsfaktoren für die Preisanpassung im Vertrag so detailliert bestimmt sind, dass dem Unternehmen bei der Preisanpassung kein Ermessenspielraum mehr bleibt. Deshalb hat der Bundesgerichtshof in einem Grundsatzurteil entschieden, dass die aufgrund einer Preisanpassungsklausel vorgenommene Preisanpassung nicht am Maßstab des § 315 BGB zu messen ist, wenn diese dem Versorgungsunternehmen keinen Ermessenspielraum lässt.[20] Darüber hinaus hat der Bundesgerichtshof 2012 auch eine analoge Anwendung des § 315 Abs. 3 BGB abgelehnt. Er ist der Auffassung, dass der Gesetzgeber eine Regulierung der Fernwärmepreise nicht gewollt habe. Dann sei es aber unbillig, eine solche Kontrolle nachträglich über die Gerichte zu erwirken.[21]

Planwidrige Regelungslücken, die infolge der Unwirksamkeit von vereinbarten Preisanpassungsklauseln entstehen, können nach Ansicht der BGH allerdings auch in Fernwärmelieferverträgen im Wege der **ergänzenden Vertragsauslegung** nach § 133, 157 BGB geschlossen werden. Kunden können die Unwirksamkeit der Preiserhöhungen, die zu einem den vereinbarten Anfangspreis übersteigenden Preis führen, aber nur innerhalb eines Zeitraums von drei Jahren nach Zugang der jeweiligen Jahresrechnung, in der die Preiserhöhung erstmals berücksichtigt worden ist, geltend machen.[22] **40**

3. Anschluss- und Benutzungszwang

Die Kommunen können den Grundstückseigentümern für die Nutzung von Fernwärme einen Anschluss- und Benutzungszwang (ABZ) auferlegen. Dazu finden sich in den **Gemeindeordnungen** aller Bundesländer Ermächtigungsgrundlagen. **41**

Durch den ABZ werden die Grundstückseigentümer dazu verpflichtet, eine öffentliche Einrichtung zur Versorgung anzuschließen **(Anschlusszwang)** und anschließend ausschließlich diese Quelle für die Versorgung mit Wärme bzw. Kälte zu nutzen **(Benutzungszwang).** Für die Errichtung der Leitungen kann die finanzielle Beteiligung der Eigentümer gefordert werden. Die Anordnung eines solchen Anschluss- und Benutzungszwangs ist also mit erheblichen Einschränkungen der Rechte der Grundeigentümer und Mieter in dem jeweiligen Gebiet verbunden. Liegt ein öffentliches Bedürfnis vor, kann die Gemeinde im Wege des Erlasses einer kommunalen Satzung den Anschluss- und Benutzungszwang festsetzen. **42**

Lange Zeit war unklar, ob die Gemeinden einen solchen Anschluss- und Benutzungszwang auch anordnen dürfen, wenn das öffentliche Bedürfnis übergemeindlicher Natur ist, also beispielsweise der weltweite Klimaschutz gefördert werden soll. Die meisten landesrechtlichen Bestimmungen, enthielten keine explizite Ermächtigung in diesem Sinne. Mit § 16 EEWärmeG wird diese Frage jetzt adressiert. Obwohl die Vorschrift keine eigenstän- **43**

[17] Siehe § 4, Rn. 493 ff.
[18] BGH, Urt. vom 4.12.1986 – VII ZR 77/86.
[19] BGH, Urt. vom 28.1.1987 – VIII ZR 37/86.
[20] BGH, Urt. vom 11.10.2006 – VIII ZR 270/05.
[21] BGH, Urt. vom 17.10.2012 – VIII ZR 292/11.
[22] BGH, Urt. vom 24.9.2014 – VIII ZR 350/13.

dige Ermächtigungsgrundlage ist, modifiziert sie die landesrechtlichen Rechtsgrundlagen. Wäre die Anordnung des Anschluss- und Benutzungszwangs nur deshalb ausgeschlossen, weil landesrechtlich eine Anordnung aus überörtlichen Gründen ausscheidet, hilft § 16 EEWärmeG dieses Hindernis zu überwinden. Die Vorschrift fügt der landesrechtlichen Ermächtigungsgrundlage einen weiteren Festsetzungsgrund – den **Klima- und Ressourcenschutz** hinzu.

44   Allerdings modifiziert § 16 EEWärmeG nicht die landesrechtlichen Anforderungen bzw. Voraussetzungen, die generell erfüllt sein müssen, um einen Anschluss- und Benutzungszwang anordnen zu können. Dies führt dazu, dass viele relevante Fragen auch weiterhin durch das **Landesrecht** entschieden werden, zum Beispiel ob der Anschluss- und Benutzungszwang auch im Falle privater Betreiber eines Wärme- oder Kältenetzes angeordnet werden kann oder ob davon Alt- und Neubauten erfasst werden. Obwohl die Fernwärme zunehmend praktische Relevanz hat, ist die Bedeutung des Anschluss- und Benutzungszwangs in diesem Bereich noch gering. Nur zehn Prozent des Wärmeabsatzes erfolgt in Gebieten mit einem Anschluss- und Benutzungszwang, während ca. 90 Prozent der Wärmelieferungen in Gebieten ohne einen solchen Zwang erfolgen.[23]

4. Anlagen-Contracting

45   Größere Wohnanlagen, kleinere bis mittelständische Unternehmen und andere größere Verbraucher könnten die Wärmeversorgung zum großen Teil wirtschaftlich selbst übernehmen. Als Alternative zur Fernwärmeversorgung (und insbesondere im Bereich der Blockheizkraftwerke) kommt das Modell des **Anlagen-Contractings** (auch Energieliefer-Contracting genannt, insb. wenn statt Wärme die Lieferung von Strom Vertragsgegenstand ist) in Betracht. Dabei wird die Finanzierung, Planung, Bereitstellung und der Betrieb der Anlage von einem Dienstleister übernommen. Er handelt auf eigene Rechnung und stellt gegen eine laufende Zahlung die Wärmeversorgung bereit. Mietern darf durch das Anlagen-Contracting kein finanzieller Nachteil entstehen. Beim Anlagen-Contracting im Bereich von Blockheizkraftwerken ist eine Integration in eine bestehende Heizungsanlage (Beistellungsmodell) oder die Bereitstellung einer neue Anlage (Vollcontracting) möglich. Nach Ansicht des Bundeskartellamtes handelt es sich beim Anlagen-Contracting wegen des hohen Wechselaufwandes um einen eigenen Markt, der vom Fernwärmemarkt zu unterscheiden ist. Allerdings wird das Anlagen-Contracting als eigenes Geschäftsfeld häufig auch von Stadtwerken angeboten, die Fernwärme anbieten.

5. Fernwärme-Förderung und KWKG 2016

46   Da die Fernwärme und insbesondere die KWK-Technologie durch ihren hohen Wirkungsgrad wirtschaftlich und effizient ist und dabei auch in erheblichem Umfang zur Einsparung von Treibhausgasen beiträgt, wird sie auf **europäischer Ebene** durch die Richtlinie 2004/8/EG vom 11.2.2004 über die Förderung einer am Nutzwärmebedarf orientierten Kraft-Wärme-Kopplung im Energiebinnenmarkt und in Deutschland seit 2000 sowohl mit dem KWKG als auch im EEWärmeG stark gefördert. So soll erreicht werden, dass der Anteil der Nettostromerzeugung von KWK-Anlagen auf 25 Prozent der regelbaren Nettostromerzeugung bis zum Jahr 2020 ansteigt.

47   Zum 1.1.2016 wurde des **KWKG neu gefasst,** um Perspektiven für den Erhalt und den Ausbau der KWK zu verbessern, die Umstellung von Kohle auf Gas gezielt zu fördern und Kohärenz mit anderen Zielen und Maßnahmen der Energiewende herzustellen.[24]

48   Für KWK-Anlagen gilt eine **Anschluss- und Abnahmeverpflichtung** der Netzbetreiber, § 3 KWKG i. V. m. § 8 EEG. Als wichtigste Neuerung erhalten neue, modernisierte

---

[23] Wustlich, in: Danner/Theobald, Energierecht, EEWärmeG, 78. Ergänzungslieferung 2013, § 16, Rn. 8.

[24] Bundesregierung, Entwurf eines Gesetzes zur Neuregelung des Kraft-Wärme-Kopplungsgesetzes, 2015, Abschnitt B.

oder nachgerüstete KWK-Anlagen nur noch dann einen Zuschlag für eine Förderung, wenn sie u. a. bis zum 31.12.2020 in Dauerbetrieb genommen werden, Strom auf Basis von Abfall, Abwärme, Biomasse, gasförmigen oder flüssigen Brennstoffen gewinnen und hocheffizient sind (§ 6 ff. KWKG). Das Fördervolumen wird dazu von 750 Millionen Euro auf 1,5 Milliarden Euro pro Kalenderjahr erhöht. D. h. gleichzeitig, dass kohlebefeuerte KWK-Anlagen aus der Förderung herausfallen, weil die damit verbundenen Emissionen im Widerspruch zu den Klima-Zielen der Bundesregierung stehen. Für bestehende oder genehmigte Anlagen besteht allerdings **Vertrauensschutz.** Ein zusätzlicher Bonus wird gewährt, wenn eine Umstellung von Kohle auf Gas erfolgt. Ausgenommen von der Förderung nach dem KWKG sind allerdings alle Anlagen, die bereits eine Förderung nach § 19 ff. EEG erhalten. **Planungssicherheit** für Neulangen wird durch die Einführung eines Vorbescheides hergestellt, in dem die Fördersätze festgelegt werden (§ 12 KWKG). Dabei wird eine Förderung für selbst verbrauchten Strom allerdings nur noch für kleine Anlagen bis 100 Kilowatt Leistung und für Anlagen im Bereich bestimmter energieintensiver Industriezweige gewährt. Zudem sollen die Anlagen durch bestimmte Maßnahmen künftig flexibler eingesetzt werden können, um damit auf die schwankende Menge an Strom aus erneuerbaren Energien zu reagieren. Zu diesen Maßnahmen gehört die Einführung einer verpflichtenden **Direktvermarktung** für den in KWK-Anlagen mit einer Leistung über 100 Kilowatt erzeugten Strom und eine Aussetzung der Förderung in Phasen negativer Strompreise (§§ 4 und 15 Abs. 4 KWKG).

Zum Weiterlesen

Panos Konstantin, Praxisbuch Energiewirtschaft, 3. Aufl. 2013, Kapitel 10: Kraft-Wärme-Kopplung, Technik, Kostenaufteilung und Kapitel 10.6: Fernwärmeverteilung

Christoph Weißenborn u. a., in: Gerd Stuhlmacher u. a. (Hrsg.): Grundriss zum Energierecht, 2. Aufl. 2015, Kapitel 33: KWKG und 34: Fernwärme

Florian Brahms, Die Novelle des Kraft-Wärme-Kopplungs-Gesetzes 2016, ER 2015, 223 ff.

Norman Fricke, Technische, wirtschaftliche und rechtliche Rahmenbedingungen der Fernwärmewirtschaft, EuroHeat&Power 2011, Heft 3, 26 ff. (Teil 1) und Heft 4, 26 (Teil 2)

Thorsten Körker, Die Fernwärmenetze zwischen Wettbewerbs- und Klimaschutz, RdE 2012, 372 ff.

Bundeskartellamt, Abschlussbericht der Sektoruntersuchung Fernwärme vom 1.8.2012

Teil C. Bezüge zu anderen Rechtsgebieten

Im Bereich der Energiewirtschaft zu arbeiten, ist ohne solide Kenntnisse der Hintergründe und der Funktion der drei wichtigen Märkte für Strom, Gas und Fernwärme kaum möglich. Ihnen waren deshalb die ersten zwei Drittel dieses Buches gewidmet. Um ein vollständiges Bild zu erlangen, ist aber ein Blick über den Tellerrand nötig. Denn das Energierecht ist ein **Schnittstellen-Rechtsgebiet,** das an vielen Stellen von anderen großen Teilbereichen des Rechts beeinflusst wird. Die Kapitel 8 bis 11 geben deshalb einen Überblick über vier Rechtsgebiete, die das Energierecht wesentlich prägen und beeinflussen:
- das Umweltrecht,
- das Wettbewerbsrecht,
- das Steuerrecht und
- das Verfahrensrecht inkl. Rechtsschutz.

Andere Schnittstellen, insbesondere zum Zivilrecht, Verwaltungsrecht oder Baurecht, haben wir dort punktuell angesprochen, wo sie eine zentrale Rolle spielen. Eine Gesamtdarstellung würde aufgrund des Umfangs dieser Rechtsgebiete und der unüberschaubaren Zahl von ggf. relevanten Einzelfallfragen jeden Rahmen sprengen.

§ 8. Umweltenergierecht

Einer der wichtigsten Anreize für die Änderungen im Energierecht ist die Sorge um den Erhalt einer lebenswerten Umwelt. Wie am Anfang des Buches erläutert, basiert moderne technische Zivilisation in fast allen ihren Bereichen auf der Nutzung von künstlich erzeugter Energie, sei es in Form von Stromverbrauch, von Verbrennungsmotoren, für die Wärmeerzeugung in Gebäuden oder bei der industriellen Produktion. Die daraus resultierenden Auswirkungen auf die Umwelt haben dabei stetig zugenommen. Gesellschaft und Politik sind vor allem in den letzten Jahrzehnten deshalb zu der Erkenntnis gelangt, dass bei der Erzeugung und der Nutzung von Energie noch stärker als bisher **Umweltgesichtspunkte berücksichtigt** werden müssen. Davon werden alle Bereiche des Energierechts berührt, von der Energiegewinnung über die Energieversorgung bis zum Energieverbrauch und alle Sektoren von Strom über Wärme, Gas, Kohle bis zu Kraftstoffen. Angesichts dieser Bandbreite überrascht es nicht, dass der Einfluss von Umweltbelangen im Energierecht heute vielfach als allgegenwärtig empfunden wird. Damit steht auch das Leitziel einer umweltverträglichen Energieversorgung der Allgemeinheit nach § 1 Abs. 1 EnWG im Einklang. **1**

Gleichzeitig stellt das Umweltrecht in Deutschland, Europa und international einen **eigenen Rechtsbereich** dar, der weit über den Bereich Energie hinausreicht und Themen wie den Natur- und Landschaftsschutz, den Immissionsschutz sowie die Boden- und Wassernutzung umfasst. Dies geht allerdings weit über den Gegenstand des vorliegenden Werks hinaus. Hier soll es um die **Schnittstellen** des Interesses an der Erhaltung einer lebenswerten Umwelt mit dem Thema Energie gehen. Die insoweit relevanten rechtlichen Regelungen werden meist als *Energieumweltrecht* bezeichnet. Hierunter versteht man die Gesamtheit der Rechtsnormen, die unmittelbar die Energieerzeugung, Energieversorgung und den Energieverbrauch unter Berücksichtigung der Notwendigkeiten des Klima- und Umweltschutzes sowie der Ressourceneffizienz regeln und steuern.[1] Das Ziel derartiger Nor- **2**

---

[1] Reiner Schmidt u. a., Umweltrecht, 8. Aufl. 2015, § 3, Rn. 6; siehe auch Stiftung Umweltenergierecht.

men ist die Verminderung der energiebedingten Umweltbelastungen.[2] Die Regelungen dazu finden sich in europäischen Richtlinien und Verordnungen ebenso wie in nationalen Gesetzen (beispielsweise im EnWG, EEG, KWKG, EEWärmeG, EnEG). Hinzu kommt das Klimaschutzrecht, das inzwischen einen eigenständigen Teilbereich des Umweltrechts bildet (u.a. durch Regelungen wie das TEHG) und ebenfalls Überschneidungen zum Energierecht aufweist[3].

3   Von den vielfältigen Themen mit **Schnittstellen** zum Energieumweltrecht wird in diesem Kapitel auf
* das Klimaschutzrecht (Rn. 4 ff.),
* das Energieeffizienzrecht (Rn. 29 ff.) und
* Carbon Capture and Storage (Rn. 62 ff.)
eingegangen.

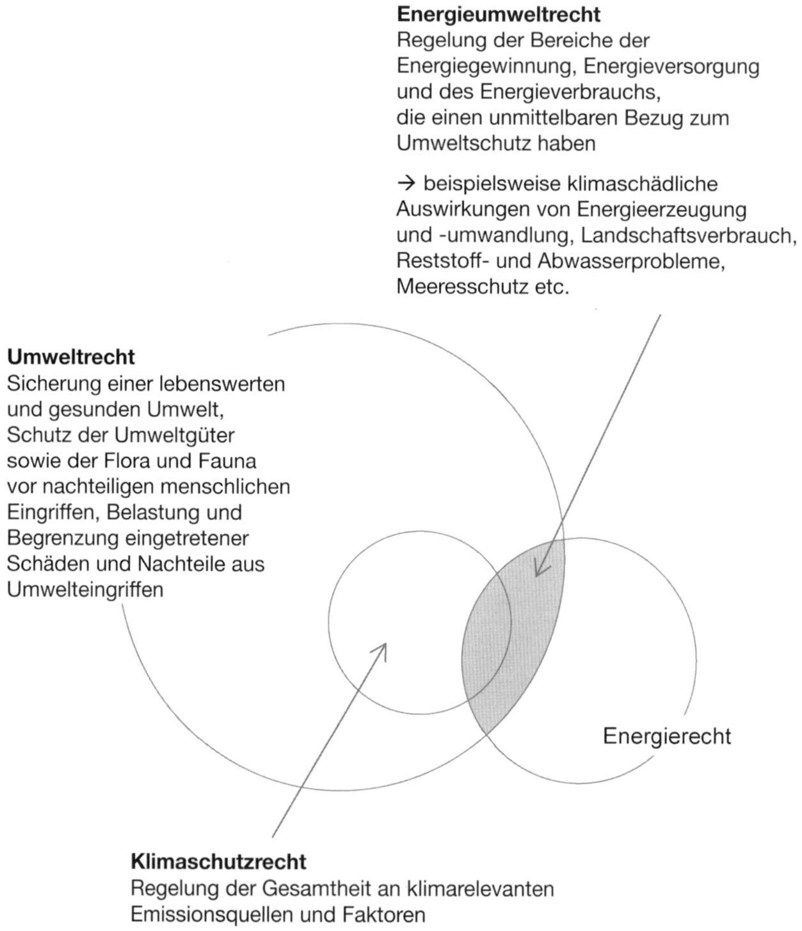

Energieumweltrecht
Regelung der Bereiche der
Energiegewinnung, Energieversorgung
und des Energieverbrauchs,
die einen unmittelbaren Bezug zum
Umweltschutz haben

→ beispielsweise klimaschädliche
Auswirkungen von Energieerzeugung
und -umwandlung, Landschaftsverbrauch,
Reststoff- und Abwasserprobleme,
Meeresschutz etc.

Umweltrecht
Sicherung einer lebenswerten
und gesunden Umwelt,
Schutz der Umweltgüter
sowie der Flora und Fauna
vor nachteiligen menschlichen
Eingriffen, Belastung und
Begrenzung eingetretener
Schäden und Nachteile aus
Umwelteingriffen

Energierecht

Klimaschutzrecht
Regelung der Gesamtheit an klimarelevanten
Emissionsquellen und Faktoren

Abb. 71 – Stellung des Energieumweltrechts. Die Grafik zeigt die Stellung des Energieumweltrechts als Schnittstellenmaterie zwischen Umweltrecht, Klimaschutzrecht und Energierecht.

---

[2] Frank Sailer, Klimaschutzrecht und Umweltenergierecht, NVwZ 2011, 718 ff.
[3] Siehe **Abb. 71 – Stellung des Energieumweltrechts.**

I. Klimaschutzrecht

1. Klimawandel und Treibhauseffekt

Unter **Klima** versteht man die Gesamtheit meteorologischer Ursachen, die für den län- **4** gerfristigen durchschnittlichen Zustand der Erdatmosphäre bzw. des Wetters verantwortlich sind.[4] *Der Mensch beeinflusst mit seiner industriellen Tätigkeit und seinem privatem Verhalten das Klima der Erde und trägt damit zur Erwärmung der Atmosphäre und des Meeres bei.* Diese These ist als Grundlage für die Klimaschutz-Bemühungen heute weitgehend akzeptiert. Der Begriff **Klimaschutz** bezeichnet in diesem Kontext verschiedene Maßnahmen, mit denen vom Menschen verursachten Veränderungen des Klimas Einhalt geboten werden soll. Denn obwohl das Klima in der Erdgeschichte immer natürlichen Schwankungen unterworfen war und auch der Treibhauseffekt (die Sonneneinstrahlung trifft auf die Erde, erwärmt diese und wird wieder in den Weltraum reflektiert, siehe **Abb. 72 – Schematische Darstellung des Treibhauseffekts –**) grundsätzlich ein natürlicher Prozess ist, wird seit Ende des 19. Jahrhunderts ein anthropogener, **„menschengemachter" Klimawandel** beobachtet. Er wird ganz überwiegend damit erklärt, dass seit Beginn der Industrialisierung z. B. durch die Verbrennung fossiler Brennstoffe wie Öl, Kohle und Gas ein erhöhter Ausstoß von Treibhausgasen (CO_2, Methan, Stickstoffoxid und andere) erfolgt. Gleichzeitig bringt die Entwaldung der Erde einen geringeren CO_2-Abbau mit sich. Die emittierten Treibhausgase sammeln sich in der Atmosphäre und verhindern wie eine „Glocke", dass ein Teil der eingestrahlten Sonnenergie wieder in den Weltraum entweicht. Die nicht wieder abgestrahlte Energie bleibt in der Atmosphäre und wird als Erderwärmung messbar, die nach verbreiteter wissenschaftlicher Meinung bereits heute einen Anstieg der Durchschnittstemperaturen und des Meeresspiegels sowie eine Veränderung der weltweiten Witterung bedingt. Als deren Folge kommt es zu einer Ausbreitung von Wüsten (Desertifikation), zum verstärkten Abschmelzen der polaren Eiskappen und zu einem Ansteigen des Meeresspiegels. Hinzu laden sich Wetterphänomene, wie zum Beispiel Stürme und Unwetter, mit der zusätzlichen atmosphärischen Energie auf und verursachen verstärkt Schäden.

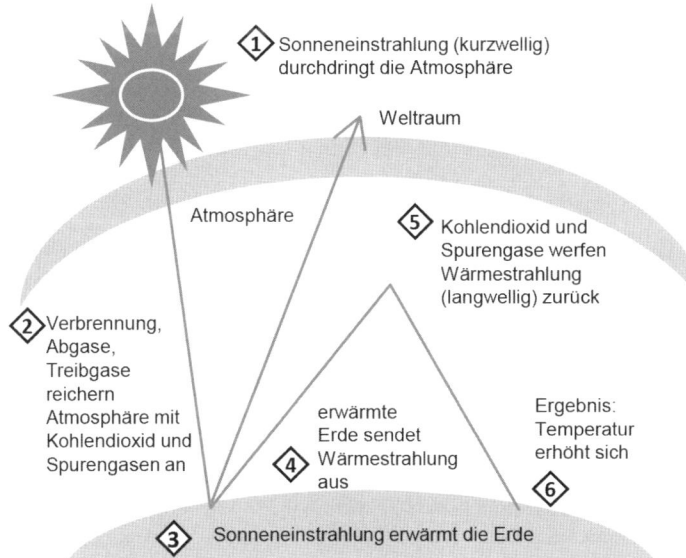

Abb. 72 – Schematische Darstellung des Treibhauseffekts. Die Grafik zeigt anhand der Nummerierung schematisch die verschiedenen Schritte des Prozesses, der zum Treibhauseffekt führt.

---

[4] Reiner Schmidt u. a., Umweltrecht, 8. Aufl. 2015, § 3, Rn. 5.

5   Allerdings gibt es auch wissenschaftliche und politische Strömungen, die die **Existenz des Treibhausgaseffektes,** den menschlichen Ursachenzusammenhang und/oder die Folgenprognose anzweifeln. Die Kontroverse beginnt bei der Anwendung des „richtigen" Messverfahrens zur Ermittlung der Temperaturerhöhungen und den anzuwendenden Klimamodellen und endet bei der Bewertung der Folgen, die von den Skeptikern zum Teil auch als positiv und für die Menschen nützlich angesehen werden. Einigkeit scheint allerdings darin zu bestehen, dass der Klimawandel sich derzeit vor allem durch die Erwärmung der Weltmeere – und weniger durch einen Anstieg der Temperaturen in der Atmosphäre – bemerkbar macht. Denn Letztere blieben in den letzten 15 Jahren relativ konstant.

2. Rechtliche Regelungen

6   In der internationalen Politik besteht weitgehend Einigkeit darüber, dass etwas gegen den Klimawandel getan werden soll. Denn dazu bekennen sich alle Staaten. Uneins ist sich die Staatengemeinschaft indes häufig über den richtigen Weg, sodass sie dem globalen Problem des Klimawandels durch vielfältige, sehr unterschiedliche Maßnahmen beizukommen versuchen. Neben internationalen Vereinbarungen, durch die in erster Linie gemeinsame Ziele definiert wurden, treten konkrete regionale und nationale Regelungen bis hin zu verpflichtenden Vorgaben, die auch auf das Energierecht ausstrahlen und daher in den Grundzügen bekannt sein sollten. Summarisch werden diese Regelungen als **Klimaschutzrecht** bezeichnet und beeinflussen die Ausgestaltung des Energierechts und die Arbeit der Energieversorgungsunternehmen heute in wesentlichem Maße. Es handelt sich insoweit um besonderes Gefahren- und Risikovorsorgerecht.[5]

a) Internationale Vereinbarungen

7   Klimaschutz ist ein globales Thema, denn nur durch gemeinsame Anstrengungen vieler Einzelstaaten können spürbare Veränderungen herbeigeführt werden. Die maßgeblichen Klima-Vereinbarungen wurden deshalb unter der Federführung der **Vereinten Nationen** getroffen.

8   **aa) Erste Regelungen und die Klimarahmenkonvention.** In der internationalen Gemeinschaft wird der Klimaschutz seit Beginn der 1970er-Jahre diskutiert. Erste Zeichen für den Klimaschutz wurden auf der **ersten internationalen Umweltkonferenz der Vereinten Nationen** im Jahr 1972 in Stockholm gesetzt (United Nations Conference on the Human Environment). Ebenfalls 1972 wurde das Umweltprogramm der Vereinten Nationen (United Nations Environment Programme, UNEP) gegründet. Bereits damals hat sich das UNEP – wenn auch nur am Rande – mit dem Thema Klimawandel beschäftigt. In den 1980er-Jahren gelangte das Thema Erderwärmung stärker auf die politische Agenda und beherrschte vor allem unter dem Gesichtspunkt des Schutzes der stratosphärischen Ozonschicht die internationale Umweltpolitik. Neben das Bewusstsein über die Existenz des Klimawandels trat die Erkenntnis, dass die Erwärmung der Erde mit einem hohen Risiko für die Weltbevölkerung verbunden ist. Als Folge wurden auf internationaler Ebene Klimaschutz-Übereinkommen geschlossen, wie etwa 1985 das Wiener Übereinkommen zum Schutz der Ozonschicht und zwei Jahre später das Montreal-Protokoll über Stoffe, die zu einem Abbau der Ozonschicht führen.

9   Einen Meilenstein bei der Koordination der internationalen Klimaschutz-Anstrengungen stellte die **UN-Konferenz über Umwelt und Entwicklung** (UN Conference on Environment and Development, UNCED) 1992 in Rio de Janeiro, Brasilien, dar. Sie war jahrelang vorbereitet worden mit dem Ziel, verbindliche Übereinkünfte zu schließen. Die Anstrengungen mündeten in den *fünf Dokumenten von Rio.* Dazu gehört zum einen die Deklaration von Rio über Umwelt und Entwicklung, in der erstmalig ein globales Recht auf nachhaltige Entwicklung festgeschrieben und das Vorsorge- und das Verursacherprinzip anerkannt wurde. Die Klimaschutz-Konvention legt fest, dass die Treibhausgas-Belastung

---

[5] Frank Sailer, Klimaschutzrecht und Umweltenergierecht, NVwZ 2011, 718 ff.

der Atmosphäre auf einem Niveau stabilisiert wird, welches eine gefährliche Störung des Weltklimas verhindert. Die drei Konventionen zur Biodiversität, zum Wald und zur Bekämpfung von Wüstenbildung stellen weitere themenbezogene Abkommen dar. Durch die Agenda 21 wurden die Regierungen zur Umsetzung einer nachhaltigen Entwicklung auf nationaler Ebene verpflichtet.

1994 trat dann die **Klimarahmenkonvention der Vereinten Nationen** (UNFCCC)[6] **10** in Kraft. Sie ist ein internationales, multilaterales Klimaschutzabkommen, in dem sich die 195 Vertragsstaaten zur Minderung der anthropogenen Einflüsse auf das Klima und zur Verlangsamung der globalen Erwärmung geeinigt haben, um ein Fortschreiten der Störung des Klimasystems zu verhindern. Zu diesem Zweck wollen die Mitgliedstaaten auf der Grundlage der Gerechtigkeit und entsprechend ihren gemeinsamen, aber unterschiedlichen Verantwortlichkeiten und ihren jeweiligen Fähigkeiten das Klimasystem zum Wohl heutiger und künftiger Generationen schützen. Die Vertragsparteien, die zur Gruppe der „entwickelten Länder" gezählt werden, sollen bei der Bekämpfung der Klimaänderungen und ihrer nachteiligen Auswirkungen die Führung übernehmen (Artikel 3 der UNFCCC). Die Umsetzung der Konvention erfolgt durch die Vertragsstaaten, die sich zur regelmäßigen Vorlage von Daten und zur Durchführung von Programmen zur Abschwächung des Klimawandels verpflichtet haben. Sie treffen zudem jährlich zu einer Klimakonferenz (United Nations Framework Convention on Climate Change, CoP, umgangssprachlich auch *Weltklimagipfel*) und zu Climate Change Talks zusammen. Begleitet wird die Arbeit von einem ständigen Sekretariat, das seinen Sitz in Bonn hat.

bb) Kyoto-Protokoll. Allerdings zeigte sich bald, dass zur Durchsetzung von Klima- **11** schutzzielen neben dem UNFCCC verbindliche Zielvorgaben unumgänglich waren. Nach langwierigen Verhandlungen einigten sich die Vertragsstaaten der Klimarahmenkonvention deshalb im Kyoto-Protokoll auf individuelle, verbindliche Emissionsreduktionsziele für Industrieländer und einen Zeitplan zur Umsetzung dieser Ziele. Die Industrieländer verpflichteten sich, ihre Treibhausgasemissionen in der ersten Verpflichtungsperiode von 2008 bis 2012 um durchschnittlich 5,2 Prozent zu senken. Bezugsjahr für diese Senkung ist das Jahr 1990. Als Mechanismus zur Erreichung dieser Vorgabe ist u. a. ein System zum Handel mit Zertifikaten mit Treibhausgasemissionen (Treibhausgasemissionshandelssystem) vorgesehen. Zudem ist erlaubt, anstelle einer Reduktion im Inland preiswertere Reduktionsmaßnahmen im Ausland zu finanzieren und sich diese anrechnen zu lassen. Dazu dienen der Mechanismus für **umweltverträgliche Entwicklung** (Clean Development Mechanism, CDM) und der **Gemeinschaftsreduktion** (Joint Implementation, JI). Dahinter steht die Idee, dass es für den Schutz des Weltklimas nicht darauf ankommt, an welchem Ort die Emissionen vermindert werden, sondern alleine darauf, dass dies überhaupt geschieht. Ein Sanktionsregime bei Verfehlung der Ziele ist allerdings nicht vorgesehen.

Im Kontext des Kyoto-Protokolls ist zwischen dem Zeitpunkt der Verabschiedung und **12** dem des Wirksamwerdens zu unterscheiden. Verabschiedet wurde das Kyoto-Protokoll am 11.12.1997. Um völkerrechtlich wirksam zu werden, musste es aber von mindestens 55 Staaten der Klimarahmenkonvention, die zusammen mindestens 55 Prozent der gesamten CO_2-Emissionen der Industrieländer aus dem Jahr 1990 verursachten, ratifiziert – also durch die einzelnen Staaten national in Kraft gesetzt – werden. Dies geschah erst 2005, weil zunächst insbesondere die besonders emissionsstarken Staaten die **Ratifizierung** verweigerten. Nach diesem schleppenden Start haben allerdings mittlerweile 191 Staaten das Kyoto-Protokoll ratifiziert, ausgenommen die USA.

Zudem war die Geltungsdauer des Kyoto-Protokolls von vorne herein befristet, sodass es **13** am 31.12.2012 ausgelaufen wäre. Über Art und Umfang einer rechtzeitigen Verlängerung wurde deshalb vorher mehrfach intensiv, aber im Ergebnis erfolglos, verhandelt. Erst bei den Weltklimakonferenzen in Durban, Südafrika, 2011 und Doha, Qatar, 2012 beschlossen die

---

[6] United Nations Framework Convention On Climate Change, Textfassung in Englisch unter http://unfccc.int/key_documents/the_convention/items/2853.php.

Vertragsstaaten eine Verlängerung des Kyoto-Protokolls bis 2020. Für diese sogenannte **zweite Verpflichtungsperiode** (2013 bis 2020) sagten 37 Mitgliedsstaaten (darunter die der EU) die Verringerung des Treibhausgasausstoßes über 2012 hinaus zu. Die Minderung beträgt 18 Prozent gegenüber dem Wert von 1990 bis 2020 und für die EU-Staaten 20 Prozent. Zudem wurden die Vorgaben für das Treibhausgasemissionshandelssystem angepasst.

14   **cc) Das Pariser Klimaschutzabkommen.** Mit dem Abschluss des Pariser Klimaschutzabkommens ist am 12.12.2015 nach jahrelangem Tauziehen eine Nachfolge-Regelung für das Kyoto-Protokoll gefunden worden. Die Beteiligungen von 195 Staaten und der EU und die Form des **völkerrechtlich verbindlichen Abkommens** bauen auf den Prozess der Verbesserung alle fünf Jahre. Der Vertrag gibt die Richtung für die Klimadiplomatie vor, er ist aber zunächst in den Unterzeichnerstaaten zu ratifizieren.

15   Vereinbart wurden die folgenden Grundsätze und Ziele:
- Die **Erderwärmung** soll auf unter zwei Grad – und wenn möglich auf 1,5 Grad – verglichen mit der Zeit vor der Industrialisierung beschränkt werden. Die von 185 der beteiligten 195 Staaten hierfür bereits im Vorfeld vorgelegten nationale Pläne für die Zeit von 2020 bis 2030 genügen dafür noch nicht, sodass nun jeweils nachgebessert werden muss.
- Die **Netto-Emissionen** sollen spätestens 2050 auf Null gesenkt werden, indem jedenfalls nicht mehr Treibhausgase emittiert werden, als durch Speichertechnologien (CCS, Wälder) gebunden werden (Dekarbonisierung der Weltwirtschaft). Fossile Energieträger sind dann kaum noch einsetzbar. Ein solches Langfristziel für das Klima wurde zum ersten Mal vereinbart.
- **Kooperation** wird als wichtiges Instrument anerkannt und ein Mechanismus geschaffen, der durch Marktmechanismen (z. B. den Emissionshandel) zur Emissionsminderung beiträgt.
- Ein gemeinsames System von **Berichtspflichten** und Transparenzregeln soll sicherstellen und alle fünf Jahre offenlegen, inwieweit die Staaten ihren Verpflichtungen wirklich nachkommen. Dabei werden die unterschiedlichen Voraussetzungen und Fähigkeiten der Staaten berücksichtigt.
- **Schäden und Verluste** durch den Klimawandel werden erstmals anerkannt. Die Industriestaaten werden Entwicklungsländern jährlich finanzielle Mittel zur Verfügung stellen, um sich an die Klimaziele anzupassen und Schäden infolge des Klimawandels zu beheben. In einer Begleiterklärung sind hier jährlich 100 Milliarden US-Dollar im Zeitraum von 2020 bis 2025 vorgesehen, danach sollen weitere Zahlungen vereinbart werden. Zudem sollen sich Menschen in ärmeren Staaten gegen Klimarisiken versichern können.
- Industriestaaten werden Entwicklungs- und **Schwellenländer** bei der Anpassung an die Klimafolgen unterstützen. Dazu sind zum Beispiel Technologietransfers und Aufforstungsprojekte, für die u. a. die USA, Norwegen und Großbritannien 280 Millionen US-Dollar Finanzhilfen zugesagt haben, vorgesehen.
- **Globale Finanzströme** sollen sich mit einem Entwicklungspfad für kohlenstoffarme und klimaresiliente Entwicklung decken und der Privatsektor soll bei Investitionen die globalen klimapolitischen Erfordernisse berücksichtigen.

Zunächst soll in Vorbereitung der Umsetzung des Pariser Klimaabkommens nun bis 2018 eine informelle Bewertung der **Emissionsziele** vorgenommen werden. Bis 2020 müssen die Vertragsstaaten nachgebesserte Pläne zu ihren Emissionsreduktionsverpflichtungen bis 2030 vorlegen und ab 2025 alle fünf Jahre nachbessern. Eine erste generelle Bestandsaufnahme und Überprüfung soll drei Jahre nach Beginn der Geltung 2023 stattfinden. Ein Sanktionsmechanismus bei Vertragsverletzungen ist nicht vorgesehen.

b) Umsetzung in Europa

16   Die EU sah und sieht sich als internationaler **Vorreiter** in Sachen Klimaschutz. Ihre Mitgliedsstaaten haben erhebliche Anstrengungen unternommen, damit die Ziele des

Kyoto-Protokolls verwirklicht und das Pariser Klimaschutzabkommen geschlossen werden kann. Sie gingen gemeinsam hohe Reduktionsverpflichtungen ein, etablierten zügig ein System zum Handel mit Treibhausgasemissionsberechtigungen (siehe sogleich) und trieben bei internationalen Konferenzen (im Unterschied insbesondere zu den USA, Russland und China) die Fortentwicklung der multilateralen Klimaschutzabkommen aktiv weiter.

Zur Verwirklichung der Klimaschutzziele haben das Europäische Parlament und der **17** Rat der Europäischen Union eine Reihe von **sekundärrechtlichen Maßnahmen** auf Grundlage der Art. 191 ff. AEUV (früher Art. 175 EGV) erlassen. Dazu gehört u. a. die Richtlinie 2003/73/EG vom 13.10.2003, die ein System für den Handel mit Treibhausgasemissionszertifikaten/CO_2-Zertifikaten in der Gemeinschaft einführte (Emissionshandelsrichtlinie) und 2009 durch die Richtlinie 2009/29/EG ergänzt wurde. Hinzu kommen zahlreiche weitere Regelungen wie etwa 2013 der Beschluss 2011/278/EU zu EU-weiten Übergangsvorschriften zur Harmonisierung der kostenlosen Zuteilung von Emissionszertifikaten.

aa) Funktion des Emissionshandelssystems. Das **Europäische Emissionsrecht-** **18** **handelssystem** (European Union Emissions Trading System, ETS) setzt auf ein marktwirtschaftliches Verfahren, um zwei Klimaschutzziele zu erreichen. Zum einen müssen zur Erfüllung der Verpflichtungen aus dem Kyoto-Protokoll die Treibhausgasemission in Europa reduziert werden und zum anderen sollen die damit verbundenen Maßnahmen kosten- und wirtschaftseffizient sein (Art. 1 RL 2003/73/EG). Dies soll im Prinzip wie folgt funktionieren: Die Emissionen der dem Emissionshandel unterworfenen Anlagen (Energie- und Wärmeerzeugung, energieintensive Industrien, zum Beispiel Ölraffinerien und die Produktion von Stahl, Kohle, Zement, Keramik, Papier und andere) werden auf eine Gesamtmenge begrenzt (sogenanntes *Cap*). Betreiber von Anlagen, die in das **Emissionshandelssystem** einbezogen sind, erhalten für einen bestimmten Zeitraum (Handelsperiode) eine nach festen Regeln bestimmte Menge an Emissionsberechtigungen (CO_2-Zertifikate) kostenlos zugeteilt bzw. müssen diese ersteigern. Jedes CO_2-Zertifikat berechtigt zur Emission von einer Tonne CO_2 oder einer entsprechenden Menge vergleichbaren Treibhausgases. Emissionsberechtigungen können von den Marktteilnehmern frei gehandelt werden *(Trade)*. D. h.: Anlagenbetreiber, die tatsächlich mehr CO_2 emittieren als sie auf der Grundlage der ihnen zugeteilten CO_2-Zertifikate berechtigt sind, können bis zum Cap weitere Emissionsberechtigungen am Markt von Marktteilnehmern erwerben, die mehr CO_2-Zertifikate haben als sie benötigen, um ihre tatsächlichen CO_2-Emissionen abzudecken (System des *Cap and Trade*).

In der **1. Handelsperiode** 2005 bis 2007 wurde zunächst noch stark zwischen den **19** Mitgliedsstaaten differenziert und ein großer Teil der benötigten Zertifikate kostenlos an die Anlagenbetreiber abgegeben. In der **2. Handelsperiode** 2008 bis 2012 wurde die Menge der kostenlosen Zertifikate dann verknappt. Gleichzeitig durften aber fehlende CO_2-Emissionsberechtigungen durch Emissionsreduzierungen in Drittländern aufgefangen werden. Zum 1.1.2013 begann die **3. Handelsperiode** 2013 bis 2020, die den Emissionshandel europäisch harmonisieren soll, um gleiche Wettbewerbsbedingungen zu schaffen. Die Menge der Zertifikate wurde zu Beginn weiter um 1,74 Prozent jährlich reduziert. Zudem wird ein Großteil der Zertifikate fortan versteigert und nicht mehr kostenlos zugeteilt. Lediglich bestimmte, besonders stark im internationalen Wettbewerb stehende Unternehmen erhalten weiterhin übergangsweise kostenlose Zuteilungen. Allerdings hat der Europäische Gerichtshof im April 2016 entschieden, dass die jährliche Höchstmenge an kostenlosen Treibhausgasemissionszertifikaten für die 3. Handelsperiode von der EU-Kommission fehlerhaft berechnet worden sei.[7] Trotzdem bleiben bisherige Zuteilungen aber gültig. Im Übrigen entfaltet das Urteil erst zehn Monate nach Urteilsverkündung Wirkungen, sodass der EU-Kommission Zeit für eine Überarbeitung bleibt.

---

[7] EuGH, Urt. vom 28.4.2016 – C-191/14, C-192/14, C-295/14, C-389/14 und C-391/14 bis C 393/14.

20   Die Idee, dass Unternehmen ihre Emissionen verringern, statt Zertifikate zuzukaufen, funktioniert derzeit allerdings nicht. Durch die schwächere Wirtschaftsentwicklung in Folge der Finanzkrise und die massive Erzeugung von Strom aus regenerativen Energiequellen ohne die Inanspruchnahme von CO_2-Zertifikaten ist entgegen der Planung keine Verknappung des Zertifikateangebots eingetreten. Vielmehr besteht ein **Überangebot an CO_2-Zertifikaten,** durch das die Preise stark gefallen sind. Der Ankauf der preiswerten Zertifikate ist für emissionsintensive Unternehmen somit lukrativer als die Erhöhung ihres Umweltstandards.

21   **bb) Reform des Emissionshandelssystems.** Um dem Preisverfall der Emissionszertifikate Einhalt zu gebieten, haben der Rat der Europäischen Union und das Europäische Parlament im Dezember 2013 ein so genanntes *Backloading* beschlossen. Daraufhin legten die Mitgliedsstaaten und die EU-Kommission die konkrete Verknappung fest. Demnach sollen von 2014 bis 2016 insgesamt 900 Millionen Zertifikate weniger versteigert werden als ursprünglich für diesen Zeitraum geplant.

22   Ausgehend von den vorherigen Maßnahmen hat die EU-Kommission im Juli 2015 eine Strukturreform des Emissionshandelssystems vorgeschlagen, um den gegenwärtigen Problemen zu begegnen und den Emissionshandel an die CO_2-Minderungsziele der EU für 2030 anzupassen. Dazu ist u. a. vorgesehen

- die Gesamtmenge der Zertifikate ab 2021 jährlich um 2,2 Prozent zu verringern,
- das System der kostenlosen Zuteilung von Zertifikaten anzupassen,
- die Liste der begünstigten Sektoren zu überarbeiten bzw. die Benchmarks für Emissionen an den technologischen Fortschritt anzupassen,
- Regeln zu schaffen, damit europäische Unternehmen international wettbewerbsfähig bleiben und
- energiesparende Innovationen durch Fonds besser zu fördern.

Darüber hinaus hat das Europäische Parlament der Einführung einer **Marktstabilitätsreserve** zugestimmt, die – sofern der Europäische Rat sie absegnet – ab dem Jahr 2019 die aktuell am Markt im Überschuss vorhandene Zahl an CO_2-Zertifikaten verringern soll. Das Angebot an Zertifikaten soll auf Grundlage bestimmter Regeln automatisch verknappt oder erweitert werden, um so flexibler auf die Marktentwicklungen reagieren zu können.

c) Umsetzung in Deutschland

23   Deutschland hat innerhalb der EU eine **Vorreiterrolle** bei der Durch- und Umsetzung der Klimaschutzbemühungen inne. Folglich wurden die europäischen Maßnahmen in Deutschland vollständig umgesetzt und nehmen auch auf die Gesetzgebung im Energiebereich starken Einfluss.

24   **aa) Treibhausgasemissionshandelsgesetz und Zuteilungsverordnung.** In Deutschland wurde die EU-Emissionshandelsrichtlinie im Jahre 2004 durch das Treibhausgasemissionshandelsgesetz (TEHG) umgesetzt. Zuletzt wurde das TEHG 2011 bedingt durch die Änderungen in der 3. Handelsperiode umfassend novelliert. In der Sache müssen Betreiber von bestimmten, emissionshandelspflichtigen Anlagen zum einen über eine sogenannte **Emissionsgenehmigung** verfügen (§ 4 TEHG) sowie zum anderen über CO_2-Zertifikate, die die konkreten, von der Anlage ausgehenden Treibhausgasemissionen abdecken. Die Emissionszertifikate erhalten die Betreiber im Wege der Versteigerung und/oder kostenlose Zuteilung. Der Betreiber hat jährlich bis zum 30. April an die zuständige Behörde eine Anzahl von Berechtigungen abzugeben, die den durch seine Tätigkeit im vorangegangenen Kalenderjahr verursachten Emissionen entspricht. Hierzu muss er die durch seine Tätigkeit in einem Kalenderjahr verursachten Emissionen ermitteln und diese der zuständigen Behörde bis zum 31. März des Folgejahres berichten. Grundlage hierfür ist ein zuvor eingereichter und behördlich genehmigter Überwachungsplan für die Emissionsermittlung und Berichterstattung. Zur Verwaltung der Berechtigungen dient ein Emissionshandelsregister.

Emittieren die Betreiber über den Rahmen ihrer Emissionsberechtigung hinaus, drohen 25
ihnen **Sanktionen** in Form von Bußgeldern und der Festsetzung von Zahlungspflichten
zur Durchsetzung der Abgabepflicht. Auf Grundlage des § 10 TEHG hat die Bundesregierung zudem eine Verordnung über die Zuteilung von Treibhausgas-Emissionsberechtigungen in der Handelsperiode 2013 bis 2020 (Zuteilungsverordnung 2020 – ZuV 2020) erlassen. Sie dient der nationalen Umsetzung des Beschlusses 2011/278/EU und konkretisiert
die Anforderungen nach den §§ 8, 24 und 27 des TEHG.

bb) Auswirkungen auf die Energiegesetzgebung. Deutschland hat sich internatio- 26
nal und innerhalb Europas in sehr großem Umfang für den Klimaschutz eingesetzt. Beispielsweise war die Bundesregierung stets bereit, bei der Reduktion von Treibhausgasen
besonders große Anstrengungen zu unternehmen. Die klimaschädlichen Emissionen sollen
gegenüber dem Basisjahr 1990 bis 2020 um 40 Prozent, bis 2030 um 55 Prozent, bis 2040
um 70 Prozent und schließlich bis 2050 um 80 bis 95 Prozent sinken.

Neben und in teilweiser Konkurrenz zum Emissionshandelssystem wurde ein umfassen- 27
des **Förder- bzw. Anreizsystem** geschaffen, durch das die Nutzung erneuerbarer Energien attraktiv und wirtschaftlich gemacht werden soll. Den Kern dieses Systems stellt das
Erneuerbare-Energien-Gesetz dar. Allerdings stehen der marktwirtschaftliche Treibhausgasemissionshandel und das subventionsbasierte System der EEG-Stromförderung teilweise in
Widerspruch. Denn um den Strom aus erneuerbaren Energien vorrangig einzuspeisen
müssen konventionelle, emissionsintensive Kraftwerke gedrosselt oder abgeschaltet werden.
Die Drosselung/Abschaltung wird allerdings bei der Vergabe der Emissionszertifikate nicht
berücksichtigt, sodass für die konventionellen Kraftwerke mehr Zertifikate zur Verfügung
stehen als benötigt. Im Ergebnis ist der CO_2-lastige Strom aus Kohlekraftwerken derzeit
sehr preisgünstig, da die Kohle billig ist und die Erzeugungskosten nicht durch die Belastung der CO_2-Zertifikate erhöht werden. Diese Entwicklung wird noch dadurch verschärft, dass sich der 2011 geschaffene **Energie- und Klimafonds** der Bundesregierung
(der zum Beispiel Mittel für Marktanreizprogramme und die energetische Gebäudesanierung bereithält) aus den Einnahmen des Emissionshandels speisen soll. Bricht der Handel
ein, entfallen somit Einnahmen und die aus dem Fonds finanzierte Energiewende verliert
einen Teil ihrer finanziellen Basis. Um diesem Effekt abzufangen, erhält der Fonds seit
2015 Gelder aus dem Bundeshaushalt. Darüber hinaus wird die Politik für einen Ausgleich
der gegenläufigen Systeme der Förderung erneuerbarer Energien einerseits und des Treib-
hausgasemissionshandels andererseits sorgen müssen.

Zudem hat das Bundeskabinett Ende 2014 das **Aktionsprogramm Klimaschutz** 28
2020[8] beschlossen. Dadurch soll sichergestellt werden, dass die bis 2020 gesteckten Klimaziele erreicht werden. Die zusätzliche Einsparung von 62 bis 78 Millionen Tonnen CO_2-
Äquivalenten ergibt sich aus unterschiedlichen Quellen, zum Beispiel 22 Millionen Tonnen aus dem Stromsektor und 25 bis 30 Millionen Tonnen aus dem Nationalen Aktionsplan Energieeffizienz des Bundeswirtschaftsministeriums[9] und geringere Mengen aus den
Bereichen Bauen, Verkehr, Landwirtschaft etc. Sichergestellt werden soll die Einhaltung
durch Monitoring-Maßnahmen. Ergänzend hierzu hat die deutsche Wirtschaft eine **Initiative Energieeffizienz-Netzwerke** ins Leben gerufen. Durch die freiwillige Selbstver-
pflichtung der beteiligten Unternehmen sollen weitere fünf Millionen Tonnen Treibhausgase eingespart und zugleich verbindliche gesetzliche Sparvorgaben vermieden werden.

Zum Weiterlesen

Felix Ekardt u. a., Das neue Energierecht, 2015, Kapitel B: Europäischer und nationaler Zielrahmen und
klimavölkerrechtlicher Hintergrund des Energierechts und Kapitel C: EU-Emissionshandel: Stand
und neuere Entwicklungen

---

[8] Bundesministerium für Umwelt, Naturschutz, Bau und Reaktorsicherheit: Aktionsprogramm
Klimaschutz 2020 vom 3.12.2014.
[9] Siehe auch § 8, Rn. 44.

Panos Konstantin, Praxisbuch Energiewirtschaft, 3. Aufl. 2013, Kapitel 3.4.4: Klimaschutzrechtliche Rahmenbedingungen
Markus Zwinger, in: Gerd Stuhlmacher u. a. (Hrsg.), Grundriss zum Energierecht, 2. Aufl. 2015, Kapitel 36: Emissionshandelssystem
Christian Theobald u. a., Grundzüge des Energiewirtschaftsrechts, 3. Aufl. 2013, 7. Teil: Emissionshandel
Foroud Shirvani, TEHG und EEG, Regelwerke zwischen Konnexität und Differenz, EnWZ 2013, 51 ff.
Uta Stäsche, Entwicklung des Klimaschutzrechts und der Klimaschutzpolitik 2013, EnWZ 2014, 291 ff.
Umweltbundesamt, Monitoringbericht 2015 zur Deutschen Anpassungsstrategie an den Klimawandel, 3.2015
Claudia Kemfert, Die andere Klima Zukunft, Innovation statt Depression, 2008

II. Energieeffizienzrecht

29   **Energieeffizienzmaßnahmen** sind ein zentraler Bestandteil der Strategie zum Gelingen der Reduzierung von Treibhausgasemissionen. Der Begriff ist in § 3 Nr. 15b EnWG als „Maßnahmen zur Verbesserung des Verhältnisses zwischen Energieaufwand und damit erzieltem Ergebnis im Bereich von Energieumwandlung, Energietransport und Energienutzung" definiert. Dabei geht es grundsätzlich darum, entweder weniger Energie zu verbrauchen oder mit derselben Energiemenge einen höheren Ertrag zu erzielen. Dies ist in vielen Bereichen des täglichen Lebens möglich, sodass eine große Zahl von zum Teil sehr kleinteiligen Regelungen vorliegt. Darin liegt wiederum eine der Hauptschwierigkeiten im Bereich des eigentlich schlüssigen Konzepts der Verringerung schädlicher Auswirkungen durch Einschränkungen des Verbrauchs. Die Maßnahmen zur Steigerung der Energieeffizienz sind häufig gesetzgeberisch und politisch schwierig zu gestalten, da sie in viele Vorgänge des privaten und wirtschaftlichen Lebens eingreifen. Sie werden von den Betroffenen zudem mitunter als unnötige Einschränkungen empfunden, wie etwa die Diskussion um das Verbot herkömmlicher Glühlampen und die Wärmedämmung von Gebäuden zeigt.

30   Dabei stehen Maßnahmen zur Energieeffizienz – oder zum Energiesparen, wie es früher hieß – bereits seit der Ölkrise in den 1970er Jahren auf der Agenda der europäischen Staaten und der Europäischen Gemeinschaft/Europäischen Union, um Kosten zu senken sowie die Versorgungssicherheit zu erhöhen und die Importabhängigkeit zu senken. 1988 wurde auf europäischer Ebene die Bauprodukte-Richtlinie und 1992 die Heizkesselrichtlinie erlassen, die bereits eine Energieeinsparung im Gebäudebereich zum Ziel hatten. Auf nationaler Ebene trat 1976 das erste **Energieeinsparungsgesetz** (EnEG) in Kraft. In der Industrie ist die Energieeffizienzsteigerung über viele Jahre schon aus Kostengründen in starkem Maße vorangetrieben worden. Heute werden unter dem Stichwort Energieeffizienzrecht Themen wie Wärmedämmung, Treibstoffverbrauch und CO_2-Ausstoß im Straßenverkehr, intelligente Stromnetze, Stromverbrauch von Haushaltsgeräten, Brennstoffzellen und verstärkter Einsatz von Kraftwärmekoppelung diskutiert.

31   Spätestens seit dem Kyoto-Protokoll ist Energieeffizienz stärker in den Fokus von Politik und Öffentlichkeit gerückt und taucht – zum Teil noch ohne umfassende Koordinierung – fragmentarisch an vielen Stellen und in vielen Gesetzen auf. Grundsätzlich verspricht man sich neben Klimaschutzeffekten und dem Schutz der natürlichen Ressourcen von höherer Energieeffizienz eine **verbesserte Wettbewerbsfähigkeit** der europäischen Industrie und eine **bezahlbare Energieversorgung** trotz höherer Erzeugungs- und Rohstoffkosten. In diesem Abschnitt werden die wichtigsten Vorgaben, Regelwerke und Maßnahmen vorgestellt.

1. Begriff der Energieeffizienz

32   **Art. 194 AEUV** bestimmt die Ziele der europäischen Energiepolitik. Dazu gehört u. a. die *Förderung der Energieeffizienz und der Energieeinsparung.*

33   Energieeinsparung ist hierbei – obwohl an zweiter Stelle genannt – als weiterer Begriff und als Zielbeschreibung zu verstehen. Darunter fallen unterschiedliche Maßnahmen, zum Beispiel in den Bereichen der Industrie, Bau und Verkehr, die – in Art. 194 AEUV geson-

dert genannte – **Effizienzsteigerung,** die Senkung des Energieverbrauches durch eine Änderung des Verbrauchsverhaltens und die Verbesserung der Wirtschaftlichkeit. Unter Energieeffizienz wird gem. § 2 Nr. 7 des Energiedienstleistungsgesetzes[10] und Art. 3 lit. b) der EU-Energieeffizienzrichtlinie[11] *das Verhältnis von Ertrag an Leistung, Dienstleistung, Waren oder Energie zum Energieeinsatz* verstanden.

2. Europäische und nationale Zielvorgaben

Die Europäische Union hat die Steigerung der Energieeffizienz schon seit Ende der **34** 1980er Jahre als dringend notwendig anerkannt. Nach verschiedenen anderen Vereinbarungen (*Aktionsplan zur Verbesserung der Energieeffizienz, Grünbuch über Energieeffizienz*[12], *20-20-20-Ziele*[13]) wurde auf europäischer Ebene im Herbst 2014 das **Energie- und Klimapaket**[14] vereinbart, das die Klimaziele bis 2030 festgelegt und als Grundlage für die internationalen Klima-Verhandlungen in Nachfolge des Kyoto-Protokolls dienen soll. Bei der Vorbereitung war besonders umstritten, ob nur die Senkung des CO_2-Ausstoßes als einziges Ziel oder wie bisher daneben auch die Steigerung der Energieeffizienz und der Einsatz erneuerbarer Energien als Ziel definiert werden sollten. Vorgesehen ist nun, den CO_2-Ausstoß bis 2030 um 40 Prozent gegenüber 1990 zu senken und den Anteil der erneuerbaren Energien am Energieverbrauch der EU auf mindestens 27 Prozent zu steigern. Im Strommarkt ist sogar eine Steigerung von derzeit 21 Prozent auf mindestens 45 Prozent im Jahr 2030 gewollt. Zugleich soll der Energieverbrauch um 27 Prozent gesenkt werden.

Daneben besteht der auf den 20–20–20-Zielen aus dem Jahr 2007 beruhende **Energie-** **35** **effizienzplan**[15] fort. Nach diesem Plan sollten die Mitgliedsstaaten zunächst die nationalen Energieeffizienzziele benennen und entsprechende Programme zu deren Erreichung festlegen. Danach sollte die Effektivität dieser Programme durch die EU-Kommission bewertet werden. Sollte sich dabei zeigen, dass das Ziel *20 Prozent Effizienzsteigerung* auf dem freiwilligen Wege nicht erreicht werden kann, will die EU-Kommission in der zweiten Phase rechtsverbindliche nationale Zielvorgaben für 2020 vorschlagen. Die Bundesregierung hat im Rahmen dieser Vorgaben im September 2010 das für die Energiewende grundlegende Energiekonzept beschlossen. Es geht über das europäische 20-Prozent-bis-2020-Ziel hinaus und sieht eine Einsparung des Primärenergieverbrauches gegenüber 2008 um 20 Prozent bis 2020 und um 50 Prozent bis 2050 vor. Diese Zielsetzung übersteigt zudem die Vorgaben des Energie- und Klimapaketes, was häufig als Versuch Deutschlands verstanden wird, in der EU als Vorbild zu wirken.

3. Rechtliche Verankerung

Die Mehrzahl der gesetzgeberischen Maßnahmen im Bereich der Energieeffizienz be- **36** ruht auf europarechtlichen Vorgaben, die größtenteils sektorspezifisch sind. D.h., sie knüpfen an die jeweiligen **Verbrauchsschwerpunkte** an. Ein Beispiel ist die Haushaltsprodukte-Richtlinie[16] die nur Vorgaben zur Energieeffizienz von Haushaltsgeräten enthält.

---

[10] Gesetz über Energiedienstleistungen und andere Energieeffizienzmaßnahmen vom 4.11.2010 (BGBl. I S. 1483).

[11] Richtlinie 2006/32/EG vom 5.4.2006 über Endenergieeffizienz und Energiedienstleistungen (ABl. L 114, S. 64).

[12] EU-Kommission, Grünbuch über Energieeffizienz vom 9.11.2005, COM(2005) 265 endgültig.

[13] Europäischer Rat vom 8. und 9.3.2007 Schlussfolgerungen des Vorsitzes vom 2.5.2007, 7224/07, Rn. 27 ff.

[14] Mitteilung der EU-Kommission vom 23.10.2104, Ein Rahmen für die Klima- und Energiepolitik im Zeitraum 2020–2030 COM(2014) 15 final.

[15] Mitteilung der EU-Kommission vom 8.3.2011, Energieeffizienzplan 2011, COM(2011) 109 endgültig.

[16] Richtlinie 92/75/EWG vom 22.9.1992 über die Angabe des Verbrauchs an Energie und anderen Ressourcen durch Haushaltsgeräte mittels einheitlicher Etiketten und Produktinformationen (ABl. L 297 vom 13.10.1992, S. 16).

37   Zur Steigerung der Energieeffizienz werden zum Beispiel ordnungsrechtliche Instrumente, wie die Festsetzung und Durchsetzung bestimmter Mindeststandards und Verbrau-
cherinformation eingesetzt. Denn man nimmt an, dass **Endverbraucher** jedenfalls dann
ein Eigeninteresse an Energieeffizienz haben, wenn damit finanzielle Vorteile (beispielsweise geringere Stromkosten) einhergehen. In der Praxis muss sich diese Annahme allerdings
noch beweisen.

38   **Maßgebliche Vorgaben** finden sich in den in folgenden vorgestellten Regelungen.

a) Europäische Ebene

39   2006 wurden den Mitgliedsstaaten durch die **EU-Energieeffizienzrichtlinie** (die nicht
mit der deutschen Energieeffizienzrichtlinie verwechselt werden darf) erstmals nationale
Energieeinsparrichtwerte vorgegeben, die allerdings nicht verbindlich waren. Zu ihrer Erreichung wurde jeder Mitgliedsstaat verpflichtet, einen nationalen **Energieeffizienzaktionsplan** (NEEAP) zu erstellen. Zudem sollten die Mitgliedstaaten auf die Schaffung eines
Marktes für Energiedienstleistungen hinwirken (also Dienstleistungen, die beispielsweise
der Steigerung der Energieeffizienz dienen oder den Primärenergieverbrauch senken), im
öffentlichen Sektor selbst eine Vorbildfunktion übernehmen, sowie Informationen zu
Effizienzmaßnahmen und passende Finanzierungsmöglichkeiten zur Verfügung zu stellen.

40   Die Novelle der EU-Energieeffizienzrichtlinie[17] ist im Oktober 2012 in Kraft getreten.
Inhaltlich verfolgt sie die Ziele der ersten Fassung weiter, baut die Vorgaben und Maßnahmen aber deutlich aus. Dabei setzt sie nun folgende Schwerpunkte:
- Um die nun vorgegebene **Effizienzsteigerung** von 20 Prozent zu erreichen, müssen
  die Mitgliedstaaten gem. Art. 3 ein nationales Energieeffizienzziel verbindlich festlegen.
- **Öffentliche Einrichtungen** sollen Vorbildcharakter bei der Sanierung von Gebäuden
  und der Beschaffung von Dienstleistungen und Produkten entwickeln.
- Endkunden müssen die Möglichkeit erhalten, ihren **Verbrauch** zu **optimieren.**
- 2014 bis 2020 müssen jährlich 1,5 Prozent des durchschnittlichen jährlichen Endener-
  gieabsatzes der Jahre 2010 bis 2012 eingespart werden **(Energieeffizienzverpflich-
  tungssystem).**
- Im Bereich der Wärme- und Kälteversorgung bzw. der Energieumwandlung, -über-
  tragung und -verteilung sowie bei der Strom- und Gasinfrastruktur soll eine **Effizienz-
  erhöhung** erreicht werden.

Für die Zukunft sind im Rahmen der Energieunion zusätzliche Strategien und Rechtsvorschriften geplant. Dazu gehören zum Beispiel
- die Weiterentwicklung der Energieeffizienz-Richtlinie und der Richtlinie über die Ge-
  samteffizienz von Gebäuden,
- die Einführung obligatorischer Kohlenstoffdioxid-Normen für Personenkraftwagen und
  Lieferwagen,
- die Verringerung des Kraftstoffverbrauchs und der CO_2-Emissionen von Lkw und Bus-
  sen und
- der Erlass von Vorschriften für Behörden, energieverbrauchsarme und kohlenstoffdioxid-
  emissionsarme Fahrzeuge zu beschaffen.

b) Nationale Ebene

41   Zur Umsetzung der ersten Energieeffizienzrichtlinie 2006 wurde in Deutschland im
November 2010 das **Energiedienstleistungsgesetz** erlassen. Durch das Gesetz soll die
Entwicklung des Marktes für Energiedienstleistungen gefördert und die bessere Aufklärung
der Endkunden und die Schaffung von mehr Transparenz gewährleistet werden. Zugleich
dient es dazu, den nationalen Energieeinsparrichtwert von neun Prozent Endenergie (d. h.
auf Verbrauchsseite) bis 2017 im Vergleich zum Durchschnitt der Jahre 2001 bis 2005 zu
erreichen. Dazu wird zum einen die öffentliche Hand verpflichtet, bei der Nachfrage nach

---

[17] Richtlinie 2012/27/EU vom 25.10.2012 zur Energieeffizienz (ABl. L 315 vom 14.11.2012, S. 1).

Energiedienstleistungen und sonstigen Energieeffizienzmaßnahmen mit gutem Beispiel voranzugehen. Zum anderen werden auch die Energieunternehmen in die Verantwortung genommen, z. B. hinsichtlich ihrer Aufklärungspflichten gegenüber den Endkunden.

Die Umsetzung der EU-Energieeffizienzrichtlinie 2012 ist in Deutschland mit der No- **42** velle der Energieeinsparverordnung (EnEV) im Oktober 2013 erfolgt. Dadurch wird einmalig zum 1.1.2016 die Effizienzanforderung für **Neubauten** um 25 Prozent angehoben, der Energieausweis für Gebäude als Informationsinstrument gestärkt und Effizienzklassen für Gebäude in Energieausweisen eingeführt. Diese Verschärfung ist allerdings auf Kritik gestoßen, da durch die höheren Anforderungen die Kosten für Neubauten steigen und mit einer Umlegung auf die Mieten zu rechnen sei.

Die Maßnahmen zur Verbesserung der Energieeffizienz sowie erwartete und erzielte **43** Einsparungen müssen die Mitgliedsstaaten in nationalen Energieeffizienzaktionspläne (NEEAPs) festsetzen und diese der EU-Kommission vorlegen. In Deutschland werden sie von der Bundesregierung unter der Federführung des Bundeswirtschaftsministeriums erstellt. Der für Deutschland aufgestellte, derzeit geltende **Dritte Nationale Energieeffizienzaktionsplan**[18] gibt einen fixen Einsparrichtwert vor. Zusätzlich zu den NEEAPs müssen die Mitgliedsstaaten der EU-Kommission seit April 2013 jährlich über die Fortschritte bei der Erfüllung der nationalen Energieeffizienzziele berichten.

Ende 2014 wurde zudem der **Nationale Aktionsplan Energieeffizienz**[19] (NAPE) des **44** Bundeswirtschaftsministeriums verabschiedet. Er soll zu einem effizienteren Energieeinsatz beitragen und dadurch das Klima entlasten. Der Nationale Aktionsplan Energieeffizienz setzt an den Stellen *Energieeffizienz in Gebäuden, Energiesparen als Rendite- und Geschäftsmodell, Eigenverantwortlichkeit für Energieeffizienz fördern* und *Verkehr* an und sieht jeweils umfangreiche Kataloge an Sofortmaßnahmen und weiterführenden Arbeitsprozessen vor.

Eine Schlüsselrolle bei der Verwirklichung der Energieeffizienzmaßnahmen nimmt die **45** **Bundesstelle für Energieeffizienz** ein, die im Januar 2009 beim Bundesamt für Wirtschaft und Ausfuhrkontrolle (BAFA) eingerichtet wurde. Sie beobachtet den Markt für Energiedienstleistungen und sonstige Energieeffizienzmaßnahmen, unterbreitet Vorschläge zu dessen Förderung und führt die sogenannte Anbieterliste, die den Endkunden eine größtmögliche Transparenz über die für sie verfügbaren Angebote ermöglicht.

4. Umsetzung sektorenspezifischer Maßnahmen

Die meisten Vorgaben zur Energieeffizienz sind – wie schon dargestellt – sektorenspezi- **46** fisch geregelt, d. h. sie knüpfen an die jeweiligen **Verbrauchsschwerpunkte** an. Einige der Vorgaben stellen wir im Folgenden kurz vor, um die Bandbreite der Maßnahmen zu illustrieren.

a) Maßnahmen im Gebäudebereich

Auf den Gebäudebereich (also Wohn- und Geschäftshäuser, öffentliche Gebäude wie **47** Schulen und Krankenhäuser, Betriebe und andere) entfällt ein Endenergieverbrauch von ca. 40 Prozent, wobei 75 Prozent dieser Menge für die Warmwasserbereitung und Raumheizung anfallen. Daraus ergeben sich **große Einsparpotentiale,** die der Gesetzgeber zum Teil schon seit Jahrzehnten nutzt.[20] Derzeit sind u. a. folgende Vorgaben maßgeblich:

---

[18] Bundeswirtschaftsministerium, 3. Nationaler Energieeffizienz-Aktionsplan (NEEAP) der Bundesrepublik Deutschland 2014, abrufbar unter http://www.bmwi.de/DE/Themen/energie,did= 642750.html.

[19] Bundeswirtschaftsministerium, Nationaler Aktionsplan Energieeffizienz 2014, (NAPE), abrufbar unter http://www.bmwi.de/DE/Themen/Energie/Energieeffizienz/nape,did=672148.html.

[20] Z. B. Richtlinie 89/106/EWG vom 21.12.1988 zur Angleichung der Rechts- und Verwaltungsvorschriften der Mitgliedsstaaten über Bauprodukte (ABl. L 40 vom 11.2.1989, S. 12), Richtlinie 92/ 42/EWG vom 21.5.1992 über die Wirkungsgrade von mit flüssigen oder gasförmigen Brennstoffen

- **Richtlinie über die Gesamtenergieeffizienz von Gebäuden:** Regelt Mindestanforderungen für die Gesamtenergieeffizienz von neuen Gebäuden und Bestandsgebäuden, die umfangreich renoviert werden, ab 2021 gilt demnach der Niedrigenergiestandard für Neubauten,
- **Energieeinsparungsgesetz (EnEG):** Dient der Senkung des Primärenergiebedarfs von Gebäuden unter Berücksichtigung des **integrierten Energie- und Klimaprogramms** der Bundesregierung,
- **Energieeinsparverordnung (EnEV):** konkretisiert die Vorgaben des EnEG, indem sie die energetischen Anforderungen an Neubauten und Bestandsgebäude sowie für Anlagen zur Heizung, Warmwasserbereitung, Kühl- und Raumlufttechnik festlegt,
- daneben gelten zum Beispiel die Kleinfeuerungsanlagenverordnung, die Heizkostenverordnung, das Bauproduktgesetz, Vorgaben im Bauordnungs-, Bauplanungs- und Kommunalrecht und das Erneuerbare-Energien-Wärmegesetz **(EEWärmeG).**

48   Für die Jahre 2012 bis 2014 standen zur Finanzierung der im Rahmen des **CO$_2$-Gebäudesanierungsprogrammes** aufgelegten Programme jährlich 3,3 Milliarden Euro aus dem Energie- und Klimafonds[21] zur Verfügung.

49   Im Bereich der energetischen Gebäudesanierung tritt durch die Effizienzvorgaben seit einigen Jahren allerdings das sogenannte **Investor Nutzer Dilemma** zutage. Die Mieter profitieren von den erzielten Einsparungen (vor allem bei Heizkosten), während der Vermieter ohne unmittelbaren eigenen Mehrwert die Modernisierungskosten trägt und diese nur begrenzt auf die Miete umlegen kann. Sein Anreiz ist somit gering, dem Mieter sollen die Zusatzkosten aber aus politischen und sozialen Gründen nicht aufgebürdet werden. Abhilfemaßnahmen sollten durch die Einführung des Energieausweises und des Wärmeliefer-Contractings[22] geschaffen werden. Durch den Ausweis sollten Wohnungen mit schlechtem Standard quasi „entlarvt" werden, damit der Vermieter einen Wettbewerbsnachteil bei der Vermietung hat. Durch das Contracting gibt der Vermieter die Aufgabe der Wärmeversorgung des Gebäudes an einen Dritten ab, der dieses modernisiert und die Kosten über die Jahre durch die Betriebskostenzahlungen der Mieter amortisiert. Ob sich die Modelle in der Praxis durchsetzen, bleibt aber abzuwarten.

50   Die neuen **Energieeffizienzstrategie Gebäude** (ESG) aus dem Jahr 2015 untersucht in diesem Zusammenhang erstmalig neben den technischen und energetischen auch die ökonomischen und perspektivischen Aspekte gesellschaftspolitischer Belange des Gebäudebereichs sowie die Interaktion Strom-Wärme. Ihr liegt das Ziel eines nahezu klimaneutralen Gebäudebestandes zugrunde.[23] Es soll bis 2050 durch eine Kombination aus Energieeinsparung und den Einsatz erneuerbarer Energien erreicht werden und korrespondiert mit einer entsprechenden Entwicklung auf europäischer Ebene.

b) Maßnahmen im Straßenverkehr

51   Etwa 30 Prozent des Endenergieverbrauchs entfallen in Deutschland auf den **Verkehrssektor.** Allein der Straßenverkehr ist für ca. 80 Prozent dieses Verbrauches verantwortlich. Um die Einsparpotentiale in diesem Bereich zu nutzen, werden verschiedene Strategien verfolgt:

- **stadtplanerische Maßnahmen** sollen zu einer Vermeidung von Verkehr führen, indem beispielsweise der Verkehrsfluss optimiert wird,
- das **Verkehrsaufkommen** soll durch die Nutzung öffentlicher Verkehrsmittel oder die Bildung von Fahrgemeinschaften reduziert werden,

---

beschickten neuen Warmwasserheizkesseln (ABl. L 167 vom 22.6.1992, S. 17), Richtlinie 93/76/EWG vom 13.9.1993 zur Begrenzung der Kohlendioxidemissionen durch eine effizientere Energienutzung (SAVE) (ABl. L 237 vom 22.9.1993, S. 23).

[21] Siehe § 8, Rn. 27.
[22] Siehe § 7, Rn. 45.
[23] Bundeswirtschaftsministerium, Energieeffizienzstrategie Gebäude: Wege zu einem nahezu klimaneutralen Gebäudebestand, November 2015.

- der **Kraftstoffverbrauch** der Fahrzeuge soll gesenkt werden, beispielsweise durch verbindliche Emissionsnormen für Personenkraftwagen, eine Aufklärung der Verbraucher etwa mithilfe der Kraftstoffverbrauchs-Informationsrichtlinie [24] oder des Energieverbrauchskennzeichnungsgesetz (EnVKG) und die Einbeziehung des CO_2-Ausstoßes bei der Berechnung der Kfz-Steuer.

c) Elektromobilität

Ein weiterer Förderungsschwerpunkt im Verkehrsbereich ist die Weiterentwicklung der **52** Elektromobilität. Als **Elektrofahrzeuge** gelten dabei alle Personenkraftwagen, Nutzfahrzeuge und Zweiräder, die (auch) mithilfe eines elektrischen Antriebes ohne andere Hilfsmittel fahrbereit sind. Somit erfasst diese Förderung nicht nur Fahrzeuge mit rein elektrischem Antrieb, sondern auch Elektrofahrzeuge mit Reichweitenverlängerung, Plug-In-Hybridfahrzeuge, reine Hybridfahrzeuge und Brennstoffzellenfahrzeuge.

Elektromobilität soll eine Schlüsseltechnologie zur Steigerung der Energieeffizienz werden **53** und wird beispielsweise durch die europäische **Green Cars Initiative** gefördert.[25] Denn die Energiebilanz des Elektromotors – die unter dem Stichwort Tank-to-Wheel/TTW erfasst wird – soll herkömmlichen Antrieben überlegen sein. Der Energieverlust von der Steckdose bis zum mechanischen Vortrieb sei geringer als bei Benzin- oder Dieselmotoren. Darüber hinaus schneiden Elektrofahrzeuge auch in Well-to-Wheel/WTW Betrachtungen weitaus besser ab als herkömmliche Fahrzeuge. Unter diesem Begriff wird der Gesamtwirkungsgrad der Fahrzeuge von der Gewinnung des Kraftstoffes beziehungsweise Stromes aus den jeweiligen Primärenergieträgern bis hin zur Umsetzung in mechanische Energie zum Antrieb des Fahrzeuges gemessen. Damit können Rückschlüsse über die Gesamtenergieeffizienz des Antriebkonzepts gezogen werden. Bereits mit dem derzeit vorliegenden Kraftwerksmix für die Erzeugung von Strom sind Elektromotoren wesentlich effizienter als Verbrennungsmotoren. Eine weitere Steigerung der Effizienz ist möglich, wenn Elektrofahrzeuge künftig mit Strom aus erneuerbaren Energien betrieben werden. Damit kann die Elektromobilität einen Beitrag zur Verringerung von CO_2-Emissionen im Verkehrssektor leisten und ermöglicht die Unabhängigkeit von fossilen Brennstoffen.

Einer flächendeckenden Einführung von Elektrofahrzeugen stehen jedoch die nicht **54** ausgereifte **Batterietechnologie** und die hohen Anschaffungskosten gegenüber Benzin- und Dieselfahrzeugen entgegen. Elektrofahrzeuge haben eine weitaus geringere Reichweite, weil die Speicherkapazitäten der Batterien bisher begrenzt sind. Nachteilig ist bisher zudem die mehrstündige Ladezeit der Batterien. Zusammengenommen führen die Faktoren kurze Reichweite im Verhältnis zu langer Ladezeit dazu, dass der Einsatz von Elektrofahrzeugen derzeit nur im Stadt- und Regionalverkehr sinnvoll ist. Zudem liegt bisher beispielsweise der Listenpreis der BMW i3 als reines Elektrofahrzeug mit knapp 35.000 Euro deutlichen über dem Listenpreis für einen etwa gleichstark motorisierten BMW 120i mit ca. 31.000 Euro.

Um der Elektromobilität dennoch zum Durchbruch zu verhelfen, hat die Bundesregie- **55** rung 2009 einen nationalen **Entwicklungsplan Elektromobilität** aufgestellt.[26] Darin formuliert sie das Ziel, dass bis 2020 eine Million und bis 2030 fünf Millionen Elektrofahrzeuge auf Deutschlands Straßen unterwegs sein sollen. 2050 soll der innerstädtische Verkehr dann gänzlich ohne fossile Brennstoffe auskommen. Dafür stellte die Bundesregierung be-

---

[24] Richtlinie 1999/94/EG vom 13.12.1999 über die Bereitstellung von Verbraucherinformationen über den Kraftstoffverbrauch und CO_2-Emissionen beim Marketing für neue Personenkraftwagen (ABl. L 12 vom 18.1.2000, S. 16).

[25] The Multiannual Roadmap for the contractual Public Private Partnership, European Green Vehicles Initiative Oktober 2013; European Green Cars Initiative: Project Portfolio, European Green Cars Initiative PPP, Calls 2010 – 2013.

[26] Bundesregierung, Nationaler Entwicklungsplan Elektromobilität der Bundesregierung, August 2009.

reits über 1,5 Milliarden Euro an Fördergeldern zur Verfügung, mit der die technologische Entwicklung, die Ausbildung von Fachkräften, die Vereinheitlichung von Normen und Standards und der Ausbau der Ladeinfrastruktur (Strom-Tankstellen) bezuschusst wurden. Im April 2016 einigte sich die Bundesregierung zudem auf eine **Prämie** für den Kauf von Elektrofahrzeugen. Die Gesamtkosten der Maßnahme teilen sich der Staat und die Industrie.

56   Darüber hinaus sollen praktische Anreize die **Anschaffung** von Elektrofahrzeugen attraktiv machen. So sind u. a. Sonderparkplätze, die Freigabe von Busspuren oder die Schaffung von eigenen Fahrspuren angedacht. Als fiskalische Maßnahme ist die Befreiung von der Kfz-Steuer geplant, wenn der CO_2-Ausstoß unter 50 Gramm CO_2/Kilometer liegt.

d) Maßnahmen im Bereich der Industrie

57   Der Anteil der Industrie am Endenergieverbrauch wird auf 25 Prozent geschätzt. Vor allem der unter Rn. 24 ff. näher erläuterte Emissionszertifikatshandel und die in § 7 Rn. 6 ff. beschriebene Kraft-Wärme-Koppelung liefern in diesem Bereich einen wichtigen Beitrag zur Steigerung der Energieeffizienz. Darüber hinaus existieren einige weitere wichtige Regelungen:

- **Richtlinie über die integrierte Vermeidung und Verminderung der Umweltverschmutzung (IVU-Richtlinie)**[27]: diente der Vermeidung und Verminderung von Emissionen durch Industrieanlagen und verpflichtet die Mitgliedsstaaten, Vorkehrungen für einen effizienten Energieeinsatz in den Anlagen zu schaffen,
- **Abfallverbrennungsrichtlinie**[28] und **Richtlinie betreffend Großfeuerungsanlagen**[29]: enthält Sonderregelungen für besonders energieintensive Anlagenarten,
- **Elektrizitätsbinnenmarktrichtlinie**[30]: gibt den Mitgliedsstaaten die Möglichkeit, den Elektrizitätsunternehmen Verpflichtungen zur Steigerung der Energieeffizienz in den Anlagen und Leistungssystemen aufzuerlegen oder selbst solche Maßnahmen zu treffen,
- **Bundesimmissionsschutzgesetz** (BImSchG): sieht vor, dass Anlagen so errichtet und betrieben werden müssen, dass zur Gewährleistung eines hohen Schutzniveaus für die Umwelt Energie sparsam und effizient verwendet wird.

e) Energieverbrauchsrelevante Produkte

58   Ein für den Verbraucher immer wieder relevanter Regelungsbereich sind die energieverbrauchsrelevanten Produkte. Dazu gehören alle Produkte, deren Nutzung den Verbrauch von Energie in irgendeiner Weise beeinflusst, also beispielsweise Fenster, Isoliermaterialien oder Wasserhähne. Hier setzt die Europäische Union primär auf die Information der Verbraucher anhand der **Produktinformationen-Richtlinie**[31], die ein einheitliches System zur Verbrauchsermittlung und Etikettierung vorschreibt.

59   Darüber hinaus soll künftig die Energieeffizienz des Produktes insgesamt – also vom Abbau/der Gewinnung der Rohstoffe über die Herstellung, den Vertrieb und die Verwendung bis hin zur Entsorgung – mithilfe der **Ökodesign-Richtlinie**[32] transparent werden, deren bekanntestes Regelungsinstrument bislang das CE-Zeichen ist.

---

[27] Richtlinie 2008/1/EG vom 15.1.2008 über die integrierte Vermeidung und Verminderung der Umweltverschmutzung (ABl. L 24 vom 29.1.2008, S. 8).

[28] Richtlinie 2000/76/EG vom 4.12.2000 über die Verbrennung von Abfällen (ABl. L 332 vom 28.12.2000, S. 91).

[29] Richtlinie 2001/80/EG vom 23.10.2001 zur Begrenzung von Schadstoffemissionen von Großfeuerungsanlagen in die Luft (ABl. L 309, S. 1).

[30] Richtlinie 2009/72/EG vom 13.7.2009 über gemeinsame Vorschriften für den Elektrizitätsbinnenmarkt und zur Aufhebung der Richtlinie 2003/54/EG (ABl. L 211, S. 55).

[31] Richtlinie 2010/30/EG vom 19.5.2010 über die Angabe des Verbrauchs an Energie und anderen Ressourcen durch energieverbrauchsrelevante Produkte mittels einheitlicher Etiketten und Produktinformationen (Produktinformationen-Richtlinie) (ABl. L 153 vom 18.6.2010, S. 1).

[32] Richtlinie 2009/125/EG vom 21.10.2009 zur Schaffung eines Rahmens für die Festlegung von Anforderungen an die umweltgerechte Gestaltung energieverbrauchsrelevanter Produkte (ABl. L 285 vom 31.10.2009, S. 10).

Zur Umsetzung der europäischen Kennzeichnungsvorgaben hat der deutsche Gesetzge- **60**
ber das **Energieverbrauchskennzeichnungsgesetz,** auf dem die Energieverbrauchskenn-
zeichnungsverordnung beruht, erlassen. 2012 trat zudem das Gesetz zur Umsetzung der
Kennzeichnungsrichtlinie 2010 in Kraft. Die Ökodesignrichtlinie wird durch das Energie-
verbrauchsrelevante-Produkte-Gesetz (EVPG) umgesetzt.

Gerade in diesem Bereich der Produktgestaltung nach politischen Zielen wird deutlich, **61**
dass Energieeffizienz in Europa sehr stark mithilfe eines **Top-down-Ansatzes** durchgesetzt werden soll. Das heißt, Politik und Verwaltung haben Energieeffizienz bzw. Energiesparen als wichtiges Ziel erkannt und versuchen es dann mittels gesetzlicher Regelungen
durchzusetzen. Dies ruft bei den Betroffenen Unmut hervor. Außerhalb Europas und insbesondere in den USA scheint man sich eher darauf zu verlassen, dass die notwendigen
Maßnahmen zur Verringerung des Verbrauchs von selbst von den Verbrauchern ergriffen
werden, wenn die Kosten spürbar steigen. Allerdings besteht die Befürchtung, dass es dann
zur Eindämmung des Klimawandels bereits zu spät sein könnte und die Anpassungsprozesse
für die Wirtschaft kaum noch zu tragen wären.

Zum Weiterlesen

Markus Ludwigs, in: Jürgen F. Baur u. a., Regulierung in der Energiewirtschaft, 2. Aufl. 2016, Kapitel 15:
    Die Richtlinie 2012/27/EU zur Energieeffizienz
Felix Ekardt u. a., Das neue Energierecht, 2015, Kapitel F: Weitere neue europa- und bundesrechtliche
    Entwicklungen bei Gebäuden, Windenergie, Energieeffizienz, Strommarkt und Fracking
Martin Burgi, Subventionsrechtliche Betätigungsverbote für Handwerker auf dem Prüfstand des Ver-
    fassungsrechts, GewArch 2015, 343 ff.
Lars Jope, Energieeffizienz: Aktuelle rechtliche und politische Entwicklungen, EWeRK 2015, 173 ff.
Stefan Klinski, Schnittstellen zwischen Mietrecht und Energierecht, WuM 2012, 354 ff.
Stefan Pilz, Die Novellierung des EU-Energieeffizienzkennzeichnungsrechts, EuZW 2015, 693 ff.
Peter Schütte u. a., Aktuelle Entwicklungen im Bundesumweltrecht, ZUR 2015, 249;
Bundesumweltministerium, Wege zum Effizienzhaus Plus, Grundlagen und Beispiele für energieer-
    zeugende Gebäude 1.2016
Bundeswirtschaftsministerium, Mehr aus Energie machen, Nationaler Aktionsplan Energieeffizienz
    10.2014.
Institut für Ressourceneffizienz und Energiestrategien, Klimaschutz durch Energieeffizienz, Endbericht
    vom 31.5.2015
Günther Oettinger in Thomas Kästner u. a., Handbuch Energiewende „Energy Efficiency", S. 751 ff.

III. Carbon Capture and Storage (CCS)

Im Zusammenhang mit der Reduktion von CO_2-Emissionen wird immer wieder die **62**
Technologie des **Carbon Capture and Storage** (CCS) diskutiert.

CCS sieht vor, Kohlendioxid (CO_2) aus den Abgasen der konventionellen Kraftwerke **63**
abzuscheiden, zu speichern und dadurch klimaunschädlich zu machen. Es soll am Ende der
Produktion und vor dem Entweichen in die Atmosphäre abgefangen und zu Lagerstätten
transportiert werden. Als solche kommen hauptsächlich ausgeförderte Erdöl- und Erdgasla-
gerstätten und ausgesolte Salzkavernen in Betracht. Allerdings bestehen derzeit in Deutschland erhebliche **umweltrechtliche Bedenken** gegen die unterirdische Speicherung, insbesondere unter dem Gesichtspunkt des Gewässerschutzes. Zudem führt der Einsatz von
CCS zu einem Effizienzverlust der Kraftwerke, der durch einen höheren Einsatz an Rohstoffen ausgeglichen werden muss.

In Europa ist die Einführung der CCS-Technologie vor dem Hintergrund der ehrgeizi- **64**
gen CO_2-Reduktionsziele allerdings politisch gewollt. Die Richtlinie 2009/31/EG zur
geologischen Speicherung von Kohlenstoffdioxid regelt Auswahl, Genehmigungsverfahren
und Betrieb von CO_2-Speichern. Sie wurde in Deutschland durch das **Gesetz zur De-
monstration der dauerhaften Speicherung von Kohlenstoffdioxid** (Kohlendioxid-
Speicherungsgesetz – KSpG) umgesetzt. Es schreibt eine Höchstspeichermenge von vier

Millionen Tonnen CO_2 pro Jahr insgesamt und 1,3 Millionen Tonnen pro Jahr pro Lagerstätte vor. Vorausgegangen war dieser gesetzlichen Regelung ein langes Ringen. Denn bereits 2009 scheiterte ein Gesetzentwurf, u. a. aufgrund erheblicher Bürgerproteste. Ein neuer Entwurf 2011 beschränkte die Menge und Dauer der Speicherung und stellte auf die Erprobungszwecke ab. Auf Drängen von Schleswig Holstein und Niedersachsen wurde zudem eine *Länderklausel* aufgenommen, die den Bundesländern ein generelles Verbot der CO_2-Speicherung in ihrem Gebiet ermöglicht. Allerdings scheiterte der Gesetzentwurf im Bundesrat, weil die Ländervertreter die Technologie als nicht ausgereift und im Hinblick auf die Verschmutzung des Grundwassers als zu risikoreich ansahen und Nutzungskonflikte mit Erdgasspeichern fürchteten.[33] Erst nach langen Nachverhandlungen konnte das Gesetz im Juni 2012 verabschiedet werden und trat im August 2012 in Kraft. Allerdings waren zu diesem Zeitpunkt die Pläne für Demonstrationsvorhaben von verschiedenen Unternehmen bereits wieder aufgegeben worden. CCS spielt in Deutschland daher zurzeit praktisch keine Rolle.

Zum Weiterlesen

EU-Kommission, Consultative Communication on the future of Carbon Capture and Storage in Europe vom 27.3.2013
Heinz Bergmann u. a., Die strategische Lücke im Klimaschutz – Warum CCS neu diskutiert werden muss, et 10/2014, 32 ff.

---

[33] Umweltbundesamt, Carbon Capture and Storage, Grundlegende Informationen, siehe http://www.umweltbundesamt.de/themen/wasser/gewaesser/grundwasser/nutzung-belastungen/carbon-capture-storage.

§ 9. Wettbewerbsrecht

Das Wettbewerbsrecht dient der Vorbeugung und **Sanktionierung von wettbe-** 1
werbswidrigem Verhalten, um auf diese Weise die Erhaltung und Förderung von Wettbewerb auf den Märkten zu gewährleisten. Seit der Liberalisierung sind auch die Energiemärkte als Wettbewerbsmärkte gestaltet. Allerdings sind sie im Hinblick auf die Akteure zum Teil atypisch – beispielsweise im Hinblick auf die großen früheren Verbundunternehmen, die Netzbetreiber als natürliche Monopole und die stark geförderten Erneuerbaren Energien. Daher haben die verschiedenen Bereiche des Wettbewerbsrechts die Energiemärkte erheblich geprägt und tun dies immer noch.

Unterschiedliche Auffassungen bestehen darüber, was **Bestandteil** des Wettbewerbs- 2
rechts ist. Für dieses Buch soll die Näherung anhand der gesetzlichen Systematik erfolgen. Kapitel 1 im siebten Titel des dritten Teils des AEUV ist mit dem Titel *Wettbewerbsregeln* überschrieben. Dieses Kapitel umfasst das Kartellverbot und das Missbrauchsverbot nach Art. 101 bzw. 102 AEUV sowie die Regelungen zu staatlichen Beihilfen nach Art. 107 bis 109. Auf Grundlage von Art. 103 erging zudem die als Sekundärrecht geregelte Fusionskontrollverordnung, die im Folgenden zusammen mit Art. 101 und 102 als *Kartellrecht* bezeichnet wird. In der deutschen Gesetzgebung wird dagegen zwischen dem Recht des unlauteren Wettbewerbs (UWG) und dem Recht der Wettbewerbsbeschränkungen (GWB) unterschieden. Zu letzterem gehören ebenfalls Regelungen im Bereich des Kartellrechts mit den Ausprägungen Kartellverbot, Missbrauchsaufsicht und Fusionskontrolle und zudem das Vergaberecht. Diese Bestandteile werden durch die folgende Grafik verdeutlicht.

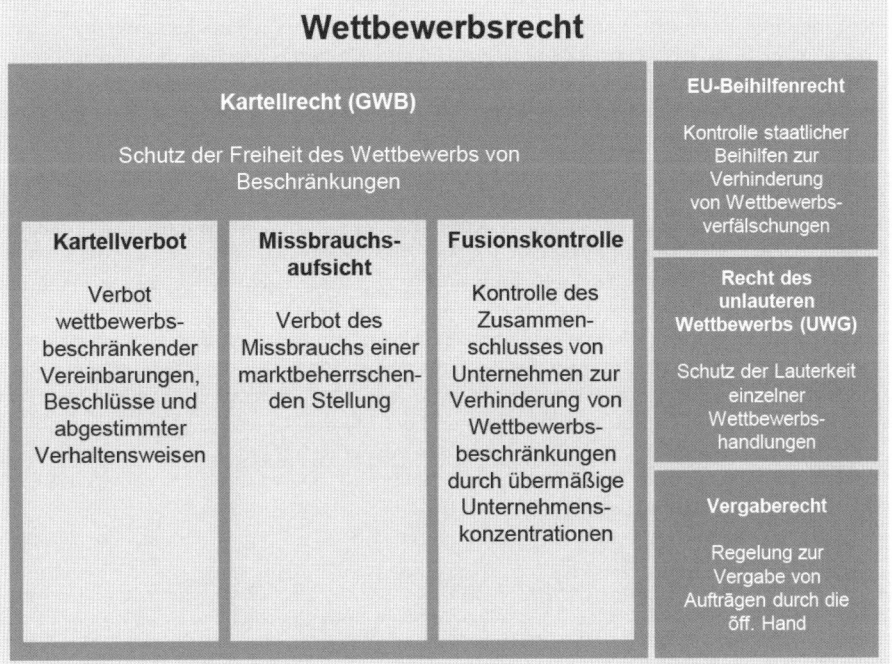

Abb. 73 – Teilbereiche des Wettbewerbsrechts. Die Grafik zeigt die Teilbereiche des Wettbewerbsrechts unter Berücksichtigung der drei unterschiedlichen Schwerpunktbereiche innerhalb des Kartellrechts.

3   Für das Energierecht praktisch relevant sind das **Kartellrecht,** das **Beihilferecht** und das **Vergaberecht.** Im Folgenden werden deshalb im Wesentlichen diese drei Bereiche vorgestellt. Wir beschränken uns dabei wiederum auf die für das Energierecht relevanten Aspekte und Fallbeispiele.

I. Kartellrecht

1. Einführung

4   Das Kartellrecht hat erheblichen Einfluss auf die Gestaltung des Energiemarktes. Bis zur Liberalisierung Ende der 1990er Jahre wurde die Energiewirtschaft durch die starke Stellung des **Bundeskartellamts** geprägt. Daran hatte u. a. die Preiskontrolle nach § 103 GWB a. F. und die Fusionskontrolle einen entscheidenden Anteil. Seither beschränkt sich der Eingriffsbereich des Bundeskartellamtes in der Energiewirtschaft auf jene Stufen der Wertschöpfungskette, die dem Wettbewerb zugänglich sind.

5   Das Kartellrecht tritt dem Umstand entgegen, dass Unternehmen in einem Wettbewerbsumfeld zum Beispiel aufgrund von Kostenvorteilen (Economies of Scale) und der damit möglicherweise einhergehenden Marktmacht einen natürlichen Anreiz haben, ihre **Marktstellung** missbräuchlich zu ihrem Vorteil zu nutzen. Dies liegt insbesondere in Fällen vor, in denen eine Monopolstellung besteht, so in der Energiewirtschaft etwa im Bereich der Netze. Soweit eine solche Stellung allerdings nicht durch Wettbewerb „angegriffen" werden kann, hat der Gesetzgeber die Entscheidung getroffen, die betreffenden Wirtschaftsbereiche in die Regulierung zu überführen, um einen Missbrauch von Marktmacht zu verhindern.

6   Historisch kann das Energiekartellrecht in **zwei Epochen** unterteilt werden. Bis zum 1. Binnenmarktpaket 1997 bzw. der Energierechtsnovelle 1998 waren in Deutschland Gebietsmonopole in Form von exklusiven Konzessionen und Demarkationsverträgen im Energiebereich ausdrücklich akzeptiert.[1] In anderen Ländern, wie zum Beispiel in Frankreich, hatte der Staat sich die Energieversorgung der Bevölkerung als öffentliche Aufgabe (service public) von vornherein als staatliches Monopol selbst vorbehalten. Die staatliche Aufgabenerfüllung erweist sich allerdings häufig als von politischen Vorgaben determiniert, daher wirtschaftlich nicht effizient, wenig serviceorientiert und im Ergebnis als zu teuer. Allerdings kann eine zu starke Marktstellung von Unternehmen (Marktbeherrschung) in ähnlicher Weise zu einer ineffizienten Ressourcenallokation und damit nicht optimalen wirtschaftlichen Ergebnissen führen.

7   Daher drängte die Europäische Kommission in den 1990er Jahren verstärkt auf eine **Liberalisierung** der Energiemärkte, um eben jenen Wettbewerb dort zu ermöglichen. 1998 wurden neben anderen Maßnahmen deshalb die Befreiungen der Energiewirtschaft von den kartellrechtlichen Regelungen des Gesetzes gegen Wettbewerbsbeschränkungen aufgehoben. Besondere Vorgaben gelten heute nur noch für den regulierten Netzbereich, der als natürliches Monopol eine Ausnahme bildet und deshalb der Regulierung unterworfen ist.[2]

8   Zur Schaffung und Erhaltung von Wettbewerb bestehen auf europäischer und nationaler Ebene verschiedene, zum Teil überlappende Befugnisse. Die drei hier wichtigsten Bereiche[3] des Kartellrechts umfassen

- das **Kartellverbot** (Art. 101 AEUV und § 1 GWB), das (Preis-) Absprachen zwischen Unternehmen unterbinden soll,
- das **Missbrauchsverbot** (Art. 102 AEUV, §§ 18–20, 29 GWB), durch das die missbräuchliche Ausnutzung einer marktbeherrschenden Stellung (bzw. – in Deutschland zusätzlich – von relativer oder überlegener Marktmacht) verboten wird und

---

[1] Siehe § 2, Rn. 4 ff.
[2] Siehe § 4, Rn. 278 ff.
[3] Zur Systematik siehe auch AEUV, 3. Teil, Titel VII, Kapitel 1.

- die **Fusionskontrolle** (Fusionskontrollverordnung, §§ 35 ff. GWB), die verhindern soll, dass es durch externes Wachstum von Unternehmen zu einer erheblichen Behinderung wirksamen Wettbewerbs kommt.

In allen drei Regelungsmaterien findet sich ein komplexes Zusammenspiel aus europäi- **9** schem Primär- und Sekundärrecht mit verschiedenen Verordnungen, Richt- und Leitlinien einerseits und nationalem Recht nebst Bekanntmachungen andererseits. Darüber hinaus hat die Rechtsprechung viele Rechtsgrundsätze erheblich ausgestaltet. Als Handelnde sind auf europäischer Ebene vor allem die **Generaldirektion Wettbewerb**[4] der EU-Kommission und auf nationaler Ebene das **Bundeskartellamt** sowie die Landeskartellbehörden, zumeist als Abteilungen der Landeswirtschaftsministerien (zusammen auch als die Kartellbehörden bezeichnet) aktiv.

Das Kapitel kann und soll keinen Überblick über das gesamte europäische und nationale **10** Kartellrecht geben, auf entsprechende Lehrbücher wird dafür am Ende des Abschnitts verwiesen.

Wir wollen vorliegend vielmehr zeigen, welche **besondere Bedeutung** **11**
- Kartellverbote (Rn. 51 ff.),
- das Verbot des Missbrauchs einer marktbeherrschenden Stellung (Rn. 85 ff.) und
- die Fusionsschlusskontrolle (Rn. 119 ff.)
für das Energierecht haben.

Innerhalb der Abschnitte sind jeweils die **Rechtsgrundlagen und Merkmale** darge- **12** stellt, die für das Verständnis nötig sind. Zudem findet sich im Abschnitt zur Zusammenschlusskontrolle neben der Darstellung des europäischen Verfahrens ein Abriss zum nationalen Verfahren[5], dem eine hohe praktische Bedeutung zukommt.

Vorangestellt sind der Darstellung der drei Bereiche des Kartellrechts: **13**
- ein Exkurs im Hinblick auf das **Verhältnis zum Energierecht** (Rn. 15 ff.) und
- die Grundzüge der **Marktabgrenzung** (Rn. 21 ff.).

Letztere ist ein zentrales Element zum Verständnis aller Bereiche des Kartellrechtes. **14** Denn erst nach der Bestimmung, was genau der **Markt** ist, kann festgelegt werden, ob zum Beispiel Marktmacht besteht und wie stark diese ist.

Zum Weiterlesen

Volker Emmerich, Kartellrecht: Ein Studienbuch, 13. Aufl. 2014, 1. Teil: Einleitung und 2. Teil: Der Schutz des Wettbewerbs gegen Beschränkungen im europäischen Recht
Andreas Klees, Einführung in das Energiewirtschaftsrecht, 2012, Kapitel 3: Energiekartellrecht
Fritz Rittner u. a., Wettbewerbs- und Kartellrecht – Eine systematische Darstellung des deutschen und europäischen Rechts, 8. Aufl. 2014, § 6: Grundbegriffe und Anwendungsbereiche
Holger Stappert u. a., in: Gerd Stuhlmacher u. a. (Hrsg.), Grundriss zum Energierecht, 2. Aufl. 2015, Kapitel 16: Kartellrecht
Johannes Laitenberger, Energiepolitik der EU und Wettbewerbspolitik, NZKart 2016, 49 ff.
EU-Kommission, Wettbewerbsrechtliche Compliance – Was Unternehmen tun können, um die EU-Wettbewerbsvorschriften besser einzuhalten, 2012
Jochen Mohr, Sicherung der Vertragsfreiheit durch Wettbewerbs- und Regulierungsrecht, Domestizierung wirtschaftlicher Macht durch Inhaltskontrolle der Folgeverträge, 2015

2. Exkurs: Verhältnis von Energierecht und Kartellrecht

Grundsätzlich sind das Energieregulierungsrecht und das Wettbewerbsrecht **zwei** **15** **Rechtsgebiete** mit eigenen, selbstständigen Regelungsbereichen. Viele der Konzepte des Energieregulierungsrechts sind allerdings aus dem Kartellrecht heraus entwickelt (und z. T. für die Energiewirtschaft modifiziert) worden, da sich das Energierecht gerade im Bereich der Netze und der konventionellen Stromerzeugung intensiv mit Phänomenen und Folgen von Marktmacht beschäftigt. So überrascht es nicht, dass die beiden Rechtsbereiche von je her in enger Beziehung miteinander stehen.

---

[4] Siehe § 12, Rn. 8 ff.
[5] Siehe § 9, Rn. 164 ff.

16   Die **Verflechtung** begann damit, dass bis zur Liberalisierung 1998 nach § 103 a. F.
GWB eine weitgehende Bereichsausnahme von horizontalen und vertikalen Kartellen für
die leitungsgebundene Versorgung mit Elektrizität, Gas und Wasser bestand. Sie galt insbesondere für Demarkations- und ausschließliche Konzessionsverträge. Wie aus dem Kapitel
zur Fusionskontrolle unten ersichtlich, spielten das Bundeskartellamt und die Rechtsprechung auch schon zu dieser Zeit eine wesentliche Rolle dabei, die Ausdehnung der
Marktmacht der großen Verbundunternehmen einzugrenzen und ihren Missbrauch zu verhindern.

17   Zwar wurde die Bereichsausnahme für die leitungsgebundene Versorgung für Elektrizität
und Strom (nicht für Wasser) im Zuge der Liberalisierung aufgehoben, das **Sonderver-
hältnis** setzte sich jedoch fort. Dazu sieht § 130 Abs. 3 GWB vor, dass das EnWG der
Anwendung des Gesetzes gegen Wettbewerbsbeschränkungen nicht grundsätzlich entgegensteht, jedoch nur, soweit § 111 EnWG keine anderweitigen Regelungen trifft. Denn
gerade die Regulierung der Energienetze mit ihren natürlichen Monopolen ist ein Kernbereich des modernen Energierechts. Insofern folgt § 111 EnWG dem Spezialitätsgrund-
satz und erklärt die Missbrauchsbestimmungen der §§ 19, 20 und 29 GWB für nicht anwendbar, soweit das EnWG – zum Beispiel in Teil 3 zur Regulierung des Netzbetriebs –
abschließende Regelungen trifft.

18   Nicht ausgeschlossen werden kann dagegen der Vorrang des EU-Rechts in Gestalt der
Art. 101, 102 AEUV. Dies hat in der Energiewirtschaft bislang zu keinen sichtbaren Konflikten geführt. Allerdings hat die EU-Kommission im Bereich der Telekommunikation
trotz regulierungsbehördlicher Genehmigung einen Missbrauch durch bestimmte **Entgelte**
festgestellt. Dies ist unter Umständen auch im Energiebereich denkbar, denn das Bundeskartellamt wendet auch bei anderen nationalen Sachverhalten regelmäßig EU-Recht an.

19   Wie natürliche Monopolstellungen im Netzbereich geregelt werden, wird weiter unten,
insbesondere in Rn. 114 ff., eingehender behandelt. Die **Zuständigkeiten** des Bundeskartellamts als Kartellbehörde und der Bundesnetzagentur als nationale Regulierungsbehörde
existieren dabei grundsätzlich unabhängig nebeneinander. Die übliche Zuständigkeitsauf-
teilung lässt sich im Prinzip anhand der Wertschöpfungskette in der Energiewirtschaft verstehen. So sind alle Bereiche, die natürliche Monopole (d.h. die Infrastruktur) betreffen,
vom Gesetzgeber der Regulierung zugewiesen, während für alle übrigen Bereiche angenommen wird, dass sie dem Wettbewerb zugänglich sind und deswegen der Kartellaufsicht
unterstehen.

20   In der Praxis haben beide Behörden nach der anfänglichen Festlegung von Zuständigkeiten heute zu einer weitgehend reibungslosen und effizienten Zusammenarbeit gefunden.
Dies findet beispielsweise darin seinen Ausdruck, dass sie jährlich gemeinsam einen **Monitoringbericht** über den Stand der Energiewirtschaft in Deutschland gem. § 63 Abs. 3
i. V. m. § 35 EnWG und § 48 Abs. 3 i. V. m. § 53 Abs. 3 GWB veröffentlichen und regelmäßig allgemein und bei konkreten Fällen einen Informationsaustausch und Konsultationen pflegen.

Zum Weiterlesen

Wolfgang Bosch, in: Rainer Bechtold, GWB, Kommentar, 8. Aufl. 2015, vor § 28, Rn. 19 ff., § 29
Franz-Jürgen Säcker, in: Franz-Jürgen Säcker, Berliner Kommentar Energierecht, 3. Aufl. 2014, Band 1,
    Halbband 2, § 111 EnWG

3. Marktabgrenzung

21   Ausgangspunkt der kartellrechtlichen Analyse ist stets die Frage der Marktabgrenzung,
um zu bestimmen, in welchem Zusammenhang die Analyse erfolgt. So soll die Fusionskontrolle die Entstehung von zu großer Macht eines Unternehmens auf einem Markt verhindern und die Missbrauchskontrolle die wettbewerbsschädigende Ausnutzung von
Marktmacht vereiteln. In beiden Fällen ist die Untersuchung jedoch praktisch nicht mög-

lich, ohne vorher zu definieren, in welchem **Kontext** der zu beurteilende Sachverhalt gesehen werden muss. Darum muss der relevante Markt abgegrenzt werden.

Dazu haben sowohl die EU-Kommission als auch das Bundeskartellamt jeweils für den **22** Strom, Gas- und Fernwärmemarkt eigenständige *sachliche* und *räumliche* **Abgrenzungen** dieser *Märkte* entwickelt, die sich jedoch fortwährend mit der Gestalt des Marktes weiterentwickeln. Daher sind allen Kartell-Entscheidungen ausführliche Marktabgrenzungen vorangestellt, die das aktuelle Verständnis widerspiegeln und bei weiterer Marktentwicklungen (so etwa früher im Zusammenhang mit der Liberalisierung und heute mit der Energiewende in Deutschland) kritisch zu hinterfragen sind.

Die EU-Kommission orientiert sich bei ihren Entscheidungen zur Marktabgrenzung in **23** erheblichem Umfang an der **nationalen Entscheidungspraxis,** für Deutschland also an der des Bundeskartellamtes. In der Vergangenheit war die EU-Kommission bei der räumlichen Marktabgrenzung etwas optimistischer und hat schon früher weitere Märkte angenommen als das Bundeskartellamt. Dies gleicht sich aber zunehmend an.

Vom Kartellrecht und der Marktabgrenzung quasi ausgenommen sind die **Netze.** Sie **24** bilden aufgrund ihrer wirtschaftlich nicht duplizierbaren Netzinfrastruktur natürliche Monopole.[6] Wo kein zweites Netz ist, kann kein – von den Kartellbehörden zu beaufsichtigender – Wettbewerb entstehen. Stattdessen unterfallen Netze der **Regulierung.** Auch für den regulierten Bereich ist wegen des Vorranges des EU-Rechts zwar streng genommen die Anwendung von Art. 101 zum Kartellverbot und Art. 102 AEUV zur Missbrauchsaufsicht nicht ausgeschlossen. Allerdings ergibt sich aus den Liberalisierungsrichtlinien auf Grundlage von Art. 106 Abs. 3 AEUV und dem nationalen Recht die exklusive Anwendbarkeit des Regulierungsrechts und es kommt so gut wie nie zu Kartellverfahren im regulierten Bereich.

a) Marktabgrenzung des europäischen Strommarktes

Hinsichtlich der sachlichen Marktabgrenzung orientiert sich die EU-Kommission an der **25** **energiewirtschaftlichen Wertschöpfungskette.** Dabei stuft sie zunächst die Stromerzeugung und den Stromgroßhandel als einen einheitlichen Markt ein. Kriterium ist dabei, inwieweit davon auszugehen ist, dass diese Bereiche aus Sicht des Nachfragers tatsächlich oder potentiell miteinander im Wettbewerb stehen.

Auf der **Distributionsstufe** differenziert sie zwischen dem Markt für die Stromüber- **26** tragung und die Stromverteilung. Unter Übertragung versteht die EU-Kommission den Betrieb und das Management des Hochspannungsnetzes, das der Stromübertragung über weite Strecken dient. Im Gegensatz hierzu sieht sie die Verteilung als Betrieb und Management der Niederspannungsnetze, welches der Verteilung von Strom auf regionaler Ebene dient. Außerdem hat die EU-Kommission diese Märkte als natürliche Monopole qualifiziert und kommt deshalb zu dem Schluss, dass auf diesen beiden Produktmärkten kein effizienter Wettbewerb der Unternehmen untereinander stattfindet. Ebenso wie das Bundeskartellamt grenzt die EU-Kommission auf dieser Ebene zusätzlich einen Markt für die Bereitstellung von **Regelenergie** und **Systemdienstleistungen** (balancing power and ancillary services) ab, wobei sie zwischen den einzelnen Regelenergiearten (Primärenergie, Sekundärenergie und Minutenreserve) unterscheidet.

Auf der Ebene des **Stromeinzelhandels,** auf der Strom an den Endverbraucher ver- **27** kauft wird, unterscheidet die EU-Kommission zwischen dem Markt für Großabnehmer und für Kleinkunden. Als Großabnehmer sieht sie dabei Industriebetriebe und als Kleinkunden private Haushalte und Kleinunternehmen.

Im Zusammenhang mit dem **Kleinkundenmarkt** sind 2009 die Verfahren Vattenfall/ **28** Nuon[7] und RWE/Essent[8] nach einer Zusammenschlusskontrolle von der EU-Kommission

---

[6] Siehe § 4, Rn. 209 ff.
[7] EU-Kommission, Entscheidung vom 22.6.2009, COMP/M.5496.
[8] EU-Kommission, Entscheidung vom 23.6.2009, COMP/M.5467.

unter Auflagen genehmigt worden. Sie zeigen, wie die EU-Kommission die Entstehung von Marktmacht zu verhindern versucht und werden unter Rn. 152 und 153 dargestellt.

29   Bei der **räumlichen Marktabgrenzung** tendiert die EU-Kommission zu einer dynamischen Betrachtungsweise und bezieht in die absehbare Marktentwicklung in die Marktanalyse mit ein. Im Regelfall berücksichtigt sie dabei Entwicklungen in den nächsten zwei bis drei Jahren (in Ausnahmefällen auch bis zu fünf Jahre). Aufgrund der noch unzureichenden Kapazitäten an den Grenzkuppelstellen und fehlender Investitionsanreize für die Schaffung zusätzlicher Kapazitäten treten etablierte Unternehmen bislang allerdings nur selten als Wettbewerber in den Märkten anderer Mitgliedstaaten auf. So geht die EU-Kommission in räumlicher Hinsicht in aller Regel von einer nationalen Ausdehnung der jeweiligen sachlich relevanten Märkte aus. Lediglich im Verhältnis zwischen Deutschland und Österreich erkennt sie (ebenso wie das Bundeskartellamt) an, dass ein einheitlicher Markt besteht.

b) Marktabgrenzung des europäischen Gasmarktes

30   Grundsätzlich unterscheidet die EU-Kommission im Gasbereich **sachlich** zwischen den Märkten für den Großhandel, die Lagerung, die Übertragung, die Verteilung und den Einzelhandel.

31   Den **Erdgasgroßhandel** unterteilt die EU-Kommission für Deutschland wiederum in den Ferngasmarkt und den Nahgasmarkt. Auf dem Ferngasmarkt beliefern überregionale Ferngasunternehmen regionale Erdgasunternehmen, die die erworbenen Erdgasmengen dann auf dem Nahgasmarkt an die Stadtwerke weiterveräußern. Außerdem kommt eine Differenzierung nach der Gasqualität in Betracht. Danach werden H-Gas und L-Gas auf separaten Märkten gehandelt.

32   Ähnlich wie im Strombereich unterscheidet die EU-Kommission auch im **Erdgaseinzelhandel** zwischen dem Markt für Großkunden, also Industriebetriebe und Kraftwerke und dem Markt für Kleinkunden, also Haushaltskunden. Den Markt für Großkunden differenziert sie weiter nach Industriekunden und Kraftwerken entsprechend dem jährlichen Gasverbrauches und ihrer Tätigkeit. Außerdem kommt auch hier die Unterscheidung nach H-Gas und L-Gas Märkten in Betracht.

33   Bei der **räumlichen Marktabgrenzung** sieht die EU-Kommission auch im Gasmarkt die Landesgrenzen als gegenwärtig maximale geographische Ausdehnung des jeweils sachlich relevanten Marktes an, weil die Marktintegration noch nicht soweit fortgeschritten ist, als dass man von einem einheitlichen europäischen Markt sprechen könnte.

c) Marktabgrenzung des deutschen Strommarktes

34   Die von der Rechtsprechung unterstützte Marktabgrenzung des Bundeskartellamtes orientiert sich ebenso wie bei der Kommission an den **Fortschritten** der Liberalisierung der Strommärkte.

35   Die sachliche Marktabgrenzung von Bundeskartellamt und Bundesgerichtshof beruht auf dem sogenannten **Bedarfsmarktkonzept.**[9] Es stellt auf die Sicht des verständigen Verbrauchers ab und besagt, dass die Waren einen relevanten Markt bilden, die aus Sicht eines objektiven Nachfragers untereinander in tatsächlicher oder potentieller Hinsicht funktionell austauschbar sind. Die funktionelle Austauschbarkeit richtet sich dabei nach Eigenschaft, Verwendungszweck und Preis der angebotenen Ware. Plakativ gefasst, könnte es sein, dass Verbraucher verschiedene *Softdrinks* als untereinander austauschbar ansehen, nicht aber *Softdrinks* gegen Säfte oder gegen Wein. In diesem Fall würden Erfrischungsgetränke möglicherweise zum gleichen relevanten Markt gehören, Säfte oder Wein hingegen nicht.

36   Ebenfalls zur Bestimmung des Marktes dient der **SSNIP-Test.** Er stellt eine moderne ökonometrische Methode dar und misst, auf welche Produkte Kunden umsteigen, wenn sich der Preis des eigentlich gewollten Produktes um fünf bis zehn Prozent erhöhen würde.

---

[9] Zum Bedarfsmarktkonzept siehe BGH, Beschl. vom 5.10.2004 – KVR 27/04.

Insbesondere in komplexen Fällen, die möglicherweise Wettbewerbsprobleme zur Folge haben, hilft diese Methode objektivere Ergebnisse zur Marktabgrenzung zu erlangen. Allerdings hat der SSNIP Test hohe Anforderungen an die Verfügbarkeit von Daten und erfordert umfangreiche Berechnungen.

Die **Unterteilung** des deutschen Strommarktes durch das Bundeskartellamt ist dabei – 37 abweichend von der auf europäischer Ebene verwendeten, vierstufigen Abgrenzung – dreigliedrig.[10]

Auf der **Erzeugungsstufe** nimmt das Bundeskartellamt einen Markt für den erstmali- 38 gen Absatz von Elektrizität an. Dieser umfasst alle dem deutschen Markt zu Verfügung stehenden Strommengen, egal ob diese im Inland erzeugt oder importiert wurden. Ausgenommen davon ist jedoch Strom, der nach dem EEG vergütet wird, da sich sein Preis allenfalls teilweise am Wettbewerbsmarkt bildet und nicht erfasst ist. Im Lichte der Fortentwicklung des Rechtsrahmens für Erneuerbare Energien und deren zunehmende Marktintegration, erscheint es allerdings möglich, dass in künftigen Verfahren insoweit ein einheitlicher Markt anzunehmen ist.

Zur nachfolgenden **Distributionsstufe** gehören sämtliche Unternehmen, die mit Elekt- 39 rizität handeln bzw. sie weiterverkaufen. Denkbar wäre auf dieser Stufe die Abgrenzung verschiedener Großhandelsmärkte. Jedoch hat das Bundeskartellamt bisher keine genaue Identifikation und Abgrenzung solcher Märkte vorgenommen.

Lediglich die drei **Regelenergiemärkte** werden vom Bundeskartellamt als eigene 40 Märkte innerhalb des Großhandels definiert.[11] Denn zwischen dem Erstabsatzmarkt und den Regelenergiemärkten besteht ein sogenanntes asymmetrisches Substitutionsverhältnis. Dies ergibt sich, weil an den Regelenergie-Auktionen einerseits nur Unternehmen teilnehmen dürfen, die bestimmte Präqualifikations-Erforderungen erfüllen, sodass der Kreis der Anbieter kleiner ist und als Nachfrager nur die vier großen Übertragungsnetzbetreiber auftreten. Andererseits werden höhere technische Anforderungen zur Einsatzgeschwindigkeit an Regelenergie-Kraftwerken gestellt. Zudem ist Gegenstand des Regelenergiemarktes die Vorhaltung von Kapazitäten, nicht die Bereitstellung von Leistungen.

Die **Letztverbraucherstufe** erfasst den Endabsatz an alle Stromkunden, die elektrische 41 Energie zum Eigenverbrauch beziehen. Auf dieser Stufe unterscheidet das Bundeskartellamt aufgrund des unterschiedlichen Abnahmeverhaltens zwischen dem Markt für Großkunden, die über eine registrierte Leistungsmessung verfügen (RLM-Kunden) und den Märkten für Kleinkunden, deren Stromnachfrage über ein Standardlastprofil abgerechnet wird (SLP-Kunden). Die Differenzierung des Marktes ergibt sich daraus, dass Industrie- und große Gewerbekunden aufgrund ihres weitaus höheren Stromverbrauchs sensibler auf eine Erhöhung des Strompreises reagieren und den Lieferanten schneller wechseln als Kleinkunden. Innerhalb der Gruppe der Kleinkunden wird noch einmal zwischen Grund- und Ersatzversorgungskunden einerseits sowie Sondervertragskunden andererseits unterschieden. Diese Gruppen teilen sich wiederum nach ihrer Wechselbereitschaft auf.

Der **Grund- und Ersatzversorgungsmarkt** umfasst dabei sämtliche Letztverbraucher, 42 deren Stromverbrauch aufgrund von Standartlastprofilen ermittelt wird und deren Stromrechnung anhand von allgemeinen Preisen erstellt wird. Vom Grundversorger wird jeder Letztverbraucher beliefert, der keinen gesonderten Stromliefervertrag abgeschlossen hat. Deshalb ist bei dieser Kundengruppe von einer geringen Wechselbereitschaft auszugehen. Der Sondervertragsmarkt erfasst hingegen alle Letztverbraucher, deren Stromverbrauch aufgrund von Standardlastprofilen ermittelt wird und deren Stromkosten außerhalb der Allgemeinen Preise errechnet werden. Diese sachliche Differenzierung trägt dem Umstand Rechnung, dass der Grundversorgungskunde zwar einerseits keine Suchkosten

---

[10] Vgl. dazu mit grundlegender Erläuterung die Entscheidungen des Bundeskartellamts i. d. S. RWE/EnergyAG/Saar Ferngas AG vom 12.3.2007 – B8-62/06, S. 31 ff.; Intergra AG/Thüga – B8-107/09 vom 30.11.2009, S. 9 ff.

[11] Bundeskartellamt, Sektorenuntersuchung Stromerzeugung/Stromgroßhandel, Januar 2011, S. 71 ff.

hat, die bei der Suche nach einem Sondervertrag entstehen, andererseits in der Regel aber einen höheren Stromtarif zahlen muss. In räumlicher Hinsicht geht das Bundeskartellamt bisher wegen der unzulänglichen Kapazitäten an den Grenzkuppelstellen nicht von der Existenz eines europäischen Strommarktes aus. Seit 2011 nimmt es aber an, dass die Märkte für den Erstabsatz von Strom zwischen Deutschland und Österreich inzwischen so eng miteinander verbunden sind, dass man von einem räumlich einheitlichen Markt ausgehen kann.[12] Den Markt für die Belieferung von Großkunden hat es als deutschlandweiten Markt definiert, denn die technischen Gegebenheiten ermöglichen bundesweite Elektrizitätslieferungen.

43   Seit dem Zusammenschlusskontrollverfahren E.ON/Thüga[13] nimmt das Bundeskartellamt demgegenüber an, dass der Markt für **Sondervertragskunden** in Abweichung davon bundesweit abzugrenzen ist. Begründet wird dies damit, dass die gestiegene Wettbewerbsintensität bei Sondervertragskunden zu einer großen Auswahl an Stromlieferanten geführt hat und Kunden tatsächlich in signifikantem Umfang Strom von Anbietern beziehen, die nicht vor Ort beheimatet sind. Im Gegensatz dazu werden Grundversorgungskunden in der Regel von dem lokalen Grundversorger beliefert, sodass hier nur lokale Märkte bestehen, die auf das Netzgebiet des lokalen Versorgers begrenzt sind.

44   Separat von den vorstehend beschriebenen Letztabsatzmärkten ist der **Heizstrommarkt** zu betrachten. Dieser Markt umfasst sämtliche Kleinkunden, die Strom außerhalb der Allgemeinen Preise zum Betrieb von Raumheizungen (zum Beispiel Nachtspeicherheizungen, elektronische Wärmepumpen) erwerben. Diese Abnehmer haben ein anderes Nutzungsprofil als die übrigen Kleinkunden, einen höheren Stromverbrauch und daher bei der Möglichkeit der Einsparung eine größere Wechselbereitschaft. Auch der Heizstrommarkt ist aber weiterhin lokal begrenzt, weil im Regelfall innerhalb des Versorgungsnetzes nur der lokale Anbieter tätig ist.

d) Marktabgrenzung des deutschen Gasmarktes

45   Die Marktabgrenzung des deutschen Gasmarktes hat sich Ende 2014 im Zuge eines Fusionskontrollverfahrens geändert.[14] Das Bundeskartellamt geht nunmehr von einem dreistufigen – anstelle eines vierstufigen – **Marktaufbau** aus.

46   Auf der Stufe *Import und Erzeugung* siedelt das Amt ausländische und inländische **Produzenten** an.

47   Auf der Stufe darunter hat es bislang zwischen der Belieferung durch überregionale Ferngasgesellschaften und regionale Ferngasunternehmen als zwei unterschiedliche Marktstufen unterschieden. Nunmehr geht das Bundeskartellamt davon aus, dass durch die Veränderung des Marktes nur noch eine einheitliche **Gasgroßhandelsstufe** *(Stufe 1)* besteht und zählt zu dieser fortan auch Gashändler (ausgenommen konzernverbundene Netzbetreiber). Zudem geht es davon aus, dass sich diese neue Stufe auf ein bundesweites Marktgebiet erstreckt und gibt die netzbezogenen oder jedenfalls marktgebietsbezogenen räumlichen Marktabgrenzungen auf. Denn durch die Entflechtung sind die Fernleitungsnetzbetreiber und die Gasliefergesellschaften von einander getrennt worden. Damit kann man das Einzugsgebiet des Lieferanten nicht mehr mit dem Netzgebiet des Netzbetreibers, mit dem er zuvor innerhalb des Konzerns verbunden war, gleichgesetzt werden.

48   Im **Endkundenbereich** *(Stufe 2)* wird weiterhin zwischen einem Markt für die Belieferung von leistungsgemessenen Kunden (RLM-Kunden, insbesondere Industriekunden) und Standardlastprofilkunden (SLP-Kunden, Haushaltskunden) unterschieden. Den RLM-Kundenmarkt sieht das Bundeskartellamt als nationalen Markt an. Bei den SLP-Kunden unterscheidet es wie im Strommarkt zwischen Kunden in der Grundversorgung und Sondervertragskunden. Letzteren steht ebenfalls ein bundesweiter Markt offen.

---

[12] Bundeskartellamt, Entscheidung vom 8.12.2011 – B8–94/11, Rn. 36.
[13] Bundeskartellamt, Beschl. vom 30.11.2009 – B8–107/09, siehe auch § 9, Rn. 179.
[14] Bundeskartellamt, Beschl. vom 23.10.2014 – B8–69/14, S. 22 ff.

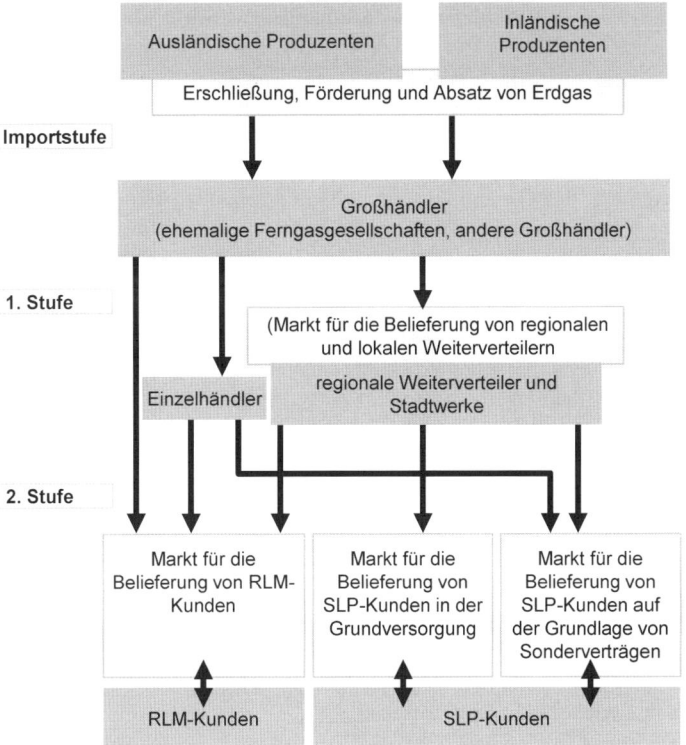

Quelle: Bundeskartellamt

Abb. 74 – Marktaufbau im Gasbereich. Die Grafik zeigt den dreistufigen Marktaufbau im Gasbereich, wie er seit 2014 nach Ansicht des Bundeskartellamtes gilt.

e) Marktabgrenzung bei Untertage-Gasspeichern

Einen besonderen Markt bilden die Untertage-Gasspeicher.[15] Er stellt nach Ansicht der **49** EU-Kommission einen eigenständigen Markt dar[16] und wurde vom Bundeskartellamt zuletzt 2012 in der Entscheidung Gazprom/Wintershall/VNG[17] abgegrenzt. In sachlicher Hinsicht wurde zunächst untersucht, ob für Poren- und Kavernenspeicher ein einheitlicher Markt existiert. Dies ist der Fall, wenn sie als austauschbar angesehen werden können. Das Bundeskartellamt nimmt dies an, da aus Sicht der Nachfrager beide Speicherarten gleichermaßen gut zum Ausgleich von Versorgungslücken geeignet sind. Dabei werden auch andere **Flexibilisierungsinstrumente** (z. B. flexible Lieferverträge) in den Markt einbezogen In räumlicher Hinsicht war fraglich, ob die Entfernung zwischen Speicher und Endkunden von Bedeutung ist. Das wäre der Fall, wenn die Belieferung nur um einen bestimmten Radius um den Speicher herum wirtschaftlich sinnvoll wäre. Das Bundeskartellamt kam jedoch hier zu dem Ergebnis, dass bei Untertagespeichern, die kapazitativ und bilanziell ins Marktgebiet eingebunden sind, die physische Transportentfernung vom Erdgasspeicher zum Endverbraucher keine Rolle spiele. Darüber hinaus bestünden weder physische oder vertragliche Engpässe noch ergäben sich durch die Aufsummierung der Netzentgelte erhebliche Wettbewerbshemmnisse zwischen den beiden deutschen Gasmarktgebieten, die die Austauschmöglichkeiten der Nachfrager aus objektiven Gründen auf

---

[15] Zur Gasspeicherung siehe § 6, Rn. 174 ff.
[16] EU-Kommission, Entscheidung vom 29.9.1999, COMP/M.1383, Rn. 261 ff.
[17] Bundeskartellamt, Entscheidung vom 31.1.2012 – B8–116/11.

das Gebiet des jeweiligen Marktgebietes beschränken würden. Somit ist mittlerweile von einem nationalen Markt auszugehen. Diese Feststellungen stehen auch im Einklang mit zwei Entscheidungen der EU-Kommission.[18]

f) Marktabgrenzung bei Fernwärme

50   Im Bereich der Fernwärme[19] ist im Rahmen der sachlichen Marktabgrenzung nach verbreiteter Meinung[20] eine Trennung nötig: Vor der Neuanschaffung eines Heizungsanlage stehen die Systeme (Fernwärmeanschluss, Gasheizung, Ölheizung, etc.) im Wettbewerb und bilden einen einheitlichen Markt. Nach der Festlegung auf ein System besteht für den gewählten Energieträger ein separater Beschaffungsmarkt. Bezieher von Fernwärme sind dann in technischer Hinsicht auf die Belieferung ihrer Hausanschlussstation mit Heizwasser angewiesen. Andere Energieträger stellen keine Alternative dar, denn eine Systemumstellung ist in der Regel unrentabel und durch lange Vertragslaufzeiten im Fernwärmesektor oft unmöglich. Innerhalb des Fernwärmemarktes differenziert das Bundeskartellamt weiter nach **Art der Kundenbeziehungen.** Dabei unterscheidet es zwischen Lieferungen an Haushalts- und Kleingewerbekunden sowie Wohnungsbaugesellschaften, an Industriekunden und an große Weiterverteiler, die eigene Kunden beliefern. Zudem wird vom Bundeskartellamt ein separater Markt für das Energieliefer-Contracting angenommen. In räumlicher Hinsicht entspricht der relevante Markt dem Gebiet, in dem der jeweilige lokale Fernwärmenetzbetreiber seine Leistung anbietet. Diese sind in der Regel geographisch eng begrenzt, da Fernwärme beim Transport einen hohen Energieverlust aufweist.

Zum Weiterlesen

Ellen Braun, in: Eugen Langen u. a., Kommentar zum deutschen und europäischen Kartellrecht
  12. Aufl. 2014, Systematik IX Energiewirtschaft
Anne Godde, Marktabgrenzung im Stromsektor, 2013
Franz Jürgen Säcker, Marktabgrenzung Marktbeherrschung, Markttransparenz und Machtmissbrauch
  auf den Großhandelsmärkten für Elektrizität, 2011

4. Kartellverbot

a) Rechtsgrundlagen und Merkmale

51   Der Kernbereich des Kartellrechts ist das **Kartellverbot,** d. h. das Verbot wettbewerbsbeschränkender Vereinbarungen, Beschlüsse und abgestimmter Verhaltensweisen. Hierfür besteht sowohl ein europäischer (Art. 101 AEUV, VO 1/2003[21]) als auch ein nationaler (§ 1 ff. GWB) Regelungsrahmen. Beide sind inhaltlich deckungsgleich (siehe Anforderung gem. Art. 3 II VO 1/2003[22]) und unterscheiden sich alleine dadurch, dass für an Anwendung der europäischen Normen die betroffene Maßnahme den Handel zwischen den Mitgliedstaaten der Union beeinträchtigen muss. In der Praxis wird dies allerdings auch bei kleineren Gebieten, wie etwa dem Bundesland Berlin, angenommen, wenn das betreffende Gebiet Bedeutung für den Wettbewerb in anderen Mitgliedstaaten hat oder die Maßnahme geeignet ist, die Binnengrenzen zu verfestigen. Diese Tatbestandsvoraussetzung dient der Abgrenzung der Zuständigkeiten zwischen der Union und den Mitgliedstaaten. Die zentrale europäische Norm des Art. 101 AEUV ist auch vom Bundeskartellamt als zuständige

---

[18] EU-Kommission, Entscheidung vom 19.12.2003, COMP/M.3318 und vom 14.3.2003, COMP/M.3868.
[19] Siehe § 7.
[20] BGH, Urt. vom 9.7.2002 – KZR 30/00 und BGH, Beschl. vom 10.12.2008 – KVR 2/08.
[21] Verordnung (EG) Nr. 1/2003 vom 16.10.2002 zur Durchführung der in den Artikeln 81 und 82 des Vertrags niedergelegten Wettbewerbsregeln (ABl. L 1 vom 4.1.2003, S. 1).
[22] Verordnung (EG) Nr. 1/2003 vom 16.10.2002 zur Durchführung der in den Artikeln 81 und 82 des Vertrags niedergelegten Wettbewerbsregeln (ABl. L 1 vom 4.1.2003, S. 1)

nationale Behörde unmittelbar anzuwenden, wenn die beschriebene zwischenstaatliche Handelsbeeinträchtigung in Rede steht.[23]

Nach den europäischen und deutschen Normen sind **Vereinbarungen** zwischen Un- 52 ternehmen, Beschlüsse von Unternehmensvereinigungen und aufeinander abgestimmte Verhaltensweisen verboten, wenn sie eine Verhinderung, Einschränkung oder Verfälschung des Wettbewerbs bezwecken oder bewirken. Art. 101 Abs. 1 AEUV zählt einige verbotene Maßnahmen und Kartellpraktiken auf, die nach Art. 101 Abs. 2 AEUV für *nichtig* erklärt werden, darunter u. a. Preis- und Konditionenfestsetzungen und Marktaufteilungen. Eine entsprechende Regelung wurde nicht in das Gesetz gegen Wettbewerbsbeschränkungen übernommen, ergibt sich jedoch aus § 134 BGB, nach dem Rechtsgeschäfte, die gegen gesetzliche Verbote verstoßen, nichtig sind. Das gesetzliche Verbot ergibt sich insoweit unmittelbar aus § 1 GWB.

Als Vereinbarung gelten alle **Maßnahmen der Koordinierung,** zum Beispiel durch 53 geschäftliche oder private Absprachen, Empfehlungen oder der Austausch von wettbe- werblich bedeutsamen Informationen. Diese weite Auslegung ist nötig, da nicht nur bin- dende Absprachen den Wettbewerb beeinträchtigen können. Darüber hinaus ist zu berück- sichtigen, dass die Beteiligten verbotene Absprachen typischerweise im Geheimen treffen und nicht schriftlich festhalten. Unterschieden werden horizontal und vertikal wett- bewerbsbeschränkende Vereinbarungen. **Horizontale Vereinbarungen** sind solche zwi- schen Wettbewerbern, also etwa Absprachen über Preise, die Aufteilung von Märkten und Kunden, Kooperationen in Einkauf, Erzeugung und Vertrieb und die Vereinbarung von Wettbewerbsverboten auf einer Marktstufe. **Vertikale Vereinbarungen** betreffen Verhält- nisse in der Lieferkette, zum Beispiel zwischen Lieferant und Kunde, und erfassen etwa Absprachen über Preise, Liefergebiete, Kunden und Alleinbelieferungen.

Art. 101 Abs. 3 und § 2 GWB enthalten **Ausnahmen** vom Kartellverbot. Demnach 54 sind Vereinbarungen trotz Art. 101 Abs. 1 AEUV/§ 1 GWB gerechtfertigt und daher nicht kartellrechtswidrig, wenn sie

- unter angemessener Beteiligung der Verbraucher an dem entstehenden Gewinn,
- zur Verbesserung der Warenerzeugung oder -verteilung oder zur Förderung des techni- schen oder wirtschaftlichen Fortschritts beitragen,
- ohne dass den beteiligten Unternehmen hierfür Beschränkungen auferlegt werden, die für die Verwirklichung dieser Ziele nicht unerlässlich sind oder
- Möglichkeiten zum Ausschalten des Wettbewerbs für einen wesentlichen Teil der betref- fenden Waren eröffnet werden.

Um die Anwendung dieser weit gefassten Ausnahme vom Kartellverbot in der Praxis bes- 55 ser anwendbar zu machen, hat der europäische Gesetzgeber über sogenannte **Gruppenfrei- stellungsverordnungen** (GVO) Regelungen für bestimmte und häufig verwendete Kons- tellationen getroffen. Hierunter fällt zum Beispiel die für den Energiebereiche besonders relevante Vertikal-GVO[24], die Vereinbarungen zwischen Unternehmen auf unterschiedli- chen Ebenen von Produktion und Vertrieb zum Gegenstand hat. Diese Unternehmen dürfen – mit Ausnahmen – keine (potentiellen) Wettbewerber sein und der Marktanteil von Anbie- ter und Abnehmer auf dem jeweils relevanten Markt darf nicht mehr als 30 Prozent betragen oder zu schwerwiegenden Wettbewerbsbeeinträchtigungen führen. Sofern diese – und einige weitere – in der Vertikal-GVO normierte Voraussetzungen erfüllt sind, unterfallen beispiels- weise langfristige Energielieferverträge nicht dem Kartellverbot.

Es ist jedoch, außerhalb des Anwendungsbereichs der GVO, auch eine sogenannte **Ein-** 56 **zelfreistellung** vom Kartellverbot möglich. Insoweit ist im Einzelfall zu prüfen, ob die

---

[23] EuGH, Urt. vom 13.7.1966 – 56/61, 58/61 – LTM/Maschinenbau Ulm; Urt. vom 11.12.1980 – 31/80 – L'Oreal; Urt. vom 10.12.1985 – 240/82 – Stichting Sigarettenindustrie; Urt. vom 31.3.1993 – 89/85 – Ahlström.

[24] Verordnung (EU) Nr. 330/2010 vom 20.4.2010 über die Anwendung von Artikel 101 Absatz 3 des Vertrags über die Arbeitsweise der Europäischen Union auf Gruppen von vertikalen Vereinbarun- gen und abgestimmten Verhaltensweisen (ABl. L 102 vom 23.4.2010, S. 1).

verhältnismäßig hohen Anforderungen des Art. 101 Abs. 3 AEUV/§ 2 GWB erfüllt sind. In der Praxis müssen Unternehmen diese Einschätzung selbst vornehmen. Mit Inkrafttreten der Verordnung 1/2003 gibt es kein behördliches Verfahren mehr, in dem – etwa durch die EU-Kommission – die Kartellrechtskonformität bestimmter Verträge geprüft wird. Soweit eine bestimmte Praxis in Streit steht, wird allerdings im Rahmen von behördlichen oder zivilgerichtlichen Verfahren überprüft, ob die Einschätzung des Unternehmens richtig war.

57   Einzelfreistellungen spielen im Bereich **langfristiger Energielieferverträge** eine wichtige Rolle. So können beispielsweise umfangreiche Investitionen vorübergehende Wettbewerbsbeschränkungen rechtfertigen, denn die Erschließung neuer Gasquellen oder der Bau von Kraftwerken können oft nur über Take or Pay Vereinbarungen mit langfristigen Laufzeiten[25] finanziert werden und Geldgeber verlangen solche Verträge oft als Sicherheit für die Finanzierung des Projekts. Allerdings akzeptiert die EU-Kommission hier bei langfristigen Stromlieferverträgen in der Regel nur Laufzeiten von maximal 15 Jahren.

b) Sanktionen und Folgen

58   Verstöße gegen das Kartellrecht sind auf europäischer und nationaler Ebene mit Sanktionen belegt. Im europäischen Recht richten sich diese nach Art. 23 VO 1/2003. Bei Verstößen gegen Art. 101 oder Art. 102 AEUV oder bei der Zuwiderhandlung gegen die Anordnung einer einstweiligen Maßnahme oder der Nichteinhaltung einer für bindend erklärten Verpflichtungszusage kann die **Geldbuße** für jedes an der Zuwiderhandlung beteiligte Unternehmen oder jede beteiligte Unternehmensvereinigung zehn Prozent seines bzw. ihres jeweiligen im vorausgegangenen Geschäftsjahr erzielten Gesamtumsatzes betragen. Für andere Verstöße liegt die Grenze bei einem Prozent.

59   Parallel dazu enthält § 81 Abs. 4 GWB Bußgeldvorschriften, nach denen Verstöße gegen Art. 101 und Art. 102 AEUV und gegen die Vorschriften des Gesetzes gegen Wettbewerbsbeschränkungen ebenfalls mit Geldbußen von bis zu **zehn Prozent** des im der Behördenentscheidung vorausgegangenen Geschäftsjahr erzielten Gesamtumsatzes des Unternehmens oder der Unternehmensvereinigung geahndet werden können.

60   Im deutschen Recht können nicht nur Unternehmen, sondern auch **natürliche Personen** mit Bußgeldern belegt werden. Denn das deutsche Kartellrecht sieht in den Verstößen auch ein persönliches Fehlverhalten der handelnden Personen, der vor dem wesentlich diverseren kulturellen Hintergrund des europäischen Rechts außen vor bleibt. Allerdings sieht das deutsche Recht eine Grenze von einer Million Euro vor.

61   Gestützt darauf wurde Anfang 2015 eine Klage des ThyssenKrupp Konzerns gegen einen **Manager,** der angeblich mit der Kartellabsprache im Zusammenhang stand, vom Landesarbeitsgericht Düsseldorf abgewiesen.[26] Dort hatte man versucht, eine Bußgeldzahlung über 191 Millionen Euro für eine Kartellabsprachen im Bereich der Bahnschienen beim angeblich verantwortlichen Manager einzuklagen.

62   Eine Gefahr jenseits der Bußgelder liegt in der Möglichkeit von mutmaßlich Geschädigten, **Schadensersatz** zu fordern. Der Schadensersatzanspruch kann gerichtlich sowohl unabhängig von einer vorherigen Feststellung des Kartellverstoßes durch eine Kartellbehörde, im Wege einer sogenannten Stand-Alone-Klage, oder – aus Beweisgründen weitaus üblicher – im Anschluss an die behördliche Feststellung eines Kartellverstoßes als sogenannte Follow-on-Schadensersatzklagen geltend gemacht werden. Hierzu hat die EU-Kommission Ende 2014 eine Schadensersatzrichtlinie[27] erlassen. Diese muss von den europäischen

---

[25] Siehe § 6, Rn. 256.
[26] Landesarbeitsgericht Düsseldorf, Teilurt. und Beschl. vom 20.1.2015, – 16 Sa 459/14; 16 Sa 460/14; 16 Sa 458/14.
[27] Richtlinie 2014/104/EU vom 26.11.2014 über bestimmte Vorschriften für Schadensersatzklagen nach nationalem Recht wegen Zuwiderhandlungen gegen wettbewerbsrechtliche Bestimmungen der Mitgliedstaaten und der Europäischen Union (ABl. L 349 vom 5.12.2014, S. 1).

Staaten binnen zwei Jahren umgesetzt werden. Eine weitere, indirekte Sanktion ergibt sich aus der mit Kartellverfahren einhergehenden Berichterstattung in der Presse, die der Reputation der Unternehmen schadet.

Zudem sind kartellrechtswidrige Verträge **nichtig,** d. h. man sieht sie als nicht existent **63** an. Eine Anpassung/Reduzierung des Vertragsinhaltes auf das gerade noch kartellrechtlich zulässige Maß erfolgt nicht. Denn dann könnten Unternehmen bewusst kartellrechtswidrige Verträge schließen und sie bei einer Entdeckung in modifizierter Form weiterführen.

c) Anwendung auf den Energiebereich

Am besten erschließt sich die Bedeutung der Kartellverbote für das Energierecht anhand **64** von **Beispielen** aus der europäischen und der deutschen Entscheidungspraxis.

aa) Europäische Fallbeispiele. Schon aus der Presseberichterstattung über steigende **65** Geldbußen in Kartellverfahren zur Sanktionierung von Kartellverstößen ergibt sich, dass die EU-Kommission mit **zunehmender Härte** gegen Kartellverstöße vorgeht. Nicht immer enden die Verfahren mit Verboten oder drakonischen Geldstrafen, zum Teil werden sie bereits in frühen Phasen durch Vereinbarungen mit den beteiligten Unternehmen beigelegt. Denn alleine der Einleitung eines Verfahrens kommt durch seine oft jahrelange Dauer, durch die Kosten und die erheblichen Mittel, die sie bei den Beteiligten binden und durch die negative Öffentlichkeitswirkung eine erhebliche Abschreckungswirkung zu. Um einen Eindruck davon zu geben, um welche Art von Fällen es sich dabei handelt und wie die Praxis der EU-Kommission ist, stellen wir nachfolgend einige wichtige Verfahren vor, die Einfluss auf die Gestaltung des europäischen Binnenmarktes genommen haben.

GFU-Verfahren (2002)[28]

In dem GFU-Verfahren ging die EU-Kommission bald nach der Liberalisierung der **66** europäischen nationalen Strom- und Gasmärkte durch Erlass der ersten Binnenmarktrichtlinien gegen den Verkauf des norwegischen Erdgases über einen **zentralen Erdgasverhandlungsausschuss** (GFU) vor. Diesem gehörten u. a. die beiden größten norwegischen Gasunternehmen Statoil und Norsk Hydro an. Der GFU handelte für die norwegischen Erdgasunternehmen Erdgaskaufverträge aus und setzte die Konditionen fest. Dieses System sah die EU-Kommission als mit dem europäischen Wettbewerbsrecht nicht vereinbar an, da es ihrer Ansicht nach verhinderte, dass Käufer und Verkäufer individuelle Abreden trafen und den GFU in die Lage versetzte, alleine darüber zu entscheiden, ob und welche Menge norwegisches Erdgas auf den europäischen Markt gelangen konnte. Allerdings berief sich die norwegische Regierung auf die Unanwendbarkeit des europäischen Kartellrechts. Zum einen gehöre Norwegen nicht der EU an, sondern nur dem **Europäischen Wirtschaftsraum** und die Unternehmen seien gesetzlich dazu verpflichtet gewesen, ihr Gas über den GFU zu vertreiben, zum anderen würden seit 2001 Verkäufe in den europäischen Wirtschaftsraum nicht mehr über den GFU abgewickelt.

Daraufhin kam es zu einer **Einigung:** Statoil und Norsk Hydro stellten zum einen alle **67** gemeinsamen Verkaufs- und Vermarktungstätigkeiten ein, die nicht mit dem europäischen Kartellrecht vereinbar waren. Nach Ablauf der damals gültigen Lieferverträge sollten Verkäufe individuell ausgehandelt werden. Zum anderen wurden zwischen 2001 und 2005 bestimmte Gasmengen für Neukunden, die bisher nicht von norwegischen Unternehmen beliefert wurden, bereitgestellt. Dadurch sollten neue Lieferbeziehungen nach Europa und damit eine Marktbelebung und -diversifizierung erreicht werden. Weitere sechs norwegische Unternehmen verpflichteten sich daraufhin ebenfalls, alle gemeinsamen Verkaufs- und Vermarktungstätigkeiten einzustellen und ihr Gas in Zukunft individuell zu verkaufen. Die Kommission stellte die Verfahren gegen die anderen norwegischen Gasproduzenten daraufhin ein.

---

[28] EU-Kommission, Entscheidung vom 17.7.2002, Sache COMP/E-4/36.072.

Synergen-Verfahren (2002)[29]

68   In der Sache Synergen ging es um den **Bau eines Elektrizitätswerkes** in der irischen Hauptstadt Dublin. Bauherren waren der einheimische Stromversorger ESB und das norwegische Erdgas- und Erdölunternehmen Staniol. Staniol hatte sich verpflichtet, die Vermarktung des erzeugten Stromes ESB zu überlassen, was zu Wettbewerbsproblemen geführt hätte. Daher einigten sich EBS und die EU-Kommission, nachdem jene ein Verfahren eröffnet hatte, dass der Strom über Versteigerungen und Direktvermarktungen Dritter zur Verfügung gestellt werden würde. Diese Dritten konnten den Strom als Neueinsteiger auf dem Markt dazu nutzen, sich eine Abnehmerbasis für ihre künftigen Kraftwerke aufzubauen, sodass wettbewerbliche Bedanken beseitigt werden konnten.

Gas de France/ENI und Gas de France/ENEL (2004)[30]

69   2004 ging die EU-Kommission gegen **Gebietsbeschränkungsklauseln** im Erdgassektor vor, die Gaz de France 1997 mit den italienischen Energie-Unternehmen ENI und ENEL geschlossen hatte. Der Vertrag mit ENI regelte die Beförderung des von ENI in Nordeuropa gekauften Erdgases. Gas de France transportierte dieses Gas innerhalb Frankreichs bis zur Schweizer Grenze und hatte ENI vertraglich verpflichtet, das Gas ausschließlich jenseits des Auslieferungsortes – also nicht in Frankreich – zu vermarkten. Der Vertrag mit ENEL betraf ein Swapgeschäft mit Flüssiggas, das ENEL in Nigeria einkaufte. Er enthielt eine Klausel, die ENEL verpflichtete, das Flüssiggas nur in Italien zu verwenden. Die Klauseln sollten also verhindern, dass die Verbraucher in Frankreich Erdgas von den beiden italienischen Versorgungsunternehmen bezogen. Die Kommission war der Ansicht, dass die Verträge der Schaffung eines wirklich wettbewerbsorientierten und integrierten Gasmarktes entgegenstanden und zu einer Abschottung der nationalen Märkte führten. Entsprechend erkannte sie darin einen Verstoß gegen Art. 81 EG-Vertrag (heute Art. 101 AEUV). Da die Verträge vor der Marktliberalisierung abgeschlossen worden waren und die Beteiligten ihre Umsetzung zum Zeitpunkt der Entscheidung bereits beendet hatten, sah die EU-Kommission allerdings von einer Strafe ab.

E.ON/Gas de France (2008)[31]

70   E.ON/Gas de France ist eine der wohl bekanntesten und umfangreichsten Kartell-Entscheidung der EU-Kommission.[32] Sie richtete sich gegen **Absprachen im Erdgas-Bereich** zwischen E.ON (bzw. der zwischenzeitlich von E.ON übernommenen Ruhrgas) und Gas de France. Die EU-Kommission ging dabei davon aus, dass zwischen Januar 1980 und jedenfalls Ende September 2005 zwischen den Unternehmen kartellrechtswidrige Vereinbarungen getroffen und Verhaltensweisen so abgestimmt worden waren, dass im jeweiligen Inlandsmarkt des anderen Unternehmens kein über die MEGAL-Pipeline befördertes Gas angeboten wurde. Die Absprachen sollen die Aufteilung von Märkten und den Austausch vertraulicher Informationen über Lieferungen von Erdgas über die MEGAL-Pipeline umfasst haben. Nach Ansicht der EU-Kommission kam es dadurch zu erheblichen Beschränkung des Wettbewerbs in den jeweiligen Inlandsmärkten. Die EU-Kommission entschied daher 2008, dass die Zuwiderhandlung abzustellen sei und verhängte eine Geldstrafe in Höhe von 1,1 Milliarden Euro bzw. 553 Millionen Euro pro Gesellschaft. Dies stellt eines der höchsten je durch die EU-Kommission erlassenen Bußgelder dar. Die Strafe wurde allerdings 2012 durch den Europäischen Gerichtshof auf 320 Millionen Euro pro Gesellschaft reduziert. Er begründete dies damit, dass die Entscheidung im Wesentlichen zwar richtig gewesen sei, die Beurteilung der Dauer der Zuwiderhandlung auf jedem der Märkte sei jedoch fehlerhaft und das Bußgeld somit überhöht gewesen.

---

[29] EU-Kommission, Entscheidung vom 31.5.2002, Sache COMP/E-4/37.732.
[30] EU-Kommission, Entscheidung vom 26.10.2004, Sache COMP/38.662.
[31] EU-Kommission, Entscheidung vom 8.7.2009, Sache COMP/39.401.
[32] EU-Kommission, Entscheidung vom 8.7.2009, Sache COMP/39.401.

Verfahren zum Gastransport und nationalen Gasversorgungsmärkte (2008 bis 2010)

Zwischen 2008 und 2010 ging die EU-Kommission nach einer Sektoruntersuchung ge- **71** gen mutmaßlich missbräuchliches Verhalten im Bereich der **Netz- und Lieferkapazitä-ten** im Gas-Sektor vor. In allen vier Verfahren führten bereits die Ermittlungen der EU-Kommission zu weitreichenden freiwilligen Verpflichtungszusagen der Unternehmen.

2008 vermutete die EU-Kommission, dass RWE[33] auf dem deutschen Gasübertragungs- **72** markt in seinem Netzgebiet eine beherrschende Stellung innehabe und diese missbrauche. Dies erfolge vor allem durch eine Weigerung, Gastransportdienstleistungen für Dritte zu erbringen und durch ein Verhalten, das die Margen seiner Wettbewerber auf den nachgelagerten Gasbelieferungsmärkten unter Druck setzen sollte **(Preis-Kosten-Schere).** Dies wurde von RWE zwar bestritten, dennoch stimmte man aber zu, das deutsche Gasübertragungsnetz *Thyssengas* abzugeben. Bemerkenswert war, dass dies im Ergebnis zu einer vollen eigentumsrechtlichen Entflechtung führte, das von der EU-Kommission für RWE bereits zuvor favorisiert wurde, politisch aber sehr umstritten war.

In einem weiteren Verfahren 2009 nahm die EU-Kommission an, dass GDF Suez[34] auf **73** den Märkten für **Importkapazitäten und Gasbelieferung** in den Bilanzausgleichszonen des Gastransportnetzes von GRTgaz eine beherrschende Stellung innehabe und missbräuchlich ausnutze, indem es den Zugang zu den Gasimportkapazitäten in den Bilanzausgleichszonen des Netzes von GRTgaz durch Langzeitbuchungen, Begrenzung der Aufnahmekapazität eines Flüssiggasterminals, die Art der Zuteilung der Langzeitkapazitäten und durch die strategische Begrenzung der Investitionen in zusätzliche Importkapazitäten an einem Flüssiggasterminal dauerhaft abschottete. Dadurch werde der Wettbewerb auf den nachgelagerten Gasbelieferungsmärkten beeinträchtigt. Dem widersprach GDF Suez. Dennoch wurde das Verfahren mit weitreichenden Verpflichtungszusagen des Unternehmens beendet. Diese sahen u. a. vor, feste Langzeitkapazitäten in das GRTgaz-Fernleitungsnetz an den Einspeisepunkten bzw. für Dritte, Upstream-Transportkapazitäten und feste Langzeitkapazitäten freizugeben. Zudem verpflichtete sich GDF Suez Kapazitätsbuchungen für H-Gas-Langzeitkapazitäten wesentlich zu beschränken.

2010 ging die EU-Kommission gegen E.ON[35] wegen des Verdachtes des Missbrauchs **74** seiner marktbeherrschenden Stellung auf den Märkten für die **Belieferung von Gas-Endkunden** in Form einer Lieferverweigerung aufgrund langfristiger Kapazitätsbuchungen vor. E.ON entschloss sich daraufhin zu einer Verpflichtungszusage und gab bereits im Oktober 2010 Kapazitäten im Gasnetz frei. Zudem werden die Kapazitätsbuchungen an frei zuordenbarer Einspeisekapazität langfristig bis 2015 reduziert.

2012 nahm die EU-Kommission an, dass der italienische Staatskonzern ENI[36] seine be- **75** herrschende Stellung am Markt für Erdgastransporte nach Italien sowie auf den Gasversorgungsmärkten in Italien zum Schaden seiner Wettbewerber, des Wettbewerbs und letztlich auch der Verbraucher auf den nachgelagerten Versorgungsmärkten missbrauchte, in dem sie den Zugang Dritter zu verfügbaren und zu neuen Kapazitäten beschränkte. Dies wurde von ENI zwar bestritten, trotzdem kam es auch hier zu weitreichenden **Verpflichtungszusagen.** So verpflichtete ENI sich u. a., seine Unternehmensbeteiligungen an internationalen Gasfernleitungen an ein unabhängiges Unternehmen zu veräußern. Mit Bezug auf Deutschland wurde vereinbart, dass ENI seine Beteiligung an deutschen Unternehmen im Bereich des Ferngasnetzes verkauft.

bb) Deutsche Fallbeispiele. Die starke Stellung des Bundeskartellamts in der Zeit bis **76** zur Einführung des Unbundlings und der Regulierung der Strom- und Gasnetze beruhte vor allem auf seiner Rolle im Fusionskontrollverfahren, in dem es die übermäßige Ausdehnung der Marktmacht der großen Versorger beschränkte. Trotzdem ist auch seine Rolle

---

[33] EU-Kommission, Entscheidung vom 18.3.2008, Sache COMP/39.402.
[34] EU-Kommission, Entscheidung vom 3.12.2009, Sache COMP/39.316.
[35] EU-Kommission, Entscheidung vom 4.5.2010, Sache COMP/39.317.
[36] EU-Kommission, Entscheidung vom 29.9.2010, Sache COMP/39.315.

als Hüter der Wettbewerbsordnung durch die Überwachung der Einhaltung des Kartell-verbots nicht zu unterschätzen. Seit 2002 wurden vor dem Bundeskartellamt **31 Kar-tellverbotsverfahren** im Bereich *Energiewirtschaft* auf dessen Homepage veröffentlicht.[37] Lediglich einmal musste das Bundeskartellamt eine Abstellung verfügen, in allen anderen Fällen genügten bereits die Ermittlungen, um die Unternehmen zu Verpflichtungszusagen zu bewegen, aufgrund derer die Verfahren eingestellt werden konnten. Nachfolgend seien einige Themenbereiche herausgegriffen, die für die Energiewirtschaft strukturelle Bedeu-tung hatten.

Langfristige Lieferverträge und Gesamtbedarfsdeckung (2006)

77   Ein frühes Verfahren zur Frage der Zulässigkeit von **Gesamtbedarfsdeckungsklauseln** in Gaslieferverträgen richtete sich 2006 gegen E.ON Ruhrgas (das mittlerweile zum E.ON Konzern gehört).[38] Das Bundeskartellamt strengte hier ein Musterverfahren an, in dem es gegen E.ON Ruhrgas eine Abstellungsverfügung in Bezug auf langfristige Gas-Lieferver-träge mit (Quasi-) Gesamtbedarfsdeckung erließ (Menge-Laufzeit-Gerüst). Verträge, deren Liefermenge mehr als 50 Prozent des Bedarfs des Weiterverteilers umfassen ((Quasi-)Ge-samtbedarfsdeckung) und eine Laufzeit von mehr als vier Jahre aufwiesen, wurden vom Bundeskartellamt als Verstoß gegen Art 81 EG-Vertrag (heute Art. 101 AEUV) gewertet. Nach der Argumentation des Bundeskartellamts würde während der Laufzeit dieser Verträ-ge die Lieferbeziehung dem Wettbewerb entzogen. Sie haben somit marktabschottende Wirkung. Durch die Vielzahl solcher Verträge würden dem relevanten Markt erhebliche Mengen an liquidem Erdgas entzogen. Inländische und ausländische Anbieter von Erdgas würden dadurch vom Markt für die Belieferung von Regional- und Ortsgasunternehmen ferngehalten. Dieses System blockiere die Entstehung von Wettbewerbsmärkten und sei daher abzustellen. Aufgrund seiner starken Stellung im Markt hatte E.ON Ruhrgas aber in großem Umfang solche Verträge mit seinen Kunden abgeschlossen.

78   E.ON Ruhrgas legte gegen die Verfügung **Beschwerde** ein, hatte vor dem OLG Düsseldorf aber keinen Erfolg.[39] Das Gericht entschied, dass bestehende langfristige Erdgas-lieferverträge mit (Quasi-)Gesamtbezugsverpflichtungen für die Belieferung von Regional-und Ortsgasunternehmen nichtig und Marktabschottungen durch langfristige Erdgasliefer-verträge zwischen anderen Ferngasunternehmen und Regional- und Ortsgasunternehmen zu beseitigen seien.

79   Gestützt auf den Beschluss ging das Bundeskartellamt dann gegen zwölf weitere Unter-nehmen vor, bei denen inhaltsgleiche vertragliche Bindungen bestanden. Angesichts des Beschlusses des OLG gaben die betroffenen Unternehmen **Verpflichtungszusagen** an das Bundeskartellamt ab. Darin stimmen sie zu, Verträge mit denen mehr als 80 Prozent des Bedarfs des Abnehmers gedeckt wurde, zum 30.9.2007 zu beenden und Neuverträge mit einer Bedarfsdeckung von 50 bis 80 Prozent nur noch für maximal vier und solche mit einer Bedarfsdeckung über 80 Prozent für maximal zwei Jahre abzuschließen. Aufgrund des Erfolgs dieser Maßnahmen zur Öffnung des Gasmarktes wurde die Regelung, die vom Bundeskartellamt für Neuabschlüsse bis zum 30.9.2010 befristet worden war, danach nicht verlängert. Die Grundsätze des Bundeskartellamts zur Begrenzung langfristiger Lieferver-träge haben sich im Markt auch nach Auslaufen dieser Befristung im Wesentlichen durch-gesetzt, da kein Unternehmen heute mehr eine vergleichbar starke Stellung im deutschen Gasmarkt erlangen konnte, wie E.ON Ruhrgas sie vor der Liberalisierung hatte.

Mindestabnahmepflicht und Weiterverkaufsverbot (2010)

80   Eine zweite Gruppe von 17 Verfahren des Bundeskartellamts richtete sich 2010 gegen Wettbewerbsbeschränkungen durch eine **Mindestabnahmepflicht** und ein **Weiterver-kaufsverbot von Gaslieferungen bei Großkunden.** Diese Erdgaslieferverträge enthiel-

---

[37] Stand 2016; die Anzahl der nicht veröffentlichten Entscheidungen ist nicht bekannt.
[38] Bundeskartellamt, Beschl. vom 13.1.2006 – B8–113/03-1.
[39] OLG Düsseldorf, Beschl. vom 4.10.2007 – VI-2 Kart 1/06 (V).

ten oft Take or Pay Klauseln[40] mit Weiterverkaufsverbot, nach denen die Letztverbraucher eine bestimmte Mindestmenge Gas abnehmen mussten, dieses aber – wenn sie es nicht selbst verbrauchen konnten – nur mit Zustimmung seiner Lieferanten weiterverkaufen durften. Dieses Weiterverkaufsverbot war bis 2006 gesetzlich vorgesehen, von den Lieferanten in ihre AGB übernommen und nach dem Wegfall der gesetzlichen Regelung beibehalten worden.

Das Bundeskartellamt wertete die Klauseln als **Wettbewerbsbeschränkungen** auf dem 81 Markt für die Belieferung von Erdgas-Großkunden. Denn durch das Weiterverkaufsverbot durften Großkunden im Hinblick auf ihren Überschuss nicht selbst als Verkäufer tätig werden, ein Sekundärhandel war also unmöglich. Potentiellen Käufern wurde damit ein potenzieller Verkäufer vorenthalten. Die betroffenen Klauseln stellen daher einen Verstoß gegen § 1 GWB und Art. 101 AEUV dar. Sämtliche Verfahren wurden aber eingestellt, nachdem sich die Unternehmen verpflichtet hatten, in laufenden und künftigen Gasliefertverträgen mit Take or Pay Klauseln auf ein Weiterverkaufsverbot für die Mindestabnahmemenge zu verzichten. Im Ergebnis führte dies zu einer Belebung des Sekundärhandels.

Verträge zum Kraftwerk Irsching (2015)

Beim Auftreten von Netzengpässen können Netzbetreiber Kraftwerksbetreiber anweisen, 82 Kraftwerke herauf- oder herunterzuregeln.[41] Dafür erhalten die Kraftwerksbetreiber eine Entschädigung, die über die Netzentgelte auf die Kunden umgelegt wird. Im April 2013 vereinbarten E.ON und TenneT auf Grundlage einer Festlegung der Bundesnetzagentur für die Kraftwerke Irsching 4 und Irsching 5 darüber hinaus, dass im Falle eines Redispatch eine **Zusatzvergütung** gezahlt wird.

Gegen die konkrete Ausgestaltung dieser Verträge ging das Bundeskartellamt allerdings 83 vor[42], weil diese im Kern vorsahen, dass die Zahlungen umso höher ausfallen, je weniger Strom das Kraftwerk erzeugte. Damit wurde die Erzeugung von Strom selbst in Hochpreisphasen für E.ON unattraktiv, sodass in Irsching 4 und 5 2014 überhaupt kein Strom erzeugt wurde. Eine solche Förderung, die zu einer indirekten Stilllegung führte, erachtete das Bundeskartellamt als kartellrechtswidrig. Zudem wurde befürchtet, dass ähnliche Vereinbarungen mit weiteren Kraftwerken geschlossen werden könnten, was eine **Verschiebung der Großhandelspreise** hätte nach sich ziehen können.

Diese Auffassung wurde vom Oberlandesgericht Düsseldorf im April 2015 in einem Pa- 84 rallelverfahren bestätigt.[43] Die **regulierungsrechtliche Grundlage** der Entgeltregelung der Verträge zum Kraftwerk Irsching beschränke die Stromerzeugung und verstoße daher gegen das Verbot wettbewerbsbeschränkender Vereinbarungen. Die den Verträgen zugrunde liegenden Beschlüsse der Bundesnetzagentur zur Regelung des Einsatzes und der Kostenerstattung wurden deshalb aufgehoben. Das Bundeskartellamt stellte sein Verfahren daraufhin ein.[44]

Zum Weiterlesen

Volker Emmerich, Kartellrecht, Ein Studienbuch, 13. Aufl. 2014, 1. Kapitel: Kartellverbot.
Andreas Klees, Einführung in das Energiewirtschaftsrecht, 2012, Kapitel 4: Recht der Energielieferverträge;
Fritz Rittner u. a., Wettbewerbs- und Kartellrecht – Eine systematische Darstellung des deutschen und europäischen Rechts, 8. Aufl. 2014, § 7: Die beiden Kartellverbote.
Wolfgang Bosch, Die Entwicklung des deutschen und europäischen Kartellrechts, NJW 2014, 1714 ff.
Andreas Weitbrecht u. a., Die Entwicklung des europäischen Kartellrechts 2013, EuZW 2014, 209 ff.
EU-Kommission, Jahresberichte zur Competition Policy, 4.6.2015.
Bundesnetzagentur und Bundeskartellamt, Monitoringbericht 2015, S. 360 ff.

---

[40] Siehe § 6, Rn. 256.
[41] Redispatch, siehe § 4, Rn. 261.
[42] Bundeskartellamt, Entscheidung vom 19.5.2015 – B8-78/13 und P-65/14.
[43] OLG Düsseldorf, Beschl. vom 28.4.2015 – VI-3 Kart 332/12 (V).
[44] Bundeskartellamt, Entscheidung vom 19.5.2015 – B8-78/13 und P-65/14.

5. Verbot des Missbrauchs von Marktmacht

a) Rechtsgrundlagen und Merkmale

85   Die zweite Säule des Kartellrechts ist das Verbot des Missbrauchs von Marktmacht, das sowohl auf europäischer (Art. 102 AEUV) als auch auf nationaler Ebene (§ 19 ff. GWB, §§ 30 ff. EnWG) geregelt ist und in wesentlichen Teilen einen parallelen Anwendungsbereich hat. Das heißt, das europäische und deutsche Kartellrecht nimmt die Entstehung bzw. Existenz von **Marktmacht** hin, wenn sie aus dem organischen Wachstum des Unternehmens heraus erwächst. Verboten ist nur ihr **Missbrauch.** Zwangs-Entflechtung von „übermächtig" gewordenen Unternehmen, wie es sie im US-Amerikanischen Antitrust Recht gibt, sind trotz wiederholter politischer Initiativen mit diesem Ziel[45] – sieht man von der in § 5, Rn. 31 ff. behandelten eigentumsrechtlichen Entflechtung (die allerdings auf nicht-wettbewerblichen Erwägungen beruht) ab – bisher nicht vorgesehen. Etwas anderes gilt, wenn Marktmacht neu durch Unternehmenszusammenschlüsse geschaffen oder verstärkt werden soll. Dem wird durch die in § 9, Rn. 119 ff. beschriebene Fusionskontrolle entgegengetreten.

86   Das **Missbrauchsverbot** gilt für alle marktbeherrschenden Unternehmen. Ein Unternehmen ist marktbeherrschend, wenn es auf dem relevanten Markt ohne Wettbewerber ist, keinem (wesentlichen) Wettbewerb ausgesetzt ist oder über eine überragende Marktstellung verfügt (§ 18 Abs. 1 GWB). Der Markt wird anhand der in Rn. 21 ff. dargestellten Marktabgrenzung ermittelt.

87   **Individuelle Marktbeherrschung** wird angenommen, wenn ein Unternehmen sich aufgrund einer wirtschaftlichen Machtstellung seinen Wettbewerbern, Abnehmern und Kunden gegenüber unabhängig verhalten kann. Indikator dafür ist der Marktanteil des Unternehmens und seiner Wettbewerber. Anders als das europäische Recht, enthält das deutsche Recht in § 18 Abs. 4 GWB eine Vermutungsregelung, nach der bei einem Marktanteil von mindestens 40 Prozent von einer Marktbeherrschung auszugehen ist. In diesem Fall obliegt es dem betroffenen Unternehmen den Gegenbeweis zu führen. In Monopolbereichen, wie etwa der Fernwärmeversorgung, in der es nur einen Versorger gibt, ist regelmäßig von Marktbeherrschung auszugehen.

88   **Kollektive Marktbeherrschung** ist gegeben, wenn mehrere Unternehmen gemeinsam keinem Außenwettbewerb unterliegen und auf ihrem Markt einheitlich vorgehen können. Der Außenwettbewerb wird wie bei der Einzelmarktbeherrschung in der Praxis oft am Marktanteil festgemacht. § 18 Abs. 5 und Abs. 6 GWB enthalten hierzu eine Vermutung. Danach sind zwei oder mehr Unternehmen marktbeherrschend, soweit zwischen ihnen für eine bestimmte Art von Waren oder gewerblichen Leistungen ein wesentlicher Wettbewerb nicht besteht und sie in ihrer Gesamtheit ohne Wettbewerber sind oder keinem wesentlichen Wettbewerb ausgesetzt sind oder eine im Verhältnis zu ihren Wettbewerbern überragende Marktstellung haben. Eine Gesamtheit von Unternehmen gilt als marktbeherrschend, wenn sie aus drei oder weniger Unternehmen besteht, die zusammen einen Marktanteil von 50 Prozent erreichen, oder aus fünf oder weniger Unternehmen besteht, die zusammen einen Marktanteil von zwei Dritteln erreichen (§ 18 Abs. 4 GWB). Zudem hat der Europäische Gerichtshof in der Entscheidung Airtours/First Choice[46] bereits 2002 allgemein gültige Anforderungen für das Vorliegen einer kollektiven Marktbeherrschung getroffen. Danach müssen drei Bedingungen erfüllt werden, damit kollektive Marktbeherrschung angenommen werden kann:

---

[45] Zuletzt siehe die Debatte um den Gesetzentwurf des Landes Hessen für ein Gesetz zur Änderung des Gesetzes gegen Wettbewerbsbeschränkungen vom 29.1.2008, BR-Drucks. 76/08 sowie „Hessen will die Energiekonzerne zerschlagen", FAZ vom 4.11.2007.

[46] EuG, Urt. vom 6.6.2002, T-342/99; durch das Urteil wurde die Entscheidung der Kommission vom 22.9.1999 zur Erklärung der Unvereinbarkeit eines Zusammenschlusses mit dem Gemeinsamen Markt und mit dem EWR-Abkommen (Sache Nr. IV/M.1524 – Airtours/First Choice), – K(1999) 3022 – DE endgültig für nichtig erklärt.

- Zunächst müsse jedes Mitglied des Oligopols aufgrund der Merkmale des relevanten Marktes das Verhalten der anderen Mitglieder in Erfahrung bringen können, um einheitlich vorgehen zu können,
- Ferner müssten die Mitglieder des Oligopols dauerhaft abgeschreckt werden, vom festgelegten Vorgehen abzuweichen,
- Schließlich dürfte dieses Vorgehen von den anderen den potenziellen Konkurrenten oder den Kunden nicht gefährdet werden können.

Wurde das Vorliegen einer marktbeherrschenden Stellung festgestellt, ist nach dem **Tatbestand** des Missbrauchs zu fragen. **89**

Der **Missbrauch** der Marktmacht liegt vor, wenn eine der in Art. 102 AEUV genannten Fallgruppen einschlägig ist. Dazu gehören die (un-)mittelbare Erzwingung von unangemessenen Einkaufs- oder Verkaufspreisen oder sonstigen Geschäftsbedingungen, die Einschränkung der Erzeugung, des Absatzes oder der technischen Entwicklung zum Schaden der Verbraucher sowie die Anwendung unterschiedlicher Bedingungen bei gleichwertigen Leistungen gegenüber Handelspartnern, wodurch diese im Wettbewerb benachteiligt werden. Zudem gehören dazu an den Abschluss von Verträgen geknüpfte Bedingungen, nach denen die Vertragspartner zusätzliche Leistungen annehmen, die weder sachlich noch nach Handelsbrauch in Beziehung zum Vertragsgegenstand stehen. **90**

Art. 102 AEUV wird vom Bundeskartellamt neben dem **nationalen Recht** unmittelbar angewendet. Nach Art. 3 Abs. 2 S. 2 VO 1/2003 dürfen innerstaatliche Regelungen allerdings strenger sein, wovon zum Beispiel in § 20 GWB beim Schutz des deutschen Mittelstandes und in den Ausnahmeregelungen für Energieunternehmen in § 29 GWB Gebrauch gemacht wurde. **91**

b) Anwendung auf den Energiebereich

Angesichts der hohen Marktanteile, die die Netze und die Stadtwerke in ihren jeweiligen Regionen haben und bei der starken Stellung der konventionellen Stromerzeuger sowie der Gasversorger hat das Thema des Missbrauchs von Marktmacht die Kartellbehörden und die Gerichte immer wieder beschäftigt. Bei der Frage, ob Marktmacht besteht, ist eine **Differenzierung** erforderlich: Für die den Netzen vor- und nachgelagerten Wettbewerbsmärkte muss dies auf Grundlage der Marktabgrenzung ermittelt werden. Im Bereich der Netze liegt Marktmacht dagegen aufgrund des natürlichen Monopols per se vor[47] da es in der Regel aus Gründen der Wirtschaftlichkeit nur einen Anbieter für den Transport von Strom gibt. Auch er darf diese Stellung aber nicht missbrauchen und wird daher einer besonderen Aufsicht in § 30 ff. EnWG unterworfen. **92**

Auf den Ebenen der Energieerzeugung, des Handels und des Vertriebs besteht ein normaler Wettbewerbsmarkt. Daher gilt die allgemeine **Missbrauchsaufsicht** nach Art. 102 AEUV und §§ 19, 20 und 29 GWB. Ein Missbrauchsverfahren wird auf Antrag oder von Amts Wegen eingeleitet (Art. 105 Abs. 1 S. 2 AEUV bzw. § 54 Abs. 1 GWB). In den folgenden Abschnitten stellen wir anhand von Fallbeispielen die praktische Bedeutung dar. **93**

aa) Europa: Art. 102 AEUV – Europäisches Missbrauchsverfahren. Vermutet die EU-Kommission nach Hinweisen von Wettbewerbern oder Kunden oder von selbst einen Missbrauch von Marktmacht mit europäischem Bezug, leitet sie ein Verfahren zur **Überprüfung** ein. Als Fallgruppen haben sich die Zurückhaltung von Erzeugungskapazitäten, das Problem der Ausschließlichkeitsbindung bzw. langfristiger Lieferverträge, die Verweigerung von Geschäftsabschlüssen und die Diskriminierung von Handelspartnern herausgebildet. Einige der großen Verfahren mit Energiebezug der vergangenen Jahre werden im Folgenden skizziert. **94**

---

[47] Siehe § 4, Rn. 215.

Verfahren E. ON (2006)[48]

95   2006 leitete die EU-Kommission ein Prüfverfahren gegen E.ON wegen des Verdachts des Missbrauchs einer marktbeherrschenden Stellung im **Gasmarkt** ein. Die EU-Kommission vermutete, dass E.ON seine marktbeherrschende Stellung auf dem Markt für den Transport von H–Gas und L–Gas sowie auf den Märkten für die Belieferung von Weiterverteilern und der Belieferung von Industriekunden in Form einer Lieferverweigerung aufgrund langfristiger Kapazitätsbuchungen missbräuchlich ausgenutzt habe. Transportkapazitäten in einem Fernleitungsnetz sind notwendig, um auf den Belieferungsmärkten aktiv zu werden. Da E.ON den größten Teil der frei zuordenbaren Kapazitäten an den Einspeisepunkten seiner Netze bis 2019 gebucht hatte, stand für Wettbewerber keine oder nur wenig Kapazität zur Verfügung, was zu einer Abschottung des Marktes führte. Nach einem Verpflichtungsangebot (vgl. Art. 9 VO (EG) 1/2003) seitens E.ON, das u. a. die sofortige Freigabe von Kapazitäten vorsah, wurde das Verfahren eingestellt. Die flächendeckenden langfristigen Kapazitätsbuchungen wurden dadurch beseitigt, sodass auf den nachgelagerten Märkten Wettbewerb entstehen konnte.

Verfahren EDF (2009)[49]

96   Dem französischen Energiekonzern EDF wurde 2009 vorgeworfen, durch den Anwendungsbereich, die Laufzeit und die **Exklusivität von Stromlieferverträgen** sowie durch darin enthaltene Weiterverkaufsverbote den Markt abgeschottet zu haben. Daraufhin einigten sich EDF und die EU-Kommission darauf, dass EDF ab dem 1.1.2011 für 10 Jahre durchschnittlich 65 Prozent der auf dem relevanten Markt vertraglich gebundenen Strommengen dritten Lieferanten zur Verfügung stellen, keine Verträge mit einer Laufzeit von über 5 Jahren abschließen und Weiterverteilerklauseln aus den Verträgen streichen würde.

Verfahren Deutsche Bahn AG (2010)[50]

97   2010 leitete die EU-Kommission ein Kartellverfahren gegen die Deutsche Bahn AG und mehrere Tochtergesellschaften wegen des Verdachts der Beteiligung an einem wettbewerbswidrigen Preissystem für **Bahnstrom** ein. Bahnstrom wird im Eisenbahnnetz vor allem für den Antrieb elektrischer Lokomotiven und Bahnen verwendet. Der Transport erfolgt über ein eigenes Netz mit einer Frequenz von lediglich 16,7 Hertz (gegenüber 50 Hertz im Stromnetz). Die DB Energie GmbH, eine Tochter der Deutschen Bahn, war in Deutschland faktisch der einzige Anbieter von Bahnstrom und somit marktbeherrschend. Die EU-Kommission verdächtigte sie, Bahn-Töchtern besonders hohe Rabatte gewährt zu haben, sodass Wettbewerber höhere Preise zahlen mussten und in ihrer Stellung auf dem Markt für den Schienengüter- bzw. Schienenpersonenverkehr geschwächt wurden. Die Bahn wies dies zurück. Ende 2013 einigten sich die Bahn und die EU-Kommission auf die von der Deutschen Bahn AG angebotenen Verpflichtungszusagen über die Preisgestaltung ihres Bahnstromangebots. Anhand eines neuen Preissystems werden der Strompreis und das Netzentgelt getrennt berechnet. Zudem wurden die Strompreise anders berechnet und der Bahnstrompreis für konzernfremde Eisenbahnunternehmen für das Vorjahr wurde um 4 Prozent gesenkt.

Verfahren CEZ (2011)[51]

98   Dem tschechischen Stromanbieter CEZ wurde nach unangekündigten Kontrollen der EU-Kommission 2009 und 2011 vorgeworfen, seine marktbeherrschende Stellung auf dem inländischen Strommarkt zu missbrauchen, indem es insbesondere durch übermäßige **Kapazitätsreservierungen** den Markteintritt von Wettbewerbern behindert hatte. CEZ

---

[48] EU-Kommission, Entscheidung vom 4.5.2010, COMP/39.317.
[49] EU-Kommission, Entscheidung vom 22.5.2010, COMP/39.386.
[50] EU-Kommission, Entscheidung vom 18.12.2013, COMP/AT.39678, COMP/AT.39731 und COMP/ AT.39915.
[51] EU-Kommission, Entscheidung vom 10.4.2013, COMP/AT.39727.

unterbreitete daraufhin 2011 zunächst ein Verpflichtungsangebot. Als eine weitere Kontrolle 2012 dann zufriedenstellend ausfiel und CEZ zusagte, 800 bis 1.000 Megawatt seiner Erzeugungskapazitäten zu verkaufen, um einem Wettbewerber den Marktzutritt zu eröffnen, wurde das Verfahren beendet.

bb) Deutschland. (1) § 19, 20 GWB – Missbrauchsverfahren. Seit 1999 wurden **99** auf der Website des Bundeskartellamtes **41 Missbrauchsverfahren** im Bereich Energiewirtschaft veröffentlicht.[52] Durch die Veröffentlichung setzen diese Verfahren jedoch Maßstäbe für die Branche weit über den Einzelfall hinaus. Als Entscheidungsformen sind Einstellungen, Verpflichtungszusagen und Abstellungen möglich, die häufig allerdings in Kombination auftreten. Im Rahmen des Verfahrens gegen Energie-Unternehmen muss das Bundeskartellamt der Bundesnetzagentur Gelegenheit zur Stellungnahme geben.

In §§ 19 ff. GWB ist die **allgemeine Missbrauchsaufsicht** geregelt. § 19 Abs. 1 GWB **100** enthält eine Verbotsnorm für marktbeherrschende Unternehmen i.S.v. § 18 GWB und § 19 Abs. 2 GWB vier Regelungstatbeständen die Beispiele für missbräuchliches Verhalten nennen. Dies sind
- der Behinderungsmissbrauch nach § 19 Abs. 2 Nr. 1 GWB,
- der Ausbeutungsmissbrauch nach § 19 Abs. 2 Nr. 2 GWB,
- der Preisstrukturmissbrauch nach § 19 Abs. 2 Nr. 3 GWB,
- die Zugangsverweigerung nach § 19 Abs. 2 Nr. 4 GWB und
- die Diskriminierung nach § 19 Abs. 2 Nr. 5 GWB.

In § 20 GWB wird die Anwendung bestimmter Teile des § 19 GWB auf Unternehmen **101** mit relativer oder überlegener **Marktmacht** ausgeweitet.

Die Missbrauchsaufsicht ist im Bereich der Energiewirtschaft zuletzt im Zusammenhang **102** mit Fällen von vermuteten Kapazitätszurückhaltungen, Konzessionsabgaben und Wegerechten **relevant** geworden.

Bei Fällen der sogenannten Kapazitätszurückhaltung handelt es sich nach der Praxis des **103** Bundeskartellamts um eine Form des Ausbeutungsmissbrauchs im Sinne von Art. 102 AEUV, § 19 Abs. 1 GWB.[53] Sie tritt in zwei Formen auf. Eine **physische Kapazitätszurückhaltung** liegt vor, wenn ein marktbeherrschendes Unternehmen Strom oder Gas aus tatsächlich verfügbaren Kapazitäten, der bzw. das (Gas) zu einem Preis über den jeweiligen kurzfristigen Grenzkosten verkauft werden könnte, ohne sachlichen Grund nicht am Markt anbietet. Dies ist eine Einschränkung der Erzeugung zum Schaden der Verbraucher im Sinne von Art. 102 Abs. 2 lit. b AEUV. Sie ist missbräuchlich, wenn der Marktbeherrscher damit trotz Nachfrage ohne sachlichen Grund eine Verknappung des Angebots und mittelbar eine Verteuerung der verknappten Erzeugnisse bezweckt oder bewirkt. Eine **finanzielle Kapazitätszurückhaltung** liegt vor, wenn Erzeuger Kapazitäten gezielt mit einem solchen Aufschlag am Markt anbieten, dass sie bei der Zusammenführung von Angebot und Nachfrage nicht zum Zug kommen. Hierbei handelt es sich um eine Verknappung des Angebots im Sinne des Art. 102 Abs. 2 lit. b AEUV bzw. um einen Preishöhenmissbrauch im Sinne des Art. 102 Abs. 2 (a) AEUV bzw. der § 19 Abs. 1, Abs. 4 Nr. 2 und § 29 S. 1 Nr. 2 GWB. Eine Kapazitätszurückhaltung vermutete das Bundeskartellamt bei der Sektoruntersuchung im Jahr 2010. Allerdings ging es davon aus, dass der festgestellte Nichteinsatz von Kraftwerken für den untersuchten Zeitraum jedenfalls zu gering war, um konkrete Missbrauchsverfahren einzuleiten.

Gasversorgung Ahrensburg (2012)

Im Bereich der **Konzessionsabgaben** hat der Bundesgerichtshof 2012 die Grundsatz- **104** entscheidung des Bundeskartellamtes *Gasversorgung Ahrensburg*[54] aus dem Jahr 2009 bestä-

---

[52] Stand: 2016, die Anzahl der nicht veröffentlichten Entscheidungen ist nicht bekannt.
[53] Bundeskartellamt, Sektoruntersuchung Stromerzeugung und -großhandel (Abschlussbericht gem. § 32e GWB Januar 2011).
[54] Bundeskartellamt, Beschl. vom 16.9.2009 – B 10 – 11/09 und BGH, Beschl. vom 6.11.2012 – KVR 54/11.

tigt, wonach der kommunale Gasnetzbetreiber von durchleitenden Drittlieferanten keine missbräuchlich überhöhten Konzessionsabgaben erheben dürfe. Darin liege ein Verstoß gegen § 19 Abs. 1, Abs. 4 Nr. 1 GWB a. F. Bei der entgeltlichen Gestattung der Nutzung von Wegerechten sei die Gemeinde ein Monopolist. Gegenüber anderen Lieferanten für Erdgas dürfe sie deshalb nur den **Konzessionsabgabensatz** für Sondervertragskunden verlangen, wenn die Lieferanten nur Sondervertragskunden beliefern. Nach der Entscheidung des Bundesgerichtshofes konnten zwei noch offene Verfahren gegen Verpflichtungszusage beendet werden. Weitere rund 200 Gasversorger haben ebenfalls zugesagt, die gerichtliche Entscheidung zu beachten. Auch hier wird somit die erhebliche Signalwirkung von Missbrauchsverfahren des Bundeskartellamts deutlich. Im Übrigen zeigte die Entscheidung deutlich, dass das Missbrauchsverbot durchaus auch für öffentliche Unternehmen gilt.

Stadt Mettmann (2012)

105   In einem Missbrauchsverfahren zu der **Vergabe ausschließlicher Wegerechte** hat das Bundeskartellamt der Stadt Mettmann untersagt, die Wegenutzungsrechte für das Elektrizitäts- und das Gasnetz im Stadtgebiet ohne ein transparentes und diskriminierungsfreies Auswahlverfahren *inhouse* an ihr eigenes Tochterunternehmen zu vergeben.[55] Dies sei ein Verstoß gegen §§ 19 Abs. 1 i.V.m. Abs. 4 Nr. 1, 20 Abs. 1 GWB a. F. Denn nach der Planung der Stadt sollte zunächst ein kommunales Stadtwerk unter Beteiligung eines mit einer Minderheit beteiligten Kooperationspartners, gegründet werden. Der Partner sollte in einem europaweiten Ausschreibungsverfahren gefunden und danach ausgewählt werden, ob er den besten Netzbetrieb gewährleisten könne. Das Stadtwerk sollte dann ohne Auswahlverfahren die Konzession für die Strom- und Gasnetze erhalten. Dieses Vorgehen wurde vom Bundeskartellamt beanstandet, weil Bewerber auf diese Weise von dem Verfahren ausgeschlossen wurden, sofern sie sich nicht am Stadtwerk beteiligen wollten.

Stadt Puhlheim (2012)

106   Ein ähnliches Verfahren gegen die Stadt Puhlheim wurde dagegen mit einer **Zusage-Entscheidung** abgeschlossen, nachdem sich die Stadt zur Durchführung eines transparenten und diskriminierungsfreien Auswahlverfahrens verpflichtet hatte.[56] Auch hier wurde ein Verstoß gegen §§ 19 Abs. 1 i.V.m. Abs. 4 Nr. 1, 20 Abs. 1 GWB a. F. angenommen.

Fernwärme-Verfahren (fortdauernd)

107   In jüngster Zeit hat das Bundeskartellamt Missbrauchsuntersuchungen im Bereich der **Fernwärme** vorbereitet. Nach seinen Untersuchungen geht das Bundeskartellamt davon aus, dass im Fernwärmemarkt kein Wettbewerb besteht, jedoch auch kein offensichtlich flächendeckend überhöhtes Preisniveau. Allerdings liegen zwischen den einzelnen Netzgebieten Preisunterschiede von über 100 Prozent vor. Die „teuren" Netzgebiete werden nun auf strukturelle Unterschiede hin untersucht, die etwa in der Netzgröße oder der Verpflichtung zur Fernwärmeanbindung durch die Kommunen liegen und die hohen Preise rechtfertigten können.

108   Um sicherzustellen, dass die Auswahlkriterien diskriminierungsfrei sind und wettbewerbs- und verbraucherbezogene Ziele für den Netzbetrieb berücksichtigen, beobachtet das Bundeskartellamt zudem die kommunalen Verfahren zur Konzessions-Neuvergabe, (oder); so, z.B. in Berlin, Hamburg, Stuttgart und Leipzig.

109   **(2) § 29 GWB – Preiskontrolle in der Energiewirtschaft.** 2007 wurde § 29 GWB als Sonderregelung mit einer **Preiskontrolle** für die Energiewirtschaft in das Gesetz gegen Wettbewerbsbeschränkungen aufgenommen. Er ist bis zum 31.12.2017 befristet. Durch ihn werden marktbeherrschende Unternehmen, die Elektrizität oder leitungsgebundenes Gas anbieten (Versorgungsunternehmen), einer verschärften Missbrauchsaufsicht hinsichtlich überhöhter Preise oder Entgelte unterworfen. Als Begründung wurde angeführt, dass

[55] Bundeskartellamt, Beschl. vom 30.11.2012 – B 8–101/11.
[56] Bundeskartellamt, Beschl. vom 22.6.2012 – B10–16/11.

Wettbewerb in diesem Sektor noch vergleichsweise schwach ausgeprägt sei und die Gefahr von missbräuchlichem Verhalten daher besonders hoch sei. Ebenso wie bei §§ 19 und 20 GWB enthält § 29 GWB ein gesetzliches Verbot, sodass eine Entscheidung der Kartellbehörde nicht erforderlich ist und ein Verstoß unmittelbar zur Nichtigkeit nach § 134 BGB führt. Im Verhältnis zu §§ 19 und 20 GWB kommt dem § 29 GWB keine Sperrwirkung zu. Insbesondere ein paralleler Behinderungs- und Diskriminierungsmissbrauch nach § 19 Abs. 2 Nr. 1 GWB ist denkbar.

Versorgungsunternehmen im Sinne des Gesetzes gegen Wettbewerbsbeschränkungen **110** sind nicht identisch mit Energieversorgungsunternehmen nach § 3 Nr. 18 EnWG. § 29 GWB stellt alleine auf das Anbieten von Elektrizität und Gas ab. Netznutzungsentgelte fallen daher nicht in den Anwendungsbereich der Norm. § 29 GWB verbietet den Missbrauch durch die Forderung von im Vergleich zu anderen Versorgern oder Märkten oder im Vergleich zu den Kosten überhöhten Entgelten.

Auf Grundlage dieser Norm führte das Bundeskartellamt bereits 2008 ein Verfahren ge- **111** gen 33 Gasversorger.[57] Der Großteil der Verfahren wurde abgeschlossen, nachdem sich die Unternehmen freiwillig verpflichteten, **Rückzahlungen** an ihre Kunden zu leisten oder Preiserhöhungen zu verschieben.

Ein Verstoß gegen §§ 29 S. 1 Nr. 1, 19 Abs. 1, Abs. 4 Nr. 2 GWB a. F. wurde 2009 auch **112** bei Missbrauchsverfahren gegen 17 Anbieter von **Heizstrom** angenommen.[58] Das Bundeskartellamt untersuchte die Preisgestaltung bei der Belieferung von Verbrauchern mit Strom zum Betrieb von Nachtspeicherheizungen und elektrischen Wärmepumpen und nahm an, dass deren Preis ohne sachliche Rechtfertigung ungünstiger als der von Vergleichsunternehmen war. Deshalb wurden nicht die Preiserhöhungen einzelner Versorger, sondern deren Preisniveau im Vergleich zu anderen günstigen Vergleichsunternehmen gesetzt. Die Anbieter und viele weitere Heizstromversorger verpflichteten sich daraufhin zu marktöffnenden Maßnahmen. 13 Versorger leisteten Rückerstattungen an ihre Heizstromkunden in Höhe von 27,2 Millionen Euro. Grundsätzlich können auch für die Kunden ungünstige Entgelte jedoch zulässig sein, wenn sie durch strukturelle oder unternehmensspezifische Faktoren sachlich gerechtfertigt sind. Die Beweislast dafür trägt das Unternehmen.

Unter § 29 S. 1 Nr. 2 GWB fällt der Missbrauch durch die Forderung von Entgelten, **113** die die Kosten in unangemessener Weise überschreiten (Kostenkontrolle). Die Regelung knüpft an das **Gewinnbegrenzungskonzept** aus Art. 102 AEUV an und nimmt im Gegensatz zu Nr. 1 keinerlei Vergleich zu anderen Unternehmen vor. Problematisch ist in der Anwendung der Norm der Begriff der **Kosten,** dessen Umfang vom Gesetzgeber nicht definiert wird. Einen Anhaltspunkt liefert § 29 S. 3 GWB, nach dem jedenfalls Kosten, die in einem Wettbewerbsmarkt nicht anfallen würden, nicht berücksichtigt werden dürfen.[59]

(3) §§ 30 ff. EnWG – Regulierung gegen Missbrauch im Netzbereich. Der Na- **114** tur der Strom- und Gasnetze als natürliche Monopole wird Rechnung getragen, indem der unvermeidlichen Marktmacht im Netzbereich durch die Regulierung der Netze entsprechend den Sondervorschriften des §§ 30 ff. EnWG entgegen gewirkt wird. Insofern erfüllt die Regulierung auch die Funktion einer **präventiven Missbrauchskontrolle.** Die §§ 30 ff. EnWG sind daher auch lex specialis gegenüber dem Gesetz gegen Wettbewerbsbeschränkungen (vgl. § 111 EnWG, § 130 Abs. 3 GWB). Zuständig ist nicht das Bundeskartellamt, sondern die Bundesnetzagentur und die jeweiligen Landesbehörden als Regulierungsbehörden.

Konkret bedeutet das, dass der Netzbetrieb (§§ 11 bis 35 EnWG) von der kartellrechtli- **115** chen Missbrauchskontrolle nach §§ 19, 20 und 29 GWB ausgenommen ist, soweit durch

---

[57] Z. B. Bundeskartellamt, Beschl. vom 1.10.2008 – B10–34/08.
[58] Z. B. Bundeskartellamt, Beschl. vom 29.9.2010 – B10–29/09.
[59] Zur Frage des richtigen Kontrollmaßstabes für die Preisbildung vgl. F. J. Säcker, Der wettbewerbsanaloge Preis als Kontrollmaßstab im Wettbewerbs- und Regulierungsrecht in: Bien/Ludwigs (Hrsg.), Das europäische Kartell- und Regulierungsrecht der Netzindustrien, S. 81 ff., 1. Aufl. 2015.

das EnWG oder durch seine Rechtsverordnungen abschließende Regelungen getroffen wurden. Des Weiteren müssen die Kartellbehörden bei der **Kontrolle von Energieendpreisen** nach §§ 19, 20 und 29 GWB die nach § 20 Abs. 1 EnWG veröffentlichten Netzentgelte als rechtmäßig zugrunde legen, falls sie Bestandteil des Endpreises sind. Nur wenn eine sofort vollziehbare oder bestandskräftige Entscheidung der Regulierungsbehörde oder ein rechtskräftiges Urteil feststellt, dass die veröffentlichten Netzentgelte nicht rechtmäßig sind, gilt dies nicht. Damit ist auch eine inzidente Preiskontrolle der Netzentgelte durch die Kartellbehörde ausgeschlossen.

116   Bei der Bekämpfung missbräuchlicher oder diskriminierender Verhaltensweisen, die den regulierten Netzbetrieb betreffen, ist die Bundesnetzagentur somit gegenüber dem Bundeskartellamt vorrangig zuständig, die Regelungen des Gesetzes gegen Wettbewerbsbeschränkungen treten bei diesen Fragen hinter die spezielleren energierechtlichen Regelungen zurück. Lediglich um Art. 101 und Art. 102 AEUV durchzusetzen, kann das Bundeskartellamt auch im Netzbereich tätig werden. Denn die Anwendung des AEUV kann der deutsche Gesetzgeber nicht ausschließen. Eine **Doppelkontrolle** wurde aber bislang durch eine enge Abstimmung zwischen der EU-Kommission und dem Bundeskartellamt und der Bundesnetzagentur weitgehend vermieden. Allerdings kann die EU-Kommission – aufgrund des **Vorrangs des Europarechts** (bzw. des Primärrechts) – Entgelte, die die Bundesnetzagentur genehmigt, für nach europäischem Recht kartellrechtswidrig erklären. Dies geschah bislang zwar nur im Telekommunikationsbereich,[60] ist aber auch für den Energiesektor denkbar.

117   Gem. § 58 Abs. 1 S. 2 EnWG muss die Bundesnetzagentur bei allen anderen Entscheidungen zu dem Netzzugang und dem Netzanschluss dem Bundeskartellamt Gelegenheit zur **Stellungnahme** geben. Außerdem sind beide Behörden dazu verpflichtet, sich inhaltlich abzustimmen, um eine einheitliche und den Zusammenhang mit dem Gesetz gegen Wettbewerbsbeschränkungen wahrende Auslegung des EnWG zu gewährleisten (§ 58 Abs. 3 EnWG). Als Fallgruppe ist vor allem die Abweichung von den wettbewerblichen Netzentgelten nach § 30 Abs. 2 S. 2 Ziffer 5 EnWG relevant. Demnach liegt ein Missbrauch vor, wenn ein Betreiber von Energieversorgungsnetzen „ohne sachlich gerechtfertigten Grund Entgelte oder sonstige Geschäftsbedingungen für den Netzzugang fordert, die von denjenigen abweichen, die sich bei wirksamem Wettbewerb mit hoher Wahrscheinlichkeit ergeben würden (...)." Die Vorschrift entspricht § 19 Abs. 2 Nr. 2 GWB. Die Bundesnetzagentur untersucht in diesem Fall, ob in einem vergleichbaren Versorgungsgebiet die Entgelte niedriger sind. Auch hier kann das Unternehmen aber die Rechtfertigung der Preise festlegen. Andernfalls ergeht eine Preismissbrauchsverfügung, in der die Abstellung und Änderung verfügt wird (§ 30 Abs. 2 EnWG).

118   Nach § 30 Abs. 2 S. 2 Ziffer 6 EnWG, der § 19 Abs. 2 Nr. 3 GWB entspricht, ist zudem ein **Preisstrukturmissbrauch** im Netzbereich verboten. Zwar darf der Netzbetreiber von seinen Abnehmern unterschiedliche Netzzugangsentgelte fordern (z. B. von Tarifkunden und Großkunden), er muss aber die Schlüssigkeit der Berechnung nachweisen.

Zum Weiterlesen

Volker Emmerich, Kartellrecht, 13. Aufl. 2014, 2. Kapitel: Missbrauchsverbot
Fritz Rittner u. a., Wettbewerbs- und Kartellrecht – Eine systematische Darstellung des deutschen und europäischen Rechts, 8. Aufl. 2014, § 10: Das Verbot des Missbrauchs einer marktbeherrschenden Stellung nach Art. 102 AEUV und § 11: Die Verbote des Missbrauchs einer marktbeherrschenden Stellung und sonstiges wettbewerbsbeschränkendes Verhalten nach dem GWB
Wolfgang Bosch, Die Entwicklung des deutschen und europäischen Kartellrechts, NJW 2014, 1714 ff.
Andreas Weitbrecht/Jan Mühle, Die Entwicklung des europäischen Kartellrechts 2013, EuZW 2014, 209 ff.
Bundesnetzagentur und Bundeskartellamt, Monitoringbericht 2014, 14.11.2014, S. 309 ff.
EU-Kommission, Jahresberichte zur Competition Policy vom 4.6.2015

---

[60] Siehe zum Beispiel EU-Kommission, Pressemitteilung vom 7.4.2014, Kommission fordert von der Bundesnetzagentur erneut niedrigere Mobilfunktarife.

6. Fusionskontrolle

a) Rechtsgrundlagen und Merkmale

Bis zur Einführung der Regulierung der Energiewirtschaft war die Fusionskontrolle das **119** wirksamste Mittel zur Begrenzung von Marktmacht der Energieversorger. Der Grund war, dass in diesem Markt mit historisch starken regionalen Positionen der Zusammenschluss mit einem anderen Versorger oder der Zukauf von Beteiligungen an Stadtwerken die effektivsten Strategien zur Expansion waren. Die Fusionskontrolle, oft auch treffender **Zusammenschlusskontrolle** genannt, versucht, nicht erst nachträglich gegen den Missbrauch von Marktmacht einzuschreiten. Sie zielt vielmehr darauf ab, von vornherein zu verhindern, dass ein Zusammenschluss den Wettbewerb auf einem Markt wesentlich behindert. Eine solche Behinderung ist nach der Vorstellung des Gesetzes insbesondere dann zu erwarten, wenn der Zusammenschluss die Entstehung oder Verstärkung einer marktbeherrschenden Stellung zur Folge hat. Je nach europäischer oder nationaler Bedeutung eines Vorhabens (mitunter wird ein Zusammenschluss bereits bei Erwerb einer Minderheitsbeteiligung angenommen) und den Umsätzen der beteiligten Unternehmen, unterfällt ein Zusammenschluss der Fusionskontrolle auf europäischer oder auf nationaler Ebene.

Auf europäischer Ebene wurde die Fusionskontrolle 1990 eingeführt, nachdem der Europäische Gerichtshof einen Zusammenschluss als Missbrauch einer marktbeherrschenden **120** Stellung im Sinne von Art. 82 EGV (heute Art. 102 AEUV) angesehen hatte.[61] Sie ist als Sekundärrecht in der **Fusionskontrollverordnung**[62] (FKVO) geregelt.

In Deutschland wurde die Fusionskontrolle 1973 in das **Gesetz gegen Wettbewerbs-** **121** **beschränkungen (GWB)** aufgenommen, nachdem sie in der Ursprungsfassung des GWB 1958 zunächst wieder gestrichen worden war. Man hatte erkannt, dass sie als wirksames Instrument unverzichtbar ist.

Die Fusionskontrollverordnung und das Gesetz gegen Wettbewerbsbeschränkungen stehen **nebeneinander.** Erfüllt die Transaktion die Voraussetzungen eines Zusammenschlusses im Sinne des Art. 3 FKVO und sind darüber hinaus die Umsatzschwellen des Art. 1 **122** FKVO erfüllt, so genießt die FKVO Vorrang vor nationalem Recht. Das nationale Recht hingegen kommt dann zur Anwendung, wenn die Umsätze der beteiligten Unternehmen unterhalb der Schwellen des Art. 1 FKVO bleiben und der Zusammenschluss im Übrigen die nationalen Aufgreifkriterien der §§ 35 und 37 GWB erfüllt.

Der Ansatz der Fusionskontrolle besteht darin, bestimmte geplante Unternehmenszu- **123** sammenschlüsse einer **Anmeldepflicht** bei den europäischen oder deutschen Kartellbehörden zu unterwerfen und so eine Kontrolle zu ermöglichen. Ein Vollzug der Transaktion vor Abschluss der Verfahrens – häufig als *Gun Jumping* bezeichnet – ist untersagt und wird mit empfindlichen Geldbußen belegt. Ob eine Anmeldepflicht auf nationaler oder europäischer Ebene besteht, wird im Wesentlichen anhand der sogenannten Umsatzaufgreifschwellen bestimmt, die sich im europäischen und nationalen Recht unterscheiden.

Gerade in der Energiewirtschaft spielt sie eine **große Rolle.** So hat das Bundeskartell- **124** amt unter Anwendung der Fusionskontrolle die vertikale Integration von E.ON und RWE unterbunden. Die dem zugrundeliegenden Entscheidungen E.ON/Stadtwerke Eschwege und E.ON Thüga sind weiter unten dargestellt. Darüber hinaus sind große Projekte im Bereich der erneuerbaren Energien (z.B. Offshore-Windparks) im Regelfall fusionskontrollrechtlich zu prüfen, wenngleich sie in der Praxis nur selten für problematisch gehalten wurden.

---

[61] EuGH, Urt. vom 21.2.1973, – 6/72, Europemballage Corporation and Continental Can Company/Kommission.
[62] Verordnung (EG) Nr. 139/2004 vom 20.1.2004 über die Kontrolle von Unternehmenszusammenschlüssen.

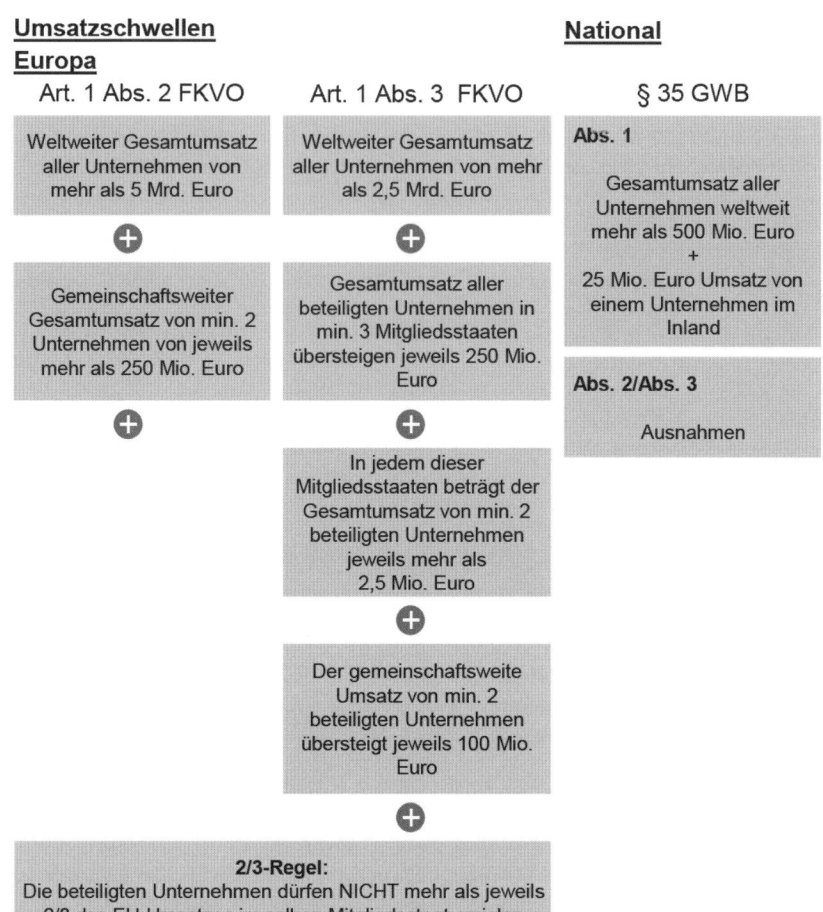

Umsatzschwellen

Europa   **National**

| Art. 1 Abs. 2 FKVO | Art. 1 Abs. 3 FKVO | § 35 GWB |

Weltweiter Gesamtumsatz aller Unternehmen von mehr als 5 Mrd. Euro

⊕

Weltweiter Gesamtumsatz aller Unternehmen von mehr als 2,5 Mrd. Euro

⊕

Abs. 1

Gesamtumsatz aller Unternehmen weltweit mehr als 500 Mio. Euro
+
25 Mio. Euro Umsatz von einem Unternehmen im Inland

Gemeinschaftsweiter Gesamtumsatz von min. 2 Unternehmen von jeweils mehr als 250 Mio. Euro

⊕

Gesamtumsatz aller beteiligten Unternehmen in min. 3 Mitgliedsstaaten übersteigen jeweils 250 Mio. Euro

⊕

Abs. 2/Abs. 3

Ausnahmen

In jedem dieser Mitgliedsstaaten beträgt der Gesamtumsatz von min. 2 beteiligten Unternehmen jeweils mehr als 2,5 Mio. Euro

⊕

Der gemeinschaftsweite Umsatz von min. 2 beteiligten Unternehmen übersteigt jeweils 100 Mio. Euro

⊕

2/3-Regel:
Die beteiligten Unternehmen dürfen NICHT mehr als jeweils 2/3 des EU-Umsatzes im selben Mitgliedsstaat erzielen

Abb. 75 – Umsatzschwellen im Fusionskontrollverfahren. Die Grafik zeigt die Schwellenwerte, die über die Anwendung von europäischem oder nationalem Fusionskontrollrecht entscheiden.

b) Europäische Fusionskontrolle

125   Nach der FKVO müssen Zusammenschlüsse mit europaweiter Bedeutung vor ihrem Vollzug bei der EU-Kommission angemeldet werden (Art. 2 Abs. 3 FKVO). Bei der EU-Kommission ist die **Generaldirektion Wettbewerb** für die Fusionskontrolle zuständig. Die EU-Kommission untersucht dann, ob durch die Transaktion effektiver Wettbewerb im Europäischen Wirtschaftsraum (EWR) oder einem wesentlichen Teil davon erheblich beeinträchtigen würde. Die Anmeldung löst, unabhängig von der letztendlichen Bewertung des Zusammenschlusses seitens der Kommission, für die Zeit der Prüfung ein Vollzugsverbot aus.

126   **aa) Voraussetzungen.** Die europäische Fusionskontrolle greift ein, wenn ein **Zusammenschluss** nach der FKVO vorliegt. Dazu muss
- die **Aufgreifschwelle** nach Art. 1 Abs. 2 und Abs. 3 FKVO erreicht werden,
- eine **Vollfusion** nach Art. 3 Abs. 1 lit. a) FKVO, ein **Kontrollerwerb** nach Art. 3 Abs. 1 lit. b) FKVO oder die Gründung eines **Gemeinschaftsunternehmens** nach Art. 3 Abs. 4 FKVO angestrebt werden und
- der Zusammenschluss **gemeinschaftsweite Bedeutung** haben.

Bei **Gemeinschaftsunternehmen** ist ein sehr praxisrelevanter Unterschied zum deut- **127** schen Recht zu beachten. So müssen Gemeinschaftsunternehmen nach der europäischen Fusionskontrolle Vollfunktionscharakter haben, um der Fusionskontrolle zu unterliegen. Das ist der Fall, wenn sie eine über die bloße Hilfstätigkeit hinausgehende Tätigkeit aus- üben, diese selbstständig erfolgt und auf eine gewisse Dauer angelegt ist. Bei Tochtergesell- schaften ist dies nur der Fall, wenn sie unabhängig von ihrer Muttergesellschaft agieren können, denn andernfalls wird die Marktstruktur nicht durch einen zusätzlichen Wettbe- werber verändert. Dafür muss in der Regel eine ausreichende finanzielle, sachliche und personelle Ausstattung vorliegen, durch die das Gemeinschaftsunternehmen autark ist.

Keine **Vollfunktionsunternehmen** liegen deshalb im Umkehrschluss vor, wenn das **128** Unternehmen nur Teilfunktionen (Teilfunktions-Gemeinschaftsunternehmen) erfüllt oder der wirtschaftlichen Tätigkeit der Muttergesellschaft dient. Dies ist z. B. bei Forschungs- sparten oder Vertriebsagenturen der Fall, wenn ihnen ein eigener Marktbezug fehlt (an- dernfalls kann wiederum innerhalb ihres Marktsegmentes eine Vollfunktion vorliegen). Auf **Teilfunktions-Gemeinschaftsunternehmen** findet nicht die Fusionskontrolle, sondern das Kartellverbot nach Art. 101 AEUV Anwendung. Gerade bei der Gründung von Ge- meinschaftsunternehmen sind die Unternehmen in der Praxis oft bestrebt, das Vorhaben dem Fusionskontrollverfahren zu unterwerfen. Im Falle von Zweifeln hinsichtlich der An- meldepflicht ist eine Anmeldung regelmäßig ratsam, um der zuvor erwähnten Geldbuße zu entgehen. Diese würde drohen, wenn die EU-Kommission im Nachhinein das Vorhaben als anmeldepflichtig betrachten sollte.

Im Rahmen des Verfahrens können die Beteiligten unter bestimmten Voraussetzungen **129** bei der EU-Kommission einen **Zuständigkeitswechsel** in Form einer Verweisung bean- tragen. Zum einen können die Parteien des Zusammenschluss eine Verweisung von der EU-Kommission an die nationale Wettbewerbsbehörde beantragen, wenn zwar die Auf- greifkriterien nach Art. 1 FKVO erfüllt sind (und somit die EU-Kommission formal zu- ständig wäre), aber der Zusammenschluss die Wettbewerbsverhältnisse auf einem nationalen Markt in besonderem Maße betrifft (Art. 4 Abs. 4 FKVO). Zum anderen können die Be- teiligten die Verweisung von nationalen Wettbewerbsbehörden an die EU-Kommission beantragen, wenn zwar die Aufgreifschwellen nach Art. 1 FKVO nicht erfüllt sind, aber der Zusammenschluss in mindestens drei Mitgliedstaaten anmeldepflichtig ist (Art. 4 Abs. 5 FKVO). Darüber hinaus kann die EU-Kommission von sich aus Verfahren komplett an die nationalen Behörden abgeben, wenn ein Zusammenschluss den Wettbewerb auf einem Markt in diesem Mitgliedstaat, der alle Merkmale eines gesonderten Marktes aufweist, erheblich zu beeinträchtigen droht (Art. 9 Abs. 1 und 2a) FKVO). Im Übrigen besteht auch für die nationalen Wettbewerbsbehörden die Möglichkeit, die Prüfung eines bei ihnen angemeldeten Zusammenschlusses an die EU-Kommission abzugeben (Art. 22 FKVO). Voraussetzung dafür ist, dass der Zusammenschluss unterhalb der Aufgreifschwel- len des Art. 1 FKVO verbleibt, aber den Handel zwischen Mitgliedstaaten zu beeinträch- tigen geeignet ist und den Wettbewerb im Hoheitsgebiet des bzw. der antragstellenden Mitgliedstaaten erheblich zu behindern droht. In jedem Fall findet aber entweder ein europäisches oder ein bzw. mehrere nationale Verfahren statt. Parallele Verfahren auf natio- naler und auf Unionsebene würden den Grundsatz des *One Stop Shop* verletzen, durch den für die Beteiligten **Rechtsunsicherheiten** durch sich widersprechende Entscheidungen vermieden werden sollen.

Mittlerweile spielen zudem aufgrund der **Internationalisierung** der Energiewirtschaft **130** auch die Fusionskontroll-Mechanismen ausländischer Staaten für deutsche Unternehmen eine immer größere Rolle. So können geplante Unternehmenszusammenschlüsse unter deutscher Beteiligung, die weder die europäischen noch die deutschen Aufgreifschwellen tangieren, in Drittstaaten (d. h. anderen EU-Mitgliedstaaten oder Staaten außerhalb der Union), eine Anmeldepflicht auslösen. Denn dort gelten andere Kriterien für die Entschei- dung, ob der Zusammenschluss der Kontrollpflicht der jeweiligen Wettbewerbsbehörde unterzogen ist. Eine **Anmeldepflicht** kann insbesondere dann vorliegen, wenn die beteiligten Unternehmen in dem betroffenen Land geschäftlich aktiv sind und dort Umsätze verzeichnen.

131   **bb) Europäisches Verfahren.** Die europäische Fusionskontrolle ist in der FKVO als präventives, mehrstufiges Verfahren ausgestaltet. Es wird auch bei der Generaldirektion Wettbewerb der EU-Kommission durchgeführt.

132   **Präventiv** bedeutet, dass die Kontrolle gem. Art. 7 Abs. 1 FKVO vor dem Vollzug eines Zusammenschlusses erfolgen muss. Denn einen Zusammenschluss rückgängig zu machen wäre langwierig und würde die Marktstruktur, die vor dem Zusammenschluss bestand, wahrscheinlich nicht wiederherstellen. Dies wird häufig auch mit *you can't unscramble scrambled eggs* umschrieben. Deshalb ist die endgültige Entscheidung der EU-Kommission abzuwarten, wenn diese nicht ausnahmsweise eine **Freistellung vom Vollzugsverbot** nach Art. 7 Abs. 3 FKVO erteilt hat.

133   Das Verfahren selbst beginnt formell mit der **Anmeldung** des geplanten, hinreichend konkretisierten Zusammenschlusses bei der EU-Kommission und ist in Art. 4 FKVO geregelt. Die Anmeldepflicht liegt bei den fusionierenden Parteien bzw. jedem, der (gemeinsame) Kontrolle erwirbt. Anmeldefähig sind nach Art. 4 Abs. 1 FKVO Zusammenschlüsse, sobald der Vertragsschluss, die Veröffentlichung des Übernahmeangebotes oder der Erwerb einer Kontrollbeteiligung erfolgt sind, sowie in den Fällen, in denen die Absicht zum Vertragsschluss glaubhaft gemacht werden kann (Vorvertrag, Letter of Intent).

134   Die Anmeldung selbst ist stark **formalisiert** und in einer Verordnung geregelt.[63] Dabei ist ein Formblatt zu verwenden, und zwar entweder die äußerst umfangreiche *Form CO* oder – in den in Anhang II Ziffer 1.1. der Verordnung benannten Fällen – die sehr viel knappere *Short Form*.

135   In der Praxis geht der Anmeldung oftmals ein, in der FKVO nicht vorgesehenes, **informelles Verfahren** voraus, in dem der Inhalt der Anmeldung bzw. deren Vollständigkeit überprüft wird. Hier kann unter Umständen auch schon ausgeleuchtet werden, wie die EU-Kommission die Wahrscheinlichkeit einschätzt, das Vorhaben im Anschluss an eine genauere Prüfung freizugeben, bzw. welche Zugeständnisse die Unternehmen ggf. anbieten müssten, um eine Freigabe zu erreichen. Folgend auf diese Abstimmung, die häufig bereits eine umfangreiche Dokumentenaufbereitung seitens der Zusammenschlussparteien erfordert, erfolgt das offizielle Einreichen der Anmeldung. Im Rahmen eines informellen Verfahrens kann in Zweifelsfällen auch ausgelotet werden, ob eine Verpflichtung zur Anmeldung besteht.

136   Zunächst stellt die EU-Kommission – bzw. das den Zusammenschluss bearbeitende *Case Team,* eine Gruppe von Kommissionsmitarbeitern – dann ihre Zuständigkeit fest und veröffentlicht eine knappe Beschreibung des Vorhabens unter Nennung der Beteiligten. Danach prüft sie das Zusammenschlussvorhaben in der sogenannten **Phase I** (Vorprüfungsphase) zunächst innerhalb von 25 Arbeitstagen. Bieten die beteiligten Unternehmen in dieser Zeit an, Verpflichtungen einzugehen oder erhält die EU-Kommission von einem Mitgliedsstaat einen Verweisungsantrag nach Art. 9 Abs. 2 FKVO, verlängert sich Phase I um zehn Arbeitstage.

137   Am Ende von Phase I
- stellt die EU-Kommission fest, dass der Zusammenschluss nicht unter die FKVO fällt (Art. 6 Abs. 1a FKVO), oder
- erklärt sie den Zusammenschluss für mit dem gemeinsamen Markt vereinbar, wobei sie die Erklärung mit Bedingungen und Auflagen verbinden kann (Art. 6 Abs. 1c ggf. i. V. m. Abs. 2 FKVO), oder
- leitet sie wegen ernsthafter Bedenken an der Vereinbarkeit mit dem gemeinsamen Markt das Hauptprüfungsverfahren ein (Art. 6 Abs. 1c FKVO).

---

[63] Verordnung (EG) Nr. 802/2004 vom 21.4.2004 zur Durchführung der Verordnung (EG) Nr. 139/2004 über die Kontrolle von Unternehmenszusammenschlüssen (ABl. L 133 vom 30.4.2004, S. 1).

Das Hauptprüfungsverfahren, die sogenannte **Phase II,** sieht eine umfassende Prüfung, **138**
u. a. mit einer Anhörung der Beteiligten und Dritter, Akteneinsichtnahmen etc. vor und ist
von der EU-Kommission innerhalb von 90 Arbeitstagen abzuschließen. Unterbreiten die
Unternehmen nach dem 55. Tag ein **Verpflichtungsangebot,** verlängert sich die Frist um
15 Arbeitstage. Eine Fristverlängerung um weitere 20 Arbeitstage ist zudem auf Antrag der
Anmelder möglich. Insgesamt gelten die Fristen dennoch im Hinblick auf den üblichen
Prüfungsaufwand als knapp bemessen. Durch die starren Fristen sollen die Unternehmen,
deren Transaktion während des Vorhabens quasi „auf Eis" liegt, Planungssicherheit zu erlangen. Zudem kommt es nach Art. 10 Abs. 6 FKVO bei Fristverstößen durch die EU-
Kommission zu einer **Genehmigungsfiktion.** Phase II wird abgeschlossen, indem die
EU-Kommission den Zusammenschluss, ggf. unter Bedingungen und Auflagen freigibt
oder versagt (Art. 8 Abs. 1 bis 3 FKVO). Ihre Entscheidung veröffentlicht sie entsprechend
ihrer Pflicht aus Art. 20 FKVO im Amtsblatt der EU.

Materiell überprüft die EU-Kommission in Phase I – und ggf. vertieft in Phase II –, ob **139**
ein Zusammenschluss gem. Art. 2 Abs. 3 FKVO mit dem wirksamen Wettbewerb im Gemeinsamen Markt für unvereinbar erklärt werden muss, weil dadurch wirksamer Wettbewerb im Gemeinsamen Markt oder in einem wesentlichen Teil desselben erheblich behindert würde. Maßgeblich ist also der sogenannte **SIEC-Test** (engl.: significant impediment
of effective competition). Eine wesentliche Behinderung kann insbesondere dann vorliegen, wenn der Zusammenschluss zur Begründung oder Verstärkung einer marktbeherrschenden Stellung führen würde. Gleichwohl ist eine Marktbeherrschung kein zwingendes
Kriterium für die Untersagung des Zusammenschlusses. Trotz hoher Marktanteile der Zu-
sammenschlussbeteiligten kann in manchen Fällen ausreichender Wettbewerb gegeben sein.
Andersherum kann ein Zusammenschluss ebenso zu einer erheblichen Wettbewerbsbeschränkung führen, obwohl er keine marktbeherrschende Stellung der Beteiligten zur Folge hätte. Bei der Genehmigung unter Bedingungen oder Auflagen entspricht es der Praxis
der EU-Kommission, den Unternehmen nur das aufzugeben, was sie selbst angeboten haben. Allerdings lässt sie in der Regel im Vorfeld erkennen, welche Angebote sie erwartet.
So gleicht dieser Teil des Verfahrens häufig einem Verhandlungsprozess, in dessen Rahmen
allerdings die EU-Kommission (angesichts ihrer Untersagungskompetenz) eine starke Stellung hat.

Der **Europäische Gerichtshof** kann Entscheidungen der EU-Kommission nach einer **140**
Klage für nichtig erklären. Das Verfahren wird dann in Phase I zurückversetzt und erneut
geprüft, vgl. Art. 10 Abs. 5 FKVO. In der Praxis ist dies aber eher selten, da sich nach Abschluss eines meist langwierigen Gerichtsverfahrens, die mit einer Transaktion erzielbaren
Effizienzen oft nicht mehr erreichen lassen.

Wenn ein Zusammenschluss ohne Freigabe oder unter Verstoß gegen Bedingungen voll- **141**
zogen oder aufgrund von unrichtigen oder unvollständigen Angaben erschlichen wurde,
kann die EU-Kommission die **Entflechtung** anordnen (Art. 8 Abs. 4 FKVO) d. h. der Zusammenschluss ist rückgängig zu machen. Zudem kann sie den Zustand zum Zeitpunkt vor
dem Vollzug zurückzuversetzen und einstweilige Maßnahmen anordnen, um den wirksamen
Wettbewerb wiederherzustellen (Art. 8 Abs. 5 FKVO). Dies gilt jedoch nicht, wenn die Unternehmen zwischenzeitlich dafür gesorgt haben, dass ggf. noch bestehende Unternehmens-
verbindungen nicht mehr in den Anwendungsbereich der Art. 1, 3 FKVO fallen oder jedenfalls nicht mehr die Untersagungsvoraussetzungen des Art. 2 Abs. 3 FKVO erfüllen.

In Art. 14 FKVO sind Geldbußen von bis zu zehn Prozent des Gesamtumsatzes der be- **142**
teiligten Unternehmen möglich, wenn Unternehmen gegen die Pflichten aus der FKVO
verstoßen.

cc) Fallbeispiele. Die Fusionskontrolle hat für die Praxis der Energiewirtschaft eine er- **143**
hebliche Bedeutung, gerade auch angesichts der Auflagen, die die EU-Kommission den
Unternehmen in vielen Fällen bei angemeldeten Zusammenschlüssen aufgegeben hat. Dies
lässt sich anhand einiger Beispielfälle aus der Vergangenheit nachvollziehen.

EnBW und ENI/GSV (2002)[64]

144   2002 genehmigte die EU-Kommission den Erwerb der gemeinschaftlichen Kontrolle durch EnBW und ENI über das regionale baden-württembergische Großhandelsunternehmen Gas Versorgung Süddeutschland (GVS) nur unter Auflagen. Diese Auflagen sollten verhindern, dass die beherrschende Stellung von GVS auf ihrem regionalen Markt in Süddeutschland verstärkt worden wäre, da ein beträchtlicher Teil der Kunden von GVS, viele von ihnen Gaseinzelhändler, in dem Versorgungsgebiet von EnBW ansonsten völlig von der neuen Gruppe abhängig geworden wäre. Nach der Auflage wurde allen Gaseinzelhändlern, die langfristige Lieferverträge mit EnBW-Töchtern oder GVS unterhielten, ein Sonderkündigungsrecht eingeräumt, sodass sie zu anderen Unternehmen wechseln konnten.

Verfahren Electrabel/Intercommunales (2003)[65]

145   In diesem Verfahren plante der belgische Energieversorger Electrabel die **Übernahme von Versorgungsaktivitäten** von regionalen Zweckverbänden zur Strom- und Gasversorgung. Diese mussten im Rahmen der Liberalisierung des belgischen Strom- und Gasmarktes ihre Vertriebsaktivitäten von Versorgungsaktivitäten trennen. Die EU-Kommission hatte gegen den Zusammenschluss erhebliche Bedenken, da Electrabel dadurch seine bereits zuvor bestehende starke Marktstellung ausgebaut hätte. Allerdings verwies sie die Fälle letztlich an die belgischen Behörden, bei denen weitere Verfahren anhängig waren. Dort wurde das Vorhaben unter Auflagen freigegeben.

Verfahren EDP und ENI/GDP (2004)[66]

146   Ende 2004 untersagte die EU-Kommission die **Übernahme** des portugiesischen Gasunternehmens Gás de Portugal (GDP) durch das portugiesische Stromversorgungsunternehmen (EDP) und das italienische Energieunternehmen ENI. Durch den Zusammenschluss der beiden in Portugal den Strom- und den Gasmarkt beherrschenden Unternehmen wäre nach Ansicht der EU-Kommission die marktbeherrschende Stellung von GDP und EDP durch die gegenseitige Unterstützung der Aktivitäten auf ihrem jeweiligen Markt gestärkt worden. Die beteiligten Unternehmen machten keine Zugeständnisse, die zur Entkräftung der Befürchtung ausgereicht hätten. Eine gegen die Entscheidung gerichtete Klage blieb erfolglos.[67]

Verfahren Gaz de France/Suez (2006)[68]

147   Gaz de France (GDF, heute Engie) war vor dem **Zusammenschluss** der staatliche französische Gasversorger, Suez Lyonnaise des Eaux (Suez), ein führendes Wasser- und Energieversorgungsunternehmen auf dem französischen und belgischen Markt. Der ursprünglich angemeldete Zusammenschluss zu *GdF Suez* hätte daher nach Ansicht der EU-Kommission zu erheblichen Wettbewerbsbeeinträchtigungen auf den Groß- und Einzelhandelsmärkten für Erdgas und Strom in Belgien sowie den Gasmärkten in Frankreich geführt. Die Bedenken der EU-Kommission richteten sich vor allem gegen den Wegfall der Konkurrenz zwischen GDF und Suez in Belgien und Frankreich. Außerdem wäre die jeweils marktbeherrschende Stellung der beiden Unternehmen gewachsen. Der Zusammenschluss wurde daher erst nach der Zusicherung umfassender struktureller Maßnahmen genehmigt. Dazu gehörten der Verkauf von Tochtergesellschaften und die Aufgabe der Kontrolle über den belgischen Netzbetreiber Fluxys durch GDF Suez. Die Erfüllung der Auflagen dauert teilweise bis heute an.

---

[64] EU-Kommission, Entscheidung vom 17.12.2002, COMP/M.2822.
[65] EU-Kommission, Entscheidung vom 13.2.2002, COMP/M.3075.
[66] EU-Kommission, Entscheidung vom 9.12.2004, COMP/M.3440.
[67] EuG, Urt. vom 21.9.2005 – T-87/05 EDP, Energias de Portugal SA/Kommission.
[68] EU-Kommission, Entscheidung vom 14.11.2006, COMP/M.4180.

Verfahren Electrabel/CNR (2009)[69]

2009 verhängte die EU-Kommission gegen das Stromversorgungsunternehmen Electrabel S. A., die belgische Tochtergesellschaft von GdF Suez, ein Bußgeld in Höhe von 20 Millionen Euro. Electrabel hatte 2003 den Erwerb der faktischen Kontrolle durch Streubesitz über die Compagnie Nationale du Rhône (CNR), einen weiteren Stromerzeuger, **nicht angemeldet.** Dies war erst 2008 nachgeholt worden und hatte dann zu einer Genehmigung durch die EU-Kommission geführt. Mit dem Bußgeld zeigte die EU-Kommission aber, dass Verstöße gegen das EU-Fusionskontrollsystems nicht toleriert werden, selbst wenn der Zusammenschluss unbedenklich ist. **148**

Verfahren Vattenfall/Nuon (2009)[70]

Bei dem **Erwerb** der niederländischen Nuon Energy durch die schwedische Vattenfall mit ihrer großen deutschen Tochtergesellschaft Vattenfall Europe, waren beide Unternehmen in diesen Ländern im Energiemarkt breit aufgestellt. Insbesondere war die deutsche Tochtergesellschaft von Nuon der stärkste neue Marktteilnehmer, der durch den Erwerb an die große deutsche Tochtergesellschaft von Vattenfall gefallen wäre. Daher befürchtete die EU-Kommission wettbewerbserhebliche Nachteile im **Strommarkt,** insbesondere für das deutsche Endkundengeschäft im Kleinkundenmarkt. Hier war Vattenfall zu diesem Zeitpunkt in Berlin und in Hamburg der etablierte Anbieter. Die Zusammenlegung der Unternehmen hätte die Marktmacht von Vattenfall nach Ansicht der EU-Kommission in wettbewerblich bedenklicher Weise verstärkt und zugleich den Wegfall des stärksten Wettbewerbers bedeutet. Um dies zu verhindern, einigten sich die Unternehmen mit der EU-Kommission auf einen Verkauf des deutsche Endkundengeschäftes von Nuon, woraufhin die EU-Kommission den Zusammenschluss genehmigte. **149**

Verfahren RWE/Essent (2009)[71]

Auf ähnlichen Zugeständnissen beruhte die Genehmigung der **Übernahme** des niederländischen Versorgers Essent durch die deutsche RWE AG, die beide im deutschen Strom- und Gassektor tätig waren. Am **Gasgroßhandelsmarkt** befürchtete die EU-Kommission die Entstehung von vertikalen Beziehungen, bei der Wettbewerber auf dem vorgelagerten Markt für die Gasnahversorgung von Großkunden und auf den nachgelagerten Gasmärkten für Endkunden im Markteinzugsgebiet von RWE vom Angebot ausgeschlossen worden wären. Hier bot RWE die Veräußerung der kontrollierenden Beteiligung von Essent an der Stadtwerke Bremen AG (swb) an und durfte nach dieser Zusage den Zusammenschluss durchführen. **150**

Verfahren RWE, Capiton und Gothaer/Ensys (2009)[72]

Ohne Auflagen genehmigte die EU-Kommission die **Übernahme** der gemeinsamen Kontrolle über den deutschen **Stromversorger** Ensys durch die RWE-Tochter Süwag, die Capiton AG und Gothaer Versicherungsbank VVaG. Da Ensys ein eher kleiner Versorger mit Aktivitäten vornehmlich in Deutschland war, ging die EU-Kommission davon aus, dass die Übernahme die Wettbewerbsbedingungen auf den relevanten Märkten nicht wesentlich beeinträchtigen würde. **151**

So zeigt sich, dass die EU-Kommission auch bei den europäischen Fusionskontrollverfahren sehr genau auf die einzelnen regionalen Märkte schaut und analysiert, wo sich durch den jeweiligen Zusammenschluss die Gefahr der Bildung oder der Verstärkung einer marktbeherrschenden Stellung ergibt. Es ist dann an den beteiligten Unternehmen, der EU-Kommission geeignete **Kompensationsmaßnahmen** anzubieten, die den Zusammenschluss genehmigungsfähig machen. **152**

---

[69] EU-Kommission, Entscheidung vom 26.3.2008, COMP/M.4994.
[70] EU-Kommission, Entscheidung vom 28.4.2009, COMP/M.5496.
[71] EU-Kommission, Entscheidung vom 29.4.2009, COMP/M.5467.
[72] EU-Kommission, Entscheidung vom 18.11.2009, COMP/M.5711.

BASF/Gazprom (2014)[73]

153   Ende 2013 genehmigte die EU-Kommission einen geplanten **Anteils-Tausch** zwischen der BASF-Tochter Wintershall und Gazprom. Dieser sah vor, dass Wintershall das bislang als Joint Venture betriebene Erdgashandels- und Speichergeschäft an Gazprom übertragen und Gazprom sich mit 50 Prozent an der Erdöl- und Erdgas-Fördergesellschaft Noordzee beteiligen sollte. Dafür hätte Wintershall Gasfelder in Sibirien erschließen dürfen. Die EU-Kommission sah darin weder die Gefahr einer Einschränkung des Zugangs zu Gaslieferungen noch für den Wettbewerb am Markt für Erdgasspeicherung. Die Transaktion wurde Ende 2014 zunächst mit Hinweis auf das „schwierige politische Umfeld" infolge der Ukraine-Krise abgesagt. Im Oktober 2015 kam es dann allerdings doch noch zu einem Vollzug. Gazprom erhöhte dadurch seine Beteiligung an den europäischen Gashandels- und -speichergesellschaften WINGAS, WIEH und WIEE auf 100 Prozent und erhielt 50 Prozent der Anteile an einem Unternehmen, das in der Nordsee Erdöl und Erdgas erkundet und fördert. Dafür bekam Windershall den wirtschaftlichen Gegenwert von 25,01 Prozent der Anteile ein einem Vorhaben zur Erschließung und Ausbeutung von Erdgasfeldern in Sibirien.

c) Deutsche Fusionskontrolle

154   Besonders seit der Liberalisierung des Energiemarkts Ende der 1990er Jahre spielte das **Bundeskartellamt** in Deutschland eine wichtige Rolle bei der Begrenzung der Marktmacht der großen Energieversorgungsunternehmen. Durch die Liberalisierung öffnete sich der deutsche Strom- und Gasmarkt für Wettbewerb und auch für internationale Energieversorger, wie z. B. Enron, Duke Energy, Vattenfall, NRG Energy, GDF Suez, Dong, EDF oder Powergen, die sich eine Position in dem lukrativen deutschen Markt erobern wollten. Dies setzte die etablierten Versorger einem zunehmenden Druck aus, eröffnete ihnen aber auch zusätzliche Chancen für Effizienzgewinne, insbesondere durch Übernahmen und Zusammenschlüsse.

155   Während es bis zur Liberalisierung 1998 noch **neun Verbundunternehmen** in Deutschland gab (Badenwerk, Bayernwerk, Bewag, Energieversorgung Schwaben, HEW, PreußenElektra, RWE VEAG und VEW) wurden daraus nach der Liberalisierung binnen fünf Jahren die heute bekannten großen Vier (EnBW, E.ON (bzw. Uniper), RWE und Vattenfall Europe). Hinzu kam, dass die großen Verbundunternehmen zu dieser Zeit noch vertikal integriert waren und vielfache Beteiligungen an Regionalversorgern und Stadtwerken hielten. Viele **ausländische Wettbewerber** schieden schnell wieder aus dem deutschen Markt aus, da sie es schwer hatten, sich im Wettbewerb mit den großen einheimischen Versorgern zu etablieren. Die europäische Fusionskontrolle war zu diesem Zeitpunkt noch nicht auf die Entwicklungen in den nationalen Energiemärkten eingestellt und eine deutsche Regulierungsbehörde gab es für den Energiemarkt noch nicht. Daher kam der Fusionskontrolle durch das Bundeskartellamt für die Begrenzung der Marktmacht der großen Versorger eine ganz entscheidende Bedeutung zu.

156   **aa) Voraussetzungen.** Ob ein Unternehmenskauf oder ein anderes Zusammenschlussvorhaben beim Bundeskartellamt angemeldet werden muss, ist bei jeder Transaktionsplanung eine entscheidende Frage. Ein Zusammenschluss ist beim Bundeskartellamt anmeldepflichtig, wenn die Aufgreifkriterien der §§ 35 und 37 GWB erfüllt sind. § 35 GWB bestimmt dabei die Umsatzschwellen, die die Beteiligten überschreiten müssen, um eine **Anmeldepflicht** auszulösen. Danach besteht die Pflicht zur Anmeldung nur, wenn die beteiligten Unternehmen im letzten Geschäftsjahr vor dem Zusammenschluss insgesamt weltweit Umsatzerlöse von mehr als 500 Millionen Euro erzielt haben und im Inland mindestens ein beteiligtes Unternehmen Umsatzerlöse von mehr als 25 Millionen Euro und ein anderes beteiligtes Unternehmen Umsatzerlöse von mehr als fünf Millionen Euro erzielt haben.

---

[73] EU-Kommission, Entscheidung vom 3.12.2013, COMP/M.6910.

Nur wenn diese **Umsatzschwellen** erfüllt sind, gleichzeitig aber nicht die Um- 157
satzschwellen nach Art. 1 FKVO überschritten wurden, und darüber hinaus der Zusammenschluss die Voraussetzungen des § 37 GWB erfüllt, ist das Bundeskartellamt zuständig.

Bei der Prüfung spielt auch die sogenannte **Bagatellmarktklausel** eine Rolle. Ein Ba- 158
gatellmarkt wird angenommen, wenn auf dem Markt seit mindestens fünf Jahren Waren oder gewerbliche Leistungen angeboten und dort weniger als 15 Millionen Euro umgesetzt werden.[74] Die Klausel ist keine Ausnahme von der Anmeldepflicht, sondern ein materiellrechtliches Prüfungskriterium, d. h. bei Annahme eines Bagatellmarktes muss angemeldet werden, eine Untersagung kann aber nicht darauf gestützt werden, dass die Untersagungsvoraussetzungen des § 36 GWB auf einem Bagatellmarkt vorliegen.

Als **Zusammenschluss** i. S. v. § 37 Abs. 1 GWB ist anzusehen 159

- Nr. 1: der **Vermögenserwerb,** bei dem der Erwerber ganz oder zu einem wesentlichen Teil Vermögensgegenstände eines anderen Unternehmens als Eigentum oder zum Gebrauch erhält, mit denen dieser bisher selbst am Markt tätig war (z. B. Betriebsstätten, Markenrechte), häufig im Unternehmenskauf als *Asset Deal* bezeichnet,
- Nr. 2: der **Kontrollerwerb,** bei dem ein oder mehrere zusammenwirkende Unternehmen die rechtliche oder faktische Kontrolle über ein anderes Unternehmen erhält/erhalten (z. B faktische Hauptversammlungsmehrheit, Unternehmensverträge, gezielte personelle Verflechtungen),
- Nr. 3 S. 1: der **Anteilserwerb,** bei dem die Schwelle von 25 Prozent und 50 Prozent der Anteile des Gesamtkapitals oder der Stimmrechte erstmals erreicht wird,
- Nr. 3 S. 3: die Gründung von **Gemeinschaftsunternehmen,** bei denen mehrere Unternehmen gemeinsam die Kontrolle erlangen und
- Nr. 4: die Erlangung von **wettbewerblich erheblichem Einfluss** jenseits von eigentumsrechtlichen Aspekten durch gesellschaftsrechtlich vermittelte, faktische Einflussnahmemöglichkeiten (z. B. wettbewerbserhebliche Sperrminorität, Minderheitsbeteiligung mit strategischen Veto-Rechten in Folge derer der Erwerber eine Stellung erlangt, die mit der eines 25 Prozent Anteilseigners vergleichbar ist).

Die Zusammenschlussdefinition in § 37 Abs. 1 GWB ist abschließend. Das heißt zum 160
einen, dass andere Tatbestände als die genannten keine Zusammenschlüsse im Sinne des Gesetzes gegen Wettbewerbsbeschränkungen sind, zum anderen aber, dass bei der Erfüllung von Nr. 1 bis 4 ein Zusammenschluss vorliegt, der anzumelden ist, egal wie sich dieser dann tatsächlich auf die Wettbewerbssituation auswirkt. Daher haben die Fallgruppen neben den teilweise sehr weiten Begriffen viele Überschneidungen. So liegt im Fall einer Mehrheitsbeteiligung an einem Unternehmen neben dem Anteilserwerb natürlich in aller Regel auch ein Kontrollerwerb vor. Mit der umfassenden Formulierung der Tatbestände, und insbesondere mit der Auffangklausel des wettbewerblich erheblichen Einflusses, sollte sichergestellt werden, dass die Fusionskontrolle nicht durch die geschickte Strukturierung von Transaktionen umgangen werden kann. § 37 Abs. 1 Nr. 4 GWB kommt die Funktion eines **Auffang-Tatbestandes** zu. Dieser greift, wenn die Schwellen von Nr. 2 und/ oder Nr. 3 nicht erreicht werden und trotzdem eine Unternehmensverbindung entsteht. Er war z. B. im Verfahren Gazprom/VNG erfüllt, bei dem es nur um einige wenige Prozent Unternehmensanteile ging.[75]

Im deutschen Recht besteht damit die Besonderheit, dass auch der Erwerb von **Min-** 161
derheitsbeteiligungen von 25 Prozent oder mehr (sowie im Fall des wettbewerblich erheblichen Einflusses auch unterhalb dieser Schwelle) eine Anmeldepflicht auslöst, selbst wenn diese Beteiligung keine Kontrolle vermittelt. Eine solche Beteiligung erfüllt hingegen nicht den Zusammenschlusstatbestand des Art. 3 FKVO, sodass sie nicht bei der Kommission anmeldepflichtig ist. Dies kann dazu führen, dass das Vorhaben auch dann beim Bun-

---

[74] Wolfgang Bosch, in: Rainer Bechtold u. a., Kartellgesetz, Gesetz gegen Wettbewerbsbeschränkungen, Kommentar, 8. Aufl. 2015, § 36 GWB, Rn. 46.

[75] Bundeskartellamt, Beschl. vom 31.1.2012 – B8–116/1, siehe § 9, Rn. 181 ff.

deskartellamt anzumelden ist, wenn die Umsätze der Beteiligten die Schwellen gem. Art. 1 FKVO überschreiten.

162   Einen Zusammenschluss, durch den wirksamer Wettbewerb erheblich behindert würde, muss das Bundeskartellamt nach § 36 GWB **untersagen.** Von einer solchen Behinderung ist insbesondere auszugehen, wenn der Zusammenschluss eine marktbeherrschende Stellung begründet oder verstärkt und keine Kompensation dafür vorliegt. Die Begründung oder Verstärkung einer marktbeherrschenden Stellung ist damit – wie auf europäischer Ebene – als Regelbeispiel kodifiziert.

163   Neben einer Untersagung kommt – wie auf europäischer Ebene – zudem die **Genehmigung unter Auflagen** in Betracht, die stets eine Kompensation für die durch den Zusammenschluss zusätzlich entstehenden Wettbewerbsschädigungen darstellen muss. Dies kann z. B. die Pflicht zur Veräußerung von Unternehmensteilen sein. Eine solche wurde im Energiesektor beispielsweise 2010 im Fall RWE/Energieversorgung Plauen erteilt.[76]

164   **bb) Deutsches Verfahren.** Auch bei der nationalen Fusionskontrolle ist das Verfahren von erheblicher praktischer Bedeutung. Daher soll es hier kurz skizziert werden:

165   Das Fusionskontrollverfahren vor dem Bundeskartellamt beginnt aus Sicht der beteiligten Unternehmen mit der Frage, ob und ggf. bei welcher Behörde eine Anmeldepflicht besteht.

166   Bei schwierigen Fällen können in der Praxis in **informellen Vorgesprächen** mit dem Bundeskartellamt die Anmeldepflicht und eventuelle Erfolgsaussichten eines Vorhabens ausgelotet werden. Solche Gespräche werden meist zweckmäßigerweise durch ein *Informationsschreiben* vorbereitet, in welchem dem Bundeskartellamt der Zusammenschluss, die beteiligten Unternehmen und die betroffenen Märkte vorgestellt werden. Diese Vorklärung ist nicht gesetzlich vorgesehen und dementsprechend nicht zwingend und das Bundeskartellamt äußert sich im Rahmen dessen auch nicht verbindlich.

167   Die Anmeldung des geplanten Zusammenschlusses ist – trotz des allgemein verbreiteten Begriffs der Anmeldepflicht – tatsächlich eine **Obliegenheit der Beteiligten** (keine Pflicht), für die es keine Fristen gibt. Allerdings besteht im Falle einer Anmeldepflicht – unabhängig davon, ob das Vorhaben auch durchgeführt wird – bis zur Freigabe ein gesetzliches Vollzugsverbot nach § 41 GWB. Wird der Zusammenschluss vor Freigabe vollzogen, so sind alle Rechtsgeschäfte, die gegen das Verbot verstoßen, unwirksam, wenn keine Befreiung durch das Bundeskartellamt oder eine Ministererlaubnis vorliegt. Darüber hinaus droht bei Verstoß nach § 81 GWB ein Bußgeld von bis zu zehn Prozent des Jahresumsatzes des betroffenen Unternehmens oder der Unternehmensvereinigung.

168   Die **Anmeldung** wird von den am Zusammenschluss beteiligten Unternehmen gemeinsam vorgenommen. Der Inhalt einer Anmeldung ergibt sich aus § 39 Abs. 3 GWB. Sie enthält im Wesentlichen Informationen über die beteiligten Unternehmen und deren Marktanteile. Insbesondere die in problematischen Fällen entscheidende Angabe der Marktanteile erfordert eine solide Beurteilung der betroffenen Märkte, wozu es häufig einiger Erfahrung bedarf. Erfährt das Bundeskartellamt von anstehenden Zusammenschlüssen, z. B. aus öffentlichen Quellen oder Beschwerden Dritter, wirkt es gelegentlich bei den Beteiligten auf die Anmeldung hin. Nach dem Eingang der Anmeldung beim Bundeskartellamt veröffentlicht dieses auf seiner Homepage einen Eintrag über den geplanten Zusammenschluss.

Bei nicht oder nachträglich angemeldeten Zusammenschlüssen kann ein **Entflechtungsverfahren** eingeleitet werden, welches das Bundeskartellamt nur dann einstellt, wenn der Zusammenschluss keinen wettbewerblichen Bedenken begegnet. Hat der bereits vollzogene Zusammenschluss eine marktbeherrschende Stellung begründet oder verstärkt, so kann das Bundeskartellamt eine Entflechtungsanordnung erlassen, welche die Auflösung des Zusammenschlusses anordnet.

169   Mit der Einreichung der vollständigen Anmeldung des Vorhabens beginnt das **Vorprüfungsverfahren** (Phase I). Häufig fordert das Bundeskartellamt in diesem Rahmen zusätzliche Informationen an. Wenn die Untersagungsvoraussetzungen nicht vorliegen und der

---

[76] Bundeskartellamt, Beschl. vom 30.4.2010 – B8–109/09.

Zusammenschluss vollzogen werden darf, ergeht keine formelle Freigabe-Entscheidung, sondern das Bundeskartellamt macht lediglich eine entsprechende Mitteilung. Zudem gilt das Vorhaben als freigegeben, wenn innerhalb des ersten Monats nach Eingang der (vollständigen) Anmeldung keine Reaktion erfolgt. Zeichnen sich Untersagungsvoraussetzungen ab, teilt das Bundeskartellamt den Beteiligten in der Regel binnen eines Monat nach Zugang der Anmeldung schriftlich mit, dass es in die Prüfung des Hauptprüfungsverfahrens eingetreten ist (sogenannter **Monatsbrief,** § 40 Abs. 1 GWB). Unterbleibt eine Reaktion des Bundeskartellamts innerhalb der Frist der Phase 1, so greift eine Freigabefiktion, nach der das Vorhaben als freigegeben anzusehen ist.

Im **Hauptprüfverfahren** (Phase II) liefern die beteiligten Unternehmen meistens zusätzliche Informationen und versuchen normalerweise, das Bundeskartellamt von der Unbedenklichkeit des Zusammenschlusses zu überzeugen. **170**

Das Bundeskartellamt hat in dieser Zeit **Ermittlungsbefugnisse,** zu denen bußgeldbewehrte formelle Auskunftsuchen, informelle Auskunftsuchen, Zeugenvernehmungen, die Einsicht von Unterlagen, Durchsuchungen und Beschlagnahmen gehören. Häufig werden auch Stellungnahmen und Informationen von Wettbewerbern aus dem Markt eingeholt. Das Hauptprüfungsverfahren kann durch eine förmliche Freigabe (§ 40 Abs. 2 S. 1 Alt. 2 GWB), eine Untersagung (§ 40 Abs. 2 S. 1 Alt. 1 GWB) und (c) oder eine Freigabe mit Nebenbestimmungen (§ 40 Abs. 2 S. 1 Alt. 2 i. V. m. Abs. 3 S. 1 GWB) abgeschlossen werden. Auflagen werden jedoch nur auf Vorschlag der und in Abstimmung mit den beteiligten Unternehmen gemacht. **171**

Erfolgt innerhalb von vier Monaten keine derartige Entscheidung, so gilt eine **Freigabe** des Zusammenschlusses als erteilt. Die vom Bundeskartellamt erhobenen Gebühren orientieren sich an dem personellen und sachlichen Ermittlungsaufwand für das Bundeskartellamt sowie an der wirtschaftlichen Bedeutung des Zusammenschlusses. Die durchschnittlichen Gebühren haben in den letzten Jahren erheblich zugenommen und können sechsstellige Euro-Beträge erreichen. **172**

Nach Abschluss des Verfahrens, fügt das Bundeskartellamt auf seiner Homepage die Art der Entscheidung hinzu („Freigabe" etc.), löscht dann aber im Falle einer Freigabe wenige Wochen nach Abschluss des Verfahrens den Eintrag vollständig. **173**

Eine Entscheidung des Bundeskartellamts kann mit der Beschwerde zum Oberlandesgericht Düsseldorf angegriffen und überprüft werden. Sie ist binnen eines Monats ab Zustellung der Entscheidung beim Bundeskartellamt einzulegen (§ 66 Abs. 1 S. 1 GWB – nicht bei dem Gericht, obwohl das unschädlich ist, § 66 Abs. 1 S. 3 GWB) und binnen eines weiteren Monats zu begründen (§ 66 Abs. 3 S. 1 GWB). Die **Anfechtungsbeschwerde** (§ 63 Abs. 1 GWB) zielt auf die Aufhebung einer Entscheidung des Bundeskartellamts, z. B. auf die Freigabe eines Zusammenschlusses (im Falle einer Drittanfechtung) oder den Gebührenbescheid. Mit der **Verpflichtungsbeschwerde** (§ 63 Abs. 3 GWB) erstreitet man den Erlass einer bestimmten Entscheidung durch das Bundeskartellamt, z. B. eine Beiladung (§ 54 Abs. 2 Nr. 3 GWB). Im Verfahren wird sowohl die Sachverhaltsermittlung als auch die Rechtsanwendung durch das Bundeskartellamt überprüft, wobei das Gericht selbst Ermittlungen anstellen oder das Bundeskartellamt mit Ermittlungen beauftragen kann. Gegen die gerichtlichen Entscheidungen ist binnen eines Monats nach Zustellung **Rechtsbeschwerde** zum Bundesgerichtshof möglich, wenn ein schwerer Mangel der Entscheidung geltend gemacht wird oder die Beschwerde zugelassen wurde. Der Bundesgerichtshof prüft die Entscheidung des Beschwerdegerichts jedoch nur auf Rechtsfehler, nicht darauf, ob die Tatsachen zutreffend ermittelt wurden (§ 76 Abs. 2 S. 1 GWB). **174**

Ein untersagter Zusammenschluss kann zudem auf Antrag der Beteiligten in Ausnahmefällen vom Bundesminister für Wirtschaft erlaubt werden. Eine solche **Ministererlaubnis** ergeht, wenn die Wettbewerbsbeschränkung von gesamtwirtschaftlichen Vorteilen aufgewogen[77] wird oder der Zusammenschluss durch ein überragendes Interesse der Allgemein- **175**

---

[77] Bundeswirtschaftsministerium, Ministererlaubnis vom 9.12.1981, IBH/WIBAU, 4.

heit gerechtfertigt ist. Anders als das Bundeskartellamt stellt der Bundeswirtschaftsminister somit also keine rein wettbewerbsbezogene Betrachtung an, sondern berücksichtigt ebenso Belange des Allgemeinwohls. Gegen die Verweigerung der Ministererlaubnis ist die **Beschwerde** zum Oberlandesgericht Düsseldorf möglich.

176	Aufgrund einer solchen **Ministererlaubnis** wurde 2002 der damals stark umstrittene Erwerb der Mehrheit von Ruhrgas durch E.ON unter Auflagen ermöglicht.[78] Nach Ansicht des Bundeswirtschaftsministeriums sicherte der Zusammenschluss E.ON Ruhrgas den langfristigen Bezug von preisgünstigem Erdgas insbesondere aus Russland und verbessert damit die Versorgungssicherheit in Deutschland. Der Zusammenschluss sollte zudem der Wettbewerbsfähigkeit der Unternehmen auf den internationalen Energiemärkten dienen. Der Verstärkung von Marktmacht sollte dadurch vorgebeugt werden, dass die Unternehmen ihre Beteiligungen an Bayerngas und den Stadtwerken Bremen veräußern mussten und den Unternehmen ein Sonderkündigungsrecht für bestehende Energiebezugsverträge mit E.ON Ruhrgas eingeräumt wurde. Zudem musste E.ON Ruhrgas im Rahmen eines Gas-Release-Programm 200 Milliarden Kilowattstunden im Rahmen von Auktionen anbieten, um die Liquidität auf dem deutschen Gasmarkt für einen längeren Zeitraum zu erhöhen.

177	**cc) Fallbeispiele.** Das Bundeskartellamt hat seit 1999 im Bereich *Energiewirtschaft* **63 Fusionskontrollverfahren** auf seiner Homepage veröffentlicht.[79] Diese endeten mit 39 Freigaben, 17 Freigaben mit Nebenbestimmunen und sieben Untersagungen. Darunter befanden sich neben den bereits vorstehend erwähnten Verfahren u.a. die folgenden:

E.ON/Stadtwerke Eschwege (2003)[80]

178	In der Entscheidung E.ON/Stadtwerke Eschwege äußerte sich das Bundeskartellamt grundlegend zu den Verhältnissen im deutschen **Strommarkt** und seinem Verständnis der Marktabgrenzung. Im Ergebnis untersagte es den **Zusammenschluss** der beiden Unternehmen. Eine Beschwerde hiergegen wurde letztlich auch vom Kartellsenat des Bundesgerichtshofes zurückgewiesen.[81] Im Rahmen des Verfahrens kamen das Bundeskartellamt und der Bundesgerichtshof zu dem Ergebnis, dass für den Erstabsatz von in Deutschland erzeugtem oder nach Deutschland importiertem Strom zumindest zwischen den beiden Marktführern E.ON und RWE ein marktbeherrschendes Oligopol bestehe. Dies liege u.a. an den geringen Kapazitäten an den Grenzkuppelstellen, die dazu führten, dass in räumlicher Hinsicht von einem deutschen und nicht von einem regional europäischen Markt ausgegangen wurde. Weder durch ausländische Wettbewerber noch durch EnBW und Vattenfall entstehe hinreichender Wettbewerbsdruck, sodass die starke Marktstellung der beiden großen deutschen Stromerzeuger erhalten bleibe. Diese Situation würde verschärft, wenn sich E.ON an den Stadtwerken Eschwege beteilige, denn dadurch könne E.ON sich weitere Absatzgebiete sichern und den Wettbewerb weiter einschränken.

E.ON/Thüga (2009)[82]

179	Eine **Freigabe** durch das Bundeskartellamt erfolgte 2009 im Verfahren E.ON/Thüga. Dadurch wurde der Erwerb der zum E.ON Ruhrgas Konzern (heute E.ON) gehörenden Thüga AG durch ein Gemeinschafsunternehmen mehrerer Stadtwerke möglich. Thüga hält Minderheitsbeteiligungen an ca. 90 **Stadtwerken** und Regionalversorgern und bietet Energiedienstleistungen an. Der Verkauf durch E.ON erfolgte freiwillig, wurde vom Bundeskartellamt aber als wichtiger Beitrag zur Marktentflechtung begrüßt. Denn die Verbindung des marktbeherrschenden Gasvorlieferanten E.ON mit den in der Thüga zusammengefassten Weiterverteilerkunden trug aus Sicht des Bundeskartellamts lange Zeit zur

---

[78] Bundeswirtschaftsministerium, Ministerium vom 5.7.2002 und vom 18.9.2002, E.ON/Ruhrgas.
[79] Stand: 2016, die Anzahl der nicht veröffentlichten Entscheidungen ist nicht bekannt.
[80] Bundeskartellamt, Beschl. vom 12.9.2003 – B8–21/03.
[81] BGH, Beschl. vom 11.11.2008 – KVR 60/07.
[82] Bundeskartellamt, Beschl. vom 30.11.2009 – B8–107/09.

Abschottung insbesondere der Gasmärkte gegenüber anderen Lieferanten bei. Der Verkauf führte nach Ansicht des Bundeskartellamtes dazu, dass das Ausmaß an vertikaler Integration des E.ON-Konzerns reduziert wurde.

RWE/Stadtwerke Plauen (2010)[83]

Gegenstand des Verfahrens war ein Vorhaben von RWE, über ihr Beteiligungsunter- **180** nehmen enviaM Anteile in Höhe von 49 Prozent an der noch zu gründenden Energieversorgung Plauen zu erwerben. Zugleich sollten zwei Beteiligungen, die RWE über eine 100-prozentige Tochter an den Stadtwerken Lingen (40 Prozent) und an den Stadtwerken Radevormwald (49 Prozent), verlängert werden. Dadurch wäre nach Ansicht des Bundeskartellamtes die marktbeherrschende Stellung von RWE in verschiedenen **Strommärkten** weiter ausgebaut worden. Daher stellte es das Vorhaben unter die Bedingung, dass enviaM eine Beteiligung in Höhe von 30 Prozent an den Stadtwerken Halle an ein Unternehmen veräußert, das nicht mit RWE verbunden ist, und unter die Auflage, dass RWE in den fünf Jahren ab dem Vollzug des Zusammenschlusses keine Kontrolle über die Stadtwerke Halle erwerben darf.

Gazprom/VNG/EWE (2012, 2014)[84]

Viel öffentliches Interesse fanden zuletzt auch Freigabeverfahren im Zusammenhang mit **181** VNG. Das Unternehmen ist das flächendeckende **Ferngasunternehmen** in den neuen Bundesländern und auf den Stufen Import, Handel, Transport und Speicherung von Erdgas aktiv.

2012 genehmigte das Bundeskartellamt zunächst eine **Anteilserhöhung** des russischen **182** Gazprom-Konzerns an VNG. Denn obwohl Gazprom der größte Gaslieferant für Deutschland ist, wurde durch die Beteiligung an VNG in Höhe von 10,52 Prozent die Marktposition von Gazprom nach Ansicht des Bundeskartellamtes nicht verstärkt. Daran ändere sich auch nichts dadurch, dass auch die BASF-Tochter Wintershall mit 15,79 Prozent an VNG beteiligt sei. Denn obwohl Gazprom und Wintershall wiederum im Gemeinschaftsunternehmen Wingas verbunden seien, könnten sie im Fall von VNG allenfalls gemeinsam Einfluss ausüben.

2014 verkaufte Wintershall dann seinen Anteil an VNG in Höhe von 15,79 Prozent an **183** das Energieversorgungsunternehmen EWE. Dadurch erlangte EWE insgesamt 63,69 Prozent der Anteile an VNG und damit alleinige Kontrolle im Sinne des Kartellrechts. Das Bundeskartellamt gab den **Erwerb** allerdings frei, nachdem es eine Neubewertung der Wettbewerbssituation auf dem deutschen Gasmarkt vorgenommen hatte. Demnach ist der räumlich relevante Markt nunmehr deutschlandweit abzugrenzen, weil sich die Marktmacht zugunsten von ausländischen Produzenten wie Gazprom und Stanoil verschoben habe und frühere Lieferbeschränkungen über Leitungsnetze und Marktgebiete hinweg entfallen seien.

Zum Weiterlesen

Volker Emmerich, Kartellrecht, 13. Aufl. 2014, 4. Kapitel: Fusionskontrolle
Ulrich Immenga u. a., Wettbewerbsrecht, 5. Aufl. 2012, Band 1, IV. Abschnitt, insb. Art. 1–4 FKVO
Peter Gussone u. a., in: Jens-Peter Schneider u.a: Recht der Energiewirtschaft, 4. Aufl. 2013, § 6: Zusammenschlüsse und Kooperationen in der europäischen und deutschen Energiewirtschaft
Fritz Rittner u. a., Wettbewerbs- und Kartellrecht – Eine systematische Darstellung des deutschen und europäischen Rechts, 8. Aufl. 2014, § 14: Die Zusammenschlusskontrolle
Wolfgang Bosch, Die Entwicklung des deutschen und europäischen Kartellrechts, NJW 2014, 1714 ff.
Michael Esser u. a., Die Einführung des SIEC-Tests durch die 8. GWB-Novelle – Folgen für die Praxis, NZKart 2013, 447 ff.

---

[83] Bundeskartellamt, Beschl. vom 30.4.2010 – B8–109/09.
[84] Bundeskartellamt, Beschl. vom 31.1.2012 – B8–116/11; Bundeskartellamt, Beschl. vom 23.10.2014 – B8–69/14.

Simon Hirsbrunner, Die Entwicklung der europäischen Fusionskontrolle im Jahr 2013, EuZW 2014, 658 ff.
Andreas Weitbrecht u. a., Die Entwicklung des europäischen Kartellrechts 2013, EuZW 2014, 209 ff.
Bundeskartellamt, Merkblatt zur deutschen Fusionskontrolle vom 1.7.2005
Bundesnetzagentur und Bundeskartellamt, Monitoringbericht 2015, S. 360 ff.
EU-Kommission, Bericht über die Wettbewerbspolitik 2014

II. Europäisches Beihilferecht

184   Das europäische Beihilferecht regelt Sachverhalte, bei denen Unternehmen oder andere Begünstigte direkte oder indirekte **Vorteile** durch staatliche oder aus staatlichen Mitteln gewährte Leistungen erhalten. In Bezug auf das Energierecht spielt es im Kontext des europäischen Binnenmarktes eine immer größere Rolle. Nachfolgend stellen wir seine Entwicklung, seine rechtliche Durchsetzung, sein Einwirken auf das Energierecht und wichtige Beihilfeverfahren mit energierechtlichem Bezug vor und gehen auf die 2015 begonnene beihilferechtliche Sektoruntersuchung ein.

1. Entwicklung

185   Vor der Liberalisierung lag der Energiesektor in vielen europäischen Ländern ausschließlich oder ganz überwiegend in **staatlicher Hand.** Jede Förderung oder Begünstigung in diesem Bereich gewährte der Staat also quasi sich selbst und da kein Wettbewerb vorhanden war, konnte dieser auch nicht verzerrt werden. Deutschland bildete hierbei eine Ausnahme, denn hier war der Energiesektor privatwirtschaftlich organisiert, wenn auch viele Unternehmen der öffentlichen Hand gehörten. Beihilfen spielten aber zu dieser Zeit noch keine große Rolle.

186   Durch die Liberalisierung, die damit verbundene Entflechtung von Unternehmen und das Aufbrechen der Monopolstrukturen hat sich die Bedeutung und Folge von **staatlichen Eingriffen** gewandelt. Nun sind sie einerseits notwendig, um politisch gewollte Konzepte wie die Energiewende voranzubringen. Denn gewinnorientiert arbeitende Unternehmen investieren angesichts der mit Subventionen verbundenen Unsicherheiten beispielsweise nicht in großem Umfang in Wind- oder Solarparks, deren Bau- und Betriebskosten ohne staatliche Zuschüsse nicht hätten refinanziert werden können. Andererseits können die unterschiedlichen Förderansätze in den Mitgliedsstaaten nicht unkontrolliert bleiben, denn der Gedanke eines europäischen Binnenmarktes erfordert europaweit gleiche Wettbewerbsbedingungen und die Liberalisierung der Märkte sollte staatlichen Monopolen gerade entgegenwirken.

187   Insofern ist die EU-Kommission in den letzten Jahren immer stärker dazu übergegangen, staatliche Fördermaßnahmen durch konkrete Vorgaben und die Anwendung des Beihilferechtes „einzufangen". Sie hat dafür u. a. mit den *Staff Working Paper*[85] und mit den *Leitlinien für Energie- und Umweltschutzbeihilfen 2014 bis 2020*[86] konkrete Vorgaben erstellt.

188   Dieses Eingreifen der EU-Kommission kann angesichts zunehmender hoheitlicher Eingriffe in den Energiemarkt und insbesondere den Strommarkt kaum verwundern. Man denke nur an die Vielzahl von Förderprogrammen für erneuerbare Energien, die Regulierung der Netze und Themen wie Kapazitätsmärkte und Lastmanagement. Da die Förderung in den EU-Mitgliedsstaaten nicht einheitlich erfolgt (und weil die Märkte und Akteure nicht rein national sind), droht die **Verfälschung des Wettbewerbs** und die Be-

---

[85] EU-Kommission, Commission Staff Working Document – Generation Adequacy in the internal electricity market – guidance on public interventions; Leigh Hancher u. a., Capacity Mechanisms in the EU Energy Market: Law, Policy, and Economics, 2015, S. 19.
[86] EU-Kommission, Mitteilung vom 5.11.2013, Communication on Delivering the internal electricity market and making the most of public intervention; Leigh Hancher u. a., Capacity Mechanisms in the EU Energy Market: Law, Policy, and Economics, 2015, S. 19.

einträchtigung des zwischenstaatlichen Handels. Außerdem führen die Förderungen zur Belastungen der staatlichen Haushalte. Solchen Auswirkungen versucht die EU-Kommission zunehmend mit den Mitteln des Beihilferechts Einhalt zu gebieten.

2. Rechtliche Durchsetzung

Die Europäische Union ist für die Festlegung der für das Funktionieren des Binnen- **189** marktes erforderlichen Wettbewerbsregeln zuständig (Art. 3 Abs. 1 lit. b AEUV). Die Aufsicht wird von der EU-Kommission ausgeübt und umfasst auch die staatlichen Beihilfen. Innerhalb der EU-Kommission ist für Beihilfefragen die **Generaldirektion Wettbewerb** zuständig.

Beihilfen gehören zu den **staatlichen Begünstigungen** und sind nach Art. 107 Abs. 1 **190** AEUV verboten, wenn sie den Handel zwischen den Mitgliedsstaaten beeinträchtigen und den Wettbewerb zu verfälschen drohen. Ihr Einfluss auf den Wettbewerb wird nur in – zum Teil auch für das Energierecht relevanten – Ausnahmefällen hingenommen. Nachfolgend wollen wir darauf eingehen, wann eine Beihilfe vorliegt und wie mit ihr umzugehen ist.

a) Vorliegen einer Beihilfe

Nach Art. 107 AEUV sind Beihilfen Zuwendungen des Staates oder aus staatlichen **191** Mitteln, die Unternehmen oder Unternehmensgruppen begünstigen, d. h. ihnen Vorteile zuwenden. Art. 107 AEUV erfasst sowohl **Einzelfallbeihilfen** als auch **generelle Beihilferegelungen.** Bei Letzteren handelt es sich um staatliche Förderprogramme für eine unbestimmte Anzahl von Einzelfällen, die auf gesetzlicher Grundlage beruhen.

Die **Arten,** auf die eine Beihilfe gewährt werden kann, sind vielfältig. Sie umfasst bei- **192** spielsweise die Gewährung von Zuschüssen und Darlehen, die Übernahme von Haftungsrisiken, die Bereitstellung von Infrastruktur-Einrichtungen, Ausnahmen und Sonderregelungen im Hinblick auf Steuern und Abgaben und die Schaffung von Ausnahmetatbeständen in gesetzlichen Regelungen.

Maßgeblich ist bei der Beurteilung letztlich, ob eine **Begünstigung** vorliegt. Dies wird **193** nach der Rechtsprechung des Europäischen Gerichtshofs angenommen, wenn ein oder mehrere Unternehmen einen wirtschaftlichen Vorteil erlangen. Dieser kann auch dann gegeben sein, wenn das Unternehmen zwar eine Gegenleistung erbringt, diese jedoch nicht marktüblich ist.[87] Die Marktüblichkeit wird in der Regel mit Hilfe des **Private-Investor-Tests** ermittelt. Dabei wird gefragt, ob sich ein nach wirtschaftlichen Gesichtspunkten handelnder privater Investor genauso verhalten würde wie der Staat. Wenn dem so ist, liegt keine Beihilfe vor.

b) Notifizierungsverfahren

Plant ein Mitgliedsstaat die Einführung einer Förderung, die eine Beihilfe darstellen **194** könnte, kann er diese entweder einfach durchführen oder ein Notifizierungsverfahren nach Art. 108 Abs. 3 AEUV anstrengen. Im ersten Fall läuft er Gefahr, dass die EU-Kommission selbst ein **Überprüfungsverfahren** nach Art. 108 Abs. 1 AEUV einleitet und aus eigenem Antrieb die Vereinbarkeit mit dem EU-Recht überprüft. Begünstigte Unternehmen sind dann ggf. zur Mitwirkung verpflichtet und die Verweigerung kann durch Geldbußen sanktioniert werden. Entscheidet sich ein Staat aber, eine Zuwendung ohne eine Notifizierung durchzuführen, so riskiert er, dass die Zuwendung unzulässig ist und rückabgewickelt werden muss. Dies kann noch Jahre später von der EU-Kommission festgestellt werden und bringt regelmäßig eine unakzeptable Unsicherheit mit sich.

In der Regel werden Mitgliedsstaaten daher zur Erlangung von Rechtssicherheit ein **195** **Notifizierungsverfahren** anstrengen, um die Vereinbarkeit mit dem EU-Recht feststellen zu lassen. Dort prüft die EU-Kommission, ob in der Förderung eine Beihilfe nach Art. 107

---

[87] EuGH, Urt. vom 11.7.1996 – C-39/94, Rn. 60 – SFEI.

Abs. 1 AEUV liegt. Während das Verfahren läuft, darf der Mitgliedsstaat die Beihilfe nicht gewähren. Die Regelung wird daher auch als *Stand-Still-Klausel* bezeichnet.

196   Um zu ermitteln, ob in einer Förderung eine europarechtlich unzulässige Beihilfe liegt, richtet sich die EU-Kommission nach den vier in Art. 107 Abs. 1 AEUV benannten Kriterien:

- es muss sich um eine staatliche oder aus **staatlichen Mitteln** finanzierte Maßnahme handeln, die dem Begünstigten einen **Vorteil** gewährt,
- die den **Wettbewerb verfälscht** oder zu verfälschen droht und
- geeignet ist, den **Handel** zwischen den Mitgliedsstaaten zu **beeinträchtigen.**

Stellt die EU-Kommission fest, dass die Förderung mit dem Binnenmarkt unvereinbar ist, beschließt sie die **Aufhebung** oder **Umgestaltung,** Art. 108 Abs. 2 AEUV.

197   In bestimmten Fällen kann eine staatliche Förderung von der EU-Kommission allerdings als mit dem Binnenmarkt vereinbar angesehen werden, obwohl Art. 107 Abs. 1 AEUV einschlägig ist.

198   Dies ergibt sich zum einen direkt aus der **Legalausnahme** in Art. 107 Abs. 2 AEUV, etwa bei Beihilfen sozialer Art infolge von Naturkatastrophen. Hier ist die EU-Kommission nicht befugt, die Zweckmäßigkeit der Maßnahme in Frage zu stellen oder sie zu untersagen. Allerdings muss die EU-Kommission feststellen, dass eine der Fallgruppen eingetreten ist. Deshalb muss auch hier zunächst das Notifizierungsverfahren durchlaufen werden. Zudem kann die EU-Kommission nach den in Art. 107 Abs. 3 AEUV bestimmten Fällen Förderungen als Beihilfen einstufen und als mit dem Binnenmarkt vereinbar erklären. D.h., es ergeht eine Ermessensentscheidung der EU-Kommission über das Vorliegen einer der genannten Fallgruppen. Man spricht hier von fakultativen Ausnahmen.

199   Gegen die Entscheidung der EU-Kommission können die Staaten vor dem **Europäischen Gerichtshof** vorgehen (Art. 263, 264 AEUV).

c) Wegfall der Verfahrenspflicht

200   In bestimmten Fällen wird der Anwendungsbereich des Art. 107 AEUV allerdings nicht eröffnet, sodass ein Notifizierungsverfahren unterbleiben kann, selbst wenn eine potentiell den Wettbewerb im zwischenstaatlichen Handel verzerrende staatliche Zuwendung vorliegt.

201   Die Anwendung von Art. 107 ff. AEUV kann zunächst durch **vorrangiges Sekundärrecht** gesperrt sein. Ergeht eine abschließende Regelung durch eine europäische Verordnung oder Richtlinie, ist diese vorrangig. Allerdings ist das Kriterium des *abschließenden* jeweils sorgfältig zu überprüfen. Es fehlt zum Beispiel dann, wenn den Mitgliedsstaaten bei der Ausgestaltung einer Vorgabe Spielräume zukommen, die insgesamt zu einer uneinheitlichen Umsetzung in Europa führen können.

202   Der Rat kann zudem nach Art. 109 AEUV Arten von Beihilfen festlegen, die vom Notifizierungsverfahren ausgenommen sind. Hiervon hat er Gebrauch gemacht.[88] Weil sie sich an einen bestimmten Kreis von Unternehmen richten, bezeichnet man sie als **Gruppenfreistellungsverordnung.** Zu diesen kann die EU-Kommission dann nach Art. 108 Abs. 4 AEUV Verordnungen erlassen.

203   Zu den Gruppenfreistellungsverordnungen gehören die **De-minimis-Beihilfen.** Dies sind Beihilfen bis zu einem bestimmten Höchstbetrag, die einem einzigen Unternehmen über einen bestimmten Zeitraum gewährt werden. Sie erfüllen die Vorgaben des Art. 107 Abs. 1 AEUV nicht und müssen deshalb nicht notifiziert werden. Die De-minimis-Verordnung[89] ermächtigt die EU-Kommission die Grenzwerte festzulegen. Nach Art. 3 Abs. 2 dieser

---

[88] Z.B. Verordnung (EG) Nr. 994/98 vom 7.5.1998 über die Anwendung der Art. 87 und 88 (vormals Artikel 92 und 93) des Vertrags zur Gründung der Europäischen Gemeinschaft auf bestimmte Gruppen horizontaler Beihilfen (ABl. L 142, 14.5.1998, S. 1).

[89] Verordnung (EU) Nr. 1407/2013 vom 18.12.2013 über die Anwendung der Artikel 107 und 108 des Vertrags über die Arbeitsweise der Europäischen Union auf De-minimis-Beihilfen (ABl. L 352 vom 24.12.2013, S. 1).

Verordnung gilt grundsätzlich, dass der Gesamtbetrag der einem einzigen Unternehmen von einem Mitgliedstaat gewährten De-minimis-Beihilfen in einem Zeitraum von drei Steuerjahren 200.000 EUR nicht übersteigen darf. Allerdings besteht eine Reihe von Ausnahmen.

Ebenfalls vom Notifizierungsverfahren befreit sind die in der **Allgemeinen Gruppen-** **freistellungsverordnung** (AGVO) aufgeführten Beihilfen. Dies sind solche, die einen spürbaren Beitrag zur Schaffung von Arbeitsplätzen und zur Stärkung der Wettbewerbsfähigkeit in Europa leisten. Darunter fallen unter den in der AGVO genannten Voraussetzungen z.B. Regionalbeihilfen, Beihilfen für kleine und mittlere Unternehmen (KMU), Investitionsbeihilfen für Energieeffizienzprojekte, Investitionsbeihilfen (Art. 41) und Betriebsbeihilfen (Art. 42) für die Erzeugung von Strom aus erneuerbaren Energiequellen, Betriebsbeihilfen zur Förderung erneuerbarer Energien in kleinen Anlagen (Art. 43) Investitionsbeihilfen für Fernwärme und -kälte (Art. 46), Investitionsbeihilfen für Energieinfrastruktur (Art. 48) und Umweltschutzbeihilfen, jeweils bis zu bestimmten Höchstgrenzen. **204**

Daneben bestehen derzeit acht weitere, zum Teil sektorspezifische, Gruppenfreistellungsverordnungen, die für das Energierecht keine Rolle spielen.

d) Folgen unzulässiger Beihilfezahlungen

Hat ein Mitgliedsstaat die Durchführung eines Notifizierungsverfahrens unterlassen, obwohl keine Gruppenfreistellung vorliegt, gilt die Leistung als unzulässige Beihilfe. Ihre Gewährung bzw. Inanspruchnahme durch Unternehmen kann einen vollständigen oder teilweisen **Rückzahlungsanspruch** zur Folge haben. Eine vollständige Rückzahlung droht, wenn die Beihilfe gar nicht hätte gewährt werden dürfen (materielle Rechtswidrigkeit). Liegt nur ein formaler Fehler vor (formelle Rechtswidrigkeit), kommt immerhin noch eine teilweise Rückzahlung in Betracht. Diese Gefahr stellt ein erhebliches Risiko für die begünstigten Unternehmen dar. Denn vielen Unternehmen, die jahrelang Beihilfen erhalten haben, wäre eine Rückzahlung wirtschaftlich unmöglich. **205**

3. Einfluss auf das Energierecht

Die **Grenzen** zwischen keine Beihilfe/zulässige Beihilfe/unionsrechtswidrige Beihilfe sind für die nationalen Gesetzgeber nicht immer einfach zu erkennen. Manchmal scheuen sich die nationalen Behörden, ihre Zuwendungen an bestimmte Unternehmen oder Branchen, denen politische Entscheidungen zugrunde liegen, der EU-Kommission zur Überprüfung der Rechtfertigung der Beihilfe zu unterbreiten. Daher werden teilweise Konstruktionen gewählt, die darauf abzielen, dass die Kriterien für das Vorliegen einer notifizierungspflichtigen Beihilfe nicht gegeben sind. **206**

Bei der Gestaltung der **nationalen Gesetze** treten somit immer wieder Fälle auf, in denen unklar ist, ob eine staatliche Maßnahme eine Beihilfe darstellt und wenn ja, ob sie dennoch als Ausnahme zugelassen werden kann. Dies betrifft im Energierecht in den letzten Jahren besonders Modelle, mit denen der Gesetzgeber den Ausbau der erneuerbaren Energien fördern will. Denn mit dem, was aus dem Verkauf des Stromes zu Marktpreisen erlöst werden kann, waren die Bau- und Betriebskosten der Anlagen jedenfalls am Anfang der Entwicklung dieser Technologien nicht finanzierbar. Um sie dennoch im Markt zu etablieren, musste ihr Ausbau gefördert werden. Dies geschieht auf nationaler und auf europäischer Ebene mit Hilfe von finanziellen Förderinstrumenten und anderen Begünstigungen. **207**

Ausgangspunkt für die Frage des Vorliegens einer Beihilfe ist auch im energierechtlichen Kontext **Art. 107 AEUV**. Seine Grundzüge haben wir bereits unter Rn. 191 ff. dargestellt. Für seine Anwendung auf energierechtliche Förderinstrumente liegen mittlerweile Erfahrungen vor wie unter Rn. 224 ff. dargestellt. **208**

a) Anwendungsbereich eröffnet

209   Zunächst ist für die Prüfung einer Beihilfe zu klären, ob für die geplante Förderung im energierechtlichen Kontext ein **Notifizierungsverfahren** durchlaufen werden muss. Denn wie zuvor beschrieben, ist die Anwendung von Art. 107 ff. AEUV ausgeschlossen, wenn eine Materie abschließend im Sekundärrecht geregelt wurde.

210   In Betracht kommt im Energiebereich hierfür derzeit vor allem die Richtlinie 2009/28/EG zur Förderung der Stromerzeugung aus erneuerbaren Energiequellen (Erneuerbare-Energien-Richtlinie/EE-Richtlinie)[90]. Sie enthält konkrete Zielvorgaben („Was muss eingespart werden?", „In welchem Umfang muss ausgebaut werden?" etc.) und ist daher spezieller als Art. 107 AEUV. Allerdings ist sie nicht abschließend. Denn jeder Staat ist in der Wahl der Mittel der für ihn gesondert festgelegten, nationalen Richtziele frei, solange diese im Einklang mit dem EU-Recht (und insbesondere dem Beihilferecht) stehen. Für die einzelnen Staaten ist das vorteilhaft, bedeutet aber auch, dass es unionsweit bisher **kein einheitliches System** zur Förderung erneuerbarer Energien gibt. Die jeweiligen Umsetzungsmaßnahmen der Mitgliedsstaaten müssen sich daher nicht nur an den Richtlinien, sondern auch an Art. 107 AEUV messen lassen.

b) Klassifizierung der geplanten Förderung

211   Im Zusammenhang mit dem Energierecht wird nach der heutigen Kategorisierung zwischen Investitionsbeihilfen und Betriebsbeihilfen unterschieden. **Investitionsbeihilfen** sind im energierechtlichen Kontext Fördersysteme, bei denen die Mehrkosten für die Errichtung einer Anlage zur Energieerzeugung aus erneuerbaren Energien gegenüber einer konventionellen Anlage ausgeglichen werden. Es kommt hierbei also auf die Kapitalkosten für die Anfangsinvestition an. Durch energierechtliche **Betriebsbeihilfen** wird die Differenz im laufenden Betrieb zwischen hohen Erzeugungskosten und niedrigem Marktpreis – und damit der ineffiziente Betrieb der Anlage – ausgeglichen. Sie orientieren sich also an den Betriebskosten. Dies gilt sowohl wenn das Energieerzeugnis anschließend auf dem Markt verkauft wird als auch beim Eigenverbrauch durch ein Unternehmen.

212   Die Beihilfe für die erneuerbaren Energien kann dazu **unterschiedlich ausgestaltet** werden, z. B.
- der Staat kann vorsehen, dass die Differenz zwischen den Kosten für die Erzeugung und dem Marktwert vom Staat für eine beschränkte Dauer ausgeglichen wird oder
- dass – wie im Prinzip lange Zeit in Deutschland – für den Strom ein bestimmter fester Einspeisetarif bezahlt wird oder
- Staaten können Marktinstrumente wie Umweltzertifikate oder Ausschreibungen vorsehen, um den Erzeugern indirekt eine garantierte Nachfrage zu verschaffen, die über dem Marktpreis liegt. Wobei es nicht zu einer Überkompensation kommen darf, die die Erzeuger von einer Steigerung ihrer Wettbewerbsfähigkeit abhält oder
- Betriebsbeihilfen, die sich schrittweise verringern, können z. B. zu Beginn eine Beihilfeintensität von 100 Prozent der Mehrkosten haben, wenn sie bis zum Ende des fünften Jahres linear auf null Prozent fällt.

213   Es gibt also eine Vielzahl von **Varianten,** wie die Unterstützung gestaltet werden kann und nicht immer sind Investitions- und Betriebsbeihilfen leicht zu unterscheiden. Die Gewährung von Betriebsbeihilfen wird von der EU-Kommission kritischer gesehen als die Zahlung von Investitionsbeihilfen. Denn während Investitionsbeihilfen nur eine einmalige Zahlung beinhalten, bedeuten Betriebsbeihilfen eine laufende Unterstützung, die in ihrem Umfang und in ihren Auswirkungen auf den Wettbewerb wesentlich schwieriger abzuschätzen ist.

214   Eine **Einzelfreistellung** für den deutschen Energiemarkt ist zuletzt 2012 erteilt worden, als die EU-Kommission beschloss, dass die Richtlinie 2004/17/EG zur Koordinierung der

---

[90] Richtlinie 2009/28/EG vom 23.4.2009 zur Förderung der Nutzung von Energie aus erneuerbaren Quellen (ABl. L 140 vom 5.6.2009, S. 16).

Zuschlagserteilung durch Auftraggeber im Bereich der Wasser-, Energie und Verkehrsversorgung sowie der Postdienste nicht für die Vergabe von Aufträgen gilt, die von Auftraggebern vergeben werden und die Erzeugung und den Erstabsatz von aus konventionellen Quellen erzeugtem Strom in Deutschland ermöglichen sollen.[91] Dies war möglich, weil nach Art. 30 der Richtlinie eine Freistellung erteilt werden kann, wenn die Erzeugung und der Erstabsatz von Strom auf Märkten mit freiem Zugang dem Wettbewerb soweit ausgesetzt sind, dass die Auftragsvergabe für die in Rede stehenden Tätigkeiten auch ohne die Anwendung der Richtlinie transparent und diskriminierungsfrei auf der Grundlage von Kriterien durchgeführt wird, anhand derer die wirtschaftlich günstigste Lösung ermittelt werden kann. Dies sah die EU-Kommission als gegeben an.

c) Beschränkung der Ermessensausübung

Von wesentlicher Bedeutung für das Energierecht sind die in Art. 107 Abs. 3 AEUV **215** vorgesehenen **Ausnahmen** vom Beihilfeverbot. Denn die Förderung erneuerbarer Energien kann verschiedenen der vorgesehenen Ausnahmen, z.B. der Förderung bestimmter Wirtschaftszweige (Art. 107 Abs. 3 lit. c AEUV) dienen.

Bei den Befreiungen aufgrund dieser fakultativen Ausnahmen handelt es sich im Bereich **216** des Energierechts zumeist um eine **Ermessensentscheidung** der EU-Kommission. Maßgeblich ist immer die Frage, ob die Förderung angemessen und verhältnismäßig ist und ob dadurch ein Anreiz für das angestrebte Verhalten geschaffen wird. Von einem Anreiz geht man aus, wenn die Unternehmen ohne die in Aussicht stehende Forderung andere wirtschaftliche Entscheidungen treffen würden (Anreizeffekt). Die Unterstützung muss also zukunftsorientiert sein.

Allerdings kann das Ermessen der EU-Kommission eingeschränkt sein, wenn die im fol- **217** genden Abschnitt beschriebenen **Mitteilungen** oder **Leitlinien** der EU-Kommission einschlägig sind. Durch solche Mitteilungen und Leitlinien sollen Beihilfeverfahren transparenter gestaltet und die Entscheidung der EU-Kommission vorhersehbar werden. Sie sind am ehesten mit Empfehlungen und Stellungnahmen gem. Art. 228 AEUV zu vergleichen und führen zu einer Art Selbstbindung der EU-Kommission, von der nur in atypischen Fällen abgewichen werden darf.

aa) Mitteilungen. Unter den Mitteilungen ist diejenige zur *Vollendung des Elektrizitäts-* **218** *binnenmarktes und optimaler Nutzung staatlicher Interventionen* – worunter Beihilfen fallen – vom November 2013[92] von großer energierechtlicher Bedeutung. Sie benennt und bewertet die wichtigsten **Merkmale staatlicher Interventionen** im Hinblick auf die Korrektur von Marktversagen. Die EU-Kommission legt dar, wie Interventionen wirksamer konzipiert bzw. angepasst werden können und stellt Grundsätze und die Richtung von Veränderungen zur Diskussion dar, die nach ihrer Auffassung die weitere Gestaltung staatlicher Interventionen im öffentlichen Sektor bestimmen sollen. Damit hat die Mitteilung grundsätzliche Bedeutung. In den Grundlinien sieht sie folgendes vor:
- Zur **Rechtfertigung** einer staatlichen Intervention muss zunächst das zu lösende Problem festgestellt werden. Zusätzlich ist der Nachweis erforderlich, dass der Markt das Problem mit den bestehenden Rechtsvorschriften der Union wahrscheinlich nicht lösen wird.
- Bei der Konzipierung staatlicher Interventionen sollten unterschiedliche politische Ziele nicht isoliert voneinander in Angriff genommen werden, damit **keine Zielkonflikte oder Widersprüche** entstehen.

---

[91] Durchführungsbeschluss der EU-Kommission vom 24.4.2012 zur Freistellung der Erzeugung und des Großhandels von Strom aus konventionellen Quellen in Deutschland von der Anwendung der Richtlinie 2004/17/EG – C(2012) 2426.

[92] EU-Kommission, Mitteilung vom 5.11.2013, Vollendung des Elektrizitätsbinnenmarktes und optimaler Nutzung staatlicher Interventionen, C(2013) 7243 final.

- Die vorhandenen EU-Strategien und -Programme und die proaktive Anwendung des EU-Rechts sind **vorrangig,** wenn sie Alternativen zu nationalen oder lokalen staatlichen Interventionen darstellen können.
- Staatliche Interventionen müssen **verhältnismäßig** sein, also zur Umsetzung des verfolgten Ziels geeignet sein und nicht über das dafür erforderliche Maß hinausgehen.
- Förderregelungen sollen so **technologieneutral** konzipiert werden, dass sie sich auf die verschiedenen Energietechnologien erstrecken, die in der Lage sind, zu dem verfolgten Ziel beizutragen. Technologiespezifische Förderungen bei der Einführung neuer und innovativer, jedoch noch nicht wettbewerbsfähiger Technologien, können aber notwendig sein.
- Die Vergabe aufgrund von Förderregelungen soll durch wettbewerbsgestützte **Ausschreibungen** erfolgen, um die notwendige Höhe der Förderung weiter zu verringern und eine Überkompensation zu vermeiden.
- Um **Wettbewerbsverzerrungen** auf ein Minimum zu beschränken, sollten staatliche Interventionen schrittweise abgeschafft werden, wenn die sie rechtfertigenden Gründe wegfallen oder wenn sich die Umstände ändern.

219   **bb) Leitlinien.** Am 1.7.2014 sind die **Leitlinien für Energie- und Umweltschutzbeihilfen 2014–2020** (Environmental and Energy Aid Guidelines 2014–2020/EEAG)[93] in Kraft getreten. Darin werden erstmals Beihilfen im Energiesektor ausdrücklich geregelt. Die Vorgaben werden in den kommenden Jahren Richtschnur für jede nationale Unterstützung im Energie- und Umweltbereich sein und sind daher von großer praktischer Bedeutung. Sie wirken damit sowohl im Vorfeld als auch bei der Überprüfung von Maßnahmen durch die EU-Kommission oder den Europäische Gerichtshof, wenn die Zulässigkeit einer Maßnahme streitig ist. Deutschland hat bei der Konzeption der Leitlinien aufgrund ihrer großen Bedeutung für die Energiewende erheblichen Einfluss ausgeübt, weil durch die Leitlinie wichtige Vorgaben für die nationale Energiepolitik gemacht werden.

220   **Ziel** der Leitlinien für den Energiebereich ist es, ein wettbewerbsfähiges, nachhaltiges und sicheres System zur Energieversorgung in einem gut funktionierenden Energiemarkt der Union zu gewährleisten (Teil 3.2.1.1, Ziffer 31). Von zentraler Bedeutung sind die folgenden Regelungen.
- Es werden schrittweise marktorientierte Mechanismen eingeführt, wenn bei erneuerbaren Energien die Technologie Marktreife erlangt hat. Um die Kosteneffizienz zu erhöhen und Wettbewerbsverzerrungen zu begrenzen, werden bis 1.1.2017 **Ausschreibungsverfahren** für die Zuweisung der staatlichen Förderungen eingeführt.
- Einspeisetarife werden schrittweise durch **Einspeiseprämien** ersetzt, um den Markt in die Preissetzung einzubeziehen.
- Für bestimmte energieintensive Wirtschaftszweige werden die **Abgaben** für die Finanzierung der Förderung erneuerbarer Energien verringert. Andere sehr energieintensive Unternehmen können ebenfalls durch Ausnahmen begünstigt werden.
- Es werden **Kriterien** für die Förderung von Energieinfrastrukturen und insbesondere von Vorhaben zur Verbesserung der grenzübergreifenden Energieflüsse aufgestellt.
- Für die Gewährleistung einer angemessenen Stromerzeugung können Beihilfen gezahlt werden, wenn Kapazitätsengpässe drohen. Dafür ist die Einführung von **Kapazitätsmechanismen** möglich.

221   Inhaltlich legen die Leitlinien fest, wann staatliche Beihilfen zur Förderung von Umwelt- und Energiezielen gewährt werden können und sollen. **Einzelfallbeihilfen** sind nur anmeldepflichtig nach Art. 108 Abs. 3 AEUV, wenn bestimmte Schwellenwerte überschritten werden und die Beihilfe nicht im Wege eines Ausschreibungsverfahrens gewährt wird (Teil 2, Ziffer 20).

---

[93] EU-Kommission, Mitteilung vom 28.6.2014, Leitlinien für staatliche Umweltschutz- und Energiebeihilfen 2014/2020, 2014/C 2000/1.

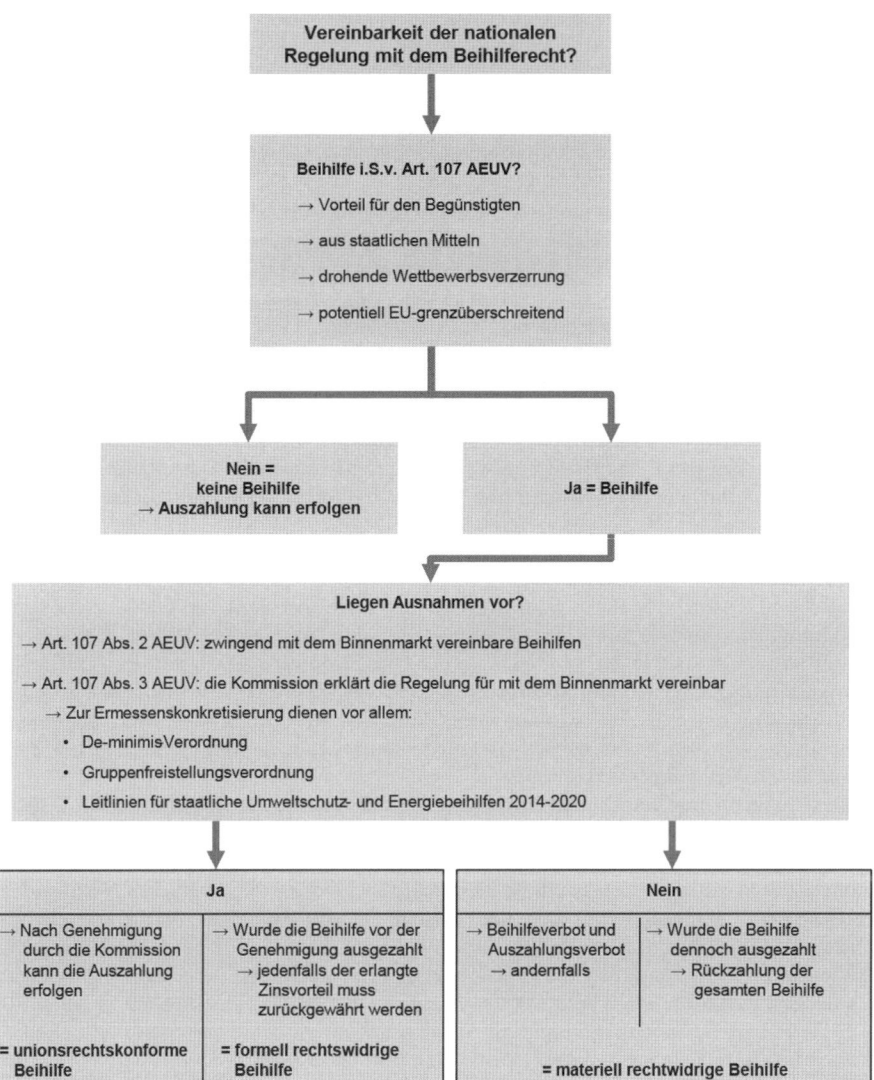

Abb. 76 – Schema: Zahlungen als unionsrechtskonforme Beihilfe. Die Abbildung zeigt schematisch, ob eine Zahlung als Beihilfe einzuordnen ist und ob diese rechtmäßig oder formell oder materiell rechtmäßig gewährt wurde.

Im Rahmen der **Anmeldung** bzw. Genehmigung ist dann entscheidend, ob die Beihilfe 222 mit dem Binnenmarkt vereinbar ist. Dazu muss die Beihilfe einen wesentlichen Beitrag zu den Energie- und Umweltzielen der EU darstellen und darf die Handelsbedingungen nicht in einer dem gemeinsamen Interesse zuwiderlaufenden Weise verändern. Um dies zu ermitteln, werden sieben allgemeine Kriterien benannt, zu denen die Geeignetheit, Verhältnismäßigkeit und die Erzielung von Anreizeffekten gehören. Für einzelne Bereiche – etwa erneuerbare Energien, Energieeffizienz und CCS – kommen weitere Kriterien hinzu. Neu ist die Differenzierung von etablierten Technologien und weniger etablierten Technologien. Für letztere sind die zulässigen Beihilfen wesentlich weiter gefasst. Sonderregelungen gelten für Biomasse-Anlagen, die höhere Betriebskosten als andere Anlagen aufweisen.

223   Bei den Überlegungen kann – vereinfacht gesagt – grundsätzlich nach dem nachfolgenden Schema vorgegangen werden. Nur wenn eine Ausnahme von Art. 107 Abs. 1 AEUV vorliegt und die Kommission vor der Auszahlung der Beihilfe eine Genehmigung erteilt hat, liegt eine **unionsrechtskonforme Beihilfe** vor.

4. Fallbeispiele

224   Der folgende Abschnitt stellt die Anwendung des europäischen Beihilferechts im Bereich der Energiewirtschaft am Beispiel einiger **Entscheidungen zur nationalen Förderung erneuerbarer Energien** dar. Dies ist auch deshalb von Interesse, da die Schaffung eines einheitlichen Fördersystems für erneuerbare Energien in Europa noch aussteht. Die Entscheidungen der EU-Kommission und des Europäischen Gerichtshofes zum Beihilferecht setzen hierfür wichtige Präjudizien.

225   In den Entscheidungen der EU-Kommission und des Europäischen Gerichtshofes geht es häufig darum, ob eine Förderung auf **staatlichen Mitteln** beruht. Denn die EU-Staaten versuchen in der Regel, ihre Fördersysteme so zu gestalten, dass dies nicht angenommen werden kann. Die EU-Kommission und der Europäische Gerichtshof arbeiten das Tatbestandsmerkmal deshalb in ihren Entscheidungen immer dezidierter heraus.

PreußenElektra-Entscheidung (2001)

226   Eine frühe Weichenstellung erfolgte durch die **PreußenElektra-Entscheidung** des Europäischen Gerichtshofes 2001. Streitgegenstand war die Frage, ob die deutsche Einspeisevergütung nach §§ 2, 3 und 4 StromEinspG 1998 eine unzulässige Beihilfe darstellt, weil sie aus staatlichen Mitteln stammt.[94] Das System des StromEinspG sah vor, dass die Elektrizitätsversorgungsunternehmen Strom aus erneuerbaren Energien abnehmen und zu einem Festpreis vergüten mussten, der über dem Marktpreis lag. Die Kosten dafür konnten sie vom übergeordneten Netzbetreiber erstattet bekommen, auch wenn sie den Strom selbst nie in dessen Netz eingespeist hatten.

227   Die **Verwendung staatlicher Mittel** sah der Europäische Gerichtshof hier im Ergebnis als nicht gegeben an: Die Verpflichtung der privaten Elektrizitätsversorgungsunternehmen zur Abnahme von Strom aus erneuerbaren Energiequellen zu festgelegten Mindestpreisen führe nicht zu einer unmittelbaren oder mittelbaren Übertragung staatlicher Mittel auf die begünstigten Unternehmen. Daher könne auch die Aufteilung der daraus entstehenden finanziellen Belastungen keine unmittelbare oder mittelbare Übertragung staatlicher Mittel darstellen. Der Umstand, dass die Abnahmepflicht und die Höhe der Vergütung gesetzlich festgelegt seien, führe nicht zu einer Qualifikation als Beihilfe. Unerheblich sei auch, dass sich die finanzielle Belastung durch die Abnahmepflicht zu Mindestpreisen negativ auf das wirtschaftliche Ergebnis der betroffenen Unternehmen auswirke. Denn die Verringerung der Steuereinnahmen des Staates durch die geringeren Erträge des Unternehmens sei der Regelung immanent.

228   Die PreußenElektra-Entscheidung des Europäischen Gerichtshofes war lange wegweisend, weil in ihr die **Dogmatik** entwickelt wurde, wann eine Zuwendung staatlicher oder äquivalenter Mittel vorliegt und wann nicht. Sie wurde jedoch in den unten geschilderten Entscheidungen des Europäischen Gerichtshofes *Essent* und *Vent de Colère* weiter entwickelt.

229   Zunächst wurde aber der Streit über die deutsche Förderung erneuerbarer Energien zwischen der EU-Kommission und der Bundesregierung fortgesetzt, als 2000 das Erneuerbare Energien Gesetz **(EEG 2000)** in Kraft trat. Eine Notifizierung des EEG 2000 lehnte die Bundesregierung ab, da die in der PreußenElektra-Entscheidung für EU-rechtskonform erklärte Abnahme- und Vergütungspflicht weitgehend in das neue Gesetz übernommen worden war. Dieser Ansicht schloss sich die EU-Kommission nach Abschluss einer Überprüfung an.[95]

---

[94] EuGH, Urt. vom 13.3.2001, 1-C-379/98 – PreußenElektra AG gegen Schleswag AG.
[95] EU-Kommission, Entscheidung vom 22.5.2002, C(2002) 1887 final (ABl. C 164/5).

Essent-Entscheidung (2008)

Gegenstand der 2008 ergangenen Essent-Entscheidung des Europäischen Gerichtshofes 230 war – vor dem Hintergrund der PreußenElektra-Entscheidung der Begriff der **staatlichen Zuwendung** vor dem Hintergrund der Kontrolle über Finanzmittel. Im Verfahren wurde die Rechtmäßigkeit einer Umlage für Großverbraucher überprüft. Durch sie wurden die gesetzlich angeordneten Investitionen einer gemeinsamen Tochtergesellschaft (SEP) der vier niederländischen Energieversorgungsunternehmen in das **Stromnetz** refinanziert. Der Europäische Gerichtshof kam zu dem Schluss, dass es sich bei der Umlage um eine Beihilfe handele, soweit die Maßnahme der SEP einen wirtschaftlichen Vorteil verschafften. Denn im Unterschied zur PreußenElektra-Entscheidung würde hier ein Unternehmen vom Staat mit der Verwaltung staatlicher Mittel beauftragt. Die SEP könne sich ohne die strenge staatliche Kontrolle keine Mittel zuweisen, die Umlage habe dadurch den Rang staatlicher Mittel. Mit der Präzisierung der Frage, wann genau ein Transfer staatlicher Mittel vorliegt, befasste sich die EU-Kommission ausgehend von der Essent-Entscheidung danach in drei weiteren Verfahren. Zum einen wurde die luxemburgische *Verordnung über die Einführung eines Ausgleichsfonds für die Stromwirtschaft* überprüft.[96] Denn die großen Stromverbraucher mussten bist Ende 2005 – im Gegensatz zu allen anderen Verbrauchern – nicht in diesen Fonds einzahlen. Darin sah die EU-Kommission Anhaltspunkte für das Vorliegen einer Beihilfe. Denn der Fonds sei vom Staat geschaffen worden und finanziere sich aus gesetzlich vorgeschriebenen Beiträgen unter staatlicher Kontrolle. Zudem sei der Vorteil selektiv, da er nur bestimmte Unternehmen bzw. Tätigkeiten begünstige. Dadurch bestehe die Gefahr, dass der innergemeinschaftliche Stromhandel beeinträchtigt und der Wettbewerb verfälscht werden könnte. Luxemburg änderte daher die Verordnung zum 1.1.2006, bevor eine Entscheidung der EU-Kommission erging. Die Neuregelung wurde von der EU-Kommission als zulässige Beihilfe gem. § 107 Abs. 3 AEUV gewertet.

Österreichisches Ökostromgesetz (2008)

2008 prüfte die EU-Kommission eine Novelle des **österreichischen Ökostromgeset-** 231 **zes** in einem Notifizierungsverfahren[97] wiederum auf die Verwendung von staatlichen Mitteln. Der Gesetzentwurf sah vor, dass Strom aus erneuerbaren Energien durch einen Einspeisetarif vergütet werden sollte, der von einer Abwicklungsstelle für Ökostrom (OeMAG) gezahlt wurde. Die OeMAG refinanzierte sich über eine Pauschalzahlung aller Anschlussnutzer mit Ausnahme stromintensiver Unternehmen und die Ankaufverpflichtung von Ökostrom, mit der die Stromhändler belegt wurden. Machte die OeMAG trotzdem Verluste, glich diese der Staat aus.

Die EU-Kommission stufte die OeMAG als mit einem staatlichen Fonds vergleichbar 232 ein. Entscheidend sei, dass die OeMAG durch Gesetz eingerichtet worden sei und einer strengen staatlichen Kontrolle unterstehe, durch die die freie Verwendung der Einnahmen nicht möglich sei. Zudem könne es zu einer direkten finanziellen Beteiligung des Staates kommen. Insgesamt stelle die Regelung daher eine Beihilfe dar, die aber auf Grundlage der damals gültigen Umweltschutzleitlinien mit dem Binnenmarkt vereinbar sei. Unzulässig sei aber die Befreiung für stromintensive Betriebe.[98] Der Mechanismus stelle eine **reine Betriebsbeihilfe** dar, für die keine der im AEUV vorgesehenen Ausnahmen greife. Eine Klage Österreichs gegen den Beschluss vor dem EuG blieb erfolglos.[99] Aufgrund dieser Entscheidung verabschiedete Österreich 2012 ein neues, mit dem Binnenmarkt in Einklang stehendes Ökostromgesetz.

---

[96] EU-Kommission, Beschl. vom 28.1.2009, C 43/2002.
[97] EU-Kommission, Entscheidung vom 22.7.2009, C(2009) 3548 endgültig.
[98] EU-Kommission, Beschl. vom 8.3.2011, C(2011) 1363 endgültig.
[99] EuG, Entscheidung vom 11.12.2014 – T-251/11.

Vent de Colère-Entscheidung (2013)

233   Die Frage nach dem Transfer staatlicher Mittel wurde dann 2013 in der Vent de Colère Entscheidung des Europäischen Gerichtshofes weiter konkretisiert, die die französische **Förderung** der Stromerzeugung aus **Windenergie** zum Gegenstand hatte.[100] Auch nach dem französischen System[101] muss der Strom aus Windkraft abgenommen und durch die Netzbetreiber mit einer über dem Marktpreis liegenden Vergütung vergütet werden. Die Mehrkosten werden seit 2003 durch eine behördlich festgelegte, verbrauchsabhängige Abgabe der Stromverbraucher an ihr jeweiliges Elektrizitätsversorgungsunternehmen ausgeglichen. Überschüssige Einnahmen müssen an einen Fonds überwiesen werden, der unter Aufsicht eines staatlichen Finanzinstitutes steht. Die Einnahmen des Fonds werden an Unternehmen verteilt, bei denen es trotz der Einnahmen aus den Abgaben zu Verlusten kommt.

234   Der Europäische Gerichtshof ging vom Vorliegen einer **unzulässigen Beihilfe** aus, weil die Einnahmen – trotz der Zwischenschaltung des Finanzinstituts – ständig staatlich kontrolliert würden und auf diese Weise den betreffenden nationalen Behörden zur Verfügung stünden. Daher handele es sich um eine aus staatlichen Mitteln finanzierte Maßnahme.

EEG-Verfahren (ab 2012)

235   Ab 2012 rückte dann erneut die **Förderung von erneuerbaren Energien** in Deutschland durch das EEG in den Fokus der EU-Kommission.[102] Die Streitpunkte umfassten die Einspeisevergütung für Anlagenbetreiber, die erneuerbare Energiequellen oder Grubengas nutzten, die Marktprämien nach § 33b Nr. 1 EEG 2012, die diesen Erzeugern gezahlt werden, wenn sie sich für die Direktvermarktung nach diesem Modell entschieden haben, die Flexibilitätsprämie nach § 33i EEG 2012, die Biogasanlagenbetreibern gezahlt wird, wenn sie Flexibilitätstechnik installieren, das Grünstromprivileg nach § 39 EEG 2012 und die teilweise Befreiung stromintensiver Betriebe nach § 40 EEG 2012.

236   Die Bundesregierung stufte das **EEG 2012** als Fortführung des in der PreußenElektra-Entscheidung gebilligten Systems ein, die EU-Kommission hatte hieran wegen der signifikanten Änderungen gegenüber dem EEG 2000 Zweifel. Da eine Notifizierung unterlassen worden sei, sei das EEG 2012 in jedem Fall formell rechtswidrig. Zudem sah sie auch Anhaltspunkte für eine materielle Rechtswidrigkeit.[103]

237   Streitpunkt war zunächst erneut vor allem die Frage nach der **staatlichen Herkunft** der Mittel, aus denen die EEG-Umlage gezahlt wurde. Die private Herkunft der Mittel steht nach Ansicht der EU-Kommission deren Einstufung als staatliche Mittel nicht entgegen. Die Mittel müssten sich nicht dauerhaft im Vermögen des Staates befunden haben, um als staatliche Mittel i. S. v. Art. 107 Abs. 1 AEUV qualifiziert zu werden. Vielmehr genüge es, wenn sie sich dauerhaft unter staatlicher Kontrolle befinden. Nach Ansicht der EU-Kommission wurde dies durch den EEG-Umlagemechanismus erfüllt. Denn im Vergleich zu dem System, das durch die PreußenElektra-Entscheidung abgesegnet wurde, handele es sich hier nicht mehr nur um die bloße Auferlegung von Zahlungspflichten unter Privatleuten, sondern um eine so detaillierte gesetzliche Regelung zur Erhebung und Umverteilung der EEG-Umlage, dass man von der staatlichen Herkunft der Mittel ausgehen müsse.

---

[100] EuGH, Urt. vom 19.12.2013 – C–262/12.

[101] Arrêté du 17 novembre 2008 fixant les conditions d'achat de l'électricité produite par les installations utilisant l'énergie mécanique du vent (Verordnung vom 17.11.2008 zur Festlegung der Abnahmebedingungen für Strom aus Windkraftanlagen), geändert durch Arrêté du 23 décembre 2008 complétant l'arrêté du 17 novembre 2008 fixant les conditions d'achat de l'électricité produite par les installations utilisant l'énergie mécanique du vent (Verordnung vom 23.12.2008 zur Ergänzung der Verordnung vom 17.11.2008 zur Festlegung der Abnahmebedingungen für Strom aus Windkraftanlagen).

[102] EU-Kommission, Beschl. vom 28.1.2009, C 43/2002.

[103] EU-Kommission, Schreiben vom 18.12.2013, C(2013) 4424 final.

Zudem seien die Übertragungsnetzbetreiber nach Auffassung der EU-Kommission vom **238** Staat mit der Verwaltung der EEG-Umlage beauftragt und durch die **Zweckbindung** der Mittelverwendung sowie die Aufsicht der Bundesnetzagentur anhängig. Auch die Privilegierung der stromintensiven Betriebe stehe unter staatlichem Einfluss, da die Entscheidung von dem staatlichen Bundesamt für Wirtschaft und Ausfuhrkontrolle getroffen werde. Dem Staat obliege damit die direkte Möglichkeit zum Verzicht auf staatliche Mittel. Das sei mit der Gewährung einer Subvention gleichzusetzen.

Somit handele es sich bei all den erwähnten Förderinstrumenten um staatliche Beihilfen, **239** wobei die Mehrzahl der Regelungen als mit dem Binnenmarkt **vereinbar** und damit genehmigungsfähig i.S.v. Art. 107 Abs. 3 AEUV sei

- die Einspeisevergütung und die Marktprämie für Strom aus erneuerbaren Energiequellen sei eine Betriebsbeihilfe im Sinne der Umweltschutzleitlinien, weil sie einen Anreizeffekt habe und es nicht zu einer Überkompensation der Begünstigten komme,
- die Flexibilitätsprämie sei unter den Umweltschutzleitlinien zulässig und
- das Vorgehen gegen das **Grünstromprivileg** wurde eingestellt, weil es 2014 abgeschafft wurde und die Bundesregierung zusagte, zum Ausgleich dafür eine Zahlung von 50 Millionen Euro für Energieinfrastrukturprojekte zu leisten.

Dieser Einschätzung der EU-Kommission waren **intensive Verhandlungen** mit der **240** Bundesregierung vorausgegangen.

Es verblieb als letzter Streitpunkt die Rechtmäßigkeit der **Privilegierung strominten-** **241** **siver Unternehmen** im Geltungszeitraum des EEG 2012 zwischen 2012 und 2014.

Die Bundesregierung rechtfertigte das System zum einen mit der nur teilweisen Befrei- **242** ung von der EEG-Umlage und zum anderen mit der drohenden Unwirtschaftlichkeit der stromintensiven Betriebe, wenn ihnen die ganze EEG-Umlage auferlegt würde. Ohne die Befreiung lasse sich der **übergeordnete Zweck** der Förderung Erneuerbarer Energien nicht erreichen.

Die EU-Kommission kam dagegen Ende 2014 zu dem Ergebnis, dass ein Teil der durch **243** das EEG 2012 bewährten Befreiungen in den Jahren 2013 und 2014 mit dem Binnenmarkt unvereinbar und infolgedessen **zurückzugewähren** sei.

Die Bundesregierung hatte sowohl gegen den Eröffnungsbeschluss als auch gegen den Be- **244** schluss vom 25.11.2014 vor dem Europäischen Gerichtshof **Klage** erhoben, die am 10.5.2016 abgewiesen wurde. Der Europäische Gerichtshof stellte fest, dass die Verringerung der EEG-Umlage für stromintensive Unternehmen einen Vorteil im Sinne einer staatlichen Beihilfe verschaffe. Denn die Belastung, die die Unternehmen normalerweise hätte tragen müssen, sei verringert worden. Das ändere sich auch nicht, wenn die Regelung – wie von der Bundesregierung angeführt – lediglich bestehende Nachteile ausgleichen und die Wettbewerbsfähigkeit erhalten solle, ohne Vorteile zu gewähren. Zudem seien im Rahmen des EEG 2012 staatliche Mittel verwandt worden. Erstens seien öffentliche Stellen am Erlass der Maßnahmen beteiligt gewesen. Zweitens waren die mit der EEG-Umlage erwirtschafteten Beträge Gelder unter Einsatz staatlicher Mittel, die einer Abgabe gleichgestellt werden könnten. Drittens lassen die Befugnisse und Aufgaben der Übertragungsnetzbetreiber den Schluss zu, dass sie nicht für eigene Rechnung und frei handeln, sondern als Verwalter einer aus staatlichen Mitteln gewährten Beihilfe, die einer eine staatliche Konzession in Anspruch nehmenden Einrichtung gleichgestellt sind. Da die Beihilfe für stromintensive Unternehmen aber größtenteils mit Unionsrecht vereinbar war, wurde nur die Rückzahlung eines begrenzten Teils der Beihilfe durch die begünstigten Unternehmen angeordnet.[104]

Parallel zu dem EEG 2012 Verfahren stellte sich ab 2014 in einem formell getrennten, **245** inhaltlich in den Verhandlungen aber natürlich verbundenen Verfahren die Frage nach der Vereinbarkeit des **EEG 2014** mit dem europäischen Beihilferecht. Ein wichtiger Streitpunkt war die Forderung der EU, aus dem Ausland importierten Strom von der EEG-

---

[104] Bundeswirtschaftsministerium, Infopapier zur Rückzahlung von Beihilfen im Zusammenhang mit dem alten Erneuerbaren-Energie-Gesetz (EEG 2012), S. 2.

Umlage auszunehmen, da diese wie ein – im europäischen Binnenmarkt unzulässiger – Zoll wirke und nur inländischen Unternehmen zu Gute komme. Beibehalten werden durfte die Regelung schließlich, weil nach den neuen Regelungen im Prinzip unter bestimmten Voraussetzungen auch im Ausland erzeugte erneuerbare Energien an der Ökostromförderung teilhaben können. Ab 2017 sollen **Grünstromfördermittel** für Neuanlagen über Auktionen zugeteilt werden. Fördermittel für 200 Megawatt importierten Strom wird die Bundesregierung dann für ausländische Unternehmen reservieren. Der Strom muss dazu physisch nach Deutschland geliefert werden. Zudem muss ein Kooperationsabkommen zwischen dem Liefer-Staat und Deutschland bestehen, das deutschen Erzeugern ebenfalls Zugang zur Ökostromförderung im Heimatland des Lieferanten garantiert.[105] Damit konnte das neue EEG 2014 wie geplant am 1.1.2014 in Kraft treten. Ebenfalls erfolgreich – und ohne große Konflikte – wurde am 30.8.2016 zwischen der Bundesregierung und der EU-Kommission ein *Energiepaket* zur Vereinbarkeit des EEG 2017, des Strommarktgesetzes und des Kraft-Wärme-Kopplungsgesetzes mit dem europäischen Beihilferecht beschlossen.[106] Daraus ergaben sich kleinere Änderungen an den Gesetzen, die den Weg zum erfolgreichen Abschluss des förmlichen Beihilfeverfahrens ebnen sollten und vom Gesetzgeber umgehend angestoßen wurden.

Ålands Vindkraft – Entscheidung (2014)

246   Neben dem Kommissionsverfahren gegen Deutschland erging 2014 auch die Entscheidung **Ålands Vindkraft,** die sich mit dem abschließenden Regelungscharakter der Erneuerbare Energien Richtlinie gegenüber Art. 107 AEUV und der Frage befasst, inwieweit auch im europäischen Ausland erzeugter Strom in die Förderung erneuerbarer Energien einzubeziehen ist.[107] Streitpunkt war die Frage, ob ein finnischer Windpark, der an das schwedische Stromverteilernetz angeschlossen ist, vom schwedischen Fördersystem für Stromerzeugung aus erneuerbaren Energien auf Grundlage von Art. 3 der Richtlinie ausgeschlossen werden darf. Im Ergebnis wurde dies bejaht, gleichzeitig im Verfahren aber die Frage aufgeworfen, ob die Richtlinie an sich gegen die **Warenverkehrsfreiheit** aus Art. 34 AEUV und damit gegen das Primärrecht verstoße.

247   Dies sorgte bis zur Entscheidung des Gerichts für erhebliche Rechtsunsicherheit, denn es stellte die auf Art. 3 Abs. 3 der Richtlinie fußenden nationalen Fördersysteme in Frage. In seinem Urteil[108] sah der Europäische Gerichtshof in Art. 3 Abs. 3 der Erneuerbare Energien Richtlinie als zur Beschränkung des freien Warenverkehrs geeignet an. Allerdings sei dies zur Förderung erneuerbarer Energien gerechtfertigt. Da es im Bereich der Förderung erneuerbarer Energien kein unionsweit harmonisiertes System gebe, habe jeder Mitgliedsstaat das Recht, sein **Fördersystem** auf sein jeweiliges Hoheitsgebiet zu beschränken. Dies könnte nötig sein, um das ungestörte Funktionieren der nationalen Förderregelung zu gewährleisten, denn nur so könnten die Mitgliedsstaaten die Kosten des Fördersystems entsprechend ihrem jeweiligen Potential kontrollieren. Das sichere wiederum langfristig das Vertrauen der Investoren und somit den Ausbau erneuerbarer Energien. Deshalb fördere die Regelung in Art. 3 Abs. 3 der Erneuerbare Energien Richtlinie – zumindest indirekt – das im Allgemeininteresse liegende Ziel der Nutzung erneuerbarer Energien.

5. Beihilferechtliche Sektoruntersuchung

248   In § 4, Rn. 170 ff. haben wir die Frage nach der Notwendigkeit von **Kapazitätsmechanismen** und Kapazitätsmärkten diskutiert, wobei festzustellen ist, dass sich in Europa eine Vielzahl divergierender Modelle etabliert hat. Natürlich müssen auch Zahlungen

---

[105] EU-Kommission, Mitteilung vom 28.6.2014 – 2014/C 200/01.
[106] Bundeswirtschaftsministerium, Pressemitteilung vom 30.8.2016, Gabriel: Wichtige Verständigung mit EU-Kommission zum Energiepaket erzielt.
[107] EuGH, Urt. vom 1.7.2014 – C-573/12.
[108] EuGH, Urt. vom 1.7.2014 – C-573/12.

und Leistungen zur Unterstützung konventioneller Stromerzeugung im Einklang mit den Leitlinien für Energie- und Umweltschutzbeihilfen stehen. Um sich ein besseres Bild von der Sachlage zu verschaffen, hat sich die EU-Kommission im Zuge der Verwirklichung der Energieunion Anfang 2015 entschlossen, eine **Sektoruntersuchung** in diesem Bereich vorzunehmen.[109] Darin soll ermittelt werden, ob die jeweiligen Kapazitätsmechanismen eine ausreichende Stromversorgung gewährleisten, ohne den Wettbewerb oder den Handel im EU-Binnenmarkt zu verzerren. Denn die EU-Kommission befürchtet, dass durch die nationalen Maßnahmen Verzerrungen des Wettbewerbs eintreten können und der grenz-überschreitende Handel behindert wird. Dies liefe dem Ziel eines freien, grenzüberschrei-tenden Energieflusses der Energieunion zuwider.

2015 sollten Behörden und andere Marktteilnehmer (Stromerzeuger, Netzbetreiber, **249** Lastmanager) in Deutschland und zehn weiteren EU-Staaten befragt werden. Dadurch er-hofft sich die EU-Kommission bessere **Einblicke** in das Funktionieren der Energiewirt-schaft im Zusammenhang in die bestehenden Beihilfemaßnahmen zu erlangen. Gleichzeitig sollten die Marktteilnehmer die EU-Kommission auf Probleme aufmerksam machen kön-nen und Ausgestaltungsmerkmale identifiziert werden, die den Handel zwischen den Mit-gliedsstaaten beeinträchtigen. Die Veröffentlichung der Ergebnisse war für Mitte 2016 vor-gesehen. Dies soll als Grundlage für weitere Vorgaben und legislative Maßnahmen der EU-Kommission dienen. So erwägt die EU-Kommission die Ausarbeitung eines EU-weiten harmonisierten Rahmens für die Bewertung der Angemessenheit eines Modells für den Elektrizitätsmarkt und dessen Fähigkeit zur Nachfragedeckung.

Zum Weiterlesen

Alexander Birnstiel, Europäisches Beihilfenrecht, 2013, Kapitel 1 Anwendungsbereich des euro-päischen Beihilfenrechts und Ausnahmen und Kapitel 5, 1. Teil: Länderbericht Bundesrepublik Deutschland

Felix Ekardt u. a., Das neue Energierecht, 2015, Kapitel I: Energiewende und EU-Beihilfenrecht

Felix Ekardt, Energiewende und EU-Beihilferecht – EEG-Förderung, EEG-Ausnahmen, Atomrecht, Energiesteuern, EurUP 2013, 197 ff.

Helmut Janssen, in: Gerd Stuhlmacher u. a. (Hrsg.), Grundriss zum Energierecht, 2. Aufl. 2015, Kapitel 17: EU-Beihilferecht

Nora Grabmayr u. a., Das Recht zur territorial begrenzten Förderung erneuerbarer Energien, ER 2014, 183 ff.

Jana Lutz u. a., Klimaschutz durch nationale Energiebeihilfen – Möglichkeiten und Grenzen nationaler Maßnahmen zur Förderung erneuerbarer Energien und Energieeffizienz unter dem europäischen Beihilferegime, ZUR 2011, 178 ff.

Bernhard Nagel, Ökostrom darf durch Mindestpreise gefördert werden – Zur Entscheidung des EuGH in Sachen PreußenElektra AG/Schleswag AG, ZUR 2001, 263 ff.

Birgit Ortlieb, Kapazitätsmärkte – nein – Kapazitätsreserve – ja – Und was bringt die Sektorunter-suchung der EU-Kommission?, N&R 2015, 129

EU-Kommission, Wettbewerbsregeln für staatliche Beihilfen, 15.4.2014

III. Vergaberecht

Dieser Abschnitt soll die **Grundzüge** der für die Energiewirtschaft relevanten Regeln **250** des Vergaberechts vorstellen.

Generell regelt das Vergaberecht die Vergabe von **Aufträgen oder Konzessionen**[110] **251** durch die öffentliche Hand an Dritte. Im Bereiche der Energiewirtschaft wird dies auf Un-

---

[109] EU-Kommission, Pressemitteilung vom 29.4.2015, Staatliche Beihilfen: Kommission startet Sektoruntersuchung in Bezug auf Mechanismen zur Sicherung der Stromversorgung.

[110] Konzessionen sind entgeltliche Verträge über die Erbringung von Bau- oder Dienstleistungen, wobei die Gegenleistung in dem Recht zur Nutzung des Bauwerks bzw. Verwertung der Dienstleis-tung plus ggf. einer Zahlung besteht. Konzessionen unterscheiden sich von Aufträgen vor allem da-durch, dass der Konzessionär ein wirtschaftliches Risiko übernimmt, vgl. Richtlinie 2014/23/EU vom 26.2.2014 über die Konzessionsvergabe (ABl. L 94 vom 28.3.2015, S. 1), Art. 5 Nr. 1: „Mit der Vergabe einer Bau- oder Dienstleistungskonzession geht auf den Konzessionsnehmer das Betriebsrisiko für die Nutzung des […] Bauwerks bzw. die Verwertung der Dienstleistung über […]".

ternehmen ausgedehnt, die eine ähnliche Position haben. Dabei sind sie grundsätzlich an förmliche Vergabeverfahren gebunden. Da diese möglichst transparent ablaufen müssen, soll eine nichtdiskriminierende Behandlung der Bieter und der effiziente Einsatz öffentlicher Mittel sichergestellt werden.

252   In **Deutschland** wurde das Vergaberecht historisch stets als nicht-hoheitliches, d.h. als fiskalisches Verwaltungshandeln verstanden. Der effiziente Einsatz öffentlicher Mittel war (und ist im Wesentlichen) primäres Ziel der Formvorschriften für die Vergabevorgaben. Die Regelungen der EU-Vergaberichtlinien zielen dagegen auf eine Öffnung der öffentlichen Beschaffungsmärkte für großvolumige Aufträge für den grenzüberschreitenden Wettbewerb. Der effiziente Einsatz öffentlicher Gelder ist dabei das erwartete Ergebnis, nicht aber das eigentliche Ziel des EU-Vergaberechts.

253   Konsequenz dieser unterschiedlichen Zielsetzungen ist eine **Zweiteilung des deutschen Vergaberegimes** in einen haushaltsrechtlich geprägten Teil für Aufträge, deren Wert bestimmte Summen nicht überschreitet und einen wettbewerbsrechtlich geprägten Teil für großvolumige Aufträge, die europaweit bekannt zu machen sind und der den Bietern subjektive Rechte gewährt.[111]

254   Eine weitere Folge der wettbewerblichen Perspektive des EU-Vergaberechts ist – anders als bei den haushaltsrechtlichen Regeln im Unterschwellenbereich – die teilweise Einbeziehung von in Privatrechtsform organisierten gewerblichen **Unternehmen** in seinen Anwendungsbereich. Dazu müssen diese entweder staatlichem Einfluss unterliegen oder in bestimmten Sektoren – wie in einigen Bereichen der Energiewirtschaft – tätig sein, in denen sie staatliche Versorgungsaufgaben übernehmen bzw. wo aus wirtschaftlichen oder regulatorischen Gründen nur eingeschränkte Wettbewerbsstrukturen zu finden sind.[112] Dementsprechend kennt das EU-Vergaberecht nicht nur Regeln für staatliche, öffentliche Auftraggeber, sondern auch für die so genannten **Sektorenauftraggeber,** die in bestimmten, wettbewerblich nicht voll entwickelten Sektoren tätig sind.

255   Dieser **Abschnitt** stellt die Grundzüge des Vergaberechts mit besonderem Fokus auf die Regeln für den Sektor der Energiewirtschaft dar, im Einzelnen:
*   die Rechtsgrundlagen des Vergaberechts (§ 9, Rn. 256 ff.),
*   die maßgeblichen Schwellenwerte (§ 9, Rn. 209 ff.),
*   die Regeln für die Auftragsvergabe im Energiesektor (§ 8, Rn. 280 ff.) und
*   die Möglichkeiten zum Rechtsschutz (§ 9, Rn, 290 ff.).

1. Rechtsgrundlagen

256   **Das europäische Vergaberecht** setzt sich aus verschiedenen Richtlinien zusammen, die von den Mitgliedsstaaten in nationales Recht umzusetzen sind
*   Die **Vergabekoordinierungsrichtlinie**[113]: Grundlage für die Koordinierung von Vergabeverfahren durch staatliche Auftraggeber und staatlich kontrollierte Unternehmen bzgl. Liefer- und Dienstleistungsaufträgen.
*   Die **Sektorenrichtlinie**[114]: Sonderregeln für Aufträge in bestimmten Sektoren, z.B der Energiewirtschaft. Sie gelten gleichermaßen für staatliche Auftraggeber wie für einbezogene Privatunternehmen.

---

[111] Siehe hierzu die Richtlinie 89/665/EWG vom 21.12.1989 zur Koordinierung der Rechts- und Verwaltungsvorschriften für die Anwendung der Nachprüfungsverfahren im Rahmen der Vergabe öffentlicher Liefer- und Bauaufträge (ABl. L 395 vom 30.12.1989, S. 33).
[112] Richtlinie 2014/25/EU vom 26.2.2014 über die Vergabe von Aufträgen durch Auftraggeber im Bereich der Wasser-, Energie- und Verkehrsversorgung sowie der Postdienste, Erwägungsgrund 1 (ABl. L 94 vom 28.3.2014, S. 243).
[113] Richtlinie 2014/24/EU vom 26.2.2014 über die öffentliche Auftragsvergabe (ABl. L 94 vom 28.3.2014, S. 65).
[114] Richtlinie 2014/25/EU vom 26.2.2014 über die Vergabe von Aufträgen durch Auftraggeber im Bereich der Wasser-, Energie- und Verkehrsversorgung sowie der Postdienste (ABl. L 94 vom 28.3. 2014, S. 243).

- Die **Konzessionsrichtlinie**[115]: Sonderregeln für die Vergabe von Konzessionen außerhalb und auf dem Gebiet der Sektoren. Seit der Novelle 2014 ist auch die Vergabe von Dienstleistungskonzessionen in das formale Vergaberegime mit einbezogen.
- Die **Richtlinie Verteidigung und Sicherheit**[116]: Regelungen zum Umgang mit Aufträgen, die verteidigungs- und sicherheitsspezifische Aspekte betreffen. Eine Reform ist geplant.
- Die **Rechtsmittelrichtlinie**[117]: Regeln zum Rechtsschutz für die Teilnehmer an Vergabeverfahren. Eine Reform ist geplant.

Zentrales Element der europäischen Vergaberegeln ist die **Bekanntmachung** der Vergabeabsicht in der Beilage zum Amtsblatt der EU und die anschließende Vergabe nach transparent und nichtdiskriminierend ausgestalteten Vergaberegeln, deren Einhaltung für die Teilnehmer justiziabel ist. 257

Das deutsche Vergaberecht beruht auf aus dem Haushaltsrecht der öffentlichen Hand gewachsenen Regelungen, die für Aufträge oberhalb der europäischen Schwellenwerte gesetzlich überformt wurden. Die derzeit geltende Normenstruktur lässt sich am besten anhand eines kurzen historischen Überblicks erläutern: 258

Bereits seit den 1920er Jahren bestehen in Deutschland die mit Vertretern der öffentlichen Auftraggebern und der anbietenden Wirtschaft besetzten Vergabeausschüsse[118], die in den so genannten **Vergabeordnungen** (früher: Verdingungsordnungen) die Regeln festsetzen, nach denen die Auftraggeber bei der Auftragsvergabe vorgehen. Hierzu gehören die Regeln zur Bekanntmachung, zur Prüfung der Eignung der Bieter sowie die Zuschlagsregeln für die Angebote. Heute regelt die VOL/A[119] die Vergabe von Lieferungen und Dienstleistungen und die VOB/A[120] beinhaltet/regelt die Vergabe von Bauleistungen. 259

Verschiedenste Normen, hauptsächlich des **Haushaltsrechts,** sind bei der Vergabe von Bauleistungen anzuwenden (BHO, LHO, Gemeindehaushaltsordnungen, Satzungen, Dienstanweisungen, etc.). Dadurch wurden und werden die öffentlichen Körperschaften und ihre Unternehmen verpflichtet, die Regeln der Vergabeordnungen zu beachten sowie die in ihrem jeweiligen Abschnitt B niedergelegten allgemeinen Vertragsbedingungen in die abgeschlossenen Verträge miteinzubeziehen. 260

Mit Inkrafttreten der ersten europäischen Vergaberegeln wurden **VOL/A und VOB/A** in mehrere Abschnitte eingeteilt, wobei der jeweils zweite Abschnitt ergänzende und modifizierende Regeln enthielt, mit denen die Anforderungen an europaweit auszuschreibende Aufträge umgesetzt wurden. Für die Vergabe von freiberuflichen Dienstleistungsaufträgen oberhalb der Schwellenwerte wurde 1997 noch die VOF[121] eingeführt. 261

1998 wurden den nach wie vor privatrechtlichen Vergabeordnungen mit einem neuen vierten Abschnitt des Gesetzes gegen Wettbewerbsbeschränkungen (GWB) sowie einer neuen Vergabeverordnung (VgV) gesetzliche Regelungen vorgeschaltet und die Vergabeordnungen, soweit sie die europaweite Vergabe regelten, schließlich in den Status einer **Rechtsverordnung** erhoben. 262

Dem deutschen Gesetzgeber ist es im Zuge verschiedener Reformprojekte allerdings nicht vollständig gelungen, das recht anwenderunfreundliche Kaskadensystem von Gesetz 263

---

[115] Richtlinie 2014/23/EU vom 26.2.2014 über die Konzessionsvergabe (ABl. L 94 vom 28.3.2014, S. 1).

[116] Richtlinie 2009/81/EG vom 13.7.2009 über die Koordinierung der Verfahren zur Vergabe bestimmter Bau-, Liefer- und Dienstleistungsaufträge in den Bereichen Verteidigung und Sicherheit (ABl. L 216 vom 20.8.2009, S. 76).

[117] Richtlinie 2007/66/EG vom 11.12.2007 zur Änderung der Richtlinien 89/665/EWG und 92/13/EWG des Rates im Hinblick auf die Verbesserung der Wirksamkeit der Nachprüfungsverfahren bezüglich der Vergabe öffentlicher Aufträge (ABl. L 335 vom 20.12.2007, S. 31).

[118] Dies sind der Deutsche Vergabe- und Vertragsausschuss für Bauleistungen (DVA) und der Deutsche Vergabe- und Vertragsausschuss für Lieferungen und Dienstleistungen (DVAL).

[119] Vergabe- und Vertragsordnung für Leistungen vom 20.11.2009 – Teil A.

[120] Vergabe- und Vertragsordnung für Bauleistungen vom 7.1.2016 – Teil A.

[121] Vergabeordnung für freiberufliche Leistungen vom 18.11.2009.

(GWB), Verordnung (VgV) und Vergabeordnungen zugunsten einer rein staatlichen Rechtsetzung zu reformieren. Insbesondere der Vergabeausschuss Bau hat verhindert, dass die Regelung europaweiter Bauvergaben alleine dem Gesetzgeber überlassen wird. Seit 2009 sind allerdings die Spezialregelungen für europaweite Vergaben von Auftraggebern, die auf den Gebieten des Verkehrs, der Trinkwasserversorgung und der **Energieversorgung** tätig sind, nicht mehr in eigenen Abschnitten der Vergabeordnungen, sondern einheitlich in der Sektorenverordnung (SektVO)[122] geregelt.

264   Im April 2016 ist mit dem **Vergaberechtsmodernisierungsgesetz** (VergRModG)[123] und der Vergaberechtsmodernisierungsverordnung die bisher letzte Reform des deutschen Vergaberechts in Kraft getreten. Mit diesem Gesetz wurde das Vergaberechtsreformpaket des europäischen Gesetzgebers von 2014, welches die bestehenden EU-Vergaberichtlinien überarbeitet und ergänzt hatte,[124] fristgerecht umgesetzt.

265   Der vierte Teil des deutschen **Gesetzes gegen Wettbewerbsbeschränkungen** (GWB) wurde überarbeitet und ausführlicher gestaltet. Er enthält nun den Anwendungsbereich des Vergaberechts, seine Grundprinzipien und eine Vorzeichnung des gesamten Ablaufs des Vergabeverfahrens.

266   Gleichzeitig hat der Gesetzgeber in der **Vergaberechtsmodernisierungsverordnung**[125] die Vergabeverordnung (VgV) und die Sektorenverordnung (SektVO) überarbeitet und eine neue Konzessionsvergabeverordnung (KonzVgV) eingeführt.[126] Während der zweite Teil der VOL/A sowie die ohnehin nur für europaweite Vergaben geltende VOF vollständig in der VgV aufgegangen sind, bleibt der 2. Teil der VOB/A erhalten, so dass es bei Bauaufträgen beim alten Dreiklang von GWB, VgV und VOB/A bleibt.[127] Allerdings wird die Vergabe von Baukonzessionen nicht mehr von der VOB/A sondern von der neuen KonzVgV erfasst.

267   Damit ergibt sich folgendes Bild:

Unterhalb der Schwellenwerte	Oberhalb der Schwellenwerte
HGrG – GemHO – LHO – Satzung – usw. VOL/A – VOB/A	GWB VgV – SektVO – KonzVgV – VSVgV VOB/A – VOB/A

268   Auch wenn sich die **Grundzüge** des Vergaberechts durch die Reform nicht wesentlich geändert haben, sind durch diese gesetzgeberische Modernisierung ältere Darstellungen des

---

[122] Verordnung über die Vergabe von Aufträgen im Bereich des Verkehrs, der Trinkwasserversorgung und der Energieversorgung vom 12.4.2016 (BGBl. I S. 624, 657). Dagegen gilt die 2012 erlassene VSVgV, die die europaweite Vergabe verteidigungs- und sicherheitsrelevanter Aufträge betrifft, ohne Einschränkung nur für die Liefer- und Dienstleistungen, verweist aber darüber hinaus noch auf den eigens hierfür geschaffenen dritten Abschnitt der VOB/A.

[123] Gesetz zur Modernisierung des Vergaberechts vom 17.2.2016 (BGBl. I S. 203).

[124] Für den Bereich der Energie sind dies vor allem die Richtlinie 2014/24/EU vom 26.2. 2014 über die öffentliche Auftragsvergabe (Vergaberichtlinie) (ABl. L 94 vom 28.3.2014, S. 65), die Richtlinie 2014/25/EU vom 26.2.2014 über die Vergabe von Aufträgen durch Auftraggeber im Bereich der Wasser-, Energie- und Verkehrsversorgung sowie der Postdienste (Sektorenrichtlinie) (ABl. L 94 vom 28.3.2014, S. 243) die neue Richtlinie 2014/23/EU vom 26.2.2014 über die Konzessionsvergabe (Konzessionsrichtlinie) (ABl. L 94 vom 28.3.2014, S. 1). Die Verteidigungsrichtlinie und die Rechtsmittelrichtlinie waren nicht Gegenstand des Vergaberereformpakets von 2014.

[125] Verordnung zur Modernisierung des Vergaberechts vom 12.4.2016 (BGBl. I S. 624).

[126] Außerdem führt die Mantelverordnung eine Vergabestatistikverordnung (VergStatVO) ein und enthält Folgeänderungen der Vergabeverordnung Verteidigung und Sicherheit (VSVgV), die ansonsten im Wesentlichen auf der 2014 nicht geänderten Richtlinie 2009/81/EG vom 13.7.2009 über die Koordinierung der Verfahren zur Vergabe bestimmter Bau-, Liefer- und Dienstleistungsaufträge in den Bereichen Verteidigung und Sicherheit beruht.

[127] Dies gilt nach wie vor auch für Vergaben nach der VSVgV, die Liefer- und Dienstleistungsaufträge vollständig erfasst, für Bauleistungen aber auf den 2. Abschnitt der VOB/A verweist.

Vergaberechts zu überprüfen. Grundsätzlich gilt aber weiterhin, dass im Vergaberecht zwischen den europäischen Regelungen für Aufträge oberhalb bestimmter Schwellenwerte und den nationalen deutschen Regelungen für im Wert darunterliegende Auftragsvergaben zu unterscheiden ist.

2. Schwellenwerte

Die **Schwellenwerte,** die das deutsche Vergaberecht in den haushaltsrechtlichen Unter- **269** schwellenbereich und das Kartellvergaberecht des Oberschwellenbereichs trennen, werden alle zwei Jahre auf EU-Ebene angepasst und durch die dynamische Verweisung in § 106 GWB in die deutsche Gesetzgebung übernommen. Zuletzt wurden sie zum 1.1.2016 angepasst. Aufträge bzw. Konzessionen unterliegen daher dem Kartellvergaberecht, wenn sie folgende Werte überschreiten
- für Aufträge nach der Vergaberichtlinie:
  - o Liefer- und Dienstleistungsaufträge: 209.000 Euro[128].
  - o Bauaufträge: 5.225.000 Euro.
- für Aufträge nach der Sektorenrichtlinie:
  - o Liefer- und Dienstleistungsaufträge: 418.000 Euro[129].
  - o Bauaufträge: 5.225.000 Euro.
- für Aufträge nach der Konzessionsrichtlinie: 5.225.000 Euro.

Unterhalb der Schwellenwerte ist das Vergaberecht nach wie vor Haushaltsrecht, **270** welches nicht dem Einfluss der EU-Vergaberegeln unterliegt. Soweit ein Auftrag bzw. eine Konzession allerdings auch für Wirtschaftsteilnehmer aus anderen Mitgliedsstaaten und somit von **grenzüberschreitendem Interesse** ist, sind Auftraggeber auch bei Auftragswerten unterhalb der europäischen Schwellenwerte verpflichtet, bei der Vergabe die Grundfreiheiten und Grundsätze des AEUV zu beachten, also insbesondere die Warenverkehrs- und die Dienstleistungsfreiheit, sowie die Grundsätze der Nichtdiskriminierung und Transparenz. Dies gilt ausdrücklich auch für Sektorenauftraggeber.[130]

Diese Grundsätze werden in § 97 GWB auch noch einmal ausdrücklich zusammenge- **271** fasst. Neben dem **Wettbewerbsgrundsatz,** dem **Transparenzgebot** und dem **Gleichbehandlungsgebot** nennt § 97 Abs. 4 GWB die Pflicht, die Interessen mittelständischer Unternehmen zu berücksichtigen. Dies soll vornehmlich durch eine Aufteilung eines Auftrags erfolgen soll. Im Energierecht kann dies etwa bei der Energiebeschaffung eine Rolle spielen. Hier kann der Auftrag z.B. in Teilaufträge für Ökostrom oder Erdgas getrennt werden, für dessen Lieferung verschiedene Auftragnehmer in Betracht kommen.

3. Die Auftragsvergabe im Energiesektor

Für die Energiewirtschaft sind insbesondere die Regeln für die so genannten **Sektoren- 272 auftraggeber** von Interesse. Hierzu gehören auch die an sich dem klassischen Vergaberecht unterfallenden öffentlichen Auftraggeber, wenn sie eine Sektorentätigkeit ausüben.

a) Auftraggeber

Öffentliche Auftraggeber sind nach § 99 GWB zum einen Gebietskörperschaften und **273** ihre Sondervermögen, also etwa Bund, Länder und Gemeinden, Landkreise, Gemeindeverbände und Regierungsbezirke, sowie ihre nicht-rechtsfähigen, dezentralen Verwaltungs-

---

[128] Für Liefer- und Dienstleistungsaufträge zentraler öffentlicher Auftraggeber (z.B. Ministerien) gilt ein niedrigerer Schwellenwert von 135.000 Euro bzw. von 750.000 Euro für soziale und andere besondere Dienstleistungen.

[129] Für soziale und andere besondere Dienstleistungen gilt ein niedrigerer Schwellenwert von 1.000.000 Euro.

[130] Richtlinie 2014/25/EU vom 26.2.2014 über die Vergabe von Aufträgen durch Auftraggeber im Bereich der Wasser-, Energie- und Verkehrsversorgung sowie der Postdienste, Erwägungsgrund 3 (ABl. L 94 vom 28.3.2014, S. 243).

stellen, die organisatorisch und haushaltsrechtlich verselbstständigt sind. Im Energiebereich sind dies z. B. Stadtwerke und Gemeindewerke, die als Eigenbetriebe geführt werden (§ 99 Nr. 1 GWB). Daneben gelten auch solche juristischen Personen des öffentlichen oder privaten Rechts als öffentliche Auftraggeber, die mit dem Zweck gegründet wurden, „im Allgemeininteresse liegende Aufgaben nicht gewerblicher Art" zu erfüllen, und die von staatlichen Stellen finanziert oder kontrolliert werden. Im Energierecht fallen zum Beispiel Stadtwerke-GmbHs oder Anlagenbetreiber darunter (§ 99 Nr. 2 GWB). Ebenfalls öffentliche Auftraggeber sind Verbände der vorgenannten Auftraggeber.

274   Für diese Auftraggeber gilt zunächst das **„klassische" Vergaberegime** (GWB + VgV und ggf. VOB/A).

275   Soweit die öffentlichen Auftraggeber aber auf bestimmten Gebieten der Sektoren des Verkehrs, der Trinkwasserversorgung und der Energieversorgung tätig sind, gelten sie nach § 100 Abs. 1 i. V. m. § 102 Abs. 2 und 3 GWB als **Sektorenauftraggeber** und sind den erleichterten Vergaberegeln von GWB und SektVO unterworfen. Daneben können nach § 100 Abs. 1 Nr. 2 GWB auch private Unternehmen, die eine Sektorentätigkeit ausüben, Sektorenauftraggeber sein, entweder weil sie

- unter dem „beherrschenden Einfluss" eines öffentlichen Auftraggebers nach § 99 Nr. 1 bis 3 GWB stehen. Der Unterschied zum ebenfalls in Privatrechtsform organisierten öffentlichen Auftraggeber nach § 99 Nr. 2 GWB besteht darin, dass Sektorenauftraggeber auch ein Unternehmen sein kann, das nicht zu dem besonderen Zweck gegründet wurde, „im Allgemeininteresse liegende Aufgaben nichtgewerblicher Art" zu erfüllen,
- oder weil sie ihre Tätigkeit auf der Grundlage von besonderen oder ausschließlichen Rechten ausüben, die von einer zuständigen Behörde gewährt wurden.

276   Der Gedanke ist, dass im Bereich der Sektoren staatliche Regulierung und Monopolstellungen dazu führen, dass sich auch die privaten Akteure abseits von den **Regeln des freien Marktes** bewegen. Bei der Vergabe von Aufträgen lassen sie sich daher nicht sicher von wettbewerblichen Erwägungen leiten.

b) Sektorentätigkeit

277   Welche Tätigkeit im Energiebereich als Sektorentätigkeit gilt und einen Auftraggeber als **Sektorenauftraggeber** qualifiziert, bestimmt § 102 GWB.

278   Hierzu gehören die Bereiche der Erdöl-, Gas- und Kohleförderung. Deutschland hat allerdings von der Möglichkeit Gebrauch gemacht, den Tätigkeitsbereich auf Antrag von der Anwendung der Sektorenrichtlinie **befreien** zu lassen, weil auf andere Art die Einhaltung der Grundsätze der Nichtdiskriminierung und der wettbewerbsorientierten Auftragsvergabe gesichert sind. § 143 GWB regelt in diesem Sinne, dass Auftraggeber nach dem Bundesberggesetz bei der Aufsuchung von Erdöl, Gas, Kohle oder anderen festen Brennstoffen bei der Vergabe von Liefer-, Bau- oder Dienstleistungsaufträgen oberhalb der Schwellenwerte keine formellen Vergabeverfahren, sondern nur allgemeine Grundsätze der Nichtdiskriminierung und wettbewerbsorientierten Auftragsvergabe beachten müssen.

279   In den Bereichen Elektrizität, Gas und Wärme gehört zu den Sektorentätigkeiten das „Betreiben fester Netze zur Versorgung der Allgemeinheit." Damit sind jedenfalls von öffentlichen Auftraggebern beherrschte **Verteilernetzbetreiber** als Sektorenauftraggeber einzuordnen. Inwiefern nicht-öffentlich kontrollierte Verteilernetzbetreiber die zusätzliche Voraussetzung erfüllen, ihre Tätigkeit „auf der Grundlage besonderer oder ausschließlicher Rechte, die von einer zuständigen Behörde gewährt wurden," auszuüben, ist angesichts der Tatsache, dass es sich bei den Netzen um natürliche Monopole handelt, umstritten.[131]

280   Des Weiteren ist die **„Einspeisung"** in die genannten Netze einschließlich der Produktion, des Groß- und Einzelhandels von Strom, Gas und Wärme sowie der Strom und-

---

[131] Dafür (und davon abgeleitet für Übertragungsnetzbetreiber) die VK Lüneburg, Beschl. vom 30.9.2015, VgK-30/2015 unter Berufung auf OLG Düsseldorf, Beschl. vom 21.5.2008, V II – Verg 19/08 welches die Eigenschaft als Sektorenauftraggeber allerdings als gegeben voraussetzt.

Wärmeerzeugung eine Sektorentätigkeit. Nicht als Einspeisung gilt die untergeordnete Erzeugung von Strom für den Eigenverbrauch durch gewerbliche Sektorenauftraggeber nach § 100 Abs. 1 Nr. 2 GWB für Tätigkeiten außerhalb des Sektorenbereichs. Diese Sektorenauftraggeber müssen das Vergaberecht ferner dann nicht anwenden, wenn sie Aufträge im Zusammenhang mit anderen als Sektorentätigkeiten vergeben, § 137 Abs. 2 GWB.

Für alle Sektorenauftraggeber gilt eine **Ausnahme** vom Vergaberecht, wenn sie Energie **281** oder Brennstoffe im Rahmen der Energieversorgung beschaffen, § 137 Abs. 1 Nr. 8 GWB.

Für Aufträge, die die Stromerzeugung und den Stromgroßhandel (Erstabsatz) von und **282** mit Strom aus konventionellen Quellen betreffen, hat der Bundesverband der Energie- und Wasserwirtschaft (BDEW) bereits 2012 eine **Freistellung** von den Vergaberegeln bei der EU-Kommission erwirkt, da sich in diesem Bereich mittlerweile ein ausreichender Wettbewerb entwickelt hat und die Auftraggeber einem ausreichenden Wettbewerbsdruck ausgesetzt sind.[132] Somit unterliegt z. B. ein Auftrag zur Wartung eines Kohlekraftwerks nicht mehr dem Vergaberecht. Nicht umfasst ist dagegen die nach wie vor staatlich geförderte Erzeugung von Energie aus erneuerbaren Energiequellen.

Die Einordnung als **nicht staatlich kontrollierter Sektorenauftraggeber** setzt die **283** von einer Behörde zuerkannte Ausübung besonderer und ausschließlicher Rechte voraus. Dies ist im Hinblick auf die jeweilige Tätigkeit zu prüfen und ist in kaum einem Fall unumstritten. Daher finden im Energiebereich die Sektorenregeln zweifelsfrei nur für öffentliche Auftraggeber und von ihnen kontrollierte Unternehmen gewerblicher Art Anwendung. In allen anderen Fällen ist eine gründliche Prüfung anzustellen.

c) Die Vergaberegeln

Wie zuvor dargestellt, können öffentliche Auftraggeber sowohl dem klassischen Vergabe- **284** recht als auch den Sonderregeln für Sektorenauftraggeber unterliegen, wenn sie in den im Gesetz bestimmten Sektoren tätig werden. Dagegen gilt für die privaten Unternehmen, die nicht zugleich öffentliche Auftraggeber sind, nur das **Sektorenvergaberecht.** Außerhalb der Sektoren sind sie aber gesetzlich nicht an Vergaberegeln gebunden.

Für Sektorenauftraggeber gilt ein gegenüber den regulären Vergaberegeln **erleichtertes 285 Vergaberegime,** deren Einzelheiten neben dem GWB in der SektVO niedergelegt sind:
- Wie für alle Vergabeverfahren im Oberschwellenbereich muss der Auftraggeber seinen **Beschaffungsbedarf** europaweit im Amtsblatt der Europäischen Union bekannt geben.
- Während öffentliche Auftraggeber außerhalb der Sektoren vorrangig das offene und nichtoffene Verfahren[133] anwenden müssen (in denen die Bieter Angebote auf Grundlage einer vorab erstellten Leistungsbeschreibung abgeben, ohne dass eine Möglichkeit zur Verhandlung besteht) dürfen Sektorenauftraggeber stets auch das Verhandlungsverfahren und den wettbewerblichen Dialog anwenden, § 141 GWB. Im **Verhandlungsverfahren** können Auftraggeber und Bieter über die Angebote verhandeln. Im wettbewerblichen Dialog kann der Auftraggeber bereits die Leistungsbeschreibung selbst zur Diskussion stellen.
- Die Vorschriften für die Aufstellung der Kriterien, anhand derer die Eignung der Bieter bestimmt wird, ist im Bereich der Sektoren weniger streng, § 142 Nr. 1 und 2 GWB.
- Die für klassische Vergaben geltenden Wertgrenzen, die für bestimmte Änderungen von Verträgen gelten, die ohne erneute Ausschreibung erfolgen können, gelten im Bereich der Sektoren nicht, § 142 Nr. 3 GWB.
- Für Sektorenauftraggeber gilt eine erweiterte Ausnahme für die vergaberechtsfreie Auftragsvergabe im Konzern. Anders als im Rahmen der klassischen Auftragsvergabe kann

---

[132] § 137 Abs. 1 Nr. 9 GWB a. F., § 3 SektVO a. F; jetzt geregelt in § 140 GWB.
[133] Offenes Verfahren: Jeder Bieter darf ein Angebot einreichen, welches in die Auswahl kommt, wenn der Bieter die ebenfalls bekannt gemachten Eignungskriterien erfüllt. Nichtoffenes Verfahren: Jeder darf sich für die Teilnahme bewerben, aber nur eine bestimmte Anzahl von Bewerbern wird anhand der bekannt gemachten Eignungskriterien als Bieter zugelassen.

ein von Sektorenauftraggebern gegründetes Joint-Venture Aufträge an einen der beteiligten Sektorenauftraggeber vergeben, ohne wesentlich für einen der Sektorenauftraggeber tätig werden zu müssen, § 138 GWB.

286   Soweit Sektorenauftraggeber **Konzessionen** vergeben, gelten für sie ebenso wie für die klassischen öffentlichen Auftraggeber die wesentlich weniger formellen Regeln von GWB und KonzVgV. Konzessionen zeichnen sich dadurch aus, dass der Konzessionär bei Konzessionen das Recht zur Nutzung der Bauleistung bzw. Verwertung der Dienstleistung (ggf. zzgl. einer Zahlung) erhält und das Betriebsrisiko für die Nutzung eines Bauwerks oder für die Verwertung der Dienstleistungen auf den Konzessionsnehmer übergeht. Nach § 151 GWB sind Konzessionsgeber nur verpflichtet, ihre Absicht, eine Konzession zu vergeben, bekannt zu machen. In der Ausgestaltung des Verfahrens sind sie frei, solange sie eine Leistungsbeschreibung erstellen und Konzessionen auf der Grundlage angemessener Zuschlagskriterien an geeignete Unternehmer vergeben, § 152 GWB.

287   Soweit Sektorenauftraggeber **verteidigungs- oder sicherheitsspezifische Aufträge** vergeben, gelten für sie die Regeln von GWB, VSVgV und – im Fall von Bauleistungen – der 3. Abschnitt der VOB/A. Hier gilt noch „altes" Vergaberecht, da weder auf EU- noch auf deutscher Ebene die Regeln bislang reformiert wurden.

288   Die Auftraggeber müssen somit u. a. anhand ihrer Tätigkeit (Sektorentätigkeit ODER keine Sektorentätigkeit), der Auftragsart (Auftrag ODER Konzession) sowie ihrer Klassifizierung (verteidigungs- oder sicherheitsspezifisch: ja ODER nein) entscheiden, welche Vorgaben für sie einschlägig sind. Das GWB enthält hierzu in den §§ 110 bis 112 GWB **Kollisionsvorschriften.** Diese werden im Energiebereich beispielsweise beim sogenannten Anlagen-Contracting relevant, das Elemente von Leasing-, Pacht- oder Mietverträgen enthalten kann.

289   **Unterhalb der Schwellenwerte** bestehen keine Sonderregeln für Aufträge im Bereich der Sektoren. Die privaten Sektorenauftraggeber unterfallen nicht dem Haushaltsrecht und sind unterhalb der Schwellenwerte daher nicht zur Beachtung der Vergabeordnungen gezwungen.

4. Rechtsschutz

290   Im **Oberschwellenbereich** unterliegt die Vergabe öffentlicher Aufträge und Konzessionen der Nachprüfung durch die Vergabekammern, § 155 GWB. Antragsbefugt ist dabei jedes Unternehmen, welches ein Interesse an dem öffentlichen Auftrag bzw. der Konzession hat und dem durch eine Verletzung seiner Rechte ein Schaden entstanden ist oder zu entstehen droht. Das kann z.B. ein Unternehmen sein, das ein ordnungsgemäßes Angebot eingereicht hat, aber nicht den Zuschlag erhalten soll.

291   In diesem Fall wird das Unternehmen möglicherweise versuchen, den Vertragsschluss mit dem Konkurrenten zu verhindern **(Primärrechtsschutz).** Um ihm dies zu ermöglichen, muss der Auftraggeber bzw. Konzessionsgeber die unterlegenen Bieter über den beabsichtigten Zuschlag informieren und eine Stillhaltefrist von zehn Tagen einhalten. Schließt er den Vertrag früher oder ohne ein ordnungsgemäß bekannt gemachtes Vergabeverfahren durchzuführen, kann im Nachprüfungsverfahren auch die anfängliche Unwirksamkeit des Vertrags festgestellt werden. Der Unternehmer, der den Nachprüfungsantrag stellt, hat hierzu allerdings nur begrenzt Zeit (maximal sechs Monate nach Vertragsschluss). Auch sonst sind Teilnehmer am Vergabeverfahren gehalten, Fehler des Auftraggebers zügig zu rügen, wenn sie nicht ihren Anspruch auf Rechtsschutz verlieren wollen, vgl. die Fristen in § 160 GWB. Kommt die Vergabekammer zu dem Ergebnis, dass ein Vergabeverstoß vorlag, der den Antragsteller in seinen Rechten verletzt, kann sie „die geeigneten Maßnahmen" treffen, um eine Rechtsverletzung zu beseitigen, etwa das Verfahren ganz aufheben oder in einen Stand vor der Rechtsverletzung zurückversetzen. Einen wirksam erteilten Zuschlag kann sie allerdings nicht aufheben („pacta sunt servanda").

292

Des Weiteren können die Vergabekammern nach § 181 GWB den Auftraggeber bei Vergaberechtsverstößen zur Leistung von Schadensersatz an die Unternehmer verpflichten, die ohne den Verstoß eine echte Chance auf den Zuschlag gehabt hätten (**Sekundärrechtsschutz**). Dieser Schadensersatz ist allerdings auf das so genannte negative Interesse, also die Kosten für die Vorbereitung des Angebots und die Teilnahme am Vergabeverfahren begrenzt. Will der unterlegene Bieter so gestellt werden, als habe er den Auftrag erhalten, fordert er also das so genannte positive Interesse, muss er dieses vor den Zivilgerichten geltend machen. In der Praxis kommt dies allerdings kaum vor, da Umfang und Kausalität des Verstoßes für den Schaden meistens schwierig zu beweisen sind.

Unterhalb der Schwellenwerte und somit außerhalb des Anwendungsbereichs des **293** GWB und seiner Verordnungen kommt den für die Auftraggeber geltenden Vergaberegeln nicht per se eine drittschützende Wirkung zu. Zudem haben die Bieter keinen flächendeckenden Anspruch darauf, vorab über die Zuschlagsentscheidung informiert zu werden,[134] so dass sie den Vertragsschluss kaum verhindern können. Nur Sachsen, Thüringen und Sachsen-Anhalt haben Rechtsschutzverfahren eingeführt, mit denen der Zuschlag für eine bestimmte Zeit hinausgezögert werden kann. Im Übrigen werden unterlegene Bieter auf die Geltendmachung von Schadensersatz vor den ordentlichen Gerichten verwiesen. Wie im Oberschwellenbereich ist der Ersatz des negativen Interesses in Form der Kosten für die Erstellung des Angebots eher erreichbar als so gestellt zu werden, als habe man den Auftrag erhalten.

Zum Weiterlesen

Dieter Schütte, Wasser Energie Verkehr – Vergaberecht für Praktiker, 2015

Katrin Dietrich u. a., in: Gerd Stuhlmacher u. a. (Hrsg.), Grundriss zum Energierecht, 2. Aufl. 2015, Kapitel 18: Vergaberechtliche Aspekte

Wolfgang Trautner u. a., Praxishandbuch Sektorenverordnung – Anwendungsbereich, Verfahren, Rechtsschutz, 2011

Martin Burgi, Energierecht und Vergaberecht, RdE 2007, 145 ff.

Markus Solbach/Henning Bode, Praxiswissen Vergaberecht, 2015

---

[134] In Sachsen-Anhalt, Thüringen, Mecklenburg-Vorpommern und Sachsen ist ab bestimmten Auftragswerten eine Informationspflicht vorgesehen.

§ 10. Energiesteuerrecht

I. Einführung

1   Ein weiteres Rechtsgebiet, das für die Energiepraxis erhebliche Bedeutung hat, ist das speziell auf die Energiewirtschaft bezogene **Steuerrecht**. Dies wird sofort verständlich, wenn man weiß, dass die Einnahmen des Staates aus den energiebezogenen Steuern im Jahr 2013 ca. 48 Milliarden Euro betrugen. Neben den fiskalischen Interessen des Staates wird die Besteuerung der Energie aber auch als wichtiges Lenkungsmittel für den Energieverbrauch angesehen, denn durch den steuerbedingt höheren Preis soll ein bewussterer und sparsamerer Umgang mit Energie erreicht werden.

Produkt	2014	2015
	Steueraufkommen in Millionen Euro	
Energiesteuer		
• Kraftstoffe[1]	35.522	36.003
• Erdgas[2]	3.026	2.355
• Andere Heizstoffe als Erdgas[3]	1.209	1.236
Stromsteuer	6.638	6.593
Kernbrennstoffsteuer	708	1,371
Luftverkehrssteuer	990	1,023
Insgesamt[4]	**48.094**	**48.581**

[1] In etwa jeweils zur Hälfte Ottokraftstoffe und Dieselkraftstoff.

[2] Zu 99 Prozent Erdgas zu Heizzwecken.

[3] Insbesondere Heizöle, aber, u.a. auch Kohle.

[4] Kassenmäßiges Ist-Aufkommen.

Quelle:. Hans-Wilhelm Schiffer, Deutscher Energiemarkt 2015, Energiewirtschaftliche Tagesfragen 2016, 66 ff.

Abb. 77 – Energiesteueraufkommen in Deutschland. Die Tabelle zeigt das Energiesteueraufkommen in Deutschland 2013 und 2014.

2   Energiesteuern existieren bereits seit 1939. Das **Mineralölsteuergesetz** wurde damals aufgrund der Weltwirtschaftskrise und der starken Anhebung der Zölle auf ausländische Mineralöle eingeführt. Zudem spielte eine wesentliche Rolle, dass der Staat für die Finanzierung des Krieges Geld benötigte und dem Verbrauch des importierten Mineralöls entgegenwirken wollte. 1960 wurde die Mineralölsteuer dann auf Heizöle ausgedehnt, 1965 kamen die sogenannten Verstromungsgesetze hinzu. Dazu gehörte der **Kohlepfennig** zur Finanzierung des Steinkohleabbaus in Deutschland (§ 8 des Dritten Verstromungsgesetzes[1]). Er war ein Preisaufschlag auf die Strompreise der Energieversorgungsunternehmen, ohne den die deutsche Steinkohlewirtschaft gegenüber dem Ausland nicht konkurrenzfähig gewesen wäre. 1994 entschied das Bundesverfassungsgericht aber, dass der Kohlepfennig verfassungswidrig sei.[2] Er belaste die Allgemeinheit der Stromkunden, obwohl diese keine besondere Finanzierungsverantwortlichkeit für Steinkohle aus Deutschland habe. Er wurde deshalb Ende 1995 abgeschafft.

Seit Anfang der 1990er Jahre bemühte sich auch die EU-Kommission um die Einfüh- 3
rung einer europäischen **Energiesteuer.** Sie sah darin allerdings – neben einer potenziellen zusätzlichen Einkommensquelle – in erster Linie ein Förderinstrument für die Stromerzeugung aus erneuerbaren Energien und KWK-Strom.

In Deutschland wurde diesen Bemühungen 1999 mit der **Ökosteuerreform**[3] Rech- 4
nung getragen. Durch sie wurde die Mineralölsteuer mit einem Aufschlag versehen und die Besteuerung von Strom durch das Stromsteuergesetz (StromStG) eingeführt. 2006 wurde das System der Energiebesteuerung dann grundlegend neu geregelt. Das Mineralölsteuergesetz wurde in Energiesteuergesetz (EnergieStG) umbenannt und dient der Verwirklichung der zwischenzeitlich erlassenen europäischen Energiesteuer-Richtlinie[4]. Es enthält nun auch Vorgaben zur Besteuerung von Koks, Kohle und Erdgas und spielt dadurch für die Steuereinnahmen des Bundes eine erhebliche Rolle. Zuletzt wurde 2011 mit dem Kernbrennstoffsteuergesetz eine dritte Form der Energiebesteuerung eingeführt.

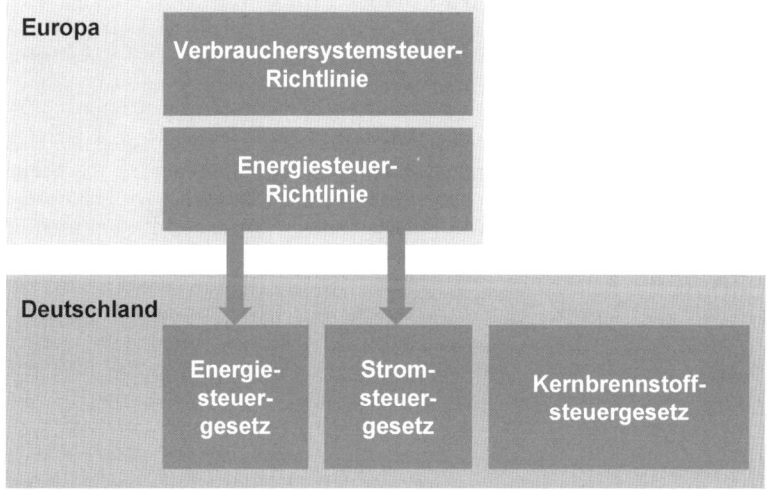

Abb. 78 – Maßgebliche Rechtsnormen des Energiesteuerrechts. Die Grafik zeigt die für das Energiesteuerrecht wesentlichen europäischen Vorgaben und entsprechende deutschen Rechtsnormen.

Bereits dieser kurze Abriss zeigt, dass im Bereich der Energiesteuern das **Interesse des** 5
Staates an Einnahmen eng verknüpft ist mit den mit Zwecken der Wirtschaftssteuerung. Dieses Kapitel soll die europäischen Vorgaben und die drei nationalen Gesetze überblicksartig vorstellen.

---

[1] Drittes Gesetz über die weitere Sicherung des Einsatzes von Gemeinschaftskohle in der Elektrizitätswirtschaft (VerstromG 3) vom 13.12.1974 (BGBl. I S. 1474).
[2] BVerfG, Urt. vom 11.10.1994 – 2 BvR 633/86.
[3] Gesetz zum Einstieg in eine ökologische Steuerreform vom 24.3.1999 (BGBl. I S. 378).
[4] Richtlinie 2003/96/EG vom 27.10.2003 zur Restrukturierung der gemeinschaftlichen Rahmenvorschriften zur Besteuerung von Energieerzeugnissen und elektrischem Strom (ABl. L 283 vom 31.10.2003, S. 51).

II. Europäische Vorgaben

6   Trotz des Zusammenwachsens Europas haben die Mitgliedsstaaten der EU ihre **Steuer-souveränität** bislang weitgehend behalten. Die EU kann daher nur sehr begrenzt durch einstimmige Entscheidungen im Europäischen Rat in diesem Bereich tätig werden und darf selbst keine Steuern erheben. Folglich gibt es keine europäischen Energiesteuern. Allerdings wirken sich einige europäische Vorgaben auf die nationalen Energiesteuern aus.

7   Im Rahmen der Schaffung eines europäischen **Binnenmarktes zielte die Europäische Gemeinschaft** (heute die EU) in den 1990er Jahren darauf ab, den zwischenstaatlichen Handel zu vereinfachen. Dazu dienten z. B. die Schaffung einer **Kombinierten Nomenklatur,** durch die anhand von einheitlichen Nummern sichergestellt wird, dass – insbesondere im grenzüberschreitenden Warenverkehr und in Zollangelegenheiten – Waren zweifelsfrei identifizierbar sind. Sie erfassen auch Rohstoffe und Energieprodukte. Ein weiterer Ansatzpunkt war die Harmonierung von Steuersätzen, die u. a. die Energiesteuer betraf. Sie war in der System-Richtlinie[5] von 1992 enthalten.

8   Heute setzt die Energie-Besteuerung auf dem allgemeinen System über die Erhebung der Verbrauchsteuern durch die Verbrauchsteuersystemrichtlinie[6] auf. Die **Energiesteuer-Richtlinie**[7] soll neben der Harmonisierung des Binnenmarktes dem Umwelt- und Klimaschutz sowie der Energie- und Verkehrspolitik dienen und legt eine Mindestbesteuerung von Strom und Energieerzeugnissen fest. Diese ist für die Kraft- und Heizstoffe in Anhang 1 jeweils gesondert ausgewiesen. Allerdings kann von dieser Mindestbesteuerung einerseits eine Befreiung erwirkt werden, wenn dies zur Erhaltung der weltweiten Wettbewerbsfähigkeit eines Unternehmens erforderlich ist und eine beihilferechtliche Kontrolle der Befreiung positiv ausfällt. Dies hängt u. a. von der zeitlichen Befristung der Maßnahme und der Vermeidung einer Überkompensation ab. Andererseits dürfen die **Steuersätze** von den Nationalstaaten überschritten werden. Davon hat Deutschland Gebrauch gemacht, und geht weiter über die europäischen Vorgaben hinaus. Auch Steuerbefreiungen sind vorgesehen, sie betreffen z. B. die Verwendung als Kraftstoff für die gewerbliche Luftfahrt oder die Schifffahrt in Meeresgewässern.

9   2011 wurde ein Vorschlag zur **Novellierung der Energiesteuer-Richtlinie** vorgelegt.[8] Danach ist u. a. vorgesehen, die Besteuerung in eine kohlenstoffdioxidabhängige **Steuer** und in eine allgemeine Verbrauchssteuer aufzuteilen, um bei den Steuererleichterungen unterscheiden zu können und eine bessere Abstimmung mit dem Emissionshandelssystem zu erreichen. Zudem sollen die Mindeststeuersätze für Heizstoffe angehoben werden, was auch in Deutschland zu höheren Belastungen führen würde. Schließlich ist vorgesehen, dass die Mitgliedsstaaten ab 2023 in Fällen, in denen für eine bestimmte Verwendung einheitliche Steuersätze gelten, auch für alle auf diese Weise verwendeten Erzeugnisse gleiche Steuerbeträge festlegen müssen **(Äquivalenzprinzip).** In Deutschland würde dann z. B. Dieselkraftstoff seinen Steuervorteil gegenüber Benzin verlieren. Insbesondere dieser Punkt ist aber in den Mitgliedsstaaten hoch umstritten bzw. wird von ihnen

---

[5] Richtlinie 92/12/EWG vom 25.2.1992 über das allgemeine System, den Besitz, die Beförderung und die Kontrolle verbrauchsteuerpflichtiger Waren, jetzt 92/12/EWG (ABl. L 76 vom 23.3.1992, S. 1).

[6] Richtlinie 2008/118/EG vom 16.12.2008 über das allgemeine Verbrauchsteuersystem (ABl. L 9 vom 14.1.2009, S. 12).

[7] Richtlinie 2003/96/EG vom 27.10.2003 zur Restrukturierung der gemeinschaftlichen Rahmenvorschriften zur Besteuerung von Energieerzeugnissen und elektrischem Strom (ABl. L 283 vom 31.10.2003, S. 51).

[8] EU-Kommission, Vorschlag vom 13.4.2011 für eine Richtlinie des Rates zur Änderung der Richtlinie 2003/96/EG zur Restrukturierung der gemeinschaftlichen Rahmenvorschriften zur Besteuerung von Energieerzeugnissen und elektrischem Strom, KOM(2011) 169 endgültig.

abgelehnt. Zuletzt wurde deshalb unter der griechischen Ratspräsidentschaft im Sommer 2014 ein neuer Kompromissvorschlag[9] erarbeitet.

III. Energiesteuergesetz

Die Energiesteuer ist im Energiesteuergesetz (EnergieStG) und einer Durchführungsver- **10** ordnung geregelt. Sie wird vom **Bund** erhoben und durch die **Hauptzollämter** verwaltet. Erfasst werden Energieerzeugnisse. Das sind alle Kraft- und Heizstoffe, also u. a. Mineralöle, Kohle, Erdgas und Koks.

1. Einordnung

Es handelt sich bei der Energiesteuer um eine **indirekte Verbrauchssteuer** gem. **11** Art. 106 GG. Kennzeichen einer Verbrauchssteuer ist, dass die Verwendung von Einkommen und Vermögen besteuert wird, nicht das Einkommen und Vermögen selbst (wie zum Beispiel bei der Erbschaftssteuer). Sie wird auf den Verbrauch von Gütern erhoben und ist von demjenigen zu tragen, der sie verbraucht. Als indirekte Steuern bezeichnet man sie, weil der Energieverbraucher zwar Träger der Steuerlast ist, sie aber nicht selbst an den Bund, vertreten durch das Hauptzollamt, zahlt. Die Steuer wird stattdessen vom Lieferanten als Steuerschuldner an das Hauptzollamt übermittelt, der sie wiederum bei seinen Kunden über die Rechnung für die Energielieferung einzieht.

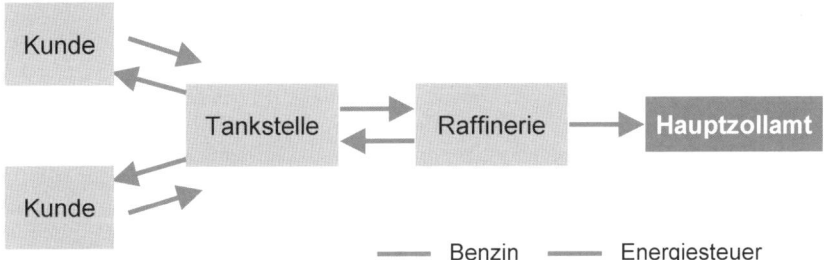

Abb. 79 – Indirekte Steuern. Die Grafik zeigt die Beteiligten im Rahmen der indirekten Steuer. Der Kunde ist zwar Energieverbraucher und somit Träger der Steuerlast, Steuerschuldner ist jedoch der Lieferant.

2. Entstehung

2006 wurde das Mineralölsteuergesetz vom umfangreicheren Energiesteuergesetz abge- **12** löst. Dafür gab es mehrere Gründe. Zum einen hatte die EU die Energiesteuer-Richtlinie erlassen, mit deren Umsetzung sich Deutschland bereits im Verzug befand. Zum anderen sollte die Erweiterung der Gruppe der besteuerten Energieträger einen **Anreiz** schaffen, den Energieverbrauch zu reduzieren. Denn durch die Besteuerung wird die Energie teurer. So besteht der Benzinpreis zum Beispiel zu ca. 60 Prozent aus Steuern, wobei die Energiesteuer derzeit 65,45 Cent pro Liter Benzin beträgt und die Umsatzsteuer von 19 Prozent nicht nur auf den Produktpreis sondern auch auf die Energiesteuer aufgeschlagen wird. Schließlich ging es dem Bund aber auch darum, eine zusätzliche Quelle zur Finanzierung des Staatshaushaltes zu erschließen.

Die Praxis der Steuergesetzregelung führte dabei aber zu teilweise kuriosen Resultaten. **13** Um die produzierenden Unternehmen mit der neuen Energiesteuer nicht zu sehr zu be-

---

[9] Rat der Europäischen Union, Richtlinie vom 3.6.2014 zur Änderung der Richtlinie 2003/96/ EG zur Restrukturierung der gemeinschaftlichen Rahmenvorschriften zur Besteuerung von Energieerzeugnissen und elektrischem Strom, Dokument Nr. 10417/14.

lasten, sollte das zusätzliche Steuereinkommen zum Teil über eine Senkung der Sozialversicherungsbeiträge zu einer Senkung der Lohnkosten verwendet werden. Um dabei keine Ungerechtigkeiten zu erzeugen, sah der Gesetzgeber den sogenannten **Spitzenausgleich** vor, bei dem die zusätzliche Belastung durch die Energiesteuer der Entlastung durch die Senkung der Sozialabgaben gegenübergestellt werden sollte. Soweit die zusätzliche Belastung die Entlastung überstieg – anfangs tatsächlich, nach einigen Erhöhungen der Steuer fiktiv – wurde ein Spitzenausgleich in Form eines Nachlasses oder einer Erstattung auf die Energiesteuer gewährt. Dies zeigt, dass viele der Regelungen nur aus der sehr konkreten Situation bei der Gesetzgebung heraus zu verstehen sind.

3. Umfang und Begünstigungen

14 Für die Begünstigung sind vier Kriterien zu erfüllen:
- Das **Steuergebiet** umfasst die Bundesrepublik Deutschland. Ausgenommen sind die von Schweizer Staatsgebiet umschlossene, deutsche Enklave Büsingen und die Insel Helgoland, die seit 1870 über einen steuerlichen Sonderstatus verfügt.
- **Steuergegenstand** sind nach § 1 Abs. 1 S. 1 EnergieStG bestimmte Energieerzeugnisse, die nach der Kombinierten Nomenklatur eingeteilt werden.[10] Darüber hinaus werden von § 1 Abs. 3 EnergieStG weitere steuerrelevante Energieerzeugnisse und Waren in den Anwendungsbereich einbezogen.
- Der **Steuertarif** ist in § 2 EnergieStG festgesetzt. Er wird anhand der Menge des jeweiligen Energie-Erzeugnisses (Volumen, Gewicht, Energiegehalt) berechnet und ist maßgeblich für die Bestimmung der anfallenden Energiesteuer.
- **Steuerpflichtig** sind, wie bereits dargestellt, die Lieferanten, während die Energieverbraucher Träger der Steuerlast sind.

15 Allerdings bestehen **Ausnahmen** von der Steuerpflicht, mit denen in erster Linie umwelt- oder wirtschaftspolitische Ziele verfolgt werden. Dies sind zum einen die Fälle der Aussetzung, bei denen eine Steuerpflicht gar nicht erst entsteht. Sie umfasst bestimmte Waren (z.B. Benzole, Leichtöl, Heizöl), solange sich diese in einem Herstellungsbetrieb oder Speicher (Steuerlager) befinden oder befördert werden, wenn der Steuerlagerinhaber über eine Erlaubnis verfügt. Steuerpflichtig werden sie erst mit der Übertragung in den freien Verkehr. Dadurch ist gewährleistet, dass der Handel nicht unnötig belastet wird. Die Steuerlast entsteht im Regelfall erst mit dem Verkauf der Produkte an den Verbraucher als den Träger der Steuerlast.

16 Zum anderen stellt die **Steuerbefreiung** eine Ausnahme dar. Sie regelt, wann auf Waren, die in den freien Verkehr gelangt sind, keine Steuern erhoben werden. Die Befreiungstatbestände sind in den §§ 24 bis 30 EnergieStG umfangreich geregelt. Dazu gehören die Verwendung für den Eigenverbrauch oder für die Schiff- und Luftfahrt, also im vielfach internationalen, grenzüberschreitenden Verbrauch, bei dem inländische Unternehmen nicht benachteiligt werden sollen.

17 Schließlich kommt eine **Entlastung** in Betracht. Dafür muss ein Entlastungtatbestand nach §§ 47 ff. EnergieStG vorliegen. Darunter fallen beispielsweise Biokraftstoffe, der öffentliche Personennahverkehr und Betriebe der Land- und Forstwirtschaft. Für Betriebe des produzierenden Gewerbes sind in §§ 54 und 55 EnergieStG Sonderregelungen vorgesehen. Dies sind zum einen die Steuerentlastungen, die in § 54 Abs. 2 EnergieStG beziffert sind. Zum anderen wird in § 55 EnergieStG der oben erwähnte Spitzenausgleich vorgesehen. Dieser regelt Fälle, in denen die Energiesteuerbelastung eines Unternehmens größer als die sich aus der Senkung der Rentenversicherungsbeiträge ergebende Entlastung bei den Arbeitskosten ist. Dann erhält das Unternehmen 90 Prozent der Differenz vergütet. Diese

---

[10] Die Kombinierte Nomenklatur ist eine EU-einheitliche Nummer. Durch sie wird sichergestellt, dass – insbesondere im grenzüberschreitenden Warenverkehr und in Zollangelegenheiten – Waren zweifelsfrei zu identifizieren sind.

Steuererleichterung für Unternehmen erfüllt allerdings den Tatbestand einer genehmigungspflichtigen Beihilfe. Da die beihilferechtliche Genehmigung der EU-Kommission Ende 2012 auslief, hat die Bundesregierung die Steuervergünstigung ab dem Jahr 2013 von der Einführung eines Energiemanagementsystems abhängig gemacht.[11] Ab 2015 wird die Inanspruchnahme nur noch bei einer Senkung des Energieverbrauchs des produzierenden Gewerbes um jährlich 1,3 Prozent gewährt. Eine Genehmigung hierfür wurde von der EU-Kommission erteilt.

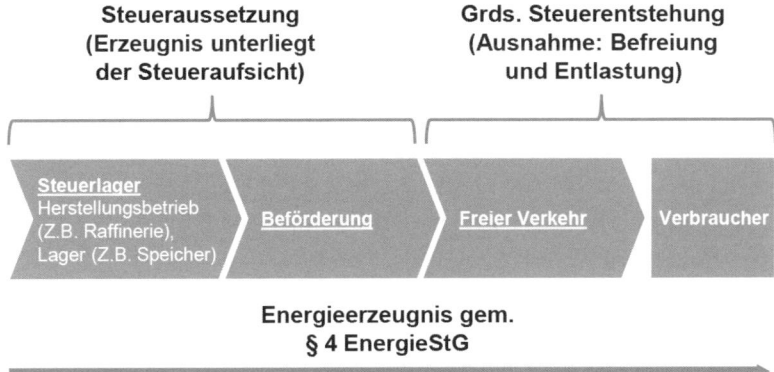

Abb. 80 – Steueraussetzung. Die Grafik zeigt die vier verschiedenen Ebenen der Energiesteuerpflicht und die möglichen Ausnahmen für Energieerzeugnisse nach § 4 EnergieStG (also nicht für Kohle und Erdgas). Liegen die Voraussetzungen der Steueraussetzung vor, entsteht keine Steuer. Kommt es zu einer Steuerentstehung, kann die Zahlung durch eine Steuerbefreiung entfallen oder durch eine Steuerentlastung verringert werden.

4. Sonderregelungen Kohle und Erdgas

Für die Energieträger Kohle und Erdgas sind im Energiesteuerrecht **Sonderregelungen** 18 vorgesehen.

Kohle ist ein Steuergegenstand im Sinne des Gesetzes und in den §§ 31 bis 37 Ener- 19 gieStG durch besondere Bestimmungen ausgestaltet. Sie wird mit 33 Cent/Gigajoul besteuert und nicht von der Steueraussetzung erfasst. Die Steuerpflicht entsteht, wenn die Kohle erstmals an Personen geliefert wird, die kein Kohlebetrieb oder Kohlelieferant sind oder wenn der Kohlebetrieb/Kohlelieferant sie verwendet oder wenn sie selbst gewonnen, bearbeitet und verbraucht wird.

Für **Erdgas** bestehen Sonderregelungen in den §§ 38 bis 44 EnergieStG. Die Steuer- 20 pflicht entsteht, wenn das Erdgas zum Verbrauch aus dem Leitungsnetz entnommen wird. Steuerschuldner ist der Erdgaslieferant des Letztverbrauchers. D. h., der Transport und die Lieferungen zwischen Lieferanten bleiben steuerfrei. Versteuert werden muss allerdings die Abgabe oder Verwendung von Erdgas als Kraft- oder Heizstoff bzw. als Verlängerungsmittel davon. Erdgas kann in den in § 44 EnergieStG genannten Fällen von der Steuer befreit sein.

IV. Stromsteuergesetz

Die **Stromsteuer** wird im Stromsteuergesetz (StromStG) und einer Durchführungsver- 21 ordnung geregelt. Eine Einbeziehung in das Energiesteuergesetz wurde nicht vorgenom-

---

[11] Gesetz zur Änderung des Energiesteuer- und des Stromsteuergesetzes vom 5.12.2012 (BGBl. I S. 2436).

men, weil Strom keinen körperlichen Gegenstand darstellt und andere Regelungen verlangt. Die Stromsteuer ist ebenso wie die Energiesteuer eine **indirekte Verbrauchssteuer** des Bundes mit identischem Steuergebiet und betrifft elektrischen Strom der Position 2716 der Kombinierten Nomenklatur. Etwaige verfassungsrechtliche Bedenken gegen die Gesetzgebungskompetenz des Bundes und die Vereinbarkeit mit den Grundrechten in Art. 12, 14 und 3 GG hat das Bundesverfassungsgericht ausgeräumt.[12]

22   Zurzeit beträgt der **Regelsteuersatz** 20,50 Euro/Megawattstunde (zu den Ermäßigungen siehe weiter unten) und knüpft wie die Energiesteuer an die Menge – und nicht an den Strompreis – an.

23   Das StromStG regelt in § 4 StromStG, dass derjenige, der als Versorger Strom liefern oder als Eigenerzeuger Strom entnehmen will, grundsätzlich einer **Erlaubnis** bedarf. Dazu gehören auch Fälle, in denen der Letztverbraucher Strom aus einem Gebiet außerhalb des Steuergebietes bezieht. Die Erlaubnis, die allein die Bezahlung der Stromsteuer gewährleisten soll, wird auf Antrag vom Hauptzollamt erteilt, wenn gegen die steuerliche Zuverlässigkeit keine Bedenken bestehen. Allerdings gibt es Ausnahmen von der Erlaubnispflicht – davon erfasst ist zum Beispiel der Verbrauch von Strom durch Letztverbraucher.

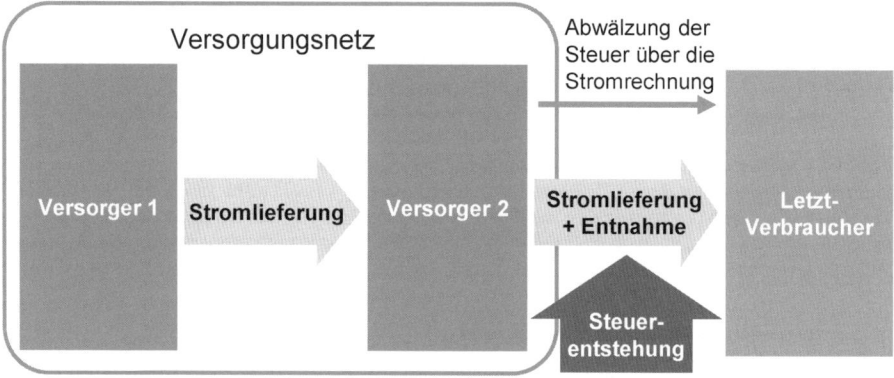

Abb. 81 – Steuerentstehung nach § 5 StromStG. Die Grafik zeigt, dass die Steuer durch die Entnahme von Strom aus dem Versorgungsnetz zum Verbrauch oder durch den Verbrauch selbst erzeugten Stroms entsteht.

24   Die **Steuerpflicht** entsteht, wie in **Abb. 81 – Steuerentstehung nach § 5 StromStG** dargestellt, im Regelfall nach § 5 Abs. 1 S. 1 Var. 1 StromStG für inländische Versorger durch die Entnahme von Strom aus den Versorgungsnetzen zum Verbrauch. Der Versorger muss also die Steuer abführen, obwohl diese vom Letztverbraucher zu zahlen ist. Er kann sie aber über die Stromrechnung eintreiben und wird damit zum Gehilfen der Steuerbehörde bei der Steuererhebung.

25   Für **Eigenerzeuger** entsteht die Steuerpflicht durch den Verbrauch von selbst erzeugtem Strom, § 5 Abs. 1 S. 1 Var. 2 StromStG. Für ausländische Versorger und in Fällen der widerrechtlichen bzw. zweckwidrigen Entnahme bestehen **Sonderregelungen** in §§ 6, 7 und 9 StromStG. Werden Steuerbegünstigungen nach § 9 Abs. 1 Nr. 1 oder Nr. 3 StromStG in Anspruch genommen, besteht gem. § 19 Abs. 2 Nr. 2 EEG 2017 kein Anspruch auf die Zahlung einer Einspeisevergütung bzw. Marktprämie.

26   Eine Steueraussetzung ist im Stromsteuerrecht nicht vorgesehen, da beim Strom die Produktion und der Eintritt in den freien Verkehr zusammenfallen. Allerdings sind auch im Stromsteuerrecht **Befreiungen** und **Entlastungen** möglich, siehe **Abb. 83 – Stromsteuererleichterungen.**

---

[12] BVerfG, Urt. vom 20.4.2004 – 1 BvR 1748/99 und 1 BvR 905/00.

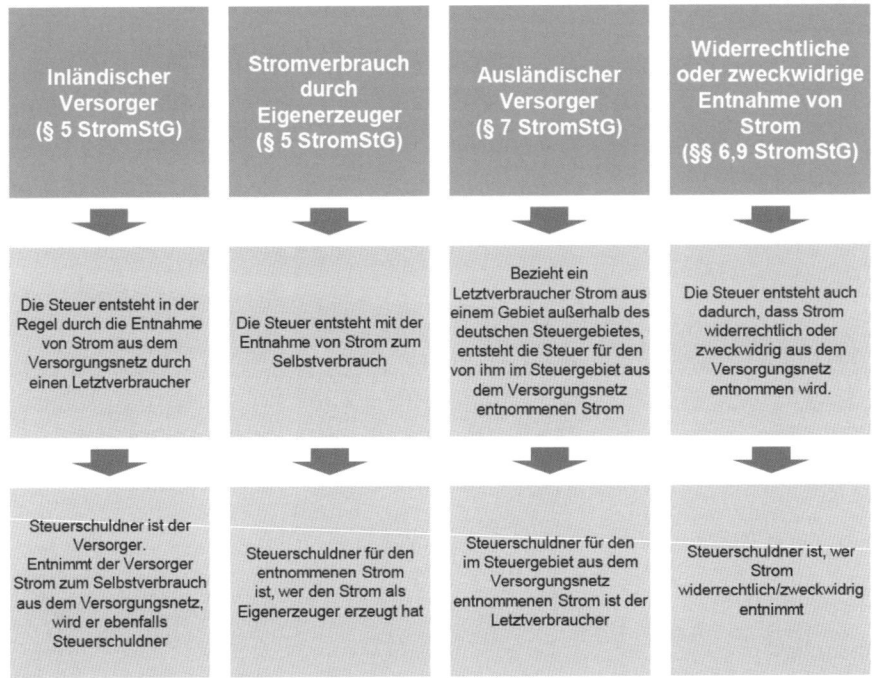

Abb. 82 – Sonderregelungen bei Entstehung der Steuerpflicht. Die Grafik zeigt die Geltung der Steuerpflicht für verschiedene Versorger und Erzeuger. Es verdeutlicht, wodurch die jeweilige Steuerpflicht entsteht und wer Steuerschuldner ist.

Die bisher wichtigsten Befreiungstatbestände nach § 9 Abs. 1 Nr. 1 und Nr. 3 Strom- 27 steuergesetz (Befreiung von Strom aus erneuerbaren Energieträgern, wenn dieser aus Leitungen nur für solchen Strom entnommen wird bzw. Selbstverbrauch oder Lieferung an Letztverbraucher im räumlichen Zusammenhang bei Anlagen bis zwei Megawatt) werden in § 19 Abs. 2 Nr. 2 EEG 2017 stark **eingeschränkt.** Denn die Anlagenbetreiber sollen entscheiden, ob sie die Marktprämie bzw. Einspeisevergütung des EEG in Anspruch nehmen oder die Stromsteuerbefreiung. Begründet wird dies mit dem Risiko einer beihilferechtswidrigen Überförderung. Bereits durch die EEG-Förderung würden die Kosten des Anlagenbetreibers für die Anlagen voll gedeckt, sodass eine zusätzliche Förderung durch die Stromsteuerbefreiung eine Beihilfe darstellen könne.

Weiterhin möglich bleibt die Stromsteuerbefreiung dagegen im Falle des **Eigenver-** 28 **brauchs** von Anlagen, die Strom aus erneuerbaren Energien erzeugen (§ 9 Abs. 1 Nr. 2 StromStG).

Der **Steuererlass** in § 9a StromStG knüpft nicht an die Verwendung des Stroms an, 29 sondern an die Eigenschaft als produzierendes Gewerbe in einem der in § 9a Abs. 1 Nr. 1 – 4 StromStG genannten Bereiche. Ebenfalls sehr relevant ist die Steuerermäßigung in Höhe von 5,23 Euro/Megawattstunde für andere Unternehmen des produzierenden Gewerbes und Unternehmen der Land- und Forstwirtschaft in § 9b Abs. 1 StromStG. Schließlich enthält § 10 StromStG den sogenannten Spitzenausgleich für Unternehmen des produzierenden Gewerbes. Er gleicht dem Spitzenausgleich in § 55 EnergieStG.

Die Stromsteuer wird im Wege der **Selbstveranlagung** erhoben. Das heißt, der Steuer- 30 schuldner berechnet seine Steuerlast selbst und gibt eine entsprechende Steuererklärung ab. Auf dieser Grundlage entrichtet er dann innerhalb bestimmter Fristen seine Zahlungen. Diese werden eingeräumt, damit der Steuerschuldner das Geld zuvor bei den Verbrauchern einholen kann.

Das StromStG unterscheidet zwischen Steuerbefreiung, Steuerermäßigung und Steuerentlastung

Steuerbefreiung	Steuerermäßigung	Steuerentlastung
Strom kann für bestimmte Zwecke unversteuert verwendet werden (§ 9 Abs. 1 StromStG)	Strom kann für bestimmte Verwendungszwecke mit einem ermäßigten Steuersatz versteuert werden	Bereits versteuerter Strom kann nachträglich von der entrichteten Steuer entlastet werden
Strom aus erneuerbaren Energieträgern (Nr. 1) Strom zur Stromerzeugung (Nr. 2) Strom, der in Anlagen mit einer elektrischen Nennleistung von bis zu zwei Megawatt erzeugt wird (Nr. 3) Strom, der in Notstromaggregaten erzeugt wird (Nr. 4) Strom, der an Bord von Schiffen, Luftfahrzeugen oder Schienenfahrzeugen erzeugt wird (Nr. 5) Strom für ausländische Streitkräfte (§ 11 Nr. 12 StromStG)	Strom im Verkehr mit Oberleitungsomnibussen oder Schienenbahnen (§ 9 Abs. 2 Nr. 2 StromStG) Landseitige Stromversorgung von Wasserfahrzeugen für die Schifffahrt (§ 9 Abs. 3 StromStG)	Strom für Elektrolyse und bestimmte Verfahren und Prozesse und für chemische Reduktionsverfahren (§ 9a StromStG) Strom von Unternehmen des produzierenden Gewerbes und der Land- und Forstwirtschaft für betriebliche Zwecke (§§ 9b, 10 StromStG)* Strom, der versteuert und zur Stromerzeugung im technischen Sinn entnommen wurde (§12a StromStV) Strom, der versteuert und für die landseitige Stromversorgung von Wasserfahrzeugen für die Schifffahrt verbraucht wird (§ 14 StromStV)

Abb. 83 – Stromsteuererleichterungen. Das StromStG unterscheidet zwischen Steuerbefreiung, Steuerermäßigung und Steuerentlastung. Die Grafik zeigt unter welchen Umständen Strom unversteuert bleibt, wann ein ermäßigter Steuersatz gilt und wann eine nachträgliche Entlastung möglich ist.

V. Kernbrennstoffsteuergesetz

31   Zum 1.1.2011 trat das Kernbrennstoffsteuergesetz (KernbrStG) in Kraft, mit dem der Bund eine neue Steuer auf die **Verwendung von Kernbrennstoffen** eingeführt hat (umgangssprachlich auch als Brennelementesteuer bezeichnet). Sie sollte im Zusammenhang mit der Laufzeitverlängerung für Kernkraftwerke eine Gegenleistung für die Sanierung der Schachtanlage Asse II, in der Radioaktive Abfälle lagern, darstellen und ist trotz der Rücknahme der Laufzeit Verlängerung im Rahmen des Atomausstieges beibehalten worden. Besteuert wird die Verwendung von Kernbrennstoff für die gewerbliche Stromerzeugung in Höhe von 145 Euro pro Gramm Plutonium 239 oder 241 und Uran 233 und 235. Das Gesetz war bis zum 21.12.2016 befristet. Die Betreiber der Kernkraftwerke gehen bzw. gingen allerdings auf verschiedenen Ebenen gegen das Gesetz vor, da sie es für **verfassungswidrig** und nicht europarechtskonform halten. Das Gesetz war in Zusammenhang mit der Laufzeitverlängerung für Kernkraftwerke eingeführt worden, um *Windfall-Profits*

abzuschöpfen, es war jedoch bei deren Rückgängigmachung nicht wieder aufgehoben worden.

Das **Finanzgericht Hamburg** hat die Verfahren, die von RWE und E.ON betrieben 32 werden, zur Überprüfung des Kernbrennstoffsteuergesetzes im Wege der konkreten Normenkontrolle beim Bundesverfassungsgericht und im Wege des Vorabentscheidungsverfahrens beim Europäischen Gerichtshof vorgelegt.[13] Die Hauptsacheverfahren, in deren Rahmen die Vorlagen erfolgten, wurden ausgesetzt. Aus dem gleichen Grund wurde das von EnBW vor dem Finanzgericht Baden-Württemberg anhängige Hauptsacheverfahren ausgesetzt.

Das **Bundesverfassungsgericht** wird sich mit der Frage befassen, ob die Kernbrenn- 33 stoffsteuer eine Verbrauchsteuer im Sinne des Grundgesetzes ist. Wenn nicht, wäre das KernbrStG formell verfassungswidrig, weil dem Bund die Gesetzgebungskompetenz fehlt.

Der **Europäische Gerichtshof** hat im Juni 2015 gem. den Schlussanträgen des Gene- 34 ralanwaltes[14] entschieden, dass das Unionsrecht einer Steuer wie der deutschen Kernbrennstoffsteuer nicht entgegenstehe.[15] Die Richtlinie 2008/118/EG über das allgemeine Verbrauchssteuersystem und die Richtlinie 2003/96/EG zur Restrukturierung der gemeinschaftlichen Rahmenvorschriften zur Besteuerung von Energieerzeugnissen und elektrischem stünden dem nicht entgegen. Die Kernbrennstoffsteuer stelle keine Verbrauchssteuer dar und falle weder direkt noch analog unter die Erzeugnisse, für die nach der RL 2003/96/EG eine Befreiung vorgesehen sein. Zudem liege auch keine verbotene staatliche Beihilfe vor, weil die Kernbrennstoffsteuer keine selektive Maßnahme darstellen würde.

Aufgrund der ausstehenden **Hauptsacheentscheidungen** hatten RWE und E.ON 35 wiederum einstweiligen Rechtsschutz beantragt. Hierzu hat das Finanzgericht Hamburg im April 2014 beschlossen, dass die Vollziehung der Steueranmeldung betreffend der Kernbrennstoffsteuer in 27 Fällen aufzuheben und die gezahlten Beträge zu erstatten seien. Daraufhin wurden 2,2 Milliarden Euro zurückgezahlt. Allerdings wurden gegen diese Beschlüsse Beschwerden beim Bundesfinanzhof erhoben. Er hat sie im November 2014 aufgehoben und die Gewährung vorläufigen Rechtsschutzes abgelehnt, da das Kernbrennstoffsteuergesetz andernfalls faktisch außer Kraft gesetzt würde.[16] Damit ist die Kernbrennstoffsteuer einstweilen zu zahlen.

Zum Weiterlesen

Klaus Friedrich u. a., Änderungen des Energie- und Stromsteuerrecht, DStR 2013, 65 ff.
Bassam Khazzoum u. a., Energie und Steuern, 2011
Michael Rodi u. a., in: Jens-Peter Schneider u.a, Recht der Energiewirtschaft, 4. Aufl. 2013, § 22: Stromsteuergesetz
Jörg Simmerling, in: Gerd Stuhlmacher u. a. (Hrsg.), Grundriss zum Energierecht, 2. Aufl. 2015, Kapitel 15: Energie- und Stromsteuer
Christian Theobald u. a., Grundzüge des Energiewirtschaftsrechts, 3. Aufl. 2013, 6. Teil, F Stromsteuer, Energiesteuer und Kernbrennstoffsteuer
Martin Kronawitter, Strom- und Energiesteuer, ZKF 2013, 86 ff.
Malte Pereira, Überarbeitung der Energiesteuer-Richtlinie, GmbHR 2011, 154 ff.
Daniel Schiebold u. a., Entwicklungen im Energie- und Stromsteuerrecht in 2014, EnwZ 2015, 168 ff.
Roland M. Stein u. a., BB-Rechtsprechungsreport Energie- und Stromsteuerrecht 2013, Betriebs-Berater 2014, 1815 ff.

[13] FFG Hamburg, Beschl. vom 16.9.2011 – 4 V 133/11.
[14] Schlussanträge des Generalanwaltes vom 3.2.2015 – C-5/14.
[15] EuGH, Urt. vom 4.6.2015 – C-5/14.
[16] BFH, Beschl. vom 25.11.2014 – VII B 65/14.

§ 11. Verfahren, Rechtsbeziehungen und Rechtsschutz

1   Die **Abläufe der Energiewirtschaft** sind vielfach von **strukturierten Verfahrensabläufen** geprägt. Die Regeln für die Abläufe sind Teil des Energierechts. Weil die Energieversorgung in Deutschland einerseits die allgemeine Versorgung der Bevölkerung übernimmt und anderseits privatwirtschaftlich organisiert ist, sind die Regeln teilweise gesetzlich und teilweise privat geprägt. Wir haben diese Abläufe und ihre Regeln in den vorherigen Kapiteln dort, wo es nötig oder sinnvoll war, bereits kurz angerissen. An dieser Stelle soll nun insgesamt ein Überblick über die im Energierecht relevante Verfahren, weitere Rechtsbeziehungen und die Durchsetzung von Interessen bei Gericht und im Rahmen von anderen Verfahren gegeben werden.

I. Nationale Verfahren

2   Die nationale Ebene ist im Bereich der Verfahren, Rechtsbeziehungen und Rechtsschutzmöglichkeiten von zwei Besonderheiten geprägt: Zum einen handelt es sich beim Energiesektor um einen sogenannten **regulierten Markt,** zum anderen spielen mit der Bundesnetzagentur und den Übertragungsnetzbetreibern zwei Akteure eine besonders wichtige Rolle.

1. Verortung des Energierechts

3   Die Energiebranche weist im Vergleich zu anderen Wirtschaftszweigen im Hinblick auf die Rechtsbeziehungen zwischen den Akteuren, eine Reihe von Besonderheiten auf. Dafür gibt es zwei Hauptursachen. Zum einen wird die Sicherstellung der Strom- und Gasversorgung als Teil der **Daseinsvorsorge** in den meisten Ländern zu den Aufgaben des Staates gezählt. In Deutschland ist die Energieversorgung im Rahmen der sozialen Marktwirtschaft aber im Wesentlichen **privatwirtschaftlich** organisiert. Der Staat hat deshalb durch die Definition des Ordnungsrahmens sicherzustellen, dass die grundlegenden Ziele nach § 1 Abs. 1 EnWG erfüllt werden. Zum anderen handelt es sich bei den Stromnetzen und Gasnetzen um **natürliche Monopole.** Die Unternehmen sind keinem Wettbewerb zwischen ihren Produkten ausgesetzt und der Kunde hat keine Wahlfreiheit. Daher muss der Staat Regeln vorgeben und deren Einhaltung überwachen.

4   Beiden Aufgaben kommt der Staat nach, indem er den Energiemarkt **reguliert.** Das heißt, er knüpft bestimmte privatrechtliche Tätigkeiten oder Ansprüche an eine behördliche Erlaubnis oder greift in die Rechte Privater bzw. deren Rechtsbeziehungen zueinander steuernd ein. Gleichzeitig setzen die privaten Unternehmen in der Energiewirtschaft häufig Regelungssysteme ein, die so viele Marktteilnehmer betreffen, dass ihre praktische Bedeutung viele Gesetze übersteigt und die ebenso wenig disponibel sind.

5   Damit wird zugleich in die eigentlich bestehende, klare Trennung zwischen dem öffentlichen Recht und dem Zivilrecht verwischt. Nach dieser bestehen entweder **öffentlich-rechtliche Überordnungsverhältnisse,** in denen der Staat durch seine Behörden gegenüber einer natürlichen oder juristischen Person hoheitlich handelt oder **zivilrechtliche Gleichordnungsverhältnisse,** die sich zwischen natürlichen und/oder juristischen Personen abspielen. Aus dieser Zuordnung ergibt sich im Regelfall auch eine klare Vorgabe für die Verfahren: Für Überordnungsverhältnisse gelten bereits im Verfahren dezidierte formale und inhaltliche Vorgaben und ggf. entscheidet das Verwaltungsgericht über Streitfälle. Gleichordnungsverhältnisse werden im Rahmen der Vertragsfreiheit von den Parteien geschlossen (Privatautonomie) und im Streitfall durch die Zivilgerichte entschieden.

Im Energierecht begegnen uns aber viele Konstellationen, in denen diese klare **Tren-** 6
nung aufgehoben ist. Die Anzahl der Verfahren und Rechtsbeziehungen und die Intensität der Regelungen ist deshalb enorm. Hinzu kommen normale behördliche Verfahren
ohne Bezug zur Regulierung (zum Beispiel Baugenehmigungen) und die Verhältnisse von
Personen des Privatrechts zueinander (zum Beispiel Verträge über die Errichtung von Erzeugungsanlagen). Sie im Rahmen dieses Kapitels einzeln vorzustellen wäre uferlos und
wenig sinnvoll. Gezeigt werden soll vielmehr, wie sich die Regulierung auswirkt und wor-
an bei den unterschiedlichen Verfahren bzw. der Suche nach **Rechtsschutz** zu denken ist.
Dabei spielen die Bundesnetzagentur und die Übertragungsnetzbetreiber eine besondere
Rolle, die wir deshalb im nächsten Abschnitt vorstellen.

2. Einordnung der Akteure Bundesnetzagentur und Übertragungsnetzbetreiber

Zur Gewährleistung von Nichtdiskriminierung, Wettbewerb und einem effizienten 7
Funktionieren des Markts sowie zur Übernahme von Monitoring-Aufgaben wurden die
Mitgliedstaaten 2003 verpflichtet, eine oder mehrere zuständige Stellen mit der Aufgabe
als Regulierungsbehörde zu betrauen.[1] In Deutschland nimmt die **Bundesnetzagentur**
zusammen mit den Landesregulierungsbehörden diese Aufgabe wahr. Sie ist eine Sonder-
behörde für Regulierungsfragen und als Bundesoberbehörde Teil der Verwaltung. Dadurch
besitzt sie die Kompetenz, durch Verwaltungsakte hoheitlich tätig zu werden. In der Praxis
kommt der Bundesnetzagentur in Deutschland eine Schlüsselstellung zu, denn sehr viele
Verfahren im Energiebereich werden durch die Pflicht einer Genehmigung im Voraus oder
die Möglichkeit der Kontrolle im Nachhinein von ihr beeinflusst. Zudem kann die Bundesnetzagentur in Form der Festlegungen (§ 29 EnWG) selbst detaillierte Vorgaben machen und damit eigene Vorschriften erlassen.

Zudem muss die Sonderstellung der **Übertragungsnetzbetreiber** im Auge behalten 8
werden. Es handelt sich um Unternehmen der Privatwirtschaft, sodass ihr Verhältnis zu
anderen Unternehmen und Privatpersonen zivilrechtlicher Natur ist. Gleichzeitig nehmen
sie aber Aufgaben der Daseinsvorsorge wahr, die praktisch von allen Bürgern des Landes
benötigt werden. Daher sichert der Staat die Erfüllung dieser Aufgaben durch strenge gesetzliche Vorgaben, sodass die Netzbetreiber nicht nur aufgrund von eigenen Interessen,
sondern im Rahmen staatlich gesetzter Ziele und unter staatlicher Kontrolle der gesetzten
Regelungen Dritten gegenüber tätig werden.

Dennoch handelt es sich bei der Tätigkeit der Übertragungsnetzbetreiber ebenso wie bei 9
anderen Netzbetreibern und Versorgungsunternehmen nicht um ein Verhältnis der **Belei-**
hung im Rechtssinne. Von einer solchen spricht man nur dann, wenn ein privates Unternehmen aufgrund einer gesetzlichen Ermächtigung in Vertretung des Staates hoheitliche
Aufgaben wahrnimmt. Eine solche Ermächtigung gibt es für Netzbetreiber aber gerade
nicht. Ihre Entscheidungen stellen deshalb auch nie einen Verwaltungsakt dar.

3. Verfahren und Rechtsbeziehungen

Dieser Abschnitt soll einen Überblick über die wichtigsten Verfahren und Rechtsbezie- 10
hungen im Energierecht geben. Wir haben ihn daher anhand der **praktischen Relevanz**
gegliedert.

a) Regulierungsrechtlich bestimmte Verfahren

Von erheblicher Bedeutung sind Verfahren mit regulierungsrechtlichem Bezug. Auf- 11
grund ihrer großen Anzahl stellen wir nur die **Verfahrensprinzipien** und die zur Durchsetzung der EnWG-Bestimmungen wichtigen Kontroll- und Sanktionsverfahren vor.

---

[1] Richtlinie 2003/54/EG vom 26.6.2003 über gemeinsame Vorschriften für den Elektrizitätsbinnenmarkt (ABl. L 176 vom 15.7.2003, S. 37).

12   **aa) Verfahrensprinzipien.** Durch die Vielzahl der Verfahren im EnWG und in den darauf beruhenden Verordnungen (NAV, ARegV, StromNEV, etc.) erscheint die Materie zunächst etwas undurchsichtig. Hinzu kommt, dass mit dem EnWG 2005 in § 29 EnWG das Regelungsinstrument der **Festlegungen** in das deutsche Verwaltungsrecht eingeführt wurde. Sie ermöglichen es, grundsätzliche Fragen vorab allen Netzbetreibern gegenüber verbindlich zu klären, den administrativen Aufwand im Vergleich zu Einzelfallentscheidungen zu reduzieren und die Vorgaben der in § 29 Abs. 1 EnWG benannten Rechtsverordnungen zu konkretisieren. Darüber hinaus können auch in anderen Fällen Festlegungen getroffen werden, wenn diese unmittelbar auf dem EnWG beruhen.

13   In der Praxis werden Festlegungen heute genutzt, um umfangreiche, **konkret-generelle Detailregelungen** zu treffen, was – trotz einiger rechtsstaatlicher Bedenken – vom Bundesgerichtshof 2008 gebilligt wurde.[2] Um den langfristigen Bestand der Festlegungen zu sichern, können die Methoden und Bedingungen, die den Genehmigungen und Festlegungen zugrunde liegen, nach § 29 Abs. 2 EnWG nachträglich geändert werden, wenn ansonsten die Voraussetzungen für eine Genehmigung oder Festsetzung entfallen würden.

14   Trotz der Vielzahl der Verfahren lassen sich **vier Gruppen** bilden, mit deren Hilfe die Orientierung leichter fallen dürfte.

Typ 1: Verfahren, in deren Rahmen die Bundesnetzagentur einem Dritten etwas gewährt, zum Beispiel

- Zertifizierung als Transportnetzbetreiber, § 4a EnWG,
- Genehmigung des Netzzugangsentgelts, § 23a EnWG,
- Zuweisung einer Offshore-Anschlusskapazität, § 17d Abs. 2, § 17d Abs. 7 Nr. 3 EnWG i. V. m. Festlegungen zur Bestimmung eines Verfahrens zur Zuweisung und zum Entzug von Offshore-Anschlusskapazitäten[3] und oder
- Zuschlag im Rahmen der Ausschreibungsverfahren für erneuerbare Energien, §§ 32, 35 EEG 2017.

Typ 2: Verfahren, in denen die Bundesnetzagentur eine Bestimmung trifft, zum Beispiel

- Höhe der Erlösobergrenze, § 2 ARegV.

Typ 3: Verfahren, in denen die Bundesnetzagentur ein rechtswidriges Verhalten sanktioniert. Zum Beispiel

- Missbräuchliches Verhalten, §§ 30 und 31 EnWG,
- Aufsichtsverfahren, § 65 EnWG und/oder
- Zwangsmaßnahmen und Bußgelder, §§ 94 und 95 EnWG.

Typ 4: Fälle, in denen Vorgaben für das Handeln Privater gemacht werden zum Beispiel

- Netzanschluss des Letztverbrauchers, § 18 EnWG, §§ 2 ff. NAV,
- Netzanschluss von Kraftwerken, § 17 Abs. 3, § 24 S. 1 Nr. 1, S. 2 Nr. 2, 3, S. 3, § 29 Abs. 3 EnWG i. V. m. KraftNAV,
- Lieferantenwechsel, § 20a EnWG, § 14 StromNZV i. V. m. GPKE[4]/§ 41 GasNZV i. V. m. GeLiGas[5],
- Beschaffung von Regelenergie, § 13 Abs. 1 Nr. 2 EnWG, § 3 StromNZV i. V. m. drei Festlegungen[6],
- Bilanzkreismanagement, §§ 20 Abs. 1a, 4 StromNZV i. V. m. MaBis 2.0[7]/§ 23 GasNZV i. V. m. GABi Gas2.0[8],
- Erstellung des Netzentwicklungsplans, § 12b EnWG,

---

[2] BGH, Beschl. vom 29.4.2008 – KVR 20/07.
[3] Bundesnetzagentur, Beschl. vom 13.8.2014 – BK6–13-001.
[4] Bundesnetzagentur, Beschl. vom 11.7.2006 – BK6–06-009.
[5] Bundesnetzagentur, Beschl. vom 20.8.2007 – BK7-06-067.
[6] Bundesnetzagentur, Beschl. vom 12.4.2011 – BK6–10-097 (Primärregelenergie); Bundesnetzagentur, Beschl. vom 12.4.2011, BK6–10-098 (Sekundärregelenergie); Bundesnetzagentur, Beschl. vom 18.10.2011, BK6–10-099 (Minutenreserve).
[7] Bundesnetzagentur, Beschl. vom 4.6.2013 – BK6–07-002 (Mitteilung Nr. 8).
[8] Bundesnetzagentur, Beschl. vom 19.12.2014 – BK7–14-020.

- Ausschreibungsverfahren für Ab- und Zuschaltleistungen, § 13 Abs. 1 S. 1 Nr. 2 Var. 2, Abs. 4 EnWG i. V. m. Abschalt-Verordnung[9],
- Endgültige Stilllegung von Erzeugungsanlagen, § 13b EnWG,
- Störung und Verzögerung bei Offshore-Anbindungen, § 17e EnWG und
- Konzessionsvergabeverfahren, § 48 Abs. 2 bis 4 EnWG.

Allen vier Gruppen ist gemein, dass die Struktur der Verfahren sich in weiten Teilen **15** nach den **Grundsätzen des Verwaltungsverfahrens** richtet. Zunächst bedeutet das, dass ein Verfahren auf zwei Arten eingeleitet werden kann: Durch die Regulierungsbehörde selbst oder auf einen Antrag hin. Dies ergibt sich aus § 66 Abs. 1 EnWG, der einige wenige Regelungen für Verfahren nach dem EnWG enthält. Zu den Antragsverfahren gehören die Verfahren nach Typ 1. Dort muss sich derjenige, der etwas erhalten möchte, aktiv darum bemühen. Bei Typ 2 und 3 wird die Regulierungsbehörde in der Regel von Amts wegen oder auf Initiative Dritter hin tätig. Eine Sonderrolle nimmt hier Typ 4 ein: In diesen Fällen ergehen die Regelungen oft durch Verordnungen und gelten für alle Betroffenen. Wird die Regulierungsbehörde selbst regelnd tätig, dann in Form von den bereits erwähnten Festlegungen.

Einige generelle Regelungen für Verfahren nach dem EnWG finden sich in §§ 66 ff. EnWG.

In § 66 Abs. 2 EnWG werden die Beteiligten und in § 66 Abs. 3 EnWG die Beteiligung **16** der Bundesnetzagentur an Verfahren der Landesregulierungsbehörden festgelegt. § 67 EnWG normiert die Anhörung und die Möglichkeit der mündlichen Verhandlung. Letztere ist eine Besonderheit des **Verwaltungsverfahrens im Energierecht,** durch die das rechtliche Gehör gewährleistet und die Öffentlichkeit informiert werden soll.

Des Weiteren regelt § 68 EnWG, welche **Ermittlungs- und Beweiserhebungskompe-** **17** **tenzen** der Regulierungsbehörde zukommen und gestaltet somit den Untersuchungsgrundsatz. Dazu gehören alle Beweise, zum Beispiel die Zeugenvernehmung oder die Einholung von Sachverständigengutachten. Zudem darf die Regulierungsbehörde beim Bestehen eines Anfangsverdachtes Auskünfte von Unternehmen, Wirtschafts- und Berufsvereinigungen verlangen und Unterlagen einsehen, prüfen und herausverlangen (§ 69 Abs. 1 und 2 EnWG). Durchsuchungen sind auf Anordnung eines Amtsgerichtes zulässig, wenn vermutet wird, dass sich in den betreffenden Räumen Unterlagen befinden, die die Regulierungsbehörde einsehen, prüfen oder herausverlangen dürfte (§ 68 Abs. 4 S. 1 EnWG). Zudem kann die Regulierungsbehörde gem. § 70 Abs. 1 EnWG Gegenstände, die als Beweismittel für die Ermittlung von Bedeutung sein können, beschlagnahmen. Daneben gilt das Verwaltungsverfahrensgesetz (VwVfG) des Bundes, das zum Beispiel das Recht auf Akteneinsicht der Beteiligten vorsieht und Regelungen für die Auswirkung von Verstößen gegen die Verfahrensvorschriften enthält. Schließlich finden sich im EnWG oder in den entsprechenden Verordnungen mitunter weitere Vorgaben, z.B. Fristen innerhalb derer eine Entscheidung getroffen werden muss. Für die Entscheidung über die Genehmigung des Netzbetriebes werden etwa sechs Monate veranschlagt (§ 4 Abs. 1 S. 2 EnWG).

Die Entscheidung über Einzelfälle ergeht dann in Form von **Verwaltungsakten,** § 35 **18** S. 1 VwVfG. Dies sind hoheitliche Regelungen, die dem Adressaten etwas gestatten (zum Beispiel den Netzbetrieb), ihm eine besondere Stellung einräumen (zum Beispiel die als Transportnetzbetreiber), ihm etwas zusprechen (zum Beispiel das Recht auf Offshore-Kapazitäten in einer bestimmten Höhe) oder ihn zu etwas verpflichten (zum Beispiel Abstellung eines Verstoßes gegen das EnWG, Zahlung eines Bußgeldes). Sie sind nach § 73 Abs. 1 EnWG zu begründen, mit einer Rechtsmittelbelehrung zu versehen und förmlich zuzustellen. Eine Ausnahme hiervon bilden die zuvor beschriebenen Feststellungen. Da sie keinen Einzelfall, sondern eine Vielzahl von Fällen betreffen, ergehen sie als **Allgemein-** **verfügungen** (so festgestellt in § 60a Abs. 2 S. 1 EnWG[10]) nach § 35 S. 2 VwVfG. Dies

---

[9] Verordnung über die Vereinbarung zu abschaltbaren Lasten vom 28.12.2012 (BGBl. I S. 1359).
[10] BGH, Beschl. vom 29.4.2008 – KVR 20/07.

hat zur Folge, dass sie nicht allen Adressaten einzeln bekannt gegeben werden müssen, sondern dem eine öffentliche Bekanntmachung für die Entstehung einer Bindungswirkung genügt, § 73 Abs. 1a EnWG.

19 Im Zusammenhang mit dem Erlass von Verwaltungsakten ist das **Ermessen** der Bundesnetzagentur umstritten. Problematisch ist hier zum einen, dass zum Teil zwischen Beurteilungsspielräumen und Ermessensentscheidungen unterschieden wird und zum anderen, dass dieser Streit für das Energierecht aus dem mit § 83 Abs. 5 EnWG fast wortgleichen § 71 Abs. 5 S. 1 GWB abgeleitet wird, der bis in die 1970er Jahre zurückreicht.[11] Eine umfangreiche Darstellung würde hier zu weit führen. Ermessen besteht jedenfalls, wenn das Gesetz der Bundesnetzagentur Entscheidungsmöglichkeiten einräumt. Dies geschieht in verschiedenen Formen. Zur gerichtlichen Überprüfbarkeit sei auf § 11, Rn. 81 verwiesen.

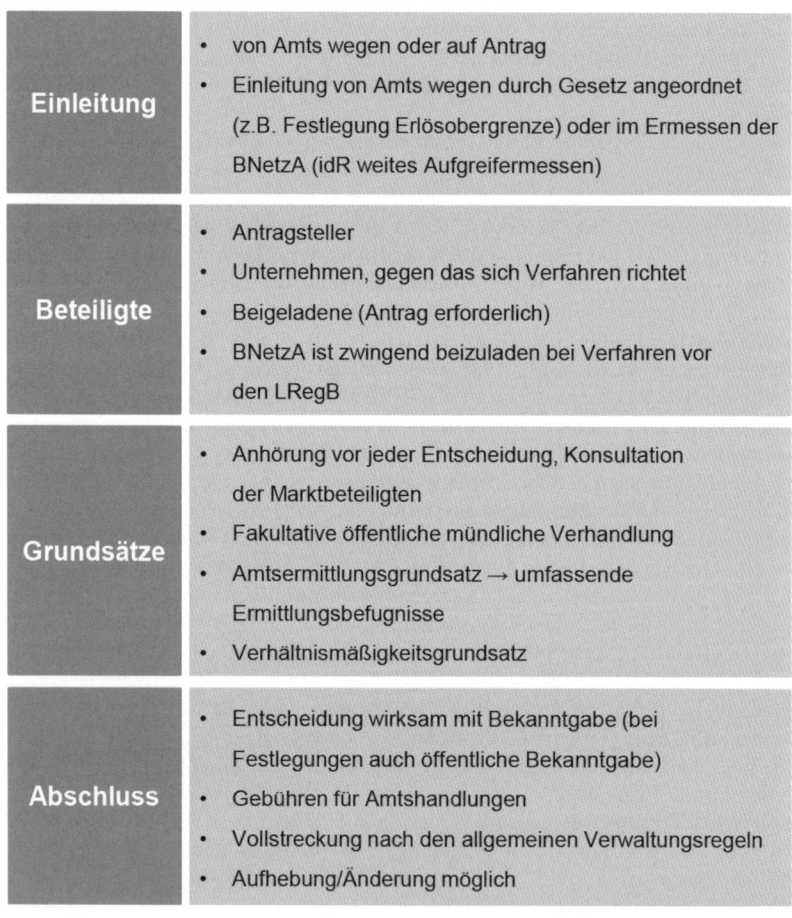

Einleitung
- von Amts wegen oder auf Antrag
- Einleitung von Amts wegen durch Gesetz angeordnet (z.B. Festlegung Erlösobergrenze) oder im Ermessen der BNetzA (idR weites Aufgreifermessen)

Beteiligte
- Antragsteller
- Unternehmen, gegen das sich Verfahren richtet
- Beigeladene (Antrag erforderlich)
- BNetzA ist zwingend beizuladen bei Verfahren vor den LRegB

Grundsätze
- Anhörung vor jeder Entscheidung, Konsultation der Marktbeteiligten
- Fakultative öffentliche mündliche Verhandlung
- Amtsermittlungsgrundsatz → umfassende Ermittlungsbefugnisse
- Verhältnismäßigkeitsgrundsatz

Abschluss
- Entscheidung wirksam mit Bekanntgabe (bei Festlegungen auch öffentliche Bekanntgabe)
- Gebühren für Amtshandlungen
- Vollstreckung nach den allgemeinen Verwaltungsregeln
- Aufhebung/Änderung möglich

Abb. 84 – Das verwaltungsrechtliche Verfahren. Die Grafik zeigt die wesentlichen Aspekte des verwaltungsrechtlichen Verfahrens im Bereich des Energierechts in Bezug auf die Einleitung, die Beteiligten, die grundlegenden Verfahrensprinzipien und den Abschluss.

20 So gibt es zum einen ein **Aufgreifermessen** hinsichtlich des Erlasses einer Verfügung (Opportunitätsprinzip). Ein Beispiel hierfür findet sich in § 65 Abs. 1 EnWG, nach dem

---

[11] Katrin Roesen, in: Franz Jürgen Säcker, Berliner Kommentar zum Energierecht, Band 1, Teil 2, 3. Aufl. 2011, § 83, Rn. 27; Rainer Bechthold, GWB, 7. Aufl., § 71, Rn. 20; Karsten Schmidt, in: Ulrich Immenga u.a., Band 2, GWB, 4. Aufl., § 71, Rn. 36 mit weiteren Quellen.

die Regulierungsbehörde in den genannten Fällen Verpflichtungen zur Abstellung eines Verhaltens erlassen *kann,* also folglich nicht muss. Ein Aufgreifermessen findet sich zudem auf der **Tatbestandsebene,** wenn inhaltliche Beurteilungsspielräume eingeräumt werden. So bedarf ein Netzbetreiber zum Beispiel nach § 4 Abs. 1 EnWG einer Genehmigung. Diese erhält er u. a. nur dann, wenn er das Merkmal der *Zuverlässigkeit* erfüllt. Dafür besteht zwar eine sogenannte Legaldefinition, die bestimmte Kriterien vorgibt. Letztlich ist es aber Sache der Behörde, unter Abwägung aller vorliegenden Tatsachen pflichtgemäß darüber zu entscheiden. Schließlich besteht teilweise Ermessen auf der **Rechtsfolgenseite,** also wenn es um die Entscheidung über den Inhalt und Umfang einer Maßnahme geht. So kann gem. § 95 Abs. 2 EnWG eine Ordnungswidrigkeit im Sinne von § 95 Abs. 1 EnWG mit einer Geldbuße belegt werden, zwingend ist dies jedoch nicht. Für jeden Fall der Ermessensausübung gelten die allgemeinen verwaltungsrechtlichen Grundsätze des § 40 VwVfG. Zur gerichtlichen Überprüfbarkeit von Ermessensentscheidungen siehe unten bei § 11, Rn. 19 ff.

Gegen behördliche Entscheidungen steht den Beteiligten grundsätzlich das Rechtmittel **21** des **Widerspruches** nach §§ 68 ff. der Verwaltungsgerichtsordnung (VwGO) offen, durch das eine Überprüfung der Entscheidung innerhalb der Behörde veranlasst werden soll. Für Energieverwaltungsverfahren gilt allerdings in der Regel die Ausnahmeregelung des § 68 Abs. 1 Nr. 1 VwGO. Nach dieser Bestimmung unterbleibt ein solches Verfahren bei Entscheidungen der obersten Bundes- oder Landesbehörde – zu denen die Bundesnetzagentur und die Landesregulierungsbehörden gehören – und wenn ein Widerspruchsverfahren nicht ausdrücklich angeordnet ist. Gegen die Entscheidungen der Behörde oder die Entscheidung im Widerspruchsverfahren steht dann noch der in § 11, Rn. 50 beschriebene Rechtsweg offen.

bb) Kontrollverfahren und Sanktionsverfahren. Der Gesetzgeber räumt den Regu- **22** lierungsbehörden das Recht ein, Verstöße gegen das EnWG selbst zu verfolgen, zu sanktionieren und auf ihre Abstellung hinzuwirken. Er ergänzt damit die Kompetenzen, die die Regulierungsbehörden im Voraus zur Regelung von Sachverhalten haben. Dadurch erhalten sie zusätzliche Autorität. Die Regelungen – die wir oben als Typ 3 bezeichnet haben, stellen zudem zum Teil Sonderregelungen dar und sollen in diesem Exkurs herausgearbeitet werden.

Das wohl wichtigste Instrument ist das **allgemeine Aufsichtsverfahren** nach § 65 **23** EnWG. Dort wird festgelegt, welche Aufsichtsmaßnahmen die Regierungsbehörden ergreifen können. In Betracht kommen
- **Abstellungsentscheidungen,** wenn Unternehmen ein Verhalten, das den Bestimmungen des EnWG oder den Bestimmungen einer aufgrund des EnWG ergangenen Rechtsvorschrift entgegensteht, abstellen sollen,
- **Maßnahmenanordnungen,** wenn Unternehmen ihren Verpflichtungen aus dem EnWG oder seinen Rechtsverordnungen nicht nachkommen und
- **Investitionspflichten,** wenn dies zur Durchsetzung der bundesweiten Netzplanung erforderlich ist.

Das Verfahren wird entweder **von Amts wegen** oder auf **Antrag** eingeleitet. Im Falle **24** eines Antrages steht die Eröffnung des Verfahrens im Ermessen der Behörde. Anträge können in eigener Sache gestellt werden (zum Beispiel Antrag auf Genehmigung eines individuellen Netzentgeltes) oder um das möglicherweise unrechtmäßige Verhalten eines anderen Unternehmens bekannt zu machen.

Über §§ 94 ff. EnWG erhalten die Regulierungsbehörden die Kompetenz, Anordnun- **25** gen zur Durchsetzung von Verwaltungsmaßnahmen und Vorschriften im Sinne von § 73 Abs. 1 EnWG zu erlassen. Die Norm ergänzt die Regelungen des Verwaltungsvollstreckungsgesetzes (VwVG). Dort sind als Zwangsmaßnahmen die **Ersatzvornahme,** das **Zwangsgeld** und der **unmittelbare Zwang** vorgesehen. In der energierechtlichen Praxis spielt fast ausschließlich das Zwangsgeld eine Rolle, da die von der Behörde angeordneten

Maßnahmen in der Regel ausschließlich vom Adressaten erfüllt werden können. Die Höhe des Zwangsgeldes wurde für das Energieverfahrensrecht in § 94 S. 2 EnWG gegenüber den im VwVG vorgesehenen Grenzen deutlich erhöht. Nach Ansicht des Gesetzgebers sind nur Zwangsgelder in empfindlichen Höhen geeignet, finanzstarke Unternehmen zur Befolgung zu bringen.

26   Vom Zwangsgeld zu unterscheiden ist das **Bußgeld** nach § 95 EnWG. Die Norm klassifiziert bestimmte Verstöße gegen im EnWG normierte Verbote, Rechtsverordnungen und Pflichten als Ordnungswidrigkeiten und sanktioniert schuldhafte Verstöße.[12] Dadurch modifiziert sie das eigentlich auf die Erhebung für Bußgelder anzuwendende Ordnungswidrigkeitengesetz (OWiG). So erhalten die Regulierungsbehörden die Zuständigkeit für den Erlass der Bußgelder. Deren Höhe wurde so weit erhöht, dass für Unternehmen eine abschreckende Wirkung erzielt wird. Zudem ist die Möglichkeit der Abschöpfung des durch den Verstoß (schätzungsweise) erzielten Mehrerlöses in dreifacher Höhe vorgesehen, § 95 Abs. 2 EnWG. Darüber hinaus sind bestimmte, besonders gravierende Verstöße in den §§ 95a und 95b EnWG mit Freiheitsstrafe oder Geldstrafe belegt. Allerdings muss ein Verstoß gegen das EnWG nicht zwangsläufig zu einem Bußgeld führen, den Regulierungsbehörden kommt hierfür ebenso wie für die Höhe der Anordnung Ermessen zu. In der Praxis steht das Bußgeld oft im Zusammenhang mit einer **Abstellungsverfügung** nach § 65 EnWG.

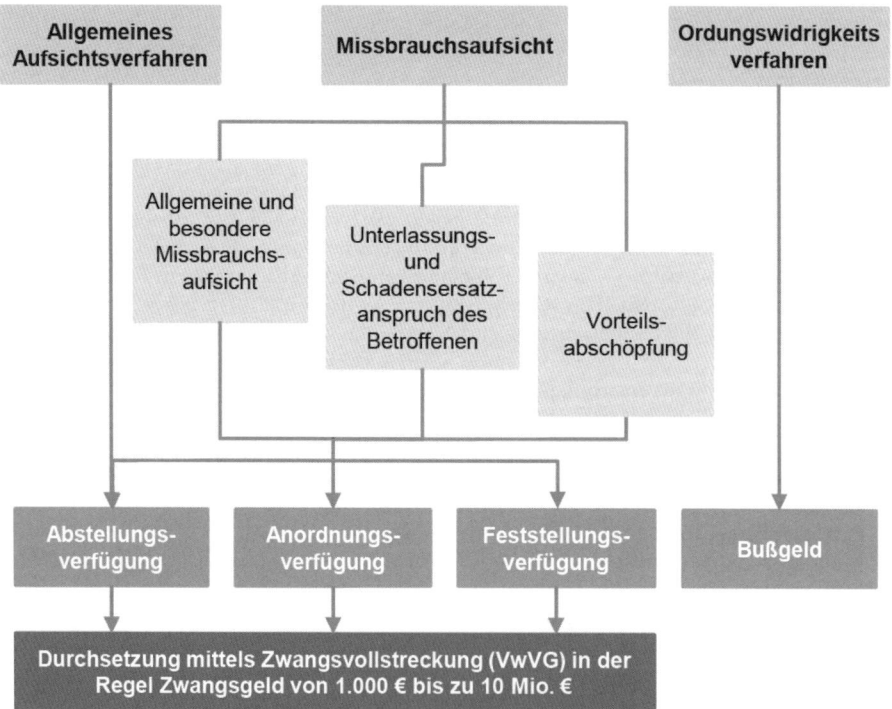

Abb. 85 – Kontroll- und Sanktionsverfahren der Bundesnetzagentur. Die Grafik zeigt die verschiedenen Aufsichtsverfahren der Bundesnetzagentur auf und die möglichen verwaltungsrechtlichen Konsequenzen.

27   Schließlich sind noch zwei Verfahren aus dem Bereich der Missbrauchsaufsicht zu erwähnen:

---

[12] Der dort zu findende Begriff der Leichtfertigkeit bezeichnet einen erhöhten Grad an Fahrlässigkeit.

Durch die §§ 30 und 31 EnWG wird neben § 65 EnWG eine gesonderte Aufsicht im Hinblick auf das **missbräuchliche Verhalten von Netzbetreibern** eingeführt. Sie geht der Missbrauchskontrolle nach dem Gesetz gegen Wettbewerbsbeschränkungen vor, § 111 EnWG, § 130 GWB. Die Norm berücksichtigt die Besonderheiten des Netzbereiches, indem zum Beispiel keine marktbeherrschende Stellung vorausgesetzt wird, da diese im Monopolbereich der Netze naturgemäß gegeben ist. § 30 Abs. 1 EnWG enthält einen nicht abschließenden Katalog von Missbrauchstatbeständen. Gem. § 30 Abs. 2 EnWG kann die Bundesnetzagentur in diesen Fällen Abstellungsverfügungen treffen. Damit handelt es sich um eine behördliche Ermessensentscheidung. Diese Maßnahmen beinhalten beispielsweise die Verpflichtung zu Änderungen, wenn die Entgelte für den Netzanschluss und Netzzugang nicht den genehmigten Methoden oder gesetzliche Vorgaben entsprechen, oder die Anordnung des Netzanschlusses oder Netzzuganges, wenn dieser rechtswidrig verweigert wurde. Über § 31 Abs. 1 EnWG können Personen und Personenvereinigungen bei der Bundesnetzagentur einen **Antrag auf Überprüfung** eines möglicherweise missbräuchlichen Verhaltens stellen. Bei Vorliegen von vollständigen Angaben muss die Behörde tätig werden und im folgenden Verwaltungsverfahren innerhalb von zwei Monaten die Einhaltung der gesetzlichen Vorgaben überprüfen. Sofern ein Missbrauch durch den Netzbetreiber festgestellt wird, ergeht in der Regel die Anordnung, diese abzustellen. Sie darf aber nicht über den Umfang des Antrages hinausgehen.

Zum Weiterlesen

Johann-Christian Pielow, in: Baur/Salje/Schmidt-Preuß (Hrsg.), Regulierung in der Energiewirtschaft, 2. Aufl. 2016, Kapitel 43: Die Festlegungsentscheidung, Kapitel 44: Genehmigungsentscheidung, Kapitel 45: Verordnungen im nationalen Recht, Kapitel 57: Beurteilungsspielraum und Kontrolldichte

b) EEG-Verfahren

Auch aus dem EEG ergeben sich eine Reihe besonderer Verfahren. So hat das **Verfah-** 28 **ren zur Befreiung von der EEG-Umlage** im Kontext der Beihilfe-Diskussion besondere Prominenz erlangt und das **Ausschreibungsverfahren** im Zusammenhang mit der EEG-Förderung wird in der Zukunft an Bedeutung gewinnen. Die Verfahren vor der EEG-Clearingstelle stellen einen Sonderweg zur Lösung von Konflikten dar. Sie werden deshalb im Folgenden besonders angesprochen.

aa) Verfahren zur Befreiung von der EEG-Umlage. Die §§ 63 ff. EEG regeln, dass 29 das Bundesamt für Wirtschaft und Ausfuhrkontrolle zum einen stromintensive Unternehmen von einem Teil der EEG-Umlage befreien kann. Dadurch sollen Nachteile durch das EEG im **internationalen Wettbewerb** ausgeglichen und eine **Abwanderung** der Industrie ins Ausland verhindert werden. Zum anderen sind Befreiungen für Strom, der von Schienenbahnen selbst verbraucht wird, vorgesehen. So soll die intermodale Wettbewerbsfähigkeit der Schienenbahnen erhalten bleiben.

Die Voraussetzungen für die Befreiung sind naturgemäß streng geregelt. Eine Befreiung 30 wird auf **Antrag** erteilt. Antragsberechtigt sind – bis jeweils zum 30. Juni eines Jahres für das Folgejahr – stromkostenintensive Unternehmen der Listen 1 und 2 der Anlage 4 zu § 64 EEG und selbständige Teile von Unternehmen der Liste 1 der Anlage 4 zu § 64 EEG sowie rechtsfähige Personenvereinigungen oder juristische Personen i. S. v. § 5 Nr. 34 EEG 2014/§ 3 Nr. 47 EEG 2017. Je nachdem, unter welche Liste ein Unternehmen fällt, ergeben sich unterschiedliche Befreiungshöhen. Der Antrag muss elektronisch über ein beim Bundesamt für Wirtschaft und Ausfuhrkontrolle eingerichtetes Portal namens **ELAN K2** gestellt werden. Die Entscheidung über den Antrag wirkt gegenüber dem Antragsteller, dem Elektrizitätsversorgungsunternehmen und dem regelverantwortlichen Übertragungsnetzbetreiber. Die Entscheidung ist ein Verwaltungsakt, der mit Rechtsmitteln angegriffen werden kann.

31   **bb) Ausschreibungsverfahren.** Nach dem Willen des Gesetzgebers soll die Förderung von Anlagen zur Erzeugung von Strom aus erneuerbaren Energien in Zukunft mit dem Wettbewerbsmarkt in Einklang gebracht werden. Die Höhe der finanziellen Förderung wird daher ab 2017 anhand eines objektiven, transparenten, diskriminierungsfreien und wettbewerblichen Ausschreibungsverfahrens ermittelt.[13] Bis Ende 2016 werden dabei Erfahrungen im Bereich der Freiflächenanlagen gesammelt, § 55 EEG 2014. Das Verfahren selbst wird auf Grundlage von § 88 EEG 2014 in der im Januar 2015 erlassenen **Freiflächenausschreibungsverordnung** geführt, die zum 31.12.2016 aufgehoben wird.[14] Danach sind alle Regelungen im EEG 2017 enthalten. Die Kompetenz für die Durchführung der Verfahren liegt durchgängig bei der Bundesnetzagentur. Diese gibt kommende Ausschreibungen im Internet bekannt. Berechtigte Teilnehmer können dann **Gebote** abgeben und erhalten von der Bundesnetzagentur einen Zuschlag, sofern das Ausschreibungsvolumen ausreicht. Andernfalls werden die Zuschläge zu den Geboten nach einer bestimmten Reihenfolge, beginnend mit dem niedrigsten Gebot, vergeben. In der öffentlichen Bekanntgabe des **Zuschlages** liegt ein Verwaltungsakt. Nach Inbetriebnahme der Anlage – aber bis höchstens zwei Jahre nach Bekanntgabe des Zuschlages – erteilt die Bundesnetzagentur auf Antrag eine Förderberechtigung. Auf ihrer Grundlage wird die finanzielle Förderung nach dem EEG ausbezahlt. Sie kann von der Bundesnetzagentur ggf. zurückgenommen oder widerrufen werden.

32   Mit § 83a EEG 2017 gilt ab 1.1.2017 eine besondere Regelung zum **Rechtsschutz bei Ausschreibungen.** Gerichtliche Rechtsbehelfe, die sich unmittelbar gegen eine Ausschreibung oder unmittelbar gegen einen erteilten Zuschlag richten, sind demnach mit dem Ziel zulässig, die Bundesnetzagentur zur Erteilung eines Zuschlags zu verpflichten. Sie sind begründet, wenn der Beschwerdeführer den Zuschlag erhalten hätte, wenn der Rechtsverstoß nicht aufgetreten wäre. Die Bundesnetzagentur muss dann einen Zuschlag erteilen. Erteilte Zuschläge und Zahlungsberechtigungen haben unabhängig von solchen Verfahren Bestand. Dritte können einen Zuschlag oder einer Zahlungsberechtigung nicht anfechten.

33   **cc) Verfahren vor der EEG-Clearingstelle.** Die EEG-Clearingstelle ist eine besondere Einrichtung zur Klärung und Streitbeilegung in den vielfältigen Fragen, die das EEG aufwirft. Sie findet ihre Rechtsgrundlage in § 81 EEG. Es handelt sich um eine privatwirtschaftliche, **neutrale Einrichtung** zur Klärung von Streitigkeiten und Anwendungsfragen im Bereich der erneuerbaren Energien und der Stromerzeugung, nicht aber der Wärmeerzeugung und Bio-Kraftstoffe. Sie wird im Auftrag des Bundesministeriums für Wirtschaft und Energie von einer juristischen Person des Privatrechts betrieben. Damit hat der Gesetzgeber eine in dieser Form einzigartige Stelle geschaffen, bei der neben Juristen auch Ingenieure und Wirtschaftswissenschaftler unter Einbeziehung von Interessenverbänden praxisnahe Lösungen erarbeiten sollen.

34   Sie wird zum Beispiel tätig, wenn Anlagen- und / oder Netzbetreiber über die Anwendung des EEG streiten. Voraussetzung ist allerdings eine **gemeinsame Anrufung** durch die Konfliktparteien. Im Einigungsverfahren findet dazu eine vertrauliche Mediation statt, die von den Parteien rechtsverbindlich gemacht werden kann. Im schiedsrichterlichen Verfahren erfolgt ein bindender, aber vertraulicher Schiedsspruch. Daneben besteht u. a. das Empfehlungsverfahren, in dem konkrete Anfragen zur Anwendung des EEG, die im öffentlichen Interesse stehen, beantwortet werden.

35   Zudem gibt die Clearingstelle im Rahmen von Zivilprozessen **Stellungnahmen** ab und stellt den Gerichten damit ihre besondere Sachkunde zur Verfügung. Die Frequentierung der Clearingstelle liegt zurzeit bei etwa 200 Einzelfallanfragen pro Quartal, ein Großteil der

---

[13] Siehe § 4, Rn. 85 ff.
[14] Verordnung zur Ausschreibung der finanziellen Förderung für Freiflächenanlagen vom 6.2.2015 (BGBl. I S. 108).

Verfahren gehört zum Bereich Photovoltaik und befasst sich dabei mit Fragen zur Vergü-tung/Zuschlägen, gefolgt von Netzanbindungsproblemen[15].

c) Weitere behördliche Verfahren

Neben den vorgestellten, energiespezifischen Verfahren gibt es natürlich eine **Vielzahl** 36 weiterer behördlicher Verfahren, die im Rahmen der Energiewirtschaft wesentlich sind. Zwei davon haben wir bereits im sachlichen Kontext vorgestellt, nämlich die Verfahren zur Aufsuchung und Gewinnung von Erdgas und Erdöl in § 6, Rn. 64 ff. und die Verfahren im Rahmen des Kartellrechts in § 9, Rn. 164 ff.

Weitere Verfahren an dieser Stelle abrissartig darzustellen, wäre wenig zielführend. Dazu 37 sind sie zu unterschiedlich und zu komplex. Deshalb wollen wir nur auf einige **Schwer-punkte** hinweisen:

- Das **öffentliche Baurecht** spielt sowohl im Bereich des Bauplanungsrechts (Nutzung des Bodens) als auch im Bereich des Bauordnungsrechts (Genehmigung von Vorhaben) eine große Rolle. Anwendungsfelder sind beispielsweise der Bau von Erzeugungsanla-gen, wie Kraftwerken, Onshore- und Offshore-Windkraft und Photovoltaik sowie von Leitungen und Netzen.
- Vorrangig gegenüber dem Baurecht sind bestimmte Genehmigungen nach dem **Immis-sionsschutzrecht,** die die Baugenehmigung einschließen. Dazu gehören zum Beispiel Anlagen zur Erzeugung von Strom durch den Einsatz von Brennstoffen in einer Ver-brennungseinrichtung (wie Kraftwerke, Gasturbinenanlagen) einschließlich zugehöriger Dampfkessel mit einer Feuerungswärmeleistung von 50 Megawatt oder mehr (Anhang 1, Ziffer 1.1; 4. BImSchV) oder Anlagen zur Nutzung von Windenergie mit einer Ge-samthöhe von mehr als 50 Metern und 20 oder mehr Windkraftanlagen (Anhang 1, Zif-fer 1.6.1; 4. BImSchV).
- Genehmigungen nach dem **Bundesberggesetz** im Rahmen von Planfeststellungsver-fahren nach § 43 Nr. 2 EnWG für Gasversorgungsleitungen mit einem Durchmesser von mehr als 300 Millimetern und in bestimmten Fällen das förmliche Verfahren nach § 4 Bundes-Immissionsschutzgesetz für Windkraftanlagen.

d) Verhältnisse Privater

Neben den behördlichen Verfahren spielen im Energierecht Konstellationen eine große 38 Rolle, in denen **Unternehmen** Regelungen schaffen, die für einen gesamten Markt maß-geblich und praktisch nicht verhandelbar sind.

aa) Netzbetreiber. Seinen Ursprung findet dieses System für die Netzbetreiber 39 hauptsächlich in § 20 Abs. 1 bis 1b EnWG, wonach die Netzbetreiber Verträge über **diskriminierungsfreien Netzzugang** anzubieten haben. Dazu gehören insbesondere auch Netznutzungsverträge, Lieferantenrahmenverträge, Bilanzkreisverträge, Ein- und Aus-speiseverträge für Gas etc. Dort ist vorgegeben, welche Verträge Betreiber von Energie-versorgungsnetzen abzuschließen haben. Der jeweilige Mindest-Vertragsinhalt wird in Ver-ordnungen ausgestaltet, sodass die Netzbetreiber einerseits in der Gestaltung der Verträge viele Vorgaben zu beachten haben. Andererseits sind sie in der genauen Fassung aber frei. Hinzu kommt, dass die Verträge nach § 20 Abs. 1 EnWG als **massengeschäftstaugliche Musterverträge** – vergleichbar mit Allgemeinen Geschäftsbedingungen- verwendbar sein müssen. Die Gegenseite kann diese Regelungen entweder akzeptieren oder nicht. Verwei-gert sie die Annahme, kann eine Teilhabe auf anderem Weg nur noch schwerlich erlangt werden, zum Beispiel in Form des Missbrauchsverfahrens nach § 30 EnWG.

Im Strombereich sieht § 20 Abs. 1a EnWG zur Gestaltung des Netzzuganges den Ab- 40 schluss von **Netznutzungsverträgen** und **Lieferantenrahmenverträgen** vor. Welchen

---

[15] EEG – Clearingstelle, Statistik, Oktober 2007 bis heute, siehe https://www.clearingstelle-eeg.de/statistik.

Mindestinhalt diese Verträge erfordern, ist in §§ 24 Abs. 2 und 25 Abs. 2 StromNZV vorgegeben. Die Verträge wurden bislang von den Netzbetreibern anhand dieser Vorgaben selbst gestaltet. Allerdings war damit das Problem verbunden, dass die von den Netzbetreibern anhand der gesetzlichen Vorgaben gestalteten Verträge uneinheitlich waren. Netznutzer, die in verschiedene Netzgebieten tätig sind, waren somit unter Umständen mit im Detail unterschiedlichen Verträgen konfrontiert. Um dies zu vermeiden, hat die Bundesnetzagentur Ende 2013 ein Verfahren zur Festlegung eines einheitlichen Mustervertrages für die Netznutzung eröffnet.[16] Ein Entwurf stand 2014 zur Konsultation, im Laufe des Jahres 2015 wird die Festlegung erwartet. Der Nutzungsvertrag wurde durch Beschluss vom 16.4.2015 von der Bundesnetzagentur förmlich festgelegt.[17]

41   Im Gasbereich erfolgt der Netzzugang nach § 20 Abs. 1b EnWG mithilfe von Einspeiseverträgen und Ausspeiseverträgen, die in § 3 Abs. 1, 3 und 4 GasNZV genauer geregelt werden. Für diese sind in der aktuellen Fassung der **Kooperationsvereinbarung** zwischen den Betreibern von in Deutschland gelegenen Gasversorgungsnetzen Standardverträge vorgegeben. Die sind

- Ein- und Ausspeisevertrag (Entry Exit Modell), abzuschließen zwischen Fernleitungsnetzbetreiber und Transportkunde,
- Ein- und Ausspeisevertrag (Entry Exit Modell), abzuschließen zwischen Verteilernetzbetreiber mit Entry Exit Modell und Transportkunde,
- Lieferantenrahmenvertrag, abzuschließen zwischen Verteilernetzbetreiber mit Netzpartizipationsmodell und Lieferant als Transportkunde,
- Netzanschluss- und Anschlussnutzungsvertrag Biogas, abzuschließen zwischen Netzbetreiber und Anschlussnehmer und/oder Anschlussnutzer und
- Einspeisevertrag Biogas für die Verteilernetzebene, abzuschließen zwischen Verteilernetzbetreiber und Transportkunde von Biogas.

42   Sie werden in der Praxis zusammen mit den in § 4 GasNZV vorgesehenen **Geschäftsbedingungen für den Gastransport** verwendet, die allgemeine Regelungen für alle Verträge nach der GasNZV enthalten.

43   Ebenfalls über standardisierte Vorgaben sollen die Bilanzkreise geregelt werden. Der **Bilanzkreisvertrag Strom**, § 26 Abs. 2 StromNZV, wird seit dem 1.8.2011 allerdings nicht mehr durch die Übertragungsnetzbetreiber, sondern durch eine Festlegung[18] der Bundesnetzagentur bestimmt. Die Übertragungsnetzbetreiber hatten dies zur Vermeidung langwieriger Vertragsverhandlungen mit den zahlreichen Bilanzkreisverantwortlichen zur Schaffung von Rechtssicherheit in Bezug auf die notwendigen Vertragsinhalte gewünscht. Dies zeigt, wie die Übergänge zwischen privater und staatlicher Regelung hier fließend sind. Die Festlegung soll allerdings demnächst geändert[19] werden. Die Beschlusskammer 6 der Bundesnetzagentur führte Anfang 2016 den dritten Workshop im Rahmen des Festlegungsverfahrens zur Änderung des Bilanzkreisvertrages Strom durch. Sie erwägt die Beibehaltung der nachträglichen Fahrplananmeldefrist. Insgesamt fanden sich erneut ca. 100 Workshop-Teilnehmer ein, darunter auch die Verbände VKU, BDEW, EFET sowie Vertreter der Bilanzkreiskooperation und der Übertragungsnetzbetreiber.[20]

---

[16] Verfahren gemäß § 29 Abs. 1 i. V. m. § 20 Abs. 1a EnWG zur Festlegung eines Netznutzungsvertrages (Strom) – BK6–13–042.

[17] Bundesnetzagentur, Beschl. vom 16.4.2015 zur Festlegung eines Netznutzungsvertrages (Strom) – BK6–13–042. Der Vertrag ist unter folgendem Link aufrufbar: https://www.bdew.de/internet.nsf/id/804422449DFED3E2C1257E2A0035425A/$file/BK6–13–042_Netznutzungsvertrag_Strom_2015_04_16.pdf.

[18] Bundesnetzagentur, Beschl. vom 29.6.2011 – BK6-06-013, Verwaltungsverfahren wegen der Festlegung zur Vereinheitlichung der Bilanzkreisverträge.

[19] Bundesnetzagentur, laufendes Festlegungsverfahren zur Änderung des Bilanzkreisvertrages – BK6–14–044.

[20] Verband Kommunaler Unternehmen e. V., Energiewirtschaft, Konsultationen und Beschlüsse der Bundesnetzagentur, Festlegungsverfahren Bilanzkreisvertrag Strom: BNetzA erwägt Beibehaltung der nachträglichen Fahrplananmeldefrist, 22.1.2016. http://www.vku.de/energie/handel-beschaffung/

Bilanzkreisverträge im Gasbereich werden in § 3 Abs. 2 GasNZV und der jeweils **44** gültigen Kooperationsvereinbarung Gas in Form von Standard-Verträgen geregelt
- Bilanzkreisvertrag mit Anlage zum Biogas-Bilanzkreisvertrag, abzuschließen zwischen Marktgebietsverantwortlichem und Bilanzkreisverantwortlichem und
- Vereinbarung über die Verbindung von Bilanzkreisen nach § 5 Ziffer 3 der Geschäftsbedingungen des Bilanzkreisvertrages, abzuschließen zwischen Marktgebietsverantwortlichem und Bilanzkreisverantwortlichem.

bb) Fernwärme. Auch in Bereich der Fernwärme finden sich Konstellationen, in de- **45** nen eine Bindung an die Vorgaben Privater besteht. Entschließt sich ein Haushaltskunde zur Nutzung von Fernwärme oder wird er in Gebieten mit Anschluss- und Benutzungszwang zu ihrer Nutzung verpflichtet, ist in den meisten Fällen nur ein Lieferant vorhanden. Dieser Lieferant bietet normalerweise **Allgemeine Versorgungsbedingungen** nach § 1 Abs. 1 ABVFernWärmeV an. Ihr Inhalt wird zwar in §§ 2 bis 34 ABVFernWärmeV umrissen, die genaue Ausgestaltung ist aber dem Lieferanten überlassen. Somit hat der Haushaltskunde in der Regel keine andere Wahl, als diese Bedingungen zu akzeptieren.

cc) Strombörse EEX. Ein letztes Beispiel ist die European Energy Exchange (EEX). **46** Dort findet ein wesentlicher Teil des börslichen Handels mit Strom, Gas, Emissionsberechtigungen und Kohle statt. Grundlage des Handels ist das **Regelwerk der EEX** auf Grundlage des deutschen Börsengesetzes. Es ist für alle Marktteilnehmer verbindlich und umfasst u. a. die Börsenordnung, die Handelsbedingungen, die Kontraktspezifikationen, die Zulassungsordnung sowie den Code of Conduct. Das Regelwerk wird zum großen Teil vom Börsenrat erstellt, der ein Organ der Börse als teilrechtsfähiger Anstalt des öffentlichen Rechts ist. In diesem Börsenrat sind aber wiederum die privaten Marktteilnehmer entscheidend vertreten und die Vorbereitung und Umsetzung liegt in der Praxis zum großen Teil bei der EEX AG als der privatrechtlichen Betreiberin der Börse. Auch hier zeigt sich also die Nähe von staatlicher und privater Regelsetzung.

Die **Börsenordnung** als wohl wichtigster Teil des Regelwerkes stellt eine Satzung dar **47** und regelt u. a. die Zulassung zum Börsenhandel und die Gestaltung des Börsenhandels. Folglich kann nur derjenige an der EEX aktiv werden, der sich diesen Regelungen unterwirft.

Aufgrund der weitreichenden Bedeutung für den Markt werden die Regelungen durch **48** die staatliche Aufsicht nach dem Börsengesetz überwacht. Dadurch soll im öffentlichen Interesse ein rechtmäßiger Handel sichergestellt werden. Zur Rechtsaufsicht gehört die Genehmigung der Börse und ihrer Regelwerke und die Aufsicht über die Handlungen der Börsenorgane und des Betreibers der Börse. Die börsenrechtliche Überwachung ist Aufgabe des **Sächsischen Staatsministeriums für Wirtschaft, Arbeit und Verkehr** und einer bei der EEX angesiedelten **Handelsüberwachungsstelle.** Beim Verdacht von Verstößen wird ein Sanktionsverfahren eingeleitet, für Rechtmittel gegen Sanktionen ist das Verwaltungsgericht zuständig.

4. Rechtsschutz

Streitigkeiten, die aus den Rechtsverhältnissen zwischen Privaten oder zu Behörden er- **49** wachsen, bedürfen auch im Bereich des Energierechts oftmals einer Klärung durch eine neutrale, hoheitliche Instanz. In erster Linie kommt hierfür der Rechtsschutz vor den Gerichten in Betracht. Dabei ist zu unterscheiden, ob eine Behörde beteiligt ist. Dann ist Klage vor dem **Verwaltungsgericht** zu erheben, andernfalls sind die Zivilgerichte zuständig. Sofern eine Regulierungsbehörde beteiligt ist, weicht der Gesetzgeber im Bereich des Energierechts und insbesondere bei der Regulierung, dem Kontrollrecht folgend, davon allerdings ab. Er hat hier eine **zivilgerichtliche Zuständigkeit** normiert, innerhalb des

---

konsultationen-beschluesse-bnetza/festlegungsverfahren-bilanzkreisvertrag-strom-bnetza-erwaegt-bei-behaltung-der-nachtraeglichen-fahrplananmeldefrist.html.

Prozesses aber Elemente des Verwaltungsprozesses vorgesehen. Daneben besteht in Fällen, in denen eine unwiderrufliche Rechtsverletzung droht und Eile geboten ist, die Möglichkeit des **einstweiligen Rechtschutzes.** Schließlich können anstelle des Gerichtes auch andere Stellen angerufen werden, um Konflikte zu befrieden. Dies alles wird im folgenden Abschnitt dargestellt. Dabei kann hier nur ein knapper Überblick gegeben werden, der nicht alle im Einzelfall möglichen Konstellationen abdeckt.

a) Verwaltungsgerichtsbarkeit

50 Gegen behördliche Entscheidungen steht den Beteiligten – und in einigen Fällen auch betroffenen Dritten – der Rechtsweg zum Verwaltungsgericht offen. Dieser richte sich nach dem Verwaltungsgerichtsgesetz (VwGO) und kann mitunter erst beschritten werden, nachdem ein Widerspruchsverfahren durchgeführt wurde. In diesem hat die Behörde Gelegenheit, ihre ursprüngliche Entscheidung selbst zu prüfen und ggf. abzuändern[21]. Das Vorgehen gegen eine Entscheidung erfolgt normalerweise in Form der **Anfechtungsklage.** Sie muss innerhalb eines Monats nach Bekanntgabe der Entscheidung (oder Zustellung des Widerspruchsbescheids) erhoben werden. Daneben kommt eine **Verpflichtungsklage** in Betracht, wenn die Behörde den Erlass einer Entscheidung – zum Beispiel die Erteilung einer Genehmigung – verweigert, obwohl ein Anspruch besteht.

51 Die **Eingangsinstanz** im verwaltungsgerichtlichen Verfahren ist – unabhängig vom Streitwert – in der Regel das Verwaltungsgericht. Allerdings sind im energierechtlichen Kontext die Zuweisungen der ersten Instanz an das Oberverwaltungsgericht in § 48 Abs. 1 VwGO zu beachten, wenn das Verfahren zum Beispiel im Zusammenhang mit Kernkraftwerken, großen Kraftwerken mit Feuerungsanlagen für feste, flüssige und gasförmige Brennstoffe, Planfeststellungsverfahren für bestimmte Hochspannungsfreileitungen, Erd- und Seekabeln oder Gasversorgungsleitungen oder Anlagen zur Verbrennung oder thermischen Zersetzung von Abfällen steht.

52 Das Verfahren vor dem Verwaltungsgericht findet in der Regel unter Durchführung einer **mündlichen Verhandlung** statt. Für die Beibringung der entscheidungserheblichen Tatsachen gilt der Amtsermittlungsgrundsatz. Das heißt, das Gericht trägt von Amts wegen, ggf. aber natürlich unter der Mitwirkung der Beteiligten, alle für die Entscheidung erheblichen Informationen zusammen. Dies ist einer der Gründe, die zu der derzeit in der Regel sehr langen Verfahrensdauer vor den Verwaltungsgerichten führt. Das Gericht entscheidet in der Regel durch ein **Urteil.** Berufungsgerichte sind normalerweise die Oberverwaltungsgerichte und Revisionsinstanz das Bundesverwaltungsgericht in Leipzig.

b) Zivilgerichtsbarkeit

53 Unternehmen untereinander und Unternehmen im Verhältnis zu Privatpersonen sind keinen gesetzlich zwingenden, förmlichen Verfahren unterworfen. Es gilt der Grundsatz der **Vertragsfreiheit,** der lediglich in den allgemeinen Bestimmungen, wie etwa den gesetzlichen Verboten nach § 134 BGB, der Sittenwidrigkeit nach § 138 BGB oder dem AGB-Recht seine Schranken findet.

54 Bei den zivilgerichtlichen Verfahren ist zwischen solchen mit **EnWG-Bezug** und den **übrigen Verfahren** zu unterscheiden.

55 Zum einen gibt es zivilrechtliche Streitigkeiten mit **energierechtlichem Bezug,** die das EnWG nicht betreffen. Für sie gelten nur die Vorgaben der Zivilprozessordnung (ZPO) bzw. des Gerichtsverfassungsgesetzes (GVG). Dabei handelt es sich zum Beispiel um Streitigkeiten im Bereich des Anlagenbaus oder um die Rechtmäßigkeit von Preisanpassungsklauseln in Energielieferverträgen mit Sonderkunden.

56 Bei den Verfahren mit EnWG-Bezug ist danach zu unterscheiden, ob die Entscheidung einer **Regulierungsbehörde** Streitgegenstand ist.

---

[21] Siehe § 11, Rn. 21.

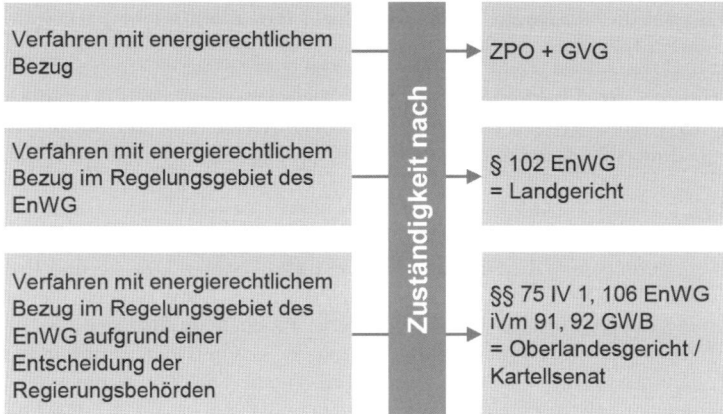

Abb. 86 – Zuständigkeiten der Zivilgerichte. Die Grafik zeigt die verschiedenen Zuständigkeiten der Zivilgerichte. Entscheidend ist hierbei, ob das Verfahren einen energierechtlichen Bezug hat, ob es von dem Regelungsgebiet des EnWG erfasst ist und ob eine Entscheidung der Regulierungsbehörden vorliegt.

Sofern dies nicht der Fall ist, sind ohne Rücksicht auf den Wert des Streitgegenstandes **57** die **Landgerichte** ausschließlich zuständig, §§ 102 ff. EnWG, sodass die Parteien jeweils von einem Rechtsanwalt vertreten werden müssen. Wenn das streitige Rechtsverhältnis zugleich für beide Parteien ein Handelsgeschäft ist, kann zudem eine Kammer für Handelssachen angerufen werden (§§ 93 ff. GVG). Als zweite Tatsacheninstanz fungiert in diesen Fällen der Kartellsenat des zuständigen Oberlandesgerichtes und als Revisionsinstanz der Kartellsenat des Bundesgerichtshofes (§§ 192, 106 Abs. 1, 107 Abs. 1 Nr. 3 EnWG).

Geht es bei dem EnWG-Verfahren um die Entscheidung einer Regulierungsbehörde, **58** greift der im folgenden Abschnitt gesondert dargestellte **spezielle Rechtsschutz.**

Für alle Prozesse gilt die Maxime der **Parteihoheit.** Das heißt, der Prozess kommt nur **59** auf Antrag einer Partei zustande. Für die Einleitung gilt keine prozessuale Frist. Es wird nur das Prozessgegenstand, was die Parteien in den Prozess einbringen, das Gericht stellt keine eigenen Nachforschungen an. Zugesprochen wird, was eine Partei fordert und als ihr zustehend nachweisen kann. Somit sind an die Beteiligten ggf. hohe Anforderungen im Hinblick auf ihre Mitwirkung und Beweisführung gestellt.

Bei **EnWG-Streitigkeiten** hat das jeweils zuständige Gericht die Bundesnetzagentur **60** über alle Rechtsstreitigkeiten nach § 102 Abs. 1 EnWG zu unterrichten und ihr auf Verlangen Abschriften von allen Schriftsätzen, Protokollen, Verfügungen und Entscheidungen zu übersenden (§ 104 Abs. 1 EnWG). Zudem kann sich die Bundesnetzagentur an dem Verfahren durch die Abgabe von schriftlichen Erklärungen, durch Hinweise auf Tatsachen und Beweismittel, durch die Teilnahme an den Terminen und eigene Ausführungen beteiligen (§ 104 Abs. 2 EnWG). Ein solches Verfahren kommt zum Beispiel dann in Betracht, wenn der Speicherbetreiber dem potentiellen Kunden den Zugang verwehrt. § 81 Abs. 4 S. 1 Nr. 1 EEG sieht zudem für alle diesbezüglichen Verfahren das sogenannte **Stellungnahmeverfahren** der Clearingstelle EEG vor. In dessen Rahmen erteilt die EEG Clearingstelle eine Einschätzung zur Rechtslage nach dem EEG, wenn ein ordentliches Gericht darum ersucht.

Des Weiteren sind manche Gerichte dazu übergegangen, sich selbst thematisch zu spe- **61** zialisieren, wie zum Beispiel die **Spezialkammern** und -senate des Landgerichts Bremen und des Oberlandesgerichts Bremen für Streitigkeiten im Zusammenhang mit Windkraftanlagen. Wollen die Parteien im Streitfall auf dieses Spezial-Knowhows zugreifen, müssen sie sich in ihren Verträgen durch entsprechende Gerichtsstandsklauseln auf deren Zuständigkeit einigen.

62   Die folgenden drei Abschnitte stellen **Verfahren der Zivilgerichtsbarkeit** vor, die im Energierecht eine besonders große Rolle spielen.

63   **aa) Verfahren um Energielieferverträge.** Viele Entscheidungen des Bundesgerichtshofes und der vorinstanzlichen Gerichte befassen sich mit der Rechtmäßigkeit von **Preisanpassungsklauseln** in Energielieferverträgen. Energielieferverträge sind Kaufverträge über Strom oder Gas i.S.v. § 433 BGB und zugleich Dauerschuldverhältnisse, da die kontinuierliche Lieferung geschuldet wird.

64   Die Energielieferanten haben ein berechtigtes Interesse daran, während der Vertragslaufzeit Kostensteigerungen an die Kunden weitergeben zu können. Deshalb sind **Preisanpassungsklauseln** fester Bestandteil der Energielieferverträge. Diese bringen allerdings – abhängig von der Art des Vertrages – unterschiedliche Probleme mit sich.

65   Kunden, die in der **Grundversorgung** Strom oder Gas beziehen, sind mit dem Versorger durch ein gesetzliches Schuldverhältnis verbunden. Die Konditionen dieses quasi-Liefervertrages muss der Lieferant veröffentlichen und kann sie auf der Rechtsgrundlage von § 5 Abs. 2 StromGVV/GasGVV anpassen.

66   Hierzu gehört auch die Entscheidung des Europäischen Gerichtshofs, der im Zusammenhang dem vom Bundesgerichtshof angestrengten **Vorlageverfahren** die Preisanpassungsklauseln in der bis zum 29.10.2014 gültigen Fassung der StromGVV/GasGVV für mit dem Europarecht unvereinbar erklärt hatte.[22] Trotzdem sprach der Bundesgerichtshof den Versorgungsunternehmen einen Anspruch auf die erhöhten Entgelte zu,[23] wogegen am 26.11.2015 Verfassungsbeschwerde erhoben wurde.

67   Liegen der Lieferbeziehung Sonderkundenverträge zu Grunde, werden die Preisanpassungsmodalitäten innerhalb der **Allgemeinen Geschäftsbedingungen** vereinbart. Damit unterliegen sie der Kontrolle nach §§ 305 ff. BGB.

68   Demnach ist zunächst zu fragen, ob eine wirksame Preisanpassungsklausel vorliegt. Dies wird wegen der Sonderregelung in § 310 Abs. 2 BGB in der Regel anhand von § 307 BGB überprüft. Gegen diese Bestimmung wird verstoßen, wenn sie den Kunden entgegen Treu und Glauben **unangemessen benachteiligt.** Bei Energielieferverträgen ist dies nach der Rechtsprechung u.a. dann der Fall, wenn Kostensteigerungen und Kostensenkungen nicht gleichermaßen an den Kunden weitergegeben werden. Ist die Klausel unwirksam, muss der Lieferant zu den alten Vertragskonditionen weiterliefern.

69   Hat der Energieversorger innerhalb einer nach § 307 BGB wirksamen Klausel bei der Preiserhöhung Spielraum, kommt im Fall einer einseitigen Preisbestimmung, also wenn zum Beispiel keine direkte Indexierung vereinbart ist, eine **Billigkeitskontrolle** nach § 315 BGB hinzu. Nach dieser ist eine Partei nicht an die einseitige Leistungsbestimmung – hier die Preiserhöhung – gebunden, wenn diese unbillig ist. Billigkeit liegt nach dem Bundesgerichtshof u.a. nur dann vor, wenn dadurch keine zusätzlichen Gewinne generiert, sondern lediglich Kostensteigerungen gedeckt werden. Immer als unbillig angesehen werden Preiserhöhungen, für die die Unternehmen die Kostenkalkulation nicht offenlegen. Im Falle der Unbilligkeit für die Preisanpassung mit Rechtskraft des Urteils unwirksam, an ihre Stelle tritt eine Leistungsbestimmung durch das Gericht gem. § 315 Abs. 3 BGB. Hat der Kunde bis dahin den erhöhten Preis nicht bezahlt, muss er dies nicht mehr tun. Eine vorbehaltlose Zahlung wird dagegen als stillschweigende Zustimmung gedeutet. Ein Rückzahlungsanspruch entsteht daher nur im Fall einer Vorbehaltszahlung.

70   Um dieses Problem zu umgehen, haben viele Lieferanten in ihren AGB in Bezug auf die Preisanpassung auf die gesetzliche Regelung des **§ 5 Abs. 2 StromGVV/GasGVV verwiesen** bzw. deren Wortlaut übernommen. Diese Praxis führte zu Klagen, die schließlich der Bundesgerichtshof dem Europäischen Gerichtshof im Verfahren zwischen der RWE Vertriebs AG und der Verbraucherzentrale Nordrhein Westfalen im Bereich der Gaslieferverträge

---

[22] EuGH, Urt. vom 23.10.2014 – RS-359/11 und C-400/11.
[23] BGH, Urt. vom 28.10.2015 – VIII ZR 13/12, vgl. dazu § 4, Rn. 523.

vorlegte. Dieser führte im März 2013 aus, eine solche Klausel sei nur wirksam, wenn sie ausgewogen und transparent sei, den Anforderungen an Treu und Glauben entspreche und dem Kunden ein **faktisch umsetzbares Kündigungsrecht** ermögliche.[24] Aufgrund dieser Vorgabe hat der Bundesgerichtshof in seinem Urteil[25] die Gaspreiserhöhungen für unwirksam erklärt und den Sonderkunden einen Rückzahlungsanspruch eingeräumt. Dies begründet er damit, dass die verwendete Preisanpassungsklausel nicht hinreichend klar und verständlich sei und die Kunden unangemessen i.S.v. § 307 Abs. 1 S. 1 und 2 BGB benachteilige, weil diese die Berechtigung einer Preisanpassung nicht zuverlässig nachprüfen könnten. Dadurch werde es der Beklagten ermöglicht, das in dem ursprünglich vereinbarten Gaspreis zum Ausdruck kommende Gleichgewicht von Leistung und Gegenleistung, zu ihren Gunsten zu verändern. Im Übrigen verweisen wir hier auf den Abschnitt zu Preisanpassungsklauseln.[26]

In der **energiewirtschaftlichen Praxis** spielen dabei außerdem zum Beispiel Fragen **71** der Beschaffung, der Kundenbindung und der Kosten des Vertragsmanagements eine große Rolle. Damit sind Preisanpassungsklauseln weiterhin problematisch.

bb) Konzessionsvergabeverfahren. Eine Besonderheit bilden die Verfahren der Kon- **72** zessionsvergabe.[27] Hier wird den Gemeinden vom Gesetzgeber durch § 46 Abs. 2 bis 4 EnWG einerseits ein bestimmtes Verfahren mit öffentlich-rechtlichem Charakter vorgegeben, das unter einigen Aspekten an andere Vergabeverfahren angelehnt ist. Andererseits schließen die Gemeinde als juristische Person des öffentlichen Rechts und der Konzessionär einen privatrechtlichen Vertrag.

Infolge dieses **Mischcharakters** der Konzessionsverfahren war die zivil- oder verwal- **73** tungsgerichtliche Zuständigkeit für Verfahren, in denen über Konzessionsvergaben gestritten wurde, lange umstritten. Heute besteht weitgehend Einigkeit, dass Verfügungen aufgrund kartell- oder regulierungsrechtlicher Vorgaben mit einer Beschwerde vor dem Oberlandesgericht nach den Vorgaben des § 63 Abs. 1, Abs. 3 GWB bzw. des § 75 Abs. 1, Abs. 3 EnWG angegriffen werden können. Das Gesetz gegen Wettbewerbsbeschränkungen ist anwendbar, weil die Gemeinde im Hinblick auf die Konzessionsvergabe eine marktbeherrschende Stellung innehat. Daneben können Ansprüche auf Beseitigung und Schadensersatz von den Betroffenen geltend gemacht werden.

cc) Verfahren zu Schadensersatz und Unterlassung. Ebenfalls auf zivilrechtlichem **74** Wege können Schadensersatz- und Unterlassungsansprüche nach § 32 EnWG oder § 33 GWB geltend gemacht werden. Voraussetzung ist, dass gegen eine Vorschrift des dritten Teiles, Abschnitt 2 EnWG (Netzanschluss) oder Abschnitt 3 EnWG (Netzzugang), gegen eine aufgrund dieser Vorschriften ergangen Rechtsverordnung oder gegen eine auf Grundlage dieser Vorschriften ergangene Entscheidung der Bundesnetzagentur verstoßen worden ist oder ein Verstoß droht. Die Ansprüche stehen in **Anspruchskonkurrenz** zu den Ansprüchen aus allgemeinem Recht (§§ 823 Abs. 1, 1004, 1007 BGB). Gerichtlich geltend gemacht werden können nach diesen Bestimmungen zum Beispiel auch die Feststellung, dass eine Durchleitungspflicht besteht oder die Unzulässigkeit von Gründen, aufgrund derer der Netzzugangsanspruch verweigert wird. Zuständig sind nach § 102 EnWG oder § 87 GWB die Landgerichte, wobei zumeist eine Verweisung an eine Kammern für Handelssachen in Betracht kommt. Hinsichtlich der **Beweislast** gelten besondere Bestimmungen. So muss bei Klagen auf Einräumung des Netzzugangsanspruches zum Beispiel nicht der Anspruchsteller seinen Anspruch beweisen, weil dieser sich bereits aus § 20 Abs. 1 EnWG ergibt. Vielmehr muss der Netzbetreiber darlegen, dass einer der in § 20 Abs. 2 EnWG genannten Verweigerungsgründe gegeben ist.

---

[24] EuGH, Urt. vom 21.3.2013 – C-92/11.
[25] BGH, Urt. vom 31.7.2013 – VIII ZR 162/09.
[26] Siehe § 4, Rn. 493 ff.
[27] Siehe § 4, Rn. 345 ff.

c) Rechtsschutz gegen Entscheidungen der Regulierungsbehörden

75　　Der Rechtsschutz gegen Entscheidungen der Regulierungsbehörden bestimmt sich nach den Regelungen in den §§ 75 Abs. 4 S. 1 und 106 EnWG. Verfahren gegen die **Bundesnetzagentur** und die Landesregulierungsbehörden werden demnach ausschließlich vor dem Oberlandesgericht am Sitz der Behörde und mithin vor einem Zivilgericht geführt. Durch die Regelung soll erreicht werden, dass Verfahren mit Energiebezug konzentriert und effektiv von fachkundigen Kammern und Senaten bearbeitet werden.

76　　Schaut man sich Entscheidungen im Energierecht an, fällt die Häufung von Urteilen und Beschlüssen des **Oberlandesgerichts Düsseldorf** ins Auge. Sachlich ist dieses nach § 75 Abs. 4 S. 1 EnWG zuständig. Nach § 106 Abs. 1 EnWG, § 91 GWB müssen Verfahren am sachlich zuständigen Gericht von den dortigen Kartellsenaten bearbeitet werden (funktionale Zuständigkeit). Örtlich wäre für die in Bonn sitzende Bundesnetzagentur eigentlich das Oberlandesgericht Bonn zuständig. Allerdings hat Nordrhein-Westfalen von der gesetzliche Ermächtigung von § 106 Abs. 2 EnWG i. V. m. § 92 GWB Gebrauch gemacht und die Zuständigkeit bei einem Oberlandesgericht des Bundeslandes konzentriert und sich dabei für Düsseldorf entschieden.

77　　Innerhalb des **besonderen Zivilverfahrens** nach dem EnWG finden sich allerdings verwaltungsprozessrechtliche Elemente. Nach § 82 Abs. 1 EnWG gilt beispielsweise der Untersuchungsgrundsatz, nach dem in den Verfahren das Beschwerdegericht zur Erforschung des Sachverhaltes von Amts wegen verpflichtet ist. Bei einem rein zivilrechtlichen Verfahren wäre dagegen der Beibringungsgrundsatz maßgeblich, nach dem die Parteien den Prozessstoff selbst vorlegen müssen und nur dieser Grundlage der Entscheidung wird.

78　　Das Vorgehen gegen die Entscheidung von Bundesnetzagentur oder Landesregulierungsbehörde findet in der Rechtsform der **Beschwerde** statt (§ 75 Abs. 1 und 2 EnWG). Sie kann auch erhoben werden, wenn ein Antrag auf Einleitung eines Verfahrens abgelehnt oder Antrag auf Erlass der Entscheidung ohne zureichenden Grund in angemessener Frist nicht beschieden wurde (§ 75 Abs. 3 EnWG).

79　　Die Beschwerde gegen Verhalten der Regulierungsbehörden ist in Form der Anfechtungsbeschwerde nach § 75 Abs. 1 S. 1 EnWG, der Verpflichtungsbeschwerde nach § 75 Abs. 3 S. 1 EnWG und der Untätigkeitsbeschwerde nach § 75 Abs. 3 S. 2 EnWG möglich. Zudem wird in § 83 Abs. 2 S. 2, Abs. 3 EnWG die Fortsetzungsfeststellungsbeschwerde zugelassen. Hier werden im zivilprozessualen Verfahren also die typischen **Klageformen des Verwaltungsverfahrens** nach §§ 42, 75, 113 VwGO angewendet.

80　　Das Gericht entscheidet über die Beschwerde auf Grund einer mündlichen Verhandlung; mit Einverständnis der Beteiligten kann aber auf die Durchführung einer mündlichen Verhandlung verzichtet werden (§ 81 Abs. 1 EnWG). Im Übrigen gilt auch im Beschwerdeverfahren der **Untersuchungsgrundsatz** (§ 82 EnWG).

81　　Umstritten ist der Umfang der gerichtlichen **Überprüfbarkeit von Ermessensentscheidungen** der Regulierungsbehörden. Nach § 83 Abs. 5 EnWG sind Entscheidungen unzulässig/unbegründet, wenn die Regulierungsbehörde von ihrem Ermessen fehlerhaften Gebrauch gemacht hat. Dazu gehören Überschreitungen der Ermessensgrenzen oder die Verletzung von Sinn und Zweck des Gesetzes durch die Entscheidung. Durch die Regelung soll eine umfassende Kontrolle der Entscheidungen der Bundesnetzagentur ermöglicht werden, damit keine kontrollfreien Räume entstehen.[28] Unstreitig ist wohl, dass das Gericht bei einer fehlerfreien Ermessensausübung die Entscheidung ergänzen, aber nicht ersetzen darf.[29] Für andere Fragen wird auf die Kommentierung zum wortgleichen § 71 Abs. 5 S. 1 GWB zurückgegriffen. **Uneinigkeit** besteht zum Beispiel darüber, ob auch das

---

[28] Katrin Roesen, in: Franz Jürgen Säcker, Berliner Kommentar zum Energierecht, 3. Aufl. 2014, Band 1, Teil 2, § 83, Rn. 27.

[29] Katrin Roesen, in: Franz Jürgen Säcker, Berliner Kommentar zum Energierecht, 3. Aufl. 2014, Band 1, Teil 2, § 83, Rn. 27; Karsten Schmidt, in: Ulrich Immenga, Wettbewerbsrecht, Band 2: GWB, 4. Aufl. 2007, § 71, Rn. 41; Bechthold, GWB, 7. Aufl., § 71, Rn. 20.

Aufgreifermessen der Kontrolle unterliegt.[30] Weiterhin divergieren die Meinungen hinsichtlich des Umfanges der Überprüfung. Denn neben der Kontrolle der Rechtsmäßigkeit wird zum Teil auch eine Kontrolle der Zweckmäßigkeit als Teil der Prüfungskompetenz angesehen. Dies wird daran festgemacht, dass in § 83 Abs. 5 EnWG gegenüber § 114 VwGO das Wort *insbesondere* aufgenommen wurde.[31] Hiergegen wird aber eingewendet, dass es keinen sachlichen Grund dafür gebe, warum die Prüfungskompetenz im regulierungsrechtlichen Kontext gegenüber der reinen Rechtsmäßigkeitsprüfung im normalen Verwaltungsprozess nach § 114 VwGO erweitert sein solle.[32] Zudem werde die Zweckmäßigkeit bei der Angemessenheit der Maßnahme, die Bestandteil der Verhältnismäßigkeitsprüfung als Kriterium der Ermessensentscheidung ist, einbezogen[33] und eine Verrechtlichung der Zweckmäßigkeit sei möglich, sodass diese dann Teil der Rechtsmäßigkeit werde.[34]

Die Entscheidung des Gerichts ergeht gem. § 83 EnWG in Form eines **Beschlusses** 82 aufgrund von Tatsachen und Beweismitteln, zu denen die Beteiligten sich äußern konnten. Das Gericht kann darin Entscheidungen der Bundesnetzagentur, die es für unzulässig oder unbegründet hält, aufheben. Hat sich die Entscheidung zwischenzeitlich erledigt, kann die Unzulässigkeit oder Unbegründetheit der Entscheidung vom Gericht bei berechtigtem Interesse dennoch festgestellt werden. Hält das Gericht die Ablehnung oder Unterlassung der Entscheidung für unzulässig oder unbegründet, verpflichtet es die Bundesnetzagentur durch seinen Beschluss zur Vornahme der Entscheidung (§ 83 Abs. 2 bis 4 EnWG).

Gegen den Beschluss des Oberlandesgerichtes kann von der Bundesnetzagentur und den 83 Beteiligten in Form der **Rechtsbeschwerde** zum Bundesgerichtshof vorgegangen werden, sofern gravierende Verfahrensmängel vorlagen oder dies im Beschluss zugelassen wurde (§ 86 Abs. 1 und Abs. 4 EnWG). Zuzulassen ist eine Rechtsbeschwerde immer dann, wenn eine Rechtsfrage von grundsätzlicher Bedeutung zu entscheiden ist oder die Fortbildung des Rechts oder die Sicherung einer einheitlichen Rechtsprechung eine Entscheidung des Bundesgerichtshofes erfordert (§ 86 Abs. 2 EnWG). Wurde die Rechtsbeschwerde nicht zugelassen, so kann zunächst gegen diese Entscheidung mit einer Nichtzulassungsbeschwerde zum Bundesgerichtshof vorgegangen werden (§ 87 EnWG).

d) Einstweiliger Rechtsschutz

Bei besonderer Eilbedürftigkeit steht Rechtsschutz auch im **Eilverfahren** des einstweiligen Rechtsschutzes zur Verfügung. 84

Die Besonderheit liegt darin, dass in Verfahren des einstweiligen Rechtsschutzes nicht 85 der eigentliche Fall entschieden wird. Vielmehr geht es darum, bei drohendem Rechtsverlust zeitnah eine **vorläufige Entscheidung** zu erlangen. Voraussetzung ist dabei zunächst die Eilbedürftigkeit der Entscheidung. Von der Sache her orientiert sich das Gericht an den Erfolgsaussichten der Hauptsache. Die Verfahren des einstweiligen Rechtsschutzes werden beim Gericht der Hauptsache geführt und sind in den §§ 917 ff. ZPO und §§ 80 Abs. 5, 123 VwGO geregelt.

Im Verwaltungsrecht ist dabei insbesondere Folgendes zu beachten: Der Widerspruch 86 oder die Klage gegen einen Verwaltungsakt führt normalerweise dazu, dass der Verwaltungsakt nicht vollzogen werden darf (§ 80 Abs. 1 VwGO). Allerdings ist diese sogenannte **aufschiebende Wirkung** in gesetzlich normierten Fällen oder bei einer besonderen An-

[30] Katrin Roesen, in: Franz Jürgen Säcker, Berliner Kommentar zum Energierecht, 3. Aufl. 2014, Band 1, Teil 2, § 83, Rn. 31.

[31] Tobias Klose, in: Gerhard Wiedemann, Handbuch des Kartellrechts, 2. Aufl. 2008, § 54, Rn. 105.

[32] Katrin Roesen, in: Franz Jürgen Säcker, Berliner Kommentar zum Energierecht, 3. Aufl. 2014, Band 1, Teil 2, § 83, Rn. 30.

[33] BGH, Urt. vom 3.6.2014 – En VR 10/13.

[34] Karsten Schmidt, in: Ulrich Immenga, Wettbewerbsrecht, Band 2: GWB, 4. Aufl. 2007, § 71, Rn. 37.

ordnung der Behörde aufgehoben. Um in diesen Fällen eine Vollziehung – und damit ggf. die Schaffung irreversibler Tatsachen – zu vermeiden, kann der Adressat des Verwaltungsaktes mit dem einstweiligen Rechtsschutz vorgehen.

87   Die Möglichkeit des einstweiligen Rechtsschutzes ist im Energierecht – neben normalen zivilrechtlichen Fällen – vor allem gegenüber der Bundesnetzagentur von Bedeutung. Denn eine Beschwerde gegen die Entscheidung der Bundesnetzagentur hat grundsätzlich keine aufschiebende Wirkung, § 76 Abs. 1 EnWG. Eine **Aussetzung der Vollziehung** kommt allerdings nur in Betracht, wenn ein Abwarten der Entscheidung in der Hauptsache nicht zugemutet werden kann. Dies ist ausnahmsweise entweder dann der Fall, wenn eine Situation entstehen würde, die nachträglich auch durch Schadensersatz nicht wieder gut gemacht werden könnte und ein öffentliches Interesse an einer vorläufigen Regelung besteht (Verpflichtungsrechtsschutz) oder wenn der Vollzug einer möglicherweise unrichtigen Entscheidung der Bundesnetzagentur aufgehalten werden soll (Anfechtungsrechtsschutz).

II. Europäische Ebene

88   Im Bereich der Verfahren unterscheiden sich die nationale und die europäische Ebene recht stark von einander. Wir stellen daher zunächst die **Rechtssetzungsverfahren** vor, betrachten dann die energierechtlich relevanten **Behördenverfahren** und schließlich die **gerichtlichen Rechtsschutzmöglichkeiten.** Insgesamt sind ihre direkten Einflüsse im Alltag, gerade für Privatpersonen, weniger spürbar. Allerdings darf das nicht darüber hinwegtäuschen, dass auf europäischer Ebene viele Weichen für die Gestaltung des europäischen Energiebinnenmarktes gestellt werden, die sich auch in Deutschland auswirken.

1. Rechtsetzungsverfahren

89   Die Europäische Union ist eine Staatenbund. Seinen Rahmen erhält er deshalb durch zwei von den Mitgliedsstaaten geschlossene **Verträge,** den Vertrag über die Europäische Union (EUV) und den Vertrag über die Arbeitsweise der Europäischen Union (AEUV). Aus ihnen lassen sich bestimmte Grundprinzipien herleiten. Art. 194 AEUV legt zum Beispiel die Ziele im Bereich Energie fest.

90   Auf diesen Grundprinzipien beruhende Rechtssetzungsakte ergehen vor allem in zwei Formen. **Verordnungen** sind in allen Mitgliedsstaaten direkt wirksam und unmittelbar anwendbar, ohne dass es eines Umsetzungsrechtsaktes bedarf. Natürliche und juristische Personen können aus ihnen direkt Rechte ableiten und diese geltend machen. Die **Richtlinien** bedürfen dagegen der Umsetzung durch die Mitgliedsstaaten. Sie geben ein Ziel und den Rahmen für die Regelung vor, überlassen den Mitgliedsstaaten aber die geeignete Umsetzung. Allerdings ist der Spielraum dabei umso geringer, je detaillierter die Richtlinie ist. Setzt ein Mitgliedsstaat eine Richtlinie nicht fristgemäß um und entsteht einem Einzelnen ein Schaden, kann der betroffene Einzelne seine Ansprüche direkt aus der Richtlinie geltend machen. Daneben existieren für den Adressaten verbindliche Beschlüsse, Empfehlungen und Stellungnahmen, die keine unmittelbare normative Bindungskraft entfalten, jedoch das Verhalten der EU-Kommission und andere europäischer Organe prägen.

91   Einige **Grundsätze** der europäischen Verwaltung und einige wichtige Verfahrensarten wollen wir im Rahmen dieses Abschnittes vorstellen.

2. Verwaltungsverfahren

92   Hinsichtlich der Bedeutung **europäischer Regelungen** und Entwicklungen verweisen wir zunächst auf § 3, Rn. 4 ff. oben. Es lässt sich wohl sagen, dass ein großer Teil des modernen Energierechts letztlich auf europäische Regelungen zurückgeht. Zentral ist dabei die Rolle der EU-Kommission, die das Ziel eines einheitlichen europäischen Binnenmarktes für Energie verfolgt.

Grundsätzlich wird auf europäischer Ebene zwischen **direkter Verwaltung** durch Uni-   **93** onsorgane und **indirekter Verwaltung** durch die Mitgliedsstaaten unterschieden. Der direkten Verwaltung unterliegt nur ein sehr begrenzter Teil des Unionsrechts, beispielsweise die Verfahren vor der EU-Kommission im Wettbewerbsrecht. Der Großteil der Umsetzung erfolgt im indirekten Verfahren durch die Mitgliedsstaaten, wobei die Kooperation zwischen den Unionsorganen und den Mitgliedsstaaten eine große Rolle spielt.

Wegen der relativ geringen praktischen Bedeutung der direkten Verwaltung existiert auf   **94** europäischer Ebene **kein Verwaltungsverfahrensrecht** im Sinne einheitlicher, kodifizierter Vorgaben, wie es etwa in Deutschland durch das Verwaltungsverfahrensgesetz (VwVfG) der Fall ist. Doch auch ohne eigenes Gesetz werden die Grundsätze einer ordnungsgemäßen Verwaltung im Primär- und Sekundärrecht geschützt. Der Europäische Gerichtshof spielt bei ihrer Weiterentwicklung eine entscheidende Rolle. Auf Grundlage der europäischen Verträge hat er im Rahmen der Fälle, die er zu entscheiden hatte, einen ganzen Katalog von Grundsätzen für die europäische Verwaltung entwickelt. So sind die Organe der Union zum Beispiel gem. Art. 5 EUV bei ihrem Handeln an den Grundsatz der Verhältnismäßigkeit gebunden. Außerdem müssen die Grundfreiheiten der Union und die Grundrechte, wie sie sich aus der Europäischen Menschenrechtskonvention (EMRK) und der Charta der Grundrechte der Europäischen Union (EU-GR-Charta) ergeben, beachtet werden. Insbesondere regelt Art. 41 der EU-GR-Charta das **Recht auf eine gute Verwaltung.** Dazu gehört das Recht, von der Verwaltung angehört zu werden, bevor eine nachteilige Maßnahme gegen eine Person angeordnet wird, das Recht auf Zugang zu den relevanten Akten und die Verpflichtung der Verwaltung, ihre Entscheidungen zu begründen. Außerdem sind auch die Unionsorgane etwaigen Haftungsansprüchen ausgesetzt, wenn sie Schäden im Zusammenhang mit ihrer Amtstätigkeit verursachen.

Eine **Besonderheit** im Unionsrecht ist die Garantie, dass es dem Antragsteller möglich   **95** sein muss, sich in einer Sprache der Verträge an die Unionsorgane zu wenden und in dieser auch eine Antwort zu erhalten. Auch das Diskriminierungsverbot, das sich aus Art. 18 AEUV ergibt, bindet die Verwaltungsorgane. Ein weiterer wichtiger Grundsatz ist der weitgehende Zugang zu Dokumenten der Unionsorgane, der sich primärrechtlich in Art. 15 AEUV findet und sekundärrechtlich in der Verordnung 1049/2001 über den Zugang der Öffentlichkeit zu Dokumenten des Europäischen Parlaments, des Rates und der EU-Kommission weiter ausgestaltet ist. Auch die Grundsätze der Rechtssicherheit und des Vertrauensschutzes sind auf europäischer Ebene anerkannt, ebenso wie das Recht auf rechtliches Gehör (Art. 47 EU-GR-Charta, Art. 263 Abs. 4 AEUV).

Außerdem gibt sich jedes Organ der Union eine **Geschäftsordnung,** die die Arbeits-   **96** weise der Organe regelt. Treten Lücken auf, wird das nationale Verfahrensrecht herangezogen. Dies ist z.B. bei der Rückforderung rechtsgrundlos gezahlter EU-Subventionen der Fall. Der Anspruch wird mangels europäischer Ermächtigungsgrundlagen auf §§ 48 und 49 VwVfG über Rücknahme und Widerruf von Verwaltungsakten gestützt.

Schließlich kommt es auch auf europäischer Ebene in bestimmten Bereichen zu einer   **97** **Selbstbindung der Verwaltung,** wenn beispielsweise die EU-Kommission Leitlinien darüber, wie sie künftig ihr Ermessen ausüben will, veröffentlicht. So hat sie im Wettbewerbsbereich die Allgemeine Gruppenfreistellungsverordnung (AGVO) und die Leitlinien für staatliche Umweltschutzbeihilfen (Umweltschutzleitlinien) als informalen Rechtsakt erlassen um die Transparenz und die Vorhersehbarkeit ihrer Entscheidungen zu erhöhen.

a) Kartellverfahren und Beihilfeverfahren

Die EU-Kommission ist aus energierechtlicher Sicht ein zentrales Organ der EU. Insbe-   **98** sondere die Möglichkeit, **europarechtswidriges Verhalten** im Kartell- und Beihilferecht zu sanktionieren, gibt ihr bedeutende Einflussnahmemöglichkeiten. Die Verfahren haben wir in Kapitel § 9 mit Bezug zum Energierecht dargestellt. Gegen die Entscheidung der

EU-Kommission kann gem. Art. 263 Abs. 4 i.V.m. Abs. 1 AEUV vor dem EuG eine Nichtigkeitsklage erhoben werden.[35]

b) Förmliches Vertragsverletzungsverfahren

99   Die Mitgliedsstaaten sind zur Umsetzung von Richtlinien und zur Einhaltung des EU-Rechts verpflichtet. Über die Erfüllung dieser **Pflicht** wacht die EU-Kommission. Im Energierecht betrifft dies vor allem die umfassenden Binnenmarktpakete[36] und den immer umfassenderen Katalog an Richtlinien und Verordnungen.

100   Verletzt ein Mitgliedsstaat die Vorgaben zur Umsetzung und scheitert eine Einigung im Wege eines strukturierten Dialoges, kommt es zur Einleitung eines förmlichen Vertragsverletzungsverfahrens nach Art. 258, 260 AEUV. Es gliedert sich in **fünf Schritte**

- Aufforderungsschreiben der EU-Kommission – Frist zur Stellungnahme innerhalb von zwei Monaten,
- bei ausbleibender oder unzureichender Antwort: Mit Gründen versehene Stellungnahme der EU-Kommission in der sie den Rechtsverstoß darlegt; Mitgliedsstaat muss innerhalb von zwei Monaten für Rechtskonformität sorgen,
- bei ausbleibender oder unzureichender Antwort: EU-Kommission strengt beim Gerichtshof ein Verfahren an,
- Urteil des Gerichtshofes – liegt ein Verstoß gegen EU-Recht vor, muss der Mitgliedsstaat seine Gesetze oder Verfahren anpassen und
- kommt der Mitgliedsstaat dem nicht nach: Erneute Befassung des Gerichtshofes – Auferlegung von Strafzahlung/Zwangsgeld möglich.

101   Allerdings wird der überwiegende Teil der Verfahren noch vor Eröffnung des Verfahrens beim Gerichtshof durch ein Einlenken der Mitgliedsstaaten **beigelegt.**

102   Gegen Deutschland gab es zuletzt folgende Verfahren:

- Die EU-Kommission hat im Juli 2014 ein Vertragsverletzungsverfahren gegen die Bundesrepublik Deutschland wegen Nichtmitteilung der vollständigen **Umsetzung der Energieeffizienz-Richtlinie** (Richtlinie 2012/127/EU) eingeleitet. Deren Ziele wurden zwar im Rahmen der Energieeinsparverordnung im Oktober 2013 berücksichtigt, die bis zum Juni 2014 verpflichtende Umsetzung der Richtlinie in nationales Recht ist aber nicht erfolgt. Im Sommer 2015 wurde von der EU-Kommission eine *letzte Mahnung* an die Bundesregierung geschickt,[37]
- Im März 2015 hat die EU-Kommission beschlossen, Deutschland wegen Versäumnissen bei der **Genehmigung eines Kohlekraftwerks** in Hamburg/Moorburg vor dem Europäischen Gerichtshof zu verklagen, nachdem eine Aufforderungsschreiben im November 2014 erfolglos blieb. Nach ihrer Ansicht wurde bei der Genehmigung des Kraftwerks die sogenannte Fauna-Flora-Habitat-Richtlinie der EU zum Naturschutz verletzt, indem eine in der Richtlinie vorgesehene Prüfung versäumt und keine Alternative zu den streitgegenständlichen Kühlverfahren, die möglicherweise geschützte Fischarten bedrohen, gesucht worden seien.[38]

c) Einzelfallentscheidungen von ACER

103   ACER ist die **europäische Behörde,** die speziell mit Fragen der Energieregulierung befasst ist. Allerdings ist sie nicht selbst eine Regulierungsbehörde, sondern sie überwacht und koordiniert die Aktivitäten der nationalen Regulierungsbehörden in den Mitgliedsstaaten. ACER wird in § 12, Rn. 18 f. vorgestellt.

---

[35] Siehe § 11, Rn. 118.
[36] Siehe § 2, insbesondere Rn. 54 ff.
[37] EU-Kommission, Pressemitteilung vom 18.6.2015, Kommission erhebt Klage gegen Griechenland und schickt letzte Mahnung an Deutschland wegen mangelnder Umsetzung der Energieeffizienzrichtlinie.
[38] EU-Kommission, Pressemitteilung vom 26.3.2015, Umweltschutz: Kommission verklagt Deutschland wegen Kohlekraftwerk Moorburg.

In Art. 7 Abs. 1 der für ACER maßgeblichen Verordnung 713/2009/EG ist festgelegt, **104** dass sie in vorher festgelegtem Umfang **Einzelfallentscheidungen** treffen kann, durch die die Adressaten gebunden werden. Fälle, in denen Einzelfallentscheidungen getroffen werden, ergeben sich aus der Elektrizitätsbinnenmarktrichtlinie, der Erdgasbinnenmarktrichtlinie, der Stromhandelsverordnung sowie der Ferngasnetzzugangsverordnung. Dies sind zum Beispiel technische Fragen oder Entscheidungen über die Erteilung von Ausnahmegenehmigungen für Grenzkuppelstellen und Pipelines. Zudem kann ACER unter bestimmten Voraussetzungen nach Art. 8 Abs. 1 VO 713/2009/EG Einzelfallentscheidungen im Bereich des Zuganges zu grenzüberschreitenden Infrastrukturen und nach Art. 9 Abs. 1 VO 713/2009/EG zu Ausnahmen im Bereich der Strom- und Gas-Infrastruktur treffen.

Die Entscheidungen von ACER können mit dem Rechtsmittel der **Beschwerde** gem. **105** Art. 19 Abs. 1 VO 713/2009/EG von natürlichen oder juristischen Personen angegriffen werden, einschließlich der nationalen Regulierungsbehörden, wenn die Entscheidung gegen sie oder einen Dritten gerichtet ist und sie davon betroffen sind. Art. 19 Abs. 2 bis 5 VO 713/2009/EG regeln die Gestaltung des Verfahrens. Die Beschwerde wird von einem Beschwerdeausschuss unter Einbeziehung der Beteiligten überprüft und entschieden oder an ACER zurückverwiesen. Gegen Entscheidungen des Beschwerdeausschusses oder – sofern dieser nicht anzurufen war – gegen die Einzelfallentscheidungen, kann nach Art. 20 Abs. 1 VO 713/2009/EG beim EuG Klage erhoben werden. Diese Entscheidungen sind für ACER bindend.

d) Europäischer Netzentwicklungsplan

Nach Art. 8 Abs. 3 Stromhandelsverordnung / Art. 8 Abs. 3 Ferngasnetzzugangsver- **106** nung verabschieden ENTSO-E und ENTSO-G, die Verbände der **Europäischen Übertragungsnetz-/Fernleistungsnetzbetreibe**r, für ihren Bereich alle zwei Jahre einen nicht bindenden europäischen Netzentwicklungsplan mit einem Zeithorizont von zehn Jahren (Ten-Year Network Development Plan, TYNDP), einschließlich einer europäischen Prognose zur Angemessenheit der Stromerzeugung. Im Rahmen der Ausarbeitung konsultierten die Verbände die betroffenen Marktteilnehmer, nationalen Regulierungsbehörden und andere Betroffene, Art. 10 Stromhandelsverordnung / Art. 10 Ferngasnetzzugangsverordnung. ACER beobachtet die Erstellung und erstattet der EU-Kommission hierüber Bericht, Art. 9 Abs. 1 Stromhandelsverordnung / Art. 9 Abs. 1 Ferngasnetzzugangsverordnung. Den Entwurf des Planes legen die Verbände dann ACER vor, die innerhalb von zwei Monaten eine **Stellungnahme** an die Verbände und die EU-Kommission übermittelt und ggf. Empfehlungen im Hinblick auf Korrekturen aussprechen, Art. 9 Abs. 2 Stromhandelsverordnung / Art. 9 Abs. 2 Ferngasnetzzugangsverordnung.

e) Erlass von Netzkodizes

Für die technische Koordinierung der europäischen Strom- und Gasnetze spielen die **107** Netzkodizes eine wichtige Rolle. **Netzkodizes** sind einheitliche europäische Regelungen für bestimmte, in Art. 8 Abs. 6 Stromhandelsverordnung / Art. 8 Abs. 6 Ferngasnetzzugangsverordnung aufgeführte Bereiche des Netzes (zum Beispiel Anschluss, Zugang Dritter und Engpassmanagement).

Ihre **Erstellung** ist in Art. 6 der Stromhandelsverordnung / Art. 6 Ferngasnetzzugangs- **108** verordnung als Zusammenspiel der EU-Kommission, ACER und ENTSO-E/ENTSO-G unter Vorgabe bestimmter Fristen normiert. Diese einheitlichen Normen sind für das Netz sowie den europäischen Binnenmarkt für Energie zentral. Der Festlegung der Netzkodizes geht die Entwicklung einer Rahmenleitlinie voraus. Diese muss ACER nach Aufforderung durch die EU-Kommission innerhalb von sechs Monaten vorlegen und in dieser Zeit eine förmliche Anhörung von ENTSO-E/ENTSO-G durchführen. Bleibt ACER untätig, kann die EU-Kommission die Rahmenleitlinie auch selbst erarbeiten.

ENTSO-E/ENTSO-G müssen danach – ebenfalls nach Aufforderung durch die EU- **109** Kommission – innerhalb von zwölf Monaten einen entsprechenden **Netzkodex** vorlegen, zu denen ACER wiederum innerhalb von drei Monaten Stellung nehmen kann, um eine Änderung zu erwirken. Entspricht der Netzkodex nach Ansicht von ACER der Rahmenleitlinie, legt sie ihn der EU-Kommission zur Annahme vor. Falls ENTSO-E/ENTSO-G die Entwicklung eines Netzkodexes verweigert, kann die EU-Kommission die Aufgaben an ACER delegieren und bei deren Untätigkeit selbst vornehmen. Eine Änderung der Netzkodizes ist nach Art. 7 der Stromhandelsverordnung/Art. 7 Ferngasnetzzugangsverordnung möglich. Netzkodizes können im Wege des im folgenden Abschnitt beschriebenen Komitologieverfahrens verrechtlicht werden.

Abb. 87 – Das Verfahren zum Erlass von Netzkodizes. Die Grafik verdeutlich den Ablauf des Verfahrens, welches durchlaufen werden muss, um einen Netzkodex erfolgreich zu erlassen.

f) Komitologieverfahren

110   Richtlinien und Verordnungen geben oft nur einen Regelungsrahmen vor und bedürfen der weiteren Ausgestaltung. Im Energiebereich erfolgt dies zum Beispiel durch Netzkodizes und Leitlinien, die wir im Abschnitt zuvor beschrieben haben. Um ihnen rechtliche Verbindlichkeit und Durchsetzbarkeit zu geben, sind in Art. 290 AEUV Delegierte Rechtsakte und in Art. 291 AEUV Durchführungsrechtsakte vorgesehen. Sie sind rechtsverbindlich und stehen insoweit Verordnungen gleich. Zusammen bezeichnet man die beiden Verfahren zum Erlass der Rechtsakte als **Komitologieverfahren,** das sich vom französischen comité, dem Ausschuss, herleitet.

111   Das Verfahren zum Erlass von Delegierten Rechtsakten ist direkt in Art. 290 AEUV festgelegt. Der EU-Kommission kann demnach das Recht übertragen werden, einen

Rechtsakt – den sogenannten **Basisrechtsakt** – zu ergänzen oder zu ändern. Das Ziel, der Inhalt, der Geltungsbereich und die Dauer der Ermächtigung werden im Basisrechtsakt festgelegt. Demnach kann der EU-Kommission in Gesetzgebungsakten die Befugnis übertragen werden, Rechtsakte ohne Gesetzescharakter mit allgemeiner Geltung zur Ergänzung oder Änderung bestimmter nicht wesentlicher Vorschriften des betreffenden Gesetzgebungsaktes zu erlassen. Dabei ist eine Beschränkung des Inhaltes sowie des Geltungsbereiches und der Dauer möglich. In den Gesetzgebungsakten werden Ziele, Inhalt, Geltungsbereich und Dauer der Befugnisübertragung ausdrücklich festgelegt, wodurch eine Beschränkung der Kompetenzen der EU-Kommission erreicht wird. Zudem können sich das Europäische Parlament und der Rat im Basisrechtsakt das Recht zum Einspruch oder Widerruf der EU-Kommissionsentscheidung vorbehalten. Diese Grenzen scheinen nötig, da die EU-Kommission beim Erlass der delegierten Rechtsakte im Übrigen frei agieren kann, also z. B. nicht die Mitgliedsstaaten oder Fachgremien konsultieren muss.

Das Verfahren zum Erlass von Durchführungsrechtsakten nach Art. 291 AEUV ist in der **112** Verordnung (EU) 182/2011 festgelegt. Sie sollen erlassen werden, wenn ein europaweit einheitlicher Vollzug eines Basisrechtsaktes erforderlich ist. Da es sich dabei um Akte der Exekutive handelt, wird die Kontrolle darüber den Mitgliedsstaaten eingeräumt. Zur Umsetzung sind das **Beratungsverfahren** und das **Prüfverfahren** vorgesehen. Das Prüfungsverfahren wird bei Durchführungsrechtsakten von allgemeiner Tragweite, bei erheblichen Auswirkungen auf den Haushalt und in den Bereichen Umwelt, Schutz von Menschen, Tieren und Pflanzen, Handel, Steuern, Agrar- und Fischereipolitik angewendet, im Übrigen gilt das Beratungsverfahren. Durchführungsrechtsakte werden von Komitologieausschüssen, die sich aus Vertretern der Mitgliedsstaaten unter Vorsitz der EU-Kommission zusammensetzen, beschlossen und von der EU-Kommission erlassen.

Welche **Verfahrensart** zur Verrechtlichung jeweils einschlägig ist, ergibt sich aus dem **113** Basisrechtsakt und wird dort zumeist in einem mit *Ausschüsse* überschriebenen Artikel festgelegt.

Mit der EU-Verordnung zur Festlegung einer Leitlinie für die Kapazitätsvergabe und das **114** Engpassmanagement (CACM-Verordnung)[39], ist der erste von zehn **Netzkodizes** im Rahmen des Komitologieverfahrens **verrechtlicht** worden. Dadurch werden gesamteuropäische Regelungen für den Day Ahead und Intraday Stromhandel verbindlich.

3. Gerichtliche Verfahren

Auch im Bereich des europäischen Rechts und der europäischen Verwaltungsinstitutio- **115** nen gibt es natürlich die Möglichkeit einer **Anrufung der Gerichte.** Sie haben aber nicht nur die Funktion, Rechtsschutz zu gewähren, sondern sie sind auch die höchste Autorität zur Bestimmung des Inhalts des europäischen Rechts und der Übereinstimmung von nationalem Recht mit ihm.

Der Gerichtshof der Europäische Union besteht aus dem Europäischen Gerichtshof **116** **(EuGH)** und dem Gericht der Europäischen Union **(EuG),** die für unterschiedliche Klageverfahren zuständig sind. Gleichzeitig ist der Europäische Gerichtshof bei Klagen natürlicher und juristischer Personen als Rechtsmittelinstanz für Entscheidungen des EuG zuständig. Im Energiebereich sind bisher insbesondere das Vorlageverfahren und die Nichtigkeitsklage als Rechtsschutzmittel von Bedeutung.

Wesentliche Entscheidungen des Bundesgerichtshofes im Energiebereich beruhen auf **117** Vorgaben, die der Europäische Gerichtshof im Rahmen des **Vorlageverfahrens** nach Art. 267 AEUV getroffen hat. Im Rahmen des Vorlageverfahrens können die Gerichte der Nationalstaaten dem Europäischen Gerichtshof eine Grundsatzfrage zur Klärung der Rechtslage vorlegen, wenn die Frage die Umsetzung oder Auslegung von europäischem

---

[39] Verordnung (EU) Nr. 2015/1222 vom 24.7.2015 zur Festlegung einer Leitlinie für die Kapazitätsvergabe und das Engpassmanagement (ABl. L 197 vom 25.7.2013, S. 24).

Recht betrifft und wenn sie für die Entscheidung im laufenden Prozess relevant ist. Hierzu gehört zum Beispiel die Vorlage im Hinblick auf die Rechtmäßigkeit von Preisanpassungsklauseln im Rahmen von Sonderkundenverträgen, die in § 4, Rn. 493 ff. dargestellt wurde.

118　　Zudem kann nach Art. 256, 263 AEUV eine **Nichtigkeitsklage** vor dem EuG erhoben werden. Diese kann im Energiebereich als Klage gegen Maßnahmen der EU-Kommission von Bedeutung sein. Als Kläger können sowohl die Mitgliedsstaaten als auch natürliche oder juristische Personen, die Adressat eines Beschlusses oder unmittelbar und individuell von einem Rechtsakt (Verordnungscharakter, keine Durchführungsmaßnahmen) betroffen sind, auftreten. Die Nichtigkeitsklage ist begründet, wenn die angefochtene Maßnahme mit einem der in Art. 263 Abs. 2 AEUV genannten Nichtigkeitsgründe behaftet ist. Dies sind Unzuständigkeit, die Verletzung wesentlicher Formvorschriften, die Verletzung der Verträge oder einer bei ihrer Durchführung anzuwendenden Rechtsnorm oder der Ermessensmissbrauch. Liegt ein solcher Grund vor, wirkt das Urteil rückwirkend und gegenüber jedermann (Art. 264 Abs. 1 AEUV), wenn nicht die Rechtswirkung aufrechterhalten wird (Art. 264 Abs. 2 AEUV). In einem solchen Verfahren hat zum Beispiel E.ON eine Reduzierung des Bußgeldes im Rahmen eines Kartellverfahrens erreicht[40].

Zum Weiterlesen

Christian Koenig u. a., Energierecht, 3. Aufl. 2013, 12. Kapitel: Behördliches und gerichtliches Verfahren
Peter Schneider u. a. (Hrsg.), Recht der Energiewirtschaft, 4. Aufl. 2013, § 19: Energieregulierungsbehörden und behördliche Verfahren und § 20. Rechtsschutz gegen energiebehördliche Regulierungsentscheidungen
Alexandros Chatzinerantzis, in: Thomas Schulz (Hrsg.), Handbuch Windenergie, 2015, Kapitel 1 X: Rechtsschutz und behördliche Verfahren im EEG
Guido Jansen u. a., in: Gerd Stuhlmacher u. a. (Hrsg.), Grundriss zum Energierecht, 2. Aufl. 2015, Kapitel 8: Rechtsschutz
Carsten König, Informelles Verwaltungshandeln der Bundesnetzagentur durch Leitfäden und Positionspapiere, N&R 2015, 130
Jörg Gundel, in: Jörg Terhechte (Hrsg.), Europäisches Energieverwaltungsrecht, Verwaltungsrecht der Europäischen Union, 2011, § 23, S. 837 ff.

III. Schiedsgerichtsbarkeit/ADR/Mediation

119　　Auch im Bereich der Energiewirtschaft nimmt die Bedeutung von Schiedsgerichtsverfahren zu. Dies gilt vor allem für **Streitigkeiten zwischen Unternehmen.** Die Gründe dafür sind, dass die Parteien bei Schiedsverfahren selbst sachkundige Schiedsrichter aussuchen können und dass sie mehr Kontrolle über das Verfahren haben. Gerade bei langfristigen Liefer- und Kooperationsbeziehungen, wie sie häufig in der Energiewirtschaft vorliegen, ist die Suche nach einer einvernehmlichen Lösung vor einem Schiedsgericht meist von Vorteil.

120　　Die **Anrufung eines Schiedsgerichts** im Streitfall muss von den Parteien vertraglich vereinbart werden (sogenannte Schiedsabrede oder Schiedsklausel, § 1029 Abs. 2 ZPO) und kann nicht einseitig widerrufen werden. Ruft ein Vertragspartner dennoch ein Gericht an, so kann die Gegenseite die Einrede der Schiedsvereinbarung erheben, worauf die Klage als unzulässig abzuweisen ist (§ 1032 ZPO). Der Schiedsspruch steht nach § 1055 ZPO dem Urteil eines Gerichtes gleich. Die Schiedsgerichtsbarkeit bietet den Parteien im Vergleich zu einem Gerichtsverfahren ein großes Maß an Freiheit und Flexibilität bei der Verfahrensgestaltung. So erfolgt die Auswahl der Schiedsrichter durch die Parteien nach deren Qualifikation, Expertise und Sachnähe. Zudem steht es den Parteien frei, über das anzuwendende materielle und prozessuale Recht selbst zu bestimmen.

121　　In der Praxis werden häufig Verfahren nach den Schiedsordnungen der Deutschen Institution für Schiedsgerichtsbarkeit (DIS) e. V. oder der International Chamber of Commerce

---

[40] Siehe § 9, Rn. 70.

(ICC) in Paris gewählt. Mit dem Energy Arbitration Center Switzerland in Zürich existiert seit 2012 zudem eine spezialisierte schiedsgerichtliche Institution. Dort wird ein administriertes Schiedsverfahren sowie weitere Verfahren zur **alternativen Streitschlichtung** angeboten (Alternative Dispute Resolution/ADR).

Eine wichtige Rolle spielten **Schiedsgerichte** u. a. beim Streit um die **Gaspreise** im **122** Zusammenhang mit langfristigen Lieferverträgen von Gazprom. Als einer der größten Kunden der Gazprom Export hatte E.ON Ruhrgas 2012 um eine hundertprozentige Indexierung der Gaspreise in den Langfristverträgen an den Spotpreisen angefragt. Dies wurde von Gazprom abgelehnt, sodass E.ON ein internationales Schiedsverfahren anstrengte.[41] Allerdings kam es dann im Juli 2012 zu einer außergerichtlichen Einigung rückwirkend zum 1.10.2010, infolge derer das internationale Schiedsverfahren beendet wurde. Im Rahmen eines Schiedsverfahrens zwischen RWE und Gazprom gab das Gericht dem Antrag von RWE auf Anpassung der Preiskonditionen für Erdgas aus dem langfristigen Gasliefervertrag weitgehend statt. Eine Rückerstattung von Zahlungen für den Zeitraum seit Mai 2010 sowie die Einführung einer Gasmarktindexierung in der vertraglichen Preisklausel wurden RWE ebenfalls zugesprochen.[42] Auch dem polnischen Energieunternehmen PGNiG gelang es, eine Vereinbarung mit Gazprom zu treffen, durch die ein Verfahren vor dem Schiedsgericht in Stockholm beendet wurde.[43] Die Vereinbarung sieht eine Änderung der Zahlungsbedingungen dahingehend vor, dass die Gaspreise den aktuellen europäischen Markt und dessen neuen Entwicklungen entsprechen[44]. Diese und viele weitere Verfahren in Europa (etwa E.ON gegen Statoil[45]) stellen einen entscheidenden Schritt in Richtung Wiederherstellung der Wettbewerbsfähigkeit der langfristigen Gaslieferverträge dar.[46]

Ebenfalls ein Ansatz der außergerichtlichen Streitbeilegung ist die **Mediation.** Sie ist ge- **123** setzlich im Mediationsgesetz geregelt. Meistens werden die konkreten Modalitäten aber zwischen den Beteiligten in einer Vereinbarung geregelt. Im Rahmen der Mediation versuchen die Konfliktparteien, unter Vermittlung eines Mediators, eine gütliche Streitbeilegung zu erzielen. Im Idealfall kann eine Streitigkeit durch gegenseitiges Nachgeben beigelegt werden. Der Inhalt der Einigung wird dann in einer Vereinbarung festgehalten. Sofern diese notariell beurkundet wird, ist sie ebenso vollstreckbar, wie ein gerichtliches Urteil.

Zum Weiterlesen

Nicole Conrad, Einstweiliger Rechtsschutz in energierechtlichen Schiedsverfahren, EnWZ 2013, 304 ff.
Inka Hanefeld u. a., Optionen der alternativen Streitbeilegung im Rahmen von (Offshore-)Windparkprojekten, EnWZ 2014, 537 ff.
Ivana Mikešic u. a., Die EEG-Clearingstelle – Alternative Streitbeilegung auf dem Gebiet des Rechts der erneuerbaren Energien, ZUR 2009, 531 ff.

---

[41] RWE AG, Pressemitteilung vom 27.6.2013, Schiedsgericht urteilt zu Gunsten von RWE über Preisanpassung des langfristigen Gasliefervertrags mit Gazprom.
[42] E-Control, Marktbericht 2012, Nationaler Bericht an die Europäische Kommission, S. 102 ff.
[43] PGNIG, Pressemitteilung vom 6.11.2012, PGNiG and Gazprom reach agreement on gas price.
[44] E.ON, Pressemitteilung vom 3.7.2012, E.ON erzielt Einigung bei langfristigen Gaslieferverträgen mit Gazprom und hebt Konzernausblick für das Jahr 2012 an.
[45] E.ON, Pressemitteilung vom 3.7.2012, E.ON erzielt Einigung bei langfristigen Gaslieferverträgen mit Gazprom und hebt Konzernausblick für das Jahr 2012 an.
[46] E-Control, Marktbericht 2012, Nationaler Bericht an die Europäische Kommission, S. 102 ff.

§ 12. Anhang: Institutionen und Akteure

1 Die Anzahl der Akteure und Institutionen im Bereich der Energiewirtschaft ist groß. Dieses Kapitel will einen Überblick über einige **wichtige Teilnehmer** an der Strom- und Gasversorgung geben, deren Entscheidungen und deren Wirken für die Gestaltung und Funktionsfähigkeit des Energiemarktes von zentraler Bedeutung sind. Sie stammen vor allem aus den Bereichen der Legislative, der Exekutive und der Wirtschaft. In diesem Kapitel werden sie nach ihrem (vorrangigen) Aktionsfeld *europäisch* und *national* gegliedert vorgestellt.

I. Wichtige europäische Institutionen

2 Obwohl dieses Kapitel zur besseren Übersicht zwischen europäischen und nationalen Behörden trennt, besteht in der Praxis eine enge **Verflechtung** mit einer Vielzahl von Verbindungen und gegenseitigen Einflüssen, Rechten und Pflichten.

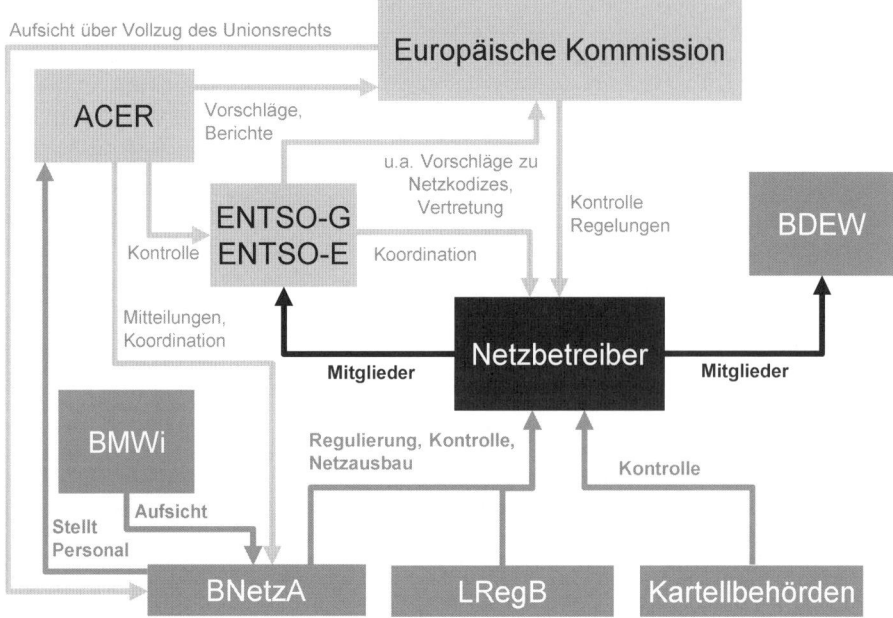

Abb. 88 – Überblick zu einigen regulatorischen Akteuren bei Netzen. Die Grafik zeigt die Komplexität der Interaktionen von deutschen und europäischen Institutionen mit Stromübertragungs- und Ferngasnetzbetreibern.

1. EU-Kommission und Generaldirektionen

3 Die **EU-Kommission** ist das Exekutivorgan der EU mit Sitz in Brüssel und vertritt die Interessen der Europäischen Union insgesamt. Sie hat die Aufgabe *Hüterin der Verträge* zu sein. Dabei hat sie in erster Linie die Aufgaben, Ziele und Prioritäten für Maßnahmen festzulegen, Gesetzesvorschläge zu erarbeiten, politische Maßnahmen der EU umzusetzen, den EU-Haushalt zu verwalten und europäische Gesetze gemeinsam mit dem Gerichtshof durchzusetzen.

Die EU-Kommission hat das **Vorschlagsrecht** für Richtlinien und Verordnungen, die   4
der Rat der Europäischen Union und das Europäische Parlament am Ende des Gesetzge-
bungsverfahrens gemeinsam erlassen (Art. 289, 294 AEUV). Damit kommt der EU-Kommission zum einen eine wichtige Initiativfunktion zu, zum anderen hat sie großen inhaltlichen Einfluss auf die Gestaltung eines Gesetzgebungsaktes.

Spricht die EU in Gesetzen und Dokumenten von *der Kommission,* ist in der Regel das   5
politische Organ als Akteur im Verhältnis zu anderen Akteuren gemeint. Gleichzeitig
bezeichnet der Begriff der EU-Kommission in der Binnenstruktur aber auch ein **Kollegi-
alorgan,** das als Verwaltungsbehörde fungiert und aus 28 Kommissaren (die den 28 Mitgliedsstaaten entstammen) besteht: seit der Neuordnung der EU-Kommission im Jahre
2014 sind das neben dem Präsidenten sieben Vizepräsidenten und 20 Kommissare. Die
Kommissare sind Leiter der 28 **Kommissariate,** die jeweils einen Politikbereich verantworten, den der Präsident der EU-Kommission zu Beginn seiner Amtszeit festlegt und den
Kommissaren zuordnet. Für die EU-Kommission und die Kommissare gilt das Kollegial-
prinzip, d.h. sie entscheiden und verantworten die Entscheidungen gemeinsam. Der EU-
Kommission unterstehen 33 Generaldirektionen, die nach Politikbereichen und Diensten
geordnet sind. Die Generaldirektionen sind jeweils einem Kommissar zugeordnet. Die
Aufgaben der Generaldirektionen überschneiden sich teilweise mit denjenigen der Politik-
bereiche der Kommissare, sind aber durchaus nicht immer deckungsgleich. So kann es vorkommen, dass ein Kommissar für mehrere Generaldirektionen zuständig ist oder auch dass
eine Generaldirektion mehreren Kommissaren zuarbeitet. Jede Generaldirektion wird von
einem Generaldirektor geleitet und in ihnen geschieht die eigentliche, interne Verwal-
tungsarbeit. Die Kommissariate sind im Auftritt nach außen von der EU-Kommission als
Ganzes abhängig. So erarbeitet zwar der jeweils zuständige Kommissar in seinem Bereich
mit Unterstützung der Generaldirektionen Gesetzesentwürfe oder Maßnahmen aus, er
kann sie aber nicht eigenständig dem Parlament zuleiten oder Verfahren einleiten. Dazu
benötigt er einen Beschluss des Kollegialorgans.

a) Kommissariat für Energie und Klima und Generaldirektion Energie

2014 wurden die Zuständigkeiten im Bereich Energie innerhalb der EU-Kommission   6
neu geordnet. Ein neu bestellter **Vizepräsident für die Energieunion** koordiniert die
Arbeit von sieben Kommissaren in diesem Bereich, darunter diejenige des Kommissars für
Climate Action and Energy. Ihm sind die Generaldirektionen für Energie und für Klima
(Climate Action) zugeordnet. Seine Aufgaben sind hauptsächlich Fragen der europäischen
Energie- und Klimapolitik. Im Energiebereich gehören die Stärkung der Wettbewerbsfä-
higkeit der Energiewirtschaft, die Steigerung der Energieeffizienz und der Versorgungssi-
cherheit in Europa dazu.

Dem Kommissariat ist die **Generaldirektion Energie** als Verwaltungseinheit zugeord-   7
net. Zu den Aufgabenbereichen gehören u.a. die Entwicklung von strategischen Analysen
für den Energiebereich, die Förderung einer stärkeren Integration des Energiebinnenmarkts für Strom, Gas, Öl und Ölprodukte, feste Brennstoffe und Kernenergie, die Überwachung der Einhaltung der vereinbarten Ziele in den Bereichen der Energieeffizienz und
dem Ausbau der erneuerbaren Energien, die Weiterentwicklung der Energieinfrastruktur
und die Gestaltung der EU-Energieaußenpolitik. Im Sinne des Transparenzgrundsatzes
erhalten interessierte Gruppen und Unionsbürger dort Informationen aus dem Energiebereich. Zudem besteht eine Kompetenz für die Überwachung der ordnungsgemäßen Anwendung des Energierechts in der EU. Erfolgt die Anwendung nicht oder nicht ordnungsgemäß, können rechtliche Schritte und Verfahren vor dem Europäischen Gerichtshof
angestoßen werden.

b) Kommissariat für Wettbewerb und Generaldirektion Wettbewerb

Ein weiteres, für den Energiebereich sehr einflussreiches Kommissariat ist das **Kommis-**   8
sariat für Wettbewerb. Ihr ist die Generaldirektion Wettbewerb zugeordnet. Die Gene-

raldirektion Wettbewerb hat durch die von ihr durchgeführten Wettbewerbsverfahren und Verfahren bei staatlichen Beihilfen nach außen hin eine besondere Bekanntheit. Sie ist innerhalb der EU-Kommission in erster Linie für die Durchsetzung der Wettbewerbs- und Beihilfevorschriften verantwortlich. Im Unterschied zu den meisten anderen Generaldirektionen wirkt die Generaldirektion Wettbewerb nicht hauptsächlich auf die Unterbreitung von Rechtsetzungsentwürfen hin. Vielmehr ist sie Hüterin des Wettbewerbsrechts und führt bei Verstößen Verfahren durch.

9   Gem. Art. 1 ff. Fusionskontrollverordnung ist die EU-Kommission für die Fusionskontrolle bei **Unternehmenszusammenschlüssen** mit gemeinschaftsweiter Bedeutung zuständig, wobei die Wahrnehmung der Aufgabe durch das Kommissariat erfolgt. Im Zuge der Genehmigungsverfahren kommt ihr erheblicher gestalterischer Einfluss zu, da sie gem. Art. 6 Abs. 2 2. UA Fusionskontrollverordnung die Genehmigung mit Bedingungen und Auflagen verbinden kann.

10   Von großer Relevanz ist auch die **Sanktionsbefugnis** im Fall von Wettbewerbsverstößen. Sie ergibt sich aus Art. 101 i. V. m. 103 AEUV.

11   Wie oben in § 9, Rn. 189 ff. erörtert, gewinnt die Durchsetzung des ebenfalls zum Kompetenzbereich der Generaldirektion Wettbewerb gehörenden **Beihilferechts** im Energiesektor zunehmend an Bedeutung. Dazu gehört die Überprüfung und Kontrolle von Beihilfen. Hier prüft die Generaldirektion für die EU-Kommission von den Mitgliedstaaten angemeldete Beihilfen auf die Vereinbarkeit mit den beihilferechtlichen Bestimmungen oder bearbeitet diesbezügliche Beschwerden. In diesem Zusammenhang veröffentlicht sie beispielsweise auch Durchführungs- und Gruppenfreistellungsverordnungen, Leitlinien und Mitteilungen, die die Wettbewerbsvorschriften des Unionsrechts erläutern und deren Auslegung durch den Europäischen Gerichtshof schildern. Außerdem beobachtet sie die Entwicklungen auf den liberalisierten Märkten und führt entsprechende Sektoruntersuchungen, so zum Beispiel 2007 im europäischen Gas- und Strommarkt und seit 2015 im Hinblick auf Beihilfen und Kapazitätsmärkte.

c) Exkurs: Verhältnis der Kommissariate und Generaldirektionen für Energie und für Wettbewerb

12   Auf europäischer Ebene ist die **Abgrenzung** zwischen den Bereichen *Energie* und *Wettbewerb* nicht immer einfach vorzunehmen. Die Hauptursache hierfür liegt im Aufbau der EU-Kommission, aus dem sich Überschneidungen der beiden Bereiche ergeben. Denn die EU-Kommission ist als Exekutivorgan der EU nicht nur für Festlegung von Zielen und Prioritäten und die Erarbeitung von Gesetzesvorschlägen zuständig, sondern auch für die Verwaltung und Umsetzung politischer Maßnahmen der EU.

13   Die Generaldirektion Wettbewerb kümmert sich hauptsächlich um die **Verfahrensseite** des Kartell- und Beihilferechts, was natürlich auch den Energiebereich betrifft. Demgegenüber befasst sich die Generaldirektion Energie vorrangig mit der **Entwicklung** der Politik und der den Markt gestaltenden Regeln im Bereich Energie.

14   Dabei verfügt die Generaldirektion Wettbewerb über ein gesondertes Direktorat für Energie und Umweltfragen. Dies führt zu **Überschneidungen.** Allerdings ergibt sich aus der internen Struktur der EU-Kommission, dass die Generaldirektion, die mit der Ausarbeitung oder Durchführung eines Beschlusses befasst ist, von Anfang an andere Generaldirektionen, deren Politikbereich von dem Vorhaben ebenso berührt ist, einzubinden hat. Dadurch soll die Tätigkeit jederzeit koordiniert und unter Berücksichtigung aller Aspekte ablaufen und eine möglichst effiziente Aufgabenerfüllung der EU-Kommission ermöglichen. Aufgrund dieses Zuschnittes der EU-Kommission und ihrer Arbeit ist eine klare Grenzziehung – wie im Falle des Bundeskartellamts und der Bundesnetzagentur auf deutscher Ebene – zwischen dem Zuständigkeitsbereich der beiden Generaldirektionen nicht möglich.

2. Gerichtshof der Europäischen Union (EuGH)

Über europarechtliche Fragen des Energierechts entscheiden letztverbindlich die euro- **15** päischen Gerichte, solange nicht der europäische Gesetzgeber die Rechtsgrundlagen än- dert. Der Europäische Gerichtshof wurde 1951 etabliert. Seine Zuständigkeit umfasst die **europarechtlich vergemeinschafteten Bereiche.** Er soll dafür Sorge tragen, dass das Gemeinschaftsrecht in allen Staaten der EU einheitlich angewendet wird. Im Energiebe- reich und insbesondere bei der Schaffung eines Energiebinnenmarktes wurden von ihm viele richtungsweisende Entscheidungen erlassen. Dazu gehören viele Entscheidungen über die Vereinbarkeit nationalen Rechts mit dem Europarecht und Leitentscheidungen, wie etwa die Klassifikation von Strom und Gas als Ware, sodass diese Güter unter die Waren- verkehrsfreiheit fallen. Von nationaler Bedeutung war beispielsweise die PreußenElektra- Entscheidung mit der Billigung der Gestaltung der deutschen Einspeisevergütung 2001.[1] Die abgeschlossenen und laufenden Verfahren mit Energie-Bezug können auf der Home- page des Gerichtshofes eingesehen werden.[2]

Der Gerichtshof der Europäischen Union besteht aus **drei Gerichten:** der Gerichtshof **16** der Europäischen Union, Court of Justice (EuGH), das Gericht der Europäischen Union, General Court (EuG) und das Gericht für den öffentlichen Dienst, Civil Service Tribunal, (EUGöD).

Das **Gericht der Europäischen Union** ist ein eigenständiges Gericht und es besteht **17** aus mindestens einem Richter je Mitgliedsstaat (zurzeit 28 Richter). Es wurde ursprünglich 1988 zur Entlastung des Gerichtshofes geschaffen[3]. Das Gericht ist u.a. zuständig für alle direkten Klagen von Bürgern, Klagen von Mitgliedsstaaten gegen die EU-Kommission sowie auf Rechtsfragen beschränkte Rechtsmittel gegen Entscheidungen des Gerichts für den öffentlichen Dienst. Sie verfügt über eine eigene Verfahrensordnung.

3. ACER

Im Rahmen des Dritten Energiebinnenmarktpaketes[4] wurde durch die Verordnung 713/ **18** 2009/EG eine Agentur für die Zusammenarbeit der Energieregulierungsbehörden (Agency for the Cooperation of Energy Regulators/**ACER**) gegründet. Sie hat die Aufgaben der European Regulators' Group for Electricity and Gas (ERGEG) übernommen, die zum 1.7.2011 aufgelöst wurde.

ACER soll die nationalen Regulierungsbehörden dabei unterstützen, die in den Mit- **19** gliedsstaaten wahrgenommenen Regulierungsaufgaben auf Gemeinschaftsebene zu erfüllen und – soweit erforderlich – die Maßnahmen dieser Behörden zu koordinieren. ACER ar- beitet als **Gemeinschaftseinrichtung mit eigener Rechtspersönlichkeit** und hat ihren Sitz in Ljubljana, Slowenien. Die Kompetenzen von ACER ergeben sich u.a. aus der Ver- ordnung 713/2009/EG, der CACM-Verordnung und der REMIT-Verordnung. U.a. überwacht ACER die Arbeit von ENTSO-G und ENTSO-E[5], wirkt an der Entwicklung der Rahmenleitlinien von Netzkodizes (Network Codes)[6] im Bereich Elektrizität und Gas mit und kann Entscheidungen im Hinblick auf grenzüberschreitende Infrastrukturen tref- fen (zum Beispiel über Verfahren über die Kapazitätsvergabe und deren Zeitrahmen, über die Verteilung von Engpasseinnahmen und über die von den Nutzern der Infrastruktur verlangten Entgelte). Zudem trifft sie unter bestimmten Bedingungen Einzelfallentschei-

---

[1] Siehe § 9, Rn. 226 ff.
[2] Siehe auch http://curia.europa.eu/juris/recherche.jsf?language=de (Suchwort: Energie).
[3] Beschl. des Rates vom 24.10.1988 zur Errichtung eines Gerichts erster Instanz der Europäischen Gemeinschaften.
[4] Siehe zum Dritten Energiebinnenmarktpaket § 2, Rn. 54 ff.
[5] Siehe § 12, Rn. 21 ff.
[6] Netzkodizes sind europaweit gültige Regeln für einen bestimmten Bereich des Energiemarktes, siehe hierzu ausführlich in § 4, Rn. 610 f. und § 6, Rn. 33.

dungen in technischen Fragen und spricht Empfehlungen aus, um den Austausch bewährter Verfahren zwischen den Regulierungsbehörden und den Marktteilnehmern zu fördern. Sie schafft einen Rahmen für die Zusammenarbeit der nationalen Regulierungsbehörden und ist für die Beobachtung des Strom- und Gassektors, insbesondere der Endkundenpreise, von Strom und Erdgas zuständig.

4. Council of European Energy Regulators (CEER)

20   CEER ist der **Zusammenschluss der europäischen Energieregulierungsbehörden** für Strom und Gas der jeweiligen Länder (also der deutschen Bundesnetzagentur und den Parallelorganisationen in den anderen europäischen Ländern). Er hat seinen Sitz in Brüssel. Die nationalen Energieregulierungsbehörden in der EU nutzen diese Organisation zur Zusammenarbeit und zum gegenseitigen Austausch von gemeinsamen Standards und „„best practice". Dabei verfolgen die Regulatoren das Ziel eines einheitlichen europäischen Binnenmarktes für Energie. Der CEER arbeitet eng mit ACER zusammen.

5. ENTSO-E

21   Das European Network of Transmission System Operators for Electricity ist der **Zusammenschluss der europäischen Stromübertragungsnetzbetreiber** (ENTSO-E)[7]. Er wurde im Rahmen des Dritten Binnenmarktpaketes durch die Stromhandelsverordnung geschaffen, in der auch seine Aufgaben festgelegt sind. ENTSO-E nahm zum 1.7.2009 seine Arbeit auf und löste die bis dahin bestehenden sechs regionalen Zusammenschlüsse von Übertragungsnetzbetreibern ab. Derzeit gehören ihm 42 Übertragungsnetzbetreiber aus 35 Staaten an, darunter die vier marktgebietsaufspannenden deutschen Übertragungsnetzbetreiber. ENTSO-E hat Gremien mit den Schwerpunkten *System Development* und *System Operations and Market,* die von einer Legal & Regulatory Group unterstützt werden. Er nimmt Aufgaben im Bereich der europäischen Netzplanung und dem Netzbetrieb wahr, um die Vollendung des europäischen Elektrizitätsbinnenmarktes zu gewährleisten und den zwischenstaatlichen Handel auszubauen. Im Bereich der Netzplanung legt er einen zehnjährigen Netzentwicklungsplan (Ten Year Network Development Plan/TNYDP) vor. Ziel ist die stärkere Kooperation und Koordination zwischen den Übertragungsnetzbetreibern. Zudem wird auf die Gewährleistung von Versorgungssicherheit und eine kontinuierliche Fortentwicklung des europäischen Übertragungsnetzes abgezielt. Eine weitere wichtige Aufgabe von ENTSO-E ist die Standardisierung, Vergabe und Verwaltung der Netzwerk-Codes, die derzeit entwickelt werden und nach ihrem Inkrafttreten die nationalen Regelungen ablösen werden. Die jeweilige Jahresplanung des ENTSO-E wird in einem Annual Work Programme festgelegt.

6. ENTSO-G

22   Seit dem 1.12.2009 sind die **Betreiber von Gas-Fernleitungsnetzen** in Europa in dem Verbund Europäischer Gasnetzbetreiber, European Network of Transmission System Operators for Gas (ENTSO-G) zusammengeschlossen. Der Sitz ist Brüssel. Die Schaffung und die Aufgaben des ENTSO-G ergeben sich im Wesentlichen aus der Ferngasnetzzugangsverordnung. ENTSO-G soll die Funktionsfähigkeit des Erdgas-Binnenmarktes und des grenzüberschreitenden Handels sicherstellen. Dazu gehören ebenfalls die Standardisierung, Vergabe und Verwaltung von Netzwerk-Codes und die Erarbeitung eines EU-weiten, zehnjährigen Netzentwicklungsplans (Ten Year Network Development Plan/TNYDP). Derzeit gehören ENTSO-G 40 Ferngasnetzbetreiber und zwei Associated Members aus 24 EU-Staaten sowie drei Beobachter aus anderen europäischen Staaten an. Deutschland stellt mit zwölf Mitgliedern die größte Gruppe.

---

[7] Siehe zu den Übertragungsnetzen § 4, Rn. 220 ff.

7. European Federation of Energy Traders (EFET)

Der Verband Deutscher Gas- und Stromhändler e.V. (EFET) wurde 1999 mit Sitz in **23**
Amsterdam als Interessenvertretung der Energiegroßhändler in Europa gegründet. EFET
bemüht sich im Interesse ihrer 82 regulären und 33 assoziierten Mitglieder intensiv, die
Bedingungen des Energiehandels in Europa zu verbessern. Die Vereinigung ist in vielen Fragen des Energierechts mit europäischer Bedeutung sowohl im Strom- als auch im
Gashandel aktiv, deckt aber auch andere Handelsprodukte mit Beziehung zu den Haupt-
märkten mit ab. Dabei wird sie von einem Bild des Energiehandels als Intermediär geleitet,
der durch seine Handelstätigkeit für Liquidität und klare Preissignale im Markt sorgt. Insofern setzt sich EFET in der Regel für nachhaltige, effiziente und transparente Marktstrukturen ohne regulatorische Verzerrungen ein.[8]

8. Association of European Energy Exchanges (EUROPEX)

Die Association of European Energy Exchanges ist der europäische **Verband der Ener-** **24**
giebörsen mit Sitz in Brüssel. Ihre derzeit 21 aktiven Mitglieder sind europäische Börsen,
die Plattformen für den Handel von Strom, Gas und anderen Energie und Umweltproduk-
ten bieten. Entsprechend der Position der Energiebörsen setzt sich EUROPEX für die
Liberalisierung der Energiemärkte, Transparenz in den Märkten und einen einheitlichen
europäischen Binnenmarkt für Energie ein.[9]

9. Florence-Forum und Madrid-Forum

Als Florence Forum wird das **Electricity Regulatory Forum** bezeichnet und Madrid- **25**
Forum steht für das **Gas Regulatory Forum.** Beide Foren – die nach dem ursprünglichen Ort ihrer halbjährlichen Zusammenkunft benannt sind – stellen informelle Zu-
sammenkünfte von Repräsentanten der Mitgliedsstaaten, der Regulierungsbehörden, der
EU-Kommission, der überregional am Markt beteiligten Unternehmen und Vertretern
von Verbrauchern dar. Sie wurden 1998 (Florenz) bzw. 1999 (Madrid) von der EU-Kom-

---

[8] Siehe ausführlicher dazu http://www.efet.org/. Von besonderem Interesse ist dabei auch der von
EFET verabschiedete Verhaltenskodex für Energiehändler:
  Principles of Good Conduct for Energy Trading – The „10 Pillars"
  Companies engaged in trading in energy markets will:
  1. Respect and promote free and fair competition as the basis for trading sustainable traded energy
     markets.
  2. Not engage in any activities which would amount to market abuse, market manipulation or fraud,
     nor relay information known or strongly suspected to be false or misleading.
  3. Deal with each other in accordance with established market practices and the standards expected
     of professional market counterparties.
  4. Deal with customers fairly and with integrity and manage any conflicts of interest that may arise
     appropriately.
  5. Organise their energy trading business effectively, respecting appropriate segregation of staff duties,
     and exercise diligent control over trading functions.
  6. Establish effective risk management policies and control procedures governing the key risks man-
     aged by their energy trading functions.
  7. Establish compliance policies setting out the company's procedures for fulfilling all legal and regu-
     latory obligations and any related corporate governance rules relating to their energy trading func-
     tions.
  8. Ensure that their traders are suitably qualified and properly supervised to carry out their duties,
     including where appropriate to have taken relevant industry examinations.
  9. Prohibit their employees from giving or receiving bribes and from indulging in other corrupt
     behaviour in all circumstances; and establish policies governing gifts and hospitality, highlighting
     acceptable and unacceptable practices.
  10. Maintain accounts related to trading transactions and risk books in accordance with relevant ac-
     counting standards, and respecting normal audit practices.
[9] Zu weiteren Informationen siehe http://www.europex.org/.

mission initiiert, um die Entstehung der gemeinsamen Märkte für Strom und Gas zu fördern und abseits der formellen Prozesse aktuell anstehende Fragen zu diskutieren. Die Beschlüsse, die im Rahmen der Foren ergehen, sind rechtlich unverbindlich, haben aber die
Qualität von Vorabsprachen *(Regulation by Cooperation)*, die dann häufig von der EU-Kommission oder anderen zuständigen Institutionen umgesetzt werden. Beide Foren befassten
sich zum Beispiel zuletzt mit Fragen des grenzüberschreitenden Handels, insbesondere mit
der Festlegung von Tarifstrukturen und der Bewirtschaftung knapper Verbindungskapazitäten.

10. Weitere Institutionen

26   Im Zuge der Liberalisierung haben sich zudem viele **Vereinigungen und Interessen-
gruppen** gebildet, die auf die Regelungstätigkeit in Brüssel und die Marktentwicklung
Einfluss nehmen wollen.

27   Im Strombereich beschäftigt sich der **Verband der europäischen Elektrizitätswirtschaft** (EURELECTRIC) mit Themen wie Energiemärkte, Energiepolitik, nachhaltige
Entwicklung, Verteilnetze und Einzelhandel. Es ist ein Verband der nationalen Verbände.
Deutsches Mitglied ist der BDEW. EURELECTRIC vertritt die Interessen der europäischen Stromwirtschaft insbesondere gegenüber den EU-Institutionen, den Energieregulie-
rern ACER und CEER sowie gegenüber dem ENTSO-E. Der Verband arbeitet in europäischen Gremien, Arbeitsgruppen und Foren mit.

28   Die **Europäische Vereinigung für Erneuerbare Energien e. V.** (EUROSOLAR)
vertritt das Ziel, atomare und fossile Energie vollständig durch Erneuerbare Energie zu
ersetzen und wirkt für die Veränderung der herkömmlichen politischen Prioritäten und
Rahmenbedingungen zu Gunsten der Sonnenenergie mit. Angesprochen werden sowohl die
internationale als auch die nationalen, regionalen und kommunalen Handlungsebenen.

29   Im Gasbereich wurde 1990 **EUROGAS** mit Sitz in Brüssel gegründet, um die Interessen der Gaswirtschaft auf europäischer Ebene zu vertreten. Ihre 43 Mitglieder aus 24 Ländern Europas sind alle im Gashandel oder -vertrieb tätig. Ihr Ziel ist es, die Rolle von Gas
im Energiemix der Staaten zu stärken und ein reibungsloses Funktionieren des internen
europäischen Gasmarkts zu fördern. Die Mitglieder arbeiten zusammen bei der Begleitung
europäischer gesetzgeberischer und politischer Initiativen und kommunizieren die Ergebnisse ihrer Arbeit. Zu diesen Zwecken stellen sie auf Basis der nationalen Informationen
ihrer Mitglieder auch aggregierte Statistiken und Prognosen zur Verfügung.

30   **Gas Infrastructure Europe** (GIE) ist eine europäische Organisation, die Fernleitungs-
unternehmen, Speicherbetreiber und LNG-Terminalbetreiber innerhalb der EU und
gegenüber nationalen Regulierungsbehörden vertritt. Sie strebt die Schaffung eines funktionierenden europäischen Gasmarktes durch die Verbesserung und den Ausbau grenzüberschreitender Fernleitungsnetze an.

31   Die **European Association for the Streamlining of Energy Exchange – Gas** will
technische Hindernisse auf dem europäischen Erdgasmarkt beseitigen. Dazu sollen Ge-
schäftsverfahren und Standards geschaffen werden.

II. Nationale Behörden und Institutionen

32   Auf nationaler Ebene nehmen **verschiedene Behörden** und Institutionen Aufgaben im
Bereich der Energiewirtschaft wahr. Die Bundesregierung mit ihren Ministerien, insbesondere dem Bundesministerium für Wirtschaft und Energie (Bundeswirtschaftsministerium/
BMWi) und dem Bundesministerium für Umwelt, Naturschutz, Bau und Reaktorsicherheit (Bundesumweltministerium/BMU) sind in dem technischen Bereich des Energierechts
für die Rechtsentwicklung von zentraler Bedeutung.

33   Auch wenn die Gesetzgebung grundsätzlich durch den Bundestag, ggf. unter Beteiligung des Bundesrats erfolgt, findet sich im staatlichen Bereich in der **Exekutive** viel Sach-

kenntnis. Insofern wird die Gestaltung der Regelungen bei vielen Fragen eher technischer Natur auf dem Verordnungswege auf die Ministerien delegiert. Die nachgeordneten Behörden, wie etwa die Bundesnetzagentur (BNetzA), das Bundeskartellamt (BKartA), das Bundesamt für Seeschifffahrt und Hydrographie (BSH) und das Umweltbundesamt (UBA) übernehmen weitere zentrale Aufgaben im Zusammenhang mit der Energiewirtschaft. Auf Landesebene sind vor allem die Landesregulierungsbehörden von Bedeutung. Eine besondere Stellung nimmt die Monopolkommission ein, die regelmäßig energierechtliche Probleme untersucht.

Informationen über nationale Verbände und Institutionen sind allerdings vielfältiger und **34** **leichter verfügbar** als solche zu den im vorherigen Abschnitt behandelten europäischen Akteuren. Daher wollen wir in dem vorliegenden nationalen Abschnitt nicht mit gleicher Tiefe auf die verschiedenen privaten Vereinigungen und Verbände eingehen, wie in dem vorangegangenen europäischen.

1. Bundesregierung

Das Thema Energie war in den vergangenen Legislaturperioden ein Kern-Thema auf **35** der Agenda der jeweiligen Bundesregierungen. Man denke etwa an den Atomausstieg 2000 durch die SPD/Grüne-Bundesregierung, den sogenannten Ausstieg-aus-dem-Ausstieg durch die CDU/FDP-Regierung 2010 und zuletzt die Energiewende durch dieselbe Regierung 2011. Die Bundesregierung hat dabei zusammen mit den Fachministerien jeweils die politische Richtung vorgegeben. Dieser **politische Gestaltungswille** (bzw. die Einlösung von Wahlversprechen, zum Beispiel dem Atomausstieg) war somit die treibende Kraft beim Umbau der Energielandschaft, der dann durch die Organe der Gesetzgebung umgesetzt wurde.

Die seit Dezember 2013 im Amt befindliche Bundesregierung mit den Koalitionspartei- **36** en CDU/CSU und SPD hat Energie als eines der **Schlüsselthemen** der Regierungsperiode benannt.

2. Bundesministerien

Die Energiepolitik in Deutschland wird derzeit im Wesentlichen vom Bundeswirt- **37** schaftsministerium (Bundesministerium für Wirtschaft und Energie) und vom Bundesumweltministerium (Bundesministerium für Umwelt, Naturschutz, Bau und Reaktorsicherheit) gestaltet. Die Kompetenz des Bundeswirtschaftsministeriums wurde dabei zu Beginn der 18. Legislaturperiode 2013 erheblich gestärkt, indem dort die **Federführung in Sachen Energie** angesiedelt (und im Namen des Ministeriums verankert) wurde. Gleichzeitig wechselte eine größere Zahl von Beamten, die bis dahin Energiethemen betreut hatten, vom Umweltministerium in das Wirtschaftsministerium.

Innerhalb des **Bundeswirtschaftsministeriums** wird der Bereich Energie in zwei Abtei- **38** lungen koordiniert, die die Namen *Energiepolitik – Strom und Netze* und *Energiepolitik – Wärme und Effizienz* tragen. Zudem gehören die Bundesnetzagentur und das Bundeskartellamt als selbstständige Behörden zum Geschäftsbereich des Bundeswirtschaftsministeriums. Durch den Gesetzgeber hat das Bundeswirtschaftsministerium weitere Einzelkompetenzen erhalten. So sieht z. B. das EnWG eine Vielzahl von Verordnungsermächtigungen (vgl. zum Beispiel § 41 Abs. 5, § 49 Abs. 4 und 4a, § 50 S. 1 EnWG) vor.

Das **Bundesumweltministerium** ist seit seiner Gründung 1986 für die Umweltpolitik **39** der Bundesregierung zuständig. Zum Bereich der Umweltpolitik gehört die für die Energiepolitik wichtige Klimapolitik und, aufgrund der starken Auswirkungen der Energiewirtschaft auf die Umwelt, auch eine Reihe von Energie-Themen, und bis 2013 auch der Bereich der erneuerbaren Energien. Für den Energiebereich wichtige Kompetenzen des Bundesumweltministeriums liegen in der Zuständigkeit für Themen der Kernenergie einschließlich der Entsorgung von nuklearen Abfällen.

3. Bundesnetzagentur (BNetzA)

40   Die europäischen Beschleunigungsrichtlinien Strom und Gas 2003[10] sahen die Errichtung von **nationalen Regulierungsbehörden** durch die Mitgliedsstaaten vor. Dem kam der Bundesgesetzgeber im EnWG 2005 mit der Erweiterung der Zuständigkeiten der Bundesnetzagentur auf Energiethemen nach. Entstanden ist die Bundesnetzagentur aus der Regulierungsbehörde für Telekommunikation und Post, die gem. § 1 BEGTPG 2005 in *Bundesnetzagentur für Elektrizität, Gas, Telekommunikation, Post und Eisenbahnen* umbenannt wurde.

41   Die Bundesnetzagentur ist eine **selbstständige Bundesoberbehörde** im Geschäftsbereich des Bundeswirtschaftsministeriums und diesem somit unterstellt. Allerdings müssen die nationalen Regulierungsbehörden entsprechend den Binnenmarktrichtlinien unabhängig sein. Daher verfügt die Bundesnetzagentur über einen eigenen Präsidenten und in ihren Entscheidungen weitgehend unabhängig agierende Beschlusskammern. Weisungen des Bundeswirtschaftsministeriums müssen mit Begründung im Bundesanzeiger veröffentlicht werden. Für den Energiebereich sind die Abteilung 6 **Energieregulierung** und die derzeit im Aufbau begriffene Abteilung N **Netzausbau** zuständig, wobei sich jedoch auch in anderen Bereichen, wie zum Beispiel Internationales und Justiziariat für Energiefragen wichtige Zuständigkeiten finden.

42   Nach Art. 36 der Binnenmarktrichtlinie Strom 2009/72 und Art. 40 der Binnenmarktrichtlinie Strom 2009/72 sollen die nationalen Regulierungsbehörden die Strom- und Gasmärkte durch die Regulierung und **Beaufsichtigung der Strom- und Gasnetze** wettbewerbsbestimmt fördern, so dass sie sicher, diskriminierungsfrei und transparent betrieben werden. Besonderes Augenmerk wurde auf die Senkung der Kosten für die Verbraucher gelegt, wobei jedoch im Rahmen der Energiewende der Aspekt der Gewährleistung sicherer Netze und ihres Ausbaus eine stärkere Betonung bei den Aufgaben der Bundesnetzagentur erhalten hat. Wichtige Betätigungsfelder der Bundesnetzagentur sind beispielsweise die Genehmigung der Netzentgelte für die Durchleitung von Strom und Gas, die Verhinderung bzw. Beseitigung von Hindernissen beim Zugang zu den Energieversorgungsnetzen für Lieferanten und Verbraucher, die Standardisierung von Lieferantenwechselprozessen und die Verbesserung von Netzanschlussbedingungen sowie die Mitwirkung beim Ausbau der Netze. Insbesondere über die Genehmigung der **Netzentgelte** der Netzbetreiber hat die Bundesnetzagentur sehr weitgehenden Einfluss auf deren Gestaltung der Geschäfte. Bei der Bekämpfung missbräuchlicher oder diskriminierender Verhaltensweisen innerhalb der regulierten Bereiche der Netze ist die Bundesnetzagentur gegenüber dem Bundeskartellamt vorrangig zuständig, die Regelungen des Gesetzes gegen Wettbewerbsbeschränkungen treten bei diesen Fragen hinter die spezielleren energierechtlichen Regelungen zurück. Allerdings bleibt das Bundeskartellamt für die Durchsetzung der europäischen Missbrauchsverbote nach Art. 102 AEUV zuständig.

43   Die Aufgaben der Bundesnetzagentur ergeben sich darüber hinaus vor allem aus dem EnWG, der auf seiner Grundlage ergangenen Verordnungen und dem Netzausbaubeschleunigungsgesetz. Die Bundesnetzagentur ist in den Bereichen Strom und Gas vor allem für die **Regulierung** der Übertragungs- und Fernleitungsnetze sowie der großen Verteilnetze mit 100.000 Kundenanschlüssen oder mehr zuständig. Ihr werden aber durch den Gesetzgeber in den letzten Jahren immer weitergehende Aufgaben übertragen mit denen sie Einfluss auch in den Bereichen Erzeugung (zum Beispiel Winterreserve und EEG-Umlage), Netzausbau im Rahmen der Energiewende und Vertrieb (zum Beispiel unterbrechbare Verträge) erhält.

---

[10] Siehe dazu § 2, Rn. 46 ff.

Abb. 89 – Die Bundesnetzagentur. Die Grafik gibt einen energieorientierten Überblick über den internen Aufbau und die Zusammensetzung der Bundesnetzagentur. Der Präsident hat ein internes Weisungsrecht gegenüber den Beschlusskammern.[11]

Die Bundesnetzagentur ist ermächtigt, durch ihre Beschlusskammern verbindliche **Fest- 44 legungen**[12] zu erlassen, die für die Betroffenen eine Bindungswirkung entfalten. Die Beschlusskammern mit Energiezuständigkeit sind die

- Beschlusskammer 4 – Individuelle Netzentgelte Elektrizität, Leitungswettbewerbsverfahren, Gas, Investitionsbudgets Elektrizität/Gas, Eigenkapitalverzinsung Energienetze,
- Beschlusskammer 6 – Regulierung Elektrizitätsnetze,
- Beschlusskammer 7 – Regulierung Gasnetze,
- Beschlusskammer 8 – Netzentgelte Elektrizität und
- Beschlusskammer 9 – Netzentgelte Gas.

Ihre Entscheidungen spielen in der Praxis daher eine große Rolle, insbesondere Festlegungen, die breiter anwendbare Regelungen treffen. Dazu gehören zum Beispiel die Festlegungen der Bundesnetzagentur zu den Geschäftsprozessen zur Kundenbelieferung mit Elektrizität (GPKE)[13] und zu den Geschäftsprozessen Lieferantenwechsel Gas[14] (GeLi Gas)

---

[11] Für einen detaillierteren und aktuellen Überblick vgl. den Organisationsplan der Bundesnetzagentur unter http://www.bundesnetzagentur.de/SharedDocs/Downloads/DE/Allgemeines/Bundesnetzagentur/UeberdieAgentur/Organigramm/OrganigrammMitNamen.pdf;jsessionid=582861952 ECA13F5819225318337B045?__blob=publicationFile&v=7.

[12] Siehe für den Gasbereich § 6, Rn. 144 ff.

[13] Bundesnetzagentur, Beschl. vom 11.7.2006 – BK6-06-009 in der Fassung des Beschl. vom 28.10.2011 – BK6-11-150, siehe § 4, Rn. 511.

oder die Festlegungen zur Standardisierung von Verträgen und Geschäftsprozessen im Bereich des Messwesens[15]. Den Beschlusskammern wird gesetzlich in § 59 EnWG gewährleistet, dass sie unabhängig entscheiden. Details sind im Gesetz über die Bundesnetzagentur (BNetzAG) geregelt.

45   Die Bundesländer können ihre Regulierungsaufgaben im Wege der Organleihe von der Bundesnetzagentur ausführen lassen, wenn sie zur Schaffung einer **Landesregulierungsbehörde** – zum Beispiel aus finanziellen Gründen – nicht in der Lage sind. Sie behalten in diesen Fällen die Zuständigkeit und die Kompetenz und nutzen lediglich die personellen und sachlichen Mittel der Bundesnetzagentur – die Bundesnetzagentur wird insoweit als Teil der Landesverwaltung tätig. Daher ist in diesen Fällen für die örtliche Zuständigkeit von Gerichten auch nicht der Sitz der Bundesnetzagentur in Düsseldorf maßgeblich, sondern der hypothetische Sitz der Landesregulierungsbehörde. Bisher haben Berlin, Bremen, Mecklenburg-Vorpommern, Niedersachsen, Schleswig-Holstein und Thüringen von der Möglichkeit Gebrauch gemacht.

4. Bundeskartellamt (BKartA)

46   Das Bundeskartellamt ist die deutsche Wettbewerbsbehörde auf Bundesebene und stellt eine **selbstständige Behörde** im Geschäftsbereich des Bundeswirtschaftsministeriums dar. Während die Bundesnetzagentur im Energiesektor für die Regulierung der Netze zuständig ist, kümmert sich das Bundeskartellamt in den Strom- und Gasmärkten für die Wettbewerbsbereiche Produktion bzw. Erzeugung, Handel und Vertrieb. Das Bundeskartellamt soll den Wettbewerb auch in den verschiedenen Energiemärkten schützen, dem in der deutschen, marktwirtschaftlich geprägten Wirtschaftsordnung eine Schlüsselrolle zukommt. Die Kompetenzen des Bundeskartellamtes ergeben sich in erster Linie aus § 29 GWB, aber auch aus europäischen Bestimmungen. Im Bereich der Energiewirtschaft ist das Bundeskartellamt hauptsächlich im Bereich der Fusionskontrolle und der Bekämpfung der missbräuchlichen Ausnutzung marktbeherrschender Stellungen durch Versorgungsunternehmen, die Strom und Gas anbieten, tätig.[16] Auf Landesebene sorgen zudem die Landeskartellbehörden, die bei den Wirtschaftsministerien der Bundesländer eingerichtet sind, für den Schutz des Wettbewerbs.

5. Bundesamt für Seeschifffahrt und Hydrographie (BSH)

47   Das Bundesamt für Seeschifffahrt und Hydrographie ist eine Behörde im Geschäftsbereich des Bundesministeriums für Verkehr und digitale Infrastruktur. Es nimmt vielfältige Aufgaben im maritimen Bereich wahr, was insbesondere im Bereich der **Offshore-Windkraft** eine wichtige Rolle spielt. Zu seinen Zuständigkeiten gehören u. a. die Raumordnung in der ausschließlichen Wirtschaftszone in der Nord- und Ostsee und die Beteiligung an Genehmigungsverfahren für Offshore-Windparks und Pipelines in diesem Gebiet.[17]

6. Umweltbundesamt (UBA)

48   Das Umweltbundesamt ist eine selbständige Bundesoberbehörde im Geschäftsbereich des Bundesministeriums für Umwelt, Naturschutz, Bau und Reaktorsicherheit. Es wurde 1974 mit dem Gesetz über die Errichtung eines Umweltbundesamtes ins Leben gerufen und sitzt in Dessau. Seine Aufgaben sind u. a. die wissenschaftliche Unterstützung der Bundesregierung, der **Vollzug von Umweltgesetzen** (z. B. bei dem für konventionelle Kraftwerke

---

[14] Bundesnetzagentur, Beschl. vom 20.8.2007 – BK7-06-067, angepasst durch die Festlegungen zur Standardisierung von Verträgen und Geschäftsprozessen im Bereich des Messwesens – BK6-09-034 und BK7-09-001, WiM, und Festlegungen – BK6-11-150 und BK7-11-075.
[15] Bundesnetzagentur, Beschl. vom 9.9.2010 – BK7-09-001.
[16] Siehe § 9, Rn. 76 ff., 99 ff. und 157 ff.
[17] Siehe § 4, Rn. 380 ff.

ganz entscheidenden Emissionshandel) und die Information der Öffentlichkeit zum Umweltschutz.

7. Landesregulierungsbehörden

Das EnWG spricht bei Aufgabenzuweisungen häufig nur von den Regulierungsbehörden, ohne dabei eine Zuweisung auf Landes- oder Bundesebene vorzunehmen. Diese Zuweisung ergibt sich jedoch aus § 54 Abs. 2 EnWG. Dort findet sich ein umfangreicher Katalog, der **Aufgabenzuweisungen** an die Landesregulierungsbehörden enthält. Ihnen obliegen z.B. die Genehmigung der Netzzugangsentgelte, die Überwachung bestimmter Entflechtungs- und Netzanschlussvorschriften und Aufgaben der Missbrauchsaufsicht soweit sie Verteilnetzbetreiber mit weniger als 100 000 angeschlossenen Kunden betreffen. Für Aufgaben aus dem EnWG, für die sich aus § 42 Abs. 2 EnWG keine Zuweisung an die Landesregulierungsbehörden ergibt, ist automatisch die Bundesnetzagentur zuständig. Gleichzeitig ergibt sich aus § 54 Abs. 2 für die Länder implizit die Pflicht, eine Landesregulierungsbehörde einzurichten, ohne dass das EnWG zum *Wo* und *Wie* Regelungen trifft.[18] **49**

Neben den Landesregulierungsbehörden werden Kompetenzen auch direkt an **Landesbehörden** übertragen, zum Beispiel in § 4 Abs. 1 und § 36 Abs. 2 EnWG. Hier entscheidet das Land auf Grundlage seiner Landesverfassung selbst, welche Behörde zuständig sein soll. Allerdings ist es nach Art. 83 GG i.V.m. dem EnWG verpflichtet, eine Behörde zu benennen. **50**

8. Monopolkommission

Die Monopolkommission ist ein **unabhängiges Beratungsgremium** auf den Gebieten der Wettbewerbspolitik und Regulierung. Sie wird für die Bundesregierung tätig und besteht aus fünf Mitgliedern, die vom Bundespräsidenten für vier Jahre berufen werden. Stellung und Aufgaben der Monopolkommission sind in den §§ 44 bis 47 GWB geregelt, zudem finden sich Sonderzuweisungen, z.B. in § 62 EnWG. Die Monopolkommission nimmt regelmäßig zu Fragen des wettbewerblichen Zustands des Energiemarkts Stellung.[19] **51**

9. Weitere Akteure

a) Bundesverband der Energie- und Wasserwirtschaft (BDEW) und weitere Verbände

Eine weitere Akteursgruppe sind Verbände und Interessenvertretungen. Der BDEW ist in Deutschland der **Spitzenverband** für die kommunale und private Energie- und Wasserwirtschaft und vertritt deren Interessen gegenüber der Bundesregierung und generell in der öffentlichen politischen Debatte. Er beschäftigt ca. 150 Mitarbeiter und arbeitet auf regionaler, nationaler und internationaler Ebene. Der Verband hat seinen Sitz in Berlin und vertritt rund 1.800 Unternehmen, die den größten Teil des deutschen Strom- und Erdgasabsatzes, des Fernwärmeabsatzes, und der Trinkwasser-Förderung und Abwasser-Entsorgung in Deutschland repräsentieren. Er beteiligt sich an den energiepolitischen Debatten, indem er für seine Mitglieder eine Kommunikationsplattform zur Sammlung und Herausgabe von Informationen sowie zur Erarbeitung von Lösungen für energiepolitische Fragen bietet. **52**

Daneben gibt es viele **weitere Verbände** und andere Organisationen von Interessenvertretern, deren Thema, Reichweite und Professionalisierung sehr unterschiedlich und deren **53**

---

[18] Siehe allerdings zu der Möglichkeit zur Delegation an die Bundesnetzagentur oben unter § 12, Rn. 45.

[19] Eine Übersicht der Haupt- und Sondergutachten ist unter http://www.monopolkommission. de/haupt.html und http://www.monopolkommission.de/sonder.html abrufbar.

Anzahl unüberschaubar ist. Auf nationaler Ebene spielen neben dem BDEW der Verband kommunaler Unternehmen (VKU), der Verband der Industriellen Energie- und Kraftwirtschaft (VIK), der Bundesverband Neuer Energieanbieter (BNE) und der Verband der Elektrotechnik, Elektronik Informationstechnik (VDE) eine wichtige Rolle. Eine Übersicht über die beim Bundestag registrierte Verbände und deren Vertreter bietet eine öffentliche Liste (Lobbyliste).

b) Deutsche Energie Agentur GmbH (dena)

54   Die dena ist ein privatrechtliches **Gemeinschaftsunternehmen,** das 2000 von den Gesellschaftern Bundesrepublik Deutschland, KfW Bankengruppe, Allianz SE, Deutsche Bank AG und DZ BANK AG gegründet wurde. Sie sitzt in Berlin und soll als Schnittstelle zwischen Politik und Wirtschaft als Kompetenzzentrum für Energieeffizienz, erneuerbare Energien und intelligente Energiesysteme fungieren. Zu ihren Arbeitsbereichen gehören u. a. die Durchführung von Modellprojekten, die Information von Verbrauchern, die Beratung von Akteuren und die Analyse von Auslandsmärkten.[20]

---

[20] Weitere Informationen zur dena finden sich unter www.dena.de.

Stichwortverzeichnis

Die fetten Zahlen bezeichnen die Kapitel, die mageren Zahlen die Randnummern